2012사법시험대비민법기출문제완전분석

2012년 사법시험 대비
민법 기출문제 완전분석

[최근 10년간 사법시험 민법 기출문제 분석표]

목 차			44회 02년	45회 03년	46회 04년	47회 05년	48회 06년	49회 07년	50회 08년	51회 09년	52회 10년	53회 11년	소계
제1편 민법총칙	제1장 민법서론		1		1				1	1	1		5
	제2장 권리의 주체	제1절 자연인	1	2	1	1	1	1		1	1	1	10
		제2절 법인			1	1	1	1	1	1	1	1	8
	제3장 권리의 객체					1				1		2	4
	제4장 권리의 변동	제1절 법률행위	1			1		1		1		1	5
		제2절 의사표시	1		2	1	1	1	2		2	1	11
		제3절 법률행위의 대리	1	2	1	1	1	1	1	1	1	1	11
		제4절 법률행위의 무효와 취소	1	1		2	1	1	1			2	9
		제5절 조건과 기한	1			1				1			3
	제5장 기간과 소멸시효		1	1	1		1	1	2	1	1	1	10
제2편 물권	제1장 물권의 변동		2		3	1	2	3	1	3		1	16
	제2장 기본물권	제1절 점유권	1	1	1		1		1	1	1	1	8
		제2절 소유권	1	3	1	2	1	1	4	3	1	4	21
	제3장 용익물권	제1절 지상권		1		1	1	1	1	1	1		7
		제2절 지역권											
		제3절 전세권	1	1					1		1		4
	제4장 담보물권	제1절 유치권					1						1
		제2절 질권	1		1								2
		제3절 저당권	1	2	2	2	2	2	2	1	1	1	16
		제4절 비전형 담보	1		1		1	1	1		1	1	7
제3편 채권총론	제1장 채권법서론·채권의 목적								1		1	1	3
	제2장 채권의 소멸	제1절 변제와 채권자지체	2	2	1		2		1	1		1	10
		제2절 기타의 채권소멸원인		1		1		1			1		4
	제3장 채권관계의 장애	제1절 채무불이행의 유형	1	1	2	1	2			1	1	1	10
		제2절 채무불이행의 효과	1		1			1		3	1	1	8
	제4장 책임재산의 보전		1	2	1	1	1	2	1	1	2	2	14
	제5장 다수당사자의 채권관계		2	2		1	2		2	1	1	1	12
	제6장 채권양도와 채무인수		1	1	2	1		2	1	1	1	2	12
제4편 채권각론	제1장 계약총론		1	4	1	4	5	3	2	2	3	3	28
	제2장 계약각론		5	4	3	3	5	4	3	4	4	4	39
	제3장 법정채권 관계		2	3	3	2	2	3	3	2	3	1	24
제5편 친족상속법	제1장 친족법		3	5	4	5	2	5	5	4	5	5	43
	제2장 상속법		4	2	4	5	2	5	3	4	3	3	35

제1편 민법총칙

제1장 민법서론 ... 3

제2장 권리의 주체 ... 12
제1절 자연인 ... 12
제2절 법 인 ... 27

제3장 권리의 객체 ... 43

제4장 권리의 변동 ... 46
제1절 법률행위 ... 46
제2절 의사표시 ... 55
제3절 법률행위의 대리 ... 75
제4절 법률행위의 무효와 취소 ... 93
제5절 조건과 기한 ... 108

제5장 기간과 소멸시효 ... 113

제2편 물권법

제1장 물권의 변동 ... 133

제2장 기본물권 ... 165
제1절 점유권 ... 165
제2절 소유권 ... 178

제3장 용익물권 ... 215
제1절 지상권 ... 215
제2절 지역권 ... 230
제3절 전세권 ... 230

제4장 담보물권 ... 237
제1절 유치권 ... 237
제2절 질 권 ... 238
제3절 저당권 ... 241
제4절 비전형담보 ... 266

제3편 채권총론

제1장 채권법 서론 · 채권의 목적 ·· 281

제2장 채권의 소멸 ·· 287
  제1절 변제와 채권자지체 ·· 287
  제2절 기타의 채권소멸원인 ·· 303

제3장 채권관계의 장애 ·· 310
  제1절 채무불이행의 유형 ·· 310
  제2절 채무불이행의 효과 ·· 332

제4장 책임재산의 보전 ·· 341

제5장 다수당사자의 채권관계 ·· 366

제6장 채권양도와 채무인수 ·· 384

제4편 채권각론

제1장 계약총론 ·· 409

제2장 계약각론 ·· 460

제3장 법정채권관계 ·· 528

제5편 친족 · 상속법

제1장 친족법 ·· 575

제2장 상속법 ·· 641

제1편 민법총칙

제1장   민법서론
제2장   권리의 주체
제3장   권리의 객체
제4장   권리의 변동
제5장   기간과 소멸시효

제1장 민법서론

1. 관습법에 관한 다음 설명 중 옳지 않은 것만으로 짝지워진 것은? (다툼 있으면 판례에 의함) [09년]

㉠ 사회의 관행으로 생성된 사회생활규범이 관습법으로 되기 위하여는 그것이 사회의 법적 확신과 인식에 의하여 법적 규범으로 승인·강행되기에 이르러야 한다.
㉡ 법원의 판결에 의하여 관습법의 존재 및 그 구체적 내용이 인정되면 그 관행은 법원의 판결이 있는 때로부터 관습법으로서의 지위를 가지게 된다.
㉢ 관습법은 법원(法源)으로서 법령과 같은 효력을 갖는 관습이므로 법령에 저촉되지 않는 한 법칙으로서의 효력이 있다.
㉣ 성문법과 관습법의 효력상의 우열에 관하여 변경적 효력설을 취하는 경우, 기존의 성문법과 다른 관습법이 성립한 경우에 양자 사이의 효력의 우열은 "특별법은 일반법에 우선한다."는 원칙에 따라 결정된다.
㉤ 법원은 관습법이 다른 법령에 의하여 변경·폐지되거나 그와 모순·저촉되는 새로운 내용의 관습법이 확인되기 전까지는 이에 기속되어 이를 적용하여야 한다.
㉥ 기존의 관습법이 사회를 지배하는 기본적 이념이나 사회질서의 변화로 인하여 그 관습법을 적용하여야 할 시점에 있어서의 전체 법질서에 부합하지 않게 되었다면, 그 관습법은 법적 규범으로서의 효력이 부정된다.

① ㉠, ㉤   ② ㉡, ㉣   ③ ㉢, ㉥
④ ㉣, ㉥   ⑤ ㉢, ㉤

해설

* 이 문제는 정답조합형의 문제인데, 정답지문이 3개이나, 보기에는 2개 지문만을 조합하고 있다. 이러한 유형의 문제에 유의하여야 할 것이다.

㉠ [正] 관습법의 개념을 묻는 지문이다. 관습법은 관행과 법적 확신이 있어야 한다.
[大判 1983. 6. 13, 80다3231] 관습법이란 사회의 거듭된 관행으로 생성한 사회생활규범이 사회의 법적 확신과 인식에 의하여 법적 규범으로 승인·강행되기에 이르는 것을 말하고, 사실인 관습은 사회의 관행에 의하여 발생한 사회생활규범인 점에서 관습법과 같으나 사회의 법적 확신이나 인식에 의하여 법적 규범으로서 승인된 정도에 이르지 않은 것을 말하는 바, 관습법은 바로 법원으로서 법령과 같은 효력을 갖는 관습으로서 법령에 저촉되지 않는 한 법칙으로서의 효력이 있는 것이며, 이에 반하여 사실인 관습은 법령으로서의 효력이 없는 단순한 관행으로서 법률행위의 당사자의 의사를 보충함에 그치는 것이다.

ⓒ [誤] 관습법이 언제 성립되는가를 묻는 지문이다. 법원의 판결에 의하여 성립된다는 입장도 있으나, 법적 확신에 의하여 관습법이 성립할 수 있다는 통설과 판례에 따르면 관습법은 법원의 판결이 있으면 법적 확신을 구비한 때에 소급하여 성립한다.

ⓔ [正] 관습법의 기능을 묻는 지문이다. ⓖ 해설 참고.

ⓕ [誤] 변경적 효력설의 내용을 묻는 지문이다. 변경적 효력설에 따르면 기존의 성문법과 다른 관습법이 성립한 경우, 신법 우선의 원칙에 따라 양자 사이의 효력의 우열이 결정된다.

ⓜ [誤] ⓑ [正] 관습법의 효력이 부정되는 경우가 어떤 경우인지를 묻는 지문이다. 법원은 관습법이 사회를 지배하는 기본적 이념이나 사회질서에 위반하는 경우에는 판례변경을 통하여 관습법의 적용을 배제할 수 있다는 것이 대법원의 입장이다. 본 지문은 판례의 반대의견의 입장이다.

[大判(全) 2003.7.24, 2001다48781] [다수의견] 사회의 거듭된 관행으로 생성한 어떤 사회생활규범이 법적 규범으로 승인되기에 이르렀다고 하기 위하여는 그 사회생활규범은 헌법을 최상위 규범으로 하는 전체 법질서에 반하지 아니하는 것으로서 정당성과 합리성이 있다고 인정될 수 있는 것이어야 하고, 그렇지 아니한 사회생활규범은 비록 그것이 사회의 거듭된 관행으로 생성된 것이라고 할지라도 이를 법적 규범으로 삼아 관습법으로서의 효력을 인정할 수 없는 바, 제정 민법이 시행되기 전에 존재하던 관습 중 "상속회복청구권은 상속이 개시된 날부터 20년이 경과하면 소멸한다"는 내용의 관습은 이를 적용하게 되면 20년의 경과 후에 상속권 침해가 있을 때에는 침해행위와 동시에 진정상속인은 권리를 잃고 구제를 받을 수 없는 결과가 되므로 소유권은 원래 소멸시효의 적용을 받지 않는다는 권리의 속성에 반할 뿐 아니라 진정상속인으로 하여금 참칭상속인에 의한 재산권 침해를 사실상 방어할 수 없게 만드는 결과로 되어 불합리하고, 헌법을 최상위 규범으로 하는 법질서 전체의 이념에도 부합하지 아니하여 정당성이 없으므로, 위 관습에 법적 규범인 관습법으로서의 효력을 인정할 수 없다.

[반대의견] 법원으로서는 관습법이 다른 법령에 의하여 변경·폐지되거나 그와 모순·저촉되는 새로운 내용의 관습법이 확인되기 전까지는 이에 기속되어 이를 적용하여야 하고, 만일 관습법이 헌법에 위반된다면 그 이유로 이를 적용하지 아니할 수 있을 뿐이지 막연히 불합리하다거나 정당성이 없다는 등의 사유를 이유로 판례변경을 통하여 그 적용을 배제할 수는 없는 바, 법원은 대법원 1981. 1. 27. 선고 80다1392 판결에 의해 "상속회복청구권은 상속이 개시된 날부터 20년이 경과하면 소멸한다"는 내용의 관습이 관습법으로 성립하여 존재하고 있음을 확인·선언한 이래 여러 차례에 걸쳐 이를 재확인하여 왔으며, 한편 민법 시행 전의 폐지된 조선민사령은 상속에 관한 사항은 관습에 의한다고 규정하였고, 민법은 부칙 제25조 제1항에서 "이 법 시행 전에 개시된 상속에 관하여는 이 법 시행일 후에도 구 법의 규정을 적용한다"라고 규정하였으며, 1977. 12. 31. 법률 제3051호로 개정된 민법 부칙 제5항 및 1990. 1. 13. 법률 제4199호로 개정된 민법 부칙 제12조 제1항에서도 각각 같은 내용의 경과규정을 두고 있으므로, 위 관습법이 다른 법령에 의하여 변경·폐지되거나 그와 모순·저촉되는 새로운 내용의 관습법이 확인되지 아니한 이상 법원으로서는 민법 시행 전에 있어서의 상속에 관한 법률관계에 해당하는 상속회복청구에 대하여 위 관습법을 적용할 수밖에 없다.

정답 ②

2. 신의성실의 원칙에 관한 설명 중 옳지 않은 것은? (다툼 있으면 판례에 의함) [02년]

① 매도인이 2년여 전에 발생한 해제권을 행사하지 아니한 채 잔존채무의 이행을 최고하였고, 매수인이 매매대금 거의 전부를 지급한 상황에서 매도인이 새삼스럽게 해제권을 행사하는 것은 신의성실의 원칙에 반한다.
② 민법에 규정된 수급인의 담보책임기간을 단축하기로 도급인과 수급인이 약정한 경우, 수급인이 하자를 알고 고지하지 아니한 부분에 대하여는 약정의 효력이 미치지 않는다고 해석하는 것이 신의성실의 원칙에 부합한다.
③ 지하실의 소유지분권을 직접 매도한 후 집합건물의소유및관리에관한법률이 시행됨으로써 그 지분권이전등기절차의 이행이 불가능해지자, 그 매매가 실효되었다는 등의 이유로 매도인이 매수인을 상대로 그 지하실 부분의 명도를 구하는 것은 신의성실의 원칙에 반한다.
④ 국토이용관리법에 의한 토지거래허가가 없이 토지를 매도하고 그 규제를 잠탈하기 위하여 증여를 원인으로 소유권이전등기를 경료한 매도인이 같은 법 위반을 이유로 매매계약의 무효를 주장하는 것은 특단의 사정이 없는 한 신의성실의 원칙에 반한다.
⑤ 자기 소유의 대지상에 자신의 친딸이 건물을 신축하도록 승낙한 자가 그 건물이 친딸의 채권자에 의한 경매신청에 따라 경락되자 경락인에 대하여 그 철거를 구하는 것은 신의성실의 원칙에 반한다.

해설

① [正] 해제권의 실효여부를 묻는 문제이다. 권리자가 장기간 권리를 불행사하였고, 이로 인하여 상대방은 권리자가 더 이상 권리를 행사하지 아니할 것으로 신뢰한 경우 권리자의 권리행사는 신의칙에 반한다. 이를 실효의 원칙이라고 한다. 우리 대법원은 실효의 원칙을 고용관계에서 수용하고 있으나 고용관계 이외의 영역에서는 해제권의 실효를 인정하고 있다. 권리가 실효되면 그 권리가 소멸하는 것이 아니라 실효의 원칙에 반하는 권리행사가 권리남용으로 됨을 주의하여야 한다.
[大判 1994. 11. 25. 94다12234] 해제의 의사표시가 있은 무렵을 기준으로 볼 때 무려 1년 4개월 가량 전에 발생한 해제권을 장기간 행사하지 아니하고 오히려 매매계약이 여전히 유효함을 전제로 잔존채무의 이행을 최고함에 따라 상대방으로서는 그 해제권이 더 이상 행사되지 아니할 것으로 신뢰하였고 또 매매계약상의 매매대금 자체는 거의 전부가 지급된 점 등에 비추어 보면 그와 같이 신뢰한 데에는 정당한 사유도 있었다고 봄이 상당하다면, 그 후 새삼스럽게 그 해제권을 행사한다는 것은 신의성실의 원칙에 반하여 허용되지 아니한다 할 것이므로, 이제 와서 매매계약을 해제하기 위하여는 다시 이행제공을 하면서 최고를 할 필요가 있다.
② [正] [大判 1999. 9. 21. 99다19032] 담보책임기간을 단축하는 약정의 효력 민법 제672조가 수급인이 담보책임이 없음을 약정한 경우에도 알고 고지하지 아니한 사실에 대하여는 그 책임을 면하지 못한다고 규정한 취지는 그와 같은 경우에도 담보책임을 면하게 하는 것은 신의성실의 원칙에 위배된다는 데 있으므로, 담보책임을 면제하는 약정을 한 경우

뿐만 아니라 담보책임기간을 단축하는 등 법에 규정된 담보책임을 제한하는 약정을 한 경우에도, 수급인이 알고 고지하지 아니한 사실에 대하여 그 책임을 제한하는 것이 신의성실의 원칙에 위배된다면 그 규정의 취지를 유추하여 그 사실에 대하여는 담보책임이 제한되지 않는다고 보아야 한다(필자 註 : 수급인이 도급받은 아파트 신축공사 중 지붕 배수로 상부 부분을 시공함에 있어 설계도에 PC판으로 시공하도록 되어 있는데도 합판으로 시공하였기 때문에 도급계약시 약정한 2년의 하자담보책임 기간이 경과한 후에 합판이 부식되어 기와가 함몰되는 손해가 발생한 경우, 그와 같은 시공상의 하자는 외부에서 쉽게 발견할 수 없는 것이고, 하자로 인한 손해가 약정담보책임기간이 경과한 후에 발생하였다는 점을 감안하면, 도급인과 수급인 사이에 하자담보책임 기간을 준공검사일부터 2년간으로 약정하였다 하더라도 수급인이 그와 같은 시공상의 하자를 알고 도급인에게 고지하지 않은 이상, 약정담보책임기간이 경과하였다는 이유만으로 수급인의 담보책임이 면제된다고 보는 것은 신의성실의 원칙에 위배된다고 볼 여지가 있고, 이 경우 민법 제672조를 유추적용하여 수급인은 그 하자로 인한 손해에 대하여 담보책임을 면하지 못한다고 봄이 옳다고 한 사례).

③ [正] [大判 1999. 1. 15. 98다43953] 지하실의 소유지분권을 매도한 자가 집합건물의소유및관리에관한법률이 시행됨으로써 그 지분권이전등기절차의 이행이 불가능해지자 매수인을 상대로 그 매매가 실효되었다는 등의 이유로 그 지하실부분의 명도를 구하는 것은 신의칙위반이다.

④ [誤] 신의칙은 이미 법질서에 의하여 승인된 가치를 무시하는 방향으로 적용될 수 없다. 신의칙은 일반적 형평판결을 할 수 있는 권한을 부여하는 규정이 아니다. 따라서 국토이용관리법에 의하여 토지거래허가를 잠탈하는 거래행위가 무효로 평가되었다면 신의칙을 적용하여 이를 유효한 것으로 취급할 수는 없다. 판례도 같은 취지에서 강행법규의 입법취지를 몰각시키는 신의칙의 적용은 허용되지 않는다고 한다.
[大判 1997. 11. 11. 97다33218] 강행법규인 구 국토이용관리법(1993. 8. 5. 법률 제4572호로 개정되기 전의 것) 제21조의3 제1항·제7항을 위반하였을 경우에 있어서 위반한 자 스스로가 무효를 주장함이 신의성실의 원칙에 위배되는 권리의 행사라는 이유로 이를 배척한다면 같은 법의 입법취지를 완전히 몰각시키는 결과가 되므로, 거래 당사자 사이의 약정 내용과 취득 목적대로 관할 관청에 토지거래허가신청을 하였을 경우에 그 신청이 같은 법 소정의 허가 기준에 적합하여 허가를 받을 수 있었으나 다른 급박한 사정으로 이러한 절차를 회피하였다고 볼 만한 특별한 사정이 없는 한, 그러한 주장은 신의성실의 원칙에 반하지 않는다.

⑤ [正] [大判 1991. 6. 11. 91다9299] 자신의 친딸로 하여금 그 소유의 대지상에 건물을 신축하도록 승낙한 자가 위 건물이 친딸의 채권자에 의한 강제경매신청에 따라 경락되자 경락인에 대하여 그 철거를 구하는 행위가 신의칙에 위배된다고 본 사례.

정답 ④

3. 다음 설명 중 옳지 않은 것은? (다툼 있으면 판례에 의함) [04년]

① 종전 토지 소유자가 자신의 권리를 행사하지 않았다는 사정은 그 토지의 소유권을 적법하게 취득한 새로운 권리자에게 실효의 원칙을 적용함에 있어서 고려하지 않는다.
② 법령에 위반되어 무효임을 알고서도 그 법률행위를 한 자가 강행법규 위반을 이유로 무효를 주장한다 하여도, 특별한 사정이 없는 한 신의칙 또는 금반언의 원칙에 반하거나 권리남용에 해당한다고 볼 수는 없다.
③ 실효의 원칙을 적용하기 위해서는 의무자인 상대방이 더 이상 권리자가 그 권리를 행사하지 아니할 것으로 믿을 만한 정당한 사유가 있을 것을 요건으로 한다.
④ 회사의 이사로 재직하면서 확정채무를 보증한 자는 이사직을 사임한 후에 사정변경을 이유로 회사를 위한 그 보증계약을 해지할 수 있다.
⑤ 자신이 연대보증하여야 할 것을 타인에게 부탁하여 그 타인이 대신 연대보증인이 된 경우, 자기가 그 연대보증채무를 변제하고서 그 타인에 대하여 구상권을 행사하는 것은 신의칙에 반한다.

해설

① [正] 종전 토지소유자가 권리를 행사하지 아니한 사정을 현재 토지소유자의 소유권행사가 신의칙에 반하는지 여부를 판단함에 있어 고려할 요소인지 여부를 묻는 지문이다. 고려될 수 없다는 것이 대법원의 입장이다.
[大判 1995. 8. 25. 94다27069] 실효의 원칙이라 함은 권리자가 장기간에 걸쳐 그 권리를 행사하지 아니함에 따라 그 의무자인 상대방이 더 이상 권리자가 그 권리를 행사하지 아니할 것으로 신뢰할 만한 정당한 기대를 가지게 되는 경우에 새삼스럽게 권리자가 그 권리를 행사하는 것은 법질서 전체를 지배하는 신의성실의 원칙에 위반되어 허용되지 않는다는 것을 의미하는 것이므로, 종전 토지 소유자가 자신의 권리를 행사하지 않았다는 사정은 그 토지의 소유권을 적법하게 취득한 새로운 권리자에게 실효의 원칙을 적용함에 있어서 고려하여야 할 것은 아니다.
② [正] 합법성의 원칙과 신의칙이 충돌하는 경우에 합법성의 원칙이 우선한다. 신의칙은 이미 다른 법령에서 표현된 입법자의 가치평가를 무시하고 구체화될 수 없기 때문이다. 판례도 같은 입장에서 강행법규를 위반하여 무효인 수익보장약정이 투자신탁회사가 먼저 고객에게 제의를 함으로써 체결된 것이라고 하더라도 이러한 경우에 강행법규를 위한 투자신탁회사 스스로가 그 약정의 무효를 주장함이 신의칙에 위반되는 권리의 행사라는 이유로 그 주장을 배척한다면 오히려 강행법규에 의하여 배제하려는 결과를 실현하는 셈이 되어 입법취지를 완전히 몰각하게 되므로, 달리 특별한 사정이 없는 한 위와 같은 주장이 신의성실의 원칙에 반하는 것이라고 할 수 없다고 한다(大判 1999. 3. 23. 99다4405 ; 同旨 (구)국토이용관리법상의 토지거래허가 위반 사안, 大判 1997. 11. 11. 97다33218 ; 同旨 노동조합법 제31조 제1항 관련 사안, 大判 2001. 5. 29. 2001다15422·15439 ; 同旨 사립학교법 제28조 제2항 관련 사안, 大判 2000. 6. 9. 99다70860 등).

③ [正] 권리행사자 측의 요건으로 장기간 권리를 행사하지 아니하였을 것 외에, 상대방 측의 요건으로 때늦은 주장을 악의적인 것으로 평가하지 않을 수 없게 하는 특수한 사정(상대방이 더 이상 권리행사하지 아니할 것으로 믿은 신뢰의 형성)이 있어야 한다.
[大判 1996. 7. 30. 94다51840] 실효의 원칙이라 함은 권리자가 장기간에 걸쳐 그 권리를 행사하지 아니함에 따라 그 의무자인 상대방이 더 이상 권리자가 권리를 행사하지 아니할 것으로 신뢰할 만한 정당한 기대를 가지게 된 경우에 새삼스럽게 권리자가 그 권리를 행사하는 것은 법질서 전체를 지배하는 신의성실의 원칙에 위반되어 허용되지 아니한다는 것을 의미한다.

④ [誤] 판례는 불확정채무에 관한 계속적 보증에 대하여 이사의 퇴사라는 현저한 사정변경을 이유로 보증계약을 해지할 수 있지만(大判 2000. 3. 10. 99다61750), 확정채무에 대하여는 이미 채무의 확정을 이유로 신의칙에 기한 해지를 부정한다(大判 1999. 12. 28. 99다25938).
[大判 1999. 12. 28. 99다25938] 회사의 이사가 채무액과 변제기가 특정되어 있는 회사 채무에 대하여 보증계약을 체결한 경우에는 이사직 사임이라는 사정변경을 이유로 보증인인 이사가 일방적으로 보증계약을 해지할 수 없다.

⑤ [正] [大判 2000. 5. 12. 99다38293] 甲이 하여야 할 연대보증을 그 부탁으로 乙이 대신한 경우, 甲이 그 연대보증채무를 대위변제하였다는 이유로 乙에 대하여 구상권을 행사하는 것은 신의칙에 반한다.

정답 ④

4. 배점 2 신의성실의 원칙에 관한 기술 중 옳은 것(○)과 옳지 않은 것(×)을 바르게 표시한 것은? (다툼 있으면 판례에 의함) [08년]

㉠ 계약 성립 후 현저한 사정의 변경이 발생하였고, 그러한 사정의 변경이 해제권을 취득하는 당사자에게 책임 없는 사유로 생긴 것으로서, 계약 내용대로의 구속을 인정한다면 신의칙에 현저히 반하는 결과가 생기는 경우에 사정의 변경으로 인한 계약해제가 인정되는데, 여기의 사정에는 상대방에게 알려진 일방당사자의 주관적 사정도 포함된다.

㉡ 동생 소유의 아파트에 거주하고 있는 채무자 甲이 그 아파트를 담보로 저축은행 乙로부터 대출을 받으면서 乙에게 자신은 임차인이 아니고 위 아파트에 관하여 일체의 권리를 주장하지 않겠다는 확인서를 작성하여 준 경우, 甲이 그 후 대항력을 갖춘 임차인임을 내세워 위 아파트를 경매절차에서 매수한 乙의 인도명령을 다투는 것은 금반언의 원칙에 위배되어 허용되지 않는다.

㉢ 적법한 위임사무처리에 관하여 약정된 보수액이 부당하게 과다하여 신의칙에 반하는 경우, 그러한 약정 전부가 무효이고 적정보수를 초과하는 부분만 무효로 되는 것은 아니다.

① ㉠(○), ㉡(○), ㉢(○)　　　　② ㉠(○), ㉡(○), ㉢(×)
③ ㉠(○), ㉡(×), ㉢(○)　　　　④ ㉠(○), ㉡(×), ㉢(×)
⑤ ㉠(×), ㉡(○), ㉢(○)　　　　⑥ ㉠(×), ㉡(○), ㉢(×)
⑦ ㉠(×), ㉡(×), ㉢(○)　　　　⑧ ㉠(×), ㉡(×), ㉢(×)

해설

㉠ [誤] [大判 2007. 3. 29, 2004다31302] 이른바 사정변경으로 인한 계약해제는, 계약성립 당시 당사자가 예견할 수 없었던 현저한 사정의 변경이 발생하였고 그러한 사정의 변경이 해제권을 취득하는 당사자에게 책임 없는 사유로 생긴 것으로서, 계약내용대로의 구속력을 인정한다면 신의칙에 현저히 반하는 결과가 생기는 경우에 계약준수 원칙의 예외로서 인정되는 것이고, <u>여기에서 말하는 사정이라 함은 계약의 기초가 되었던 객관적인 사정으로서, 일방당사자의 주관적 또는 개인적인 사정을 의미하는 것은 아니다</u>. 또한, 계약의 성립에 기초가 되지 아니한 사정이 그 후 변경되어 일방당사자가 계약 당시 의도한 계약목적을 달성할 수 없게 됨으로써 손해를 입게 되었다 하더라도 특별한 사정이 없는 한 그 계약내용의 효력을 그대로 유지하는 것이 신의칙에 반한다고 볼 수도 없다.

㉡ [正] [大決 2000. 1. 5, 99마4307] 채무자가 동생 소유의 아파트에 관하여 근저당권을 설정하고 대출을 받으면서 채권자에게 자신은 임차인이 아니고 위 아파트에 관하여 일체의 권리를 주장하지 않겠다는 내용의 확인서를 작성하여 준 경우, 그 후 대항력을 갖춘 임차인임을 내세워 이를 낙찰받은 채권자의 인도명령을 다투는 것은 금반언 및 신의칙에 위배되어 허용되지 않는다.

㉢ [誤] [大判 2002. 4. 12, 선고 2000다50190] 변호사의 소송위임사무처리에 대한 보수에 관하여 의뢰인과의 사이에 약정이 있는 경우에 위임사무를 완료한 변호사는 특별한 사정이 없는 한 약정된 보수액을 전부 청구할 수 있는 것이 원칙이기는 하지만, 의뢰인과의 평소부터의 관계, 사건 수임의 경위, 착수금의 액수, 사건처리의 경과와 난이도, 노력의 정도, 소송물의 가액, 의뢰인이 승소로 인하여 얻게 된 구체적 이익과 소속 변호사회의 보수규정, 기타 변론에 나타난 제반 사정을 고려하여 <u>약정된 보수액이 부당하게 과다하여 신의성실의 원칙이나 형평의 원칙에 반한다고 볼 만한 특별한 사정이 있는 경우에는 예외적으로 상당하다고 인정되는 범위 내의 보수액만을 청구할 수 있다</u>고 보아야 한다.

정답 ⑥

5. 배점 2 신의칙에 관한 설명 중 옳은 것을 모두 고른 것은? (다툼 있으면 판례에 의함) [10년]

ㄱ. 대항력 있는 주택임차권을 가진 甲이 임대인 乙의 부탁으로 그 주택에 관하여 저당권을 취득하려는 丙에게 임차권이 없다는 각서를 써 주었다. 그 후 丙이 경매절차에서 그 주택을 매수하여 甲에게 그 인도를 청구한 경우, 甲은 丙에게 임차권의 대항력을 주장할 수 있다.

ㄴ. 계약 성립 당시 당사자가 예견할 수 없었던 현저한 사정의 변경이 발생하였고, 그러한 사정의 변경이 해제권을 취득하는 당사자에게 책임 없는 사유로 생긴 것으로서 계약내용대로의 구속력을 인정한다면 신의칙에 현저히 반하는 결과가 생기는 경우, 사정변경으로 인한 계약해제가 인정될 수 있다.

ㄷ. 甲이 자신의 토지에 불법으로 건물을 소유하고 있는 乙을 상대로 건물철거를 청구하는 것이 권리남용에 해당하더라도, 甲은 특별한 사정이 없는 한 乙에 대하여 임료 상당의 부당이득반환을 청구할 수 있다.

ㄹ. 회사의 이사로 재직하면서 회사의 확정채무를 보증한 자는 이사직을 사임한 후에 사정변경을 이유로 그 보증계약을 해지할 수 있다.

ㅁ. 상속인 중의 1인이 피상속인의 생존 시에 상속을 포기하기로 피상속인과 약정하였으나 상속개시 후에 법정절차에 따라 상속포기를 하지 아니하였다면, 상속개시 후에 자신의 상속권을 주장하는 것은 정당한 권리행사로 볼 수 있다.

① ㄴ ② ㄱ, ㄹ ③ ㄴ, ㄷ ④ ㄱ, ㄹ, ㅁ ⑤ ㄴ, ㄷ, ㅁ

해설

* 신의칙이 적용된 판례를 묻는 문제이다. 이론적으로도 중요한 의미를 가지는 판례들이 문제로 구성되어 있다.

ㄱ. [誤] 대항력 있는 임차권을 묵비하여 담보가치를 높게 평가하게 한 임차인이 그 담보권자에 대하여 임차권의 대항력을 사후적으로 주장하는 것은 모순된 거동으로 허용되지 않는다는 판례의 법리를 묻는 지문이다.
[大判 1997. 6. 27. 97다12211] 근저당권자가 담보로 제공된 건물에 대한 담보가치를 조사할 당시 대항력을 갖춘 임차인이 그 사실을 부인하고 임차보증금에 대한 권리주장을 않겠다는 내용의 확인서를 작성해 준 경우, 그 후 그 건물에 대한 경매절차에 참가하여 배당요구를 하는 것은 신의칙에 반한다.

ㄴ. [正] 사정변경으로 인한 계약해제가 가능한지 여부에 관한 판례 입장을 묻는 지문이다. 종래 사정변경으로 인한 계약해제에 소극적이던 대법원이 최근 사정변경으로 인하여 계약이 해제되기 위한 요건을 체계적으로 설시하였는데, 그 판례를 묻는 문제이다.
[大判 2007. 3. 29. 2004다31302] 이른바 사정변경으로 인한 계약해제는, 계약성립 당시 당사자가 예견할 수 없었던 현저한 사정의 변

경이 해제권을 취득하는 당사자에게 책임 없는 사유로 생긴 것으로서, 계약내용대로의 구속력을 인정한다면 신의칙에 현저히 반하는 결과가 생기는 경우에 계약준수 원칙의 예외로서 인정되는 것이고, 여기에서 말하는 사정이라 함은 계약의 기초가 되었던 객관적인 사정으로서, 일방당사자의 주관적 또는 개인적인 사정을 의미하는 것은 아니다. 또한, 계약의 성립에 기초가 되지 아니한 사정이 그 후 변경되어 일방당사자가 계약 당시 의도한 계약목적을 달성할 수 없게 됨으로써 손해를 입게 되었다 하더라도 특별한 사정이 없는 한 그 계약내용의 효력을 그대로 유지하는 것이 신의칙에 반한다고 볼 수도 없다(필자 註 : 지방자치단체로부터 매수한 토지가 공공공지에 편입되어 매수인이 의도한 음식점 등의 건축이 불가능하게 되었더라도 이는 매매계약을 해제할 만한 사정변경에 해당하지 않고, 매수인이 의도한 주관적인 매수목적을 달성할 수 없게 되어 손해를 입었다 하더라도 매매계약을 그대로 유지하는 것이 신의칙에 반한다고 볼 수도 없다고 한 사례).

ㄷ. [正] 권리남용의 효과를 묻는 지문이다. 신의칙이 적용되어 어떠한 권리행사가 권리남용으로 평가되더라도 그 권리가 당연히 소멸한다고 할 수는 없다. 따라서 권리남용으로 평가되는 권리행사 이외에 다른 모습의 권리행사까지도 부정되는 것은 아니다. 가령 건물철거청구라는 소유권의 행사가 권리남용에 해당하더라도 임료 상당액의 부당이득반환청구라는 소유권의 행사가 당연히 권리남용이 된다고 할 수는 없다.

ㄹ. [誤] 확정채무를 보증한 보증인이 사정변경을 이유로 보증계약을 해지할 수 있는지를 묻는 지문이다. 계속적 보증계약의 보증인은 이사직 사임이라는 사정변경을 이유로 보증계약을 해지할 수 있으나, 확정채무를 보증한 보증인은 이사직 사임이라는 사정변경을 이유로 보증계약을 해지할 수 없다.
[大判 1999. 12. 28, 99다25938] 회사의 이사가 채무액과 변제기가 특정되어 있는 회사채무에 대하여 보증계약을 체결한 경우에는 계속적 보증이나 포괄근보증의 경우와는 달리 이사직 사임이라는 사정변경을 이유로 보증인인 이사가 일방적으로 보증계약을 해지할 수 없다.

ㅁ. [正] 상속개시 전 상속을 포기하기로 약정한 상속인이 상속개시 후 상속권을 주장하는 것이 신의칙에 반하는지를 묻는 지문이다. 대법원은 신의칙에 반하지 않는다고 본다.
[大判 1998. 7. 24, 98다9021] 상속인 중의 1인이 피상속인의 생존시에 피상속인에 대하여 상속을 포기하기로 약정하였다고 하더라도, 상속개시 후 민법이 정하는 절차와 방식에 따라 상속포기를 하지 아니한 이상, 상속개시 후에 자신의 상속권을 주장하는 것은 정당한 권리행사로서 권리남용에 해당하거나 또는 신의칙에 반하는 권리의 행사라고 할 수 없다.

정답 ⑤

제2장 권리의 주체

제1절 자연인

1. A는 子 C를 승용차에 태우고 귀가하던 중 중앙선을 침범한 X운전의 자동차와 충돌하는 사고를 당하여 현장에서 C와 함께 사망하였다. A에게 妻 B, 父 D가 있고 B는 사고 당시 A의 子인 Y를 포태하고 있었다. 이에 관한 설명 중 옳은 것은? (다툼 있으면 판례에 의함) [03년]

① A와 C가 동시에 사망한 것으로 추정되고 Y가 사산되었다면, A의 재산은 B가 단독으로 상속한다.
② A와 C가 동시사망한 것으로 추정되는 경우, C에게 子 Z가 있더라도 Z는 C를 대습하여 상속할 수 없다.
③ Y가 출생한 경우, Y는 X에 대하여 A의 사망으로 인한 자신의 위자료를 청구할 수 있고 A의 위자료청구권도 상속한다.
④ A가 호주였다면, Y가 제1순위의 호주승계인이 되며 그의 법정대리인 B가 호주승계 신고를 하여야 한다.
⑤ B가 Y를 고의로 유산시킨 경우, A의 재산은 B와 D가 상속한다.

해설

① [誤] A와 C 사이에는 상속관계가 인정되지 않으며, Y가 사산하였으므로 정지조건이 불성취로 확정되어 Y는 권리능력을 취득할 수 없는 바, 제1순위 상속인인 직계비속이 없는 경우로서 직계존속인 D와 배우자인 B가 공동으로 A를 상속하게 된다.
② [誤] 동시사망으로 추정되는 경우에도 대습상속은 인정된다는 것이 판례이다.
[大判 2001. 3. 9, 99다13157] 원래 대습상속제도는 대습자의 상속에 대한 기대를 보호함으로써 공평을 꾀하고 생존 배우자의 생계를 보장하여 주려는 것이고, 또한 동시사망 추정규정도 자연과학적으로 엄밀한 의미의 동시사망은 상상하기 어려운 것이나 사망의 선후를 입증할 수 없는 경우 동시에 사망한 것으로 다루는 것이 결과에 있어 가장 공평하고 합리적이라는 데에 그 입법 취지가 있는 것인 바, 상속인이 될 직계비속이나 형제자매(피대습자)의 직계비속 또는 배우자(대습자)는 피대습자가 상속개시 전에 사망한 경우에는 대습상속을 하고, 피대습자가 상속개시 후에 사망한 경우에는 피대습자를 거쳐 피상속인의 재산을 본위상속을 하므로 두 경우 모두 상속을 하는데, 만일 피대습자가 피상속인의 사망, 즉 상속개시와 동시에 사망한 것으로 추정되는 경우에만 그 직계비속 또는 배우자가 본위상속과 대습상속의 어느 쪽도 하지 못하게 된다면 동시사망 추정 이외의 경우에 비하여 현저히 불공평하고 불합리한 것이라 할 것이

고, 이는 앞서 본 대습상속제도 및 동시사망 추정규정의 입법 취지에도 반하는 것이므로, 민법 제1001조의 '상속인이 될 직계비속이 상속개시 전에 사망한 경우'에는 '상속인이 될 직계비속이 상속개시와 동시에 사망한 것으로 추정되는 경우'도 포함하는 것으로 합목적적으로 해석함이 상당하다.

③ [正] Y가 출생한 경우에는 정지조건이 성취된 경우이므로 문제의 사건, 즉 X의 불법행위가 있었던 때에 출생한 것으로 의제되어 Y는 자신 고유의 위자료청구권을 가진다. 한편 위자료청구권의 상속성 여부에 관하여는 견해의 대립이 있으나, 다수설과 판례는 상속성을 인정하고 있다. 따라서 A의 사망시에도 Y는 출생한 것으로 의제되어 A의 위자료청구권도 상속하게 된다.

[大判 1976. 4. 13, 75다396] 위자료청구권은 생명 · 신체 등 피해자로부터 제3자에게 양도할 수 없는 법익의 침해에 의하여 생긴 것이지만, 그러한 법익의 침해로 인하여 생긴 위자료청구권은 재산적 손해의 배상청구권과 구별하여 그 상속성 · 양도성을 부인할 이유가 없는 바이므로, 원심이 본건 정신적 고통에 대한 위자료청구권의 일신전속성을 인정하지 아니하고 그 양도를 유효한 것으로 본 판단에 무슨 위법이 있을 수 없다.

④ [誤] 태아는 호주승계에 있어서 출생한 것으로 의제되지 않는다.

⑤ [誤] B가 고의로 상속의 선순위나 동순위에 있는 태아를 낙태한 것도 상속결격사유인 상속의 선순위나 동순위에 있는 자를 살해한 경우에 해당한다는 것이 판례이다. 따라서 B는 상속결격자로서 D가 단독으로 상속하게 된다.

[大判 1992. 5. 22, 92다2127] 태아가 호주상속의 선순위 또는 재산상속의 선순위나 동순위에 있는 경우에 그를 낙태하면 구 민법 제992조 제1호 및 제1004조 제1호 소정의 상속결격사유에 해당한다.

정답 ③

2. 미성년자에 관한 설명 중 옳지 않은 것은? (다툼이 있으면 판례에 의함) [06년]

① 미성년자가 타인에게 부동산을 증여하는 내용의 증여계약을 구두로 체결한 후, 증여의 의사가 서면으로 표시되지 아니하였음을 이유로 위 증여계약을 해제함에 있어서, 법정대리인의 동의를 요하지 않는다.

② 미성년자 甲이 乙신용카드회사와 사이에 신용카드이용계약을 체결하여 신용카드를 발급받은 후, 乙회사와 가맹점계약을 체결한 丙으로부터 A컴퓨터를 매수하고 대금 100만원을 위 신용카드로 결제하였다. 乙회사가 丙에게 신용카드사용대금을 지급한 후, 甲은 무능력자임을 이유로 위 신용카드이용계약을 취소하였으나, 丙과의 매매계약은 취소하지 않았다. 이 경우 甲이 乙회사에 부당이득으로 반환하여야 하는 것은 甲의 丙에 대한 매매대금채무를 면한 금전상 이익이 아니라, 甲과 丙 사이의 매매계약으로 취득한 A컴퓨터이다.

③ 미성년자 甲이 법정대리인의 허락을 얻어 컴퓨터판매업을 하던 중 법정대리인이 위 영업의 허락을 취소하였음에도, 甲이 위 영업을 계속하면서 그 정을 모르는 乙에게 컴퓨터를

매도하는 내용의 매매계약을 체결하였다면 甲은 위 매매계약을 취소할 수 없다.
④ 미성년자와 매매계약을 체결한 성년자 甲은 미성년자의 법정대리인인 친권자에 대하여 1월 이상의 기간을 정하여 그 취소할 수 있는 행위의 추인 여부의 확답을 최고할 수 있고, 친권자가 그 기간 내에 확답을 발하지 아니한 때에는 그 행위를 추인한 것으로 본다.
⑤ 18세인 甲이 컴퓨터대리점에 들러 컴퓨터를 매수하면서 대리점 주인에게 자신은 대학 3학년으로 21세라고 하였다 하더라도, 그 다음날 자신이 미성년자라는 이유로 위 매매계약을 취소할 수 있다.

해 설

① [正] 증여계약을 해제하는 행위가 미성년자가 단독으로 할 수 있는 행위에 해당하는지 여부를 묻는 지문이다. 단순히 권리만을 얻거나 의무만을 면하는 행위는 미성년자에게 이익만을 주는 것이므로 미성년자가 독자적으로 행할 수 있다(제5조 제1항 단서). 증여계약의 해제는 의무만을 면하는 행위에 해당한다.
② [誤] 신용카드를 이용하여 거래계약을 체결한 미성년자가 신용카드 이용계약을 무능력을 이유로 취소한 경우, 미성년자의 부당이득반환의 대상이 무엇인지를 묻는 지문이다. 신용카드이용계약(회원계약)이 무능력을 이유로 취소되면 그 계약의 효력은 소급하여 소멸한다. 따라서 신용카드회사 乙은 신용카드회원인 甲이 신용카드 가맹점인 丙과 체결한 A 컴퓨터매매계약에 따른 매매대금지급채무를 인수할 의무를 부담하지 않는다. 그러나 신용카드회사 乙이 신용카드회원인 甲에 대하여 甲의 매매대금지급채무를 인수할 의무를 부담하지 아니한다고 하더라도 이는 신용카드회원인 甲과 신용카드회사인 乙 사이의 문제일 뿐이다. 신용카드이용계약이 취소되었다고 하더라도 신용카드회사인 乙과 신용카드 가맹점인 丙 사이의 가맹점계약과 신용카드회원인 甲과 가맹점인 丙 사이의 컴퓨터매매계약은 영향을 받지 아니하고 유효하게 존속한다. 따라서 신용카드회사 乙의 丙에 대한 신용카드사용대금의 지급은 乙과 丙 사이의 가맹점계약에 따른 것으로 유효하다. 따라서 신용카드이용계약을 취소한 미성년자 甲은 신용카드회사 乙에 대하여 신용카드이용계약에 따른 신용카드대금채무를 면하게 되지만, 乙회사의 신용카드사용대금 지급에 의하여 丙에 대하여 부담하던 매매대금지급채무를 면하게 되는 이익을 취득한 것이 된다. 결국 미성년자 甲은 신용카드회사 乙에 대하여 부당이득으로 매매대금채무를 면하게 되는 금전상의 이익을 반환하여야 한다.
[大判 2005. 4. 15, 2003다60297·60303·60310·60327] 미성년자가 신용카드발행인과 사이에 신용카드 이용계약을 체결하여 신용카드거래를 하다가 신용카드 이용계약을 취소하는 경우 <u>미성년자는 그 행위로 인하여 받은 이익이 현존하는 한도에서 상환할 책임이 있는 바,</u> 신용카드 이용계약이 취소됨에도 불구하고 신용카드회원과 해당 가맹점 사이에 체결된 개별적인 매매계약은 특별한 사정이 없는 한 신용카드 이용계약 취소와 무관하게 유효하게 존속한다 할 것이고, 신용카드발행인이 가맹점들에 대하여 그 신용카드사용대금을 지급한 것은 신용카드 이용계약과는 별개로 신용카드발행인과 가맹점 사이에 체결된 가맹점 계약에 따른 것으로서 유효하므로, <u>신용카드발행인의</u>

가맹점에 대한 신용카드이용대금의 지급으로써 신용카드회원은 자신의 가맹점에 대한 매매대금 지급채무를 법률상 원인 없이 면제받는 이익을 얻었으며, 이러한 이익은 금전상의 이득으로서 특별한 사정이 없는 한 현존하는 것으로 추정된다.

③ [正] 민법 제8조 제2항 단서. 영업허락의 취소는 선의의 제3자에게 대항할 수 없다.
④ [正] 민법 제15조 제2항.
⑤ [正] 취소권배제사유가 되는 사술의 의미를 묻는 지문이다. 사술이란 기망수단을 의미하는 바, 그 정도에 관하여 학설은 일반적으로 적극적인 기망수단은 물론 상당한 정도와 방법으로 오신을 유발하거나 강하게 하는 것도 포함된다고 하나 판례는 적극적 기망수단을 요한다는 태도이다. 따라서 판례에 따르면 단순히 능력자로 사칭하는 것만으로는 사술을 쓴 것으로 볼 수 없다. 미성년자의 취소권이 배제되지 않는다.
[大判 1971. 12. 14, 71다2045] 본조에 이른바 "무능력자가 사술로써 능력자로 믿게 한 때"에 있어서의 사술을 쓴 것이라 함은 적극적으로 사기수단을 쓴 것을 말하는 것이고 단순히 자기가 능력자라 사언함은 사술을 쓴 것이라고 할 수 없다.

정답 ②

3. 배점 2 다음 사례에 관한 설명 중 옳은 것을 모두 고른 것은? (다툼 있으면 판례에 의함) [10년]

1991. 2. 1. 생인 甲은 2009. 11. 11. 법정대리인의 동의 없이 乙 신용카드회사와 카드가입계약을 체결하였다. 甲은 2009. 11. 25. 현금서비스로 5만원을 받았고, 그 다음 날 그 신용카드로 丙이 운영하는 가게에서 컴퓨터 부품을 10만원에 구입하였으며, 이에 乙 회사는 丙에게 그 대금을 지급하였다.

ㄱ. 甲이 신용카드가입계약을 취소하더라도 乙 회사는 이미 지급한 대금의 반환을 丙에게 청구할 수 없다.
ㄴ. 甲이 신용카드가입계약을 취소한 경우 甲은 乙 회사에 위 컴퓨터 부품을 부당이득으로 반환하여야 한다.
ㄷ. 甲이 현금서비스를 받은 5만원은 현존하는 것으로 추정되므로 신용카드가입계약이 취소된 경우, 甲은 乙 회사에 5만원에 이자를 붙여 반환하고 손해가 있으면 이를 배상하여야 한다.
ㄹ. 신용카드가입계약 당시 나이를 묻는 乙 회사 직원의 물음에 甲이 나이를 성년으로 위조한 주민등록증을 미리 준비하여 제시한 경우, 甲은 신용카드가입계약을 취소하지 못한다.

① ㄱ, ㄷ   ② ㄱ, ㄹ   ③ ㄴ, ㄷ   ④ ㄴ, ㄹ   ⑤ ㄷ, ㄹ

해설

＊ 무능력자인 미성년자가 법정대리인 동의 없이 법률행위를 한 경우의 법률관계를 종합

적으로 묻는 사례문제이다. 무능력을 원인으로 한 취소의 효과, 부당이득의 내용, 사술로 인하여 취소권이 배제되는 경우 등을 묻고 있다.

ㄱ. [正] 신용카드이용계약 취소의 효력이 미치는 범위를 묻는 지문이다. 신용카드를 이용한 물품 구매행위가 있고 난 이후에 신용카드이용계약이 취소된 경우 신용카드회사와 신용카드가맹점 사이에 체결된 가맹점계약이 어떠한 영향을 받는가를 묻는 지문이다. 가맹점계약의 당사자와 신용카드이용계약의 당사자가 다르다는 점에 비추어 보면 신용카드이용계약이 취소되더라도 가맹점계약이 영향을 받지 않는다고 보아야 하며, 여기에 이른바 일부취소의 법리가 적용될 여지는 없다.
[大判 2005. 4. 15. 2003다60297 · 60303 · 60310 · 60327] 신용카드 이용계약이 취소됨에도 불구하고 신용카드회원과 해당 가맹점 사이에 체결된 개별적인 매매계약은 특별한 사정이 없는 한 신용카드 이용계약 취소와 무관하게 유효하게 존속한다 할 것이고, 신용카드발행인이 가맹점들에 대하여 그 신용카드사용대금을 지급한 것은 신용카드 이용계약과는 별개로 신용카드발행인과 가맹점 사이에 체결된 가맹점 계약에 따른 것으로서 유효하다.

ㄴ. [誤] 신용카드이용계약이 취소된 후 무능력자인 甲이 신용카드회사 乙에 대하여 부담하는 부당이득의 내용이 무엇인가를 묻는 지문이다. 미성년자 甲이 신용카드를 이용하여 물품을 구매한 뒤 신용카드이용계약을 취소한 경우, 신용카드회원인 미성년자 甲은 현존이익의 범위에서 부당이득반환의무를 부담하는데, 그 현존이익이란 물품구매대금채무를 면하는 이익이며, 물품구매행위를 통하여 구입한 컴퓨터 부품은 아니다. 왜냐하면 신용카드이용계약의 취소로 인하여 물품구매계약이 취소되는 것은 아니기 때문에 미성년자 甲이 물품구매계약을 통하여 취득한 컴퓨터 부품은 부당이득이라고 할 수 없고, 다만 미성년자 甲이 부담하는 물품대금채무는 신용카드회사 乙이 가맹점계약에 따라 가맹점 丙에게 지급한 카드대금에 의하여 면제되기 때문이다.
[大判 2005. 4. 15. 2003다60297 · 60303 · 60310 · 60327] 신용카드발행인의 가맹점에 대한 신용카드이용대금의 지급으로써 신용카드회원은 자신의 가맹점에 대한 매매대금 지급채무를 법률상 원인 없이 면제받는 이익을 얻었으며, 이러한 이익은 금전상의 이득으로서 특별한 사정이 없는 한 현존하는 것으로 추정된다.

ㄷ. [誤] 신용카드이용계약이 취소된 경우, 현금서비스로 교부받은 금원이 부당이득이 되는지 여부 및 무능력자의 반환범위를 묻는 문제이다. 현금서비스 이용계약은 신용카드이용계약의 내용이므로 신용카드이용계약이 취소된 경우, 그에 포함되는 현금서비스 이용계약에도 취소의 효력이 미친다고 보아야 한다. 한편 현금서비스 이용계약이 무능력을 이유로 취소된 경우에는 무능력자는 선의 · 악의 여부를 불문하고 현존이익의 범위에서 반환의무를 부담한다. 무능력자가 받은 이익이 금전상 이익인 경우에는 특별한 사정이 없는 한 그 이익이 현존한다고 추정하는 것이 대법원 입장이다. 따라서 무능력자 甲이 현금서비스로 교부받은 5만원은 현존하는 것으로 추정되고, 5만원의 법정이자 상당액도 현존하고 있는 것으로 추정되지만, 무능력자가 그 범위를 넘어 보유하고 있는 모든 이익과 기타 손해까지 배상하여야 하는 것은 아니다.
[大判 2005. 4. 15. 2003다60297 · 60303 · 60310 · 60327] 미성년자가 신용카드발행인과 사이에 신용카드 이용계약을 체결하여 신용카드거래를 하다가 신용카드 이용계약

을 취소하는 경우 미성년자는 (신용카드발행인에 대하여) 그 행위로 인하여 받은 이익이 현존하는 한도에서 상환할 책임이 있다(민법 제141조 단서).

ㄹ. [正] 무능력자가 사술로써 능력자로 믿게 한 때에는 그 행위를 취소하지 못한다(민법 제17조 제1항). 취소권을 배제하는 사술이 무엇을 의미하는가에 관해서는 견해의 대립이 있다. 판례는 적극적 사기수단만을 본조의 사술로 보아 취소권을 배제하고 있다. 미성년자 甲이 위조한 주민등록증을 제시하는 행위는 적극적 사기수단을 사용한 것으로 보아야 한다. 결국 甲의 취소권이 배제되어 甲이나 그의 법정대리인은 신용카드가입계약을 취소하지 못한다.
[大判 1971. 12. 14. 71다2045] 민법 제17조에 이른바 "무능력자가 사술로써 능력자로 믿게 한 때"에 있어서의 사술을 쓴 것이라 함은 적극적으로 사기수단을 쓴 것을 말하는 것이고 단순히 자기가 능력자라 사언함은 사술을 쓴 것이라고 할 수 없다.

정답 ②

4. 무능력자의 상대방 보호제도에 관한 설명 중 옳지 않은 것은? [02년]

① 최고의 상대방은 최고를 수령할 능력과 취소나 추인을 할 수 있는 능력이 있어야 한다.
② 미성년자가 사술로써 법정대리인의 동의가 있는 것으로 믿게 한 경우에는 그 행위를 취소하지 못한다.
③ 무능력자의 단독행위에 대한 거절은 상대방이 의사표시를 수령할 당시에 선의 또는 악의였는지를 불문하고 인정된다.
④ 상대방은 무능력자 측에서 추인하기 전까지 그의 의사표시를 철회할 수 있지만, 무능력자에 대하여는 능력자로 된 경우에만 철회의 의사표시를 할 수 있다.
⑤ 최고를 받은 자가 유예기간 내에 추인 또는 취소의 확답을 하면 각각 그에 따른 효과가 생기며, 최고의 효과는 유예기간 내에 확답을 발하지 않은 경우에 발생한다.

해설

① [正] 무능력자와 거래한 상대방의 최고는 당해 법률행위를 확정적으로 유효로 만드는 것이 원칙이다. 따라서 최고의 상대방은 최고를 수령할 능력이 있고, 취소나 추인을 할 수 있는 능력이 있어야 한다. 따라서 무능력자는 무능력자로 있는 동안에는 최고의 상대방이 될 수 없다.
② [正] 무능력자가 사술로써 능력자로 믿게 하거나 미성년자, 한정치산자가 사술로써 법정대리인의 동의 있는 것으로 믿게 한 때에는 무능력자 측의 취소권이 배제된다.
③ [正] 무능력자의 단독행위에 대한 거절은 단독행위의 상대방이 선의인가 악의인가를 불문하고 인정된다. 이점은 무능력자 상대방의 계약철회와 구별된다.
④ [誤] 철회는 당해 법률행위를 무능력자의 상대방이 적극적으로 무효화시키는 것이므로 무능력자에 대하여도 할 수 있다.

⑤ [正] 최고의 효과가 발생하는 것은 유예기간 내에 확답이 발송되지 아니한 경우에 한정된다. 즉, 최고의 효과가 발생하는지는 유예기간 내에 확답이 상대방측에 도달되었는가에 달려 있는 것이 아니라 발송되었는가에 달려 있다(발신주의). 확답의 발송이 있는 경우에는 최고의 효과는 발생하지 않으며, 당해 확답의 의사표시의 효과가 발생할 뿐이다.

정답 ④

5. 부재자의 재산관리인에 대한 설명 중 옳은 것을 모두 고른 것은? (다툼 있으면 판례에 의함) [05년]

㉠ 가정법원에 의하여 선임된 재산관리인은 일종의 법정대리인이며, 법원은 언제든지 개임할 수 있다.
㉡ 부재자의 재산관리인이 법원으로부터 부재자 소유 부동산의 매각처분행위를 허락받았다면, 비록 부재자와는 아무 관계가 없는 타인의 채무담보를 위해 저당권을 설정하더라도 그 저당권 설정은 유효하다.
㉢ 재산관리인의 처분행위에 대한 법원의 허가는 장래의 처분행위에 대하여만 할 수 있다.
㉣ 부재자의 재산관리인이 선임되어 있다 하더라도, 부재자는 반드시 재산관리인을 통하여서만 법률행위를 하여야 하는 것은 아니다.
㉤ 법원이 부재자재산의 매각허가에 아무런 제한을 가하지 아니하였다 하더라도 재산관리인이 매각방법을 임의로 정할 수는 없다.
㉥ 법원에 의해 선임된 재산관리인이 법원의 허가를 받아 적법하게 부재자의 재산을 처분한 경우, 그 후 부재자에 대해 실종선고가 내려져 위 재산처분행위가 있기 이전에 사망한 것으로 간주되었더라도 위 재산처분행위가 무효로 되는 것은 아니다.

① ㉠, ㉣, ㉤ ② ㉠, ㉣, ㉥ ③ ㉡, ㉢, ㉤
④ ㉠, ㉤ ⑤ ㉣, ㉥

해설

㉠ [正] [大決 1961. 1. 25. 4293민재항349] 가정법원에 의하여 선임된 재산관리인은 일종의 법정대리인이며, 선임된 재산관리인은 언제든지 사임할 수 있고, 법원도 언제든지 개임할 수 있다.
㉡ [誤] [大決 1976. 12. 21. 75마551] 법원의 처분허가를 얻었다 하더라도 부재자와 아무런 관계가 없는 남의 채무의 담보만을 위하여 부재자 재산에 근저당권을 설정하는 행위는 통상의 경우 객관적으로 부재자를 위한 처분행위로서 당연하다고는 경험칙상 볼 수 없다.
㉢ [誤] [大判 1982. 12. 14. 80다1872] 부재자의 재산관리인에 의한 부재자소유 부동산매각행위의 추인행위가 법원의 허가를 얻기 전이어서 권한 없이 행하여진 것이라고 하더라도, 법원의 재산관리인의 초과행위 결정의 효력은 그 허가받은 재산에 대한 장래의

처분행위뿐만 아니라 기왕의 처분행위를 추인하는 행위로도 할 수 있는 것이므로 그 후 법원의 허가를 얻어 소유권이전등기절차를 경료케 한 행위에 의하여 종전에 권한 없이 한 처분행위를 추인한 것이라 할 것이다.

ⓐ [正] 부재자재산관리인은 부재자의 종래 주소나 거소를 중심으로 하는 부재자의 재산관계를 관리할 뿐이므로 부재자 본인의 권리능력이나 행위능력에는 영향이 없다. 따라서 부재자 본인은 스스로 법률행위를 유효하게 할 수 있다.

ⓑ [誤] [大判 1956. 2. 25, 55다455] 부재자 재산관리인이 부재자의 재산을 매각하려면 법원의 허가를 요하는 것이고 법원이 허가를 함에 있어서는 매각의 방법에 관하여는 경매법에 의한 매각을 명할 수도 있고 경매의 방법에 의하지 않고 임의매각하는 권한을 부여할 수도 있는 것이므로 법원이 허가함에 있어 매각방법에 관하여 하등제한이 없는 경우에는 재산관리인은 임의매각도 할 수 있다 해석함이 타당할 것이다.

ⓒ [正] [大判 1981. 7. 28, 80다2668] 부재자 재산관리인으로서 권한초과행위의 허가를 받고 그 선임결정이 취소되기 전에 위 권한에 의하여 이루어진 행위는 부재자에 대한 실종선고기간이 만료된 뒤에 이루어졌다고 하더라도 유효하다.

정답 ②

6. 배점 3 부재자의 재산관리에 관한 설명 중 옳은 것을 모두 고른 것은? (다툼 있으면 판례에 의함) [11년]

ㄱ. 부재자가 재산의 관리 및 처분의 권한을 母에게 위임하였다면, 母가 이후 부재자의 실종 후 법원에 신청하여 위 부재자의 재산관리인으로 선임된 경우라 할지라도, 母가 부재자 재산에 대하여 보존행위 혹은 관리행위 이외의 처분행위를 할 때에 별도로 법원의 허가를 받을 필요가 없다.

ㄴ. 부재자의 母가 대리권 없이 부재자 소유의 부동산을 매도한 경우(표현대리는 불성립한다고 가정함), 그 후에 선임된 부재자 재산관리인이 법원의 허가 없이 母의 매도행위를 추인하더라도 추인의 효력이 발생하지 않는다.

ㄷ. 부재자 소유 부동산에 대한 부재자 재산관리인의 매매계약이 법원의 허가를 받지 않은 권한초과행위로 인정되어서 무효를 이유로 소유권이전등기청구가 기각되어 확정되었다면, 그 판결 확정 후에 위 권한초과행위에 대하여 법원의 허가를 받았더라도 다시 위 매매계약에 기한 소유권이전등기청구의 소를 제기할 수 없다.

ㄹ. 부재자가 재산관리인을 선임하면서 처분권까지 부여하였더라도, 이후 부재자의 생사가 분명하지 않게 되었다면 위 부재자 재산관리인의 처분행위는 법원의 허가를 받아야 한다.

ㅁ. 부재자 재산관리인이 법원의 허가를 받고 선임결정이 취소되기 전에 한 처분행위는 그것이 부재자에 대한 실종기간 만료 후에 이루어졌더라도 유효하며, 그 효과는 부재자의 상속인에게 미친다.

① ㄱ, ㄷ   ② ㄴ, ㅁ   ③ ㄷ, ㄹ   ④ ㄴ, ㄹ   ⑤ ㄱ, ㅁ

ㄱ. [誤] 부재자에 의하여 선임된 재산관리인이 부재자 실종 후 법원에 의하여 재산관리인으로 유임된 경우, 그 재산관리인의 법적 지위를 묻는 지문이다. 본인에 의하여 선임된 부재자 재산관리인은 임의대리인으로서의 지위를 가지고, 그 권한행사는 본인과의 위임계약 내용에 의하여 좌우된다. 그러나 본인의 생사가 불명한 경우, 법원은 재산관리인, 이해관계인 또는 검사의 청구에 의하여 재산관리인을 개임할 수 있다(제23조). 한편 법원은 본인에 의하여 선임된 재산관리인을 유임할 수도 있다. 이렇게 법원이 유임한 재산관리인은 법정대리인으로서의 지위를 가지게 된다. 따라서 관리행위의 범위를 넘는 처분행위를 하기 위해서는 가정법원의 허가를 받아야 한다(제25조).
[大判 1977. 3. 22. 76다1437] 부재자로부터 재산관리 및 처분권한을 위임받은 재산관리인이 부재자 실종 후 법원에 신청하여 부재자의 재산관리인으로 선임된 경우에는 민법 제23조에 의하여 개임된 것으로 보아야 하므로 이때부터 재산관리인의 위임에 의한 관리권과 처분권은 종료되고 그 후 부재자 재산을 처분함에는 법원의 허가를 받아야 한다.

ㄴ. [正] 부재자의 무권대리인의 처분행위에 대하여 부재자 재산관리인이 추인하기 위해서는 법원의 허가가 필요한지 여부를 묻는 지문이다. 무권대리인의 처분행위에 대한 부재자 재산관리인의 추인도 처분행위라고 보아야 하고, 부재자 재산관리인의 처분행위에는 법원의 허가가 필요하므로(제25조) 법원의 허가 없이 이루어진 부재자 재산관리인의 추인은 추인으로서 효력이 발생하지 않는다.
[大判 1982. 12. 14. 80다1872] 법원의 재산관리인의 초과행위 결정의 효력은 그 허가받은 재산에 대한 <u>장래의 처분행위뿐만 아니라 기왕의 처분행위를 추인하는</u> 행위로도 <u>할 수 있는 것</u>이므로 무권대리인이 부재자의 부동산을 매각하는 행위를 한 후 법원에 의하여 선임된 부재자 재산관리인이 법원의 허가 없이 이를 추인하였지만, 그 후 법원의 허가를 얻어 소유권이전등기를 마쳐준 경우, 종전에 권한 없이 한 처분행위를 추인한 것이라 할 것이다.

ㄷ. [誤] 권한초과행위에 대한 소송에서 법원의 허가 없음을 이유로 청구기각 판결이 확정된 후 법원의 허가를 받은 경우, 다시 소송을 제기하는 것이 허용되는지를 묻는 지문이다. 판결 확정 후(정확하게는 기판력의 표준시점 이후)에 발생한 사정을 이유로 소송을 제기하는 것이므로 전 소송의 판결의 기판력에 저촉되지 않는다. 따라서 다시 소송을 제기하는 것은 허용된다.
[大判 2002. 1. 11. 2001다41971] 부재자재산관리인의 부재자 소유 부동산에 대한 매매계약에 관하여 법원의 허가를 받지 아니하였다는 이유로 소유권이전등기청구소송의 패소판결이 확정된 후 그 권한초과행위에 대하여 법원의 허가를 받게 되면 다시 그 매매계약에 기한 소유권이전등기청구의 소를 제기할 수 있다.

ㄹ. [誤] 부재자에 의하여 선임된 재산관리인의 권한행사에 법원의 허가가 필요한지 여부를 묻는 지문이다. 우선, 부재자와 재산관리인 사이의 약정에 의하여 정해진 권한을 행사하는 경우에는 법원의 허가가 필요하지 않다. 한편, 부재자와 재산관리인 사이의 약정에 의하여

정해진 권한을 초과하는 행위를 하는 경우, 원칙적으로는 본인인 부재자의 허락이 있어야 한다. 다만 본인인 부재자가 생사불명이라면 법원의 허가를 받아 권한초과행위를 할 수 있다(제25조 제2문). 이미 처분권까지 부여받은 재산관리인이라면 비록 본인인 부재자의 생사가 불명하게 되었더라도 처분행위에 법원의 허가를 받아야 하는 것은 아니다.
[大判 1973. 7. 24, 72다2136] 부재자가 월북하여 그 생사가 분명하지 아니하더라도 부재자가 스스로 위임한 재산관리인이 있는 경우에는, 그 재산관리인의 권한은 그 위임의 내용에 따라 결정될 것이며 그 위임관리인에게 재산처분권까지 위임된 경우에는 그 재산관리인이 그 재산을 처분함에 있어 법원의 허가를 요하는 것은 아니라 할 것이므로 재산관리인이 법원의 허가 없이 부동산을 처분하는 행위를 무효라고 할 수 없다.

ㅁ. [正] 부재자 재산관리인 선임결정 취소로 인하여 이미 이루어진 부재자 재산관리인의 처분행위가 소급하여 무효로 되는지 여부를 묻는 지문이다. 재산관리인 선임결정 취소에 소급효는 인정되지 않는다. 따라서 선임결정이 취소되기 전에 이루어진 부재자 재산관리인의 적법한 처분행위는 비록 그 행위가 부재자의 사망 후, 혹은 부재자에 대한 실종기간 만료 전에 이루어진 것이라고 하더라도 그 사정만으로는 그 행위의 효력을 부정할 수 없다.
[大判 1975. 6. 10, 73다2023] 부재자재산관리인이 권한초과행위의 허가를 받고 그 선임결정이 취소되기 전에 위 권한에 의하여 이뤄진 행위는 부재자에 대한 실종선고기간의 만료된 후에 이뤄졌다고 하더라도 유효한 것이고 그 재산관리인의 적법한 권한 행사의 효과는 이미 사망한 부재자의 재산상속인에게 미친다.
[大判 1991. 11. 26, 91다11810] 사망한 것으로 간주된 자가 그 이전에 생사불명의 부재자로서 그 재산관리에 관하여 법원으로부터 재산관리인이 선임되어 있었다면 재산관리인은 그 부재자의 사망을 확인했다고 하더라도 선임결정이 취소되지 아니하는 한 계속하여 권한을 행사할 수 있다.

정답 ②

7. 배점 2 甲이 이라크로 NGO 활동을 떠나 연락이 두절된 후, 이해관계인 乙의 청구로 법원은 재산관리인 丙을 선임하였다. 甲에게는 유일한 재산으로 10억 상당의 토지가 있다. 다음 설명 중 옳은 것은? (다툼 있으면 판례에 의함) [07년]

① 만일 丙이 법원의 허가를 얻어 위 토지를 상당한 가격에 戊에게 매도하였는데 매도 당시 甲이 귀국한 상태였다면, 丙과 戊의 매매계약은 무효이다.
② 丙이 법원의 허가를 얻어 처분행위를 한 후 그 허가결정이 취소되었다면 그 처분행위는 무효이다.
③ 丙이 甲에게 부과된 세금을 납부하기 위하여 돈을 A로부터 차용하면서 그 돈을 임대보증금으로 하여 A에게 위 토지를 임대하는 것은 법원의 허가 없이 할 수 있다.
④ 丙이 甲 소유 부동산에 대해 법원으로부터 매각처분허가를 얻은 후, 甲과는 아무런 관련이 없는 丁의 B 은행에 대한 채무의 담보로 위 부동산에 대해 B 은행 앞으로 저당권을 설정해 준 경우, B 은행은 위 부동산에 대해 저당권을 유효하게 취득한다.

⑤ 甲에 대해 법원으로부터 실종선고가 내려진 경우, 법원으로부터 이미 매각처분허가를 받은 丙으로부터 실종기간이 만료된 후 위 토지를 취득한 자에 대해 甲의 상속인은 그 반환을 청구할 수 있다.

해설

* 본 문제는 법원에 의하여 선임된 부재자 재산관리인의 권한의 범위와 권한소멸의 사유 및 절차에 관한 사례문제이다. 법원에 의하여 선임된 부재자 재산관리인의 법적 성질에 관하여 법정대리인이라고 이해하는 것이 통설이다. 또한 그 권한범위에 관하여는 관리행위는 가정법원의 허가가 없어도 적법·유효하게 할 수 있으나, 처분행위를 함에는 가정법원의 허가를 받아야 한다. 한편 재산관리의 종료사유가 발생하였다고 하더라도 재산관리인 선임결정이 취소되지 않는 한 재산관리인은 계속하여 그 권한을 적법·유효하게 행사할 수 있으며, 선임결정 취소의 효력은 소급하지 않으므로 선임결정 취소 전 재산관리인의 권한 범위 내의 행위는 재산관리인이 재산관리 종료사유를 알았는지 여부와 무관하게 유효하다.

① [誤] ⑤ [誤] 부재자 甲이 귀국한 상태라면 본인 스스로 재산관리를 할 수 있게 된 경우로서 재산관리의 종료사유가 발생한 상태라고 하여야 한다. 그러나 재산관리인 선임결정이 취소되기 전에 재산관리인이 가정법원의 처분허가를 얻어 처분행위를 한 경우, 비록 그 처분행위가 재산관리의 종료사유가 발생한 후에 이루어졌다고 하더라도 그 처분행위는 유효하다. 판례도 같은 취지에서 법원의 허가를 받은 재산관리인의 권한초과행위가 부재자에 대한 실종기간이 만료된 후에 이루어졌더라도 선임결정이 취소되기 전이라면 유효하다고 한다(91다11810).
[大判 1991. 11. 26. 91다11810] 사망한 것으로 간주된 자가 그 이전에 생사불명의 부재자로서 그 재산관리에 관하여 법원으로부터 재산관리인이 선임되어 있었다면 재산관리인은 그 부재자의 사망을 확인했다고 하더라도 선임결정이 취소되지 아니하는 한 계속하여 권한을 행사할 수 있다 할 것이므로 재산관리인에 대한 선임결정이 취소되기 전에 재산관리인의 처분행위에 기하여 경료된 등기는 법원의 처분허가 등 모든 절차를 거쳐 적법하게 경료된 것으로 추정된다.

② [誤] 권한초과행위에 관한 가정법원의 허가결정이 취소되었다고 하더라도 소급효는 인정되지 않는다. 따라서 나중에 허가가 취소되더라도 재산관리인의 처분행위는 유효하다.
[大判 1960. 2. 4. 58다636] 부재자재산관리인이 권한초과처분허가를 얻어 부동산을 매매한 후 그 허가결정이 취소되었다 할지라도 위 매매행위 당시는 그 권한초과처분가처분이 유효한 것이고 그 후에 한 동 취소결정이 소급하여 효력을 발생하는 것이 아니다.

③ [正] 법원에 의하여 선임된 재산관리인은 가정법원의 허가가 없더라도 재산관리의 목적물의 성질을 변하게 하지 아니하는 범위에서 이용·개량행위를 할 수 있다. 부재자 甲의 세금을 납부하기 위하여 부재자 甲의 토지를 임대하는 행위는 목적물의 성질을 변하게 하지 아니하는 관리행위라고 할 수 있다.

[大判 1980. 11. 11, 79다2164] 부재자재산관리인이 부재자를 위한 소송비용 때문에 피고로부터 돈을 차용하고, 그 돈을 임대보증금으로 하여 본건 임야를 골프장을 하는 피고에게 임대하였다면 이는 본법 제118조 소정의 물건의 성질을 변하지 아니한 이용 또는 개량행위로서 법원의 허가를 요하지 아니한다.

④ [誤] 재산관리인이 처분허가를 받았다고 하더라도 부재자와 아무런 관련이 없는 타인 채무의 담보를 위하여 부재자 재산에 저당권을 설정하는 행위 등은 부재자 재산관리인의 권한의 범위를 유월하는 행위로서 무권대리행위가 된다는 것이 판례이다.

[大決 1976. 12. 21, 75마551] 법원의 처분허가를 얻었다 하더라도 부재자와 아무런 관계가 없는 남의 채무의 담보만을 위하여 부재자 재산에 근저당권을 설정하는 행위는 통상의 경우 객관적으로 부재자를 위한 처분행위로서 당연하다고는 경험칙상 볼 수 없다.

정답 ③

8. 1988. 5. 1. 오후에 최종적으로 생존이 확인된 한국인 甲에 대하여 2001. 6. 1. 보통실종선고가 있었다. 甲은 1987. 4. 1. 乙社의 생명보험에 가입했으며, 보험금수령권자는 妻 丙이다. 乙社는 甲이 현재 미국에 살고 있다는 유력한 증거를 확보하였다. 다음 기술 중 옳은 것은? [03년]

① 甲은 1993. 5. 2.의 종료로 사망한 것으로 간주된다.
② 판례에 의하면, 법원에 의해 甲의 부재자재산관리인으로 선임된 자가 1995. 8. 1. 법원의 허가를 받아 한 처분행위는 위 실종선고에 의하여 실효한다.
③ 丙이 乙社를 상대로 생명보험금청구소송을 제기하는 경우, 乙社가 甲이 살아있다는 증거를 제시하면 丙의 청구는 기각된다.
④ 甲이 2001. 7. 1. 미국에서 甲의 실종선고사실을 알고 있는 丁과 위임계약을 체결하였을 경우, 甲은 이 계약에 따른 권리·의무의 귀속주체가 될 수 있다.
⑤ 丙이 甲의 실종선고 후 그 취소 전에 선의로 생명보험금을 수령한 경우, 실종선고가 취소되더라도 이를 원칙적으로 반환할 의무가 없다.

해설

① [誤] 기산일은 초일을 불산입하면 1988. 5. 2.이고, 보통실종기간이 5년이므로 만료일은 1993. 5. 1.이다. 따라서 1993. 5. 1의 만료로 사망한 것으로 간주된다.
② [誤] 부재자재산관리인의 처분행위는 실종선고에 의하여 영향을 받지 않는다.

[大判 1981. 7. 28, 80다2668] 부재자 재산관리인으로서 권한초과행위의 허가를 받고 그 선임결정이 취소되기 전에 위 권한에 의하여 이루어진 행위는 부재자에 대한 실종선고기간이 만료된 뒤에 이루어졌다고 하더라도 유효하다.

③ [誤] 실종선고의 효과는 사망으로 의제되는 것이므로 실종선고가 취소되지 않는 한 반증으로 실종선고의 효력을 부인할 수는 없다.
④ [正] 실종선고에 의하여 실종자가 사망자로 의제된다고 하더라도 이는 종래의 주소를

중심으로 한 사법상의 법률관계에 관하여 사망으로 의제하여 처리한다는 것을 의미할 뿐, 실종자의 권리능력이 상실되는 것은 아니다.

⑤ [誤] 선의수익자는 제29조 제2항에 의하여 현존이익의 범위 내에서 반환하여야 한다.

정답 ④

9. 「실종자 甲에게 실종선고가 내려져 甲의 부동산을 乙이 상속한 후 丙과 丁에게 순차적으로 소유권이전등기가 되었다. 그 후 甲이 살아 돌아와 실종선고가 취소되었다.」이 경우 민법 제29조 제1항 단서("그러나 실종선고 후 그 취소 전에 선의로 한 행위의 효력에 영향을 미치지 아니한다.")의 적용과 관련한 다음과 같은 각 견해에 따른 설명 중 옳은 것은? [04년]

A. 재산계약에 있어서는 거래당사자가 모두 선의여야 한다는 견해
B. 재산계약에 있어서는 어느 일방 당사자만이 선의이면 충분하며, 그 효력은 일률적으로 정할 필요가 없고 관계 당사자에 따라 개별적, 상대적으로 정한다는 견해
C. 재산계약에 있어서는 어느 일방 당사자의 선의이면 충분하고, 다만 그 후의 당사자는 악의이더라도 직전의 당사자가 선의이면 완전하게 권리를 취득한다는 견해

① 乙은 선의, 丙은 악의, 丁은 악의인 경우, A견해에 따르면 甲은 乙에 대하여 현존이익의 반환을 청구할 수 없다.
② 乙은 선의, 丙은 선의, 丁은 악의인 경우, B견해에 따르면 丙은 丁에게 담보책임을 부담하지 않는다.
③ 乙은 선의, 丙은 선의, 丁은 악의인 경우, B견해에 따르면 丁은 책략적으로 丙을 거래에 개입시킨 경우에도 소유권을 취득한다.
④ 乙은 선의, 丙은 악의, 丁은 선의인 경우, C견해에 따르면 甲은 乙·丁에 대해서는 아무런 청구를 할 수 없고, 丙에게만 가액의 반환을 청구할 수 있다.
⑤ 乙은 악의, 丙은 선의, 丁은 악의인 경우, C견해에 따르면 甲은 乙에 대하여 乙이 받은 이익과 그 이자의 반환을 청구할 수 있고, 단순히 甲의 생존사실을 알았던 丁에게는 부동산의 반환청구를 할 수 없다.

해설

① [誤] 쌍방선의설(A)에 의하면 乙·丙·丁은 모두 선의인 경우에만 제29조 제1항 단서에 의하여 보호되므로 부동산 소유권은 생환실종자에게 회복된다. 한편 실종선고를 직접원인으로 이익을 취득한 乙에 대하여 생환실종자 甲은 그 반환을 청구할 수 있다. 乙이 선의이므로 현존이익의 반환을 청구할 수 있다(제29조 제2항).
② [誤] 상대적 효력설(B=일방선의설)에 의하면, 악의인 丁은 甲에 대하여 소유권반환을 한 후, 丙에 대하여 타인권리매매로 인한 담보책임을 추궁할 수 있다(제570조 참조).

③ [誤] 상대적 효력설(B)에 의하면, 승계취득의 법리가 적용되지 아니하므로 丁이 악의자인 한 실종선고취소로부터 보호되지 않는다.
④ [誤] 절대적 효력설(C)에 의하더라도 甲은 실종선고를 직접 원인으로 소유권을 취득한 바 있는 乙에 대하여 그 이익의 반환을 청구할 수 있다. 다만 乙이 선의자이므로 그 반환의 범위는 현존이익의 범위로 제한된다.
⑤ [正] 절대적 효력설(C)에 의하면 생환실종자 甲은 그 취소에 기하여 실종선고를 직접 원인으로 하여 이익을 받은 자인 乙에 대하여는 그가 악의이므로 그가 받은 이익과 그 이자의 반환을 청구할 수 있으나(제29조 제2항), 수익자 丙이 선의이므로 확정적으로 부동산의 소유권을 취득하고, 그 이후의 전득자인 丁은 선·악을 불문하고 승계취득의 법리에 따라 부동산의 소유권을 취득하게 된다.

정답 ⑤

10. 배점 3 실종선고를 받은 甲의 처 乙은 甲소유의 토지 X를 상속받아 이를 丙에게 양도하였고 丙은 이를 다시 丁에게 양도하였으며, 乙은 戊와 재혼하였다. 수년이 경과한 후 甲이 살아 돌아오게 되었고 甲에 대한 실종선고는 취소되었다. 실종선고의 취소에 따른 법률관계에 관한 다음 설명 중 옳지 않은 것을 모두 고른 것은? [09년]

㉠ 乙·丙·丁 모두 선의이면 과실이 있더라도 甲은 丁으로부터 X 토지의 반환을 청구할 수 없다.
㉡ 乙·丙·丁 모두 선의이고 무과실이나 乙이 상속토지 X를 처분한 대금을 유흥비로 탕진한 경우에는 乙은 甲에게 이를 전부 반환하여야 한다.
㉢ 실종선고취소의 소급효를 제한하는 민법 제29조 제1항 단서의 규정은 각 관계당사자에 따라 개별적·상대적으로 적용되어야 한다는 견해에 의하면, 乙·丙은 선의이나 丁이 악의인 경우 甲은 丁으로부터 X 토지의 반환을 청구할 수 없고 乙에 대하여 그 받은 이익과 이자의 반환, 기타 손해배상을 청구할 수 있다.
㉣ 실종선고를 직접원인으로 하여 재산을 취득한 자와 그 이후의 취득자 중, 어느 한 사람이 선의이면 민법 제29조 제1항 단서의 규정이 적용된다는 견해에 의하면, 乙·丁은 악의이나 丙은 선의인 경우 甲은 丁으로부터 X 토지의 반환을 청구할 수 없고 乙에 대하여 그 받은 이익과 이자의 반환, 기타 손해배상을 청구할 수 있다.
㉤ 乙·戊 쌍방이 악의인 경우에는 甲·乙의 혼인관계는 부활하고 乙·戊의 혼인은 무효혼으로 된다.
㉥ 민법 제29조 제1항 단서의 규정은 신분행위에는 적용되지 아니한다는 견해는, 甲·乙의 혼인이 부활하고 乙·戊가 선의인 경우에만 중혼으로 되어 甲·乙의 혼인에는 이혼원인이 발생하고 乙·戊의 혼인은 취소혼으로 된다고 주장한다.

① ㉠, ㉡, ㉢, ㉤   ② ㉠, ㉡, ㉣, ㉤   ③ ㉡, ㉢, ㉤, ㉥

④ ㉡, ㉢, ㉣, ㉤　　　⑤ ㉡, ㉣, ㉥　　　⑥ ㉣, ㉤, ㉥
⑦ ㉢, ㉣　　　　　　⑧ ㉠, ㉥

해설

㉠ [正] 실종선고 취소에도 불구하고 선의로 한 행위는 영향을 받지 않는데, 선의로 한 행위가 되기 위해서는 선의이면 족한가 아니면 과실도 없어야 하는가를 묻는 지문이다. 선의란 실종선고가 사실에 반함을 알지 못하는 것을 의미하며, 과실여부는 문제되지 않는다는 것이 일반적인 견해이다. 따라서 乙·丙·丁이 모두 선의라면 비록 과실이 있더라도 실종선고 취소에 의한 영향을 받지 아니하므로 甲은 丁에게 X 토지의 반환을 청구할 수 없다.

㉡ [誤] 실종선고를 직접 원인으로 하여 재산을 취득한 자가 선의인 경우, 실종선고로 인하여 취득한 재산을 반환하여야 하는데(제29조 제2항), 현존이익의 범위에서 반환하여야 한다. 乙이 상속받은 토지를 처분하여 취득한 대금을 유흥비로 탕진하였다면 乙은 현재 그 이익을 보유하고 있다고 할 수 없다. 따라서 乙은 甲에게 반환의무를 부담하지 않는다.

㉢ [誤] 일방선의설의 내용을 묻는 지문이다. 일방선의설에 따르면 선의자에 대한 관계에서는 실종선고 취소의 소급효가 제한되지만, 악의자에 대한 관계에서는 실종선고 취소의 소급효가 제한되지 아니하므로 악의자 丁은 생환실종자 甲에게 X 토지를 반환하여야 한다.

㉣ [正] 일방선의설의 수정이론을 묻는 지문이다. 일방선의설에 의하여 보호되는 자로부터 권리를 다시 취득한 자는 비록 악의자라고 하더라도 그 권리를 보유할 수 있다는 견해인데, 그 견해에 따르면 丙이 일방선의설에 의하여 보호되는 자이므로 丙으로부터 다시 X 토지를 취득한 丁은 비록 악의자라고 하더라도 X 토지 소유권을 보유할 수 있다. 따라서 甲은 丁에게 X 토지의 반환을 청구할 수 없고, 실종선고를 직접 원인으로 재산을 취득한 乙에 대하여 그 이익의 반환을 청구할 수 있을 뿐인데, 乙은 악의자이므로 받은 이익과 이자를 반환하고 나아가 기타 손해까지 배상하여야 한다.

㉤ [誤] 乙과 戊의 재혼은 중혼으로 취소사유가 있는 혼인이 된다.

㉥ [誤] 제29조 제1항 단서가 신분행위에 적용되지 아니한다는 견해에 따르면 신분행위에 관해서는 소급효를 제한하지 않기 때문에 甲에 대한 실종선고 취소에 의하여 甲과 乙의 혼인은 乙·戊가 선의였는지와 무관하게 부활한다. 따라서 乙과 戊의 혼인은 당연히 중혼으로 되고, 어떠한 혼인관계를 유지할 것인가는 관계 당사자가 자유롭게 결정할 수 있게 된다.

정답 ③

제2절 법 인

1. 배점 4 다음 사례에 관한 설명으로 옳지 않은 것을 모두 고르면?(다툼 있으면 판례에 의함) [07년]

비법인사단 A 재건축조합(이하 'A 조합'이라고 한다) 회장 甲은 2002. 12. 4. 조합원총회의 결의를 거치지 않고서 S 건설회사와 재건축아파트 설계용역계약을 체결하였다. 그 후 甲은 회장직을 사임하였음에도 후임 회장이 선출되지 않은 상황에서(부회장 乙도 사임하였고, 후임 부회장도 선출되지 않았다) A 조합이 자금부족 상태에 봉착하자, 조합원총회의 결의 없이 A 조합 소유 X 토지를 C 회사에게 양도하는 매매계약을 다른 이사들과 협의하여 체결하고 그 대금을 지급받아 A 조합의 수입으로 계상하였다. 그밖에 2003년부터 2006년까지 X 토지에 대한 재산세 등의 세금이 그 공부상 명의자인 A 조합에 부과되자 A 조합의 후임 회장 丙은, C 회사가 X 토지의 실질적인 소유자라는 이유로 C 회사로부터 세금 상당액을 지급받아 세무관서에 납부하였다. A 조합의 정관에는 조합 재산의 관리 및 처분에 관한 규정이 없으며, 제17조는 '사업시행자, 시공회사, 설계자의 선정 및 약정에 관한 사항, 기타 규약 또는 조합설립인가 조건에서 총회결의를 요하는 사항' 등을 총회결의 사항으로 하고 있고, 제20조는 조합의 대표권은 회장에게만 있되 회장의 유고시 부회장이 직무를 대행하며, 회장은 조합원총회에서 조합원들의 투표로 선출하도록 규정하고 있다.

㉠ 설계용역계약은 총유물의 관리 및 처분행위에 해당하여 A 조합의 조합원총회 결의를 거쳐야 한다.
㉡ A 조합이 설계용역계약의 효력을 부인하려면, S 건설회사가 그 계약체결 당시에 조합원총회의 결의가 필요하다는 것을 알았거나 알 수 있었다는 점을 A 조합이 주장·입증하여야 한다.
㉢ X 토지를 매도할 당시 甲은 대표자로서의 직무를 계속 수행할 수 있었으며, 임기 중인 다른 이사들과 협의하여 체결하였으므로 X 토지의 매매계약은 유효하다.
㉣ X 토지의 매매계약이 무효인 경우, A 조합은 이에 대해 묵시적으로 추인한 사실이 인정되어 C 회사는 X 토지의 소유권이전등기를 청구할 수 있다.
㉤ 甲이 X 토지를 매도함에 있어 조합원총회의 결의를 거치지 않았을지라도 민법 제126조의 표현대리에 관한 규정이 유추적용되어 X 토지의 매매계약이 유효하게 되는 경우가 있다.

① ㉠, ㉡, ㉢ ② ㉠, ㉣, ㉤
③ ㉢, ㉤ ④ ㉢, ㉣, ㉤
⑤ ㉡, ㉣ ⑥ ㉠, ㉢, ㉣, ㉤
⑦ ㉢, ㉣ ⑧ ㉠, ㉡, ㉢, ㉣

해설

㉠ **[誤]** A 조합 대표자의 설계용역계약체결행위가 총유물의 관리 및 처분행위에 해당하는가를 묻는 지문이다. 총유물의 관리 및 처분행위란 총유물 그 자체에 관한 처분행위 혹은 이용·개량행위를 말하는데, 설계용역계약체결행위는 단순한 채무부담행위에 불과할 뿐 이를 총유물의 관리 및 처분행위에 해당한다고 볼 수는 없다.

[大判 2003. 7. 22, 2002다64780] 주택건설촉진법에 의하여 설립된 재건축조합은 민법상의 비법인사단에 해당하고, 총유물의 관리 및 처분에 관하여는 정관이나 규약에 정한 바가 있으면 이에 따라야 하고, 그에 관한 정관이나 규약이 없으면 사원총회의 결의에 의하여 하는 것이므로 정관이나 규약에 정함이 없는 이상 사원총회의 결의를 거치지 않은 총유물의 관리 및 처분행위는 무효라고 할 것이나, <u>총유물의 관리 및 처분행위라 함은 총유물 그 자체에 관한 법률적·사실적 처분행위와 이용·개량행위를 말하는 것으로서 재건축조합이 재건축사업의 시행을 위하여 설계용역계약을 체결하는 것은 단순한 채무부담행위에 불과하여 총유물 그 자체에 대한 관리 및 처분행위라고 볼 수 없다.</u>

㉡ **[正]** A 조합 정관에 규정된 설계자의 선정 및 설계에 관한 약정에 조합원 총회의 결의를 요하도록 규정하고 있는데, 이는 조합의 대표자의 대표권을 제한하는 정관규정으로 볼 수 있다. 비법인사단 대표자의 대표권이 내부적으로 제한된 경우에도 사단법인 대표자의 대표권 제한이 등기되지 아니하는 한 제3자에게 대항할 수 없다는 제60조는 준용될 여지가 없다. 비법인사단의 경우 등기가 불가능하기 때문이다. 비법인사단의 대표자가 대표권의 내부적 제한을 유월하여 대표행위를 한 경우에도 원칙적으로 그 대표행위는 유효하나, 거래의 상대방이 대표권의 내부적 제한을 알았거나 알 수 있었을 때에는 그 대표행위는 효력이 없다고 보는 것이 판례이다. 한편 상대방이 대표권의 내부적 제한을 알았거나 알 수 있었다는 사정은 비법인사단측에서 증명하여야 한다.

[大判 2003. 7. 22, 2002다64780] <u>비법인사단의 경우에는 대표자의 대표권 제한에 관하여 등기할 방법이 없어 민법 제60조의 규정을 준용할 수 없고, 비법인사단의 대표자가 정관에서 사원총회의 결의를 거쳐야 하도록 규정한 대외적 거래행위에 관하여 이를 거치지 아니한 경우라도, 이와 같은 사원총회 결의사항은 비법인사단의 내부적 의사결정에 불과하다 할 것이므로, 그 거래 상대방이 그와 같은 대표권 제한 사실을 알았거나 알 수 있었을 경우가 아니라면 그 거래행위는 유효하다고 봄이 상당하고, 이 경우 거래의 상대방이 대표권 제한 사실을 알았거나 알 수 있었음은 이를 주장하는 비법인사단측이 주장·입증하여야</u> 한다.

㉢ **[誤]** i) 임기만료 또는 사임으로 대표이사가 물러난 후에는 법인과의 위임 유사의 관계가 종료되지만, 후임이사의 선임시까지 이사가 존재하지 않는다면, 기관에 의하여 행위를 할 수밖에 없는 법인으로서는 당장 정상적인 활동을 중단하여야 할 상황에 놓이게 되고, 이는 제691조에 규정된 위임종료의 경우에 급박한 사정이 있는 때와 같으므로, 이러한 경우에는 후임이사가 결정될 때까지 이사에게 종전의 업무를 수행할 의무와 권한이 있다. 다만 종전의 이사로 하여금 업무를 계속 수행케 하는 것이 부적당하다고 인정할 만한 특별한 사정이 있는 경우에는 그렇지 않다. 사안의 경우 대표자 甲의 임기가 만료되었으나 후임대표자가 선임되지 아니하였을 뿐만 아니라 대표자를 대행할

부회장도 존재하지 않는 상태이므로 甲은 후임 대표자가 선임될 때까지 종전의 업무를 수행할 의무와 권한이 있다. 다만 그 구체적인 업무수행권의 범위는 개별적, 구체적으로 판단하여야 한다. A 조합의 자금부족 상태를 해결하기 위하여 A 조합의 X 토지를 매각하는 것이 급박한 사정을 해소하기 위한 것이었는지는 단정할 수 없다.

ⅱ) 한편 X 토지의 매각행위가 임기만료된 대표자 甲이 A 조합의 급박한 사정을 해소하기 위한 것이었다고 하더라도 이는 총유물 처분행위에 해당하므로 그에 관한 요건을 충족하여야 한다. 총유물의 관리 및 처분에 관하여 정관이나 규약에 정한 바가 있으면 이에 따라야 하고, 그에 관한 정관이나 규약이 없으면 사원총회의 결의에 의하여 하는 것이므로, 정관이나 규약에 정함이 없는 이상 사원총회의 결의를 거치지 않는 총유물의 관리 및 처분행위는 무효라고 할 것이다. 甲의 X 토지 매각행위는 사원총회의 결의가 없었으므로 무효이다.

[大判 2003. 7. 8, 2002다74817] [1] 권리능력 없는 사단인 재건축주택조합과 그 대표기관과의 관계는 위임인과 수임인의 법률관계와 같은 것으로서 임기가 만료되면 일단 그 위임관계는 종료되는 것이 원칙이고, 다만 그 후임자가 선임될 때까지 대표자가 존재하지 않는다면 대표기관에 의하여 행위를 할 수밖에 없는 재건축주택조합은 당장 정상적인 활동을 중단하지 않을 수 없는 상태에 처하게 되므로, 민법 제691조의 규정을 유추하여 구 대표자로 하여금 조합의 업무를 수행케 함이 부적당하다고 인정할 만한 특별한 사정이 없고 종전의 직무를 구 대표자로 하여금 처리하게 할 필요가 있는 경우에 한하여 후임 대표자가 선임될 때까지 임기만료된 구 대표자에게 대표자의 직무를 수행할 수 있는 업무수행권이 인정된다. [2] 권리능력 없는 사단의 임기만료된 종전 대표자에게 후임자 선임시까지 업무수행권을 인정할 필요가 있는 경우에 해당한다 하더라도, <u>임기만료된 대표자의 업무수행권은 급박한 사정을 해소하기 위하여 그로 하여금 업무를 수행하게 할 필요가 있는지를 개별적·구체적으로 가려 인정할 수 있는 것이지 임기만료 후 후임자가 아직 선출되지 않았다는 사정만으로 당연히 포괄적으로 부여되는 것이 아니다.</u>

[大判 2003. 7. 22, 2002다64780] 주택건설촉진법에 의하여 설립된 재건축조합은 민법상의 비법인사단에 해당하고, 총유물의 관리 및 처분에 관하여는 정관이나 규약에 정한 바가 있으면 이에 따라야 하고, 그에 관한 정관이나 규약이 없으면 사원총회의 결의에 의하여 하는 것이므로 정관이나 규약에 정함이 없는 이상 사원총회의 결의를 거치지 않은 총유물의 관리 및 처분행위는 무효라고 할 것이나, 총유물의 관리 및 처분행위라 함은 총유물 그 자체에 관한 법률적·사실적 처분행위와 이용·개량행위를 말하는 것으로서 재건축조합이 재건축사업의 시행을 위하여 설계용역계약을 체결하는 것은 단순한 채무부담행위에 불과하여 총유물 그 자체에 대한 관리 및 처분행위라고 볼 수 없다.

㉣ [誤] X 토지의 매매계약이 묵시적 추인으로 인정되기 위해서는 무효사유가 종료된 후에 하여야 한다. 또한 그 새로운 행위가 요식행위라면 그 방식도 갖추어야 한다. 사안의 경우 후임 회장 丙이 한 세금의 납부를 묵시적 추인으로 볼 여지도 있으나 X 토지에 대한 매매계약이 유효로 되기 위한 사원총회의 결의 요건은 여전히 결여된 상태이다. 따라서 丙의 행위는 묵시적 추인으로 인정될 수 없고, C는 A 조합에게 토지의 이전등기를 청구할 수 없다.

⑩ [誤] [大判 2003. 7. 11. 73626] 비법인사단인 피고 주택조합의 대표자가 조합총회의 결의를 거쳐야 하는 조합원 총유에 속하는 재산의 처분에 관하여는 조합원 총회의 결의를 거치지 아니하고는 이를 대리하여 결정할 권한이 없다 할 것이어서 피고 주택조합의 대표자가 행한 총유물인 이 사건 건물의 처분행위에 관하여는 민법 제126조의 표현대리에 관한 규정이 준용될 여지가 없다.

정답 ⑥

2. 배점 4 다음 사례에 관한 설명으로 옳은 것을 모두 고른 것은?(다툼 있으면 판례에 의함) [09년]

X부동산의 소유자 甲은 乙 비법인사단의 대표 丙과 X를 3억원에 매도하기로 하는 계약을 체결하고 계약금 3,000만원을 받았다. 공익사업을 수행해 오던 乙의 명성과 권위를 믿고 매매대금을 완불받지 않은 상태에서 甲은 丙에게 소유권이전등기에 필요한 서류 일체를 교부하였다. 丙은 乙 명의로 X의 소유권이전등기를 경료하는 것과 동시에 丁으로부터 乙 명의로 3억원을 차용하고 그 담보로 X에 대해 저당권을 설정해 주었다. 丙은 위 차용금 3억원을 개인 사업자금으로 유용하였다. 乙의 정관에는 부동산 매매와 부동산의 담보제공의 경우에는 이사회의 결의가 있어야 한다고 규정되어 있다. 그러나 丙은 이사회의 결의 없이 위 모든 거래를 수행하였다.

㉠ 丙의 대표권 제한의 사실을 甲이 알았거나 알 수 있었음을 乙이 증명하면 甲과 乙 사이의 매매계약은 무효가 된다.
㉡ 丁이 丙의 차용금 유용 의사를 알았거나 알 수 있었을 경우에는, 乙과 丁 사이의 금전소비대차계약은 무효로 되며 丁은 저당권을 취득하지 못한다.
㉢ 丁이 乙에게 X부동산의 소유권이 귀속되었다고 과실없이 믿었다면, 丙의 대표권 제한을 甲이 알았는지 여부와 무관하게 丁은 저당권을 취득한다.
㉣ 乙이 丙의 대표권 제한의 사실을 甲이 알 수 있었음을 증명한 경우, 甲은 乙에게 매매대금 상당의 손해배상을 청구할 수 있지만, 배상액은 甲의 과실만큼 상계된다.
㉤ 丁이 저당권을 취득하지 못하더라도, 丙의 대표권 제한의 사실 또는 대표권의 남용에 관하여 丁이 알았거나 알 수 있었음을 乙이 증명하지 못하는 한 乙은 丁에게 금전소비대차상의 원리금을 지급하여야 한다.

① ㉠, ㉡, ㉢, ㉣, ㉤   ② ㉠, ㉡, ㉢, ㉣   ③ ㉠, ㉡, ㉣, ㉤
④ ㉡, ㉢, ㉣, ㉤   ⑤ ㉠, ㉡, ㉣   ⑥ ㉠, ㉡, ㉤
⑦ ㉡, ㉢, ㉣   ⑧ ㉡, ㉣, ㉤

해 설

㉠ [正] 乙 비법인사단의 대표자 丙이 이사회 결의 없이 체결한 甲과 乙의 매매계약의 효력을 묻는 지문이다. 비법인사단 乙의 대표자 丙이 甲으로부터 부동산을 매수하는 행위는 비법인사단이 매매대금채무라는 금전채무를 부담하게 만드는 행위이며, 총유재산처분행위에 해당하지 않는다. 따라서 비법인사단 乙의 정관규정은 대표자 丙의 대표권을 제한하는 규정이다. 비법인사단의 대표자가 대표권의 내부적 제한을 위반하여 대외적 거래행위를 한 경우, 이러한 대표행위도 원칙적으로 유효하고, 다만 상대방이 대표권의 내부적 제한을 알았거나 알 수 있었을 경우에 무효가 된다. 한편 상대방이 알았거나 알 수 있었음을 대표행위의 효력을 부정하는 비법인사단이 증명하여야 한다. 결국 비법인사단 乙이 甲의 악의나 과실을 증명하면 甲과 丙 사이에 체결된 매매계약은 무권대표로서 무효로 된다.

[大判 2003. 7. 22, 2002다64780] 비법인사단의 경우에는 대표자의 대표권 제한에 관하여 등기할 방법이 없어 민법 제60조의 규정을 준용할 수 없고, 비법인사단의 대표자가 정관에서 사원총회의 결의를 거쳐야 하도록 규정한 대외적 거래행위에 관하여 이를 거치지 아니한 경우라도, 이와 같은 사원총회 결의사항은 비법인사단의 내부적 의사결정에 불과하다 할 것이므로, 그 거래 <u>상대방이 그와 같은 대표권 제한 사실을 알았거나 알 수 있었을 경우가 아니라면 그 거래행위는 유효하다고 봄이</u> 상당하고, 이 경우 거래의 <u>상대방이 대표권 제한 사실을 알았거나 알 수 있었음은 이를 주장하는 비법인사단측이 주장 · 입증하여야 한다.</u>

㉡ [正] 乙과 丁 사이에 체결된 금전소비대차계약 및 저당권설정계약의 효력을 묻는 지문이다. 금전소비대차계약에는 대표권 남용이라는 하자가 있고, 저당권설정계약에는 정관규정을 위반한 하자가 있다. 丁이 대표자 丙의 유용의사를 알았거나 알 수 있었을 경우, 丁과 乙 사이의 금전소비대차계약은 무효로 된다. 한편 부동산에 대한 담보제공절차를 규정한 정관규정은 총유재산 처분방법에 관한 규정으로 이를 위반한 행위는 무효가 되고, 여기에는 표현대리의 법리가 적용되지 않는다. 결국 丁은 저당권을 취득할 수 없다.

㉢ [誤] 丁이 선의 · 무과실인 경우, 丁이 저당권을 취득할 수 있는지를 직접적으로 묻는 지문이다. 이 문제를 해결하기 위해서는 乙이 X 부동산의 소유권을 취득하였다고 평가될 수 있는지 여부, 또한 乙과 丁 사이의 저당권설정행위가 유효한 것으로 평가될 수 있는지 여부가 판단되어야 한다. 丙의 X 부동산 매수행위는 대표권의 내부적 제한을 위반하여 행하여진 것이고, 그 행위가 비법인사단 乙에게 효력이 있는지는 대표권의 내부적 제한 사실을 대표행위의 상대방인 甲이 알았는지, 알 수 있었는지에 의존한다. 만약 甲이 대표권의 내부적 제한을 알았다면 甲과 乙 사이에 체결된 부동산 매매계약은 무권대표행위로서 무효가 된다. 대표행위에 준용되는 무권대리에는 선의의 제3자를 보호하는 규정을 별도로 두고 있지 아니하므로 비록 丁이 선의 · 무과실이라고 하더라도 甲이 대표권의 내부적 제한사실을 알았거나 알 수 있었다면 乙의 소유권 취득이 부정되는 결과 丁 또한 저당권을 취득할 수 없다.

한편 乙의 소유권 취득이 인정된다고 하더라도 그 소유권 귀속형태는 乙이 비법인

사단인 관계로 구성원의 총유가 되고, 乙과 丁 사이의 저당권설정행위는 결국 총유재산 처분행위가 된다. 그런데 설문에서 乙의 대표자 丙은 총유재산 처분방법을 위반하여 저당권을 설정한 것이므로 그 상대방인 丁이 선의·무과실인지와 무관하게 저당권설정행위는 무효가 된다. 결국 丁이 저당권을 취득할 수는 없다.

ⓐ [誤] 비법인사단 乙이 丙의 대표권제한사실을 甲이 알 수 있었음을 증명하면 甲과 丙 사이에 체결된 매매계약은 무권대표로서 무효가 된다. 이러한 경우 대표자와 거래행위를 한 甲이 비법인사단 乙에 대하여 제35조 제1항에 따른 손해배상책임을 추궁할 수 있는가, 있다면 그 손해배상의 내용은 구체적으로 무엇인가를 묻는 지문이다. 판례는 대표자의 부정한 거래행위도 직무관련성이 인정될 수 있고, 법인은 제35조 제1항에 따라 손해배상책임을 부담할 수 있다는 입장이다. 따라서 甲은 비법인사단 乙에 대하여 손해배상을 청구할 수 있지만, 그 손해배상의 내용이 매매대금 상당액의 손해배상이 되지는 않는다. 불법행위에서 말하는 손해란 불법행위, 즉 가해행위가 없었더라면 존재하였을 재산상태와 가해행위 후 재산상태의 차이를 말하는데, 무효인 매매가 없었더라면 존재하였을 재산상태와 무효인 매매가 존재하는 현재 재산상태의 차이가 매매대금 상당액이라고 할 수 없기 때문이다. 甲은 X 부동산 소유권을 상실하지 않으며, X 부동산에 존재하는 丁의 저당권도 원인무효이기 때문에 甲이 입은 손해를 X 부동산 상실에 따른 손해라고 볼 수 없고, 丁의 저당권에 의해 담보되는 채권액 상당의 손해로도 볼 수 없다. 설문과 같은 경우 甲의 손해란 가령 甲이 乙에게 등기를 이전하는데 비용을 지출한 것이 있다면 이는 무효인 매매에 따라 甲이 입은 손해가 될 것이다. 또한 甲이 그 명의로 등기를 회복하기 위하여 비용을 지출할 수밖에 없다면 그 비용도 무효인 매매에 따라 甲이 입게 되는 손해가 될 것이다. 이와 같은 손해에 대하여 甲은 비법인사단 乙에게 손해배상을 청구할 수 있고, 그 배상액은 甲의 과실비율만큼 감액될 것이다.

[大判 1969. 8. 26. 68다2320] 행위의 외형상 법인의 대표자의 직무행위라고 인정할 수 있는 것이라면 설사 그것이 대표자 개인의 사리를 도모하기 위한 것이었거나 혹은 법령의 규정에 위배된 것이었다 하더라도 위의 직무에 관한 행위에 해당한다.

[大判(全) 1992. 6. 23. 91다33070] 불법행위로 인한 재산상 손해는 위법한 가해행위로 인하여 발생한 재산상 불이익, 즉 그 위법행위가 없었더라면 존재하였을 재산상태와 그 위법행위가 가해진 현재의 재산상태의 차이를 말하는 것이고, 그것은 기존의 이익이 상실되는 적극적 손해의 형태와 장차 얻을 수 있을 이익을 얻지 못하는 소극적 손해의 형태로 구분된다.

ⓑ [正] 丁이 저당권을 취득하지 못하더라도 丙이 乙을 대표하여 체결한 丁과의 금전소비대차계약이 당연히 무효로 되는 것은 아니다. 丙과 丁 사이에 체결된 금전소비대차계약은 대표권의 내부적 제한을 위반한 행위이며 동시에 대표자가 배임적 의도로 행한 행위이지만, 그 점에 관하여 비법인사단 乙이 丁의 악의나 과실을 증명하지 못한다면 丙과 丁 사이에 체결된 금전소비대차계약은 유효한 대표행위로서 비법인사단 乙은 금전소비대차계약에 따른 이행책임을 부담하여야 한다. 즉 금전소비대차상의 원리금을 지급하여야 한다.

정답 ⑥

민법총칙

3. 乙은 그 소유의 X부동산을 출연하여 甲재단법인을 설립하였고 그 후 설립등기를 마쳤다. 甲법인의 정관에는 대표이사가 법인의 재산을 처분할 경우에는 이사회의 결의를 거치도록 규정하고 있으나, 법인등기부에는 그와 같은 사항이 기재되지 않았다. 甲법인의 대표이사 A는 丁에게 X부동산을 매도하였으나 소유권이전등기를 하지 않고 있던 중 乙이 사망하였고, 乙의 아들 丙은 위와 같은 乙의 출연사실을 알고 있음에도 불구하고 X부동산에 관하여 자신 앞으로 상속등기를 한 후 戊에게 매도하여 소유권이전등기를 경료하였다. 이 경우에 관한 기술 중 옳지 않은 것은? [04년]

① 비록 丁이 재산처분에 관한 이사회의 결의가 필요함을 알고 있었다고 하더라도, 이를 법인등기부에 기재하지 않은 이상, 丁이 甲법인을 대표한 A와 체결한 매매계약은 유효하다는 것이 판례의 태도이다.
② 乙과 甲법인 사이에서는 이전등기가 없어도 X부동산의 소유권이 법인 성립시에 甲법인에 귀속되지만, 제3자에 대한 관계에서는 이전등기를 요한다는 것이 판례의 태도이다.
③ 재단법인 설립시에 출연된 부동산은 이전등기를 요하지 않고 재단법인의 성립시에 그 법인에 귀속된다는 학설에 의하면, X부동산의 소유권은 甲법인에서 丁에게 이전된다.
④ 판례의 입장에 따르면 X부동산의 소유자는 戊이다.
⑤ 판례의 입장에 따르면 丙은 甲법인에 대하여 손해배상책임을 진다.

해설

① [正] 대표권제한과 관련하여 대항할 수 있는 제3자의 범위에 대하여, 판례는 이른바 무제한설을 취하고 있는 바, 대표권제한의 등기를 하지 아니하는 한 그 제한사실을 알고 있는 제3자에게도 대항할 수 없게 된다(大判 1992. 2. 14, 91다24564).
② [正] 재단법인의 출연재산의 귀속시기에 관하여 판례는 이원설적 태도(대내외분리설)를 취하고 있는 바, 민법 제48조의 규정은 출연자와 법인과의 관계를 상대적으로 결정하는 기준에 불과하여 출연재산이 부동산인 경우에도 출연자와 법인 사이에는 법인의 성립 외에 등기를 필요로 하는 것은 아니지만, 제3자에 대한 관계에 있어서 출연행위는 법률행위이므로 출연재산의 법인에의 귀속에는 부동산의 권리에 관한 것일 경우 등기를 필요로 한다고 판시하였다(大判(全) 1979. 12. 11, 78다481·482).
③ [誤] 재단법인의 출연재산의 귀속시기에 관하여 다수설은 이른바 제48조 적용설을 취한다. 즉, 다수설은 제48조가 재산적 기초를 충실하게 하기 위한 특칙으로 제187조 소정의 '기타 법률의 규정'에 해당한다고 설명한다. 다수설에 의하면 일응 X부동산의 소유권은 법인설립등기시에 甲에게 귀속한다. 그러나 다수설에 의하더라도 甲법인이 취득한 재산을 처분하려면 부동산등기를 하였다가 처분하여야 한다(제187조 단서). 따라서 甲법인이 부동산등기를 경료하였다가 처분하여야 丁은 그 부동산의 소유권을 취득할 수 있다.

④ [正] 출연재산이 귀속되기 위해서는 甲법인의 부동산이전등기가 필요하다. 따라서 이를 등기하지 아니한 경우에는 대항할 수 없기 때문에 甲법인의 부동산취득은 부정된다. 결국 戊가 소유권을 취득한다.

⑤ [正] 대내적 관계에서 X부동산의 소유권은 甲법인에 귀속된 것이므로 丙의 재산처분행위는 결국 甲법인의 소유권침해행위에 해당한다. 따라서 불법행위로 인한 손해배상책임을 부담하게 된다.

정답 ③

4. 배점 3 다음의 사례에 관한 설명 중 옳은 것을 모두 고른 것은? (다툼 있으면 판례에 의함) [10년]

> A고교 동창생들은 모교를 후원하는 활동을 계속하여 오다가, 甲과 乙을 이사로 하는 丙 사단법인을 설립하고 그 설립등기를 마쳤다. 위 법인의 정관에 의하면, 법인의 목적은 A고교의 정보화 교육을 지원하는 것이고, 대표권은 이사가 공동으로 행사하도록 되어 있다. 법인의 이러한 목적은 등기되어 있으나, 대표권의 행사와 관련한 사항은 등기되어 있지 않다. 그 후 甲은 법인을 운영하는 과정에서 단독으로 丙 법인을 대표하여 법인기금 중 1억원을 이자 연 25%, 변제기 1년 후로 정하여 丁에게 대여하는 계약을 체결하였다.

> ㄱ. 甲이 丙 법인의 기금을 증식하기 위하여 丁과 위 소비대차계약을 체결하였더라도 그 계약은 정관에 명시된 목적에 반하는 행위로서 무효이다.
> ㄴ. 乙이 위 소비대차계약에 대하여 이의를 제기한 경우, 위 계약은 효력을 잃는다.
> ㄷ. 丁이 위 계약 체결 당시 丙 법인의 목적과 대표행위의 방법에 관한 정관 규정을 알았다고 하더라도 丁은 丙 법인에 대하여 소비대차계약에 기한 이행청구를 할 수 있다.
> ㄹ. 만약 甲이 丙 법인을 위해 자기 명의로 소비대차계약을 체결하였다면, 원칙적으로 丙 법인이 계약당사자의 지위를 가진다.

① ㄱ ② ㄷ ③ ㄱ, ㄴ
④ ㄷ, ㄹ ⑤ ㄱ, ㄴ, ㄹ ⑥ ㄴ, ㄷ, ㄹ

해설

ㄱ. [誤] 정관목적의 범위를 어떻게 해석하는가를 묻는 지문이다. 법인은 정관으로 정한 목적의 범위 내에서 권리와 의무의 주체가 된다(제34조). 정관으로 정한 목적의 범위는 목적에 반하지 않는 범위로 해석하는 입장과 목적 달성에 필요한 범위로 해석하는 입장으로 견해가 나누어져 있으나, 어느 견해를 따르더라도 법인의 기금을 증식하기 위하여 소비대차계약을 체결하는 행위는 목적 범위 내의 행위라고 보아야 한다. 따라서 甲이 丁과 체결한 소비대차계약은 무효라고 할 수 없다.
[大判 1999. 10. 8. 98다2488] 회사의 권리능력은 회사의 설립 근거가 된 법률과 회사

의 정관상의 목적에 의하여 제한되나 그 목적범위 내의 행위라 함은 정관에 명시된 목적 자체에 국한되는 것이 아니라, 그 목적을 수행하는 데 있어 직접, 간접으로 필요한 행위는 모두 포함되고 목적수행에 필요한지의 여부는 행위의 객관적 성질에 따라 판단할 것이고 행위자의 주관적, 구체적 의사에 따라 판단할 것은 아니다.

ㄴ. [誤] ㄷ. [正] 대표권의 내부적 제한을 위반한 대표행위의 효력을 묻는 지문이다. 甲과 乙이 공동으로 대표권을 행사하도록 정관에 규정되어 있어 甲과 乙의 대표권은 각각 상호 제한되어 있다. 그런데 이와 같은 제한이 등기되어 있지 않았기 때문에 이를 대외적으로 주장하지 못한다(제60조). 대표권의 내부적 제한이 등기되지 아니할 경우 이러한 사실을 알고 있는 제3자에 대해서도 대항할 수 없는 것인가에 관해서는 견해의 대립이 있다. 판례는 악의의 제3자에 대해서도 대항할 수 없다는 입장이다. 따라서 대표권이 제한되어 있다는 점을 주장하지 못하고, 甲의 소비대차계약 체결행위는 대표권 범위 내의 행위라고 평가된다. 결국 甲과 丁 사이에 체결된 소비대차계약은 乙이 이의를 제기하더라도 그것만으로 무효가 되지는 않는다.
[大判 1992. 2. 14. 91다24564] 법인의 정관에 법인 대표권의 제한에 관한 규정이 있으나 그와 같은 취지가 등기되어 있지 않다면 법인은 그와 같은 정관의 규정에 대하여 선의냐 악의냐에 관계없이 제3자에 대하여 대항할 수 없다.

ㄹ. [誤] 현명이 없는 대표행위의 효력을 묻는 지문이다. 법인의 대표에 관하여는 대리에 관한 규정을 준용한다(제59조제2항). 따라서 현명에 관한 규정(제115조)도 준용되므로 甲이 자기 명의로 체결한 소비대차계약은 현명하지 않는 것으로 다른 특별한 사정이 없는 한 행위자 甲에게 행위의 효력이 미친다. 따라서 丙 법인이 계약당사자의 지위를 가지는 것은 아니다.

정답 ②

5. 배점 2 甲교회(비법인사단)의 목사 丙은 교인총회를 소집하여 결의권자 중 1/2의 동의를 얻어 소속 교단 및 교회로부터 탈퇴를 선언하고 새로운 교회의 명칭을 乙교회(비법인사단)로 하였다. 그리고 乙교회는 甲교회의 소유명의로 되어 있던 교회건물에 대한 허위의 매매계약서를 작성하여 乙교회 명의로 소유권이전등기를 마쳤다(다만, 甲교회에는 교회 운영에 관한 자치규범이 있으며, 그 규범에는 자치규범의 변경 및 해산에 관한 별도의 의결정족수를 규정하고 있지 않음). 이 사례에 관한 설명 중 옳은 것을 모두 고른 것은? (다툼 있으면 판례에 의함)

[11년]

ㄱ. 교회건물은 甲교회의 잔류교인들과 乙교회의 교인들의 총유에 속한다.
ㄴ. 乙교회의 교인들도 교회건물을 사용할 수 있다.
ㄷ. 교회건물은 甲교회와 乙교회의 공유가 된다.
ㄹ. 교회건물은 甲교회의 잔류교인들의 총유에 속한다.
ㅁ. 甲교회의 교인총회에서 결의권자의 3/4 이상의 동의를 얻어야 소속 교단으로부터의 탈퇴가 법적으로 유효하다.

① ㄱ, ㄴ　　② ㄴ, ㄷ　　③ ㄱ, ㅁ　　④ ㄹ　　⑤ ㄹ, ㅁ

해설

* 비법인사단인 교회의 분열에 관한 사례문제이다. 교인 1/2의 동의를 얻어 소속 교단 및 교회로부터의 탈퇴결의가 어떠한 의미를 가지는지가 본 사례의 핵심적 쟁점이다. 이로 인하여 종전 교회가 새로운 교회로 바뀌는지, 교회재산인 건물의 귀속권리자는 누구인지 등이 문제된다.

ㄱ. [誤] ㄴ. [誤] ㄷ. [誤] ㄹ. [正] ㅁ. [誤] 교회재산인 교회건물의 귀속권리자가 누구인지 및 교단변경결의의 요건을 묻는 지문이다. 비법인사단인 교회의 재산은 교인들의 총유에 속한다. 그런데 비법인사단인 교회가 내부적 갈등으로 일부 교인들이 교단변경 및 교회에서의 탈퇴결의를 하고, 새로운 교회를 설립한 경우, 종전 교회재산이 새로운 교회의 구성원인 교인들에게 귀속되어야 하는지 아니면 종전 교회의 잔류교인들에게 귀속되어야 하는지 문제된다. 이 문제를 해결하기 위해서는 교단변경 및 교회에서의 탈퇴결의가 어떠한 의미를 가지는지가 밝혀져야 한다. (ㄱ) 교단변경 및 교회에서의 탈퇴결의는 일종의 정관변경결의라고 보는 것이 대법원의 입장이다. 따라서 별도의 규약이 존재하지 않는다면 민법에 따라 2/3 이상의 찬성이 있어야 유효하게 교단으로부터 탈퇴될 수 있다. 따라서 결의권자 3/4 이상의 동의를 얻어야 소속 교단으로부터의 탈퇴가 법적으로 유효하다는 ㅁ. 지문은 옳지 않다. (ㄴ) 1/2의 동의를 얻어 교단으로부터의 탈퇴를 결의하였으므로 탈퇴의 효과는 발생하지 않으며, 甲교회는 여전히 甲교회로서 존속하게 된다. 그렇다면 교회건물은 甲교회 구성원의 총유에 속하게 되는데, 이미 甲교회에서의 탈퇴를 결의하고 乙교회에 소속된 교인들은 甲교회재산인 교회건물에 대한 총유권자로서의 지위를 상실하게 된다. 결국 교회건물은 甲교회의 잔류교인들의 총유에 속하게 된다.

[大判(全) 2006. 4. 20, 2004다37775] 우리 민법이 사단법인에 있어서 구성원의 탈퇴나 해산은 인정하지만 사단법인의 구성원들이 2개의 법인으로 나뉘어 각각 독립한 법인으로 존속하면서 종전 사단법인에게 귀속되었던 재산을 소유하는 방식의 사단법인의 분열은 인정하지 아니한다. 그 법리는 법인 아닌 사단에 대하여도 동일하게 적용되며, <u>법인 아닌 사단의 구성원들의 집단적 탈퇴로써 사단이 2개로 분열되고 분열되기 전 사단의 재산이 분열된 각 사단들의 구성원들에게 각각 총유적으로 귀속되는 결과를 초래하는 형태의 법인 아닌 사단의 분열은 허용되지 않는다.</u> 교회가 법인 아닌 사단으로서 존재하는 이상, 그 법률관계를 둘러싼 분쟁을 소송적인 방법으로 해결함에 있어서는 법인 아닌 사단에 관한 민법의 일반 이론에 따라 교회의 실체를 파악하고 교회의 재산 귀속에 대하여 판단하여야 하고, 이에 따라 법인 아닌 사단의 재산관계와 그 재산에 대한 구성원의 권리 및 구성원 탈퇴, 특히 집단적인 탈퇴의 효과 등에 관한 법리는 교회에 대하여도 동일하게 적용되어야 한다. 따라서 교인들은 교회 재산을 총유의 형태로 소유하면서 사용·수익할 것인데, <u>일부 교인들이 교회를 탈퇴하여 그 교회 교인으로서의 지위를 상실하게 되면 탈퇴가 개별적인 것이든 집단적인 것이든 이와 더불어 종전 교회의 총유 재산의 관리·처분에 관한 의결에 참가할 수 있는 지위나 그 재산에 대한 사용·수익권을 상실하고, 종전 교회는 잔존 교</u>

인들을 구성원으로 하여 실체의 동일성을 유지하면서 존속하며 종전 교회의 재산은 그 교회에 소속된 잔존 교인들의 총유로 귀속됨이 원칙이다. 그리고 교단에 소속되어 있던 지교회의 교인들의 일부가 소속 교단을 탈퇴하기로 결의한 다음 종전 교회를 나가 별도의 교회를 설립하여 별도의 대표자를 선정하고 나아가 다른 교단에 가입한 경우, 그 교회는 종전 교회에서 집단적으로 이탈한 교인들에 의하여 새로이 법인 아닌 사단의 요건을 갖추어 설립된 신설 교회라 할 것이어서, 그 교회 소속 교인들은 더 이상 종전 교회의 재산에 대한 권리를 보유할 수 없게 된다.

[大判(全) 2006. 4. 20. 2004다37775] 특정 교단에 가입한 지교회가 교단이 정한 헌법을 지교회 자신의 자치규범으로 받아들였다고 인정되는 경우에는 소속 교단의 변경은 실질적으로 지교회 자신의 규약에 해당하는 자치규범을 변경하는 결과를 초래하고, 만약 지교회 자신의 규약을 갖춘 경우에는 교단변경으로 인하여 지교회의 명칭이나 목적 등 지교회의 규약에 포함된 사항의 변경까지 수반하기 때문에, 소속 교단에서의 탈퇴 내지 소속 교단의 변경은 사단법인 정관변경에 준하여 의결권을 가진 교인 2/3 이상의 찬성에 의한 결의를 필요로 하고, 그 결의요건을 갖추어 소속 교단을 탈퇴하거나 다른 교단으로 변경한 경우에 종전 교회의 실체는 이와 같이 교단을 탈퇴한 교회로서 존속하고 종전 교회 재산은 위 탈퇴한 교회 소속 교인들의 총유로 귀속된다.

정답 ④

6. 법인의 권리능력, 불법행위능력에 관한 설명 중 옳지 않은 것은? (다툼 있으면 판례에 의함) [06년]

① 법인의 대표자가 불법행위를 한 경우 행위의 외형상 대표자의 직무행위라고 인정할 수 있는 것이라면, 그것이 대표자 개인의 사리를 도모하기 위한 것이었다 하더라도 법인이 그 대표자의 불법행위로 인하여 손해배상의무를 질 수 있다.

② 법인의 대표자가 대표권을 남용하여 피해자에게 손해를 가한 경우, 피해자가 법인의 대표자의 위 행위가 직무에 관한 행위에 해당하지 아니함을 알고 있었던 경우에는 법인에게 손해배상책임을 물을 수 없으나, 피해자가 중대한 과실로 그러한 사정을 알지 못한 경우에는 법인에게 손해배상책임을 물을 수 있다.

③ 법인은 타인으로부터 상속을 받을 수는 없지만, 특정유증뿐만 아니라 포괄유증도 받을 수 있다.

④ 법인이 주택을 임차하여 인도받고 임대차계약서상에 확정일자를 구비한 후 그 직원이 주택의 주소지에 주민등록을 마쳤다 하더라도, 법인이 주택임대차보호법상의 주택 임차인에게 인정되는 우선변제권을 주장할 수는 없다.

⑤ 회사가 부채과다로 사실상 파산지경에 있어 업무도 수행하지 아니하고 대표이사나 그의 이사도 없는 상태에 있다고 하여도 적법한 해산절차를 거쳐 청산을 종결하기까지는 법인의 권리능력이 소멸한 것으로 볼 수 없다.

해설

① [正] [大判 2004. 2. 27. 2003다15280] 법인이 그 대표자의 불법행위로 인하여 손해배상 의무를 지는 것은 그 대표자의 직무에 관한 행위로 인하여 손해가 발생한 것임을 요한다 할 것이나, 그 직무에 관한 것이라는 의미는 행위의 외형상 법인의 대표자의 직무행위라고 인정할 수 있는 것이라면 설사 그것이 대표자 개인의 사리를 도모하기 위한 것이었거나 혹은 법령의 규정에 위배된 것이었다 하더라도 위의 직무에 관한 행위에 해당한다고 보아야 한다.

② [誤] 법인의 불법행위책임이 인정되기 위해서는 대표자의 불법행위가 직무에 관한 것이어야 한다. 직무와의 관련성을 어떻게 파악하여야 할 것인가에 관하여 통설과 판례는 법인의 목적에 따라 대표기관의 직무집행행위에 속하는 것에 한정하지 않고, 직무집행행위와 사회관념상의 관련성을 가지는 행위를 포함시키고 있다. 뿐만 아니라 직무에 관한 행위인지 여부의 판단은 행위의 외형에 의하여 판단하여야 하고, 대표기관 개인의 내심의 의사는 문제되지 않는다고 한다(이른바 외형이론). 이렇게 직무와의 관련성을 넓게 파악하여 그 범위를 확장하는 것은 거래행위의 상대방의 신뢰를 보호하고 거래의 안전을 도모하기 위한 것이다. 따라서 거래행위 상대방의 신뢰가 보호가치 없는 경우에는 "직무에 관하여"의 범위를 확장할 수 없다. 상대방이 직무에 관한 행위가 아님을 알고 있는 경우나 중대한 과실로 모르고 있는 경우는 보호가치가 부정된다고 본다.
[大判 2003. 7. 25. 2002다27088] 비법인사단의 경우 대표자의 행위가 직무에 관한 행위에 해당하지 아니함을 피해자 자신이 알았거나 또는 중대한 과실로 인하여 알지 못한 경우에는 비법인사단에게 손해배상책임을 물을 수 없다고 할 것이고, 여기서 중대한 과실이라 함은 거래의 상대방이 조금만 주의를 기울였더라면 대표자의 행위가 그 직무권한 내에서 적법하게 행하여진 것이 아니라는 사정을 알 수 있었음에도 만연히 이를 직무권한 내의 행위라고 믿음으로써 일반인에게 요구되는 주의의무에 현저히 위반하는 것으로 거의 고의에 가까운 정도의 주의를 결여하고, 공평의 관점에서 상대방을 구태여 보호할 필요가 없다고 봄이 상당하다고 인정되는 상태를 말한다.

③ [正] 일정범위의 혈족과 배우자에게 인정되는 상속권은 법인은 그 성질상 향유할 수 없다. 그러나 법인은 유증의 상대방이 될 수는 있다. 법인이 포괄유증의 상대방(포괄적 수유자)이 되는 경우 그 법적 지위는 상속인과 동일하다.

④ [正] 주택임대차보호법은 국민의 주거안정을 보장하려는 취지에서 제정된 법이다. 법인은 주택임대차보호법의 보호대상이 될 수 없다.
[大判 1997. 7. 11. 96다7236] 주택임대차보호법이 자연인인 서민들의 주거생활의 안정을 보호하려는 취지에서 제정된 것이지 법인을 그 보호 대상으로 삼고 있다고는 할 수 없는 점, 법인은 애당초 같은 법 제3조 제1항 소정의 대항요건의 하나인 주민등록을 구비할 수 없는 점 등에 비추어 보면, 법인의 직원이 주민등록을 마쳤다 하여 이를 법인의 주민등록으로 볼 수는 없으므로, 법인이 임차주택을 인도받고 임대차계약서상의 확정일자를 구비하였다 하더라도 우선변제권을 주장할 수는 없다.

⑤ [正] 법인의 권리능력은 청산이 종결되어야 소멸한다. 청산사무가 남아 있는 한 청산

종결의 등기가 있었다고 하더라도 법인은 여전히 청산법인으로 존속한다.
[大判 2003. 2. 11, 99다66427·73371] 청산종결 등기를 하였음은 기록상 명백하나 전단에서 본 바와 같이 본건 재산을 해산전에 원고에게 증여하고 그에 따른 소유권이전등기 의무를 아직 이행하지 아니하고 있으므로 청산사무가 종료되었다 할 수 없으니 실질적으로는 피고 법인은 청산법인으로 존속하고 있다고 할 것이다.

정답 ②

7. 민법상 사단 또는 재단의 정관에 관련된 설명 중 옳지 않은 것은?(다툼 있으면 판례에 의함) [05년]

① 특정지역내에 거주하는 일부 종중원에 한하여 의결권을 주고 그 밖의 지역에 거주하는 종중원에 대하여는 의결권을 주지 아니하는 방법으로 일부 종중원의 의결권을 박탈할 개연성이 있더라도 그 종중규약은 유효이다.
② 정관으로 정한 목적의 범위 내에서 법인의 권리능력이 인정되는데, 여기서 '목적의 범위 내'는 법률이나 정관에 명시된 목적과 그 목적을 수행하는데 있어 직접, 간접으로 필요한 범위 내로 해석된다.
③ 정관규정에 법인해산시 잔여재산의 귀속권리자를 직접 지정하지 아니하고 이사회의 결의에 따라 이를 정하도록 하는 등 간접적으로 그 귀속권리자의 지정방법을 정하는 것도 유효하므로, 청산인이 이러한 정관규정에 반하여 이사회의 결의없이 잔여재산을 처분하는 행위는 특별한 사정이 없는 한 무효이다.
④ 재단법인의 기본재산의 변경은 정관의 변경을 초래하기 때문에 주무관청의 허가를 받아야 하고, 따라서 기존의 기본재산을 처분하는 행위는 물론 새로이 기본재산으로 편입하는 행위도 주무관청의 허가가 있어야 유효하다.
⑤ 사단의 정관변경은 사원총회의 전권사항이기 때문에, 정관에서 총회의 결의에 의하지 않고 정관을 변경할 수 있다고 하더라도, 그 정관의 규정은 무효이다.

해설

① [誤] 종중이란 공동선조의 분묘수호 및 봉제사, 종원상호간의 친목을 도모하기 위하여 공동선조의 후손 중 성년 이상의 남자들로 구성되는 자연발생적 종족집단체를 말한다. 따라서 성년 이상의 남자이면 당연히 종원자격을 취득하는 것으로 지역제한의 종중이란 있을 수 없으며, 다만 지역제한의 종원단체가 단체로서의 실체를 가지고 있다면 이는 종중과 다른 종중 유사의 단체이다. 따라서 종전의 종중규약을 변경하여 종중 유사의 단체로 만드는 것은 허용되지 않는다.
[大判 1992. 9. 22, 92다15048] [1] 고유의미의 종중이란 공동선조의 분묘수호와 제사 및 종중원 상호간의 친목 등을 목적으로 하는 자연발생적인 관습상의 종족집단체로서 특별한 조직행위를 필요로 하는 것이 아니고, 공동선조의 후손 중 성년 이상의 남자는 당연히 그 구성원(종원)이 되는 것이며, 그 중 일부 종원을 임의로 그 구성원에서 배제할 수 없고, 고유의미의 종중 외에 공동선조의 후손 중 일정한 범위의 종족집단이

사회적 조직체로서 성립하여 고유의 재산을 소유 관리하면서 독자적인 활동을 하고 있다면 단체로서의 실체를 부인할 수 없다고 할 것이나 이는 고유의미의 종중과는 다른 것이다. [2] 고유의미의 종중에 관한 규약을 만들면서 일부 구성원의 자격을 임의로 배제할 수 없는 것이며, 특정지역 내에 거주하는 일부 종중원에 한하여 의결권을 주고 그 밖의 지역에 거주하는 종중원의 의결권을 박탈할 개연성이 많은 종중규약은 종중의 본질에 반하여 무효이다.

② [正] [大判 1991. 11. 22. 91다8821] 법인의 권리능력은 법인의 설립근거가 된 법률과 정관상의 목적에 의하여 제한되나 그 목적 범위 내의 행위라 함은 법률이나 정관에 명시된 목적 자체에 국한되는 것이 아니라 그 목적을 수행하는 데 있어 직접·간접으로 필요한 행위는 모두 포함되는 것이다.

③ [正] [大判 1995. 2. 10. 94다13473] 민법 제80조 제1항과 제2항의 각 규정 내용을 대비하여 보면, 법인해산시 잔여재산의 귀속권리자를 직접 지정하지 아니하고 사원총회나 이사회의 결의에 따라 이를 정하도록 하는 등 간접적으로 그 귀속권리자의 지정방법을 정해 놓은 정관 규정도 유효하다고 풀이할 것이며, 또한 위와 같은 민법상의 청산절차에 관한 규정은 모두 제3자의 이해관계에 중대한 영향을 미치기 때문에 이른바 강행규정이라고 해석되므로 이에 반하는 잔여재산의 처분행위는 특단의 사정이 없는 한 무효라고 보아야 할 것이다.

④ [正] [大判 1991. 5. 28. 90다8558] 재단법인의 기본재산에 관한 사항은 정관의 기재사항으로서 기본재산의 변경은 정관의 변경을 초래하기 때문에 주무장관의 허가를 받아야 하고, 따라서 기존의 기본재산을 처분하는 행위는 물론 새로이 기본재산으로 편입하는 행위도 주무장관의 허가가 있어야 유효하고, 또 일단 주무장관의 허가를 얻어 기본재산에 편입하여 정관 기재사항의 일부가 된 경우에는 비록 그것이 명의신탁관계에 있었던 것이라 하더라도 이것을 처분(반환)하는 것은 정관의 변경을 초래하는 점에 있어서는 다를 바 없으므로 주무장관의 허가 없이 이를 이전등기할 수는 없다.

⑤ [正] 사단법인의 정관변경은 사원총회의 전권사항이다. 따라서 정관의 규정으로 법인의 다른 기관에 그 권한을 위임할 수 없다.

정답 ①

8. 배점 3 다음 기술 중 옳지 않은 것은? (다툼 있으면 판례에 의함) [08년]

① 신의성실의 원칙 또는 법인격 남용을 이유로 법인의 법인격이 부인되는 경우, 그것은 당해 특정사안에 한하는 것이지 법인의 법인격 자체를 전면적으로 부인하는 것은 아니다.

② Y 섬을 중심으로 어업권을 가지고 있는, 80명으로 구성된 X 어촌계는 어업권을 잘 활용하여 8억원을 저축하였다. X 어촌계의 계원인 甲은 자녀들의 교육을 위하여 Y 섬을 떠나 서울로 이사왔다. 그 후 X 어촌계는 저축금 8억원의 분배결의를 함에 있어 분배대상에서 甲을 제외하였는데, 甲은 위 8억원이 자신이 X 어촌계의 계원일 당시 저축된 것이라며 자신의 몫에 대한 청구권을 행사하였다. 甲의 청구는 정당하다.

③ 법인의 정관에 법인을 대표하는 이사인 회장과 대표권 없는 일반이사를 명백히 분리함으로써 법인의 대표권이 회장에게 전속되도록 정하고 회장을 총회에서 투표로 직접 선출하도록 규정된 경우, 사임한 회장은 일반이사가 있더라도 후임회장이 선임될 때까지 대표자의 직무를 계속 수행할 수 있으나, 사임한 회장의 직무수행권은 법인이 정상적인 활동을 중단하게 되는 처지를 피하기 위하여 보충적으로 인정된다.

④ "종원 중 부정한 행위로 종중에 대하여 피해를 끼치거나 명예를 오손하게 한 종원은 이사회의 의결을 거쳐 벌칙을 가하고 총회에 보고한다"라고 규정하고 있는 종중규약에 따라 65세인 종원에 대하여 각종 회의에의 참석권·발언권·의결권·피선거권·선거권 등 일체의 종원의 자격을 20년간 정지하는 처분을 한 경우, 이 처분은 무효이다.

⑤ 권리능력 없는 사단 X의 정관에는 대표자가 대외적인 거래를 하려면 반드시 사원총회를 거치도록 규정되어 있는데, X의 대표자 甲이 사원총회를 거치지 않은 채 X를 대표하여 이러한 사정을 알고 있는 乙과 매매계약을 체결하였다면 그 계약은 무효이다.

해설

① [正] 법인격 남용이론이란 법인의 법인격이 본래의 목적과 달리 남용되어 법인의 법기술적 성질이 그 본래의 의도에 반하게 되는 경우에 그에 대처하기 위하여 신의칙에 기하여 법인의 법인격을 부인하고 법인의 배후에 숨어있는 자의 책임을 물을 수 있도록 하는 이론이다. 법인격 남용의 법리는 법인격을 일반적으로 부정하기 위한 이론이 아니다. 당해 사안에서 법인격을 주장하는 것을 신의칙에 비추어 허용하지 않는 이론에 불과하다. 법인의 법인격을 일반적으로 부정하기 위해서는 설립허가를 취소하는 등의 조치가 있어야 할 것이다.

② [誤] 비법인사단체 구성원의 지위에서 가지는 여러 가지 권리와 의무는 비법인사단체의 구성원의 자격을 취득함과 동시에 취득하고, 그 자격을 상실함과 동시에 상실한다. 비법인사단체인 어촌계의 활동에 의하여 취득된 자금 또한 비법인사단체의 재산으로 구성원의 총유에 속하는데, 그 자금에 대한 권리·의무는 구성원 자격에 수반한다. 甲이 어촌계의 구성원 자격을 상실하였다면 총유재산에 대한 권리와 의무도 상실하였으므로 분배결의에서 제외되었다고 하더라도 甲은 분배결의를 다툴 이해관계인에 해당하지 아니한다.

[大判 2000. 5. 12, 99다71931] 비법인사단인 어촌계의 구성원은 총유재산에 대하여 특정된 지분을 가지고 있는 것이 아니라 사단의 구성원이라는 지위에서 총유재산의 관리 및 처분에 참여하고 있는 것에 불과하고, 그 신분을 상실하면 총유재산에 대하여 아무런 권리를 주장할 수 없는 것이므로, 비록 그가 어촌계의 계원으로 있을 당시 어촌계가 취득한 보상금이라 하더라도 그 분배결의 당시 계원의 신분을 상실하였다면 그 결의의 효력을 다툴 법률상의 이해관계가 없다고 보아야 할 것이다.

③ [正] [大判 2003. 3. 14, 선고 2001다7599] 민법상 법인과 그 기관인 이사와의 관계는 위

임자와 수임자의 법률관계와 같아서 이사가 사임하면 일단 위임관계는 종료됨이 원칙이나 후임 이사의 선임시까지 이사가 존재하지 않는다면 기관에 의하여 행위를 할 수밖에 없는 법인으로서는 당장 정상적인 활동을 중단하여야 할 상황에 놓이게 되고 이는 민법 제691조에 규정된 위임종료의 경우에 급박한 사정이 있는 때와 같으므로 사임한 이사라도 임무를 수행함이 부적당하다고 인정할 만한 특별한 사정이 없는 한 후임 이사가 선임될 때까지 이사의 직무를 계속 수행할 수 있고, 한편 법인의 자치규범인 정관에서 법인을 대표하는 이사인 회장과 대표권이 없는 일반 이사를 명백히 분리함으로써 법인의 대표권이 회장에게만 전속되도록 정하고 회장을 법인의 회원으로 이루어진 총회에서 투표로 직접 선출하도록 정한 경우 일반 이사들에게는 처음부터 법인의 대표권이 전혀 주어져 있지 않기 때문에 회장이 궐위된 경우에도 일반 이사가 법인을 대표할 권한을 가진다고 할 수 없고, 사임한 회장은 후임 회장이 선출될 때까지 대표자의 직무를 계속 수행할 수 있으나, 사임한 대표자의 직무수행권은 법인이 정상적인 활동을 중단하게 되는 처지를 피하기 위하여 보충적으로 인정되는 것이다.

④ [正] [大判 2006. 10. 26, 2004다47024] 종중이 '종원 중 불미부정(不美不正)한 행위로 종중에 대하여 피해를 끼치거나 명예를 오손하게 한 종원은 이를 변상시키고 이사회의 결의를 거쳐 벌칙을 가하고 총회에 보고한다.'는 내용의 종중 규약에 근거하여 종원에 대하여 10년 내지 20년간 종원의 자격(각종 회의에의 참석권·발언권·의결권·피선거권·선거권)을 정지시킨다는 내용의 처분을 한 것은 종원이 가지는 고유하고 기본적인 권리의 본질적인 내용을 침해하므로 그 효력을 인정할 수 없다.

⑤ [正] [大判 2003. 7. 22, 2002다64780] 비법인사단의 경우에는 대표자의 대표권 제한에 관하여 등기할 방법이 없어 민법 제60조의 규정을 준용할 수 없고, 비법인사단의 대표자가 정관에서 사원총회의 결의를 거쳐야 하도록 규정한 대외적 거래행위에 관하여 이를 거치지 아니한 경우라도, 이와 같은 사원총회 결의사항은 비법인사단의 내부적 의사결정에 불과하다 할 것이므로, 그 거래 상대방이 그와 같은 대표권 제한 사실을 <u>알았거나 알 수 있었을 경우가 아니라면 그 거래행위는 유효하다고 봄이 상당하고</u>, 이 경우 거래의 상대방이 대표권 제한 사실을 알았거나 알 수 있었음은 이를 주장하는 비법인사단측이 주장·입증하여야 한다.

정답 ②

제3장 권리의 객체

1. 물건에 관한 설명 중 옳은 것은?(다툼 있으면 판례에 의함) [05년]
① 하나의 기업에 속하는 토지, 공장 등의 부동산 그리고 각종의 기계나 부품, 생산품 등은 일괄하여 하나의 매매계약에 의하여 매각할 수 있으며, 이 때 가장 중요한 재산인 토지에 관하여 이전등기를 하면 그 외의 재산에 관하여는 개별적으로 등기나 인도를 하지 않더라도 매수인에게 소유권이 이전된다.
② 구분건물의 대지사용권은 전유부분과 종속적 일체불가분성이 인정되므로, 전유부분 및 공용부분과의 분리처분이 가능한 규약 등이 없는 때에는 전유부분에 대한 경매개시결정과 압류의 효력이 대지사용권에도 미친다.
③ 주물과 종물은 법률적 운명을 같이 하므로 1개의 물건이 된다.
④ 토지의 개수, 면적 등 현황은 그에 관하여 등기부에 기재된 내용과 지적공부상의 내용이 상이한 경우 등기부에 따른다.
⑤ 분필절차 없이 토지의 특정 일부분에 대하여 저당권이나 전세권을 설정할 수 없지만, 지역권이나 지상권은 설정할 수 있다.

해설

① [誤] 하나의 기업에 속하는 토지, 공장 등의 부동산 그리고 각종의 기계나 부품, 생산품 등은 기능상 단일성은 있으나, 형체상의 단일성이 없고, 구성부분의 개성이 존재하는 집합물에 불과하다. 집합물은 수개의 물건으로 그에 관한 매매에 의한 소유권변동은 수개의 물건의 공시방법을 모두 갖추어야 한다. 다만, 공장저당법에 의하여 하나의 물건으로 취급될 수는 있으나, 그 경우에도 공장재단을 설정하여야 하며(공장저당법 제11조), 이는 공장재단등기부에 소유권보존등기를 함으로써 설정한다(공장저당법 제12조). 한편 공장재단을 설정하지 아니한 경우에도 공장토지에 관한 저당권의 효력은 건물을 제외한 그 토지에 부가되어 이와 일체를 이루는 물건과 그 토지에 설치된 기계, 기구 기타의 공장의 공용물에 미친다(공장저당법 제4조). 지문의 경우는 공장재단에 속하는 재산이 아니므로 이를 하나의 물건으로 취급할 수 없다.
② [正] [大決 1997. 6. 10. 97마814] 구분건물의 대지사용권은 전유부분 및 공용부분과 분리처분이 가능한 규약이나 공정증서가 없는 때에는 전유부분과 종속적 일체불가분성이 인정되어 전유부분에 대한 경매개시결정과 압류의 효력이 당연히 종물 내지 종된 권리인 대지사용권에도 미치며, 그와 같은 내용의 규약이나 공정증서가 있는 때에는 종속적 일체불가분성이 배제되어 전유부분에 대한 경매개시결정과 압류의 효력이 대지사용권에는 미치지 아니한다.
③ [誤] 종물은 주물과 독립된 물건으로 주물의 구성부분이 아니다. 종물은 주물의 구성

부분은 아니지만, 주물의 경제적 효용을 증대시키는 기능을 하기 때문에 그 법률적 운명을 주물과 같이 할 사회적 필요가 있고, 이를 위하여 종물이론이 필요한 것이다.

④ [誤] 지적공부(地籍公簿)란 부동산에 관한 공적 장부의 일종으로 부동산에 관한 사실상의 상황을 기재하는 대장의 한 종류이다. 이에는 토지대장과 임야대장이 있다. 부동산의 물적 상황 내지 동일성은 대장의 기재를 기초로 하며, 등기부에 기재된 부동산의 표시가 대장의 그것과 부합하지 않은 경우에 부동산의 소유명의인은 부동산의 표시의 변경등기를 하여야 당해 부동산에 대해 다른 등기를 신청할 수 있다(부동산등기법 제56조 제1항).

⑤ [誤] 분필절차가 없더라도 전세권은 설정할 수 있다. 부동산의 일부에 전세권을 설정하기 위해서는 그 도면을 첨부하여야 한다(부동산등기법 제139조 제2항).

정답 ②

2. 비점 2 권리의 객체에 관한 기술 중 옳지 않은 것을 모두 고른 것은?(다툼 있으면 판례에 의함) [09년]

㉠ 바닷물에 개먹어 무너져 그 원상복구에 과다한 비용을 요하는 등 원상복구가 사회통념상 불가능한 상태에 이르게 된 포락지는 토지소유권의 객체로 되지 못한다.

㉡ 신축건물이 경매절차에서 매각대금 납부 당시에 이미 지하 1층부터 지하 3층까지 기둥, 주벽 및 천장 슬라브 공사가 완료된 상태였고 지하 1층의 점포가 일반에 분양된 사정이라면, 비록 토지가 경매절차에서 매각될 당시에 신축건물의 지하층 부분이 골조공사만 이루어진 채 벽이나 지붕 등이 설치된 바 없더라도, 지하층 부분만으로도 구분소유권의 대상이 될 수 있는 구조이므로 신축건물은 경매절차에서 매각 당시 미완성 상태이기는 하지만 독립된 건물의 요건을 갖춘 것으로 봄이 상당하다.

㉢ 공장 울 안에 공장건물과 인접하여 설치된 저유조가 그 설치된 장소에서 손쉽게 이동시킬 수 있는 구조물이 아니고 그 토지에 견고하게 부착시켜 그 상태로 계속 사용할 목적으로 축조된 것이며 거기에 저장하려고 하는 원유, 혼합유 등을 풍우 등 자연력으로부터 보호하기 위하여 둥그런 철근콘크리트 및 철판 벽면과 삿갓 모양의 지붕을 갖추고 있는 경우, 그 저유조는 유류창고로서의 기능을 가진 독립된 건물로 보아야 한다.

㉣ 시설부지에 정착된 철도레일은 사회관념상 그 부지에 계속적으로 정착되어 있는 상태에서 사용되는 시설의 일부로서 독립된 권리의 객체로 될 수 없다.

㉤ 건물을 축조하면서 건물의 사용에 필요한 부대시설인 정화조를 그 건물의 대지에 인접하여 있는 다른 필지의 지하에 설치한 경우, 위 정화조는 위 건물의 상용에 공하기 위하여 건물에 부속시킨 시설물로서 위 건물에 대한 종물로 보아야 한다.

① ㉠, ㉢, ㉤ ② ㉡, ㉣, ㉤ ③ ㉢, ㉤
④ ㉣, ㉤ ⑤ ㉤

㉠ [正] 포락은 토지소유권 상실원인이다. 따라서 포락된 토지는 토지소유권의 객체가 되지 아니한다.
[大判 2000. 12. 8, 99다11687] 토지소유권의 상실 원인이 되는 포락이라 함은 토지가 바닷물이나 적용하천의 물에 개먹어 무너져 바다나 적용하천에 떨어져 그 원상복구가 불가능한 상태에 이르렀을 때를 말하고, 그 원상회복의 불가능 여부는 포락 당시를 기준으로 하여 물리적으로 회복이 가능한지 여부를 밝혀야 함은 물론, 원상회복에 소요될 비용, 그 토지의 회복으로 인한 경제적 가치 등을 비교 검토하여 사회통념상 회복이 불가능한지 여부를 기준으로 하여야 하는 것으로서, 복구 후 토지가액보다 복구공사비가 더 많이 들게 되는 것과 같은 경우에는 특별한 사정이 없는 한 사회통념상 그 원상복구가 불가능하게 되었다고 볼 것이며, 또한 원상복구가 가능한지 여부는 포락 당시를 기준으로 판단하여야 하므로 그 이후의 사정은 특별한 사정이 없는 한 이를 참작할 여지가 없는 것이다.

㉡ [正] [大判 2003. 5. 30, 2002다21592·21608] 신축 건물이 경락대금 납부 당시 이미 지하 1층부터 지하 3층까지 기둥, 주벽 및 천장 슬라브 공사가 완료된 상태이었을 뿐만 아니라 지하 1층의 일부 점포가 일반에 분양되기까지 하였다면, 비록 토지가 경락될 당시 신축 건물의 지상층 부분이 골조공사만 이루어진 채 벽이나 지붕 등이 설치된 바가 없다 하더라도, 지하층 부분만으로도 구분소유권의 대상이 될 수 있는 구조라는 점에서 신축 건물은 경락 당시 미완성 상태이기는 하지만 독립된 건물로서의 요건을 갖추었다고 본 사례.

㉢ [正] [大判 1990. 7. 27, 90다카6160] 공장 울안에 공장건물과 인접하여 설치된 저유조가 그 설치된 장소에서 손쉽게 이동시킬 수 있는 구조물이 아니고 그 토지에 견고하게 부착시켜 그 상태로 계속 사용할 목적으로 축조된 것이며 거기에 저장하려고 하는 원유, 혼합유 등을 풍우 등 자연력으로부터 보호하기 위하여 둥그런 철근콘크리트 및 철판 벽면과 삿갓모양의 지붕을 갖추고 있는 경우, 그 저유조는 유류창고로서의 기능을 가진 독립된 건물로 보아야 한다.

㉣ [正] [大判 1972. 7. 27, 72마741] 시설부지에 정착된 레일은 사회통념상 그 부지에 계속적으로 고착되어 있는 상태에서 사용된 시설의 일부에 해당하는 물건이라고 봄이 상당하다.

㉤ [誤] [大判 1993. 12. 10, 93다42399] 이 사건 정화조가 위 3층 건물의 대지가 아닌 인접한 다른 필지의 지하에 설치되어 있기는 하지만 위 3층 건물 화장실의 오수처리를 위하여 위 건물 옆 지하에 바로 부속하여 설치되어 있음을 알 수 있어 독립된 물건으로서 종물이라기 보다는 위 3층 건물의 구성부분으로 보아야 할 것이다.

정답 ⑤

제4장 권리의 변동

제1절 법률행위

1. 배점 2 강행법규와 단속법규에 관한 학설의 설명으로 괄호 안에 들어갈 말이 옳게 짝지워진 것은? [09년]

> 제1설은 강행법규에 효력규정과 단속규정이 포함되어 있다고 본다. 제2설은 강행법규와 단속법규는 법체계상 차원이 다른 것으로 본다.

㉠ (A)에 의하면, 단속규정은 다시 이를 위반한 법률행위를 무효로 하는 효력규정과 위반한 법률행위의 효력에는 영향을 미치지 아니하는 단순한 단속규정으로 나누어 진다.
㉡ (B)에 의하면, 어떤 법규의 위반행위로 인하여 이에 대하여 제재를 받는 것과 동시에 사법상의 효력까지 무효로 된다면 이 규정은 강행법규인 동시에 효력규정이다.
㉢ (C)에 의하면, 행정적인 목적을 가진 공법이라도 사법상의 법률관계를 규율하게 되면 이러한 공법은 이미 실질적인 민법에 해당한다.
㉣ 투기과열지구내에서 사업주체가 건설·공급하는 주택의 입주자로 선정된 지위는 전매할 수 없다는 규정(구「주택건설촉진법」제32조의5,「주택법」제41조의2)은 이에 위반한 전매계약의 효력에는 영향을 미치지 않는데, (D)에 의하면 이 규정은 강행법규이며 단속규정에 속하게 되고, (E)에 의하면 이 규정은 단순한 단속규정이면서 광의의 단속규정에 속하게 된다.
㉤ (F)에 의하면, 단속법규의 위반행위에 대하여 제재 등의 처벌을 받는 것과 함께 사법상의 효력까지 무효로 된다면 이 규정은 효력규정이다.

① A : 제2설 ; B : 제1설 ; C : 제1설 ; D : 제1설 ; E : 제2설 ; F : 제2설
② A : 제1설 ; B : 제2설 ; C : 제2설 ; D : 제1설 ; E : 제2설 ; F : 제1설
③ A : 제2설 ; B : 제1설 ; C : 제1설 ; D : 제2설 ; E : 제1설 ; F : 제2설
④ A : 제1설 ; B : 제2설 ; C : 제1설 ; D : 제1설 ; E : 제2설 ; F : 제1설
⑤ A : 제2설 ; B : 제1설 ; C : 제2설 ; D : 제2설 ; E : 제1설 ; F : 제2설

해설

* 강행법규에 단속법규를 포함시켜 이해할 것인가에 관한 학설입장을 묻는 문제이다. 단속법규까지 포함해서 강행법규를 이해하는 입장이 다수설이지만, 단속법규는 행정상 금지규정으로 사적자치의 한계를 설정하는 강행법규와는 차원이 다른 것이라고 보는 소수설도 있다.

A [제2설] 단속규정은 행정상 금지규정으로 사법상 강행규정과는 성질을 달리하지만, 사법상 법률행위를 금지하는 단속규정도 있고, 이를 위반하면 사법상 법률행위의 효력을 무효로 만드는 단속규정과 이를 위반한 사법상 법률행위의 효력에 영향을 미치지 아니하는 단속규정도 있다고 본다. 전자를 효력규정으로 후자를 단순한 단속규정으로 분류하는데, 행정상 금지규정을 위반한 사법상 법률행위가 무효로 되는 이유는 법질서 자기모순금지의 원칙 때문이라고 한다.

B [제1설] 효력규정을 강행법규의 일종으로 이해하는 견해의 주장이다.

C [제1설] 행정상 금지규정이 사법행위 혹은 그로 인한 법률관계를 규율하고 있다면 그 행정상 금지규정을 오로지 공법으로만 이해할 수 없다는 견해로서 강행법규와 단속법규를 법체계상 차원이 다른 것으로 보는 입장에 대한 비판적인 태도이다. 이는 제1설에서 주장되는 것이다.

D [제1설] 단속규정을 강행법규의 일종으로 이해하는 입장이므로 제1설의 태도이다.

E [제2설] 단순한 단속규정으로 강행법규의 일종으로 이해하지 않는 입장이므로 제2설의 태도이다.

F [제2설] 단속법규를 단순한 단속법규와 효력규정으로 나누는 입장으로 제2설의 태도이다.

정답 ①

2. 배점 2 다음 약정 중 강행규정에 위반되어 그 효력이 인정되지 않는 것을 모두 고른 것은?(다툼 있으면 판례에 의함) [07년]

㉠ 건물의 임차인이 비용을 지출하여 개조한 부분에 대한 원상회복의무를 면하는 대신 그 개조비용의 상환청구권을 포기하기로 하는 임대인과 임차인 사이의 약정

㉡ 채권자의 과실로 채무자가 제공한 담보물의 가치가 감소되더라도 보증인의 면책 주장을 배제하는 채권자와 보증인 사이의 약정

㉢ 식목을 목적으로 하는 토지임대차의 임차인이 차임의 감액을 청구할 수 없다는 약정

㉣ 사단법인의 사원의 지위를 양도하거나 상속할 수 있다는 약정

㉤ 증권회사 직원이 정당한 사유 없이 고객에게 증권거래와 관련하여 발생하는 손실을 보전하여 주기로 하는 고객과의 약정

① ㉠, ㉡, ㉢, ㉣, ㉤　　　　　　② ㉠, ㉢, ㉤
③ ㉡, ㉢　　　　　　　　　　　　④ ㉢, ㉤
⑤ ㉡, ㉣　　　　　　　　　　　　⑥ ㉢, ㉣, ㉤
⑦ ㉠, ㉤　　　　　　　　　　　　⑧ ㉠, ㉢, ㉣, ㉤

해설

㉠ [유효] 임차인의 비용상환청구권에 관한 제626조는 임의규정으로 해석된다. 따라서 비용상환청구권을 포기하는 약정은 유효하다.

[大判 2002. 11. 22, 2002다38828] …〈前略〉 원심은, 원고가 승계한 이 사건 임대차계약에서 임대차계약이 해제(이는 종료를 포함하는 의미로 보인다)된 때에는 임차인은 자기의 비용으로 임차한 목적물을 원상복구하여 임대인에게 명도하여야 한다고 정하여져 있는 사실을 인정할 수 있으나, 위 임대차계약에서 <u>임차인은 목적물 관리 및 유지·보존에 따른 관리비와 수리비, 조세공과금 등 일체의 유지비를 부담하기로 약정한 사실에 비추어 임차인은 시설비용이나 보수비용의 상환청구권을 포기하는 대신 원상복구의무도 부담하지 않기로 합의를 한 것이라고 볼 것이므로</u>, 피고에게 원상복구의무가 있음을 전제로 하는 원고의 주장은 이유 없다고 판단하였다. 기록에 비추어 살펴보면, 원심의 위와 같은 인정 및 판단은 정당하고, 거기에 상고이유에서 주장하는 바와 같은 원상복구의무에 관한 사실오인 내지 법리오해의 위법이 없다.

㉡ [유효] 채권자는 법정대위자에 대하여 담보물보존의무를 부담한다. 법정대위자가 존재하는 경우, 채권자의 고의나 과실로 담보가 상실되거나 감소된 때에는 법정대위자는 그 상실 또는 감소로 인하여 상환을 받을 수 없는 한도에서 그 책임을 면한다(제485조). 채권자의 담보보존의무에 관한 제485조는 임의규정으로 해석된다. 따라서 채권자의 과실로 채무자가 제공한 담보물의 가치가 감소되더라도 법정대위자인 보증인의 면책주장을 배제하는 약정은 그 효력이 있다.

[大判 1987. 4. 14, 86다카520] 민법 제485조의 면책규정은 법정대위권자로 하여금 구상의 실을 거둘 수 있도록 하기 위하여 채권자에게 담보의 보존을 간접적으로 강제하는 취지의 규정으로서 그 규정목적이 오로지 법정대위권자의 이익보호에 있으므로 그 성질상 임의규정으로 보아야 할 것이고 따라서 법정대위권자로서는 채권자와의 특약으로서 위 규정에 의한 면책이익을 포기하거나 면책의 사유와 범위를 제한 내지 축소할 수 있다.

㉢ [무효] 임대물에 대한 공과부담의 증감 기타 경제사정의 변동으로 인하여 약정한 차임이 상당하지 아니하게 된 때에는 당사자는 장래에 대한 차임의 증감을 청구할 수 있는데(제628조), 이에 반하는 약정으로 임차인에게 불리한 것은 효력이 없다(제652조). 따라서 차임의 증액을 청구할 수 없다는 약정은 임차인에게 유리하므로 그 효력이 있으나, 차임의 감액을 청구할 수 없다는 약정은 임차인에게 불리한 약정으로 그 효력이 없다.

[大判 1992. 11. 24, 92다31163·31170] 임대차계약에 있어서 차임은 당사자간에 합의가 있어야 하고, 임대차기간 중에 당사자의 일방이 차임을 변경하고자 할 때에도 상대방

의 동의를 얻어서 하여야 하며, 그렇지 아니한 경우에는 민법 제628조에 의하여 차임의 증감을 청구하여야 할 것이고, 만일 <u>임대차계약 체결시에 임대인이 일방적으로 차임을 인상할 수 있고 상대방은 이의를 할 수 없다고 약정하였다면, 이는 강행규정인 민법 제628조에 위반하는 약정으로서 임차인에게 불리한 것이므로 민법 제652조에 의하여 효력이 없다.</u>

ⓔ [유효] 민법상 사단법인의 사원권의 양도와 상속을 금지하고 있는 제56조의 규정은 임의규정으로 해석된다.
[大判 1997. 9. 26. 95다6205] 사단법인의 사원의 지위는 양도 또는 상속할 수 없다고 규정한 민법 제56조의 규정은 강행규정이라고 할 수 없으므로, 비법인사단에서도 사원의 지위는 규약이나 관행에 의하여 양도 또는 상속될 수 있다.

ⓜ [무효] 증권거래법 제52조에서는 증권회사 또는 그 임·직원이 유가증권의 매매거래에 있어서 고객에 대하여 당해 거래에서 발생하는 손실의 전부 또는 일부를 부담할 것을 약속하고 권유하는 행위를 금지하고 있다. 이 규정은 공정한 증권거래질서의 확보를 위한 것으로 강행규정으로 해석된다. 따라서 이 규정에 위반한 손실보전약정은 무효라고 보아야 한다.
[大判 2003. 1. 24. 2001다2129] 증권회사 직원이 과거 자신의 잘못으로 고객의 계좌에 발생한 손해를 보전하여 주기 위한 방법으로 고객에게 향후 증권거래 계좌 운용에서 일정한 최소한의 수익을 보장할 것을 약정한 것은 공정한 증권거래질서의 확보를 위하여 구 증권거래법(2000. 1. 21. 법률 제6176호로 개정되기 전의 것) 제52조 제1호 및 제3호에서 금지하고 있는 것에 해당하여 무효라고 할 것이고, 손실보전약정이 유효함을 전제로 일정기간동안 법적 조치 등을 취하지 않기로 하는 약정도 당연히 무효로 된다.

정답 ④

3. 甲은 자기 소유의 부동산을 乙에게 대금 1억원에 팔기로 하는 매매계약을 체결하였다. 그 후 甲은 위 부동산을 丙에게 대금 1억 2,000만원에 팔기로 하는 매매계약을 체결한 후 丙 앞으로 소유권이전등기를 경료하여 주었다. 이에 관한 설명 중 옳지 않은 것을 모두 고른 것은?(다툼 있으면 판례에 의함) [05년]

㉠ 丙 앞으로 소유권이전등기가 경료됨에 따라 甲의 乙에 대한 소유권이전의무는 이행불능으로 되고, 그 경우 乙은 甲에 대하여 丙 앞으로 소유권이전등기가 경료된 때가 아니라 현재의 위 부동산 시가에 따라 손해배상을 청구할 수 있다.
㉡ 甲과 丙 사이의 매매계약이 사회질서에 반하여 무효로 되는 경우, 乙은 직접 丙을 상대로 진정명의회복을 원인으로 하여 자신 명의의 소유권이전등기를 청구할 수 있다.
㉢ 甲과 丙 사이의 매매계약이 사회질서에 반하여 무효로 되는 경우, 乙은 직접 丙에게 손해배상을 청구할 수 있다.

  ② 甲과 丙 사이의 매매계약이 사회질서에 반하여 무효로 되는 경우, 乙이 甲을 대위하여 丙에게 소유권이전등기의 말소를 청구할 수는 없다.
  ⑩ 甲과 丙 사이의 매매계약이 사회질서에 반하여 무효로 되는 경우, 丙으로부터 당해 부동산을 다시 취득한 丁이 소유권을 유효하게 취득한 것으로 믿었다면, 丁은 甲과 丙 사이의 매매계약이 유효하다고 주장할 수 있다.

① ㉡, ㉣
② ㉠, ㉡, ㉤
③ ㉠, ㉡, ㉣, ㉤
④ ㉠, ㉢, ㉣, ㉤
⑤ ㉠, ㉡, ㉢, ㉣, ㉤

해설

 ㉠ [誤] 이행불능을 이유로 하는 손해배상청구에 있어서 배상액의 산정시기는 불능당시라는 것이 판례의 입장이다.
  [大判 1996. 6. 14. 94다61359] 매도인의 매매목적물에 관한 소유권이전등기 의무가 이행불능이 됨으로 말미암아 매수인이 입는 손해액은 원칙적으로 그 이행불능이 될 당시의 목적물의 시가 상당액이고, 그 이후 목적물의 가격이 등귀하였다 하여도 그로 인한 손해는 특별한 사정으로 인한 것이어서 매도인이 이행불능 당시 그와 같은 특수한 사정을 알았거나 알 수 있었을 때에 한하여 그 등귀한 가격에 의한 손해배상을 청구할 수 있다 함은 대법원의 확립된 판례이고, 이러한 법리는 이전할 토지가 환지 예정이나 환지확정 후의 특정 토지라고 하여도 다를 바가 없으며, 그 배상금의 지급이 지체되고 있다고 하여도 그 배상금에 대한 법정이자 상당의 지연손해금을 청구하는 외에 사실심 변론종결시의 시가에 의한 손해배상을 청구할 수 있게 되는 것은 아니다.
 ㉡ [誤] 진정등기명의 회복을 원인으로 하는 소유권이전등기청구권은 현재의 진정한 소유자가 가지는 권리이다. 제1양수인인 乙은 그 명의로 소유권이전등기를 경료한 바 없어 소유권을 취득하였다고 할 수 없으므로 진정한 등기명의회복을 위한 이전등기청구권을 행사할 수는 없다.
  [大判 2003. 5. 13. 2002다64148] 진정한 등기명의의 회복을 위한 소유권이전등기청구는 자기 명의로 소유권의 등기가 되어 있었거나 법률에 의하여 소유권을 취득한 진정한 소유자가 현재의 등기명의인을 상대로 그 등기의 말소를 구하는 것에 갈음하여 소유권에 기하여 진정한 등기명의의 회복을 구하는 것이므로, 자기 앞으로 소유권의 등기가 되어 있지 않았고 법률에 의하여 소유권을 취득하지도 않은 사람이 소유권자를 대위하여 현재의 등기명의인을 상대로 그 등기의 말소를 청구할 수 있을 뿐인 경우에는 진정한 등기명의의 회복을 위한 소유권이전등기청구를 할 수 없다.
 ㉢ [正] 甲과 丙 사이의 매매계약이 반사회적 이중 매매계약으로 제103조에 위반되는 경우라면, 이는 위법한 행위로서 제1양수인인 乙의 소유권이전등기청구권을 침해하는 행위가 된다. 따라서 乙은 丙에 대하여 불법행위를 원인으로 손해배상을 청구할 수 있다.

② [誤] [大判 1983. 4. 26. 83다카57] 매도인의 매수인에 대한 배임행위에 가담하여 증여를 받아 이를 원인으로 소유권이전등기를 경료한 수증자에 대하여 매수인은 매도인을 대위하여 위 등기의 말소를 청구할 수는 있으나 직접 청구할 수는 없다는 것은 형식주의 아래서의 등기청구권의 성질에 비추어 당연하다.

⑩ [誤] [大判 1996. 10. 25. 96다29151] 부동산의 이중매매가 반사회적 법률행위에 해당하는 경우에는 이중매매계약은 절대적으로 무효이므로, 당해 부동산을 제2매수인으로부터 다시 취득한 제3자는 설사 제2매수인이 당해 부동산의 소유권을 유효하게 취득한 것으로 믿었더라도 이중매매계약이 유효하다고 주장할 수 없다.

정답 ③

4. 배점 2 반사회적 법률행위에 관한 설명 중 옳은 것을 모두 고른 것은? (다툼 있으면 판례에 의함) [11년]

ㄱ. 부동산매매계약을 체결하면서 매도인의 양도소득세를 면탈하기 위하여 소유권이전등기를 일정 기간 이후에 하기로 특약을 맺은 경우, 그 특약은 반사회적 행위에 해당되어 무효이다.

ㄴ. 농성기간 중 발생한 근로자의 불법행위에 대하여 근로자들에게 민·형사상의 책임이나 신분상 불이익 처분 등 일체의 책임을 묻지 않기로 한 노사 간의 합의는 반사회적 법률행위로 볼 수 없다.

ㄷ. 공동상속인(甲과 乙) 중 甲이 丙에게 상속부동산을 매도한 후 소유권이전등기를 경료하기 전에, 그 매매사실을 알고 있는 乙이 甲을 교사하여 그 부동산을 乙의 소유로 하는 상속재산 협의분할을 하여 그 명의로 소유권이전등기를 한 경우, 丙은 甲을 대위하여 상속부동산 전부에 대해 소유권이전등기말소를 청구할 수 있다.

ㄹ. 甲이 반사회적 행위에 의하여 조성된 비자금을 소극적으로 은닉하기 위하여 이를 乙에게 소비임치한 경우, 乙은 甲의 소비임치계약에 의한 반환청구를 거부할 수 없다.

ㅁ. 甲이 피상속인의 부동산매도 사실을 모르는 상속인을 기망하여 이를 이중으로 양도받은 후, 이를 제3자에게 다시 매도하고 소유권이전등기를 경료하여 준 경우, 제3자가 甲의 매매계약이 유효하다고 믿었다면 그는 소유권을 유효하게 취득한다.

① ㄱ, ㄴ, ㄷ   ② ㄱ, ㄹ   ③ ㄷ, ㄹ   ④ ㄴ, ㄷ, ㅁ
⑤ ㄷ, ㄹ, ㅁ   ⑥ ㄱ, ㄷ   ⑦ ㄴ, ㄹ   ⑧ ㄷ, ㅁ

해설

ㄱ. [誤] 세금회피를 목적으로 한 약정이 반사회적 법률행위로서 무효인지 여부를 묻는

지문이다. 세금회피를 목적으로 하였다는 사정만으로는 그 법률행위가 반사회적이라고 할 수 없다는 것이 대법원의 입장이다.

[大判 1991. 5. 14, 91다6627] 주택매매계약을 체결하면서 매도인으로 하여금 주택의 보유기간이 3년 이상이 되게 함으로써 양도소득세를 부과받지 않게 할 목적으로 매매를 원인으로 하는 소유권이전등기는 3년 후에 넘겨받기로 한 특약은 사회질서에 위반하지 않는다.

ㄴ. [正] 손해배상책임 등 일체의 책임을 면제하기로 한 노사 간의 합의가 반사회적 법률행위에 해당하는지 여부를 묻는 지문이다. 이러한 합의가 사회적 한계를 넘어선 것으로 볼 아무런 이유가 없다.

[大判 1992. 7. 28. 선고 92다14786] [1] 농성기간 중의 행위에 대하여 근로자들에게 민·형사상의 책임이나 신분상 불이익처분 등 일체의 책임을 묻지 않기로 노사간에 합의를 한 경우에 그 취지는 위 농성중의 행위와 일체성을 가지는 행위 또는 위 농성중의 행위와 필연적으로 연속되는 행위로서 불가분적 관계에 있는 행위에 대해서도 면책시키기로 한 것이라고 보아야 하므로, 면책합의 이전의 농성행위 등으로 인하여 면책합의 이후에 처벌을 받고 그로 인하여 결근한 행위가 형식상 회사의 인사규정 등의 징계해고사유에 해당한다고 하더라도 이를 이유로 징계해고한 것은 위 면책합의에 반한다고 할 것이다. [2] 위 "가"항의 면책합의가 압력 등에 의하여 궁지에 몰린 회사가 어쩔 수 없이 응한 것이라고 하여도 그것이 민법 제104조 소정의 요건을 충족하는 경우에 불공정한 법률행위로서 무효로 봄은 별문제로 하고 민법 제103조 소정의 반사회질서행위라고 보기는 어려우며, 또 위 면책합의는 회사의 근로자들에 대한 민·형사상 책임 추궁이나 고용계약상의 불이익처분을 하지 않겠다는 취지이지 회사에게 권한이 없는 법률상 책임의 면제를 약속한 취지는 아니어서 선량한 풍속 기타 사회질서에 위반한 내용이라고 볼 수 없다.

ㄷ. [誤] 반사회적인 상속재산분할협의에 기초하여 마쳐진 상속인 1인 명의의 소유권이전등기의 효력을 묻는 지문이다. 상속재산분할협의가 반사회적 법률행위로서 무효라고 하더라도 상속인 1인의 상속 지분 범위 내에서는 그 명의의 소유권이전등기는 실체관계에 부합하는 등기라고 할 수 있다. 따라서 전부에 대해 소유권이전등기말소를 청구할 수는 없다.

[大判 1996. 4. 26. 선고 95다54426·54433] 공동상속인 중 1인이 제3자에게 상속 부동산을 매도한 뒤 그 앞으로 소유권이전등기가 경료되기 전에 그 매도인과 다른 공동상속인들 간에 그 부동산을 매도인 외의 다른 상속인 1인의 소유로 하는 내용의 상속재산 협의분할이 이루어져 그 앞으로 소유권이전등기를 한 경우에, 그 상속재산 협의분할은 상속개시된 때에 소급하여 효력이 발생하고 등기를 경료하지 아니한 제3자는 민법 제1015조 단서 소정의 소급효가 제한되는 제3자에 해당하지 아니하는 바, 이 경우 상속재산 협의분할로 부동산을 단독으로 상속한 자가 협의분할 이전에 공동상속인 중 1인이 그 부동산을 제3자에게 매도한 사실을 알면서도 상속재산 협의분할을 하였을 뿐 아니라, 그 매도인의 배임행위(또는 배신행위)를 유인, 교사하거나 이에 협력하는 등 적극적으로 가담한 경우에는 그 상속재산 협의분할 중 그 매도인의 법정상속분에 관한 부분은 민법 제103조 소정의 반사회질서의 법률행위에 해당한다.

ㄹ. [正] 비자금을 은닉하기 위한 소비임치의 효력 및 그에 기초하여 지급한 금원이 불법원인급여로서 반환청구가 금지되는 것인지를 묻는 지문이다. 비자금을 조성하는 행위가 반사회적이라고 해서 조성된 비자금을 소극적으로 은닉하는 행위가 반사회적 법률행위라고 단정할 수 없으며, 나아가 이를 기초로 지급된 금원을 불법원인급여라고 할 수도 없다는 것이 대법원의 입장이다.
[大判 2001. 4. 10, 2000다49343] 반사회적 행위에 의하여 조성된 재산인 이른바 비자금을 소극적으로 은닉하기 위하여 임치한 것이 사회질서에 반하는 법률행위로 볼 수 없다.

ㅁ. [誤] 반사회적 이중양수인으로부터 목적물을 선의로 전득한 자가 보호될 수 있는지를 묻는 지문이다. 반사회적 이중양도로 인한 무효는 절대적 무효이므로 이중양수인으로부터 선의로 전득한 자에 대해서도 무효를 주장할 수 있다. 선의자라고 하더라도 소유권을 유효하게 취득할 수는 없다.
[大判 1996. 10. 25, 96다29151] 부동산의 이중매매가 반사회적 법률행위에 해당하는 경우에는 이중매매계약은 절대적으로 무효이므로, 당해 부동산을 제2매수인으로부터 다시 취득한 제3자는 설사 제2매수인이 당해 부동산의 소유권을 유효하게 취득한 것으로 믿었더라도 이중매매계약이 유효하다고 주장할 수 없다.

정답 ⑦

5. 다음 사례에 관한 설명 중 옳은 것은? (다툼 있으면 판례에 의함) [02년]

> 甲은 乙로부터 토지를 매수하면서, 양도소득세 회피 및 투기의 목적으로 자신 앞으로 소유권이전등기를 경료하지 아니하였다. 또한 이를 丙에게 훨씬 높은 금액에 미등기인 채로 전매하면서 만일 세무서가 이를 적발하여 甲에게 양도소득세 등이 부과될 경우 이를 丙이 부담하도록 요구하였다. 丙은 그 토지를 매수해야만 하는 궁박한 상태에 있었기 때문에 매매대금이 현저히 높은 액수임에도 불구하고 이를 수락하였다.

① 乙은, 甲과의 매매계약이 양도소득세 회피 및 투기를 목적으로 한 것이어서 사회질서에 반하는 법률행위이므로 그 무효를 甲에게 주장할 수 있다.
② 丙은, 甲과의 전매계약이 원래 매도인이 부담하여야 할 양도소득세를 매수인인 자신에게 부담하도록 한 것이어서 불법조건에 해당하여 사회질서에 반하는 법률행위이므로 그 무효를 甲에게 주장할 수 있다.
③ 丙이 甲과 전매계약을 체결하면서 궁박한 상태였다고 하더라도 경솔, 무경험은 아니었다면 이를 민법 제104조의 불공정 법률행위라고 할 수 없다.
④ 丙이 甲과 전매계약을 체결하면서 경제적 원인에 기인하는 것이 아니라 정신적·심리적 원인에 기인하는 궁박한 상태에 있었던 경우에는 이를 민법 제104조의 불공정 법률행위라고 할 수 없다.
⑤ 위 전매계약 당시 丙에게 위와 같은 불리한 사정이 있다는 점을 甲이 알고 있었다

고 하더라도 甲이 이를 이용하려는 의사가 없었다면 丙은 위 전매계약이 민법 제104조의 불공정 법률행위임을 주장할 수 없다.

해설

① [誤] [大判 1993. 5. 25, 93다296] 양도소득세 회피 및 투기를 목적으로 한 법률행위가 언제나 사회질서에 반하는 법률행위라고 할 수는 없다. 판례도 같은 취지에서 "양도소득세의 회피 및 투기의 목적으로 자신 앞으로 소유권이전등기를 하지 아니하고 미등기인 채로 매매계약을 체결하였다 하여 그것만으로 그 매매계약이 사회질서에 반하는 법률행위로서 무효로 된다고 할 수 없다."고 판시하고 있다.
② [誤] [大判 1993. 5. 25, 93다296] 매매계약에서 매도인에게 부과될 공과금을 매수인이 책임진다는 취지의 특약을 하였다 하더라도 이는 공과금이 부과되는 경우 그 부담을 누가 할 것인가에 관한 약정으로서 그 자체가 불법조건이라고 할 수 없고 이것만 가지고 사회질서에 반한다고 단정하기도 어렵다.
③ [誤] 제104조의 궁박, 경솔, 무경험은 어느 하나만을 충족하더라도 무방하다.
④ [誤] 제104조의 궁박이란 급박한 곤궁을 말하며, 이는 경제적 원인으로 인한 곤궁은 물론이고, 정신적, 심리적 원인으로 인한 곤궁을 포함하는 개념이다.
⑤ [正] 제104조의 불공정한 법률행위가 성립하기 위하여는 폭리행위의 악의가 있어야 한다는 것이 판례의 태도이다.

정답 ⑤

■ 민법총칙 ■ 55

제2절 의사표시

1. 진의 아닌 의사표시에 관한 판례의 입장에 부합하지 않는 것은? [04년]
① 비록 재산을 강제로 뺏긴다는 것이 표의의 본심으로 잠재되어 있었다 하여도, 표의자가 강박에 의하여서나마 증여를 하기로 하고 그에 따른 증여의 의사표시를 한 이상, 증여의 내심의 효과의사가 결여된 것이라고 할 수는 없다.
② 물의를 일으킨 사립대학교 조교수가 사직원이 수리되지 않을 것이라고 믿고 사태수습을 위하여 이사장 앞으로 형식상 사직원을 제출한 경우, 이사회에서 그러한 사실을 알았거나 알 수 있었을 경우가 아니라면 그 의사표시에 따라 효력이 발생한다.
③ 공무원이 사직의 의사표시를 하여 의원면직처분이 이루어진 경우에 사직원 제출자의 내심의 의사가 사직할 뜻이 아니었다면, 진의 아닌 의사표시에 관한 민법 제107조가 준용된다.
④ 비록 표의자가 의사표시의 내용을 진정으로 마음 속에서 바라지는 아니하였더라도, 당시의 상황에서는 그것이 최선이라고 판단하여 그 의사표시를 하였을 경우에는 이를 내심의 효과의사가 결여된 진의 아닌 의사표시라고 할 수 없다.
⑤ 계약이 대리인에 의하여 체결된 경우, 그 대리인의 진의가 본인의 이익이나 의사에 반하여 자기 또는 제3자의 이익을 위한 것이고 상대방이 그 사정을 알 수 있었다면, 본인은 아무런 계약상의 책임을 지지 않는다.

해설

① [正] 大判 1993. 7. 16, 92다41528
② [正] 大判 1980. 10. 14, 79다2168
③ [誤] 비진의표시에 관한 제107조는 사인의 공법행위에 적용되지 않는다는 것이 판례이다.
[大判 1997. 12. 12, 97누13962] 공무원이 사직의 의사표시를 하여 의원면직처분을 하는 경우 그 사직의 의사표시는 그 법률관계의 특수성에 비추어 외부적·객관적으로 표시된 바를 존중하여야 할 것이므로 비록 사직원 제출자의 내심의 의사가 사직할 뜻이 아니었다고 하더라도 진의아닌 의사표시에 관한 민법 제107조는 그 성질상 사직의 의사표시와 같은 사인의 공법행위에는 준용되지 아니하므로 그 의사가 외부에 표시된 이상 그 의사는 표시된 대로 효력을 발생한다.
④ [正] [大判 2001. 1. 19, 2000다51919·51926] 비진의표시에서 '진의'라 함은 특정한 내용의 의사표시를 하고자 하는 표의자의 생각을 말하는 것이지 표의자가 진정으로 마음속에서 바라는 사항을 뜻하는 것은 아니므로 표의자의 의사표시의 내용을 진정으로 마음속에서 바라지는 아니하였다고 하더라도 당시의 상황에서는 그것이 최선이라고 판단하여 그 의사표시를 하였을 경우에는 이를 내심의 효과의사가 결여된 진의 아닌

의사표시라고 할 수 없다(大判 2002. 12. 27, 2000다47361).
⑤ [正] 대리권남용에 관한 판례의 주류적 태도(제107조 제1항 단서 유추적용설)이다(大判 1987. 11. 10, 86다카371).

정답 ③

2. 다음 기술 중 옳지 않은 것은?(다툼 있으면 판례에 의함) [02년]

① 종중이 탈법 목적 없이 그 보유 부동산을 타인에게 명의신탁하면서 명의수탁자가 이를 임의로 처분할 경우에 대비하여 종중 명의로 소유권이전등기청구권 보전을 위한 가등기를 경료한 경우, 그와 같은 가등기를 하기로 하는 합의는 통정허위표시로서 무효이다.
② 통정허위표시에 의하여 부동산을 매수한 자로부터 그 부동산의 권리를 취득한 제3자가 있는 경우 그 제3자의 악의에 대한 입증책임은 이를 주장하는 자에게 있다.
③ 통정허위표시에 의한 법률행위는 무효이나 채권자취소권의 대상이 될 수 있다.
④ 근로자가 실제로는 동일한 사업주를 위하여 계속 근무하면서 형식상 일단 퇴직하였다가 다시 임용되는 형식을 취한 경우 그 퇴직의 의사표시는 무효이다.
⑤ 임차보증금반환채권을 담보할 목적으로 임차인과 임대인, 제3자 사이의 합의에 따라 임대목적물에 관하여 제3자 명의로 전세권설정등기를 경료한 후 그 전세권에 대하여 근저당권이 설정된 경우, 임대인은 선의의 근저당권자에게 위 전세권설정계약이 통정허위표시에 해당하여 무효임을 주장할 수 없다.

해설

① [誤] 명의신탁이 부동산실명법에 의하여 무효로 되지 아니한 경우에는 종래 명의신탁 유효성에 관한 학설, 판례상의 논의가 문제된다. 판례는 명의신탁을 신탁행위의 일종으로 유효한 것으로 판단하고 있고, 명의신탁의 보장책으로서의 가등기설정합의도 유효라고 한다.
[大判 1997. 9. 30, 95다39526] 명의신탁 부동산을 명의수탁자가 임의로 처분할 경우에 대비하여 명의신탁자가 명의수탁자와 합의하여 자신의 명의로, 혹은 명의신탁자 이외의 다른 사람 명의로 소유권이전등기청구권 보전을 위한 가등기를 경료한 것이라면 비록 그 가등기의 등기원인을 매매예약으로 하고 있으며 명의신탁자와 명의수탁자 사이에 그와 같은 매매예약이 체결된 바 없다 하더라도 그와 같은 가등기를 하기로 하는 명의신탁자와 명의수탁자의 합의가 통정허위표시로서 무효라고 할 수 없다.
② [正] [大判 1970. 9. 29, 70다466] 허위표시 매매에 의한 매수인으로부터 부동산상의 권리를 취득한 제3자는 특별한 사정이 없는 한 선의로 추정할 것이므로 허위표시를 한 부동산양도인이 제3자에 대하여 소유권을 주장하려면 그 제3자의 악의임을 입증하여야 한다.
③ [正] [大判 1998. 2. 27, 97다50985] 채무자의 법률행위가 통정허위표시인 경우에도 채권자취소권의 대상이 되고, 한편 채권자취소권의 대상으로 된 채무자의 법률행위라도

통정허위표시의 요건을 갖춘 경우에는 무효라고 할 것이다.
④ [正] [大判 1999. 5. 11. 98다18353] 기업의 인적·물적 조직이 흡수·통합되거나 조직변경을 거친다 하더라도 그 기업 자체가 폐지됨이 없이 동일성을 유지하면서 존속되고 있는 한, 이는 경영주체의 변경에 불과하여 근로관계는 새로운 경영주에게 승계되고, 이와 같이 근로관계가 포괄승계됨에 있어 근로자가 자의에 의하여 사직서를 제출하고 퇴직금을 지급받았다면 계속근로의 단절에 동의한 것으로 볼 수 있지만, 그것이 근로자의 자의에 의한 것이 아니라 기업의 경영방침에 의한 일방적인 결정에 따라 퇴직과 재입사의 형식을 거친 것에 불과하다면 이러한 형식을 거쳐서 퇴직금을 지급받았더라도 근로자에게 근로관계를 단절할 의사가 있었다거나 계속근로의 단절에 동의하였다고 볼 수 없고, 따라서 계속근로관계도 단절되지 아니한다.
⑤ [正] 전세권저당권자는 이해관계 있는 제3자에 해당하므로 가사 전세권설정행위가 통정허위표시라고 하더라도 그 무효를 선의의 전세권저당권자에게 대항할 수 없다.

정답 ①

3. 통정허위표시에 관한 설명 중 옳지 않은 것은? (다툼 있으면 판례에 의함) [05년]

① 甲과 乙이 내부적으로는 증여의 의사를 가지고 계약을 체결하였으나 매매계약의 형식을 빌린 경우, 증여계약의 효력이 발생할 수 있다.
② 통정한 허위표시에 의하여 형성된 법률관계로 생긴 채권을 가압류한 채권자가 있는 경우, 그 가압류채권자가 선의라 하더라도, 그에게 허위표시의 무효를 가지고 대항할 수 있다.
③ 선의의 제3자에게는 허위표시의 무효를 주장할 수 없지만, 이때 제3자가 무과실이어야 할 필요는 없다.
④ 가장매매의 매도인은 매수인의 상속인이 그 허위표시에 대하여 선의라 하더라도, 그에게 허위표시의 무효를 가지고 대항할 수 있다.
⑤ 토지거래허가 구역내 토지거래계약이 허위표시에 의하여 이루어진 경우, 거래당사자는 거래허가 신청 전(前)단계에서 허위표시임을 주장하여 거래허가 신청협력에 대한 거절의사를 명백히 함으로써 계약을 확정적으로 무효화시키고, 자신의 거래허가절차에 협력할 의무를 면할 수 있다.

해설

① [正] 가장행위가 무효라고 하더라도 가장행위 속에 숨겨진 은닉행위는 그 행위 자체의 요건이 충족되는 한 유효라는 것이 통설의 입장이다. 증여의사로 체결된 계약이므로 비록 가장행위인 매매는 무효라고 하더라도 은닉행위인 증여는 유효하다.
② [誤] 통정한 허위표시에 의하여 형성된 법률관계로 생긴 채권을 가압류한 채권자도 통정허위표시로부터 보호되는 제3자에 해당한다. 제108조 제2항에 의하여 통정허위표시의 무효를 주장하지 못하는 제3자란 통정허위표시의 당사자와 포괄승계인 이외의

자로서 통정허위표시를 기초로 새로운 법률상 이해관계를 맺은 자를 말한다.
[大判 2004. 5. 28, 2003다70041] 통정한 허위표시에 의하여 외형상 형성된 법률관계로 생긴 채권을 가압류한 경우, 그 가압류권자는 허위표시에 기초하여 새로운 법률상 이해관계를 가지게 되므로 민법 제108조 제2항의 제3자에 해당한다고 봄이 상당하고, 또한 민법 제108조 제2항의 제3자는 선의이면 족하고 무과실은 요건이 아니다.

③ [正] 大判 2004. 5. 28, 2003다70041 참조.
④ [正] 통정허위표시의 당사자 및 포괄승계인은 제108조 제2항의 제3자에 해당하지 않는다.
[大判 2000. 7. 6, 99다51258] 상대방과 통정한 허위의 의사표시는 무효이고 누구든지 그 무효를 주장할 수 있는 것이 원칙이나, 허위표시의 당사자와 포괄승계인 이외의 자로서 허위표시에 의하여 외형상 형성된 법률관계를 토대로 실질적으로 새로운 법률상 이해관계를 맺은 선의의 제3자에 대하여는 허위표시의 당사자뿐만 아니라 그 누구도 허위표시의 무효를 대항하지 못하는 것인 바, 허위표시를 선의의 제3자에게 대항하지 못하게 한 취지는 이를 기초로 하여 별개의 법률원인에 의하여 고유한 법률상의 이익을 갖는 법률관계에 들어간 자를 보호하기 위한 것이므로, 제3자의 범위는 권리관계에 기초하여 형식적으로만 파악할 것이 아니라 허위표시행위를 기초로 하여 새로운 법률상 이해관계를 맺었는지 여부에 따라 실질적으로 파악하여야 한다.
⑤ [正] [大判 1996. 11. 8, 96다35309] 국토이용관리법상 거래허가를 받지 아니하고 계약당사자의 표시와 불일치한 의사(비진의표시, 허위표시 또는 착오) 또는 사기, 강박과 같은 하자 있는 의사에 의하여 토지거래 등이 이루어진 경우에 있어서, 이들 사유에 기하여 그 거래의 무효 또는 취소를 주장할 수 있는 당사자는 그러한 거래허가를 신청하기 전 단계에서 이러한 사유를 주장하여 거래허가 신청협력에 거절의사를 일방적으로 명백히 함으로써 그 계약을 확정적으로 무효화시키고 자신의 거래허가절차에 협력할 의무를 면함은 물론 기왕에 지급된 계약금 등의 반환도 구할 수 있다.

정답 ②

4. 배점 2 통정허위표시에 관한 기술 중 옳은 것을 모두 고른 것은?(다툼 있으면 판례에 의함) [08년]

㉠ 종중이 탈법 목적 없이 그 보유 부동산을 타인에게 명의신탁하면서 명의수탁자가 이를 임의로 처분할 것에 대비하여 종중 명의로 소유권이전등기청구권 보전을 위한 가등기를 경료한 경우, 그와 같은 가등기를 하기로 하는 합의는 통정허위표시로서 무효이다.
㉡ 채무자의 법률행위가 가장행위라도 채권자취소권의 대상이 되고, 채권자취소권의 대상으로 된 채무자의 법률행위라도 통정허위표시의 요건을 갖춘 경우에는 무효이다.

㉢ 보증인이 주채무자의 기망행위에 의하여 주채무가 있는 것으로 믿고 주채무자와 보증계약을 체결한 후 그에 따라 보증채무자로서 그 채무까지 이행한 경우, 그 보증인은 주채무자의 채권자에 대한 채무부담행위라는 허위표시에 기초하여 구상권 취득에 관한 법률상 이해관계를 가지게 되었으므로 민법 제108조 제2항 소정의 제3자에 해당한다.

㉣ 파산자가 파산선고 전에 허위의 가장채권을 보유한 경우, 파산관재인이 민법 제108조 제2항 소정의 제3자에 해당하는데, 파산관재인의 선·악의는 파산관재인 개인의 선·악의를 기준으로 판단한다.

① ㉠, ㉡, ㉢
② ㉡, ㉢, ㉣
③ ㉠, ㉢, ㉣
④ ㉠, ㉡, ㉣
⑤ ㉡, ㉣
⑥ ㉡, ㉢
⑦ ㉢, ㉣
⑧ ㉡

해설

㉠ [誤] 명의신탁자가 명의신탁약정에 따라 명의수탁자에 대하여 취득할 소유권이전등기청구권을 보전하기 위하여 가등기를 설정하기로 합의한 경우라면 이를 통정허위표시라고 볼 수 없다. 당사자 사이에 그와 같은 약정에 따른 법률효과 발생을 진정으로 의욕하고 있기 때문이다.
[大判 1997. 9. 30. 95다39526] 명의신탁 부동산을 명의수탁자가 임의로 처분할 경우에 대비하여 명의신탁자가 명의수탁자와 합의하여 자신의 명의로, 혹은 명의신탁자 이외의 다른 사람 명의로 소유권이전등기청구권 보전을 위한 가등기를 경료한 것이라면 비록 그 가등기의 등기원인을 매매예약으로 하고 있으며 명의신탁자와 명의수탁자 사이에 그와 같은 매매예약이 체결된 바 없다 하더라도 <u>그와 같은 가등기를 하기로 하는 명의신탁자와 명의수탁자의 합의가 통정허위표시로서 무효라고 할 수 없다.</u>

㉡ [正] [大判 1998. 2. 27. 97다50985] 채무자의 법률행위가 통정허위표시인 경우에도 채권자취소권의 대상이 되고, 한편 채권자취소권의 대상으로 된 채무자의 법률행위라도 통정허위표시의 요건을 갖춘 경우에는 무효라고 할 것이다.

㉢ [正] [大判 2000. 7. 6. 99다51258] [1] 상대방과 통정한 허위의 의사표시는 무효이고 누구든지 그 무효를 주장할 수 있는 것이 원칙이나, 허위표시의 당사자와 포괄승계인 이외의 자로서 허위표시에 의하여 외형상 형성된 법률관계를 토대로 실질적으로 새로운 법률상 이해관계를 맺은 선의의 제3자에 대하여는 허위표시의 당사자뿐만 아니라 그 누구도 허위표시의 무효를 대항하지 못하는 것인 바, 허위표시를 선의의 제3자에게 대항하지 못하게 한 취지는 이를 기초로 하여 별개의 법률원인에 의하여 고유한 법률상의 이익을 갖는 법률관계에 들어간 자를 보호하기 위한 것이므로, 제3자의 범위는 권리관계에 기초하여 형식적으로만 파악할 것이 아니라 허위표시행위를 기초로 하여 새로운 법률상 이해관계를 맺었는지 여부에 따라 실질적으로 파악하여야 한다.

[2] 보증인이 주채무자의 기망행위에 의하여 주채무가 있는 것으로 믿고 주채무자와 보증계약을 체결한 다음 그에 따라 보증채무자로서 그 채무까지 이행한 경우, 그 보증인은 주채무자에 대한 구상권 취득에 관하여 법률상의 이해관계를 가지게 되었고 그 구상권 취득에는 보증의 부종성으로 인하여 주채무가 유효하게 존재할 것을 필요로 한다는 이유로 결국 그 보증인은 주채무자의 채권자에 대한 채무 부담행위라는 허위표시에 기초하여 구상권 취득에 관한 법률상 이해관계를 가지게 되었다고 보아 민법 제108조 제2항 소정의 '제3자'에 해당한다고 한 사례.

ㄹ [誤] [大判 2006. 11. 10, 2004다10299] 파산관재인이 민법 제108조 제2항의 경우 등에 있어 제3자에 해당하는 것은 파산관재인은 파산채권자 전체의 공동의 이익을 위하여 선량한 관리자의 주의로써 그 직무를 행하여야 하는 지위에 있기 때문이므로, 그 선의·악의도 파산관재인 개인의 선의·악의를 기준으로 할 수는 없고 <u>총파산채권자를 기준으로 하여 파산채권자 모두가 악의로 되지 않는 한 파산관재인은 선의의 제3자라고 할 수밖에 없다.</u>

정답 ⑥

5. 다음 설명 중 옳지 않은 것은?(다툼 있으면 판례에 의함) [04년]

① 파산자가 상대방과 통정한 허위의 의사표시에 의해 성립된 가장채권을 보유하고 있다가 파산이 선고된 경우, 파산관재인은 그 허위표시에 따라 외형상 형성된 법률관계를 토대로 실질적으로 새로운 법률상 이해관계를 가지게 된 민법 제108조 제2항의 '제3자'에 해당하지 않는다.
② 제3자의 강박으로 상대방 있는 의사표시를 한 경우, 표의자는 그 의사표시의 상대방이 제3자의 강박사실을 알았거나 알 수 있었을 경우에 한하여 그 의사표시를 취소할 수 있다.
③ 매수인이 대리인을 통하여 분양택지 매수지분의 매매계약을 체결한 경우, 대리인이 그 계약 내용, 잔금의 지급기일, 그 지급 여부 및 지연손해금 액수에 관하여 잘 알고 있었다고 인정되는 때에는, 설사 매수인이 지연손해금 여부 및 그 액수에 관하여 모른 채로 대리인에게 대리권을 수여하였더라도, 매수인으로서는 자신의 착오를 이유로 그 매매계약을 취소할 수 없다.
④ 지명채권의 양도에 있어서 승낙의 성격이 관념의 통지라고 하여 조건을 붙일 수 없는 것은 아니므로, 승낙시에 이의를 보류할 수 있음은 물론 양도금지의 특약이 있는 채권양도를 승낙함에 있어서도 조건을 붙일 수 있다.
⑤ 소송대리인으로부터 소송대리인 사임신고서 제출을 지시받은 사무원은 소송대리인의 표시기관에 해당되어 그의 착오는 소송대리인의 착오라고 보아야 하므로, 사무원의 착오로 소송대리인의 의사에 반하여 소를 취하하였다고 하여도 이를 무효라고 볼 수는 없다.

해설

① [誤] [大判 2003. 6. 24, 2002다48214] 파산자가 파산선고시에 가진 모든 재산은 파산재단을 구성하고, 그 파산재단을 관리 및 처분할 권리는 파산관재인에게 속하므로, 파산관재인은 파산자의 포괄승계인과 같은 지위를 가지게 되지만, 파산이 선고되면 파산채권자는 파산절차에 의하지 아니하고는 파산채권을 행사할 수 없고, 파산관재인이 파산채권자 전체의 공동의 이익을 위하여 선량한 관리자의 주의로써 그 직무를 행하므로, 파산관재인은 파산선고에 따라 파산자와 독립하여 그 재산에 관하여 이해관계를 가지게 된 제3자로서의 지위도 가지게 되며, 따라서 파산자가 상대방과 통정한 허위의 의사표시를 통하여 가장채권을 보유하고 있다가 파산이 선고된 경우 그 가장채권도 일단 파산재단에 속하게 되고, 파산선고에 따라 파산자와는 독립한 지위에서 파산채권자 전체의 공동의 이익을 위하여 직무를 행하게 된 파산관재인은 그 허위표시에 따라 외형상 형성된 법률관계를 토대로 실질적으로 새로운 법률상 이해관계를 가지게 된 민법 제108조 제2항의 제3자에 해당한다.

② [正] 민법 제110조 제2항.

③ [正] 대리인에 의한 법률행위에서 착오의 여부는 대리인을 기준으로 판단하여야 한다.
[大判 1996. 2. 13, 95다41406] 대리인이 매도인과 분양자와의 매매계약에 있어서 매수인의 1인으로서 그 계약 내용, 잔금의 지급 기일, 그 지급 여부 및 연체 지연손해금 액수에 관하여 잘 알고 있었다고 인정되는 때에는, 설사 매수인이 연체 지연손해금 여부 및 그 액수에 관하여 모른 채로 대리인에게 대리권을 수여하여 매도인과의 사이에 그 매매계약을 체결하였다고 하더라도, 매수인으로서는 그 자신의 착오를 이유로 매도인과의 매매계약을 취소할 수는 없게 되었다고 볼 여지가 있다.

④ [正] [大判 1989. 7. 11, 88다카20866] 지명채권의 양도를 승낙함에 있어서는 이의를 보류하고 할 수 있음은 물론이고 양도금지의 특약이 있는 채권양도를 승낙함에 있어 조건을 붙여서 할 수도 있으며 승낙의 성격이 관념의 통지라고 하여 조건을 붙일 수 없는 것은 아니다.

⑤ [正] 판례는 소송행위에 있어서의 착오취소를 인정하지 아니하였다.
[大判 1997. 6. 27, 97다6124] 소의 취하는 원고가 제기한 소를 철회하여 소송계속을 소멸시키는 법원에 대한 원고의 소송행위이고 소송행위는 일반 사법상 행위와는 달리 내심의 의사보다 그 표시를 기준으로 하여 그 효력 유무를 판정할 수밖에 없으므로 원고들 소송대리인으로부터 원고 중 1인에 대한 소취하를 지시받은 사무원은 원고들 소송대리인의 표시기관에 해당되어 그의 착오는 원고들 소송대리인의 착오로 보아야 하므로 그 사무원의 착오로 원고들 소송대리인의 의사에 반하여 원고들 전원의 소를 취하하였다 하더라도 이를 무효로 볼 수는 없고, 적법한 소취하의 서면이 제출된 이상 그 서면이 상대방에게 송달되기 전·후를 묻지 않고 원고는 이를 임의로 철회할 수 없다.

정답 ①

6. <small>배점 2</small> 착오에 의한 의사표시에 관한 설명 중 옳지 않은 것은?<small>(다툼 있으면 판례에 의함)</small> [08년]

① 동기가 상대방의 부정한 방법에 의하여 유발되었거나 상대방으로부터 제공된 경우, 동기가 표시되지 않았다고 하더라도 표의자는 착오를 이유로 의사표시를 취소할 수 있다.
② 부동산이 양도된 경우, 양도인에 대하여 부과될 양도소득세 등의 세액에 관한 착오가 미필적인 장래의 불확실한 사실에 관한 것이라도 민법 제109조 소정의 착오에서 제외되는 것은 아니다.
③ 甲은 국유지인 X 대지 위에 Y 건물을 신축하여 국가에 기부채납하는 대신 X 대지 및 Y 건물에 대한 사용·수익권을 받기로 약정하였다. 사용·수익허가의 조건은 건물의 감정평가액 8억원을 기부채납금액으로 하고 대지 및 건물의 연간사용료를 2억원으로 하여 사용료 합계가 기부채납액에 달하는 기간 동안의 사용료를 면제하는 것이었다. 그 과정에서 甲과 국가는 기부채납이 부가가치세 부과대상인 줄을 모르고 계약조건을 결정하였다. 후에 甲에게 기부채납에 대하여 1억원의 부가가치세가 부과되었다. 판례는 이러한 경우에 당사자가 부가가치세에 관한 착오가 없었더라면 약정하였을 것으로 보이는 내용으로 당사자의 의사를 보충하여 계약을 해석할 수 있다는 입장이다.
④ 주채무자의 차용금반환채무를 보증할 의사로 공정증서에 연대보증인으로 서명·날인하였으나 그 공정증서가 주채무자의 기존의 구상금채무 등에 관한 준소비대차계약의 공정증서이었던 경우, 연대보증인에게 주채무자가 채권자에게 부담하는 차용금반환채무를 연대보증할 의사가 있었더라도, 그 피담보채무를 달리하므로 연대보증계약의 내용의 중요부분에 착오가 있는 때에 해당한다.
⑤ 혼인, 입양의 경우에는 당사자의 의사가 절대적 의의를 가지므로 착오에 의한 의사표시는 아무런 효력이 없다.

해설

① [正] 동기의 착오에 관한 법적 취급에 대한 판례의 입장을 묻는 지문이다. 동기의 착오란 표시에 대응하는 내심의 의사는 있지만, 그 내심의 의사를 결정하는 과정에서 표의자의 인식과 그 대조사실이 불일치하는 경우를 말한다. 동기의 착오를 제109조의 착오로 보아 표의자의 취소권을 인정할 수 있는가에 관해서는 견해의 대립이 있다. 학설상 다수의 견해는 동기가 표시되어 법률행위의 내용으로 고양되면 이를 제109조의 착오로 취급할 수 있다는 입장이다. 판례도 같은 입장에서 동기를 당해 의사표시의 내용으로 삼을 것을 상대방에게 표시하여 의사표시의 해석상 동기가 법률행위의 내용으로 되어야 한다고 한다(大判 1998. 2. 10, 97다44737). 그러나 판례는 이러한 원칙에 관하여 예외를 인정하고 있다. 즉 타인의 기망행위로 인한 동기의 착오의 경우 또는 동기가 상대방에게 의하여 제공되거나 유발된 경우에는 동기의 표시 여부와 무관하게 착오취소가 인정된다고 한다(大判 1978. 7. 11, 78다719).
[大判 1998. 2. 10, 97다44737] 동기의 착오가 법률행위의 내용의 중요부분의 착오에 해

당함을 이유로 표의자가 법률행위를 취소하려면 그 <u>동기를 당해 의사표시의 내용으로 삼을 것을 상대방에게 표시하고 의사표시의 해석상 법률행위의 내용으로 되어 있다고 인정되면</u> 충분하고 당사자들 사이에 별도로 그 동기를 의사표시의 내용으로 삼기로 하는 합의까지 이루어질 필요는 없지만, 그 법률행위의 내용의 착오는 보통 일반인이 표의자의 입장에 섰더라면 그와 같은 의사표시를 하지 아니하였으리라고 여겨질 정도로 그 착오가 중요한 부분에 관한 것이어야 한다.

[大判 1978. 7. 11. 78다719] 귀속해제된 토지인데도 귀속재산인줄로 잘못 알고 국가에 증여를 한 경우 이러한 착오는 일종의 동기의 착오라 할 것이나 그 <u>동기를 제공한 것이 관계공무원이었고</u> 그러한 동기의 제공이 없었더라면 위 토지를 국가에게 증여하지는 않았을 것이라면 그 동기는 증여행위의 중요부분을 이룬다고 할 것이므로 뒤늦게 그 착오를 알아차리고 증여계약을 취소했다면 그 취소는 적법하다.

② [正] 착오의 대상이 되는 사실이 현재 및 과거의 사실에 국한되는지를 묻는 지문이다. 판례는 장래 발생할 미필적 사실에 관한 착오도 제109조의 착오에 포함될 수 있다는 입장이다.

[大判 1994. 6. 10. 93다24810] 부동산의 양도가 있는 경우에 그에 대하여 부과될 양도소득세 등의 세액에 관한 착오가 미필적인 장래의 불확실한 사실에 관한 것이라도 민법 제109조 소정의 착오에서 제외되는 것은 아니다.

③ [正] 계약당사자 쌍방이 공통된 사항에 관하여 착오에 빠진 상태에서 계약을 체결한 경우에도 착오취소에 관한 제109조가 곧바로 적용될 것인가를 묻는 지문이다. 학설은 이를 쌍방 공통의 동기의 착오로 논의를 하고 있다. 쌍방 공통의 착오가 개재된 계약의 경우에는 당사자 일방이 착오에 빠진 상태에서 계약을 체결한 경우와는 달리 이를 바로 착오취소의 문제로 처리할 수는 없다. 왜냐하면 제109조는 일방이 착오에 빠진 경우를 전제로 하여 표의자와 표시를 신뢰한 상대방 보호를 어떻게 조화시킬 것인가를 다루고 있기 때문이다. 판례도 마찬가지 입장을 취하고 있다. 즉 쌍방 공통의 착오가 개재된 계약의 경우, 우선 당사자가 착오에 빠지지 않았더라면 의욕하였을 내용에 따라 계약의 효력을 부여하고(보충적 해석), 그것이 불가능한 경우 불이익 당사자가 그 계약을 착오를 이유로 취소할 수 있다는 입장이다. 사안의 경우에도 국가와 甲은 부가가치세 부과대상인지를 모른 상태에서(쌍방 공통의 착오) 위 기부채납계약을 체결하였는데, 이러한 경우 판례는 우선 당사자가 위와 같은 착오가 없었더라면 의욕하였을 내용으로 계약을 수정하여 위 계약을 해석한다(보충적 해석).

[大判 2006. 11. 23. 2005다13288] 계약당사자 쌍방이 계약의 전제나 기초가 되는 사항에 관하여 같은 내용으로 착오를 하고 이로 인하여 그에 관한 구체적 약정을 하지 아니하였다면, 당사자가 그러한 착오가 없을 때에 약정하였을 것으로 보이는 내용으로 당사자의 의사를 보충하여 계약을 해석할 수도 있으나, 여기서 보충되는 당사자의 의사란 당사자의 실제 의사 내지 주관적 의사가 아니라 계약의 목적, 거래관행, 적용법규, 신의칙 등에 비추어 객관적으로 추인되는 정당한 이익조정 의사를 말한다고 할 것이다. 원심이 인정한 바와 같이 원고와 피고가 이 사건 계약을 체결하고 그 내용을 정함에 있어 기부채납이 부가가치세 부과대상인 줄을 몰랐다고 한다면, 계약의 전제가 되는 사항에 관하여 같은 내용의 착오에 빠져 있었다고 할 수 있으므로, 당사자의

진의를 추정하여 계약 내용을 수정 해석하는 것이 타당하다고 본 원심의 판시 자체는 수긍되는 면이 있다.

④ [誤] 착오취소의 요건으로서 내용의 중요부분을 어떻게 판단할 것인가를 묻는 지문이다. 어떠한 사항이 중요부분인가에 관해서 학설과 판례는 2중기준설의 입장에 따라 판단한다. 즉 주관적 표준과 객관적 표준에 의하여 판단하는데, 착오에 빠지지 않았더라면 그와 같은 의사표시를 하지 않았을 것이라는 점을 표의자의 입장에서 또한 일반인의 입장에서 검토하여 그것이 긍정되는 경우 중요부분이라고 판단한다. 사안과 같이 착오에 빠지지 아니한 경우와 비교하여 표의자에게 어떠한 경제적 불이익이 생기는 경우가 아니라면 객관적 현저성이 부정되어 중요부분이라고 할 수 없다는 것이 판례의 입장이다.

[大判 2006. 12. 7. 2006다41457] 주채무자의 차용금반환채무를 보증할 의사로 공정증서에 연대보증인으로 서명·날인하였으나 그 공정증서가 주채무자의 기존의 구상금채무 등에 관한 준소비대차계약의 공정증서이었던 경우, 소비대차계약과 준소비대차계약의 법률효과는 동일하므로 공정증서가 연대보증인의 의사와 다른 법률효과를 발생시키는 내용의 서면이라고 할 수 없어 표시와 의사의 불일치가 객관적으로 현저한 경우에 해당하지 않을 뿐만 아니라, 연대보증인은 주채무자가 채권자에게 부담하는 차용금반환채무를 연대보증할 의사가 있었던 이상 착오로 인하여 경제적인 불이익을 입었거나 장차 불이익을 당할 염려도 없으므로 위와 같은 착오는 연대보증계약의 중요부분의 착오가 아니다.

⑤ [正] 혼인, 입양과 같이 가족법상 법률효과를 발생시키는 행위는 당사자의 진의를 존중하는 것이 무엇보다 중요하다. 따라서 표의자와 표시상대방의 신뢰보호를 조화시키고자 하는 제109조가 적용되지 않는다. 결국 가족법에 특별한 규정이 없는 이상 착오에 의한 신분행위는 무효가 된다.

정답 ④

7. 배점 2 법률행위의 취소에 관한 설명 중 옳지 않은 것은? (다툼 있으면 판례에 의함) [10년]

① 법률행위의 취소를 전제로 한 이행거절에는 취소의 의사표시가 포함된 것으로 볼 수 있다.
② 착오로 인한 의사표시의 취소에 있어서 중대한 과실은 표의자의 직업, 행위의 종류, 목적 등에 비추어 보통 요구되는 주의를 현저히 결여하는 것을 의미한다.
③ 교환계약의 당사자 일방이 자기 소유의 목적물의 시가에 관하여 침묵한 것은 특별한 사정이 없는 한 기망행위로 볼 수 없다.
④ 동기의 착오가 법률행위의 내용의 중요 부분의 착오에 해당함을 이유로 표의자가 법률행위를 취소하려면 당사자들 사이에 별도로 그 동기를 의사표시의 내용으로 삼기로 하는 합의가 필요하다.
⑤ 착오로 인하여 표의자가 경제적인 불이익을 입지 않았다면 특별한 사정이 없는 한 이를 법률행위 내용의 중요 부분의 착오라고 할 수 없다.

해설

① [正] 취소의 방법을 묻는 지문이다. 취소표시는 묵시적으로도 가능하다. 따라서 취소를 전제로 한 이행거절은 취소의 의사표시라고 볼 수 있다.
[大判 1993. 9. 14, 93다13162] 법률행위의 취소는 상대방에 대한 의사표시로 하여야 하나 그 취소의 의사표시는 특별히 재판상 행하여짐이 요구되는 경우 이외에는 특정한 방식이 요구되는 것이 아니고, 취소의 의사가 상대방에 의하여 인식될 수 있다면 어떠한 방법에 의하더라도 무방하다고 할 것이고, 법률행위의 취소를 당연한 전제로 한 소송상의 이행청구나 이를 전제로 한 이행거절 가운데는 취소의 의사표시가 포함되어 있다고 볼 수 있다.

② [正] 착오의 소극적 요건인 표의자의 중대한 과실의 개념을 묻는 지문이다.
[大判 2000. 5. 12. 2000다12259] 착오로 인한 의사표시의 취소에 있어서 중대한 과실은 표의자의 직업, 행위의 종류, 목적 등에 비추어 보통 요구되는 주의를 현저히 결여하는 것을 의미한다.

③ [正] 계약관계 당사자 일방의 침묵이 기망행위를 구성하는가를 묻는 지문이다. 침묵한 자가 고지의무를 부담한다면 이를 부작위에 의한 기망으로 볼 수 있는데, 당사자 일방의 고지의무는 당사자의 지위와 계약관계의 성질 등을 고려하여 신의칙을 매개로 해서도 발생할 수 있다. 대법원은 교환계약 당사자 일방은 상대방에게 교환목적물의 시가를 고지해야 할 신의칙상 의무가 존재한다고 할 수 없다고 판단하였다.
[大判 2002. 9. 4, 2000다54406] 일반적으로 교환계약을 체결하려는 당사자는 서로 자기가 소유하는 교환 목적물은 고가로 평가하고 상대방이 소유하는 목적물은 염가로 평가하여 보다 유리한 조건으로 교환계약을 체결하기를 희망하는 이해상반의 지위에 있고 각자가 자신의 지식과 경험을 이용하여 최대한으로 자신의 이익을 도모할 것이 예상되기 때문에, 당사자 일방이 알고 있는 정보를 상대방에게 사실대로 고지하여야 할 신의칙상의 주의의무가 인정된다고 볼 만한 특별한 사정이 없는 한, 어느 일방이 교환 목적물의 시가나 그 가액 결정의 기초가 되는 사항에 관하여 상대방에게 설명 내지 고지를 할 주의의무를 부담한다고 할 수 없고, 일방 당사자가 자기가 소유하는 목적물의 시가를 묵비하여 상대방에게 고지하지 아니하거나 혹은 허위로 시가보다 높은 가액을 시가라고 고지하였다 하더라도 이는 상대방의 의사결정에 불법적인 간섭을 한 것이라고 볼 수 없다.

④ [誤] 동기의 착오로 인한 법률행위가 민법 제109조에 따라 취소되기 위한 요건, 즉 동기의 착오가 내용의 착오로 고려되기 위한 요건을 묻는 지문이다. 견해의 대립이 있는데, 판례는 원칙적으로 동기표시설을 따르고 있다. 따라서 동기가 표시되어 해석상 내용으로 되면 동기의 착오가 내용의 착오로 고려될 수 있는 것이고, 당사자 사이에 동기를 내용으로 하기로 하는 합의가 있을 필요는 없다고 한다.
[大判 1998. 2. 10, 97다44737] 동기의 착오가 법률행위의 내용의 중요부분의 착오에 해당함을 이유로 표의자가 법률행위를 취소하려면 그 동기를 당해 의사표시의 내용으로 삼을 것을 상대방에게 표시하고 의사표시의 해석상 법률행위의 내용으로 되어 있다고 인정되면 충분하고 당사자들 사이에 별도로 그 동기를 의사표시의 내용으로 삼기로

하는 합의까지 이루어질 필요는 없지만, 그 법률행위의 내용의 착오는 보통 일반인이 표의자의 입장에 섰더라면 그와 같은 의사표시를 하지 아니하였으리라고 여겨질 정도로 그 착오가 중요한 부분에 관한 것이어야 한다.

⑤ [正] 착오취소요건인 중요부분인지 여부를 판단하는 기준을 묻는 지문이다. 객관적 현저성이 있어야 중요부분이라고 할 수 있는데, 표의자가 착오로 인하여 경제적 불이익을 입지 않았다면 객관적 현저성이 인정될 수 없어 이를 중요부분이라고 할 수 없다는 것이 대법원 입장이다.
[大判 1999. 2. 23, 98다47924] 착오가 법률행위 내용의 중요부분에 있다고 하기 위하여는 표의자에 의하여 추구된 목적을 고려하여 합리적으로 판단하여 볼 때 표시와 의사의 불일치가 객관적으로 현저하여야 하고, 만일 그 착오로 인하여 표의자가 무슨 경제적인 불이익을 입은 것이 아니라고 한다면 이를 법률행위 내용의 중요부분의 착오라고 할 수 없다

정답 ④

8. 의사표시에 관한 설명 중 옳지 않은 것은? (다툼 있으면 판례에 의함) [06년]

① 제3자의 기망행위에 의하여 의사표시를 한 자는 상대방이 그 사실을 알았거나 알 수 있었을 경우에 그 의사표시를 취소할 수 있는 바(민법 제110조 제2항), '상대방의 피용자'는 그가 그 의사표시에 관한 상대방의 대리인 등 상대방과 동일시 할 수 있는 지위에 있더라도 위 규정에서 말하는 '제3자'에 해당한다.
② 강박에 의한 법률행위가 취소되는 것에 그치지 않고 무효로 되기 위하여는, 의사표시자로 하여금 의사결정을 스스로 할 수 있는 여지를 완전히 박탈한 상태에서 의사표시가 이루어져 단지 법률행위의 외형만이 만들어진 것에 불과한 정도이어야 한다.
③ 법률행위 취소의 원인이 될 강박이 있다고 하기 위하여는, 표의자로 하여금 외포심을 생기게 하고 이로 인하여 법률행위 의사를 결정하게 할 고의로써 불법으로 해악을 통고한 경우라야 한다.
④ 민법 제109조 제1항 단서는 착오가 표의자의 중대한 과실로 인한 때에는 표의자는 착오로 인한 의사표시를 취소할 수 없다고 규정하고 있는 바, 여기서 '중대한 과실'이라 함은 표의자의 직업, 행위의 종류, 목적 등에 비추어 보통 요구되는 주의를 현저히 결여하는 것을 의미한다.
⑤ 부정행위에 대한 고소, 고발이라 하더라도 부정한 이익의 취득을 목적으로 하는 경우에는 위법한 강박행위가 되는 경우가 있고, 목적이 정당하다 하더라도 행위나 수단 등이 부당한 때에는 위법성이 있는 경우가 있을 수 있다.

해설

① [誤] 제3자의 기망행위로 상대방 있는 의사표시를 한 자는 그 상대방이 제3자의 기망사실을 알았거나 알 수 있었을 때에 한하여 그 의사표시를 취소할 수 있다(제110조 제2항).

이렇게 취소권을 제한하는 것은 의사결정의 자유가 제한된 표의자의 보호와 더불어 표의자의 의사표시를 신뢰한 상대방의 보호도 요청되기 때문이다. 여기서 제3자가 누구를 의미하는가는 제110조 제2항의 취지를 고려하여 판단하여야 한다. 즉, 제3자가 상대방과 동일시 할 수 있는 자라면 상대방의 신뢰보호는 문제되지 아니할 것이다. 따라서 표의자의 취소권이 제한될 수 없다. 그렇다면 의사표시의 상대방과 동일시 될 수 있는 제3자란 누구를 의미하는가? 판례에 따르면 상대방의 대리인이 대표적인 상대방과 동일시 될 수 있는 제3자에 해당한다. 그러나 상대방이 단순히 사용자책임을 져야 할 관계에 있는 단순한 피용자는 이에 해당하지 않는다고 한다.

[大判 1998. 1. 23, 96다41496] 의사표시의 상대방이 아닌 자로서 기망행위를 하였으나 민법 제110조 제2항에서 정한 제3자에 해당되지 아니한다고 볼 수 있는 자란 그 의사표시에 관한 상대방의 대리인 등 상대방과 동일시할 수 있는 자만을 의미하고, 단순히 상대방의 피용자이거나 상대방이 사용자책임을 져야 할 관계에 있는 피용자에 지나지 않는 자는 상대방과 동일시할 수는 없어 이 규정에서 말하는 제3자에 해당한다.

② [正] 강박에 의한 의사표시는 취소가능한 의사표시가 될 수도 있고, 무효인 의사표시가 될 수도 있다. 강박이 의사결정의 자유를 완전히 박탈하게 하는 정도에 이른 경우 즉, 이른바 절대적 강박 하에서의 의사표시는 표의자의 표시의사가 있다고 할 수 없어 의사표시로 효력이 발생하지 않는다(무효). 따라서 제110조가 예정하는 강박은 의사결정의 자유를 침해하여 하자 있는 상태에서 의사결정을 하게 하는 강박을 말한다 (상대적 강박).

[大判 2002. 12. 10, 2002다56031] 강박에 의한 법률행위가 하자 있는 의사표시로서 취소되는 것에 그치지 않고 나아가 무효로 되기 위하여는, 강박의 정도가 단순한 불법적 해악의 고지로 상대방으로 하여금 공포를 느끼도록 하는 정도가 아니고, 의사표시자로 하여금 의사결정을 스스로 할 수 있는 여지를 완전히 박탈한 상태에서 의사표시가 이루어져 단지 법률행위의 외형만이 만들어진 것에 불과한 정도이어야 한다.

③ [正] 강박에 의하여 표의자의 취소권이 발생하기 위해서는 강박행위가 강박자의 고의에 의한 것이어야 한다. 강박자의 고의란 해악의 고지를 통하여 외포심을 생기게 할 고의(제1단계 고의)와 일정한 의사표시를 하게 할 고의(제2단계 고의)가 있어야 한다는 것이 통설과 판례의 태도이다.

[大判 1975. 3. 25, 73다1048] 법률행위취소의 원인이 될 강박이 있다고 하기 위하여서는 당해 의사표시를 받을 상대방이 표의자로 하여금 외포심을 생하게 하고 이로 인하여 법률행위 의사를 결정하게 할 고의로서 불법으로 장래의 해악을 통고한 경우라야 한다.

④ [正] [大判 2000. 5. 12, 99다64995] 법률행위 내용의 중요부분에 착오가 있는 때에는 그의 의사표시를 취소할 수 있으나 그 착오가 표의자의 중대한 과실로 인한 때에는 취소하지 못하는 것인 바, 여기서 '중대한 과실'이라 함은 표의자의 직업, 행위의 종류, 목적 등에 비추어 보통 요구되는 주의를 현저히 결여하는 것을 의미한다.

⑤ [正] 강박에 의한 의사표시가 취소가능하기 위해서는 강박행위의 위법성이 인정되어야 한다. 강박행위의 위법성은 강박행위의 수단으로 고지되는 해악이 위법하거나, 해악의 고지를 통하여 실현하고자 하는 목적이 위법한 경우, 해악과 그 목적이 모두 정당

하다고 하더라도 해악의 고지와 실현하고자 하는 목적 사이에 상관성이 결여되어 위법하게 되는 경우에 인정될 수 있다.

[大判 1992. 12. 24, 92다25120] 일반적으로 부정행위에 대한 고소, 고발은 그것이 부정한 이익을 목적으로 하는 것이 아닌 때에는 정당한 권리행사가 되어 위법하다고 할 수 없으나, 부정한 이익의 취득을 목적으로 하는 경우에는 위법한 강박행위가 되는 경우가 있고 목적이 정당하다 하더라도 행위나 수단 등이 부당한 때에는 위법성이 있는 경우가 있을 수 있다.

정답 ①

9. 배점 2 사기·강박에 의한 의사표시에 관한 설명 중 옳지 않은 것을 모두 고른 것은?
(다툼 있으면 판례에 의함) [07년]

㉠ 토지거래허가를 받지 않아 유동적 무효 상태에 있는 거래계약에 관하여 사기 또는 강박에 의한 계약의 취소를 주장할 수 없다.
㉡ 매수인이 매도인의 기망에 의하여 타인의 물건을 매도인의 것으로 잘못 알고 매수의 의사표시를 하였는데 만일 타인의 물건인 줄 알았다면 매수하지 아니하였을 사정이 있는 경우, 매수인은 자신의 의사표시를 취소할 수 있다.
㉢ 제3자의 기망행위에 의하여 신원보증서류에 서명날인한다는 착각에 빠진 상태로 연대보증의 서면에 서명날인한 경우(서명의 착오), 상대방이 제3자의 기망행위를 알 수 있었다면 제3자에 의한 사기를 이유로 취소할 수 있다.
㉣ 상대방의 피용자이거나 상대방이 사용자책임을 져야 할 관계에 있는 자는 제3자의 사기에 의한 의사표시에 있어서의 제3자에 해당하지 않는다.

① ㉠, ㉢ ② ㉢
③ ㉠, ㉣ ④ ㉢, ㉣
⑤ ㉠, ㉡, ㉣ ⑥ ㉠, ㉢, ㉣
⑦ ㉣ ⑧ ㉡, ㉢

해설

㉠ [誤] 유동적 무효상태에 있는 거래계약이라고 하더라도 그 거래계약을 체결하는 과정에 사기 또는 강박이 개재되어 취소를 주장할 수 있는 자는 이를 주장하여 거래계약을 확정적으로 무효화시킬 수 있다는 것이 판례의 태도이다.

[大判 1997. 11. 14, 97다36118] 국토이용관리법상 규제구역 내에 속하는 토지거래에 관하여 관할 도지사로부터 거래허가를 받지 아니한 거래계약은 처음부터 위 허가를 배제하거나 잠탈하는 내용의 계약이 아닌 한 허가를 받기까지는 유동적 무효의 상태에 있고 거래 당사자는 거래허가를 받기 위하여 서로 협력할 의무가 있으나, 그 토지거래가 계약당사자의 표시와 불일치한 의사(비진의표시, 허위표시 또는 착오) 또는 사기·

강박과 같은 하자 있는 의사에 의하여 이루어진 경우에는, 이들 사유에 의하여 그 거래의 무효 또는 취소를 주장할 수 있는 당사자는 그러한 거래허가를 신청하기 전 단계에서 이러한 사유를 주장하여 거래허가신청 협력에 대한 거절의사를 일방적으로 명백히 함으로써 그 계약을 확정적으로 무효화시키고 자신의 거래허가절차에 협력할 의무를 면할 수 있다.

ⓒ [正] 타인권리매매로 인한 매도인 담보책임에 관한 규정과 사기에 의한 의사표시 취소에 관한 규정이 모두 적용될 수 있는 경우, 이를 법조경합관계로 보아야 하는가 아니면 권리경합의 관계로 보아야 할 것인가를 묻는 문제이다. 담보책임에 관한 규정이 사기취소의 요건을 모두 포함하고 있다고 볼 수 없고, 양 규정에 의한 권리의 목적이 서로 다르다는 점을 고려할 때, 담보책임법상의 권리를 주장할 수 있는 매수인은 사기 취소권을 행사하여 그 매매계약을 소급하여 무효화시킬 수 있다고 보아야 한다.

[大判 1973. 10. 23. 73다268] 민법 제569조가 타인의 권리의 매매를 유효로 규정한 것은 선의의 매수인의 신뢰이익을 보호하기 위한 것이므로, 매수인이 매도인의 기망에 의하여 타인의 물건을 매도인의 것으로 잘못 알고 매수한다는 의사표시를 한 것이고 만일 타인의 물건인줄 알았더라면 매수하지 아니하였을 사정이 있는 경우에는 매수인은 민법 제110조에 의하여 매수의 의사표시를 취소할 수 있다고 할 것이다(필자 註 : 매도인이 그 목적물의 소유권을 취득하여 매수인에게 이전하여 줄 수 있는 물건에 관하여 매매계약 당시 자기의 소유라고 주장하였다 하더라도 그 자체만으로는 매도인의 위 행위를 위법성이 있는 것이라고 할 수 없다는 원심판결에 대하여, 매수인인 원고가 피고의 기망행위가 없었더라면 원고가 과연 매수했을 것인가에 대한 심리판단이 없어 심리미진이라고 판단한 사례).

ⓒ [誤] 타인의 기망행위로 인하여 기명날인의 착오 또는 서명의 착오에 빠져 법률문서에 서명하거나 기명날인한 경우, 표의자는 착오의 법리에 따라 그 의사표시를 취소하여야 하는가 아니면 사기의 법리에 따라 그 의사표시를 취소하여야 하는가를 묻는 문제이다. 이에 관하여 판례는 착오의 법리에 의하여야 하고, 사기의 법리는 적용되지 아니한다는 입장이다. 사기에 의한 의사표시는 타인의 기망행위로 인하여 하자 있는 의사결정을 하고, 그에 터잡아 일정한 표시행위를 하는 경우이므로 사기에 의한 의사표시에는 의사와 표시 사이의 불일치가 존재하지 않는다. 그러나 기명날인의 착오 혹은 서명의 착오가 문제되는 상황은 하자 있는 의사에 기한 의사표시가 아니라 의사와 표시가 불일치할 뿐이므로 사기의 법리는 적용될 수 없다는 것이다.

[大判 2005. 5. 27. 2004다43824] 사기에 의한 의사표시란 타인의 기망행위로 말미암아 착오에 빠지게 된 결과 어떠한 의사표시를 하게 되는 경우이므로 거기에는 의사와 표시의 불일치가 있을 수 없고, 단지 의사의 형성과정 즉 의사표시의 동기에 착오가 있는 것에 불과하며, 이 점에서 고유한 의미의 착오에 의한 의사표시와 구분되는데, <u>신원보증서류에 서명날인한다는 착각에 빠진 상태로 연대보증의 서면에 서명날인한 경우</u>, 결국 위와 같은 행위는 강학상 기명날인의 착오(또는 서명의 착오), 즉 <u>어떤 사람이 자신의 의사와 다른 법률효과를 발생시키는 내용의 서면에, 그것을 읽지 않거나 올바르게 이해하지 못한 채 기명날인을 하는 이른바 표시상의 착오에 해당하므로, 비록 위와 같은 착오가 제3자의 기망행위에 의하여 일어난 것이라 하더라도</u> 그에 관하여는 사기에 의한 의사표시에 관한 법리, 특히 상대방이 그러한 제3자의 기망행위 사실을

알았거나 알 수 있었을 경우가 아닌 한 의사표시자가 취소권을 행사할 수 없다는 민법 제110조 제2항의 규정을 적용할 것이 아니라, <u>착오에 의한 의사표시에 관한 법리만을 적용</u>하여 취소권 행사의 가부를 가려야 한다.

ⓔ [誤] 제3자 사기에 의한 의사표시의 경우에는 의사표시 상대방의 신뢰를 보호하기 위하여 취소권의 발생을 제한한다. 즉 의사표시의 상대방이 제3자 사기사실을 알았거나 알 수 있었을 때 표의자에게 취소권이 발생한다. 문제는 누구의 사기를 제3자 사기로 볼 것인가인데, 판례는 상대방과 동일시 할 수 있는 자는 제3자에 해당하지 아니한다고 본다. 가령 상대방의 대리인과 같은 자, 혹은 상대방과 통모하여 기망행위를 하는 자는 제3자에 해당하지 아니한다. 반면에 의사표시의 상대방에게 사용자책임을 발생시키도록 하는 피용자는 제3자에 해당한다.

[大判 1998. 1. 23. 96다41496] 의사표시의 상대방이 아닌 자로서 기망행위를 하였으나 민법 제110조 제2항에서 정한 제3자에 해당되지 아니한다고 볼 수 있는 자란 그 의사표시에 관한 상대방의 대리인 등 상대방과 동일시할 수 있는 자만을 의미하고, <u>단순히 상대방의 피용자이거나 상대방이 사용자책임을 져야 할 관계에 있는 피용자에 지나지 않는 자는 상대방과 동일시할 수는 없어 이 규정에서 말하는 제3자에 해당한다.</u>

정답 ⑥

10. 배점 3 사기·강박에 의한 의사표시에 관한 설명 중 옳은 것을 모두 고른 것은? (다툼 있으면 판례에 의함)

[10년]

ㄱ. 매수인이 매도인의 기망에 의하여 타인의 물건을 매도인의 것으로 알고 매수의 의사표시를 한 경우, 타인의 물건임을 알았더라면 매수하지 아니하였을 사정이 있는 때에는 매수인은 그 의사표시를 취소할 수 있다.
ㄴ. 사기로 인한 의사표시를 취소하여 표의자의 부당이득반환청구권과 불법행위로 인한 손해배상청구권이 경합한 경우, 표의자는 이를 선택하여 행사할 수 있지만, 중첩적으로 행사할 수는 없다.
ㄷ. 사기나 강박으로 인하여 상속포기를 하였더라도 법정 상속포기기간이 경과한 후에는 이를 취소하지 못한다.
ㄹ. 제3자의 사기에 의한 의사표시에 있어서 상대방의 피용자는 대리권의 유무와 상관없이 상대방과 동일시 할 수 있어 제3자에 해당하지 않는다.
ㅁ. 화해계약이 사기로 인하여 이루어진 경우, 화해당사자의 자격 또는 화해의 목적인 분쟁에 관하여 착오를 일으킨 경우에 한하여 취소할 수 있다.

① ㄱ, ㄴ   ② ㄴ, ㄷ   ③ ㄷ, ㅁ   ④ ㄱ, ㄴ, ㄷ
⑤ ㄱ, ㄴ, ㄹ   ⑥ ㄱ, ㄹ, ㅁ   ⑦ ㄴ, ㄷ, ㅁ   ⑧ ㄷ, ㄹ, ㅁ

해 설

ㄱ. [正] 담보책임과 사기취소의 관계를 묻는 지문이다. 타인의 권리매매로 인한 담보책임의 요건을 충족하면서 동시에 사기취소의 요건을 충족하는 경우, 양 권리는 경합한다고 보는 것이 판례의 태도이다. 따라서 매수인은 그 의사표시를 사기를 이유로 취소할 수 있다.
[大判 1973. 10. 23, 73다268] 민법 제569조가 타인의 권리의 매매를 유효로 규정한 것은 선의의 매수인의 신뢰이익을 보호하기 위한 것이므로, 매수인이 매도인의 기망에 의하여 타인의 물건을 매도인의 것으로 잘못 알고 매수한다는 의사표시를 한 것이고 만일 타인의 물건인줄 알았더라면 매수하지 아니하였을 사정이 있는 경우에는 매수인은 민법 제110조에 의하여 매수의 의사표시를 취소할 수 있다고 할 것이다.

ㄴ. [正] 사기취소로 인하여 발생한 피해자의 부당이득반환청구권과 불법행위로 인한 손해배상청구권의 관계를 묻는 지문이다. 양 권리는 경합한다고 본다. 다만 부당이득을 반환받게 되면 그 범위에서 손해가 전보되는 것이므로 양 권리를 중첩적으로 행사하는 것은 허용되지 않는다.
[大判 1993. 4. 27, 92다56087] 법률행위가 사기에 의한 것으로서 취소되는 경우에 그 법률행위가 동시에 불법행위를 구성하는 때에는 취소의 효과로 생기는 부당이득반환청구권과 불법행위로 인한 손해배상청구권은 경합하여 병존하는 것이므로, 채권자는 어느 것이라도 선택하여 행사할 수 있지만 중첩적으로 행사할 수는 없다.

ㄷ. [誤] 상속의 승인·포기에 민법총칙상의 취소, 즉 사기나 강박에 의한 취소가 허용되는지를 묻는 지문이다. 이는 제1024조 제2항이 규정하고 있다. 상속의 승인·포기는 고려기간 내에도 이를 취소하지 못하지만, 총칙규정에 의한 취소에는 영향이 없다. 다만 총칙규정에 의한 취소는 추인할 수 있는 날로부터 3월, 승인·포기한 날로부터 1년 내에 행사하지 아니하면 시효로 인하여 소멸한다(제1024조 제2항). 따라서 법정상속포기기간이 경과한 후에도 추인할 수 있는 날로부터 3월, 승인·포기한 날로부터 1년이 경과하지 않았다면 사기나 강박에 의한 취소가 가능하다.

ㄹ. [誤] 사기로 인하여 취소권발생이 제한되는 제3자의 기망행위는 누구의 기망행위이어야 하는가를 묻는 지문이다. 상대방의 대리인의 기망행위는 상대방과 동일시 할 수 있는 자의 기망행위이기 때문에 제3자의 기망행위가 아니라는 것이 대법원 입장이다. 다만 상대방의 대리인이 아닌 피용자의 기망행위는 제3자 사기에 해당한다.
[大判 1998. 1. 23, 96다41496] 의사표시의 상대방이 아닌 자로서 기망행위를 하였으나 민법 제110조 제2항에서 정한 제3자에 해당되지 아니한다고 볼 수 있는 자란 그 의사표시에 관한 상대방의 대리인 등 상대방과 동일시할 수 있는 자만을 의미하고, 단순히 상대방의 피용자이거나 상대방이 사용자책임을 져야 할 관계에 있는 피용자에 지나지 않는 자는 상대방과 동일시할 수는 없어 이 규정에서 말하는 제3자에 해당한다.

ㅁ. [誤] 화해계약과 사기취소의 관계를 묻는 지문이다. 화해계약은 착오를 이유로 취소하지 못한다. 다만 화해당사자의 자격에 관하여 착오를 일으킨 경우이거나 화해의 목적인 분쟁 이외의 사항에 관하여 착오를 일으킨 경우에 한하여 착오를 이유로 취

소할 수 있다. 그러나 사기취소의 경우에는 이와 같은 제한은 없다. 화해계약이 사기에 의한 경우에는 그 화해계약을 취소할 수 있다.

[大判 2008. 9. 11, 2008다15278] 민법 제733조의 규정에 의하면, 화해계약은 화해당사자의 자격 또는 화해의 목적인 분쟁 이외의 사항에 착오가 있는 경우를 제외하고는 착오를 이유로 취소하지 못하지만, 화해계약이 사기로 인하여 이루어진 경우에는 화해의 목적인 분쟁에 관한 사항에 착오가 있는 때에도 민법 제110조에 따라 이를 취소할 수 있다고 할 것이다.

정답 ①

11. 배점 2 의사표시에 관한 설명 중 옳은 것은? (다툼 있으면 판례에 의함) [11년]

① 甲은, 은행으로부터 대출을 받을 수 없는 신용불량자 乙을 위하여 자신의 명의를 빌려주고, 그 경위를 모르는 丙은행으로부터 1,000만 원을 대출 받게 해주었다. 변제기에 이르자 丙이 甲에게 반환청구를 한 경우, 甲은 乙이 실질적인 채무자라고 주장하면서 丙의 청구를 거절할 수 있다.

② 甲이 채권자 乙의 강제집행을 피할 목적으로, 자신의 부동산에 대해 丙과 허위로 매매계약을 체결하고 丙 앞으로 소유권이전등기를 넘겨주었다. 그 후 丙이 이러한 사정을 모르는 丁에게 그 부동산을 매도하고 丁 명의로 소유권이전등기를 마쳤다. 이 경우 甲은 丙에게 부당이득반환청구를 할 수 없다.

③ 동기의 착오가 법률행위의 내용의 중요 부분의 착오에 해당함을 이유로 표의자가 법률행위를 취소하려면 당사자들 사이에 별도로 그 동기를 의사표시의 내용으로 삼기로 하는 합의까지 이루어져야 한다.

④ 영업양도계약이 양수인의 사기를 원인으로 취소되는 경우에 양수인의 기망이 불법행위를 구성하는 때에는 양도인은 취소의 효과로 생기는 부당이득반환청구권과 불법행위로 인한 손해배상청구권 중 선택하여 행사할 수 있다.

⑤ 은행의 출장소장이 고객으로부터 어음할인을 부탁받자, 그 어음이 부도날 경우를 대비하여 담보 목적으로 받아두는 것이라고 속이고 고객의 명의로 금전대출약정을 체결한 후 그 대출금을 자신이 인출하여 사용한 경우, 고객은 은행이 그 사기사실을 알았거나 알 수 있었을 경우에 한하여 사기를 이유로 그 대출약정을 취소할 수 있다.

해설

① [誤] 대출을 받을 수 없는 자를 위하여 채무자 명의를 대여하여 대출계약을 체결한 경우 대출계약의 효력, 즉 명의대여자의 대출신청의사의 효력을 묻는 지문이다. 특별한 사정이 없는 한 명의대여자의 대출신청의사는 대출에 따른 경제적 효과는 실질적 채무자가 향유하더라도 채무자로서 법적 책임을 부담하겠다는 의사는 포함된 것으로 보아야 한다. 따라서 진의와 표시가 일치하는 의사표시로서 대출계약의 효력이 부정된다고 할 수는 없다.

[大判 1996. 9. 10. 96다18182] 법률상 또는 사실상의 장애로 자기 명의로 대출받을 수 없는 자를 위하여 대출금채무자로서의 명의를 빌려준 자에게 그와 같은 채무부담의 의사가 없는 것이라고는 할 수 없으므로 그 의사표시를 비진의표시에 해당한다고 볼 수 없고, 설령 명의대여자의 의사표시가 비진의표시에 해당한다고 하더라도 그 의사표시의 상대방인 상호신용금고로서는 명의대여자가 전혀 채무를 부담할 의사 없이 진의에 반한 의사표시를 하였다는 것까지 알았다거나 알 수 있었다고 볼 수도 없다고 보아, 그 명의대여자는 표시행위에 나타난 대로 대출금채무를 부담한다.

② [誤] 허위표시에 기초하여 선의의 제3자가 이해관계를 맺은 경우, 허위표시 당사자 사이에서 허위표시의 효력이 어떠한지를 묻는 지문이다. 본 지문이 직접적으로 묻고자 하는 바는 甲이 丙에게 부당이득반환청구를 할 수 있는지 여부이다. 甲이 丙에게 부당이득반환청구를 하기 위해서는 丙이 丁에게 처분한 부동산이 甲의 부동산으로 평가되어야 하고, 甲과 丙 사이의 매매계약이 무효로 되어야 한다. 甲과 丙 사이의 매매계약은 허위로 체결된 것이나, 그 매매계약에 기초하여 丁이 다시 매매계약을 체결하고 등기명의를 이전받아 새로운 이해관계를 맺었다. 결국, 본 지문이 묻고자 하는 쟁점은 허위표시(가장행위)의 효력이다. 특히 선의의 제3자가 새로운 이해관계를 맺고 난 후에도 가장행위의 당사자 사이에서는 허위표시가 여전히 무효인가를 묻는 것이다. 상대방과 통정한 허위의 의사표시는 무효로 한다(제108조 제1항). 그러나 허위표시의 무효는 선의의 제3자에게 대항하지 못한다(제108조 제2항). 선의의 제3자에 대해서는 무효를 주장하지 못하므로 허위표시를 유효한 것으로 취급하여야 하나, 선의의 제3자가 아닌 자에 대한 관계에서는 여전히 허위표시를 무효로 보아야 한다. 가장매매의 당사자인 甲과 丙 사이에서는 위 매매는 무효이며, 부동산은 여전히 甲의 소유라고 보아야 한다. 따라서 丙의 처분행위로 인하여 甲이 그 소유권을 상실하게 되면 그에 따른 丙의 이득은 부당이득이 된다고 보아야 하고, 甲은 丙에게 처분행위로 인한 이익을 반환하라고 청구할 수 있다.

③ [誤] 동기의 착오를 이유로 의사표시를 취소하기 위한 요건을 묻는 지문이다. 대법원은 동기가 표시되어 의사표시의 해석상 법률행위의 내용으로 되었다고 인정되면 충분하고, 나아가 동기를 법률행위의 내용으로 삼기로 하는 합의까지 필요한 것은 아니라고 보고 있다.
[大判 1998. 2. 10. 97다44737] 동기의 착오가 법률행위의 내용의 중요부분의 착오에 해당함을 이유로 표의자가 법률행위를 취소하려면 그 동기를 당해 의사표시의 내용으로 삼을 것을 상대방에게 표시하고 의사표시의 해석상 법률행위의 내용으로 되어 있다고 인정되면 충분하고 당사자들 사이에 별도로 그 동기를 의사표시의 내용으로 삼기로 하는 합의까지 이루어질 필요는 없지만, 그 법률행위의 내용의 착오는 보통 일반인이 표의자의 입장에 섰더라면 그와 같은 의사표시를 하지 아니하였으리라고 여겨질 정도로 그 착오가 중요한 부분에 관한 것이어야 한다.

④ [正] 사기취소의 효과로 발생하는 부당이득반환청구권과 불법행위로 인한 손해배상청구권의 관계를 묻는 지문이다. 권리경합관계에 있으므로 사기에 의하여 의사표시를 한 양도인은 부당이득반환청구권을 행사할 수도 있고, 불법행위로 인한 손해배상청구권을 행사할 수도 있으나, 양 권리를 중첩적으로 행사할 수는 없다. 즉, 선택적 경합

관계에 놓이게 된다.

[大判 1993. 4. 27. 92다56087] 법률행위가 사기에 의한 것으로서 취소되는 경우에 그 법률행위가 동시에 불법행위를 구성하는 때에는 취소의 효과로 생기는 부당이득반환청구권과 불법행위로 인한 손해배상청구권은 경합하여 병존하는 것이므로, 채권자는 어느 것이라도 선택하여 행사할 수 있지만 중첩적으로 행사할 수는 없다.

⑤ [誤] 출장소장의 사기가 제3자 사기에 해당하는지 여부를 묻는 지문이다. 고객이 행한 의사표시의 상대방은 은행이고, 출장소장은 은행의 피용자이며, 의사표시의 상대방은 아니다. 그렇지만 출장소장은 당해 거래행위에 있어서 은행의 대리인으로서 은행과 동일하게 평가될 수 있는 자이므로 이러한 자의 사기는 제3자 사기에 해당하지 않는다고 보아야 한다. 따라서 제110조 제2항에 따라 취소권 발생이 제한되지 않는다. 은행이 비록 출장소장의 사기사실을 몰랐고 모른 데에 과실이 없었다고 하더라도 제110조 제1항에 따라 고객은 대출약정을 취소할 수 있다.

[大判 1999. 2. 23. 98다60828·60835] 상대방 있는 의사표시에 관하여 제3자가 사기나 강박을 한 경우에는 상대방이 그 사실을 알았거나 알 수 있었을 경우에 한하여 그 의사표시를 취소할 수 있으나, 상대방의 대리인 등 상대방과 동일시할 수 있는 자의 사기나 강박은 제3자의 사기·강박에 해당하지 아니한다(필자 註 : 은행의 출장소장이 어음할인을 부탁받자 그 어음이 부도날 경우를 대비하여 담보조로 받아두는 것이라고 속이고 금전소비대차 및 연대보증 약정을 체결한 후 그 대출금을 자신이 인출하여 사용한 사안에서, 위 출장소장의 행위는 은행 또는 은행과 동일시할 수 있는 자의 사기일 뿐 제3자의 사기로 볼 수 없으므로, 은행이 그 사기 사실을 알았거나 알 수 있었을 경우에 한하여 위 약정을 취소할 수 있는 것은 아니라고 본 사례).

정답 ④

제3절 법률행위의 대리

1. **배점 2** 甲은 컴퓨터 전문가인 미성년의 고등학생 乙에게 컴퓨터 1대를 200만원의 범위 내에서 구입해 달라고 부탁하였다. 乙의 법정대리인 丙은 이러한 사실을 알고 甲에게 전화를 걸어 위 위임계약을 취소한다고 통지하였다. 미성년자 乙이 丁과 甲의 이름으로 컴퓨터를 200만원에 매수하는 계약을 체결하였을 때, 이에 관한 다음 설명 중 옳은 것을 모두 고른 것은? [09년]

   ㉠ 甲이 乙에게 컴퓨터 구입을 부탁한 위임계약은 소급적으로 무효가 된다.
   ㉡ 甲이 乙에게 대리권을 수여하게 된 위임계약이 실효되면 수권행위도 실효된다는 견해(다음부터는 유인설이라 한다)에 의하면, 乙의 대리권은 소멸한다.
   ㉢ 甲이 乙에게 대리권을 수여하게 된 위임계약이 실효되더라도 수권행위는 장래를 향하여 실효된다는 견해(다음부터는 무인설이라 한다)에 의하면, 丙이 甲에 대하여 위임계약을 취소하기 전에 甲과 丁 사이의 매매계약이 체결된 경우 丙은 乙의 무능력을 이유로 이를 취소할 수 있다.
   ㉣ 유인설을 따르면서도 위임계약이 취소되더라도 대리행위가 이미 행해진 경우에는 그 대리행위는 소급하여 무권대리로 되지 않는다는 견해에 의하면, 丙이 甲에 대하여 위임계약을 취소하기 전에 甲과 丁 사이의 매매계약이 체결된 경우 丁은 컴퓨터를 甲에게 인도하고 매매대금 200만원을 청구할 수 있다.
   ㉤ 丙이 甲과 乙 사이의 위임계약을 취소한 후 甲과 丁 사이의 매매계약이 체결된 경우 유인설·무인설 어느 학설에 의하든, 乙은 丁에게 민법 제135조가 정하는 무권대리인의 책임을 지게 된다.

   ① ㉠, ㉡, ㉢, ㉣, ㉤   ② ㉠, ㉡, ㉢, ㉣   ③ ㉡, ㉣, ㉤
   ④ ㉡, ㉢, ㉤   ⑤ ㉠, ㉡, ㉣

   해설

   ※ 수권행위가 유인행위인지 여부에 관한 학설 및 각 견해에 따른 구체적인 법률관계를 묻는 사례문제이다. 설문을 정리하면 본인 甲은 미성년자 乙과 위임계약을 체결하여 대리권의 기초적 내부관계를 발생시켰고, 컴퓨터를 매수할 수 있는 대리권을 乙에게 부여하였다. 그 후 乙의 법정대리인 丙이 甲과 乙 사이의 기초적 내부관계를 발생시킨 원인행위인 위임계약을 취소하였다.

   ㉠ [正] 제141조. 위임계약이 취소되면 위임계약의 효력은 소급하여 실효된다.
   ㉡ [正] 수권행위가 유인행위라고 보는 견해는 본인에 의한 대리권 수여행위는 본인과 대리인 사이의 기초적 내부관계를 원인으로 하는 행위이며, 기초적 내부관계 발생원인인 위임계약이 소급하여 실효되었다면 그 자체로는 하자가 없는 수권행위도 소급하여

실효된다고 본다. 결국 甲과 乙 사이의 위임계약 취소로 인하여 甲의 乙에 대한 대리권수여행위도 실효되고 그 결과 乙의 대리권은 소멸한다.

ⓒ [誤] 기초적 내부관계가 소급적으로 실효되더라도 수권행위가 소급하여 소멸하는 것은 아니라고 보는 견해에 따르면 甲과 乙 사이에 체결된 위임계약이 취소되기 전에 乙이 甲을 대리하여 甲과 丁 사이에 매매계약이 체결되었다면 그 매매계약은 정당한 대리권을 가진 乙에 의한 것으로 유권대리가 되고, 대리인은 행위능력자임을 요하지 아니하므로(제117조) 乙이 무능력자임을 이유로 대리행위인 甲과 丁 사이의 매매계약을 취소할 수는 없다.

ⓔ [正] 유인설을 따르면서도 수권행위가 소급하여 실효되는 것은 아니라고 보는 견해에 따르면 위임계약이 취소되기 전에 이미 대리행위가 행하여졌다면 그 대리행위는 유권대리가 되므로 乙의 대리에 의하여 체결된 甲과 丁의 매매계약은 유효하다. 따라서 丁은 컴퓨터를 甲에게 인도하고 매매대금 200만원을 청구할 수 있다.

ⓜ [誤] 행위무능력자에게는 무권대리인책임을 물을 수 없다(제135조 제2항).

정답 ⑤

2. 대리에 관한 기술 중 옳은 것은? [03년]

① 판례에 의하면 임의대리인이 임의로 복대리인을 선임하여 대리권 범위 밖의 대리행위를 하게 한 경우에는 표현대리가 성립할 수 없다.
② 다수설에 의하면 표현대리가 성립할 경우에는 상대방은 철회권을 행사하지 못한다.
③ 대리인의 기망에 의해 의사표시를 하게 된 상대방은 본인의 선의·악의나 과실의 유무를 묻지 않고 그 의사표시를 취소할 수 있다.
④ 판례에 의하면 타인이 자신의 판매점, 총대리점 또는 연락사무소 등의 명칭을 사용하여 자신을 대리하여 계약을 체결하는 것을 묵인하였더라도 대리권 수여의 표시에 의한 표현대리가 성립하는 경우는 없다.
⑤ 판례에 의하면 무권대리인이 본인을 대리하여 본인 소유의 동산을 양도한 경우, 양수인은 원칙적으로 선의취득을 할 수 있다.

해설

① [誤] 복대리에 대하여도 표현대리가 인정된다는 것이 통설과 판례이다.
② [誤] 표현대리는 무권대리의 일종이라고 파악하는 것이 다수설이다. 따라서 상대방의 철회권도 인정된다.
③ [正] 대리인의 기망행위로 인하여 대리행위의 상대방이 의사표시를 하였다면 이는 상대방 있는 의사표시에서 제3자 사기에 해당하는 것이 아니라 상대방 사기에 해당한다는 것이 판례이다. 따라서 본인의 선의·악의 혹은 과실여부를 묻지 않고 대리행위의 상대방은 취소권을 행사할 수 있다.
[大判 1999. 4. 23. 98다6082] 상대방 있는 의사표시에 관하여 제3자가 사기나 강박을

한 경우에는 상대방이 그 사실을 알았거나 알 수 있었을 경우에 한하여 그 의사표시를 취소할 수 있으나, 상대방의 대리인 등 상대방과 동일시할 수 있는 자의 사기나 강박은 제3자의 사기·강박에 해당하지 아니한다.

④ [誤] 표시상의 사용승인에 의하여 제125조의 표현대리가 성립할 수 있다는 것이 판례이다(大判 1998. 6. 12, 97다53762).

⑤ [誤] 선의취득의 법리는 거래행위 자체에 하자가 없어야 한다. 따라서 무권대리인의 행위에 대하여는 무권대리의 법리가 적용될 뿐이라는 것이 통설과 판례이다.

정답 ③

3. 대리에 관한 설명 중 옳지 않은 것은?(다툼 있으면 판례에 의함) [06년]

① 대리인이 대리권 소멸 후 복대리인을 선임하여 복대리인으로 하여금 상대방과 사이에 대리행위를 하도록 하였는데, 상대방이 대리인의 대리권 소멸사실을 알지 못하여 복대리인에게 적법한 대리권이 있는 것으로 믿었고 그와 같이 믿은 데 과실이 없다면, 이 경우에 표현대리가 성립할 수 있다.

② 부동산의 소유자로부터 매매계약을 체결할 대리권을 수여받은 대리인은 특별한 사정이 없는 한 그 매매계약에서 약정한 바에 따라 중도금이나 잔금을 수령할 권한도 있다.

③ 표현대리가 성립하는 경우에 본인은 표현대리행위에 대하여 책임이 있는 바, 이 경우 상대방에게 과실이 있다고 하더라도 과실상계의 법리를 유추적용하여 본인의 책임을 경감할 수는 없는 것이다.

④ 乙이 甲의 대리인이라 칭하여 甲소유의 토지를 丙에게 매도하여 丙명의의 소유권이전등기가 경료된 후, 甲이 丙을 상대로 丙명의의 위 소유권이전등기가 원인무효임을 이유로 그 말소를 구한 소송을 제기한 경우, 乙에게 甲을 대리할 권한이 있는지 여부에 대한 입증책임은 丙에게 있다.

⑤ 甲이 대리권 없이 부(父)인 乙소유 토지를 丙에게 매도하여 丙명의의 소유권이전등기를 마쳐주었는데 그 후 乙이 사망하여 甲이 단독으로 乙을 상속한 경우, 甲이 위 매매행위가 무권대리행위여서 무효라는 이유로 丙명의의 위 소유권이전등기의 말소를 청구하는 것은 금반언의 원칙상 허용될 수 없다.

해설

① [正] 대리권이 소멸된 후에 대리인에 의하여 선임된 복대리인의 대리행위에 대하여 제129조의 표현대리를 인정할 수 있는가의 문제이다. 제129조의 표현대리가 성립하기 위해서는 존재하던 대리권이 소멸된 이후에 대리행위가 행하여져야 하는데, 대리권이 소멸한 대리인이 선임한 복대리인은 처음부터 대리권이 없던 자로 보아야 하지 않는가의 문제가 있다. 이에 대하여 판례는 표현대리제도가 일반적인 권리외관이론에 그 기초를 두고 있는 점, 대리권이 소멸된 후 대리인이 직접 법률행위를 한 경우과 대리권이 소멸된 후 대리인이 타인을 통하여 법률행위를 하게 한 경우는 상대방의 보호가

치라는 측면에서 서로 다르지 않다는 점을 근거로 제129조의 표현대리의 성립을 인정하고 있다.

[大判 1998. 5. 29, 97다55317] 표현대리의 법리는 거래의 안전을 위하여 어떠한 외관적 사실을 야기한 데 원인을 준 자는 그 외관적 사실을 믿음에 정당한 사유가 있다고 인정되는 자에 대하여는 책임이 있다는 일반적인 권리외관 이론에 그 기초를 두고 있는 것인 점에 비추어 볼 때, 대리인이 대리권 소멸 후 직접 상대방과 사이에 대리행위를 하는 경우는 물론 <u>대리인이 대리권 소멸 후 복대리인을 선임하여 복대리인으로 하여금 상대방과 사이에 대리행위를 하도록 한 경우에도, 상대방이 대리권 소멸 사실을 알지 못하여 복대리인에게 적법한 대리권이 있는 것으로 믿었고 그와 같이 믿은 데 과실이 없다면 민법 제129조에 의한 표현대리가 성립할 수 있다.</u>

② [正] 수권행위의 해석을 통하여 임의대리권의 범위가 결정된다. 매매계약 체결에 관한 대리권을 수여받은 대리인은 그 계약 내용에 따라 이행을 받을 권한을 가진다고 해석하는 것이 판례이다.

[大判 1994. 2. 8, 93다39379] 부동산의 소유자로부터 매매계약을 체결할 대리권을 수여받은 대리인은 특별한 사정이 없는 한 그 매매계약에서 약정한 바에 따라 중도금이나 잔금을 수령할 권한도 있다고 보아야 한다.

③ [正] 과실상계의 법리는 손해배상책임이 문제되는 경우에 적용할 수 있다. 표현대리가 성립하는 경우, 본인이 부담하는 책임은 그 법률행위의 내용에 따라 이행하여야 할 이행책임이며, 손해배상책임이 아니다. 따라서 과실상계의 법리가 적용될 여지가 없다.

[大判 1996. 7. 12, 95다49554] 표현대리행위가 성립하는 경우에 그 본인은 표현대리행위에 의하여 전적인 책임을 져야 하고, 상대방에게 과실이 있다고 하더라도 과실상계의 법리를 유추적용하여 본인의 책임을 경감할 수 없다.

④ [誤] 일반적으로 대리권의 존재사실에 관한 입증책임은 대리행위의 효력을 주장하는 자가 부담한다. 사안의 경우 甲(본인)이 乙(무권대리인)과 丙(상대방) 사이의 대리행위의 효력을 부정하고 있으며, 丙은 당해 행위가 유효하다고 주장하고 있다. 따라서 원칙적으로 대리권의 존재 사실은 대리행위의 효력을 주장하는 丙이 입증하여야 한다. 그러나 이러한 일반론은 등기의 추정력에 의하여 수정될 수 있다. 현재의 등기명의인이 丙이기 때문에 丙은 현재 적법한 권리자로 추정된다. 또한 등기의 추정력은 등기명의자가 현재 적법한 권리자라는 점에만 미치는 것이 아니라 권리취득의 절차 및 원인에도 그 추정력이 미친다. 따라서 丙이 甲의 대리인으로부터 매수하였다는 주장이 있는 한 등기의 추정력은 대리권의 존재사실에도 미친다. 결국 乙이 무권대리인이라는 사실은 현재 등기명의인의 권리를 부정하는 甲이 그 입증책임을 부담한다.

[大判 1993. 10. 12, 93다18914] 전등기명의인의 직접적인 처분행위에 의한 것이 아니라 제3자가 그 처분행위에 개입된 경우 현등기명의인이 그 제3자가 전등기명의인의 대리인이라고 주장하더라도 현등기명의인의 등기가 적법히 이루어진 것으로 추정되므로 그 등기가 원인무효임을 이유로 말소를 청구하는 전등기명의인으로서는 그 반대사실 즉, 그 제3자에게 전등기명의인을 대리할 권한이 없었다든지, 또는 그 제3자가 전등기명의인의 등기서류를 위조하였다는 등의 무효사실에 대한 입증책임을 진다.

⑤ [正] 무권대리인이 본인을 단독으로 상속한 경우, 본인의 지위에서 무권대리행위의 추

인을 거절하는 것은 신의칙에 반한다는 것이 판례의 입장이다. 이에 관하여 학설은 당해 무권대리행위가 당연히 유효가 된다는 당연유효설과 무권대리인의 지위와 본인의 지위는 서로 혼동되지 않고 병존하지만, 무권대리인이 스스로 결정한 무권대리행위의 효력을 부정하는 것은 신의칙에 반한다는 지위병존설로 나누어져 있다.

[大判 1994. 9. 27, 94다20617] 甲이 대리권 없이 乙 소유 부동산을 丙에게 매도하여 부동산소유권이전등기등에관한특별조치법에 의하여 소유권이전등기를 마쳐주었다면 그 매매계약은 무효이고 이에 터잡은 이전등기 역시 무효가 되나, 甲은 乙의 무권대리인으로서 민법 제135조 제1항의 규정에 의하여 매수인인 丙에게 부동산에 대한 소유권이전등기를 이행할 의무가 있으므로 그러한 지위에 있는 甲이 乙로부터 부동산을 상속받아 그 소유자가 되어 소유권이전등기이행의무를 이행하는 것이 가능하게 된 시점에서 자신이 소유자라고 하여 자신으로부터 부동산을 전전매수한 丁에게 원래 자신의 매매행위가 무권대리행위여서 무효였다는 이유로 丁 앞으로 경료된 소유권이전등기가 무효의 등기라고 주장하여 그 등기의 말소를 청구하거나 부동산의 점유로 인한 부당이득금의 반환을 구하는 것은 금반언의 원칙이나 신의성실의 원칙에 반하여 허용될 수 없다.

정답 ④

4. 민법상의 표현대리에 관한 설명 중 틀린 것으로만 묶인 것은? [02년]

㉠ 제125조 소정의 대리권 수여의 표시에 의한 표현대리에 있어서, 대리권 수여의 표시는 위임장 등 서면에 의하여야 하고, 한편 백지위임장을 교부하는 것은 일반적으로 그 소지자에게 대리권을 준 뜻을 표시한 것이 된다.
㉡ 제125조의 경우에는 본인이 상대방의 악의·유과실을 입증할 책임이 있는 것이 아니라, 상대방이 자신의 선의·무과실에 대한 입증책임을 진다.
㉢ 판례 중에는 제129조 소정의 대리권 소멸 후의 표현대리로 인정되는 경우에 그 표현대리의 권한을 넘는 대리행위가 있을 때에는 제126조 소정의 권한을 넘은 표현대리가 성립될 수 있다는 것이 있다.
㉣ 판례에 의하면, 어음행위의 위조에 관하여도 제126조의 표현대리가 인정되려면 그 상대방에게 위조자가 어음행위를 할 권한이 있다고 믿은 데에 정당한 사유가 있어야 하는 것이지만, 어음행위가 일반의 거래관념에 비추어 특히 이례적으로 이루어진 경우에는 달리 특별한 사정이 없는 한 그 상대방이 위조자의 권한 유무와 본인의 의사를 조사·확인하지 아니하였을 때에는 그 상대방이 위조자에게 어음행위를 할 권한이 있다고 믿었더라도 거기에 정당한 사유가 있다고 보기 어렵다.
㉤ 판례에 의하면, 한정치산자의 후견인이 친족회의 동의를 얻지 않고 피후견인의 부동산을 처분한 경우에는 제126조가 적용될 수 없다.
㉥ 제129조의 표현대리에 있어서, 존재하였던 대리권이 소멸한 것이나 대리인이 권한 내의 대리행위를 하였을 것 등에 대해서는 그 법률효과를 주장하는 자, 즉 상대방이 주장·입증하여야 한다.

① ㉠, ㉡, ㉢　　　② ㉠, ㉡, ㉤　　　③ ㉡, ㉣, ㉥
④ ㉢, ㉣, ㉤　　　⑤ ㉠, ㉤, ㉥

해설

㉠ [誤] 대리권수여표시의 방법에 관한 질문이다. 대리권수여표시의 방법에는 제한이 없다. 반드시 서면에 의하여야 하는 것은 아니다. 따라서 전단부분의 설명이 틀렸다. 백지위임장의 교부가 수권표시인지 묵시적 수권행위인지에 관하여는 견해의 대립이 있다. 다수설과 판례는 수권표시로 파악한다. 따라서 상대방이 선의·무과실인 경우에 제125조에 의하여 상대방은 보호된다. 그러나 소수설은 묵시적 수권행위로 파악하여 대리행위의 상대방은 제114조에 의하여 보호된다. 따라서 상대방의 선의·악의는 원칙적으로 문제되지 않는다. 다만, 대리권남용이론에 의하여 당해 대리행위가 본인에 대하여 효력을 발생할 수 없는 경우는 있다.

㉡ [誤] 제125조의 표현대리에 있어서 상대방의 선의·무과실의 입증책임이 누구에게 배분되어 있는가의 문제이다. 통설은 본인이 상대방의 악의, 과실을 입증하여야 한다고 본다.

㉢ [正] 표현대리규정의 중복적용이 허용되는가의 문제이다. 즉, 제126조의 기본대리권에 표현대리권이 포함되는가의 문제이다. 이에 대하여 통설은 표현대리규정의 중복적용을 긍정한다. 이는 표현대리규정이 하나의 유기적 제도로 이해되어야 한다는 점을 근거로 한다. 표현대리의 세 가지 규정을 형식적으로만 해석한다면 대리제도의 신용을 유지하기 어려우므로 이들 규정을 서로 관련된 유기적인 하나의 제도로서 통일적으로 이해함으로써 각 조문의 간격을 메워 동적 안전을 보호하여야 한다는 것이다. 그러나 이를 부정하는 소수의 견해도 있다. 한편, 판례는 제129조와 제126조의 중복적용을 허용하였다(大判 1970. 2. 10, 69다2194). 그러나 제125조와 제126조의 중복적용을 정면으로 긍정한 판결은 없다.

㉣ [正] 大判 2000. 2. 21, 99다47525 등 판례의 일관된 입장이다. 이 지문에서 문제되는 것은 다음의 두 가지이다. ① 어음행위의 위조에 관하여도 표현대리의 규정이 적용되는가가 문제된다. 위조는 대리인의 표시가 나타나지 않기 때문에 이를 대리행위라고 볼 수 있는가의 문제가 발생하기 때문이다. 이에 대하여 판례는 일관되게 표현대리규정의 적용을 긍정하고 있다. 판례는 이를 서명대리라고 하고 있다. ② 정당한 이유를 판단함에 있어서 상대방의 조사·확인의무를 인정할 것인가의 점이다. 이에 관하여는 조사·확인의무를 인정하는 경우도 있고, 부정하는 경우도 있다. 당해 거래행위가 이례적이면 이례적일수록 상대방의 본인의사에 대한 조사·확인의무를 인정하고 있는 것이 판례의 기본적인 입장이다. 조사·확인의무 인정여부에 관한 판례를 대략적으로 유형화시키면 ㉠ 무권대리행위가 비정상적이거나 이례적인 경우, ㉡ 대리권수여여부를 본인에게 쉽게 확인할 수 있는 경우, ㉢ 상대방이 금융기관인 경우에는 조사·확인의무를 대체로 인정하고 있다. 그러나 ㉠ 대리행위에 필요한 일체의 서류를 소지하고 있는 경우, ㉡ 동종의 거래가 반복된 경우에는 조사·확인의무를 대체로 부정하고 있다.

㉤ [誤] 법정대리권의 범위를 유월하여 대리행위를 한 경우에도 제126조의 표현대리가 적용되는가의 문제이다. 이에 대하여 판례(大判 1997. 6. 27, 97다3828)는 표현대리의 적용가능성을 긍정하고 있다. 다수설은 판례와 마찬가지로 적용을 긍정하나, 무능력자

보호의 취지가 잠탈된다는 점, 제950조가 사문화된다는 점을 근거로 이를 부정하는 소수설이 있다. 다만, 법정대리인의 권한의 범위를 유월하여 대리행위를 하는 것은 이례적인 것이므로 상대방의 조사·확인의무가 인정될 수 있고, 따라서 친족회의 동의가 있었는지에 관하여 확인하지 아니한 경우에는 정당한 이유가 부정되어 결국 표현대리가 성립할 수 없음을 주의하여야 한다. 이 판결에서도 결국 정당한 이유의 부존재를 이유로 표현대리를 부정하였다.

ⓑ [正] 제129조의 요건사실에 대한 입증책임의 문제이다. 제129조의 요건사실에 대한 입증책임은 원칙적으로 제129조의 법률효과를 주장하는 자에게 배분된다. 제129조의 요건사실로서는 존재하던 대리권의 소멸사실, 대리권범위 내의 대리행위였다는 사실, 상대방은 선의·무과실이라는 사실이다. 이 중에서 대리권의 소멸사실, 대리권범위 내의 대리행위사실에 대하여는 상대방이 입증책임을 부담한다는 점에 대하여는 다툼이 없다. 다만, 선의·무과실의 입증책임에 대하여는 견해의 대립이 있다. 다른 유형의 표현대리와 구별할 필요가 없다는 점을 근거로 본인이 상대방의 악의, 과실을 입증하여야 한다는 견해가 다수설이다. 반면에 선의의 입증책임은 상대방이 부담하고, 과실의 입증책임은 본인이 부담한다는 소수의 견해가 있다. 이에 대하여 판례의 입장은 명료하지 않지만, 大判(全) 1983. 12. 13, 83다카1489가 표현대리를 주장하는 자에게 무과실의 입증책임이 있다고 한 원심판결은 입증책임을 전도한 위법이 있다는 상고이유를 배척한 점에 비추어 결과적으로 표현대리를 주장하는 상대방에게 선의·무과실의 입증책임을 요구하고 있는 것으로 보인다.

정답 ②

5. 권한을 넘은 표현대리에 관한 판례의 입장과 다른 것은? [05년]

① 처가 남편으로부터의 특별수권 없이 남편 소유의 부동산을 처분한 경우, 그것이 제126조의 표현대리가 되려면 처에게 일상가사대리권이 있었다는 것만이 아니라 상대방이 처에게 남편이 그 행위에 관한 대리의 권한을 주었다고 믿었음을 정당화할 만한 객관적 사정이 있어야 한다.
② 사술을 써서 대리행위의 표시를 하지 아니하고 단지 본인의 성명을 모용하여 자기가 마치 본인인 것처럼 기망함으로써 본인 명의로 직접 법률행위를 한 경우에는 특별한 사정이 없는 한 제126조의 표현대리가 성립할 수 없다.
③ 권한을 넘은 표현대리에 있어서 정당한 이유의 유무는 대리행위 당시를 기준으로 하여 판정하여야 하고 대리행위 성립 후의 사정은 고려할 것이 아니다.
④ 주택건설촉진법에 의하여 설립된 주택조합의 대표자가 조합원 총회의 결의를 거치지 아니하고, 조합원의 총유에 속하는 건물을 처분한 행위에 관하여는 민법 제126조의 표현대리에 관한 규정이 준용되지 않는다.
⑤ 표현대리행위와 기본대리권은 동종 내지는 유사한 것이어야 하므로, 기본대리권이 등기신청행위임에도 표현대리인이 대물변제를 한 경우와 같이 전혀 별개의 행위를 한 경우에는 제126조의 표현대리가 성립할 수 없다.

해설

① [正] 일상가사대리권을 기본대리권으로 하는 권한유월의 표현대리를 인정하는 것이 우리 판례의 태도이다. 판례는 월권행위에 대하여 수권이 있었음을 믿을 만한 정당한 이유가 있는 경우에 제126조를 적용한다.
[大判 1970. 3. 10, 69다2218] 일반 사회 통념상 남편이 아내에게 자기 소유의 부동산을 타인에게 근저당권의 설정 또는 소유권 이전등기에 관한 등기절차를 이행케 하거나 그 각 등기의 원인되는 법률행위를 함에 필요한 대리권을 수여하는 것은 이례에 속하는 것이므로 아내가 특별한 수권 없이 남편소유 부동산에 관하여 위와 같은 행위를 하였을 경우에 그것이 민법 제126조 소정의 표현대리가 되려면 그 아내에게 가사대리권이 있었다는 것뿐 아니라 상대방이 남편이 그 아내에게 그 행위에 관한 대리의 권한을 주었다고 믿었음을 정당화할 만한 객관적인 사정이 있어야 하는 것이다.

② [正] [大判 1993. 2. 23, 92다52436] 민법 제126조의 표현대리는 대리인이 본인을 위한다는 의사를 명시 혹은 묵시적으로 표시하거나 대리의사를 가지고 권한 외의 행위를 하는 경우에 성립하고, 사술을 써서 대리행위의 표시를 하지 아니하고 단지 본인의 성명을 모용하여 자기가 마치 본인인 것처럼 기망하여 본인 명의로 직접 법률행위를 한 경우에는 특별한 사정이 없는 한 위 법조 소정의 표현대리는 성립할 수 없다. 그러나 본인으로부터 아파트에 관한 임대 등 일체의 관리권한을 위임받아 본인으로 가장하여 아파트를 임대한 바 있는 대리인이 다시 자신을 본인으로 가장하여 임차인에게 아파트를 매도하는 법률행위를 한 경우에는 권한을 넘은 표현대리의 법리를 유추적용하여 본인에 대하여 그 행위의 효력이 미친다고 볼 수 있다.

③ [正] [大判 1987. 7. 7, 86다카2475] 표현대리의 효과를 주장하려면 상대방이 자칭 대리인에게 대리권이 있다고 믿고 그와 같이 믿는데 정당한 이유가 있을 것을 요건으로 하는 것인 바 여기의 정당한 이유의 존부는 자칭 대리인의 대리행위가 행하여 질 때에 존재하는 제반사정을 객관적으로 관찰하여 판단하여야 하는 것이지 당해 법률행위가 이루어지고 난 훨씬 뒤의 사정을 고려하여 그 존부를 결정해야 하는 것은 아니다.

④ [正] [大判 2003. 7. 11, 2001다73626] 비법인사단인 피고 주택조합의 대표자가 조합총회의 결의를 거쳐야 하는 조합원 총유에 속하는 재산의 처분에 관하여는 조합원 총회의 결의를 거치지 아니하고는 이를 대리하여 결정할 권한이 없다 할 것이어서 피고 주택조합의 대표자가 행한 총유물인 이 사건 건물의 처분행위에 관하여는 민법 제126조의 표현대리에 관한 규정이 준용될 여지가 없다.

⑤ [誤] 권한유월의 대리행위는 기본대리권과 동종 혹은 유사한 것이어야 할 필요가 없다는 것이 판례와 학설의 태도이다.
[大判 1978. 3. 28, 78다282·283] 기본대리권이 등기신청행위라 할지라도 표현대리인이 그 권한을 유월하여 대물변제라는 사법행위를 한 경우에는 표현대리의 법리가 적용된다.

정답 ⑤

6. [배점 2] 무권대리 등에 관한 설명 중 옳은 것은? (다툼 있으면 판례에 의함) [10년]

① 甲으로부터 아파트에 관한 임대 등 일체의 관리권한을 위임받은 乙이 자신을 甲으로 가장하여 그 아파트를 丙에게 임대한 후, 다시 甲으로 가장하여 丙에게 그 아파트를 매도하기로 약정한 경우, 권한을 넘은 표현대리가 성립할 수 있다.
② 한정치산자 甲의 후견인 乙이 친족회의 동의를 얻지 않고 甲의 부동산을 丙에게 처분한 경우, 丙이 친족회의 동의가 있다고 믿은 데에 정당한 사유가 있는 때에도 乙의 대리행위는 원칙적으로 甲에게 그 효력이 미치지 않는다.
③ 甲의 대리인 乙이 그 대리권한의 범위를 넘어 甲을 대리하여 丙과 계약한 경우, 丙이 甲에게 유권대리 행위임을 주장하면서 계약이행을 구하면 법원은 직권으로 표현대리의 성립 여부도 판단해야 한다.
④ 변호사에게 판결에서 인용된 금액의 수령을 위하여 위임장을 작성해 준 경우, 소송비용상환청구권의 포기권한도 수여한 것으로 보아야 한다.
⑤ 본인이 무권대리 행위를 추인할 경우 그 무권대리인의 의사표시의 일부에 대하여 추인하거나 그 내용을 변경하여 추인하여도 그 추인은 원칙적으로 유효하다.

해설

① [正] 본인으로 가장하여 본인 명의로 한 법률행위에 표현대리의 법리를 적용할 수 있는가를 묻는 지문이다. 대법원은 원칙적으로 대리의 법리를 적용할 수 없다는 입장이나 특별한 사정, 즉 행위자에게 기본대리권이 있고, 상대방이 행위자를 명의자인 본인으로 믿을 만한 정당한 이유가 있는 경우에 표현대리의 법리를 유추하고 있다. 지문의 경우, 행위자는 아파트의 관리인으로 관리권한을 위임받아 기본대리권을 가지고 있는 자이며, 기존에 본인으로 가장하여 아파트를 임대한 바 있어 상대방은 행위자를 본인으로 믿을 만한 정당한 이유가 있다. 따라서 표현대리의 법리가 유추될 수 있다.
[大判 1993. 2. 23, 92다52436] 본인으로부터 아파트에 관한 임대 등 일체의 관리권한을 위임받아 본인으로 가장하여 아파트를 임대한 바 있는 대리인이 다시 자신을 본인으로 가장하여 임차인에게 아파트를 매도하는 법률행위를 한 경우에는 권한을 넘은 표현대리의 법리를 유추적용하여 본인에 대하여 그 행위의 효력이 미친다고 볼 수 있다.

② [誤] 법정대리권을 기본대리권으로 하는 권한유월의 표현대리가 인정되는지를 묻는 지문이다. 무능력자 보호, 법정대리권의 범위를 정하고 있는 규정이 강행규정이라는 점을 근거로 표현대리의 성립을 부정하는 견해가 있으나, 대법원은 법정대리권도 법률행위 대리권이므로 권한유월의 표현대리가 성립할 수 있다는 입장이다.
[大判 1997. 6. 27, 97다3828] 민법 제126조 소정의 권한을 넘는 표현대리 규정은 거래의 안전을 도모하여 거래상대방의 이익을 보호하려는 데에 그 취지가 있으므로 법정대리라고 하여 임의대리와는 달리 그 적용이 없다고 할 수 없다. 한정치산자의 후견인이 친족회의 동의를 얻지 않고 피후견인의 부동산을 처분하는 행위를 한 경우에도 상대방이 친족회의 동의가 있다고 믿은 데에 정당한 사유가 있는 때에는 본인인 한정치산자에게 그 효력이 미친다.

③ [誤] 유권대리에 관한 주장 속에 표현대리에 관한 주장이 포함되는지 여부를 묻는 지문이다. 유권대리에 관한 주장과 표현대리에 관한 주장은 주장사실을 달리하는 별개의 사실로서 유권대리에 관한 주장 속에 무권대리에 속하는 표현대리에 관한 주장이 포함되어 있다고 볼 수 없다는 것이 대법원의 입장이다. 따라서 당사자가 표현대리에 관한 주장을 하지 않는 한 표현대리의 성립여부를 판단할 수는 없다.
[大判(全) 1983. 12. 13. 83다카1489] 양자의 구성요건 해당사실은 서로 다르다고 볼 수밖에 없으므로 유권대리에 관한 주장 속에 무권대리에 속하는 표현대리의 주장이 포함되어 있다고 볼 수 없다.

④ [誤] 수권행위 해석을 통한 임의대리권 범위를 묻는 지문이다. 금원수령을 위한 수권행위에 그 금원을 포기하는 권한이 포함되어 있다고 해석할 수는 없다.
[大決 2007. 4. 26. 자 2007마250] 변호사에게 판결금 수령을 위하여 통상의 소송위임장 용지에 판결금수령위임장을 작성해 준 경우, 소송비용상환청구권의 포기권한까지 수여한 것으로 볼 수는 없다.

⑤ [誤] 무권대리에 대해 본인이 추인을 하는 방법을 묻는 지문이다. 본인의 추인이란 무권대리인과 상대방이 결정한 법률행위의 효과를 전면적으로 받아들이는 것을 의미하므로 일부에 관해서 추인하거나 내용을 변경하여 추인하는 것은 상대방이 동의를 하지 않는 한 추인으로 그 효력을 가지지 않는다.
[大判 1982. 1. 26. 81다카549] 추인은 의사표시의 전부에 대하여 행하여져야 하고, 그 일부에 대하여 추인을 하거나 그 내용을 변경하여 추인을 하였을 경우에는 상대방의 동의를 얻지 못하는 한 무효이다.

정답 ①

7. 배점3 무권대리와 표현대리에 관한 설명 중 옳은 것(○)과 옳지 않은 것(×)을 바르게 표시한 것은? (다툼 있으면 판례에 의함) [11년]

ㄱ. 일방 당사자가 대리인을 통하여 계약을 체결하는 경우, 대리인을 통하여 본인과의 사이에 계약을 체결하려는 계약 상대방의 의사만 인정되면, 대리권의 존부와 관계없이 본인과 상대방이 계약의 당사자가 된다.

ㄴ. 민법 제125조의 대리권수여의 표시에 의한 표현대리는, 어떤 자가 본인을 대리하여 제3자와 법률행위를 함에 있어 그 자와 본인 사이의 유효한 법률관계를 기초로 본인이 그 자에게 대리권을 수여하였다는 표시를 한 경우에 한하여 성립한다.

ㄷ. 복대리인 선임권 없는 대리인이 선임한 복대리인이 대리인의 권한 밖의 법률행위를 한 경우, 상대방이 그 행위자를 대리권을 가진 대리인으로 믿었고 또한 그렇게 믿은 데 정당한 이유가 있는 때에는 그 법률행위는 본인에게 효력이 발생한다.

ㄹ. 표현대리는 무권대리행위의 효과를 본인에게 미치게 하는 제도로서, 표현대리가 성립하면 무권대리의 성질이 유권대리로 전환되므로, 유권대리에 관한 주장 속에는 표현대리의 주장이 포함되어 있다.

ㅁ. 무권대리인 甲이 본인 乙의 부동산을 무권대리임을 모르는 丙에게 임의로 매도한 후 소유권이전등기를 마친 경우, 甲이 乙을 상속하였음을 이유로 甲 스스로 위 부동산 매매계약이 무권대리행위임을 주장하여 이미 경료된 소유권이전등기의 말소를 청구하는 것은 신의칙에 반한다.

① ㄱ(○), ㄴ(×), ㄷ(○), ㄹ(×), ㅁ(○)
② ㄱ(×), ㄴ(×), ㄷ(×), ㄹ(○), ㅁ(○)
③ ㄱ(○), ㄴ(○), ㄷ(○), ㄹ(○), ㅁ(×)
④ ㄱ(○), ㄴ(×), ㄷ(○), ㄹ(×), ㅁ(×)
⑤ ㄱ(×), ㄴ(×), ㄷ(○), ㄹ(×), ㅁ(○)
⑥ ㄱ(○), ㄴ(○), ㄷ(×), ㄹ(○), ㅁ(○)
⑦ ㄱ(×), ㄴ(○), ㄷ(○), ㄹ(×), ㅁ(×)
⑧ ㄱ(×), ㄴ(○), ㄷ(×), ㄹ(○), ㅁ(×)

해 설

ㄱ. [正] 대리행위로 인한 효과귀속 주체가 누구인가를 확정하는 기준을 묻는 지문이다. 대리인을 통하여 계약을 체결하는 경우, 계약의 당사자가 행위자인 대리인인가 아니면 본인인가 하는 문제가 발생할 수 있다. 이는 당사자 확정의 문제인데, 그 확정기준은 당사자의 의사이다. 상대방이 본인과의 사이에서 계약을 체결하여 계약관계를 형성하고자 한다면 대리권의 존부와는 무관하게 그 계약관계의 당사자는 본인과 상대방이 된다. 다만 행위자인 대리인에게 대리권이 존재하지 아니하는 경우, 무권대리에 따른 효과가 발생할 수는 있다.
[大判 2003. 12. 12. 2003다44059] 일방 당사자가 대리인을 통하여 계약을 체결하는 경우에 있어서 <u>계약의 상대방이 대리인을 통하여 본인과 사이에 계약을 체결하려는 데 의사가 일치하였다면 대리인의 대리권 존부 문제와는 무관하게 상대방과 본인이 그 계약의 당사자이다.</u>

ㄴ. [誤] 제125조 표현대리의 요건으로서 수권표시를 묻는 지문이다. 수권표시는 본인에 의한 표시이며, 행위자인 대리인에게 대리권을 수여하였음을 상대방에게 표시하는 것이다. 행위자와 본인 사이의 기본적인 법률관계의 성질이나 효력과는 관계가 없이 대리권을 수여하였다는 사실을 표시한 경우에 성립한다. 반드시 유효한 법률관계를 전제로 하지 않는다.
[大判 2001. 8. 21. 2001다31264] 민법 제125조가 규정하는 대리권 수여의 표시에 의한 표현대리는 <u>본인과 대리행위를 한 자 사이의 기본적인 법률관계의 성질이나 그 효력의 유무와는 관계가 없이 어떤 자가 본인을 대리하여 제3자와 법률행위를 함에 있어 본인이 그 자에게 대리권을 수여하였다는 표시를 제3자에게 한 경우에 성립하는 것</u>이고, 이때 서류를 교부하는 방법으로 민법 제125조 소정의 대리권 수여의 표시가 있었다고 하기 위하여는 본인을 대리한다고 하는 자가 제출하거나 소지하고 있는 서

류의 내용과 그러한 서류가 작성되어 교부된 경위나 형태 및 대리행위라고 주장하는 행위의 종류와 성질 등을 종합하여 판단하여야 할 것이다.

ㄷ. [正] 복임권 없는 대리인에 의하여 선임된 복대리인이 권한 외의 법률행위를 한 경우, 제126조의 표현대리가 성립할 수 있는지를 묻는 지문이다. 복대리행위에 대해서도 표현대리 규정이 적용된다는 것이 대법원의 입장이다.
[大判 1998. 3. 27. 97다48982] 대리인이 사자 내지 임의로 선임한 복대리인을 통하여 권한 외의 법률행위를 한 경우, 상대방이 그 행위자를 대리권을 가진 대리인으로 믿었고 또한 그렇게 믿는 데에 정당한 이유가 있는 때에는, <u>복대리인 선임권이 없는 대리인에 의하여 선임된 복대리인의 권한도 기본대리권이 될 수 있을 뿐만 아니라</u>, 그 행위자가 사자라고 하더라도 대리행위의 주체가 되는 대리인이 별도로 있고 그들에게 본인으로부터 기본대리권이 수여된 이상, 민법 제126조를 적용함에 있어서 기본대리권의 흠결 문제는 생기지 않는다.

ㄹ. [誤] 유권대리에 관한 주장 속에 표현대리에 관한 주장이 포함되어 있는지 여부를 묻는 지문이다. 이는 표현대리가 무권대리의 일종인지 아니면 유권대리의 일종인지를 묻는 것이다. 통설과 판례는 표현대리를 무권대리의 일종으로 파악하여 유권대리에 관한 주장 속에는 그 법적 성질을 달리 하는 무권대리의 일종으로서 표현대리에 관한 주장은 포함되지 아니하는 것으로 이해한다.
[大判(全) 1983. 12. 13. 83다카1489] 양자의 구성요건 해당사실은 서로 다르다고 볼 수밖에 없으므로 <u>유권대리에 관한 주장 속에 무권대리에 속하는 표현대리의 주장이 포함되어 있다고 볼 수 없다.</u>

ㅁ. [正] 무권대리인이 본인을 상속한 후, 본인의 지위에서 추인거절권을 행사하는 것이 허용되는지 여부 및 허용되지 아니한다면 그 근거를 묻는 지문이다. 대법원은 비록 무권대리인이 본인을 상속하더라도 본인의 지위와 무권대리인의 지위는 병존하나, 본인 지위에서 스스로 행한 무권대리행위의 효력을 부정하는 추인거절권 행사는 신의칙에 반한다는 입장이다.
[大判 1994. 9. 27. 94다20617] 甲이 대리권 없이 乙 소유 부동산을 丙에게 매도하여 부동산소유권이전등기등에관한특별조치법에 의하여 소유권이전등기를 마쳐주었다면 그 매매계약은 무효이고 이에 터잡은 이전등기 역시 무효가 되나, 甲은 乙의 무권대리인으로서 민법 제135조 제1항의 규정에 의하여 매수인인 丙에게 부동산에 대한 소유권이전등기를 이행할 의무가 있으므로 그러한 지위에 있는 甲이 乙로부터 부동산을 상속받아 그 소유자가 되어 소유권이전등기이행의무를 이행하는 것이 가능하게 된 시점에서 자신이 소유자라고 하여 자신으로부터 부동산을 전전매수한 丁에게 원래 자신의 매매행위가 무권대리행위여서 무효였다는 이유로 丁 앞으로 경료된 소유권이전등기가 무효의 등기라고 주장하여 그 등기의 말소를 청구하거나 부동산의 점유로 인한 부당이득금의 반환을 구하는 것은 금반언의 원칙이나 신의성실의 원칙에 반하여 허용될 수 없다.

정답 ①

■ 민법총칙 ■ 87

8. 배점 3 다음 사례에 관한 설명 중 옳은 것을 모두 고른 것은? (다툼 있으면 판례에 의함) [07년]

甲은 丙을 상대로 제기한 대여금 청구소송의 확정판결에 기초하여 丙 소유의 A 토지에 대하여 경매를 신청하였다. 그 경매절차에서 甲이 아들인 乙 명의로 경락을 받음으로써 2002. 7. 14. 乙 명의의 소유권이전등기가 마쳐졌다.

2005. 5. 13. 甲은 자신이 A 토지의 소유자라고 하면서, 丙과 판결금 3,000만원 중 합의금으로 800만원을 丙으로부터 수령함과 동시에 丙에 대한 어떠한 명목의 청구도 포기하며 A 토지에 대하여 丙에게 소유권을 이전해 주기로 약정하였다. 丙이 위 약정에 따라 같은 날 甲에게 800만원을 지급하였으나 甲은 丙에게 소유권이전등기를 해주지 아니한 채 2006. 1. 7. 사망하였고, 乙은 甲의 단독상속인이 되었다.

㉠ 乙은 실질적인 권리자가 아니라 단순히 甲을 위하여 그 명의만을 빌려준 자에 불과하므로 A 토지의 소유권은 경락대금을 실질적으로 부담한 甲이 취득한다.
㉡ A 토지에 관하여 甲이 丙에게 소유권이전등기를 해주기로 약정한 것은 일종의 타인 권리의 처분행위에 해당한다.
㉢ 甲의 丙에 대한 위 약정은 乙의 무권대리인으로서 한 행위로서 무효이지만, 乙이 甲의 단독상속인인 이상, 그 무효행위의 추인을 거절할 수 없으므로 소유권이전등기의무를 부담한다.
㉣ 甲의 사망으로 인하여 乙은 그 상속인으로서 甲의 위 약정상 의무를 상속하게 되었으므로 위 소유권이전등기의무의 이행을 거절할 수 없다.

① ㉢, ㉣ ② ㉠
③ ㉡, ㉢ ④ ㉡, ㉣
⑤ ㉠, ㉢, ㉣ ⑥ ㉠, ㉡
⑦ ㉡ ⑧ ㉡, ㉢, ㉣

해설

㉠ [誤] 부동산 경매절차에서 부동산을 매수하려는 사람이 다른 사람의 명의로 매각허가결정을 받기로 약정하고, 매각허가가 이루어진 경우, 경매절차의 매수인을 누구로 보아야 할 것인가가 문제된다. 이에 관하여 우리 판례는 매수대금을 실질적으로 부담한 사람이 누구인가와 상관없이 그 명의인이 매수인으로 부동산을 취득한다고 한다(2005다664). 이러한 판례의 입장에 따르면 경락대금을 실질적으로 甲이 부담하였다고 하더라도 명의자인 乙이 소유권을 취득한다.

[大判 2005. 4. 29. 2005다664] 부동산경매절차에서 부동산을 매수하려는 사람이 매수대금을 자신이 부담하면서 다른 사람의 명의로 매각허가결정을 받기로 그 다른 사람과 약정함에 따라 매각허가가 이루어진 경우 그 경매절차에서 매수인의 지위에 서게 되는 사람은 어디까지나 그 명의인이므로 경매 목적 부동산의 소유권은 매수대금을

실질적으로 부담한 사람이 누구인가와 상관없이 그 명의인이 취득한다고 할 것이고, 이 경우 매수대금을 부담한 사람과 이름을 빌려 준 사람 사이에는 명의신탁관계가 성립한다.

ⓒ [正] A 토지의 소유권자는 판례에 따르면 乙이다. 따라서 甲이 丙에게 A 토지의 소유권이전등기를 해주기로 한 약정은 乙에게 속하는 부동산소유권을 이전하여 주기로 하는 약정으로 타인 권리의 처분행위에 해당한다.

ⓒ [誤] ⓔ [誤] 甲이 乙의 대리인으로서 이와 같은 약정을 한 것은 아니므로 이를 무권대리행위라고 볼 수는 없다. 다만, 무권리자의 처분행위에 해당할 뿐이다. 무권리자가 타인의 권리를 처분하기로 약정하는 경우, 그 약정의 채권적 효력은 인정된다. 무권리자를 권리자가 상속하였다고 하더라도 권리자는 원래 의무를 부담하였던 자는 아니므로 권리자의 의무이행거절이 신의칙에 반하는 것으로 인정할 특별한 사정이 없는 한 원칙적으로 무권리자와 상대방 사이의 계약에 따른 의무의 이행을 거절할 수 있다. 따라서 乙은 원칙적으로 무효행위의 추인을 거절할 수 있고, 소유권이전등기의무의 이행을 거절할 수 있다.

[大判 2001. 9. 25, 99다19698] 채권자가 채무자 소유의 부동산에 대하여 강제경매신청을 하여 자녀들 명의로 이를 경락받았다면 그 소유자는 경락인인 자녀들이라 할 것이므로, 채권자가 그 후 채무자와 사이에 채권액의 일부를 지급받고 자녀들 명의의 소유권이전등기를 말소하여 주기로 합의하였다 하더라도 이는 일종의 타인의 권리의 처분행위에 해당하여 비록 양자 사이에서 위 합의는 유효하고 채권자는 자녀들로부터 위 부동산을 취득하여 채무자에게 그 소유권이전등기를 마쳐주어야 할 의무를 부담하지만 자녀들은 원래 부동산의 소유자로서 타인의 권리에 대한 계약을 체결한 채무자에 대하여 그 이행에 관한 아무런 의무가 없고 이행을 거절할 수 있는 자유가 있었던 것이므로, 채권자의 사망으로 인하여 자녀들이 상속지분에 따라 채권자의 의무를 상속하게 되었다고 하더라도 그들은 신의칙에 반하는 것으로 인정할 만한 특별한 사정이 없는 한 원칙적으로 위 합의에 따른 의무의 이행을 거절할 수 있다.

정답 ⑦

9. 甲이 대리권 없이 乙의 대리인으로서 상대방 丙과 계약을 체결한 경우에 관한 설명 중 옳은 것은? [03년]

① 대리권을 증명하지 못한 甲은 자신의 선택에 따라 丙에게 계약을 이행하거나 손해를 배상할 책임을 부담한다.
② 계약체결 사실을 알게 된 乙이 즉시 甲에게 계약을 추인하였는데, 그 후 이러한 사정을 모르는 丙이 甲에게 계약의 철회를 통보하자, 甲이 丙에게 乙의 계약추인 사실을 통보한 경우, 丙은 乙에 대하여 계약의 이행을 거절할 수 없다.
③ 丙이 乙에게 상당한 기간을 정하여 계약의 추인 여부의 확답을 최고하였는데, 乙이 그 기간이 지난 후에 丙에게 추인의 통보를 한 경우 丙은 乙에게 계약의 이행을 거절할 수 없다.

④ 乙이 계약의 일부에 대하여 추인을 하는 경우에는 丙의 동의가 있어야 추인의 효력이 발생한다.
⑤ 미성년자라도 법정대리인의 동의 없이 대리행위를 할 수 있으므로 甲이 미성년자인 경우에도 甲은 무권대리인의 책임을 면할 수 없다.

해설

① [誤] 선택권은 상대방인 丙에게 있다.
② [誤] 무권대리행위의 추인을 무권대리인에게 한 경우에는 상대방이 이를 알고 있는 경우에 한하여 상대방에게 대항할 수 있다. 따라서 선의의 상대방이 철회권을 행사한 경우에는 무권대리행위는 확정적으로 무효가 된다(민법 제132조 참고).
③ [誤] 최고의 효과로서 계약은 확정적으로 무효가 된다. 따라서 이행을 거절할 수 있다.
④ [正] 일부의 추인은 상대방의 동의가 있어야 효력이 발생한다.
⑤ [誤] 민법 제135조 제2항. 행위무능력자는 무권대리인의 책임을 지지 않는다.

정답 ④

10. 무권대리에 관한 설명 중 옳은 것을 모두 고른 것은? [04년]

㉠ 무권대리행위의 상대방은 계약 당시 무권대리임을 알았던 경우에는 자신의 의사표시를 철회할 수 없다.
㉡ 무권대리행위에 대하여 본인의 추인이 있으면 무권대리행위는 처음부터 유권대리행위이었던 것과 마찬가지로 다루어지지만, 본인과 상대방 사이에 법률행위의 효력발생시기에 관한 다른 약정이 있는 경우에는 그에 의하게 된다.
㉢ 판례에 의하면, 대리권한 없이 타인의 부동산을 매도한 자가 그 부동산을 상속한 후, 소유자의 지위에서 자신의 대리행위가 무권대리로 무효임을 주장하여 등기말소 등을 구하는 것은 금반언원칙이나 신의칙상 허용될 수 없다.
㉣ 무권대리행위의 상대방이 계약 당시 무권대리임을 안 경우에는 본인에 대한 추인 여부의 확답을 최고할 수 없다.
㉤ 본인이 무권대리인의 법률행위에 대하여 추인거절의 의사표시를 한 후에는 다시 추인할 수 없다.
㉥ 판례는 본인이 무권대리 사실을 알고 있으면서 이의를 제기하지 않은 것만으로도 추인이 된다고 한다.

① ㉠, ㉡, ㉢   ② ㉠, ㉡, ㉢, ㉤   ③ ㉡, ㉢, ㉤
④ ㉢, ㉣, ㉤   ⑤ ㉢, ㉣, ㉤, ㉥

해설

㉠ [正] 철회권은 선의의 상대방에 한하여 인정된다(제134조).

㉡ [正] 무권대리행위에 대한 본인의 추인은 소급효가 있다(제133조). 그러나 소급효의 예외로써 다른 의사표시가 있으면 추인의 소급효는 제한된다(제133조 본문). 여기에서 다른 의사표시가 본인의 단독행위인가 아니면 본인과 상대방 사이의 계약인가에 관하여는 견해의 대립이 있으나 통설은 계약이라고 본다.

㉢ [正] [大判 1994. 9. 27, 94다20617] 甲이 대리권 없이 乙 소유 부동산을 丙에게 매도하여 부동산소유권이전등기등에관한특별조치법에 의하여 소유권이전등기를 마쳐주었다면 그 매매계약은 무효이고 이에 터잡은 이전등기 역시 무효가 되나, 甲은 乙의 무권대리인으로서 민법 제135조 제1항의 규정에 의하여 매수인 丙에게 부동산에 대한 소유권이전등기를 이행할 의무가 있으므로 그러한 지위에 있는 甲이 乙로부터 부동산을 상속받아 그 소유자가 되어 소유권이전등기이행의무를 이행하는 것이 가능하게 된 시점에서 자신이 소유자라고 하여 자신으로부터 부동산을 전전매수한 丁에게 원래 자신의 매매행위가 무권대리행위여서 무효였다는 이유로 丁 앞으로 경료된 소유권이전등기가 무효의 등기라고 주장하여 그 등기의 말소를 청구하거나 부동산의 점유로 인한 부당이득금의 반환을 구하는 것은 금반언의 원칙이나 신의성실의 원칙에 반하여 허용될 수 없다.

㉣ [誤] 무권대리행위의 상대방의 최고권은 철회권과 달리 상대방의 선·악의를 묻지 않는다.

㉤ [正] 본인의 추인거절에 의하여 무권대리행위는 확정적으로 무효로 된다. 따라서 본인은 더 이상 추인권을 행사할 수 없다.

㉥ [誤] 판례는 무권대리행위에 대하여 이의함이 없이 단순히 방치하였다는 사실만으로 추인한 것으로 볼 수 없다고 한다.
[大判 1998. 2. 10, 97다31113] 무권대리행위에 대한 추인은 무권대리행위로 인한 효과를 자기에게 귀속시키려는 의사표시이니만큼 무권대리행위에 대한 추인이 있었다고 하려면 그러한 의사가 표시되었다고 볼 만한 사유가 있어야 하고, 무권대리행위가 범죄가 되는 경우에 대하여 그 사실을 알고도 장기간 형사고소를 하지 아니하였다 하더라도 그 사실만으로 묵시적인 추인이 있었다고 할 수는 없는 바, 권한 없이 기명날인을 대행하는 방식에 의하여 약속어음을 위조한 경우에 피위조자가 이를 묵시적으로 추인하였다고 인정하려면 추인의 의사가 표시되었다고 볼 만한 사유가 있어야 한다.

정답 ②

11. 배점 2 다음 사례에 관한 설명 중 옳은 것을 모두 고른 것은? (다툼 있으면 판례에 의함) [08년]

인기 가수 甲은 제주도에 살고 있는 乙로부터 팩스를 받았다. 팩스는 "2007. 2. 19. 甲의 대리인 丙과 甲의 제주공연대행계약을 체결하였고, 그 시안을 작성하여 보내니 검토하여 수정할 사항을 조속히 알려 달라"라는 내용이었다. 甲이 丙에게 전화를 걸어 자초지종을 물으니, 丙은 제주공연이 甲에게도 큰 도움이 된다고 판단하여 甲의 대리인으로서 乙과 계약을 체결하였다고 해명하였다.

> ㉠ 甲이 乙의 팩스를 받고도 장기간 이의를 제기하지 않고 방치하고 있다는 사실만 으로는 원칙적으로 丙의 무권대리행위에 대한 묵시적 추인이 있다고 볼 수 없다.
> ㉡ 甲은 지방에서의 공연대행계약에 관한 일체의 사무를 丙에게 위임하여 처리하여 왔는데, 2007. 1. 13. 일방적으로 丙과의 위임계약을 해지하였다. 그런데 甲과 丙 사이의 위임계약이 해지되었다는 소문이 공연업계에 파다하였음에도 乙은 이를 제대로 확인하지 않은 채 丙과 공연대행계약을 체결하였다. 이 경우 위 계약은 민법 제129조(대리권소멸후의 표현대리)에 의하여 유효하다.
> ㉢ 乙이 계약 당시 丙에게 대리권이 없다는 사실을 알고 있었더라도, 甲에게 상당한 기간을 정하여 추인 여부의 확답을 최고할 수 있고, 甲이 그 기간 내에 확답을 발하지 않으면 추인을 거절한 것으로 본다.
> ㉣ 甲의 추인을 얻지 못하면 丙은 乙의 선택에 좇아 계약의 이행 또는 손해배상의 책임을 부담하지만, 丙이 위 계약 당시 공연대행계약이 甲에게 큰 도움이 될 것이라고 믿었고 그 믿음에 과실이 없었다면, 丙은 책임을 지지 않는다.

① ㉠ ② ㉡
③ ㉢ ④ ㉣
⑤ ㉠, ㉡ ⑥ ㉠, ㉢
⑦ ㉡, ㉢ ⑧ ㉡, ㉣

해 설

㉠ [正] 무권대리 사실을 알고 본인이 장기간 이의를 제기하지 아니한 것을 묵시적 추인으로 볼 수 있는가를 묻는 지문이다. 판례는 이의 없이 방치하였다는 사실만으로는 묵시적 추인으로 되지 아니한다고 본다. 다만 무권대리인과 본인 사이에 특별한 인적 관계가 있어서 본인의 침묵을 추인으로 평가할 만한 특별한 사정이 있는 때에는 묵시적 추인으로 볼 수 있다.
[大判 1998. 2. 10. 97다31113] 무권대리행위에 대한 추인은 무권대리행위로 인한 효과를 자기에게 귀속시키려는 의사표시이니만큼 무권대리행위에 대한 추인이 있었다고 하려면 그러한 의사가 표시되었다고 볼 만한 사유가 있어야 하고, 무권대리행위가 범죄가 되는 경우에 대하여 그 사실을 알고도 장기간 형사고소를 하지 아니하였다 하더라도 그 사실만으로 묵시적인 추인이 있었다고 할 수는 없는 바, 권한 없이 기명날인을 대행하는 방식에 의하여 약속어음을 위조한 경우에 피위조자가 이를 묵시적으로 추인하였다고 인정하려면 추인의 의사가 표시되었다고 볼 만한 사유가 있어야 한다.

㉡ [誤] 甲은 일방적으로 위임을 해지할 수 있다(제689조). 甲과 丙 사이의 위임계약 해지로 인하여 丙의 대리권은 2007. 1. 13. 소멸하였다(제128조). 그럼에도 丙이 2007. 2. 19. 甲의 대리인으로서 乙과 공연대행계약을 체결한 것은 무권대리가 된다. 이 경우 대리행위의 상대방인 乙이 제129조의 표현대리에 의하여 보호되기 위해서는 乙이 선의·무과실이어야 한다. 사안의 경우 乙이 공연업계에 파다한 사실을 제대로 확인해

보지 아니한 과실이 있었으므로 丙과 乙 사이에 체결된 공연대행계약은 무권대리로서 무효이다.
ⓒ [正] 무권대리인이라는 사실을 알고 있는 상대방도 최고권은 적법하게 행사할 수 있다.
② [誤] 무권대리인의 상대방에 대한 책임은 무과실책임이다. 무권대리인 丙이 甲에게 위 계약이 도움이 될 것이라고 믿었는지 여부 및 대리권 존재에 대하여 신뢰하였는지 여부와 무관하게 丙은 무권대리인으로서 乙에 대하여 책임을 부담한다.

정답 ⑥

제4절 법률행위의 무효와 취소

1. 토지거래허가구역 내 토지거래계약에 관한 설명 중 판례의 입장과 다른 것은?   [05년]

① 토지거래허가를 전제로 하는 매매계약의 경우, 허가가 있기 전에 매도인이 소유권 이전을 위한 등기서류의 이행제공을 하였다고 하더라도, 매수인이 이행지체에 빠지는 것은 아니다.
② 유동적 무효상태의 토지거래계약이 확정적으로 무효가 된 경우에, 특별한 사정이 없는 한 그 계약이 확정적으로 무효가 되는 데 귀책사유가 있는 자라 하더라도 그 계약의 무효를 주장할 수 있다.
③ 유동적 무효상태에 있는 토지거래계약에 있어서 매매계약의 당사자는 허가신청에 협력하지 아니하는 상대방 당사자에 대하여 협력의무의 이행을 청구할 수 있으므로, 이러한 이행청구권도 채권자대위권의 행사에 의하여 보전될 수 있는 채권에 해당한다.
④ 유동적 무효상태에 있는 토지거래계약에 있어서 매매계약의 일방당사자가 허가신청에 이르기 전에 매매계약을 일방적으로 철회함으로써 그 매매계약이 확정적으로 무효가 되는 경우를 대비하여, 상대방에게 일정한 손해액을 배상하기로 하는 약정은 유효하게 할 수 있다.
⑤ 토지거래허가제도가 폐지되지 않고 존치되어 있는 이상, 토지거래허가구역 지정기간 중에 허가구역 안의 토지에 관하여 체결된 매매계약은 허가구역 지정해제 등이 된 이후에도 여전히 허가를 받아야 유효로 된다.

해설

① [正] 토지거래허가구역 내의 허가받지 아니한 토지매매의 효력에 관하여 판례는 이를 유동적 무효라고 한다. 유동적 무효상태의 매매계약은 물권적 효력이 없음은 물론이고, 채권적 효력도 인정되지 않는다. 따라서 매매계약상의 채무불이행이 인정될 수 없다.
[大判 1997. 7. 25, 97다4357] 허가를 받을 것을 전제로 한 거래계약은 허가받기 전의 상태에서는 거래계약의 채권적 효력도 전혀 발생하지 않으므로 권리의 이전 또는 설정에 관한 어떠한 내용의 이행청구도 할 수 없고, 그러한 거래계약의 당사자로서는 허가받기 전의 상태에서 상대방의 거래계약상 채무불이행을 이유로 거래계약을 해제하거나 그로 인한 손해배상을 청구할 수 없다.
② [正] [大判 1997. 7. 25, 97다4357] 국토이용관리법상 토지거래허가를 받지 않아 거래계약이 유동적 무효의 상태에 있는 경우, 유동적 무효 상태의 계약은 관할 관청의 불허가처분이 있을 때뿐만 아니라 당사자 쌍방이 허가신청협력의무의 이행거절 의사를 명백히 표시한 경우에는 허가 전 거래계약관계, 즉 계약의 유동적 무효 상태가 더 이상

지속된다고 볼 수 없으므로, 계약관계는 확정적으로 무효가 된다고 할 것이고, 그와 같은 법리는 거래계약상 일방의 채무가 이행불능임이 명백하고 나아가 상대방이 거래계약의 존속을 더 이상 바라지 않고 있는 경우에도 마찬가지라고 보아야 하며, 거래계약이 확정적으로 무효가 된 경우에는 거래계약이 확정적으로 무효로 됨에 있어서 귀책사유가 있는 자라고 하더라도 그 계약의 무효를 주장할 수 있다.

③ [正] [大判 1996. 10. 25. 96다23825] 채무자에 대한 토지거래허가 신청절차협력의무이행청구권을 보전하기 위하여 채무자를 대위하여 제3자에게 토지거래허가 신청절차협력의무의 이행을 구할 수 있다.

④ [正] [大判 1997. 2. 28. 96다49933] 유동적 무효 상태에 있는 계약을 체결한 당사자는 쌍방이 그 계약이 효력이 있는 것으로 완성될 수 있도록 서로 협력할 의무가 있는 것이므로, 이러한 매매계약을 체결할 당시 당사자 사이에 당사자 일방이 토지거래허가를 받기 위한 협력 자체를 이행하지 아니하거나 허가신청에 이르기 전에 매매계약을 철회하는 경우 상대방에게 일정한 손해액을 배상하기로 하는 약정을 유효하게 할 수 있다.

⑤ [誤] [大判(全) 1999. 6. 17. 98다40459] 토지거래허가구역으로 지정된 토지에 관하여 건설교통부장관이 허가구역 지정을 해제하거나, 또는 허가구역 지정기간이 만료되었음에도 허가구역 재지정을 하지 아니한(이하 "허가구역 지정해제 등"이라고 한다) 취지는 당해 구역 안에서의 개별적인 토지거래에 관하여 더 이상 허가를 받지 않도록 하더라도 투기적 토지거래의 성행과 이로 인한 지가의 급격한 상승의 방지라는 토지거래허가제도가 달성하려고 하는 공공의 이익에 아무런 지장이 없게 되었고 허가의 필요성도 소멸되었으므로, 허가구역 안의 토지에 대한 거래계약에 대하여 허가를 받은 것과 마찬가지로 취급함으로써 사적자치에 대한 공법인적 규제를 해제하여 거래 당사자들이 당해 토지거래계약으로 달성하고자 한 사적자치를 실현할 수 있도록 함에 있다고 할 것이므로, 허가구역 지정기간 중에 허가구역 안의 토지에 대하여 토지거래허가를 받지 아니하고 토지거래계약을 체결한 후 허가구역 지정해제 등이 된 때에는 그 토지거래계약이 허가구역 지정이 해제되기 전에 확정적으로 무효로 된 경우를 제외하고는, 더 이상 관할 행정청으로부터 토지거래허가를 받을 필요가 없이 확정적으로 유효로 되어 거래 당사자는 그 계약에 기하여 바로 토지의 소유권 등 권리의 이전 또는 설정에 관한 이행청구를 할 수 있고, 상대방도 반대급부의 청구를 할 수 있다고 보아야 할 것이지, 여전히 그 계약이 유동적 무효상태에 있다고 볼 것은 아니다.

정답 ⑤

2. 배점 2 「국토의 계획 및 이용에 관한 법률」상 토지거래허가 대상인 토지거래에 관한 설명 중 옳은 것은? (다툼 있으면 판례에 의함) [11년]

① 토지거래허가를 받지 않은 매매계약에서 계약금만을 받은 매도인은 당사자 일방이 이행에 착수하기 전이라도 계약금의 배액을 상환하고 계약을 해제할 수 없다.

② 토지거래허가를 받지 않은 매매계약상의 매수인이 매도인에 대해 토지거래허가 신청절차에 협력할 의무의 이행을 청구하는 경우, 매도인은 매매대금지급 의무이행의

제공이 있을 때까지 그 협력의무의 이행을 거절할 수 있다.
③ 토지거래허가를 받지 않은 매매계약상의 매수인의 지위에 관하여 매도인과 매수인 및 제3자 사이에 제3자가 매수인의 지위를 이전받는다는 취지의 합의를 한 경우, 매도인과 매수인 사이의 매매계약에 대한 관할 관청의 허가가 없는 이상 제3자가 매도인에 대하여 직접 토지거래허가 신청절차 협력의무의 이행을 청구할 수 없다.
④ 토지거래허가 전의 매매계약의 매수인이 매도인에 대한 토지거래허가 신청절차 협력청구권로 피보전권리로 하여 매매목적 토지의 처분을 금하는 가처분을 신청할 수 없다.
⑤ 토지거래 허가구역 내의 토지와 그 지상 건물을 일괄하여 매매한 경우, 매수인은 특별한 사정이 없는 한 토지에 대한 매매허가가 있기 전에 건물만의 소유권이전등기를 청구할 수 있다.

해설

✱ 유동적 무효에 관한 판례이론을 묻는 문제이다.
① [誤] 유동적 무효상태의 토지거래계약에 수반한 계약금계약의 효력을 묻는 지문이다. 계약금계약의 효력을 인정하는 것이 대법원의 태도이다. 따라서 계약금에 기초한 해제는 가능하다.
  [大判 1997. 6. 27. 97다9369] 특별한 사정이 없는 한 국토이용관리법상의 토지거래허가를 받지 않아 유동적 무효 상태인 매매계약에 있어서도 <u>당사자 사이의 매매계약은 매도인이 계약금의 배액을 상환하고 계약을 해제함으로써 적법하게 해제된다.</u>
② [誤] 협력의무의 이행과 매매계약상 의무 상호간에 동시이행관계를 인정할 수 있는지 여부를 묻는 지문이다. 협력의무는 계약관계의 효력을 발생시킬 것을 목적으로 하는 의무이며, 매매계약상 의무는 계약관계의 효력으로 인정되는 의무이다. 협력의무가 선행되어야 하며, 동시이행관계를 인정할 수는 없다.
  [大判 1996. 10. 25. 96다23825] 매도인의 토지거래계약허가 신청절차에 협력할 의무와 토지거래허가를 받으면 매매계약 내용에 따라 매수인이 이행하여야 할 매매대금 지급의무나 이에 부수하여 매수인이 부담하기로 특약한 양도소득세 상당 금원의 지급의무 사이에는 상호 <u>이행상의 견련성이 있다고 할 수 없으므로, 매도인으로서는 그러한 의무이행의 제공이 있을 때까지 그 협력의무의 이행을 거절할 수 있는 것은 아니다.</u>
③ [正] 매수인 지위 이전의 효력이 생기기 위해서 관할관청의 허가가 있어야 하는지를 묻는 지문이다. 지위 이전의 효력이 생기기 위해서는 관할관청의 허가가 있어야 한다는 것이 대법원의 입장이다. 만약 허가 없이 매수인 지위 이전이 가능하다면 토지거래허가제도의 목적이 달성되기 어렵기 때문이다.
  [大判 1996. 7. 26. 96다7762] 유동적 무효 상태에 있는 매매계약상의 매수인의 지위에 관하여 매도인과 매수인 및 제3자 사이에 제3자가 그와 같은 <u>매수인의 지위를 매수인으로부터 이전받는다는 취지의 합의를 한 경우,</u> 국토이용관리법상 토지거래허가 제도가 토지의 투기적 거래를 방지하여 정상적 거래를 조장하려는 데에 그 입법취지가 있음에 비추어 볼 때, <u>그와 같은 합의는 매도인과 매수인 사이의 매매계약에 대한 관할 관청의 허가가 있어야 비로소 효력이 발생한다고 보아야 하고, 그 허가가 없는 이상</u>

그 3 당사자 사이의 합의만으로 유동적 무효 상태의 매매계약의 매수인 지위가 매수인으로부터 제3자에게 이전하고 제3자가 매도인에 대하여 직접 토지거래허가 신청절차 협력의무의 이행을 구할 수 있다고 할 수는 없다.

④ [誤] 협력청구권이 가처분의 피보전권리가 될 수 있는지를 묻는 지문이다. 토지거래계약 당사자는 서로 허가절차에 협력할 의무를 부담하고, 그에 대응하여 각 당사자는 협력청구권을 가지는데, 협력의 내용이 구체화되어 있으므로 협력청구권은 구체적인 청구권으로서 가처분 혹은 채권자대위의 피보전채권리에 해당한다.
[大判 1998. 12. 22. 98다44376] 국토이용관리법상 토지거래허가구역 내에 있는 토지에 관하여 관할관청의 허가 없이 체결된 매매계약의 매수인이 매도인에 대한 토지거래허가신청절차청구권을 피보전권리로 하여 매매목적 토지의 처분을 금하는 가처분을 구할 수 있고, 이러한 가처분 집행 후 경매절차에서 당해 토지를 낙찰받은 제3자는 특별한 사정이 없는 한 이로써 가처분채권자인 매수인의 권리보전에 대항할 수 없다(필자 註 : 토지거래허가신청절차청구권을 피보전권리로 하는 처분금지가처분의 집행을 이미 마친 채권자로서는 그 후 당해 부동산의 소유권이 낙찰로 인하여 타인에게 이전된 경우라도 그 가처분의 효력으로 새로운 토지소유자에게 대항할 수 있어 여전히 그 거래계약의 효력이 발생될 여지가 있으므로 그 때문에 당해 거래계약이 확정적으로 무효로 된다고 볼 수 없다고 한 사례).

⑤ [誤] 토지매매가 유동적 무효상태인 경우, 지상 건물매매의 효력이 어떠한지를 묻는 지문이다. 일괄하여 체결한 토지와 그 지상 건물매매 중에서 토지매매가 유동적 무효인 경우, 나머지 부분의 효력을 묻는 것이다. 일부무효에 관한 제137조는 원칙적으로 전부무효를, 다만 나머지 부분을 유지하려는 당사자의 가정적 의사가 인정되는 경우에는 일부만의 무효를 규정하고 있다. 토지매매가 무효임에도 건물만을 매수하려는 특별한 사정이 없는 한 건물매매까지도 유동적 무효상태에 있다고 보아야 하므로 허가 전에는 건물만의 소유권이전등기를 청구할 수는 없다.
[大判 1992. 10. 13. 92다16836] 국토이용관리법상의 규제구역 내의 토지와 건물을 일괄하여 매매한 경우 일반적으로 토지와 그 지상의 건물은 법률적인 운명을 같이하는 것이 거래의 관행이고, 당사자의 의사나 경제의 관념에도 합치되는 것이므로, 토지에 관한 당국의 거래허가가 없으면 건물만이라도 매매하였을 것이라고 볼 수 있는 특별한 사정이 인정되는 경우에 한하여 토지에 대한 매매거래허가가 있기 전에 건물만의 소유권이전등기를 명할 수 있다고 보아야 할 것이고, 그렇지 않은 경우에는 토지에 대한 거래허가가 있어 그 매매계약의 전부가 유효한 것으로 확정된 후에 토지와 함께 이전등기를 명하는 것이 옳을 것이다.

정답 ③

3. 배점 3 무효에 관한 설명 중 옳은 것(○)과 옳지 않은 것(×)을 바르게 표시한 것은?
(다툼 있으면 판례에 의함) [11년]

ㄱ. 법률행위의 일부가 강행법규의 위반으로 무효인 경우, 그 법규가 일부무효의 효력을 규정하는 경우에는 그에 의하고, 그 규정이 없으면 원칙적으로 일부무효에 관한 민법 제137조의 규정이 적용될 것이나, 당해 효력규정과 그 규정을 둔 법의 입법 취지를 고려하여 나머지 부분의 효력을 결정하여야 한다.

ㄴ. 복수의 당사자가 중간생략등기의 합의를 한 경우, 그 합의는 전체로서 일체성을 가지며, 그중 한 당사자의 의사표시가 무효일 경우 나머지 당사자 사이의 합의의 유효성은 민법의 일부무효의 법리에 의하여 결정한다.

ㄷ. 매매대금의 과다로 말미암아 매매계약이 민법 제104조가 정하는 불공정한 법률행위로서 무효가 된 경우라도 무효행위의 전환에 관한 민법 제138조가 적용될 수 있다.

ㄹ. 「부동산 실권리자명의 등기에 관한 법률」의 위반으로 무효인 명의신탁등기는 조세포탈, 강제집행의 면탈 또는 법령상의 제한의 회피를 목적으로 하지 않은 경우, 그 후 명의신탁자가 수탁자와 혼인하면 그때부터 유효가 된다.

ㅁ. 무효행위의 추인은 무효행위를 뒤에 유효하게 하는 의사표시로, 무효행위를 치유하는 것이 아니라 그 의사표시에 의하여 그 무효행위를 새로운 행위로 하여 그때부터 유효하게 하는 것이므로 원칙적으로 소급효가 없다.

① ㄱ(○), ㄴ(○), ㄷ(×), ㄹ(○), ㅁ(×)
② ㄱ(○), ㄴ(○), ㄷ(○), ㄹ(○), ㅁ(○)
③ ㄱ(○), ㄴ(×), ㄷ(○), ㄹ(○), ㅁ(×)
④ ㄱ(×), ㄴ(×), ㄷ(○), ㄹ(○), ㅁ(○)
⑤ ㄱ(○), ㄴ(○), ㄷ(×), ㄹ(×), ㅁ(×)
⑥ ㄱ(×), ㄴ(○), ㄷ(×), ㄹ(×), ㅁ(○)
⑦ ㄱ(○), ㄴ(×), ㄷ(○), ㄹ(×), ㅁ(×)
⑧ ㄱ(×), ㄴ(×), ㄷ(○), ㄹ(×), ㅁ(○)

해설

ㄱ. [正] 법률행위의 일부가 강행법규 위반으로 무효인 경우, 나머지 부분의 효력을 판단하는 기준을 묻는 지문이다. 당해 효력법규에서 정한 바가 있으면 그 규정에 따라 나머지 부분의 효력이 결정된다. 당해 효력법규에서 별도로 정한 바가 없는 경우에는 제137조에 따라 원칙적으로 전부무효이고, 나머지 부분을 유지하려는 가정적 의사가 있는 경우에는 나머지 부분은 유효가 된다. 다만, 제137조에 따라 나머지 부분의 효력을 결정하는 것이 강행법규가 달성하고자 하는 입법목적을 좌절시키는 경우

에는 강행법규의 취지에 따라 나머지 부분의 효력이 결정된다.
[大判 2008. 9. 11. 2008다32501] 민법 제137조는 임의규정으로서 의사자치의 원칙이 지배하는 영역에서 적용된다고 할 것이므로, 법률행위의 일부가 강행법규인 효력규정에 위반되어 무효가 되는 경우 그 부분의 무효가 나머지 부분의 유효·무효에 영향을 미치는가의 여부를 판단함에 있어서는 개별 법령이 일부무효의 효력에 관한 규정을 두고 있는 경우에는 그에 따라야 하고, 그러한 규정이 없다면 원칙적으로 민법 제137조가 적용될 것이나 <u>당해 효력규정 및 그 효력규정을 둔 법의 입법취지를 고려하여 볼 때 나머지 부분을 무효로 한다면 당해 효력규정 및 그 법의 취지에 명백히 반하는 결과가 초래되는 경우에는 나머지 부분까지 무효가 된다고 할 수는 없다고</u> 할 것이다(필자 註 : 의료법인이 허가받은 한도액을 초과하여 한 담보제공약정 중 일부가 허가받은 범위를 초과하여 의료법 규정에 따라 무효로 되는 경우 허가받은 나머지 담보제공약정 부분까지 무효로 된다고 볼 수 없다고 본 사례).

ㄴ. [正] 중간생략등기의 합의를 구성하는 일부 당사자의 의사가 무효인 경우, 나머지 당사자 사이의 합의의 효력을 묻는 지문이다. 이 경우에도 제137조가 적용된다는 것이 대법원의 입장이다.
[大判 1996. 2. 27. 95다38875] 복수의 당사자 사이에 중간생략등기의 합의를 한 경우 그 합의는 전체로서 일체성을 가지는 것이므로, <u>그 중 한 당사자의 의사표시가 무효인 것으로 판명된 경우 나머지 당사자 사이의 합의가 유효한지의 여부는 민법 제137조에 정한 바에 따라 당사자가 그 무효 부분이 없더라도 법률행위를 하였을 것이라고 인정되는지의 여부에 의하여 판정되어야 할 것이고,</u> 그 당사자의 의사는 실재하는 의사가 아니라 법률행위의 일부분이 무효임을 법률행위 당시에 알았다면 당사자 쌍방이 이에 대비하여 의욕하였을 가정적 의사를 말한다.

ㄷ. [正] 불공정한 법률행위에 제138조의 무효행위 전환법리가 적용되는지를 묻는 지문이다. 무효행위 추인의 법리가 적용되지는 않지만, 무효행위 전환의 법리는 적용된다는 것이 대법원의 입장이다.
[大判 2010. 7. 15. 선고 2009다50308] <u>매매계약이 약정된 매매대금의 과다로 말미암아 민법 제104조에서 정하는 '불공정한 법률행위'에 해당하여 무효인 경우에도 무효행위의 전환에 관한 민법 제138조가 적용될 수 있다.</u> 따라서 당사자 쌍방이 위와 같은 무효를 알았더라면 대금을 다른 액으로 정하여 매매계약에 합의하였을 것이라고 예외적으로 인정되는 경우에는, 그 대금액을 내용으로 하는 매매계약이 유효하게 성립한다. 이때 당사자의 의사는 매매계약이 무효임을 계약 당시에 알았다면 의욕하였을 가정적 효과의사로서, 당사자 본인이 계약 체결시와 같은 구체적 사정 아래 있다고 상정하는 경우에 거래관행을 고려하여 신의성실의 원칙에 비추어 결단하였을 바를 의미한다. 이와 같이 여기서는 어디까지나 당해 사건의 제반 사정 아래서 각각의 당사자가 결단하였을 바가 탐구되어야 하는 것이므로, 계약 당시의 시가와 같은 객관적 지표는 그러한 가정적 의사의 인정에 있어서 하나의 참고자료로 삼을 수는 있을지언정 그것이 일응의 기준이 된다고도 쉽사리 말할 수 없다. 이와 같이 가정적 의사에 기한 계약의 성립 여부 및 그 내용을 발굴·구성하여 제시하게 되는 법원으로서는 그 '가정적 의사'를 함부로 추단하여 당사자가 의욕하지 아니하는 법률효과를 그

에게 또는 그들에게 계약의 이름으로 불합리하게 강요하는 것이 되지 아니하도록 신중을 기하여야 한다(필자 註 : 재건축사업부지에 포함된 토지에 대하여 재건축사업조합과 토지의 소유자가 체결한 매매계약이 매매대금의 과다로 말미암아 불공정한 법률행위에 해당하지만, 그 매매대금을 적정한 금액으로 감액하여 매매계약의 유효성을 인정한 사례).

ㄹ. [正] 명의신탁자와 명의수탁자가 혼인한 경우, 기존의 무효인 명의신탁등기가 유효로 되는지 여부를 묻는 지문이다. 배우자 상호간의 명의신탁은 특별한 사정이 없는 한 허용되므로 명의신탁자와 명의수탁자가 혼인하면 무효사유가 제거되므로 그때부터 유효한 등기로 된다.
[大決 2002. 10. 28, 2001마1235] 부동산실권리자명의등기에관한법률 제8조 제2호는 배우자 명의로 부동산에 관한 물권을 등기한 경우로서 조세포탈, 강제집행의 면탈 또는 법령상 제한의 회피를 목적으로 하지 아니하는 경우에는 그 명의신탁약정과 그 약정에 기하여 행하여진 물권변동을 무효로 보지 않는다는 특례를 규정하고 있는바, 본래 명의신탁등기가 <u>부동산실권리자명의등기에관한법률의 규정에 따라 무효로 된 경우에도 그 후 명의신탁자가 수탁자와 혼인을 함으로써 법률상의 배우자가 되고 위 특례의 예외사유에 해당되지 않으면 그 때부터는 위 특례가 적용되어 그 명의신탁등기가 유효로 된다고 보아야</u> 한다.

ㅁ. [正] 무효행위 추인의 의미와 그 효과로서 소급효가 인정되는지 여부를 묻는 지문이다. 무효인 법률행위는 추인하여도 그 효력이 생기지 아니한다. 그러나 당사자가 그 무효임을 알고 추인한 때에는 새로운 법률행위로 본다(제139조). 무효행위 추인은 추인에 의하여 종전과 동일한 새로운 법률행위를 하는 것이고, 원칙적으로 소급효가 없다.
[大判 1992. 5. 12, 91다26546] 무효인 법률행위는 당사자가 무효임을 알고 추인할 경우 새로운 법률행위를 한 것으로 간주할 뿐이고 소급효가 없는 것이므로 무효인 가등기를 유효한 등기로 전용키로 한 약정은 그때부터 유효하고 이로써 위 가등기가 소급하여 유효한 등기로 전환될 수 없다.

정답 ②

4. 취소와 관련된 질문에 대한 답변 중 옳은 것을 모두 고른 것은? [03년]

질문Ⅰ: 甲으로부터 부동산의 매각을 위임받은 대리인 乙이 丙의 기망에 의하여 丙과 매매계약을 체결한 경우 乙이 위 계약을 취소할 수 있습니까?
답변 A : 취소권에 대한 특별수권 여부에 관계없이 乙은 甲의 대리인으로서 위 매매계약을 취소할 수 있습니다.
질문Ⅱ: 甲이 乙로부터 사기를 당하여 甲소유의 토지를 乙에게 매도하기로 계약을 체결한 경우, 甲이 위 사기 사실을 알게 된 다음 매매대금채권을 丙에게 양도하고 사망하였다면, 甲을 상속한 丁이 甲·乙간의 위 매매계약을 취소할 수 있습니까?
답변 B : 丁은 甲의 포괄승계인으로서 위 매매계약을 취소할 수 있습니다.

질문 Ⅲ : 계약 당시 18세인 甲이 법정대리인 乙 모르게 甲 소유인 카메라를 丙에게 20만원에 팔기로 하고 즉시 매매대금을 지급받았는데 위 매매 후 4년이 경과한 현재의 시점에서 乙이 이러한 사정을 발견한 경우, 미성년자 측에서는 위 매매계약을 취소할 수 있습니까?

답변 C : 甲의 법정대리인인 乙의 동의가 없었으므로, 乙은 현재 위 매매계약을 취소할 수 있습니다.

답변 D : 甲이 취소할 수 있는 날로부터 3년이 경과하였으므로, 甲은 현재 위 매매계약을 취소할 수 없습니다.

답변 E : 甲이 성년이 된 후 3년이 경과하지 않았으므로, 甲은 현재 위 매매계약을 취소할 수 있습니다.

① 답변 C ② 답변 D ③ 답변 E
④ 답변 A, 답변 D ⑤ 답변 B, 답변 E

해설

A [誤] 특별수권이 있어야 한다.
B [誤] 법정추인에 의하여 甲의 취소권은 소멸한다. 따라서 丁도 취소권을 행사할 수 없다.
C [誤] 乙은 현재 법정대리권이 소멸된 상태이므로 취소권을 행사할 수 없다.
D [誤] 취소할 수 있는 날이란 법정대리인이 안 날 혹은 무능력자가 능력자로 된 날을 의미하는데, 어느 경우에도 3년을 경과한 것이 아니다.
E [正]

정답 ③

5. 무효·취소에 관한 설명 중 옳지 않은 것은?(다툼 있으면 판례에 의함) [06년]

① 토지거래허가구역 내의 토지에 관한 거래계약이 확정적으로 무효가 된 경우에는, 거래계약이 확정적으로 무효로 됨에 있어서 귀책사유가 있는 자도 그 계약의 무효를 주장할 수 있다.
② 甲男이 자신의 혼인 외 출생자인 乙을 혼인 중의 출생자로 신고하여 자신의 호적에 등재하였다면 甲男이 乙을 인지한 효력이 있다.
③ 대리인에 의하여 이루어진 법률행위가 민법 제104조 소정의 불공정한 법률행위에 해당하는지 여부를 판단함에 있어서, 경솔과 무경험은 대리인을 기준으로 판단하여야 하지만 궁박은 본인을 기준으로 판단하여야 한다.
④ 매도인이 매수인의 중도금지급채무 불이행을 이유로 매매계약을 적법하게 해제하면 위 매매계약은 소급적으로 그 효력을 상실하므로, 그 후 매수인이 착오를 이유로

한 취소권을 행사할 수 없다.
⑤ 상대방의 기망에 의하여 의사표시를 한 자가 취소권을 행사한 경우에 있어서, 그 취소권이 법률행위를 한 날로부터 10년 내에 행사되었는지 여부는 당사자의 주장에 관계없이 법원이 당연히 조사하여야 할 사항이다.

해설

① [正] 스스로 무효인 계약을 체결한 자가 그 계약이 무효라고 주장하는 것은 선행행위에 모순된 주장으로 신의칙에 반한다. 그러나 당해 계약이 강행법규(효력규정) 위반으로 무효가 되는 경우, 무효주장을 신의칙에 반하는 것으로 배척한다면 강행법규가 실현하고자 하는 입법목적이 좌절되는 결과가 발생할 수 있다. 신의칙은 현존하는 법규의 취지를 몰각시키는 방법으로는 구체화될 수 없다. 따라서 강행법규인 국토이용관리법(현재의 국토의이용및계획에관한법률)에 위반하여 무효인 토지거래계약을 체결한 당사자도 당해 계약이 무효라고 주장할 수 있다.
[大判 1997. 11. 11. 97다33218] 강행법규인 구 국토이용관리법(1993. 8. 5. 법률 제4572호로 개정되기 전의 것) 제21조의3 제1항, 제7항을 위반하였을 경우에 있어서 위반한 자 스스로가 무효를 주장함이 신의성실의 원칙에 위배되는 권리의 행사라는 이유로 이를 배척한다면 같은 법의 입법취지를 완전히 몰각시키는 결과가 되므로, 거래 당사자 사이의 약정 내용과 취득 목적대로 관할 관청에 토지거래허가신청을 하였을 경우에 그 신청이 같은 법 소정의 허가 기준에 적합하여 허가를 받을 수 있었으나 다른 급박한 사정으로 이러한 절차를 회피하였다고 볼 만한 특별한 사정이 없는 한, 그러한 주장은 신의성실의 원칙에 반하지 않는다.

② [正] 혼인 외의 출생자를 혼인 중의 출생자로 출생신고를 하였다면 친생자출생신고로서는 무효이나, 무효행위의 전환법리에 따라 인지신고로서 그 효력을 발생할 수 있다는 것이 판례이다.
[大判 1971. 11. 15. 71다1983] 혼인 외의 출생자를 혼인 중의 출생자로 신고한 경우에 그 신고는 친생자 출생신고로서 무효이지만 인지신고로서 효력이 있다.

③ [正] 대리인에 의한 법률행위가 폭리행위에 해당하는지 여부를 판단함에 있어서 경솔과 무경험은 행위자인 대리인을 표준으로, 궁박여부는 효과귀속주체인 본인을 기준으로 판단한다는 것이 판례이다.
[大判 1972. 4. 25. 71다2255] 매도인의 대리인이 매매한 경우에 있어서 그 매매가 본 조의 불공정한 법률행위인가를 판단함에는 매도인의 경솔, 무경험은 그 대리인을 기준으로 하여 판단하여야 하고 궁박 상태에 있었는지의 여부는 매도인 본인의 입장에서 판단되어야 한다.

④ [誤] 판례는 매도인이 매수인의 중도급지급의무 불이행을 이유로 매매계약을 적법하게 해제한 후에라도 매수인은 상대방이 한 계약해제의 효과로 발생하는 손해배상책임을 지거나 매매계약에 따른 계약금을 반환받지 못하는 불이익을 면하게 하기 위하여 착오를 이유로 해제된 계약을 취소할 수 있다고 한다.
[大判 1996. 12. 26. 95다24982·24999] 매도인이 매수인의 중도금지급채무불이행을 이

유로 매매계약을 적법하게 해제한 후라도 매수인으로서는 상대방이 한 계약해제의 효과로서 발생하는 손해배상책임을 지거나 매매계약에 따른 계약금의 반환을 받을 수 없는 불이익을 면하기 위하여 착오를 이유로 한 취소권을 행사하여 위 매매계약 전체를 무효로 돌리게 할 수 있다.

⑤ [正] 취소권의 소멸기간의 법적 성질은 제척기간이라는 것이 통설과 판례의 태도이다. 제척기간은 소멸시효기간과 달리 당사자의 주장이 있어야만 판단할 수 있는 것이 아니다. 즉, 제척기간 도과여부는 법원이 직권으로 판단할 수 있는 직권조사사항이다. [大判 1996. 9. 20, 96다25371] 민법 제146조는 취소권은 추인할 수 있는 날로부터 3년 내에 행사하여야 한다고 규정하고 있는 바, 이 때의 <u>3년이라는 기간은 일반 소멸시효기간이 아니라 제척기간으로서 제척기간이 도과하였는지 여부는 당사자의 주장에 관계없이 법원이 당연히 조사하여 고려하여야 할 사항</u>이다.

정답 ④

6. 민법상 무효 및 취소에 관한 설명 중 옳지 않은 것은? (다툼 있으면 판례에 의함) [02년]

① 임의대리에 있어서 대리인의 행위에 취소원인이 있는 경우, 임의대리인이 취소를 하려면 원칙적으로 본인으로부터 취소에 관한 대리권이 따로 주어져 있어야 한다.

② 취소할 수 있는 법률행위로부터 생긴 채권에 관하여, 취소의 원인이 종료한 후에 취소권자가 이의를 유보하지 않고, 상대방에게 이행하거나 상대방의 이행을 받은 경우는 추인한 것으로 본다.

③ 민법 제146조 전단에서 취소권의 제척기간의 기산점으로 삼고 있는 '추인할 수 있는 날'이란 취소의 원인이 종료되어 취소권행사에 관한 장애가 없어져서 취소권자가 취소의 대상인 법률행위를 추인할 수도 있고 취소할 수도 있는 상태가 된 때로 보아야 한다.

④ 하나의 법률행위의 일부분에만 취소사유가 있다고 하더라도 그 법률행위가 가분적이거나 그 목적물의 일부가 특정될 수 있다면, 그 나머지 부분이라도 이를 유지하려는 당사자의 가정적 의사가 인정되는 경우 그 일부만의 취소도 가능하다.

⑤ 동일인 대출한도 제한을 회피하기 위하여 실질적인 주채무자가 제3자를 형식상의 주채무자로 내세우고 금융기관도 이를 양해하여 제3자 명의로 대출관계서류를 작성하였다 하더라도, 위 대출약정을 통정허위표시에 해당하여 무효라고 할 수 없다.

해설

① [正] 대리란 행위의 주체와 효과귀속의 주체가 분리되는 현상을 말한다. 따라서 취소권의 발생요건의 충족여부는 대리인을 기준으로 판단하나(민법 제116조), 그로 인한 효과는 본인에게 귀속한다. 따라서 법률행위를 할 권한을 수여받은 대리인은 그 법률행위를 취소할 권한을 당연히 가지는 것은 아니며, 이에 대한 수권이 있어야 한다. 판례도 같은 취지에서 계약을 체결할 권한을 수여받은 대리인에게 계약관계를 해제할 대리권까지 있다고 볼 수 없다고 판단하였다(大判 1993. 1. 15, 92다39365).

② [正] 법정추인에 대한 설명이다.
③ [正] [大判 1998. 11. 27, 98다7421] 민법 제146조 전단은 "취소권은 추인할 수 있는 날로부터 3년 내에 행사하여야 한다."고 규정하는 한편, 민법 제144조 제1항에서는 "추인은 취소의 원인이 종료한 후에 하지 아니하면 효력이 없다."고 규정하고 있는 바, 위 각 규정의 취지와 추인은 취소권의 포기를 내용으로 하는 의사표시인 점에 비추어 보면, 민법 제146조 전단에서 취소권의 제척기간의 기산점으로 삼고 있는 「추인할 수 있는 날」이란 취소의 원인이 종료되어 취소권행사에 관한 장애가 없어져서 취소권자가 취소의 대상인 법률행위를 추인할 수도 있고 취소할 수도 있는 상태가 된 때를 가리킨다고 보아야 한다.
④ [正] 일부취소의 허용여부에 관하여는 견해의 대립이 있다. 일부취소를 허용하는 것이 통설과 판례이다. 일부취소의 허용요건으로서는 일체로서의 법률행위가 가분적이고, 일부에 취소사유가 존재하여야 하고, 나머지 부분을 유지하려는 가정적 의사가 있어야 한다.
[大判 1998. 2. 10, 97다44737] 하나의 법률행위의 일부분에만 취소사유가 있다고 하더라도 그 법률행위가 가분적이거나 그 목적물의 일부가 특정될 수 있다면, 그 나머지 부분이라도 이를 유지하려는 당사자의 가정적 의사가 인정되는 경우 그 일부만의 취소도 가능하다 할 것이고, 그 일부의 취소는 법률행위의 일부에 관하여 효력이 생긴다.
⑤ [誤] 제3자를 형식상의 주채무자로 내세우는 대출약정은 금융기관의 양해가 있다면 통정허위표시로 된다.
[大判 2001. 2. 23, 2000다65864] 실질적인 주채무자가 실제 대출받고자 하는 채무액에 대하여 제3자를 형식상의 주채무자로 내세우고, 상호신용금고도 이를 양해하여 제3자에 대하여는 채무자로서의 책임을 지우지 않을 의도하에 제3자 명의로 대출관계서류를 작성받은 경우에는, 제3자는 형식상의 명의만을 빌려 준 자에 불과하고 그 대출계약의 실질적인 당사자는 상호신용금고와 실질적 주채무자이므로, 제3자 명의로 되어 있는 대출약정은 상호신용금고의 양해하에 그에 따른 채무부담 의사 없이 형식적으로 이루어진 것에 불과하여 통정허위표시에 해당하는 무효의 법률행위이다.

정답 ⑤

7. _{배점 2} 법률행위의 무효와 취소에 관한 설명 중 옳은 것을 모두 고른 것은?(다툼 있으면 판례에 의함)

[07년]

㉠ 불공정한 법률행위는 피해자가 그 무효임을 알고 추인한 때에는 그 때로부터 유효한 법률행위가 된다.
㉡ 착오를 이유로 의사표시가 취소된 경우, 그로 인해 상대방에게 손해가 발생한 때에도 표의자는 불법행위로 인한 손해배상책임을 지지 않는다.
㉢ 매매계약이 적법하게 해제된 경우에도 그 계약의 취소가 가능하다.
㉣ 취소할 수 있는 법률행위를 적법하게 추인한 후에는 다시 취소할 수 없고, 적법하게 취소한 후에는 무효인 법률행위로서도 다시 추인할 수 없다.
㉤ 법률행위의 취소는 취소의 원인이 종료한 후에 하지 않으면 효력이 없다.

① ㉠, ㉡　　　　　　　　　　② ㉡, ㉢
③ ㉢, ㉣　　　　　　　　　　④ ㉣, ㉤
⑤ ㉠, ㉣, ㉤　　　　　　　　⑥ ㉠, ㉡, ㉢
⑦ ㉡, ㉢, ㉤　　　　　　　　⑧ ㉡, ㉣

해설

㉠ [誤] 불공정한 법률행위로서 무효인 경우에는 추인에 의해서도 그 법률행위가 유효로 될 수 없다는 것이 판례의 태도이다.
[大判 1994. 6. 24. 94다10900] 불공정한 법률행위로서 무효인 경우에는 추인에 의하여 그 무효인 법률행위가 유효로 될 수 없다고 할 것이므로, 같은 취지에서 법정추인에 관한 원고의 주장을 배척한 원심의 조치는 정당하다.

㉡ [正] 착오자에게 과실이 있었더라도 착오에 빠진 것 자체가 위법하지는 않기 때문에 착오취소로 인하여 상대방에게 손해가 발생하였다고 하더라도 착오에 기한 의사표시자가 불법행위책임을 지는 것은 아니다.
[大判 1997. 8. 22. 97다13023] 불법행위로 인한 손해배상책임이 성립하기 위하여는 가해자의 고의 또는 과실 이외에 행위의 위법성이 요구되므로, 전문건설공제조합이 계약보증서를 발급하면서 조합원이 수급할 공사의 실제 도급금액을 확인하지 아니한 과실이 있다고 하더라도 민법 제109조에서 중과실이 없는 착오자의 착오를 이유로 한 의사표시의 취소를 허용하고 있는 이상, <u>전문건설공제조합이 과실로 인하여 착오에 빠져 계약보증서를 발급한 것이나 그 착오를 이유로 보증계약을 취소한 것이 위법하다고 할 수는 없다.</u>

㉢ [正] 매매계약이 적법하게 해제된 경우에도 채무불이행으로 인한 손해배상책임을 면하기 위하여 상대방이 착오를 이유로 해제된 계약을 취소할 수 있다고 보는 것이 판례의 태도이다.
[大判 1996. 12. 6. 95다24982·4999] 매도인이 매수인의 중도금지급채무 불이행을 이유로 매매계약을 적법하게 해제한 후라도 매수인으로서는 상대방이 한 계약해제의 효과로서 발생하는 손해배상책임을 지거나 매매계약에 따른 계약금의 반환을 받을 수 없는 불이익을 면하기 위하여 <u>착오를 이유로 한 취소권을 행사하여 매매계약 전체를 무효로 돌리게 할 수 있다.</u>

㉣ [誤] 취소할 수 있는 법률행위의 추인은 취소권의 포기의 성질을 가지고 있다. 따라서 취소할 수 있는 법률행위를 적법하게 추인한 경우에는 취소권을 적법하게 포기하였기 때문에 다시 취소권을 행사하는 것은 허용되지 않는다. 한편 취소권을 행사하여 법률행위를 소급무효로 만든 경우에도 당사자는 무효행위 추인의 법리에 따라 취소된 법률행위를 추인할 수 있다.
[大判 1997. 12. 12. 95다38240] 취소한 법률행위는 처음부터 무효인 것으로 간주되므로 취소할 수 있는 법률행위가 일단 취소된 이상 그 후에는 취소할 수 있는 법률행위의 추인에 의하여 이미 취소되어 무효인 것으로 간주된 당초의 의사표시를 다시 확정적으로 유효하게 할 수는 없고, 다만 <u>무효인 법률행위의 추인의 요건과 효력으로서 추인할 수</u>

는 있으나, 무효행위의 추인은 그 무효 원인이 소멸한 후에 하여야 그 효력이 있고, 따라서 강박에 의한 의사표시임을 이유로 일단 유효하게 취소되어 당초의 의사표시가 무효로 된 후에 추인한 경우 그 추인이 효력을 가지기 위하여는 그 무효 원인이 소멸한 후일 것을 요한다고 할 것인데, 그 무효 원인이란 바로 위 의사표시의 취소사유라 할 것이므로 결국 무효 원인이 소멸한 후란 것은 당초의 의사표시의 성립 과정에 존재하였던 취소의 원인이 종료된 후, 즉 강박 상태에서 벗어난 후라고 보아야 한다.

ⓜ [誤] 법률행위의 취소는 취소원인이 종료되었는지 여부와는 무관하다. 취소원인이 종료된 후에 하여야만 그 효력이 발생할 수 있는 것은 취소할 수 있는 법률행위의 추인이다.

정답 ②

8. 다음 기술 중 A 토지를 소유하고 있던 甲이 계약의 취소 또는 무효를 주장하여 A 토지에 대한 소유권을 주장할 수 없는 경우는?(다툼 있으면 판례에 의함) [05년]

① 乙에게 1억원의 채무를 부담하고 있던 甲이 그 채무의 이행에 갈음하여 A 토지에 대한 소유권이전등기를 乙에게 경료해 주었는데, 甲의 乙에 대한 채무의 발생원인이었던 계약이 乙의 기망행위를 이유로 취소된 경우

② 금치산자인 甲이 심신상실에서 회복된 상태에서 후견인의 동의를 받아 乙과 매매계약을 체결하고 A 토지에 대한 소유권이전등기를 乙에게 경료해 준 경우

③ 甲이 乙로부터 토지구입에 대한 대리권을 수여받은 乙의 대리인 丙과 매매계약을 체결하여 A 토지에 대한 소유권이전등기를 乙에게 경료해 주었는데, 그 매매계약이 丙의 사기에 의하여 체결되었고, 乙이 그 사실을 알지 못하였던 경우

④ 한정치산자인 甲이 후견인의 동의없이 乙과 매매계약을 체결하고 A 토지에 대한 소유권이전등기를 乙에게 경료해 준 후, 乙이 이러한 사정을 모르는 제3자 丙에게 전매하고 소유권이전등기를 丙에게 경료해 준 경우

⑤ 乙女와 불륜의 내연관계를 맺고 있는 甲男이 그 대가로 A 토지를 乙女에게 증여하기로 하여 乙女에게 소유권이전등기를 경료해 준 경우

해설

① [주장할 수 있음] 甲이 그 채무변제에 갈음하여 A토지의 소유권을 乙에게 이전하는 행위는 대물변제로 평가할 수 있다. 대물변제로서 유효하기 위하여는 본래의 급부를 목적으로 하는 채권이 존재하여야 한다. 따라서 채권이 존재하지 않거나 무효이거나 또는 취소된 경우에는 대물변제의 효과가 발생하지 않는다.
[大判 1991. 11. 12, 91다9503] 채무자가 채권자의 승낙을 얻어 본래의 채무이행에 갈음하여 부동산으로 대물변제를 하였으나 본래의 채무가 존재하지 않았던 경우에는, 당사자가 특별한 의사표시를 하지 않은 한 대물변제는 무효로서 부동산의 소유권이 이전되는 효과가 발생하지 않는다.

② [주장할 수 있음] 금치산자의 법률행위는 후견인의 동의를 얻었다고 하더라도 취소할

수 있다(제13조).

③ [주장할 수 있음] 매수인 乙의 대리인 丙은 乙과 동일시할 수 있는 자로서 대리인 丙의 사기는 제110조 제2항의 제3자 사기에 해당하지 아니하므로 乙이 丙의 사기사실을 알았는지 여부와 무관하게 甲은 사기에 의한 의사표시 취소권을 취득한다.
[大判 1999. 2. 23, 98다60828·60835] 상대방 있는 의사표시에 관하여 제3자가 사기나 강박을 한 경우에는 상대방이 그 사실을 알았거나 알 수 있었을 경우에 한하여 그 의사표시를 취소할 수 있으나, 상대방의 대리인 등 상대방과 동일시할 수 있는 자의 사기나 강박은 제3자의 사기·강박에 해당하지 아니한다.

④ [주장할 수 있음] 무능력을 이유로 하는 취소는 선의의 제3자에 대항이 가능하다. 따라서 선의의 제3자인 丙이 소유권을 취득하였다고 하더라도 甲은 乙과의 매매계약을 취소할 수 있다.

⑤ [주장할 수 없음] 불륜관계의 대가로서 부동산을 이전하는 행위는 선량한 풍속 기타 사회질서를 위반한 급부행위로서 제746조의 불법원인급여에 해당한다. 불법원인급여의 경우, 그 반환청구를 허용하지 않는데, 이는 부당이득반환청구만을 배제하는 것이 아니라 소유권에 기한 물권적 반환청구도 허용되지 않는다.
[大判(全) 1979. 11. 13, 79다483] 민법 제746조는 단지 부당이득제도만을 제한하는 것이 아니라 동법 제103조와 함께 사법의 기본이념으로서, 결국 사회적 타당성이 없는 행위를 한 사람은 스스로 불법한 행위를 주장하여 복구를 그 형식 여하에 불구하고 소구할 수 없다는 이상을 표현한 것이므로, 급여를 한 사람은 그 원인행위가 법률상 무효라 하여 상대방에게 부당이득반환청구를 할 수 없음은 물론 급여한 물건의 소유권은 여전히 자기에게 있다고 하여 소유권에 기한 반환청구도 할 수 없고, 따라서 급여한 물건의 소유권은 급여를 받은 상대방에게 귀속된다.

정답 ⑤

9. 배점 2 다음 중 반환의무 또는 책임의 범위가 현존이익으로 제한되는 경우가 아닌 것은? [08년]

① 부당이득반환의무자가 선의인 경우
② 소유의사 없는 점유자의 책임 있는 사유로 소유자에게 반환되어야 할 물건이 훼손됨으로써 점유자가 소유자에 대하여 손해배상책임을 부담하는데 그 점유자가 선의인 경우
③ 주채무자가 자신의 의사에 반하여 보증인이 된 자에 대하여 구상의무를 부담하는 경우
④ 미성년자가 체결한 계약이 그의 행위무능력을 이유로 취소됨으로써 그가 계약의 이행으로 수취한 급부를 반환하여야 하는 경우
⑤ 실종선고의 취소에 있어서 실종선고를 직접의 원인으로 하여 재산을 취득한 자가 선의인 경우

해설

① [正] 선의의 수익자는 그 받은 이익이 현존한 한도에서 전조의 책임이 있다(민법 제748조 제1항).

② [誤] 점유물이 점유자의 책임있는 사유로 인하여 멸실 또는 훼손한 때에는 악의의 점유자는 그 손해의 전부를 배상하여야 하며 선의의 점유자는 이익이 현존하는 한도에서 배상하여야 한다. 소유의 의사가 없는 점유자는 선의인 경우에도 손해의 전부를 배상하여야 한다(민법 제202조).

③ [正] 채권자는 그 채권의 기한이 도래하기 전에는 법원의 허가없이 전항의 권리를 행사하지 못한다. 그러나 보전행위는 그러하지 아니하다(민법 제444조 제2항).

④ [正] 취소한 법률행위는 처음부터 무효인 것으로 본다. 그러나 무능력자는 그 행위로 인하여 받은 이익이 현존하는 한도에서 상환할 책임이 있다(민법 제141조).

⑤ [正] 실종선고의 취소가 있을 때에 실종의 선고를 직접원인으로 하여 재산을 취득한 자가 선의인 경우에는 그 받은 이익이 현존하는 한도에서 반환할 의무가 있고 악의인 경우에는 그 받은 이익에 이자를 붙여서 반환하고 손해가 있으면 이를 배상하여야 한다(민법 제29조 제2항).

정답 ②

제5절 조건과 기한

1. 조건에 관한 설명 중 옳지 않은 것은?(다툼 있으면 판례에 의함) [02년]

① 부부관계의 종료를 해제조건으로 하는 증여계약은 그 조건뿐만 아니라 증여계약 자체도 무효이다.
② 계약당사자 일방이 이행지체에 빠진 상대방에 대하여 일정한 기간을 정하여 채무이행을 최고함과 동시에 그 기간 내에 이행이 없을 때에는 계약을 해제하겠다는 의사표시는 유효하다.
③ 어떠한 법률행위가 정지조건부 법률행위에 해당한다는 사실은 그 법률행위로 인한 법률효과의 발생을 저지하는 사유로서 그 법률효과의 발생을 다투려는 자에게 주장·입증책임이 있다.
④ 합의 내용이 이행되지 않을 경우에 합의를 무효로 하기로 하였다면, 계약당사자가 부도가 난 후 상대방에게 합의서상의 채무를 이행할 수 없다고 통고한 것만으로는 '합의서 내용이 불이행된 때'라는 조건이 성취되었다고 볼 수 없다.
⑤ 매수인이 중도금을 약정 일자에 지급하지 아니하면 계약이 해제된 것으로 한다는 특약이 있는 매매계약에서 매수인이 중도금지급의무를 이행하지 아니하면 그 계약은 그 일자에 자동적으로 해제된 것으로 보아야 한다.

해설

① [正] 부부관계의 종료를 해제조건으로 하는 증여계약의 경우에는 이혼의 자유를 침해하는 조건이 부가된 것으로 당해 조건이 사적자치의 한계를 벗어난 것으로 볼 수 있다. 이와 같은 조건을 불법조건이라고 하는데, 불법조건이 부가된 법률행위는 법률행위 전체가 무효로 된다(민법 제151조 제1항).
② [正] 해제의 의사표시는 형성권의 행사로서 단독행위이다. 단독행위의 효력발생에 일정한 조건을 부가하는 것이 가능한가의 문제이다. 원칙적으로 단독행위에 조건을 부가하는 것은 허용되지 않는다. 이는 상대방의 법적 지위를 불안정하게 만들기 때문이다. 그러나, ㉠ 상대방이 조건부가에 동의한 경우, ㉡ 상대방에게 이익만을 주는 단독행위에 조건이 부가된 경우(가령, 유증이나 채무면제에 조건이 부가된 경우), ㉢ 상대방이 결정할 수 있는 사실을 조건으로 부가하는 경우에는 상대방의 법적 지위를 불안정하게 만들지 않기 때문에 허용된다.
③ [正] 법률행위가 조건부인 사실의 입증책임이 누구에게 배분되어 있는가의 문제이다. 법률행위의 효과를 주장하고자 하는 자는 법률행위의 성립요건사실을 입증하여야 한다. 그러나 당해 법률행위의 효과를 부정하는 자는 당해 법률행위가 조건부인 사실을 입증하여야 한다(그 조건이 정지조건이든 해제조건이든 불문한다). 또한 그 조건이 정지조건이라면 정지조건의 성취사실은 법률행위의 효과를 주장하는 자가 입증하여야 하고,

그 조건이 해제조건이라면 해제조건의 성취사실은 법률행위의 효과를 부정하는 자가 입증하여야 한다.

[大判 1993. 9. 28, 93다20832] 어떠한 법률행위가 조건의 성취시 법률행위의 효력이 발생하는 소위 정지조건부 법률행위에 해당한다는 사실은 그 법률행위로 인한 법률효과의 발생을 저지하는 사유로서 그 법률효과의 발생을 다투려는 자에게 주장·입증책임이 있다.

④ [誤] 법률행위의 해석의 문제이다. 이 지문과 관련하여 검토하여야 할 점은 다음의 두 가지이다. 우선, 채무불이행시에 계약을 무효로 함이라는 약정의 의미가 무엇인가의 점인데, 이를 약정해제권의 유보조항으로 해석할 것인가 아니면 실권약관으로 해석하여야 할 것인가의 점이다. 이에 관하여 대법원은 실권약관으로 파악하고 있는데, 이는 약정의 문언에 비추어 타당하다고 생각한다. 다음으로 명백한 이행거절의 의사표시를 채무불이행으로 볼 수 있는가의 점이다. 이를 채무불이행으로 볼 수 있다면 조건은 성취된 것이고, 볼 수 없다면 조건은 성취되지 아니한 것이다. 우리 대법원은 채무자의 명백한 이행거절의 의사표시는 채무불이행을 구성하는 것으로 파악한다(大判 1997. 11. 11, 96다36579; 大判 1976. 11. 9, 76다2218; 大判 1980. 5. 13, 80다130 등). 다만, 이를 독자적인 채무불이행 유형으로 볼 것인지 아니면 이행지체의 한 유형으로 파악할 것인지에 관하여는 견해의 대립이 있다(독자적인 채무불이행 유형으로 파악하는 견해로는 양창수, 이행지체의 하부유형으로 파악하는 견해로는 지원림).

[大判 1997. 11. 11, 96다36579] 합의 내용이 이행되지 않을 경우 합의를 무효로 하기로 한 경우, 계약당사자가 부도가 난 후 상대방에게 합의서상의 채무를 이행할 수 없다고 통고하였다면, 그 계약당사자는 그 의사표시에 의하여 합의서상의 채무가 이행될 수 없음을 명백히 한 것이니, 이로써 "합의서 내용이 불이행된 때"라는 조건이 성취되었다고 보는 것이 상당하다.

⑤ [正] 중도금지급채무불이행을 해제조건으로 하는 약정의 경우에는 중도금지급과 상환하여 이행되어야 할 반대급부가 없다는 점에서 중도금지급채무불이행이 있기만 하면 그 일자에 계약은 실효되는 것으로 보아야 한다. 그러나 잔대금지급불이행을 해제조건으로 하는 약정의 경우에는 잔대금지급채무는 다른 사정이 없는 한 상환하여 이행되어야 할 반대급부와 동시이행관계를 유지하기 때문에 상대방의 반대급부의 제공이 없는 한 잔대금지급채무불이행만으로 계약이 실효되는 것은 아니다.

[大判 1991. 8. 13, 91다13717] 매매계약에 있어서 매수인이 중도금을 약정한 일자에 지급하지 아니하면 그 계약을 무효로 한다고 하는 특약이 있는 경우 매수인이 약정한대로 중도금을 지급하지 아니하면(해제의 의사표시를 요하지 않고) 그 불이행 자체로써 계약은 그 일자에 자동적으로 해제된 것이라고 보아야 한다.

정답 ④

2. 조건에 관한 설명 중 옳지 않은 것은? (다툼 있으면 판례에 의함) [05년]

① 해제조건부 증여로 인한 부동산소유권이전등기를 마쳤다 하더라도 그 해제조건이 성취되면 그 소유권은 증여자에게 소급하여 복귀한다.

② 해제조건부 증여에 있어서 조건성취 전에 수증자가 한 처분행위는 조건성취의 효과를 제한하는 한도내에서는 무효이고, 다만 그 조건이 등기되어 있지 않는 한, 그 처분행위로 인하여 권리를 취득한 제3자에게 그 무효를 대항할 수 없다.
③ 약혼예물의 수수는 혼인의 불성립을 해제조건으로 하는 증여와 유사한 성질의 것이지만, 약혼의 해제에 관하여 과실이 있는 유책자로서는 그가 제공한 약혼예물의 반환을 청구할 수 없다.
④ 지명채권의 양도에 있어서 승낙의 법률적 성질은 관념의 통지이지만, 양도를 승낙함에 있어서 이의를 보류할 수 있음은 물론이고, 양도금지의 특약이 있는 채권양도를 승낙함에 있어서도 조건을 붙여서 할 수 있다.
⑤ 정지조건부 권리의 경우, 조건 미성취의 동안은 권리를 행사할 수 없는 것이어서 소멸시효가 진행되지 않는다.

해설

① [誤] 조건성취의 효과는 원칙적으로 소급하지 않는다. 따라서 해제조건부 증여로 인한 부동산소유권이전등기를 마친 후 해제조건이 성취되었다고 하여 소급적으로 소유권이 복귀하는 것은 아니다. 다만, 물권행위 유인성설에 입각하고 있는 판례의 입장에 따르면 "당연히" 물권이 복귀한다. 따라서 증여자는 해제조건의 성취로 인하여 당연히 소유권을 회복한다.

② [正] [大判 1992. 5. 22, 92다5584] 해제조건부증여로 인한 부동산소유권이전등기를 마쳤다 하더라도 그 해제조건이 성취되면 그 소유권은 증여자에게 복귀한다고 할 것이고, 이 경우 당사자간에 별단의 의사표시가 없는 한 그 조건성취의 효과는 소급하지 아니하나, 조건성취 전에 수증자가 한 처분행위는 조건성취의 효과를 제한하는 한도 내에서는 무효라고 할 것이고, 다만 그 조건이 등기되어 있지 않는 한 그 처분행위로 인하여 권리를 취득한 제3자에게 위 무효를 대항할 수 없다.

③ [正] [大判 1976. 12. 28, 76므41] 약혼예물의 수수는 혼인 불성립을 해제조건으로 하는 증여와 유사한 성질이기는 하나 약혼의 해제에 관하여 과실이 있는 유책자로서는 그가 제공한 약혼예물은 이를 적극적으로 반환을 청구할 권리가 없다.

④ [正] [大判 1989. 7. 11, 88다카20866] 지명채권의 양도를 승낙함에 있어서는 이의를 보류하고 할 수 있음은 물론이고 양도금지의 특약이 있는 채권양도를 승낙함에 있어 조건을 붙여서 할 수도 있으며 승낙의 성격이 관념의 통지라고 하여 조건을 붙일 수 없는 것은 아니다.

⑤ [正] 소멸시효의 기산점인 "권리를 행사할 수 있는 때"란 권리행사에 법률상 장애가 없음에도 불구하고 권리를 행사하지 않는 때를 의미한다. 따라서 정지조건부 권리에서 정지조건이 성취되지 아니한 경우는 권리행사에 법률상 장애가 있는 때에 해당한다. 결국 정지조건부 권리의 소멸시효는 정지조건이 성취된 때로부터 진행한다.
[大判 1982. 1. 19, 80다2626] 소멸시효의 기산점인 "권리를 행사할 수 있는 때"라 함은 권리를 행사함에 있어서 법률상의 장애(예, 이행기 미도래, 정지조건 미성취)가 없는 경우를 말하

며, 권리자의 개인적 사정이나 법률지식의 부족, 권리존재의 부지 또는 채무자의 부재 등 사실상 장애로 권리를 행사하지 못하였다 하여 시효가 진행하지 아니하는 것이 아니며, 이행기가 정해진 채권은 그 기한이 도래한 때부터 소멸시효가 진행한다.

정답 ①

3. 배점 3 조건에 관한 설명 중 옳지 않은 것을 모두 고른 것은?(다툼 있으면 판례에 의함) [09년]

㉠ 주택건설을 위한 원·피고의 토지매매계약에 앞서 양자간의 협의에 의하여, 건축허가를 받을 때 매매계약이 성립하고 건축허가 신청이 불허될 때에는 이를 무효로 한다는 약정 아래 이루어진 원·피고의 토지매매계약은 해제조건부계약이다.
㉡ 기한의 이익상실 특약은 특별한 사정이 없는 한 정지조건부 기한의 이익상실의 특약으로 추정된다.
㉢ 제작물공급계약의 당사자들이 보수의 지급시기에 관하여 "수급인이 공급한 목적물을 도급인이 검사하여 합격하면, 도급인은 수급인에게 그 보수를 지급한다."는 내용의 조건을 붙였다면 이는 순수수의조건에 해당한다.
㉣ 甲이 건물철거 및 대지인도를 약정한 것이 장차 경계측량을 하여 甲의 건물이 乙의 토지를 침범한 사실이 확인된다는 장래의 사실을 조건으로 한 것이라면, 위 조건이 기성조건이어서 무조건의 철거의무를 승인한 것이라고 할 수 없다.
㉤ 불능조건이 해제조건이면 조건 없는 법률행위로 하고, 정지조건이면 그 법률행위는 무효로 한다.
㉥ 조건의 성취로 인하여 불이익을 받을 당사자가 신의성실에 반하여 조건의 성취를 방해한 경우, 조건이 성취된 것으로 의제되는 시점은 이러한 신의성실에 반하는 행위가 있었던 때이다.
㉦ 법률행위에 조건이 붙어 있는지의 여부에 대한 증명책임은 그 조건의 존재를 주장하는 자에게 있다.

① ㉠, ㉡, ㉥, ㉦
② ㉡, ㉣, ㉤, ㉦
③ ㉡, ㉢, ㉤, ㉥
④ ㉢, ㉣, ㉤, ㉦
⑤ ㉠, ㉡, ㉢
⑥ ㉡, ㉤, ㉥
⑦ ㉡, ㉢, ㉥
⑧ ㉤, ㉥, ㉦

해설

㉠ [正] [大判 1983. 8. 23. 83다카552] 주택건설을 위한 원·피고간의 토지매매계약에 앞서 양자간의 협의에 의하여 건축허가를 필할 때 매매계약이 성립하고 건축허가 신청이 불허되었을 때에는 이를 무효로 한다는 약정 아래 이루어진 본건 계약은 해제조건부 계약이다.
㉡ [誤] 형성권적 기한이익 상실특약으로 추정하는 것이 판례의 태도이다.

ⓒ [大判 2002. 9. 4, 2002다28340] 기한이익 상실의 특약은 그 내용에 의하여 일정한 사유가 발생하면 채권자의 청구 등을 요함이 없이 당연히 기한의 이익이 상실되어 이행기가 도래하는 것으로 하는 정지조건부 기한이익 상실의 특약과 일정한 사유가 발생한 후 채권자의 통지나 청구 등 채권자의 의사행위를 기다려 비로소 이행기가 도래하는 것으로 하는 형성권적 기한이익 상실의 특약의 두 가지로 대별할 수 있고, 기한이익 상실의 특약이 위의 양자 중 어느 것에 해당하느냐는 당사자의 의사해석의 문제이지만 일반적으로 기한이익 상실의 특약이 채권자를 위하여 둔 것인 점에 비추어 명백히 정지조건부 기한이익 상실의 특약이라고 볼 만한 특별한 사정이 없는 이상 형성권적 기한이익 상실의 특약으로 추정하는 것이 타당하다.

ⓒ [誤] [大判 2006. 10. 13, 2004다21862] 제작물공급계약의 당사자들이 보수의 지급시기에 관하여 "수급인이 공급한 목적물을 도급인이 검사하여 합격하면, 도급인은 수급인에게 그 보수를 지급한다"는 내용으로 한 약정은 도급인의 수급인에 대한 보수지급의무와 동시이행관계에 있는 수급인의 목적물 인도의무를 확인한 것에 불과하므로, 법률행위의 효력 발생을 장래의 불확실한 사실의 성부에 의존하게 하는 법률행위의 부관인 조건에 해당하지 아니할 뿐만 아니라, 조건에 해당한다 하더라도 검사에의 합격 여부는 도급인의 일방적인 의사에만 의존하지 않고 그 목적물이 계약내용대로 제작된 것인지 여부에 따라 객관적으로 결정되므로 순수수의조건에 해당하지 않는다.

ⓔ [正] [大判 1993. 11. 9, 93다25790·25806] 甲이 건물 철거 및 대지 인도를 약정한 것이 장차 경계측량을 하여 甲의 건물이 乙의 토지를 침범한 사실이 확인된다는 장래의 사실을 조건으로 한 것이라면 위 조건이 기성조건이어서 무조건의 철거의무를 승인한 것이라 할 수 없고 위 침범은 20년의 점유취득시효가 완성된 후에 제1심 법원의 측량감정결과에 의하여 비로소 확인되었고 정지조건이 있는 법률행위는 조건이 성취된 때로부터 효력이 발생하는 것이므로 위와 같은 조건부의 철거 의사표시만으로 그때에 甲이 乙에 대하여 철거의무를 승인한 것이라고 할 수 없다.

ⓜ [正] 제151조 제3항. 조건이 법률행위의 당시에 이미 성취할 수 없는 경우에는 그 조건이 해제조건이면 조건없는 법률행위로 하고 정지조건이면 그 법률행위는 무효로 한다.

ⓗ [誤] [大判 1998. 12. 22, 98다42356] 조건의 성취로 인하여 불이익을 받을 당사자가 신의성실에 반하여 조건의 성취를 방해한 경우, 조건이 성취된 것으로 의제되는 시점은 이러한 신의성실에 반하는 행위가 없었더라면 조건이 성취되었으리라고 추산되는 시점이다.

ⓢ [正] [大判 1993. 9. 28, 93다20832] 어떠한 법률행위가 조건의 성취시 법률행위의 효력이 발생하는 소위 정지조건부 법률행위에 해당한다는 사실은 그 법률행위로 인한 법률효과의 발생을 저지하는 사유로서 그 법률효과의 발생을 다투려는 자에게 주장·입증책임이 있다.

정답 ⑦

■ 민법총칙 ■ 113

제5장 기간과 소멸시효

1. 제척기간에 관한 설명 중 판례의 입장에 부합하는 것은? [04년]

① 친족회가 취소권을 가지는 경우, 친족회가 '추인할 수 있는 날'이란 친족회원이 취소할 수 있는 법률행위의 사실을 안 날이 아니라 친족회가 실제로 소집된 날을 의미한다.
② 한정치산자의 후견인이 친족회의 동의 없이 피후견인인 한정치산자의 부동산을 처분한 경우 피후견인이 스스로 법률행위를 취소함에 있어서는 그 사실을 안 날로부터 3년 내에 그 취소권을 행사하여야 한다.
③ 매매예약완결권은 일종의 형성권으로서 당사자 사이에 그 행사기간을 약정한 때에는 그 기간 내에, 그러한 약정이 없는 때에는 그 예약이 성립한 때로부터 10년 내에 이를 행사하여야 한다.
④ 사해행위 취소의 소는 '법률행위 있는 날'로부터 5년 내에 제기하여야 하는데, '법률행위 있는 날'이란 사해행위에 해당하는 법률행위가 실제로 이루어진 날을 의미하므로, 채무자 소유의 부동산에 관하여 수익자의 명의로 소유권이전청구권의 보전을 위한 가등기가 경료되었다가 그 가등기에 기한 소유권이전의 본등기가 경료된 경우에는, 특별한 사정이 없는 한 본등기가 경료된 날로부터 사해행위 취소의 소의 제척기간이 진행된다.
⑤ 매매의 목적이 된 권리의 일부가 타인에게 속한 경우, 매도인의 담보책임에 기한 매수인의 대금감액청구권은 매수인의 악의인 경우에는 사실을 안 날로부터 1년 내에 행사하여야 하며, 매수인이 사실을 안 날이란 매도인이 이를 취득하여 매수인에게 이전할 수 없게 되었음이 확실하게 된 사실을 안 날을 의미한다.

해설

① [誤] [大判 1979. 11. 27, 79다396] 친족회가 추인할 수 있는 날이란 친족회원이 매매사실을 안 날이 아니고 동인이 매매사실을 들은 후 지체없이 친족회 소집절차를 밟았더라면 친족회 소집이 가능한 날이라고 보아야 하며 또한 친족회가 실제로 소집된 날로 볼 것도 아니다.
② [誤] [大判 1997. 6. 27, 97다3828] 한정치산자의 후견인이 친족회의 동의 없이 피후견인인 한정치산자의 부동산을 처분한 경우에 발생하는 취소권은 민법 제146조에 의하여 추인할 수 있는 날로부터 3년 내에, 법률행위를 한 날로부터 10년 내에 행사하여야 하지만, 여기에서 '추인할 수 있는 날'이라 함은 취소의 원인이 종료한 후를 의미하므로, 피후견인이 스스로 법률행위를 취소함에 있어서는 한정치산선고가 취소되어 피후

견인이 능력자로 복귀한 날로부터 3년 내에 그 취소권을 행사하여야 한다.
③ [正] 판례는 예약완결권은 일종의 형성권으로서 당사자 사이에 그 행사기간을 약정한 때에는 그 기간 내에 그러한 약정이 없는 때에는 그 계약이 성립한 때로부터 10년 내에 이를 행사하여야 하고, 그 기간이 지난 때에는 예약완결권은 제척기간의 경과로 인하여 소멸한다고 판시한다(大判 1995. 11. 10, 94다22682·22699 ; 同旨 大判 2000. 10. 13, 99다18725).
④ [誤] [大判 1996. 11. 8, 96다26329] 가등기의 등기원인인 법률행위와 본등기의 등기원인인 법률행위가 명백히 다른 것이 아닌 한 본등기의 기초가 된 가등기의 등기원인인 법률행위를 제쳐놓고 본등기의 등기원인인 법률행위만이 취소의 대상이 되는 사해행위라고 볼 것은 아니므로, 가등기의 등기원인인 법률행위가 있은 날이 언제인지와 관계없이 본등기가 경료된 날로부터 사해행위취소의 소의 제척기간이 진행된다고 볼 수 없다.
⑤ [誤] 매수인이 악의인 경우에는 계약한 날이 제척기간의 기산점이 된다. 위 지문은 매수인이 선의인 경우에 타당한 지문이 된다.
[大判 1997. 6. 13, 96다15596] 매도인의 담보책임에 기한 매수인의 대금감액청구권은 매수인이 선의인 경우에는 사실을 안 날로부터, 악의인 경우에는 계약한 날로부터 1년 이내에 행사하여야 하며, 여기서 매수인이 사실을 안 날이라 함은 단순히 권리의 일부가 타인에게 속한 사실을 안 날이 아니라 그 때문에 매도인이 이를 취득하여 매수인에게 이전할 수 없게 되었음이 확실하게 된 사실을 안 날을 말한다.

정답 ③

2. 배점 2 제척기간에 관한 설명 중 옳지 않은 것은? (다툼 있으면 판례에 의함) [10년]
① 채무자 甲 소유의 부동산을 乙이 매수하여 소유권이전등기를 경료받은 것이 사해행위인 경우, 취소채권자가 제척기간 내에 乙을 상대로 사해행위의 취소를 구하는 소를 제기하여 승소확정판결을 받았다면, 원상회복으로 乙에 대하여 소유권이전등기 말소를 청구하는 것은 제척기간의 경과 후에도 할 수 있다.
② 미성년자의 법률행위 취소권의 행사기간, 수급인의 하자담보책임의 존속기간은 제척기간이지만 출소기간은 아니며, 점유보호청구권의 행사기간은 출소기간이다.
③ 참칭상속인 甲이 자신 명의로 소유권이전등기를 마치고 乙에게 지상권설정등기를 마쳐준 경우, 진정상속인 丙이 제척기간 경과 전에 甲에 대한 상속회복청구소송을 제기하여 승소판결을 받았다면, 그 제척기간 경과 후에도 乙을 상대로 상속회복청구소송을 제기하여 상속재산에 관한 지상권설정등기의 말소를 구할 수 있다.
④ 민법 제840조 제6호의 '기타 혼인을 계속하기 어려운 중대한 사유'가 발생한 날로부터 2년을 경과하여도 이혼 청구 당시 그 사유가 계속 존재하는 경우에는 이혼을 청구할 수 있다.
⑤ 매매예약의 완결권은 형성권이므로 당사자 사이에 그 행사기간을 약정한 때에는 그 기간 내에 행사하여야 하고, 그러한 약정이 없는 때에는 그 예약이 성립한 때로부터 10년의 제척기간에 걸린다.

① [正] 제척기간인 채권자취소권 행사기간 준수여부를 판단하는 기준을 묻는 지문이다. 채권자취소권 행사기간은 출소기간인 제척기간이므로 그 기간 내에 소를 제기하여야 기간준수의 효과가 생긴다. 채권자취소권의 내용인 취소청구와 원상회복청구를 분리하여 청구하는 경우, 취소청구소송이 제척기간 내에 제기된 때에는 원상회복청구에 대해서도 기간준수의 효과가 생긴다는 것이 대법원 입장이다.
[大判 2001. 9. 4, 2001다14108] 채권자가 민법 제406조 제1항에 따라 사해행위의 취소와 원상회복을 청구함에 있어 사해행위의 취소만을 먼저 청구한 다음 원상회복을 나중에 청구할 수 있으며, 이 경우 사해행위취소 청구가 민법 제406조 제2항에 정하여진 기간 안에 제기되었다면 원상회복의 청구는 그 기간이 지난 뒤에도 할 수 있다.

② [正] 제척기간의 법적 성질에 관한 판례입장을 묻는 지문이다. 대법원은 제척기간은 그 기간 내에 재판상, 재판외에서 권리를 행사해야 하는 기간으로 이해하지만, 예외적으로 소를 제기하여야 하는 기간으로 해석하기도 한다. 대법원이 제척기간을 제소기간으로 파악한 경우로는 채권자취소권 행사기간, 점유회수청구권과 점유보유청구권의 행사기간, 상속회복청구권의 행사기간 등이 있다.
[大判 1993. 7. 27, 92다52795] 미성년자 또는 친족회가 민법 제950조 제2항에 따라 제1항의 규정에 위반한 법률행위를 취소할 수 있는 권리는 형성권으로서 민법 제146조에 규정된 취소권의 존속기간은 제척기간이라고 보아야 할 것이지만, 그 제척기간 내에 소를 제기하는 방법으로 권리를 재판상 행사하여야만 되는 것은 아니고, 재판 외에서 의사표시를 하는 방법으로도 권리를 행사할 수 있다고 보아야 한다.
[大判 2004. 1. 27, 201다24891] 민법상 수급인의 하자담보책임에 관한 기간은 제척기간으로서 재판상 또는 재판외의 권리행사기간이며 재판상 청구를 위한 출소기간이 아니다.
[大判 2002. 4. 26, 2001다8097] 민법 제204조 제3항과 제205조 제2항에 의하면 점유를 침탈당하거나 방해를 받은 자의 침탈자 또는 방해자에 대한 청구권은 그 점유를 침탈당한 날 또는 점유의 방해행위가 종료된 날로부터 1년 내에 행사하여야 하는 것으로 규정되어 있는데, 여기에서 제척기간의 대상이 되는 권리는 형성권이 아니라 통상의 청구권인 점과 점유의 침탈 또는 방해의 상태가 일정한 기간을 지나게 되면 그대로 사회의 평온한 상태가 되고 이를 복구하는 것이 오히려 평화질서의 교란으로 볼 수 있게 되므로 일정한 기간을 지난 후에는 원상회복을 허용하지 않는 것이 점유제도의 이상에 맞고 여기에 점유의 회수 또는 방해제거 등 청구권에 단기의 제척기간을 두는 이유가 있는 점 등에 비추어 볼 때, 위의 제척기간은 재판 외에서 권리행사하는 것으로 족한 기간이 아니라 반드시 그 기간 내에 소를 제기하여야 하는 이른바 출소기간으로 해석함이 상당하다.

③ [誤] 상속회복청구권의 제척기간 준수를 판단하는 기준에 관한 문제이다. 동일한 상속재산에 대한 참칭상속인과 참칭상속인으로부터의 전득자가 존재하는 경우, 제척기간 준수여부는 개별적으로 판단하여야 한다. 따라서 참칭상속인에 대하여는 제척기간을 준수하였다고 하더라도 전득자에 대한 관계에서 제척기간을 준수하지 못하였다면 상속인은 전득자에 대해서는 상속회복청구권을 행사할 수 없다.
[大判 2006. 9. 8, 2006다26694] 참칭상속인의 최초 침해행위가 있은 날로부터 10년이

경과한 이후에는 비록 제3자가 참칭상속인으로부터 상속재산에 관한 권리를 취득하는 등의 새로운 침해행위가 최초 침해행위시로부터 10년이 경과한 후에 이루어졌다 하더라도 상속회복청구권은 제척기간의 경과로 소멸되어 진정상속인은 더 이상 제3자를 상대로 그 등기의 말소 등을 구할 수 없다 할 것이며, 이는 진정상속인이 참칭상속인을 상대로 제척기간 내에 상속회복청구의 소를 제기하여 승소의 확정판결을 받았다고 하여 달리 볼 것은 아니라 할 것이다.

④ [正] 재판상 이혼청구권 제척기간 내내 이혼사유가 계속되는 경우 제척기간이 진행하는지 여부를 묻는 문제이다.
[大判 1996. 11. 8, 96므1243] 민법 제840조 제6호에 해당하는 혼인을 계속하기 어려운 중대한 사유가 이혼청구 당시까지 계속되고 있는 경우에는 민법 제842조가 적용될 여지가 없다.

⑤ [正] 예약완결권의 소멸원인을 묻는 지문이다.
[大判 1995. 11. 10, 94다22682 · 22699] 매매의 일방예약에서 예약자의 상대방이 매매예약완결의 의사표시를 하여 매매의 효력을 생기게 하는 권리, 즉 매매예약의 완결권은 일종의 형성권으로서 당사자 사이에 그 행사기간을 약정한 때에는 그 기간 내에, 그러한 약정이 없는 때에는 그 예약이 성립한 때로부터 10년 내에 이를 행사하여야 하고, 그 기간을 지난 때에는 예약완결권은 제척기간의 경과로 인하여 소멸한다.

정답 ③

3. 소멸시효에 관한 설명 중 옳지 않은 것은?(다툼 있으면 판례에 의함) [06년]

① 채권자가 보증채무자를 상대로 보증채무의 이행을 구하는 소송을 제기하여 보증채무 자체에 대한 소멸시효가 중단되어 그 소멸시효가 완성되지 않았다 하더라도, 주채무가 소멸시효 완성으로 소멸하였다면 보증채무도 당연히 소멸된다.
② 채권자가 채무자의 제3채무자에 대한 채권에 관하여 압류 및 추심명령을 받아 그 결정이 제3채무자에게 송달되었다면, 이는 채무자의 제3채무자에 대한 채권에 관한 소멸시효 중단사유인 '최고'에 해당한다.
③ 물상보증인이 피담보채권의 부존재 또는 소멸을 이유로 저당권설정등기의 말소를 구하는 소송을 제기하자, 채권자 겸 저당권자가 응소하여 청구기각의 판결을 구하면서 피담보채권의 존재를 주장하였다면, 이는 피담보채권에 관한 소멸시효 중단사유인 민법 제168조 제1호 소정의 '청구'에 해당한다.
④ 甲이 乙로부터 금원을 차용하면서 그 담보를 위하여 乙에게 A토지에 관한 소유권이전청구권 보전을 위한 가등기를 경료하여 준 후, 甲이 丙에게 A토지를 매도하여 그 소유권이전등기를 경료하여 주었는데, 그 후 위 가등기로 담보된 위 채권이 시효소멸하였다면, 丙은 甲을 대위하지 않고서도 乙에 대하여 위 채권의 시효소멸을 주장할 수 있다.
⑤ 부동산의 매수인이 매매목적물인 부동산을 인도받아 사용 · 수익하다가 제3자에게

그 부동산을 처분하고 그 점유를 승계하여 준 경우, 매수인의 매도인에 대한 위 부동산에 관한 소유권이전등기청구권의 소멸시효는 진행되지 않는다.

해설

① [正] 보증채무에 관하여 소멸시효 중단사유가 있다고 하더라도 이는 주채무자에 대하여 상대적 효력을 가질 뿐이다. 따라서 주채무의 소멸시효를 중단시키는 사유로 되지 않는다. 한편, 주채무의 소멸시효 완성으로 주채무가 소멸하면 부종성에 의하여 보증채무는 당연히 소멸한다.
[大判 2002. 5. 14, 2000다62476] 보증채무에 대한 소멸시효가 중단되었다고 하더라도 이로써 주채무에 대한 소멸시효가 중단되는 것은 아니고, <u>주채무가 소멸시효 완성으로 소멸된 경우에는 보증채무도 그 채무 자체의 시효중단에 불구하고 부종성에 따라 당연히 소멸된다</u>.

② [正] 소멸시효 중단사유인 최고란 채무자에 대하여 채무의 이행을 청구하는 것을 말한다. 최고는 시효기간의 만료가 가까워져 강력한 다른 중단방법을 취하려고 하는 경우에 그 예비적 조치로서의 의미를 가지므로 효력이 약하다. 즉, 최고 후 6월내에 보다 강력한 시효중단조치를 취하지 아니하면 시효중단의 효력이 없다. 시효중단 사유로서 최고의 이러한 취지에 비추어 최고가 있었는지 여부는 권리자의 보호를 위하여 너그럽게 해석하여야 한다는 것이 판례이다. 채권자가 자기의 채권에 대한 강제집행을 위하여 채무자의 제3채무자에 대한 채권에 대하여 압류 및 추심명령을 신청하여 그 결정이 제3채무자에게 송달된 경우, 채권자의 채무자에 대한 채권은 압류에 의하여 그 소멸시효가 중단되지만, 채무자의 제3채무자에 대한 채권은 추심명령에 포함된 이행청구의 의사에 의하여 최고에 의한 시효중단의 효과를 받는다.
[大判 2003. 5. 13, 2003다16238] 소멸시효 중단사유의 하나로서 민법 제174조가 규정하고 있는 최고는 채무자에 대하여 채무이행을 구한다는 채권자의 의사통지(준법률행위)로서, 이에는 특별한 형식이 요구되지 아니할 뿐 아니라 행위 당시 당사자가 시효중단의 효과를 발생시킨다는 점을 알거나 의욕하지 않았다 하더라도 이로써 권리 행사의 주장을 하는 취지임이 명백하다면 최고에 해당하는 것으로 보아야 할 것이므로, <u>채권자가 확정판결에 기한 채권의 실현을 위하여 채무자의 제3채무자에 대한 채권에 관하여 압류 및 추심명령을 받아 그 결정이 제3채무자에게 송달이 되었다면 거기에 소멸시효 중단사유인 최고로서의 효력을 인정하여야</u> 한다.

③ [誤] 응소행위가 소멸시효 중단사유인 청구에 해당하기 위해서는 응소행위에 채권자의 적극적인 권리주장이 있어야 하고, 그러한 권리주장이 채무자에 대한 것이어야 하며, 그 주장이 받아들여져서 채권자가 승소하여야 한다. 물상보증인의 저당권설정등기 말소청구소송에 채권자 겸 저당권자가 적극적으로 응소하여 피담보채권의 존재를 주장하는 것은 채무자에 대한 권리주장이 아니다. 따라서 이를 피담보채권의 소멸시효 중단사유인 청구에 해당한다고 할 수 없다.
[大判 2004. 1. 16, 2003다30890] 타인의 채무를 담보하기 위하여 자기의 물건에 담보권을 설정한 물상보증인은 채권자에 대하여 물적 유한책임을 지고 있어 그 피담보채권의 소멸에 의하여 직접 이익을 받는 관계에 있으므로 소멸시효의 완성을 주장할 수

있는 것이지만, 채권자에 대하여는 아무런 채무도 부담하고 있지 아니하므로, 물상보증인이 그 피담보채무의 부존재 또는 소멸을 이유로 제기한 저당권설정등기 말소등기절차이행청구소송에서 채권자 겸 저당권자가 청구기각의 판결을 구하고 피담보채권의 존재를 주장하였다고 하더라도 이로써 직접 채무자에 대하여 재판상 청구를 한 것으로 볼 수는 없는 것이므로 피담보채권의 소멸시효에 관하여 규정한 민법 제168조 제1호 소정의 '청구'에 해당하지 아니한다.

④ [正] 소멸시효가 완성되었을 경우, 시효완성을 주장할 수 있는 자(시효원용권자)는 시효완성에 의하여 직접 이익을 받을 자(직접수익자)에 한정된다는 것이 판례이다. 시효완성에 의하여 간접적으로 이익을 받을 자는 직접수익자를 대위하여 시효완성을 원용할 수 있을 뿐이다. 시효완성에 의한 직접 수익자에 해당하는 자로는 채무자, 가등기담보목적물의 제3취득자, 물상보증인 등이 이에 해당한다. 사안에서 丙은 가등기담보권이 설정된 부동산을 취득한 제3취득자로서 독자적인 시효원용권자에 해당한다.

[大判 1995. 7. 11, 95다12446] 소멸시효를 원용할 수 있는 사람은 권리의 소멸에 의하여 직접 이익을 받는 사람에 한정되는 바, 채권담보의 목적으로 매매예약의 형식을 빌어 소유권이전청구권 보전을 위한 가등기가 경료된 부동산을 양수하여 소유권이전등기를 마친 제3자는 당해 가등기담보권의 피담보채권의 소멸에 의하여 직접 이익을 받는 자이므로, 그 가등기담보권에 의하여 담보된 채권의 채무자가 아니더라도 그 피담보채권에 관한 소멸시효를 원용할 수 있고, 이와 같은 직접수익자의 소멸시효 원용권은 채무자의 소멸시효 원용권에 기초한 것이 아닌 독자적인 것으로서 채무자를 대위하여서만 시효이익을 원용할 수 있는 것은 아니며, 가사 채무자가 이미 그 가등기에 기한 본등기를 경료하여 시효이익을 포기한 것으로 볼 수 있다고 하더라도 그 시효이익의 포기는 상대적 효과가 있음에 지나지 아니하므로 채무자 이외의 이해관계자에 해당하는 담보 부동산의 양수인으로서는 여전히 독자적으로 소멸시효를 원용할 수 있다.

⑤ [正] 법률행위로 인한 등기청구권은 채권적 청구권으로서 소멸시효의 대상이 된다. 그러나 그 등기청구권자가 목적물을 인도받아 사용·수익하고 있는 동안에는 권리를 불행사하고 있다고 할 수 없으므로 소멸시효제도의 취지에 비추어 소멸시효의 대상이 아니라는 것이 판례이다. 또한 이미 인도받아 사용·수익하고 있던 등기청구권자가 적극적인 권리행사의 일환으로 점유를 승계시켜 준 경우에도 역시 그 등기청구권자의 등기청구권은 소멸시효의 대상이 아니라는 것이 판례이다.

[大判(全) 1999. 3. 18, 98다32175] 부동산의 매수인이 그 부동산을 인도받은 이상 이를 사용·수익하다가 그 부동산에 대한 보다 적극적인 권리 행사의 일환으로 다른 사람에게 그 부동산을 처분하고 그 점유를 승계하여 준 경우에도 그 이전등기청구권의 행사 여부에 관하여 그가 그 부동산을 스스로 계속 사용·수익만 하고 있는 경우와 특별히 다를 바 없으므로 위 두 어느 경우나 이전등기청구권의 소멸시효는 진행되지 않는다고 보아야 한다.

정답 ③

4. 권리행사기간에 관한 설명 중 틀린 것은? (다툼 있으면 판례에 의함) [02년]

① 사실상 권리의 존재나 권리행사 가능성을 알지 못하였고 알지 못함에 과실이 없다고 하여도 이러한 사유는 소멸시효의 진행에 영향을 미치지 않는다.
② 과세처분의 취소 또는 무효확인청구의 소는 조세환급을 구하는 부당이득반환청구의 소멸시효 중단사유인 재판상 청구에 해당한다.
③ 면책적 채무인수가 있는 경우 인수채무의 소멸시효기간은 채무인수일로부터 새로이 진행된다.
④ 소장부본의 송달에 의해 환매권 등 형성권을 재판상 행사하는 경우에는 그 소장부본이 그 형성권의 제척기간 내에 상대방에게 송달되어야 한다.
⑤ 환매권 등 형성권의 행사 결과 발생하는 소유권이전등기청구권은 그 형성권의 제척기간 내에 행사되어야 한다.

해설

① [正] 소멸시효는 권리행사가 가능한 시점부터 진행한다. 권리행사가 가능한 때라는 의미는 권리행사에 법률상의 장애가 없는 경우를 말하며, 사실상의 장애가 있는 경우는 이에 포함되지 않는다고 파악한다. 일반적으로 법률상의 장애에 해당하는 경우로는 기한의 미도래나 정지조건이 성취되지 아니한 경우를 그 예로 제시한다. 이는 법률상의 장애임이 명백하다. 그러나 법률상의 장애인지가 분명하지 아니한 사례들도 있다. 가령, 판례는 위헌적 법률의 존재는 법률상의 장애로 파악하였고, 대법원의 판례변경은 법률상의 장애가 아니라고 하였으며, 다른 법령에 의하여 보상금을 받을 수 있는지가 명백하지 아니한 경우도 법률상의 장애로 파악하였다.
[大判 1982. 1. 19, 80다2626] 소멸시효의 기산점인 "권리를 행사할 수 있는 때"라 함은 권리를 행사함에 있어서 법률상의 장애(예, 이행기 미도래, 정지조건 미성취)가 없는 경우를 말하며, 권리자의 개인적 사정이나 법률지식의 부족, 권리존재의 부지 또는 채무자의 부재 등 사실상 장애로 권리를 행사하지 못하였다 하여 시효가 진행하지 아니하는 것이 아니며, 이행기가 정해진 채권은 그 기한이 도래한 때부터 소멸시효가 진행한다.

② [正] 과세처분의 취소 혹은 무효확인을 구하는 소는 행정소송이다. 행정소송을 제기한 경우에는 사권의 행사가 아니므로 원칙적으로 사권의 소멸시효를 중단시키지 않는다. 그러나 사권의 행사로서의 실질을 가지는 경우라면 비록 행정소송을 제기한 경우라도 사권의 소멸시효를 중단시키는 재판상 청구라고 볼 수 있다. 그러한 경우로서 판례는 과오납한 조세의 환급을 구하기 위하여 제기하는 과세처분의 취소 혹은 무효확인을 구하는 소는 조세환급청구권(민법상의 부당이득반환청구권의 실질을 가짐)의 소멸시효를 중단시키는 재판상 청구에 해당한다고 한다(大判(全) 1992. 3. 31, 91다32053). 주의할 것은 기본적 법률관계의 확인청구가 행정소송인가 민사소송인가라는 형식을 중시할 것이 아니라 기본적 법률관계의 확인청구가 그 파생적 사권의 실현수단으로서의 의미를 가지는가를 중시하고 있다는 점이다.

③ [正] 면책적 채무인수의 경우에는 채무자가 자신의 채무를 승인한 것이므로 인수시에 채무의 승인에 의한 소멸시효의 중단이 있게 된다. 따라서 인수시부터 다시 소멸시효가 진행하게 된다(大判 1999. 7. 9, 99다12376).

④ [正] 형성권을 재판상 행사하는 경우에 형성권 행사의 의사표시가 있는 서면을 법원에 제출한 때에 그 권리가 보전되는가 아니면 상대방에게 송달된 때에야 비로소 그 권리가 보전되는가의 문제이다. 제척기간은 소멸시효기간과는 달리 권리의 존속기간이다. 즉 그 기간내에 권리가 행사되어야 하고, 중단이라는 것이 있을 수 없다. 따라서 상대방에게 송달되어야 한다. 반면에 소멸시효기간은 권리의 불행사기간이라는 성질을 가지고 있으므로 권리행사의 모습이 있는 경우에 시효기간은 중단된다. 따라서 법원에 소장을 제출하는 것만으로도 권리행사의 모습으로 인정할 수 있고, 바로 그 시점에서 시효기간이 중단되고 권리가 보전될 수 있다.

[大判 2000. 1. 28, 99다50712] 보험계약 해지의 의사표시를 담은 소장 부본을 피고에게 송달함으로써 해지권을 재판상 행사하는 경우, 소장 부본이 제척기간 내에 피고에게 송달되어야만 해지권자가 제척기간 내에 적법하게 해지권을 행사하였다고 할 것이고, 그 소장이 제척기간 내에 법원에 접수되었다고 하여 달리 볼 것은 아니다.

⑤ [誤] 형성권 행사의 결과 발생하는 채권적 청구권의 행사기간에 대한 문제이다. 이에 대하여 통설은 채권적 청구권도 형성권의 제척기간 내에 행사되어야 한다고 본다. 그 근거로는 제척기간을 정한 취지가 법률관계를 조속히 확정하려는데 있다는 점을 들고 있다. 그러나 소수설과 판례는 제척기간 내에 형성권이 행사되기만 하면 그로써 권리관계는 확정되고 따라서 그 행사의 결과 발생하는 채권적 청구권까지 제척기간 내에 행사하여야 할 필요는 없다고 한다(大判 1991. 2. 22, 90다13420).

정답 ⑤

5. 소멸시효에 관한 설명 중 옳은 것은? (다툼 있으면 판례에 의함) [02년]

① 소멸시효가 완성된 경우 그 채무자에 대한 다른 일반 채권자는 자기의 채권을 보전하기 위하여 필요한 한도 내에서 채무자를 대위하여 소멸시효의 완성을 주장할 수 있을 뿐 채권자의 지위에서 독자적으로 소멸시효의 완성을 주장할 수 없다.
② 대금을 완납한 부동산 매수인이 그 부동산을 인도받아 사용·수익하다가 다른 사람에게 그 부동산을 처분하고 점유를 승계하여 준 경우에는, 매수인의 매도인에 대한 이전등기청구권의 소멸시효가 진행된다.
③ 청구부분이 특정될 수 있는 채권의 일부임을 명시하여 재판상 청구하는 경우 그 일부청구와 동시에 채권 전부에 대하여 소멸시효 중단의 효력이 생긴다.
④ 원인채권의 지급을 확보하기 위한 방법으로 어음이 수수된 경우에 원인채권의 행사는 어음채권을 실현하기 위한 것이므로 어음채권의 소멸시효를 중단시키는 효력이 있다.
⑤ 이행최고를 한 다음 6월 내에 거듭 최고를 하고 그 때부터 6월 내에 재판상 청구를 하면 시효 중단의 효력은 최초의 최고시에 소급하여 발생한다.

해설

① [正] 소멸시효를 주장할 수 있는 자의 범위에 관한 문제이다. 판례는 소멸시효 원용권자의 범위를 제한하고 있다. 즉, 소멸시효로 인하여 직접 이익을 받는 자만을 소멸시효 원용권자로 파악하고 있다. 만약 직접 수익자가 수인인 경우에는 각자 고유한 시효원용권을 인정하고 있다. 따라서 직접수익자의 1인이 시효원용권을 포기하더라도 다른 직접 수익자의 시효원용권에는 영향이 없다. 한편, 직접수익자가 아닌 경우에는 독자적인 시효원용권은 인정되지 아니하므로 직접수익자의 시효원용권을 대위행사하는 방법으로 소멸시효를 주장할 수 있을 뿐이다. 우리 판례가 채무자 이외의 자로서 직접 수익자로 판단한 것으로는 담보가등기부동산의 제3취득자이다. 그러나 채무자의 다른 일반채권자나 채무자의 채무자(제3채무자)는 직접 수익자가 아니라고 한다.
[大判 1997. 12. 26. 97다22676] 소멸시효가 완성된 경우 이를 주장할 수 있는 사람은 시효로 인하여 채무가 소멸되는 결과 직접적인 이익을 받는 사람에 한정되므로, 채무자에 대한 일반 채권자는 자기의 채권을 보전하기 위하여 필요한 한도 내에서 채무자를 대위하여 소멸시효 주장을 할 수 있을 뿐 채권자의 지위에서 독자적으로 소멸시효의 주장을 할 수 없다.

② [誤] 부동산을 인도받아 사용·수익하는 미등기매수인의 등기청구권은 채권적 성질을 가지는 청구권이나 소멸시효제도의 취지에 비추어 소멸시효의 대상이 아니라는 것이 판례이다. 그렇다면 점유를 상실한 경우에도 역시 소멸시효의 대상이 아닌가의 의문이 있는데, 최근 판례는 종전의 입장을 변경하여 적극적인 권리행사의 일환으로 점유를 승계시켜 준 경우에는 소멸시효의 대상이 아니라는 입장을 취하고 있다.
[大判(全) 1999. 3. 18. 98다32175] 부동산의 매수인이 그 부동산을 인도받은 이상 이를 사용·수익하다가 그 부동산에 대한 보다 적극적인 권리 행사의 일환으로 다른 사람에게 그 부동산을 처분하고 그 점유를 승계하여 준 경우에도 그 이전등기청구권의 행사 여부에 관하여 그가 그 부동산을 스스로 계속 사용·수익만 하고 있는 경우와 특별히 다를 바 없으므로 위 두 어느 경우에나 이전등기청구권의 소멸시효는 진행되지 않는다고 보아야 한다.

③ [誤] 명시한 일부청구의 경우 시효중단의 범위는 일부에 한정된다. 그러나 명시하지 아니한 일부청구의 경우에는 채권의 동일성이 인정되는 범위에서 채권 전부의 소멸시효가 중단된다.
[大判 1992. 4. 10. 91다43695] 한 개의 채권 중 일부에 관하여만 판결을 구한다는 취지를 명백히 하여 소송을 제기한 경우에는 소제기에 의한 소멸시효중단의 효력이 그 일부에 관하여만 발생하고, 나머지 부분에는 발생하지 아니하지만 비록 그중 일부만을 청구한 경우에도 그 취지로 보아 채권 전부에 관하여 판결을 구하는 것으로 해석된다면 그 청구액을 소송물인 채권의 전부로 보아야 하고, 이러한 경우에는 그 채권의 동일성의 범위 내에서 그 전부에 관하여 시효중단의 효력이 발생한다고 해석함이 상당하다.

④ [誤] 원인채권의 행사는 어음채권의 실현수단으로서의 성질을 가지지 않는다. 따라서 어음채권의 소멸시효를 중단시킬 수 없다. 한편, 어음채권의 행사는 원인채권의 실현

수단으로서의 성질을 가진다. 따라서 어음채권의 행사는 원인채권의 소멸시효를 중단시킨다.
[大判 1999. 6. 11. 99다16378] 원인채권의 지급을 확보하기 위한 방법으로 어음이 수수된 경우에 원인채권과 어음채권은 별개로서 채권자는 그 선택에 따라 권리를 행사할 수 있고, 원인채권에 기하여 청구를 한 것만으로는 어음채권 그 자체를 행사한 것으로 볼 수 없어 어음채권의 소멸시효를 중단시키지 못한다.
⑤ [誤] 재판상 청구시로부터 소급하여 6개월 내에 이루어진 최고만이 시효중단의 효력을 유지한다.

정답 ①

6. 배점 2 소멸시효에 관한 설명 중 옳지 않은 것을 모두 고른 것은?(다툼 있으면 판례에 의함) [07년]

㉠ 주채무에 관한 판결이 확정되어 소멸시효가 10년으로 된 경우에도 소송에 참가하지 않은 보증인에 대한 채권의 소멸시효기간은 여전히 종전의 소멸시효기간에 따른다.
㉡ 토지매매로 인한 소유권이전등기의무가 이행불능된 경우, 손해배상청구권의 소멸시효는 채권자가 채무자로부터 토지를 매수한 때로부터 진행된다.
㉢ 시효중단사유인 재판상 청구에는 민사소송뿐만 아니라, 공법상의 구제수단인 행정소송도 포함되는 경우가 있다.
㉣ 소멸시효가 완성된 경우, 그 시효이익을 받으려는 자는 소송상 시효완성의 주장을 하여야 한다.
㉤ 시효소멸하는 채권이 그 소멸시효가 완성되기 전 상계할 수 있었던 것이라도 채권자는 이를 자동채권으로 하여 상계를 할 수 없다.

① ㉠, ㉡
② ㉡, ㉢, ㉤
③ ㉢, ㉣, ㉤
④ ㉡, ㉤
⑤ ㉠, ㉢, ㉣
⑥ ㉡, ㉢, ㉣
⑦ ㉣, ㉤
⑧ ㉡, ㉣

해설

* 본 문제는 소멸시효의 중단과 소멸시효완성의 효과에 관한 판례의 태도를 단순하게 묻는 문제이다.
㉠ [正] 판결확정에 의한 시효기간 연장의 효과는 판결의 당사자 사이에서만 효력을 가진다는 것이 판례이다. 따라서 주채무자에 대한 판결확정으로 시효기간이 10년으로 확장되었다고 하더라도 이는 주채무자에 대한 관계에서만 그 효력이 있을 뿐 보증인에 대하여는 효력이 없고, 보증채무는 종전의 시효기간을 따른다.
[大判 1985. 11. 25. 86다카1569] 민법 제165조가 판결에 의하여 확정된 채권, 판결과 동일한 효력이 있는 것에 의하여 확정된 채권은 단기의 소멸시효에 해당한 것이라도 그

소멸시효는 10년으로 한다고 규정하는 것은 당해 판결 등의 당사자 사이에 한하여 발생하는 효력에 관한 것이고 채권자와 주채무자 사이의 판결 등에 의해 채권이 확정되어 그 소멸시효가 10년으로 되었다 할지라도 위 당사자 이외의 채권자와 연대보증인 사이에 있어서는 위 확정판결 등은 그 시효기간에 대하여는 아무런 영향도 없고 채권자의 연대보증인의 연대보증채권의 소멸시효기간은 여전히 종전의 소멸시효기간에 따른다.

ⓒ [誤] 채무불이행으로 인한 손해배상청구권의 소멸시효 기산점을 묻는 문제이다. 채무불이행으로 인한 손해배상청구권은 본래의 채권과 동일성을 유지하고 있다는 점을 근거로 본래의 채권을 행사할 수 있는 때로부터 그 소멸시효가 진행한다고 보는 것이 통설의 태도이나, 판례는 채무불이행으로 인한 손해배상청구권은 채무불이행이 있어야 비로소 성립하므로 채무불이행시로부터 진행한다고 파악하고 있다.
[大判 1990. 11. 9, 90다카22513] 매매로 인한 부동산소유권이전채무가 이행불능됨으로써 매수인이 매도인에 대하여 갖게 되는 손해배상채권은 그 부동산소유권의 이전채무가 이행불능된 때에 발생하는 것이고 그 계약체결일에 생기는 것은 아니므로 위 손해배상채권의 소멸시효는 계약체결일 아닌 소유권이전채무가 이행불능된 때부터 진행한다.

ⓒ [正] 공법상의 구제수단인 행정소송이라고 하더라도 그것이 사권(私權)의 실현수단으로서 의미를 가지는 경우에는 사권의 소멸시효 중단사유인 재판상 청구에 해당할 수 있다. 판례도 같은 취지에서 오납한 조세에 대한 부당이득반환청구권을 실현하기 위한 수단이 되는 과세처분의 취소 또는 무효확인을 구하는 소는 비록 행정소송이라고 할지라도 소멸시효 중단사유인 재판상 청구에 해당한다고 한다.
[大判 1992. 3. 31, 91다32053] 일반적으로 위법한 행정처분의 취소, 변경을 구하는 행정소송은 사권을 행사하는 것으로 볼 수 없으므로 사권에 대한 시효중단사유가 되지 못하는 것이나, 다만 오납한 조세에 대한 부당이득반환청구권을 실현하기 위한 수단이 되는 과세처분의 취소 또는 무효확인을 구하는 소는 그 소송물이 객관적인 조세채무의 존부확인으로서 실질적으로 민사소송인 채무부존재확인의 소와 유사할 뿐 아니라, 과세처분의 유효 여부는 그 과세처분으로 납부한 조세에 대한 환급청구권의 존부와 표리관계에 있어 실질적으로 동일당사자인 조세부과권자와 납세의무자 사이의 양면적 법률관계라고 볼 수 있으므로, 위와 같은 경우에는 과세처분의 취소 또는 무효확인청구의 소가 비록 행정소송이라고 할지라도 조세환급을 구하는 부당이득반환청구권의 소멸시효중단사유인 재판상 청구에 해당한다고 볼 수 있다.

ⓔ [正] 소멸시효 완성 여부는 당사자의 주장이 있어야만 판단할 수 있는 항변사항이다. 따라서 시효이익을 받으려는 자는 소송상 소멸시효 완성사실을 주장하여야 한다. 법원이 직권으로 소멸시효를 고려할 수는 없다. 소멸시효 완성의 효과에 관하여 상대적 소멸설과 절대적 소멸설의 대립이 있고, 판례 또한 상대적 소멸설을 따른 판결과 절대적 소멸설을 따른 판결로 나뉘어져 있다. 그러나 어느 견해에 의하더라도 소송상 소멸시효 완성의 주장 없이 법원이 소멸시효를 고려할 수는 없다.
[大判 1979. 2. 13, 78다2157] 신 민법상 당사자의 원용이 없어도 시효완성의 사실로써 채무는 당연히 소멸하고, 다만 소멸시효의 이익을 받는 자가 소멸시효 이익을 받겠다는 뜻을 항변하지 않는 이상 그 의사에 반하여 재판할 수 없을 뿐이다.

⑩ [誤] 제495조에서는 "소멸시효가 완성된 채권이 그 완성 전에 상계할 수 있었던 것이면 그 채권자는 상계할 수 있다."고 규정하고 있다. 상계의 자동채권은 유효하게 존재하고 있어야 하며, 그 채권에 대하여 상계의 상대방이 항변권을 가지고 있지 않아야 한다. 그러나 이에 대한 예외를 제495조에서 규정하고 있다. 따라서 소멸시효 완성 전에 상계할 수 있었다면 그 채권자가 이 채권을 자동채권으로 하여 상계를 할 수 있다.

정답 ④

7. 배점 3 소멸시효에 관한 설명 중 옳지 않은 것을 모두 고른 것은? (다툼 있으면 판례에 의함) [08년]

㉠ 당선자와 일정한 계약을 체결할 의무를 지는 우수현상광고의 광고자가 그 의무를 위반하여 계약의 종국적인 체결에 이르지 못함으로써 상대방이 채무불이행을 원인으로 손해배상을 청구하는 경우, 그 손해배상청구권의 소멸시효기간은 계약이 체결되었다면 취득하게 될 이행청구권에 적용되는 소멸시효기간에 따르고, 그 소멸시효는 채무불이행시부터 진행한다.
㉡ 청구권자가 권리의 발생 여부를 객관적으로 알기 어려운 상황에 있고 청구권자가 과실 없이 이를 알지 못한 경우에도, 청구권이 성립한 때부터 바로 소멸시효가 진행한다.
㉢ 근저당권설정등기청구의 소에서 그 피담보채권이 될 채권의 존부에 관한 실질적 심리가 이루어져 그 존부가 확인된 경우, 위 소의 제기는 그 피담보채권의 재판상 청구에 준하는 것으로서 피담보채권에 대한 소멸시효 중단의 효력을 생기게 한다.
㉣ 채무이행을 최고받은 채무자가 그 이행의무의 존부 등에 대하여 조사를 해 볼 필요가 있다는 이유로 채권자에 대하여 그 이행의 유예를 구한 경우에도 6월의 기간은 채권자가 최고를 한 시점부터 기산된다.
㉤ 시효중단의 효과를 원하는 피고가 변론에서 시효중단의 주장을 하지 아니하는 한, 피고의 응소행위가 있었다는 사정만으로 당연히 시효중단의 효력이 발생한다고 할 수 없다.

① ㉠, ㉡, ㉣ ② ㉡, ㉢, ㉣
③ ㉢, ㉣, ㉤ ④ ㉡, ㉣
⑤ ㉠, ㉣, ㉤ ⑥ ㉡, ㉣, ㉤
⑦ ㉡   ⑧ ㉢, ㉤

해설

㉠ [正] 계약체결의무 불이행으로 인한 손해배상청구권의 소멸시효기간 및 기산점을 묻는 지문이다. 계약체결의무 불이행으로 인한 손해배상청구권은 계약이 체결되었을 때에

취득하게 될 계약상의 청구권과 실질적으로 동일하므로 그 청구권의 성질에 따라 시효기간이 결정된다는 것이 판례이다. 한편 채무불이행으로 인한 손해배상청구권은 채무불이행시로부터 소멸시효기간이 진행한다는 것이 판례의 입장이다.

[大判 2005. 1. 14. 2002다57119] [1] 우수현상광고의 광고자로서 당선자에게 일정한 계약을 체결할 의무가 있는 자가 그 의무를 위반함으로써 계약의 종국적인 체결에 이르지 않게 되어 상대방이 그러한 계약체결의무의 채무불이행을 원인으로 하는 손해배상을 청구한 경우 그 손해배상청구권은 <u>계약이 체결되었을 경우에 취득하게 될 계약상의 이행청구권과 실질적이고 경제적으로 밀접한 관계가 형성되어 있기 때문에, 그 손해배상청구권의 소멸시효기간은 계약이 체결되었을 때 취득하게 될 이행청구권에 적용되는 소멸시효기간에 따른다.</u> [2] 우수현상광고의 당선자가 광고주에 대하여 우수작으로 판정된 계획설계에 기초하여 기본 및 실시설계계약의 체결을 청구할 수 있는 권리를 가지고 있는 경우, 이러한 청구권에 기하여 계약이 체결되었을 경우에 취득하게 될 계약상의 이행청구권은 "설계에 종사하는 자의 공사에 관한 채권"으로서 이에 관하여는 민법 제163조 제3호 소정의 3년의 단기소멸시효가 적용되므로, 위의 기본 및 실시설계계약의 체결의무의 불이행으로 인한 손해배상청구권의 소멸시효 역시 3년의 단기소멸시효가 적용된다고 한 사례. [3] <u>채무불이행으로 인한 손해배상청구권의 소멸시효는 채무불이행시로부터 진행한다.</u>

ⓒ [誤] 권리발생사실을 권리자가 알지 못하였다는 사실 혹은 알지 못하는 데에 과실이 없었다는 사실은 권리행사를 방해하는 법률적 장애사유라고 볼 수는 없다. 그러나 권리발생사실을 알기 어려운 객관적 사정이 존재하고 있는 경우에도 이를 단순한 사실적 장애사유로 파악하여 소멸시효기간이 진행된다고 하면 권리자에게 지나치게 가혹한 결과를 초래한다. 판례도 이와 같은 경우에는 예외를 인정하고 있다. 즉 권리발생사실을 알기 어려운 객관적인 사정이 있고, 권리자가 권리발생사실을 알지 못했을 뿐만 아니라 알지 못한 데에 과실이 없는 경우에는 이를 법률적 장애로 보아 권리자가 권리발생사실을 알았거나 알 수 있었던 때로부터 소멸시효가 진행된다고 본다.

[大判 2005. 12. 23. 2005다59383·59390] 보험금청구권은 보험사고가 발생하기 전에는 추상적인 권리에 지나지 아니할 뿐 보험사고의 발생으로 인하여 구체적인 권리로 확정되어 그때부터 그 권리를 행사할 수 있게 되는 것이므로, 특별한 다른 사정이 없는 한 원칙적으로 보험금액청구권의 소멸시효는 보험사고가 발생한 때로부터 진행한다고 해석해야 할 것이고, 다만 보험사고가 발생한 것인지의 여부가 객관적으로 분명하지 아니하여 보험금청구권자가 과실 없이 보험사고의 발생을 알 수 없었던 경우에도 보험사고가 발생한 때로부터 보험금청구권의 소멸시효가 진행한다고 해석하는 것은, 보험금청구권자에게 너무 가혹하여 사회정의와 형평의 이념에 반할 뿐만 아니라 소멸시효제도의 존재이유에 부합된다고 볼 수도 없으므로 이와 같이 <u>객관적으로 보아 보험사고가 발생한 사실을 확인할 수 없는 사정이 있는 경우에는 보험금청구권자가 보험사고의 발생을 알았거나 알 수 있었던 때로부터 보험금액청구권의 소멸시효가 진행한다.</u>

ⓒ [正] [大判 2004. 2. 13. 2002다7213] 원고의 근저당권설정등기청구권의 행사는 그 피담보채권이 될 금전채권의 실현을 목적으로 하는 것으로서, 근저당권설정등기청구의 소

에는 그 피담보채권이 될 채권의 존재에 관한 주장이 당연히 포함되어 있는 것이고, 피고로서도 원고가 원심에 이르러 금전지급을 구하는 청구를 추가하기 전부터 피담보채권이 될 금전채권의 소멸을 항변으로 주장하여 <u>그 채권의 존부에 관한 실질적 심리가 이루어져 그 존부가 확인된 이상</u>, 그 피담보채권이 될 채권으로 주장되고 심리된 채권에 관하여는 <u>근저당권설정등기청구의 소의 제기에 의하여 피담보채권이 될 채권에 관한 권리의 행사가 있은 것으로 볼 수 있으므로, 근저당권설정등기청구의 소의 제기는 그 피담보채권의 재판상의 청구에 준하는 것으로서 피담보채권에 대한 소멸시효 중단의 효력을 생기게 한다</u>고 봄이 상당하다.

ⓔ [誤] [大判 2006. 6. 16, 2005다25632] 소멸시효제도 특히 시효중단제도는 그 제도의 취지에 비추어 볼 때 이에 관한 기산점이나 만료점은 원권리자를 위하여 너그럽게 해석하는 것이 상당하다 할 것이므로, 민법 제174조 소정의 시효중단사유로서의 최고에 있어서 채무이행을 최고받은 채무자가 그 이행의무의 존부 등에 대하여 조사를 해 볼 필요가 있다는 이유로 채권자에 대하여 그 이행의 유예를 구한 경우에는 채권자가 그 회답을 받을 때까지는 최고의 효력이 계속된다고 보아야 하고, 따라서 같은 조에 규정된 <u>6월의 기간은 채권자가 채무자로부터 회답을 받은 때로부터 기산되는 것이라고 해석하여야</u> 할 것이다.

ⓜ [正] 응소로 인하여 시효가 중단되었다는 사실의 주장이 없는 한 법원은 시효중단의 효과를 인정할 수 없다는 것이 판례의 태도이다. 즉 시효중단사실은 변론주의의 적용 대상이 되는 주요사실이라고 본다.
[大判 2003. 6. 13, 2003다17927 · 17934] 시효를 주장하는 자가 원고가 되어 소를 제기한 경우에 있어서, 피고가 응소행위를 하였다고 하여 바로 시효중단의 효과가 발생하는 것은 아니고, <u>변론주의 원칙상 시효중단의 효과를 원하는 피고로서는 당해 소송 또는 다른 소송에서의 응소행위로서 시효가 중단되었다고 주장하지 않으면 아니 되고</u>, 피고가 변론에서 시효중단의 주장 또는 이러한 취지가 포함되었다고 볼 만한 주장을 하지 아니하는 한, 피고의 응소행위가 있었다는 사정만으로 당연히 시효중단의 효력이 발생한다고 할 수는 없는 것이나, 응소행위로 인한 시효중단의 주장은 취득시효가 완성된 후라도 사실심 변론종결 전에는 언제든지 할 수 있다.

정답 ④

8. 배점 2 다음 중 옳은 것은? [08년]

① 재판상의 청구는 소송의 각하·취하의 경우에는 시효중단의 효력이 없으나, 기각의 경우에는 실질적인 판단이 이루어졌으므로 시효중단의 효력이 있다.
② 유치권은 점유의 상실로 인하여 소멸하는데, 유치권을 행사하고 있는 동안은 채권의 소멸시효가 중단된다.
③ 시효의 중단은 당사자 및 그 승계인간에만 효력이 있지만, 주채무자에 대한 시효중단은 보증인에 대하여 그 효력이 있다.
④ 이해관계 없는 제3자는 채무자의 의사에 반하여 채무를 인수하지 못하지만, 변제는

⑤ 태아는 손해배상청구권이나 상속순위에 관하여 이미 출생한 것으로 보지만, 태아에게 인지청구권이 인정되지 않을 뿐만 아니라 부(父)가 태아를 인지할 수도 없다.

해설

① [誤] 재판상의 청구는 소송의 각하, 기각 또는 취하의 경우에는 시효중단의 효력이 없다(민법 제170조 제1항).
② [誤] 유치권의 행사는 채권의 소멸시효의 진행에 영향을 미치지 아니한다(민법 제326조).
③ [正] 주채무자에 대한 시효의 중단은 보증인에 대하여 그 효력이 있다(민법 제440조).
④ [誤] 이해관계 없는 제3자는 채무자의 의사에 반하여 변제하지 못한다(민법 제469조 제2항).
⑤ [誤] 부는 포태 중에 있는 자에 대하여도 이를 인지할 수 있다(민법 제858조).

정답 ③

9. 배점 3 소멸시효의 중단에 관한 설명 중 옳은 것을 모두 고른 것은? (다툼 있으면 판례에 의함) [11년]

ㄱ. 甲과 乙이 丙에 대해 부진정연대채무를 부담하고 있는 경우, 丙의 甲에 대한 이행의 청구는 乙의 채무에 대해 시효중단의 효력이 발생하지 않는다.
ㄴ. 금전의 급부를 목적으로 하는 국가의 채권에 대하여 적법한 납입의 고지가 있으면 그 채권의 발생원인이 공법상의 것이건 사법상의 것이건 관계없이 시효중단의 효력이 발생한다.
ㄷ. 한 개의 채권 중 일부에 관하여만 판결을 구한다는 취지를 명백히 하여 소송을 제기한 경우에는 소제기에 의한 소멸시효중단의 효력이 그 일부에 관하여만 발생하지만, 그 취지로 보아 채권 전부에 관하여 판결을 구하는 것으로 해석된다면 그 청구액을 소송물인 채권의 전부로 보아야 하고, 이러한 경우에는 그 채권의 동일성의 범위 내에서 그 전부에 관하여 시효중단의 효력이 발생한다.
ㄹ. 교직원의 학교법인을 상대로 한 의원면직처분 무효확인청구의 소도 교직원의 학교법인에 대한 급여청구의 한 실현수단이 될 수 있어 소멸시효의 중단사유인 재판상 청구에 해당한다.
ㅁ. 형사소송에서「소송촉진 등에 관한 특례법」에서 정한 배상명령을 신청한 경우를 제외하고는, 피해자가 가해자를 상대로 고소하거나 그 고소에 기하여 형사재판이 개시되어도 이를 소멸시효의 중단사유인 재판상 청구로 볼 수 없다.

① ㄱ, ㄴ, ㄷ   ② ㄴ, ㄷ, ㄹ   ③ ㄴ, ㄷ, ㅁ
④ ㄷ, ㄹ, ㅁ   ⑤ ㄱ, ㄴ, ㄷ, ㄹ, ㅁ   ⑥ ㄱ, ㄴ, ㄷ, ㅁ
⑦ ㄱ, ㄴ, ㄹ   ⑧ ㄴ, ㄷ, ㄹ, ㅁ

ㄱ. [正] 부진정연대채무자 1인에 대한 이행청구가 다른 부진정연대채무자에게 절대적 효력을 가지는지 여부를 묻는 지문이다. 부진정연대채무에서는 채권의 목적을 달성하는 사유인 변제, 대물변제, 변제공탁, 상계 등이 절대적 효력을 가지며, 연대채무의 절대적 효력사유인 이행청구는 부진정연대채무에서는 상대적 효력사유에 불과하다. 따라서 다른 부진정연대채무의 채무에 대해서는 시효중단의 효력이 발생하지 않는다.
[大判 1997. 9. 12, 95다42027] 부진정연대채무에 있어 채무자 1인에 대한 이행의 청구는 타 채무자에 대하여 그 효력이 미치지 않으므로, 하천구역으로 편입된 토지의 소유자가 서울특별시장에게 보상금지급 청구를 하였다 하더라도 부진정연대채무관계에 있는 국가에 대하여 시효중단의 효과가 발생한다고 할 수 없다.

ㄴ. [正] 납입고지가 시효중단 사유가 되는지 여부를 묻는 지문이다. 적법한 납입의 고지는 이행청구로서 시효중단 사유가 된다(제168조 제1호).
[大判 1985. 2. 13, 84누649] 납세고지에 의하여 시효가 중단되는 부분은 납세고지된 부분 및 그 액수에 한정되고 남은 세액에 대한 조세부과 전에 대하여는 시효가 중단됨이 없이 진행한다.

ㄷ. [正] 일부청구로 인한 시효중단의 범위를 묻는 지문이다. 가분적 채권의 일부를 소송상 청구한 경우, 일부만이 중단의 대상이 되는지 아니면 채권의 동일성이 인정되는 전부에 중단의 효력이 미치는지를 묻고 있다. 대법원은 일부청구한 사람의 의사가 전부에 관한 판결을 구하는지 여부에 따라 중단의 범위를 결정한다. 일부만을 심판의 대상으로 삼아 그 부분에 관해서만 판결을 구하는 것이라면 일부에 중단의 효력이 미치고, 나머지 부분의 소멸시효는 진행되지만, 그렇지 아니한 경우에는 전부에 중단의 효력이 미친다는 입장이다.
[大判 1992. 4. 10, 91다43695] 한 개의 채권 중 일부에 관하여만 판결을 구한다는 취지를 명백히 하여 소송을 제기한 경우에는 소제기에 의한 소멸시효중단의 효력이 그 일부에 관하여만 발생하고, 나머지 부분에는 발생하지 아니하지만 비록 그 중 일부만을 청구한 경우에도 그 취지로 보아 채권 전부에 관하여 판결을 구하는 것으로 해석된다면 그 청구액을 소송물인 채권의 전부로 보아야 하고, 이러한 경우에는 그 채권의 동일성의 범위 내에서 그 전부에 관하여 시효중단의 효력이 발생한다고 해석함이 상당하다(필자 註 : 신체의 훼손으로 인한 손해의 배상을 청구하는 사건에서는 그 손해액을 확정하기 위하여 통상 법원의 신체감정을 필요로 하기 때문에 앞으로 그러한 절차를 거친 후 그 결과에 따라 청구금액을 확장하겠다는 뜻을 소장에 객관적으로 명백히 표시한 경우에는 그 소제기에 따른 시효중단의 효력은 소장에 기재된 일부 청구액뿐만 아니라 그 손해배상청구권 전부에 대하여 미친다고 한 사례).

ㄹ. [正] 기본적 법률관계 확인청구가 파생적 권리의 소멸시효 중단사유인 재판상 청구에 해당하는지 여부를 묻는 지문이다. 그 확인청구가 파생적 권리를 실현하는 수단으로서의 의미를 가지는 경우라면 파생적 권리의 소멸시효 중단사유인 재판상 청구에 해당한다고 보는 것이 대법원의 입장이다. 의원면직처분 무효확인청구는 면직처분 이

후 근로관계가 존속함을 전제로 하는 급여청구의 실현수단으로서의 의미를 가진다. 따라서 급여청구권의 소멸시효 중단사유에 해당한다.
[大判 1978. 4. 11. 77다2509] 파면처분무효확인의 소는 보수금채권을 실현하는 수단이라는 성질을 가지고 있으므로 보수금채권 자체에 관한 이행소송을 제기하지 않았다 하더라도 위 소의 제기에 의하여 보수금채권에 대한 시효는 중단된다.

ㅁ. [正] 형사소송의 개시가 소멸시효 중단사유인 재판상 청구에 해당하는지 여부를 묻는 지문이다. 이는 결국 소멸시효 중단사유인 재판상 청구의 의미를 묻는 것이다. 재판상 청구란 소멸시효의 대상인 권리를 재판절차에서 적극적으로 행사하는 것을 말한다. 형사소송이 개시되었다고 하여 형사피해자의 손해배상청구권이 적극적으로 행사된 것으로 볼 수는 없으므로 배상명령신청을 통한 적극적 권리행사가 있었던 경우를 제외한다면 형사피해자의 손해배상청구권의 소멸시효 중단사유인 재판상 청구에 해당한다고 볼 수는 없다.
[大判 1999. 3. 12. 98다18124] 형사소송은 피고인에 대한 국가형벌권의 행사를 그 목적으로 하는 것이므로, 피해자가 형사소송에서 소송촉진 등에 관한 특례법에서 정한 배상명령을 신청한 경우를 제외하고는 단지 피해자가 가해자를 상대로 고소하거나 그 고소에 기하여 형사재판이 개시되어도 이를 가지고 소멸시효의 중단사유인 재판상의 청구로 볼 수는 없다.

정답 ⑤

10. 배점 2 甲의 乙에 대한 500만원의 채권은 소멸시효가 완성되었다. 그 후 乙이 甲에게 500만원을 지급하여 채무를 변제한 경우에 관한 설명 중 옳지 않은 것을 모두 고른 것은? [09년]

㉠ 절대적 소멸설과 상대적 소멸설 어느 학설에 의하든 乙은 甲에게 500만원의 반환청구를 할 수 없다.
㉡ 乙이 시효가 완성된 사실을 모르고 변제한 경우, 절대적 소멸설에 의하면 甲에게 그 반환을 청구할 수 있다.
㉢ 乙이 시효가 완성된 사실을 알고 변제한 경우, 절대적 소멸설에 의하면 비채변제가 되어 甲에게 그 반환을 청구할 수 있다.
㉣ 乙이 시효가 완성된 사실을 모르고 변제한 경우, 상대적 소멸설에 의하면 비채변제가 되어 甲에게 그 반환을 청구할 수 있다.
㉤ 乙이 시효가 완성된 사실을 알고 변제한 경우, 상대적 소멸설에 의하면 유효한 변제가 되어 甲에게 그 반환을 청구할 수 없다.

① ㉠, ㉡ ② ㉠, ㉤ ③ ㉡, ㉢
④ ㉡, ㉢, ㉣ ⑤ ㉢, ㉣, ㉤

해설

* 소멸시효 완성의 효과에 관한 상대적 소멸설과 절대적 소멸설의 입장을 종합적으로 묻는 문제이다.

㉠ [正] 채권의 소멸시효가 완성된 후 채무자가 변제하였을 경우 채무자가 변제한 것에 관하여 부당이득반환을 청구할 수 있는가에 관해서 절대적 소멸설을 따르든 상대적 소멸설을 따르든 허용되지 아니한다. 다만 그 이론구성이 달라진다. 절대적 소멸설에 따르면, 소멸시효가 완성된 후 채무자가 변제하였다면 이는 비채변제이나 소멸시효가 완성된 사실을 알고 있는 채무자가 변제하였다면 악의의 비채변제로 그 반환청구가 허용되지 아니하며(제742조), 소멸시효가 완성된 사실을 알지 못하고 채무자가 변제하였다면 도의관념에 적합한 비채변제로 그 반환청구가 허용되지 아니한다(제744조). 한편 상대적 소멸설에 따르면 채무자의 변제는 정당한 변제로 부당이득반환의 문제는 발생하지 아니한다.

㉡ [誤] 도의관념에 적합한 비채변제로 그 반환을 청구할 수 없다.

㉢ [誤] 악의의 비채변제로 그 반환을 청구할 수 없다.

㉣ [誤] ㉤ [正] 정당한 변제이기 때문에 그 반환을 청구할 수 없다.

정답 ④

2012 사법시험대비 민법 기출문제 완전분석

제2편
물권법

2012 사법시험대비 민법 기출문제 완전분석

제1장　물권의 변동
제2장　기본물권
제3장　용익물권
제4장　담보물권

제1장 물권의 변동

1. 배점 3 물권적 청구권에 관한 설명 중 옳은 것을 모두 고른 것은? (다툼 있으면 판례에 의함) [11년]

ㄱ. 물권적 청구권은 물권의 완전한 실현을 확보하기 위한 것으로서, 담보물권인 저당권에도 방해배제청구권이 인정된다.
ㄴ. 점유권에 기한 점유물 반환청구권은 그 행사기간에 제한이 있으나, 소유권에 기한 소유물 반환청구권은 그 행사기간에 제한이 없다.
ㄷ. 민법은 질권에 관하여 물권적 청구권에 관한 명문의 규정을 두고 있지 않은바, 질권자가 질물을 잃어버리거나 타인의 사기에 의하여 질물을 타인에게 인도하여 준 경우, 질권자는 현재 질물을 점유하는 자에게 1년 내에 점유권에 기한 점유보호청구권을 행사하여 질물의 반환을 청구할 수 있다.
ㄹ. 직접점유자가 점유를 침탈당한 경우, 간접점유자는 그 물건을 직접점유자에게 반환하도록 청구할 수 있으나, 직접점유자가 그 물건의 반환을 받을 수 없거나 이를 원하지 아니하는 때에는 간접점유자 자신에게 반환하도록 청구할 수 없다.
ㅁ. 점유를 침탈당한 경우, 그 목적물을 선의의 제3자가 침탈자로부터 특별승계한 때에는 점유자는 그 특별승계인에게 점유권에 기하여 점유물 반환청구권을 행사할 수 없다.

① ㄱ, ㄴ, ㄷ, ㄹ ② ㄱ, ㄹ, ㅁ
③ ㄷ, ㄹ, ㅁ ④ ㄱ, ㄴ
⑤ ㄱ, ㄴ, ㅁ ⑥ ㄱ, ㄴ, ㄹ
⑦ ㄴ, ㄹ, ㅁ ⑧ ㄴ, ㄷ, ㄹ, ㅁ

해설

ㄱ. [正] 저당권에 기초한 방해배제청구권이 인정되는지 여부를 묻는 지문이다. 저당권도 물권이고, 물권적 청구권은 물권의 본질적 속성으로 인정된다. 다만, 반환청구권은 인정되지 아니하며 방해배제·예방청구권만이 인정될 뿐이다(제370조, 제214조).

ㄴ. [正] 물권적 청구권의 행사기간을 묻는 지문이다. 소유권에 기초한 물권적 청구권은 그 행사기간을 법으로 정하고 있지 않다(제213조, 제214조). 소멸시효의 대상이 될 수 있는지는 논란이 될 수 있으나, 대법원은 소멸시효의 대상이 되지도 않는다는 입장이다. 결국 소유권에 기초한 물권적 청구권은 행사기간의 제한을 받지 않는다. 반면 점유권에 기초한 물권적 청구권은 행사기간을 법으로 제한하고 있다(제204 내지 제206조).

ㄷ. [誤] 질물의 점유를 상실한 질권자의 점유물반환청구의 요건을 묻는 지문이다. 점유를 침탈당한 점유자가 점유물반환청구를 할 수 있다. 점유침탈에 해당하기 위해서는 의사에 반하는 점유상실이 있어야 한다. 사기에 의하여 점유를 상실한 경우에는 점유침탈에 해당하지 않는다. 하자 있는 의사이기는 하지만, 점유자의 의사에 의하여 점유가 이전된 것이기 때문이다.
[大判 1992. 2. 28, 91다17443] 사기의 의사표시에 의해 건물을 명도해 준 것이라면 건물의 점유를 침탈당한 것이 아니므로 피해자는 점유회수의 소권을 가진다고 할 수 없다.

ㄹ. [誤] 간접점유자의 점유물반환청구의 방법을 묻는 지문이다. 간접점유자도 점유보호청구권을 행사할 수 있다(제207조 제1항). 점유자가 점유의 침탈을 당한 경우에 간접점유자는 그 물건을 점유자에게 반환할 것을 청구할 수 있고, 점유자가 그 물건의 반환을 받을 수 없거나 이를 원하지 아니하는 때에는 자기에게 반환할 것을 청구할 수 있다(제207조 제2항).

ㅁ. [正] 점유침탈자로부터 선의로 점유를 승계한 제3자에 대하여 점유물반환을 청구할 수 있는지 여부를 묻는 지문이다. 점유물반환청구권은 침탈자의 특별승계인에 대하여는 행사하지 못한다. 그러나 승계인이 악의인 때에는 그러하지 아니하다(제204조 제2항).

정답 ⑤

2. 甲이 자신의 소유인 A토지를 乙에게 매도하고 인도하였으며, 乙이 위 토지를 丙에게 순차 매도하고 인도한 경우의 법률관계에 관한 설명 중 옳은 것은?(다툼 있으면 판례에 의함) [06년]

① 위 사례에서 아직 A토지에 관한 소유권이전등기가 乙이나 丙에게 경료되지 않았다면, 甲은 자신과 아무런 계약관계가 없는 丙에 대하여 소유권에 기하여 A토지의 반환을 청구할 수 있다.
② 甲·乙·丙 전원이 중간생략등기의 합의를 한 후에 甲과 乙 사이에 매매대금을 인상하기로 약정한 경우, 그 후 丙이 甲에 대하여 소유권이전등기의 이행을 청구하였다면, 甲은 乙이 인상된 매매대금을 지급하지 않았음을 이유로 丙 명의로의 소유권이전등기의무의 이행을 거절할 수 있다.
③ 甲·乙·丙 전원이 중간생략등기의 합의를 하였다면 乙의 甲에 대한 소유권이전등기청구권은 소멸하므로, 丙은 乙의 甲에 대한 소유권이전등기청구권을 대위행사할 수 없다.
④ A토지가 토지거래허가구역내의 토지인 경우, 甲·乙·丙 전원이 중간생략등기의 합의를 하고 甲, 丙을 매매당사자로 하는 토지거래허가를 받아 丙명의의 소유권이전등기를 경료하였다면 그 등기는 유효하다.
⑤ 乙이 甲에 대한 A토지의 소유권이전등기청구권을 丙에게 양도한 후 甲에게 채권양도의 통지를 하였다면, 丙은 乙을 대위하지 않고 甲을 상대로 직접 소유권이전등기를 청구할 수 있다.

해설

① [誤] 乙이나 丙 앞으로 소유권이전등기가 경료되지 않는 한 A토지의 소유자는 甲이다. 甲이 자신과 계약관계가 없는 현재의 점유자인 丙에 대하여 토지의 반환을 청구하기 위해서는 제213조가 정하는 소유물반환청구권의 요건을 충족하여야 한다. 丙이 토지를 점유할 권리를 가지고 있는지에 따라 甲의 토지반환청구가 허용되는지 좌우된다. 丙은 乙과의 매매계약을 기초로 점유하고 있고, 乙은 甲에 대하여 매수인으로서의 지위를 가지고 있다. 매수인은 매매계약의 효력으로서 매매목적물을 점유할 권리를 가진다. 丙의 점유할 권리는 乙의 점유할 권리에 기초하고 있고, 甲은 乙과 매매계약을 체결한 당사자로서 乙의 점유할 권리를 승인하여야 할 지위에 있으므로 丙은 甲에 대하여 점유할 권리를 주장할 수 있다. 결국, 甲의 丙에 대한 소유물반환청구권의 행사는 허용되지 않는다.
[大判(全) 1998. 6. 26. 97다42823] 토지의 매수인이 아직 소유권이전등기를 경료받지 아니하였다 하여도 매매계약의 이행으로 그 토지를 인도받은 때에는 매매계약의 효력으로서 이를 점유·사용할 권리가 생기게 된 것으로 보아야 하고, 또 매수인으로부터 위 토지를 다시 매수한 자는 위와 같은 토지의 점유·사용권을 취득한 것으로 봄이 상당하므로 매도인은 매수인으로부터 다시 위 토지를 매수한 자에 대하여 토지 소유권에 기한 물권적 청구권을 행사할 수 없다.

② [正] 중간생략등기의 합의란 부동산이 전전 매도된 경우 각 매매계약이 유효하게 성립함을 전제로 그 이행의 편의상 최초의 매도인으로부터 최종의 매수인 앞으로 소유권이전등기를 경료하기로 한다는 당사자 사이의 합의에 불과하다. 중간생략등기의 합의가 있다고 하여 최초의 매도인과 최종의 매수인 사이에 어떤 매매계약관계가 성립한다고 할 수 없다. 따라서 중간생략등기 합의로 인하여 각 당사자의 각 원인계약 상의 권리·의무가 어떠한 영향을 받는 것이 아니다. 결국 중간생략등기의 합의가 있다고 하더라도 최초의 매도인은 그 원인계약 상의 항변을 유효적절하게 할 수 있다.
[大判 2005. 4. 29. 2003다66431] 최초 매도인과 중간 매수인, 중간 매수인과 최종 매수인 사이에 순차로 매매계약이 체결되고 이들 간에 중간생략등기의 합의가 있은 후에 최초 매도인과 중간 매수인 간에 매매대금을 인상하는 약정이 체결된 경우, 최초 매도인은 인상된 매매대금이 지급되지 않았음을 이유로 최종 매수인 명의로의 소유권이전등기의무의 이행을 거절할 수 있다.

③ [誤] [大判 1991. 12. 13. 91다18316] 중간생략등기의 합의가 있었다 하더라도 이러한 합의는 중간등기를 생략하여도 당사자 사이에 이의가 없겠고, 또 그 등기의 효력에 영향을 미치지 않겠다는 의미가 있을 뿐이지, 그러한 합의가 있었다 하여 중간매수인의 소유권이전등기 청구권이 소멸된다거나 첫 매도인의 그 매수인에 대한 소유권이전등기의무가 소멸되는 것은 아니라 할 것이다.

④ [誤] 토지거래허가구역 내의 토지에 대하여 중간생략등기의 합의 아래 전전 토지매매가 이루어지고, 최초의 양도인과 최종의 양수인을 매매당사자로 하는 토지거래허가를 받아 소유권이전등기가 경료되었다고 하더라도 최초의 양도인과 최종의 양수인 사이에 적법한 토지매매계약관계가 성립한다고 볼 수 없고, 또한 최초의 양도인과 중간

자, 중간자와 최종의 양수인 사이의 토지매매계약은 적법한 토지거래허가가 없어 무효이므로 최종의 양수인 앞으로 된 중간생략등기는 실체관계에 부합하는 등기가 될 수 없다. 결국 최종의 양수인 앞으로의 소유권이전등기는 무효이다.

[大判 1997. 11. 11, 97다33218] 토지거래허가구역 내의 토지가 토지거래허가 없이 소유자인 최초 매도인으로부터 중간 매수인에게, 다시 중간 매수인으로부터 최종 매수인에게 순차로 매도되었다면 각 매매계약의 당사자는 각각의 매매계약에 관하여 토지거래허가를 받아야 하며, 위 당사자들 사이에 최초의 매도인이 최종 매수인 앞으로 직접 소유권이전등기를 경료하기로 하는 중간생략등기의 합의가 있었다고 하더라도 이러한 중간생략등기의 합의란 부동산이 전전 매도된 경우 각 매매계약이 유효하게 성립함을 전제로 그 이행의 편의상 최초의 매도인으로부터 최종의 매수인 앞으로 소유권이전등기를 경료하기로 한다는 당사자 사이의 합의에 불과할 뿐, 그러한 합의가 있었다고 하여 최초의 매도인과 최종의 매수인 사이에 매매계약이 체결되었다는 것을 의미하는 것은 아니므로 최초의 매도인과 최종 매수인 사이에 매매계약이 체결되었다고 볼 수 없고, 설사 최종 매수인이 자신과 최초 매도인을 매매 당사자로 하는 토지거래허가를 받아 자신 앞으로 소유권이전등기를 경료하였다고 하더라도 이는 적법한 토지거래허가 없이 경료된 등기로서 무효이다.

⑤ [誤] 중간생략등기청구권을 인정할 것인가에 관하여 판례는 3자간의 합의를 기초로 중간생략등기청구권을 인정하는 입장이다. 따라서 중간생략등기에 관한 제3자 사이의 합의가 없다면 최종의 양수인은 비록 중간자의 등기청구권을 양도받고, 채권양도의 대항요건인 양도통지가 있었다고 하더라도 최초의 양도인에 대하여 직접 소유권이전등기청구권을 행사할 수 없다.

[大判 1995. 8. 22, 95다15575] 부동산이 전전 양도된 경우에 중간생략등기의 합의가 없는 한 그 최종 양수인은 최초 양도인에 대하여 직접 자기 명의로의 소유권이전등기를 청구할 수 없고, 부동산의 양도계약이 순차 이루어져 최종 양수인이 중간생략등기의 합의를 이유로 최초 양도인에게 직접 그 소유권이전등기 청구권을 행사하기 위하여는 관계 당사자 전원의 의사합치, 즉 중간생략등기에 대한 최초 양도인과 중간자의 동의가 있는 외에 최초 양도인과 최종 양수인 사이에도 그 중간등기 생략의 합의가 있었음이 요구되므로, 비록 최종 양수인이 중간자로부터 소유권이전등기 청구권을 양도받았다고 하더라도 최초 양도인이 그 양도에 대하여 동의하지 않고 있다면 최종 양수인은 최초 양도인에 대하여 채권양도를 원인으로 하여 소유권이전등기 절차 이행을 청구할 수 없다.

정답 ②

3. 다음 설명 중 옳지 않은 것은?(다툼 있으면 판례에 의함) [04년]

① 신축건물의 물권변동에 관한 등기를 멸실건물의 등기부의 등기부에 등재하여도 그 등기는 무효이고, 설령 신축건물의 소유자가 멸실건물의 등기를 신축건물의 등기로 전용할 의사로써 멸실건물의 등기부상 표시를 신축건물의 내용으로 표시변경등기를 하였더라도 그 등기가 무효임에는 변함이 없다.

② 신축건물의 매도인이 매수인에 대하여 매도건물에 하자가 있을 때에는 책임지고 그에 대한 보수를 해주기로 약정한 경우, 특별한 사정이 없는 한 매도인은 계약 당시 또는 매수인이 인도받은 후에 용이하게 발견할 수 있는 하자뿐만 아니라 건물의 본체 부분의 구조상의 하자로부터 확산된 하자에 대하여도 책임을 져야 한다.
③ 신축건물 소유권 귀속에 관한 별다른 약정없이 수급인의 재료와 노력으로 건축된 경우, 독립한 건물에 해당되는 기성부분에 대하여 수급인은 공사대금을 지급받을 때까지 유치권을 가질 수 없다.
④ 채무의 담보를 위하여 채무자가 자기 비용과 노력으로 신축하는 건물의 건축허가명의를 채권자 명의로 하기로 한 경우, 완성된 건물의 소유권은 채권자가 원시적으로 취득한다.
⑤ 건축공사가 중단되었던 미완성 건물을 인도받아 나머지 공사를 마치고 완공한 경우, 그 건물이 공사가 중단된 시점에서 이미 최소한의 기둥과 지붕 그리고 주벽이 이루어져 있었다면 원래의 건축주가 그 건물의 소유권을 원시취득한다.

해설

① [正] 멸실된 구건물의 등기를 신축건물의 등기로 유용하는 것은 허용되지 않는다. 멸실건물의 등기를 가지고는 신축된 건물을 공시할 수 없기 때문이다.
[大判 1976. 10. 26, 75다2211] 기존건물이 멸실된 후 그곳에 새로이 건축한 건물의 물권변동에 관한 등기를 멸실된 건물의 등기부에 하여도 이는 진실에 부합하지 아니하는 것이고 비록 당사자가 멸실건물의 등기로서 신축된 건물의 등기에 갈음할 의사를 가졌다 하여도 그 등기는 무효이니 이미 멸실된 건물에 대한 근저당권설정등기에 신축된 건물에 대한 근저당권이 설정되었다고는 할 수 없으며 그 등기에 기하여 진행된 경매에서 신축된 건물을 경락받았다 하더라도 그로써 소유권취득을 내세울 수는 없다.
② [正] [大判 1993. 11. 23, 92다38980] 신축건물이나 신축한 지 얼마 되지 않아 그와 다름 없는 건물을 매도하는 매도인이 매수인에 대하여 매도건물에 하자가 있을 때에는 책임지고 그에 대한 보수를 해 주기로 약정한 경우 특별한 사정이 없는 한 매도인은 하자 없는 완전한 건물을 매매한 것을 보증하였다고 할 것이므로 매도인은 계약 당시 또는 매수인이 인도받은 후에 용이하게 발견할 수 있는 하자뿐만 아니라 건물의 본체 부분의 구조상의 하자 특히 품질이 떨어지는 재료를 사용하는 등 날림공사로 인한 하자 등 바로 발견할 수 없는 하자는 물론 당초의 하자로부터 확산된 하자에 대하여도 책임을 져야 한다.
③ [正] [大判 1993. 3. 26, 91다14116] 유치권은 타물권인 점에 비추어 볼 때 수급인의 재료와 노력으로 건축되었고 독립한 건물에 해당되는 기성부분은 수급인의 소유라 할 것이므로 수급인은 공사대금을 지급받을 때까지 이에 대하여 유치권을 가질 수 없다.
④ [誤] 완성된 건물은 신축자가 원시취득하며, 건축허가명의인 채권자가 보존등기를 한 때에는 채권자에게 담보목적으로 위 소유권이 이전된다는 것이 판례의 입장이다.
[大判 2002. 4. 26, 2000다16350] 건축업자가 타인의 대지를 매수하여 그 대금을 지급

하지 아니한 채 그 위에 자기의 노력과 재료를 들여 건물을 건축하면서 건축허가 명의를 대지소유자로 한 경우에는, 부동산등기법 제131조의 규정에 의하여 특별한 사정이 없는 한 건축허가명의인 앞으로 소유권보존등기를 할 수밖에 없는 점에 비추어 볼 때, 그 목적이 대지대금 채무를 담보하기 위한 경우가 일반적이라 할 것이고, 이 경우 완성된 건물의 소유권은 일단 이를 건축한 채무자가 원시적으로 취득한 후 채권자 명의로 소유권보존등기를 마침으로써 담보 목적의 범위 내에서 위 채권자에게 그 소유권이 이전된다고 보아야 한다.

⑤ [正] [大判 1998. 9. 22, 98다26194] 건축주의 사정으로 건축공사가 중단되었던 미완성의 건물을 인도받아 나머지 공사를 마치고 완공한 경우, 공사가 중단된 시점에서 사회통념상 독립한 건물이라고 볼 수 있는 형태와 구조를 갖추고 있었다면 원래의 건축주가 그 건물의 소유권을 원시취득한다.

정답 ④

4. 배점 3 물권변동에 관한 설명 중 옳은 것을 모두 고른 것은? (다툼 있으면 판례에 의함) [10년]

ㄱ. 부동산에 부합한 물건이 사실상 분리·복구가 불가능하여 거래상 독립한 권리의 객체성을 상실하고 그 부동산과 일체를 이루는 구성부분이 되었더라도 타인이 권원에 의하여 부속시켰다면 부동산 소유자가 그 물건의 소유권을 취득하지 못한다.

ㄴ. 채무자가 직접점유하는 물건을 채권자가 간접점유하는 경우에도 채권자는 그 물건에 대하여 유치권을 행사할 수 있다.

ㄷ. 승역지 소유자가 개설한 통로를 요역지 소유자가 20년 이상 계속 통행한 경우에는 그 후 승역지 소유권이 양도되었더라도 그 양수인에 대해 지역권설정등기를 청구할 수 있다.

ㄹ. 건축업자가 타인의 대지를 매수하여 대금을 지급하지 아니한 채 그 위에 자기의 노력과 재료를 들여 건물을 건축하였으나 매매대금 채무의 담보를 위하여 대지소유자 명의로 건축허가를 받은 경우, 건축업자는 그 건물에 대한 소유권을 원시취득하지 않는다.

ㅁ. 민법상 조합을 구성하고 있는 수인이 건축자금을 공동으로 부담하여 건물을 신축하면서 절차의 편의상 조합 명의로 그 건축허가와 준공검사를 받았다고 하더라도 특별한 사정이 없는 한 그 건물의 소유권은 조합원들이 원시취득한다.

ㅂ. 전세권이 법정갱신된 경우라도 그 등기가 없으면 전세권설정자나 전세목적물을 취득한 제3자에게 대항하지 못한다.

① ㄴ ② ㅁ ③ ㄱ, ㄹ ④ ㄷ, ㅁ
⑤ ㄹ, ㅂ ⑥ ㄱ, ㄴ, ㄷ ⑦ ㄴ, ㄷ, ㅂ ⑧ ㄹ, ㅁ, ㅂ

해 설

ㄱ. **[誤]** 부동산에 결합된 다른 사람의 물건이 독립성을 유지하기 위한 요건, 즉 제256조 단서가 적용되기 위한 요건을 묻는 지문이다. 권원에 의하여 부속된 물건은 독립성을 유지한다. 권원에 의한 부속이라고 하기 위해서는 결합된 물건이 독립한 경제적 효용을 가져 거래상 독립한 물건이 될 수 있어야 한다. 이미 독립한 거래의 객체성을 상실하였다면 권원을 가진 자가 결합시켰다고 하더라도 이는 부동산의 가치를 증대시킨 비용을 지출한 것으로 보아야 하며, 그 물건의 독립성이 유지된다고 할 수 없다.

[大判 2007. 7. 27, 2006다39270·39278] 어떠한 동산이 부동산에 부합된 것으로 인정되기 위해서는 그 동산을 훼손하거나 과다한 비용을 지출하지 않고서는 분리할 수 없을 정도로 부착·합체되었는지 여부 및 그 물리적 구조, 용도와 기능면에서 기존 부동산과는 독립한 경제적 효용을 가지고 거래상 별개의 소유권의 객체가 될 수 있는지 여부 등을 종합하여 판단하여야 할 것이고, <u>부합물에 관한 소유권 귀속의 예외를 규정한 민법 제256조 단서의 규정은 타인이 그 권원에 의하여 부속시킨 물건이라 할지라도 그 부속된 물건이 분리하여 경제적 가치가 있는 경우에 한하여 부속시킨 타인의 권리에 영향이 없다는 취지이지 분리하여도 경제적 가치가 없는 경우에는 원래의 부동산 소유자의 소유에 귀속되는 것이고, 경제적 가치의 판단은 부속시킨 물건에 대한 일반 사회통념상의 경제적 효용의 독립성 유무를 그 기준</u>으로 하여야 한다.

ㄴ. **[誤]** 유치권의 성립요건인 점유를 묻는 지문이다. 유치권자의 점유는 간접점유라도 무방하지만, 채무자를 점유매개자로 하는 간접점유라면 유치권의 유치적 효력이 관철될 수 없기 때문에 유치권이 발생하지 않는다는 것이 대법원 입장이다.

[大判 2008. 4. 11, 2007다27236] 유치권의 성립요건이자 존속요건인 유치권자의 점유는 직접점유이든 간접점유이든 관계가 없으나, 다만 유치권은 목적물을 유치함으로써 채무자의 변제를 간접적으로 강제하는 것을 본체적 효력으로 하는 권리인 점 등에 비추어, 그 직접점유자가 채무자인 경우에는 유치권의 요건으로서의 점유에 해당하지 않는다고 할 것이다.

ㄷ. **[誤]** 지역권을 시효로 취득하기 위한 요건을 묻는 지문이다. 계속되고 표현된 지역권이 취득시효의 대상이 될 수 있다. 통행지역권을 시효로 취득하기 위해서는 지역권을 시효로 취득하려는 요역지 소유자가 승역지 위에 통로를 개설하였을 것을 요건으로 한다는 것이 대법원 입장이다.

[大判 1993. 5. 11, 91다46861] 민법 제294조는 "지역권은 계속되고 표현된 것에 한하여 제245조의 규정을 준용한다."고 규정하고 있으므로 점유로 인한 지역권취득기간의 만료로 통행지역권을 취득하기 위해서는 요역지의 소유자가 타인의 소유인 승역지 위에 통로를 개설하였을 것을 요건으로 한다.

[大判 1990. 10. 30, 90다카20395] 민법 제294조에 의하여 지역권은 계속되고 표현된 것에 한하여 같은 법 제245조의 규정을 준용하게 되어 있으므로 지역권을 시효취득한 자는 등기함으로써 그 지역권을 취득하는 것이라고 보아야 할 것인데 원고가 지

역권을 등기한 바 없고 그 대지는 취득시효 기간이 지난 뒤에 피고가 소유자로부터 매수하여 소유권이전등기까지 경료하였다면 원고가 지역권을 승계취득하였다고 하더라도 피고에 대하여 이를 주장할 수 없다.

ㄹ. [誤] 신축건물의 원시취득자를 묻는 지문이다. 대법원은 그 비용과 노력으로 건물을 신축하는 자가 신축건물의 원시취득자라는 입장이다. 비록 건축업자가 대지소유자 명의로 건축허가를 받았다고 하더라도 이는 신축된 건물을 대지매매대금의 담보로 제공하려는 합의로 볼 수 있을 뿐 그의 비용과 노력으로 건물을 신축한 건축업자가 원시취득자라고 보아야 한다.

[大判 2002. 4. 26, 2000다16350] 건축업자가 타인의 대지를 매수하여 그 대금을 지급하지 아니한 채 그 위에 자기의 노력과 재료를 들여 건물을 건축하면서 건축허가 명의를 대지소유자로 한 경우에는, 부동산등기법 제131조의 규정에 의하여 특별한 사정이 없는 한 건축허가명의인 앞으로 소유권보존등기를 할 수밖에 없는 점에 비추어 볼 때, 그 목적이 대지대금채무를 담보하기 위한 경우가 일반적이라 할 것이고, 이 경우 완성된 건물의 소유권은 일단 이를 건축한 채무자가 원시적으로 취득한 후 채권자 명의로 소유권보존등기를 마침으로써 담보 목적의 범위 내에서 위 채권자에게 그 소유권이 이전된다고 보아야 한다.

ㅁ. [正] 조합원들이 건축자금을 부담하면서 조합명의로 건축허가를 받아 신축한 건물 중에서 조합원들에게 분양된 부분의 원시취득자가 누구인가를 묻는 지문이다. 조합이 비록 비법인사단이라고 하더라도 각 조합원들이 원시취득자가 된다는 것이 대법원 입장이다.

[大判 1995. 1. 24, 94다47797] 주택조합은 그 소유자금으로 조합원의 건물을 신축 분양하는 것이 아니라 공정에 따라 조합원으로부터 각자 부담할 건축자금을 제공받아 조합원의 자금으로 건축하는 것이므로 특단의 사정이 없는 한 건축절차의 편의상 조합명의로 그 건축허가와 준공검사를 받았다고 하더라도 이때부터 그 건물의 소유권(다만 조합주택 중 일반인에게 분양되는 경우의 그 부분 및 복리시설을 별론으로 하여야 한다)은 건축자금의 제공자인 조합원들이 원시취득한 것으로 보아야 한다.

ㅂ. [誤] 전세권의 법정갱신을 제3자에게 주장하기 위해서 전세권 변경등기가 필요한지를 묻는 지문이다. 전세권 법정갱신은 법률규정에 의한 전세권 내용의 변경이므로 등기가 필요한 것은 아니다.

[大判 1989. 7. 11, 88다카21029] 전세권의 법정 갱신(민법 제312조 제4항)은 법률의 규정에 의한 부동산에 관한 물권의 변동이므로 전세권갱신에 관한 등기를 필요로 하지 아니하고 전세권자는 그 등기 없이도 전세권설정자나 그 목적물을 취득한 제3자에 대하여 그 권리를 주장할 수 있다.

정답 ②

5. 소유권이전청구권을 보전하기 위한 가등기에 관한 설명 중 옳지 않은 것은? (다툼 있으면 판례에 의함)

[05년]

① 종중 甲이 그 소유의 X 토지를 종중원 乙에게 명의신탁하고 장래의 소유권이전청구

권을 보전하기 위하여 자신의 명의로 가등기를 경료한 경우, 그 후 甲이 가등기에 기한 본등기 절차에 의하지 아니하고 乙로부터 별도의 소유권이전등기를 경료 받았더라도 혼동의 법리에 의하여 甲의 가등기에 기한 본등기 청구권이 소멸하는 것은 아니다.

② 甲은 乙 소유의 X 건물을 매수하는 계약을 체결하고, 우선 계약금과 중도금을 지급하고 가등기를 한 후 잔금은 차후에 지급하기로 하고 건물을 인도 받아 사용하고 있었으나, 乙이 가등기를 불법 말소한 후 丙에게 소유권이전등기를 하였다. 丙이 甲을 상대로 건물인도 청구소송을 제기한 경우, 甲이 가등기말소의 무효를 주장하며 항변하는 것만으로는 丙의 청구를 거절할 수 없다.

③ X 토지에 대하여 甲의 가등기 후에 乙의 소유권이전등기가 있는 경우, 甲이 가등기에 기하여 소유권이전의 본등기를 한 때에는 등기관은 乙의 소유권이전등기를 직권으로 말소한다.

④ 甲이 乙 소유의 X 토지에 대하여 소유권이전청구권을 보전하기 위한 가등기를 해두었으나 그 후 乙이 丙에게 다시 매도하여 X 토지는 현재 丙 소유로 등기되어 있다. 이 경우 가등기에 기한 본등기 요건을 갖춘 甲의 본등기 청구는 현재의 등기명의자인 丙을 그 상대방으로 하여야 한다.

⑤ 甲이 乙 소유의 X 토지를 매수하는 계약을 체결한 후 가등기 한 상태에서 X 토지에 대한 자기의 권리를 다시 丙에게 양도하고자 할 경우, 가등기상의 권리의 이전등기를 가등기에 대한 부기등기의 형식으로 하여야 한다.

해설

① [正] 가등기권리자가 별도의 소유권이전등기를 경료받아 소유권을 취득하였다고 하더라도 가등기의무자가 부담하던 소유권이전등기의무를 승계하는 것이 아니므로 가등기권리자의 소유권이전등기청구권이 혼동에 의하여 소멸하는 것은 아니다.
[大判 1995. 12. 26. 95다29888] 채권은 채권과 채무가 동일한 주체에 귀속한 때에 한하여 혼동으로 소멸하는 것이 원칙이므로, 어느 특정의 물건에 관한 채권을 가지는 자가 그 물건의 소유자가 되었다는 사정만으로는 채권과 채무가 동일한 주체에 귀속한 경우에 해당한다고 할 수 없어 그 물건에 관한 채권이 혼동으로 소멸하는 것은 아닌바, 토지를 乙에게 명의신탁하고 장차의 소유권이전의 청구권 보전을 위하여 자신의 명의로 가등기를 경료한 甲이, 乙에 대하여 가지는 가등기에 기한 본등기청구권은 채권으로서, 甲이 乙을 상속하거나 乙의 가등기에 기한 본등기 절차 이행의 의무를 인수하지 아니하는 이상, 甲이 가등기에 기한 본등기 절차에 의하지 아니하고 乙로부터 별도의 소유권이전등기를 경료받았다고 하여 혼동의 법리에 의하여 甲의 가등기에 기한 본등기청구권이 소멸하는 것은 아니다.

② [正] 보전가등기는 본등기가 경료되기 전에 가등기인 상태만으로는 아무런 실체법상의 효력을 가지지 않는다. 다만 가등기가 불법말소된 경우, 가등기권리자는 위법하게 말소된 가등기의 회복등기를 청구할 수 있다. 그러나 가등기권리자는 가등기의무자에

대한 채권자에 불과하므로 가등기의무자로부터 소유권을 취득한 물권자에 대하여 인도를 거절할 수 없다.
[大判 1970. 3. 10, 69다1669] 가등기권리자는 가등기만으로서는 자기의 물권취득의 효력을 주장할 수 없음이 명백하므로 가등기후의 소유권 취득의 본등기 명의인인 원고의 소유권을 부정할 수 없음이 법리상 당연한 바이므로 본등기의 요건을 구비한 가등기권리자는 아직 본등기전이라도 제3자에게 대항할 수 있고 제3자의 권리를 부인할 수 있다는 상고논지는 이유 없다.

③ [正] [大決 1962. 12. 24, 4294민재항675] 가등기 후에 제3자에게 소유권이전의 본등기가 된 경우에 가등기권리자는 본등기를 경료하지 아니하고는 가등기 이후의 본등기의 말소를 청구할 수 없다. 이 경우에 가등기권리자는 가등기의무자인 전소유자를 상대로 본등기청구권을 행사할 것이고, 제3자를 상대로 할 것이 아니다. 가등기권리자가 소유권이전의 본등기를 한 경우에는 등기공무원은 부동산등기법 제175조 제1항, 제55조 제2호에 의하여 가등기 이후에 한 제3자의 본등기를 직권말소할 수 있다.

④ [誤] 가등기에 기한 본등기청구의 상대방에 관해서는 견해의 대립이 있다. 판례는 가등기의무자가 본등기청구의 상대방이 된다는 입장을 취하고 있다. 따라서 가등기 후에 중간처분등기가 있는 경우에도 가등기에 기한 본등기청구의 상대방은 가등기의무자이지 현재의 소유자인 중간처분등기명의자가 아니다. ③의 대법원결정 참고.

⑤ [正] [大判(全) 1998. 11. 19, 98다24105] 가등기는 원래 순위를 확보하는 데에 그 목적이 있으나, 순위 보전의 대상이 되는 물권변동의 청구권은 그 성질상 양도될 수 있는 재산권일 뿐만 아니라 가등기로 인하여 그 권리가 공시되어 결과적으로 공시방법까지 마련된 셈이므로, 이를 양도한 경우에는 양도인과 양수인의 공동신청으로 그 가등기상의 권리의 이전등기를 가등기에 대한 부기등기의 형식으로 경료할 수 있다고 보아야 한다.

정답 ④

6. 등기청구권의 법적 성질이 물권적 청구권인 경우는?(다툼 있으면 판례에 의함) [02년]

① 甲이 乙 명의로 근저당권을 설정한 자기 소유의 부동산을 丙에게 매도하고 소유권이전등기를 한 다음, 甲이 피담보채권의 소멸을 이유로 乙에게 근저당권설정등기의 말소를 청구하는 경우
② 부동산을 매수하고 인도받은 자가 매도인에 대해 소유권이전등기를 청구하는 경우
③ 부동산 점유취득시효가 완성된 후 점유자가 등기명의자에 대해 소유권이전등기를 청구하는 경우
④ 甲이 乙에게 부동산을 매도하고 소유권이전등기를 하였다가 매매계약이 합의해제된 후 甲이 乙에게 소유권이전등기의 말소를 청구하는 경우
⑤ 민법 시행(1960. 1. 1.) 전에 부동산을 매수한 자가 민법 시행 후 6년이 지나 매도인에게 소유권이전등기를 청구하는 경우

■ 물 권 법 ■ 143

해설

① [誤] 채권적 청구권이다. 근저당권을 설정하였던 종전의 소유자가 피담보채권의 소멸을 이유로 근저당권자에 대하여 등기말소를 청구하는 경우는 현재 물권자가 아닌 자의 등기청구이므로 이를 인정한다면 그 등기청구권은 채권적 성질을 띨 수밖에 없을 것이다. 이에 대하여 판례는 종전의 소유자의 등기청구를 허용하고 있고, 그 근거를 종전의 소유자였던 점에서 찾지 아니하고, 근저당권설정자의 지위를 가지고 있었다는 점에서 찾는다. 즉, 근저당권설정계약상의 채권적 등기청구권은 여전히 종전의 소유자가 가지고 있다는 것이다.

[大判 1994. 1. 25. 93다16338] 근저당권이 설정된 후에 그 부동산의 소유권이 제3자에게 이전된 경우에는 현재의 소유자가 자신의 소유권에 기하여 피담보채무의 소멸을 원인으로 그 근저당권설정등기의 말소를 청구할 수 있음은 물론이지만, 근저당권설정자인 종전의 소유자도 근저당권설정계약의 당사자로서 근저당권소멸에 따른 원상회복으로 근저당권자에게 근저당권설정등기의 말소를 구할 수 있는 계약상 권리가 있으므로 이러한 계약상 권리에 터잡아 근저당권자에게 피담보채무의 소멸을 이유로 하여 그 근저당권설정등기의 말소를 청구할 수 있다고 봄이 상당하고, 목적물의 소유권을 상실하였다는 이유만으로 그러한 권리를 행사할 수 없다고 볼 것은 아니다.

② [誤] 채권적 청구권이다. 부동산매수인의 등기청구권은 매매계약으로부터 도출된다고 보는 것이 판례의 태도이다. 결국, 매매계약이라는 채권행위로부터 도출되는 채권적 청구권이라는 것이다. 다만, 통상의 채권적 청구권과는 달리 이미 인도받아 사용하는 경우에는 소멸시효의 대상이 되지 아니한다는 것이 판례이다.

③ [誤] 채권적 청구권이다. 부동산 점유취득시효 완성자의 등기청구권은 법률의 규정에 의하여 발생하는 등기청구권이나, 민법 제245조 제1항이 등기함으로써 소유권을 취득한다고 규정하고 있는 취지에 비추어 그 성질은 채권적 청구권이라고 보는 것이 통설과 판례의 태도이다.

④ [正] 물권적 청구권이다. 매매계약의 합의해제 후 매도인의 등기말소청구권은 물권적 청구권이다. 합의해제는 해제권의 행사와는 달리 계약당사자의 새로운 계약으로서 해제권 행사에 관한 민법규정이 합의해제에 당연히 적용되는 것은 아니다. 그러나 합의해제가 새로운 계약이라고 해서 합의해제 후 매도인의 등기말소청구권이 채권적 청구권으로 되는 것은 아니다. 합의해제란 계약당사자의 새로운 계약으로서 계약이 체결되지 아니한 것과 같은 결과발생을 목적으로 한다. 즉 당해 채권행위의 효력을 소급해서 실효시키는 것을 목적으로 한다. 채권행위가 소급 실효된 경우에는 그것이 해제권 행사에 의한 것이든 새로운 계약, 즉 합의해제에 의한 것이든 소급 실효된 계약을 기초로 이전한 물권의 회복문제는 물권행위의 무인성 논의에 귀착된다(물론 해제권 행사로 인한 물권의 복귀문제를 물권행위 무인성 논의에 귀착시키지 않는 견해가 있다. 이를 청산관계설이라고 한다). 우리 판례는 물권행위의 유인성을 인정하고 있으므로 물권은 당연히 복귀하는 것이고, 따라서 매도인은 소유권자의 지위에서 물권적 청구권으로서 등기말소청구권을 행사할 수 있는 것이다.

[大判 1982. 7. 27. 80다2968] 매매계약이 합의해제된 경우에도 매수인에게 이전되었던

소유권은 당연히 매도인에게 복귀하는 것이므로 합의해제에 따른 매도인의 원상회복청구권은 소유권에 기한 물권적 청구권이라고 할 것이고 이는 소멸시효의 대상이 되지 아니한다.

⑤ [誤] 채권적 청구권이다. 구민법상 매수인은 등기 없이도 소유권을 취득할 수 있다(의사주의). 그러나 형식주의를 취한 현행 민법 하에서는 등기 없이 부동산 매수인이 소유권을 취득할 수 있는 경우란 없다. 의사주의에서 형식주의로의 전환과정에서 민법은 경과규정을 두어 그 부작용을 해소하려고 하였다. 즉, 민법부칙 제10조는 민법 시행 전의 법률행위로 인한 부동산 물권의 득실변경은 민법 시행 후 6년 내에 등기하지 아니하면 그 효력을 잃는다고 규정하여 최소한 민법 시행 후 6년간은 소유권자의 지위에서의 등기청구권을 인정하였던 것이다. 따라서 민법 시행 후 6년이 지난 경우에는 소유권자의 지위에서 가지는 등기청구권은 소멸하는 것이다. 그러나 매매계약을 기초로 하는 등기청구권이 소멸하는 것은 아니며, 민법 시행 후 6년이 경과한 시점부터 채권적 등기청구권의 소멸시효가 진행하는 것이다.

정답 ④

7. 논점 2 등기청구권에 관한 설명으로 옳지 않은 것은?(다툼 있으면 판례에 의함) [07년]

① 근저당권 설정 후 부동산 소유권이 제3자에게 이전된 경우, 근저당권 설정자인 종전 소유자도 근저당권설정계약의 당사자로서 근저당권자에게 피담보채무의 소멸을 이유로 근저당권설정등기의 말소를 청구할 수 있다.
② 부동산의 매수인 甲이 그 부동산을 인도 받아 사용·수익하다가 타인에게 양도하고 그 점유를 승계하여 준 경우, 甲의 소유권이전등기청구권의 소멸시효는 진행되지 않는다.
③ 근저당권설정약정에 따른 근저당권설정등기청구권은 그 피담보채권이 되는 대여금채권과는 별개의 청구권으로서 시효기간 또한 독자적으로 진행된다.
④ 부동산의 최초매도인, 중간자, 최종매수인 사이에 최초매도인으로부터 최종매수인에게 소유권이전등기를 해주기로 하는 3자간 합의(중간생략등기의 합의)가 있으면, 최초매도인에 대한 중간자의 소유권이전등기청구권은 소멸한다.
⑤ 소유권이전등기청구권에 대한 압류가 있는 경우, 압류채권자는 제3채무자나 채무자로부터 이전등기를 경료한 제3자에 대하여 그가 취득한 등기의 말소를 청구할 수 없다.

해설

① [正] 저당권등기말소청구권자를 묻는 지문이다. 근저당권이 설정된 후 부동산 소유권이 제3자에게 이전된 경우, 현재의 소유자인 제3자는 소유권에 기초한 물권적 청구권의 행사로서 저당권등기말소청구권을 행사할 수 있고, 종전의 소유자도 근저당권설정계약상의 권리로서 저당권등기말소청구권을 행사할 수 있다.
[大判(全) 1994. 1. 25. 93다16338] 근저당권이 설정된 후에 그 부동산의 소유권이 제3자

에게 이전된 경우에는 현재의 소유자가 자신의 소유권에 기하여 피담보채무의 소멸을 원인으로 하여 그 근저당권설정등기의 말소를 청구할 수 있음은 물론이지만, 근저당권설정자인 종전의 소유자도 근저당권설정계약의 당사자로서 근저당권소멸에 따른 원상회복으로 근저당권자에게 근저당권설정등기의 말소를 구할 수 있는 계약상 권리가 있으므로 이러한 계약상 권리에 터잡아 근저당권자에게 피담보채무의 소멸을 이유로 하여 그 근저당권설정등기의 말소를 청구할 수 있다고 봄이 상당하고, 목적물의 소유권을 상실하였다는 이유만으로 그러한 권리를 행사할 수 없다고 볼 것은 아니다. 이에 어긋나는 취지의 당원 1962. 4. 26. 선고, 4294민상1350 판결은 이로써 폐기하기로 한다.

② [正] 부동산 매수인의 등기청구권의 소멸시효 대상성을 묻는 지문이다. 부동산 매수인의 등기청구권은 채권적 청구권으로서 원칙적으로 10년의 소멸시효의 대상이 된다. 그러나 부동산 매수인이 인도받아 사용·수익하고 있는 동안에는 그 등기청구권은 소멸시효의 대상이 아니라고 보는 것이 판례이다. 한편 부동산 매수인이 인도받아 사용·수익하고 있다가 보다 적극적인 권리행사의 일환으로 그 부동산을 타인에게 처분하고 점유를 승계하여 준 경우에도 매수인의 등기청구권은 소멸시효의 대상이 아니라는 것이 판례이다.

[大判(全) 1999. 3. 18, 98다32175] 부동산의 매수인이 그 부동산을 인도받은 이상 이를 사용·수익하다가 그 부동산에 대한 보다 적극적인 권리 행사의 일환으로 다른 사람에게 그 부동산을 처분하고 그 점유를 승계하여 준 경우에도 그 이전등기청구권의 행사 여부에 관하여 그가 그 부동산을 스스로 계속 사용·수익만 하고 있는 경우와 특별히 다를 바 없으므로 위 두 어느 경우에나 이전등기청구권의 소멸시효는 진행되지 않는다고 보아야 한다.

③ [正] 근저당권설정계약을 기초로 하여 발생하는 근저당권설정등기청구권과 근저당권에 의하여 담보되는 피담보채권은 발생원인을 달리하는 별개의 권리이고, 그 권리행사가능시기는 서로 다르기 때문에 소멸시효기간은 별개로 진행한다고 보아야 한다. 다만 근저당권설정등기청구권의 행사는 피담보채권의 실현을 목적으로 하는 것으로 근저당권설정등기청구의 소 제기는 그 피담보채권의 재판상 청구에 준하는 것으로서 피담보채권에 대한 소멸시효중단의 효력을 생기게 한다고 보는 것이 판례이다.

[大判 2004. 2. 13, 2002다7213] 원고의 근저당권설정등기청구권의 행사는 그 피담보채권이 될 금전채권의 실현을 목적으로 하는 것으로서, 근저당권설정등기청구의 소에는 그 피담보채권이 될 채권의 존재에 관한 주장이 당연히 포함되어 있는 것이고, 피고로서도 원고가 원심에 이르러 금전지급을 구하는 청구를 추가하기 전부터 피담보채권이 될 금전채권의 소멸을 항변으로 주장하여 그 채권의 존부에 관한 실질적 심리가 이루어져 그 존부가 확인된 이상, 그 피담보채권이 될 채권으로 주장되고 심리된 채권에 관하여는 근저당권설정등기청구의 소의 제기에 의하여 피담보채권이 될 채권에 관한 권리의 행사가 있은 것으로 볼 수 있으므로, 근저당권설정등기청구의 소의 제기는 그 피담보채권의 재판상의 청구에 준하는 것으로서 피담보채권에 대한 소멸시효 중단의 효력을 생기게 한다고 봄이 상당하다.

④ [誤] 중간생략등기의 합의에 의하여 최초양도인, 중간자, 최종양수인 사이의 실체적

법률관계가 영향을 받는지를 묻는 지문이다. 중간생략등기의 합의란 이행의 편의상 최초의 양도인으로부터 최종의 양수인 앞으로 소유권이전등기를 경료하기로 한다는 당사자 사이의 합의에 불과하고, 이러한 합의에 의하여 최초양도인과 중간자, 중간자와 최종양수인 사이의 권리·의무관계가 영향을 받는 것은 아니라는 것이 판례이다. 따라서 중간생략등기의 합의가 있다고 하더라도 최초매도인의 중간자에 대한 매매대금청구권의 행사가 제한되지 아니하며, 중간자의 최초매도인에 대한 소유권이전등기청구권이 소멸하는 것도 아니다.

[大判 1991. 12. 13. 91다18316] 중간생략등기의 합의가 있었다 하더라도 이러한 합의는 중간등기를 생략하여도 당사자 사이에 이의가 없겠고 또 그 등기의 효력에 영향을 미치지 않겠다는 의미가 있을 뿐이지 그러한 합의가 있었다 하여 중간매수인의 소유권이전등기청구권이 소멸된다거나 첫 매도인의 그 매수인에 대한 소유권이전등기의무가 소멸되는 것은 아니라 할 것이다.

⑤ [正] 소유권이전등기청구권에 대한 압류는 채권에 대한 것이지 등기청구권의 목적물에 대한 것은 아니다. 따라서 부동산 자체의 처분을 금지하는 대물적 효력은 없어서 제3채무자나 채무자로부터 이전등기를 경료한 제3자에 대하여는 취득한 등기가 원인무효라고 주장하여 말소를 청구할 수 없다. 다만 제3채무자가 압류결정을 무시하고 이전등기를 이행하고 채무자가 다시 제3자에게 이전등기를 경료하여 준 결과 채권자에게 손해를 입힌 때에는 불법행위를 구성하고 그에 따른 배상책임을 지게 된다.

[大判 2002. 10. 25. 2002다39371] [1] 소유권이전등기청구권에 대한 압류가 있으면 그 변제금지의 효력에 의하여 제3채무자는 채무자에게 임의로 이전등기를 이행하여서는 아니 되는 것이나, 그와 같은 압류는 채권에 대한 것이지 등기청구권의 목적물인 부동산에 대한 것이 아니고, 채무자와 제3채무자에게 결정을 송달하는 외에 현행법상 등기부에 이를 공시하는 방법이 없는 것으로서 당해 채권자와 채무자 및 제3채무자 사이에만 효력을 가지며, 제3자에 대하여는 압류의 변제금지의 효력을 주장할 수 없으므로 소유권이전등기청구권의 압류는 청구권의 목적물인 부동산 자체의 처분을 금지하는 대물적 효력은 없어서 제3채무자나 채무자로부터 이전등기를 경료한 제3자에 대하여는 취득한 등기가 원인무효라고 주장하여 말소를 청구할 수 없고, 제3채무자가 압류결정을 무시하고 이전등기를 이행하고 채무자가 다시 제3자에게 이전등기를 경료하여 준 결과 채권자에게 손해를 입힌 때에는 불법행위를 구성하고 그에 따른 배상책임을 지게 된다. [2] 소유권이전등기청구권을 압류한 경우 채권자가 채권을 추심하기 위하여는 우선 민사집행법 제244조{구 민사소송법(2002. 1. 26. 법률 제6626호로 전문 개정되기 전의 것) 제577조}에서 정한 절차에 따라 부동산에 관하여 채무자 명의로 소유권이전등기를 경료한 다음 다시 그 부동산에 대한 강제경매를 실시하여 그 경매절차에서 배당받아야 할 것이므로, 제3채무자의 고의 또는 과실로 소유권이전등기청구권이 압류된 부동산에 관하여 채무자, 제3자 명의의 소유권이전등기가 순차 경료됨으로써 채권자에 대한 불법행위책임이 성립하는 경우, 그로 인한 압류채권자의 손해액은 압류채권액 범위 내에서 압류채권자가 배당받을 금액이라고 보아야 한다.

정답 ④

■ 물 권 법 ■ 147

8. 배점3 등기에 관한 설명 중 옳은 것(○)과 옳지 않은 것(×)을 바르게 표시한 것은?
(다툼 있으면 판례에 의함) [10년]

ㄱ. 토지대장 또는 임야대장상 소유권이전등록을 받은 자는 원칙적으로 그 대장상 최초의 소유명의자 앞으로 보존등기를 한 다음 이전등기를 하지 않고 바로 자기 앞으로 소유권보존등기를 신청할 수 있다.
ㄴ. 등기부 취득시효가 완성된 후 그 부동산에 관한 시효취득자 명의의 등기가 불법 말소되거나 적법한 원인 없이 다른 사람 앞으로 소유권이전등기가 경료된 경우, 시효취득자는 등기부 취득시효의 완성에 의하여 취득한 소유권을 상실한다.
ㄷ. 공장건물 소유를 목적으로 토지를 임차한 자가 그 지상에 신축한 건물을 등기한 경우 그 임차권은 제3자에 대하여 효력이 있으며, 그 후 그 건물이 멸실하더라도 그 효력은 존속한다.
ㄹ. 피상속인인 등기명의인의 표시에 착오가 있는 경우 그 경정등기를 하지 않고 곧바로 상속을 원인으로 한 이전등기를 신청할 수 있다.
ㅁ. 등기명의인의 표시변경에 관한 부기등기가 등기명의인의 동일성을 해치는 방법으로 이루어져 부동산의 등기부상의 표시가 실제 소유관계를 표상하지 않는 경우, 진실한 소유자는 표시상의 명의자를 상대로 표시변경등기의 말소를 청구할 수 있다.

① ㄱ(×), ㄴ(○), ㄷ(○), ㄹ(○), ㅁ(×)
② ㄱ(○), ㄴ(×), ㄷ(○), ㄹ(×), ㅁ(×)
③ ㄱ(×), ㄴ(○), ㄷ(×), ㄹ(○), ㅁ(○)
④ ㄱ(×), ㄴ(×), ㄷ(×), ㄹ(×), ㅁ(○)
⑤ ㄱ(○), ㄴ(×), ㄷ(○), ㄹ(○), ㅁ(×)
⑥ ㄱ(○), ㄴ(×), ㄷ(×), ㄹ(×), ㅁ(○)

해설

ㄱ. [誤] 소유권보존등기를 신청할 수 있는 자가 누구인지를 묻는 지문이다. 부동산등기법 제130조에서는 토지의 보존등기를 신청할 수 있는 자로 토지대장등본이나 임야대장등본에 의하여 자기 또는 피상속인이 토지대장 또는 임야대장에 소유자로서 등록되어 있는 것을 증명하는 자, 판결에 의하여 자기의 소유권을 증명하는 자, 수용으로 인하여 소유권을 취득하였음을 증명하는 자로 규정하고 있다. 본 지문에서는 대장상 소유권이전등록을 받은 자가 대장에 소유자로 등록되어 있는 것을 증명하는 자에 포함되는지를 묻고 있다. 대법원은 대장에 소유자로 등록되어 있는 자란 원시취득자로 보아야 하고, 소유권이전등록을 받은 자는 이에 포함되지 않는다고 본다.
[大判 2009. 10. 15, 2009다48633] 소유권보존등기는 토지대장등본 또는 임야대장등본에 의하여 자기 또는 피상속인이 토지대장 또는 임야대장에 소유자로서 등록되어 있

는 것을 증명하는 자(부동산등기법 제130조 제1호), 판결에 의하여 자기의 소유권을 증명하는 자(같은 조 제2호), 수용으로 소유권을 취득한 자(같은 조 제3호)가 신청할 수 있는데, 대장(토지대장, 임야대장)등본에 의하여 자기 또는 피상속인이 대장에 소유자로서 등록되어 있는 것을 증명하는 자는 대장에 최초의 소유자로 등록되어 있는 자 및 그 자를 포괄승계한 자이며, 대장상 소유권이전등록을 받았다 하더라도 물권변동에 관한 형식주의를 취하고 있는 현행 민법상 소유권을 취득했다고 할 수 없고, 따라서 대장상 소유권이전등록을 받은 자는 자기 앞으로 바로 보존등기를 신청할 수는 없으며, 대장상 최초의 소유명의인 앞으로 보존등기를 한 다음 이전등기를 하여야 한다(필자 註 : 미등기토지에 관한 토지대장에 소유권을 이전받은 자는 등재되어 있으나 최초의 소유자는 등재되어 있지 않은 경우, 위 토지대장상 소유권이전등록을 받은 자에게 국가를 상대로 토지소유권확인청구를 할 확인의 이익이 있다고 본 사례).

ㄴ. [誤] 등기부취득시효 완성의 효과를 묻는 지문이다. 등기부취득시효에 의하여 점유자는 소유권을 취득한다. 그 후 비록 등기가 불법으로 말소되더라도 등기는 물권변동의 효력존속요건이 아니기 때문에 시효취득자가 그 소유권을 상실하는 것은 아니다.
[大判 2001. 1. 16. 98다20110] 등기부취득시효가 완성된 후 점유자 명의의 등기가 말소되거나 적법한 원인 없이 다른 사람 앞으로 소유권이전등기가 경료된 경우, 점유자는 등기부취득시효의 완성에 의하여 취득한 소유권을 상실하는 것은 아니다.

ㄷ. [誤] 건물 소유를 목적으로 하는 토지임차권의 대항력의 요건을 묻는 지문이다. 그 지상 건물을 등기함으로써 토지임차권의 대항력이 생기지만, 그 건물이 멸실되면 대항력은 소멸한다(제622조 제2항).
제622조 (건물등기 있는 차지권의 대항력) ① 건물의 소유를 목적으로 한 토지임대차는 이를 등기하지 아니한 경우에도 임차인이 그 지상건물을 등기한 때에는 제삼자에 대하여 임대차의 효력이 생긴다.
② 건물이 임대차기간 만료전에 멸실 또는 후폐한 때에는 전항의 효력을 잃는다.

ㄹ. [誤] 등기명의인 표시에 착오가 있는 경우, 표시변경등기 없이 상속등기가 가능한지를 묻는 지문이다. 상속등기를 신청하기 위해서는 상속을 증명하는 서면을 첨부하여 등기신청을 하여야 하는데, 등기부상 피상속인의 표시와 상속을 증명하는 서면상 피상속인의 표시가 상이하다면 이는 등기신청을 각하하여야 할 사유에 해당하므로 이전등기를 신청할 수는 없다.
[大決 2008. 8. 28. 2008마943] 기존 등기에 관하여 등기명의인의 성명이나 주소 등 표시에 착오 또는 유류가 있는 경우에는 원칙적으로 등기명의인 표시의 경정등기를 하여 등기부의 표시를 경정한 다음 새로운 등기를 하여야 하는 것이므로, 기존 등기명의인의 표시에 착오가 있음에도 불구하고 등기명의인 표시의 경정등기를 하지 아니하고 곧바로 상속을 원인으로 한 이전등기를 신청하는 경우에는 등기부상의 피상속인의 표시와 첨부된 상속을 증명하는 서면상의 피상속인의 표시가 상이하므로 부동산등기법 제55조 제6호의 각하 사유에 해당한다.

ㅁ. [正] 등기명의인 표시변경등기에 대한 말소청구가 허용되는지를 묻는 지문이다. 등기명의인 표시변경등기가 동일성이 인정되는 범위 내에서 행해진 경우라면 표시변경등기의 말소를 청구하는 것은 소의 이익이 없어 허용되지 않지만, 표시변경등기가 동

일성을 해치는 방법으로 행해진 경우에는 표시변경등기의 말소를 청구할 수 있다.
[大判 2000. 5. 12, 99다69983] 등기명의인 표시변경등기가 등기명의인의 동일성을 해치는 방법으로 행하여져 등기가 타인을 표상하는 결과에 이르렀다면 그 경우 원래의 등기명의인은 새로운 등기명의인을 상대로 그 변경등기의 말소를 구할 수 있을 것이나, 그 표시변경이 등기명의인의 동일성이 유지되는 범위 내에서 행하여진 것에 불과한 경우에는 그것이 잘못되었더라도 다시 소정의 서면을 갖추어 경정등기를 하면 되므로 소로써 그 표시변경등기의 말소를 구하는 것은 소의 이익이 없어 허용되지 아니한다(필자 註 : 부동산의 등기명의인 표시를 "한국불교태고종 연암사"에서 "연암사"로 변경하는 등기명의인 표시변경등기가 경료된 후 주지와 승려가 결합하여 위 종단을 탈종하고 동일한 명칭의 "연암사"라는 별개 사찰로서의 실체를 갖춘 경우, 위 부동산의 적법한 소유자는 한국불교태고종 연암사이고 변경된 연암사라는 등기명의인 표시가 새로이 실체를 갖게 된 연암사를 지칭하는 것이 아니라는 이유로, 한국불교태고종 연암사는 위 표시변경등기의 경정등기를 하면 되고 말소등기를 구할 소의 이익이 없다고 한 사례).

정답 ④

9. 등기의 추정적 효력에 관한 판례의 입장과 다른 것은? [04년]

① 부동산에 관한 소유권이전등기의 무효사유는 이를 다투는 측에서 주장·입증하지 아니하는 한, 등기원인 사실에 관한 입증이 부족하다는 이유로 그 등기를 무효라고 단정할 수 없다.
② 소유권이전등기가 경료되어 있는 경우에는 그 등기명의자는 제3자에 대해서 뿐만 아니라 그 전 소유자에 대해서도 적법한 등기원인에 의하여 소유권을 취득한 것으로 추정된다.
③ 근저당권설정등기가 경료되어 있으면 근저당권의 존재 자체뿐만 아니라 이에 상응하는 피담보채권의 존재도 추정된다.
④ 소유권이전청구권 보전을 위한 가등기가 경료되어 있으면 소유권이전등기를 청구할 어떤 법률관계가 있다고 추정된다.
⑤ 소유권이전등기가 등기부 멸실 후의 회복등기절차에 의하여 이루어진 경우, 그 회복등기는 별다른 사정이 없는 한 등기공무원에 의하여 적법하게 수리되어 처리된 것으로 추정되므로, 그 등기명의자는 등기원인에 의하여 적법한 소유권을 취득한 것으로 추정된다.

해설

① [正] [大判 1994. 9. 13, 94다10160] 부동산등기는 현재의 진실한 권리상태를 공시하면 그에 이른 과정이나 태양을 그대로 반영하지 아니하였어도 유효한 것이므로, 등기명의자가 전소유자로부터 부동산을 취득함에 있어 등기부상 기재된 등기원인에 의하지 아니하고 다른 원인으로 적법하게 취득하였다고 하면서 등기원인행위의 태양이나 과정을 다소 다르게 주장한다고 하여 이러한 주장만 가지고 그 등기의 추정력이 깨어진

다고 할 수 없다.

② [正] 권리변동의 당사자 사이에서도 이전등기의 추정력은 인정된다는 것이 판례이다.
[大判 1992. 4. 24. 91다26379] 부동산에 관하여 소유권이전등기가 마쳐져 있는 경우 그 등기명의자는 제3자에 대하여서 뿐만 아니라, 그 전 소유자에 대하여도 적법한 등기원인에 의하여 소유권을 취득한 것으로 추정된다.

③ [正] 근저당권설정등기에 의하여 피담보채권의 존재도 추정된다는 것이 통설과 판례이다.
[大判 1969. 2. 18. 68다2329] 근저당권은 그 설정계약으로 약정한 거래관계로 인하여 장차 발생할 가능성이 있는 채권을 담보하기 위하여 미리 그 담보채권의 최고액을 정하여 설정하여 두는 것으로서 그것이 현실적으로 담보하는 채권액은 약정거래를 결산할 당시의 그 최고액 한도내에서 인정되는 실존액이라 할 것이다.

④ [誤] 가등기의 실체법상의 효력을 인정하지 않는 것이 통설의 입장이다. 판례 또한 통설과 마찬가지로 가등기만으로는 아무런 실체법상의 효력을 갖지 않는다고 한다. 다만 그 가등기가 순위보전을 위한 가등기가 아니라 담보목적의 가등기라면 실체법상의 효력을 가질 수 있다.
[大判 2001. 3. 23. 2000다51285] 가등기는 부동산등기법 제6조 제2항의 규정에 의하여 그 본등기시에 본등기의 순위를 가등기의 순위에 의하도록 하는 순위보전적 효력만이 있을 뿐이고, 가등기만으로는 아무런 실체법상 효력을 갖지 아니하고 그 본등기를 명하는 판결이 확정된 경우라도 본등기를 경료하기까지는 마찬가지이므로, 중복된 소유권보존등기가 무효이더라도 가등기권리자는 그 말소를 청구할 권리가 없다.

⑤ [正] [大判(全) 1981. 11. 24. 80다3286] 멸실회복등기에 있어 전등기의 접수년월일, 접수번호 및 원인일자가 각 불명이라고 기재되었다 하여도 별다른 사정이 없는 한 이는 등기공무원에 의하여 적법하게 수리되고 처리된 것이라고 추정함이 타당하다.

정답 ④

10. 배점 2 등기의 추정력에 관한 설명 중 옳지 않은 것은? (다툼 있으면 판례에 의함) [07년]

① 소유권이전청구권의 보전을 위한 가등기가 있다고 하여 소유권이전등기를 청구할 어떤 법률관계가 있다고 추정되는 것은 아니다.
② 소유권이전등기 명의자는 제3자에 대하여서 뿐만 아니라 그 전(前)소유자에 대하여도 적법한 등기원인에 의하여 소유권을 취득한 것으로 추정된다.
③ 확정판결에 의하여 소유권이전등기가 말소되었으나 그 후 그 판결이 취소되었다면, 말소된 등기의 등기명의자는 여전히 적법한 소유자로 추정된다.
④ 등기명의자가 등기부상 기재된 등기원인에 의하지 아니하고 다른 원인으로 부동산을 적법하게 취득하였다고 주장하는 경우, 등기원인 행위의 태양이나 과정을 다소 다르게 주장한다고 하여 그 등기의 추정력이 깨어진다고 할 수는 없다.
⑤ 어느 부동산에 관하여 등기가 경료되어 있는 경우에는 특별한 사정이 없는 한 그 원인과 절차에서 적법하게 경료된 것으로 추정되지만, 등기명의자에게 불이익한 경

우에는 추정력이 인정되지 않는다.

해설

① [正] 보전가등기의 추정력을 묻는 지문이다. 보전가등기는 가등기만으로는 어떠한 실체법상의 효력도 인정되지 않는다는 것이 통설의 태도이다. 따라서 소유권이전청구권의 보전을 위한 가등기가 존재한다고 하더라도 소유권이전등기를 청구할 법률관계가 존재한다고 추정되지는 않는다.
[大判 1979. 5. 22. 79다239] 소유권이전청구권 보전을 위한 가등기가 있다 하여, 소유권이전등기를 청구할 어떤 법률관계가 있다고 추정되지 아니한다.

② [正] 등기추정력의 인적 범위를 묻는 지문이다. 권리변동의 당사자 사이에서도 등기의 추정력이 인정되는가의 문제이다. 이에 관하여 판례는 소유권이전등기와 소유권보존등기를 구별하여 전자의 경우에는 권리변동의 당사자 사이에서도 등기의 추정력이 인정된다는 입장을 취하고 있다. 따라서 현등기명의인은 전등기명의인에 대한 관계에서도 여전히 적법한 소유자로 추정된다. 한편 후자의 경우에는 권리변동 당사자 사이에서는 그 추정력이 인정되지 않는다는 것이 판례이다. 따라서 보존등기명의인이 원시취득자가 아니라 승계취득자라는 점이 증명되면 보존등기의 추정력은 번복되고, 보존등기명의인은 그 등기가 실체관계에 부합되어 유효한 등기라는 점을 증명하여야 한다.
[大判 1997. 12. 12. 97다40100] 소유권이전등기가 경료되어 있는 경우에는 그 등기명의자는 제3자에 대하여서 뿐만 아니라 그 전소유자에 대하여도 적법한 등기원인에 의하여 소유권을 취득한 것으로 추정된다.

③ [正] 말소된 등기의 추정력을 묻는 지문이다. 말소가 원인 없는 말소라는 점이 증명되면 말소된 등기는 말소회복등기가 마쳐졌는지 여부와 무관하게 그 추정력을 가진다는 것이 판례이다.
[大判 1982. 12. 28. 81다카870] 등기는 물권의 효력발생요건이고 그 존속요건은 아니므로 물권에 관한 등기가 원인 없이 말소된 경우에는 그 물권의 효력에는 아무런 변동이 없는 것이므로, 등기공무원이 관할지방법원의 명령에 의하여 소유권이전등기를 직권으로 말소하였으나 그 후 동 명령이 취소확정된 경우에는 위 말소등기는 결국 원인 없이 경료된 등기와 같이 되어 말소된 소유권이전등기는 회복되어야 하고, 회복등기를 마치기 전이라도 등기명의인으로서의 권리를 그대로 보유하고 있다고 할 것이므로 그는 말소된 소유권이전등기의 최종명의인으로서 적법한 권리자로 추정된다.

④ [正] 등기원인행위의 태양이나 과정을 다소 다르게 주장한 경우 등기의 추정력이 번복될 것인가를 묻는 지문이다. 이는 등기부에 기재된 등기원인이 사실과 다름을 등기명의자가 인정하였지만, 다른 원인에 의하여 권리취득사실을 주장하고 있는 경우에 그 등기가 실체관계에 부합되는 등기로 여전히 추정될 수 있는가의 문제이다. 이에 관하여 판례는 그 등기가 어떠한 등기이냐에 따라 취급을 달리하고 있다. 즉 소유권이전등기의 경우 그 등기는 실체관계에 부합되는 등기라고 추정된다는 것이 판례이다. 한편 소유권보존등기의 경우에는 등기명의자가 원시취득자가 아니라는 점이 증명되면 비록 등기명의자가 다른 원인에 의하여 소유권을 승계취득하였다는 사실을 주장한다고 하더라도 실체관계에 부합되는 등기로 추정되지는 않는다고 한다. 이는 결국 소유

권이전등기의 추정력을 소유권보존등기에 비하여 강력하게 인정하고 있는 것으로 볼 수 있다. 이러한 판례의 입장은 소유권이전등기는 공동신청의 방법으로 이루어지는 데에 반하여 소유권보존등기는 단독신청의 방법으로 이루어진다는 점에서 이해될 수 있다. 지문은 그 등기가 소유권이전등기인지 아니면 소유권보존등기인지가 명료하지 못하다. 그러나 상대적으로 정답을 고르는 객관식문제의 성격상 이 지문을 옳은 지문으로 처리하는 것이 바람직하다.

[大判 2001. 8. 21, 2001다23195] 부동산 등기는 현재의 진실한 권리상태를 공시하면 그에 이른 과정이나 태양을 그대로 반영하지 아니하였어도 유효한 것으로서, <u>등기명의자가 전 소유자로부터 부동산을 취득함에 있어 등기부상 기재된 등기원인에 의하지 아니하고 다른 원인으로 적법하게 취득하였다고 하면서 등기원인행위의 태양이나 과정을 다소 다르게 주장한다고 하여 이러한 주장만 가지고 그 등기의 추정력이 깨어진 다고 할 수는 없을 것이므로</u>, 이러한 경우에도 이를 다투는 측에서 등기명의자의 소유권이전등기가 전 등기명의인의 의사에 반하여 이루어진 것으로서 무효라는 주장·입증을 하여야 한다(필자 註 : 토지수용절차를 거친 사실이 없음에도 토지수용을 원인으로 소유권이전등기를 경료한 토지개량조합이 <u>토지수용 아닌 다른 원인으로 소유권을 양도받았다거나 다른 원인으로 소유권을 취득한 자로부터 다시 특정승계 또는 포괄승계하였을 수도 있다고만 주장하는 것</u>은 등기원인행위의 태양이나 과정을 무한정하게 확대하여 <u>추상적으로 주장하는 것이어서 등기의 추정력이 유지될 수 없다고 한 사례</u>).

⑤ [誤] 등기의 추정력에 의하여 등기원인과 절차의 적법성이 추정되는가와 등기추정력을 제3자가 원용할 수 있는가를 묻는 지문이다. 전단부분은 옳은 지문이나, 후단부분이 옳지 못하다. 등기의 추정력은 등기의 원인과 절차의 적법성에 미쳐진다. 즉 등기가 존재하면 등기부에 기재된 등기원인이 적법하게 존재하는 것으로 추정되고, 나아가 그 등기절차가 적법하게 이루어진 것으로 추정된다. 한편 등기의 추정력은 등기명의인의 이익을 위해서만 인정되는 것은 아니다. 가령 부동산의 하자로 인하여 손해를 입은 자는 소유권등기명의인에 대하여 공작물의 하자로 인한 손해배상청구를 할 수 있는데(제758조), 등기명의인이 진정한 소유자가 아니라고 다투는 경우, 등기명의인은 자신이 진정한 소유자가 아니라는 점을 입증하여야 한다.

정답 ⑤

11. 배점 4 등기의 추정력 등에 관한 설명 중 옳지 않은 것을 모두 고른 것은?(다툼 있으면 판례에 의함)

[09년]

㉠ 소유권이전등기의 멸실회복등기에 있어 전(前) 등기의 접수일자, 접수번호 및 원인일자가 각 공란으로 되어 있다 하더라도, 특별한 사정이 없는 한 이는 등기관에 의하여 토지대장등본 등 전(前) 등기의 권리를 증명할 공문서가 첨부된 등기신청서에 의하여 적법하게 처리된 것으로 추정된다.

㉡ 구「부동산소유권이전등기 등에 관한 특별조치법」에 의한 소유권보존등기가 마쳐진 토지에 관하여 사정받은 사람이 따로 있음이 밝혀진 경우에는 그 등기의 추정력은 깨어지므로, 그 등기명의자는 위 특별조치법에 따라 경료된 소유권보존등기가 실체적 권리관계에 부합한다는 점을 증명하여야 한다.

㉢ 동일 부동산에 관하여 등기명의인을 달리하여 멸실회복에 의한 각 소유권이전등기가 중복등재되고 각 그 바탕이 된 소유권보존등기가 동일등기인지 중복등기인지, 중복등기라면 각 소유권보존등기가 언제 이루어졌는지가 불명인 경우, 적법하게 경료된 것으로 추정되는 각 회복등기 상호간에는 각 회복등기일자의 선후를 기준으로 회복등기의 우열을 가려야 한다.

㉣ 매매계약의 해제나 사해행위 취소를 원인으로 한 소유권이전등기의 말소등기절차의 이행을 구하는 소송이 제기된 경우에는 예고등기를 할 수 없다.

㉤ 소유권보존등기 명의인을 상대로 한 소유권보존등기 말소청구소송을 제기하여 공시송달 절차에 따라 승소판결을 받은 원고가 그 판결에 기하여 기존의 소유권보존등기를 말소한 후 자신의 명의로 마친 소유권보존등기는 적법한 절차에 따라 마쳐진 소유권보존등기라고 추정할 수 없다.

㉥ 선행 소유권보존등기로부터 경료된 원고 명의의 소유권이전등기가 원인무효의 등기인 이상 특단의 사정이 없는 한 원고로서는 피고 명의의 후행 소유권보존등기에 대하여 그 말소를 청구할 권원이 없으므로, 아무리 위 후행 보존등기가 중복등기에 해당하여 무효라고 하여도 원고의 말소등기청구를 받아들여 그 말소를 명할 수는 없다.

㉦ 구「부동산소유권이전등기 등에 관한 특별조치법」(법률 제3094호, 실효)에 의하여 소유권이전등기를 경료한 甲이 스스로 임야를 매수한 것이 아니라 그 임야는 원래 甲의 피상속인 丙의 소유로서 丙이 乙에게 명의신탁하였던 것인데, 甲이 그 명의신탁을 해지하면서 편의상 자신이 乙로부터 그 임야를 매수한 것처럼 보증서를 작성하여 위 특별조치법에 의하여 소유권이전등기를 경료하게 된 것이라고 주장하고 있다면, 이는 보증서의 실체적 기재내용이 허위임을 자인한 경우에 해당하여 그 소유권이전등기의 추정력은 깨어진다.

① ㉠, ㉡, ㉣ ② ㉠, ㉣, ㉥ ③ ㉡, ㉢, ㉤
④ ㉡, ㉣, ㉦ ⑤ ㉢, ㉤, ㉥ ⑥ ㉡, ㉤, ㉦
⑦ ㉢, ㉣, ㉤ ⑧ ㉤, ㉥, ㉦

해설

㉠ [正] [大判 2003. 12. 12. 2003다44615 · 44622] 소유권이전등기가 등기부 멸실 후 회복등기절차에 따라 이루어진 경우에 그 회복등기는 등기공무원에 의하여 적법하게 수리되어 처리된 것으로 추정되므로 소유권이전등기의 멸실회복등기에 있어서 전등기의 접

수연월일, 접수번호 및 원인일자가 각 공란으로 되어 있다고 하더라도 특별한 사정이 없는 한 멸실회복등기의 실시요강에 따라 등기공무원이 토지대장등본 등 전등기의 권리를 증명할 공문서가 첨부된 등기신청서에 의하여 적법하게 처리한 것이라고 추정된다.

ⓒ [誤] 특별조치법에 의한 소유권보존등기는 실체적 권리관계에 부합하는 등기로 추정된다는 것이 판례이다. 따라서 원시취득자가 따로 있다는 사실이 밝혀졌다고 하더라도 등기의 추정력이 번복되지는 않는다.
[大判 2005. 4. 29. 2005다2189] 구 부동산소유권이전등기등에관한특별조치법(1992. 11. 30. 법률 제4502호, 실효)에 의한 등기도 실체적 권리관계에 부합하는 등기로 추정되므로, 그 추정의 번복을 구하는 당사자가 그 등기의 기초가 된 위 법 소정의 보증서나 확인서가 허위로 작성되었다거나 위조되었다든지 그 밖의 사유로 적법하게 등기된 것이 아니라는 것을 주장·입증하여야 하고, 그 등기의 추정력을 번복하기 위한 입증의 정도는 등기의 기초가 된 보증서나 확인서의 실체적 기재 내용이 진실이 아님을 의심할 만큼 증명되어야 하며, 그와 같은 입증이 없는 한 그 등기의 추정력은 번복되지 아니한다.

ⓒ [正] [大判(全) 2001. 2. 15. 99다66915] 동일 부동산에 관하여 등기명의인을 달리하여 중복된 소유권보존등기가 경료된 경우에는 먼저 된 소유권보존등기가 원인무효가 되지 아니하는 한 나중에 경료된 소유권보존등기는 1부동산1용지주의를 채택하고 있는 현행 부동산등기법 아래에서는 무효라고 해석함이 상당하고, 동일 부동산에 관하여 중복된 소유권보존등기에 터잡아 등기명의인을 달리하는 각 소유권이전등기가 경료된 경우에 등기의 효력은 소유권이전등기의 선·후에 의하여 판단할 것이 아니고 각 소유권이전등기의 바탕이 된 소유권보존등기의 선·후를 기준으로 판단하여야 하며, 그 이전등기가 멸실회복으로 인한 이전등기라 하여 달리 볼 것은 아니고, 한편 동일 부동산에 관하여 하나의 소유권보존등기가 경료된 후 이를 바탕으로 순차로 소유권이전등기가 경료되었다가 그 등기부가 멸실된 후 등기명의인을 달리하는 소유권이전등기의 각 회복등기가 중복하여 이루어진 경우에는 중복등기의 문제는 생겨나지 않고 멸실 전 먼저 된 소유권이전등기가 잘못 회복등재된 것이므로 그 회복등기 때문에 나중 된 소유권이전등기의 회복등기가 무효로 되지 아니하는 것이지만, 동일 부동산에 관하여 등기명의인을 달리하여 멸실회복에 의한 각 소유권이전등기가 중복등재되고, 각 그 바탕이 된 소유권보존등기가 동일등기인지 중복등기인지, 중복등기라면 각 소유권보존등기가 언제 이루어졌는지가 불명인 경우에는 위 법리로는 중복등기의 해소가 불가능하므로 이러한 경우에는 적법하게 경료된 것으로 추정되는 각 회복등기 상호간에는 각 회복등기일자의 선·후를 기준으로 우열을 가려야 한다.

ⓔ [正] 예고등기는 등기원인의 무효 또는 취소를 선의의 제3자에게 주장할 수 있는 경우에 수소법원의 촉탁에 의하여 행해진다(부동산등기법 제4조). 매매계약의 해제나 사해행위취소는 선의의 제3자에게 대항할 수 없기 때문에 예고등기를 할 수 있는 경우에 해당하지 아니한다.

ⓜ [誤] [大判 2006. 9. 8. 2006다17485] 부동산등기법 제130조의 규정과 등기예규 제1026호에 의하면 소유권보존등기 명의인을 상대로 한 소유권보존등기 말소청구 소송을 제

기하여 승소판결을 받은 원고가 그 판결에 기하여 기존의 소유권보존등기를 말소한 후 자신의 명의로 마친 소유권보존등기는 일단 적법한 절차에 따라 마쳐진 소유권보존등기라고 추정하여야 하고, 위 판결이 공시송달 절차에 의하여 선고되었다고 하여 달리 볼 것이 아니다.

ⓑ [正] [大判 2007. 5. 10. 2007다3612] 선행보존등기로부터 경료된 원고 명의의 소유권이전등기가 원인무효의 등기인 이상 특단의 사정이 없는 한 원고로서는 피고 명의의 후행보존등기에 대하여 그 말소를 청구할 권원이 없다고 할 것이므로, 아무리 후행보존등기가 무효라고 하여도 아무런 권원이 없는 원고의 말소등기청구를 받아들여 그 말소를 명할 수는 없다.

ⓢ [誤] 특별조치법에 따른 소유권이전등기는 실체관계에 부합하는 등기로 추정되기 때문에 보증서에 기재된 내용이 사실과 다름을 등기명의인이 자인하더라도 다른 권리취득원인을 구체적으로 주장하면 여전히 실체관계에 부합하는 등기로 추정된다. 따라서 등기명의인의 권리를 다투는 자가 다른 권리취득원인이 존재하지 아니한다는 증명책임을 부담한다.

[大判 2006. 2. 23. 2004다29835] 구 부동산 소유권이전등기 등에 관한 특별조치법(법률 제4502호, 실효. 이하 '특별조치법'이라 한다)에 따라 마쳐진 등기는 실체적 권리관계에 부합하는 등기로 추정되고, 특별조치법에 정한 보증서나 확인서가 허위 또는 위조된 것이라거나 그 밖의 사유로 적법하게 등기된 것이 아니라는 입증이 없는 한 그 소유권보존등기나 이전등기의 추정력은 번복되지 않는 것이며, 여기서 허위의 보증서나 확인서라 함은 권리변동의 원인에 관한 실체적 기재 내용이 진실에 부합하지 않는 보증서나 확인서를 뜻하는 것인 바(大判 2000. 10. 27. 2000다33775 등 참조), 특별조치법에 따라 등기를 마친 자가 보증서나 확인서에 기재된 취득원인이 사실과 다름을 인정하더라도 그가 다른 취득원인에 따라 권리를 취득하였음을 주장하는 때에는, 특별조치법의 적용을 받을 수 없는 시점의 취득원인 일자를 내세우는 경우와 같이 그 주장 자체에서 특별조치법에 따른 등기를 마칠 수 없음이 명백하거나 그 주장하는 내용이 구체성이 전혀 없다든지 그 자체로서 허구임이 명백한 경우 등 특별한 사정이 없는 한 위의 사유만으로 특별조치법에 따라 마쳐진 등기의 추정력이 깨어진다고 볼 수는 없으나, 그 밖의 자료에 의하여 새로이 주장된 취득원인 사실에 관하여도 진실이 아님을 의심할 만큼 증명되었다면 그 등기의 추정력은 깨어진다고 할 것이다(大判(全) 2001. 11. 22. 2000다71388, 71395 참조)(필자 註 : 구 부동산 소유권이전등기 등에 관한 특별조치법(1992. 11. 30. 법률 제4502호, 실효)에 의한 보증인들이 권리변동관계를 알지 못한 채 아무런 확인도 없이 등기명의인의 말만 믿고 보증서를 작성하여 준 점 등 제반 사정에 비추어 볼 때, 위 특별조치법에 의한 소유권이전등기의 기초가 된 보증서가 그 실체적 기재 내용이 진실이 아님을 의심할 만큼 증명된 것으로 봄이 상당하여 그 등기의 추정력이 깨어졌다고 한 사례).

정답 ⑥

12. 甲 소유의 부동산에 乙 명의로 소유권이전등기청구권 보전을 위한 가등기가 경료된 후 甲에서 丙 명의의 매매를 원인으로 한 소유권이전등기가 경료되고, 당일 甲이 丙에게 점유를 이전하였다. 이 경우에 대한 설명 중 옳은 것은?(다툼 있으면 판례에 의함) [02년]

① 乙이 가등기에 기한 본등기를 하면 乙의 소유권취득시기가 가등기시로 소급되므로 丙의 소유권취득은 무효이다.
② 丙 명의의 소유권이전등기가 원인무효라면 가등기권리자인 乙이 직접 그 말소를 구할 수 있다.
③ 乙이 가등기에 의하여 보전하는 甲에 대한 등기청구권은 소멸시효에 걸리지 않는다.
④ 甲과 乙이 매매계약을 합의해제하면서 「이미 지급한 매매대금을 반환하여야 그 가등기를 말소한다.」고 한 약정에는 그 가등기를 담보가등기로 유용한다는 내용도 포함되어 있다.
⑤ 乙이 본등기를 하려면 甲에게 청구하여야 하고 丙의 등기는 직권말소된다.

해설

① [誤] 가등기에 기한 본등기가 경료되었다고 하여 물권변동의 효력이 가등기시로 소급하는 것은 아니다. 가등기에는 권리변동적 효력은 없다. 다만, 가등기에 기한 본등기가 경료되면 본등기의 순위가 가등기의 순위에 따르게 된다. 이를 가등기의 순위보전적 효력이라고 한다.
② [誤] 가등기권리자는 실체법상 채권적 청구권을 가지는 것에 불과하다. 가등기에 의하여 보전될 수 있는 권리는 부동산물권 혹은 임차권의 변동을 목적으로 하는 청구권이기 때문이다. 따라서 가등기권리자는 가등기의무자에 대하여 채권적 청구권을 가지는 자에 불과하여 중간처분등기명의자에 대하여는 자신의 채권을 주장할 수 없다. 따라서 직접 말소를 구할 수는 없다. 그러나 채권자대위권의 행사를 통하여 말소를 청구할 수는 있다고 보아야 한다.
③ [誤] 가등기에 의하여 보전되는 등기청구권은 채권적 성질을 띠고 있으므로 소멸시효의 대상이 된다.
④ [誤] 매매계약의 합의해제란 매매계약을 해제한 것과 동일한 효과발생을 목적으로 하는 새로운 합의(계약)이다. 합의해제로 인하여 매매계약의 당사자는 원상회복의무를 부담하게 된다. 그런데, 이 원상회복의무에 대하여는 해제권 행사로 인한 경우와는 달리 제549조(원상회복의무와 동시이행)가 당연히 적용되는 것은 아니라고 보아야 한다. 따라서 당사자들은 원상회복의무 상호간에 동시이행의 관계에 있음을 약정할 수 있고, 할 필요가 있게 된다. 사안의 경우 甲은 대금을 반환하여야 할 의무를 부담하고, 乙은 가등기말소에 협력하여야 할 의무를 부담하게 되는데, 甲과 乙 사이의 약정은 양 의무가 동시이행의 관계에 있음을 약정한 것으로 보아야 한다(大判 1996. 11. 29, 96다31895). 설사 이러한 약정이 담보가등기 유용의 합의라고 하더라도 가등기담보법상의 가등기담보권은 피담보채권이 소비대차의 대여금채권인 경우에 한정되는 것이므로 매매대금반환채권을 담보하기 위하여 가등기담보법이 적용되는 가등기담보권이 인정

될 수는 없다는 것이 판례이다.
⑤ [正] 가등기에 기한 본등기청구의 상대방은 가등기의무자라는 것이 판례의 일관된 태도이다(선기입설). 그러나 이러한 판례의 태도는 중간처분등기명의자의 이익을 전혀 고려하지 않는다는 문제가 있으며, 가등기의무자는 이미 처분권한을 상실한 자인데, 처분권한 있는 중간등기명의자의 관여 없이 물권이 변동한다는 것은 부당하다는 지적이 있다.

정답 ⑤

13. 배점 3 A토지에 관하여 甲 명의로 소유권보존등기가 되어 있고, 乙 앞으로 甲과의 매매계약에 따른 소유권이전등기청구권 보전을 위하여 가등기가 설정되어 있었다. 이에 관한 설명 중 옳은 것을 모두 고른 것은? (다툼 있으면 판례에 의함) [10년]

ㄱ. 乙이 가등기에 기한 본등기를 하면 乙은 가등기시에 소급하여 소유권을 취득한다.
ㄴ. 乙이 가등기를 한 후, 甲이 자기의 채권자인 丁을 위하여 설정한 저당권은 유효하며, 乙이 가등기에 기한 본등기를 하면 乙은 丁을 위한 물상보증인의 지위에 있게 된다.
ㄷ. 乙 명의의 가등기가 되어 있으므로, 등기의 추정력에 의하여 甲과 乙 사이의 매매계약의 존재가 추정되어 그 매매의 부존재를 주장하는 사람이 증명책임을 부담한다.
ㄹ. 乙은 甲의 동의나 승낙을 얻어 그의 소유권이전등기청구권을 戊에게 양도할 수 있고, 乙과 戊는 공동신청으로 그 가등기상의 권리의 이전등기를 가등기에 대한 부기등기의 형식으로 경료할 수 있다.
ㅁ. 甲은 위 가등기가 있더라도 소유자로서 처분권능을 잃지 않아 A토지를 丙에게 매도할 수 있으며, 丙이 소유권이전등기를 하면 소유권을 취득하므로, 그 이후 乙이 본등기를 하려면 丙에게 등기청구권을 행사하여야 한다.

① ㄷ
② ㄹ
③ ㄱ, ㄷ
④ ㄴ, ㄹ
⑤ ㄱ, ㄴ, ㄹ
⑥ ㄴ, ㄷ, ㅁ

해설

ㄱ. [誤] 가등기에 기한 본등기가 마쳐졌을 때 물권변동의 효력이 생기는 시점을 묻는 지문이다. 가등기는 본등기의 순위를 보전하는 효력이 있을 뿐이고, 물권변동적 효력은 본등기가 가지는 효력이기 때문이 乙의 가등기에 기한 본등기로 인하여 乙은 비로소 소유권을 취득한다. 소유권 취득시기가 가등기를 한 때로 소급하지 않는다.
[大判 1981. 5. 26. 80다3117] 가등기는 그 성질상 본등기의 순위보전의 효력만이 있어 후일 본등기가 경료된 때에는 본등기의 순위가 가등기한 때로 소급하는 것뿐이지 본등기에 의한 물권변동의 효력이 가등기한 때로 소급하여 발생하는 것은 아니다.

ㄴ. [誤] 가등기에 기한 본등기로 인하여 중간처분등기가 어떠한 영향을 받는가를 묻는 지문이다. 가등기의 순위보전력으로 인하여 중간처분등기는 가등기에 기한 본등기와 양립할 수 없는 한 직권으로 말소되고, 양립이 가능하다면 후순위가 된다. 乙의 가등기 후에 소유자 甲에 의하여 설정된 丁의 저당권은 유효하지만, 乙이 가등기에 기하여 본등기를 마치면 丁의 저당권 등기는 무효의 등기가 된다.

ㄷ. [誤] 가등기에 추정력이 인정되는가를 묻는 지문이다. 대법원은 추정력을 인정하지 않는다. 따라서 가등기권리자인 乙이 스스로 등기청구권의 근거인 매매계약의 존재를 증명하여야 한다.
[大判 1979. 5. 22, 79다239] 소유권이전청구권 보전을 위한 가등기가 있다 하여, 소유권이전등기를 청구할 어떤 법률관계가 있다고 추정되지 아니한다.

ㄹ. [正] 소유권이전등기청구권을 양도할 수 있는지 및 가등기상 권리의 이전등기를 가등기의 부기등기 형식으로 할 수 있는지를 묻는 지문이다. 대법원은 소유권이전등기청구권은 양도가 제한되는 권리이나 채무자의 동의나 승낙을 얻어 이를 양도할 수 있다고 본다. 한편 가등기의 가등기에 관해서는 종래 이를 부정하였으나, 대법원은 그 후 태도를 바꾸어 가등기의 부기등기를 허용하고 있다.
[大判 2001. 10. 9, 2000다51216] 부동산의 매매로 인한 소유권이전등기청구권은 물권의 이전을 목적으로 하는 매매의 효과로서 매도인이 부담하는 재산권이전의무의 한 내용을 이루는 것이고, 매도인이 물권행위의 성립요건을 갖추도록 의무를 부담하는 경우에 발생하는 채권적 청구권으로 그 이행과정에 신뢰관계가 따르므로, 소유권이전등기청구권을 매수인으로부터 양도받은 양수인은 매도인이 그 양도에 대하여 동의하지 않고 있다면 매도인에 대하여 채권양도를 원인으로 하여 소유권이전등기절차의 이행을 청구할 수 없고, 따라서 매매로 인한 소유권이전등기청구권은 특별한 사정이 없는 이상 그 권리의 성질상 양도가 제한되고 그 양도에 채무자의 승낙이나 동의를 요한다고 할 것이므로 통상의 채권양도와 달리 양도인의 채무자에 대한 통지만으로는 채무자에 대한 대항력이 생기지 않으며 반드시 채무자의 동의나 승낙을 받아야 대항력이 생긴다.
[大判(全) 1998. 11. 19, 98다24105] 가등기는 원래 순위를 확보하는 데에 그 목적이 있으나, 순위 보전의 대상이 되는 물권변동의 청구권은 그 성질상 양도될 수 있는 재산권일 뿐만 아니라 가등기로 인하여 그 권리가 공시되어 결과적으로 공시방법까지 마련된 셈이므로, 이를 양도한 경우에는 양도인과 양수인의 공동신청으로 그 가등기상의 권리의 이전등기를 가등기에 대한 부기등기의 형식으로 경료할 수 있다고 보아야 한다.

ㅁ. [誤] 가등기에 기한 본등기청구의 상대방을 묻는 지문이다. 가등기 후에 소유자가 변동된 경우에도 가등기에 기한 본등기청구는 가등기의무자를 상대로 하여야 한다는 것이 대법원의 입장이다.
[大決(全) 1962. 12. 24, 4294민재항675] 가등기 후에 제3자에게 소유권이전의 본등기가 된 경우에 가등기권리자는 본등기를 경료하지 아니하고는 가등기 이후의 본등기의 말소를 청구할 수 없다. 이 경우에 가등기권리자는 가등기의무자인 전 소유자를 상대로 본등기청구권을 행사할 것이고, 제3자를 상대로 할 것이 아니다.

정답 ②

14. 선의취득에 관한 설명 중 옳지 않은 것을 모두 고른 것은? (다툼 있으면 판례에 의함) [04년]

㉠ 선의취득에 관한 민법 제249조는 저당권의 취득에 대해서도 준용될 수 있다.
㉡ 도품·유실물에 관한 특례규정인 민법 제251조는 선의취득자에게 그가 지급한 대가의 변상을 받을 때까지 그 물건의 반환청구를 거부할 수 있는 항변권만을 인정한 것이다.
㉢ 동산의 선의취득은 양도인이 무권리자라는 점을 제외하고는 유효한 거래행위여야 성립한다.
㉣ 민법 제249조가 규정하는 선의·무과실의 기준시점은 물권행위가 완성되는 때이므로, 물권적 합의가 동산의 인도보다 먼저 행하여지면 인도된 때를 기준으로 하여야 한다.
㉤ 동산의 선의취득에 필요한 점유의 취득은 현실의 인도뿐만 아니라 점유개정에 의해서도 가능하다.
㉥ 동산 소유권유보부매매의 매수인이 제3자에게 그 동산을 보관시킨 후, 그 제3자에 대한 반환청구권을 양수인에게 양도하고 지명채권양도의 대항요건을 갖추었다면, 동산의 선의취득에 필요한 점유의 취득요건을 충족한다.

① ㉠, ㉡, ㉣
② ㉠, ㉡, ㉤
③ ㉡, ㉢, ㉣
④ ㉢, ㉤, ㉥
⑤ ㉣, ㉤, ㉥

해설

㉠ [誤] 선의취득에 의하여 동산물권, 즉 소유권과 질권을 취득한다(제249조, 제343조 참조). 저당권의 객체가 되는 것은 부동산이나 지상권, 전세권 등의 물권이며, 특별법에 의하여 저당권의 객체가 되는 동산이 있다고 하더라도 이는 등기나 등록 등에 의하여 공시되기 때문에 점유의 공신력을 인정하는 동산선의취득제도가 적용될 수는 없다.

㉡ [誤] [大判 1972. 5. 23, 72다115] 민법 제251조의 규정은 선의취득자에게 그가 지급한 대가의 변상을 받을 때까지는 그 물건의 반환청구를 거부할 수 있는 항변권만을 인정한 것이 아니고 피해자가 그 물건의 반환을 청구하거나 어떠한 원인으로 반환을 받은 경우에는 그 대가변상의 청구권이 있다는 취지이다.

㉢ [正] 동산선의취득제도는 개별적인 거래행위의 이익을 확보하기 위하여 인정되는 제도이다. 따라서 개별적인 거래행위가 존재하여야 하고, 그 거래행위는 양도인이 무권리자라는 점을 제외하면 하자가 없는 행위이어야 한다.

㉣ [正] [大判 1991. 3. 22, 91다70] 민법 제249조가 규정하는 선의·무과실의 기준시점은 물권행위가 완성되는 때인 것이므로, 물권적 합의가 동산의 인도보다 먼저 행하여지면 인도된 때를, 인도가 물권적 합의보다 먼저 행하여지면 물권적 합의가 이루어진 때를 기준으로 해야 한다.

㉤ [誤] 통설과 판례는 선의취득 요건으로서의 인도에는 점유개정은 포함되지 아니한다는

태도이다.

[大判 1978. 1. 17, 77다1872] 동산의 선의취득에 필요한 점유의 취득은 현실적 인도가 있어야 하고 점유개정에 의한 점유취득만으로서는 그 요건을 충족할 수 없다.

ⓑ [正] 판례는 반환청구권의 양도에 기한 선의취득의 요건을 인정한다.

[大判 1999. 1. 26, 97다48906] 양도인이 소유자로부터 보관을 위탁받은 동산을 제3자에게 보관시킨 경우에 양도인이 그 제3자에 대한 반환청구권을 양수인에게 양도하고 지명채권 양도의 대항요건을 갖추었을 때에는 동산의 선의취득에 필요한 점유의 취득요건을 충족한다.

정답 ②

15. 권리의 소멸에 관한 설명으로 옳지 않은 것은? (다툼 있으면 판례에 의함) [07년]

① 부동산에 대한 소유권과 임차권이 동일인에게 귀속되면 임차권은 혼동에 의하여 소멸하는 것이 원칙이지만, 그 임차권이 대항요건을 갖춘 후에 저당권이 설정된 때에는 임차권은 소멸하지 않는다.
② 저당권의 목적물인 전세권이 소멸하면 저당권도 당연히 소멸하는 것이므로 그 전세권을 목적으로 한 저당권자는 전세권의 목적물인 부동산의 소유자에게 더 이상 저당권을 주장할 수 없다.
③ 포락(浦落)으로 사권이 소멸한 경우, 그 사권의 소멸을 주장하는 자가 포락 사실을 입증하여야 하며, 포락한 토지가 추후 성토된다 하더라도 소멸한 사권이 부활하지는 않는다.
④ 유치물의 점유가 제3자에 의하여 침탈된 경우, 유치권자가 점유물반환청구권을 행사하여 점유를 회수하면 유치권은 소멸하지 않았던 것으로 된다.
⑤ 토지를 매수하여 매수인 명의로 소유권이전청구권 보전을 위한 가등기를 경료하고 그 토지에 타인이 건물 등을 축조하여 점유·사용하는 것을 방지하기 위하여 지상권을 설정한 경우, 그 가등기에 기한 본등기청구권이 시효의 완성으로 소멸하여도 그 가등기와 함께 경료된 위 지상권은 소멸하지 않는다.

해설

* 물권의 소멸사유를 종합적으로 묻는 문제이다. 물권의 소멸사유는 각종의 물권에 특유한 소멸사유가 있고, 각종의 물권에 공통된 소멸사유가 있다. 공통된 소멸사유는 물권법 총론에서 다루고 특유한 소멸사유는 물권법 각론에서 다루는 것이 일반적이다.

① [正] [大判 2001. 5. 15, 2000다12693] 부동산에 대한 소유권과 임차권이 동일인에게 귀속하게 되는 경우 임차권은 혼동에 의하여 소멸하는 것이 원칙이지만 그 임차권이 대항요건을 갖추고 있고 또한 그 대항요건을 갖춘 후에 저당권이 설정된 때에는 혼동으로 인한 물권 소멸 원칙의 예외규정인 민법 제191조 제1항 단서를 준용하여 임차권은

소멸하지 않는다.

② [正] [大判 1999. 9. 17. 98다31301] [1] 전세권이 기간만료로 종료된 경우 전세권은 전세권설정등기의 말소등기 없이도 당연히 소멸하고, 저당권의 목적물인 전세권이 소멸하면 저당권도 당연히 소멸하는 것이므로 전세권을 목적으로 한 저당권자는 전세권의 목적물인 부동산의 소유자에게 더 이상 저당권을 주장할 수 없다. [2] 전세권에 대하여 저당권이 설정된 경우 그 저당권의 목적물은 물권인 전세권 자체이지 전세금반환채권은 그 목적물이 아니고, 전세권의 존속기간이 만료되면 전세권은 소멸하므로 더 이상 전세권 자체에 대하여 저당권을 실행할 수 없게 되고, 이러한 경우에는 민법 제370조, 제342조 및 민사소송법 제733조에 의하여 저당권의 목적물인 전세권에 갈음하여 존속하는 것으로 볼 수 있는 전세금반환채권에 대하여 압류 및 추심명령 또는 전부명령을 받거나 제3자가 전세금반환채권에 대하여 실시한 강제집행절차에서 배당요구를 하는 등의 방법으로 자신의 권리를 행사하여 비로소 전세권설정자에 대해 전세금의 지급을 구할 수 있게 된다는 점, 원래 동시이행항변권은 공평의 관념과 신의칙에 입각하여 각 당사자가 부담하는 채무가 서로 대가적 의미를 가지고 관련되어 있을 때 그 이행에 있어서 견련관계를 인정하여 당사자 일방은 상대방이 채무를 이행하거나 이행의 제공을 하지 아니한 채 당사자 일방의 채무의 이행을 청구할 때에는 자기의 채무이행을 거절할 수 있도록 하는 제도인 점, 전세권을 목적물로 하는 저당권의 설정은 전세권의 목적물 소유자의 의사와는 상관없이 전세권자의 동의만 있으면 가능한 것이고, 원래 전세권에 있어 전세권설정자가 부담하는 전세금반환의무는 전세금반환채권에 대한 제3자의 압류 등이 없는 한 전세권자에 대해 전세금을 지급함으로써 그 의무이행을 다할 뿐이라는 점에 비추어 볼 때, 전세권저당권이 설정된 경우에도 전세권이 기간만료로 소멸되면 전세권설정자는 전세금반환채권에 대한 제3자의 압류 등이 없는 한 전세권자에 대하여만 전세금반환의무를 부담한다고 보아야 한다.

③ [正] 포락이란 토지소유권 상실원인이다. 포락도 하나의 법률요건에 해당하므로 포락사실에 관한 입증책임을 누가 부담하는가가 문제될 수 있다. 이 경우에도 입증책임의 일반원칙에 따라 포락에 의하여 토지소유권이 소멸하였다는 사실을 주장하는 자가 포락의 요건사실을 증명할 책임을 부담한다. 포락에 의하여 토지소유권은 절대적으로 상실되며, 그 후 사정변경에 의하여 포락된 토지가 성토화되었다고 하더라도 종전의 토지소유권이 부활하지 않는다는 것이 판례이다.

[大判 2000. 12. 8. 99다11687] 토지소유권의 상실 원인이 되는 포락이라 함은 토지가 바닷물이나 적용하천의 물에 개먹어 무너져 바다나 적용하천에 떨어져 그 원상복구가 불가능한 상태에 이르렀을 때를 말하고, 그 원상회복의 불가능 여부는 포락 당시를 기준으로 하여 물리적으로 회복이 가능한지 여부를 밝혀야 함은 물론, 원상회복에 소요될 비용, 그 토지의 회복으로 인한 경제적 가치 등을 비교 검토하여 사회통념상 회복이 불가능한지 여부를 기준으로 하여야 하는 것으로서, 복구 후 토지가액보다 복구공사비가 더 많이 들게 되는 것과 같은 경우에는 특별한 사정이 없는 한 사회통념상 그 원상복구가 불가능하게 되었다고 볼 것이며, 또한 원상복구가 가능한지 여부는 포락 당시를 기준으로 판단하여야 하므로 그 이후의 사정은 특별한 사정이 없는 한 이를 참작할 여지가 없는 것이다.

[大判 1992. 9. 25. 92다24677] 한번 포락되어 해면 아래에 잠김으로써 복구가 심히 곤란하여 토지로서의 효용을 상실하면 종전의 소유권이 영구히 소멸되고, 그 후 포락된 토지가 다시 성토되어도 종전의 소유자가 다시 소유권을 취득할 수는 없다.

④ [正] 유치권자가 점유를 상실하면 유치권은 소멸한다(제328조). 그러나 유치권자의 점유가 침탈된 경우, 유치권자는 점유자로서 점유회수청구권을 행사할 수 있고, 점유를 회수한 경우에는 그 점유가 소멸되지 않은 것으로 간주되므로(제192조 제2항 단서), 유치권은 소멸하지 않았던 것으로 된다.

⑤ [誤] 담보지상권을 묻는 문제이다. 담보물권의 효력을 확보하기 위하여 설정되는 약정의 지상권이 담보지상권이다. 담보지상권은 용익물권인 지상권을 제도 목적 외로 전용한 것이다. 판례도 담보지상권을 인정하고 있으며, 담보지상권은 통상의 지상권과 달리 담보물권이 가지는 담보가치를 확보하기 위하여 그 효력을 인정하며, 담보물권이 소멸하는 경우에 담보지상권도 소멸한다.

[大判 1991. 3. 12. 90다카27570] 토지를 매수하여 그 명의로 소유권이전청구권 보전을 위한 가등기를 경료하고 그 토지 상에 타인이 건물 등을 축조하여 점유·사용하는 것을 방지하기 위하여 지상권을 설정하였다면 이는 위 가등기에 기한 본등기가 이루어질 경우 그 부동산의 실질적인 이용가치를 유지·확보할 목적으로 전 소유자에 의한 이용을 제한하기 위한 것이라고 봄이 상당하다고 할 것이고 그 가등기에 기한 본등기청구권이 시효의 완성으로 소멸하였다면 그 가등기와 함께 경료된 위 지상권 또한 그 목적을 잃어 소멸되었다고 봄이 상당하다.

정답 ⑤

16. 혼동으로 인하여 소멸하는 권리는 어느 것인가?(다툼 있으면 판례에 의함) [06년]

① 甲소유의 토지에 관하여 乙이 지상권을 취득하였고, 丙이 그 지상권을 목적으로 하는 저당권을 취득한 후, 乙이 위 토지의 소유권을 취득한 경우에 있어서의 '乙의 지상권'
② 甲소유의 건물에 관하여 乙이 대항력과 우선변제권이 있는 임차권을 취득하였고, 그 후 丙이 위 건물에 관한 저당권을 취득하였는데, 그 후 乙이 위 건물의 소유권을 甲으로부터 매수하여 취득한 경우에 있어서의 '乙의 임차권'
③ 자동차손해배상책임보험에 가입한 차량의 운행인인 甲이 위 차량에 乙을 태우고 운전하고 가던 중 교통사고를 일으켜 甲 자신은 사망하고 乙은 상해를 입었는데, 乙이 甲을 단독상속한 경우에 있어서의 '자동차손해배상보장법 제3조에 의한 乙의 甲에 대한 손해배상청구권'
④ 甲소유의 토지에 관하여 乙이 1번근저당권을 취득하고 丙이 2번근저당권을 취득하였으며 이어서 丁이 위 토지를 가압류하였는데, 그 후 丙이 그 토지의 소유권을 취득한 경우에 있어서의 '丙의 2번근저당권'
⑤ 甲소유의 토지에 관하여 乙이 대항력 있는 임차권을 취득한 후 丙이 위 토지에 관한 근저당권을 취득하였는데, 그 후 丙의 근저당권에 기한 경매절차에서 乙이 위

토지의 소유권을 취득한 경우에 있어서의 '乙의 임차권'

해설

① [소멸하지 않음] 乙의 지상권은 丙의 지상권저당권의 목적이 되어 있으므로 乙의 지상권이 혼동으로 소멸할 경우, 丙의 저당권이 소멸하게 되는 불이익이 발생한다. 따라서 乙의 지상권은 소멸하지 아니한다(제191조 제1항 단서).

② [소멸하지 않음] 혼동으로 물권이 소멸할 경우, 혼동의 본인이 불이익을 입게 되는 경우에도 혼동의 예외가 된다는 것이 통설과 판례이다. 乙의 대항력 있는 임차권이 혼동으로 소멸할 경우, 후순위의 저당권인 丙의 저당권이 순위가 승진하는 결과, 乙의 건물용익권능이 丙의 저당권실행에 의하여 소멸하게 되는 불이익이 발생한다. 따라서 혼동의 예외에 해당한다.
[大判 2001. 5. 15. 2000다12693] 부동산에 대한 소유권과 임차권이 동일인에게 귀속하게 되는 경우 임차권은 혼동에 의하여 소멸하는 것이 원칙이지만 그 임차권이 대항요건을 갖추고 있고 또한 그 대항요건을 갖춘 후에 저당권이 설정된 때에는 혼동으로 인한 물권 소멸원칙의 예외규정인 민법 제191조 제1항 단서를 준용하여 임차권은 소멸하지 않는다.

③ [소멸하지 않음] 피해자인 동승자 乙의 가해자 甲에 대한 손해배상청구권은 보험자에 대한 보험금청구권의 전제가 된다. 따라서 乙이 甲을 단독상속하여 甲의 손해배상채무자의 지위를 승계하였다고 하더라도 乙의 보험금청구권을 위하여 혼동으로 소멸하지 않는다는 것이 판례의 태도이다. 그러나 가해자인 甲이 피해자인 乙을 상속한 경우에는 예외적으로 혼동의 법리가 적용되어 소멸한다고 보는 것이 판례이다.
[大判 1995. 5. 12. 93다48373] 자동차 운행 중 교통사고가 일어나 자동차의 운행자나 동승한 그의 친족이 사망하여 자동차손해배상보장법 제3조에 의한 손해배상채권과 채무가 상속으로 동일인에게 귀속하게 되는 때에, 교통사고를 일으킨 차량의 운행자가 자동차 손해배상 책임보험에 가입하였다면, 가해자가 피해자의 상속인이 되는 등의 특별한 경우를 제외하고는 생존한 교통사고 피해자나 사망자의 상속인에게 책임보험에 의한 보험의 혜택을 부여하여 이들을 보호할 사회적 필요성이 있는 점은 다른 교통사고와 다를 바 없고, 다른 한편 원래 자동차 손해배상 책임보험의 보험자는 상속에 의한 채권·채무의 혼동 그 자체와는 무관한 제3자일 뿐 아니라 이미 자신의 보상의무에 대한 대가인 보험료까지 받고 있는 처지여서 교통사고의 가해자와 피해자 사이에 상속에 의한 혼동이 생긴다는 우연한 사정에 의하여 자기의 보상책임을 면할 만한 합리적인 이유가 없으므로, 자동차 책임보험의 약관에 의하여 피해자가 보험회사에 대하여 직접 보험금의 지급청구를 할 수 있는 이른바 직접청구권이 수반되는 경우에는 그 직접청구권의 전제가 되는 자동차손해배상보장법 제3조에 의한 피해자의 운행자에 대한 손해배상청구권은 상속에 의한 혼동에 의하여 소멸되지 아니한다고 보아야 한다.

④ [소멸하지 않음] 丙의 2번근저당권이 혼동으로 소멸하게 될 경우, 丙은 자신의 근저당권에 의하여 담보되는 피담보채권의 우선변제적 효력을 후순위의 가압류권자인 丁에게 대항하지 못하는 결과, 혼동의 본인인 丙에게 불이익을 초래하게 된다. 따라서 혼

동의 본인의 이익을 위하여 혼동의 예외가 된다.

[大判 1998. 7. 10. 98다18643] 어떠한 물건에 대한 소유권과 다른 물권이 동일한 사람에게 귀속한 경우 그 제한물권은 혼동에 의하여 소멸하는 것이 원칙이지만, 본인 또는 제3자의 이익을 위하여 그 제한물권을 존속시킬 필요가 있다고 인정되는 경우에는 민법 제191조 제1항 단서의 해석에 의하여 혼동으로 소멸하지 않는다고 보아야 할 것이다. 원심이 적법하게 확정한 바와 같이, 이 사건 부동산에 관하여 소외 한국주택은행이 1994. 4. 21. 선순위 근저당권을 취득한 후 원고가 1995. 6. 1. 후순위 근저당권을 취득하였고, 이어서 피고 경인실업 주식회사가 1995. 6. 30.에, 피고 윤진옥이 1995. 11. 22.에 차례로 이 사건 부동산에 대한 가압류등기를 경료한 다음, 1995. 12. 30.에 이르러 원고가 이 사건 부동산을 매수하여 소유권을 취득한 경우에 있어서, 원고의 후순위 근저당권이 혼동으로 소멸하게 된다면, 피고들은 이로 인하여 부당한 이득을 얻게 되는 반면 원고는 손해를 보게 되는 불합리한 결과가 되므로, 위의 법리에 따라 원고의 근저당권은 그 이후의 소유권 취득에도 불구하고 혼동으로 소멸하지 아니한다고 할 것이다.

⑤ [소멸함] 임차권자 乙이 토지의 소유권을 경매절차에서 취득하게 된 경우, 당해 토지의 저당권은 모두 소멸하게 되므로(경매절차의 소제(掃除)주의, 민사집행법 제91조 제2항) 乙은 저당권의 부담을 받지 않는 토지의 소유권을 취득하게 된다. 따라서 丙의 저당권으로 인하여 혼동의 본인인 乙의 불이익이 생기지 아니한다. 따라서 乙의 임차권은 혼동의 원칙에 따라 소멸하게 된다.

정답 ⑤

제2장 기본물권

제1절 점유권

1. 점유의 태양에 관한 설명 중 옳지 않은 것은?^(다툼 있으면 판례에 의함) [02년]

① 처분권한 없는 자로부터 그 사실을 알면서 토지를 매수하여 이를 점유하는 경우에 그 점유는 타주점유이다.
② 명의수탁자가 그 목적물인 부동산을 점유하는 경우에 그 점유는 타주점유이다.
③ 타인의 토지에 분묘를 설치한 자가 그 분묘기지를 점유하는 경우에 그 점유는 자주점유이다.
④ 부동산을 매도한 사람이 매매대금을 다 받은 후에 여전히 그 부동산을 점유하는 경우에 그 점유는 특별한 사정이 없는 한 타주점유이다.
⑤ 부동산에 대한 선친의 타주점유를 상속한 자가 하는 점유는 비록 내심으로 당해 부동산이 자신의 소유라고 생각하더라도 그 점유는 타주점유이다.

해설

① [正] 매매를 원인으로 점유를 개시한 경우에는 권원의 성질에 비추어 자주점유라고 보아야 한다. 그러나 그 매매가 무효라는 사정을 알면서도 점유를 개시하였다면 권원의 성질상 타주점유라고 보아야 한다.
[大判 1996. 5. 28, 95다40328] 부동산을 매수하여 이를 점유하게 된 자는 그 매매가 무효가 된다는 사정이 있음을 알았다는 등의 특단의 사정이 없는 한 그 점유의 시초에 소유의 의사로 점유한 것이며, 나중에 매도자에게 처분권이 없었다는 등의 사유로 그 매매가 무효인 것이 밝혀졌다 하더라도 그와 같은 점유의 성질이 변하는 것은 아니다.

② [正] 명의수탁자의 점유는 대내적인 소유권자인 명의신탁자를 완전히 배제하려는 의욕을 가지고 있다고 할 수 없기 때문에 타주점유라고 보아야 한다.
[大判 1996. 6. 11, 96다7403] 등기명의가 신탁되었다면 특별한 사정이 없는 한 명의수탁자의 부동산에 관한 점유는 그 권원의 성질상 자주점유라고 할 수 없고, 다시 명의수탁자로부터 상속에 의하여 점유를 승계한 자의 점유도 상속 전과 그 성질 내지 태양을 달리하는 것이 아니어서, 특별한 사정이 없는 한 그 점유가 자주점유로는 될 수 없고, 그 점유가 자주점유로 되기 위하여는 점유자가 소유자에 대하여 소유의 의사가 있는 것을 표시하거나 새로운 권원에 의하여 다시 소유의 의사로써 점유를 시작하여야만 한다.

③ [誤] [大判 1994. 11. 8, 94다31549] 타인의 토지 위에 분묘를 설치 또는 소유하는 자는 그 분묘의 보존 및 관리에 필요한 범위 내에서만 타인의 토지를 점유하는 것이므로, 점유권원의 성질상 소유의 의사가 추정되지 아니한다.

④ [正] 소유의 의사에서 문제되는 것은 사실상의 소유의 의사이다. 이미 매매대금을 완납받은 매도인은 사실상 그 목적부동산을 소유할 의사를 가지고 있지 아니하다고 보아야 한다.
[大判 1995. 5. 23, 94다51871] 토지의 매도인은 매수인에게 매도한 토지의 인도의무를 지고 있으므로, 매도 후의 점유는 그 성질상 타주점유로 변경되지만 특별한 사정이 있는 경우에는 그러하지 아니하다.

⑤ [正] 상속에 의한 점유의 승계는 당연승계이므로 피상속인의 점유상태를 떠난 자신의 점유를 주장할 수 없고, 피상속인의 점유의 하자를 그대로 승계하게 된다.
[大判 1997. 12. 12, 97다40100] 상속에 의하여 점유권을 취득한 경우에는 상속인이 새로운 권원에 의하여 자기 고유의 점유를 시작하지 않는 한 피상속인의 점유를 떠나 자기만의 점유를 주장할 수 없고, 또 선대의 점유가 타주점유인 경우 선대로부터 상속에 의하여 점유를 승계한 자의 점유도 그 성질 내지 태양을 달리하는 것이 아니어서 특별한 사정이 없는 한 그 점유가 자주점유로 될 수 없고, 그 점유가 자주점유가 되기 위하여는 점유자가 소유자에 대하여 소유의 의사가 있는 것을 표시하거나 새로운 권원에 의하여 다시 소유의 의사로써 점유를 시작하여야 한다.

정답 ③

2. 점유에 관한 설명 중 판례의 입장과 다른 것은? [03년]

① 소유의 의사로 점유를 개시한 자가 나중에 그 목적물이 자신의 소유가 아님을 알게 된 사정만으로 그 점유가 타주점유로 전환되는 것은 아니다.
② 약정에 따라 인도의무를 진 직접점유자가 그 후 간접점유자가 된 경우라도, 그를 상대로 위 약정에 기한 인도청구를 할 수 있다.
③ 점유보조자는 독립한 점유주체가 아니므로 그에 대한 인도청구는 원칙적으로 허용되지 않는다.
④ 취득시효 완성으로 인한 소유권이전등기청구권은 점유가 계속되는 한 시효로 소멸하지 아니하나, 여기서 말하는 점유에 간접점유는 포함되지 않는다.
⑤ 직접점유자가 임의로 점유를 타인에게 양도한 경우에는 그 점유이전이 간접점유자의 의사에 반한다 하더라도 간접점유자의 점유가 침탈된 경우에 해당하지 않는다.

해설

① [正] 소유의 의사는 점유개시 당시에 존재하여야 하고, 그것으로 족하다. 따라서 나중에 매도인에게 처분권이 없음을 알았다고 하더라도 자주점유의 성질이 변하지 않는다.

[大判 1996. 5. 28. 95다40328] 부동산을 매수하여 이를 점유하게 된 자는 그 매매가 무효가 된다는 사정이 있음을 알았다는 등의 특단의 사정이 없는 한 그 점유의 시초에 소유의 의사로 점유한 것이며, 나중에 매도자에게 처분권이 없었다는 등의 사유로 그 매매가 무효인 것이 밝혀졌다 하더라도 그와 같은 점유의 성질이 변하는 것은 아니다.

② [正] 불법점유를 이유로 한 건물명도청구를 하려면 현실적으로 불법점유하고 있는 사람을 상대로 하여야 할 것이나 그렇지 않는 경우에는 간접점유자를 상대로 명도를 청구할 수 있다. 따라서 약정에 의한 인도청구는 간접점유자에 대하여도 할 수 있다.

[大判 1983. 5. 10. 81다187] 불법점유를 이유로 한 건물명도청구에 있어서는 현실적으로 불법점유하고 있는 사람을 상대로 하여야 함은 소론과 같으나 원심판결 이유에 의하면 원심은 원·피고 사이에 이 사건 토지임대차계약을 체결함에 있어서 피고는 임차토지 위에 정구장시설 및 그 부대시설인 가건물 등을 피고의 비용으로 설치, 건축하여 정구장을 운영하되 임대차가 종료되었을 때에는 피고가 시설한 주위시설물 및 가건물을 원고에게 증여하기로 약정한 사실을 확정하고 임대차 종료를 이유로 위 계약에 따른 가건물 등의 명도를 구하는 원고의 청구를 인용하고 있는 것이니 이 사건에 있어서는 소론의 경우와는 그 전제사실을 달리하고 있어 원심판결이 피고가 간접점유하고 있는 건물부분의 명도를 명하였다 하여 소론과 같은 위법이 있다고 할 수 없다. 논지는 이유없다.

③ [正] 점유보조자는 점유자가 아니다. 따라서 점유주에 대하여 인도청구를 하여야 한다.

④ [誤] [大判 1995. 2. 10. 94다28468] 토지에 대한 취득시효 완성으로 인한 소유권이전등기청구권은 그 토지에 대한 점유가 계속되는 한 시효로 소멸하지 아니하고, 여기서 말하는 점유에는 직접점유뿐만 아니라 간접점유도 포함한다고 해석하여야 한다.

⑤ [正] [大判 1993. 3. 9. 92다5300] 간접점유의 침탈여부는 직접점유자의 의사에 반하는 점유의 상실인지에 따라 판단되어야 한다.

정답 ④

3. 배점 2 간접점유 및 점유보조에 관한 설명 중 옳은 것은? (다툼 있으면 판례에 의함) [10년]

① 간접점유자는 직접점유자에 대한 목적물반환청구권을 양도하는 방법으로는 간접점유권을 양도할 수 없다.
② 처가 부(夫)와 함께 타인의 주택을 아무런 권원 없이 계속 점유·사용하면서 소유자의 인도 요구를 거부하고 있다면 처는 소유자에 대한 관계에서 점유보조자에 불과하다.
③ 매수인이 인도받은 소유권유보부 매매의 목적물을 타인에게 임치하였는데 그 타인의 채권자가 그 목적물을 압류한 경우, 매수인은 특별한 사정이 없는 한 그 강제집행을 용인하여야 할 의무가 있다.
④ 주택임차인이 임대인의 승낙을 받아 임차주택을 전대하고 그 전차인이 주택을 인도받아 자신의 주민등록을 마친 경우, 임차인은 간접점유자로서 주택임대차보호법상의 대항력을 취득한다.

⑤ 토지에 대한 취득시효완성으로 인한 소유권이전등기청구권은 그 토지에 대한 점유가 계속되는 한 시효로 소멸하지 아니하나, 여기서 말하는 점유에는 간접점유는 포함되지 않는다.

해설

① [誤] 간접점유권 양도방법에 관한 지문이다. 이 지문은 조문내용을 알고 있는지 여부를 묻고 있다. 목적물반환청구권 양도에 의하여 물건에 관한 점유가 이전될 수 있다(제190조). 이때 이전되는 점유는 간접점유이다. 목적물반환청구권 양도방법에 의하여 간접점유가 이전됨으로써 점유권은 양도된다(제196조 제2항).

② [誤] 처가 점유보조자인지에 관한 판례태도를 묻는 지문이다. 처는 다른 동거가족과 마찬가지로 남편의 점유보조자이나, 처가 소유자의 명도요구를 거부하고 있다면 처는 불법점유자가 된다고 보는 것이 대법원 입장이다.
[大判 1998. 6. 26, 98다16456] 처가 아무런 권원 없이 토지와 건물을 주택 및 축사 등으로 계속 점유·사용하여 오고 있으면서 소유자의 명도요구를 거부하고 있다면 비록 그 시부모 및 부(夫)와 함께 이를 점유하고 있다고 하더라도 처는 소유자에 대한 관계에서 단순한 점유보조자에 불과한 것이 아니라 공동점유자로서 이를 불법점유하고 있다고 봄이 상당하다.
[大判 1980. 7. 8, 79다1928] <u>건물을 원시취득한 소외인의 동거가족들은 그 점유보조자</u>에 불과하지만 소외인이 건물을 매도하고 퇴거하였음에도 불구하고 그 <u>동거가족인 피고들이 그 건물이 소외인의 소유가 아니라고 주장하면서 소외인의 의사에 반하여 건물부분을 점유하고 있다면 피고들은 소외인에 대한 관계에서 불법점유자</u>이다.

③ [誤] 소유권유보부 매매의 매수인이 그로부터 목적물을 임차한 임차인의 채권자가 그 목적물에 대하여 신청한 강제집행 절차에서 제3자 이의의 소를 제기할 수 있는지를 묻는 지문이다. 제3자 이의의 소를 제기할 수 있는 자는 강제집행의 목적물에 대하여 소유권이 있다고 주장하는 자, 강제집행의 목적물의 양도나 인도를 막을 수 있는 권리가 있다고 주장하는 자가 제3자 이의의 소를 제기할 수 있다(민사집행법 제48조 제1항). 소유권유보매수인은 목적물의 인도를 막을 수 있는 권리를 가진다고 보는 것이 대법원의 입장이다.
[大判 2009. 4. 9, 2009다1894] 매수인이 소유권유보부 매매의 목적물을 타인의 직접점유를 통하여 간접점유 하던 중 그 타인의 채권자가 그 채권의 실행으로 그 목적물을 압류한 사안에서, 매수인은 그 강제집행을 용인하여야 할 별도의 사유가 있지 아니한 한 소유권유보매수인 또는 정당한 권원 있는 간접점유자의 지위에서 민사집행법 제48조 제1항에 정한 '목적물의 인도를 막을 수 있는 권리'를 가진다고 한 사례.

④ [正] 적법하게 전대차를 하여 간접점유자가 된 주택임차인이 주택임차권의 대항력을 취득하기 위한 요건이 무엇인가를 묻는 지문이다. 대법원은 전차인이 인도받아 전차인 명의로 주민등록을 하면 임차인이 주택임차권의 대항력을 취득한다고 본다.
[大判 2001. 1. 19, 2000다55645] 주택임대차보호법 제3조 제1항 소정의 대항력은 임차인이 당해 주택에 거주하면서 이를 직접점유하는 경우뿐만 아니라 타인의 점유를 매

개로 하여 이를 간접점유하는 경우에도 인정될 수 있을 것이나, 그 경우 당해 주택에 실제로 거주하지 아니하는 간접점유자인 임차인은 주민등록의 대상이 되는 "당해 주택에 주소 또는 거소를 가진 자"(주민등록법 제6조 제1항)가 아니어서 그 자의 주민등록은 주민등록법 소정의 적법한 주민등록이라고 할 수 없고, 따라서 간접점유자에 불과한 임차인 자신의 주민등록으로는 대항력의 요건을 적법하게 갖추었다고 할 수 없으며, 임차인과의 점유매개관계에 기하여 당해 주택에 실제로 거주하는 직접점유자가 자신의 주민등록을 마친 경우에 한하여 비로소 그 임차인의 임대차가 제3자에 대하여 적법하게 대항력을 취득할 수 있다.

⑤ [誤] 취득시효 요건으로서 점유에 간접점유가 포함되는지 및 취득시효 완성을 원인으로 한 등기청구권이 점유가 계속되는 동안 소멸시효의 대상이 되지 않는지 여부를 묻는 지문이다. 대법원은 시효권리자의 점유에 간접점유가 포함된다고 보며, 시효권리자의 점유가 계속되는 한 시효권리자의 등기청구권은 시효소멸하지 않는다고 본다.

[大判 1991. 10. 8, 91다25116] 농지를 소작을 준 것이 농지개혁법상 무효라 하더라도 소작인들을 점유매개자로 하여 간접적으로 이를 점유하고 있고 또 그들을 상대로 그 농지의 반환을 청구할 수 있는 지위에 있는 한 위 간접점유자의 시효취득에 있어서의 점유 자체를 부정할 수 없다.

[大判 1996. 3. 8, 95다34866] 토지에 대한 취득시효완성으로 인한 소유권이전등기청구권은 그 토지에 대한 <u>점유가 계속되는 한 시효로 소멸하지 아니하고</u>, 그 후 점유를 상실하였다고 하더라도 이를 시효이익의 포기로 볼 수 있는 경우가 아닌 한 이미 취득한 소유권이전등기청구권은 바로 소멸되는 것은 아니나, 취득시효가 완성된 점유자가 점유를 상실한 경우 취득시효완성으로 인한 소유권이전등기청구권의 소멸시효는 이와 별개의 문제로서, 그 <u>점유자가 점유를 상실한 때로부터 10년간 등기청구권을 행사하지 아니하면 소멸시효가 완성한다.</u>

정답 ④

4. 점유권에 관한 설명 중 옳지 않은 것은? (다툼 있으면 판례에 의함) [06년]

① 점유는 상속에 의하여 상속인에게 이전되고, 이러한 경우에 상속인이 피상속인의 점유의 성질과 하자를 그대로 승계한다.
② 점유보조자에게는 점유자를 위한 점유보호청구권은 인정되지 않지만, 자력구제권은 인정된다.
③ 타인 소유의 물건을 자신에게 소유권이 있다고 믿고 점유하는 자가 점유물을 소유자에게 반환할 때, 점유자는 그 동안 과실을 취득한 경우에도 소유자에게 유익비상환을 청구할 수 있다.
④ 전(前)점유자의 점유가 타주점유라 하더라도 점유자의 특정승계인은 자기의 점유만을 주장할 수 있으며, 이 경우 승계인의 점유는 자주점유로 추정된다.
⑤ 점유자가 회복자에게 유익비상환을 청구한 것에 대하여 법원이 유익비상환기간을 6개월 유예한 경우, 점유자는 유예기간 동안 점유물에 관하여 유치권을 행사할 수 있다.

해설

① [正] 점유권의 상속은 상속인의 점유와 피상속인의 점유 사이의 중단을 방지하기 위한 법률의 규정에 의한 점유권의 포괄승계로 의사표시나 점유의 이전 등을 요하지 않는다. 피상속인의 점유(권)가 그대로 승계되는 것이므로 상속인은 피상속인의 점유의 성질과 하자를 그대로 승계하게 된다. 따라서 상속은 점유의 태양을 변경하게 만드는 새로운 권원에 해당하지 않는다.
[大判 1997. 12. 12, 97다40100] <u>상속에 의하여 점유권을 취득한 경우에는 상속인이 새로운 권원에 의하여 자기 고유의 점유를 시작하지 않는 한 피상속인의 점유를 떠나 자기만의 점유를 주장할 수 없고, 또 선대의 점유가 타주점유인 경우 선대로부터 상속에 의하여 점유를 승계한 자의 점유도 그 성질 내지 태양을 달리하는 것이 아니어서</u> 특별한 사정이 없는 한 그 점유가 자주점유로 될 수 없고, 그 점유가 자주점유가 되기 위하여는 점유자가 소유자에 대하여 소유의 의사가 있는 것을 표시하거나 새로운 권원에 의하여 다시 소유의 의사로써 점유를 시작하여야 한다.

② [正] 점유보조자는 점유자가 아니다. 점유주만이 점유자가 된다. 따라서 점유보조자에게는 점유보호청구권이 인정되지 않는다. 물건에 대한 사실적 지배를 하는 점유보조자에게 점유자로서의 지위를 인정하지 않는 것은 점유보조자의 지배는 점유주에 대한 관계에서 보호가치가 없기 때문이다. 따라서 점유주와의 보호의 충돌이 생기지 않는 영역에서는 점유보조자에게 점유의 효력을 인정할 수 있는데, 그와 같은 영역이 바로 자력구제권이 인정되어야 하는 영역이다. 즉 점유보조자는 점유주를 위한 자력구제권을 행사할 수 있다.

③ [正] 점유자의 유익비상환청구권은 점유자가 선의점유자로서 과실을 취득하였는가와 무관한다. 따라서 과실을 취득한 점유자도 회복자에 대하여 유익비상환청구권을 행사할 수 있다. 그러나 과실을 취득한 점유자는 통상의 필요비에 대하여 그 상환을 청구할 수는 없다(제203조).

④ [正] 점유권의 특정승계의 효과로서 점유의 분리·병합이 인정된다. 점유권의 특정승계인은 그 고유한 점유권의 원시취득이라는 측면에서 자신만의 점유를 주장할 수 있고, 점유자는 자주점유자로 추정되므로(제197조) 타주점유자로부터의 특정승계인도 자기 자신의 자주점유를 주장할 수 있다.

⑤ [誤] 유치권이 성립하기 위해서는 피담보채권의 변제기가 도래하여야 한다. 유익비상환청구권을 피담보채권으로 하는 유치권의 항변이 허용되기 위해서는 유익비상환청구권의 변제기가 도래하여야 하는데, 법원이 그 상환기간을 유예한 경우에는 기한이 도래하지 아니한 것으로 취급되므로 유치권의 항변은 허용되지 아니한다.

정답 ⑤

5. [배점 3] 점유에 관한 설명 중 옳은 것(○)과 옳지 않은 것(×)을 바르게 표시한 것은?
(다툼 있으면 판례에 의함) [08년]

㉠ 점유물인 토지의 소유권을 둘러싸고 당사자 사이에 불법점유여부에 관한 다툼이 계속되다가 토지인도소송까지 제기되었다 하더라도 그 사실만으로 곧 그 점유의 평온·공연성이 상실된다고 할 수는 없다.
㉡ 타주점유자의 특정승계인이 자기의 점유만을 주장하는 경우, 그는 자기의 점유가 자주점유라는 점을 입증할 책임이 있다.
㉢ 乙이 甲으로부터 임차한 시계를 제3자 丙이 훔쳐간 경우, 甲은 丙을 상대로 乙에게 그 시계를 반환할 것을 청구할 수 있다.
㉣ 점유자를 상대로 한 점유자 명의의 소유권이전등기말소청구소송에서 점유자가 패소하고 그 판결이 확정된 경우, 그 소가 제기된 때부터 그 점유자의 점유는 타주점유로 간주된다.
㉤ 甲은 노트북을 절취하여 점유하다가 이를 고가에 팔아주겠다는 乙에게 속아 노트북을 乙에게 인도한 경우, 甲은 乙을 상대로 점유회수청구권을 행사할 수 있다.

① ㄱ(×), ㄴ(○), ㄷ(○), ㄹ(○), ㅁ(×)
② ㄱ(○), ㄴ(×), ㄷ(×), ㄹ(×), ㅁ(○)
③ ㄱ(○), ㄴ(×), ㄷ(×), ㄹ(×), ㅁ(×)
④ ㄱ(○), ㄴ(×), ㄷ(○), ㄹ(×), ㅁ(×)
⑤ ㄱ(○), ㄴ(×), ㄷ(○), ㄹ(×), ㅁ(○)
⑥ ㄱ(○), ㄴ(○), ㄷ(○), ㄹ(○), ㅁ(×)
⑦ ㄱ(×), ㄴ(○), ㄷ(○), ㄹ(○), ㅁ(○)
⑧ ㄱ(×), ㄴ(○), ㄷ(○), ㄹ(×), ㅁ(×)

해설

㉠ [正] [大判(全) 1982. 9. 28. 81사9] 민법 제245조에 규정된 소위 평온한 점유라 함은 점유자가 그 점유를 취득 또는 보유하는데 법률상 용인할 수 없는 강폭행위를 쓰지 아니하는 점유이고, 공연한 점유라 함은 은비의 점유가 아닌 점유를 말하는 것이므로 그 점유가 불법이라고 주장하는 자로부터 이의를 받은 사실이 있거나 점유물의 소유권을 위하여 당사자 사이에 분쟁이 있었다 하더라도 그러한 사실만으로 곧 점유의 평온·공연성이 상실된다고 할 수는 없다.

㉡ [誤] 점유의 승계의 효과로서 점유승계인은 자기만의 점유를 주장할 수도 있고 전 점유자의 점유를 아울러 주장할 수도 있다. 전 점유자의 점유를 아울러 주장하는 경우에는 전 점유자의 점유의 성질도 승계한다. 그러나 자기만의 점유를 주장하는 경우에는 점유승계인의 점유는 비록 전 점유자의 점유가 타주점유라고 하더라도 자주점유로 추정된다.

[大判 2002. 2. 26. 99다72743] 점유의 승계가 있는 경우 전 점유자의 점유가 타주점유라 하여도 점유자의 승계인이 자기의 점유만을 주장하는 경우에는 현 점유자의 점유는 자주점유로 추정된다.

ⓒ [正] 간접점유가 침탈된 경우, 간접점유자도 점유회수청구권을 행사할 수 있다. 따라서 간접점유자인 甲은 점유침탈자 丙에 대하여 점유물반환청구를 할 수 있다. 다만 원칙적으로 점유매개자인 乙에게 반환할 것을 청구하여야 한다.

ⓔ [誤] 소송의 제기시로부터 악의점유자로 의제되지만, 판결이 확정되면 단순한 악의점유자에 그치는 것이 아니라 타주점유로 전환된다는 것이 판례이다.

[大判 2000. 12. 8. 2000다14934·14941] [3] 진정 소유자가 자신의 소유권을 주장하며 점유자 명의의 소유권이전등기는 원인무효의 등기라 하여 점유자를 상대로 토지에 관한 점유자 명의의 소유권이전등기의 말소등기청구소송을 제기하여 그 소송사건이 점유자의 패소로 확정되었다면, 그 점유자는 민법 제197조 제2항의 규정에 의하여 그 소송의 제기시부터는 토지에 대한 악의의 점유자로 간주되고, 또 이러한 경우 토지 점유자가 소유권이전등기 말소등기청구소송의 직접 당사자가 되어 소송을 수행하였고 결국 그 소송을 통해 대지의 정당한 소유자를 알게 되었으며, 나아가 패소판결의 확정으로 점유자로서는 토지에 관한 점유자 명의의 소유권이전등기에 관하여 정당한 소유자에 대하여 말소등기의무를 부담하게 되었음이 확정되었으므로, 단순한 악의점유의 상태와는 달리 객관적으로 그와 같은 의무를 부담하고 있는 점유자로 변한 것이어서 점유자의 토지에 대한 점유는 <u>패소판결 확정 후부터는 타주점유로 전환되었다고 보아야</u> 할 것이다.

ⓜ [誤] 점유회수청구권이 인정되려면 점유의 침탈이 있어야 한다. 점유의 침탈이란 점유자의 의사에 반하는 점유상실을 의미하므로 기망에 의한 점유이전 등은 점유침탈에 해당하지 않는다. 비록 하자 있는 의사이기는 하나 점유자의 의사에 기한 점유상실이기 때문이다.

정답 ④

6. 배점 2 점유자의 권리 또는 의무에 관한 설명 중 옳지 않은 것은? (다툼 있으면 판례에 의함) [09년]

① 민법 제201조 제1항은 "선의의 점유자는 점유물의 과실을 취득한다."라고 규정하고 있는데, 여기서 선의의 점유자라 함은 과실수취권을 포함하는 권원이 있다고 오신한 점유자를 말하고, 다만 그와 같은 오신을 함에는 오신을 할 만한 정당한 근거가 있어야 한다.

② 점유자가 유익비를 지출할 당시 계약관계 등 적법한 점유의 권원을 가진 경우에 그 지출비용의 상환에 관하여는 그 계약관계를 규율하는 법조항이나 법리 등이 적용되는 것이어서, 점유자는 그 계약관계 등의 상대방에 대하여 해당 법조항이나 법리에 따른 비용상환청구권을 행사할 수 있을 뿐 계약관계 등의 상대방이 아닌 점유회복 당시의 소유자에 대하여 민법 제203조 제2항에 따른 지출비용의 상환을 구할 수는 없다.

③ 악의의 점유자가 수취한 과실을 반환하도록 규정한 민법 제201조 제2항의 규정은 민법 제748조 제2항의 특칙으로서 악의의 수익자는 그 점유로 인한 이익을 반환하면 족하고, 그 이외에 그 이익에 대한 법정이자를 반환하여야 할 의무는 없다.
④ 부동산 매매계약이 취소된 경우 당해 부동산을 인도받은 선의의 매수인에게 민법 제201조가 적용되어 과실취득권이 인정되는 이상 선의의 매도인에게도 민법 제587조의 유추적용에 의하여 대금의 운용이익 또는 법정이자의 반환을 부정하여야 한다.
⑤ 민법 제204조 제1항에 따른 점유자의 점유회수청구권은 점유를 침탈한 자의 특별승계인에 대하여는 행사할 수 없으나, 특별승계인이 악의인 때에는 예외적으로 이를 행사할 수 있다.

해설

① [正] 선의점유자의 개념을 묻는 지문이다.
[大判 2000. 3. 10, 99다63350] 민법 제201조 제1항은 "선의의 점유자는 점유물의 과실을 취득한다"라고 규정하고 있는 바, 여기서 <u>선의의 점유자라 함은 과실수취권을 포함하는 권원이 있다고 오신한 점유자를</u> 말하고, 다만 그와 같은 오신을 함에는 오신할 만한 정당한 근거가 있어야 한다.

② [正] 이른바 전용물소권을 인정하는지에 관한 판례입장을 묻는 지문이다. 판례는 이를 부정하여 계약관계 당사자 외의 제3자가 비록 계약에 따른 이행으로 이익을 받았다고 하더라도 계약 상대방에 대한 청구권 외에 제3자에 대한 부당이득반환청구권을 인정하지 않는다.
[大判 2003. 7. 25, 2001다64752] 민법 제203조 제2항에 의한 점유자의 회복자에 대한 유익비상환청구권은 점유자가 계약관계 등 적법하게 점유할 권리를 가지지 않아 소유자의 소유물반환청구에 응하여야 할 의무가 있는 경우에 성립되는 것으로서, 이 경우 점유자는 그 비용을 지출할 당시의 소유자가 누구이었는지 관계없이 점유회복 당시의 소유자 즉 회복자에 대하여 비용상환청구권을 행사할 수 있는 것이나, 점유자가 유익비를 지출할 당시 계약관계 등 적법한 점유의 권원을 가진 경우에 그 지출비용의 상환에 관하여는 그 계약관계를 규율하는 법조항이나 법리 등이 적용되는 것이어서, <u>점유자는 그 계약관계 등의 상대방에 대하여 해당 법조항이나 법리에 따른 비용상환청구권을 행사할 수 있을 뿐 계약관계 등의 상대방이 아닌 점유회복 당시의 소유자에 대하여 민법 제203조 제2항에 따른 지출비용의 상환을 구할 수는 없다.</u>

③ [誤] 악의점유자의 반환범위를 묻는 지문이다. 악의점유자는 제748조 제2항에 따라 그 반환범위가 결정된다는 것이 판례의 태도이다.
[大判 2003. 11. 14, 2001다61869] 타인 소유물을 권원 없이 점유함으로써 얻은 사용이익을 반환하는 경우 민법은 선의점유자를 보호하기 위하여 제201조 제1항을 두어 선의점유자에게 과실수취권을 인정함에 대하여, 이러한 보호의 필요성이 없는 <u>악의점유자에 관하여는 민법 제201조 제2항을 두어 과실수취권이 인정되지 않는다는 취지를 규정하는 것으로 해석되는 바, 따라서 악의수익자가 반환하여야 할 범위는 민법 제748</u>

조 제2항에 따라 정하여지는 결과 그는 받은 이익에 이자를 붙여 반환하여야 하며, 위 이자의 이행지체로 인한 지연손해금도 지급하여야 한다(필자 註 : 한국전력공사가 권원 없이 타인 소유 토지의 상공에 송전선을 설치함으로써 토지를 사용·수익한 경우, 구분지상권에 상응하는 임료 상당의 부당이득금에 대하여 점유일 이후의 법정이자 및 그 이자에 대한 지연손해금을 인정한 사례).

④ [正] 매매계약이 취소된 경우, 선의매도인이 반환해야 할 매매대금에 운용이익 또는 법정이자가 부가되어야 하는가를 묻는 지문이다. 선의매수인이 선의점유자로서 과실취득권을 가진다면 매매목적물의 과실 내지 사용이익과 매매대금의 이자가 상쇄되어야 한다는 제587조의 취지에 비추어 선의매도인도 매매대금의 운용이익 또는 법정이자의 반환이 부정되어야 한다는 것이 판례의 태도이다.

[大判 1993. 5. 14. 92다45025] 쌍무계약이 취소된 경우 선의의 매수인에게 민법 제201조가 적용되어 과실취득권이 인정되는 이상 선의의 매도인에게도 민법 제587조의 유추적용에 의하여 대금의 운용이익 내지 법정이자의 반환을 부정함이 형평에 맞다.

⑤ [正] 제204조 제2항. 점유회수청구권은 침탈자의 특별승계인에 대하여는 행사하지 못한다. 그러나 승계인이 악의인 때에는 그러하지 아니하다.

정답 ③

7. 乙은 甲의 소유인 미등기의 과수원과 가옥 및 창고를 관리하여 오던 중 丙에게 이를 자기의 것이라고 속이고 2000.4.1 매각하였다. 乙의 소유로 믿은 丙은 2000년, 2001년, 2002년 가을에 사과를 수확하였다. 2001년 늦가을 丙은 노후되어 훼손된 가옥의 일부를 30만원을 들여 수리하였고, 재래식 부엌을 신식으로 개조하였다. 그런데 2002년 1월 어느 날 丙이 창고에서 작업을 하던 중 실수로 창고의 일부가 불타버렸다. 뒤늦게 이러한 사실을 안 甲은 2002.4.1 丙을 상대로 소유권에 기한 반환청구소송을 제기하였고, 2003.4.1 승소판결을 받았다. 이 경우에 관한 설명 중 옳은 것은? [04년]

① 甲은 丙에게 민법 제202조에 의하여 창고의 소실로 인한 모든 손해의 배상을 청구할 수 있다.
② 丙은 그가 수확한 모든 사과를 수취할 권리가 있다.
③ 부엌 개조로 인한 가옥 가액의 증가가 현존하는 경우, 丙의 선택에 따라 그 지출금액이나 증가액을 甲이 지불해야 한다.
④ 위 ③의 경우에 만약 丙이 악의라면 그 비용의 상환을 청구할 수 없다.
⑤ 丙은 2001년 늦가을 가옥을 수리한 비용에 대하여 甲에게 그 상환을 청구할 수 없다.

해설

① [誤] 丙은 선의의 자주점유자이므로 점유물 멸실, 훼손에 관하여 회복자에 대하여 현존이익의 범위 내에서 손해배상책임을 부담한다(제202조 전문 후단).

② [誤] 점유자 丙이 2003.4.1. 패소함으로써 그 소가 제기된 2002.4.1.부터는 악의의 점유자로 의제된다. 따라서 그 후 취득한 과실에 대하여는 반환의무를 부담하고, 과실로 인하여 취득하지 못한 경우에는 그 대가를 보상하여야 한다(제201조 제2항).
③ [誤] 유익비의 상환은 회복자 甲의 선택에 따라 그 지출금액이나 증가액을 상환하여야 한다(제203조 제2항).
④ [誤] 비용상환청구권을 행사함에 점유자의 선·악의는 문제되지 않는다.
⑤ [正] 점유자 丙은 가옥의 수리비를 필요비로써 회복자 甲에 대하여 그 전액을 상환청구할 수 있다(제203조 제1항). 그러나 점유자가 과실을 수취한 경우 통상의 필요비는 청구할 수 없다. 사안의 경우 丙은 과실을 수취한 경우이므로 통상의 필요비는 청구할 수 없다.

정답 ⑤

8. 배점 3 甲은 조세포탈, 강제집행의 면탈 또는 법령상 제한의 회피 목적 없이, 자신이 소유하고 있던 10층 건물을 편의상 배우자 乙 명의로 해둘 목적으로 乙에게 소유권이전등기를 해주었고, 乙은 위 건물을 이용하여 자신의 명의로 임대업을 하고 있다. 그런데 乙의 피용자로서 위 건물 경비 및 차임징수 업무를 보조하는 丙은 위조한 乙의 위임장을 제시하며 자신이 乙의 대리인이라고 말하고, 丁에게 위 건물의 X 부분을 임대기간 2007. 10. 1. ~ 2011. 9. 30.로 하여 임대하였다(표현대리는 불성립한다고 가정함). 丁은 2007. 10. 1. 丙으로부터 X 부분을 인도받아 2011. 2. 19. 현재까지 점유·사용하고 있다. 丙은 乙에게 허위로 보고하면서 丁이 매월 지급하는 임차료를 착복하였다. 丙의 무권대리행위와 착복사실을 알게 된 乙은 2010. 5. 1. 그 사실을 丁에게 알리고 丁에게 X 부분의 반환을 요구하였으나 丁은 이에 응하지 아니하고 있다. 甲, 乙, 丙, 丁 사이의 법률관계에 관한 설명 중 옳지 않은 것은? (다툼 있으면 판례에 의함) [11년]

① 乙은 대외적 관계에서 건물의 소유자이므로 특별한 사정이 없는 한 소유권에 기하여 丁에게 X 부분의 반환을 청구할 수 있다.
② 丁이 2007. 10. 1.부터 2011. 2. 19.까지 법률상 원인 없이 乙의 건물을 점유·사용하고 이로 인하여 乙에게 손해를 입혔더라도, 丁이 자신에게 임차권이 있다고 믿은 데에 정당한 사유가 있다면, 丁은 위 기간 중 그 점유·사용에 따른 이득의 일부는 적법하게 취득할 수 있다.
③ 乙이 2010. 5. 2.부터 2011. 2. 19.까지 X 부분에 관하여 발생한 손해의 배상을 丁에게 불법행위책임에 기하여 청구할 경우, 丁은 그 배상의무가 없다.
④ 乙은 丙에게 손해배상을 청구할 수 있을 뿐만 아니라 丙과의 고용계약을 해지할 수 있다.
⑤ 丙의 무권대리행위로 인해 손해를 입은 경우에는 丁은 丙에 대하여는 불법행위책임을 물을 수 있고, 이때 乙에 대하여도 사용자책임을 물을 수 있다면 乙과 丙은 丁에게 부진정연대채무를 진다.

해설

∗ 허용되는 명의신탁 재산인 건물을 무권대리인이 임대한 경우에 발생할 수 있는 법률관계를 묻는 문제이다.

① [正] 명의수탁자가 무권대리인으로부터 점유를 이전받은 임차인에 대하여 소유물반환청구를 할 수 있는지를 묻는 지문이다. 명의신탁재산에 대한 소유물반환청구권자가 명의신탁자인가 아니면 명의수탁자인가를 묻는 것이다. 대외적 관계에서 명의신탁재산의 소유권자는 명의수탁자이다. 명의수탁자인 乙은 점유할 권원이 없는 丁에 대하여 소유물반환을 청구할 수 있다.
[大判(全) 1979. 9. 25. 77다1079] 재산을 타인에게 신탁한 경우 대외적인 관계에 있어서는 수탁자만이 소유권자로서 그 재산에 대한 제3자의 침해에 대하여 배제를 구할 수 있으며, 신탁자는 수탁자를 대위하여 수탁자의 권리를 행사할 수 있을 뿐 직접 제3자에게 신탁재산에 대한 침해의 배제를 구할 수 없다.

② [正] 점유할 권원은 없지만, 선의점유자인 丁이 소유권자인 乙에 대한 관계에서 점유·사용에 따른 이득을 보유할 수 있는지 여부를 묻는 지문이다. 선의의 점유자는 점유물의 과실을 취득한다(제201조 제1항). 선의점유자에게 과실취득권이 인정되는 범위에서 선의점유자가 취득한 과실은 부당이득이라고 볼 수 없다. 한편 물건의 점유·사용에 따른 이익은 과실에 준하여 취급된다. 점유할 권원이 없는 丁이지만, 소유자 乙이 소유물반환을 청구하기 전까지는 선의의 점유자로서 물건의 점유·사용에 따른 이익을 보유할 수 있다.
[大判 1996. 1. 26. 95다44290] 민법 제201조 제1항에 의하면 선의의 점유자는 점유물의 과실을 취득한다고 규정하고 있는 바, 건물을 사용함으로써 얻는 이득은 그 건물의 과실에 준하는 것이므로, 선의의 점유자는 비록 법률상 원인 없이 타인의 건물을 점유·사용하고 이로 말미암아 그에게 손해를 입혔다고 하더라도 그 점유·사용으로 인한 이득을 반환할 의무는 없다.

③ [誤] 소유자 乙로부터 반환을 요구받은 점유자 丁이 이에 응하지 아니하고 계속해서 점유하고 있는 상태가 乙에 대한 관계에서 불법점유에 해당하여 불법행위를 구성하는지 여부를 묻는 지문이다. 丁은 무권대리인 丙과 임대차계약을 체결하고, 丙으로부터 X부분을 인도받아 사용·수익하고 있다. 丙과의 임대차계약은 무권대리행위로서 무효이므로 丁은 임차권을 취득하지 못하였다. 丁의 점유는 점유할 권원을 가지고 있지 아니한 점유가 된다. 소유자 乙에 대한 관계에서 丁의 점유는 위법한 점유가 된다. 한편, 소유자 乙로부터 인도를 요구받은 후에는 丁 또한 자신의 점유가 위법한 점유라는 사실을 알게 되었다고 보아야 한다. 즉, 위법하게 점유하는 것에 대한 귀책사유도 존재한다. 결국 인도를 요구받은 후에도 丁이 계속하여 점유하는 것은 소유자 乙에 대한 관계에서 불법행위를 구성하게 되고, 丁은 乙에 대하여 손해배상책임을 부담하게 된다.

④ [正] 무권대리행위를 한 경우, 본인이 무권대리인에게 행사할 수 있는 권리수단을 묻는 지문이다. 본인 乙과 무권대리인 丙 사이에는 고용계약관계가 존재하는 바, 丙의 무권대리행위는 乙에 대하여 고용계약관계상 부담하는 의무를 위반하는 행위가 된다.

■ 물 권 법 ■ 177

결국 丙은 乙에 대하여 채무불이행에 따른 손해배상책임을 부담하며, 乙은 나아가 丙의 채무불이행을 이유로 고용계약관계를 해지할 수 있다.
⑤ [正] 피용자의 불법행위책임과 사용자책임이 모두 성립하는 경우, 손해배상채무 상호간의 관계를 묻는 지문이다. 부진정연대채무관계라는 것이 대법원의 입장이다.

정답 ③

제2절 소유권

1. 그림 1의 C지와 그림 2의 X지와 같이 포위된 토지가 생긴 경우에, 그 포위된 토지소유자의 주위토지통행권에 관한 설명 중 옳은 것은?(다툼 있으면 판례에 의함) [03년]

그림 1	그림 2
公 路 A ｜ B C	公 路 Y X Z

① 그림 1에서 C지의 소유자는 B지에 비하여 넓은 A지에 대해서만 통행권을 행사할 수 있다.
② 그림 1에서 甲이 자신의 소유이던 1필의 토지를 B지와 C지로 분할하여 C지를 乙에게 양도한 경우, 乙은 甲소유의 B지에 대하여만 통행권을 행사할 수 있다.
③ 그림 1에서 C지의 소유자에게 A지에 대한 주위토지통행권이 인정된 경우에는, 그 후 C지에 접하는 공로가 새로 개설되었더라도 위 통행권은 소멸하지 않는다.
④ 그림 2에서 甲이 1필의 토지를 X지와 Y지로 분할한 후에 X지를 乙에게 양도한 경우, Y지에 甲이 거주하고, Z지가 공지(空地)인 때에는 乙은 Y지에 대해서는 통행권을 행사할 수 없으며 Z지에 대해서만 통행권을 행사할 수 있다.
⑤ 그림 2에서 甲이 1필의 토지를 스스로 X지와 Y지로 분할한 후에 Y지를 乙에게 양도한 경우, 甲은 Y지에 대해서 통행권을 행사할 수 없다.

해설

① [誤] 주위토지통행권은 주위토지소유자의 손해가 가장 적은 장소와 방법의 범위 내에서 인정되어야 하며, 그 범위는 제반사정을 고려하여 사회통념에 따라 판단되어야 하는 것이다(大判 1995. 2. 3, 94다50656). 주위토지면적에 의하여 좌우되는 것은 아니다.
② [正] ④ [誤] ⑤ [誤] 토지의 일부양도로 인하여 공로에 통하지 못하는 토지가 생긴 경우에 주위토지통행권은 일부 양도 전의 양도인 소유의 종전 토지에 대하여만 생긴다(大判 1995. 2. 10, 94다45869·45876). 이러한 법리는 수필지의 토지가 동일인에게 속하고 있다가 그 중 어느 한 필지를 타인에게 양도한 경우에도 적용된다.
[大判 1995. 2. 10, 94다45869·45876] 동일인 소유 토지의 일부가 양도되어 공로에 통하지 못하는 토지가 생긴 경우에 포위된 토지를 위한 주위토지통행권은 일부 양도 전의 양도인 소유의 종전 토지에 대하여만 생기고 다른 사람 소유의 토지에 대하여는 인정되지 아니하며, 또 무상의 주위토지통행권이 발생하는 토지의 일부 양도라 함은 1필의 토지의 일부가 양도된 경우뿐만 아니라 일단으로 되어 있던 동일인 소유의 수

필지의 토지 중의 일부가 양도된 경우도 포함된다.
③ [誤] 일단 주위토지통행권이 발생하였다고 하더라도 나중에 그 토지에 접하는 공로가 개설됨으로써 주위토지통행권을 인정할 필요성이 없어진 때에는 그 통행권은 소멸한다(大判 1998. 3. 10, 97다47118).

정답 ②

2. 배점 2 건물의 구분소유에 관한 설명으로 옳지 않은 것은?(다툼 있으면 판례에 의함) [08년]

① 집합건물의 건축자로부터 전유부분과 대지부분을 매수하여 소유권 취득의 실질적 요건은 갖추었으나, 전유부분에 대한 소유권이전등기만 경료받고 대지지분에 대하여는 소유권이전등기를 받지 못한 매수인은, 매매계약의 효력으로서 전유부분의 보유를 위하여 건물의 대지를 점유·사용할 권리가 있고, 이러한 점유·사용권은 단순한 점유권과는 차원을 달리하는 본권이다.
② 환지절차의 지연 등 특별한 사정으로 인하여 집합건물의 전유부분에 대하여만 소유권이전등기를 받은 매수인은, 대지지분에 대한 소유권이전등기를 받기 전이라도 대지사용권을 전유부분과 분리하여 처분할 수 있다.
③ 관리단은, 구분소유관계가 성립하는 건물이 있는 경우 당연히 그 구분소유자 전원을 구성원으로 하여 성립되는 단체이므로, 집합건물에 입주가 이루어져서 공동관리의 필요가 생긴 때에는 그 당시의 미분양된 전유부분의 구분소유자도 그 구성원이 된다.
④ 법률상 1개의 부동산으로 등기된 기존건물이 증축되었고 그 증축부분이 기존건물의 구성부분이 아닌 별개의 건물인 경우, 이를 구분건물로 하기 위해서는 구분건물로서 등기하여야 하고 증축으로 인한 건물표시변경등기를 하여서는 아니 된다.
⑤ 집합건물인 상가건물의 지하주차장이 건물신축 시 건축법규에 따른 부속주차장으로 설치되었으나, 분양계약상의 특약에 의하여 그 건물을 분양받은 구분소유자들의 동의 아래 공용부분에서 제외되어 따로 분양되었고, 구조상으로나 이용상으로 독립성을 갖춘 경우에는 구분소유의 대상이 될 수 있다.

해설

① [正] [大判(全) 2000.11.16, 98다45652·45669] 아파트와 같은 대규모 집합건물의 경우, 대지의 분·합필 및 환지절차의 지연, 각 세대당 지분비율 결정의 지연 등으로 인하여 전유부분에 대한 소유권이전등기만 수분양자를 거쳐 양수인 앞으로 경료되고, 대지지분에 대한 소유권이전등기는 상당기간 지체되는 경우가 종종 생기고 있는데, 이러한 경우 집합건물의 건축자로부터 전유부분과 대지지분을 함께 분양의 형식으로 매수하여 그 대금을 모두 지급함으로써 소유권 취득의 실질적 요건은 갖추었지만 전유부분에 대한 소유권이전등기만 경료받고 대지지분에 대하여는 위와 같은 사정으로 아직 소유권이전등기를 경료받지 못한 자는 매매계약의 효력으로써 전유부분의 소유를 위하여 건물의 대지를 점유·사용할 권리가 있는 바, 매수인의 지위에서 가지는 이러

한 점유·사용권은 단순한 점유권과는 차원을 달리하는 본권으로서 집합건물의소유및관리에관한법률 제2조 제6호 소정의 구분소유자가 전유부분을 소유하기 위하여 건물의 대지에 대하여 가지는 권리인 대지사용권에 해당한다고 할 것이고, 수분양자로부터 전유부분과 대지지분을 다시 매수하거나 증여 등의 방법으로 양수받거나 전전 양수받은 자 역시 당초 수분양자가 가졌던 이러한 대지사용권을 취득한다.

② [誤] [大判(全) 2000. 11. 16, 98다45652·45669] 집합건물의소유및관리에관한법률의 규정내용과 입법취지를 종합하여 볼 때, 대지의 분·합필 및 환지절차의 지연, 각 세대당 지분비율 결정의 지연 등의 사정이 없었다면 당연히 전유부분의 등기와 동시에 대지지분의 등기가 이루어졌을 것으로 예상되는 경우, 전유부분에 대하여만 소유권이전등기를 경료받았으나 매수인의 지위에서 대지에 대하여 가지는 점유·사용권에 터잡아 대지를 점유하고 있는 수분양자는 대지지분에 대한 소유권이전등기를 받기 전에 대지에 대하여 가지는 점유·사용권인 대지사용권을 전유부분과 분리 처분하지 못할 뿐만 아니라, 전유부분 및 장래 취득할 대지지분을 다른 사람에게 양도한 후 그 중 전유부분에 대한 소유권이전등기를 경료해 준 다음 사후에 취득한 대지지분도 전유부분의 소유권을 취득한 양수인이 아닌 제3자에게 분리 처분하지 못한다 할 것이고, 이를 위반한 대지지분의 처분행위는 그 효력이 없다.

③ [正] [大判 2002. 12. 27, 2002다45284] 집합건물의소유및관리에관한법률 제23조 제1항에서는 "건물에 대하여 구분소유관계가 성립되면 구분소유자는 전원으로써 건물 및 그 대지와 부속시설의 관리에 관한 사업의 시행을 목적으로 하는 관리단을 구성한다."고 규정하고 있으므로, 관리단은 어떠한 조직행위를 거쳐야 비로소 성립되는 단체가 아니라 구분소유관계가 성립하는 건물이 있는 경우 당연히 그 구분소유자 전원을 구성원으로 하여 성립되는 단체라 할 것이므로, 집합건물의 분양이 개시되고 입주가 이루어져서 공동관리의 필요가 생긴 때에는 그 당시의 미분양된 전유부분의 구분소유자를 포함한 구분소유자 전원을 구성원으로 하는 관리단이 설립된다고 할 것이다.

④ [正] [大判 1999. 7. 27, 98다35020] 구분건물이 되기 위하여는 객관적·물리적인 측면에서 구분건물이 <u>구조상·이용상 독립성을 갖추어야</u> 하고, 그 건물을 <u>구분소유권의 객체로 하려는 의사표시 즉 구분행위가 있어야</u> 하는 것이고, <u>소유자가 기존 건물에 증축을 한 경우에도 증축 부분이 구조상·이용상 독립성을 갖추었다는 사유만으로 당연히 구분소유권이 성립된다고 할 수는 없고, 소유자의 구분행위가 있어야 비로소 구분소유권이 성립된다고 할 것이다</u>(필자 註 : 소유자가 기존 건물에 마쳐진 등기를 1동의 건물로서 증축으로 인한 건물표시변경등기를 경료한 때에는 이를 구분건물로 하지 않고 그 전체를 1동의 건물로 하려는 의사였다고 봄이 상당하다고 한 사례).

⑤ [正] [大判 1995. 12. 26, 94다44675] 집합건물인 상가건물의 지하주차장이 그 건물을 신축함에 있어서 건축법규에 따른 부속주차장으로 설치되기는 하였으나, 분양계약상의 특약에 의하여 그 건물을 분양받은 구분소유자들의 동의 아래 공용부분에서 제외되어 따로 분양되었고, 그 구조상으로나 이용상으로도 상가건물의 지상 및 지하실의 점포, 기관실 등과는 독립된 것으로서, 이와 분리하여 구분소유의 대상이 될 수 있다고 한 사례.

정답 ②

3. 배점 2 취득시효에 관한 설명 중 옳지 않은 것은? (다툼 있으면 판례에 의함) [09년]

① 취득시효기간의 완성만으로는 소유권 취득의 효력이 바로 생기는 것이 아니라, 이를 원인으로 하여 소유권 취득을 위한 등기청구권이 발생할 뿐이므로, 미등기 부동산의 경우라고 하여 취득시효기간의 완성만으로 등기 없이도 점유자가 소유권을 취득한다고 볼 수 없다.

② 점유취득시효 완성을 원인으로 한 소유권이전등기청구는 시효완성 당시의 등기부상 소유자를 상대로 하여야 하므로, 비록 시효 완성 당시의 등기부상 소유자의 소유권이전등기가 원인무효인 경우에도 원칙적으로 그 등기명의인 또는 포괄승계인이 취득시효 완성을 원인으로 한 소유권이전등기청구의 상대방이 된다.

③ 甲이 특정 부동산을 소유의 의사로 점유하고 있던 중 그 부동산을 乙에게 매도하였다면, 매도 이후에는 甲이 그 부동산을 乙에게 인도하지 아니한 채 점유하고 있다 하더라도 甲의 점유는 특별한 사정이 없는 한 타주점유로 변경된다.

④ 점유자가 취득시효기간의 만료로 일단 소유권이전등기청구권을 취득한 이상, 그 후 점유를 상실하였다고 하더라도 이를 시효이익의 포기로 볼 수 있는 경우가 아닌 한 이미 취득한 소유권이전등기청구권이 바로 소멸되는 것은 아니나, 그 점유자가 점유를 상실한 때로부터 10년간 등기청구권을 행사하지 아니하면 소멸시효가 완성된다.

⑤ 甲이 미등기 토지를 점유하여 점유취득시효가 완성되었으나, 甲의 점유개시 당시로부터 계속하여 위 토지의 소유권을 가지고 있던 乙이 甲의 점유취득시효 완성 이후에 乙의 명의로 위 토지에 관하여 소유권보존등기를 마쳤다고 하더라도, 甲은 乙에게 취득시효 완성을 주장할 수 있다.

해설

① [正] [大判 2006.9.28. 2006다22074·22081] 민법 제245조 제1항의 취득시효기간의 완성만으로는 소유권취득의 효력이 바로 생기는 것이 아니라, 다만 이를 원인으로 하여 소유권취득을 위한 등기청구권이 발생할 뿐이고, 미등기 부동산의 경우라고 하여 취득시효기간의 완성만으로 등기 없이도 점유자가 소유권을 취득한다고 볼 수 없다.

② [誤] [大判 2005. 5. 26. 2002다43417] 점유취득시효완성을 원인으로 한 소유권이전등기청구는 시효완성 당시의 소유자를 상대로 하여야 하므로 시효완성 당시의 소유권보존등기 또는 이전등기가 무효라면 원칙적으로 그 등기명의인은 시효취득을 원인으로 한 소유권이전등기청구의 상대방이 될 수 없고, 이 경우 시효취득자는 소유자를 대위하여 위 무효등기의 말소를 구하고 다시 위 소유자를 상대로 취득시효완성을 이유로 한 소유권이전등기를 구하여야 할 것이다.

③ [正] [大判 2007.3.30. 2007다1555] 어느 토지의 소유자가 스스로 그 토지를 점유하고 있다가 그 토지의 전부 또는 일부를 다른 사람에게 매도하는 등으로 소유권을 이전하고서도 계속하여 그 토지를 점유하고 있는 경우에 있어서, 다른 사람에게 소유권을

이전한 부분에 대한 점유는, 새로이 그 부분에 대한 소유권취득의 원인이 될 수 있는 법률행위 기타 법률요건을 구비하는 등의 특별한 사정이 없는 한, 성질상 타주점유에 해당한다고 할 것이다.

④ [正] [大判 1996.3.8, 95다34866] 취득시효가 완성된 점유자가 점유를 상실한 경우 이를 시효이익의 포기로 볼 수 있는 경우가 아닌 한 그 점유자가 점유를 상실한 때로부터 10년간 등기청구권을 행사하지 아니하면 소멸시효가 완성한다.

⑤ [正] [大判 2007.6.14, 2006다84423] 점유로 인한 소유권취득시효완성 당시 미등기로 남아 있던 토지에 관하여 소유권을 가지고 있던 자가 취득시효완성 후에 그 명의로 소유권보존등기를 마쳤다 하더라도 이는 소유권의 변경에 관한 등기가 아니므로 그러한 자를 그 취득시효완성 후의 새로운 이해관계인으로 볼 수 없고, 또 그 미등기 토지에 대하여 소유자의 상속인 명의로 소유권보존등기를 마친 것도 시효취득에 영향을 미치는 소유자의 변경에 해당하지 않으므로, 이러한 경우에는 그 등기명의인에게 취득시효완성을 주장할 수 있다.

정답 ②

4. 부동산의 점유취득시효에서 시효완성 후 그 등기 전의 법률관계에 관련된 설명 중 판례의 입장과 다른 것은? [05년]

① 소유명의자는 시효가 완성된 점유자에게 등기를 해 줄 의무가 있으므로, 그 점유자에게 불법점유임을 이유로 건물의 철거 또는 대지의 인도를 청구할 수 없고, 점유로 인한 부당이득의 반환청구도 할 수 없다.

② 유효한 명의신탁계약이 시효완성 후 해지되어 그 등기명의가 명의수탁자로부터 명의신탁자에게로 이전된 경우, 특별한 사정이 없는 한 그 명의신탁자는 취득시효 완성 후에 소유권을 취득한 자에 해당되지 아니하므로, 점유자는 그 자에 대하여 시효취득을 주장할 수 있다.

③ 시효완성 후 원래의 소유자의 위탁에 의하여 소유권이전등기를 마친 신탁법상의 수탁자는 그 점유자가 시효취득을 주장할 수 없는 새로운 이해관계인인 제3자에 해당한다.

④ 시효완성 후 점유자가 점유를 상실한 경우에도 시효이익의 포기로 볼 수 있는 경우가 아닌 한, 시효완성을 원인으로 하여 이미 취득한 소유권이전등기청구권은 소멸하지 않는다.

⑤ 시효가 완성된 사실을 안 소유명의자가 그 부동산을 제3자에게 처분하여 시효완성을 원인으로 한 소유권이전등기의무가 이행불능에 빠진 경우, 그 소유명의자는 점유자에게 불법행위책임을 진다.

해설

① [正] [大判 1988. 5. 10, 87다카1979] 乙이 甲소유의 대지 일부를 소유의 의사로 평온, 공연하게 20년간 점유하였다면 乙은 甲에게 소유권이전등기절차의 이행을 청구할 수 있고 甲은 이에 응할 의무가 있으므로 乙이 위 대지에 관하여 소유권이전등기를 경료하지 못한 상태에 있다고 해서 甲이 乙에 대하여 그 대지에 대한 불법점유임을 이유로 그 지상건물의 철거와 대지의 인도를 청구할 수는 없다.
[大判 1993. 5. 25, 92다51280] 부동산에 대한 취득시효가 완성되면 점유자는 소유명의자에 대하여 취득시효 완성을 원인으로 한 소유권이전등기절차의 이행을 청구할 수 있고 소유명의자는 이에 응할 의무가 있으므로 점유자가 그 명의로 소유권이전등기를 경료하지 아니하여 아직 소유권을 취득하지 못하였다고 하더라도 소유명의자는 점유자에 대하여 점유로 인한 부당이득반환청구를 할 수 없다.

② [誤] [大判 2000. 8. 22, 2000다21987] 명의신탁된 부동산에 대한 점유취득시효 완성 후 그 소유권이전등기가 경료되기 전에 명의신탁이 해지되고 새로운 명의신탁이 이루어져 그 소유명의가 새로운 명의수탁자에게 이전된 경우, 새로운 명의수탁자는 위 점유취득시효 완성 후에 소유권을 취득한 자에 해당하므로, 위 점유자는 그에 대하여 시효취득을 주장할 수 없다.

③ [正] [大判 2003. 8. 19, 2001다47467] 부동산에 관한 점유취득시효기간이 경과한 후 원래의 소유자의 위탁에 의하여 소유권이전등기를 마친 신탁법상의 수탁자는 그 점유자가 시효취득을 주장할 수 없는 새로운 이해관계인 제3자에 해당하고, 그 수탁자가 해당 부동산의 공유자들을 조합원으로 한 비법인사단인 재건축조합이라고 하여 달리 볼 것도 아니다.

④ [正] [大判(全) 1995. 3. 28, 93다47745] 원래 취득시효제도는 일정한 기간 점유를 계속한 자를 보호하여 그에게 실체법상의 권리를 부여하는 제도이므로, 부동산을 20년간 소유의 의사로 평온·공연하게 점유한 자는 민법 제245조 제1항에 의하여 점유부동산에 관하여 소유자에 대한 소유권이전등기청구권을 취득하게 되며, 점유자가 취득시효기간의 만료로 일단 소유권이전등기청구권을 취득한 이상, 그 후 점유를 상실하였다고 하더라도 이를 시효이익의 포기로 볼 수 있는 경우가 아닌 한, 이미 취득한 소유권이전등기청구권은 소멸되지 아니한다.

⑤ [正] [大判 1995. 7. 11, 94다4509] 취득시효가 완성된 후 점유자가 그 취득시효를 주장하거나 이로 인한 소유권이전등기청구를 하기 이전에는, 특별한 사정이 없는 한 그 등기명의인 부동산 소유자로서는 그 시효취득 사실을 알 수 없는 것이므로, 이를 제3자에게 처분하였다고 하더라도 불법행위가 성립하는 것은 아니다.

정답 ②

5. 甲은 乙 소유의 A 토지를 20년간 소유의 의사로 점유함으로써 취득시효의 완성을 이유로 乙에 대하여 소유권이전등기를 청구할 수 있게 되었다. 이에 대한 설명 중 옳지 않은 것은?(다툼 있으면 판례에 의함) [02년]

① 취득시효가 완성된 이상, 乙은 甲에 대하여 A 토지의 인도를 구할 수 없음은 물론이고, 시효가 기산된 이후의 기간에 관하여 甲이 얻은 사용이익을 부당이득으로 반환청구할 수 없고, 나아가 甲에 대하여 그 기간 동안의 불법점유를 이유로 하는 손해배상도 청구할 수 없다.
② 甲이 A 토지를 계속 점유하고 있는 동안에는 취득시효가 완성된 후 10년이 경과하여도 甲의 소유권이전등기청구권은 시효로 소멸하지 않는다.
③ 甲이 자기 앞으로 소유권이전등기를 경료하지 아니한 채 A 토지를 丙에게 매도하여 인도한 경우, 丙은 甲의 소유권이전등기청구권을 대위행사할 수 있을 뿐만 아니라 甲의 취득시효 완성의 효과를 승계하여 직접 자신 명의로 소유권이전등기를 청구할 수 있다.
④ 甲이 자기 앞으로 소유권이전등기를 경료하지 아니하고 있는 동안 乙이 A 토지에 대하여 丁 앞으로 소유권이전등기를 경료한 경우, 甲은 丁에 대하여 원래의 취득시효 완성을 이유로 하여 소유권이전등기를 청구할 수 없다.
⑤ 甲이 취득시효의 완성 후 A 토지를 더 이상 점유하지 아니하게 되더라도 이를 시효이익의 포기로 볼 수 있는 경우가 아닌 한 그가 취득시효 완성으로 취득한 소유권이전등기청구권은 소멸하지 않는다.

해설

① [正] 취득시효 완성자는 취득시효 완성당시의 소유자에 대하여 등기 없이도 취득시효를 주장할 수 있다(취득시효의 제1원칙). 취득시효 완성자는 아직 소유권을 취득하지는 못하였으나 단순한 채권적 등기청구권자 이상의 지위를 가진다. 즉, 당해 부동산을 사용·수익할 수 있으며, 그 점유가 불법점유로 되지 아니한다. 결국, 시효완성자는 완성당시의 소유자에 대하여 점유할 권리, 본권을 주장할 수 있는 것이고, 이 경우에는 등기여부는 문제되지 않는다.
[大判 1993. 5. 25. 92다51280] 부동산에 대한 취득시효가 완성되면 점유자는 소유명의자에 대하여 취득시효 완성을 원인으로 한 소유권이전등기절차의 이행을 청구할 수 있고 소유명의자는 이에 응할 의무가 있으므로 점유자가 그 명의로 소유권이전등기를 경료하지 아니하여 아직 소유권을 취득하지 못하였다고 하더라도 소유명의자는 점유자에 대하여 점유로 인한 부당이득반환청구를 할 수 없다.
[大判 1988. 5. 10. 87다카1979] 乙이 甲소유의 대지 일부를 소유의 의사로 평온, 공연하게 20년간 점유하였다면 乙은 甲에게 소유권이전등기절차의 이행을 청구할 수 있고 甲은 이에 응할 의무가 있으므로 乙이 위 대지에 관하여 소유권이전등기를 경료하지 못한 상태에 있다고 해서 甲이 乙에 대하여 그 대지에 대한 불법점유임을 이유로 그 지상건물의 철거와 대지의 인도를 청구할 수는 없다.
② [正] 취득시효 완성자의 등기청구권은 채권적 청구권이나, 시효완성자가 계속해서 점유하고 있는 동안에는 소멸시효제도의 취지상 권리를 행사하지 아니한 경우에 해당하지 아니하므로 소멸시효의 대상이 아니라는 것이 판례의 태도이다.

[大判 1996. 3. 8, 95다34866] 토지에 대한 취득시효 완성으로 인한 소유권이전등기청구권은 그 토지에 대한 점유가 계속되는 한 시효로 소멸하지 아니하고, 그 후 점유를 상실하였다고 하더라도 이를 시효이익의 포기로 볼 수 있는 경우가 아닌 한 이미 취득한 소유권 이전등기청구권은 바로 소멸되는 것은 아니나, 취득시효가 완성된 점유자가 점유를 상실한 경우 취득시효 완성으로 인한 소유권이전등기청구권의 소멸시효는 이와 별개의 문제로서, 그 점유자가 점유를 상실한 때로부터 10년간 등기청구권을 행사하지 아니하면 소멸시효가 완성한다.

③ [誤] 취득시효 완성자로부터 점유를 승계한 자는 점유 자체와 그 하자만을 승계하는 것이지 점유로 인한 효과까지 승계하는 것은 아니므로 직접 취득시효를 주장하여 등기청구권을 행사하는 것은 허용되지 아니한다는 것이 판례의 태도이다(大判(全) 1995. 3. 28, 93다47745). 결국, 점유승계자는 취득시효 완성자의 등기청구권을 대위행사할 수밖에 없다는 것이다.

④ [正] 취득시효 완성자가 등기를 경료하기 전에 당해 부동산에 새로운 이해관계인이 생긴 경우에는 새로운 이해관계인은 취득시효의 당사자가 아니므로 취득시효 완성자는 새로운 이해관계인에 대하여는 취득시효를 주장하지 못한다(취득시효의 제3원칙). 다만, 새로운 이해관계인으로 되기 위해서는 적법·유효한 등기를 가지는 자이어야 한다.
[大判 1993. 9. 28, 93다22883] 점유로 인한 부동산소유권의 취득기간이 경과하였다고 하더라도 부동산을 점유하는 자가 자신의 명의로 등기하지 않고 있는 사이에 먼저 제3자의 명의로 소유권이전등기가 경료되어 버리면 특별한 사정이 없는 한 점유자가 그 제3자에 대하여는 시효취득을 주장할 수 없다.

⑤ [正] 취득시효 완성자가 점유를 상실한 경우라고 하더라도 이미 취득한 취득시효 완성자의 등기청구권이 소멸하는 것은 아니라는 것이 판례의 태도이다(大判(全) 1995. 3. 28, 93다47745).

정답 ③

6. 배점3 甲은 1954. 3.경 미등기인 A 토지를 乙의 소유로 알고 이를 乙로부터 매수하고, 즉시 이를 인도받아 2011. 2. 현재까지 A 토지를 포도밭으로 사용하고 있다. 그런데 乙의 단독상속인인 丙이 상속을 취득원인으로 하여 1979. 5. 1.「부동산소유권 이전등기 등에 관한 특별조치법」에 의해 A 토지에 대한 소유권보존등기를 경료하였다. 다음의 설명 중 옳은 것(○)과 옳지 않은 것(×)을 바르게 표시한 것은? (다툼이 있으면 판례에 의함) [11년]

ㄱ. 甲이 乙과의 매매계약에 기하여 갖는 소유권이전등기청구권은 소멸시효가 완성하였다.
ㄴ. 甲이 乙과의 매매계약사실을 입증하지 못한 경우, 甲은 丙에게 A 토지의 인도를 거부할 권원이 없다.
ㄷ. 甲은 취득시효의 기산점을 임의로 선택할 수 있다.
ㄹ. 1954. 3.경에 A 토지의 소유권을 가지고 있었던 사람이 乙이 아닌 丁이었음이 밝혀졌다면 甲의 자주점유의 추정은 번복된다.

① ㄱ(×), ㄴ(○), ㄷ(○), ㄹ(×)
② ㄱ(×), ㄴ(×), ㄷ(○), ㄹ(○)
③ ㄱ(○), ㄴ(○), ㄷ(×), ㄹ(×)
④ ㄱ(×), ㄴ(×), ㄷ(○), ㄹ(×)
⑤ ㄱ(○), ㄴ(○), ㄷ(×), ㄹ(○)
⑥ ㄱ(○), ㄴ(×), ㄷ(○), ㄹ(×)

해설

ㄱ. [誤] 인도받아 사용·수익하고 있는 매수인의 등기청구권이 소멸시효의 대상인지 여부를 묻는 지문이다. 소멸시효의 대상이 아니라는 것이 대법원의 입장이다.
[大判(全) 1976. 11. 6. 76다148] 시효제도의 존재이유에 비추어 보아 부동산 매수인이 그 목적물을 인도받아서 이를 사용·수익하고 있는 경우에는 그 매수인을 권리 위에 잠자는 것으로 볼 수도 없고 또 매도인 명의로 등기가 남아 있는 상태와 매수인이 인도받아 이를 사용·수익하고 있는 상태를 비교하면 매도인 명의로 잔존하고 있는 등기를 보호하기보다는 매수인의 사용·수익상태를 더욱 보호하여야 할 것이므로 그 매수인의 등기청구권은 다른 채권과는 달리 소멸시효에 걸리지 않는다고 해석함이 타당하다.

ㄴ. [誤] 甲의 점유권원을 묻는 지문이다. 甲은 매수인으로서 매매사실을 증명하여 점유할 수 있을 뿐만 아니라 甲은 20년 이상 점유한 자로서 취득시효를 원인으로 점유할 수도 있다.

ㄷ. [正] 기산점 임의선정이 가능한지 여부를 묻는 지문이다. 점유기간 중 소유자의 변동이 없다면 기산점 임의선정이 가능하다는 것이 대법원의 입장이다. 비록 乙의 상속인이 소유권보존등기를 하였지만, 이는 상속에 의한 것으로 소유자의 변동이 있었다고 볼 수 없다. 따라서 甲은 기산점을 점유기간 중 임의의 시점으로 주장할 수 있다.
[大判 1998. 5. 12. 97다8496·8502] 취득시효기간 중 계속해서 등기명의자가 동일한 경우에는 그 기산점을 어디에 두든지 간에 취득시효의 완성을 주장할 수 있는 시점에서 보아 그 기간이 경과한 사실만 확정되면 충분하므로, 전 점유자의 점유를 승계하여 자신의 점유기간을 통산하여 20년이 경과한 경우에 있어서도 전 점유자가 점유를 개시한 이후 임의의 시점을 그 기산점으로 삼을 수 있다.
[大判 2007. 6. 14. 2006다84423] 점유로 인한 소유권취득시효완성 당시 미등기로 남아 있던 토지에 관하여 소유권을 가지고 있던 자가 취득시효완성 후에 그 명의로 소유권보존등기를 마쳤다 하더라도 이는 소유권의 변경에 관한 등기가 아니므로 그러한 자를 그 취득시효완성 후의 새로운 이해관계인으로 볼 수 없고, 또 그 미등기 토지에 대하여 소유자의 상속인 명의로 소유권보존등기를 마친 것도 시효취득에 영향을 미치는 소유자의 변경에 해당하지 않으므로, 이러한 경우에는 그 등기명의인에게 취득시효완성을 주장할 수 있다.

ㄹ. [誤] 매도인이 진정한 소유자가 아니라는 사실이 밝혀진 경우, 매수인의 자주점유 추정이 번복되는지 여부를 묻는 지문이다. 타인권리매매라는 사실이 밝혀졌다고 하더라도 자주점유의 추정이 번복되는 것은 아니다. 자주점유의 요건으로서 소유할 의사

를 사실상 소유할 의사로 족하기 때문이다.
[大判(全) 2000. 3. 16, 97다37661] 민법 제197조 제1항이 규정하고 있는 점유자에게 추정되는 소유의 의사는 사실상 소유할 의사가 있는 것으로 충분한 것이지 반드시 등기를 수반하여야 하는 것은 아니므로 등기를 수반하지 아니한 점유임이 밝혀졌다고 하여 이 사실만 가지고 바로 점유권원의 성질상 소유의 의사가 결여된 타주점유라고 할 수 없다.
[大判 1996. 5. 28, 95다40328] 부동산을 매수하여 이를 점유하게 된 자는 그 매매가 무효가 된다는 사정이 있음을 알았다는 등의 특단의 사정이 없는 한 그 점유의 시초에 소유의 의사로 점유한 것이며, 나중에 매도자에게 처분권이 없었다는 등의 사유로 그 매매가 무효인 것이 밝혀졌다 하더라도 그와 같은 점유의 성질이 변하는 것은 아니다.

정답 ④

7. **배점 4** 乙은 甲 명의로 등기되어 있는 A 토지를 1965. 5. 1.부터 점유하여 2006년 5월 현재에 이르고 있는데, 乙이 그 점유를 개시하게 된 원인은 밝혀지지 아니하였다. 다음의 설명 중 옳은 것을 모두 고른 것은?(다툼 있으면 판례에 의함.) [08년]

㉠ 乙의 취득시효 완성 주장을 염려한 甲이 2005. 3. 1. 동생 丙에게 명의를 신탁하여 A 토지에 관하여 소유권이전등기를 하여 준 경우, 乙은 甲을 대위하여 丙을 상대로 丙 명의 등기의 말소를 청구하고, 甲을 상대로 자기(乙)에게 이전등기할 것을 청구할 수 있다.
㉡ 甲이 제3자 丙에게 A 토지를 매도하여 1985. 7. 1. 소유권이전등기를 하여 준 경우, 丙은 시효기간만료 후에 이전등기를 받은 자이므로, 乙은 丙을 상대로 취득시효 완성으로 인한 소유권이전등기청구를 할 수 없다.
㉢ 甲이 제3자 丙에게 A 토지를 매도하고 1990. 7. 1. 소유권이전등기를 하여 주었는데, A 토지가 丁에게 매도되었다가 2005년 3월경 甲에게 다시 매도되어 현재 甲 명의로 등기되어 있으면, 乙은 甲에게 취득시효 완성으로 인한 소유권이전등기청구를 할 수 있다.
㉣ A 토지와 인접한 곳에 거주하고 있는 甲이, 乙로부터 시효취득을 원인으로 한 소유권이전등기를 구하는 소장부본을 받은 다음 A 토지를 戊에게 매도하여 소유권이전등기를 넘겨 줌으로써 乙에 대한 취득시효 완성을 원인으로 한 소유권이전등기의무가 이행불능에 빠진 경우, 甲은 이로 인하여 乙이 입은 손해를 배상할 책임이 있다.
㉤ 乙이 취득시효 완성으로 인한 소유권이전등기를 마치지 아니하여 아직 소유권을 취득하지 못하였다면, 甲은 A 토지를 점유하고 있는 乙에 대하여 그 점유로 인한 부당이득반환청구를 할 수 있다.

① ㄱ, ㄹ
② ㄴ, ㄷ
③ ㄴ, ㅁ
④ ㄷ, ㅁ
⑤ ㄱ, ㄴ, ㄷ, ㄹ
⑥ ㄱ, ㄷ, ㄹ
⑦ ㄱ, ㄷ, ㅁ
⑧ ㄴ, ㄹ, ㅁ

해설

ㄱ [正] 乙의 취득시효는 1985. 6. 1. 완성된다. 완성 당시의 소유자 甲이 취득시효 완성 후 목적물을 명의신탁한 경우, 명의신탁에 따른 물권변동은 무효이므로(부동산실권리자 명의등기에 관한 법률 제4조) 명의수탁자 丙의 등기는 원인무효의 등기이다. 원인무효의 등기명의자는 취득시효로부터 보호되는 이해관계 있는 제3자라고 볼 수 없으므로 시효권리자 乙은 시효완성 당시 소유자 甲을 대위하여 원인무효 등기명의자 丙을 상대로 등기말소를 청구할 수 있고, 시효완성 당시 소유자 甲에 대하여 취득시효 완성을 원인으로 이전등기를 청구할 수 있다.

[大判 1995. 9. 5, 95다24586] 제3자가 <u>취득시효기간 만료 당시의 등기명의인으로부터 신탁 또는 명의신탁받은 경우라면</u> 종전 등기명의인으로서는 언제든지 이를 해지하고 소유권이전등기를 청구할 수 있고, <u>점유시효취득자로서는 종전 등기명의인을 대위하여 이러한 권리를 행사할 수 있으므로</u>, 그러한 제3자가 소유자로서의 권리를 행사하는 경우 점유자로서는 취득시효 완성을 이유로 이를 저지할 수 있다.

[大判 2002. 3. 15, 2001다77352·77369] 취득시효가 완성된 후 점유자가 그 등기를 하기 전에 <u>제3자가 소유권이전등기를 경료한 경우에는 점유자는 그 제3자에 대하여는 시효취득을 주장할 수 없는 것이 원칙이기는 하지만 이는 어디까지나 그 제3자 명의의 등기가 적법·유효함을 전제로 하는 것으로서 위 제3자 명의의 등기가 원인무효인 경우에는 점유자는 취득시효 완성 당시의 소유자를 대위하여 위 제3자 앞으로 경료된 원인무효인 등기의 말소를 구함과 아울러 위 소유자에게 취득시효 완성을 원인으로 한 소유권이전등기를 구할 수 있고</u>, 또 위 제3자가 취득시효 완성 당시의 소유자의 상속인인 경우에는 그 상속분에 한하여는 위 제3자에 대하여 직접 취득시효 완성을 원인으로 한 소유권이전등기를 구할 수 있다.

ㄴ [誤] 취득시효 완성 후에 등기명의를 이전받은 제3자에 대하여 시효권리자는 취득시효를 주장하지 못하는 것이 원칙이다. 그러나 새로운 등기명의자에 대한 관계에서 다시 취득시효에 필요한 기간 동안 시효권리자가 점유를 하였다면 시효권리자는 새로운 등기명의자에 대해서 직접 취득시효 완성을 원인으로 이전등기를 청구할 수 있다.

[大判(全) 1994. 3. 22, 93다46360] 취득시효 완성 후 토지소유자에 변동이 있고, 소유자가 변동된 시점을 새로운 기산점으로 삼아도 다시 취득시효기간이 완성되는 경우 소유권 변동시를 새로운 취득시효의 기산점으로 삼아 취득시효의 완성을 주장할 수 있다.

ㄷ [正] 취득시효 완성 후 제3자에게 소유권이 이전된 후, 다시 시효완성 당시의 소유자에게 소유권이 회복되면 시효권리자는 현재 소유명의를 회복한 시효완성 당시의 소유자에게 취득시효 완성을 원인으로 소유권이전등기를 청구할 수 있다는 것이 판례의 태도이다. 이러한 판례의 태도는 실체법적으로 문제가 있다. 가령 취득시효 완성 후 소유권

을 취득한 제3자가 시효권리자에 대하여 소유권에 기초한 권리행사를 하였다면 시효권리자는 제3자의 소유권 행사에 대항할 수 없다. 그 후에 소유명의가 시효완성 당시의 소유자에게 회복된 경우 점유를 상실한 시효권리자의 취득시효 주장을 허용하는 것은 사실적 지배를 보호하고자 하는 시효제도의 본질에 어긋날 것이며, 점유를 상실한 시효권리자의 취득시효 주장을 허용하지 않는다면 취득시효 완성 후 소유권을 취득한 제3자가 소유권에 기초한 권리행사를 하였는가 하는 우연한 사정에 따라 그 법적 효과를 달리하는 것이 되어 부당하기 때문이다. 따라서 시효완성 당시의 소유자에게 소유권이 회복된 경우 시효권리자가 시효완성 당시의 소유자에게 취득시효 완성을 주장할 수 있다는 판례의 태도는 구체적 타당성을 확보하기 위한 예외적인 것으로 이해하여야 한다. 물론 이행불능 여부는 변론주의의 적용대상이 되는 사실이며, 취득시효 완성을 원인으로 하는 소유권이전등기청구소송의 사실심 변론종결 당시 등기명의자가 소유권을 회복한 시효완성 당시의 소유자라는 점에서 판례의 태도를 이해할 수는 있다.

[大判 1991. 6. 25. 90다14225] 취득시효 완성 후 그 등기 전에 제3자에게 소유권이전등기가 경료되었다가 그 후 취득시효 완성 당시의 소유자에게로 소유권이 회복된 경우 그 소유자에게 시효취득의 효과를 주장할 수 있다.

[大判 1999. 2. 12. 98다40688] 부동산에 대한 점유취득시효가 완성된 후 이를 등기하지 않고 있는 사이에 그 부동산에 관하여 제3자 명의의 소유권이전등기가 경료되어 점유자가 그 제3자에게 시효취득으로 대항할 수 없게 된 경우에도 점유자가 취득시효 완성 당시의 소유자에 대한 시효취득으로 인한 소유권이전등기청구권을 상실하게 되는 것이 아니라 단지 그 소유자의 점유자에 대한 소유권이전등기의무가 이행불능으로 된 것에 불과하므로, 그 후 어떠한 사유로 취득시효 완성 당시의 소유자에게로 소유권이 회복되면 그 소유자에게 시효취득의 효과를 주장할 수 있다.

㉣ [正] 시효의무자인 취득시효 완성 당시의 소유자가 취득시효 완성 사실을 알면서 이를 제3자에게 처분하여 소유권이전등기를 넘겨 줌으로써 시효완성을 원인으로 한 소유권이전등기의무를 이행불능에 빠뜨리는 것은 시효권리자에 대하여 불법행위를 구성한다는 것이 판례이다. 다만 시효의무자가 취득시효 완성사실을 알았다고 하기 위해서는 시효권리자가 취득시효를 주장하거나 이로 인한 소유권이전등기청구를 하였어야 한다는 것이 또한 판례의 태도이다.

[大判 1999. 9. 3. 99다20926] 부동산에 관한 점유취득시효가 완성된 후에 그 취득시효를 주장하거나 이로 인한 소유권이전등기청구를 하기 이전에는 그 등기명의인인 부동산 소유자로서는 특별한 사정이 없는 한 그 시효취득 사실을 알 수 없는 것이므로 이를 제3자에게 처분하였다 하더라도 그로 인한 손해배상책임을 부담하지 않는 것이나, 등기명의인인 부동산 소유자가 그 부동산의 인근에 거주하는 등으로 그 부동산의 점유·사용관계를 잘 알고 있고, 시효취득을 주장하는 권리자가 등기명의인을 상대로 취득시효 완성을 원인으로 한 소유권이전등기 청구소송을 제기하여 등기명의인이 그 소장 부본을 송달받은 경우에는 등기명의인이 그 부동산의 취득시효 완성 사실을 알았거나 알 수 있었다고 봄이 상당하므로, 그 이후 등기명의인이 그 부동산을 제3자에게 매도하거나 근저당권을 설정하는 등 처분하여 취득시효 완성을 원인으로 한 소유권이전등기의무가 이행불능에 빠졌다면 그러한 등기명의인의 처분행위는 시효취득자에 대한 소유권이전등기의무를 면탈하기 위하여 한 것으로서 위법하고, 부동산을 처

분한 등기명의인은 이로 인하여 시효취득자가 입은 손해를 배상할 책임이 있다.
[大判 1995. 7. 11, 94다4509] 취득시효가 완성된 후 점유자가 그 취득시효를 주장하거나 이로 인한 소유권이전등기청구를 하기 이전에는, 특별한 사정이 없는 한 그 등기명의인인 부동산 소유자로서는 그 시효취득 사실을 알 수 없는 것이므로, 이를 제3자에게 처분하였다고 하더라도 불법행위가 성립하는 것은 아니다.

ⓜ [誤] [大判 1993. 5. 25, 92다51280] 부동산에 대한 취득시효가 완성되면 점유자는 소유명의자에 대하여 취득시효 완성을 원인으로 한 소유권이전등기절차의 이행을 청구할 수 있고 소유명의자는 이에 응할 의무가 있으므로 점유자가 그 명의로 소유권이전등기를 경료하지 아니하여 아직 소유권을 취득하지 못하였다고 하더라도 소유명의자는 점유자에 대하여 점유로 인한 부당이득반환청구를 할 수 없다.

정답 ⑥

8. 甲이 乙명의의 토지를 20년간 소유의 의사로 평온·공연하게 점유함으로써 2001. 4. 1. 점유취득시효가 완성되었다. 그 후 甲이 乙을 상대로 제기한 취득시효 완성을 이유로 한 소유권이전등기청구소송의 계속 중 토지가 재결에 의하여 수용되어 보상금 1억원이 乙 앞으로 공탁되었다. 이에 관한 설명 중 옳지 않은 것은?(다툼 있으면 판례에 의함) [03년]

① 취득시효가 완성된 당시 이 토지의 소유자는 乙이고, 甲은 乙에 대한 소유권이전등기청구권자일 뿐이다.
② 이 토지가 수용된 이상 등기가 아직은 乙명의로 남아 있더라도 乙의 甲에 대한 소유권이전등기의무는 이행불능으로 되었다.
③ 甲은 乙에 대해 채무불이행을 이유로 위 토지의 수용당시의 시가 상당액을 배상할 것을 청구할 수 있다.
④ 甲은 乙을 상대로 乙이 가지는 공탁금출급청구권의 양도를 청구할 수 있다.
⑤ 위 ④의 경우 甲이 乙을 상대로 공탁된 토지수용보상금의 수령권자가 자신이라는 확인을 구할 수는 없다.

해설

① [正] 점유취득시효 완성자는 채권적 등기청구권을 가질 뿐이다.
② [正] 수용에 의하여 소유자의 이전등기의무는 불능으로 된다.
③ [誤] 시효완성당시의 소유자의 채무불이행책임을 부정하는 것이 판례이다. 또한 수용에 의한 이전불능은 소유자의 책임 있는 사유에 기한 것도 아니므로 채무불이행책임을 지지 않는다.
④ [正] 대상청구권의 행사로서 가능하다.
⑤ [正] 대상청구권도 채권적 청구권에 불과하다. 따라서 대상의 귀속권리자가 자신이라는 주장은 허용되지 않는다(大判 1996. 10. 29, 95다56910).

정답 ③

9. **배점 3** 甲은 乙의 임야를 20년간 소유의 의사로 평온·공연하게 점유하여 취득시효가 완성되었다. 그런데 甲이 乙에게 소유권이전등기를 요구하자 乙은 그 임야를 丙에게 처분하고 丙에게 소유권이전등기를 해주었다. 甲, 乙, 丙 사이의 법률관계에 관한 설명 중 옳지 않은 것은? (다툼 있으면 판례에 의함) [11년]

① 乙의 甲에 대한 소유권이전등기의무는 乙의 귀책사유로 이행불능이 되었으므로, 甲은 乙에게 이행불능에 의한 채무불이행책임을 이유로 손해배상을 청구할 수 있다.
② 甲은 乙에게 대상청구권을 행사하여 乙이 취득한 이득의 반환을 청구할 수 있다.
③ 甲은 乙에게 불법행위로 인한 손해배상을 청구할 수 있다.
④ 丙이 甲의 취득시효완성 사실을 알고도, 甲에게 소유권이전등기를 해주려고 하는 乙을 적극 권유하여 자기에게 처분하게 한 경우, 甲은 乙을 대위하여 丙에게 그 소유권이전등기의 말소를 청구할 수 있다.
⑤ 甲이 취득시효 완성을 원인으로 위 임야에 대한 소유권이전등기를 적법하게 마쳤다고 가정하면, 甲의 소유권 취득은 乙로부터의 승계취득이 아니라 원시취득이다.

해설

* 취득시효 완성 후 소유자가 제3자에게 취득시효의 목적물을 처분하고 등기를 이전하여 준 경우에 관한 법률관계를 묻는 사례문제이다.

① [誤] 취득시효의무자인 소유명의자가 취득시효권리자인 점유자에 대하여 채무불이행으로 인한 손해배상책임을 부담하는지 여부를 묻는 지문이다. 이에 관해서는 견해의 대립이 있다. 채무불이행으로 인한 손해배상책임이 계약관계를 기초로 한 채무에 관해서만 발생하는 것은 아니므로 채무불이행으로 인한 손해배상책임을 인정하여야 한다는 견해가 있으나, 대법원은 취득시효의무자의 채무불이행으로 인한 손해배상책임을 부정하고 있다.
[大判 1995. 7. 11. 94다4509] 부동산 점유자에게 시효취득으로 인한 소유권이전등기청구권이 있다고 하더라도 이로 인하여 부동산 소유자와 시효취득자 사이에 <u>계약상의 채권·채무관계가 성립하는 것은 아니므로</u>, 그 부동산을 처분한 소유자에게 채무불이행책임을 물을 수 없다(필자 註 : 위 판결은 취득시효완성 후 소유자의 처분으로 소유자는 채무불이행책임을 부담하지 않는다고 한다. 그리고 그 근거로서 소유자와 시효취득자 사이에 계약상의 채권·채무관계가 성립하는 것은 아니라는 점을 든다. 이에 대하여는 법정의 채권·채무관계에서도 채무불이행은 인정된다는 점, 취득시효완성자의 등기청구권을 채권적이라고 본다면 채무불이행도 인정되어야 한다는 점, 취득시효완성자에게 대상청구권을 인정하는 것이 판례의 태도인데, 이는 채무불이행을 전제로 하고 있다는 점 등을 근거로 비판하는 견해가 있다).

② [正] 취득시효권리자의 대상청구권의 요건을 묻는 지문이다. 불능으로 되기 전에 취득시효권리자가 취득시효를 주장하였거나 등기청구를 하였다면 대상청구권을 행사할 수 있다는 것이 대법원의 입장이다. 시효권리자 甲은 시효의무자 乙이 임야를 丙에게 처분하기 전에 이미 乙에게 소유권이전등기를 요구하였기 때문에 乙이 丙으로부터 취득

한 처분대금을 대상청구권을 행사하여 반환하라고 청구할 수 있다.

[大判 1996. 12. 10. 94다43825] 민법상 이행불능의 효과로서 채권자의 전보배상청구권과 계약해제권 외에 별도로 대상청구권을 규정하고 있지는 않으나 해석상 대상청구권을 부정할 이유는 없는 것이지만, 점유로 인한 부동산 소유권 취득기간 만료를 원인으로 한 등기청구권이 이행불능으로 되었다고 하여 대상청구권을 행사하기 위하여는, 그 이행불능 전에 등기명의자에 대하여 점유로 인한 부동산 소유권 취득기간이 만료되었음을 이유로 그 권리를 주장하였거나 그 취득기간 만료를 원인으로 한 등기청구권을 행사하였어야 하고, 그 이행불능 전에 그와 같은 권리의 주장이나 행사에 이르지 않았다면 대상청구권을 행사할 수 없다고 봄이 공평의 관념에 부합한다.

③ [正] 취득시효권리자가 취득시효의무자에 대하여 불법행위로 인한 손해배상청구권을 행사할 수 있는지 여부를 묻는 지문이다. 취득시효완성 사실을 알고 취득시효의무자가 처분하였다면 이는 불법행위를 구성하며, 취득시효권리자는 취득시효의무자에 대하여 손해배상을 청구할 수 있다. 취득시효권리자인 甲이 취득시효의무자인 乙에게 소유권이전등기를 요구하였기 때문에 乙은 취득시효 완성사실을 알고 있다고 보아야 하며, 따라서 乙의 임야 처분행위는 불법행위를 구성한다. 甲은 乙에게 불법행위로 인한 손해배상을 청구할 수 있다.

[大判 1995. 7. 11. 94다4509] 취득시효가 완성된 후 점유자가 그 취득시효를 주장하거나 이로 인한 소유권이전등기청구를 하기 이전에는, 특별한 사정이 없는 한 그 등기명의인인 부동산 소유자로서는 그 시효취득 사실을 알 수 없는 것이므로, 이를 제3자에게 처분하였다고 하더라도 불법행위가 성립하는 것은 아니다.

④ [正] 배임행위에의 적극 가담에 의한 무효이론이 취득시효의무자의 처분행위에도 적용되는지 여부를 묻는 지문이다. 취득시효의무자의 처분행위가 불법행위를 구성하는 경우, 그와 같은 불법행위에 처분행위의 상대방이 적극 가담한 때에는 그 처분행위는 제103조에 따라 무효가 되며, 취득시효권리자는 취득시효의무자를 대위하여 무효의 등기말소를 청구할 수 있다는 것이 대법원의 입장이다.

[大判 1995. 6. 30. 94다52416] 부동산 소유자가 자신의 부동산에 대하여 취득시효가 완성된 사실을 알고 이를 제3자에게 처분하여 소유권이전등기를 넘겨줌으로써 취득시효 완성을 원인으로 한 소유권이전등기의무를 이행불능에 빠뜨려 시효취득을 주장하는 자에게 손해를 입혔다면 불법행위를 구성하며, 이 경우 부동산을 취득한 제3자가 부동산 소유자의 이와 같은 불법행위에 적극 가담하였다면 이는 사회질서에 반하는 행위로서 무효이다.

[大判 1980. 5. 27. 80다565] 소외인으로부터 피고에게 소유권이전등기가 경료된 것이 원고에 대한 배임행위로서 반사회적 법률행위에 의한 것이라면 원고는 소외인을 대위하여 피고 앞으로 경료된 등기의 말소를 구할 수 있다.

⑤ [正] 취득시효 완성자의 소유권 취득의 법적 성질을 묻는 지문이다. 비록 이전등기의 형식으로 소유권을 취득하기는 하지만, 전 소유자로부터의 승계취득이 아니라 법률규정에 의한 원시취득이라는 것이 대법원의 입장이다.

[大判 2004. 9. 24. 2004다31463] 부동산점유취득시효는 20년의 시효기간이 완성한 것만으로 점유자가 곧바로 소유권을 취득하는 것은 아니고 민법 제245조에 따라 점유자

명의로 등기를 함으로써 소유권을 취득하게 되며, 이는 <u>원시취득에 해당</u>하므로 특별한 사정이 없는 한 원소유자의 소유권에 가하여진 각종 제한에 의하여 영향을 받지 아니하는 <u>완전한 내용의 소유권을 취득</u>하게 되고, 이와 같은 소유권취득의 반사적 효과로서 그 부동산에 관하여 취득시효의 기간이 진행 중에 체결되어 소유권이전등기청구권가등기에 의하여 보전된 매매예약상의 매수인의 지위는 소멸된다고 할 것이지만, 시효기간이 완성되었다고 하더라도 점유자 앞으로 등기를 마치지 아니한 이상 전 소유권에 붙어 있는 위와 같은 부담은 소멸되지 아니한다(필자 註 : 점유취득시효완성자인 원고가 피고의 가등기가 원인무효임을 이유로 한 가등기의 말소청구를 배척한 사례).

정답 ①

10. 배점 3 甲 소유로 사정(査定) 받은 미등기 토지에 관해 乙이 관계서류를 위조하여 자기 명의로 소유권보존등기를 한 후, 乙을 소유자로 믿은 丙에게 매도하고 소유권이전등기를 해 주었다. 그 후 丙은 위 토지 위에 건물을 신축하였다. 이에 관한 설명 중 옳은 것을 모두 고른 것은?(다툼 있으면 판례에 의함) [07년]

㉠ 토지에 관해 甲은 소유물방해배제청구권의 행사로써 乙을 상대로 보존등기의 말소를 청구할 수 있다.
㉡ 만약 甲과 乙 사이의 소송에서 乙 명의의 소유권보존등기가 관계서류의 위조에 의하여 마쳐진 사실이 밝혀지지 아니한 경우, 乙은 등기의 추정력에 의하여 진정한 소유자로 추정된다.
㉢ 甲은 소유물방해배제청구권의 행사로써 丙을 상대로 토지 소유권이전등기를 청구할 수 있다.
㉣ 丙이 건물 소유를 위해 甲으로부터 지상권을 설정 받은 경우, 그 후 丁이 건물을 권원 없이 점유하고 있다면 甲은 丁을 상대로 건물의 인도를 청구할 수 있다.

① ㉠, ㉡
② ㉡, ㉢
③ ㉢
④ ㉠, ㉣
⑤ ㉣
⑥ ㉠, ㉢
⑦ ㉡
⑧ ㉠, ㉡, ㉢

해설

* 소유권에 기초한 물권적 청구권의 내용과 등기의 추정력을 묻는 사례문제이다. 토지 사정(査定)이란 근대적 토지소유권의 시발점으로 사정에 의하여 토지는 사정명의인에게 원시취득된다. 따라서 사정명의인이 그 명의로 등기를 하지 아니하였다고 하더라도 토지소유권을 취득하며, 소유권을 행사할 수 있다. 사안에서 甲은 사정명의인으로 정당한 토지의 소유권자이다. 한편 乙은 등기를 위조하여 그 명의로 소유권보존등기를 한 자이며, 丙은 乙의 등기에 터잡아 乙을 소유자로 믿고 이전등기를 경료한 자이

다. 乙은 소유권취득원인을 가지고 있지 아니하므로 소유권을 취득하지 못하고(물권행위의 부존재), 丙 또한 부동산거래에서 공신의 원칙을 인정하지 않는 현행법 하에서는 다른 특별한 사정이 없는 한 소유권을 취득할 수 없다.

㉠ [正] 현재의 진정한 소유자인 甲은 乙과 丙의 등기에 의하여 그 소유권이 침해를 받고 있다. 소유권의 침해란 소유권의 내용의 실현이 이루어지고 있지 않은 상태를 의미하며, 물건의 사용·수익에 대한 사실적 방해뿐만 아니라 진실한 물권관계와 일치하지 않는 등기에서와 같은 추상적인 방해도 포함된다. 乙과 丙의 소유권등기는 현재의 진정한 소유자인 甲의 소유권을 추상적으로 방해하고 있으므로 甲은 소유물방해배제청구권의 일환으로 乙과 丙에 대하여 그 등기의 말소를 청구할 수 있다.

㉡ [誤] 소유권보존등기도 그 추정력이 인정된다. 따라서 소유권보존등기가 존재하고 있다는 사실로부터 乙이 정당한 소유권자라는 점이 추정된다. 그러나 보존등기는 소유권이전등기 등 통상의 등기와 달리 등기신청자 단독의 신청에 의하여 행하여지는 것이므로 그 진실성보장이 약하다. 따라서 보존등기의 추정력을 다른 등기의 추정력과 동일하게 인정할 수는 없으며, 결국 보존등기명의자는 원시취득에 의한 소유권자라는 점만이 추정되며, 특히 권리변동의 사실은 추정되지 않는다. 설문에서 乙은 보존등기명의자이기는 하나, 그 토지의 사정명의인이 甲이다. 따라서 토지의 보존등기명의자가 사정명의인이 아닌 사실이 밝혀져 있는 상태이다. 이 사실에 의하여 보존등기의 추정력은 번복된다. 따라서 乙이 등기서류를 위조하였는지 여부와 관계없이 乙 명의의 보존등기에 의하여 乙이 소유권자라는 사실이 추정될 수는 없다.
[大判 1980. 8. 26, 79다434] 보존등기의 명의인도 소유자로 추정받는 것이지만 당해 토지를 사정받은 사람이 따로 있음이 밝혀진 경우에는 그 추정력은 깨어지는 것이므로 등기명의인이 구체적으로 그 승계취득사실을 주장·입증하지 못하는 한 그 등기는 원인무효이다.

㉢ [正] 甲은 진정한 소유자로서 그 명의의 등기를 회복하기 위하여 원인무효의 등기의 말소를 구할 수도 있지만, 진정한 등기명의회복을 원인으로 하여 이전등기를 청구할 수도 있다는 것이 통설과 판례이다. 甲은 이미 자기 앞으로 소유권을 표상하는 등기가 되어 있었던 것은 아니나, 법률에 의하여 소유권을 취득한 자(사정에 의한 소유권취득자)로서 현재의 소유권자이므로 진정한 등기명의회복을 원인으로 하여 이전등기청구권을 행사할 수 있다. 진정한 등기명의회복을 원인으로 하는 이전등기청구권은 소유권자의 방해배제청구권에 해당한다는 것이 통설과 판례이다.
[大判(全) 1990. 11. 27, 89다카12398] 이미 자기 앞으로 소유권을 표상하는 등기가 되어 있었거나 법률에 의하여 소유권을 취득한 자가 진정한 등기명의를 회복하기 위한 방법으로는 현재의 등기명의인을 상대로 그 등기의 말소를 구하는 외에 "진정한 등기명의의 회복"을 원인으로 한 소유권이전등기절차의 이행을 직접 구하는 것도 허용되어야 한다.

㉣ [誤] 甲이 비록 토지의 소유권자라고 하더라도 그 지상에 축조된 건물은 지상권자 丙의 소유에 속한다. 따라서 건물의 불법점유자인 丁에 대하여 소유권에 기초한 물권적 청구권을 행사할 수 있는 자는 건물소유자인 丙이지 甲이 아니다.

정답 ⑥

11. [배점 2] 甲은 A 토지를 소유하고 있다. 그런데 乙이 A 토지에 연접해 있는 자기 소유의 B 토지에 건물을 지으면서 B 토지를 굴착하는 작업을 하고 있다. 또한 乙은 공터인 A 토지에 건축자재를 쌓아 놓았다. 위 사례에서 발생하는 법률관계를 설명한 것 중 옳지 않은 것은? (다툼 있으면 판례에 의함) [11년]

① 甲이 A 토지를 丙에게 매도하고 소유권이전등기를 마쳐주었으나 아직 인도하지 않은 경우라도 甲은 乙에게 소유권에 기한 방해배제청구권을 행사할 수 없다.
② 乙이 충분한 예방공사를 하지 아니한 채 B 토지를 굴착함으로써 A 토지가 침하한 경우, B 토지의 굴착공사가 종료하고 더 이상의 침하 가능성이 없는 때에는 토지의 침하를 이유로 甲은 乙에게 방해예방청구권을 행사할 수 없다.
③ 乙이 무단으로 건축자재를 쌓아 놓았다면 甲은 A 토지 위에 쌓아둔 자재를 제거할 것을 청구할 수 있음은 물론 손해배상도 청구할 수 있다.
④ 乙은 인지사용청구권에 기하여 A 토지에 건축자재를 쌓아 놓을 수 있도록 해달라고 甲에게 청구할 수 있으나, 甲은 乙에게 그로 인한 손해보상을 청구할 수 없다.
⑤ 다른 관습이 없으면, 乙이 A 토지와 B 토지의 경계에 담을 설치하고자 하는 경우, 甲과 공동비용으로 통상의 담을 설치할 수 있으나 그 측량비용은 토지의 면적에 비례하여 부담한다.

해설

* 인접한 토지의 이용과 관련하여 발생할 수 있는 법적 분쟁상황에 대한 사례문제이다. 본 사례에서의 주된 쟁점은 소유권에 기초한 물권적 청구권과 그에 관한 특별규정으로서 상린관계 등이다.

① [正] 소유권을 상실한 전 소유자가 소유권에 기초한 방해배제청구권을 행사할 수 있는지 여부를 묻는 지문이다. 소유권에 기초한 방해배제청구권은 소유권으로부터 파생된 권리로서 현재의 소유자가 행사할 수 있는 권리이다. 따라서 소유권을 상실한 전 소유자는 소유권에 기초한 방해배제청구권을 행사할 수 없다.
[大判 1980. 9. 9, 80다7] 소유권에 의하여 발생되는 물상청구권을 소유권과 분리하여 이를 소유권 없는 전 소유자에게 유보하여 행사시킬 수는 없는 것이므로 <u>소유권을 상실한 전 소유자는 제3자인 불법점유자에 대하여 소유권에 기한 물권적 청구권에 의한 방해배제를 구할 수 없다.</u>

② [正] 소유권에 기초한 방해예방청구권의 요건을 묻는 지문이다. 방해의 염려가 있어야 방해예방청구권을 행사할 수 있다. 방해의 염려란 방해가 현존하지 않지만, 장래 발생할 개연성이 있음을 의미한다. 이미 방해가 종료되었을 뿐만 아니라 더 이상의 방해가능성이 없는 때에는 방해예방을 청구할 수 없다.
[大判 1995. 7. 14, 94다50533] 소유물방해예방청구권은 방해의 발생을 기다리지 않고 현재 예방수단을 취할 것을 인정하는 것이므로, 그 방해의 염려가 있다고 하기 위하여는 방해예방의 소에 의하여 미리 보호받을 만한 가치가 있는 것으로서 객관적으로 근거 있는 상당한 개연성을 가져야 할 것이고 관념적인 가능성만으로는 이를 인정할

수 없다.

[大判 2003. 3. 28, 2003다5917] 소유권에 기한 방해배제청구권에 있어서 "방해"라 함은 현재에도 지속되고 있는 침해를 의미하고, 법익 침해가 과거에 일어나서 이미 종결된 경우에 해당하는 "손해"의 개념과는 다르다 할 것이어서, 소유권에 기한 방해배제청구권은 방해결과의 제거를 내용으로 하는 것이 되어서는 아니되며(이는 손해배상의 영역에 해당한다 할 것이다) 현재 계속되고 있는 방해원인을 제거하는 것을 내용으로 한다 (필자 註 : 쓰레기 매립으로 조성한 토지에 소유자가 매립에 동의하지 않은 쓰레기가 매립되어 있다 하더라도 이는 과거의 위법한 매립공사로 인하여 생긴 결과로서 소유권자가 입은 손해에 해당한다 할 것일 뿐, 그 쓰레기가 현재 소유권에 대하여 별도의 침해를 지속하고 있다고 볼 수 없다는 이유로 소유권에 기한 방해배제청구권을 행사할 수 없다고 한 사례).

③ [正] 소유권을 침해하는 행위에 대한 소유자의 구제수단이 무엇인지를 묻는 지문이다. 甲의 토지 위에 乙이 무단으로 건축자재를 쌓아두었다면 이는 乙의 이와 같은 행위가 소유권을 침해하는 행위로서 다른 특별한 사정이 없는 한 위법하다. 소유자 甲은 현존하는 방해를 배제하기 위하여 건축자재를 제거할 것을 청구할 수 있고(제214조), 甲에게 乙의 소유권 침해행위로 인한 손해가 발생하였다면 불법행위를 원인으로 손해배상을 청구할 수도 있다(제750조).

④ [誤] 인지사용청구권의 요건과 효과를 묻는 지문이다. 인지사용청구권이란 토지소유자가 토지의 경계나 그 근방에서 담 또는 건물을 축조하거나 수선하기 위하여 필요한 범위에서 이웃 토지의 사용을 청구하는 권리를 말한다(제216조 제1항). 乙이 甲의 토지와의 경계에서 건물을 축조하기 위하여 필요한 범위에서 건축자재를 쌓아놓을 수 있도록 해달라는 청구는 인지사용청구의 한 내용이 될 수 있다. 한편 인지사용청구권을 행사하였을 경우, 이웃 토지소유자가 손해를 받을 수도 있는데, 이와 같은 손해에 대해서는 인지사용청구권을 행사한 토지소유자에게 그 보상을 청구할 수 있다(제216조 제2항).

⑤ [正] 담 설치에 따른 비용부담을 묻는 지문이다. 인접하여 토지를 소유한 자는 공동비용으로 통상의 경계표나 담을 설치할 수 있다(제237조 제1항). 설치비용은 쌍방이 절반하여 부담하나, 측량비용은 토지의 면적에 비례하여 부담한다(제237조 제2항).

정답 ④

12. 甲·乙·丙이 1/3지분씩 공유하는 토지를 甲이 乙·丙과 협의하지 아니한 채 배타적으로 점유·사용하고 있다. 이에 乙은 甲에게 토지의 인도를 청구함과 아울러 그 동안 甲이 점유·사용함으로써 얻은 차임상당 부당이득금의 지급을 청구하고자 한다. 이에 관한 설명 중 판례의 입장에 부합하는 것으로 묶인 것은? [03년]

㉠ 乙은 단독으로 토지 전부의 인도를 청구할 수 있다.
㉡ 乙은 丙과 공동으로 토지의 인도를 청구하여야 한다.

ⓒ 甲도 공유자 중 한 사람으로서 점유할 수 있으므로, 乙은 甲의 지분에 대하여는 토지의 인도를 청구할 수 없다.
ⓔ 乙은 자기 지분에 상응하는 부당이득금만의 지급을 청구할 수 있다.
ⓜ 乙은 丙과 공동으로 부당이득금의 지급을 청구하여야 한다.

① ㉠, ㉣   ② ㉠, ㉤   ③ ㉡, ㉤
④ ㉢, ㉣   ⑤ ㉢, ㉤

해설

* 소수지분권자가 공유물을 배타적으로 사용한 경우의 법률관계를 묻는 문제이다. 이 경우 다른 소수지분권자도 보존행위로서 공유물 전부에 대한 인도나 명도청구가 가능하다는 것이 판례이다(大判(全) 1994. 3. 22, 93다9392·9408). 한편, 부당이득반환청구나 손해배상청구에 대하여는 지분범위 내에서만 가능하다는 것이 판례이다(大判 1970. 4. 14, 70다171).

㉠ [正] 소수지분권자가 배타적으로 사용·수익하고 있는 공유물에 관하여 다른 소수지분권자가 보존행위로서 명도나 인도를 구할 수 있는가에 대하여 견해의 대립이 있으나, 판례는 이를 긍정한다.
[大判(全) 1994. 3. 22, 93다9392·9408] 지분을 소유하고 있는 공유자나 그 지분에 관한 소유권이전등기청구권을 가지고 있는 자라고 할지라도 다른 공유자와의 협의 없이는 공유물을 배타적으로 점유하여 사용·수익할 수 없는 것이므로, 다른 공유권자는 자신이 소유하고 있는 지분이 과반수에 미달되더라도 공유물을 점유하고 있는 자에 대하여 공유물의 보존행위로서 공유물의 인도나 명도를 청구할 수 있다.

㉡ [誤] 공유물의 보존행위는 단독으로 할 수 있는 것이고, 비록 소수지분권자가 지분에 따른 사용·수익의 권원이 있다고 하더라도 배타적으로 사용·수익하는 소수지분권자에 대한 인도청구 또한 보존행위라는 것이 판례이므로 다른 소수지분권자의 단독청구가 허용된다.

㉢ [誤] 大判(全) 1994. 3. 22, 93다9392·9408의 소수의견의 내용이다. 그러나 다수의견은 비록 소수지분권자가 지분에 따른 사용·수익의 권원이 있다고 하더라도 배타적으로 사용·수익하는 것은 부적법한 것이고, 부적법한 상태를 적법하게 하는 청구는 보존행위에 해당한다고 한다.

㉣ [正] 부당이득반환청구는 지분범위 내에서만 가능하다.
[大判 2002. 10. 11, 2000다17803] 토지의 공유자는 각자의 지분 비율에 따라 토지 전체를 사용·수익할 수 있지만, 그 구체적인 사용·수익 방법에 관하여 공유자들 사이에 지분 과반수의 합의가 없는 이상, 1인이 그 전부를 배타적으로 점유·사용할 수 없는 것이므로, 공유자 중의 일부가 그 전부를 배타적으로 점유·사용하고 있다면, 다른 공유자들 중 지분은 있으나 사용·수익은 전혀 하지 않고 있는 자에 대하여는 그 자의 지분에 상응하는 부당이득을 하고 있다.

㉤ [誤] 부당이득반환청구는 지분에 따른 사용·수익의 이익이 지분권자에게 귀속되지 못

함을 이유로 하는 것이므로 지분권의 침해를 입은 지분권자가 단독으로 행사할 수 있다.

정답 ①

13. X 토지에 관하여 甲·乙·丙이 각각 지분비율 1/2, 1/4, 1/4로 공유하고 있다. 다음 기술 중 옳은 것은?(다툼 있으면 판례에 의함) [05년]

① 만약 甲·乙·丙 사이의 등기부상 지분비율 1/2, 1/4, 1/4과는 달리 실제 지분비율이 甲 3/5, 乙 1/5, 丙 1/5 이라면 甲이 X 토지를 乙·丙과 협의 없이 丁에게 임대하더라도 이는 공유물의 관리방법으로 적법한 것이다.
② 乙이 상속인 없이 사망한 경우에 X 토지에 대한 乙의 지분은 상속법에 따라 특별연고자에게 귀속하고, 특별연고자가 없는 경우에는 국고에 귀속한다.
③ 점유자 A가 X 토지 전체에 관하여 시효취득하였으나 아직 그 소유권이전등기를 경료하기 전에, 시효기간 완성 당시 공유자인 甲·乙·丙 중 丙으로부터 그 지분 1/4을 취득한 제3자 丁은 공유물의 보존행위로서 A에 대하여 그 점유의 배제를 청구할 수 있다.
④ 甲·乙·丙이 공유하는 지상건물을 丁에게 임대한 후 임대차가 종료되어 甲·乙·丙이 丁에게 지는 보증금반환채무는 급부(금전채무)가 가분성이 있으므로 특별한 사정이 없는 한 분할채무에 해당한다.
⑤ 丙이 X 토지를 甲·乙과의 협의 없이 배타적으로 점유·사용하였다면 甲·乙에 대하여 부당이득을 구성하며, 丙에 대한 부당이득반환청구권의 행사는 공유물의 보존행위에 해당하므로, 甲은 丙에게 X 토지의 점유·사용으로 인한 부당이득 전부의 반환을 청구할 수 있다.

해설

① [正] 등기부상의 지분과 실제의 지분이 다른 경우, 제3자에 대하여는 원칙적으로 등기부상의 지분을 기준으로 하여야 하나, 원래의 공유자들 사이에서는 실제의 지분이 그 기준이 된다. 공유물 관리에 관한 사항은 지분으로 과반수로 결정하고(제265조), 과반수 공유지분을 가진 자는 공유자 사이에 공유물의 관리방법에 관하여 협의가 없었더라도 공유물의 관리에 관한 사항을 단독으로 결정할 수 있다(大判 1991. 9. 24, 88다카33855). 따라서 공유물 관리방법에 대한 공유자 내부의 의사결정은 실제의 지분에 따라야 하므로 실제의 지분 과반수를 가진 甲은 단독으로 공유물의 관리방법을 결정할 수 있고, 甲이 丁에게 공유토지를 임대하는 행위는 공유물의 관리행위에 해당하는 것으로 적법하다.
[大判 2001. 3. 9, 98다51169] 공유물분할청구소송에 있어 원래의 공유자들이 각 그 지분의 일부 또는 전부를 제3자에게 양도하고 그 지분이전등기까지 마쳤다면, 새로운 이해관계가 형성된 그 제3자에 대한 관계에서는 달리 특별한 사정이 없는 한 일단 등

기부상의 지분을 기준으로 할 수밖에 없을 것이나, 원래의 공유자들 사이에서는 등기부상 지분과 실제의 지분이 다르다는 사실이 인정된다면 여전히 실제의 지분을 기준으로 삼아야 할 것이고 등기부상 지분을 기준으로 하여 그 실제의 지분을 초과하거나 적게 인정할 수는 없다.

[大判 1991. 9. 24, 88다카33855] 부동산에 관하여 과반수 공유지분을 가진 자는 공유자 사이에 공유물의 관리방법에 관하여 협의가 미리 없었다 하더라도 공유물의 관리에 관한 사항을 단독으로 결정할 수 있으므로 공유토지에 관하여 과반수 지분권을 가진 자가 그 공유토지의 특정된 한 부분을 배타적으로 사용·수익할 것을 정하는 것은 공유물의 관리방법으로서 적법하다.

② [誤] 공유자가 그 지분을 포기하거나 상속인 없이 사망한 때에는 그 지분은 다른 공유자에게 각 지분의 비율로 귀속한다(제267조). 공유지분도 재산권으로서 재산상속의 대상이 될 수 있으며, 상속인 없이 사망한 공유자의 지분은 무주(無主)의 재산으로 국가에 귀속되어야 하나(제1058조), 민법 제267조는 이에 대한 특칙을 규정하고 있는 것이다.

③ [誤] A는 취득시효 완성자로서 甲과 乙로부터 지분이전등기를 받으면 공유자로서 지위를 취득할 수 있다. 즉 과반수 지분권자가 될 지위에 있는 자에 대하여 소수지분권자에 불과한 丁이 공유토지의 인도를 구하는 것은 공유물 보존행위로 파악할 수 없다.

[大判 1995. 9. 5, 95다24586] 과반수의 공유지분을 가진 공유자는 다른 공유자와 협의 없이 단독으로 관리행위를 할 수 있고, 공유토지의 특정부분을 배타적으로 사용·수익할 것을 정하는 것도 공유물의 관리방법으로 적법하므로, 토지 전체에 관하여 점유취득시효가 완성되었으나 아직 그 소유권이전등기를 경료하기 전의 점유자에 대하여 그 시효기간 완성 당시의 일부 공유자들로부터 그 지분의 과반수에 미치지 못하는 지분을 취득한 제3자는 그 점유자의 점유배제를 청구할 수는 없다.

④ [誤] 판례는 성질상 불가분채무로 본다.

[大判 1998. 12. 8, 98다43137] 건물의 공유자가 공동으로 건물을 임대하고 보증금을 수령한 경우, 특별한 사정이 없는 한 그 임대는 각자 공유지분을 임대한 것이 아니고 임대목적물을 다수의 당사자로서 공동으로 임대한 것이고 그 보증금 반환채무는 성질상 불가분채무에 해당된다고 보아야 할 것이다.

⑤ [誤] 자기지분에 상응하는 부당이득금만의 지급을 청구할 수 있다.

[大判 2002. 10. 11, 2000다17803] 토지의 공유자는 각자의 지분 비율에 따라 토지 전체를 사용·수익할 수 있지만, 그 구체적인 사용·수익 방법에 관하여 공유자들 사이에 지분 과반수의 합의가 없는 이상, 1인이 그 전부를 배타적으로 점유·사용할 수 없는 것이므로, 공유자 중의 일부가 그 전부를 배타적으로 점유·사용하고 있다면, 다른 공유자들 중 지분은 있으나 사용·수익은 전혀 하지 않고 있는 자에 대하여는 그 자의 지분에 상응하는 부당이득을 하고 있다.

정답 ①

14. 공유에 관한 설명 중 옳은 것을 모두 고른 것은? (다툼 있으면 판례에 의함) [10년]

ㄱ. 토지의 2/3 지분을 가진 공유자가 다른 공유자와 협의 없이 그 토지 전부를 제3자에게 임대하여 경작하도록 한 경우, 다른 공유자는 임차인에 대해 토지의 인도를 청구하지 못한다.

ㄴ. 토지의 1/2 지분권자 甲이 다른 1/2 지분권자 乙과 협의 없이 그 토지에 건물을 축조하여 배타적으로 점유하고 있더라도, 乙은 甲에 대해 그 건물 전부의 철거를 청구하지 못한다.

ㄷ. 면적이 $900m^2$인 토지를 甲, 乙, 丙이 균등한 지분으로 공유하고 있는데, 甲이 그 중 특정부분 $300m^2$를 다른 공유자와 협의 없이 점유하여 배타적으로 사용하고 있는 경우, 乙과 丙은 甲에게 그 점유 부분에 관하여 자기 지분에 상응하는 부당이득의 반환을 청구할 수 있다.

ㄹ. 甲과 乙이 공유하는 토지를 丙이 불법점유하고 있는 경우, 甲은 자신의 지분뿐만 아니라 乙의 지분에 관하여도 단독으로 丙에게 손해배상을 청구할 수 있다.

ㅁ. 토지 공유자 甲, 乙, 丙 중 1인인 甲이 공유토지 전부에 관하여 무단으로 자기 앞으로 소유권이전등기를 경료한 경우, 乙은 甲에 대하여 그 등기 전부의 말소를 청구할 수 있다.

① ㄱ, ㄴ
② ㄱ, ㄷ
③ ㄴ, ㄹ, ㅁ
④ ㄷ, ㄹ, ㅁ
⑤ ㄱ, ㄴ, ㄷ, ㄹ
⑥ ㄴ, ㄷ, ㄹ, ㅁ

해설

ㄱ. [正] 과반수지분권자가 공유 토지를 배타적으로 지배할 수 있는지를 묻는 지문이다. 과반수지분권자는 공유물관리권을 가지고 있으므로 다른 공유자와 협의 없이 단독으로 공유물관리에 관한 사항을 결정할 수 있다. 과반수지분권자가 공유 토지를 전부 제3자에게 임대하여 경작하도록 한 경우에도 공유물관리권의 행사로서 적법하기 때문에 다른 공유자가 임차인에 대하여 토지의 인도를 청구하지 못한다.

ㄴ. [誤] 소수지분권자가 공유 토지를 배타적으로 지배할 수 있는지 및 소수지분권자의 배타적 지배에 대하여 다른 소수지분권자가 물권적 청구권을 행사할 수 있는지를 묻는 지문이다. 1/2 지분권자는 과반수지분권자가 아니다. 소수지분권자인 1/2 지분권자가 공유 토지를 배타적으로 지배하는 것은 부적법하다. 부적법한 점유상태를 배제하는 것은 공유물 보존행위이므로 다른 소수지분권자가 물권적 청구권을 행사하는 것은 허용된다.

[大判 2003. 11. 13. 2002다57935] 물건을 공유자 양인이 각 1/2 지분씩 균분하여 공유하고 있는 경우 1/2 지분권자로서는 다른 1/2 지분권자와의 협의 없이는 이를 배타적으로 독점 사용할 수 없고, 나머지 지분권자는 공유물보존행위로서 그 배타적 사용의 배제, 즉 그 지상 건물의 철거와 토지의 인도 등 점유배제를 구할 권리가 있다.

ㄷ. [正] 공유지분권자가 공유 토지의 전부 혹은 일부를 배타적으로 점유하고 있는 경우, 다른 공유자의 부당이득반환청구가 허용되는지를 묻는 지문이다. 공유지분권을 근거로 공유자는 공유물의 전부나 일부를 배타적으로 지배할 수는 없다. 공유자가 공유물을 배타적으로 지배하는 경우, 다른 공유자는 배타적으로 지배하는 공유자에 대하여 자기 지분에 상응하는 부당이득의 반환을 청구할 수 있다.
[大判 2001. 12. 11. 2000다13948] 토지의 공유자는 각자의 지분 비율에 따라 토지 전체를 사용·수익할 수 있지만, 그 구체적인 사용·수익 방법에 관하여 공유자들 사이에 지분 과반수의 합의가 없는 이상, 1인이 특정 부분을 배타적으로 점유·사용할 수 없는 것이므로, 공유자 중의 일부가 특정 부분을 배타적으로 점유·사용하고 있다면, 그들은 비록 그 특정 부분의 면적이 자신들의 지분 비율에 상당하는 면적 범위 내라고 할지라도, 다른 공유자들 중 지분은 있으나 사용·수익은 전혀 하지 않고 있는 자에 대하여는 그 자의 지분에 상응하는 부당이득을 하고 있다고 보아야 할 것인바, 이는 모든 공유자는 공유물 전부를 지분의 비율로 사용·수익할 권리가 있기 때문이다.

ㄹ. [誤] 공유지분권자가 공유지분권 침해를 원인으로 손해배상을 청구하는 경우, 그 범위는 어떠한가를 묻는 지문이다. 공유자는 자신의 지분에 해당하는 손해배상을 청구할 수 있을 뿐이며, 다른 공유자의 지분에 해당하는 손해배상은 청구할 수 없다는 것이 대법원 입장이다.
[大判 1970. 4. 14. 70다171] 공유물에 끼친 불법행위를 이유로 하는 손해배상청구권은 특별한 사유가 없는 한 각 공유자가 지분에 대응하는 비율의 한도 내에서만 이를 행사할 수 있다.

ㅁ. [誤] 공유자 중 1인이 공유부동산 전부에 관하여 단독등기를 보유하고 있는 경우, 다른 공유자가 말소를 청구할 수 있는 범위를 묻는 지문이다. 등기명의자인 공유자는 적어도 자기의 공유지분권 범위 내에서는 실체관계에 부합하는 등기를 보유하는 자이므로 다른 공유자는 등기명의자인 공유자의 지분권을 초과하는 범위의 등기를 말소하라고 청구할 수 있을 뿐 등기 전부의 말소를 청구할 수는 없다.
[大判(全) 1965. 4. 22. 65다268] 공유 부동산에 대한 소유 명의가 <u>공유자 중의 한사람 앞으로 되어 있다 하더라도 그 공유자의 지분에 관한 한 실체관계에 부합하는 것이</u>므로 이 부분의 말소 등기절차까지를 청구할 수는 없다.

정답 ②

15. 배점 2 甲과 乙은 1/2씩 대금을 출연하여 丙으로부터 A 토지를 매수하고, 각자의 지분을 1/2씩으로 하여 A 토지에 대한 공유의 소유권이전등기를 마쳤다. 다음 설명 중 옳은 것은? (다툼 있으면 판례에 의함) [11년]

① 甲이 乙의 동의 없이 A 토지를 丁에게 매도하고, 乙의 등기필증 등을 소지하고 있음을 이용하여 A 토지 전부의 소유권이전등기를 해준 경우, 乙은 甲의 공유지분에 대하여도 丁에게 소유권이전등기의 말소를 구할 수 있다.

② 甲이 乙의 동의 없이 A 토지를 丁에게 임대하여 임대차보증금을 수령한 경우, 乙은 甲에게 임대차보증금 자체의 1/2을 부당이득으로서 반환청구할 수 있다.
③ 丁이 무단으로 A 토지를 점유하는 경우, 甲이 丁에게 A 토지의 반환을 청구하기 위해서는 甲의 지분권 외에 乙의 지분권도 함께 주장하여야 할 필요가 없다.
④ 丁이 무단으로 A 토지를 점유하여 사용·수익한 경우, 甲과 乙은 丁에 대하여 불법행위로 인한 손해배상 내지 부당이득반환을 청구할 수 있는데, 이들 권리는 불가분채권에 속한다.
⑤ 甲의 지분에 丁의 저당권이 설정된 후 甲과 乙이 협의에 의해 A 토지를 X·Y 토지로 분할하여 X 토지는 甲, Y 토지는 乙 소유로 한 경우, 丁의 저당권은 원칙적으로 X 토지에만 존속하게 된다.

해설

① [誤] 공유자 중 1인이 공유부동산을 처분하고 등기를 이전하여 준 경우, 등기의 효력을 묻는 지문이다. 처분한 공유자인 甲의 지분범위에서는 실체관계에 부합한 등기가 된다. 따라서 다른 공유자 乙은 甲의 공유지분에 대해서는 등기명의자 丁에 대하여 말소를 구할 수 없다.
[大判 1994. 12. 2. 93다1596] 다른 공유자의 동의 없이 그 <u>공유물의 특정부분을 처분하여 소유권이전등기를 마친 경우, 처분공유자의 공유지분 범위 내에서는 실체관계에 부합하는 유효한 등기</u>라고 보아야 한다.

② [誤] 소수지분권자가 공유물을 임대하고, 보증금을 수령한 경우, 보증금의 보유가 다른 공유자에 대한 관계에서 부당이득이 되는지 여부를 묻는 지문이다. 보증금반환채무는 임대차계약을 체결한 공유자만이 부담하므로 보증금 자체가 다른 공유자에 대한 관계에서 부당이득으로 되지는 않는다. 그러나 보증금의 이자 상당액은 부당이득이 될 수 있다.
[大判 1991. 9. 24. 91다23639] 부동산의 1/7 지분 소유권자가 타공유자의 동의 없이 그 부동산을 타에 임대하여 임대차보증금을 수령하였다면, <u>이로 인한 수익 중 자신의 지분을 초과하는 부분에 대하여는 법률상 원인 없이 취득한 부당이득이 되어 이를 반환할 의무</u>가 있고, 또한 위 무단임대행위는 다른 공유지분권자의 사용·수익을 침해한 불법행위가 성립되어 그 손해를 배상할 의무가 있다(필자 註 : 반환 또는 배상해야 할 범위는 위 부동산의 임대차로 인한 차임 상당액이라 할 것으로서 타공유자는 그 임대보증금 자체에 대한 지분비율 상당액의 반환 또는 배상을 구할 수는 없다고 한 사례).

③ [正] 공유자가 단독으로 무단점유자에 대하여 반환을 청구할 수 있는지 여부를 묻는 지문이다. 무단점유자에 대한 반환청구는 보존행위로서 공유자가 단독으로 할 수 있으므로 소수지분권자라고 하더라도 단독으로 반환을 청구할 수 있다.
[大判 1966. 4. 19. 66다283] 부동산의 공유지분권자 중의 한 사람은 <u>보존행위로서 공유물을 권원 없이 점유하는 자에 대하여 그 부동산의 인도를 청구할 수</u> 있다.

④ [誤] 공유자들이 무단점유자에 대하여 취득하는 불법행위로 인한 손해배상청구권 혹은 부당이득반환청구권의 법적 성질을 묻는 지문이다. 가분적 채권으로 각 공유자들은

자신의 지분 범위에서 청구할 수 있다.
[大判 1970. 4. 14. 70다171] 공유물에 끼친 불법행위를 이유로 하는 손해배상청구권은 특별한 사유가 없는 한 각 공유자가 지분에 대응하는 비율의 한도 내에서만 이를 행사할 수 있다.

⑤ [誤] 공유지분에 설정된 저당권이 공유물분할에 의하여 저당권설정자인 공유자가 단독으로 소유권을 취득하는 부분에 집중되는지 여부를 묻는 지문이다. 지분저당권은 그 후의 공유물분할에 영향을 받지 않고, 종전 지분 위에 존속한다. 공유물분할은 지분의 교환 혹은 매매의 성질을 가지기 때문이다.
[大判 1989. 8. 8. 88다카24868] 부동산의 공유지분 위에 근저당권이 설정된 후 그 공유부동산이 분할된 경우 저당권이 근저당권설정자에게 할당된 부분에 집중되는 것은 아니다(필자 註 : 甲·乙의 공유인 부동산 중 甲의 지분위에 설정된 근저당권 등 담보물권은 특단의 합의가 없는 한 공유물분할이 된 뒤에도 종전의 지분비율대로 공유물 전부의 위에 그대로 존속하고 따라서 甲과 담보권자 사이에 공유물분할로 甲의 단독소유로 된 토지부분 중 원래의 乙 지분 부분을 근저당권의 목적물에 포함시키기로 합의하였다고 하여도 이런 합의가 乙의 단독소유로 된 토지부분 중 甲 지분 부분에 대한 피담보채권을 소멸시키기로 하는 합의까지 내포한 것이라고는 할 수 없다고 한 사례).

<u>정답 ③</u>

16. 배점 3 공동소유에 관한 설명으로 옳지 않은 것은?(다툼 있으면 판례에 의함) [08년]

① 甲이 등기서류를 위조하여 A 종중 소유의 토지에 관하여 甲 명의로 소유권이전등기를 해 버린 경우, 위 종중의 대표자 乙은 비록 종중재산의 보존을 위한 소 제기에 관하여 종중총회의 결의를 거쳤다고 하더라도 乙 개인 명의로는 위 소유권이전등기의 말소를 구하는 소를 제기할 수 없다.

② 7형제가 종산을 구입하여 부모 묘소를 쓰기로 합의하고 그 중 자력이 있는 3형제가 돈을 모아 임야를 매수하여 맏형 명의로 소유권이전등기를 마치고 부모 등의 묘소를 설치한 경우, 위 임야는 부를 중시조로 하는 종중의 종산으로 보존하기 위하여 매수한 것으로서 매수대금을 부담하지 않은 형제를 포함한 7형제의 총유이다.

③ 부동산의 2/5 지분 소유권자가 다른 공유자의 동의 없이 그 부동산을 타인에게 임대하여 임대차보증금을 수령하였다면, 이와 같은 임대행위는 다른 공유지분권자의 사용·수익을 침해한 것으로 불법행위가 성립된다.

④ A 토지에 대한 과반수의 공유지분권을 가진 甲이, 공유물의 관리행위로서 공사업자 乙과 A 토지의 이용가치를 높이기 위한 굴착정지공사계약을 체결하면서 그 공사비를 甲이 부담하기로 한 경우, 乙은 A 토지의 다른 공유자에 대하여 그 공사비를 청구할 수 없다.

⑤ 공유토지의 2/3 지분권자 甲이 다른 공유자인 1/3 지분권자 乙과 협의 없이 그 토지의 특정된 한 부분을 배타적으로 사용·수익하고 있는 경우, 甲은 그로 말미암아

손해를 입고 있는 乙에 대하여 그 지분에 상응하는 임료 상당의 부당이득을 반환할 의무가 있고, 甲으로부터 그 특정부분의 사용·수익을 허락받아 점유·사용하고 있는 제3자도 乙에 대하여 乙의 지분에 상응하는 임료 상당의 부당이득을 반환할 의무가 있다.

해설

① [正] 종중의 법적 성질에 관하여 판례는 비법인사단으로 보고 있다. 비법인사단의 재산소유 형태에 관하여 민법 제275조는 총유로 규정하고 있다. 총유물의 관리 및 처분은 사원총회의 결의에 의하여야 하므로(제276조 제1항) 총유물의 보존행위에 속하는 말소등기청구소송의 제기도 사원총회의 결의에 의하여야 한다. 한편 총유재산에 관하여 비법인사단의 구성원은 관리처분권을 가지고 있지 아니하므로 구성원 개인의 이름으로 총유재산에 관한 소송행위를 할 수는 없다. 따라서 종중의 대표자가 비록 사원총회의 결의를 얻었다고 하더라도 그 개인의 명의로 보존행위에 속하는 소송을 제기할 수는 없고, 구성원 전원의 명의로 소송행위를 하거나 비법인사단이 그 명의로 소송행위를 할 수 있을 뿐이다.
[大判(全) 2005. 9. 15. 2004다44971] 민법 제276조 제1항은 "총유물의 관리 및 처분은 사원총회의 결의에 의한다.", 같은 조 제2항은 "각 사원은 정관 기타의 규약에 좇아 총유물을 사용·수익할 수 있다."라고 규정하고 있을 뿐 공유나 합유의 경우처럼 보존행위는 그 구성원 각자가 할 수 있다는 민법 제265조 단서 또는 제272조 단서와 같은 규정을 두고 있지 아니한 바, 이는 법인 아닌 사단의 소유형태인 총유가 공유나 합유에 비하여 단체성이 강하고 구성원 개인들의 총유재산에 대한 지분권이 인정되지 아니하는 데에서 나온 당연한 귀결이라고 할 것이므로 <u>총유재산에 관한 소송은 법인 아닌 사단이 그 명의로 사원총회의 결의를 거쳐 하거나 또는 그 구성원 전원이 당사자가 되어 필수적 공동소송의 형태로 할 수 있을 뿐 그 사단의 구성원은 설령 그가 사단의 대표자라거나 사원총회의 결의를 거쳤다 하더라도 그 소송의 당사자가 될 수 없고, 이러한 법리는 총유재산의 보존행위로서 소를 제기하는 경우에도 마찬가지라</u> 할 것이다.

② [正] [大判 1992. 10. 27. 91다11209] 5형제가 종산을 구입하여 부모 묘소를 쓰기로 합의하고 그 중 자력이 있는 4형제가 돈을 모아 임야를 매수하여 맏형 명의로 소유권이전등기를 경료하고 부모 등의 묘소를 설치한 경우 위 임야는 부를 중시조로 하는 종중의 종산으로 보존하기 위하여 매수한 것으로서 5형제의 총유라고 한 사례.

③ [正] 공유부동산을 임대하는 행위는 공유물의 관리행위에 해당한다. 공유물의 관리행위는 공유자 상호간에 별도의 특약이 없다면 지분의 과반수에 의하여 결정한다(제265조). 소수지분권자가 다른 공유자의 동의 없이 임의로 공유부동산을 제3자에게 임대하여 공유부동산을 제3자로 하여금 사용·수익하게 하고, 임대차보증금을 수령하는 등의 행위는 다른 공유자들에 대한 관계에서 위법한 행위로 평가될 수밖에 없다. 따라서 소수지분권자의 이와 같은 임대행위는 다른 공유자에 대한 관계에서 불법행위를 구성할 수 있다.

[大判 1991. 9. 24, 91다23639] 부동산의 1/7 지분 소유권자가 타공유자의 동의 없이 그 부동산을 타에 임대하여 임대차보증금을 수령하였다면, 이로 인한 수익 중 자신의 지분을 초과하는 부분에 대하여는 법률상 원인 없이 취득한 부당이득이 되어 이를 반환할 의무가 있고, 또한 위 <u>무단임대행위는 다른 공유지분권자의 사용·수익을 침해한 불법행위가 성립되어 그 손해를 배상할 의무가 있다</u>(필자 註 : 반환 또는 배상해야 할 범위는 위 부동산의 임대차로 인한 차임 상당액이라 할 것으로서 타공유자는 그 임대보증금 자체에 대한 지분비율 상당액의 반환 또는 배상을 구할 수는 없다고 한 사례).

④ [正] [大判 1991. 4. 12, 90다20220] 공유토지의 과반수지분권자는 다른 공유자와 협의없이 단독으로 관리행위를 할 수가 있으며 그로 인한 관리비용은 공유자의 지분비율에 따라 부담할 의무가 있으나, 위와 같은 관리비용의 부담의무는 공유자의 내부관계에 있어서 부담을 정하는 것일 뿐, 제3자와의 관계는 당해 법률관계에 따라 결정된다고 할 것이고, 따라서 과반수지분권자가 관리행위가 되는 정지공사를 시행함에 있어 시공회사에 대하여 공사비용은 자신이 정산하기로 약정하였다면 그 공사비를 직접 부담해야 할 사람은 과반수지분권자만이라 할 것이고, 다만 그가 그 공사비를 지출하였다면 다른 공유자에게 그의 지분비율에 따른 공사비만을 상환청구 할 수 있을 뿐이다.

⑤ [誤] [大判 2002. 5. 14, 2002다9738] 과반수 지분의 공유자는 공유자와 사이에 미리 공유물의 관리방법에 관하여 협의가 없었다 하더라도 공유물의 관리에 관한 사항을 단독으로 결정할 수 있으므로 과반수 지분의 공유자는 그 공유물의 관리방법으로서 그 공유토지의 특정된 한 부분을 배타적으로 사용·수익할 수 있으나, 그로 말미암아 지분은 있으되 그 특정 부분의 사용·수익을 전혀 하지 못하여 손해를 입고 있는 소수지분권자에 대하여 그 지분에 상응하는 임료 상당의 부당이득을 하고 있다 할 것이므로 이를 반환할 의무가 있다 할 것이나, 그 과반수 지분의 공유자로부터 다시 그 특정 부분의 사용·수익을 허락받은 제3자의 점유는 다수지분권자의 공유물관리권에 터 잡은 적법한 점유이므로 그 제3자는 소수지분권자에 대하여도 그 점유로 인하여 법률상 원인 없이 이득을 얻고 있다고는 볼 수 없다.

정답 ⑤

17. 공유에 관한 설명 중 옳지 않은 것은?(다툼 있으면 판례에 의함) [06년]

① 공유자 간의 공유물에 대한 사용·수익에 관한 특약은 공유자의 특정승계인에 대하여도 승계되고, 특약 후에 공유자에 변경이 있고 특약을 변경할 만한 사정이 있는 경우에는 공유자의 지분의 과반수의 결정으로 기존 특약을 변경할 수 있다.
② 공유물을 분할하기 위하여는 공유자 전원이 분할절차에 참여하여야 하므로, 그 분할절차에서 공유자의 일부가 제외된 공유물 분할은 효력이 없다.
③ 법원이 甲과 乙의 공유인 공유물을 분할함에 있어서, 제반사정을 고려하여 공유물을 甲 1인의 단독소유로 하고 甲으로 하여금 乙에 대하여 그 지분의 적정하고도 합리적인 가액을 배상시키는 방법에 의한 분할을 할 수도 있다.
④ 공유자는 5년을 넘지 않는 기간 내에 공유물을 분할하지 않을 것을 약정할 수 있고,

이 불분할약정은 갱신이 가능하며, 그 기간은 갱신일로부터 5년을 넘지 못한다.
⑤ 甲과 乙이 A토지의 특정부분을 각 증여받았으나 편의상 A토지 전체에 관하여 甲과 乙의 공유로 소유권이전등기를 마쳐 甲과 乙 사이에 소위 상호명의신탁관계가 성립한 경우, 甲은 乙에 대하여 공유물의 분할을 청구할 수 있다.

해설

① [正] 공유자 사이의 공유물에 관한 특약이 지분의 특정승계인에게 승계될 것인가를 묻는 문제이다. 우선 공유물에 관한 특약이 어떠한 내용의 특약인가를 먼저 검토하여야 한다. (ㄱ) 그 특약의 내용이 지분처분을 금지하는 내용의 특약이라면 이는 특약 당사자 사이에서 채권적 효력을 가질 뿐이며, 지분의 특정승계인에게 그 특약의 효력이 미치지 않는다. (ㄴ) 그 특약의 내용이 공유물의 분할을 금지하는 내용의 특약이라면 분할금지특약이 등기되어 있는가에 따라 지분의 특정승계인에게 대항할 수 있는지 여부가 좌우된다. (ㄷ) 한편 그 특약이 공유물의 관리, 즉 사용·수익에 관한 내용의 특약이라면 이러한 특약은 원칙적으로 지분의 특정승계인에게 승계된다. 그러나 공유물 관리에 관한 특약은 지분의 과반수로써 언제든지 변경이 가능하다.
[大判 2005. 5. 12, 2005다1827] 공유자 간의 공유물에 대한 사용·수익·관리에 관한 특약은 공유자의 특정승계인에 대하여도 당연히 승계된다고 할 것이나, 민법 제265조는 "공유물의 관리에 관한 사항은 공유자의 지분의 과반수로써 결정한다."라고 규정하고 있으므로, 위와 같은 특약 후에 공유자에 변경이 있고 특약을 변경할 만한 사정이 있는 경우에는 공유자의 지분의 과반수의 결정으로 기존 특약을 변경할 수 있다.

② [正] 각 공유자는 언제든지 공유물의 분할을 청구하여 공유관계를 종료시킬 수 있다(제268조 제1항 본문). 각 공유자의 공유물분할청구권은 형성권에 속한다. 즉 공유자 1인이 공유물분할을 청구하면 다른 모든 공유자와의 사이에서 공유물을 분할하여야 하는 법률관계가 발생한다. 따라서 공유자 전원이 분할절차에 참여하여야 하며, 공유자의 일부가 제외된 공유물분할은 무효이다.
[大判 2003. 12. 12, 2003다44615·44622] <u>공유물분할청구의 소는 분할을 청구하는 공유자가 원고가 되어 다른 공유자 전부를 공동피고로 하여야 하는 고유필수적 공동소송</u>이고, 공동소송인과 상대방 사이에 판결의 합일확정을 필요로 하는 고유필수적 공동소송에 있어서는 공동소송인 중 일부가 제기한 상소는 다른 공동소송인에게도 그 효력이 미치는 것이므로 공동소송인 전원에 대한 관계에서 판결의 확정이 차단되고 그 소송은 전체로서 상소심에 이심되며, 상소심판결의 효력은 상소를 하지 아니한 공동소송인에게 미치므로 상소심으로서는 공동소송인 전원에 대하여 심리·판단하여야 한다.

③ [正] 법원이 공유물을 분할함에 있어서는 현물분할을 하는 것이 원칙이고, 현물로 분할할 수 없거나 현물로 분할을 하게 되면 현저히 그 가액이 감소될 염려가 있는 때에는 대금분할을 할 수 있다(제269조 제2항). 그러나 공유물분할의 소가 이른바 형식적 형성의 소로서 그 실질이 비송인 점에 비추어 법원은 공유물분할을 청구하는 자가 구하는 방법에 구애받지 아니하고, 자유로운 재량에 따라 합리적인 분할을 하면 된다. 따라서 공유자 중의 1인의 단독소유 또는 수인의 공유로 하되 현물을 소유하게 되는 공유자로 하여금 다른 공유자에 대하여 합리적인 가격을 배상시키는 방법에 의한 분

할도 현물분할의 한 방법이 될 수 있다.
[大判 2004. 10. 14, 2004다30584] 공유관계의 발생원인과 공유지분의 비율 및 분할된 경우의 경제적 가치, 분할 방법에 관한 공유자의 희망 등의 사정을 종합적으로 고려하여 당해 공유물을 특정한 자에게 취득시키는 것이 상당하다고 인정되고, 다른 공유자에게는 그 지분의 가격을 취득시키는 것이 공유자 간의 실질적인 공평을 해치지 않는다고 인정되는 특별한 사정이 있는 때에는 <u>공유물을 공유자 중의 1인의 단독소유 또는 수인의 공유로 하되 현물을 소유하게 되는 공유자로 하여금 다른 공유자에 대하여 그 지분의 적정하고도 합리적인 가격을 배상시키는 방법에 의한 분할도 현물분할의 하나로 허용된다.</u>

④ [正] 제268조 제1항 단서, 제268조 제2항.
⑤ [誤] 구분소유적 공유관계의 경우, 당사자 사이에서는 각 당사자가 특정부분에 대한 단독소유권을 보유한 것으로 취급된다. 따라서 공유관계를 전제로 하는 공유물분할청구는 허용되지 않는다. 다만, 명의신탁을 해지하고 자기 소유 부분에 대한 지분이전등기를 청구하여 대외적으로도 단독소유권을 취득할 수 있다.
[大判 1989. 9. 12, 88다카10517] 공유지분권을 주장하지 아니하고 목적물의 특정부분을 소유한다고 주장하는 자는 그 부분에 대하여 신탁적으로 지분등기를 가지고 있는 자들을 상대로 하여 그 특정부분에 대한 명의신탁해지를 원인으로 한 지분이전등기절차의 이행만을 구하면 될 것이고 <u>공유물분할청구를 할 수 없다</u> 할 것이다.

정답 ⑤

18. 배점 2 공동소유의 법률관계에 관한 설명 중 옳은 것은? (다툼 있으면 판례에 의함) [09년]

① 어떤 토지를 공유자 甲·乙이 각 1/2 지분씩 공유하고 있는 경우, 乙이 甲과의 협의 없이 배타적으로 위 토지 위에 건물을 신축하여 사용하고 있다 하더라도 甲은 乙을 상대로 차임 상당의 부당이득 반환을 구할 수는 있으나 건물의 철거를 구할 수는 없다.
② 건물 공유자 중 일부만이 당해 건물을 현실적으로 점유하고 있는 경우에는 공유명의자 전원이 공동으로 건물 소유를 위하여 그 건물 부지를 점유하고 있는 것으로 볼 수 없다.
③ 1필지의 토지 중 일부를 특정하여 매수하고 다만 그 소유권이전등기는 그 필지 전체에 관하여 공유지분 이전등기를 한 경우 그 특정부분 이외의 부분에 관한 등기는 상호 명의신탁을 하고 있는 것이나, 제3자의 방해행위가 있는 경우에는 자신이 구분소유하는 특정부분뿐 아니라 전체 토지에 관하여 공유물의 보존행위로서 그 배제를 구할 수 있다.
④ 어떤 부동산에 관하여 제3자 명의로 원인무효의 소유권이전등기가 경료되어 있는 경우, 그 공유자 중의 한 사람이 공유물의 보존행위로서 그 공유물 중 자신의 지분에 관하여서만 소유권이전등기의 말소청구를 하더라도 그로 인한 시효중단의 효력은 공유자들을 위하여 전체 공유물에 관하여 발생한다.

⑤ 매수인들이 상호 출자하여 공동사업을 경영할 것을 목적으로 하는 조합이 조합재산으로서 부동산의 소유권을 취득하였다면 당연히 그 조합체의 합유물이 되고, 다만 그 조합체가 합유등기를 하지 않고 그 대신 조합원 1인의 명의로 소유권이전등기를 하였다 하더라도 이는 조합원들 상호간의 합의에 따른 것으로 유효하고, 「부동산실권리자명의 등기에 관한 법률」에 위반되는 명의신탁등기로 볼 수는 없다.

해설

① [誤] 소수지분권자가 공유물을 배타적으로 사용하는 경우, 다른 소수지분권자가 공유물 보존행위로서 인도를 청구할 수 있는지를 묻는 지문이다. 판례는 이러한 경우에도 소수지분권자는 보존행위로서 반환을 청구할 수 있다는 입장이다.
[大判(全) 1994. 3. 22, 93다9392 · 9408] 지분을 소유하고 있는 공유자나 그 지분에 관한 소유권이전등기청구권을 가지고 있는 자라고 할지라도 다른 공유자와의 협의 없이는 공유물을 배타적으로 점유하여 사용·수익할 수 없는 것이므로, <u>다른 공유권자는 자신이 소유하고 있는 지분이 과반수에 미달되더라도 공유물을 점유하고 있는 자에 대하여 공유물의 보존행위로서 공유물의 인도나 명도를 청구할 수 있다.</u>

② [誤] 건물부지의 점유자를 묻는 지문이다. 건물 공유자 중 일부만이 건물을 현실적으로 점유하고 있더라도 다른 특별한 사정이 없는 한 건물부지를 점유하는 자는 건물 공유자 전원이라고 보는 것이 판례이다.
[大判 2003. 11. 13, 2002다57935] <u>건물 공유자 중 일부만이 당해 건물을 점유하고 있는 경우라도 그 건물의 부지는 건물소유를 위하여 공유명의자 전원이 공동으로 이를 점유하고 있는 것으로 볼 것이며,</u> 건물 공유자들이 건물부지의 공동점유로 인하여 건물부지에 대한 소유권을 시효취득하는 경우라면 그 취득시효완성을 원인으로 한 소유권이전등기청구권은 당해 건물의 공유지분비율과 같은 비율로 건물 공유자들에게 귀속된다.

③ [正] 구분소유적 공동소유의 법률관계를 묻는 지문이다. 구분소유자 상호간에는 특정부분을 단독으로 소유하는 것이지만, 제3자에 대한 관계에서는 공유자로서의 지위를 가진다. 따라서 제3자의 방해행위가 있는 경우, 구분소유자는 자신이 구분소유하는 특정부분 뿐만 아니라 전체 토지에 관하여 보존행위로서 그 배제를 청구할 수 있다.
[大判 1994. 2. 8, 93다42986] 구분소유적 공유관계에 있는 자는 제3자의 방해행위가 있는 경우 자기의 구분소유 부분뿐 아니라 <u>전체토지에 대하여 공유물의 보존행위로서 그 배제를 구할 수 있다.</u>

④ [誤] 시효중단의 상대적 효력을 묻는 지문이다. 소멸시효나 취득시효 중단의 효과는 중단행위에 관여한 당사자 및 중단행위 후 중단의 효과를 승계한 승계인 사이에서만 발생한다(제169조). 공유자 중 한 사람이 자신의 지분권을 행사함으로 인한 취득시효 중단의 효력은 다른 공유자들에게는 미치지 않는다.
[大判 1979. 6. 26, 79다639] 공유자의 한 사람이 공유물의 보존행위로서 제소한 경우라도, 동 제소로 인한 시효중단의 효력은 재판상의 청구를 한 그 공유자에 한하여 발생하고, 다른 공유자에게는 미치지 아니한다.

⑤ [誤] 합유재산으로 되어야 할 부동산을 조합원 1인의 명의로 소유권이전등기를 마쳤다면 이는 명의신탁등기로서 부동산실명법에 위반하여 무효로 된다는 것이 판례의 태도이다.
[大判 2006. 4. 13, 2003다25256] 매수인들이 상호 출자하여 공동사업을 경영할 것을 목적으로 하는 조합이 조합재산으로서 부동산의 소유권을 취득하였다면 민법 제271조 제1항의 규정에 의하여 당연히 그 조합체의 합유물이 되고, 다만 그 조합체가 합유등기를 하지 아니하고 그 대신 조합원 1인의 명의로 소유권이전등기를 하였다면 이는 조합체가 그 조합원에게 명의신탁한 것으로 보아야 한다.

정답 ③

19. 甲은 丙 소유 부동산을 자신의 명의로 취득하면 발생하게 될 세금문제 등을 우려하여 친구 乙에게 대신 매수하여 줄 것을 부탁하면서 乙과 명의신탁약정을 맺었다. 乙은 甲의 부탁대로 甲이 건네 준 자금으로 명의신탁 사실에 관해 알지 못하는 丙과의 사이에 자신을 매수인 명의로 하여 매매계약을 체결하고 1971.5.1.자기 명의로 부동산 소유권이전등기를 경료하였다. 甲은 1971.5.1. 乙로부터 부동산을 인도받은 이래 현재까지 점유하고 있다. 이에 관한 설명 중 옳은 것을 모두 고른 것은?(다툼 있으면 판례에 의함) [04년]

㉠ 甲은 丙을 대위하여 乙을 상대로 소유권이전등기의 말소를 청구할 수 있다.
㉡ 甲은 乙을 상대로 명의신탁약정의 해지를 이유로 소유권이전등기를 청구할 수 있다.
㉢ 甲은 乙을 상대로 점유취득시효 완성을 이유로 소유권이전등기를 청구할 수 있다.
㉣ 甲은 乙을 상대로 부당이득을 이유로 소유권이전등기를 청구할 수 있다.
㉤ 만약 乙이 2004.2.1. 단순히 명의신탁 사실을 알고 있는 丁에게 위 부동산을 양도하여 소유권이전등기를 경료하였다면, 甲은 乙을 대위하여 丁을 상대로 소유권이전등기의 말소를 청구할 수 있다.

① ㉠, ㉢   ② ㉠, ㉤   ③ ㉡, ㉣
④ ㉢, ㉣   ⑤ ㉣, ㉤

해설

* 위 문제는 이른바 계약명의신탁(부동산실명법 제4조 제2항 단서)에 관한 법률관계를 묻는 문제이다. 계약명의신탁이란 단순히 등기명의만을 제3자 앞으로 하는 것이 아니라 소유권취득의 원인행위인 계약상의 명의도 제3자 앞으로 하여 소유자로부터 명의수탁자로 등기가 이전되는 명의신탁을 말한다. 부동산실명법에서는 계약명의신탁의 경우에는 다른 등기명의신탁과는 달리 매도인이 선의인 경우, 물권변동을 유효로 하고 있다.
* ㉠ [誤] 丙은 명의신탁약정이 있었다는 사실을 모르는 선의의 매도인이므로 명의수탁자 乙은 유효하게 소유권을 취득한다. 따라서 乙의 등기는 말소의 대상이 되는 등기가 아니다. 뿐만 아니라 명의신탁자 甲과 매도인 丙 사이에는 아무런 법률관계가 없으므

로 甲이 丙을 대위할 피보전채권을 가지고 있지도 않다.
- ⓒ [誤] 부동산실명법 제4조 제1항에 의하여 명의신탁약정은 무효이다. 따라서 명의신탁 약정 해지를 원인으로 하는 이전등기청구권은 발생하지 않는다.
- ⓒ [正] 부동산의 점유자 甲은 명의신탁자로서 점유권원의 성질상 자주점유자이며, 평온, 공연하게 위 부동산을 20년 이상 점유한 것이므로 취득시효 완성자의 지위를 취득한다. 따라서 甲은 乙에 대하여 취득시효 완성을 원인으로 하는 이전등기청구권을 행사할 수 있다.
- ⓔ [正] 명의수탁자 乙은 甲이 제공한 매수대금으로 丙의 부동산을 취득한 것이므로 甲에 대하여 부당이득반환의무를 부담한다. 이 경우 부당이득의 대상이 乙이 취득한 소유권 그 자체라고 보는 것이 판례의 태도이다.
  [大判 2002. 12. 26. 2000다21123] 부동산실권리자명의등기에관한법률 시행 전에 이른바 계약명의신탁에 따라 명의신탁 약정이 있다는 사실을 알지 못하는 소유자로부터 명의수탁자 앞으로 소유권이전등기가 경료되고 같은 법 소정의 유예기간이 경과하여 명의수탁자가 당해 부동산의 완전한 소유권을 취득한 경우, 명의수탁자는 부동산실권리자명의등기에관한법률 시행에 따라 당해 부동산에 관한 완전한 소유권을 취득함으로써 당해 부동산 자체를 부당이득하였다고 보아야 할 것이고, 부동산실권리자명의등기에관한법률 제3조 및 제4조가 명의신탁자에게 소유권이 귀속되는 것을 막는 취지의 규정은 아니므로 명의수탁자는 명의신탁자에게 자신이 취득한 당해 부동산을 부당이득으로 반환할 의무가 있다.
- ⓜ [誤] 부동산실명법의 시행에 의하여 乙은 완전한 소유권을 취득하게 된다. 따라서 완전한 소유권자인 乙로부터 위 부동산을 승계취득한 丁은 명의신탁약정이 있었는지의 여부를 불문하고 소유권을 취득한다. 따라서 丁의 소유권이전등기는 말소의 대상이 되지 않는다.

정답 ④

20. 배점 3 다음 사례에 관한 학생들의 조언(ㄱ~ㄹ) 중 옳지 않은 것을 모두 고른 것은?
(다툼 있으면 판례에 의함) [08년]

乙은 丙 소유의 A 토지를 매수하되 친구인 丁의 명의로 매수하기로 하고, 이에 따라 丁은 2003. 5. 18. 丙과 사이에 A 토지에 관하여 그 명의로 매매계약을 체결한 후 소유권이전등기를 마쳤다.
한편 甲은 1995. 2. 1. 乙에게 변제기를 정하지 않고 1억원을 빌려주었는데 한 푼도 변제받지 못하고 있다가, 2007년 5월경 A 토지가 사실상 乙이 매수한 것임을 알고서 A 토지 외에는 아무런 재산이 없는 乙을 대위하여 丙·丁을 상대로 소를 제기하기로 마음먹었다.
甲이 법대생들에게 문의하였더니 학생들은 다음과 같이 조언하였다.

㉠ 甲의 乙에 대한 대여금채권은 이미 시효로 소멸하였으므로, 甲이 乙을 대위한 소송에서 丙이나 丁은 이를 원용할 수 있다.
㉡ 乙이 사실상 A 토지의 매수인임을 丙이 몰랐다면, 丁 명의의 소유권이전등기는 유효하므로 丙이 丁에게 소유권이전등기의 말소등기절차의 이행을 구할 권리가 없다.
㉢ 乙이 사실상 A 토지의 매수인임을 丙이 알았다면, 乙은 丁에게 부당이득반환으로서 소유권이전등기절차의 이행을 구할 권리가 있다.
㉣ A 토지에 관한 등기가 명의신탁으로 무효인 사실이 밝혀진 후에 乙이 매매계약의 매수인으로 되는 것에 대하여 丙이 동의하였다면, 乙은 丙에 대하여 별도의 양도약정을 원인으로 소유권이전등기청구를 할 수 있다.

① ㉠　② ㉡　③ ㉢　④ ㉣
⑤ ㉠, ㉡　⑥ ㉠, ㉢　⑦ ㉡, ㉣　⑧ ㉢, ㉣

해설

㉠ **[誤]** 지문이 묻고자 하는 것은 채권자대위소송에서 피보전채권의 소멸시효가 완성되었을 때 제3채무자가 이를 원용할 수 있는가이다. 소멸시효를 원용할 수 있는 자는 소멸시효 완성에 의하여 직접 이익을 받는 자에 한정되고, 간접적으로 이익을 받는 자는 직접 이익을 받는 자를 대위하여 소멸시효 완성을 원용할 수 있을 뿐이라는 것이 판례의 입장이다. 결국 채권자대위소송에서 피보전채권, 즉 채권자의 채무자에 대한 채권이 소멸시효가 완성되었다고 하더라도 제3채무자가 직접 소멸시효 완성에 따른 이익을 받는 것은 아니며, 제3채무자가 채무자를 대위할 수도 없기 때문에 결국 제3채무자는 피보전채권의 소멸시효 완성을 원용할 수 없다.
[大判 2004. 2. 12. 2001다10151] 채권자가 채권자대위권을 행사하여 제3자에 대하여 하는 청구에 있어서, 제3채무자는 채무자가 채권자에 대하여 가지는 항변으로 대항할 수 없고, 채권의 소멸시효가 완성된 경우 이를 원용할 수 있는 자는 원칙적으로는 시효이익을 직접 받는 자뿐이고, 채권자대위소송의 제3채무자는 이를 행사할 수 없다.

㉡ **[正]** 계약명의신탁에 따라 명의수탁자에게 소유권이전등기가 마쳐진 경우, 매도인이 선의라면 그와 같은 물권변동은 유효이다(부동산실권리자명의등기에 관한 법률 제4조 제2항 단서). 따라서 매도인 丙이 丁에게 등기말소를 청구할 수는 없다.

㉢ **[誤]** 계약명의신탁에 따라 명의수탁자에게 소유권이전등기가 마쳐진 경우, 매도인이 악의라면 그와 같은 물권변동은 무효이다(부동산실권리자명의등기에 관한 법률 제4조 제2항). 명의수탁자에게 등기가 이전되었다고 하더라도 위 부동산은 매도인의 소유이다. 다만 매도인과 명의수탁자 사이의 매매계약이 무효이며, 부당이득반환 혹은 소유권에 기한 물권적 청구로 등기말소를 구할 수 있는 자는 매도인 丙이며, 명의신탁자에 해당하는 乙이 할 수 있는 것은 아니다.

㉣ **[正]** [大判 2003. 9. 5. 2001다32120] 어떤 사람이 타인을 통하여 부동산을 매수함에 있어 매수인 명의 및 소유권이전등기 명의를 타인 명의로 하기로 약정하였고 매도인도

그 사실을 알고 있어서 그 약정이 부동산실권리자명의등기에관한법률 제4조의 규정에 의하여 무효로 되고 이에 따라 매매계약도 무효로 되는 경우에, 매매계약상의 매수인의 지위가 당연히 명의신탁자에게 귀속되는 것은 아니지만, 그 무효사실이 밝혀진 후에 계약상대방인 매도인이 계약명의자인 명의수탁자 대신 명의신탁자가 그 계약의 매수인으로 되는 것에 대하여 동의 내지 승낙을 함으로써 부동산을 명의신탁자에게 양도할 의사를 표시하였다면, 명의신탁약정이 무효로 됨으로써 매수인의 지위를 상실한 명의수탁자의 의사에 관계없이 매도인과 명의신탁자 사이에는 종전의 매매계약과 같은 내용의 양도약정이 따로 체결된 것으로 봄이 상당하고, 따라서 이 경우 명의신탁자는 당초의 매수인이 아니라고 하더라도 매도인에 대하여 별도의 양도약정을 원인으로 하는 소유권이전등기청구를 할 수 있다.

정답 ⑥

21. 배점 3 명의신탁에 관한 다음 설명 중 옳은 것을 모두 고른 것은? (다툼 있으면 판례에 의함) [09년]

㉠ 「부동산 실권리자명의 등기에 관한 법률」(이하 '부동산실명법'이라 함) 시행 후에 신탁자와 수탁자가 명의신탁 약정을 맺고 신탁자가 매매계약의 당사자가 되어 매도인과 매매계약을 체결하되 등기를 매도인에게서 수탁자 앞으로 직접 이전하는 '3자간 등기명의신탁'이 있는 경우, 신탁자는 위 매매계약에 기한 매도인에 대한 소유권이전등기청구권을 보전하기 위하여 매도인을 대위하여 명의수탁자에게 무효인 명의수탁자 명의의 등기의 말소를 구할 수 있다.

㉡ 부동산실명법 시행 이전에 명의신탁자와 명의수탁자가 이른바 계약명의신탁약정을 맺고 명의수탁자가 당사자로 되어 명의신탁약정이 있다는 사실을 알지 못한 소유자와 부동산에 관한 매매계약을 체결한 후 그 매매계약에 따라 당해 부동산에 관한 소유권이전등기를 수탁자 명의로 마친 경우에는, 부동산실명법 제11조에서 정한 유예기간이 경과하기까지 명의신탁자가 그 명의로 당해 부동산을 등기이전하는 데 법률상 장애가 있었더라도 명의수탁자는 명의신탁자에게 당해 부동산 자체를 부당이득으로 반환하여야 한다.

㉢ 양자간 등기명의신탁의 경우 수탁자 명의의 소유권이전등기는 원인무효이므로, 신탁자는 소유권에 기한 방해배제로서 수탁자에 대하여 소유권이전등기의 말소 또는 진정명의 회복을 위한 소유권이전등기를 구할 수 있다.

㉣ 명의신탁등기가 부동산실명법에 따라 무효가 된 이상 그 후 신탁자와 수탁자가 혼인하여 그 등기명의자가 배우자로 되었다 하더라도 이미 무효로 된 등기가 부동산실명법 제8조 제2호의 특례 규정에 의하여 유효하게 되는 것은 아니다.

㉤ 명의신탁약정과 등기의 무효로써 대항하지 못하는 '제3자'라 함은 수탁자가 물권자임을 기초로 그와의 사이에 새로운 이해관계를 맺은 자를 말하는데, 이러한 제3자는 수탁자로부터 소유권이나 저당권 등 물권을 취득한 자를 의미하고 대항력 있는 주택임차인이나 가압류 채권자는 이에 포함되지 아니한다.

① ㉠, ㉢　　　　　② ㉡, ㉢　　　　　③ ㉠, ㉡, ㉢
④ ㉠, ㉢, ㉣　　　⑤ ㉠, ㉢, ㉤　　　⑥ ㉡, ㉢, ㉣
⑦ ㉢, ㉣, ㉤　　　⑧ ㉠, ㉢, ㉣, ㉤

해설

㉠ [正] [大判 1999. 9. 17, 99다21738] 부동산실권리자명의등기에관한법률 소정의 유예기간 경과에 의하여 기존 명의신탁약정과 그에 의한 등기가 무효로 되면 명의신탁 부동산은 매도인 소유로 복귀하므로 매도인은 명의수탁자에게 무효인 명의수탁자 명의의 등기의 말소를 구할 수 있게 되고, 한편 같은 법은 매도인과 명의신탁자 사이의 매매계약의 효력을 부정하는 규정을 두고 있지 아니하여 위 <u>유예기간 경과 후로도 매도인과 명의신탁자 사이의 매매계약은 여전히 유효</u>하므로, 명의신탁자는 위 매매계약에 기한 매도인에 대한 소유권이전등기청구권을 보전하기 위하여 <u>매도인을 대위하여 명의수탁자에게 무효인 명의수탁자 명의의 등기의 말소를 구할 수 있다.</u>

㉡ [誤] [大判 2008. 5. 15, 2007다74690] 부동산 실권리자명의 등기에 관한 법률 시행 전에 명의신탁자와 명의수탁자가 이른바 계약명의신탁약정을 맺고 명의수탁자가 당사자가 되어 명의신탁약정이 있다는 사실을 알지 못하는 소유자와의 사이에 부동산에 관한 매매계약을 체결한 후 그 매매계약에 따라 당해 부동산의 소유권이전등기를 수탁자 명의로 마쳤으나 위 법률 제11조에서 정한 <u>유예기간이 경과하기까지 명의신탁자가 그 명의로 당해 부동산을 등기이전하는 데 법률상 장애가 있었던 경우에는</u>, 명의신탁자는 당해 부동산의 소유권을 취득할 수 없었으므로, 위 명의신탁약정의 무효로 인하여 명의신탁자가 입은 손해는 당해 부동산 자체가 아니라 명의수탁자에게 제공한 매수자금이고, 따라서 <u>명의수탁자는 당해 부동산 자체가 아니라 명의신탁자로부터 제공받은 매수자금을 부당이득하였다고 할 것이다.</u>

㉢ [正] [大判 2002. 9. 6, 2002다35157] 1995. 3. 30. 법률 제4944호로 공포되어 1995. 7. 1. 부터 시행된 부동산실권리자명의등기에관한법률 제4조, 제11조, 제12조 등에 의하면, 명의신탁약정에 의하여 부동산에 관한 물권을 명의수탁자의 명의로 등기하거나 하도록 한 명의신탁자는 법 시행일로부터 1년의 기간 이내에 실명등기를 하여야 하고, 그 기간 이내에 실명등기 또는 매각처분 등을 하지 아니하면 그 이후에는 명의신탁약정은 무효가 되고, 명의신탁약정에 따라 행하여진 등기에 의한 부동산의 물권변동도 무효가 된다고 규정하고 있으므로, <u>원칙적으로 일반 명의신탁의 명의신탁자는 명의수탁자를 상대로 원인무효를 이유로 그 등기의 말소를 구하여야 하는 것이기는 하나</u>, 자기 명의로 소유권을 표상하는 등기가 되어 있었거나 법률에 의하여 소유권을 취득한 진정한 소유자는 그 등기명의를 회복하기 위한 방법으로 그 소유권에 기하여 현재의 원인무효인 등기명의인을 상대로 진정한 등기명의의 회복을 원인으로 한 소유권이전등기절차의 이행을 구할 수도 있으므로, <u>명의신탁대상 부동산에 관하여 자기 명의로 소유권이전등기를 경료한 적이 있었던 명의신탁자로서는 명의수탁자를 상대로 진정명의 회복을 원인으로 한 이전등기를 구할 수도 있다.</u>

㉣ [誤] [大決 2002. 10. 28, 2001마1235] 부동산실권리자명의등기에관한법률 제8조 제2호

는 배우자 명의로 부동산에 관한 물권을 등기한 경우로서 조세포탈, 강제집행의 면탈 또는 법령상 제한의 회피를 목적으로 하지 아니하는 경우에는 그 명의신탁약정과 그 약정에 기하여 행하여진 물권변동을 무효로 보지 않는다는 특례를 규정하고 있는 바, 본래 명의신탁등기가 부동산실권리자명의등기에관한법률의 규정에 따라 무효로 된 경우에도 그 후 명의신탁자가 수탁자와 혼인을 함으로써 법률상의 배우자가 되고 위 특례의 예외사유에 해당되지 않으면 그 때부터는 위 특례가 적용되어 그 명의신탁등기가 유효로 된다고 보아야 한다.

㉤ [誤] 명의수탁자로부터 물권을 취득한 자 뿐만 아니라 대항력 있는 주택임차권을 취득하였거나 명의수탁자를 채무자로 하여 명의신탁부동산에 가압류를 한 가압류채권자도 명의수탁자가 물권자임을 기초로 이해관계를 가진 자이므로 제3자 범위에 포함된다. [大判 2005. 11. 10. 2005다34667·34674] 부동산 실권리자명의 등기에 관한 법률(이하 '부동산실명법'이라 한다) 제4조 제3항에서 "제3자"라고 함은 명의신탁약정의 당사자 및 포괄승계인 이외의 자로서 명의수탁자가 물권자임을 기초로 그와의 사이에 직접 새로운 이해관계를 맺은 사람을 말한다고 할 것이므로, 명의수탁자로부터 명의신탁된 부동산의 소유명의를 이어받은 사람이 위 규정에 정한 제3자에 해당하지 아니한다면 그러한 자로서는 부동산실명법 제4조 제3항의 규정을 들어 무효인 명의신탁등기에 터잡아 마쳐진 자신의 등기의 유효를 주장할 수 없고, 따라서 그 명의의 등기는 실체관계에 부합하여 유효라고 하는 등의 특별한 사정이 없는 한 무효라고 할 것이다(大判 2003. 5. 16. 2003다11714, 2004. 8. 30. 2002다48771 등 참조). 그리고 위와 같이 등기부상 명의수탁자로부터 소유권이전등기를 이어받은 자의 등기가 무효인 이상, 부동산 등기에 관하여 공신력이 인정되지 아니하는 우리 법제 아래서는 그 무효인 등기에 기초하여 새로운 법률원인으로 이해관계를 맺은 자가 다시 등기를 이어받았다면 그 명의의 등기 역시 특별한 사정이 없는 한 무효임을 면할 수 없다고 할 것이고, 이렇게 명의수탁자와 직접 이해관계를 맺은 것이 아니라 부동산실명법 제4조 제3항에 정한 제3자가 아닌 자와 사이에서 무효인 등기를 기초로 다시 이해관계를 맺은 데 불과한 자는 위 조항이 규정하는 제3자에 해당하지 않는다고 보아야 할 것이다.

정답 ①

제3장 용익물권

제1절 지상권

1. 지상권에 관한 설명 중 틀린 것은?^(다툼 있으면 판례에 의함.) [05년]

① 관습상으로 인정되는 분묘기지권은 지상권과 유사한 물권이라고 이해되고 있는데, 이 권리는 분묘의 터가 되는 땅 자체뿐만 아니라 그 분묘의 수호와 제사에 필요한 범위 내에서 분묘의 터 주위의 공지(空地)에도 미친다. 그러나 새로운 분묘를 설치할 권능은 포함되지 않으므로, 그 지역적 범위 내라고 하여도 그 후에 사망한 배우자를 합장하기 위하여 쌍분(雙墳) 형태의 분묘를 설치할 수는 없다.

② 甲이 A 토지와 그 지상의 B 건물을 소유하고 있다. 甲은 이들을 담보로 제공하여 乙로부터 금전을 차용하려고 하였으나, B 건물에 대하여 아직 소유권보존등기가 되어 있지 아니한 관계로 우선 A 토지에 대하여만 乙 앞으로 저당권을 설정하여 금전을 차용하였다. 그 후 그 저당권이 실행되어 그 경매절차에서 丙이 경락을 받아 A 토지의 소유자가 되었다. 이 경우에 甲은 아직 소유권보존등기가 되지 아니한 B 건물을 소유하기 위하여 A 토지에 대한 지상권을 설정받은 것으로 본다.

③ 지상권자 甲이 지상권설정자 乙이 목적 토지를 소유하는 동안 1년간의 지료를 지급하지 아니하였고, 목적 토지의 소유권이 乙로부터 丙에게 양도된 후에 다시 1년간의 지료를 지급하지 아니하여 도합 2년간의 지료를 지급하지 아니한 경우, 丙은 지상권의 소멸을 청구할 수 있다.

④ A 건물의 소유를 위하여 지상권을 설정받은 甲이 A 건물을 그 지상권과 함께 乙에게 매도하는 계약을 체결하고 건물에 대하여 乙 앞으로 소유권이전등기를 한 경우에, 아직 지상권이전의 등기를 乙 앞으로 하기 전이라도 토지소유자는 乙에 대하여 그 건물의 철거와 그 대지의 인도를 청구할 수 없다.

⑤ 법정지상권에 있어서 지상권자가 그 성립 당시에 토지 위에 있었던 건물을 철거하고 새로이 건물을 건립한 경우에도 그 지상권은 소멸하지 않으나, 그 지상권의 내용은 구(舊)건물을 기준으로 그 이용에 일반적으로 필요한 범위 내로 제한된다.

해설

① [正] [大判 1997. 5. 23. 95다29086] 기존의 분묘기지권이 미치는 지역적 범위 내라고 할지라도 기존의 분묘 외에 새로운 분묘를 신설할 권능은 포함되지 아니하는 것이므로, 부부 중 일방이 먼저 사망하여 이미 그 분묘가 설치되고 그 분묘기지권이 미치는 범

위 내에서 그 후에 사망한 다른 일방의 합장을 위하여 쌍분(雙墳) 형태의 분묘를 설치하는 것도 허용되지 않는다.

② [正] 미등기, 무허가건물을 위한 법정지상권도 인정된다는 것이 판례이다.
[大判 1991. 5. 28, 91다6658] 동일인의 소유에 속하던 토지와 지상건물 중 건물을 양수한 자가 미등기건물인 관계로 소유권이전등기를 경료하지 못하였다면 그 소유권은 여전히 양도인에게 남아있다고 할 것이고 그러는 사이에 토지 위에 설정된 저당권이 실행된 결과 토지와 건물의 소유자가 달라진 경우에는 양도인이 건물의 소유를 위한 법정지상권을 취득한다.
[大判 1991. 8. 13, 91다16631] 토지와 그 지상의 건물이 동일한 소유자에게 속하였다가 토지 또는 건물이 매매나 기타 원인으로 인하여 양자의 소유자가 다르게 된 때에는 그 건물을 철거하기로 하는 합의가 있었다는 등의 특별한 사정이 없는 한 건물소유자는 토지소유자에 대하여 그 건물을 위한 관습상의 지상권을 취득하게 되고, 그 건물은 반드시 등기가 되어 있어야만 하는 것이 아니고 무허가건물이라고 하여도 상관이 없다.

③ [誤] 지상권소멸청구를 하기 위해서는 2년 이상의 지료를 지급하지 않아야 한다(제287조). 이는 2년 이상 지료를 지급받지 못한 경우, 지상권설정자를 보호하여 그 소유 토지에 지상권의 부담을 제거할 수 있도록 하기 위한 것이다. 결국 2년 이상의 지료의 지급 여부가 지상권자와 토지소유자인 지상권설정자의 이해관계를 조정하는 기준이 되는 것이다. 따라서 토지소유권의 양도 전후에 걸쳐 지료가 연체된 경우, 신소유자의 지상권소멸청구권이 발생하기 위해서는 신소유자가 지급받아야 할 지료가 2년 이상 연체되어야 한다.
[大判 2001. 3. 13, 99다17142] 민법 제287조가 토지소유자에게 지상권소멸청구권을 부여하고 있는 이유는 지상권은 성질상 그 존속기간 동안은 당연히 존속하는 것을 원칙으로 하는 것이나, 지상권자가 2년 이상의 지료를 연체하는 때에는 토지소유자로 하여금 지상권의 소멸을 청구할 수 있도록 함으로써 토지소유자의 이익을 보호하려는 취지에서 나온 것이라고 할 것이므로 지상권자가 그 권리의 목적이 된 토지의 특정한 소유자에 대하여 2년분 이상의 지료를 지불하지 아니한 경우에 그 특정의 소유자는 선택에 따라 지상권의 소멸을 청구할 수 있으나, 지상권자의 지료지급 연체가 토지소유권의 양도 전후에 걸쳐 이루어진 경우 토지양수인에 대한 연체기간이 2년이 되지 않는다면 양수인은 지상권소멸청구를 할 수 없다.

④ [正] [大判(全) 1985. 4. 9, 84다카1131·1132] 법정지상권을 가진 건물소유자로부터 건물을 양수하면서 법정지상권까지 양도받기로 한 자는 채권자 대위의 법리에 따라 전 건물소유자 및 대지소유자에 대하여 차례로 지상권의 설정등기 및 이전등기절차 이행을 구할 수 있다 할 것이므로 이러한 법정지상권을 취득할 지위에 있는 자에 대하여 대지소유자가 소유권에 기하여 건물철거를 구함은 지상권의 부담을 용인하고 그 설정등기 절차를 이행할 의무 있는 자가 그 권리자를 상대로 한 청구라 할 것이어서 신의성실의 원칙상 허용될 수 없다.

⑤ [正] 이 지문은 문제가 있는 지문으로 보인다. 우선, 본 문제는 판례의 입장에 따라서 그 진위를 판단하라는 문제이다. 법정지상권 성립당시의 건물을 철거하고 새로이 건물을 건립한 경우, 법정지상권이 소멸할 것인가에 관해서는 판례의 입장이 명료하지

못하다. 大判 1985. 5. 14, 85다카13은 양 건물의 동일성이 상실된 경우에는 법정지상권이 소멸한다고 판시하고 있다. 이 판결에 대하여는 철거 후 신축이 법정지상권 성립 전에 있었는가 아니면 법정지상권 성립 후에 있었는가에 따라 법정지상권의 발생 혹은 소멸의 결과를 다르게 판단하는 것은 문제가 있다는 비판이 있다(양창수, 지상건물의 재건축과 법정지상권, 민사판례연구 제14권). 왜냐하면 법정지상권 성립 전에 건물이 철거되고 신축된 경우에는 그 건물이 저당권설정 당시 존재한 건물이라면 동일성여부를 불문하고 법정지상권의 성립을 인정하고 있기 때문이다(大判 1990. 7. 10, 90다카6399). 한편 大判 1997. 1. 21, 96다40080은 법정지상권이 성립한 후에 건물이 철거되어 신축하는 경우에도 법정지상권은 성립한다고 판시하여 위 85년 판결과 다른 표현을 사용하고 있다. 위 지문은 97년 판결을 기초로 하여 출제된 지문으로 보이나, 85년 판결에 대한 고려가 없다는 점에서 문제가 있다. 다만, 위 지문 자체가 대법원의 입장에 비추어 타당하지 않은 것은 아니라고 할 것이므로 타당한 지문으로 처리하였다.

[大判 1985. 5. 14, 85다카13] 법정지상권 취득당시의 건물이 멸실되어 다시 신축하거나 건물의 독립성을 인정할 수 없을 정도로 훼멸된 것을 새로운 독립된 건물로 개축하여 양건물이 동일성이 상실한 경우에는 건물소유를 위한 법정지상권은 소멸하나 기왕의 건물의 일부를 증, 개축하여 그 면적에 다소의 증감이 있었거나 지붕이나 구조에 일부 변동이 있는 사실만으로는 건물의 동일성을 상실한다고 볼 수 없으므로 그 건물의 소유를 위한 법정지상권은 여전히 존속한다.

[大判 1997. 1. 21, 96다40080] 민법 제366조 소정의 법정지상권이나 관습상의 법정지상권이 성립한 후에 건물을 개축 또는 증축하는 경우는 물론 건물이 멸실되거나 철거된 후에 신축하는 경우에도 법정지상권은 성립하나, 다만 그 법정지상권의 범위는 구건물을 기준으로 하여 그 유지 또는 사용을 위하여 일반적으로 필요한 범위 내의 대지 부분에 한정된다.

정답 ③

2. 甲소유의 대지에 甲이 건물을 신축하여, 대지와 건물을 일체로 乙에게 매도하였으나, 대지에 관하여만 乙앞으로 소유권이전등기가 경료되었다. 그런데 乙이 丙에 대한 채무를 이행하지 못하자 이 대지가 경매되어 丁에게 경락되었다. 이에 관한 설명 중 판례의 입장에 부합하는 것은? [03년]

① 대지소유권이 甲으로부터 乙에게 이전됨으로써 형식적으로 대지와 건물의 소유권자가 다르게 되었더라도, 甲에게 관습(법)상의 법정지상권을 인정할 필요는 없다.
② 乙은 丁이 경락받은 대지에 대하여 관습(법)상의 법정지상권을 취득하였다.
③ 甲이 관습(법)상의 법정지상권을 취득하고 그 법정지상권을 乙이 이전받았다고 보아야 한다.
④ 乙은 甲을 대위하여 丁에 대해 甲앞으로 관습(법)상의 법정지상권의 등기를 할 것을 청구할 수 있고, 이어 甲에 대해 그 법정지상권의 이전등기를 청구할 수 있다.
⑤ 甲은 丁이 경락받은 대지에 대해 관습(법)상의 법정지상권이 아니라 민법 제366조

의 법정지상권을 취득한다.

> **해설**

① [正] 매매계약 당사자 사이의 계약에 따라 점유·사용문제를 해결할 수 있는 것이므로 양자 사이에 관습에 의한 법정지상권을 인정할 필요가 없다는 것이 판례이다.
[大判(全) 2002. 6. 20. 2002다9660] 관습상의 법정지상권은 동일인의 소유이던 토지와 그 지상건물이 매매 기타 원인으로 인하여 각각 소유자를 달리하게 되었으나 그 건물을 철거한다는 등의 특약이 없으면 건물 소유자로 하여금 토지를 계속 사용하게 하려는 것이 당사자의 의사라고 보아 인정되는 것이므로 토지의 점유·사용에 관하여 당사자 사이에 약정이 있는 것으로 볼 수 있거나 토지 소유자가 건물의 처분권까지 함께 취득한 경우에는 관습상의 법정지상권을 인정할 까닭이 없다 할 것이어서, 미등기 건물을 그 대지와 함께 매도하였다면 비록 매수인에게 그 대지에 관하여만 소유권이전등기가 경료되고 건물에 관하여는 등기가 경료되지 아니하여 형식적으로 대지와 건물이 그 소유 명의자를 달리하게 되었다 하더라도 매도인에게 관습상의 법정지상권을 인정할 이유가 없다.

② [誤] 토지와 건물이 동일인 소유에 속한 경우가 아니므로 법정지상권은 부정된다.
[大判 1998. 4. 24. 98다4798] 미등기 건물을 그 대지와 함께 양수한 사람이 그 대지에 관하여서만 소유권이전등기를 넘겨받고 건물에 대하여는 그 등기를 이전받지 못하고 있는 상태에서 그 대지가 경매되어 소유자가 달라지게 된 경우에는, 미등기 건물의 양수인은 미등기 건물을 처분할 수 있는 권리는 있을지언정 소유권은 가지고 있지 아니하므로 대지와 건물이 동일인의 소유에 속한 것이라고 볼 수 없어 법정지상권이 발생할 수 없다.

③,④ [誤] 乙, 甲의 법정지상권은 인정되지 않는다.

⑤ [誤] 민법 제366조의 법정지상권의 요건으로서 경매는 담보권실행경매를 의미할 뿐, 강제경매를 포함하지 않는다고 보는 것이 판례이다.

정답 ①

3. **배점 3** 지상권에 관한 설명 중 옳은 것을 모두 고른 것은? (다툼 있으면 판례에 의함) [10년]

ㄱ. 건물이 없는 토지에 관하여 저당권이 설정될 당시에 법정지상권의 성립을 인정한다는 저당권자의 동의를 얻어 토지소유자가 건물을 신축한 경우, 저당물의 경매로 인하여 토지와 그 건물이 다른 소유자에게 속하게 되면 그 건물을 위한 법정지상권이 성립한다.

ㄴ. 동일인의 소유에 속하는 토지 및 건물에 관하여 공동저당권이 설정된 후 지상건물을 철거하고 건물을 신축한 경우, 저당물의 경매로 인하여 토지와 신축건물이 다른 소유자에게 속하게 되면 특별한 사정이 없는 한 신축건물을 위한 법정지상권이 성립한다.

ㄷ. 지상권설정자 소유의 견고한 석조건물을 사용할 목적으로 그 건물의 부지에 지상권을 설정할 경우, 그 존속기간을 15년으로 정하여도 유효하다.
ㄹ. 미등기건물을 대지와 함께 양수한 사람이 그 대지에 관하여만 소유권이전등기를 넘겨받고 건물에 관하여는 등기를 이전받지 못하고 있다가 그 대지에 저당권을 설정하고 그 저당권의 실행으로 대지가 경매되어 소유권이 이전된 경우에는 법정지상권이 성립한다.
ㅁ. 건물 아닌 공작물의 소유를 목적으로 지상권을 설정하였던 지상권자와 지상권설정자가 지상권 존속기간 만료 시 그 지상권설정계약을 갱신하는 경우, 그 존속기간을 3년으로 정하여도 원칙적으로 유효하다.

① ㄷ ② ㅁ ③ ㄴ, ㅁ ④ ㄷ, ㅁ
⑤ ㄱ, ㄴ, ㄷ ⑥ ㄱ, ㄴ, ㄹ ⑦ ㄱ, ㄷ, ㄹ ⑧ ㄴ, ㄷ, ㅁ

해설

ㄱ. [誤] 제366조 법정지상권 성립요건을 묻는 문제이다. 저당권설정 당시 건물이 없다면 법정지상권이 성립하지 않는데, 법정지상권 성립을 인정한다는 저당권자의 동의가 있는 경우에도 그러한가를 묻고 있다. 저당권자의 동의는 등기부에 공시될 수 없다. 저당권자의 동의가 있는지에 따라 법정지상권 성립여부가 좌우된다면 이는 부동산거래 안전을 위협할 수 있을 것이다. 결국 법정지상권이 인정되지 않는다고 보아야 한다.
[大判 2003. 9. 5. 2003다26051] 민법 제366조의 법정지상권은 저당권 설정 당시부터 저당권의 목적되는 토지 위에 건물이 존재할 경우에 한하여 인정되며, 토지에 관하여 저당권이 설정될 당시 그 지상에 토지소유자에 의한 건물의 건축이 개시되기 이전이었다면, 건물이 없는 토지에 관하여 저당권이 설정될 당시 근저당권자가 토지소유자에 의한 건물의 건축에 동의하였다고 하더라도 그러한 사정은 주관적 사항이고 공시할 수도 없는 것이어서 토지를 낙찰받는 제3자로서는 알 수 없는 것이므로 그와 같은 사정을 들어 법정지상권의 성립을 인정한다면 토지소유권을 취득하려는 제3자의 법적 안정성을 해하는 등 법률관계가 매우 불명확하게 되므로 법정지상권이 성립되지 않는다.

ㄴ. [誤] 공동저당권이 설정된 토지와 건물 중에서 건물이 멸실되고 신축된 경우, 그 신축건물을 위한 제366조의 법정지상권이 인정되는지를 묻는 지문이다. 종래 대법원은 저당권 설정 당시에 건물이 존재하였음을 이유로 제366조의 법정지상권을 인정하였으나, 토지와 건물에 공동저당권이 설정된 경우에는 저당권자의 진정한 의사가 완전한 토지의 담보가치를 파악하고자 한 것으로 이해하여 신축된 건물에 동일 순위의 저당권이 성립되어 있지 않는 한 저당권실행으로 토지와 건물이 분리되었을 때 제366조의 법정지상권이 인정되지는 않는다고 본다.
[大判(全) 2003. 12. 18. 98다43601] 동일인의 소유에 속하는 <u>토지 및 그 지상 건물에 관하여 공동저당권이 설정된 후 그 지상 건물이 철거되고 새로 건물이 신축된 경우</u>에는 그 <u>신축건물의 소유자가 토지의 소유자와 동일하고 토지의 저당권자에게 신축건물에 관하여 토지의 저당권과 동일한 순위의 공동저당권을 설정해 주는 등 특별한</u>

사정이 없는 한 저당물의 경매로 인하여 토지와 그 신축건물이 다른 소유자에 속하게 되더라도 그 신축건물을 위한 법정지상권은 성립하지 않는다고 해석하여야 하는 바, 그 이유는 동일인의 소유에 속하는 토지 및 그 지상 건물에 관하여 공동저당권이 설정된 경우에는, 처음부터 지상 건물로 인하여 토지의 이용이 제한 받는 것을 용인하고 토지에 대하여만 저당권을 설정하여 법정지상권의 가치만큼 감소된 토지의 교환가치를 담보로 취득한 경우와는 달리, 공동저당권자는 토지 및 건물 각각의 교환가치 전부를 담보로 취득한 것으로서, 저당권의 목적이 된 건물이 그대로 존속하는 이상은 건물을 위한 법정지상권이 성립해도 그로 인하여 토지의 교환가치에서 제외된 법정지상권의 가액 상당 가치는 법정지상권이 성립하는 건물의 교환가치에서 되찾을 수 있어 궁극적으로 토지에 관하여 아무런 제한이 없는 나대지로서의 교환가치 전체를 실현시킬 수 있다고 기대하지만, 건물이 철거된 후 신축된 건물에 토지와 동순위의 공동저당권이 설정되지 아니 하였는데도 그 신축건물을 위한 법정지상권이 성립한다고 해석하게 되면, 공동저당권자가 법정지상권이 성립하는 신축건물의 교환가치를 취득할 수 없게 되는 결과 법정지상권의 가액 상당 가치를 되찾을 길이 막혀 위와 같이 당초 나대지로서의 토지의 교환가치 전체를 기대하여 담보를 취득한 공동저당권자에게 불측의 손해를 입게 하기 때문이다.

ㄷ. [正] 기존 건물 사용을 위하여 지상권을 설정한 경우, 지상권의 최단존속기간에 관한 규정이 적용되는지를 묻는 지문이다. 대법원은 최단존속기간에 관한 규정이 적용되지 않는다고 한다.
[大判 1996. 3. 22. 95다49318] 기존 건물의 사용을 목적으로 지상권이 설정된 경우, 지상권의 최단 존속기간에 관한 민법 제280조 제1항 제1호는 적용되지 않는다.

ㄹ. [誤] 제366조 법정지상권의 요건을 묻는 지문이다. 제366조 법정지상권이 인정되기 위해서는 저당권 설정 당시 토지와 건물이 동일인 소유에 속하여야 한다. 따라서 미등기건물과 대지를 함께 양수한 사람이 대지에 관해서만 이전등기를 넘겨받은 경우에는 건물소유권을 아직 취득하지 못한 상태이기 때문에 그 대지에 설정된 저당권이 실행되어 소유자가 달라지더라도 제366조의 법정지상권은 인정되지 않는다.
[大判(全) 2002. 6. 20. 2002다9660] 민법 제366조의 법정지상권은 저당권 설정 당시에 동일인의 소유에 속하는 토지와 건물이 저당권의 실행에 의한 경매로 인하여 각기 다른 사람의 소유에 속하게 된 경우에 건물의 소유를 위하여 인정되는 것이므로, 미등기건물을 그 대지와 함께 매수한 사람이 그 대지에 관하여만 소유권이전등기를 넘겨받고 건물에 대하여는 그 등기를 이전 받지 못하고 있다가, 대지에 대하여 저당권을 설정하고 그 저당권의 실행으로 대지가 경매되어 다른 사람의 소유로 된 경우에는, 그 저당권의 설정 당시에 이미 대지와 건물이 각각 다른 사람의 소유에 속하고 있었으므로 법정지상권이 성립될 여지가 없다.

ㅁ. [誤] 지상권의 최단존속기간에 관한 민법규정을 묻는 지문이다. 건물 이외의 공작물 소유를 목적으로 하는 지상권의 최단존속기간은 5년이고, 이보다 단기간을 존속기간으로 약정하더라도 이는 효력이 없다. 한편 지상권의 최단존속기간은 계약을 갱신하는 경우에도 적용된다(제284조).

정답 ①

4. 법정지상권에 관한 설명 중 옳은 것은? (다툼 있으면 판례에 의함) [06년]

① 甲이 乙에게 甲소유의 토지와 그 지상에 신축된 미등기건물을 매도하고 토지에 관해서만 소유권이전등기를 경료하여 주었고, 그 후 丙이 강제경매절차에서 위 토지의 소유권을 취득하였다. 이 경우 乙은 위 건물을 위한 관습법상의 법정지상권을 취득한다.

② 乙이 甲의 승낙을 얻어 甲소유의 토지 위에 건물을 신축하고 그 소유권보존등기를 마친 후, 丙에게 위 건물을 매도하고 그 소유권이전등기를 경료하여 주었다. 이 경우 丙은 위 건물을 위한 관습법상의 법정지상권을 취득한다.

③ 甲이 토지와 그 지상건물을 소유하고 있다가 乙에게 위 토지만을 증여하고 소유권이전등기를 경료하여 주면서, 甲이 위 건물을 철거하되 그 부지에 甲소유의 새건물을 신축하기로 약정하였으나, 아직까지 기존건물이 존속하고 있다. 이 경우 甲은 기존건물을 위한 관습법상의 법정지상권을 취득한다.

④ 甲이 토지와 그 지상건물을 소유하다가 乙에게 건물을 신탁한 후, 丙에게 토지에 관한 저당권을 설정하여 주었고, 그 후 丙의 저당권 실행으로 인한 경매절차에서 丁이 토지의 소유권을 취득하였다. 이 경우 甲은 위 건물을 위한 법정지상권을 취득한다.

⑤ 甲이 乙에게 甲소유의 토지 및 그 지상건물을 매도하고 토지에 관한 소유권이전등기만을 경료하여 주었다. 이 경우 甲은 위 건물을 위한 관습법상의 법정지상권을 취득한다.

해설

① [誤] 관습상의 법정지상권이 성립하기 위해서는 처분 당시 동일인 소유에 속하던 대지와 건물이 매매 기타의 사유로 대지와 건물의 소유권이 분리·귀속되어야 한다. 乙이 甲으로부터 甲 소유의 대지와 건물을 매수·취득하였으나, 토지에 관해서만 소유권이전등기를 경료받았다면 그 지상건물에 대하여는 사실상의 소유자로서 처분권한을 취득할 수는 있을지라도 건물의 소유권을 취득한 것은 아니므로 대지와 건물이 동일인 소유일 것을 전제로 하는 관습상의 법정지상권은 인정되지 아니한다.
[大判 1998. 4. 24, 98다4798] 미등기 건물을 그 대지와 함께 양수한 사람이 그 대지에 관하여서만 소유권이전등기를 넘겨받고 건물에 대하여는 그 등기를 이전받지 못하고 있는 상태에서 그 대지가 경매되어 소유자가 달라지게 된 경우에는, 미등기 건물의 양수인은 미등기 건물을 처분할 수 있는 권리는 있을지언정 소유권은 가지고 있지 아니하므로 대지와 건물이 동일인의 소유에 속한 것이라고 볼 수 없어 법정지상권이 발생할 수 없다.

② [誤] 乙이 丙에게 건물의 소유권을 양도할 당시에 토지는 甲의 소유에 속하고 있었으므로 ①의 경우와 마찬가지로 소유자 동일성의 요건을 충족하지 못한 상태이다. 따라서 관습상의 법정지상권은 인정되지 아니한다.

③ [正] 관습상의 법정지상권이 인정되기 위해서는 당사자 사이에 건물을 철거하기로 하는 합의가 없어야 한다. 관습상의 법정지상권의 성립을 배제하는 건물철거의 합의는 건물을 철거한다는 합의만을 의미하는 것이 아니라 건물을 철거함으로써 토지의 계속 사용을 그만둔다는 합의를 의미한다. 따라서 甲과 乙이 기존의 건물을 철거한다는 합의는 있었으나, 새 건물을 신축하여 토지의 사용을 계속한다는 합의가 있었으므로 이와 같은 합의에 의하여 관습상의 법정지상권이 배제되지 않는다.

[大判 1999. 12. 10, 98다58467] 건물 철거의 합의가 관습상의 법정지상권 발생의 소극적 요건이 되는 이유는 그러한 합의가 없을 때라야 토지와 건물의 소유자가 달라진 후에도 건물 소유자로 하여금 그 건물의 소유를 위하여 토지를 계속 사용케 하려는 묵시적 합의가 있는 것으로 볼 수 있다는 데 있고, 한편 관습상의 법정지상권은 타인의 토지 위에 건물을 소유하는 것을 본질적 내용으로 하는 권리가 아니라, 건물의 소유를 위하여 타인의 토지를 사용하는 것을 본질적 내용으로 하는 권리여서, 위에서 말하는 "묵시적 합의"라는 당사자의 추정 의사는 건물의 소유를 위하여 "토지를 계속 사용한다."는 데 중점이 있는 의사라 할 것이므로, 건물 철거의 합의에 위와 같은 묵시적 합의를 깨뜨리는 효력, 즉 관습상의 법정지상권의 발생을 배제하는 효력을 인정할 수 있기 위하여서는, 단지 형식적으로 건물을 철거한다는 내용만이 아니라 건물을 철거함으로써 토지의 계속 사용을 그만두고자 하는 당사자의 의사가 그 합의에 의하여 인정될 수 있어야 한다(필자 註 : 토지와 건물의 소유자가 토지만을 타인에게 증여한 후 구 건물을 철거하되 그 지상에 자신의 이름으로 건물을 다시 신축하기로 합의한 경우, 그 건물 철거의 합의는 건물 소유자가 토지의 계속 사용을 그만두고자 하는 내용의 합의로 볼 수 없어 관습상의 법정지상권의 발생을 배제하는 효력이 인정되지 않는다고 한 사례).

④ [誤] 저당권실행에 의한 법정지상권(제366조)이 성립하기 위해서는 저당권설정당시 대지와 그 지상건물이 동일인의 소유에 속하고 있어야 한다. 甲이 丙에게 저당권을 설정하여 줄 당시 건물을 이미 乙에게 신탁한 경우이므로 소유자 동일성의 요건을 충족할 수 없다. 결국 제366조의 법정지상권은 인정되지 아니한다.

[大判 1993. 6. 25, 92다20330] 대지의 소유명의를 타인에게 신탁한 경우에 신탁자는 제3자에게 그 대지가 자기의 소유임을 주장할 수 없고 따라서 대지와 그 지상건물이 동일인의 소유임을 전제로 한 법정지상권을 취득할 수 없다.

⑤ [誤] 甲소유의 토지와 건물이 모두 매도되었다면 비록 형식적으로는 소유권이 분리·귀속되는 것처럼 보인다고 하더라도 건물의 유지를 위한 토지의 이용관계는 甲과 乙 사이의 약정에 의하여 처리할 수 있는 결과 관습상의 법정지상권을 인정할 필요가 없다.

[大判(全) 2002. 6. 20, 2002다9660] 관습상의 법정지상권은 동일인의 소유이던 토지와 그 지상건물이 매매 기타 원인으로 인하여 각각 소유자를 달리하게 되었으나 그 건물을 철거한다는 등의 특약이 없으면 건물 소유자로 하여금 토지를 계속 사용하게 하려는 것이 당사자의 의사라고 보아 인정되는 것이므로 토지의 점유·사용에 관하여 당사자 사이에 약정이 있는 것으로 볼 수 있거나 토지 소유자가 건물의 처분권까지 함께 취득한 경우에는 관습상의 법정지상권을 인정할 까닭이 없다 할 것이어서, 미등기 건물을 그 대지와 함께 매도하였다면 비록 매수인에게 그 대지에 관하여만 소유권이

전등기가 경료되고 건물에 관하여는 등기가 경료되지 아니하여 형식적으로 대지와 건물이 그 소유 명의자를 달리하게 되었다 하더라도 매도인에게 관습상의 법정지상권을 인정할 이유가 없다.

정답 ③

5. 배점 3 다음 사례에 관한 질문의 답으로서 옳은 것은? (다툼 있으면 판례에 의함) [07년]

甲이 대지와 건물을 소유하면서 건물에 저당권을 설정하였는데 그 저당권에 기초한 경매절차에 의해 乙이 건물의 소유권을 취득하였다. 그 후 丙은 乙로부터 건물을 매수하고, 丁은 甲으로부터 대지를 매수하여 각각 소유권이전등기를 마쳤다. 한편, 丁은 甲에 대하여 대여금채권을 가지고 있으며, 甲은 무자력이다.

> ㉠ 丙은 대지 소유자인 丁에게 법정지상권의 취득을 주장할 수 있는가?
> ㉡ 丁은 丙에 대하여 건물의 철거를 구할 수 있는가?
> ㉢ 丁이 甲을 대위하여 乙에 대하여, 乙이 건물소유권을 취득한 때부터 그 소유권을 상실할 때까지의 지료 또는 지료 상당의 부당이득금의 지급을 구하는 소송을 제기하였을 경우, 丁의 甲에 대한 대여금채권의 소멸시효가 완성되었다면 乙은 丁에 대하여 그 소멸시효 완성을 항변할 수 있는가?
> ㉣ 지료의 정함이 없는 상태에서 乙 또는 丙이 丁에게 지료를 지급하지 아니한 채 2년을 경과하였다면 丁은 지상권소멸청구를 할 수 있는가?

① ㉠-있다　㉡-있다　㉢-있다　㉣-있다
② ㉠-있다　㉡-없다　㉢-있다　㉣-있다
③ ㉠-없다　㉡-있다　㉢-없다　㉣-없다
④ ㉠-없다　㉡-없다　㉢-있다　㉣-없다
⑤ ㉠-없다　㉡-없다　㉢-없다　㉣-없다
⑥ ㉠-있다　㉡-없다　㉢-있다　㉣-없다
⑦ ㉠-있다　㉡-있다　㉢-있다　㉣-없다
⑧ ㉠-있다　㉡-없다　㉢-없다　㉣-있다

해설

　※ 제366조의 법정지상권의 성립과 법정지상권이 양도되거나 법정지상권이 발생한 토지 소유권이 양도된 경우의 법률관계를 종합적으로 묻는 문제이다. 사안의 경우, 甲 소유에 속하던 대지와 지상건물 중에서 건물에 저당권이 설정된 후 저당권의 실행에 의하여 乙이 건물의 소유권을 취득한 경우이므로 乙은 제366조의 법정지상권을 지상권 등기 없이도 취득한다.

　㉠ [없다] 乙로부터 건물을 매수하여 건물에 관한 소유권이전등기를 마친 丙이 甲으로부

터 대지를 매수하여 소유권이전등기를 마친 丁에 대하여 법정지상권의 취득을 주장하기 위해서는 법정지상권자 乙과의 사이에서 법정지상권을 이전하기로 하는 합의가 있어야 하고, 나아가 지상권을 공시하는 등기가 있어야 한다. 법정지상권의 발생은 등기가 그 요건이 아니지만, 이미 발생한 법정지상권을 이전받기 위해서는 그 이전의 원인이 법률행위라면 이전의 등기가 필요하다(물권변동에 있어서의 형식주의 원칙). 乙과 丙 사이의 건물매매에는 건물을 유지하기 위한 乙의 법정지상권도 양도하기로 하는 합의가 있다고 해석하여야 한다는 것이 판례이다. 이는 종물이론에 관한 제100조가 종된 권리라고 볼 수 있는 법정지상권에도 유추적용되기 때문이다. 한편 법정지상권을 이전취득하기 위해서는 丙 앞으로 지상권 이전의 부기등기가 필요한데, 사안의 경우 丙은 건물에 관한 소유권이전등기만을 마쳤을 뿐, 대지에 관한 지상권이전의 부기등기는 마쳐지지 않았다. 결국 丙은 대지소유자인 丁에 대하여 법정지상권의 취득을 주장할 수 없다.

[大判 1965. 7. 27, 65다864] 관습에 의한 법정지상권이 붙은 건물소유권의 양도가 있는 경우에 그 법정지상권에 관한 등기 없이는 건물양수인는 대지소유자에 대하여 법정지상권을 주장할 수 없다.

ⓒ [없다] 대지소유자 丁이 지상권이전의 등기를 갖추지 못한 건물의 양수인 丙에 대하여 건물철거를 청구할 수 있는가를 묻는 지문이다. 이에 대하여 판례는 대지소유자의 건물철거청구는 신의칙에 반하는 권리행사로서 허용되지 않는다는 입장을 취하고 있다. 건물양수인은 건물양도인을 대위하여 대지소유자에게 지상권설정등기를 청구할 수 있고, 따라서 지상권의 부담을 용인하고 지상권설정등기절차를 이행할 의무가 있는 대지소유자가 실질적인 권리자라고 볼 수 있는 건물양수인에 대하여 건물철거를 구하는 것은 신의칙에 반하는 것이라고 본다. 다만 지료액 상당의 부당이득금의 반환을 청구하는 것은 별개의 문제이다.

[大判(全) 1985. 4. 9, 84다카1131·1132] 법정지상권을 취득할 지위에 있는 위 피고에 대하여 원고가 대지소유권에 기하여 건물철거를 구함은 지상권의 부담을 용인하고 또한 그 설정등기절차를 이행할 의무 있는 자가 그 권리자를 상대로 한 청구라 할 것이어서 신의성실의 원칙상 허용될 수 없다.

[大判 1995. 4. 11, 94다39925] 법정지상권자가 건물을 제3자에게 양도하는 경우에는 특별한 사정이 없는 한 건물과 함께 법정지상권도 양도하기로 하는 채권적 계약이 있었다고 할 것이며, 양수인은 양도인을 순차 대위하여 토지소유자 및 건물의 전소유자에 대하여 법정지상권의 설정등기 및 이전등기절차이행을 구할 수 있고, 토지소유자는 건물소유자에 대하여 법정지상권의 부담을 용인하고 그 설정등기절차를 이행할 의무가 있다 할 것이므로, 법정지상권이 붙은 건물의 양수인은 법정지상권에 대한 등기를 하지 않았다 하더라도 토지소유자에 대한 관계에서 적법하게 토지를 점유·사용하고 있는 자라 할 것이고, 따라서 건물을 양도한 자라고 하더라도 지상권갱신청구권이 있고 건물의 양수인은 법정지상권자인 양도인의 갱신청구권을 대위행사할 수 있다고 보아야 할 것이다.

ⓒ [없다] 丁이 甲에 대한 대여금채권을 피보전채권으로 하여 甲의 乙에 대한 지료채권 혹은 지료 상당의 부당이득반환채권을 대위행사하는 경우, 제3채무자인 乙이 피보전

채권의 소멸시효 완성을 주장할 수 있는가를 묻는 지문이다. 채권의 소멸시효가 완성되었다고 하더라도 그 소멸시효 완성을 주장할 수 있는 권리, 즉 소멸시효 원용권은 소멸시효완성에 의하여 직접 이익을 받는 자에 한정된다고 보는 것이 판례이다. 피보전채권의 소멸시효가 완성된 경우 직접 이익을 받는 자는 채무자이며, 제3채무자는 이에 해당하지 않는다. 결국 제3채무자인 乙은 소멸시효 완성의 항변을 할 수 없다.
[大判 1992. 11. 10. 92다35899] 채권자대위권에 기한 청구에서 <u>제3채무자는 채무자가 채권자에 대하여 가지는 항변으로 대항할 수 없을 뿐더러 채권의 소멸시효가 완성된 경우 이를 원용할 수 있는 자는 시효이익을 직접 받는 자만이고 제3채무자는 이를 행사할 수 없다.</u>

ⓔ [없다] 법정지상권은 유상의 지상권이다. 다만 구체적인 지료액은 당사자의 약정이나 법원의 재판에 의하여 정하여야 한다. 따라서 당사자의 약정이나 법원의 재판이 없는 상태에서 지료를 전혀 지급하지 아니한 경우, 대지소유자는 지료체납을 이유로 지상권소멸을 청구할 수 있는가를 묻는 지문이다. 지료체납이란 구체화된 지료를 적시에 지급하지 아니한 경우를 의미한다. 따라서 지료액이 결정되지 아니한 상태에서 지료를 지급하지 아니한 것이라면 이는 지료체납에 해당한다고 할 수 없다.
[大判 2001. 3. 13. 99다17142] <u>법정지상권의 경우 당사자 사이에 지료에 관한 협의가 있었다거나 법원에 의하여 지료가 결정되었다는 아무런 입증이 없다면, 법정지상권자가 지료를 지급하지 않았다고 하더라도 지료 지급을 지체한 것으로는 볼 수 없으므로 법정지상권자가 2년 이상의 지료를 지급하지 아니하였음을 이유로 하는 토지소유자의 지상권소멸청구는 이유가 없고,</u> 지료액 또는 그 지급시기 등 지료에 관한 약정은 이를 등기하여야만 제3자에게 대항할 수 있는 것이고, 법원에 의한 지료의 결정은 당사자의 지료결정청구에 의하여 형식적 형성소송인 지료결정판결로 이루어져야 제3자에게도 그 효력이 미친다.

정답 ⑤

6. 배점 3 법정지상권에 관한 설명 중 옳은 것은?(다툼 있으면 판례에 의함) [08년]

① 甲 소유의 토지 및 그 지상건물에 관하여 乙이 공동저당권을 취득한 후 甲이 건물을 철거하고 그 토지에 건물을 신축한 경우, 저당권의 실행으로 토지와 신축건물의 소유자가 달라지면 특별한 사정이 없는 한 민법 제366조의 저당물의 경매로 인한 법정지상권이 성립한다.

② 관습상의 법정지상권이 붙은 건물을 매수하여 소유권을 취득한 제3자는, 법정지상권에 관한 등기를 마치지 아니하더라도 대지소유자에게 법정지상권의 취득을 주장할 수 있다.

③ 미등기건물을 그 대지와 함께 매수한 자가 그 대지에 관하여만 소유권이전등기를 넘겨받고 건물에 관하여는 등기를 이전받지 못하고 있다가, 대지에 관하여 저당권을 설정하고 그 저당권의 실행으로 대지가 경매되어 다른 자의 소유로 된 경우, 민법 제366조의 법정지상권뿐만 아니라 관습상의 법정지상권도 성립하지 않는다.

④ 관습상의 법정지상권을 취득한 건물소유자는 이를 취득할 당시의 토지소유자에게는 등기 없이도 위 지상권을 주장할 수 있으나, 그로부터 토지소유권을 전득한 제3자에게는 등기가 있어야 이를 주장할 수 있다.
⑤ 건물이 없는 토지에 관하여 저당권이 설정된 후 저당권설정자가 그 위에 건물을 신축하였으나, 담보권의 실행을 위한 경매절차에서 경매로 인하여 토지와 지상건물의 소유자가 달라진 경우, 그 매각 당시 대지와 지상건물이 동일인의 소유에 속하였으므로 관습상의 법정지상권이 성립한다.

해설

① [誤] [大判(全) 2003. 12. 18. 98다43601] 동일인의 소유에 속하는 <u>토지 및 그 지상 건물에 관하여 공동저당권이 설정된 후 그 지상 건물이 철거되고 새로 건물이 신축된 경우</u>에는 그 <u>신축건물의 소유자가 토지의 소유자와 동일하고 토지의 저당권자에게 신축건물에 관하여 토지의 저당권과 동일한 순위의 공동저당권을 설정해 주는 등 특별한 사정이 없는 한</u> 저당물의 경매로 인하여 토지와 그 신축건물이 다른 소유자에 속하게 되더라도 그 <u>신축건물을 위한 법정지상권은 성립하지 않는다고</u> 해석하여야 하는 바, 그 이유는 동일인의 소유에 속하는 토지 및 그 지상 건물에 관하여 공동저당권이 설정된 경우에는, 처음부터 지상 건물로 인하여 토지의 이용이 제한 받는 것을 용인하고 토지에 대하여만 저당권을 설정하여 법정지상권의 가치만큼 감소된 토지의 교환가치를 담보로 취득한 경우와 달리, <u>공동저당권자는 토지 및 건물 각각의 교환가치 전부를 담보로 취득한 것으로서, 저당권의 목적이 된 건물이 그대로 존속하는 이상은 건물을 위한 법정지상권이 성립해도 그로 인하여 토지의 교환가치에서 제외된 법정지상권의 가액 상당 가치는 법정지상권이 성립하는 건물의 교환가치에서 되찾을 수 있어 궁극적으로 토지에 관하여 아무런 제한이 없는 나대지로서의 교환가치 전체를 실현시킬 수 있다고 기대하지만</u>, 건물이 철거된 후 신축된 건물에 토지와 동순위의 공동저당권이 설정되지 아니 하였는데도 그 신축건물을 위한 법정지상권이 성립한다고 해석하게 되면, 공동저당권자가 법정지상권이 성립하는 신축건물의 교환가치를 취득할 수 없게 되는 결과 법정지상권의 가액 상당 가치를 되찾을 길이 막혀 위와 같이 당초 나대지로서의 토지의 교환가치 전체를 기대하여 담보를 취득한 공동저당권자에게 불측의 손해를 입게 하기 때문이다.

② [誤] [大判 1965. 7. 27. 65다864] 관습에 의한 법정지상권이 붙은 건물소유권의 양도가 있는 경우에 그 법정지상권에 관한 등기 없이는 건물양수자는 대지소유자에 대하여 법정지상권을 주장할 수 없다.

③ [正] [大判(全) 2002. 6. 20. 2002다9660] 민법 제366조의 법정지상권은 저당권 설정 당시에 동일인의 소유에 속하는 토지와 건물이 저당권의 실행에 의한 경매로 인하여 각기 다른 사람의 소유에 속하게 된 경우에 건물의 소유를 위하여 인정되는 것이므로, 미등기건물을 그 대지와 함께 매수한 사람이 그 대지에 관하여만 소유권이전등기를 넘겨받고 건물에 대하여는 그 등기를 이전 받지 못하고 있다가, 대지에 대하여 저당권을 설정하고 그 저당권의 실행으로 대지가 경매되어 다른 사람의 소유로 된 경우에

는, 그 저당권의 설정 당시에 이미 대지와 건물이 각각 다른 사람의 소유에 속하고 있었으므로 법정지상권이 성립될 여지가 없다.

[大判(全) 2002. 6. 20, 2002다9660] 관습상의 법정지상권은 동일인의 소유이던 토지와 그 지상건물이 매매 기타 원인으로 인하여 각각 소유자를 달리하게 되었으나 그 건물을 철거한다는 등의 특약이 없으면 건물소유자로 하여금 토지를 계속 사용하게 하려는 것이 당사자의 의사라고 보아 인정되는 것이므로 토지의 점유·사용에 관하여 당사자 사이에 약정이 있는 것으로 볼 수 있거나 토지소유자가 건물의 처분권까지 함께 취득한 경우에는 관습상의 법정지상권을 인정할 까닭이 없다 할 것이어서, 미등기건물을 그 대지와 함께 매도하였다면 비록 매수인에게 그 대지에 관하여만 소유권이전등기가 경료되고 건물에 관하여는 등기가 경료되지 아니하여 형식적으로 대지와 건물이 그 소유 명의자를 달리하게 되었다 하더라도 매도인에게 관습상의 법정지상권을 인정할 이유가 없다.

④ [誤] [大判 1971. 1. 26, 70다2576] 관습상 지상권은 관습법에 의한 물권의 취득으로 이를 취득한 당시의 토지소유자나 그 토지소유권을 전득한 제3자에게 대하여는 등기 없이도 위 지상권을 주장할 수 있다. 다만 관습상 지상권자가 이를 등기하지 아니하면 그 지상권을 처분할 수 없을 뿐이다.

⑤ [誤] [大決 1995. 11. 21, 95마1262] 건물 없는 토지에 저당권이 설정된 후 저당권설정자가 그 위에 건물을 건축하였다가 담보권의 실행을 위한 경매절차에서 경매로 인하여 그 토지와 지상 건물이 소유자를 달리하였을 경우에는, 민법 제366조의 법정지상권이 인정되지 아니할 뿐만 아니라 관습상의 법정지상권도 인정되지 아니한다.

정답 ③

7. 배점 3 아래 각 사례를 읽고 법정지상권 취득 여부에 대한 결론을 순서대로 바르게 표시한 것은? (다툼이 있는 경우에는 판례에 의하고, 법정지상권을 취득하면 'O', 취득하지 못하면 'x'로 각 표시함) [09년]

㉠ 甲은 乙로부터 乙 소유의 대지와 乙이 신축한 후 등기를 경료하지 아니한 건물을 함께 매수한 다음 대지에 관하여서만 소유권이전등기를 마치고 건물에 관하여는 등기를 마치지 아니한 채 사실상 처분권한을 가지고 있었다. 그 후 위 대지에 관하여 강제경매절차가 진행되어 丙이 위 대지를 매각받아 그 대금을 납부하였다.
이 경우, 甲은 위 건물을 위한 관습상의 법정지상권을 취득하는가?

㉡ 甲은 그 소유의 대지와 지상의 낡은 건물에 관하여 乙에게 공동근저당권을 설정해 주었는데 甲은 위 낡은 건물을 철거하고 새 건물을 신축하였다. 그 후 새 건물에 관하여 乙 명의의 근저당권이 추가로 설정되지 않은 상태에서 위 대지에 관하여 근저당권이 실행되어 丙이 대지를 매각받아 그 대금을 완납하였다.
이 경우, 甲은 새 건물을 위한 법정지상권을 취득하는가?

ⓒ 대지와 그 지상건물을 소유하고 있는 甲이 乙에게 그 대지에 관하여 근저당권을 설정하여 주면서 甲의 채무불이행으로 위 근저당권이 실행되어 건물과 대지의 소유자가 달라지더라도 甲은 법정지상권을 행사하지 않기로 약정하였고, 그 후 위 근저당권이 실행되어 丙이 대지를 매각받아 그 대금을 완납하였다.
이 경우, 甲은 丙에 대하여 법정지상권을 취득하는가?

ⓔ 甲 소유이던 대지에 관하여 乙에게 소유권이전등기가 경료된 후 乙이 그 대지 위에 건물을 신축하여 소유권보존등기를 마쳤다. 그 후 丙이 乙로부터 위 대지와 건물을 함께 매수하여 이에 관하여 각 소유권이전등기를 마쳤는데, 나중에 위 대지에 관한 乙·丙 명의의 각 소유권이전등기가 원인무효임이 밝혀져 각 말소되었다.
이 경우, 丙은 甲에 대하여 관습상의 법정지상권을 취득하는가?

① ㉠(×), ㉡(○), ㉢(○), ㉣(×)
② ㉠(×), ㉡(×), ㉢(○), ㉣(×)
③ ㉠(○), ㉡(×), ㉢(○), ㉣(×)
④ ㉠(×), ㉡(×), ㉢(○), ㉣(○)
⑤ ㉠(×), ㉡(×), ㉢(×), ㉣(×)

㉠ [취득하지 못함] [大判 1998. 4. 24, 98다4798] 미등기 건물을 그 대지와 함께 양수한 사람이 그 대지에 관하여서만 소유권이전등기를 넘겨받고 건물에 대하여는 그 등기를 이전받지 못하고 있는 상태에서 그 대지가 경매되어 소유자가 달라지게 된 경우에는, 미등기 건물의 양수인은 미등기 건물을 처분할 수 있는 권리는 있을지언정 소유권은 가지고 있지 아니하므로 대지와 건물이 동일인의 소유에 속한 것이라고 볼 수 없어 법정지상권이 발생할 수 없다.

㉡ [취득하지 못함] [大判(全) 2003. 12. 18, 98다43601] 동일인의 소유에 속하는 토지 및 그 지상 건물에 관하여 공동저당권이 설정된 후 그 지상 건물이 철거되고 새로 건물이 신축된 경우에는 그 신축건물의 소유자가 토지의 소유자와 동일하고 토지의 저당권자에게 신축건물에 관하여 토지의 저당권과 동일한 순위의 공동저당권을 설정해 주는 등 특별한 사정이 없는 한 저당물의 경매로 인하여 토지와 그 신축건물이 다른 소유자에 속하게 되더라도 그 신축건물을 위한 법정지상권은 성립하지 않는다고 해석하여야 하는 바, 그 이유는 동일인의 소유에 속하는 토지 및 그 지상 건물에 관하여 공동저당권이 설정된 경우에는, 처음부터 지상 건물로 인하여 토지의 이용이 제한 받는 것을 용인하고 토지에 대하여만 저당권을 설정하여 법정지상권의 가치만큼 감소된 토지의 교환가치를 담보로 취득한 경우와 달리, 공동저당권자는 토지 및 건물 각각의 교환가치 전부를 담보로 취득한 것으로서, 저당권의 목적이 된 건물이 그대로 존속하는 이상은 건물을 위한 법정지상권이 성립해도 그로 인하여 토지의 교환가치에서 제

외된 법정지상권의 가액 상당 가치는 법정지상권이 성립하는 건물의 교환가치에서 되찾을 수 있어 궁극적으로 토지에 관하여 아무런 제한이 없는 나대지로서의 교환가치 전체를 실현시킬 수 있다고 기대하지만, 건물이 철거된 후 신축된 건물에 토지와 동순위의 공동저당권이 설정되지 아니 하였는데도 그 신축건물을 위한 법정지상권이 성립한다고 해석하게 되면, 공동저당권자가 법정지상권이 성립하는 신축건물의 교환가치를 취득할 수 없게 되는 결과 법정지상권의 가액 상당 가치를 되찾을 길이 막혀 위와 같이 당초 나대지로서의 토지의 교환가치 전체를 기대하여 담보를 취득한 공동저당권자에게 불측의 손해를 입게 하기 때문이다.

ⓒ [취득함] [大判 1988. 10. 25, 87다카1564] 민법 제366조는 가치권과 이용권의 조절을 위한 공익상의 이유로 지상권의 설정을 강제하는 것이므로 <u>저당권설정 당사자간의 특약으로 저당목적물인 토지에 대하여 법정지상권을 배제하는 약정을 하더라도 그 특약은 효력이 없다.</u>

ⓔ [취득하지 못함] [大判 1999. 3. 26, 98다64189] 관습상의 법정지상권은 토지와 건물이 동일인에게 속하였다가 그 중 어느 하나가 일정한 원인으로 소유자를 달리하게 되는 경우 그 건물을 철거한다는 특약이 없으면 성립되는 것으로 토지와 건물을 각기 독립한 부동산으로 취급하는 우리 법제에서 그 건물의 가치를 유지시키기 위한 필요에 의하여 관습법상 인정한 제도인 바, 토지소유권으로서는 그로 인하여 제한을 당하는 결과로 된다. 이와 같은 <u>제도의 취지와 그 결과의 측면에서 볼 때 그 해당 토지와 건물의 소유권의 동일인에의 귀속과 그 후의 각기 다른 사람에의 귀속은 법의 보호를 받을 수 있는 권리변동으로 인한 것이어야 할 것이다. 따라서 원래 동일인에게의 그 소유권 귀속이 원인무효로 이루어졌다가 그 뒤 그 원인무효임이 밝혀져 그 등기가 말소됨으로써 그 건물과 토지의 소유자가 달라지게 된 이 사건과 같은 경우에는 관습상의 법정지상권을 허용할 수 없는 것이다.</u>

정답 ②

제2절 지역권

제3절 전세권

1. 전세권과 관련된 설명 중 옳지 않은 것은?(다툼 있으면 판례에 의함) [02년]

① 전세권을 전세금반환채권과 분리하여 양도하는 것은 허용되지 아니하나 전세권이 존속기간의 만료로 소멸한 경우 등과 같은 경우에 무담보인 전세금반환채권만의 양도는 허용된다.
② 전세금이 현실적으로 지급되지 아니하고 기존의 채권으로 갈음된 경우는, 설사 전세권설정등기가 되어 있고 전세권자로 등기된 자가 사용·수익하고 있더라도 전세권은 성립되지 아니한다.
③ 전세권자인 채권자가 전세목적물에 대한 경매를 청구하려면 우선 전세권설정자에 대하여 전세목적물의 인도의무 및 전세권설정등기말소 의무의 이행제공을 완료하여 전세권설정자를 이행지체에 빠뜨려야 한다.
④ 1개의 건물의 일부분에 전세권이 설정되어 있는 경우에 그 전세권자는 그 건물 전부에 대하여 후순위 권리자 기타 채권자보다 전세금의 우선변제를 받을 권리가 있으나, 전세권설정자가 전세금의 반환을 지체하더라도 전세권의 목적물이 아닌 나머지 건물부분에 대하여는 우선변제권은 별론으로 하고 경매신청권은 없다.
⑤ 전세권만이 설정되어 있는 부동산에 관하여 저당권이 설정된 경우, 저당권자가 경매신청을 하여 제3자에게 경락되었더라도 전세권자의 용익권을 확보하기 위하여 전세권은 소멸하지 않는 것이 원칙이다.

해설

① [正] 전세금반환채권을 전세권과 분리하여 양도하는 것이 허용될 것인가에 관하여는 학설상의 논의가 있다. 분리양도를 부정하는 것이 다수설이다. 전세권의 담보물권적 성격을 근거로 한다. 그러나 전세권설정자에게 불이익이 없다는 점에서 이를 긍정하는 견해도 있다. 한편, 판례는 전세권의 담보물권성을 인정하는 전제에서 전세금반환채권을 전세권과 분리하여 양도하는 것은 허용되지 않는다고 한다. 그러나 전세권이 소멸한 경우에는 전세금반환채권만의 양도가 가능하다고 한다(大判 1997. 11. 25, 97다29790). 주의할 것은 전세권이 소멸한 경우란 용익적 권능이 소멸한 경우를 의미한다. 용익적 권능이 소멸하였다고 하여 전세권의 담보물권적 권능이 소멸하는 것은 아니므로 역시 분리양도의 문제가 발생하는데, 우리 판례가 이를 인정하고 있는 것이다.
[大判 1997. 11. 25, 97다29790] 전세권이 담보물권적 성격도 가지는 이상 부종성과 수반

성이 있는 것이므로 전세권을 그 담보하는 전세금반환채권과 분리하여 양도하는 것은 허용되지 않는다고 할 것이나, 한편 담보물권의 수반성이란 피담보채권의 처분이 있으면 언제나 담보물권도 함께 처분된다는 것이 아니라, 채권 담보라고 하는 담보물권제도의 존재 목적에 비추어 볼 때 특별한 사정이 없는 한 피담보채권의 처분에는 담보물권의 처분도 포함된다고 보는 것이 합리적이라는 것일 뿐이므로, 전세권이 존속기간의 만료로 소멸한 경우이거나 전세계약의 합의해지 또는 당사자 간의 특약에 의하여 전세권반환채권의 처분에도 불구하고, 전세권의 처분이 따르지 않는 경우 등의 특별한 사정이 있는 때에는 채권양수인은 담보물권이 없는 무담보의 채권을 양수한 것이 된다.

② [誤] 전세금의 지급이 전세권의 성립요건인가에 관하여는 이를 긍정하는 것이 다수설과 판례의 태도이다. 다만, 판례는 전세금의 지급이 전세권의 성립요건이라고 하더라도 현실적인 금원의 수수가 있어야 하는 것은 아니며, 기존의 채권으로 갈음할 수도 있다고 한다.
[大判 1995. 2. 10, 94다18508] 전세금의 지급은 전세권 성립의 요소가 되는 것이지만 그렇다고 하여 전세금의 지급이 반드시 현실적으로 수수되어야만 하는 것은 아니고 기존의 채권으로 전세금의 지급에 갈음할 수도 있다.

③ [正] 전세권을 실행하기 위하여는 전세금반환채권이 발생하여야 하며, 전세금반환채무가 이행지체에 있어야 한다. 전세금반환채무는 전세권자의 전세권설정등기말소등기에 필요한 서류의 교부 및 전세목적물의 인도와 동시이행의 관계에 있으므로 전세권자가 자신의 의무에 대한 변제제공을 하여야 전세금반환채무가 이행지체에 빠질 수 있다.

④ [正] 부동산의 일부에 전세권이 설정된 경우 전세권자가 부동산 전부에 대한 경매신청이 가능한가에 대하여 판례는 부정적인 입장을 취하고 있다. 그러나 이 경우에도 전세권의 불가분성을 근거로 목적부동산 전부의 경매를 청구할 수 있다는 견해가 있다.
[大決 1992. 3. 10, 91마256·257] 건물의 일부에 대하여 전세권이 설정되어 있는 경우 그 전세권자는 민법 제303조 제1항, 제318조의 규정에 의하여 그 건물 전부에 대하여 후순위 권리자 기타 채권자보다 전세금의 우선변제를 받을 권리가 있고, 전세권설정자가 전세금의 반환을 지체한 때에는 전세권의 목적물의 경매를 청구할 수 있다 할 것이나, 전세권의 목적물이 아닌 나머지 건물부분에 대하여는 우선변제권은 별론으로 하고 경매신청권은 없다.

⑤ [正] 전세권과 저당권의 우열관계는 설정등기의 선후에 의한다. 다만 주의할 것은 비교의 대상으로 되는 저당권은 경매를 신청한 저당권자의 등기가 아니라 당해 부동산의 최선순위 저당권이라는 점이다. 따라서 최선순위 저당권보다 먼저 전세권등기가 경료된 경우에는 전세권은 저당권실행에도 불구하고 경락부동산 위에 존속한다.

정답 ②

2. 전세권에 관한 설명 중 옳지 않은 것은? (다툼 있으면 판례에 의함) [03년]

① 전세권자는 목적물의 현상을 유지하고 그 통상의 관리를 위하여 지출한 비용을 전세권설정자로부터 상환받을 수 있다.
② 전세권이 소멸한 경우, 전세권설정자의 전세금반환의무와 전세권자의 목적물인도의무 및 전세권설정등기의 말소등기에 필요한 서류의 교무의무는 동시이행의 관계에 있다.
③ 전세권자가 목적물을 타인에게 임대한 경우, 임대하지 않았으면 면할 수 있었던 불가항력으로 인한 손해에 대하여도 책임을 부담한다.
④ 동일한 소유자에게 속한 대지와 건물 중 건물에 대해 전세권이 설정된 후, 그 대지 소유권을 특별승계한 자는 전세권설정자에 대하여 지상권을 설정한 것으로 본다.
⑤ 전세권이 성립된 후 목적물의 소유권이 이전된 경우, 종전 소유자는 원칙적으로 전세권설정자의 지위를 상실하여 전세금 반환의무를 면한다.

해설

① [誤] 전세권자에게 필요비상환청구권은 인정되지 않는다. 유익비상환청구권만 인정될 뿐이다(민법 제310조).
② [正] 민법 제317조.
③ [正] 민법 제308조.
④ [正] 민법 제305조.
⑤ [正] 전세권설정자의 지위는 전세권이 설정된 부동산소유권의 내용을 이루게 된다. 따라서 전세금반환의무도 신소유자가 부담하며, 전세권설정자는 그 의무를 면하게 된다.
[大判 2000. 6. 9, 99다15122] 목적물의 신 소유자는 구 소유자와 전세권자 사이에 성립한 전세권의 내용에 따른 권리·의무의 직접적인 당사자가 되어 전세권이 소멸하는 때에 전세권자에 대하여 전세권설정자의 지위에서 전세금반환의무를 부담하게 되고, 구 소유자는 전세권설정자의 지위를 상실하여 전세금반환의무를 면하게 된다고 보아야 하고, 전세권이 전세금 채권을 담보하는 담보물권적 성질을 가지고 있다고 하여도 전세권은 전세금이 존재하지 않으면 독립하여 존재할 수 없는 용익물권으로서 전세금은 전세권과 분리될 수 없는 요소이므로 전세권 관계로 생기는 위와 같은 법률관계가 신 소유자에게 이전되었다고 보는 이상, 전세금 채권 관계만이 따로 분리되어 전 소유자와 사이에 남아 있다고 할 수는 없을 것이고, 당연히 신 소유자에게 이전되었다고 보는 것이 옳다.

정답 ①

3. 배점 2 전세권에 관한 설명으로 옳지 않은 것은? (다툼 있으면 판례에 의함) [08년]

① 전세권자는 목적물의 현상을 유지하기 위하여 지출한 필요비의 상환을 청구할 수 없으나, 그 목적물을 개량하기 위하여 지출한 유익비에 관하여는 그 가액의 증가가 현존한 경우에 한하여 소유자의 선택에 좇아 그 지출액이나 증가액의 상환을 청구할 수 있다.
② 전세기간 만료 이후 전세권양도계약 및 전세권이전의 부기등기가 이루어진 것만으로는 전세금반환채권의 양도에 관하여 확정일자 있는 통지나 승낙이 있었다고 볼 수 없으므로, 이로써 제3자인 전세금반환채권의 압류·전부 채권자에게 대항할 수 없다.
③ 전세권 설정행위에서 금지하지 않으면 전세권자는 전세권 자체를 처분하여 전세금으로 지출한 자본을 회수할 수 있도록 되어 있으므로, 전세권이 존속하는 동안은 전세권을 존속시키기로 하면서 전세금반환채권만을 전세권과 분리하여 확정적으로 양도하는 것은 허용되지 않는다.
④ 전세권자가 그 목적물을 인도하였더라도 전세권설정등기의 말소등기에 필요한 서류를 교부하거나 그 이행을 제공하지 않으면 전세권설정자는 전세금의 반환을 거부할 수 있으나, 이 경우 전세권설정자는 전세목적물을 이미 인도받았으므로 다른 특별한 사정이 없는 한, 그 전세금에 대한 이자 상당액은 법률상 원인 없이 얻은 이득이므로 전세권자에게 반환하여야 한다.
⑤ 전세권설정자가 전세금의 반환을 지체한 때에는, 전세권자는 전세권의 목적물의 경매를 청구할 수 있지만, 건물의 일부에 대하여 전세권이 설정되어 있는 경우에는 전세권의 목적물이 아닌 나머지 건물부분에 대하여 경매를 청구할 수 없다.

해설

① [正] 민법 제310조 제1항.
② [正] [大判 2005. 3. 25. 2003다35659] 전세권설정등기를 마친 민법상의 전세권은 그 성질상 용익물권적 성격과 담보물권적 성격을 겸비한 것으로서, 전세권의 존속기간이 만료되면 전세권의 용익물권적 권능은 전세권설정등기의 말소 없이도 당연히 소멸하고 단지 전세금반환채권을 담보하는 담보물권적 권능의 범위 내에서 전세금의 반환시까지 그 전세권설정등기의 효력이 존속하고 있다 할 것인데, 이와 같이 <u>존속기간의 경과로서 본래의 용익물권적 권능이 소멸하고 담보물권적 권능만 남은 전세권에 대해서도 그 피담보채권인 전세금반환채권과 함께 제3자에게 이를 양도할 수 있다</u> 할 것이지만 이 경우에는 <u>민법 제450조 제2항 소정의 확정일자 있는 증서에 의한 채권양도절차를 거치지 않는 한 위 전세금반환채권의 압류·전부 채권자 등 제3자에게 위 전세보증금반환채권의 양도사실로써 대항할 수 없다</u>(필자 註 : 전세기간 만료 이후 전세권양도계약 및 전세권이전의 부기등기가 이루어진 것만으로는 전세금반환채권의 양도에 관하여 확정일자 있는 통지나 승낙이 있었다고 볼 수 없어 이로써 제3자인 전세금반환채권의 압류·전

③ [正] [大判 2002. 8. 23. 2001다69122] 전세권은 전세금을 지급하고 타인의 부동산을 그 용도에 따라 사용·수익하는 권리로서 전세금의 지급이 없으면 전세권은 성립하지 아니하는 등으로 전세금은 전세권과 분리될 수 없는 요소일 뿐 아니라, 전세권에 있어서는 그 설정행위에서 금지하지 아니하는 한 전세권자는 전세권 자체를 처분하여 전세금으로 지출한 자본을 회수할 수 있도록 되어 있으므로 <u>전세권이 존속하는 동안은 전세권을 존속시키기로 하면서 전세금반환채권만을 전세권과 분리하여 확정적으로 양도하는 것은 허용되지 않는 것이며</u>, 다만 전세권 존속 중에는 장래에 그 전세권이 소멸하는 경우에 전세금 반환채권이 발생하는 것을 조건으로 그 장래의 조건부 채권을 양도할 수 있을 뿐이라 할 것이다.

④ [誤] [大判 2002. 2. 5. 2001다62091] 전세권설정자는 전세권이 소멸한 경우 전세권자로부터 그 목적물의 인도 및 전세권설정등기의 말소등기에 필요한 서류의 교부를 받는 동시에 전세금을 반환할 의무가 있을 뿐이므로, <u>전세권자가 그 목적물을 인도하였다고 하더라도 전세권설정등기의 말소등기에 필요한 서류를 교부하거나 그 이행의 제공을 하지 아니하는 이상, 전세권설정자는 전세금의 반환을 거부할 수 있고, 이 경우 다른 특별한 사정이 없는 한 그가 전세금에 대한 이자 상당액의 이득을 법률상 원인 없이 얻는다고 볼 수 없다</u>(필자 註 : 전세권자가 전세권설정자에게 전세권설정등기의 말소등기에 필요한 서류를 교부하거나 그 이행의 제공을 하지 아니하였으므로, 전세권설정자는 전세금반환의무에 대한 지체책임이 없다고 하면서도, 전세권자가 전세권설정자에게 이 사건 건물을 명도하였으므로, 전세권설정자는 전세권자에게 그 명도일로부터 전세권설정자가 전세금을 반환할 때까지 그에 대한 상사법정이율인 연 6%의 비율에 의한 이자 상당의 부당이득을 반환할 의무가 있다고 판단한 원심판결을 파기한 사례).

⑤ [正] [大決 2001. 7. 2. 2001마212] 전세권의 목적이 된 부분이 구조상 또는 이용상 독립성이 없어 독립한 소유권의 객체로 분할할 수 없고 따라서 <u>그 부분만의 경매신청이 불가능하다고 하여도 전세권의 목적물이 아닌 나머지 건물부분에 대하여는 우선변제권은 별론으로 하고 경매신청권은 없다</u>.

정답 ④

4. 배점 3 전세권에 관한 설명 중 옳은 것을 모두 고른 것은? (다툼 있으면 판례에 의함) [10년]

ㄱ. 전세권자는 목적물의 현상유지의무와 수선의무를 부담하므로 필요비상환청구를 할 수 없으나, 유익비를 지출한 경우에는 전세권이 소멸한 때에 그 가액의 증가가 현존하는 경우에 한하여 목적물 소유자의 선택에 좇아 그 지출액이나 증가액의 상환을 청구할 수 있다.

ㄴ. 전세권자는 전세권을 제3자에게 양도할 수 있으며, 전세권의 양도로 인하여 피담보채권인 전세금반환청구권도 함께 양도되므로 양수인은 전세권설정자의 동의를 받거나 그에게 양도통지를 하여야 전세권설정자에게 대항할 수 있다.

ㄷ. 토지의 전세권자가 경계근방에서 건물을 축조하기 위하여 이웃 토지의 사용을 청구하려면 전세권설정자를 대위하여야 한다.
ㄹ. 저당권이 설정된 전세권의 존속기간이 만료된 경우에 저당권자는 전세권자의 전세금반환채권에 대하여 압류 및 추심명령 또는 전부명령을 받아 전세권설정자에 대해 전세금의 지급을 청구할 수 있다.
ㅁ. 건물의 일부에 전세권이 설정된 경우, 전세권의 목적이 된 부분이 구조상 또는 이용상 독립성이 없어서 독립한 소유권의 객체로 분할할 수 없기 때문에 전세권의 목적이 된 부분만의 경매신청이 불가능하다면, 전세권자는 건물 전부에 대한 경매를 신청할 수 있다.

① ㄹ ② ㄱ, ㄷ ③ ㄱ, ㄹ ④ ㄴ, ㅁ
⑤ ㄷ, ㅁ ⑥ ㄱ, ㄴ, ㄷ ⑦ ㄱ, ㄷ, ㄹ ⑧ ㄱ, ㄹ, ㅁ

해설

ㄱ. [正] 전세권자의 비용상환청구권을 묻는 지문이다. 전세권자에게 필요비상환청구권은 인정되지 않지만, 유익비상환청구권은 인정된다. 민법 제310조.

ㄴ. [誤] 전세권양도에 전세권설정자의 동의를 받거나 전세권설정자에게 양도통지를 하여야 하는지를 묻는 지문이다. 전세권은 물권으로 당연한 양도성을 가지고 있기 때문에 전세권설정자의 동의를 받거나 양도통지를 하여야 하는 것은 아니다.

ㄷ. [誤] 전세권자에게 상린권이 인정되는지를 묻는 지문이다. 상린관계규정은 전세권자에게 준용된다(제319조). 전세권자는 그 고유한 권리로서 인지사용청구권을 행사할 수 있으며 전세권설정자를 대위하여야 하는 것은 아니다.

ㄹ. [正] 전세권저당권자가 전세금반환채권에 대하여 우선변제권을 행사하는 방법을 묻는 지문이다. 전세권저당권자는 전세권소멸 후 발생한 전세금반환채권에 대하여 물상대위권을 행사할 수 있고, 물상대위권은 전세금반환채권에 대하여 압류 및 추심명령 또는 전부명령을 받아 행사할 수 있으며, 또한 다른 채권자의 압류 및 추심에 대하여 배당을 요구하는 방법으로 행사할 수 있다.
[大判 1999. 9. 17. 98다31301] 전세권에 대하여 저당권이 설정된 경우 그 저당권의 목적물은 물권인 전세권 자체이지 전세금반환채권은 그 목적물이 아니고, 전세권의 존속기간이 만료되면 전세권은 소멸하므로 더 이상 전세권 자체에 대하여 저당권을 실행할 수 없게 되고, 이러한 경우에는 민법 제370조·제342조 및 민사소송법 제733조에 의하여 저당권의 목적물인 전세권에 갈음하여 존속하는 것으로 볼 수 있는 전세금반환채권에 대하여 압류 및 추심명령 또는 전부명령을 받거나 제3자가 전세금반환채권에 대하여 실시한 강제집행절차에서 배당요구를 하는 등의 방법으로 자신의 권리를 행사하여 비로소 전세권설정자에 대해 전세금의 지급을 구할 수 있다.

ㅁ. [誤] 일부전세권자가 전세목적물이 아닌 나머지 건물부분에 대해서도 경매를 신청할 수 있는지를 묻는 지문이다. 전세권의 목적이 된 부분을 분할할 수 없는 경우에는

나머지 건물부분에 대해서도 경매를 청구할 수 있다는 학설이 있으나, 판례는 전세목적물이 아닌 나머지 건물부분에 대한 경매청구는 허용되지 않는다는 입장이다.
[大決 2001. 7. 2, 2001마212] 전세권의 목적이 된 부분이 구조상 또는 이용상 독립성이 없어 독립한 소유권의 객체로 분할할 수 없고 따라서 그 부분만의 경매신청이 불가능하다고 하여도 전세권의 목적물이 아닌 나머지 건물부분에 대하여는 우선변제권은 별론으로 하고 경매신청권은 없다.

정답 ③

… 물권법 … 237

제4장 담보물권

제1절 유치권

1. 유치권과 동시이행의 항변권에 관한 설명에서 ( ) 안에 들어갈 적당한 용어의 조합으로 옳은 것은?(다툼 있으면 판례에 의함) [05년]

[사례 I]
甲·乙 사이에 시계의 수선계약이 체결되었다. 그런데 시계수리상 乙이 시계를 점유하고 있는 상태에서, 시계주인 甲이 丙에게 시계의 소유권을 양도하였다. 丙으로부터의 시계 인도청구에 대하여 시계수리상 乙은 수리비채권에 기해 동시이행의 항변권을 주장할 수 (㉠), 유치권을 주장할 수 (㉡).

[사례 II]
A, B 사이에서 건물의 임대차계약이 체결되었다. 임차인 B가 임대인인 건물소유자 A에 대하여 가지는 유익비상환채권이 제3자 C에게 전부(轉付)된 후에도, B는 A의 임대차 종료에 따른 건물 인도청구에 대하여 유익비상환채권에 기해 동시이행의 항변권을 주장할 수 (㉢), 유치권을 주장할 수 (㉣).

① ㉠-없고 ㉡-있다 ㉢-있고 ㉣-없다
② ㉠-없고 ㉡-있다 ㉢-없고 ㉣-없다
③ ㉠-없고 ㉡-있다 ㉢-있고 ㉣-있다
④ ㉠-있고 ㉡-있다 ㉢-있고 ㉣-없다
⑤ ㉠-있고 ㉡-없다 ㉢-있고 ㉣-없다

해설

㉠ [없고] ㉡ [있다] 동시이행의 항변권은 쌍무계약인 시계수선계약의 당사자인 甲과 乙 사이에서 주장될 수 있고, 시계수선계약의 당사자도 아니며, 계약상의 시계인도채권을 양수한 자도 아닌 丙에 대하여는 주장할 수 없으나, 유치권의 항변은 물권의 행사로서 누구에게나 주장할 수 있으므로 유치권 발생 후 시계의 소유권을 양수받은 丙에 대하여도 주장할 수 있다.

㉢ [답 없음] 임대차 종료시 행사가 가능한 임차인의 유익비상환청구권과 임대인의 임대목적물 인도청구권이 서로 동시이행의 관계에 있는지는 의문이다. 판례는 임차인의 보증금반환채권과 임대인의 목적물 인도청구권이 동시이행의 관계에 있다고 판단하고 있을 뿐, 임차인의 유익비상환청구권과 목적물 인도청구권 사이의 동시이행관계를 명

시적으로 인정하고 있지는 않는 것으로 보인다. 그러나 동시이행의 항변권을 비쌍무계약에도 인정할 수 있다는 것이 판례이고, 동일한 법률요건에 기초하여 발생한 채권으로 상환적으로 이행하는 것이 공평에 부합되는 경우에 동시이행의 항변권을 비쌍무계약에 확장하고 있다(大判 2000. 10. 27, 2000다36118). 유익비상환채권이나 임대인의 임대건물 인도채권은 모두 임대차 종료를 원인으로 발생한다는 점, 유익비도 상환받지 못한 채 임대목적물을 반환해야 한다면, 임차인에게 불리하다는 점을 고려한다면, 양자의 동시이행관계를 인정할 수 있다. 동시이행의 항변권이 부착된 유익비상환채권이 그 동일성을 유지하면서, 양도되거나 전부된 경우에도 동시이행의 항변권은 여전히 존속한다. 즉 유익비상환채권의 양수인이나 전부채권자가 그 비용상환청구권을 행사함에 대하여 채무자인 임대인이 동시이행의 항변권을 행사하여 그 이행을 거절할 수 있다. 그러나 사안과 같이 유익비상환채권을 전부받은 전부채권자(C)나 유익비상환채권을 상실한 전부채무자(B)가 동시이행의 항변권을 행사할 수 있을 지는 의문이다. 결국, 판례에 의하여 확인된 바가 없고, 학설상의 논의도 없는 부분이 출제된 것이다. 따라서 동시이행의 항변권을 행사할 수 있다는 ①지문과 동시이행의 항변권을 행사할 수 없다는 ②지문을 모두 정답으로 처리하였다.

ⓔ [없다] 피담보채권을 상실한 B는 유치권을 상실한다. 유치권은 피담보채권에 부종하는 권리이기 때문이다.

정답 ①,②

제2절 질 권

1. 책임전질에 관한 [A란]의 견해와 그에 대한 [B란]의 기술을 적절하게 연결한 것은? [02년]

[A란]
ⓐ 전질이란 질물에 대하여 새로운 질권을 설정하는 경우이다.
ⓑ 전질이란 피담보채권과 함께 질권을 입질하는 경우이다.
ⓒ 전질이란 질권 위에 다시 질권을 설정하는 경우이다.
ⓓ 전질이란 질권자가 전질권자에 대하여 채무를 변제하는 경우에는 다시 질권을 취득한다고 하는 해제조건 아래 질권을 전질권자에게 양도하는 경우이다.

[B란]
㉠ 이 견해는 전질권이 권리질로 되어 민법 제336조가 "질물을 전질할 수 있다"고 한 표현에 적합하지 않다.
㉡ 이 견해는 원질권자가 완전히 질권을 상실하므로 원채권이 전질권자의 채권에 비하여 훨씬 많은 경우에 부당한 결과가 생긴다.

ⓒ 이 견해는 소유자가 아닌 질권자가 무단히 타인의 소유물을 처분한다고 하는 비난을 면치 못한다.
ⓔ 이 견해는 질권을 피담보채권으로부터 분리하여 처분할 수 없다고 하는 부종성이론에 충실한 입장이다.

① ⓐ-ⓔ, ⓑ-ⓐ, ⓒ-ⓑ, ⓓ-ⓒ
② ⓐ-ⓒ, ⓑ-ⓐ, ⓒ-ⓔ, ⓓ-ⓑ
③ ⓐ-ⓒ, ⓑ-ⓐ, ⓒ-ⓐ, ⓓ-ⓑ
④ ⓐ-ⓒ, ⓑ-ⓔ, ⓒ-ⓑ, ⓓ-ⓐ
⑤ ⓐ-ⓒ, ⓑ-ⓐ, ⓒ-ⓑ, ⓓ-ⓔ

해설

* 책임전질의 법적 성질을 묻는 이론적인 문제이다. 책임전질의 법적 성질에 관한 견해로는 질물재입질설(ⓐ), 채권질권공동입질설(ⓑ), 질권재입질설(ⓒ), 해제조건부 질권양도설(ⓓ) 등이 있다.

1) 각 학설의 비판점을 검토하면 우선 질물재입질설(ⓐ)은 질권자가 질물을 재입질한다는 것은 결국 처분권한 없는 자가 처분하는 것을 허용한다는 것으로 부당하다는 점이다.
2) 채권질권공동입질설(ⓑ)의 경우에는 법문의 표현에 부합되지 않는 문제가 있다. 즉, 질물을 전질할 수 있다는 표현에 맞지 않는 것이다. 채권질권공동입질설은 책임전질의 본질을 권리질권으로 파악하는 것이기 때문이다.
3) 질권재입질설(ⓒ)은 채권질권공동입질설에 대한 비판과 마찬가지로 법문의 표현에 부합되지 않는다는 점, 또한 질권의 부종성에 반한다는 점 등이 문제이다.
4) 해제조건부 질권양도설(ⓓ)은 원질권자가 완전히 질권을 상실하게 되므로 원채권이 전질권자의 채권에 비하여 훨씬 많은 경우에 부당한 결과가 발생한다는 문제가 있다. 또한 질권의 부종성에 비추어 피담보채권의 양도 없는 질권만의 양도가 가능한지도 의문이다.
5) 결국, ⓐ은 채권질권공동입질설, 질권재입질설에 대한 비판이고, ⓑ은 해제조건부 질권양도설에 대한 비판이며, ⓒ은 질물재입질설에 대한 비판이며, ⓔ은 채권질권공동입질설에 대한 평가이다.

정답 ③

2. 동산질권자의 전질권에 관한 설명 중 옳지 않은 것은? [04년]

① 책임전질의 이론구성에 있어서 질물재입질설은 질권을 피담보채권과 단절된 독립한 가치권으로서 파악하려는 입장에 있다.
② 책임전질의 이론구성에 있어서 채권·질권공동입질설을 취하면, 원질권자의 채권이 변제기에 도달하지 않는 한 전질권을 행사할 수 없다.
③ 책임전질에 있어서 원질권자는 전질을 하지 않았더라면 생기지 않았을 불가항력에 의한 손해도 배상할 책임이 있다.

④ 승낙전질에 있어서 전질권의 목적이 되는 것은 원질권자가 점유하는 질물이며, 원질권자의 채권이나 질권은 그 목적이 되지 않는다.
⑤ 승낙전질에 있어서 원질권자의 질권이 소멸하면 원칙적으로 전질권자의 질권도 소멸한다.

해설

① [正]
② [正] 채권·질권공동입질설은 질권과 함께 피담보채권도 입질이 되므로 원질권자의 채권이 변제기에 도래하여야 전질권행사가 가능하다.
③ [正] 민법 제336조 후문.
④ [正] 승낙전질은 질물의 재입질이라는 것이 통설이다.
⑤ [誤] 승낙전질은 질권자가 질물소유자의 승낙을 받아 그 질물 위에 다시 질권을 설정하는 것이다. 승낙전질의 법적 성질은 승낙에 의하여 질물소유자가 질권 설정의 권능을 원질권자에게 부여하였기 때문에 질물의 재입질이다. 따라서 원질권과는 무관하므로 원질권의 소멸에 당연히 부종하지는 않는다.

정답 ⑤

제3절 저당권

1. 배점 3 물상보증인에 대한 설명 중 옳지 않은 것을 모두 고른 것은?(다툼 있으면 판례에 의함) [07년]

㉠ 물상보증인의 채무자에 대한 구상권은 그들 사이의 물상보증위탁계약의 법적 성질과 관계없이 민법에 의하여 인정된 별개의 독립한 권리이고, 그 소멸시효에 있어서는 민법상 일반채권에 관한 규정이 적용된다.
㉡ 근저당권의 물상보증인은 채권최고액만을 변제하면 근저당권설정등기의 말소청구를 할 수 있고, 채권최고액을 초과하는 부분의 채권액까지 부담하는 것은 아니다.
㉢ 물상보증인이 근저당권의 피담보채무만을 면책적으로 인수하고 이를 원인으로 하여 근저당권 변경의 부기등기를 경료한 경우, 특별한 사정이 없는 한 변경등기 후 그 물상보증인이 다른 원인으로 근저당권자에 대하여 부담하게 된 새로운 채무까지 담보하는 것으로 볼 수 없다.
㉣ 채권자가 물상보증인에 대하여 그 피담보채권의 실행으로 경매를 신청하여 경매법원이 경매개시결정을 하고 채무자에게 그 결정이 송달되거나 또는 경매기일이 통지되었다 하더라도 시효의 이익을 받는 채무자에게는 당해 피담보채권의 소멸시효 중단의 효과가 미치지 않는다.
㉤ 물상보증은 채무자가 아닌 사람이 채무자를 위하여 담보물권을 설정하는 행위이고 채무자를 대신해서 채무를 이행하는 사무의 처리를 위탁받은 것이므로, 물상보증인이 변제 등에 의하여 채무자를 면책시키는 것은 의무 없이 채무자를 위하여 사무를 처리한 것이 아니라, 법적 의미에서는 위임사무의 처리라고 보아야 한다.

① ㉠, ㉣ ② ㉡, ㉤
③ ㉡, ㉢ ④ ㉢, ㉣
⑤ ㉣, ㉤ ⑥ ㉢, ㉤
⑦ ㉠, ㉢ ⑧ ㉡, ㉣

해설

㉠ [正] ㉤ [誤] [大判 2001. 4. 24, 2001다6237] 물상보증은 채무자 아닌 사람이 채무자를 위하여 담보물권을 설정하는 행위이고 채무자를 대신해서 채무를 이행하는 사무의 처리를 위탁받는 것이 아니므로, 물상보증인이 변제 등에 의하여 채무자를 면책시키는 것은 위임사무의 처리가 아니고 법적 의미에서는 의무 없이 채무자를 위하여 사무를 관리한 것에 유사하다. 따라서 물상보증인의 채무자에 대한 구상권은 그들 사이의 물

상보증위탁계약의 법적 성질과 관계없이 민법에 의하여 인정된 별개의 독립한 권리이고, 그 소멸시효에 있어서는 민법상 일반채권에 관한 규정이 적용된다.

ⓒ [正] 물상보증인은 채무를 부담하지 않고, 담보로 제공한 물건의 한도에서 책임을 부담하는 자이기 때문이다.
[大判 1974. 12. 10. 74다998] 근저당권의 물상보증인은 민법 357조에서 말하는 채권의 최고액만을 변제하면 근저당권설정등기의 말소청구를 할 수 있고 채권최고액을 초과하는 부분의 채권액까지 변제할 의무가 있는 것이 아니다.

ⓒ [正] [大判 1993. 9. 3. 98다40657] 물상보증인이 근저당권의 채무자의 계약상의 지위를 인수한 것이 아니라 다만 그 채무만을 면책적으로 인수하고 이를 원인으로 하여 근저당권 변경의 부기등기가 경료된 경우, 특별한 사정이 없는 한 그 변경등기는 당초 채무자가 근저당권자에 대하여 부담하고 있던 것으로서 물상보증인이 인수한 채무만을 그 대상으로 하는 것이지, 그 후 채무를 인수한 물상보증인이 다른 원인으로 근저당권자에 대하여 부담하게 된 새로운 채무까지 담보하는 것으로 볼 수는 없다.

ⓔ [誤] 압류, 가압류 및 가처분은 시효의 이익을 받은 자에 대하여 하지 아니한 때에는 이를 그에게 통지한 후가 아니면 시효중단의 효력이 없다(제176조). 물상보증인에 대한 경매신청행위는 시효의 이익을 받은 자인 채무자에 대하여 행하여지는 것이 아니므로 채무자에게 통지되어야만 채무자에게 시효중단의 효력이 미친다. 한편 경매개시결정이 채무자에게 송달되거나 경매기일이 채무자에게 통지되었다면 그 통지가 우편송달(발송송달)이나 공시송달의 방법이 아닌 한 압류사실이 통지된 것으로 보아야 하고, 시효중단의 효력은 채무자에게 미친다.
[大判 1990. 1. 12. 89다카4946] 물상보증인에 대한 임의경매의 신청은 피담보채권의 만족을 위한 강력한 권리실행수단으로서, 채무자 본인에 대한 압류와 대비하여 소멸시효의 중단사유로서 차이를 인정할 만한 실질적인 이유가 없기 때문에, 중단행위의 당사자나 그 승계인 이외의 시효의 이익을 받는 채무자에게도 시효중단의 효력이 미치도록 하되, 다만 채무자가 시효의 중단으로 인하여 예측하지 못한 불이익을 입게 되는 것을 막아주기 위하여 채무자에게 압류사실이 통지되어야만 시효중단의 효력이 미치게 함으로써, 채권자와 채무자간에 이익을 조화시키려는 것이, 민법 제169조에 규정된 시효중단의 상대적 효력에 대한 예외를 인정한 민법 제176조의 취지라고 해석되는 만큼, 압류사실을 채무자가 알 수 있도록 경매개시결정이나 경매기일통지서가 우편송달(발송송달)이나 공시송달의 방법이 아닌 교부송달의 방법으로 채무자에게 송달되어야만 압류사실이 통지된 것으로 볼 수 있는 것이다.

정답 ⑤

2. 배점 2 물상보증에 관한 설명 중 옳지 않은 것은? (다툼 있으면 판례에 의함) [10년]

① 채무의 이행기가 도래하여도 보증인이 아닌 물상보증인은 원칙적으로 채무자에 대해 사전구상권을 행사할 수 없다.
② 연대채무자 모두를 위하여 물상보증인이 된 자가 연대채무자 1인에 대하여 구상권

을 행사하는 경우, 그 연대채무자는 자신의 부담부분에 한하여 구상의무가 있다.
③ 물상보증인이 그 피담보채무의 부존재 또는 소멸을 주장하며 제기한 저당권설정등기 말소청구소송에서 채권자 겸 저당권자가 피담보채권의 존재를 주장하며 청구기각의 판결을 구하였다 하더라도 이로써 피담보채무의 소멸시효는 중단되지 않는다.
④ 채무자의 부탁 없이 물상보증인이 된 자가 담보권의 실행으로 인해 담보물의 소유권을 잃은 경우에는 이로 인해 피담보채권이 소멸할 당시 채무자가 얻은 이익을 한도로 구상권을 행사할 수 있다.
⑤ 물상보증의 목적물인 저당부동산의 제3취득자가 피담보채무를 변제하거나 저당권의 실행으로 저당물의 소유권을 잃은 경우, 특별한 사정이 없는 한 채무자에 대하여 구상권이 있다.

해설

① [正] 물상보증인에게 사전구상권이 인정되는지를 묻는 지문이다. 대법원은 물상보증인은 채권자에 대하여 채무를 부담하지 않는 자이며, 물상보증인의 구상범위는 물상보증인이 대신 변제하거나 물상보증인이 제공한 담보가 실행되어 담보물의 소유권을 상실하게 된 시점에서 확정된다는 점을 들어 물상보증인의 사전구상권을 부정한다.
[大判 2009. 7. 23. 2009다19802] 민법 제370조에 의하여 민법 제341조가 저당권에 준용되는데, 민법 제341조는 타인의 채무를 담보하기 위한 저당권설정자가 그 채무를 변제하거나 저당권의 실행으로 인하여 저당물의 소유권을 잃은 때에 채무자에 대하여 구상권을 취득한다고 규정하여 물상보증인의 구상권 발생 요건을 보증인의 경우와 달리 규정하고 있는 점, 물상보증은 채무자 아닌 사람이 채무자를 위하여 담보물권을 설정하는 행위이고 채무자를 대신해서 채무를 이행하는 사무의 처리를 위탁받는 것이 아니므로 물상보증인은 담보물로서 물적 유한책임만을 부담할 뿐 채권자에 대하여 채무를 부담하는 것이 아닌 점, 물상보증인이 채무자에게 구상할 구상권의 범위는 특별한 사정이 없는 한 채무를 변제하거나 담보권의 실행으로 담보물의 소유권을 상실하게 된 시점에 확정된다는 점 등을 종합하면, 원칙적으로 수탁보증인의 사전구상권에 관한 민법 제442조는 물상보증인에게 적용되지 아니하고 물상보증인은 사전구상권을 행사할 수 없다.

② [誤] 수인의 연대채무자를 위하여 물상보증인이 된 자가 연대채무자 1인에 대하여 구상권을 행사하는 경우, 그 구상이 부분구상인지 전부구상인지를 묻는 지문이다. 물상보증인의 채무자에 대한 구상에는 보증인 구상에 관한 규정이 준용된다. 보증인은 채무자에 대하여 전부구상할 수 있으므로 수인의 연대채무자를 위하여 물상보증인이 된 자도 연대채무자 1인에 대하여 전부구상할 수 있다.

③ [正] 물상보증인이 제기한 저당권설정등기말소청구소송에 채권자 겸 저당권자가 응소하여 피담보채권을 주장하는 것이 소멸시효 중단사유가 되는 청구에 해당하는지를 묻는 지문이다. 물상보증인은 채무를 부담하는 자가 아니므로 비록 채권자가 피담보채권의 존재를 주장하더라도 이는 채무자에 대한 권리행사가 아니어서 소멸시효 중단사유인 청구에 해당하지는 않는다.

[大判 2004. 1. 16. 2003다30890] 타인의 채무를 담보하기 위하여 자기의 물건에 담보권을 설정한 물상보증인은 채권자에 대하여 물적 유한책임을 지고 있어 그 피담보채권의 소멸에 의하여 직접 이익을 받는 관계에 있으므로 소멸시효의 완성을 주장할 수 있는 것이지만, 채권자에 대하여는 아무런 채무도 부담하고 있지 아니하므로, 물상보증인이 그 피담보채무의 부존재 또는 소멸을 이유로 제기한 저당권설정등기 말소등기절차이행청구소송에서 채권자 겸 저당권자가 청구기각의 판결을 구하고 피담보채권의 존재를 주장하였다고 하더라도 이로써 직접 채무자에 대하여 재판상 청구를 한 것으로 볼 수는 없는 것이므로 피담보채권의 소멸시효에 관하여 규정한 민법 제168조 제1호 소정의 "청구"에 해당하지 아니한다.

④ [正] 물상보증인의 구상범위를 묻는 지문이다. 구상범위에 관해서는 보증인에 관한 규정이 준용되기 때문에 부탁 없이 물상보증인이 된 자의 구상범위는 부탁 없이 보증인이 된 자와 마찬가지로 피담보채권이 소멸할 당시 채무자가 얻은 이익을 한도로 한다(제341, 제444조).

⑤ [正] 물상보증인으로부터 저당물을 취득한 제3취득자가 채무자에게 구상권을 행사할 수 있는지를 묻는 지문이다. 제3취득자는 물상보증인과 마찬가지로 채무자에 대하여 구상권을 행사할 수 있다는 것이 대법원 입장이다.

[大判 1997. 7. 25. 97다8403] 타인의 채무를 담보하기 위하여 저당권을 설정한 부동산의 소유자(물상보증인)로부터 소유권을 양수한 제3자는 채권자에 의하여 저당권이 실행되게 되면 저당부동산에 대한 소유권을 상실한다는 점에서 물상보증인과 유사한 지위에 있다고 할 것이므로, 물상보증의 목적물인 저당부동산의 제3취득자가 채무를 변제하거나 저당권의 실행으로 저당물의 소유권을 잃은 때에는 물상보증인의 구상권에 관한 민법 제370조 · 제341조의 규정을 유추적용하여 보증채무에 관한 규정에 의하여 채무자에 대한 구상권이 있다.

정답 ②

3. A는 자기 소유의 X부동산에 관하여 채권자 B에게 1번 저당권을 설정하여 주었다. 그 후 채무가 완제되었으나 저당권설정등기가 말소되지 않고 있던 중, A가 다시 C에게 같은 금액의 채무를 부담하게 되자, A, B, C는 위 저당권설정등기를 유용하기로 합의하였다. 이에 관한 설명 중 옳지 않은 것은?(다툼 있으면 판례에 의함) [03년]

① C에게 저당권이전의 부기등기가 경료되면 저당권은 C에게 이전된다.
② C에게 저당권이전의 부기등기가 경료되기 전에 이 부동산의 소유권이 D에게 이전된 경우, C는 D에게 저당권의 유효를 주장할 수 없다.
③ A가 B에게 피담보채무의 소멸을 이유로 저당권설정등기의 말소를 청구하는 경우, C에게 저당권이전의 부기등기가 경료되기 전이라도 B는 유용의 합의를 근거로 이를 배척할 수 있다.
④ E에게 2번 저당권이 설정된 후 B로부터 C에게 저당권이전의 부기등기가 경료된 경우, C의 저당권이 E의 저당권에 우선한다.
⑤ A로부터 X부동산을 매수하고 아직 소유권이전등기를 하지 않은 F가 A를 대위하여

B에게 저당권설정등기의 말소를 청구하는 경우, C에게 저당권이전의 부기등기가 경료되기 전이라도 B는 유용의 합의를 근거로 이를 배척할 수 있다.

해설

① [正] ② [正] ④ [誤] 무효등기유용은 그 이전에 등기부상 이해관계인이 없는 한 유효하다고 한다(大判 1970. 12. 24, 70다1630; 大判 1994. 1. 28, 93다31702). 이는 무효등기를 유용하였다고 하더라도 실체관계에 부합하는 등기이기 때문이다. 그러나 이해관계인이 있는 경우에는 이해관계인에 대한 관계에서는 무효등기유용의 합의는 효력이 없다.

③ [正] ⑤ [正] [大判 1998. 3. 24, 97다56242] 채권자인 저당권자와 채무자인 저당권설정자 및 새로운 채권자인 제3자 사이에 저당권등기의 유용의 합의를 하였으나, 저당권이전의 부기등기를 경료하지 못한 경우에도 무효등기유용의 합의를 한 저당권설정자의 말소청구에 대하여 종전의 채권자는 무효등기유용의 합의사실을 들어 대항할 수 있고, 이는 저당권설정자의 채권자가 저당권설정자를 대위하여 말소청구하는 경우에도 마찬가지이다.

정답 ④

4. 저당권의 효력에 관한 설명 중 옳지 않은 것은?(다툼 있으면 판례에 의함) [03년]

① 증축된 건물부분이 기존 건물에 부합되어 별개의 독립물로서의 효용을 갖지 않더라도 경매절차에서 경매목적물로 평가되지 아니하였다면, 경락인은 그 증축부분의 소유권을 취득할 수 없다.
② 건물의 소유를 목적으로 한 토지임차인이 그 토지 위에 소유하는 건물에 저당권을 설정한 경우, 그 저당권이 실행되어 경락인이 건물의 소유권을 취득한 때에는 특별한 사정이 없는 한 위 임차권도 경락인에게 이전된다.
③ 구분건물의 전유부분에 설정된 저당권의 효력은 특별한 사정이 없는 한 그 전유부분의 소유자가 나중에 취득한 대지사용권에까지 미친다.
④ 채권과 이를 담보하는 저당권은 원칙적으로 그 주체를 달리 할 수 없으므로 채권자 아닌 제3자 명의로 이루어진 저당권설정등기는 특별한 사정이 없는 한 무효이다.
⑤ 저당권의 효력은 저당부동산에 대한 압류가 있은 후에 저당권설정자가 그 부동산으로부터 수취한 과실 또는 수취할 수 있는 과실에 미치지만, 그 부동산에 대한 소유권, 지상권, 또는 전세권을 취득한 제3자에 대하여는 저당권자가 압류한 사실을 통지한 후가 아니면 이로써 대항할 수 없다.

해설

① [誤] 저당권의 효력은 종물이나 부합물에도 미친다. 다만, 증축부분이 부합물로 되기 위해서는 독립물로서의 효용을 가질 수 없는 경우이어야 한다. 한편, 증축부분에 대하여 경락인이 소유권을 취득하는지에 관하여는 증축부분이 부속건물인 경우(종물)에

는 경매절차에서 경매목적물로 평가되어야 한다. 그러나 증축부분이 부합물인 경우에는 경매절차에서 평가되지 아니한 경우라고 하더라도 경락인은 소유권을 취득한다(大判 1992. 12. 8, 92다26772·26789; 大判 1981. 11. 10, 80다2757·2758).
[大判 2002. 10. 25, 2000다63110] 건물의 증축 부분이 기존건물에 부합하여 기존건물과 분리하여서는 별개의 독립물로서의 효용을 갖지 못하는 이상 기존건물에 대한 근저당권은 민법 제358조에 의하여 부합된 증축 부분에도 효력이 미치는 것이므로 기존건물에 대한 경매절차에서 경매목적물로 평가되지 아니하였다고 할지라도 경락인은 부합된 증축 부분의 소유권을 취득한다.

② [正] [大判 1993. 4. 13, 92다24950] 건물의 소유를 목적으로 하여 토지를 임차한 사람이 그 토지 위에 소유하는 건물에 저당권을 설정한 때에는 민법 제358조 본문에 따라서 저당권의 효력이 건물뿐만 아니라 건물의 소유를 목적으로 한 토지의 임차권에도 미친다고 보아야 할 것이므로, 건물에 대한 저당권이 실행되어 경락인이 건물의 소유권을 취득한 때에는 특별한 다른 사정이 없는 한 건물의 소유를 목적으로 한 토지의 임차권도 건물의 소유권과 함께 경락인에게 이전된다.

③ [正] [大判 2001. 2. 9, 2000다62179] 민법 제358조, 집합건물의소유및관리에관한법률 제20조 제1항, 제2항, 제2조 제6항 등의 규정에 의하면, 구분건물의 전유부분만에 관하여 설정된 저당권의 효력은 대지사용권의 분리처분이 가능하도록 규약으로 정하는 등의 특별한 사정이 없는 한 그 전유부분의 소유자가 사후에라도 대지사용권을 취득함으로써 전유부분과 대지권이 동일소유자의 소유에 속하게 되었다면 그 대지사용권에까지 미치고 여기의 대지사용권에는 지상권 등 용익권 이외에 대지소유권도 포함된다고 해석함이 상당하다고 할 것이며, 구분건물의 전유부분만에 관하여 저당권설정등기가 경료된 후에 대지권등기가 경료되면서 그 저당권설정등기는 전유부분만에 관한 것이라는 취지의 부기등기가 직권으로 경료되었다고 하더라도 이를 대지사용권의 분리처분이 가능하도록 규약으로 정하거나 공정증서로써 정한 경우에 해당한다고 볼 수 없다.

④ [正] 제3자 명의로 저당권등기를 하는 데 대하여 채권자와 채무자 및 제3자 사이에 합의가 있었고, 나아가 제3자에게 그 채권이 실질적으로 귀속되었다고 볼 수 있는 특별한 사정이 있는 경우에는 제3자 명의의 저당권등기도 유효하다(大判 1995. 9. 26, 94다33583). 따라서 특별한 사정이 없는 경우에는 제3자 명의의 저당권등기는 무효이다.
[大判 1995. 9. 26, 94다33583] 채권과 그를 담보하는 저당권은 담보물권의 부수성에 의하여 원칙적으로 그 주체를 달리할 수 없으나, 채권담보를 위하여 저당권을 설정하는 경우 제3자 명의로 저당권등기를 하는 데 대하여 채권자와 채무자 및 제3자 사이에 합의가 있었고, 나아가 제3자에게 그 채권이 실질적으로 귀속되었다고 볼 수 있는 특별한 사정이 있는 경우에는 제3자 명의의 저당권등기도 유효하다.

⑤ [正] 민법 제359조.

정답 ①

5. 물상대위에 관한 설명 중 옳은 것은? (다툼 있으면 판례에 의함) [06년]

① 물상대위는 담보물의 공용징수로 인한 보상금청구권, 담보물의 매도로 인한 매매대금청구권에 대하여도 인정된다.
② 물상대위의 요건인 '담보물의 멸실'이라 함은 물리적 멸실뿐만 아니라 법률적 멸실도 포함하며, 담보물권자의 과실에 의해 담보물이 멸실된 경우에도 물상대위가 인정된다.
③ 제3자의 불법행위로 저당목적물이 멸실되어 저당권설정자가 제3자에 대하여 불법행위로 인한 손해배상청구권을 취득한 경우, 위 손해배상청구권도 물상대위권의 대상이 된다.
④ 민법은 유치권에 관하여 물상대위를 규정하고 질권과 저당권에 이를 준용하고 있는바, 저당권자가 물상대위권을 행사하려면 저당권설정자가 저당목적물의 변형물인 금전 기타 물건을 지급 또는 인도받기 전에 이를 압류하여야 한다.
⑤ 제3자가 이미 저당목적물의 변형물인 금전 기타 물건을 압류하였다 하더라도, 저당권자는 스스로 이를 압류해야만 물상대위권을 행사할 수 있다.

해설

① **[誤]** 물상대위란 담보물권의 효력이 담보목적물의 교환가치의 대표물에 미치는 것을 말한다. 즉 담보목적물이 멸실되거나 훼손되더라도 그 목적물에 갈음하는 금전 기타의 물건이 목적물 소유자에게 귀속하는 경우에 담보권의 효력을 그 가치대표물에 미치도록 하는 것을 말한다. 이는 담보물권이 목적물 그 자체가 아니라 그 교환가치를 우선적으로 파악하는 권리이기 때문에 인정되는 효력이다. 목적물의 교환가치가 구체화된 경우라고 하더라도 담보권의 효력을 담보목적물 자체에 실현할 수 있는 경우에는 물상대위가 인정되지 않는다. 담보물이 매도되어 그 매매대금이 담보물의 교환가치를 구체화하고 있다고 하더라도 담보권의 효력은 담보물 그 자체에 미칠 수 있기 때문에 매매대금은 물상대위의 객체가 되는 가치대표물에 해당하지 아니한다.
② **[誤]** 멸실과 훼손의 원인은 묻지 않으나, 담보권자의 과실에 기하지 않은 경우여야 한다.
③ **[正]** 제3자의 불법행위로 인한 손해배상청구권도 물상대위의 대상이 된다.
④ **[誤]** 민법은 질권에 관하여 물상대위를 규정하고 있고, 이를 저당권에 준용하고 있다 (제342조, 제370조).
⑤ **[誤]** 저당권자가 저당물의 가치대표물에 물상대위권을 행사하기 위해서는 가치대표물이 지급, 인도되기 전에 압류하여야 한다(제342조, 제370조). 여기서 압류를 요구하는 취지는 가치대표물이 담보물 소유자의 다른 재산과 혼화되지 않고, 그 특정성을 유지할 수 있도록 하기 위함이다. 따라서 누가 압류하여야 하는가는 문제되지 않는다.
[大判 1996. 7. 12, 96다21058] 민법 제370조에 의하여 저당권에 준용되는 제342조 후문이 "저당권자가 물상대위권을 행사하기 위하여서는 저당권 설정자가 지급받을 금전

기타 물건의 지급 또는 인도 전에 압류하여야 한다."라고 규정한 취지는, 물상대위의 목적이 되는 금전 기타 물건의 특정성을 유지하여 제3자에게 불측의 손해를 입히지 아니하려는 데 있는 것이므로, 저당 목적물의 변형물인 금전 기타 물건에 대하여 이미 제3자가 압류하여 그 금전 또는 물건이 특정된 이상 저당권자는 스스로 이를 압류하지 않고서도 물상대위권을 행사할 수 있다.

정답 ③

6. 저당권의 우선변제적 효력에 관한 설명 중 옳지 않은 것은? [05년]

① 저당권 설정등기의 경료와 임차인의 임차주택 입주, 주민등록전입신고, 임대차계약서상 확정일자 구비가 모두 같은 날에 이루어졌다면 저당권자가 임차보증금(7,000만원)에 우선하여 변제받을 수 있다.
② 주택임대차보호법 제8조상의 소액임차인은 임차보증금 중 일정액에 관하여 다른 담보권자의 경매신청등기 전에 주택임대차보호법 소정의 대항요건을 갖춘 경우에는 1순위 저당권자에 우선하여 변제받을 권리가 있다.
③ 동일한 부동산 위에 수 개의 저당권이 경합하는 경우에 각 저당권의 순위는 설정등기의 전후에 의하는 바, 그 등기의 전후는 순위번호에 의한다.
④ 저당목적물에 대하여 부과되는 국세(이른바 당해세)와 그 가산금은 국세기본법 제35조 소정의 법정기일과 저당권설정등기일의 선후에 의하여 저당권과의 우열이 정해진다.
⑤ 근로자의 최종 3월분의 임금은 사용자의 총 재산에 대하여 저당권에 의하여 담보된 채권에 우선하여 변제되어야 한다.

해설

① [正] 주택임차권자의 보증금반환청구권과 저당권의 우열문제이다. 주택임차권자의 보증금반환청구권에 우선변제적 효력이 인정되기 위해서는 주택임대차보호법상의 대항력의 요건을 구비하고, 임대차 계약서에 확정일자가 갖추어져야 한다. 주택의 인도와 주민등록 전입신고를 한 날의 다음 날이 경과하여 대항력을 취득한 주택임차인이 임대차 계약서에 확정일자를 갖추게 된 경우에는 확정일자 부여일을 기준으로 우선변제적 효력이 발생하나, 대항력을 취득하기 전에 임대차 계약서상에 확정일자를 부여받은 경우에는 대항력을 취득한 때에 우선변제적 효력이 발생한다. 따라서 위 사안의 경우에는 저당권자가 우선한다.
[大判 1999. 3. 23, 98다46938] 구 주택임대차보호법 제3조 제1항은 임대차는 그 등기가 없는 경우에도 임차인이 주택의 인도와 주민등록을 마친 때에는 그 익일부터 제3자에 대하여 효력이 생긴다고 규정하고 있고, 같은 법 제3조의2 제1항은 같은 법 제3조 제1항의 대항요건과 임대차계약증서상의 확정일자를 갖춘 임차인은 경매 등에 의한 환가대금에서 후순위권리자 기타 채권자보다 우선하여 보증금을 변제받을 권리가 있다

고 규정하고 있는 바, 주택의 임차인이 주택의 인도와 주민등록을 마친 당일 또는 그 이전에 임대차계약증서상에 확정일자를 갖춘 경우 같은 법 제3조의2 제1항에 의한 우선변제권은 같은 법 제3조 제1항에 의한 대항력과 마찬가지로 주택의 인도와 주민등록을 마친 다음날을 기준으로 발생한다.

② [正] 주택임대차보호법 제8조 제1항.
③ [正] 물권 상호간의 우열관계는 등기의 선후(성립의 선후)에 의하여 결정된다. 동일한 부동산에 관하여 등기한 권리의 순위는 법률에 다른 규정이 없는 때에는 등기의 전후에 의한다(부동산등기법 제5조 제1항). 등기의 전후는 등기용지 중 동구에서 한 등기에 대하여는 순위번호에 의하며 별구에서 한 등기에 대하여는 접수번호에 의한다(동법 제5조 제2항).
④ [誤] 저당물의 소유자에 대하여 부과되는 국세와 저당권의 우열관계는 법정기일과 저당권 성립일을 비교하여 결정한다. 그러나 저당물에 부과되는 국세(이른바 당해세)는 저당권에 언제나 우선한다(국세기본법 제35조 제1항 제3호).
⑤ [正] 최종 3월분의 임금, 최종 3년간의 퇴직금, 재해보상금에 관한 채권은 사용자의 총재산에 대하여 질권 또는 저당권에 의하여 담보된 채권, 조세·공과금 및 다른 채권에 우선하여 변제되어야 한다(근로기준법 제37조 제2항).

정답 ④

7. 배점 4 甲 소유의 A 토지에 1순위로 채권최고액을 6,000만 원으로 하는 乙 명의의 근저당권설정등기가 경료되고, 6개월 뒤에 2순위로 채권최고액을 1,000만 원으로 하는 丙 명의의 근저당권설정등기가 경료되었다. 그 후 甲은 A 토지를 乙에게 매도하고 乙 명의의 소유권이전등기를 해주었다. 다음 설명 중 옳은 것을 모두 고른 것은? (다툼 있으면 판례에 의함) [11년]

ㄱ. 乙의 근저당권은 혼동으로 소멸한다.
ㄴ. 丙의 피담보채권이 1,000만 원을 초과하더라도, 丙의 경매신청이 있기 전이면 乙은 丙에게 1,000만 원만을 변제하고 근저당권의 소멸을 청구할 수 있다.
ㄷ. 乙이 甲의 丙에 대한 피담보채무의 변제기 도래 후 이를 丙에게 변제한 경우에는 乙은 丙을 대위하는 외에 甲에게 그 상환을 청구할 수 있다.
ㄹ. 乙이 甲의 丙에 대한 피담보채무를 인수하는 것으로 매매대금의 지급에 갈음하기로 甲, 乙 간에 약정한 때에는, 乙이 그 인수한 채무를 이행하지 않음으로써 丙의 근저당권이 실행되어 소유권을 잃게 되더라도, 甲은 매도인의 담보책임을 지지 않는다.
ㅁ. 甲이 A 토지를 타인에게 매도하면 丙은 자신의 근저당권을 말소하여 주기로 甲과 丙이 약정한 경우, 그 후 丙이 甲과의 상의 없이 자신의 근저당권을 확정된 피담보채권과 함께 丁에게 이전하였다면, 丁은 甲이 A 토지를 乙에게 매도하였으므로 甲에게 자신의 근저당권을 말소할 의무를 진다.

① ㄴ, ㄷ, ㄹ   ② ㄱ, ㄴ, ㄷ, ㅁ   ③ ㄷ, ㄹ, ㅁ
④ ㄴ, ㄷ, ㅁ   ⑤ ㄱ, ㄷ, ㄹ   ⑥ ㄴ, ㄹ

해설

ㄱ. [誤] 후순위저당권이 존재하는 경우, 선순위저당권자가 저당물의 소유권을 취득하면 저당권이 혼동에 의하여 소멸하는지 여부를 묻는 지문이다. 동일한 물건에 대한 소유권과 다른 물권이 동일한 사람에게 귀속한 때에는 다른 물권은 소멸한다(제191조 제1항). 그러나 그 물권이 제3자의 권리의 목적이 된 때에는 소멸하지 않는다(제191조 제1항 단서). 소유권과 저당권이 동일인에게 귀속하는 경우에도 저당권은 혼동에 의하여 소멸하는 것이 원칙이다. 그러나 제191조 제1항 단서의 취지에 비추어 제3자에게 불이익이 발생할 우려가 있는 경우에는 혼동의 예외로서 저당권은 소멸하지 않는다. 제191조 제1항 단서는 제3자에게 불이익이 발생할 경우만을 규정하고 있으나, 혼동의 본인에게 불이익이 발생할 경우를 제외해야 할 이유가 없다. 혼동의 본인에게 불이익이 발생할 경우에도 저당권은 소멸하지 않는다고 해석한다. 후순위저당권자 丙이 존재하기 때문에 선순위저당권인 乙의 저당권을 혼동으로 소멸시키면 乙이 자신보다 후순위저당권자인 丙보다 열후한 지위에 놓이게 되어 乙에게 불이익이 발생한다. 따라서 乙의 저당권은 혼동으로 소멸하지 않는다.

[大判 1998. 7. 10, 98다18643] 어떠한 물건에 대한 소유권과 다른 물권이 동일한 사람에게 귀속한 경우 그 제한물권은 혼동에 의하여 소멸하는 것이 원칙이지만, <u>본인 또는 제3자의 이익을 위하여 그 제한물권을 존속시킬 필요가 있다고 인정되는 경우</u>에는 민법 제191조 제1항 단서의 해석에 의하여 혼동으로 소멸하지 않는다.

ㄴ. [正] 저당물의 제3취득자의 변제권을 묻는 지문이다. 저당부동산에 대하여 소유권, 지상권 또는 전세권을 취득한 제3자는 저당권자에게 그 부동산으로 담보된 채권을 변제하고 저당권의 소멸을 청구할 수 있다(제364조). '그 부동산으로 담보된 채권'이란 우선변제적 효력이 인정되는 채권을 말한다. 따라서 丙의 근저당권의 피담보채권이 채권최고액인 1,000만 원을 초과하더라도 1,000만 원의 범위에서 우선변제적 효력이 인정되므로 근저당물의 소유권을 취득한 乙은 1,000만 원만을 변제하고 저당권의 소멸을 청구할 수 있다.

ㄷ. [正] 제3취득자의 변제로 인한 제3취득자와 채무자 사이의 법률관계를 묻는 지문이다. 제3취득자는 채무자에 대해서 구상권을 행사할 수 있고, 변제자대위에 의하여 채권 및 담보에 관한 권리를 취득하여 행사할 수 있다.

[大判 1997. 7. 25, 97다8403] 타인의 채무를 담보하기 위하여 저당권을 설정한 부동산의 소유자(물상보증인)로부터 소유권을 양수한 제3자는 채권자에 의하여 저당권이 실행되게 되면 저당부동산에 대한 소유권을 상실한다는 점에서 물상보증인과 유사한 지위에 있다고 할 것이므로, 물상보증의 목적물인 저당부동산의 제3취득자가 채무를 변제하거나 저당권의 실행으로 저당물의 소유권을 잃은 때에는 <u>물상보증인의 구상권에 관한 민법 제370조 · 제341조의 규정을 유추적용하여 보증채무에 관한 규정에 의하여 채무자에 대한 구상권이 있다.</u>

ㄹ. [正] 매매계약과 이행인수약정이 함께 체결된 경우, 매수인이 이행인수 약정에 따른 의무를 이행하지 아니하여 매수인이 취득한 소유권을 상실한 때에 매수인이 매도인에 대하여 담보책임을 추궁할 수 있는지 여부를 묻는 지문이다. 당사자 사이에 담보책임 면제특약이 있다고 해석하여 매수인의 권리행사를 부정하는 것이 대법원의 입장이다.

[大判 2002. 9. 4, 2002다11151] 매매의 목적이 된 부동산에 설정된 저당권의 행사로 인하여 매수인이 취득한 소유권을 잃은 때에는 매수인은 민법 제576조 제1항의 규정에 의하여 매매계약을 해제할 수 있지만, <u>매수인이 매매목적물에 관한 근저당권의 피담보채무를 인수하는 것으로 매매대금의 지급에 갈음하기로 약정한 경우에는</u> 특별한 사정이 없는 한, 매수인으로서는 매도인에 대하여 민법 제576조 제1항의 <u>담보책임을 면제하여 주었거나 이를 포기한 것으로 봄이 상당</u>하므로, 매수인이 매매목적물에 관한 근저당권의 피담보채무 중 일부만을 인수한 경우 매도인으로서는 자신이 부담하는 피담보채무를 모두 이행한 이상 매수인이 인수한 부분을 이행하지 않음으로써 근저당권이 실행되어 매수인이 취득한 소유권을 잃게 되더라도 민법 제576조 소정의 담보책임을 부담하게 되는 것은 아니다.

ㅁ. [誤] 甲과 丙 사이의 말소약정에 따른 丙의 의무가 丙으로부터 근저당권을 양수한 丁에게 승계되는지 여부를 묻는 지문이다. 丙이 甲에 대해서 부담하는 근저당권말소의무는 甲과 丙 사이의 별도의 약정에 의하여 발생한 것으로 그 법적 성질은 채무이며, 근저당권에 수반되는 의무가 아니다. 따라서 근저당권 이전에 당연히 수반하는 것은 아니며, 별도의 인수절차에 따라 이전될 수는 있다. 사안의 경우 丁이 丙의 의무를 인수하였다는 사정이 제시되어 있지 않다. 그렇다면 丁은 甲에 대하여 근저당권 말소의무를 부담하지 않는다.

[大判 2001. 3. 23 2000다 49015] 신축 상가건물에 대한 공사대금채권의 담보를 위하여 상가건물에 근저당권을 설정하면서 근저당권설정자와 근저당권자 사이에 분양계약자가 분양대금을 완납하는 경우 그 분양계약자가 분양 받은 지분에 관한 근저당권을 말소하여 주기로 하는 약정이 있었다 하더라도, 근저당권자는 근저당권설정자 또는 분양계약자에 대하여 그 약정에 따라 분양계약자의 분양 지분에 관한 근저당권을 말소하여 줄 채권적 의무가 발생할 뿐이지 물권인 근저당권자의 근저당권 자체가 등기에 의하여 공시된 바와 달리 위 약정에 의하여 제한되는 것은 아니고, 그 근저당권의 인수인이 당연히 위 약정에 따른 근저당권자의 채무를 인수하는 것도 아니다.

정답 ①

8. 채무자 乙은 자기 소유의 나대지(裸垈地) 위에 채권자 甲을 위하여 저당권을 설정한 후 그 지상에 건물을 신축하여 등기까지 마쳤으나 채무불이행으로 甲으로부터 강제집행을 받기에 이르렀다. 이 경우에 대한 설명 중 옳지 않은 것은? [02년]

① 甲은 토지의 경매대금만으로 충분한 변제를 받을 수 있더라도 그 지상건물까지 일괄경매를 신청할 수 있다.
② 甲은 일괄경매를 신청할 수도 있고 토지만의 경매를 신청할 수도 있다.

③ 일괄경매의 경우에도 甲의 우선변제권은 건물의 경매대가에 대하여는 인정되지 않는다.
④ 乙로부터 위 나대지의 소유권을 양도받거나 용익권을 설정받은 제3자 丙이 건물을 신축한 경우에도 甲의 일괄경매권은 인정된다.
⑤ 경매 결과 토지소유자와 건물소유자가 달라지게 되면 토지의 경락인은 특단의 사정이 없는 한 건물소유자에게 그 건물의 철거를 요구할 수 있다.

해설

① [正] 일괄경매권의 발생요건에 해당하는가의 문제이다. 일괄경매권은 저당토지 위에 저당권설정자가 건물을 축조한 때에 저당권자의 토지저당권실행을 용이하게 하기 위하여 인정되는 권리이다(제365조). 따라서 甲은 일괄경매권을 행사할 수 있으며, 비록 토지의 경매대금만으로 충분한 변제를 받을 수 있더라도 과잉경매로 되지 않는다.
② [正] 일괄경매권은 저당권자의 권리이지 의무는 아니라는 것이 통설의 태도이다.
③ [正] 일괄경매권을 행사한 경우라도 저당권의 목적물은 토지에 한정되는 것이며, 우선변제적 효력이 인정되는 것도 토지의 경매대가에 한정된다. 일괄경매권은 토지저당권의 실행상의 편의를 위한 제도에 불과하다.
④ [誤] 일괄경매권은 저당권설정자가 건물을 축조하여 소유한 경우에만 인정된다. 따라서 건물의 소유자가 제3자인 경우에는 일괄경매권은 인정되지 않는다.
⑤ [正] 건물이 없는 토지에 저당권을 설정하고, 그 후 저당권설정자가 건물을 축조한 경우에는 제366조 소정의 법정지상권이 인정될 수 없다. 제366조의 법정지상권은 저당권설정당시에 건물이 존재하여야 하기 때문이다. 또한 관습상의 법정지상권도 인정될 수 없다. 결국, 건물소유자는 토지사용권을 가지지 못하므로 토지소유자의 건물철거에 대항할 수 없다.

정답 ④

9. 저당권의 침해에 관한 설명 중 옳지 않은 것은?(다툼 있으면 판례에 의함) [05년]

① 이미 소멸한 선순위저당권의 설정등기가 말소되지 않고 있는 경우, 후순위저당권자는 방해배제청구권에 기해 선순위저당권등기의 말소를 청구할 수 있다.
② 부동산에 관하여 저당권설정등기가 경료되었다가 그 등기가 위조 등기서류에 의하여 아무런 원인 없이 말소되었다 하여 저당권이 소멸하는 것은 아니다.
③ 저당권설정자에게 책임 없는 사유로 저당물의 가액이 현저히 감소된 경우에도 저당권자는 담보물의 보충을 요구할 수 있는 권리를 가진다.
④ 채무자가 담보를 손상, 감소 또는 멸실하게 한 때 저당채권자는 즉시 변제를 청구할 수 있으며, 변제가 없으면 곧 저당권을 실행할 수 있다.
⑤ 저당권자가 담보물보충청구권을 행사하는 경우에는 손해배상청구권이나 즉시변제청구권을 행사할 수 없다.

해설

① [正] 이미 소멸한 선순위의 저당권등기가 말소되지 아니하는 경우, 후순위저당권은 사실상 저당권의 실행 또는 양도에 장애를 받고 있으므로 저당권자는 방해배제청구권으로 그 등기의 말소를 청구할 수 있다(제370조, 제214조).

② [正] [大判 1998. 10. 2, 98다27197] 부동산에 관하여 근저당권설정등기가 경료되었다가 그 등기가 위조된 등기서류에 의하여 아무런 원인 없이 말소되었다는 사정만으로는 곧바로 근저당권이 소멸하는 것은 아니라고 할 것이지만, 부동산이 경매절차에서 경락되면 그 부동산에 존재하였던 근저당권은 당연히 소멸하는 것이므로, 근저당권설정등기가 원인 없이 말소된 이후에 그 근저당 목적물인 부동산에 관하여 다른 근저당권자 등 권리자의 경매신청에 따라 경매절차가 진행되어 경락허가결정이 확정되고 경락인이 경락대금을 완납하였다면, 원인 없이 말소된 근저당권은 이에 의하여 소멸한다.

③ [誤] 저당권설정자의 책임 있는 사유로 인하여 저당물의 가액이 현저히 감소된 때에는 저당권자는 저당권설정자에 대하여 그 원상회복 또는 상당한 담보제공을 청구할 수 있다(제362조).

④ [正] 민법 제388조.

⑤ [正] 저당권자가 담보물보충청구권을 행사하면, 손해배상청구권이나 즉시변제청구권을 행사할 수 없다는 것이 통설의 입장이다. 담보물보충청구권은 저당권의 존속을 목적으로 하는 구제수단인 반면 다른 구제수단, 즉 손해배상청구권이나 즉시변제청구권은 저당권의 소멸 또는 해소를 전제로 하는 것이기 때문에 저당권자가 저당물보충청구권을 행사하면서 동시에 다른 법적 수단을 주장하는 것은 허용되지 않는다. 그러나 저당물보충청구권의 행사에도 불구하고 저당권설정자인 채무자가 담보물보충의 의무를 이행하지 않은 때에는 저당권자는 채무자에 대하여 기한이익의 상실을 주장할 수 있다.

정답 ③

10. 배점 2 근저당권에 관한 설명으로 옳지 않은 것은?(다툼 있으면 판례에 의함) [07년]

① 채무자의 채무액이 근저당권의 채권최고액을 초과하는 경우, 채무자가 그 채무의 일부인 채권최고액을 변제하였더라도 그 변제로써 근저당권의 말소를 청구할 수 없다.

② 부동산 소유자로부터 근저당권 설정을 위임받은 대리인이 소유자의 승낙 없이 자기 앞으로 소유권이전등기를 한 후 근저당권을 설정하였다면 그 근저당권설정등기는 무효이다.

③ 근저당권은 그 설정계약에서 약정한 확정시기에 있어서의 채권을 담보하는 것이며, 그 피담보채권의 확정시기는 당사자 사이의 약정에 의하여 연장될 수 있다.

④ 매수인의 기망을 이유로 매매계약이 취소된 경우, 그 매매대금채무를 담보하기 위

하여 설정된 근저당권은 매수인의 기망행위로 매도인에게 발생한 손해를 배상할 채무도 담보한다.
⑤ 후순위 근저당권자가 담보권을 실행하기 위하여 경매를 신청한 경우, 선순위 근저당권의 피담보채권은 그 근저당권이 소멸하는 시기, 즉 매수인이 매각대금을 완납한 때에 확정된다.

해설

① [正] 근저당권의 채권최고액의 의미를 묻는 지문이다. 근저당권의 채권최고액은 우선변제의 한도액을 의미한다고 보는 것이 통설과 판례의 태도이다. 따라서 근저당권자는 채권최고액의 범위에서 다른 채권자들보다 우선하여 저당물로부터 변제를 받을 수 있다는 의미이며, 채무자는 약정한 피담보채권액 전부를 변제하여야 저당권의 말소를 청구할 수 있다.
[大判 2001. 10. 12, 2000다59081] 원래 저당권은 원본, 이자, 위약금, 채무불이행으로 인한 손해배상 및 저당권의 실행비용을 담보하는 것이며, 채권최고액의 정함이 있는 근저당권에 있어서 이러한 채권의 총액이 그 채권최고액을 초과하는 경우, 적어도 근저당권자와 채무자 겸 근저당권설정자와의 관계에 있어서는 위 채권 전액의 변제가 있을 때까지 근저당권의 효력은 채권최고액과는 관계없이 잔존채무에 여전히 미친다.

② [誤] 실체관계에 부합하는 등기의 법리를 묻는 지문이다. 근저당권설정을 위임받은 대리인이 소유자의 승낙 없이 자기 앞으로 소유권이전등기를 한 후 근저당권을 설정하였다면, 이는 원인무효인 소유권이전등기에 터잡아 이루어진 근저당권설정등기이므로 원칙적으로 이러한 등기는 무효이다. 그러나 무효인 등기라고 하더라도 실체적 권리관계에 부합하는 한 유효이므로 대리인이 위임의 취지에 따라 근저당권설정등기를 경료한 사실이 있다면 위 등기는 유효이다. 결국 지문의 사실관계만으로 위 등기를 무효라고 단정할 수 없다.
[大判 1981. 12. 22, 80다1475] 소외인이 원고로부터 원고를 대리하여 타로부터 금원을 차용하고 본건 부동산에 관한 담보권설정의 대리권을 수여받고 권리증, 인감증명서 등을 교부받았음에도 자기 앞으로 소유권을 이전하여 자신의 이름으로 피고에게 담보권을 설정하여 주고 금원을 차용하여 이를 유용한 경우에는 피고가 소외인에게 금원을 대여하고 그 부동산에 담보권을 설정한 것은 소외인을 진실한 소유자로 믿고 한 것이지 동 소외인을 원고의 대리인이라고 믿고 한 것이 아니고, 소외인이 그 명의로 소유권이전등기함에 있어 원고가 이를 통정 용인하였거나 이를 알고도 방치(허위의 소유권이전등기라는 외관형성에 관여)하였다고 할 수 없으므로 민법 제126조, 제108조를 유추하여서 피고 명의의 위 담보권을 유효하다고 할 수 없다.
[大判 1989. 6. 27, 88다카23490] 甲이 乙에게 자기소유의 부동산을 담보로 추가대출을 받아 그 일부로 종전의 연체대출금을 상환하라는 취지의 추가대출 및 담보권설정의 대리권을 수여하였는데 乙이 甲의 허락 없이 자기 앞으로 소유권이전등기를 한 후 다시 丙 은행에 근저당권설정등기를 하였다고 하더라도 그 대출금으로 종전의 연체대출금을 모두 변제하고 그 담보이던 저당권설정등기도 말소하였다면 甲이 乙에 대하여

그 등기명의의 환원을 청구할 수 있음은 의심이 없으나 丙 은행에 대한 관계에서는 자기가 처음부터 부담하고자 한 저당권을 부담하고 있을 뿐이며 위임의 취지에 위배된다고 할 수 없으므로 형식상 저당권설정자가 다르다는 이유로 근저당권설정등기의 무효를 주장할 수 없다(필자 註 : 이 판결은 위의 판결과 그 결론을 달리한다. 丙 명의의 근저당권설정등기가 유효한 이유를 구체적으로 명시하고 있지 아니하나, 실체관계와 부합하는 등기로서 유효하다는 취지로 보인다).

③ [正] 근저당권의 확정사유에 관한 지문이다. 근저당권의 피담보채권은 기본계약이 존속하는 동안 증감, 변동되다가 결산기의 도래 등 일정한 근저당권의 확정사유가 발생하면 구체적으로 확정된다. 이와 같이 확정된 피담보채권이 근저당권에 의하여 우선변제적 효력을 가진다. 민법은 피담보채권의 확정사유에 관하여 규정하고 있지 않다. 그러나 사적자치의 원칙상 근저당권(피담보채권)의 확정사유를 당사자가 자유롭게 약정할 수 있으며, 약정된 확정시기는 당사자의 약정에 따라 연장될 수 있다.

④ [正] 매매대금채무를 담보하기 위한 근저당권에 의하여 담보될 수 있는 채무를 묻는 지문이다. 구체적으로 어떠한 채무가 근저당권에 의하여 담보되는가는 당사자의 의사해석에 의하여 결정된다. 판례는 매매대금채무를 담보하기 위한 근저당권은 매수인의 기망행위로 인한 손해배상채무도 담보한다고 판단한 바 있다.
[大判 1987. 4. 28. 86다카2458] …〈前略〉 매수인의 매도인에 대한 매매대금채무의 담보를 위하여 설정된 근저당권은 그 매매계약이 매수인의 기망에 의한 것이라 하여 취소된 경우에 매수인이 위 기망행위로 인하여 매도인에게 입힌 손해의 배상채무도 담보하는 것이라고 봄이 상당하다 할 것이니 같은 취지의 원심판단은 정당하고 거기에 소론과 같은 법리오해의 위법이 없으므로 논지 역시 그 이유가 없다.

⑤ [正] 후순위 근저당권자 혹은 일반채권자가 근저당 목적물에 대하여 경매를 신청한 경우, 선순위 근저당권의 확정시기를 묻는 지문이다. 이에 관하여 판례는 선순위 근저당권자가 담보가치를 가급적 오랫동안 확보할 수 있도록 하기 위하여 선순위 근저당권이 소멸하는 시점에서 근저당권이 확정된다고 한다.
[大判 1999. 9. 21. 99다26085] 당해 근저당권자는 저당부동산에 대하여 경매신청을 하지 아니하였는데 다른 채권자가 저당부동산에 대하여 경매신청을 한 경우 민사소송법 제608조 제2항, 제728조의 규정에 따라 경매신청을 하지 아니한 근저당권자의 근저당권도 경락으로 인하여 소멸하므로, 다른 채권자가 경매를 신청하여 경매절차가 개시된 때로부터 경락으로 인하여 당해 근저당권이 소멸하게 되기까지의 어느 시점에서 인가는 당해 근저당권의 피담보채권도 확정된다고 하지 아니할 수 없는데, 그 중 어느 시기에 당해 근저당권의 피담보채권이 확정되는가 하는 점에 관하여 우리 민법은 아무런 규정을 두고 있지 아니한 바, 부동산 경매절차에서 경매신청기입등기 이전에 등기되어 있는 근저당권은 경락으로 인하여 소멸되는 대신에 그 근저당권자는 민사소송법 제605조가 정하는 배당요구를 하지 아니하더라도 당연히 그 순위에 따라 배당을 받을 수 있고, 이러한 까닭으로 선순위 근저당권이 설정되어 있는 부동산에 대하여 근저당권을 취득하는 거래를 하려는 사람들은 선순위 근저당권의 채권최고액 만큼의 담보가치는 이미 선순위 근저당권자에 의하여 파악되어 있는 것으로 인정하고 거래를 하는 것이 보통이므로, 담보권 실행을 위한 경매절차가 개시되었음을 선순위 근저당

권자가 안 때 이후의 어떤 시점에 선순위 근저당권의 피담보채무액이 증가하더라도 그와 같이 증가한 피담보채무액이 선순위 근저당권의 채권최고액 한도 안에 있다면 경매를 신청한 후순위 근저당권자가 예측하지 못한 손해를 입게 된다고 볼 수 없는 반면, 선순위 근저당권자는 자신이 경매신청을 하지 아니하였으면서도 경락으로 인하여 근저당권을 상실하게 되는 처지에 있으므로 거래의 안전을 해치지 아니하는 한도 안에서 선순위 근저당권자가 파악한 담보가치를 최대한 활용할 수 있도록 함이 타당하다는 관점에서 보면, 후순위 근저당권자가 경매를 신청한 경우 선순위 근저당권의 피담보채권은 그 근저당권이 소멸하는 시기, 즉 경락인이 경락대금을 완납한 때에 확정된다고 보아야 한다.

정답 ②

11. 배점 3 근저당권에 관한 설명 중 옳지 않은 것을 모두 고른 것은? (다툼 있으면 판례에 의함) [08년]

㉠ 근저당권은 채권최고액의 범위 내에서 피담보채무를 담보하는 것이므로, 채무자의 채무액이 근저당권의 채권최고액을 초과하는 경우라도 채무자인 근저당권설정자는 채권최고액을 변제하면 그 근저당권의 말소를 청구할 수 있다.
㉡ 근저당권이 설정된 후 근저당물을 취득한 제3자가 그 부동산의 보존·개량을 위하여 필요비 또는 유익비를 지출한 경우, 그는 근저당물의 경매대가 중 근저당권자가 배당받고 남은 금액에서 우선상환을 받을 수 있다.
㉢ 근저당권의 존속기간이나 그 결산기를 정하지 아니한 경우, 그 피담보채무의 확정방법에 관한 별다른 약정이 없다면, 근저당권설정자는 근저당권자를 상대로 언제든지 해지의 의사표시를 함으로써 피담보채무를 확정시킬 수 있지만, 근저당부동산의 소유권을 취득한 제3취득자는 이러한 계약의 해지에 관한 권한을 원용할 수 없다.
㉣ 물상보증인이 근저당권의 피담보채권에 대하여 다투고 있더라도, 근저당권자는 근저당권을 실행하여 채권최고액까지 피담보채권의 우선변제를 받을 수 있으므로, 특별한 사정이 없는 한 물상보증인을 상대로 근저당권의 피담보채권의 확정을 위하여 확인의 소를 제기할 이익은 없다.

① ㉠, ㉡, ㉢, ㉣ ② ㉠, ㉡, ㉢
③ ㉠, ㉡, ㉣ ④ ㉠, ㉢, ㉣
⑤ ㉡, ㉢, ㉣

해설

㉠ [誤] [大判 2001. 10. 12, 2000다59081] 원래 저당권은 원본, 이자, 위약금, 채무불이행으로 인한 손해배상 및 저당권의 실행비용을 담보하는 것이며, 채권최고액의 정함이 있는 근저당권에 있어서 이러한 채권의 총액이 그 채권최고액을 초과하는 경우, 적어

도 근저당권자와 채무자 겸 근저당권설정자와의 관계에 있어서는 위 채권 전액의 변제가 있을 때까지 근저당권의 효력은 채권최고액과는 관계없이 잔존채무에 여전히 미친다.

ⓛ [誤] [大判 2004. 10. 15. 2004다36604] 민법 제367조가 저당물의 제3취득자가 그 부동산에 관한 필요비 또는 유익비를 지출한 때에는 저당물의 경매대가에서 우선상환을 받을 수 있다고 규정한 취지는 저당권설정자가 아닌 제3취득자가 저당물에 관한 필요비 또는 유익비를 지출하여 저당물의 가치가 유지·증가된 경우, 매각대금 중 그로 인한 부분은 일종의 공익비용과 같이 보아 제3취득자가 경매대가에서 우선상환을 받을 수 있도록 한 것이므로 저당물에 관한 지상권, 전세권을 취득한 자만이 아니고 소유권을 취득한 자도 민법 제367조 소정의 제3취득자에 해당한다.

ⓒ [誤] [大判 2006. 4. 28. 2005다74108] 근저당권에 의하여 담보되는 피담보채무는 근저당권설정계약에서 근저당권의 존속기간을 정하거나 근저당권으로 담보되는 기본적인 거래계약에서 결산기를 정한 경우에는 원칙적으로 존속기간이나 결산기가 도래한 때에 확정되지만, 이 경우에도 근저당권에 의하여 담보되는 채권이 전부 소멸하고 채무자가 채권자로부터 새로이 금원을 차용하는 등 거래를 계속할 의사가 없는 경우에는, 그 존속기간 또는 결산기가 경과하기 전이라 하더라도 근저당권설정자는 계약을 해제하고 근저당권설정등기의 말소를 구할 수 있고, 존속기간이나 결산기의 정함이 없는 때에는 근저당권설정자가 근저당권자를 상대로 언제든지 해지의 의사표시를 함으로써 피담보채무를 확정시킬 수 있으며, 이러한 계약의 해제 또는 해지에 관한 권한은 근저당부동산의 소유권을 취득한 제3자도 원용할 수 있다고 할 것이다.

ⓔ [誤] [大判 2004. 3. 25. 2002다20742] 근저당권자가 근저당권의 피담보채무의 확정을 위하여 스스로 물상보증인을 상대로 확인의 소를 제기하는 것이 부적법하다고 볼 것은 아니며, 물상보증인이 근저당권자의 채권에 대하여 다투고 있을 경우 그 분쟁을 종국적으로 종식시키는 유일한 방법은 근저당권의 피담보채권의 존부에 관한 확인의 소라고 할 것이므로, 근저당권자가 물상보증인을 상대로 제기한 확인의 소는 확인의 이익이 있어 적법하다.

정답 ①

12. 배점 2 근저당권에 관한 설명 중 옳지 않은 것은? (다툼 있으면 판례에 의함) [09년]

① 부동산에 설정된 근저당권의 피담보채권이 소멸한 후 그 부동산에 관하여 제3자에게 소유권이 이전된 경우, 현재의 소유자가 자신의 소유권에 기하여 피담보채무의 소멸을 원인으로 그 근저당권설정등기의 말소를 청구할 수 있을 뿐, 근저당권설정자인 종전의 소유자는 근저당권자를 상대로 피담보채무의 소멸을 이유로 한 근저당권설정등기의 말소를 청구할 수 없다.

② 근저당권에서 채권의 총액이 채권최고액을 초과하는 경우, 근저당권자와 채무자 겸 근저당권설정자와의 관계에 있어서는 채권 전액의 변제가 있을 때까지 근저당권의 효력은 채권최고액과는 관계없이 잔존채무에 여전히 미친다.

③ 근저당권 이전의 부기등기는 기존의 주등기인 근저당권설정등기에 종속되어 주등기와

일체를 이루는 것이어서, 피담보채무가 소멸되었거나 근저당권 설정등기가 당초 원인 무효인 경우 주등기인 근저당권설정등기의 말소만 구하면 되고 그 부기등기는 별도로 말소를 구하지 않더라도 주등기의 말소에 따라 직권으로 말소되는 것이므로 그 말소를 구할 소의 이익이 없다.

④ 물상보증인이 근저당권의 채무자의 피담보채무만을 면책적으로 인수하고 이를 원인으로 하여 근저당권 변경의 부기등기를 경료한 경우, 특별한 사정이 없는 한 그 변경등기는 당초 채무자가 근저당권자에 대하여 부담하고 있던 것으로서 물상보증인이 인수한 채무만을 그 대상으로 하는 것이지, 그 후 채무를 인수한 물상보증인이 다른 원인으로 근저당권자에 대하여 부담하게 된 새로운 채무까지 담보하는 것으로 볼 수는 없다.

⑤ 변제할 정당한 이익이 있는 자가 채무자를 위하여 확정된 근저당권의 피담보채무의 일부를 대위변제한 경우, 대위변제자는 일부대위변제를 원인으로 한 근저당권 일부이전의 부기등기의 경료 여부와 관계없이 변제한 가액의 범위 내에서 종래 근저당권 채권자가 가지고 있던 채권 및 담보에 관한 권리를 법률상 당연히 취득하게 되는 것이나, 이때에도 근저당권 채권자는 대위변제자에 대하여 우선변제권을 가진다.

해설

① [誤] 근저당권설정자인 종전 소유자도 근저당권설정계약의 당사자로서 근저당권설정등기말소청구권을 취득한다. 물론 이 권리는 채권적 성질을 가지는 권리이다.
[大判(全) 1994. 1. 25. 93다16338] 근저당권이 설정된 후에 그 부동산의 소유권이 제3자에게 이전된 경우에는 현재의 소유자가 자신의 소유권에 기하여 피담보채무의 소멸을 원인으로 그 근저당권설정등기의 말소를 청구할 수 있음은 물론이지만, 근저당권설정자인 종전의 소유자도 근저당권설정계약의 당사자로서 근저당권 소멸에 따른 원상회복으로 근저당권자에게 근저당권설정등기의 말소를 구할 수 있는 계약상 권리가 있으므로 이러한 계약상 권리에 터잡아 근저당권자에게 피담보채무의 소멸을 이유로 하여 그 근저당권설정등기의 말소를 청구할 수 있다고 봄이 상당하고, 목적물의 소유권을 상실하였다는 이유만으로 그러한 권리를 행사할 수 없다고 볼 것은 아니다.

② [正] 채권최고액의 의미를 묻는 지문이다.
[大判 2001. 10. 12. 2000다59081] 원래 저당권은 원본, 이자, 위약금, 채무불이행으로 인한 손해배상 및 저당권의 실행비용을 담보하는 것이며, 채권최고액의 정함이 있는 근저당권에 있어서 이러한 채권의 총액이 그 채권최고액을 초과하는 경우, 적어도 근저당권자와 채무자 겸 근저당권설정자와의 관계에 있어서는 위 채권 전액의 변제가 있을 때까지 근저당권의 효력은 채권최고액과는 관계없이 잔존채무에 여전히 미친다.

③ [正] 근저당권 이전의 부기등기 후 피담보채무가 소멸한 경우, 부기등기말소청구가 허용되는지를 묻는 지문이다.
[大判 2000. 10. 10. 2000다19526] 채무자의 변경을 내용으로 하는 근저당권변경의 부기등기는 기존의 주등기인 근저당권설정등기에 종속되어 주등기와 일체를 이루는 것이고 주등기와 별개의 새로운 등기는 아니라 할 것이므로, 그 피담보채무가 변제로 인하여 소멸된 경우 위 주등기의 말소만을 구하면 되고 그에 기한 부기등기는 별도로

말소를 구하지 않더라도 주등기가 말소되는 경우에는 직권으로 말소되어야 할 성질의 것이므로, 위 부기등기의 말소청구는 권리보호의 이익이 없는 부적법한 청구라고 할 것이다.

④ [正] [大判 2002. 11. 26, 2001다73022] 물상보증인이 근저당권의 채무자의 계약상의 지위를 인수한 것이 아니라, 다만 그 채무만을 면책적으로 인수하고 이를 원인으로 하여 근저당권 변경의 부기등기가 경료된 경우, 특별한 사정이 없는 한 그 변경등기는 당초 채무자가 근저당권자에 대하여 부담하고 있던 것으로서 물상보증인이 인수한 채무만을 그 대상으로 하는 것이지, 그 후 채무를 인수한 물상보증인이 다른 원인으로 근저당권자에 대하여 부담하게 된 새로운 채무까지 담보하는 것으로 볼 수는 없다.

⑤ [正] [大判 2004. 6. 25, 2001다2426] 변제할 정당한 이익이 있는 자가 채무자를 위하여 근저당권의 피담보채무의 일부를 대위변제한 경우에 대위변제자는 피담보채무의 일부 대위변제를 원인으로 한 근저당권 일부이전의 부기등기의 경료 여부와 관계없이 변제한 가액의 범위 내에서 종래 채권자가 가지고 있던 채권 및 담보에 관한 권리를 법률상 당연히 취득하게 되는 것이나 이때에도 채권자는 대위변제자에 대하여 우선변제권을 가진다고 할 것인 바, 이 경우에 채권자의 우선변제권은 피담보채권액을 한도로 특별한 사정이 없는 한 자기가 보유하고 있는 잔존 채권액 전액에 미친다고 할 것이고, 이러한 법리는 채권자와 후순위권리자 사이에서도 마찬가지라 할 것이므로 근저당권의 실행으로 인한 배당절차에서도 채권자는 특별한 사정이 없는 한 자기가 보유하고 있는 잔존 채권액 및 피담보채권액의 한도에서 후순위권리자에 우선해서 배당받을 수 있다.

정답 ①

13. 공동저당에 관한 설명 중 틀린 것은? (다툼이 있으면 판례에 의함) [04년]

① 토지와 그 지상 건물의 소유자가 이에 대하여 공동저당권을 설정한 후 건물을 철거하고 그 토지상에 새로이 건물을 축조하여 소유하고 있는 경우에는, 건물이 없는 나대지 상에 저당권을 설정한 후 그 설정자가 건물을 축조한 경우와 마찬가지로 저당권자는 민법 제365조에 의하여 그 토지와 신축건물의 일괄경매를 청구할 수 있다.

② 공동저당의 목적인 채무자 소유의 부동산과 물상보증인 소유의 부동산 중 채무자 소유의 부동산에 대하여 먼저 경매가 이루어져 그 경매대금(매각대금)의 교부에 의하여 1번 공동저당권자가 변제를 받은 경우, 채무자 소유의 부동산에 대한 후순위저당권자는 1번 공동저당권자를 대위하여 물상보증인 소유의 부동산에 대하여 저당권을 행사할 수 없다.

③ 주택임대차보호법에 규정된 소액보증금반환청구권자는 대지와 건물 모두로부터 배당을 받는 경우에는 그 대지와 건물 전부에 대한 공동저당권자와 유사한 지위에 서게 되므로, 대지와 건물이 동시에 매각되어 해당 소액주택임차인에게 그 경매 대가를 동시에 배당하는 때에는, 민법 제368조 제1항을 유추 적용하여 대지와 건물의

경매대가에 비례하여 그 채권의 분담을 정하여야 한다.
④ 공동저당권자가 수개의 부동산 중 먼저 실행된 부동산에 관한 경매절차에서 피담보채권액 중 일부만을 청구하여 이를 배당받았다고 하더라도, 이로써 나머지 피담보채권액 전부 또는 민법 제368조 제1항에 따른 그 부동산의 책임분담액과 배당액의 차액에 해당하는 채권액에 대하여 아직 경매가 실행되지 아니한 다른 부동산에 관한 저당권을 포기한 것으로 볼 수 없다.
⑤ 동시배당에 있어서의 부담의 안분에 관한 규정은 후순위저당권자를 배려하기 위한 규정이므로 후순위저당권자가 없는 경우에는 적용되지 아니한다.

해설

① [正] [大決 1998. 4. 28. 97마2935] 토지와 그 지상 건물의 소유자가 이에 대하여 공동저당권을 설정한 후 건물을 철거하고 그 토지상에 새로이 건물을 축조하여 소유하고 있는 경우에는 건물이 없는 나대지 상에 저당권을 설정한 후 그 설정자가 건물을 축조한 경우와 마찬가지로 저당권자는 민법 제365조에 의하여 그 토지와 신축건물의 일괄경매를 청구할 수 있다.

② [正] 판례는 변제자대위 우선설의 입장을 취하고 있다. 따라서 공동저당목적물이 모두 채무자 소유인 경우에만 후순위저당권자 대위권이 인정된다는 입장이다.
[大決 1995. 6. 13. 95마500] 공동저당의 목적인 채무자 소유의 부동산과 물상보증인 소유의 부동산 중 채무자 소유의 부동산에 대하여 먼저 경매가 이루어져 그 경매대금의 교부에 의하여 1번 공동저당권자가 변제를 받더라도, 채무자 소유의 부동산에 대한 후순위저당권자는 민법 제368조 제2항 후단에 의하여 1번 공동저당권자를 대위하여 물상보증인 소유의 부동산에 대하여 저당권을 행사할 수 없다.

③ [正] [大判 2003. 9. 5. 2001다66291] 주택임대차보호법 제8조에 규정된 소액보증금반환청구권은 임차목적 주택에 대하여 저당권에 의하여 담보된 채권, 조세 등에 우선하여 변제받을 수 있는 이른바 법정담보물권으로서, 주택임차인이 대지와 건물 모두로부터 배당을 받는 경우에는 마치 그 대지와 건물 전부에 대한 공동저당권자와 유사한 지위에 서게 되므로 대지와 건물이 동시에 매각되어 주택임차인에게 그 경매대가를 동시에 배당하는 때에는 민법 제368조 제1항을 유추적용하여 대지와 건물의 경매대가에 비례하여 그 채권의 분담을 정하여야 한다.

④ [正] [大判 1997. 12. 23. 97다39780] 공동저당권자는 공동저당의 목적인 수개의 부동산 중 어느 것이라도 먼저 저당권을 실행하여 피담보채권의 전부나 일부를 자유롭게 우선변제 받을 수 있는 것이므로, 공동저당권자가 위 수개의 부동산 중 먼저 실행된 부동산에 관한 경매절차에서 피담보채권액 중 일부만을 청구하여 이를 배당받았다고 하더라도, 이로써 나머지 피담보채권액 전부 또는 민법 제368조 제1항의 규정에 따른 그 부동산의 책임분담액과 배당액의 차액에 해당하는 채권액에 대하여 아직 경매가 실행되지 아니한 다른 부동산에 관한 저당권을 포기한 것으로 볼 수 없다.

⑤ [誤] 공동저당권자의 실행선택의 자유만을 고집한다면 공동저당권자의 자의에 따라 저당물의 소유자 및/또는 후순위 담보권자에게 현저히 불공평하게 되는 경우가 발생할

뿐만 아니라 부동산의 담보가치를 불필요하게 고정시키는 결과를 초래한다. 따라서 민법은 공동저당권자의 실행선택권을 해하지 않는 범위 내에서 각 부동산의 책임분담액에 관한 합리적 비율을 규정함으로써 관계자 사이의 이해를 조절하고 있다. 결국 동시배당에 관한 제368조의 규정은 오로지 후순위 저당권자를 위한 규정이 아니라 저당물의 소유자 등 당해 저당물에 관하여 이해관계를 가지는 모든 관계자들을 위한 규정이다. 따라서 후순위 저당권자가 없는 경우에도 적용된다.

정답 ⑤

14. 甲은 乙에게 6,000만원을 대여하고 그 담보로 乙소유의 A토지와 B토지에 공동저당으로 각 1번저당권을 설정받았고, 丙은 乙에게 3,000만원을 대여하고 그 담보로 A토지에 2번저당권을 설정받았으며, 丁은 乙에게 2,000만원을 대여하고 그 담보로 B토지에 2번저당권을 설정받았는데, 그 후 乙은 A토지 위에 C건물을 신축하였다(A토지, B토지, C건물이 각 경매될 경우 실제로 배당할 수 있는 금액은, A토지의 경우 8,000만원, B토지의 경우 4,000만원, C건물의 경우 4,000만원이라 가정한다. 이자 및 지연손해금은 고려하지 않음). 이 사례에 관한 설명 중 옳은 것을 모두 고른 것은?(다툼 있으면 판례에 의함) [06년]

㉠ A토지와 B토지, C건물이 동시에 경매되어 배당되는 경우, 甲은 A토지의 매각대금으로부터 3,000만원, B토지의 매각대금으로부터 1,500만원, C건물의 매각대금으로부터 1,500만원을 각 배당받는다.

㉡ A토지와 B토지가 동시에 경매되어 배당되는 경우, 甲은 A토지의 매각대금으로부터 4,000만원, B토지의 매각대금으로부터 2,000만원을 각 배당받는다.

㉢ A토지가 먼저 경매된 경우, 甲은 그 매각대금으로부터 6,000만원 전액을 배당받고, 丙은 잔액 2,000만원을 배당받으며, 후에 B토지가 경매되면 丙이 甲의 저당권을 대위행사하여 1,000만원을 배당받고, 丁은 그 잔액에서 2,000만원을 배당받는다.

㉣ B토지가 먼저 경매된 경우, 甲은 그 매각대금 4,000만원 전액을 배당받고, 후에 A토지가 경매되면 甲은 그 나머지 2,000만원을 배당받고, 丁은 甲의 저당권을 대위행사하여 2,000만원을 배당받고, 丙은 그 잔액에서 3,000만원을 배당받는다.

① ㉡, ㉢   ② ㉡, ㉣   ③ ㉠, ㉢, ㉣
④ ㉡, ㉢, ㉣   ⑤ ㉠, ㉡, ㉢, ㉣

해설

㉠ [誤] ㉡ [正] 乙의 A토지와 B토지만이 甲의 공동저당권의 목적물이다. 따라서 A토지와 B토지, C건물이 모두 동시배당되는 경우에도 甲은 저당권의 목적물이 아닌 C건물로부터는 우선변제를 받지 못한다. 결국 甲은 경매대가에 비례하여(2:1) A토지로부터 4천만원, B토지로부터 2천만원을 배당받을 수 있다.

㉢ [正] 공동저당물이 이시배당된 경우, 선순위공동저당권자는 먼저 배당되는 저당물로부

터 전액 우선변제를 받을 수 있다. A토지의 매각대금이 8천만원이므로 그 매각대금으로부터 甲은 자신의 피담보채권액인 6천만원 전액을 우선하여 배당변제받는다. 한편, 잔액 2천만원(8천만원 - 6천만원)은 후순위저당권자인 丙에게 배당된다. 이 경우, 후순위저당권자인 丙은 동시배당에 비하여 배당상 불이익을 입게 된다. 동시배당이 이루어졌다면 후순위저당권자 丙은 자신의 채권액 3천만원 전액을 배당받을 수 있을 것이기 때문이다. 배당상 불이익을 입은 후순위저당권자 丙은 공동저당권자 甲이 가지는 다른 공동저당물의 저당권을 그 배당상 불이익 범위에서 이전받는다(후순위저당권자 대위). 결국, 丙은 B토지의 매각대금으로부터 그 배당상 불이익 금액인 1천만원 범위에서 甲의 순위에 따라 우선하여 배당변제받는다. 그리고 남은 잔액 3천만원(B토지 매각대금 4천만원 - 丙의 후순위저당권자 대위금액 1천만원) 중 2천만원은 B토지의 후순위저당권자인 丁에게 배당된다.

ⓔ [正] B토지가 먼저 배당되는 경우, B토지 매각대금 4천만원은 전액 선순위공동저당권자 甲에게 배당된다. 한편, 甲은 자기의 채권을 전액 변제받지 못하였기 때문에 A토지의 매각대금으로부터도 우선하여 잔존하는 채권을 변제받는다(저당권의 불가분성). B토지의 후순위저당권자인 丁은 동시배당의 경우, 2천만원 전액을 배당받을 수 있었지만, 현재 B토지의 매각대금으로부터 전혀 배당받지 못한 결과 그 배당상 불이익 금액은 2천만원으로 그 범위에서 A토지의 甲의 저당권을 대위할 수 있다. 따라서 丁은 A토지의 매각대금으로부터 甲이 우선하여 배당받은 금액을 제외한 금액, 즉 6천만원(8천만원 - 2천만원) 중에서 그 배당상 불이익금액인 2천만원을 甲의 순위에서 배당받는다. 그리고 남은 잔액, 4천만원 중에서 3천만원은 丙에게 배당된다.

정답 ④

15. 배점 4 채권자 甲은 乙에 대하여 1,000만원의 대여금채권을 가지고 있고, 이를 담보하기 위하여 채무자 乙 소유의 부동산에 저당권을 설정하였으며 그 외에 보증인 丙이 있다면, 배당금액 또는 대위금액이 큰 순서대로 배열된 것은?(이자는 고려하지 않고, 다른 채권자는 없는 것으로 전제하며, 다툼이 있는 경우에는 판례에 의함) [08년]

(가) 丙이 400만원을, 또 다른 보증인 丁은 600만원을 甲에게 변제하고 저당권 일부 이전의 부기등기를 각 경료한 후 乙의 부동산이 경매되어 매각대금이 800만원인 경우, 丁의 배당금액
(나) (가)의 경우, 丙이 400만원을 변제하면서 甲과 丙 사이에 나머지 600만원에 대해서는 채권자 甲이 丙보다 우선 회수한다는 특약을 하고 후에 丁이 600만원을 甲에게 변제한 경우, 丙의 배당금액
(다) 乙이 저당부동산을 제3자 丁에게 양도하고 丁이 甲에게 1,000만원을 변제한 경우, 丁의 丙에 대한 대위금액
(라) 丙이 400만원을 변제하고 후에 乙의 부동산이 경매되어 매각대금이 800만원인 경우, 甲의 배당금액

① (다) > (가) > (라) > (나)　　② (다) > (가) > (나) > (라)
③ (라) > (나) > (가) > (다)　　④ (다) > (라) > (가) > (나)
⑤ (나) = (라) > (다) > (가)　　⑥ (라) > (가) > (나) > (다)
⑦ (다) > (나) = (라) > (가)　　⑧ (나) = (라) > (가) > (다)

해설

(가) 480만원. 채권의 일부에 관하여 법정대위자가 순차적으로 대위변제를 한 경우, 각 법정대위자는 그 변제한 가액에 비례하여 채권자의 권리를 행사할 수 있다. 따라서 丙 400만원, 丁이 600만원을 대위변제한 경우, 丁은 甲의 근저당권을 丙과 3/5, 2/5의 비율로 준공유하게 된다. 한편 甲의 근저당권을 통하여 우선변제 받을 수 있는 금액이 800만원이므로 800만원의 3/5에 해당하는 금액을 丁이 변제로 인한 대위를 통하여 우선변제 받게 된다.

[大判 2001. 1. 19. 2000다37319] 채권의 일부에 대하여 대위변제가 있는 때에는 대위자는 민법 제483조 제1항에 의하여 그 변제한 가액에 비례하여 채권자의 권리를 행사할 수 있으므로 수인이 시기를 달리하여 채권의 일부씩을 대위변제하고 근저당권 일부이전의 부기등기를 각 경료한 경우 그들은 각 일부대위자로서 그 변제한 가액에 비례하여 근저당권을 준공유하고 있다고 보아야 하고, 그 근저당권을 실행하여 배당함에 있어서는 다른 특별한 사정이 없는 한 각 변제채권액에 비례하여 안분배당하여야 한다.

(나) 320만원. 甲과 丙 사이에 우선변제에 관한 특약을 한 후, 丁이 잔존채무를 대위변제하였다고 하더라도 甲이 丙보다 우선하여 변제받을 수 있는 지위까지 변제로 인한 대위를 통하여 취득하는 것은 아니다. 따라서 丙은 800만원의 2/5에 해당하는 금액에 관해서는 변제로 인한 대위를 통하여 우선변제 받게 된다.

[大判 2001. 1. 19. 2000다37319] 대여금 채권의 잔액을 대위변제한 자가 채권자로부터 근저당권의 일부를 양도받아 채권자를 대위하게 된 경우, 채권자의 채무자에 대한 담보권 외에 일부 대위변제자에 대한 우선변제특약에 따른 권리까지 당연히 대위하거나 이전받는다고 볼 수는 없다.

(다) 0원. 제3취득자는 보증인에 대하여 채권자를 대위할 수 없다(제482조 제2항 제2호). 丁은 제3취득자로서 보증인 丙에게 채권자를 대위할 수 없으므로 丁은 채무자 乙에 대하여 구상권 및 변제로 인한 대위권만을 행사할 수 있을 뿐, 보증인 丙에 대하여 대위할 수 있는 금액은 없다.

(라) 600만원. 보증인의 일부대위변제가 있었다고 하더라도 채권자는 잔존채권액에 관하여 일부대위자보다 우선하여 변제받을 수 있으므로 甲은 잔존채권액 600만원을 우선변제 받게 된다.

[大判 1988. 9. 27. 88다카1797] 변제할 정당한 이익이 있는 자가 채무자를 위하여 채권의 일부를 대위변제할 경우에 대위변제자는 변제한 가액의 범위 내에서 종래 채권자가 가지고 있던 채권 및 담보에 관한 권리를 취득하게 되고 따라서 채권자가 부동산에 대하여 저당권을 가지고 있는 경우에는 채권자는 대위변제자에게 일부 대위변제에

따른 저당권의 일부이전의 부기등기를 경료해 주어야 할 의무가 있다 할 것이나 이 경우에도 채권자는 일부 대위변제자에 대하여 우선변제권을 가지고 있다.
(라)600만원〉(가)400만원〉(나)320만원〉(다)0원

정답 ⑥

16. 부종성에 관한 설명 중 옳은 것만으로 묶인 것은?(다툼 있으면 판례에 의함) [04년]

㉠ 전세권설정계약이 합의해지되고 전세권의 처분이 따르지 않는 전세금반환채권만의 분리양도가 이루어진 경우, 양수인은 유효하게 전세금반환채권을 양수하고, 그로 인하여 전세금반환채권을 담보하는 물권으로서의 전세권은 소멸한다.
㉡ 임차보증금반환채권을 담보할 목적으로 임대인, 임차인 및 제3자 사이의 합의에 따라 제3자 명의로 경료된 전세권설정등기는 효력이 없다.
㉢ 근저당권에 의하여 담보되는 채무가 확정되기 이전에 채무의 범위나 채무자가 변경된 경우, 변경 후의 범위에 속하는 채권이나 채무자에 대한 채권만이 당해 근저당권에 의하여 담보되고 변경 전의 범위에 속하는 채권이나 채무자에 대한 채권은 피담보채무의 범위에서 제외된다.
㉣ 어느 한 사람이 같은 채권의 담보를 위하여 연대보증계약과 물상보증계약을 체결한 경우, 원칙적으로 부종성에 의하여 보증책임의 범위가 담보부동산의 가액 범위 내로 제한된다.
㉤ 근저당권설정계약상의 채무자가 아닌 제3자를 채무자로 하여 경료된 근저당권설정등기는 근저당권의 부종성에 비추어 원인 없는 무효의 등기이다.

① ㉠, ㉡ ② ㉠, ㉤ ③ ㉡, ㉢
④ ㉢, ㉣ ⑤ ㉣, ㉤

해설

㉠ [正] [大判 1999. 2. 5. 97다33997] 전세권이 담보물권적 성격도 가지는 이상 부종성과 수반성이 있는 것이므로 전세권을 그 담보하는 전세금반환채권과 분리하여 양도하는 것은 허용되지 않는다고 할 것이나, 한편 담보물권의 수반성이란 피담보채권의 처분이 있으면 언제나 담보물권도 함께 처분된다는 것이 아니라 채권담보라고 하는 담보물권 제도의 존재 목적에 비추어 볼 때 특별한 사정이 없는 한 피담보채권의 처분에는 담보물권의 처분도 당연히 포함된다고 보는 것이 합리적이라는 것일 뿐이므로, 피담보채권의 처분이 있음에도 불구하고 담보물권의 처분이 따르지 않는 특별한 사정이 있는 경우에는 채권양수인은 담보물권이 없는 무담보의 채권을 양수한 것이 되고 채권의 처분에 따르지 않은 담보물권은 소멸한다.
㉡ [誤] [大判 1998. 9. 4. 98다20981] 임차보증금채권을 담보할 목적으로 임차인과 임대인 및 제3자 사이의 합의에 따라 제3자 명의로 경료된 전세권설정등기는 유효하다.

ⓒ [正] [大判 1999. 5. 14. 97다15777·15784] 근저당권은 당사자 사이의 계속적인 거래관계로부터 발생하는 불특정채권을 어느 시기에 계산하여 잔존하는 채무를 일정한 한도액 범위 내에서 담보하는 저당권으로서 보통의 저당권과 달리 발생 및 소멸에 있어 피담보채무에 대한 부종성이 완화되어 있는 관계로 피담보채무가 확정되기 이전이라면 채무의 범위나 또는 채무자를 변경할 수 있는 것이고, 채무의 범위나 채무자가 변경된 경우에는 당연히 변경 후의 범위에 속하는 채권이나 채무자에 대한 채권만이 당해 근저당권에 의하여 담보되고, 변경 전의 범위에 속하는 채권이나 채무자에 대한 채권은 그 근저당권에 의하여 담보되는 채무의 범위에서 제외된다.

ⓔ [誤] [大判 1990. 1. 25. 88다카26406] 어느 한 사람이 같은 채권의 담보를 위하여 연대보증계약과 물상보증계약을 체결한 경우, 부종성을 인정할 특별한 사정이 없는 한 두 계약은 별개의 계약이므로 보증책임의 범위가 담보부동산의 가액범위 내로 제한된다고 할 수 없다.

ⓜ [正] 근저당권설정계약상의 채무자와 근저당권설정등기상의 채무자가 서로 다른 경우 그 근저당권등기를 유효한 등기라고 할 수 있는가의 문제이다. 이에 대하여 판례는 근저당권설정계약상의 채무자가 아닌 제3자를 채무자로 하여 경료된 근저당권설정등기는 원인무효라고 판단하고 있다.

[大判 1981. 9. 8. 80다1468] 근저당권의 부종성에 비추어 설정계약상의 채무자와 다른 사람을 채무자로 하여 된 근저당권설정등기는 그 피담보채무를 달리한 것이므로 원인 없이 된 등기임을 면치 못한다(A회사로부터 자신의 부동산을 담보로 제공하여 금원을 차용하려던 X가 날인교부한 서류를 A회사의 직원인 B가 위조하여 Y를 채무자로 하는 근저당권설정등기가 경료된 사안에서 위 근저당권설정등기는 원인무효라고 판단한 사례).

✱ 이 문제는 정답조합형의 문제인데, 정답지문이 3개이나, 보기에는 2개 지문만을 조합하고 있다. 이러한 유형의 문제에 유의하여야 할 것이다.

정답 ②

제4절 비전형담보

1. 가등기담보등에관한법률의 내용 및 적용과 관련한 설명으로 옳지 않은 것은?(다툼 있으면 판례에 의함)

[04년]

① 채무자 등은 채권자로부터 청산금을 지급받기 전에는 원칙적으로 채무원리금을 변제하고 소유권이전등기 또는 가등기의 말소를 청구할 수 있다.
② 가등기담보등에관한법률은 재산권 이전의 예약 당시의 그 재산가액이 차용액 및 이에 붙인 이자의 합산액을 초과하는 경우에 한하여 적용된다.
③ 가등기담보등에관한법률은 차용물의 반환에 갈음하여 다른 재산권을 이전할 것을 예약한 경우에 적용되는 것으로서, 매매대금의 지급을 담보하기 위하여 부동산의 소유권을 이전하는 경우에도 적용된다.
④ 담보가등기 후에 대항력 있는 임차권을 취득한 자에게는 청산금의 범위 안에서 동시이행항변에 관한 민법규정을 준용한다.
⑤ 채권자는 담보부동산에 관하여 이미 소유권이전등기가 경료된 경우에는 청산기간 경과 후 청산금을 채무자 등에게 지급한 때에 목적부동산의 소유권을 취득한다.

해설

① [正] 채무자 등은 청산금채권을 변제받을 때까지 그 채무액을 채권자에게 지급하고 채권담보의 목적으로 경료된 소유권이전등기의 말소를 청구할 수 있다(가등기담보등에관한법률 제11조 본문). 법문에는 담보목적의 소유권이전등기만을 규정하고 있으나, 담보로서의 가등기는 피담보채무의 변제에 의하여 소멸하므로 채무자 등이 그 말소를 구할 수 있음은 물론이고 나아가 청산금이 지급되지 않은 채 가등기담보권자 앞으로 본등기가 경료된 경우에도 가등기담보법 제11조가 유추적용된다.
[大判 1994. 6. 28. 94다3087] 채권자가 가등기담보권을 실행하여 그 담보목적부동산의 소유권을 취득하기위하여 채무자에게 담보권 실행을 통지하고 2월의 청산기간이 경과한 후에도 채무자는 정당하게 평가된 청산금을 지급받을 때까지 목적부동산의 소유권이전등기 및 인도채무의 이행을 거절하면서 피담보채무 전액과 그 이자 및 손해금을 지급하고 그 채권담보의 목적으로 경료된 가등기의 말소를 청구할 수 있다.

② [正] [大判 1993. 10. 26. 93다27611] 가등기담보등에관한법률은 재산권 이전의 예약에 의한 가등기담보에 있어서 그 재산의 예약 당시의 가액이 차용액 및 이에 붙인 이자의 합산액을 초과하는 경우에 한하여 그 적용이 있다 할 것이므로, 가등기담보부동산에 대한 예약 당시의 시가가 그 피담보채무액에 미치지 못하는 경우에 있어서는 같은 법 제3, 4조가 정하는 청산금평가액의 통지 및 청산금지급 등의 절차를 이행할 여지가 없다.

③ [誤] 가등기담보법이 적용되는 가등기담보권의 피담보채권이 소비대차나 준소비대차 계약에 의한 채권에 한정되는지에 관하여는 견해의 대립이 있다. 통설은 소비대차에

기한 채권뿐만 아니라 다른 채권도 이에 포함되는 것으로 해석하나, 판례는 소비대차나 준소비대차계약에 의한 채권에 한정된다는 입장이다.
[大判 2001. 1. 5, 2000다47682] 매매대금의 지급을 담보하기 위하여 부동산의 소유권을 이전하는 경우, 가등기담보등에관한법률이 적용되지 않는다.
④ [正] 가등기담보법은 대항력 있는 임차권을 취득한 자에 대하여는 비록 그것이 담보가등기가 설정된 후에 취득된 것이라고 하더라도 목적물의 인도의무와 보증금의 반환의무는 청산금의 범위 내에서 동시이행의 관계에 있다고 규정한다(가등기담보법 제5조 제5항).
⑤ [正] 채권담보 목적으로 소유권이전등기가 이미 경료된 경우에도 그것만으로 소유권을 취득하지 못하고 청산금을 채무자 등에게 지급한 때 비로소 목적부동산의 소유권이 이전된다(가등기담보법 제4조 제2항 전단).

정답 ③

2. 가등기담보등에관한법률에 관한 설명 중 옳지 않은 것은?(다툼 있으면 판례에 의함) [06년]

① 가등기담보채권자가 가등기담보권 실행에 착수하여 채무자 등에게 통지한 청산금의 액수가 객관적인 청산금의 평가액에 미치지 못한다고 하더라도, 담보권실행 통지로서의 효력이나 청산기간의 진행에는 아무런 영향이 없다.
② 가등기담보 실행절차에서 실제 지급할 청산금이 없다고 하더라도, 그 뜻을 채무자 등에게 통지하지 않았다면 채권자는 가등기에 기한 본등기를 청구할 수 없다.
③ 가등기담보권자가 가등기담보권의 실행에 착수하여 채무자 등에게 청산금을 통지한 경우, 자기채권의 변제기가 도래하지 않은 후순위권리자는 그 청산금 평가액에 이의가 있더라도 독자적으로 경매신청을 할 수 없다.
④ 가등기담보를 설정함에 있어서 가등기담보채권자와 가등기담보채무자가, 가등기담보채권자가 청산금을 지급하기 이전에 담보목적물에 관한 본등기를 경료받거나 담보목적물을 인도받을 수 있다는 특약, 청산기간을 인정하지 아니하는 특약을 맺었다면 위 특약은 무효이다.
⑤ 가등기가 금전소비대차나 준소비대차에 기한 차용금반환채무와 그 외의 원인으로 발생한 채무를 동시에 담보할 목적으로 경료되었으나, 그 후 금전소비대차나 준소비대차에 기한 차용금반환채무만이 남게 된 경우, 그 가등기담보에 대해서도 가등기담보등에관한법률이 적용된다.

해 설

① [正] 가등기담보권자가 실행통지할 사항으로 청산금의 평가액이란 주관적 평가액으로 족하다는 것이 판례의 입장이다.
[大判 1996. 7. 30, 96다6974·6981] 채권자가 가등기담보권을 실행하여 그 담보목적 부동산의 소유권을 취득하기 위하여 채무자 등에게 하는 담보권 실행의 통지에는 채권

자가 주관적으로 평가한 통지 당시의 목적부동산의 가액과 피담보채권액을 명시함으로써 청산금의 평가액을 채무자 등에게 통지하면 족하다.

② [正] [大判 2001. 8. 24, 2000다15661] 채권의 담보 목적으로 양도된 재산에 관한 담보권의 실행은 다른 약정이 없는 한 처분정산이나 귀속정산 중 채권자가 선택하는 방법에 의할 수 있는 바, 그 재산에 관한 담보권이 귀속정산의 방법으로 실행되어 채권자에게 확정적으로 이전되기 위해서는 채권자가 이를 적정한 가격으로 평가한 후 그 가액으로 피담보채권의 원리금에 충당하고 그 잔액을 반환하거나, 평가액이 피담보채권액에 미달하는 경우에는 채무자에게 그와 같은 내용의 통지를 하는 등 정산절차를 마쳐야 하며, 귀속정산의 통지방법에는 아무런 제한이 없어 구두로든 서면으로든 가능하고, 담보부동산의 평가액이 피담보채권액에 미달하는 경우에는 청산금이 있을 수 없으므로 귀속정산의 통지방법으로 부동산의 평가액 및 채권액을 구체적으로 언급할 필요 없이 그 미달을 이유로 채무자에 대하여 담보권의 실행으로 그 부동산을 확정적으로 채권자의 소유로 귀속시킨다는 뜻을 알리는 것으로 족하다.

③ [誤] 채권자의 청산금평가액 자체에 이의가 있는 후순위권리자는 청산기간 내에 자기 채권의 변제기가 도래하기 전이라고 하더라도 독자적으로 경매신청을 하여 가등기담보권자의 사적 실행을 저지할 수 있다(가등기담보법 제12조 제2항).

④ [正] [大判 2002. 12. 10, 2002다42001] 가등기담보등에관한법률이 제3조와 제4조에서 가등기담보권의 사적 실행방법으로 귀속정산의 원칙을 규정함과 동시에 제12조와 제13조에서 그 공적 실행방법으로 경매의 청구 및 우선변제청구권 등 처분정산을 별도로 규정하고 있는 점, 위 제4조가 제1항 내지 제3항에서 채권자의 청산금 지급의무, 청산기간 경과와 본등기청구, 청산금의 지급의무와 부동산의 소유권이전등기 및 인도 채무의 동시이행관계 등을 순차로 규정한 다음, 제4항에서 제1항 내지 제3항에 반하는 특약으로서 채무자 등에게 불리한 것은 그 효력이 없다(다만, 청산기간 경과 후에 행하여진 특약으로서 제3자의 권리를 해하지 아니하는 경우는 제외된다.)고 규정하고 있는 점, 나아가 제11조는 채무자 등이 청산금 채권을 변제받을 때까지 그 채무액을 채권자에게 지급하고 그 채권담보의 목적으로 경료된 소유권이전등기의 말소를 청구할 수 있다고 규정하고 있는 점 등을 종합하여 보면, 가등기담보권의 사적 실행에 있어서 채권자가 청산금의 지급 이전에 본등기와 담보목적물의 인도를 받을 수 있다거나 청산기간이나 동시이행관계를 인정하지 아니하는 "처분정산"형의 담보권실행은 가등기담보등에관한법률상 허용되지 아니한다.

⑤ [正] [大判 2004. 4. 27, 2003다29968] 가등기담보등에관한법률은 차용물의 반환에 관하여 다른 재산권을 이전할 것을 예약한 경우에 적용되므로 금전소비대차나 준소비대차에 기한 차용금반환채무 이외의 채무를 담보하기 위하여 경료된 가등기나 양도담보에는 위 법이 적용되지 아니하나, 금전소비대차나 준소비대차에 기한 차용금반환채무와 그 외의 원인으로 발생한 채무를 동시에 담보할 목적으로 경료된 가등기나 소유권이전등기라도 그 후 후자의 채무가 변제 기타의 사유로 소멸하고 금전소비대차나 준소비대차에 기한 차용금반환채무의 전부 또는 일부만이 남게 된 경우에는 그 가등기담보나 양도담보에 가등기담보등에관한법률이 적용된다.

정답 ③

3. 배점 3 가등기담보에 관한 설명 중 옳은 것(○)과 옳지 않은 것(×)을 바르게 표시한 것은?(다툼 있으면 판례에 의함) [07년]

㉠ 가등기담보채권자가 가등기담보채권을 실행하기 이전에 그의 계약상의 권리를 보전하기 위하여 가등기담보채무자의 제3자에 대한 선순위 가등기의 피담보채무를 대위변제하여 구상권이 발생하였다면, 특별한 사정이 없는 한 이 구상권도 가등기담보계약에 의하여 담보된다.

㉡ 채권담보를 목적으로 가등기를 하는 경우에는 원칙적으로 채권자와 가등기 명의자가 동일인이 되어야 하지만, 제3자 명의의 가등기가 유효하다고 볼 수 있는 특별한 경우에는 그 가등기는 부동산실권리자명의등기에관한법률이 금지하고 있는 실권리자 아닌 자의 등기라고 할 수 없다.

㉢ 가등기담보권 실행통지의 상대방은 채무자와 목적부동산의 물상보증인 및 가등기담보 후에 소유권을 취득한 제3자이다. 그리고 통지의 상대방이 수인이면 그들 모두에게 실행의 통지를 하여야 하고, 일부에 대하여 통지가 누락되면 통지로서의 효력이 발생하지 않는다.

㉣ 가등기담보권의 실행에 있어 채권자는 법률이 정하는 방법에 따라 목적부동산의 가액을 평가하여 통지해야 하며, 그 평가액이 객관적 가액에 미치지 못하면 실행통지로서의 효력이 없다.

① ㉠(○), ㉡(○), ㉢(×), ㉣(○) ② ㉠(○), ㉡(○), ㉢(○), ㉣(○)
③ ㉠(×), ㉡(○), ㉢(○), ㉣(×) ④ ㉠(○), ㉡(○), ㉢(×), ㉣(×)
⑤ ㉠(○), ㉡(×), ㉢(×), ㉣(×) ⑥ ㉠(○), ㉡(○), ㉢(○), ㉣(×)
⑦ ㉠(×), ㉡(○), ㉢(×), ㉣(○) ⑧ ㉠(○), ㉡(×), ㉢(×), ㉣(○)

해설

㉠ [正] [大判 2002. 6. 11. 99다41657] 가등기담보 채권자가 가등기담보권을 실행하기 이전에 그의 계약상의 권리를 보전하기 위하여 가등기담보 채무자의 제3자에 대한 선순위 가등기담보채무를 대위변제하여 구상권이 발생하였다면 특별한 사정이 없는 한 이 구상권도 가등기담보계약에 의하여 담보된다고 보는 것이 상당하다.

㉡ [正] [大判 2000. 12. 12. 2000다49879] 채권담보의 목적으로 채무자 소유의 부동산을 담보로 제공하여 저당권을 설정하는 경우에는 담보물권의 부종성의 법리에 비추어 원칙적으로 채권과 저당권이 그 주체를 달리할 수 없는 것이지만, 채권자 아닌 제3자의 명의로 저당권등기를 하는 데 대하여 채권자와 채무자 및 제3자 사이에 합의가 있었고, 나아가 제3자에게 그 채권이 실질적으로 귀속되었다고 볼 수 있는 특별한 사정이 있거나, 거래경위에 비추어 제3자의 저당권등기가 한낱 명목에 그치는 것이 아니라 그 제3자도 채무자로부터 유효하게 채권을 변제받을 수 있고 채무자도 채권자나 저당권 명의자인 제3자 중 누구에게든 채무를 유효하게 변제할 수 있는 관계 즉 묵시적으

로 채권자와 제3자가 불가분적 채권자의 관계에 있다고 볼 수 있는 경우에는, 그 제3자 명의의 저당권등기도 유효하다고 볼 것인 바, 이러한 법리는 저당권의 경우뿐 아니라 채권 담보를 목적으로 가등기를 하는 경우에도 마찬가지로 적용된다고 보아야 할 것이고, 이러한 법리가 부동산실권리자명의등기에관한법률에 규정된 명의신탁약정의 금지에 위반된다고 할 것은 아니다.

ⓒ [正] [大判 1995. 4. 28, 94다36162] 가등기담보권 실행통지는 채무자 등 모두에게 하여야 하는 것으로서 채무자 등의 전부 또는 일부에 대하여 통지를 하지 않으면 청산기간이 진행할 수 없게 되고, 따라서 가등기담보권자는 그 후 적절한 청산금을 지급하였다 하더라도 가등기에 기한 본등기를 청구할 수 없으며, 양도담보의 경우에는 그 소유권을 취득할 수 없다.

ⓔ [誤] [大判 1996. 7. 30, 96다6974·6981] 채권자가 가등기담보권을 실행하여 그 담보목적 부동산의 소유권을 취득하기 위하여 채무자 등에게 하는 담보권 실행의 통지에는 채권자가 주관적으로 평가한 통지 당시의 목적부동산의 가액과 피담보채권액을 명시함으로써 청산금의 평가액을 채무자 등에게 통지하면 족하다.

정답 ⑥

4. 양도담보에 관한 설명 중 옳지 않은 것은? (다툼 있으면 판례에 의함) [02년]

① 동산의 양도담보권설정자가 점유 중인 양도담보 목적물을 선의의 제3자에게 처분한 경우에 그 제3자는 양도담보권의 부담 없는 소유권을 취득한다.
② 성장을 계속하는 어류일지라도 특정 양어장 내의 어류 전부에 대한 양도담보계약은 유효하게 성립한다.
③ 부동산양도담보의 경우 특별한 사정이 없는 한 목적부동산에 대한 사용·수익권은 채무자인 양도담보권 설정자에게 있다.
④ 양도담보권자는 담보권의 실행을 위하여 담보채무자가 아닌 제3자에 대하여도 담보물의 인도를 구할 수 있고, 인도를 거부하는 경우에는 임료 상당의 손해배상을 구할 수 있다.
⑤ 양도담보권자가 담보부동산 위에 건물을 신축한다거나 담보부동산에 관하여 제3자에게 근저당권을 설정해 주는 것은 담보권 실행으로서의 환가처분으로 볼 수 없다.

해설

① [正] 동산양도담보의 법적 성질에 관하여는 견해의 대립이 있다. 다수설과 판례는 신탁적 소유권이전설의 입장을 취하고 있다. 신탁적 소유권이전설에 의하면 대외적 관계에서는 소유권이 이전한다. 따라서 대외적 관계에서 양도담보설정자는 소유권을 상실하고 양도담보권자는 소유권을 취득한다. 따라서 양도담보설정자의 처분은 무권리자의 처분으로 제3자는 소유권을 승계취득할 수 없다. 그러나 제3자가 선의 무과실이라면 선의취득이 가능하고, 제3자가 선의취득을 하게 되면 목적물에 존재하는 양도담

보권은 소멸한다.

② [正] 유동집합물에 관한 양도담보도 특정이 가능하다면 이를 허용하는 것이 판례이다. [大判 1990. 12. 26. 88다카20224] 일반적으로 일단의 증감 변동하는 동산을 하나의 물건으로 보아 이를 채권담보의 목적으로 삼으려는 이른바 집합물에 대한 양도담보설정계약 체결도 가능하며 이 경우 그 목적 동산이 담보설정자의 다른 물건과 구별될 수 있도록 그 종류, 장소 또는 수량지정 등의 방법에 의하여 특정되어 있으면 그 전부를 하나의 재산권으로 보아 이에 유효한 담보권의 설정이 된 것으로 볼 수 있다.

③ [正] 부동산양도담보에 관하여 다수설과 판례는 담보물권설을 취하고 있다. 따라서 양도담보설정자는 원칙적으로 소유자로서 당해 부동산의 사용·수익권을 가진다. 한편, 신탁적 소유권이전설을 취하는 견해에 의하더라도 소유권이 이전한 것은 담보목적으로 이전한 것이므로 사용·수익권은 특별한 사정이 없는 한 양도담보설정자가 가진다고 한다.

④ [誤] 양도담보권자는 담보권실행을 위하여 제3자에 대하여 물건의 인도를 청구할 수는 있다. 만약 제3자가 인도를 거부하는 경우에는 담보권침해를 이유로 손해배상을 청구할 수는 있으나, 임료상당의 손해배상을 청구할 수는 없다. 이는 양도담보권이 목적물을 사용·수익하는 권리를 내용으로 하고 있지 않기 때문이다. 판례도 같은 취지이다. [大判 1991. 10. 8. 90다9780] 양도담보권자는 담보권의 실행을 위하여 담보채무자가 아닌 제3자에 대하여도 담보물의 인도를 구할 수 있고, 인도를 거부하는 경우에는 담보권실행이 방해된 것을 이유로 하는 손해배상을 구할 수는 있으나, 그러한 경우에도 양도담보권자에게는 목적부동산에 대한 사용·수익권이 없으므로 임료 상당의 손해배상을 구할 수는 없다.

⑤ [正] [大判 1993. 9. 28. 92다32814] 양도담보에 있어서 채권자의 담보권 실행은 당사자의 약정에 따라 환가처분을 하거나 평가하여 정산을 하는 것이므로 양도담보권자가 담보부동산 위에 건물을 신축하거나 담보부동산 위에 제3자를 위한 근저당권을 설정하는 것은 자신의 담보권의 활용에 불과할 뿐, 이를 담보권의 실행이라고 할 수 없다.

정답 ④

5. 배점 3 다음 설명 중 옳지 않은 것을 모두 고른 것은?(다툼 있으면 판례에 의함) [08년]

㉠ 동산양도담보는 점유개정의 방식으로도 설정될 수 있는 바, 채무자가 채권자 甲에게 자신 소유의 동산을 점유개정 방식으로 양도담보로 제공한 후, 다시 그 동산을 다른 채권자인 乙에게 점유개정 방식으로 양도담보로 제공한 경우, 乙은 후순위의 양도담보권을 취득한다.

㉡ 준소비대차에 기한 차용금반환채무와 매매대금채무를 동시에 담보할 목적으로 마쳐진 소유권이전등기라도, 그 후 후자의 채무가 변제로 소멸하고 전자의 채무만이 남게 된 경우, 그 양도담보에 가등기담보등에관한법률이 적용된다.

ⓒ 돈사에서 대량으로 사육되는 돼지를 집합물에 대한 양도담보의 목적물로 삼은 경우, 제3자가 선의취득의 요건을 갖추지 못한 채 양도담보의 목적물인 돼지를 양수하였다면, 그 양도담보권의 효력은 양도담보의 목적물인 돼지가 낳은 새끼돼지뿐만 아니라 그 제3자가 별도의 자금을 투입하여 새로 반입한 돼지에도 미친다.

ⓔ 부동산을 채권담보의 목적으로 양도한 경우, 목적부동산에 대한 사용·수익권은 양도담보설정자에게 있으므로, 설정자와 양도담보권자 사이에 양도담보권자가 목적물을 사용·수익하기로 하는 약정이 있더라도 목적부동산을 임대할 권한은 여전히 양도담보설정자에게 있다.

① ㉠, ㉡, ㉢, ㉣
② ㉠, ㉡, ㉣
③ ㉠, ㉢, ㉣
④ ㉡, ㉢, ㉣
⑤ ㉠, ㉣
⑥ ㉡, ㉢
⑦ ㉠, ㉢
⑧ ㉢, ㉣

해설

㉠ [誤] [大判 2004. 10. 28. 2003다30463] 금전채무를 담보하기 위하여 채무자가 그 소유의 동산을 채권자에게 양도하되 점유개정에 의하여 채무자가 이를 계속 점유하기로 한 경우 특별한 사정이 없는 한 동산의 소유권은 신탁적으로 이전됨에 불과하여 채권자와 채무자 사이의 대내적 관계에서 채무자는 의연히 소유권을 보유하나 대외적인 관계에 있어서 채무자는 동산의 소유권을 이미 채권자에게 양도한 무권리자가 되는 것이어서 다시 다른 채권자와의 사이에 양도담보 설정계약을 체결하고 점유개정의 방법으로 인도를 하더라도 선의취득이 인정되지 않는 한 나중에 설정계약을 체결한 채권자는 양도담보권을 취득할 수 없는데, 현실의 인도가 아닌 점유개정으로는 선의취득이 인정되지 아니하므로, 결국 뒤의 채권자는 양도담보권을 취득할 수 없다.

㉡ [正] [大判 2004. 4. 27. 2003다29968] 가등기담보등에관한법률은 차용물의 반환에 관하여 다른 재산권을 이전할 것을 예약한 경우에 적용되므로 금전소비대차나 준소비대차에 기한 차용금반환채무 이외의 채무를 담보하기 위하여 경료된 가등기나 양도담보에는 위 법이 적용되지 아니하나, 금전소비대차나 준소비대차에 기한 차용금반환채무와 그 외의 원인으로 발생한 채무를 동시에 담보할 목적으로 경료된 가등기나 소유권이전등기라도 그 후 후자의 채무가 변제 기타의 사유로 소멸하고 금전소비대차나 준소비대차에 기한 차용금반환채무의 전부 또는 일부만이 남게 된 경우에는 그 가등기담보나 양도담보에 가등기담보등에관한법률이 적용된다.

ⓒ [誤] [大判 2004. 11. 12. 2004다22858] 돈사에서 대량으로 사육되는 돼지를 집합물에 대한 양도담보의 목적물로 삼은 경우, 위 양도담보권의 효력은 양도담보설정자로부터 이를 양수한 양수인이 당초 양수한 돈사 내에 있던 돼지들 및 통상적인 양돈방식에 따라 그 돼지들을 사육·관리하면서 돼지를 출하하여 얻은 수익으로 새로 구입하거나 그 돼지와 교환한 돼지 또는 그 돼지로부터 출산시켜 얻은 새끼돼지에 한하여 미치는

것이지 양수인이 별도의 자금을 투입하여 반입한 돼지에까지는 미치지 않는다.
- ㉣ [誤] 양도담보권자가 목적물을 사용·수익하기로 하는 별도의 약정이 있다면 그 약정에 따라 양도담보권자가 임대할 권한 등을 가지게 되지만, 그와 같은 별도의 약정이 없다면 목적부동산을 임대할 권한은 양도담보설정자에게 있다.
[大判 2001. 12. 11. 2001다40213] 일반적으로 부동산을 채권담보의 목적으로 양도한 경우 특별한 사정이 없는 한 목적부동산에 대한 사용·수익권은 채무자인 양도담보설정자에게 있는 것이므로 설정자와 양도담보권자 사이에 양도담보권자가 목적물을 사용·수익하기로 하는 약정이 없는 이상 목적부동산을 임대할 권한은 양도담보설정자에게 있다.

정답 ③

6. 배점 4 甲은 乙에게 돈을 빌려주었다. 그 원리금 반환채무를 담보하기 위해 乙은 약정 당시의 가액이 원금과 약정 변제기까지의 이자의 합산액을 초과하는 자신의 건물을 甲에게 양도하기로 하는 담보계약을 체결하고, 甲 명의로 소유권이전등기를 해주었는데, 甲과 乙의 약정에 따라 乙이 위 건물을 사용·수익하고 있다. 다음 설명 중 옳은 것은? (다툼 있으면 판례에 의함) [11년]

① 「가등기담보 등에 관한 법률」은 부동산의 양도담보와 관련하여, 피담보채권의 범위에 관하여는 저당권의 피담보채권에 관한 민법 제360조에 의하도록 하고 있으나, 지연손해금의 경우 甲은 乙에 대하여는 저당권자와 달리 원본의 이행기일을 경과한 후의 1년분에 한하여 양도담보권을 행사할 수 있다.
② 乙이 건물을 丙에게 임대한 경우, 甲이 그 대외적 소유자이므로, 甲은 양도담보권을 실행하기 전에도 丙에게 건물의 사용·수익을 하지 못한 것을 이유로 임료 상당의 손해배상이나 부당이득의 반환을 청구할 수 있다.
③ 乙이 甲 앞으로 위 양도담보계약에 기한 소유권이전등기절차를 이행하지 않았다고 가정하면, 甲은 「가등기담보 등에 관한 법률」에 따른 청산절차를 취하지 않고도 양도담보계약에 기하여 甲 명의의 소유권이전등기를 청구할 수 있다.
④ 건물의 소유권은 甲에게 신탁적으로 이전되므로, 甲이 「가등기담보 등에 관한 법률」에 따라 지급하여야 할 청산금을 지급하기 전에 건물을 丙에게 처분한 경우, 양수인 丙의 선의·악의를 묻지 않고 乙은 丙에게 그 소유권이전등기의 말소를 청구할 수 없다.
⑤ 乙의 채무가 변제기를 도과한 경우, 甲은 건물을 타인에게 처분하여 정산하기 위한 환가절차의 일환으로 직접 건물의 소유권에 기하여 乙에게 그 인도를 구할 수 있다.

해설

* 양도담보에 관한 사례문제이다. 양도담보에 대해서도 가등기담보법이 적용될 수 있다. 다만, 피담보채무가 소비대차 혹은 준소비대차에 기초한 반환채무인 경우에만 적용된다. 사안의 경우에는 소비대차에 기초한 반환채무의 담보를 위하여 양도담보를 한 것이므로 가등기담보법이 적용될 수 있다.

① [誤] 양도담보권자의 우선변제적 효력에 관한 제360조 규정이 피담보채무자인 양도담보설정자에게도 적용되는지 여부를 묻는 지문이다. 지연손해금은 이행기일을 경과한 후 1년분에 한하여 우선변제 받을 수 있다는 제한이 피담보채무자인 양도담보설정자에게도 적용되는지를 묻고 있다. 제360조 단서는 제3자에 대한 관계에서 적용될 뿐 피담보채권의 채무자에 대한 관계에서는 적용되지 않는다. 양도담보권자인 甲은 채무자인 乙에 대해서는 약속한 전 채권에 대하여 양도담보권을 행사할 수 있다.
[大判 1992. 5. 12. 90다8855] 저당권의 피담보채무의 범위에 관하여 <u>민법 제360조가 지연배상에 대하여는 원본의 이행기일을 경과한 후의 1년분에 한하여 저당권을 행사할 수 있다고 규정하고 있는 것은 저당권자의 제3자에 대한 관계에서의 제한이며 채무자나 저당권설정자가 저당권자에 대하여 대항할 수 있는 것이 아니고, 민법 제360조가 양도담보의 경우에 준용된다고 하여도 마찬가지로 해석하여야 할 것인 만큼, 양도담보의 채무자가 양도담보권자에 대하여 민법 제360조에 따른 피담보채권의 제한을 주장할 수는 없는 것이다.</u>

② [誤] 양도담보제공자인 乙이 丙에게 임대한 경우, 양도담보권자 甲이 丙에 대하여 임료상당의 손해배상이나 부당이득의 반환을 청구할 수 있는지를 묻는 지문이다. 이는 임차인 丙의 점유할 권리가 인정되는지 여부를 묻는 지문이다. 甲과 乙의 약정에 따라 乙이 양도담보 목적물에 대한 사용·수익권을 가지고 있고, 乙의 사용·수익권에 기초하여 丙이 임차권을 취득한 것이므로 丙의 임차권은 甲에 대한 관계에서도 적법하고 유효한 것으로 된다. 따라서 손해배상이나 부당이득반환의 문제는 발생하지 않는다.
[大判 1988. 11. 22. 87다카2555] 일반적으로 부동산을 채권담보의 목적으로 양도한 경우 특별한 사정이 없는 한 목적부동산에 대한 사용·수익권은 채무자인 양도담보설정자에게 있는 것이므로 양도담보권자는 사용·수익할 수 있는 정당한 권한이 있는 채무자나 채무자로부터 그 사용·수익할 수 있는 권한을 승계한 자에 대하여는 사용·수익을 하지 못한 것을 이유로 임료상당의 손해배상이나 부당이득 반환청구는 할 수 없다.

③ [正] 청산절차를 거치지 않고서 양도담보계약에 기한 소유권이전등기청구를 할 수 있는지 여부를 묻는 지문이다. 채권자는 담보목적부동산에 관하여 이미 소유권이전등기를 마친 경우에는 청산기간이 지난 후 청산금을 채무자 등에게 지급한 때에 담보목적부동산의 소유권을 취득한다(가등기담보 등에 관한 법률 제4조 제2항 본문). 청산절차를 거쳐야 양도담보권 실행에 의한 소유권 취득이 가능하다. 그러나 양도담보계약에 기초한 소유권이전등기청구는 양도담보권 실행이 아니다. 따라서 청산절차를 거쳤는지 여부와 무관하게 소유권이전등기를 청구할 수 있다.

[大判 1996. 11. 15. 96다31116] 차용금채무의 담보를 위한 양도담보계약이 체결되었으나 그에 따른 소유권이전등기가 경료되지 않은 경우, 양도담보는 그 담보계약에 따라 소유권이전등기를 경료함으로써 비로소 담보권이 발생하는 것이므로 채권자는 가등기담보등에 관한 법률상의 청산절차를 밟기 전에 우선 담보계약에 따른 소유권이전등기절차의 이행을 구하여 소유권이전등기를 받은 다음 같은 법에 따른 청산절차를 밟으면 되고, 따라서 채무자는 같은 법 소정의 청산절차가 없었음을 이유로 그 소유권이전등기절차이행을 거절할 수는 없다.

④ [誤] 청산금 지급 전에 양도담보권자가 처분한 경우의 효과를 묻는 지문이다. 채무자 등은 청산금채권을 변제받을 때까지 그 채무액을 채권자에게 지급하고 그 채권담보의 목적으로 마친 소유권이전등기의 말소를 청구할 수 있다. 다만 그 채무의 변제기가 지난 때부터 10년이 지나거나 선의의 제3자가 소유권을 취득한 경우에는 그러하지 아니한다(가등기담보 등에 관한 법률 제11조). 악의의 양수인이 소유권을 취득한 경우에는 악의의 양수인은 보호되지 아니한다.

⑤ [誤] 피담보채무의 변제기가 도래한 경우, 양도담보권자가 채무자에 대하여 소유권에 기초한 반환청구를 할 수 있는지 여부를 묻는 지문이다. 대내적 관계에서는 소유권자가 양도담보제공자이므로(신탁적 소유권이전설) 소유권에 기초한 반환청구를 할 수는 없다. 다만, 양도담보권 실행을 원인으로 반환청구를 할 수는 있다.

[大判 1991. 11. 8. 91다21770] …〈前略〉 채권담보를 위하여 소유권이전등기를 경료한 양도담보권자는 채무자가 변제기를 도과하여 피담보채무의 이행지체에 빠졌을 때에는 담보계약에 의하여 취득한 목적 부동산의 처분권을 행사하기 위한 환가절차의 일환으로서 즉, 담보권의 실행으로서 채무자에 대하여 그 목적 부동산의 인도를 구할 수 있고 제3자가 채무자로부터 적법하게 목적 부동산의 점유를 이전받아 있는 경우 역시 그 목적 부동산의 인도청구를 할 수 있다 할 것이나 <u>직접 소유권에 기하여 그 인도를 구할 수는 없다</u>고 보아야 할 것인 바, 원심이 확정한 사실에 의하면 이 사건 부동산은 위 박종성의 위 김태신에 대한 대지매매잔금채권의 담보로 제공된 것이고, 피고는 채무자인 위 김태신으로부터 이를 대금 13,000,000원에 분양받았으며, 원고는 실질적 담보권자인 위 박종성의 명의수탁자라는 것이므로 이 사건의 경우 청구권원을 소유권 또는 담보권의 실행 어느 것으로 주장하느냐에 따라 판결 결과가 달라질 수 있다 할 것이고, 또한 기록상 <u>원고는 소유권만을 이 사건 청구권원으로 삼을 뿐 담보권의 실행을 그 청구권원으로 삼지 않고 있다</u>. 따라서 원심판결에는 이 사건 청구권원을 둘 다 인용하여 판시함으로써 이유모순의 위법을 범하였을 뿐만 아니라 <u>이 사건 청구권원이 담보권실행임을 전제로 판시를 함으로써 변론주의의 원칙도 위배한 위법</u>이 있고 이러한 잘못은 판결 결과에 영향을 미쳤다고 할 것이어서 이 점을 지적하는 논지는 이유 있다 할 것이다.

정답 ③

7. **배점 2** 가등기담보와 양도담보에 관한 설명 중 옳지 않은 것은?(다툼 있으면 판례에 의함) [09년]

① 「가등기담보 등에 관한 법률」은 차용물의 반환에 관하여 다른 재산권을 이전할 것을 예약한 경우에 적용되므로 매매대금채권을 담보하기 위하여 가등기를 한 경우에는 위 법률이 적용되지 않는다.
② 재산권 이전의 예약 당시 재산에 대하여 선순위 근저당권이 설정되어 있는 경우에는, 재산의 가액에서 위 근저당권의 피담보채무액을 공제한 나머지 가액이 차용액 및 이에 붙은 이자의 합산액을 초과하는 경우에만 「가등기담보 등에 관한 법률」이 적용된다.
③ 채무자가 금전채무 담보를 위하여 그 소유의 동산을 채권자에게 양도하되 점유개정에 의하여 이를 계속 점유하기로 약정한 후, 다시 다른 채권자와 양도담보설정계약을 체결하고 점유개정의 방법으로 인도하더라도 뒤의 채권자는 양도담보권을 취득할 수 없다.
④ 가등기나 소유권이전등기가 금전소비대차나 준소비대차에 기한 차용금반환채무와 그 외의 원인으로 발생한 채무를 동시에 담보할 목적으로 경료된 후, 후자의 채무가 변제 기타의 사유로 소멸하고 금전소비대차나 준소비대차에 기한 차용금반환채무만이 남게 된 경우에는, 그 가등기담보나 양도담보에 「가등기담보 등에 관한 법률」이 적용되지 아니한다.
⑤ 차용금채무의 담보를 위한 양도담보계약이 체결되었으나 그에 따른 소유권이전등기가 경료되지 않은 경우, 채권자는 「가등기담보 등에 관한 법률」상의 청산절차를 밟기 전에 우선 담보계약에 따른 소유권이전등기절차의 이행을 구하여 소유권이전등기를 받은 다음 같은 법에 따른 청산절차를 밟으면 되고, 채무자는 같은 법 소정의 청산절차가 없었음을 이유로 그 소유권이전등기절차의 이행을 거절할 수 없다.

해설

① [正] [大判 1995. 4. 21. 94다26080] 가등기담보등에관한법률은 <u>차용물의 반환에 관하여 다른 재산권을 이전할 것을 예약한 경우에</u> 적용된다.
② [正] [大判 2006. 8. 24. 2005다61140] 가등기담보 등에 관한 법률은 재산권 이전의 예약에 의한 가등기담보에 있어서 재산의 예약 당시의 가액이 차용액 및 이에 붙인 이자의 합산액을 초과하는 경우에 적용되는 바, <u>재산권 이전의 예약 당시 재산에 대하여 선순위근저당권이 설정되어 있는 경우에는 재산의 가액에서 피담보채무액을 공제한 나머지 가액이 차용액 및 이에 붙인 이자의 합산액을 초과하는 경우에만</u> 적용된다.
③ [正] [大判 2004. 10. 28. 2003다30463] 금전채무를 담보하기 위하여 채무자가 그 소유의 동산을 채권자에게 양도하되 점유개정에 의하여 채무자가 이를 계속 점유하기로 한 경우 특별한 사정이 없는 한 동산의 소유권은 신탁적으로 이전됨에 불과하여 채권자와 채무자 사이의 대내적 관계에서 채무자는 의연히 소유권을 보유하나 대외적인 관계에 있어서 채무자는 동산의 소유권을 이미 채권자에게 양도한 무권리자가 되는

것이어서 다시 다른 채권자와의 사이에 양도담보 설정계약을 체결하고 점유개정의 방법으로 인도를 하더라도 선의취득이 인정되지 않는 한 나중에 설정계약을 체결한 채권자는 양도담보권을 취득할 수 없는데, 현실의 인도가 아닌 점유개정으로는 선의취득이 인정되지 아니하므로, 결국 뒤의 채권자는 양도담보권을 취득할 수 없다.

④ [誤] [大判 2004. 4. 27, 2003다29968] 가등기담보등에관한법률은 차용물의 반환에 관하여 다른 재산권을 이전할 것을 예약한 경우에 적용되므로 금전소비대차나 준소비대차에 기한 차용금반환채무 이외의 채무를 담보하기 위하여 경료된 가등기나 양도담보에는 위 법이 적용되지 아니하나, 금전소비대차나 준소비대차에 기한 차용금반환채무와 그 외의 원인으로 발생한 채무를 동시에 담보할 목적으로 경료된 가등기나 소유권이전등기라도 그 후 후자의 채무가 변제 기타의 사유로 소멸하고 금전소비대차나 준소비대차에 기한 차용금반환채무의 전부 또는 일부만이 남게 된 경우에는 그 가등기담보나 양도담보에 가등기담보등에관한법률이 적용된다.

⑤ [正] [大判 1996. 11. 15, 96다31116] 차용금채무의 담보를 위한 양도담보계약이 체결되었으나 그에 따른 소유권이전등기가 경료되지 않은 경우, 양도담보는 그 담보계약에 따라 소유권이전등기를 경료함으로써 비로소 담보권이 발생하는 것이므로 채권자는 가등기담보등에관한법률상의 청산절차를 밟기 전에 우선 담보계약에 따른 소유권이전등기절차의 이행을 구하여 소유권이전등기를 받은 다음 같은 법에 따른 청산절차를 밟으면 되고, 따라서 채무자는 같은 법 소정의 청산절차가 없었음을 이유로 그 소유권이전등기절차이행을 거절할 수는 없다.

정답 ④

제3편 채권총론

제1장   채권법 서론·채권의 목적
제2장   채권의 소멸
제3장   채권관계의 장애
제4장   책임재산의 보전
제5장   다수당사자의 채권관계
제6장   채권양도와 채무인수

제1장 채권법 서론·채권의 목적

1. 배점 2 다음 설명 중 옳은 것을 모두 고른 것은? (다툼 있으면 판례에 의함) [11년]

ㄱ. 현행 「이자제한법」 시행 후 원금과 제한최고이율을 초과하는 이자를 채무자가 모두 임의로 지급한 경우, 채권자의 초과수령 이자에 관한 반환채무는 자연채무이다.
ㄴ. 부제소합의에 따라 소구하지 않기로 한 채무는 자연채무가 아니다.
ㄷ. 당사자의 합의에 의하여 강제집행하지 않기로 한 채무는 책임 없는 채무에 해당한다.
ㄹ. 상속을 한정승인한 경우, 상속된 채무는 책임이 제한된 채무에 해당한다.
ㅁ. 파산절차에서 면책을 받은 채무는 자연채무가 아니다.

① ㄱ, ㄴ　　② ㄴ, ㅁ　　③ ㄷ, ㄹ　　④ ㄱ, ㄹ　　⑤ ㄷ, ㅁ

해설

* 자연채무, 책임 없는 채무 등의 개념을 묻는 문제이다.

ㄱ. [誤] ㄴ. [誤] ㅁ. [誤] 자연채무의 개념을 묻는 지문이다. 자연채무란 법적 채무이기는 하나, 소구가능성이 없는 채무를 의미한다고 보는 것이 다수설의 태도이다. 그러나 자연채무 개념을 보다 확장하여 이미 지급하였다면 그 반환청구가 금지되는 채무는 모두 자연채무에 해당한다고 보는 견해도 있다. 이자제한법에 따른 채권자의 초과수령 이자에 대한 반환채무는 이미 지급하였더라도 그 반환청구가 가능하다는 점에 비추어 자연채무라고 볼 수 없다. 그러나 부제소합의에 따라 소구하지 않기로 한 채무는 합의에 의하여 소구력이 배제된 채무로서 자연채무에 해당하며, 파산절차에서 면책을 받은 채무도 소구가능성이 없으므로 자연채무라고 보아야 한다.
[大判 2001. 7. 24. 선고 2001다3122] 회사정리법 제241조는 정리계획의 인가가 있는 때에는 계획의 규정 또는 같은 법의 규정에 의하여 인정된 권리를 제외하고 회사는 모든 정리채권과 정리담보권에 관하여 그 책임을 면한다고 규정하고 있는바, 여기서 말하는 면책이라 함은 채무 자체는 존속하지만 회사에 대하여 이행을 강제할 수 없다는 의미라고 봄이 상당하다.

ㄷ. [正] ㄹ. [正] 책임 없는 채무 혹은 책임이 제한된 채무의 개념을 묻는 지문이다. 책임 없는 채무란 채무를 부담하고는 있으나, 채권자가 채무자의 재산에 강제집행을 할 수 없는 채무를 말하며, 책임이 제한된 채무란 채무자의 일정 재산에 대해서만 집행할 수 있거나(물적 유한책임), 일정한 금액의 한도에서 집행할 수 있는 채무(금액

유한책임)를 말한다. 강제집행을 하지 않기로 합의한 경우에는 책임이 없는 채무가 발생하는 경우이며, 상속의 한정승인의 경우, 상속채무는 상속재산에 관해서만 그 책임이 인정되므로 책임이 제한된 채무에 해당한다.

정답 ③

2. 배점 4 〈사례 1〉과 〈사례 2〉에 관한 설명 중 옳은 것(○)과 옳지 않은 것(×)을 바르게 표시한 것은? (다툼 있으면 판례에 의함) [10년]

〈사례 1〉

화랑을 운영하는 甲은 2009. 7. 1. 유명도예가의 작품인 A도자기와 B도자기 중 어느 하나를 乙에게 300만원에 매도하기로 하였다. 계약 당일에 계약금 30만원이 지급되었고, 선택권은 乙이 2009. 7. 20.까지 행사하고, 甲은 乙이 선택한 도자기를 2009. 7. 25. 인도함과 동시에 잔금을 지급받기로 약정하였다.

> ㄱ. 2009. 7. 10. 선택권을 행사하기 전에 화랑을 다시 방문한 乙이 과실로 A도자기를 파손한 경우, 급부의 목적물은 B도자기로 특정되며 甲은 乙에게 A도자기 파손에 대한 불법행위책임을 물을 수 있다.
> ㄴ. 2009. 7. 7. 甲이 丙에게 B도자기를 매도하고 2009. 7. 24. 까지 인도하기로 하였다면, 乙이 2009. 7. 20. B도자기를 선택하였더라도, 선택의 소급효는 제3자의 권리를 해하지 못하므로 甲과 丙의 매매계약만이 유효하다.
> ㄷ. 2009. 7. 10. 甲이 乙에게 매매계약의 해제를 요구하며 계약금의 배액인 60만원을 상환하겠다는 의사표시를 하면 그 계약은 해제된다.
> ㄹ. 2009. 7. 5. 乙이 A도자기에 대해 선택권을 행사하였음에도, 甲은 2009. 7. 8. A도자기를 丙에게 매도하고 인도해 주었다. 이 경우 乙은 甲의 동의가 없어도 선택의 의사표시를 철회하고 다시 B도자기를 선택할 수 있다.

〈사례 2〉

〈사례 1〉의 경우에 2009. 7. 19. 乙이 A도자기에 대한 선택권을 행사하였다. 그런데 2009. 7. 25. 甲의 직원 丁이 화랑의 차량을 이용하여 A도자기를 乙에게 인도하기 위하여 乙의 주소지로 가던 중에 교통사고로 인하여 A도자기가 완전히 파손되었다.

> ㅁ. 乙의 위 선택권 행사에 의하여 2009. 7. 1. A도자기에 대한 매매계약이 성립한 것으로 된다.
> ㅂ. 丁의 과실에 의한 교통사고였다면 乙은 丁에 대하여 불법행위책임을, 그리고 甲에 대해서는 사용자책임을 물을 수 있는데, 丁의 乙에 대한 채무와 甲의 乙에 대한 채무는 부진정연대채무 관계에 있다.

ㅅ. 丁의 과실에 의한 교통사고였다면 乙에게 계약해제권이 인정되나 乙이 해제를 하기 위해서는 잔금 채무의 이행을 제공하여야 한다.
ㅇ. 교통사고가 제3자 戊의 과실에 의해서만 발생하였다면, 甲은 A도자기 인도의무를 면하고 乙은 계약금 30만원을 반환받을 수 있다.

① ㄱ(×), ㄴ(○), ㄷ(○), ㄹ(×), ㅁ(○), ㅂ(×), ㅅ(○), ㅇ(×)
② ㄱ(×), ㄴ(×), ㄷ(○), ㄹ(○), ㅁ(×), ㅂ(○), ㅅ(×), ㅇ(○)
③ ㄱ(×), ㄴ(○), ㄷ(○), ㄹ(×), ㅁ(○), ㅂ(○), ㅅ(○), ㅇ(×)
④ ㄱ(○), ㄴ(×), ㄷ(×), ㄹ(○), ㅁ(×), ㅂ(○), ㅅ(×), ㅇ(○)
⑤ ㄱ(○), ㄴ(×), ㄷ(×), ㄹ(○), ㅁ(○), ㅂ(×), ㅅ(×), ㅇ(○)
⑥ ㄱ(○), ㄴ(○), ㄷ(○), ㄹ(×), ㅁ(○), ㅂ(○), ㅅ(×), ㅇ(×)

해설

ㄱ. [正] 선택권자의 과실로 어느 급부가 불능으로 된 경우의 법률관계를 묻는 지문이다. 선택권자의 과실로 어느 급부가 불능으로 된 경우에는 불능으로 인한 급부의 특정이 이루어진다(제385조 제1항). 결국 잔존하는 급부인 B도자기 인도의무로 급부는 특정되고, 다만 A도자기 소유자인 甲은 소유권을 침해한 乙에 대하여 불법행위로 인한 손해배상책임을 물을 수 있다.

ㄴ. [誤] 선택의 소급효로 인하여 발생할 수 있는 법률관계를 묻는 지문이다. 선택의 소급효는 제3자의 권리를 해하지 못한다는 제386조 단서에 관해서 학설은 대체로 이는 불필요한 규정이라고 한다. 선택의 소급효로 인하여 급부가 소급적으로 특정된다고 하더라도 선택권자는 채권자에 불과하기 때문에 제3자가 취득한 권리를 해할 수 없기 때문이다. 채무자인 甲이 선택권자 乙이 선택권을 행사하기 전에 B도자기를 丙에게 매도하고 인도하여 丙이 소유권을 취득하였다면 그 후 乙이 B도자기를 선택하였다고 하더라도 丙의 소유권 취득에는 영향이 없고, 선택의 소급효로 인하여 乙의 채권은 후발적으로 불능으로 되어 甲은 乙에 대하여 이행불능으로 인한 손해배상책임을 부담하게 된다. 즉 甲과 乙 사이의 매매계약이 무효로 되지는 않는다.

ㄷ. [誤] 해약금 해제방법을 묻는 지문이다. 계약금은 해약금으로 추정되며, 해약금을 교부받은 자는 해약금의 배액을 상환하여 매매계약을 해제할 수 있다. 계약금을 교부받은 甲은 당사자의 일방이 이행에 착수할 때까지 해약금에 의한 해제를 할 수 있는데, 해약금 해제권을 행사하기 위해서는 단순히 의사표시만으로는 부족하고, 계약금의 배액을 상환하여야 한다. 물론 배액상환을 乙이 거부한다고 하여 변제공탁을 하여야 하는 것은 아니지만, 변제제공은 하여야 한다. 지문에서와 같이 60만원을 상환하겠다는 의사표시만으로는 60만원의 변제제공이 있다고 볼 수 없어 해약금 해제가 적법하다고 할 수 없다.
[大判 1992. 5. 12. 91다2151] 매매당사자 간에 계약금을 수수하고 계약해제권을 유보한 경우에 매도인이 계약금의 배액을 상환하고 계약을 해제하려면 계약해제 의사표시 이외에 계약금 배액의 이행의 제공이 있으면 족하고 상대방이 이를 수령하지 아니한다 하여 이를 공탁하여야 유효한 것은 아니다.

ㄹ. [正] 선택의 의사표시를 철회할 수 있는지를 묻는 지문이다. 원칙적으로 선택의 의사표시는 상대방의 동의가 없으면 철회하지 못한다(제382조 제2항). 그러나 선택의 의사표시 후 상대방의 방해 등으로 선택의 목적을 달성하지 못하는 경우에는 상대방 동의가 없더라도 철회가 가능하다는 것이 대법원 입장이다.

[大判 1972. 7. 11. 70다1877] 선택권자가 선택의 의사표시를 한 뒤라도 상대방의 방해행위 등으로 선택의 목적을 달성할 수 없는 경우와 같이 특별한 사정이 있으면 상대방의 동의 없이도 이 의사표시를 철회하고 새로운 선택을 할 수 있다.

ㅁ. [正] 선택권 행사의 효과를 묻는 지문이다. 선택권을 행사하면 선택한 급부가 소급하여 채권의 목적으로 된다. 乙이 2009. 7. 19. A도자기를 급부의 목적으로 선택하였더라도 선택의 소급효로 인하여 A도자기는 매매계약이 체결된 2009. 7. 1. 매매계약의 목적물이 된 것으로 된다. 즉 2009. 7. 1. A도자기에 대한 매매계약이 체결된 것으로 된다.

ㅂ. [誤] 채권의 목적물을 채무자의 피용자가 과실로 멸실시킨 경우, 책임관계를 묻는 지문이다. 乙이 선택권을 행사하였다고 하더라도 A도자기는 소급하여 채권의 목적물이 될 뿐이고, A도자기가 乙에게 인도되지 않고 있는 본 사안에서 매도인 甲이 A도자기를 여전히 소유한다. 따라서 A도자기가 멸실됨으로 인하여 乙에게 손해가 발생하더라도 이는 소유권 상실에 따른 손해라고는 할 수 없고, 乙이 가지는 A도자기 인도채권이 불능으로 됨에 따른 손해라고 보아야 한다. 채권도 법적으로 보호가치 있는 이익이므로 채무자 이외의 제3자가 채권을 침해하는 경우 불법행위가 성립할 수는 있다. 그러나 채권에는 공시방법이 없다는 점에 비추어 제3자가 고의로 채권을 침해하는 경우에 비로소 불법행위의 귀책성과 위법성을 인정할 수 있다. 채무자 甲의 피용자 丁이 과실로 A도자기를 멸실시켰다고 하더라도 이를 채권자 乙에 대한 불법행위로 평가할 수 없다. 또한 피용자가 불법행위책임을 부담하여야 사용자책임이 문제될 수 있으므로 피용자 丁이 불법행위책임을 부담하지 않는 본 사안에서 채무자 甲의 사용자책임도 성립할 수는 없다. 본 사안에서는 다른 특별한 사정이 없는 한 甲은 인도채무 이행불능으로 인한 채무불이행책임을 부담하고, 그의 피용자 丁은 채권자 乙에 대하여 채무불이행책임 혹은 불법행위책임을 부담하지 않는다.

[大判 2007. 9. 6. 2005다25021] 일반적으로 제3자에 의한 채권의 침해가 불법행위를 구성할 수는 있으나, 제3자의 채권침해가 언제나 불법행위로 되는 것은 아니고 <u>채권침해의 태양에 따라 그 성립여부를 구체적으로 검토하여 정하여야 하는 바</u>, 제3자가 채무자의 책임재산을 감소시키는 행위를 함으로써 채권자로 하여금 채권의 실행과 만족을 불가능 내지 곤란하게 한 경우 채권의 침해에 해당한다고 할 수는 있겠지만, 그 제3자의 행위가 채권자에 대하여 불법행위를 구성한다고 하기 위해서는 단순히 채무자 재산의 감소행위에 관여하였다는 것만으로는 부족하고 제3자가 채무자에 대한 <u>채권자의 존재 및 그 채권의 침해사실을 알면서 채무자와 적극 공모하였다거나 채권 행사를 방해할 의도로 사회상규에 반하는 부정한 수단을 사용하였다는 등 채권침해의 고의 · 과실 및 위법성이 인정되는 경우라야만</u> 할 것이며, 여기서 채권침해의 위법성은 침해되는 채권의 내용, 침해행위의 태양, 침해자의 고의 내지 해의의 유무 등을 참작하여 구체적 · 개별적으로 판단하되, 거래의 자유 보장의 필요성, 경제 · 사회정책적 요인을 포함한 공공의 이익, 당사자 사이의 이익균형 등을 종합적으로 고려하여 신중히 판단하여야 한다.

ㅅ. [誤] 이행불능으로 인한 계약해제의 요건을 묻는 지문이다. 丁은 甲의 피용자로서 이행행위에 속하는 활동을 하는 자이므로 甲의 이행보조자에 해당한다. 이행보조자의 고의나 과실은 채무자의 그것으로 의제되므로 丁의 과실로 인한 A도자기 인도채무 이행불능은 甲의 과실로 인한 A도자기 인도채무 이행불능으로 평가된다. 채권자 乙은 이행불능의 효과로서 계약해제권을 취득한다. 그런데 쌍무계약의 일방이 이행불능을 원인으로 계약을 해제하기 위해서 자신의 반대급부를 제공할 필요는 없다.
  [大判 2003. 1. 24, 2000다22850] 매도인의 매매계약상의 소유권이전등기의무가 이행불능이 되어 이를 이유로 매매계약을 해제함에 있어서는 상대방의 잔대금지급의무가 매도인의 소유권이전등기의무와 동시이행관계에 있다고 하더라도 그 이행의 제공을 필요로 하는 것이 아니다.

ㅇ. [正] 쌍무계약상 위험부담의 법리를 묻는 지문이다. 제3자 戊의 과실로 A도자기가 멸실되었다면, 이는 양당사자의 귀책사유 없이 멸실된 경우에 해당하므로 민법 제537조에 따라 채무자 甲은 불능으로 된 A도자기 인도의무를 면하고, 채권자 乙은 반대급부의무인 대금채무를 면한다. 위험부담의 법리에 따라 채권자 乙의 대금채무가 소멸하면, 이미 지급한 계약금은 부당이득으로 되어 반환되어야 한다. 결국 甲은 A도자기 인도의무를 면하고, 乙은 이미 지급한 계약금 30만원을 반환받을 수 있다.

정답 ⑤

3. 배점 2 금전채권에 대한 설명 중 옳은 것을 모두 고른 것은? (다툼 있으면 판례에 의함) [08년]

ⓐ 금융실명제 아래에서는 원칙적으로 예금명의자를 예금계약상의 채권자로 보아야 하지만, 특별한 사정으로 예금의 출연자와 금융기관 사이에 예금명의인이 아닌 출연자에게 예금반환채권을 귀속시키기로 하는 약정이 있는 경우에는 그 출연자를 예금주로 하는 금융거래계약이 성립한다.
ⓑ 채권액이 외국통화로 지정된 경우, 채무자에게만 대용권을 인정하고 있는 민법하에서는 특별한 사정이 없는 한 채권자는 본래의 급부목적인 외국통화의 지급만을 청구할 수밖에 없다.
ⓒ 민법은 금전채무의 불이행으로 인한 손해배상에 대하여 채무불이행 사실만으로 지연이자만큼의 손해발생을 의제하고 있으나, 소송에서 채권자가 손해발생의 주장조차 하지 않은 경우에는 지연이자만큼의 손해는 인용될 수 없다.
ⓓ 甲이 乙에게 갖고 있는 금전채권이 甲의 채권자인 丙에 의하여 가압류되었을 때에는, 乙의 甲에 대한 지급이 금지되기 때문에, 乙은 이행기에 채무를 이행하지 않더라도 지체책임을 부담하지 않는다.

① ㉠, ㉡
② ㉠, ㉡, ㉢
③ ㉠, ㉢
④ ㉠, ㉢, ㉣
⑤ ㉡, ㉢
⑥ ㉡, ㉢, ㉣
⑦ ㉢, ㉣
⑧ ㉠, ㉡, ㉢, ㉣

해설

㉠ [正] [大判 1998. 11. 13. 97다53359] 금융실명거래및비밀보장에관한긴급재정경제명령이 시행된 후에는 금융기관에 예금을 하고자 하는 자는 원칙적으로 직접 주민등록증과 인감을 지참하고 금융기관에 나가 자기 이름으로 예금을 하여야 하고, 대리인이 본인의 주민등록증과 인감을 가지고 가서 본인의 이름으로 예금하는 것이 허용된다고 하더라도, 이 경우 금융기관으로서는 특별한 사정이 없는 한, 주민등록증을 통하여 실명확인을 한 예금명의자를 같은 명령 제3조 제1항 소정의 거래자로 보아 그와 예금계약을 체결할 의도라고 보아야 할 것이지만, <u>특별한 사정으로서 출연자와 금융기관 사이에 예금명의인이 아닌 출연자에게 예금반환채권을 귀속시키기로 하는 명시적 또는 묵시적 약정이 있는 경우에는 출연자를 예금주로 보아야 한다.</u>

㉡ [誤] [大判(全) 1991. 3. 12. 90다2147] 채권액이 외국통화로 지정된 금전채권인 외화채권을 채무자가 우리나라 통화로 변제함에 있어서는 민법 제378조가 그 환산시기에 관하여 외화채권에 관한 같은 법 제376조, 제377조 제2항의 "변제기"라는 표현과는 다르게 "지급할 때"라고 규정한 취지에서 새겨 볼 때 그 환산시기는 이행기가 아니라 현실로 이행하는 때 즉 현실이행시의 외국환시세에 의하여 환산한 우리나라 통화로 변제하여야 한다고 풀이함이 상당하므로 채권자가 위와 같은 외화채권을 대용급부의 권리를 행사하여 우리나라 통화로 환산하여 청구하는 경우에도 법원이 채무자에게 그 이행을 명함에 있어서는 채무자가 현실로 이행할 때에 가장 가까운 사실심 변론종결 당시의 외국환 시세를 우리나라 통화로 환산하는 기준시로 삼아야 한다.

㉢ [正] [大判 2000. 2. 11. 99다49644] 금전채무 불이행에 관한 특칙을 규정한 민법 제397조는 그 이행지체가 있으면 지연이자 부분만큼의 손해가 있는 것으로 의제하려는 데에 그 취지가 있는 것이므로 지연이자를 청구하는 채권자는 그 만큼의 손해가 있었다는 것을 증명할 필요가 없는 것이나, 그렇다고 하더라도 채권자가 금전채무의 불이행을 원인으로 손해배상을 구할 때에 지연이자 상당의 손해가 발생하였다는 취지의 주장은 하여야 하는 것이지 주장조차 하지 아니하여 그 손해를 청구하고 있다고 볼 수 없는 경우까지 지연이자 부분만큼의 손해를 인용해 줄 수는 없는 것이다.

㉣ [誤] [大判(全) 1994. 12. 13. 93다951] 채권의 가압류는 제3채무자에 대하여 채무자에게 지급하는 것을 금지하는 데 그칠 뿐 채무 그 자체를 면하게 하는 것이 아니고, <u>가압류가 있다 하여도 그 채권의 이행기가 도래한 때에는 제3채무자는 그 지체책임을 면할 수 없다고 보아야 할 것이다.</u> 또한 이 경우 가압류에 불구하고 제3채무자가 채무자에게 변제를 한 때에는 나중에 채권자에게 이중으로 변제하여야 할 위험을 부담하게 되므로 제3채무자로서는 민법 제487조의 규정에 의하여 공탁을 함으로써 이중변제의 위험에서 벗어나고 이행지체의 책임도 면할 수 있다고 보아야 할 것이다. 채권이 가압류된 경우와 같이 형식적으로는 채권자가 변제를 받을 수 있다고 하더라도 채무자에게 여전히 이중변제의 위험부담이 남는 경우에는 마찬가지로 "채권자가 변제를 받을 수 없는 때"에 해당한다고 보아야 하기 때문이다.

정답 ③

제2장 채권의 소멸

제1절 변제와 채권자지체

1. 변제에 관한 설명으로 옳지 않은 것은? [03년]
① 이해관계 없는 제3자는 채무자의 의사에 반하여 유효한 변제를 할 수 없으나, 그의 보증인이 될 수는 있다.
② 채권자의 주소이전으로 변제비용이 증가한 때에는 특약이 없는 한 그 증가액은 채권자의 부담이 된다.
③ 영수증을 소지한 자에 대한 변제는 그 영수증이 위조된 것이라도 진정한 채권자가 변제자의 악의 또는 과실을 입증하지 못하는 한 유효하다.
④ 판례에 의하면 제3채무자가 선의·무과실로 전부채권자에게 변제하면 그 전부명령이 무효이더라도 이는 채권의 준점유자에 대한 변제로서 유효하다.
⑤ 변제받을 권한 없는 자(채권의 준점유자와 영수증소지자를 제외한다)에 대한 변제도 채권자가 이익을 받은 한도에서 효력이 있다.

해설

① [正] 의사에 반한 보증인의 구상범위에 제한이 있을 뿐이다.
② [正] 민법 제473조.
③ [誤] 위조된 영수증소지자에 대한 변제는 영수증소지자에 대한 변제로 취급되지 않는다는 것이 통설의 입장이다.
④ [正] 전부채권자는 채권의 준점유자에 해당한다.
　[大判 1997. 3. 11. 96다44747] 무효인 채권압류 및 전부명령을 받은 자에 대한 변제라도 그 채권자가 피전부채권에 관하여 무권리자라는 사실을 알지 못하거나 과실 없이 그러한 사실을 알지 못하고 변제한 때에는 그 변제는 채권의 준점유자에 대한 변제로서 유효하다.
⑤ [正] 민법 제472조.

정답 ③

2. 배점 2 다음의 사례에 나타난 甲의 각 행위 중 乙의 의사에 반하여서도 할 수 있는 것을 모두 고른 것은? (다툼 있으면 판례에 의함) [11년]

ㄱ. 甲은 乙에게 1,000만 원을 대여하였는데, 乙이 변제기에 이르러 이를 갚지 못하자, 甲은 변제기를 연기해주는 한편 채무 중 500만 원을 면제하여 주었다.

ㄴ. 丙이 乙에게 주택을 보증금 1,000만 원, 차임 월 20만 원으로 정하여 임대하였는데, 乙이 차임을 계속 연체하여 연체액이 60만 원에 이르고 丙으로부터 독촉을 받게 되자, 乙의 고교 동창생인 甲이 대신 丙에게 乙의 연체 차임 60만 원을 변제하였다.

ㄷ. 丙이 식당을 운영하는 乙에게 음식재료를 공급하였는데 乙이 식당 운영의 부진으로 영업을 중단하고 丙에 대한 물품대금 500만 원을 갚지 못하는 상태가 되자, 乙의 식당 단골손님이던 甲이 丙을 찾아가 乙의 물품대금채무 500만 원은 乙 대신 甲이 갚기로 하고 丙은 乙에 대해 이를 청구하지 않기로 약정하였다.

ㄹ. 丙이 乙에게 1,000만 원을 대여하였는데, 乙의 동생인 甲은 乙의 부탁을 받음이 없이 乙의 丙에 대한 위 차용금채무를 보증하였다.

ㅁ. 丙이 乙에게 5,000만 원을 대여하였는데, 乙의 사촌형인 甲이 乙과 의논하지 아니한 채 丙과의 사이에 乙의 위 채무를 甲이 병존적으로 인수하기로 하는 채무인수계약을 체결하였다.

① ㄱ, ㄴ ② ㄴ, ㄹ, ㅁ ③ ㄱ, ㄷ, ㅁ
④ ㄱ, ㄷ, ㄹ ⑤ ㄱ, ㄹ, ㅁ ⑥ ㄴ, ㄷ
⑦ ㄴ, ㅁ ⑧ ㄷ, ㄹ

해설

* 채무자의 의사에 반하여 제3자 변제, 면책적 채무인수, 보증계약의 체결, 중첩적 채무인수 등이 가능한지를 묻는 사례문제이다.

ㄱ. [할 수 있음] 채권자의 채무면제 혹은 변제기 유예가 채무자의 의사에 반하여 할 수 있는 행위인지를 묻는 지문이다. 우선 채무면제는 채권자의 일방적 단독행위이므로 그 상대방인 채무자의 의사와 무관하게 행하여질 수 있다. 한편, 변제기 유예도 역시 마찬가지이다. 변제기란 그 시기가 도래하여야 급부이행을 청구할 수 있다는 의미를 가지며, 그 시기가 되어야 채무자가 급부할 수 있다는 의미를 담고 있는 것은 아니기 때문이다.

ㄴ. [할 수 없음] 이해관계 없는 제3자인 甲이 채무자 乙의 의사에 반하여 제3자 변제를 할 수 있는지 여부를 묻는 지문이다. 이해관계 없는 제3자는 채무자의 의사에 반하여 변제하지 못한다(제469조 제2항).

ㄷ. [할 수 없음] 이해관계 없는 제3자가 채무자의 의사에 반하여 면책적 채무인수를 할 수 있는지 여부를 묻는 지문이다. 이해관계 없는 제3자는 채무자의 의사에 반하여

채무를 인수하지 못한다(제453조 제2항).

ㄹ. [할 수 있음] 이해관계 없는 제3자가 채무자의 의사에 반하여 보증계약을 체결할 수 있는지 여부를 묻는 지문이다. 보증계약은 보증인과 채권자 사이의 계약으로 보증인의 자격과 조건에 관한 일반적인 제한은 없다. 이해관계 없는 제3자라고 하더라도 채무자의 의사에 반하여 보증인이 될 수 있다. 민법 제444조 제2항은 주채무자의 의사에 반하여 보증인이 될 수 있음을 전제로 구상범위에 관하여 규정하고 있다.

ㅁ. [할 수 있음] 이해관계 없는 제3자가 채무자의 의사에 반하여 병존적 채무인수를 할 수 있는지 여부를 묻는 지문이다. 병존적 채무인수는 면책적 채무인수와 달리 기존 채무가 이전하는 것이 아니라 기존 채무와 동일한 내용의 채무가 새로이 발생하는 것이다. 따라서 채무자의 의사에 반하는 병존적 채무인수를 인정하더라도 채무자의 법률관계에 부당하게 개입하는 것이라고 할 수 없다.
[大判 1988.11.22. 선고 87다카1836] 중첩적 채무인수는 채권자와 채무인수인과의 합의가 있는 이상 채무자의 의사에 반하여서도 이루어질 수 있다.

정답 ⑤

3. 제주도에 사는 甲이 어느 유명화가의 동양화 1점을 가지고 있음을 알게 된 서울의 乙이 甲에게 전화를 걸어 협상 끝에 그 동양화를 1,000만원에 구입하였다. 이 경우에 관한 기술 중 옳지 않은 것은? [04년]

① 대금 지급과 동양화 인도의 장소에 관하여 특별한 약정을 하지 않은 경우, 두 채무의 이행지는 모두 甲의 주소지이며, 甲의 채무는 추심채무이고 乙의 채무는 지참채무이다.
② 대금 지급과 동양화 인도의 장소에 관하여 특별한 약정을 하지 않은 경우, 甲이 인도를 준비하고 이를 통지하면서 수령을 최고하더라도 乙이 수령하기 전에는 甲의 인도채무는 소멸하지 않는다.
③ 乙의 주소지를 대금 지급과 동양화 인도의 장소로 정하고 동시에 이행하기로 하였는데, 동양화만 약정된 날짜에 배달되고 甲은 약정일을 잊고서 오지 않아 그 날 대금이 지급되지 못 한 경우, 甲의 채무는 소멸하지만 甲은 수령지체에 빠지게 된다.
④ 甲의 주소지를 대금 지급과 동양화 인도의 장소로 정하였는데, 사고로 인해 제주도에 갈 수 없게 된 乙이 대금을 송금하면서 동양화를 乙의 계산으로 자신에게 보내 줄 것을 요청하였고 이에 甲이 택배회사를 통하여 보내는 경우, 甲이 택배회사에 동양화를 인도함과 동시에 그의 채무는 소멸한다.
⑤ 乙의 주소지를 대금 지급과 동양화 인도의 장소로 정하였는데, 甲이 임의로 택배회사를 통하여 운송하던 중 불가항력으로 그 동양화가 멸실된 경우, 이로 인한 대가위험은 甲이 부담한다.

해 설

① [正] 특정물의 인도장소는 채권성립 당시 그 물건이 있던 장소이다(제467조 제1항). 따라서 甲의 채무는 추심채무이고, 乙의 대금지급채무는 지참채무이다(제467조 제2항).
② [正] 변제의 제공에 의하여 상대방은 수령지체에 빠지더라도 채무가 소멸하는 것은 아니다.
③ [正] 甲의 채무이행으로 인도채무는 소멸한다. 그러나 乙의 대금지급채무는 변제제공에 의하여 수령지체에 빠지게 된다.
④ [誤] 甲의 인도채무가 당사자의 합의에 의하여 송부채무로 되었다고 하더라도 발송만에 의하여 채무이행이 완료되는 것은 아니다. 따라서 택배회사를 통하여 乙에게 인도되었을 때에 甲의 채무가 소멸한다.
⑤ [正] 쌍무계약에서 대가위험은 채무자가 부담한다(제537조).

정답 ④

4. 변제충당에 관한 교수의 질문에 대한 학생의 답변 중 옳은 것을 모두 고른 것은?(비용은 고려하지 않음)

[02년]

교　　수 : 채무자 甲은 채권자 乙로부터 1999. 5. 1. 200만원을 차용하면서 이자는 월 1%로 매월 말일에 지급하며, 변제기는 1999. 12. 31.로 하기로 하였다. 1999. 11. 1. 다시 甲은 乙로부터 200만원을 차용하였고, 이자는 월 1.5%로 매월 말일에 지급하며, 변제기는 2000. 3. 31.로 정하였다. 甲이 乙에게 차용금의 일부만을 변제한 경우 변제충당순서는 어떻게 되나요?
학생 A : 우선 甲과 乙 사이에 변제충당에 관한 합의가 성립한 때에는 그에 따르고, 합의가 성립되지 않은 경우에는 지정충당, 법정변제충당의 순서에 따릅니다.
교　　수 : 그런가요? 그렇다면 지정충당의 순서는?
학생 B : 甲에게 어느 채무에 충당할 것인지에 대한 지정권이 있고, 甲이 이를 행사하지 않을 때에는 乙에게 지정권이 있으나, 乙의 지정에 대하여 甲은 즉시 이의를 제기할 수 있습니다.
교　　수 : 그런가요? 그렇다면 이자와 원본의 변제충당순서는 어떤가요?
학생 C : 공평의 원칙상 이자는 항상 원본보다 먼저 충당되어야 하고, 이러한 이자와 원본의 충당순서는 당사자의 약정이나 지정충당에 의하여도 변경할 수 없습니다.
교　　수 : 그런가요? 이 사안에서 만약에 甲이 2000. 1. 31. 200만원을 변제한 경우 법정변제충당순서는 어느 것이 앞서나요?
학생 D : 이자율이 높아 甲에게 변제이익이 더 큰 1999. 11. 1.자 차용금 중 이자에 9만원이 먼저 충당되고, 나머지 91만원은 원금에 충당됩니다.

① A   ② A, B   ③ A, B, C
④ A, B, D   ⑤ A, B, C, D

해설

* **학생 A : [正]** 변제충당의 종류와 순서에 관하여 답하고 있는데, 합의충당, 지정충당, 법정충당의 순서로 충당된다.
* **학생 B : [正]** 지정충당권자에 대한 답변인데, 원칙적으로 지정권자는 변제자이다. 변제자의 지정이 없는 경우에는 변제수령자가 지정권을 행사한다. 그러나 변제수령자의 지정에 대하여는 변제자가 이의를 제기할 수 있고, 변제자의 이의가 있으면 변제수령자의 지정은 효력을 잃는다. 따라서 지정이 없는 것과 동일한 결과로 되어 법정변제충당에 의한다.
* **학생 C : [誤]** 비용, 이자, 원본의 충당순서를 규율하고 있는 제479조는 지정충당, 법정충당에 대한 제한의 의미를 가진다. 다만, 제479조가 강행규정의 성격을 가지는 것은 아니므로 당사자의 합의가 있다면 제479조의 순서와 다르게 충당될 수 있다.
* **학생 D : [誤]** 이자와 원본 중에는 이자가 원본에 우선하여 충당된다(제479조). 이때의 이자란 변제기가 도래한 이자를 말한다. 약정이자, 법정이자를 불문하며, 지연이자도 포함된다. 또한 이자 상호간에는 법정변제충당의 순서에 따라 충당순서가 결정된다. 甲이 2000년 1월 31일 200만원을 변제한 경우에는 먼저 이자에 충당된다. 즉, 1999년 5월 1일 차용한 200만원의 월1%의 이자에 해당하는 16만원과 지연이자 2만원 및 1999년 11월 1일 차용한 200만원의 월1.5%의 이자에 해당하는 9만원에 충당된다. 그리고 남은 금액인 173만원(200만원 - 16만원 - 2만원 - 9만원)은 원본에 충당되는데, 5월 1일 차용한 채무는 변제기가 도래한 반면, 11월 1일 차용한 채무는 변제기가 도래하지 아니하였으므로 변제기가 도래한 5월 1일 차용금채무의 변제에 충당된다.

정답 ②

5. 이미 이행기에 도래한 수 개의 채무가 있는 경우, 변제충당을 함에 있어서 고려하여야 할 기준을 순서대로 배열한 것은?   [03년]

㉠ 채권자의 충당지정
㉡ 채무자의 충당지정
㉢ 당사자의 충당합의
㉣ 이행기 도래의 선후(先後)
㉤ 채무자의 변제이익의 다과(多寡)

① ㉡-㉠-㉢-㉣-㉤   ② ㉢-㉠-㉡-㉣-㉤
③ ㉢-㉠-㉡-㉤-㉣   ④ ㉢-㉡-㉠-㉣-㉤
⑤ ㉢-㉡-㉠-㉤-㉣

해설

* 변제충당방법으로서 우선, 당사자의 합의에 의한 합의충당에 의하여야 하고, 합의가 없는 경우에는 지정충당의 방법에 의하여야 하며, 지정이 없거나 지정이 효력을 잃은 때에는 법정충당방법에 의하여야 한다. 한편, 지정충당에 있어서 원칙적인 지정권자는 변제자이며, 변제자의 지정이 없는 경우에는 변제수령자가 지정할 수 있다. 그리고 법정충당은 이행기의 도래여부, 변제이익의 대소, 이행기의 선후를 고려하여 충당한다. 따라서 합의 → 채무자의 지정 → 채권자의 지정 → 변제이익의 다과 → 이행기 도래의 선후에 의하여야 한다.

정답 ⑤

6. 변제충당에 관한 설명 중 옳지 않은 것은? (다툼 있으면 판례에 의함) [06년]

① 변제자가 주채무자인 경우, 제3자가 발행한 약속어음이 담보로 교부된 채무와 그러한 담보가 제공되지 않은 채무 사이에는 전자가 후자보다 변제이익이 더 많다.
② 채권자와 채무자가 변제충당에 관하여 약정한 경우, 채무자가 채권자에게 변제하면서 위 약정과 달리 특정 채무의 변제에 우선적으로 충당한다고 지정하더라도 그에 대하여 채권자의 명시적 또는 묵시적 동의가 없는 한 그 지정은 효력이 없다.
③ 변제자가 주채무자인 경우, 보증인이 있는 채무와 보증인이 없는 채무 사이에는 변제이익의 점에서 차이가 없고, 보증기간 중의 채무와 보증기간 종료 후의 채무 사이에서도 변제이익의 점에서 차이가 없다.
④ 채권자와 채무자가 채권자가 적당하다고 인정하는 순서와 방법에 의하여 변제충당하기로 약정하였다면, 채권자가 위 약정에 기하여 스스로 적당하다고 인정하는 순서와 방법에 좇아 변제충당을 한 이상 그 충당의 효력이 있다.
⑤ 담보권 실행 등을 위한 경매에서 배당금이 담보권자(채권자)가 가지는 수개의 피담보채권 전부를 소멸시키기에 부족한 경우, 담보권자와 채무자 사이에 변제충당에 관한 합의가 있었더라도 그 합의에 따른 변제충당이 허용되지 않는다.

해설

① [誤] 변제이익의 대소는 변제자를 기준으로 판단한다. 제3자가 발행한 약속어음이 담보로 교부된 채무의 경우, 제3자의 약속어음금 지급에 의하여 그 채무가 소멸할 수 있다는 점에서 일응 단순채무보다 변제이익이 적은 것처럼 보이나, 제3자의 약속어음금 지급에 의하여 주채무자의 채무가 소멸한다고 하더라도 주채무자는 제3자에 대하여 구상의무를 부담하는 결과, 종국적인 책임은 주채무자가 부담한다. 따라서 제3자가 발행한 약속어음이 담보로 교부된 채무와 그렇지 아니한 채무 사이에 변제이익의 차이는 없다.
[大判 1999. 8. 24, 99다22281 · 22298] 주채무자가 변제자인 경우에는, 담보로 제3자가

발행 또는 배서한 약속어음이 교부된 채무와 다른 채무 사이에 변제이익의 점에서 차이가 없다고 보아야 할 것이나, 담보로 주채무자 자신이 발행 또는 배서한 어음이 교부된 채무는 다른 채무보다 변제이익이 많은 것으로 보아야 한다.

② [正] 변제충당방법으로 최우선적으로 고려되는 것은 합의에 의한 충당이다. 당사자 사이에 합의가 없는 경우, 지정권자의 지정행위에 의한 충당, 법정충당의 순서로 충당방법이 결정된다. 따라서 변제충당에 관한 합의가 있는 한 일방적 지정행위에 의한 충당은 원칙적으로 허용되지 아니한다. 다만, 일방적 지정에 대하여 상대방이 명시적 혹은 묵시적으로 동의하고 있다면 변제충당에 관하여 새로운 합의가 성립한 것으로 보아 합의충당으로서 그 효력을 인정하여야 할 것이다.

[大判 2004. 3. 25. 2001다53349] 변제충당 지정은 상대방에 대한 의사표시로서 하여야 하는 것이기는 하나, 변제충당에 관한 민법 제476조 내지 제479조의 규정은 임의규정이므로 변제자(채무자)와 변제수령자(채권자)는 약정에 의하여 위 각 규정을 배제하고 제공된 급부를 어느 채무에 어떤 방법으로 충당할 것인가를 결정할 수 있고, 이와 같이 채권자와 채무자 사이에 미리 변제충당에 관한 약정이 있으며, 그 약정 내용이 변제가 채권자에 대한 모든 채무를 소멸시키기에 부족한 경우 채권자가 적당하다고 인정하는 순서와 방법에 의하여 충당하기로 한 것이라면, 채권자가 위 약정에 터잡아 스스로 적당하다고 인정하는 순서와 방법에 좇아 변제충당을 한 이상 채무자에 대한 의사표시와 관계없이 그 충당의 효력이 있고, 위와 같이 미리 변제충당에 관한 별도의 약정이 있는 경우에는 채무자가 변제를 하면서 위 약정과 달리 특정 채무의 변제에 우선적으로 충당한다고 지정하더라도 그에 대하여 채권자가 명시적 또는 묵시적으로 동의하지 않는 한 그 지정은 효력이 없어 채무자가 지정한 채무가 변제되어 소멸하는 것은 아니다.

③ [正] 변제자가 주채무자인 경우, 보증인이 있는 채무이든 단순한 채무이든 종국적으로 책임을 져야 할 사람은 주채무자로서 변제이익에 차이가 있다고 할 수 없다. 이는 보증기간 중에 발생한 채무이든 보증기간 종료 후의 채무이든 변제자가 주채무자인 경우, 변제이익의 차이가 없음은 마찬가지이다.

[大判 1999. 8. 24. 99다26481] 변제자가 주채무자인 경우, 보증인이 있는 채무와 보증인이 없는 채무 사이에 변제이익의 점에서 차이가 없다고 보아야 하므로, 보증기간 중의 채무와 보증기간 종료 후의 채무 사이에서는 변제이익의 점에서 차이가 없고, 따라서 주채무자가 변제한 금원은 이행기가 먼저 도래한 채무부터 법정변제충당하여야 한다.

④ [正] 채권자가 변제충당합의에 따라 스스로 적당하다고 인정하는 순서와 방법에 좇아 변제충당을 하였다면 이는 합의충당으로서 그 효력이 인정되는 것이다. 따라서 지정권 행사의 의사표시가 필요한 것은 아니다.

[大判 1987. 3. 24. 84다카1324] 변제충당에 관한 민법 제476조 내지 제479조의 규정은 임의규정이므로 변제자(채무자)와 변제수령자(채권자)는 계약(약정)에 의하여 위 각 규정을 배제하고 제공된 급부를 어느 채무에 어떤 방법으로 충당할 것인가를 결정할 수 있다. 채권자와 주채무자가, 주채무자의 변제가 채권자에 대한 모든 채무를 소멸시키기에 부족한 때에는 채권자가 적당하다고 인정하는 순서와 방법에 의하여 충당하기로

약정하였다면, 변제수령자인 채권자가 위 약정에 기하여 스스로 적당하다고 인정하는 순서와 방법에 좇아 변제충당한 이상 변제자에 대한 의사표시와는 관계없이 충당의 효력이 있다.

⑤ [正] [大判 2000. 12. 8. 2000다51339] 담보권 실행을 위한 경매에서 배당된 배당금이 담보권자가 가지는 수개의 피담보채권 전부를 소멸시키기에 부족한 경우에는 민법 제476조에 의한 지정변제충당은 허용될 수 없고, 채권자와 채무자 사이에 변제충당에 관한 합의가 있었다고 하여 그 합의에 따른 변제충당도 허용될 수 없으며, 획일적으로 가장 공평타당한 충당방법인 민법 제477조 및 제479조의 규정에 의한 법정변제충당의 방법에 따라 충당하여야 하는 것이고, 이러한 법정변제충당은 이자 혹은 지연손해금과 원본 간에는 이자 혹은 지연손해금과 원본의 순으로 이루어지고, 원본 상호간에는 그 이행기의 도래 여부와 도래 시기, 그리고 이율의 고저와 같은 변제이익의 다과에 따라 순차적으로 이루어지나, 다만 그 이행기나 변제이익의 다과에 있어 아무런 차등이 없을 경우에는 각 원본 채무액에 비례하여 안분하게 되는 것이다.

정답 ①

7. 배점 3 甲은 2006. 5. 6. 乙로부터 1억원을 이자 월 2%, 변제기 2007. 10. 5.로 정하여 차용하였으며('A차용금'이라 함), 乙에게 그 차용금채무의 담보로 액면 1억 5,000만원, 지급기일 2007. 10. 5.인 약속어음을 발행하여 주었다. 甲은 2005. 11. 6.에도 乙로부터 8,000만원을 이자 월 2%, 변제기 2006. 11. 5.로 정하여 차용한 바 있는데('B차용금'이라 함), 2006. 7. 5. 乙에게 B차용금에 대한 그 때까지의 이자 및 원금 중 3,000만원을 변제하였다. 甲은 2008. 1. 5. 乙에게 1억 4,000만원을 지급하였다('지급금'이라 함). 다음 설명 중 옳지 않은 것은?(다툼 있으면 판례에 의함) [09년]

① 乙이 지급금을 B차용금의 채무의 변제에 충당하고자 하는 데 대하여 甲이 즉시 이의를 제기하면 乙의 지정충당은 그 효력이 없다.
② 甲은 위 지급금을 A차용금의 원금 변제에 먼저 충당할 것을 지정할 수 없다.
③ 甲은 위 지급금이 A차용금의 변제를 위하여 지급되었다고 주장하고 乙은 B차용금의 변제에 충당되었다고 주장하는 경우 '그 급부는 당해 채무(B차용금채무)에 대하여 행하여진 것'이라는 점에 대한 증명책임은 채권자인 乙에게 있다.
④ 甲이 발행한 어음을 乙에게 교부하였더라도 법정충당에 있어서 A차용금채무와 B차용금채무의 변제이익에는 차이가 없다.
⑤ 법정충당에 의할 경우 위 지급금 중 4,000만원(1억원 × 2% × 2006. 5. 6.부터 2008. 1. 5.까지 20개월)은 A차용금채무의 이자 또는 지연손해금의 변제에, 1,800만원(5,000만원 × 2% × 2006. 7. 6.부터 2008. 1. 5.까지 18개월)은 B차용금 중 이자 또는 지연손해금의 변제에, 나머지 8,200만원은 A차용금의 원금 변제에 각 순차로 충당된다.

해설

① [正] 지정충당을 함에 있어 지정권자는 원칙적으로 변제자이다. 사안의 경우 변제자는 甲이다. 한편 지정권자가 지정하지 아니한 경우, 변제를 받는 자가 즉시 지정할 수 있다. 그러나 변제자는 변제를 받는 자가 한 지정에 대하여 즉시 이의를 제기할 수 있고, 이의를 제기한 때에는 변제를 받는 자가 한 지정은 효력이 없다(제476조 제2항). 따라서 변제를 받는 자인 乙이 한 지정에 대하여 변제자인 甲이 이의를 제기하면 乙이 한 지정충당은 효력이 없다.

② [正] 甲이 2008. 1. 5. 乙에게 지급한 1억 4천만원은 甲이 乙에 대하여 부담하고 있는 차용원리금 전부를 소멸시키기에 부족하다. 甲이 乙에 대하여 부담하고 있는 채무는 A차용금채무의 원금과 이자채무, B차용금채무의 원금과 이자채무인데, 변제자인 甲이 지정충당에 의하여 소멸할 채무를 지정할 수 있다고 하더라도(제476조) 비용·이자·원본에 대한 변제충당의 순서는 일방적 지정으로 변경할 수 없다는 것이 판례와 통설의 입장이다. 따라서 甲의 지정에도 불구하고 甲의 지급금은 우선 A채무에 대한 이자와 B채무에 대한 이자에 먼저 충당되어야 한다.
[大判 2002. 5. 10, 2002다12871·12888] 비용·이자·원본에 대한 변제충당에 있어서는 민법 제479조에 그 충당 순서가 법정되어 있고 지정변제충당에 관한 같은 법 제476조는 준용되지 않으므로 당사자 사이에 특별한 합의가 없는 한 비용·이자·원본의 순서로 충당하여야 할 것이고, <u>채무자는 물론 채권자라고 할지라도 위 법정 순서와 다르게 일방적으로 충당의 순서를 지정할 수는 없다</u>고 할 것이지만, 당사자의 일방적인 지정에 대하여 상대방이 지체없이 이의를 제기하지 아니함으로써 묵시적인 합의가 되었다고 보여지는 경우에는 그 법정충당의 순서와는 달리 충당의 순서를 인정할 수 있는 것이다.

③ [正] 변제충당에 관하여 당사자 사이에 다툼이 생긴 경우, 그에 관한 증명책임이 누구에게 있는가를 묻는 지문이다. 이에 관하여 판례는 안분비례에 의한 법정변제충당에 의하여 부여되는 법률효과 이상으로 자신에게 유리한 변제충당을 주장하는 자가 그 사실을 주장·입증할 책임을 부담한다고 한다. 따라서 甲이 한 급부가 B차용금채무에 대하여 행하여진 것이라는 사실은 乙에게 유리한 사실로서 채권자 乙이 증명책임을 부담한다.
[大判 1994. 2. 22, 93다49338] 채무자가 동일한 채권자에 대하여 같은 종류를 목적으로 한 수개의 채무를 부담한 경우에 변제의 제공에 있어서 당사자가 변제에 충당할 채무를 지정하지 아니한 때에는 민법 제477조의 규정에 따라 법정변제충당되는 것이고 특히 민법 제477조 제4호에 의하면 법정변제충당의 순위가 동일한 경우에는 각 채무액에 안분비례하여 각 채무의 변제에 충당되는 것이므로, <u>위 안분비례에 의한 법정변제충당과는 달리, 그 법정변제충당에 의하여 부여되는 법률효과 이상으로 자신에게 유리한 변제충당의 지정, 당사자 사이의 변제충당의 합의가 있다거나 또는 당해 채무가 법정변제충당에 있어 우선순위에 있어서 당해 채무에 전액 변제충당되었다고 주장하는 자는 그 사실을 주장·입증할 책임을 부담한다.</u>

④ [誤] 변제자가 발행한 어음에 의하여 담보되는 채무와 그렇지 않은 채무 사이에 변제

이익의 차이가 있는지를 묻는 지문이다. 어음에 의하여 담보되는 채무는 집행용이성이라는 측면에서 그렇지 않은 채무보다 변제이익이 더 크다.
[大判 1999. 8. 24, 99다22281] 주채무자 이외의 자가 변제자인 경우에는, <u>변제자가 발행 또는 배서한 어음에 의하여 담보되는 채무가 다른 채무보다 변제이익이 많다</u>고 보아야 한다.

⑤ [正] (ㄱ) 2008. 1. 5. 甲이 乙에 대하여 부담하고 있는 채무내용은 다음과 같다. A차용금채무 원본 1억원, A차용금채무에 대한 17개월간의 이자 및 3개월간의 지연손해금 합계 4천만원, B차용금채무 원본 5천만원(B차용금채무가 5천만원인지는 논란의 여지가 있을 수 있다. 설문에서 甲은 2006. 7. 5. 乙에게 B차용금에 대한 그때까지의 이자 및 원금 중 3,000만원을 변제하였다고 하는데, 그때까지의 이자 및 원금 중 3,000만원을 변제하였다는 의미가 그때까지의 이자 전부와 원금 중 3,000만원을 변제하였다는 의미인지 그때까지 존재하는 이자 및 원금 중에서 3,000만원을 변제하였다는 의미인지가 분명하지 않다. 전자의 의미라면 B차용금채무 원본은 5천만원이 되겠지만, 후자의 의미라면 3,000만원이 우선 B차용금채무에 대한 그때까지의 이자(8개월간의 이자 및 지연손해금 1,280만원)에 먼저 충당되고, 나머지가 원본에 충당되는 결과 B차용금채무 원본은 6,280만원이 된다), B차용금채무 원본 5천만원에 대한 18개월간의 이자 및 지연손해금 1,800만원이다.
(ㄴ) 甲의 지급금은 1억 4천만원으로 모든 채무를 소멸시키기에 부족하므로 우선 이자 및 지연손해금에 먼저 충당되고, 나머지가 원본에 충당된다. 따라서 지급금 1억 4천만원은 A차용금채무에 대한 이자 4천만원 및 B차용금채무에 대한 이자 1천 8백만원에 먼저 충당되고, 남은 금액 8천 2백만원이 A차용금채무 원본 및 B차용금채무 원본에 충당되어야 하는데, A차용금채무는 어음에 의하여 담보되는 채무로서 B차용금채무보다 변제이익이 더 크다. 따라서 8천 2백만원은 A차용금채무 원본 변제에 충당된다.

정답 ④

8. 甲은 乙로부터 6,000만원을 차용하면서 甲 소유의 A, B 토지에 공동저당권을 설정하여 주었고 丙은 별도로 甲의 乙에 대한 채무를 보증하였다. 그 후 A 토지의 소유권은 丁에게, B 토지의 소유권은 戊에게 각기 이전되었다. 그런데, 甲이 무자력이 되어 乙에 대한 채무를 변제하지 못하자, 戊가 甲의 채무 6,000만원 전액을 乙에게 변제하였으며, 현재 A 토지의 가액은 2,000만원이고, B 토지의 가액은 4,000만원이다. 위 사안에서 민법 제482조 변제자대위의 법리에 따라 戊가 丙 및 丁에 대하여 乙을 대위할 수 있는 금액의 범위는?   [02년]

① 丙 - 0원,   丁 - 0원
② 丙 - 4,000만원,   丁 - 2,000만원
③ 丙 - 3,000만원,   丁 - 3,000만원
④ 丙 - 2,000만원,   丁 - 2,000만원
⑤ 丙 - 0원,   丁 - 2,000만원

해설

1) 변제자대위에 관한 문제이다. 丙·丁·戊 모두는 변제할 정당한 이익이 있는 자들로서 법정대위권을 취득할 수 있는 자들이다. 사안에서는 戊가 채권전액을 변제하였는바, 변제자 대위에 의하여 戊는 채권자 乙이 채무자 甲에 대하여 가지는 채권 및 담보에 관한 권리를 이전받게 된다. 그런데, 변제할 정당한 이익이 있는 자가 수인인 경우에는 법정대위자 상호간의 이해관계를 조정할 필요가 있다. 왜냐하면 어느 법정대위자가 변제를 하였는가에 따라 법정대위자 상호간에 불공평한 문제가 생길 수 있기 때문이다. 가령, 戊가 전액 변제한 경우에 채권자의 다른 법정대위자에 대한 권리를 이전받아 행사할 수 있다고 한다면 戊는 변제자 대위권을 행사하여 결국 자신의 출연을 보전받을 수 있고, 결국 다른 법정대위자가 종국적으로 책임을 부담하게 된다는 문제가 발생하기 때문이다. 따라서 민법은 제482조의 규정을 두어 법정대위자 상호간의 관계를 규율한다. 보증인과 제3취득자 상호간에는 보증인이 우선하며, 제3취득자 상호간에는 부동산의 가액의 비율에 의하여 대위권을 행사하며, 보증인 상호간에는 인원수에 비례하여 대위권을 행사하고, 그 보증인이 물상보증인인 경우에는 부동산의 가액의 비율에 의하여 대위권을 행사한다고 규정하고 있다.

2) 따라서 보증인인 丙에 대하여는 제3취득자에 불과한 戊가 채권자를 대위할 수 없고, 다른 제3취득자인 丁에 대하여는 부동산의 가액의 비율에 따라 대위할 수 있는데, 丁의 토지와 戊의 토지의 가액의 비율은 1 : 2 이므로 결국 戊은 丁에 대하여 2,000만원을 대위할 수 있게 된다.

정답 ⑤

9. 乙은 甲으로부터 9,000만원을 차용하면서 그 담보로 乙소유의 A부동산(시가 1억 2,000만원)과 B부동산(시가 8,000만원)에 공동저당으로 각 1번저당권을 설정하여 주었고, 乙의 부탁을 받은 丙은 乙의 위 차용금채무를 보증하였는데, 그 후 乙은 A부동산을 丁에게, B부동산을 戊에게 각 매도하여 각 소유권이전등기를 경료하여 주었다. 이에 관한 설명 중 옳은 것은?(이자 및 지연손해금은 고려하지 않음)(다툼 있으면 판례에 의함) [06년]

① 甲이 丙과 보증계약을 체결함에 있어서, 甲은 丙에게 乙의 신용상태를 고지하여야 할 의무가 있다.
② 乙이 자신의 주채무에 관한 시효완성의 이익을 포기하면 보증인인 丙은 乙의 주채무가 시효소멸하였음을 원용할 수 없다.
③ 丙이 甲에게 9,000만원 전액을 변제한 경우 甲의 승낙을 얻어야 甲을 대위할 수 있는데, 이 경우 丙이 乙에게 그 대위의 효력을 주장하기 위하여는 甲이 대위의 사실을 乙에게 통지하거나 乙이 대위를 승낙하여야 한다.
④ 丁이 乙을 대신하여 甲에게 9,000만원 전액을 변제하였다면, 丁은 甲을 대위하여 丙에 대하여 3,000만원의 상환을 구할 수 있다.
⑤ 丁이 乙을 대신하여 甲에게 9,000만원 전액을 변제하였다면, 丁은 甲을 대위하여 3,600만원의 범위 내에서 B부동산에 설정된 저당권을 행사할 수 있다.

① [誤] 채권자가 보증인에게 주채무자의 자력상태에 관하여 고지하여야 할 신의칙상의 의무가 있는가를 묻는 문제이다. 이에 관하여 판례는 보증제도는 본질적으로 주채무자의 무자력으로 인한 위험을 보증인이 인수하는 것이므로 보증인의 위험영역 하의 사실인 주채무자의 신용상태에 대한 채권자의 고지의무를 인정하지 않는다. 따라서 甲은 丙에 대하여 乙의 신용상태를 고지할 신의칙상의 의무를 부담하지 않는다.
[大判 1998. 7. 24. 97다35276] 보증제도는 본질적으로 주채무자의 무자력으로 인한 채권자의 위험을 인수하는 것이므로, 보증인이 주채무자의 자력에 대하여 조사한 후 보증계약을 체결할 것인지의 여부를 스스로 결정하여야 하는 것이고, 채권자가 보증인에게 채무자의 신용상태를 고지할 신의칙상의 의무는 존재하지 아니한다.

② [誤] 주채무자의 항변포기는 보증인에게 효력이 없다(제433조 제2항). 따라서 주채무자 乙이 소멸시효 이익을 포기한다고 하더라도 이는 보증인 丙에게 효력이 없고, 보증인 丙은 주채무 시효소멸의 항변을 주장할 수 있다.
[大判 1991. 1. 29. 89다카1114] 보증인은 부종성에 기해 주채무의 시효소멸을 독자적으로 원용할 수 있다. 또한, 주채무가 시효로 소멸한 때에는 보증인도 그 시효소멸을 원용할 수 있으며 주채무자가 시효의 이익을 포기하더라도 보증인에게는 그 효력이 없다.

③ [誤] 보증인은 변제하지 아니하면 자기 재산에 집행을 당할 위험이 있는 자로서 변제에 정당한 이익이 있는 자에 해당한다. 변제할 정당한 이익이 있는 자의 변제로 인한 대위는 채권자의 승낙을 요하지 아니하고 당연히 채권자를 대위하는 법정대위에 해당한다. 따라서 채권자 甲의 승낙 및 그 대항요건은 불필요하다.

④ [誤] 제3취득자와 보증인은 모두 변제할 정당한 이익이 있는 자이다. 보증인은 제3취득자에 대하여 변제자대위권에 기하여 채권자를 대위할 수 있으나, 제3취득자는 보증인에 대하여 변제자대위권을 행사할 수 없다(제482조 제2항 제2호).

⑤ [正] 제3취득자 상호간에는 변제자대위가 인정된다. 대위의 범위는 부동산의 가액에 비례하여 결정된다. 丁이 소유하는 A부동산의 시가가 1억 2천만원이고, 戊가 소유하는 B부동산의 시가가 8천만원이므로 丁과 戊는 3 : 2의 비율로 채무자의 채무를 분담한다. 결국, 전액 변제한 丁은 戊에 대하여 9천만원 × 2/5 = 3천6백만원의 범위에서 변제자대위권을 행사할 수 있다.

정답 ⑤

10. A는 B에 대하여 3억원의 X채권을 가지고 있고, C와 D가 각각 B의 채무 전부를 연대보증 하였는데, E가 위 채권의 담보를 위하여 자기 소유의 Y부동산(시가 3억원)에 저당권을 설정하였다. 이에 관한 기술 중 옳지 않은 것을 모두 고른 것은? [03년]

㉠ C가 A에게 위 보증채무를 전부 이행한 경우에 C는 E에 대하여 피담보채권 1억원의 저당권을 취득하는데, 이를 위 이행 후에 E로부터 Y부동산을 양수한 F에게 대항할 수 있으려면 F가 그 권리를 취득하기 전에 저당권이전의 부기등기를 하여야 한다.

㉡ Y부동산에 대하여 위 저당권에 기한 경매가 진행되어 A가 위 채권의 만족을 얻은 경우에, E는 변제자대위로 X채권 중 각각 1억원의 채권을 C와 D에 대하여 가지게 된다.

㉢ B가 A에 대하여 3억원의 Z채권을 가지고 있고 이 채권이 X채권과 상계적상에 있다면, C는 Z채권과 상계하는 의사표시를 함으로써 Z채권을 소멸시키면서 동시에 자신의 보증채무를 면할 수 있다.

㉣ X채권이 원래 단기소멸시효에 걸리는 것이었으나 A가 B를 상대로 이행소송을 제기하여 승소의 확정판결을 받은 경우, 판례에 의하면 A의 C에 대한 채권의 소멸시효기간은 10년으로 연장된다.

㉤ A가 D를 상대로 하여 보증채무이행소송을 제기함으로써 D에 대한 채권의 소멸시효가 중단되었다면, 그 소송의 진행 중에 X채권의 소멸시효가 완성되었더라도 D는 주채무의 시효소멸로 A에게 대항할 수 없다.

① ㉣
② ㉠, ㉢
③ ㉡, ㉢
④ ㉣, ㉤
⑤ ㉡, ㉣, ㉤

해설

㉠ [正] 연대보증인 C는 변제할 정당한 이익이 있는 자로서 변제로 인하여 채권자의 채권 및 담보에 관한 권리를 취득한다. 한편, 물상보증인 E 또한 변제할 정당한 이익이 있는 자로서 민법은 이들 상호간의 변제자대위의 범위에 관하여 인원수에 비례하여 대위할 수 있음을 규정하고 있다(민법 제482조 제1항 5호). 한편 변제자대위권을 저당물의 제3취득자인 F에게 주장하기 위해서는 민법 제482조 제1항 1호에 따라 미리 대위의 부기등기가 있어야 한다.

[大判 1988. 9. 27. 88다카1797] 타인의 채무를 변제하고 채권자를 대위하는 대위자 상호간의 관계를 규정한 민법 제482조 제2항 제5호 단서에서 대위의 부기등기에 관한 제1호의 규정을 준용하도록 규정한 취지는 자기의 재산을 타인의 채무의 담보로 제공한 물상보증인이 수인일 때 그중 일부의 물상보증인이 채무의 변제로 다른 물상보증인에 대하여 채권자를 대위하게 될 경우에 미리 대위의 부기등기를 하여 두지 아니하면 채무를 변제한 뒤에 그 저당물을 취득한 제3취득자에 대하여 채권자를 대위할 수 없도록 하려는 것이라고 해석되므로 자신들 소유의 부동산을 채무자의 채무의 담보로 제공한 물상보증인들이 채무를 변제한 뒤 다른 물상보증인 소유부동산에 설정된 근저당권설정등기에 관하여 대위의 부기등기를 하여 두지 아니하고 있는 동안에 제3취득자가 위 부동산을 취득하였다면, 대위변제한 물상보증인들은 제3취득자에 대하여 채권

자를 대위할 수 없다.
ⓒ [正] 보증인에 대한 관계에서는 인원수에 비례하여 변제자대위권을 행사할 수 있다(민법 제482조 제1항 제5호).
ⓒ [正] 보증인은 주채무자의 채권으로 상계할 수 있다(민법 제434조).
㉣ [誤] 주채무자에 대한 확정판결 등으로 인한 시효기간의 연장은 보증채권의 시효기간을 연장시키는 효력을 가지지 않는다.
[大判 1986. 11. 25. 86다카1569] 민법 제165조가 판결에 의하여 확정된 채권, 판결과 동일한 효력이 있는 것에 의하여 확정된 채권은 단기의 소멸시효에 해당한 것이라도 그 소멸시효는 10년으로 한다고 규정하는 것은 당해 판결 등의 당사자 사이에 한하여 발생하는 효력에 관한 것이고 채권자와 주채무자 사이의 판결 등에 의해 채권이 확정되어 그 소멸시효가 10년으로 되었다 할지라도 위 당사자 이외의 채권자와 연대보증인 사이에 있어서는 위 확정판결 등은 그 시효기간에 대하여는 아무런 영향도 없고 채권자의 연대보증인의 연대보증채권의 소멸시효기간은 여전히 종전의 소멸시효기간에 따른다.
㉤ [誤] 보증인에 대한 이행청구는 주채무의 소멸시효를 중단시키지 않는다. 따라서 보증인은 주채무의 시효완성을 주장할 수 있다.
[大判 2002. 5. 14. 2000다62476] 보증채무에 대한 소멸시효가 중단되었다고 하더라도 이로써 주채무에 대한 소멸시효가 중단되는 것은 아니고, 주채무가 소멸시효 완성으로 소멸된 경우에는 보증채무도 그 채무 자체의 시효중단에 불구하고 부종성에 따라 당연히 소멸된다.

정답 ④

11. 배점 3 변제에 관한 설명 중 옳은 것(O)과 옳지 않은 것(×)을 바르게 표시한 것은?
(다툼 있으면 판례에 의함) [08년]

㉠ 금전채무에서 우편환, 은행발행의 자기앞수표 등의 제공은 현실제공이 되나, 보통의 수표나 약속어음의 제공 또는 은행통장과 인출인장의 제공은 원칙적으로 금전채무에 대한 유효한 변제제공이 될 수 없다.
ⓒ 민법 제470조의 채권의 준점유자는 변제자의 입장에서 볼 때 일반 거래관념상 채권을 행사할 정당한 권한을 가진 것으로 믿을 만한 외관을 가지는 사람을 말하며, 스스로 채권자라고 하여 채권을 행사하는 자는 이에 해당하나, 채권자의 대리인이라고 하면서 채권을 행사하는 자는 이에 해당하지 않는다.
ⓒ 담보권 실행을 위한 경매에서 배당된 배당금이 담보권자가 갖는 수 개의 피담보채권 전부를 소멸시키기에 부족한 경우, 민법 제476조에 의한 지정변제충당은 허용될 수 없고, 합의에 의한 변제충당과 법정변제충당의 방법만이 허용된다.

ⓒ 비용·이자·원본에 대한 변제충당에서는 당사자 사이에 특별한 합의가 없는 한 비용·이자·원본의 순서로 변제에 충당하여야 할 것이며, 채무자는 물론 채권자라고 할지라도 위 법정 순서와 다르게 일방적으로 충당의 순서를 지정할 수는 없다.
ⓓ 임의대위에서 변제자가 제3자에게 대항하기 위하여는 확정일자 있는 증서에 의한 대위의 통지나 승낙이 필요한데, 이 경우 제3자라 함은 대위변제의 목적인 그 채권 자체에 관하여 대위변제자와 양립할 수 없는 법률상 지위에 있는 자만을 의미한다.
ⓔ 변제자대위는 일부대위의 경우에도 인정되므로, 근저당권의 피담보채권이 확정되기 전이라도 그 채권의 일부가 대위변제되었다면 그 근저당권은 대위변제자에게 이전될 수 있다.

① ㄱ(○), ㄴ(○), ㄷ(○), ㄹ(×), ㅁ(○), ㅂ(○)
② ㄱ(×), ㄴ(○), ㄷ(×), ㄹ(×), ㅁ(×), ㅂ(×)
③ ㄱ(○), ㄴ(×), ㄷ(○), ㄹ(○), ㅁ(○), ㅂ(×)
④ ㄱ(○), ㄴ(×), ㄷ(×), ㄹ(○), ㅁ(○), ㅂ(×)
⑤ ㄱ(×), ㄴ(○), ㄷ(○), ㄹ(○), ㅁ(×), ㅂ(○)
⑥ ㄱ(○), ㄴ(×), ㄷ(○), ㄹ(×), ㅁ(○), ㅂ(×)
⑦ ㄱ(×), ㄴ(○), ㄷ(○), ㄹ(×), ㅁ(×), ㅂ(○)
⑧ ㄱ(○), ㄴ(×), ㄷ(×), ㄹ(○), ㅁ(×), ㅂ(×)

해설

ⓐ [正] 금전채무의 이행방법은 원칙적으로 현금에 의한 이행이다. 즉 한국은행권 또는 주화의 인도에 의한 이행이 금전채무의 전형적인 이행방법이다. 우편환이나 금융기관이 발행한 자기앞수표를 교부하는 방법에 의한 이행도 현금의 인도와 마찬가지로 다루어질 수 있다. 그러나 지급 여부가 불확실한 어음이나 개인 발행의 수표의 인도는 원칙적으로 금전채무를 소멸시키는 적법한 이행으로 되지 않는다.

ⓑ [誤] [大判 2004. 4. 23, 2004다5389] 민법 제470조에 정하여진 채권의 준점유자라 함은, 변제자의 입장에서 볼 때 일반의 거래관념상 채권을 행사할 정당한 권한을 가진 것으로 믿을 만한 외관을 가지는 사람을 말하므로 준점유자가 스스로 채권자라고 하여 채권을 행사하는 경우뿐만 아니라 채권자의 대리인이라고 하면서 채권을 행사하는 때에도 채권의 준점유자에 해당한다.

ⓒ [誤] [大判 1996. 5. 10, 95다55504] 담보권의 실행 등을 위한 경매에 있어서 배당금이 동일 담보권자가 가지는 수 개의 피담보채권의 전부를 소멸시키기에 부족한 경우, 채권자와 채무자 사이에 변제충당에 관한 합의가 있었다고 하더라도 그 합의에 의한 변제충당은 허용될 수 없고, 이 경우에는 획일적으로 가장 공평·타당한 충당방법인 민법 제477조의 규정에 의한 법정변제충당의 방법에 따라 충당을 하여야 한다.

ⓓ [正] [大判 2002. 5. 10, 2002다12871·12888] 비용·이자·원본에 대한 변제충당에 있어서는 민법 제479조에 그 충당 순서가 법정되어 있고 지정변제충당에 관한 같은 법 제

476조는 준용되지 않으므로 당사자 사이에 특별한 합의가 없는 한 비용·이자·원본의 순서로 충당하여야 할 것이고, 채무자는 물론 채권자라고 할지라도 위 법정 순서와 다르게 일방적으로 충당의 순서를 지정할 수는 없다고 할 것이지만, 당사자의 일방적인 지정에 대하여 상대방이 지체없이 이의를 제기하지 아니함으로써 묵시적인 합의가 되었다고 보여지는 경우에는 그 법정충당의 순서와는 달리 충당의 순서를 인정할 수 있는 것이다.

ⓜ [正] [大判 1996. 2. 23. 94다21160] 임의대위에 있어서는 변제자가 제3자에게 대항하기 위하여는 확정일자 있는 증서에 의한 대위의 통지나 승낙이 필요한 것이지만, 이 경우 제3자라 함은 대위변제의 목적인 그 채권 자체에 관하여 대위변제자와 양립할 수 없는 법률상 지위에 있는 자만을 의미한다. 따라서 임금채권에 대하여 아무런 관련이 없는 사용자에 대한 근저당권부 채권자는 임금채권의 대위변제자가 대항요건을 갖추어야 할 제3자에 해당된다고 할 수 없으므로, 변제로 인한 임의대위자의 사용자에 대한 대위의 통지가 적법하게 된 이상 근저당채권자가 신청한 경매절차에서 경매개시결정으로 인한 압류의 효력이 발생한 날보다 그 대위통지일자가 늦다고 하더라도 대위에 영향이 없다.

ⓑ [誤] [大判 2002. 7. 26. 2001다53929] 변제할 정당한 이익이 있는 자가 채무자를 위하여 채권의 일부를 대위변제할 경우에 대위변제자는 변제한 가액의 범위 내에서 종래 채권자가 가지고 있던 채권 및 담보에 관한 권리를 법률상 당연히 취득하게 되는 것이므로, 채권자가 부동산에 대하여 근저당권을 가지고 있는 경우에는, 채권자는 대위변제자에게 일부 대위변제에 따른 저당권의 일부 이전의 부기등기를 경료해 주어야 할 의무가 있다 할 것이나, 이 경우에도 채권자는 일부변제자에 대하여 우선변제권을 가지고 있다 할 것이고, 근저당권이라고 함은 계속적인 거래관계로부터 발생하고 소멸하는 불특정다수의 장래채권을 결산기에 계산하여 잔존하는 채무를 일정한 한도액의 범위 내에서 담보하는 저당권이어서, 거래가 종료하기까지 채권은 계속적으로 증감변동하는 것이므로, 근저당 거래관계가 계속 중인 경우 즉, 근저당권의 피담보채권이 확정되기 전에 그 채권의 일부를 양도하거나 대위변제한 경우 근저당권이 양수인이나 대위변제자에게 이전할 여지는 없다 할 것이나, 그 근저당권에 의하여 담보되는 피담보채권이 확정되게 되면, 그 피담보채권액이 그 근저당권의 채권최고액을 초과하지 않는 한 그 근저당권 내지 그 실행으로 인한 경락대금에 대한 권리 중 그 피담보채권액을 담보하고 남는 부분은 저당권의 일부이전의 부기등기의 경료 여부와 관계없이 대위변제자에게 법률상 당연히 이전된다.

정답 ④

제2절 기타의 채권소멸원인

1. 상계에 관한 설명 중 옳지 않은 것은? [03년]

① 상계할 채권이 있는 연대채무자가 상계하지 아니한 때에는 그 채무자의 부담부분에 한하여 다른 연대채무자가 상계할 수 있다.
② 상계를 할 수 있는 것은 같은 종류의 목적을 가지는 채권이면 되고, 두 채권의 채권액이 동일하거나 이행지가 동일하여야 하는 것은 아니다.
③ 수동채권의 변제기가 아직 도래하지 않은 경우 그 채무자 즉 자동채권의 채권자는 기한의 이익을 포기하고 상계할 수 있다.
④ 자동채권에 동시이행항변권이 붙어 있다면 채권의 성질상 상계가 허용되지 않는다.
⑤ 자동채권의 변제기가 2002. 5. 1., 수동채권의 변제기가 2002. 8. 1.인 경우 자동채권의 채권자가 2002. 9. 1. 상계의 의사표시를 하였다면 상계적상이 발생하는 시기는 2002. 5. 1.이다.

해설

① [正] 민법 제418조 제2항.
② [正] 상계의 자동채권과 수동채권은 동종이기만 하면 되고, 그 밖의 요건을 요하지 않는다. 따라서 두 채권의 채권액이 같을 필요도 없고, 양 채권 사이에 법적 관련이 있을 필요도 없으며, 두 채권의 급부장소 또는 인도장소가 같을 필요도 없다.
③ [正] 상계의 요건을 규정하고 있는 민법 제492조에서는 쌍방 채무의 이행기가 도래한 때에 상계할 수 있는 것으로 규정하고 있으나, 기한의 이익은 채무자에게 있는 것으로 추정하며(제153조), 채무자의 기한전의 변제도 가능하기 때문에(제468조) 수동채권의 변제기는 도래하지 않았다고 하더라도 자동채권의 변제기가 도래하면 상계할 수 있다.
④ [正] 상대방의 동시이행의 항변권을 부당하게 박탈하게 되기 때문이다.
⑤ [誤] 상계적상이 발생하는 시기는 2002. 8. 1.이다. 수동채권의 변제기도래 전에 상계할 수 있다는 것과 상계의 효과가 발생하는 상계적상의 시기는 구별하여야 한다.

정답 ⑤

2. 상계에 관한 설명 중 옳지 않은 것은?(다툼 있으면 판례에 의함) [05년]

① 수탁보증인은 주채무자에 대한 사전구상권을 자동채권으로 하여 상계할 수 있다.
② 국가는 확정된 벌금채권을 자동채권으로 하여 사인(私人)의 국가에 대한 부당이득반환채권과 상계할 수 있다.
③ 사용자는 근로자의 동의없이 근로자에 대한 대출금 채권을 자동채권으로 하여 근로

자의 퇴직금 채권과 일방적으로 상계할 수 없다.
④ 상계금지특약이 있음을 알지 못한 채 채권을 양수한 자는 이를 자동채권으로 하여 상계할 수 있다.
⑤ 가압류명령을 받은 제3채무자가 가압류채무자에 대해 가지고 있는 반대채권이 가압류 당시 변제기에 이르지 않았지만, 피압류채권의 변제기보다 먼저 변제기에 이르는 경우, 제3채무자는 가압류채무자에 대한 반대채권을 자동채권으로 하여 상계할 수 있다.

해설

① [誤] 수탁보증인의 주채무자에 대한 사전구상권은 주채무자의 면책항변권이 부착된 채권으로 이를 자동채권으로 하는 상계를 허용하게 될 경우, 주채무자의 면책항변권이 부당하게 박탈되는 문제가 생길 수 있다. 따라서 수탁보증인의 사전구상권은 성질상 상계가 제한되는 채권이다.
[大判 2001. 11. 13. 2001다55222] 항변권이 붙어 있는 채권을 자동채권으로 하여 다른 채무(수동채권)와의 상계를 허용한다면 상계자 일방의 의사표시에 의하여 상대방의 항변권 행사의 기회를 상실시키는 결과가 되므로 그러한 상계는 허용될 수 없고, 특히 수탁보증인이 주채무자에 대하여 가지는 민법 제442조의 사전구상권에는 민법 제443조 소정의 이른바 면책청구권이 항변권으로 부착되어 있는 만큼 이를 자동채권으로 하는 상계는 허용될 수 없다.

② [正] [大判 2004. 4. 27. 2003다3789] 상계는 쌍방이 서로 상대방에 대하여 같은 종류의 급부를 목적으로 하는 채권을 가지고 자동채권의 변제기가 도래하였을 것을 그 요건으로 하는 것인데, 형벌의 일종인 벌금도 일정 금액으로 표시된 추상적 경제가치를 급부목적으로 하는 채권인 점에서는 다른 금전채권들과 본질적으로 다를 것이 없고, 다만 발생의 법적 근거가 공법관계라는 점에서만 차이가 있을 뿐이나 채권 발생의 법적 근거가 무엇인지는 급부의 동종성을 결정하는 데 영향이 없으며, 벌금형이 확정된 이상 벌금채권의 변제기는 도래한 것이므로 달리 이를 금하는 특별한 법률상 근거가 없는 이상 벌금채권은 적어도 상계의 자동채권이 되지 못할 아무런 이유가 없다.

③ [正] [大判 1990. 5. 8. 88다카26413] 근로자가 받을 퇴직금은 임금의 성질을 가지는 것으로서 근로기준법 제36조에 의하여 사용자는 그 수령권자에게 직접 전액을 지급하여야 하는 것이므로 사용자가 자기 직원으로 근무하다가 사망한 근로자의 퇴직금에 대하여 사용자의 동인에 대한 대출금채권으로 상계충당할 수 없다.

④ [正] 채권자와 채무자는 상계의 금지를 약정할 수 있고, 당사자 사이에 상계금지의 특약이 있는 경우에 상계가 허용되지 않는다(제492조 제2항 본문). 그러나 상계금지의 특약은 선의의 제3자에게 대항하지 못한다(제492조 제2항 단서). 따라서 상계금지특약을 알지 못하는 선의의 양수인은 그 채권을 자동채권으로 하여 상계할 수 있다.

⑤ [正] 가압류 당시 제3채무자의 반대채권이 있는 경우 제3채무자의 상계가 허용되는가에 관해서는 견해의 대립이 있다. 제498조는 지급금지명령 후에 취득한 채권에 기한 상계를 허용하지 않고 있을 뿐이므로 지급금지명령(가압류 혹은 압류명령) 전에 이미 반

대채권을 가지고 있는 경우에 관해서는 규정이 없다. 이는 결국 지급금지명령을 통해 집행에 대한 기대를 가지고 있는 집행채권자를 보호할 것인가 아니면 반대채권을 보유함으로써 상계가 가지는 담보적 기능을 기대하는 제3채무자를 보호할 것인가의 문제이다. 이에 대하여 학설과 판례는 변제기를 기준으로 하여 판단한다(변제기기준설 혹은 변제기선도래설). 즉 반대채권의 변제기가 피가압류채권 혹은 피압류채권의 변제기보다 먼저 또는 동시에 도래하는 경우에는 상계가 허용된다는 것이다. 지문은 변제기기준설에 따른 설명으로 타당하다.

[大判 1982. 6. 22, 82다카200] 가압류 명령을 받은 제3채무자가 가압류 채무자에 대한 반대채권을 가지고 있는 경우에 가압류 채권자에게 상계로써 대항하기 위하여는 가압류의 효력발생 당시에 양 채권이 상계적상에 있거나 반대채권이 압류당시 변제기에 달하지 아니한 경우에는 피압류채권인 수동채권의 변제기와 동시에 또는 그보다 먼저 변제기에 도달하는 경우이어야 한다.

정답 ①

3. 배점 2 상계에 관한 설명으로 옳지 않은 것은?(다툼 있으면 판례에 의함) [07년]

① 상계적상 시점 이전에 수동채권의 변제기가 이미 도래하여 지체가 발생한 경우, 그 시점까지의 수동채권의 약정이자 및 지연손해금을 자동채권으로써 먼저 소각하고 그 잔액을 가지고 수동채권의 원본을 소각하여야 한다.
② 상계의 대상이 되는 채권에는 상대방과 사이에서 직접 발생한 채권뿐만 아니라 제3자로부터 양수 등을 원인으로 하여 취득한 채권도 포함된다.
③ 가압류명령을 받은 제3채무자가 가압류채무자에 대하여 가지는 자동채권이 압류 당시에 변제기에 이르지 않은 경우에는 피압류채권인 수동채권의 변제기와 동시에 또는 그 보다 먼저 변제기에 도달하여야 제3채무자가 가압류채권자에게 상계로써 대항할 수 있다.
④ 가압류명령이 제3채무자에게 송달되어 가압류의 효력이 생긴 후에 제3채무자의 가압류채무자에 대한 자동채권이 발생한 경우에는 제3채무자가 가압류채권자에게 상계로써 대항할 수 없고, 이는 자동채권과 수동채권이 동시이행의 관계에 있고 수동채권이 가압류되기 전에 자동채권 발생의 기초가 되는 원인이 이미 성립한 경우에도 마찬가지이다.
⑤ 고의의 불법행위에 의한 손해배상채권에 대한 상계금지는 중과실의 불법행위로 인한 손해배상채권에까지 유추 또는 확장적용되지 않는다.

해설

① [正] 상계로 인하여 자동채권과 수동채권은 대등액에서 소멸한다. 상계에 의한 양 채권의 차액계산 및 상계충당은 상계적상시를 기준으로 하여야 한다(상계의 소급효). 따라서 수동채권의 변제기가 상계적상 시점 이전에 도래한 때에는 상계적상 시점에서

자동채권으로 수동채권의 약정이자 및 지연손해금을 소각하고, 자동채권의 잔액으로 수동채권의 원본을 소각하여야 한다.
[大判 2005. 7. 8. 2005다8125] 상계의 의사표시가 있는 경우, 채무는 상계적상시에 소급하여 대등액에 관하여 소멸한 것으로 보게 되므로, <u>상계에 의한 양 채권의 차액 계산 또는 상계 충당은 상계적상의 시점을 기준으로 하게 되고, 따라서 그 시점 이전에 수동채권의 변제기가 이미 도래하여 지체가 발생한 경우에는 상계적상 시점까지의 수동채권의 약정이자 및 지연손해금을 계산한 다음 자동채권으로써 먼저 수동채권의 약정이자 및 지연손해금을 소각하고 잔액을 가지고 원본을 소각하여야</u> 한다.

② [正] 상계의 자동채권과 수동채권은 같은 종류의 내용을 가진 채권이면 족하고, 두 채권의 채권액이 같거나, 양 채권 사이에 법적 관련이 있어야 할 필요는 없다. 또한 채권의 발생원인은 불문하기 때문에 당사자 사이에서 직접 발생한 채권뿐만 아니라 제3자로부터 양수한 채권도 상계의 대상이 되는 채권이 될 수 있다.

③ [正] 지급금지명령(가압류, 압류 명령 등)을 받은 제3채무자는 지급금지명령이 있은 후에 그의 채권자에 대하여 취득한 채권을 가지고 지급금지당한 그의 채권과 상계를 하더라도 이 상계를 가지고 지급금지명령을 신청한 채권자에게 대항하지 못한다(제498조). 제498조를 문리해석한다면, 지급금지명령 전에 취득한 반대채권이 있으면 제3채무자는 상계로써 압류채권자에게 대항할 수 있다고 해석하여야 하지만, 그렇게 해석할 경우 지급금지명령을 신청한 채권자의 집행에 대한 기대가 보호되지 못하는 문제가 있을 수 있다. 한편 그렇다고 하여 제3채무자가 상계로써 지급금지명령을 신청한 채권자에게 대항할 수 없다고 해석한다면 제3채무자가 가지는 상계의 담보적 기능에 대한 합리적 기대가 보호되지 못하는 문제가 있다. 이러한 문제를 해결하기 위해서 다수설과 판례는 변제기를 기준으로 그 이해관계를 조절하고 있다(변제기 기준설, 변제기 선도래설). 즉 지급금지명령 당시에 제3채무자가 반대채권을 취득하고 있었고, 그 반대채권의 변제기가 지급금지명령 당시에 도래하지는 않았지만, 지급금지당한 채권의 변제기보다 먼저 또는 동시에 도래하는 경우에는 제3채무자는 상계로써 지급금지명령을 신청한 채권자에게 대항할 수 있다.
[大判 1982. 6. 22. 82다카200] 가압류 명령을 받은 제3채무자가 가압류 채무자에 대한 반대채권을 가지고 있는 경우에 가압류 채권자에게 상계로써 대항하기 위하여는 <u>가압류의 효력발생 당시에 양 채권이 상계적상에 있거나 반대채권이 압류 당시 변제기에 달하지 아니한 경우에는 피압류채권인 수동채권의 변제기와 동시에 또는 그보다 먼저 변제기에 도달하는 경우이어야</u> 한다.

④ [誤] 채권에 대한 가압류의 효력이 발생한 후에 제3채무자가 가압류채무자에 대하여 반대채권을 취득하였다고 하더라도 피가압류채권과 반대채권이 동시이행의 관계에 있고, 반대채권의 발생원인이 가압류 전에 이미 성립한 경우라면 제3채무자의 반대채권을 지급금지명령 후에 취득한 채권으로 볼 수 없다는 것이 판례이다. 따라서 제3채무자는 상계로써 가압류채권자에게 대항할 수 있다.
[大判 2001. 3. 27. 2000다43819] 금전채권에 대한 가압류로부터 본압류로 전이하는 압류 및 추심명령이 있는 때에는 제3채무자는 채권이 가압류되기 전에 압류채무자에게 대항할 수 있는 사유로써 압류채권자에게 대항할 수 있으므로, <u>제3채무자의 압류채무</u>

자에 대한 자동채권이 수동채권인 피압류채권과 동시이행의 관계에 있는 경우에는, 그 가압류명령이 제3채무자에게 송달되어 가압류의 효력이 생긴 후에 자동채권이 발생하였다고 하더라도 제3채무자는 동시이행의 항변권을 주장할 수 있고, 따라서 그 상계로써 압류채권자에게 대항할 수 있다. 이 경우에 자동채권 발생의 기초가 되는 원인은 수동채권이 가압류되기 전에 이미 성립하여 존재하고 있었으므로, 그 자동채권은 민법 제498조 소정의 "지급을 금지하는 명령을 받은 제3채무자가 그 후에 취득한 채권"에 해당하지 아니한다.

⑤ [正] 고의의 불법행위에 의한 손해배상채권을 수동채권으로 하는 상계를 금지하는 것은 보복적 불법행위를 방지하며, 피해자가 현실적으로 손해를 배상받을 수 있도록 하기 위함이다. 중과실의 불법행위는 보복의 성질을 가질 수 없으므로 상계금지규정이 유추되지는 않는다.
[大判 1994. 8. 12, 93다52808] 민법 제496조가 고의의 불법행위로 인한 손해배상채권에 대한 상계를 금지하는 입법취지는 고의의 불법행위에 인한 손해배상채권에 대하여 상계를 허용한다면 고의로 불법행위를 한 자가 상계권행사로 현실적으로 손해배상을 지급할 필요가 없게 됨으로써 보복적 불법행위를 유발하게 될 우려가 있고, 고의의 불법행위로 인한 피해자가 가해자의 상계권행사로 인하여 현실의 변제를 받을 수 없는 결과가 됨은 사회적 정의관념에 맞지 아니하므로 고의에 의한 불법행위의 발생을 방지함과 아울러 고의의 불법행위로 인한 피해자에게 현실의 변제를 받게 하려는 데 있는 바, 이 같은 입법취지나 적용결과에 비추어 볼 때 고의의 불법행위에 인한 손해배상채권에 대한 상계금지를 중과실의 불법행위에 인한 손해배상채권에까지 유추 또는 확장적용하여야 할 필요성이 있다고 할 수 없다.

정답 ④

4. 배점 2 채권의 소멸에 관한 설명 중 옳은 것을 모두 고른 것은? (다툼 있으면 판례에 의함) [10년]

ㄱ. 경개에 의하여 성립된 신채무의 불이행을 이유로 경개계약을 해제할 수 없지만, 경개계약을 합의해제하여 구채권을 부활시키는 것은 당사자 사이에서는 가능하다.

ㄴ. 채무자가 채권자의 승낙을 얻어 본래의 채무이행에 갈음하여 부동산으로 대물변제를 하였으나 본래의 채무가 존재하지 않았던 것으로 밝혀진 경우, 당사자의 특별한 의사표시가 없는 한 부동산 소유권이전의 효력은 발생하지 않는다.

ㄷ. 변제공탁은 제3자를 위한 계약의 성질을 가지므로, 채권자의 수익의 의사표시가 있는 때에 공탁의 효력이 생긴다.

ㄹ. 채무자가 설정한 저당권은 당사자가 경개계약을 체결하면 원칙적으로 신채무의 담보로 된다.

ㅁ. 소송비용상환청구권은 소송에서 패소하였다는 사실을 요건으로 소송상 발생하는 권리이므로 상계의 수동채권이 될 수 없다.
ㅂ. 민법상 조합으로부터 부동산을 매수하여 잔대금채무를 지고 있는 자가 조합원 중 1인에 대하여 채권을 가지고 있는 경우, 그 채권과 잔대금채무를 서로 대등액에서 상계할 수 있다.
ㅅ. 상속인이 한정승인을 한 때에는 상속인의 피상속인에 대한 채권은 혼동에 의해 소멸한다.

① ㅁ   ② ㄱ, ㄴ   ③ ㄱ, ㄹ
④ ㄷ, ㅁ, ㅂ   ⑤ ㄱ, ㄴ, ㄷ, ㅅ   ⑥ ㄴ, ㄷ, ㅂ, ㅅ

해설

ㄱ. [正] 경개계약에 대한 법정해제가 가능한지 및 합의해제가 가능한지를 묻는 문제이다. 채무불이행을 이유로 하는 법정해제는 경개계약 자체의 이행의 문제가 발생할 여지가 없으므로 허용되지 않지만, 사적자치의 원칙상 합의해제는 가능하다는 것이 판례이다.
[大判 1980. 11. 11, 80다2050] 경개계약은 신채권을 성립시키고 구채권을 소멸시키는 처분행위로서 신채권이 성립되면 그 효과는 완결되고 경개계약 자체의 이행의 문제는 발생할 여지가 없으므로 경개에 의하여 성립된 신채무의 불이행을 이유로 경개계약을 해제할 수는 없다.
[大判 2003. 2. 11, 2002다62333] 계약자유의 원칙상 경개계약의 성립 후에 그 계약을 합의해제하여 구채권을 부활시키는 것은 적어도 당사자 사이에서는 가능하다.

ㄴ. [正] 대물변제의 요건을 묻는 지문이다. 대물변제가 효력을 발생하기 위해서는 기존 채무가 존재하고 있었어야 한다. 기존의 채무가 부존재하는 경우에는 대물변제로 제공된 재산권 이전의 효과가 발생하지 않는다.
[大判 1991. 11. 12, 91다9503] 채무자가 채권자의 승낙을 얻어 본래의 채무이행에 갈음하여 부동산으로 대물변제를 하였으나 본래의 채무가 존재하지 않았던 경우에는, 당사자가 특별한 의사표시를 하지 않은 한 대물변제는 무효로서 부동산의 소유권이 이전되는 효과가 발생하지 않는다.

ㄷ. [誤] 변제공탁의 효력이 생기기 위해서 채권자의 수익의 의사표시가 필요한지를 묻는 지문이다. 변제공탁의 법적 성질이 제3자를 위한 계약이라고 하더라도 채권자의 수익의 의사표시가 있어야 변제공탁의 효력이 생기는 것은 아니다. 채권자의 수익의 의사표시가 없더라도 채무자는 채무를 면하고, 채권자인 피공탁자는 공탁물출급청구권을 취득한다.

ㄹ. [誤] 경개로 인하여 소멸할 채무의 채무자가 제공한 담보가 원칙적으로 신채무를 위하여 존속하는지를 묻는 지문이다. 제505조는 "경개의 당사자는 구채무의 담보를 그 목적의 한도에서 신채무의 담보로 할 수 있다. 그러나 제3자가 제공한 담보는 그 승낙을 얻어야 한다."고 규정하고 있는 바, 이는 당사자의 편의를 위하여 부종성에 대

한 예외를 인정한 것으로 제505조가 적용되기 위해서는 그와 같은 특약이 있어야 하는 것이고, 원칙적으로 경개에 의하여 구채무에 존재하던 담보는 소멸한다.

[大判 2002. 10. 11, 2001다7445] 민법 제505조(신채무에의 담보이전)는 "경개의 당사자는 구채무의 담보를 그 목적의 한도에서 신채무의 담보로 할 수 있다. 그러나 제3자가 제공한 담보는 그 승낙을 얻어야 한다"고 규정하고 있는 바, 이 규정은 경개에 의하여 구채무가 소멸하기 때문에 이에 따르는 인적·물적 담보 또한, 부종성의 원리에 따라 당연히 함께 소멸하고, 당사자가 신채무에 관하여 저당권 등을 설정하기로 합의하여도 구채무에 관하여 존재하던 저당권 등은 어차피 소멸하여 그 순위의 보전이 불가능하나, 이러한 결과가 많은 경우 당사자의 의도에 반하는 것인 점을 고려하여 당사자의 편의를 위하여 부종성에 대한 예외를 인정한 것으로서, <u>경개계약의 경우 구채무에 관한 저당권 등이 신채무에 이전되기 위하여는 당사자 사이에 그러한 뜻의 특약이 이루어져야 하지만, 반드시 명시적인 것을 필요로 하지는 않고, 묵시적인 합의로도 가능하다.</u>

ㅁ. [誤] 소송비용상환청구권이 상계의 수동채권이 될 수 있는지를 묻는 지문이다. 채권자를 특별하게 보호할 필요가 있어 법률이 상계를 금지하거나 약정으로 상계를 금지한 것이 아니라면 자동채권과 동종의 급부를 목적으로 하는 채권인 한 상계의 수동채권이 될 수 있다. 채권의 발생원인이 무엇인지는 문제되지 않는다.

[大判 1994. 5. 13, 94다9856] 소송비용상환청구권은 소송에서 패소하였다는 사실을 요건으로 소송상 발생하는 실체적 권리이기는 하나 그 성질은 사법상의 청구권이며 상계의 수동채권으로 될 수 있다.

ㅂ. [誤] 조합채무자가 조합원에 대한 채권을 자동채권으로 하여 상계할 수 있는지를 묻는 지문이다. 상계적상을 인정할 수 없다. 조합의 채무자는 그 채무와 조합원에 대한 채권으로 상계하지 못한다(제715조).

ㅅ. [誤] 한정승인에 의하여 상속인의 피상속인에 대한 권리의무는 소멸하지 아니하고 존속한다(제1031조). 결국 상속인의 피상속인에 대한 채권은 혼동에 의하여 소멸하지 않는다.

정답 ②

제3장 채권관계의 장애

제1절 채무불이행의 유형

1. 이행지체에 관한 설명 중 옳지 않은 것은? [02년]

① 소비대차에서 반환시기의 약정이 없는 경우, 대주는 상당한 기간을 정하여 반환을 최고하여야 하고, 차주는 이 상당한 기간이 경과한 때로부터 이행지체책임이 있다.
② 지시채권과 무기명채권은 확정기한이 도래한 후라도 증서를 제시하여 이행을 청구한 때로부터 이행지체책임이 있다.
③ 지참채무와 달리 추심채무의 경우에는 채권자의 추심행위가 없으면 확정기한이 도래한 후라도 이행지체에 빠지지 않는다.
④ 확정기한이 있는 채권이 가압류되더라도, 채무자는 그 기한이 도래한 다음 날부터 이행지체의 책임을 진다는 것이 판례이다.
⑤ 불법행위로 인한 손해배상의무는 기한의 정함이 없는 채무로서 피해자의 이행청구를 받은 때로부터 이행지체책임이 있다.

해설

① [正] 기한 없는 채무의 경우에는 이행의 청구가 있는 때로부터 지체책임을 부담한다. 그러나 반환시기 약정이 없는 소비대차의 반환채무는 이에 대한 예외를 이룬다. 대주는 상당한 기간을 정한 이행의 최고를 하여야 하고, 상당한 기간이 도과한 때에 비로소 지체의 책임을 부담한다(제603조 제2항). 다만 주의할 것은 소비대차 반환청구권의 소멸시효 기산점은 이행지체의 시점과는 달리 이행의 청구를 할 수 있는 때로부터 상당한 기간이 경과한 때로부터 진행한다는 점이다.

②,③ [正] 확정기한부 채무의 경우에는 기한이 도래한 때로부터 지체책임을 부담하는 것이 원칙이다. 그러나 이에 대하여는 다음의 3가지 예외가 인정된다. ㉠ 증권적 채권의 경우에는 기한도래만으로는 지체책임을 부담하지 않는다. 증서의 제시가 있어야 한다. ㉡ 추심채무 기타 채무의 이행에 채권자의 협력이 필요한 경우에는 채권자의 협력이 있어야 이행지체책임을 부담한다. ㉢ 동시이행의 항변권이 있는 경우에도 이행기 도래만으로는 지체책임을 부담하지 않는다.

④ [正] 채권의 가압류에 의하여 채무자는 이중변제의 위험을 부담하게 되는 바, 기한도래 후에 이행지체책임을 부담하는지가 문제된다. 이에 대하여 판례는 채무자에게 변제공탁 등의 제도적 보호장치가 있다는 점을 근거로 이행지체책임이 면책되는 것은 아니라고 한다.

[大判(全) 1994. 12. 13, 93다951] 채권의 가압류는 제3채무자에 대하여 채무자에게 지급하는 것을 금지하는 데 그칠 뿐 채무 그 자체를 면하게 하는 것이 아니고, 가압류가 있다 하여도 그 채권의 이행기가 도래한 때에는 제3채무자는 그 지체책임을 면할 수 없다고 보아야 할 것이다. 또한 이 경우 가압류에 불구하고 제3채무자가 채무자에게 변제를 한 때에는 나중에 채권자에게 이중으로 변제하여야 할 위험을 부담하게 되므로 제3채무자로서는 민법 제487조의 규정에 의하여 공탁을 함으로써 이중변제의 위험에서 벗어나고 이행지체의 책임도 면할 수 있다고 보아야 할 것이다. 채권이 가압류된 경우와 같이 형식적으로는 채권자가 변제를 받을 수 있다고 하더라도 채무자에게 여전히 이중변제의 위험부담이 남는 경우에는 마찬가지로 "채권자가 변제를 받을 수 없는 때"에 해당한다고 보아야 하기 때문이다.

⑤ [誤] 불법행위로 인한 손해배상채무는 불법행위시로부터 이행기가 도래하여 지체책임이 발생한다고 보는 것이 판례의 태도이다. 불법행위로 인한 손해배상청구권의 지연이자가 부가되는 시점은 불법행위시부터이다.

[大判 1975. 5. 27, 74다1393] 불법행위로 인한 손해배상채무는 손해발생과 동시에 이행기가 도래하는 것이다.

정답 ⑤

2. 이행지체에 관한 설명 중 옳은 것은?(다툼 있으면 판례에 의함) [04년]

① 채권의 가압류가 있는 경우에는 그 채권의 이행기가 도래한 때에도 제3채무자는 이행지체책임을 지지 아니한다.
② 형성권적 기한이익 상실 특약을 하였을 경우에는, 채무는 그 특약에 정한 사유가 발생한 때에 이행기가 도래한다.
③ 쌍무계약에 있어 당사자 일방이 이행을 제공하더라도 상대방이 상당한 기간 내에 그 채무를 이행할 수 없음이 객관적으로 명백한 경우에는, 그 일방은 자신의 채무의 이행을 제공하지 않더라도 상대방의 이행지체를 이유로 계약을 해제할 수 있다.
④ 잔대금 지급과 동시에 소유권이전등기서류를 교부하기로 한 매매계약을 체결한 경우, 매수인이 선이행의무 있는 중도금을 지급하지 않은 상태에서 잔대금 지급기일이 도래한 경우에 매수인은 잔대금 지급기일까지 중도금을 지급하지 않은 데 대하여 이행지체책임을 지지 아니한다.
⑤ 이행지체를 이유로 채권자가 전보배상을 청구하는 경우에 그 손해액은 최고(催告) 당시의 시가를 기준으로 산정하여야 한다.

해설

① [誤] [大判(全) 1994. 12. 13, 93다951] 채권의 가압류는 제3채무자에 대하여 채무자에게 지급하는 것을 금지하는 데 그칠 뿐 채무 그 자체를 면하게 하는 것이 아니고, 가압류가 있다 하여도 그 채권의 이행기가 도래한 때에는 제3채무자는 그 지체책임을 면

할 수 없다고 보아야 할 것이다. 또한 이 경우 가압류에 불구하고 제3채무자가 채무자에게 변제를 한 때에는 나중에 채권자에게 이중으로 변제하여야 할 위험을 부담하게 되므로 제3채무자로서는 민법 제487조의 규정에 의하여 공탁을 함으로써 이중변제의 위험에서 벗어나고 이행지체의 책임도 면할 수 있다고 보아야 할 것이다. 채권이 가압류된 경우와 같이 형식적으로는 채권자가 변제를 받을 수 있다고 하더라도 채무자에게 여전히 이중변제의 위험부담이 남는 경우에는 마찬가지로 "채권자가 변제를 받을 수 없는 때"에 해당한다고 보아야 하기 때문이다.

② [誤] 형성권적 기한이익의 상실특약이 있는 경우에는 의사표시가 있어야 하지만, 정지조건부 기한이익의 상실특약이 있는 경우에는 별도의 의사표시 없이 곧 효력이 발생한다.
[大判 1989. 9. 29, 88다카14663] 계약당사자 사이에 일정한 사유가 발생하면 채무자는 기한의 이익을 잃고 채권자의 별도의 의사표시가 없더라도 바로 이행기가 도래한 것과 같은 효과를 발생케 하는 이른바 정지조건부 기한이익상실의 특약을 한 경우에는 그 특약에 정한 기한이익의 상실사유가 발생함과 동시에 기한의 이익을 상실케 하는 채권자의 의사표시가 없더라도 이행기도래의 효과가 발생하고, 채무자는 특별한 사정이 없는 한 그때부터 이행지체의 상태에 놓이게 된다.

③ [正] 쌍무계약의 당사자 일방이 그 채무를 이행하지 아니할 의사를 명백히 표명한 경우에는 상대방은 자신의 채무의 이행제공이나 최고가 없다고 하더라도 계약을 해제할 수 있다는 것이 판례의 일관된 태도이다. 한편 미리 이행하지 아니할 의사를 명백하게 표명하거나 채무를 이행하지 아니할 것이 객관적으로 명백한 경우는 아니지만, 상당한 기간 내에 채무를 이행할 수 없음이 객관적으로 명백한 경우에도 위와 같이 이행의 제공이나 최고가 없다고 하더라도 이행지체를 이유로 계약을 해제할 수 있는가는 의문이다. 이에 관하여 판례는 이행거절의사가 명백히 표명된 경우와 마찬가지로 무용한 이행제공을 강제하는 결과를 막기 위하여 자신의 채무의 이행제공을 하지 않더라도 이행지체를 원인으로 계약을 해제할 수 있다고 한다. 다만 이행할 수 없음이 객관적으로 명백한지 여부는 계약해제시를 기준으로 판단하여야 한다고 한다.
[大判 1993. 8. 24, 93다7204] 쌍무계약에 있어 상대방이 미리 이행을 하지 아니할 의사를 표시하거나 당사자의 일방이 이행을 제공하더라도 상대방이 그 채무를 이행하지 아니할 것이 객관적으로 명백한 경우는 그 일방이 이행을 제공하지 아니하여도 상대방은 이행지체의 책임을 지고 이를 이유로 계약을 해제할 수 있다고 할 것이고, 당사자의 일방이 이행을 제공하더라도 상대방이 상당한 기간 내에 그 채무를 이행할 수 없음이 객관적으로 명백한 경우에도 그 일방은 자신의 채무의 이행을 제공하지 않더라도 상대방의 이행지체를 이유로 계약을 해제할 수 있다고 보아야 한다.

④ [誤] 잔대금 지급기일이 도래한 때로부터는 중도금 지급지체로 인한 책임이 동시이행의 항변권에 의하여 면제된다. 따라서 잔대금 지급일까지 중도금을 지급하지 않은 데 대한 이행지체책임이 면제되는 것은 아니다.
[大判 1998. 3. 13, 97다54604·54661] 매수인이 선이행의무 있는 중도금을 지급하지 않았다 하더라도 계약이 해제되지 않은 상태에서 잔대금 지급기일이 도래하여 그 때까지 중도금과 잔대금이 지급되지 아니하고 잔대금과 동시이행관계에 있는 매도인의 소

유권이전등기 소요서류가 제공된 바 없이 그 기일이 도과하였다면, 특별한 사정이 없는 한 매수인의 중도금 및 잔대금의 지급과 매도인의 소유권이전등기 소요서류의 제공은 동시이행관계에 있다 할 것이어서 그 때부터는 매수인은 중도금을 지급하지 아니한 데 대한 이행지체의 책임을 지지 아니한다.

⑤ [誤] [大判 1997. 12. 26. 97다24542] 이행지체에 의한 전보배상 청구에 있어서는 다른 특별한 사정이 없는 한, 채권자는 채무자에게 상당한 기간을 정하여 그 본래의 의무이행을 최고하고 그 이행이 없는 경우에 그 본래 의무의 이행에 대신하는 전보배상을 청구할 수 있고, 그 전보배상에 있어서의 손해액 산정의 표준시기는 원칙적으로 최고하였던 '상당한 기간'이 경과한 당시의 시가에 의하여야 한다.

정답 ③

3. 배점 2 이행지체에 관한 설명 중 옳은 것은? (다툼 있으면 판례에 의함) [11년]

① 이행지체에 빠져 원본과 지연이자를 지급할 의무가 있는 금전채무자가 원본과 지연이자를 합한 전액에 부족한 이행제공을 하면서 이를 원본에 대한 변제로 지정하였다면, 그 지정은 변제충당의 법리에 따라서 채권자에 대해 효력이 있으므로 채권자는 그 수령을 거절할 수 없다.
② 매수인과 매도인 간의 물품대금 지급방법에 관한 약정에 따라 대금지급을 위해서 매도인에게 지급기일이 물품공급일자 이후로 된 약속어음이 발행되어 교부된 경우, 발행인의 지급정지사유로 그 지급기일 이전에 지급이 거절되었다면, 매수인의 물품대금채무는 그 지급이 거절된 때 이행기 도래의 효과가 발생한다.
③ 금전채무의 이행지체로 인하여 발생하는 지연이자는 단기소멸시효에 관한 민법 제163조 제1호가 규정한 '1년 이내의 기간으로 정한 채권'에 해당하여 3년의 단기소멸시효의 대상이 된다.
④ 부동산 매수인이 선이행의무 있는 중도금을 지급하지 않고 있던 중에 잔대금 지급과 동시이행관계에 있는 매도인의 소유권이전등기서류의 교부가 되지 않은 상태에서 잔대금지급기일이 도과되었다면, 매수인은 특별한 사정이 없는 한 그 도과된 때부터의 중도금지급에 대한 이행지체책임은 지지 않는다.
⑤ 정지조건부 기한이익 상실특약이 있는 경우, 그 특약에서 정한 기한의 이익 상실사유가 발생하고 기한의 이익을 상실하게 하는 채권자의 의사표시가 있어야 이행기도래의 효과가 발생한다.

해설

① [誤] 지정충당의 한계를 묻는 지문이다. 원본과 지연이자를 모두 지급하기에 부족한 변제를 한 경우, 채무자의 지정에 따라 원본에 먼저 충당될 수 있는지를 묻는 지문이다. 제479조는 비용, 이자, 원본에 대한 변제충당의 순서를 규정하고 있는데, 이는 지정충당에 대한 제한으로 이해되고 있다. 따라서 당사자 일방의 지정에도 불구하고,

비용 → 이자 → 원본의 순으로 충당되어야 한다. 지연이자가 비록 이자는 아니지만, 파생적 채무라는 점에서 변제충당의 경우에는 이자로 취급된다. 결국 채무자가 원본에 대한 변제로 지정하였다고 하더라도 지정은 효력이 없으므로 지연이자에 먼저 충당되고 남은 금액이 원본에 충당된다.

[大判 2002. 5. 10, 2002다12871 · 12888] 비용 · 이자 · 원본에 대한 변제충당에 있어서는 민법 제479조에 그 충당 순서가 법정되어 있고 지정변제충당에 관한 같은 법 제476조는 준용되지 않으므로 당사자 사이에 특별한 합의가 없는 한 비용 · 이자 · 원본의 순서로 충당하여야 할 것이고, 채무자는 물론 채권자라고 할지라도 위 법정 순서와 다르게 일방적으로 충당의 순서를 지정할 수는 없다고 할 것이지만, 당사자의 일방적인 지정에 대하여 상대방이 지체없이 이의를 제기하지 아니함으로써 묵시적인 합의가 되었다고 보여지는 경우에는 그 법정충당의 순서와는 달리 충당의 순서를 인정할 수 있는 것이다.

② [誤] 원인채무의 이행기보다 후의 일자가 만기로 되는 약속어음이 교부된 경우, 원인채무의 변제기가 유예되는지 여부 및 변제기가 유예된다면 그 후 어음금채무의 지급기일 전에 지급이 거절된 경우에도 원인채무 변제기 유예의 효과가 유지되는지 여부를 묻는 지문이다. 원인채무의 지급을 위하여 약속어음이 교부된 경우에는 채권자는 어음상 채권을 먼저 행사하여 원인채권을 실현하여야 하므로 약속어음의 만기가 원인채무의 이행기보다 후의 일자가 되는 때에는 원인채무의 이행기를 약속어음상 만기일로 유예한 것으로 채권자의 의사를 해석할 수 있다. 물론 원인채무의 이행지체가 이미 발생하였다면 후의 일자가 만기로 되는 약속어음을 교부받았다고 하더라도 채권자의 기한유예의사를 인정할 수는 없을 것이다. 한편, 원인채무의 이행기가 유예된 후에는 비록 약속어음이 지급기일 이전에 지급거절 되었다고 하더라도 이를 원인채무의 기한이익 상실사유로 하지 않은 한, 원인채무의 이행기에는 영향이 없다.

[大判 2000. 9. 5, 2000다26333] 매수인이 매도인으로부터 물품을 공급받은 다음 그들 사이의 물품대금 지급방법에 관한 약정에 따라 그 대금의 지급을 위하여 물품 매도인에게 지급기일이 물품 공급일자 이후로 된 약속어음을 발행 · 교부한 경우 물품대금 지급채무의 이행기는 그 약속어음의 지급기일이고, 위 약속어음이 발행인의 지급정지의 사유로 그 지급기일 이전에 지급거절 되었더라도 물품대금 지급채무가 그 지급거절 된 때에 이행기에 도달하는 것은 아니다.

③ [誤] 지연이자의 법적 성질을 묻는 지문이다. 지연이자는 이행지체를 원인으로 한 손해배상금이므로 3년의 단기 소멸시효의 대상이 되는 이자에 해당하지 않는다.

[大判 1993. 9. 10, 93다20139] 굴삭기 할부대금 지급에 관한 보증보험계약에 따라 보험계약자가 보험회사에게 지급하기로 한 지연이자는 보험계약자가 보험회사의 보험금 지급액에 대한 구상채무의 이행을 지체함으로써 발생한 손해배상금이지 이자가 아니고, 민법 제163조 제1호 소정의 1년 이내의 기간으로 정한 금전 또는 물건의 지급을 목적으로 하는 채권에도 해당되지 아니하므로, 그 지급채권은 단기소멸시효의 대상이 된다고 볼 수 없다.

④ [正] 선이행의무가 있는 중도금채무가 이행되지 않고 있는 동안 대가관계 있는 상대방 채무의 변제기가 도래한 경우, 중도금채무의 이행지체가 면제되는지 여부를 묻는 지

문이다. 동시이행항변권의 요건으로서 상대방 채무의 변제기 도래는 동시이행항변권을 행사할 때에 갖추어져 있으면 족할 뿐, 처음부터 이행기가 같아야 하는 것은 아니다. 상대방의 대가관계 있는 채무의 변제기가 도래하면 그때부터 동시이행의 항변권을 행사할 수 있고, 동시이행의 항변권의 효과로서 지체면제효과도 그때부터 발생한다. 따라서 매도인의 소유권이전등기서류 교부의무의 이행기가 도래하면 선이행의무가 있는 중도금채무도 그때부터 동시이행관계에 놓이게 되고, 이행지체가 면제된다.
[大判 2002. 3. 29, 2000다577] 매수인이 선이행의무 있는 중도금을 지급하지 않았다 하더라도 계약이 해제되지 않은 상태에서 잔대금 지급일이 도래하여 그때까지 중도금과 잔대금이 지급되지 아니하고 잔대금과 동시이행관계에 있는 매도인의 소유권이전등기 소요서류가 제공된 바 없이 그 기일이 도과하였다면, 다른 특별한 사정이 없는 한, 매수인의 중도금 및 잔대금의 지급과 매도인의 소유권이전등기 소요서류의 제공은 동시이행관계에 있다 할 것이어서 그때부터는 매수인은 중도금을 지급하지 아니한 데 대한 이행지체의 책임을 지지 아니한다.

⑤ [誤] 정지조건부 기한이익 상실특약이 있는 채무의 이행기도래효과가 발생하기 위한 요건을 묻는 지문이다. 형성권적 기한이익 상실특약이 있는 경우와 달리 정지조건의 성취만으로 이행기도래의 효과가 발생한다. 따라서 별도로 채권자의 의사표시가 있어야 하는 것은 아니다.
[大判 1989. 9. 29, 88다카14663] 계약당사자 사이에 일정한 사유가 발생하면 채무자는 기한의 이익을 잃고 채권자의 별도의 의사표시가 없더라도 바로 이행기가 도래한 것과 같은 효과를 발생케 하는 이른바 정지조건부 기한이익상실의 특약을 한 경우에는 <u>그 특약에 정한 기한이익의 상실사유가 발생함과 동시에 기한의 이익을 상실케 하는 채권자의 의사표시가 없더라도 이행기도래의 효과가 발생하고</u>, 채무자는 특별한 사정이 없는 한 그때부터 이행지체의 상태에 놓이게 된다.

정답 ④

4. '최고'에 관한 설명 중 옳지 않은 것은?(다툼 있으면 판례에 의함) [06년]

① 계약상 채무자가 계약을 이행하지 아니할 의사를 명백히 한 경우에는, 채권자는 이행기 전이라도 이행의 최고 없이 채무자의 이행거절을 이유로 계약을 해제할 수 있다.
② 채무이행에 관하여 불확정기한이 있는 경우에 채무자가 그 기한이 도래하였음을 알지 못하더라도, 채권자가 채무자에게 기한의 도래를 통지하면서 이행청구를 함으로써 채무자를 이행지체에 빠뜨릴 수 있다.
③ 상속인은 유언집행자로 지정된 자에게 상당한 기간을 정하여 그 기간 내에 취임을 승낙할 것인지 또는 사퇴할 것인지의 여부를 확답할 것을 최고할 수 있으며, 그 기간 내에 확답을 받지 못한 때에는 유언집행자가 취임을 승낙한 것으로 본다.
④ 반환시기의 약정이 없는 금전소비대차의 대주(貸主)가 차주(借主)에 대하여 대여금의 반환을 최고하였다면, 차주는 최고를 받은 때로부터 지체책임을 진다.
⑤ 甲・乙이 연대하여 丙에게 1,000만원을 지급할 의무가 있었으나 변제일까지 이를

이행하지 아니하자, 丙이 甲에 대하여 그 지급을 청구하였다면, 丙의 乙에 대한 채권의 소멸시효도 중단된다.

해설

① [正] 채무자가 계약상의 주된 채무에 대한 이행거절의사를 명백히 표명한 경우, 채권자는 이행거절을 이유로 계약을 해제할 수 있다. 이 경우, 채권자는 그 계약이 쌍무계약으로서 채무자가 동시이행의 항변권을 행사할 수 있는 경우라고 하더라도 반대급부의 변제제공을 할 필요가 없고, 이행최고를 할 필요도 없으며, 채무자의 이행기가 도래하여야 하는 것도 아니다.
[大判 1993. 6. 25. 93다11821] …〈前略〉 이 사건을 보면 원심이 인정한 대로 피고들은 중도금의 수령을 거절한 데다가 이 사건 매매계약을 이행할 의사가 없음이 분명한데, 만약 원고가 피고들의 중도금 수령거절과 계약이행의 의사가 없음을 이유로 이 사건 매매계약을 해제할 수 없다고 해석한다면, 원고로서는 중도금을 공탁한 후 잔대금 지급기일까지 기다렸다가 잔대금의 이행 제공을 하고 피고들이 자기들 의무인 소유권이전등기의무의 이행제공을 하지 아니한 때에야 비로소 위 계약을 해제할 수 있다는 결론에 이르게 되는 바, 어차피 피고들이 위 소유권이전등기의무의 이행을 제공하지 아니할 것이 분명한 이 사건에서, 원고에게 위와 같은 방법을 취하라고 요구하는 것은 불필요한 절차를 밟고 또 다른 손해를 입도록 강요하는 게 되어 오히려 신의성실에 어긋나는 결과를 초래할 뿐이라고 여겨지므로 원심이 원고로서도 위와 같은 사유를 내세워 이 사건 매매계약을 해제할 수 있다고 판단하였음은 옳고 거기에 소론과 같이 채증법칙 위배, 이유모순, 계약해제에 관한 법리오해의 위법이 있다고 할 수 없으므로 논지들은 모두 받아들일 수 없다.

② [正] 채무의 이행에 불확정기한이 있는 경우에 채무자는 기한의 도래를 안 때로부터 지체책임을 진다(민법 제387조 제1항 후문). 한편 채무자가 기한의 도래를 알지 못하더라도 채권자의 최고가 있었다면 최고시부터 지체가 성립한다고 해석하는 것이 통설의 태도이다.

③ [正] 제1097조 제3항.

④ [誤] 반환시기의 약정이 없는 소비대차에서 대주는 상당한 기간을 정하여 반환의 최고를 하여야 하며(민법 제603조 제2항), 이 기간이 이행 없이 경과하여야 차주의 반환의무의 지체책임이 성립한다. 이때 상당한 기간을 정하지 않고 최고하였다면, 최고시부터 상당한 기간이 이행 없이 경과하였을 때 차주의 지체책임이 발생한다.

⑤ [正] 연대채무자 1인에 대한 채권자의 이행청구는 다른 연대채무자에게 그 효력이 미친다(절대적 효력사유). 따라서 이행청구로 인한 시효중단의 효력은 이행청구를 받은 연대채무자뿐만 아니라 다른 연대채무자의 채무에도 그 효력이 미친다. 따라서 丙의 甲에 대한 이행청구는 甲의 채무의 소멸시효뿐만 아니라 연대채무자인 乙의 채무의 소멸시효도 중단시킨다.

정답 ④

5. 甲은 2005. 3. 1. 乙에게 500만원을 이자 월 1%, 이자지급일 매월 말일, 변제기 2005. 10. 31.로 정하여 대여하였다. 이 사례에 관한 설명 중 옳은 것은?(다툼 있으면 판례에 의함) [06년]

① 乙이 위 차용금채무의 이행에 관하여 甲에게 어음을 교부하는 경우, 다른 특별한 사정이 없는 한 乙의 차용금채무는 소멸하고 어음채무만이 잔존한다.

② 乙이 위 차용금채무의 지급을 위하여 甲에게 어음을 교부하고, 甲이 그 어음과 분리하여 대여금채권만을 제3자 丙에게 양도하고 이를 乙에게 통지하였다면, 丙이 乙에 대하여 그 대여금의 반환을 청구한 경우, 乙은 丙에 대하여 그 어음을 반환 받을 때까지 차용금채무의 이행을 거절할 수 있는 항변권을 행사할 수 없다.

③ 甲이 위 500만원 대여금채권의 지급을 확보하기 위하여 2005. 3. 1. 乙 발행의 액면금 600만원인 약속어음을 교부받고 2006. 2. 20. 위 약속어음채권을 피보전권리로 하여 乙소유의 부동산을 가압류하였다 하더라도 위 대여금채권의 소멸시효가 중단되는 것은 아니다.

④ 乙이 변제기인 2005. 10. 31.이 지난 후에도 차용원리금을 전혀 변제하지 않으므로 甲이 2006. 1. 1. 乙에 대하여 그 원리금 및 지연손해금의 지급을 청구한 일이 있다면, 그 후 甲은 乙에 대하여 위 500만원에 대한 2005. 11. 1.부터 2005. 12. 31.까지 2개월간의 지연손해금 10만원에 대한 지연손해금의 지급도 구할 수 있다.

⑤ 乙이 변제기인 2005. 10. 31. 차용금 500만원을 반환하지 않음으로 인하여 발생한 지연손해금은 민법 제163조 제1호 소정의 '1년 이내의 기간으로 정한 금전의 지급을 목적으로 한 채권'으로서 3년의 단기소멸시효의 대상이 된다.

해설

① [誤] 기존채무와 관련하여 어음이 교부된 경우, 기존채무가 소멸하고 어음채무만 잔존하게 될 것인가는 당사자의 의사에 따라 결정된다. 판례는 다른 특별한 사정이 없는 한 어음은 지급을 위하여 또는 담보를 위하여 교부되는 것으로 추정하고 있다.

[大判 1996. 11. 8. 95다25060] 기존 채무의 이행에 관하여 채무자가 채권자에게 어음을 교부할 때의 당사자의 의사는 기존 원인채무의 "지급에 갈음하여", 즉 기존 원인채무를 소멸시키고 새로운 어음채무만을 존속시키려고 하는 경우와, 기존 원인채무를 존속시키면서 그에 대한 지급방법으로서 이른바 "지급을 위하여" 교부하는 경우 및 단지 기존 채무의 지급 담보의 목적으로 이루어지는 이른바 "담보를 위하여" 교부하는 경우로 나누어 볼 수 있는데, 당사자 사이에 특별한 의사표시가 없으면 어음의 교부가 있다고 하더라도 이는 기존 원인채무는 여전히 존속하고 단지 그 "지급을 위하여" 또는 그 "담보를 위하여" 교부된 것으로 추정할 것이며, 따라서 특별한 사정이 없는 한 기존의 원인채무는 소멸하지 아니하고 어음상의 채무와 병존한다고 보아야 할 것이고, 이 경우 어음상의 주채무자가 원인관계상의 채무자와 동일하지 아니한 때에는 제3자인 어음상의 주채무자에 의한 지급이 예정되고 있으므로 이는 "지급을 위하여" 교부된 것으로 추정하여야 한다(필자 註 : 종래 대법원은 기존채무의 이행과 관련하여 어음

이 교부되는 경우에는 지급을 위하여 교부하는 경우와 지급에 갈음하여 교부하는 경우로 분류하였는데, 위 판결에서는 이를 좀 더 세분하고 있다. 한편, 지급을 위하여 교부된 경우에는 종래의 판례에 따르면 채권자는 원인관계상의 채권과 어음상의 채권을 선택하여 어느 것이나 먼저 행사할 수 있다고 보았으나(大判 1972. 3. 28, 72다119), 위 판결에서는 어음상 권리를 먼저 행사하여야 한다고 하고 있다. 이는 주로 어음법에서 다루는 논점이다).

② [誤] 기존채무와 어음채무가 병존하는 경우, 채무자는 2중지급의 위험을 피하기 위하여 어음의 반환이 있을 때까지 기존채무의 이행을 거절할 수 있다는 것이 판례이다. 즉 기존채무의 이행과 어음반환 사이에는 동시이행관계가 인정된다. 한편, 동시이행의 항변권은 채권이 양도되거나 채무가 인수되어 그 동일성이 유지되는 한 존속할 수 있다. 따라서 乙은 기존채권을 양도받은 丙에 대하여도 동시이행의 항변으로 대항할 수 있다.

[大判 1993. 11. 9, 93다11203·11210] 기존채무와 어음·수표채무가 병존하는 경우 원인채무의 이행과 어음·수표의 반환이 동시이행의 관계에 있다 하더라도 채권자가 어음·수표의 반환을 제공을 하지 아니하면 채무자에게 적법한 이행의 최고를 할 수 없다고 할 수는 없고, 채무자는 원인채무의 이행기를 도과하면 원칙적으로 이행지체의 책임을 지고, 채권자로부터 어음·수표의 반환을 받지 아니하였다 하더라도 이 어음·수표를 반환하지 않음을 이유로 위와 같은 항변권을 행사하여 그 지급을 거절하고 있는 것이 아닌 한 이행지체의 책임을 면할 수 없다.

[大判 2003. 5. 30, 2003다13512] [1] 채무자가 기존채무의 지급을 위하여 채권자에게 수표를 교부하였는데 채권자가 그 수표와 분리하여 기존 원인채권만을 제3자에게 양도한 경우, 채무자는 기존 원인채권의 양도인에 대하여 채권자가 위 수표의 반환 없는 기존 원인채무의 이행을 거절할 수 있는 항변권을 그 채권양도통지를 받기 이전부터 이미 가지고 있었으므로 채권양수인에 대하여도 이와 같은 항변권을 행사할 수 있다. [2] 기존채무의 지급을 위하여 수표를 교부받은 채권자가 그 수표와 분리하여 기존 원인채권만을 제3자에게 양도한 경우, 기존채무의 지급을 위하여 수표를 교부하였다는 것은 채무자와 기존채권의 양도인 사이에서는 그 수표금이 지급되는 등 채무자가 그 수표상의 상환의무를 면하게 되면 원인채무 또한 소멸할 것을 예정하고 있었던 것으로 보아야 할 것인데, 수표금의 지급으로써 기존 원인채무도 소멸할 것을 예정하고 있었던 사정은 그 채권양도통지 이전에 이미 존재하고 있었던 것이므로, 그 채권양도통지 후에 수표금의 지급이 이루어지더라도 이는 양도통지 후에 새로이 발생한 사유로 볼 수는 없다고 할 것이니, 따라서 채무자로서는 기존 원인채권의 양수인에 대하여 기존채무의 지급을 위하여 교부한 수표가 양도통지 이후에 결제되었다는 사유로써 그 기존채무의 소멸을 주장할 수 있다.

③ [誤] 어음채권과 원인채권이 동일한 경제적 목적을 가지고 있다고 하더라도 법률적으로는 별개의 채권이다. 그러나 어음채권은 원인채권을 실현하는 수단이므로 어음채권의 행사는 동시에 원인채권의 행사로서의 의미를 가진다. 따라서 어음채권의 소멸시효중단의 효력은 원인채권에도 미친다. 즉 어음채권에 대한 재판상 청구는 원인채권을 재판상 행사한 것으로 보아 어음채권뿐만 아니라 원인채권의 소멸시효도 중단되고, 어음채권을 피보전권리로 하여 가압류를 하였다면 어음채권뿐만 아니라 원인채권의 소멸시효도 중단된다.

[大判 1999. 6. 11, 99다16378] [1] 원인채권의 지급을 확보하기 위한 방법으로 어음이

수수된 경우에 원인채권과 어음채권은 별개로서 채권자는 그 선택에 따라 권리를 행사할 수 있고, 원인채권에 기하여 청구를 한 것만으로는 어음채권 그 자체를 행사한 것으로 볼 수 없어 어음채권의 소멸시효를 중단시키지 못한다. [2] 원인채권의 지급을 확보하기 위한 방법으로 어음이 수수된 경우, 이러한 어음은 경제적으로 동일한 급부를 위하여 원인채권의 지급수단으로 수수된 것으로서 그 어음채권의 행사는 원인채권을 실현하기 위한 것일 뿐만 아니라, 원인채권의 소멸시효는 어음금 청구소송에 있어서 채무자의 인적항변 사유에 해당하는 관계로 채권자가 어음채권의 소멸시효를 중단하여 두어도 채무자의 인적항변에 따라 그 권리를 실현할 수 없게 되는 불합리한 결과가 발생하게 되므로, 채권자가 원인채권에 기하여 청구를 한 것이 아니라 어음채권에 기하여 청구를 하는 반대의 경우에는 원인채권의 소멸시효를 중단시키는 효력이 있다고 봄이 상당하고, 이러한 법리는 채권자가 어음채권을 피보전권리로 하여 채무자의 재산을 가압류함으로써 그 권리를 행사한 경우에도 마찬가지로 적용된다.

④ [正] 금전채무의 지연손해금채무에 대한 이행지체책임이 인정되는가, 인정된다면 이행지체책임의 발생시기는 언제인가를 묻는 문제이다. 금전채무의 지연손해금채무는 손해배상채무로서 이행기의 정함이 없는 채무이고, 따라서 이행청구를 받은 때로부터 이행지체책임이 발생하여 그에 대한 지연손해금채무가 발생한다.
[大判 2004. 7. 9. 2004다11582] 금전채무의 지연손해금채무는 금전채무의 이행지체로 인한 손해배상채무로서 이행기의 정함이 없는 채무에 해당하므로, 채무자는 확정된 지연손해금채무에 대하여 채권자로부터 이행청구를 받은 때로부터 지체책임을 부담하게 된다.

⑤ [誤] 단기소멸시효의 대상이 되는 "1년 이내의 기간으로 정한 금전의 지급을 목적으로 하는 채권"이란 변제기가 1년 이내인 채권을 말하는 것이 아니라 1년 이내의 정기로 지급되는 정기급채권을 의미하는 것이다. 금전채무 불이행으로 인한 지연손해금채무는 본질적으로 정기로 지급되는 이자채권이 아니라 채무불이행을 원인으로 하는 손해배상채권이므로 제163조 제1호가 정하는 단기소멸시효의 대상이 되는 채권에 해당하지 아니한다.
[大判 1998. 10. 11. 98다42141] 금전채무의 이행지체로 인하여 발생하는 지연손해금은 그 성질이 손해배상금이지 이자가 아니며, 민법 제163조 제1호가 규정한 "1년 이내의 기간으로 정한 채권"도 아니므로 3년간의 단기소멸시효의 대상이 되지 아니한다.

정답 ④

6. 배점 2 甲은 자기 소유의 자동차를 2006. 8. 26. 乙 카센터에 수리를 맡기면서, 그 수리가 완료되면 乙이 전화로 알려주고 甲이 당일 찾아가기로 하였다. 그런데 8. 30. 예상치 못한 집중폭우로 근처의 저수지가 범람·붕괴되어 乙 카센터가 침수되었다. 이로 인해 甲의 자동차가 멸실되었으며, 그때까지 乙은 수리비용으로 20만원을 지출하였다. 이와 관련한 '가', '나', '다'의 경우에 대한 설명 중 옳지 않은 것을 모두 고른 것은? [07년]

'가' : 乙 카센터 침수시 乙이 甲의 자동차를 안전한 곳으로 이동할 수 없었던 경우.
㉠ 乙은 자동차를 수리하여 반환하여야 할 의무를 면한다.
㉡ 甲은 乙에 대하여 채무불이행으로 인한 손해배상을 청구할 수 없지만, 乙은 甲에 대하여 수리비용 20만원의 지급을 청구할 수 있다.
'나' : 乙이 甲의 자동차 수리를 8. 28. 완료하고, 그 사실을 甲에게 전화로 알려주었을 경우.
㉢ 법정책임설에 의하면 甲의 수령지체가 성립한다.
㉣ 甲은 乙에 대하여 자동차 반환을 청구할 수 없지만, 乙은 甲에 대하여 수리비용 20만원의 지급을 청구할 수 있다.
'다' : 만약 乙이 甲에게 자동차 수리를 8. 29.까지 완료하기로 약정하였는데, 개인적 사정으로 완료하지 못한 경우.
㉤ 甲은 乙에 대하여 채무불이행으로 인한 손해배상을 청구할 수 있다.
㉥ 乙은 甲에 대하여 자동차 멸실 전까지 지출한 수리비용의 지급을 청구할 수 있다.

① ㉠, ㉢, ㉣
② ㉡, ㉤
③ ㉢, ㉥
④ ㉠, ㉢, ㉤
⑤ ㉡, ㉥
⑥ ㉡, ㉣, ㉥
⑦ ㉡, ㉣, ㉤, ㉥
⑧ ㉠, ㉤, ㉥

해설

(1) 설문 '가'의 사안은 쌍무계약인 수리계약이 성립된 후 채무자인 乙의 책임 없는 사유로 인하여 乙의 채무가 불능으로 된 경우이다. 쌍무계약의 일방 채무가 채무자의 책임 없는 사유로 후발적 불능으로 된 경우, 채무자는 그 채무를 면하는 대신 반대급부를 보유할 수 없다(제537조 - 채무자위험부담). 다만, 그 불능이 채권자의 책임 있는 사유로 인한 것이거나 채권자의 수령지체 중의 불능인 경우에는 채무자는 반대급부를 보유할 수 있다(제538조 - 채권자위험부담).

㉠ [正] ㉡ [誤] 甲의 자동차가 멸실되었으므로 乙이 甲의 자동차를 수리하여 반환하여야 할 의무는 후발적으로 불능이 되었고, 그 결과 乙은 甲의 자동차를 수리하여 반환하여야 할 의무를 면한다. 한편 乙이 甲의 자동차를 안전한 곳으로 이동할 수 없었기 때문에 甲의 자동차가 멸실되는 과정에 乙의 귀책성이 있었다고 할 수 없어 乙은 이행불능으로 인한 채무불이행책임을 부담하지 않는다. 즉 乙은 수리계약상의 모든 채무를 면한다. 또한 불능에 채권자 甲의 귀책성이 있다고 할 수도 없기 때문에 수리계약상의 반대급부의 위험은 채무자 乙이 부담한다. 결국 乙은 수리비용의 지급을 청구할 수 없다.

(2) 설문 '나'의 경우, 수리업자 乙은 수리계약에서 정한 자신의 의무를 완료하고, 수리계약에서 정한 바에 따라 수리완료사실을 채권자 甲에게 알려주었다. 즉 수리업자 乙은 자기 채무의 변제제공(구두제공)을 하였다.

㉢ [正] 乙의 변제제공이 있었음에도 甲이 이를 수령하지 아니한 경우, 甲의 수령지체에

귀책성이 있는지 여부를 불문하고 채권자지체의 효과를 인정하여야 할 것인가에 관하여는 견해의 대립이 있다. 이는 채권자지체의 본질을 채무불이행의 일종으로 보아야 하는가 아니면 법정의 불이익부과제도로서 법정책임으로 보아야 하는가에 따라 결론을 달리한다. 채무불이행설에 따르면 채권자지체는 채무불이행의 일종으로 채무자의 채무불이행과 마찬가지로 채권자에게 수령지체에 귀책성이 있을 때에만 채권자지체의 효과가 발생한다고 한다. 한편 법정책임설에 따르면 채권자지체는 법정의 불이익부과제도로서 채권자지체는 변제제공의 효과로 파악한다. 따라서 채권자의 수령지체의 귀책성은 그 요건이 아니라고 한다. 사안의 경우 채권자 甲의 수령지체에 甲의 귀책성이 있는지 여부는 명료하지 않으나, 법정책임설에 의하면 甲의 귀책성과 무관하게 甲은 채권자지체의 불이익을 부담하여야 한다.

㉣ [正] 乙의 자동차반환의무는 불능으로 소멸하였고, 그 불능원인에 乙의 귀책성이 없으므로 乙이 채무불이행책임도 부담하지 않는 결과 그 채무를 완전히 면한다. 한편 乙의 변제제공에 의하여 甲은 수령지체에 빠진 상태였고, 그 후 당사자 쌍방의 책임 없는 사유로 인한 불능이 발생하였으므로 반대급부의 위험은 채권자 甲이 부담한다. 결국 乙은 반대급부로서 수리비의 지급을 청구할 수 있다.

(3) 설문 '다'의 사안은 채무자의 이행지체 중 불가항력에 의하여 이행불능이 발생한 경우이다. 채무자의 이행지체 중 생긴 손해에 관하여는 채무자에게 과실이 없는 경우에도 이를 배상하여야 한다(제392조). 다만 채무자가 이행기에 이행하여도 손해를 면할 수 없는 경우에는 그러하지 아니하다(제392조 단서).

㉤ [正] 乙의 채무는 乙의 책임 없는 사유로 인하여 불능으로 되었다. 그러나 乙이 이미 이행지체 상태에 있었기 때문에 乙은 불능으로 인한 손해에 대하여도 그 책임을 부담한다. 따라서 甲은 乙에 대하여 불능으로 인하여 입은 손해의 배상을 청구할 수 있다.

㉥ [誤] 이행지체 중에 생긴 손해에 관하여는 채무자에게 과실이 없는 경우에도 이를 배상하여야 한다는 민법 제392조는 적정한 위험분배의 사상에 기초하여 채무자의 귀책사유(채무불이행의 주관적 요건)를 완화하는 기능을 한다. 즉 제392조에 의하여, 채무자의 책임 있는 사유에 의하지 아니한 지체 중의 불능에 대하여도 마치 채무자에게 귀책성이 있는 것과 마찬가지로 채무자의 채무불이행이 인정된다. 乙의 이행지체 중 乙의 반환채무가 불능으로 되었으므로, 그 불능에 乙의 귀책사유가 없고 乙의 이행지체와 乙의 반환채무 불능 사이에 상당인과관계가 인정되지 아니하더라도, 제392조 단서에 해당하지 아니하다면 乙은 채무불이행책임을 부담한다. 결국 甲은 乙의 채무불이행으로 인하여 계약목적을 실현할 수 없기 때문에 계약을 해제하고 손해배상을 청구할 것인 바, 甲의 손해배상액을 산정하는 과정에서 甲의 반대급부가 고려되어 乙은 자신의 수선비용의 지급을 별도로 청구할 수 없게 된다.

정답 ⑤

7. 배점 3 다음의 [사례 Ⅰ]과 [사례 Ⅱ]에 관한 설명으로서 옳지 않은 것은?(다툼 있으면 판례에 의함) [09년]

[사례Ⅰ]
출판사를 경영하는 甲은 자금난에 직면하여 사무실에 있는 난방기를 양도담보로 제공하고 乙로부터 금전을 빌린 후에도 계속 그 난방기를 사용하기로 합의하였고, 아울러 자력이 있는 친구인 丙을 보증인으로 세우기로 약정하였다.

[사례Ⅱ]
甲은 사업자금에 충당하기 위해 애지중지하던 김홍도의 그림을 乙에게 2억원에 팔기로 하고 계약금 2,000만원을 받고, 1개월 후 잔금과 상환으로 그 그림을 인도하기로 하였다. 그런데 계약체결 후 1주일이 경과한 날 평소 그 그림을 탐내어 1억원에 매수제의를 하였다가 거절당한 바 있던 丙이 甲·乙의 매매사실을 알고 甲에 대한 분풀이와 그림이 乙에게 인도되는 것을 방해할 목적으로 방화하였고, 그에 따라 甲의 집이 전소되면서 그 그림도 불에 타버리고 말았다.

① [사례Ⅰ]에서 甲이 난방기를 丁에게 양도하여 丁이 선의취득하더라도, 甲은 乙의 차용금반환청구가 있는 때로부터 이행지체의 책임을 지게 된다.
② [사례Ⅰ]에서 丙의 반대로 甲이 丙을 보증인으로 할 수 없게 되었다고 하여, 乙에 대한 甲의 차용금반환채무의 이행기가 도래한 것으로 의제되는 것은 아니다.
③ [사례Ⅱ]에서 甲은 乙에 대한 그림인도채무를 면하나, 이미 받은 계약금을 乙에게 반환하여야 한다.
④ [사례Ⅱ]에서 甲은 丙에게 불법행위로 인한 손해배상책임을 물을 수 있으나, 乙은 丙에게 불법행위로 인한 손해배상책임을 물을 수 없다.
⑤ [사례Ⅱ]에서 乙은 甲에게 甲이 丙에게 청구할 수 있는 그림에 대한 손해배상청구권을 자신에게 양도하라고 청구할 수 있으나, 이 경우 乙은 甲에게 잔금 1억 8,000만원을 지급하여야 한다.

해설

① [正] 채무자가 담보를 상실시키는 등 법정기한이익상실사유가 발생하였을 때의 효과를 묻는 지문이다. 甲은 乙에 대한 채무를 담보할 목적으로 난방기를 양도담보로 제공하였는데, 이를 다시 丁에게 양도하여 丁이 난방기의 소유권을 선의취득제도에 의하여 취득하게 되면 채권자 乙은 담보가 상실되는 불이익이 발생한다. 채무자가 담보를 손상·감소 또는 멸실하게 한 때에는 채무자의 기한이익이 상실될 수는 있으나, 이는 채권자가 즉시 변제를 청구하였을 때에 채무자가 기한의 이익으로 대항할 수 없을 뿐 당연히 이행기도래의 효과가 발생하는 것은 아니다(제388조). 결국 甲은 乙이 차용금반환청구를 하였을 때에 이행지체책임을 부담하게 된다.
② [正] 채무자가 담보제공의 의미를 이행하지 아니한 때에는 채무자는 기한의 이익을 주

장하지 못한다(제388조). 甲이 丙을 보증인으로 세우기로 乙과 약정하였음에도 甲이 丙을 보증인으로 세우지 못한 경우는 甲이 乙에 대한 담보제공의무를 이행하지 아니한 때에 해당하는데, 그러한 경우에도 甲은 기한의 이익을 대항하지 못할 뿐이고, 이행기가 도래한 것으로 의제되는 것은 아니다.

③ [正] 위험부담의 법리를 묻는 지문이다. 甲의 그림인도채무는 丙의 방화로 인하여 이행이 불가능하게 되었는데, 이행불능에 甲의 귀책사유를 인정할 수 없으므로 甲은 그 그림인도채무를 면하고 나아가 채무불이행으로 인한 손해배상책임도 부담하지 않는다. 이러한 경우 매수인 乙의 반대급부의무도 채무자위험부담원칙에 따라 소멸하게 된다(제537조). 결국 甲과 乙 사이의 매매계약관계는 소멸하게 되고, 그에 부수하여 이루어진 계약금계약도 그 효력을 상실하게 되며, 甲이 이미 지급받은 계약금은 부당이득이 되어 乙에게 반환되어야 한다.

④ [誤] 채권침해를 원인으로 하는 손해배상청구권을 묻는 지문이다. 채권도 하나의 재산권이며 이를 침해하는 행위도 위법행위로 평가받을 수 있다. 다만 채권은 상대권이기 때문에 그 위법성 인정요건이 보다 엄격할 뿐이다. 丙은 乙이 그림인도채권을 가지고 있다는 사실을 알고 있었을 뿐만 아니라 乙이 그 채권을 실현하는 것을 방해할 의도, 즉 가해의도를 가지고 있었기 때문에 丙이 그림을 소실시키는 행위는 乙에 대한 위법한 채권침해행위가 된다. 乙은 丙에 대하여 불법행위로 인한 손해배상책임을 물을 수 있다.

⑤ [正] 대상청구권을 묻는 지문이다. 乙은 甲에 대하여 매매계약을 원인으로 하는 그림인도채권을 가지고 있었는데, 그림인도채권이 불능으로 되고, 채무자 甲이 丙에 대한 손해배상청구권을 취득하게 된 경우, 乙은 불능에 갈음하여 甲이 취득한 권리를 이전할 것을 청구하는 대상청구권을 취득할 수 있다. 대상청구권을 인정할 것인가에 관해서는 견해의 대립이 있지만, 통설과 판례는 적극적으로 이를 인정하는 입장이다. 乙이 대상청구권을 행사한다면 甲과 乙 사이의 매매계약관계가 유지되는 결과 乙은 자신의 반대급부의무를 이행하여야 한다. 결국 乙은 甲이 丙에 대하여 가지는 손해배상청구권을 양도하라는 대상청구권을 행사할 수 있지만, 乙은 甲에 대한 반대급부의무, 즉 잔대금지급의무를 이행하여야 한다.

[大判 1995. 5. 12, 92다4581·4598] 우리 민법에는 이행불능의 효과로서 채권자의 전보배상청구권과 계약해제권 외에 별도로 대상청구권을 규정하고 있지 않으나 해석상 대상청구권을 부정할 이유가 없다(필자 註 : 매도인에게 매매목적토지의 수용으로 인한 보상금을 수령하였음을 이유로 그 금원의 지급을 구하는 청구를, 소유권이전등기의무 이행불능의 원인인 토지수용으로 인하여 토지의 대상인 보상금을 취득하였음을 이유로 이른바 대상청구권을 행사하는 취지라고 본 사례).

정답 ④

8. 이행불능에 관한 설명 중 판례의 입장과 다른 것은? [03년]

① 매매계약이 체결된 후 그 목적부동산에 관하여 '공익사업을위한토지등의취득및보상에관한법률(舊공공용지의취득및손실보상에관한특례법)'에 따른 협의취득이 이루어진 경우, 매도인에게 소유권이전등기 의무의 이행불능에 대한 귀책사유가 있다.
② 매매 목적부동산에 관하여 제3자가 매도인을 상대로 소유권이전등기 말소청구소송을 제기함으로써 예고등기가 기입되어 있는 경우, 매도인의 소유권이전등기의무는 이행불능으로 된다.
③ 매매계약이 체결된 후 그 목적부동산에 가등기가 된 경우, 특별한 사정이 없는 한 당사자 일방이 상대방에 대하여 대상청구권을 행사할 수 없다.
④ 쌍무계약 당사자 쌍방의 급부가 모두 이행불능이 된 경우, 특별한 사정이 없는 한 당사자 일방이 상대방에 대하여 대상청구권을 행사할 수 없다.
⑤ 동시이행의 관계에 있는 쌍방의 채무 중 어느 일방의 채무가 이행불능이 됨으로 인하여 발생한 손해배상채무도 여전히 타방의 채무와 동시이행의 관계에 있다.

해설

① [正] 공익사업을위한토지등의취득및보상에관한법률상의 협의취득의 법적 성질은 사법상의 매매에 해당한다고 보는 것이 일반적인 견해이므로 협의취득에 의한 매도인의 이전등기의무불능에 매도인의 귀책성이 존재한다고 보아야 한다. 결국 채무불이행을 구성한다.
[大判 1996. 6. 25. 95다6601] 공공사업의 시행자가 공공용지의취득및손실보상에관한특례법에 따라 그 사업에 필요한 토지를 협의취득하는 행위는 토지수용의 경우와는 달리 사경제주체로서 하는 사법상의 법률행위에 지나지 아니하여, 토지 소유자는 그 협의매수의 제의에 반드시 응하여야 할 의무가 있는 것은 아니므로, 교환계약의 목적물인 양 토지가 이후 공공사업의 시행자에게 공공용지의취득및손실보상에관한특례법에 따라 각 협의취득되었다면, 쌍방은 그 각 토지에 관한 소유권이전등기의무의 이행불능에 대하여 각 귀책사유가 없다고 단정할 수 없다.
② [誤] 처분금지가처분등기나 말소예고등기가 경료되었다는 사유만으로는 이전등기의무가 불능으로 되었다고 보지 않는다.
[大判 1997. 7. 9. 98다13754] 매매의 목적이 된 부동산에 관하여 이미 제3자의 처분금지가처분등기나 소유권말소예고등기가 기입되었다 할지라도, 가처분등기는 단지 그에 저촉되는 범위 내에서 가처분채권자에게 대항할 수 없는 효과가 있는 것이고, 예고등기는 등기원인의 무효 또는 취소로 인한 등기의 말소 또는 회복의 소가 제기된 경우에 그 등기에 의하여 소의 제기가 있었음을 제3자에게 경고하여 계쟁 부동산에 관하여 법률행위를 하고자 하는 선의의 제3자로 하여금 소송의 결과 발생할 수도 있는 불측의 손해를 방지하려는 목적에서 하는 것이므로, 위 각 등기에 의하여 곧바로 부동산 위에 어떤 지배관계가 생겨서 소유권등기명의자가 그 부동산을 임의로 타에 처분하는 행위 자체를 금지하는 것은 아니라 할 것이어서, 가처분등기 및 예고등기로 인

하여 소유권이전등기절차 이행이 불가능하게 되어 바로 계약이 이행불능으로 되는 것은 아니다.

③ [正] 가등기가 경료된 것만으로는 이전등기의무가 불능으로 되지 않으며, 따라서 불능을 전제로 하는 대상청구권의 문제는 발생하지 않는다.
[大判 1991. 7. 26. 91다8104] 부동산소유권이전등기 의무자가 그 부동산 상에 가등기를 경료한 경우 가등기는 본등기의 순위보전의 효력을 가지는 것에 불과하고 또한 그 소유권이전등기 의무자의 처분권한이 상실되지도 아니하므로 그 가등기만으로는 소유권이전등기의무가 이행불능이 된다고 할 수 없다.

④ [正] [大判 1996. 6. 25. 95다6601] 쌍무계약의 당사자 일방이 상대방의 급부가 이행불능이 된 사정의 결과로 상대방이 취득한 대상에 대하여 급부청구권을 행사할 수 있다고 하더라도, 그 당사자 일방이 대상청구권을 행사하려면 상대방에 대하여 반대급부를 이행할 의무가 있는 바, 이 경우 당사자 일방의 반대급부도 그 전부가 이행불능이 되거나 그 일부가 이행불능이 되고 나머지 잔부의 이행만으로는 상대방의 계약목적을 달성할 수 없는 등 상대방에게 아무런 이익이 되지 않는다고 인정되는 때에는, 상대방이 당사자 일방의 대상청구를 거부하는 것이 신의칙에 반한다고 볼 만한 특별한 사정이 없는 한, 당사자 일방은 상대방에 대하여 대상청구권을 행사할 수 없다.

⑤ [正] 이행불능으로 인한 손해배상채무는 본래의 급부의무와 동일성이 인정된다. 따라서 동시이행관계도 유지된다.
[大判 2000. 2. 25. 97다30066] 동시이행관계에 있는 쌍방의 채무 중 어느 한 채무가 이행불능이 됨으로 인하여 발생한 손해배상채무도 여전히 다른 채무와 동시이행관계에 있다.

정답 ②

9. 대상(代償)청구권에 관한 설명 중 옳은 것은? (다툼 있으면 판례에 의함) [04년]

① 취득시효가 완성된 토지가 수용됨으로써 취득시효 완성을 원인으로 하는 소유권이전등기의무가 이행불능이 된 경우에는 시효취득자가 대상청구권을 취득하므로 보상금수령권자가 된다.
② 경매목적물인 토지가 경락허가결정(매각허가결정) 이후 하천구역에 편입됨으로써 소유자의 경락자(매수인)에 대한 소유권이전등기의무가 이행불능이 된 경우, 경락자(매수인)는 소유자가 지급받게 되는 손실보상금에 대하여 대상청구권을 행사할 수 있다.
③ 교환계약의 목적물인 양 토지가 모두 공익사업을위한토지등의취득및보상에관한법률에 따라 협의취득되어 쌍방의 소유권이전등기의무가 이행불능이 된 경우, 양 당사자는 서로에게 대상청구권을 행사할 수 있다.
④ 채무자가 수령하게 되는 보상금이나 그 청구권에 대하여 채권자가 대상청구권을 가지는 경우, 어떤 사유로 채권자가 직접 자신의 명의로 대상청구의 대상이 되는 보상금을 지급 받은 때에는 채무자에 대한 관계에서 부당이득이 된다.
⑤ 점유취득시효가 완성되었으나 소유권이전등기의무가 이행불능이 된 경우, 그 불능

전에 등기명의자에 대하여 시효취득자가 부동산소유권 취득시효가 완성되었음을 이유로 그 권리를 주장하지 않았더라도 대상청구권의 행사가 가능하다.

해설

① [誤] 대상청구권은 물권적 효력을 가지지 않는다. 채권자는 채무자의 대상에 대한 권리를 채권적으로 대위할 뿐이다. 따라서 채무자가 대상의 인도 또는 양도행위를 하지 않으면 대상에 대한 권리가 채권자에게 귀속되지 않는다.
[大判 1996. 10. 29. 95다56910] 소유권이전등기의무의 목적 부동산이 수용되어 그 소유권이전등기의무가 이행불능이 된 경우, 등기청구권자는 등기의무자에게 대상청구권의 행사로써 등기의무자가 지급받은 수용보상금의 반환을 구하거나 또는 등기의무자가 취득한 수용보상금청구권의 양도를 구할 수 있을 뿐 그 수용보상금청구권 자체가 등기청구권자에게 귀속되는 것은 아니다.

② [正] [大判 2002. 2. 8. 99다23901] 우리 민법은 이행불능의 효과로서 채권자의 전보배상청구권과 계약해제권 외에 별도로 대상청구권을 규정하고 있지 않으나 해석상 대상청구권을 부정할 이유가 없다고 할 것인데, 매매의 일종인 경매의 목적물인 토지가 경락허가결정 이후 하천구역에 편입되게 됨으로써 소유자의 경락자에 대한 소유권이전등기의무가 이행불능이 되었다면 경락자는 소유자가 하천구역 편입으로 인하여 지급받게 되는 손실보상금에 대한 대상청구권을 행사할 수 있다.

③ [誤] [大判 1996. 6. 25. 95다6601] 쌍무계약의 당사자 일방이 상대방의 급부가 이행불능이 된 사정의 결과로 상대방이 취득한 대상에 대하여 급부청구권을 행사할 수 있다고 하더라도, 그 당사자 일방이 대상청구권을 행사하려면 상대방에 대하여 반대급부를 이행할 의무가 있는 바, 이 경우 당사자 일방의 반대급부도 그 전부가 이행불능이 되거나 그 일부가 이행불능이 되고 나머지 잔부의 이행만으로는 상대방의 계약목적을 달성할 수 없는 등 상대방에게 아무런 이익이 되지 않는다고 인정되는 때에는, 상대방이 당사자 일방의 대상청구를 거부하는 것이 신의칙에 반한다고 볼 만한 특별한 사정이 없는 한, 당사자 일방은 상대방에 대하여 대상청구권을 행사할 수 없다.

④ [誤] [大判 2002. 2. 8. 99다23901] 채무자가 수령하게 되는 보상금이나 그 청구권에 대하여 채권자가 대상청구권을 가지는 경우에도 채권자는 채무자에 대하여 그가 지급받은 보상금의 반환을 청구하거나 채무자로부터 보상청구권을 양도받아 보상금을 지급받아야 할 것이나, 어떤 사유로 채권자가 직접 자신의 명의로 대상청구의 대상이 되는 보상금을 지급받았다고 하더라도 이로써 채무자에 대한 관계에서 바로 부당이득이 되는 것은 아니라고 보아야 할 것이다.

⑤ [誤] [大判 1996. 12. 10. 94다43825] 민법상 이행불능의 효과로서 채권자의 전보배상청구권과 계약해제권 외에 별도로 대상청구권을 규정하고 있지는 않으나 해석상 대상청구권을 부정할 이유는 없는 것이지만, 점유로 인한 부동산 소유권 취득기간 만료를 원인으로 한 등기청구권이 이행불능으로 되었다고 하여 대상청구권을 행사하기 위하여는, 그 이행불능 전에 등기명의자에 대하여 점유로 인한 부동산 소유권 취득기간이 만료되었음을 이유로 그 권리를 주장하였거나 그 취득기간 만료를 원인으로 한 등기

청구권을 행사하였어야 하고, 그 이행불능 전에 그와 같은 권리의 주장이나 행사에 이르지 않았다면 대상청구권을 행사할 수 없다고 봄이 공평의 관념에 부합한다.

정답 ②

10. 배점 2 甲은 자신의 A토지를 2009. 3. 3. 乙에게 1억원에 매도하기로 하고, 乙로부터 계약금과 중도금으로 8천만원을 지급받았으며, 잔금은 2009. 5. 3. 소유권이전등기에 필요한 서류를 교부함과 동시에 지급받기로 약정하였다. 그런데 2009. 4. 3. 甲의 귀책사유 없이 지방자치단체에 의해 A토지가 수용되었다. 이에 관한 설명 중 옳지 않은 것은? (다툼 있으면 판례에 의함) [10년]

① 乙이 보상금에 대하여 대상청구권을 행사하는 경우 甲에 대하여 잔금을 지급할 의무가 있다.
② 乙이 어떤 사유로 직접 자신의 명의로 대상청구의 목적이 되는 보상금을 지급받았다면, 甲은 乙이 수령한 보상금에 대하여 부당이득반환청구를 할 수 없다.
③ 乙은 보상금에 대한 대상청구권을 행사하지 않고 甲에 대하여 계약금과 중도금의 반환을 청구할 수 있다.
④ 乙은 대상청구권의 행사로 甲이 지급받는 보상금의 반환을 청구할 수 있으므로, 보상금이 공탁된 경우 乙은 甲을 상대로 공탁된 보상금의 수령권자가 자신이라는 확인을 구할 수 있다.
⑤ A토지 수용 사유의 특수성과 법규의 미비 등으로 상당한 기간이 지난 뒤에 甲이 보상금을 청구할 수 있는 절차가 마련된 경우라면, 乙의 대상청구권의 소멸시효는 위 절차가 마련된 시점부터 진행한다.

해설

* 매매목적물이 수용되어 매도인의 의무가 불능으로 된 경우의 법률관계를 묻는 사례문제이다.
① [正] 매수인이 대상청구권을 행사하는 경우, 매수인의 반대급부의무가 존속하는지를 묻는 지문이다. 대상청구권이란 기존의 채권관계를 존속시키기 위한 권리이므로 매수인이 대상청구권을 행사하는 경우 매수인은 매매계약상 매도인에 대한 의무를 이행하여야 한다.
[大判 1996. 6. 25. 95다6601] 쌍무계약의 당사자 일방이 상대방의 급부가 이행불능이 된 사정의 결과로 상대방이 취득한 대상에 대하여 급부청구권을 행사할 수 있다고 하더라도, <u>그 당사자 일방이 대상청구권을 행사하려면 상대방에 대하여 반대급부를 이행할 의무가 있는 바</u>, 이 경우 당사자 일방의 반대급부도 그 전부가 이행불능이 되거나 그 일부가 이행불능이 되고 나머지 잔부의 이행만으로는 상대방의 계약목적을 달성할 수 없는 등 상대방에게 아무런 이익이 되지 않는다고 인정되는 때에는, 상대방이 당사자 일방의 대상청구를 거부하는 것이 신의칙에 반한다고 볼 만한 특별한 사정이 없는 한, 당사자 일방은 상대방에 대하여 대상청구권을 행사할 수 없다.

② [正] 대상청구권자가 대상이 되는 이익을 보유하는 것이 그 의무자에 대한 관계에서 부당이득이 되는지를 묻는 지문이다. 대상청구권은 대상이 되는 이익을 청구할 수 있는 권리일 뿐 대상이 되는 이익이 당연히 대상청구권자에게 귀속되는 것은 아니다. 그러나 대상청구권자가 대상이 되는 이익을 취득하였다면 이는 법률상 원인이 있는 것으로 보아야 하므로 이를 부당이득이라고 볼 수는 없다.
[大判 2002. 2. 8. 99다23901] 채무자가 수령하게 되는 보상금이나 그 청구권에 대하여 채권자가 대상청구권을 가지는 경우에도 채권자는 채무자에 대하여 그가 지급받은 보상금의 반환을 청구하거나 채무자로부터 보상청구권을 양도받아 보상금을 지급받아야 할 것이나, 어떤 사유로 채권자가 직접 자신의 명의로 대상청구의 대상이 되는 보상금을 지급받았다고 하더라도 이로써 채무자에 대한 관계에서 바로 부당이득이 되는 것은 아니라고 보아야 할 것이다.

③ [正] 쌍무계약상 위험부담의 법리와 대상청구권의 관계를 묻는 지문이다. 통설과 판례에 따르면 채권자는 대상청구권을 행사하지 아니하고, 쌍무계약상 위험부담의 법리를 주장하여 자신의 채무를 면하고 이미 지급한 급부의 반환을 청구할 수도 있다. 즉 위험부담의 법리를 주장하는 것과 대상청구권 행사 중에서 이를 채권자가 선택할 수 있다는 것이다. 甲과 乙 쌍방 책임 없는 사유로 인한 불능이므로 위험부담의 법리에 따라 甲은 소유권이전채무를 면하게 되지만, 乙도 대금지급채무를 면하게 된다. 결국 乙이 이미 지급한 매매대금은 부당이득이 된다. 乙은 계약금과 중도금의 반환을 청구할 수 있다.

④ [誤] 대상청구권 행사방법을 묻는 지문이다. 대상청구권이 인정된다고 하여 대상이 되는 이익이 바로 대상청구권자에게 귀속되는 것은 아니다. 따라서 보상금채권이 대상청구권자 乙에게 귀속되는 것은 아니므로 乙이 보상금수령권자가 자신이라는 확인을 구할 수는 없다.
[大判 1995. 7. 28. 95다2074] 취득시효가 완성된 토지가 수용됨으로써 취득시효 완성을 원인으로 하는 소유권이전등기 의무가 이행불능이 된 경우에는 그 소유권이전등기 청구권자가 대상청구권의 행사로서 그 토지의 소유자가 토지의 대가로서 지급받은 수용보상금의 반환을 청구할 수 있다고 하더라도, 시효취득자가 직접 토지의 소유자를 상대로 공탁된 토지수용보상금의 수령권자가 자신이라는 확인을 구할 수는 없다.

⑤ [正] 대상청구권의 소멸시효 기산점을 묻는 지문이다. 원칙적으로 불능으로 된 시점에 대상청구권을 행사할 수 있으므로 그때부터 소멸시효가 진행되지만, 보상법규가 마련되지 아니한 법률상 장애가 있는 경우에는 보상법규가 마련된 때로부터 소멸시효가 진행한다.
[大判 2002. 2. 8. 99다23901] 대상청구권은 특별한 사정이 없는 한 매매목적물의 수용 또는 국유화로 인하여 매도인의 소유권이전등기의무가 이행불능 되었을 때 매수인이 그 권리를 행사할 수 있다고 보아야 할 것이고 따라서 그 때부터 소멸시효가 진행하는 것이 원칙이라 할 것이나, 국유화가 된 사유의 특수성과 법규의 미비 등으로 그 보상금의 지급을 구할 수 있는 방법이나 절차가 없다가 상당한 기간이 지난 뒤에야 보상금청구의 방법과 절차가 마련된 경우라면, 대상청구권자로서는 그 보상청구의 방법이 마련되기 전에는 대상청구권을 행사하는 것이 불가능하였던 것이고, 따라서 이러한 경우에는 보상금을 청구할 수 있는 방법이 마련된 시점부터 대상청구권에 대한 소멸시효가 진행하는 것으로 봄이 상당할

것인 바, 이는 대상청구권자가 보상금을 청구할 길이 없는 상태에서 추상적인 대상청구권이 발생하였다는 사유만으로 소멸시효가 진행한다고 해석하는 것은 대상청구권자에게 너무 가혹하여 사회정의와 형평의 이념에 반할 뿐만 아니라 소멸시효제도의 존재이유에 부합된다고 볼 수 없기 때문이다.

정답 ④

11. 이행불능에 관한 설명 중 옳지 않은 것은? (다툼 있으면 판례에 의함) [05년]

① 부동산소유권이전등기 의무자가 그 부동산에 관하여 제3자에게 가등기를 경료해 준 경우, 그 가등기만으로는 소유권이전등기의무가 이행불능이 된다고 할 수 없다.
② 부동산소유권이전등기 의무자가 그 부동산에 관하여 제3자에게 채무담보를 위하여 소유권이전등기를 경료해 준 경우, 그 의무자가 채무를 변제할 자력이 없더라도 소유권이전등기의무가 이행불능이 되는 것은 아니다.
③ 임대인이 임대목적물의 소유권을 상실하였다는 이유만으로 임대인의 임차인에 대한 임대차계약상의 의무가 이행불능으로 되는 것은 아니다.
④ 임차건물이 화재로 손실되어 임차인의 임차물 반환채무가 이행불능이 된 경우, 화재원인이 불명인 때에도, 임차인이 그 이행불능으로 인한 손해배상책임을 면하려면 임차건물의 보존에 관하여 선량한 관리자의 주의의무를 다하였음을 입증하여야 한다.
⑤ 매도인의 소유권이전등기의무가 이행불능이 되어 매수인이 매매계약을 해제하기 위해서는, 잔대금 지급의무가 소유권이전등기의무와 동시이행관계에 있더라도, 매수인이 이행 또는 이행의 제공을 할 필요는 없다.

해설

① [正] [大判 1993. 9. 14. 93다12268] 부동산소유권이전등기 의무자가 그 부동산 상에 가등기를 경료한 경우 가등기는 본등기의 순위보전의 효력을 가지는 것에 불과하고 또한 그 소유권이전등기 의무자의 처분권한이 상실되지도 아니하므로 그 가등기만으로는 소유권이전등기의무가 이행불능이 된다고 할 수 없다.
② [誤] [大判 1991. 7. 26. 91다8104] 부동산소유권이전등기 의무자가 그 부동산에 관하여 제3자 앞으로 비록 채무담보를 위하여 소유권이전등기를 경료하였다고 할지라도 그 의무자가 채무를 변제할 자력이 없는 경우에는 특단의 사정이 없는 한 그 소유권이전등기의무는 이행불능이 된다.
③ [正] [大判 1994. 5. 10. 93다37977] 계약의 이행불능 여부는 사회통념에 의하여 이를 판정하여야 할 것인 바, 임대차계약상의 임대인의 의무는 목적물을 사용·수익케 할 의무로서, 목적물에 대한 소유권 있음을 성립요건으로 하고 있지 아니하여 임대인이 소유권을 상실하였다는 이유만으로 그 의무가 불능하게 된 것이라고 단정할 수 없다.
④ [正] [大判 1991. 10. 25. 91다22605] 임대차 종료 후 임차인의 임차목적물 명도 의무와 임대인의 연체차임 기타 명도시까지 발생한 손해배상금 등을 공제하고 남은 임대보증

금반환 채무와는 동시이행의 관계에 있는 것이어서 임차인은 이를 지급받을 때까지 동시이행의 항변권에 기하여 목적물을 유치하면서 명도를 거절할 권리가 있는 것이나, 임차인은 임차목적물을 명도할 때까지는 선량한 관리자의 주의로 이를 보존할 의무가 있어, 이러한 주의의무를 위반하여 임대목적물이 멸실, 훼손된 경우에는 그에 대한 손해를 배상할 채무가 발생하며, 임대목적물이 멸실, 훼손된 경우 임차인이 그 책임을 면하려면 그 임차건물의 보존에 관하여 선량한 관리자의 주의의무를 다하였음을 입증하여야 할 것이다.

⑤ [正] [大判 2003. 1. 24, 2000다22850] 매도인의 매매계약상의 소유권이전등기의무가 이행불능이 되어 이를 이유로 매매계약을 해제함에 있어서는 상대방의 잔대금지급의무가 매도인의 소유권이전등기의무와 동시이행관계에 있다고 하더라도 그 이행의 제공을 필요로 하는 것이 아니다.

정답 ②

12. 배점 2 이행불능에 관한 다음 설명 중 옳지 않은 것을 모두 고른 것은?(다툼 있으면 판례에 의함) [09년]

㉠ 이행기 도래 전에 이미 채무의 내용이 불능하게 되고 이행기에도 불능일 것이 확실한 때에는 이행기를 기다리지 않고 바로 이행불능이 된다.
㉡ 이행지체 후에 이행불능이 생긴 경우, 채무자는 자기에게 이행불능에 대한 과실이 없었음을 항변하지 못한다.
㉢ 대상청구권이 성립하기 위해서는 급부가 후발적으로 불능이 되어야 하며 그 후발적 불능은 채무자의 귀책사유로 인한 것이어야 한다.
㉣ 소유권이전등기의무의 이행불능을 이유로 매매계약을 해제함에 있어서는 잔대금 지급의무의 이행의 제공을 필요로 한다.
㉤ 매수인의 귀책사유에 의하여 매도인의 매매목적물에 관한 소유권이전의무가 이행불능이 된 경우, 매수인은 그 이행불능을 이유로 계약을 해제할 수 있다.
㉥ 급부의 일부만이 불능으로 된 경우에는 채권자는 가능한 부분의 급부청구와 함께 불능부분의 전보배상을 청구할 수 있다.

① ㉠, ㉢, ㉣ ② ㉡, ㉢, ㉣ ③ ㉡, ㉣, ㉤
④ ㉢, ㉣, ㉤ ⑤ ㉢, ㉣, ㉥ ⑥ ㉢, ㉤, ㉥
⑦ ㉣, ㉤, ㉥ ⑧ ㉢, ㉣, ㉤, ㉥

해설

㉠ [正] 이행불능인지 여부를 판단하는 기준이 되는 시기는 이행기이다. 즉, 이행기에서의 실현가능성이 있는지 여부를 따져 이행불능인지를 판단한다. 그러나 이행기 도래 전에 채무내용이 불능으로 되고, 이행기에도 불능일 것이 확실하다면 이행기가 도래하지 않았다고 하더라도 그 채무는 이행불능이 된다.

ⓛ [正] 제392조.
ⓒ [誤] 급부가 원시적으로 불능인 경우에, 채무자체가 성립하지 않으며, 따라서 대상청구권이 문제될 여지가 없다. 그리고 후발적 불능이라면, 그것이 채무자의 귀책사유에 기한것인지 여부는 문제되지 않는다. 채무자에게 책임 없는 사유로 인한 급부불능의 경우에도 그 급부불능이 후발적 불능이라면 대상청구권이 인정될 수 있다.
ⓔ [誤] [大判 2003. 1. 24, 2000다22850] 매도인의 매매계약상의 소유권이전등기의무가 이행불능이 되어 이를 이유로 매매계약을 해제함에 있어서는 상대방의 잔대금지급의무가 매도인의 소유권이전등기의무와 동시이행관계에 있다고 하더라도 그 <u>이행의 제공을 필요로 하는 것이 아니다.</u>
ⓜ [誤] [大判 2002. 4. 26, 2000다50497] 이행불능을 이유로 계약을 해제하기 위해서는 그 <u>이행불능이 채무자의 귀책사유에 의한 경우여야만 한다</u> 할 것이므로(민법 제546조), 매도인의 매매목적물에 관한 소유권이전의무가 이행불능이 되었다고 할지라도, 그 이행불능이 매수인의 귀책사유에 의한 경우에는 매수인은 그 이행불능을 이유로 계약을 해제할 수 없다.
ⓗ [正] 급부의 일부만이 불능으로 되었다면 채권자는 가능한 부분에 대한 급부청구와 불능부분에 대한 전보배상을 청구할 수 있다. 다만 채무의 일부만이 이행할 수 없게 된 경우 이를 일부불능으로 보아야 하는지 전부불능으로 보아야 하는지는 이행이 가능한 부분만의 이행으로 계약의 목적을 달성할 수 있는지 여부를 따져서 결정하여야 한다. 만약 나머지 부분만의 이행으로 계약목적을 달성할 수 없는 경우라면 이는 일부만이 불능으로 된 경우가 아니라 전부가 불능인 경우로 보아야 한다. 지문에서는 일부만이 불능이라고 제시하였기 때문에 아래에 소개된 판례는 고려될 필요가 없다.
[大判 1995. 7. 25, 95다5929] 쌍무계약에 있어 당사자 일방이 부담하는 채무의 일부만이 채무자의 책임 있는 사유로 이행할 수 없게 된 때에는, 그 <u>이행이 불가능한 부분을 제외한 나머지 부분만의 이행으로는 계약의 목적을 달성할 수 없다면 채무의 이행은 전부가 불능이라고 보아야 할 것이므로, 채권자로서는 채무자에 대하여 계약 전부를 해제하거나 또는 채무 전부의 이행에 갈음하는 전보배상을 청구할 수 있을 뿐이지 이행이 가능한 부분만의 급부를 청구할 수는 없다</u>(필자 註 : 장래에 건축될 집합건물인 상가 내의 특정 점포를 분양받기로 하는 계약에 있어서는 분양자인 피고 이상호가 피분양자들에 대하여 부담하는 분양 점포에 관한 소유권이전등기 의무와 상가 총면적 중 분양 점포면적에 해당하는 비율의 대지 지분에 관한 소유권이전등기 의무는 불가분의 관계에 있어 <u>분양 점포에 관한 소유권이전등기의무의 이행이 불능에 이르렀다면 그 대지 지분에 관한 소유권이전등기 의무의 이행이 가능하다고 하더라도 그 이행만으로는 피분양자들이 최초분양계약 당시 의욕하였던 계약의 목적을 달성할 수는 없는 것이라고 할 것이고,</u> 따라서 피고 이상호의 원고들에 대한 이 사건 분양계약상의 채무는 전부 이행불능상태에 이르렀다고 볼 것이므로 원고들로서는 피고 이상호에 대하여 위 <u>대지 지분에 관한 소유권이전등기 절차의 이행만을 구할 수는 없다고 한 사례).</u>

정답 ④

제2절 채무불이행의 효과

1. 과실상계에 관한 설명 중 판례의 입장에 부합하는 것을 모두 고른 것은? [04년]

㉠ 매도인의 하자담보책임은 민법이 특별히 인정한 무과실책임으로서 과실상계에 관한 규정이 준용될 수 없으므로 하자의 발생 및 그 확대에 가공한 매수인의 과실은 손해배상의 범위를 정함에 있어 참작될 수 없다.
㉡ 채권자의 청구가 연대보증인에 대하여 그 보증채무의 이행을 구하고 있음이 명백한 경우에는, 과실상계의 법리는 적용될 여지가 없다.
㉢ 불법행위를 원인으로 하는 손해배상의 경우, 피해자와 일정한 관계에 있는 자의 과실도 고려한다.
㉣ 법원은 채권자의 과실을 인정한 이상 반드시 이를 참작하여야 한다.
㉤ 불법행위로 인한 손해배상액을 산정함에 있어서 손익상계를 한 다음 과실상계를 하여야 한다.
㉥ 피해자의 부주의가 아닌 체질적인 소인과 같이 귀책사유와 무관한 것인 경우에는 과실상계의 법리가 유추적용되지 않는다.

① ㉠, ㉡, ㉣ ② ㉠, ㉤, ㉥ ③ ㉡, ㉢, ㉣
④ ㉡, ㉢, ㉤ ⑤ ㉢, ㉣, ㉤

해 설

㉠ [誤] [大判 1995. 6. 30. 94다23920] 매도인의 하자담보책임은 법이 특별히 인정한 무과실책임으로서 여기에 민법 제396조의 과실상계 규정이 준용될 수는 없다고 하더라도, 담보책임이 민법의 지도이념인 공평의 원칙에 입각한 것인 이상 하자발생 및 그 확대에 가공한 매수인의 잘못을 참작하여 손해배상의 범위를 정함이 상당하다.
㉡ [正] [大判 1987. 3. 24. 84다카1324] 채권자의 청구가 연대보증인들에 대하여 그 보증채무의 이행을 구하고 있다면 손해배상책임의 유무 또는 배상의 범위를 정함에 있어 채권자의 과실이 참작되는 과실상계의 법리는 적용될 여지가 없다.
㉢ [正] [大判 1998. 8. 21. 98다23231] 차량사고에 있어 운전자의 과실을 피해자 측의 과실로 보아 동승자에 대하여 과실상계를 하기 위하여는, 그 차량 운전자가 동승자와 신분상 또는 생활관계상 일체를 이루고 있어 운전자의 과실을 동승자에 대한 과실상계사유로 삼는 것이 공평의 원칙에 합치한다는 구체적인 사정이 전제가 되어야 한다.
㉣ [正] 과실상계는 필요적 참작사유이다(제396조). 다만 그 과실상계사유에 관한 사실인정이나 그 비율을 정하는 것은 사실심의 전권사항이다.
[大判 2000. 6. 13. 98다35389] 민법상 과실상계 제도는 채권자가 신의칙상 요구되는 주의를 다하지 아니한 경우 공평의 원칙에 따라 손해배상액을 산정함에 있어서 채권자의 그와 같은 부주의를 참작하게 하려는 것이므로 사회통념상 혹은 신의성실의 원

칙상 단순한 부주의라도 그로 말미암아 손해가 발생하거나 확대된 원인을 이루었다면 채권자에게 과실이 있는 것으로 보아 과실상계를 할 수 있고, 채무불이행으로 인한 손해배상책임의 범위를 정함에 있어서의 과실상계 사유의 유무와 정도는 개별 사례에서 문제된 계약의 체결 및 이행 경위와 당사자 쌍방의 잘못을 비교하여 종합적으로 판단하여야 하며, 이 때에 과실상계 사유에 관한 사실인정이나 그 비율을 정하는 것은 그것이 형평의 원칙에 비추어 현저히 불합리한 것이 아닌 한 사실심의 전권사항이라고 할 수 있다.

ⓜ [誤] 과실상계와 손익상계의 사유가 경합할 경우 판례는 먼저 과실상계를 한 다음에 손익상계를 하여야 한다는 태도이다(大判 1996. 1. 23, 95다24340).

ⓗ [誤] [大判 1998. 7. 24, 98다12270] 피해자 측의 요인이 체질적인 소인 또는 질병의 위험도와 같이 피해자의 손해의 전부를 배상시키는 것이 공평의 이념에 반하는 경우에는 과실상계의 법리를 유추적용할 수 있다.

정답 ③

2. 배점 3 다음 중 과실상계 및 손익상계에 관한 설명으로 옳은 것을 모두 고른 것은?
(다툼 있으면 판례에 의함)
[09년]

ⓘ 불법행위로 인하여 손해가 발생하고 그 손해발생으로 이득이 생기고 동시에 그 손해발생에 피해자에게도 과실이 있어 과실상계를 하여야 할 경우에는 먼저 산정된 손해액에서 과실상계를 한 다음에 위 이득을 공제하여야 한다.
ⓛ 채무자만의 귀책사유로 채무불이행이 생긴 후에 손해의 확대에 관하여 채권자에게 과실이 있는 경우에는 과실상계를 할 수 없다.
ⓒ 손해배상액의 산정에 있어서 손익상계가 허용되기 위하여는 손해배상책임의 원인이 되는 행위로 인하여 피해자가 새로운 이득을 얻었고, 그 이득과 손해배상책임의 원인행위 사이에는 상당인과관계가 있어야 한다.
ⓔ 법원이 어느 정도로 채권자의 과실을 참작하느냐는 법원의 재량사항이므로 채권자의 과실을 인정하더라도 이를 참작하지 않을 수 있다.
ⓜ 과실상계에서의 과실은 채권자의 수령보조자의 과실도 포함한다.

① ㉠ ② ㉢ ③ ㉠, ㉢
④ ㉣, ㉤ ⑤ ㉠, ㉡, ㉢ ⑥ ㉡, ㉣, ㉤
⑦ ㉠, ㉣, ㉤ ⑧ ㉠, ㉢, ㉣, ㉤

해설

㉠ [正] 과실상계와 손익상계를 하여야 하는 경우, 순서를 묻는 지문이다. 판례는 과실상계 후에 손익상계를 하여야 한다는 입장이다.
[大判 1996. 1. 23, 95다24340] 불법행위로 인한 손해배상액을 산정함에 있어서 과실상계

를 한 다음 손익상계를 하여야 하고, 산업재해보상보험법상의 급여도 마찬가지이다.
- ⓒ [誤] 손해의 확대에 관하여 채권자에게 과실이 있는 경우에 과실상계가 허용되는가를 묻는 지문이다. 채권자가 비록 손해의 발생에 과실이 없다고 하더라도 손해의 확대에 과실이 있다면 이 또한 과실상계 사유가 될 수 있다.
  [大判 1993. 5. 27. 92다20163] 민법상의 과실상계제도는 채권자가 신의칙상 요구되는 주의를 다하지 아니한 경우 공평의 원칙에 따라 손해의 발생에 관한 채권자의 그와 같은 부주의를 참작하게 하려는 것이므로 <u>단순한 부주의라도 그로 말미암아 손해가 발생하거나 확대된 원인을 이루었다면 피해자에게 과실이 있는 것으로 보아 과실상계를 할 수 있</u>고, 채무불이행으로 인한 손해배상책임의 범위를 정함에 있어서의 과실상계사유의 유무는 개별사례에서 문제된 계약의 체결 및 이행경위와 당사자 쌍방의 잘못을 비교하여 종합적으로 판단하여야 한다.
- ⓒ [正] [大判 2005. 10. 28. 2003다69638] 손해배상액의 산정에 있어서 손익상계가 허용되기 위하여는 손해배상책임의 원인이 되는 행위로 인하여 피해자가 새로운 이득을 얻었고, <u>그 이득과 손해배상책임의 원인행위 사이에 상당인과관계가 있어야</u> 한다.
- ⓔ [誤] 과실상계사유에 관한 평가는 법원의 재량이나, 채권자의 과실을 인정하였다면 이를 반드시 참작하여야 한다. 다만 어느 정도 참작하여 손해액을 얼마나 감축시킬 것인가는 사실심 법원의 재량사항이다.
- ⓜ [正] 채권자의 피용자나 수령보조자의 과실도 제756조, 제391조의 유추에 따라 과실상계사유가 될 수 있다.

정답 ⑦

3. 손해배상액의 예정에 관한 설명 중 옳지 않은 것은?(다툼 있으면 판례에 의함) [02년]

① 손해배상액의 예정이 있는 경우에 채권자는 채무불이행 사실만 증명하면 손해의 발생 및 그 액을 증명하지 아니하고 예정배상액을 청구할 수 있다.
② 지연손해배상액을 예정한 경우 다른 특약이 없는 한 위 예정액에는 이행지체로 인한 통상손해는 물론 특별손해도 포함된다.
③ 손해배상액의 예정이 있는 경우에 그것이 계약상의 채무불이행으로 인한 손해뿐만 아니라 그 계약과 관련된 불법행위상의 손해까지 예정한 것이라고 보아야 한다.
④ 손해배상액의 예정은 이행청구나 계약해제에 영향을 미치지 아니한다.
⑤ 손해배상의 예정액이 부당하게 과다한지의 여부 내지 그에 대한 적당한 감액의 범위를 판단하는 데 있어서의 기준시점은 사실심의 변론종결시이다.

해설

① [正] 손해배상액의 예정이 있는 경우에 불이행사실만으로 예정액의 배상청구가 허용된다. 이때에 채무자가 귀책사유 없음을 항변할 수 있는지, 현실적인 손해가 발생하지 아니하였음을 항변할 수 있는지에 관하여 견해의 대립이 있다. 즉, 예정배상액청구요건으로 채무자의 귀책사유와 현실적 손해의 발생이 요건인가가 문제이다. 이에 대하

여 통설은 채무자의 귀책사유와 현실적 손해의 발생은 요건이 아니라고 한다. 따라서 채무자는 귀책사유 없음, 현실적인 손해의 발생이 없음을 항변할 수 없다고 한다. 그러나 예정계약은 배상액의 예정에 불과할 뿐 채무불이행 자체의 예정은 아니므로 귀책사유와 현실적 손해의 발생을 전제로 한다는 소수설이 있다. 한편, 판례는 지문에서처럼 손해의 발생사실 및 그 액을 입증할 필요 없이 예정배상액을 청구할 수 있다고 한다.

[大判 1991. 1. 11, 90다8053] 채권자와 채무자 사이에 채무불이행을 원인으로 한 손해배상액을 예정한 경우에는 손해 발생 및 손해액에 대한 입증은 필요하지 아니하고, 그 예정액이 과다하여 감액될 사정이 없는 한 채무불이행 사실만으로 채권자는 채무자에 대하여 손해배상 예정액을 지급할 것을 청구할 수 있다.

② [正] 배상액의 예정이 있는 경우에는 통상의 손해는 물론이고 특별손해도 예정계약의 범위에 포함되는 것으로 해석하는 것이 판례이다. 따라서 특별손해배상을 예정배상액의 청구와 별도로 청구할 수는 없다.

[大判 1988. 9. 27, 86다카2375] 당사자사이의 채무불이행에 관하여 손해배상액을 예정한 경우에 채권자는 통상의 손해뿐만 아니라 특별한 사정으로 인한 손해에 관하여도 예정된 배상액만을 청구할 수 있고 특약이 없는 한 예정액을 초과한 배상액을 청구할 수는 없다.

③ [誤] 손해배상액 예정계약의 효력범위는 채무불이행으로 인한 손해배상에 한정되고 불법행위로 인한 손해배상은 예정계약의 효력범위에 포함되지 아니한다는 것이 판례의 태도이다. 가령, 매매계약이 해제된 이후 매수인이 철거의무를 불이행한 경우 그로 인한 손해배상청구가 매매계약상의 배상액 예정의 범위를 초과한 경우에 이를 허용할 것인가에 대하여 철거의무불이행으로 인한 손해배상은 불법행위로 인한 손해배상이므로 예정배상액의 범위에 포함되지 아니한다는 것이다.

[大判 1999. 1. 15, 98다48033] 계약 당시 당사자 사이에 손해배상액을 예정하는 내용의 약정이 있는 경우에는 그것은 계약상의 채무불이행으로 인한 손해액에 관한 것이고 이를 그 계약과 관련된 불법행위상의 손해까지 예정한 것이라고는 볼 수 없다.

④ [正] 민법 제398조 제3항.

⑤ [正] 직권감액의 사유로 되는 예정배상액이 부당히 과다한 경우란 변론종결시를 기준으로 그때까지 소송에서 나타난 채권자와 채무자의 각 지위, 계약의 목적, 내용, 거래관행 등을 참작하여 채무자에게 부당한 압박을 가하는 것인지를 판단하여 결정한다.

[大判 2000. 7. 28, 99다38637] 민법 제398조 제2항은 손해배상의 예정액이 부당히 과다한 경우에는 법원이 이를 적당히 감액할 수 있다고 규정하고 있는 바, 여기서 '부당히 과다한 경우'라고 함은 채권자와 채무자의 각 지위, 계약의 목적 및 내용, 손해배상액을 예정한 동기, 채무액에 대한 예정액의 비율, 예상 손해액의 크기, 그 당시의 거래관행 등 모든 사정을 참작하여 일반 사회관념에 비추어 그 예정액의 지급이 경제적 약자의 지위에 있는 채무자에게 부당한 압박을 가하여 공정성을 잃는 결과를 초래한다고 인정되는 경우를 뜻하는 것으로 보아야 하고, 한편 위 규정의 적용에 따라 손해배상의 예정액이 부당하게 과다한지 및 그에 대한 적당한 감액의 범위를 판단하는데 있어서는 법원이 구체적으로 그 판단을 하는 때 즉, 사실심의 변론종결 당시를 기준으로 하여 그 사이에 발생한 위와 같은 모든 사정을 종합적으로 고려하여야 할 것

이며, 여기의 '손해배상의 예정액'이라 함은 문언상 배상비율 자체를 말하는 것이 아니라 그 비율에 따라 계산한 예정배상액의 총액을 의미한다고 해석하여야 한다.

정답 ③

4. 배점 2 甲과 乙은 甲소유의 토지에 관하여 매매계약을 체결하면서 손해배상액의 예정을 하여 두었다. 甲이 乙의 채무불이행을 이유로 손해배상예정액을 청구하는 경우에 관한 기술로 옳지 않은 것은?(다툼 있으면 판례에 의함) [09년]

① 甲이 손해배상예정액을 청구하기 위하여는 乙의 이행지체가 있었던 것을 증명하면 족하고, 손해의 발생이나 손해액을 증명할 필요가 없다.
② 甲과 乙 사이에 체결된 손해배상액의 예정약정은 채무불이행을 정지조건으로 하는 조건부계약이다.
③ 乙은 손해가 없다는 사실을 증명하더라도 책임을 면할 수 없으며, 甲은 실제의 손해액이 예정액보다 크다는 것을 증명하더라도 증액을 청구할 수 없다.
④ 손해배상의 예정액이 부당하게 과다한 경우에는 乙의 청구가 없더라도 법원이 직권으로 감액할 수 있으나, 부당히 과소하다고 하더라도 증액하지는 못한다.
⑤ 만약 위 매매계약과 관련하여 甲이 불법행위에 기하여 손해를 입었다면 손해배상의 예정액으로써 전보받을 수 있다.

해설

① [正] [大判 1991. 1. 11, 90다8053] 채권자와 채무자 사이에 채무불이행을 원인으로 한 손해배상액을 예정한 경우에는 손해 발생 및 손해액에 대한 입증은 필요하지 아니하고, 그 예정액이 과다하여 감액될 사정이 없는 한 <u>채무불이행 사실만으로 채권자는 채무자에 대하여 손해배상 예정액을 지급할 것을 청구할 수 있다.</u>
② [正] 손해배상액 예정계약은 예정계약에서 정한 채무불이행이 발생하면 예정계약에서 정한 손해배상금을 지급하기로 하는 약정이다. 따라서 채무불이행을 정지조건으로 하는 조건부 계약이다.
③ [正] 예정배상액을 청구하기 위해서는 예정계약에서 정한 채무불이행이 있으면 족하고, 손해의 현실적인 발생은 그 요건이 아니다. 한편 실손해가 예정액을 초과하더라도 특별한 사정이 없는 한 증액청구가 허용되지 않는다.
[大判 1988. 9. 27, 86다카2375] 당사자 사이의 채무불이행에 관하여 손해배상액을 예정한 경우에 채권자는 통상의 손해뿐만 아니라 <u>특별한 사정으로 인한 손해에 관하여도 예정된 배상액만을 청구할 수 있고</u> 특약이 없는 한 예정액을 초과한 배상액을 청구할 수는 없다.
④ [正] 제398조 제2항이 법원에 의한 직권감액을 규정하고 있을 뿐, 직권증액에 관하여는 그 규정이 없다. 통설은 부당하게 과소하다고 하더라도 직권증액은 허용되지 않는다고 한다.

⑤ [誤] 예정계약은 채무불이행으로 인한 손해에 관한 것이며, 불법행위로 인한 손해에는 영향을 미치지 않는다.
[大判 1999. 1. 15, 98다48033] 토지매매계약이 매수인의 잔대금지급채무의 불이행을 이유로 해제된 다음 매도인이 매수인 등을 상대로 위 토지 상의 건물철거 및 대지인도의 소를 제기하여 승소판결을 받고 그 판결이 확정되었음에도 매수인 등이 이를 이행하지 아니하여 <u>매도인이 위 토지를 사용·수익하지 못하게 됨으로써 입은 차임 상당의 손해는 위 매매계약이 해제된 후의 별도의 불법행위를 원인으로 하는 것으로서 계약 당시 수수된 손해배상예정액으로 전보되는 것이 아니라고 한 사례.</u>

정답 ⑤

5. 배점 2 손해배상액의 예정(민법 제398조)에 관한 설명으로 옳지 않은 것은? (다툼 있으면 판례에 의함) [11년]

① 손해배상의 예정액이 부당히 과다한 경우에는 법원이 이를 적당히 감액할 수 있는데, 그 손해배상의 예정액이 부당하게 과다한지의 여부 내지 그에 대한 적당한 감액의 범위를 판단하는 데 있어서는, 사실심의 변론종결 당시를 기준으로 그때까지 발생한 사정들을 종합적으로 고려하여야 한다.
② 매매당사자가 계약금으로 수수한 금액에 관하여 매수인이 위약하면 이에 관한 권리를 잃는 것으로 하고 매도인이 위약하면 그 배액을 상환하기로 약정을 한 경우, 그 약정은 손해배상액의 예정으로 추정된다.
③ 위약벌의 약정은 채무의 이행을 확보하기 위하여 정해지는 것으로서 손해배상액의 예정과는 그 내용이 다르므로, 손해배상액의 예정에 관한 민법 제398조 제2항을 유추적용하여 그 액을 감액할 수는 없다.
④ 손해배상액을 예정하는 내용의 약정이 있는 경우, 그것은 계약상의 채무불이행으로 인한 손해액뿐 아니라 계약과 관련된 불법행위로 인한 손해액까지 예정한 것으로 보아야 한다.
⑤ 지체상금이 손해배상액의 예정으로 인정되어 이를 감액함에 있어서는 채무자가 계약을 위반한 경위 등 제반 사정이 참작되므로, 손해배상액의 감경에 앞서 채권자의 과실 등을 들어 따로 과실상계를 적용하여 감경할 필요는 없다.

해설

① [正] 손해배상예정액이 부당히 과다한지 여부를 판단하는 기준시기를 묻는 지문이다. 대법원은 부당하게 과다한지 여부가 문제되는 소송에서의 사실심 변론종결 당시를 기준으로 판단하여야 한다고 본다.
[大判 2000. 7. 28, 99다38637] <u>손해배상의 예정액이 부당하게 과다한지 및 그에 대한 적당한 감액의 범위를 판단하는 데 있어서는</u> 법원이 구체적으로 그 판단을 하는 때 즉, <u>사실심의 변론종결 당시를 기준으로</u> 하여 그 사이에 발생한 위와 같은 모든 사정을 종합적으로 고려하여야 할 것이며, 여기의 '손해배상의 예정액'이라 함은 문언상

배상비율 자체를 말하는 것이 아니라 그 비율에 따라 계산한 예정배상액의 총액을 의미한다고 해석하여야 한다(필자 註 : 공사도급계약을 체결하기로 하면서 예정 도급인이 이를 어길 경우 예정공사금액의 10% 상당액을 위약금으로 지급하고, 다시 이 위약금 지급의무를 어길 경우 연 18% 상당의 지연손해금을 가산하여 지급하기로 위약금 약정을 한 경우, 위 위약금과 위 지연손해금을 합한 전체 금액을 고려하여 손해배상의 예정액이 부당히 과다한지를 판단하여야 할 것임에도 불구하고 위 위약금부분은 과다하지 않고 위 지연손해금 부분은 과다하다는 이유로 그 지연손해금비율을 감축한 원심의 조치를 부적절하나 예정배상액의 총액이 전체로서 너무 과다하다고 보고 그 감액의 방법으로 지연손해금 비율만을 조정함으로써 전체로서의 예정배상액을 적정 수준으로 감액한 취지로 볼 수 있다는 이유로 수긍한 사례).

② [正] 위약금이 손해배상액의 예정으로 추정되는지 여부를 묻는 지문이다. 위약금의 약정은 손해배상액의 예정으로 추정한다(제398조 제4항).

③ [正] 위약벌이 부당히 과다한 경우, 손해배상액의 예정에 관한 직권감액 규정을 유추하여 직권으로 감액할 수 있는지 여부를 묻는 지문이다. 위약벌의 약정은 손해배상액의 예정과 그 목적이 다를 뿐만 아니라 손해배상예정액에 관한 직권감액을 규정하고 있는 제398조 제2항은 사적자치를 제한하는 규정으로 유추의 기초로 삼기에는 부적당하다. 따라서 유추를 부정하여야 한다. 대법원도 유추를 부정하고 있다.
[大判 2005. 10. 13, 2005다26277] 위약벌의 약정은 채무의 이행을 확보하기 위하여 정해지는 것으로서 손해배상의 예정과는 그 내용이 다르므로 손해배상의 예정에 관한 민법 제398조 제2항을 유추 적용하여 그 액을 감액할 수는 없는 법리이고 다만 그 의무의 강제에 의하여 얻어지는 채권자의 이익에 비하여 약정된 벌이 과도하게 무거울 때에는 그 일부 또는 전부가 공서양속에 반하여 무효로 된다.

④ [誤] 손해배상액의 예정이 계약과 관련된 불법행위로 인한 손해액까지 예정한 것으로 해석하여야 하는지 여부를 묻는 지문이다. 손해배상액의 예정계약은 채권계약관계를 발생시키는 계약에 종된 계약이며, 계약상 채무불이행을 정지조건으로 하는 계약이다. 따라서 특별한 사정이 없는 한 계약상 채무불이행으로 인한 손해액에 관해서만 그 효력이 미치며, 계약과 관련된 불법행위로 인한 손해액까지 예정한 것으로 해석할 수는 없다.
[大判 1965. 3. 23, 65다34] 손해배상액의 예정이 있었다고 할지라도 그것은 계약상의 의무불이행으로 인한 손해액에 관한 것이었을 뿐 이를 그 계약에 관련된 불법행위상의 손해까지 예정한 것이라고 볼 수 없다.

⑤ [正] 예정배상액을 청구하는 경우, 과실상계가 적용되는지 여부를 묻는 지문이다. 대법원은 과실상계가 적용되지 않는다고 본다. 이미 예정배상액에 관한 직권감액제도에 의하여 채권자의 사정이 고려되었기 때문이다.
[大判 2002. 1. 25, 99다57126] 지체상금이 손해배상의 예정으로 인정되어 이를 감액함에 있어서는 채무자가 계약을 위반한 경위 등 제반사정이 참작되므로 손해배상액의 감경에 앞서 채권자의 과실 등을 들어 따로 감경할 필요는 없다.

정답 ④

6. 배점 2 손해배상에 관한 설명 중 옳지 않은 것은? (다툼 있으면 판례에 의함) [10년]

① 채무불이행을 이유로 계약해제와 아울러 손해배상을 청구하는 경우, 이행이익의 배상에 갈음하여 신뢰이익의 배상을 청구할 수도 있으며, 그 신뢰이익 중 계약의 체결과 이행을 위하여 통상적으로 지출되는 비용은 상대방이 알았거나 알 수 있었는지의 여부와 관계없이 그 배상을 청구할 수 있다.
② 채무자가 이행거절의 의사를 명백히 표시하여 최고 없이 계약을 해제하고 손해배상을 청구하는 경우, 그 손해액 산정은 이행거절 당시의 급부목적물의 시가를 표준으로 해야 한다.
③ 법원이 부당히 과다한 손해배상의 예정액을 감액한 경우, 손해배상의 예정에 관한 약정 중 감액부분에 해당하는 부분은 처음부터 무효이다.
④ 계약 당시 당사자 사이에 손해배상액을 예정하는 내용의 약정이 있는 경우, 이를 그 계약과 관련된 불법행위로 인한 손해배상액까지 예정한 것이라고는 볼 수 없다.
⑤ 불법행위로 인해 건물이 훼손되어 수리가 불가능한 경우 원칙적으로 건물의 시가 외에 건물의 철거비용도 손해배상의 범위에 포함된다.

해설

① [正] 계약해제와 병존할 수 있는 손해배상의 내용이 무엇인지를 묻는 지문이다. 원칙적으로 이행이익의 배상이지만, 이행이익의 배상에 갈음하는 신뢰이익의 배상도 가능하다는 것이 판례의 태도이며, 신뢰이익배상을 청구하는 경우에 통상적인 신뢰손해는 예견가능성과는 무관하게 배상범위에 포함된다는 것이 판례이다.
[大判 2002. 6. 11, 2002다2539] 채무불이행을 이유로 계약해제와 아울러 손해배상을 청구하는 경우에 그 계약이행으로 인하여 채권자가 얻을 이익 즉 이행이익의 배상을 구하는 것이 원칙이지만, 그에 갈음하여 그 계약이 이행되리라고 믿고 채권자가 지출한 비용 즉 신뢰이익의 배상을 구할 수도 있다고 할 것이고, 그 신뢰이익 중 계약의 체결과 이행을 위하여 통상적으로 지출되는 비용은 통상의 손해로서 상대방이 알았거나 알 수 있었는지의 여부와는 관계없이 그 배상을 구할 수 있고, 이를 초과하여 지출되는 비용은 특별한 사정으로 인한 손해로서 상대방이 이를 알았거나 알 수 있었던 경우에 한하여 그 배상을 구할 수 있다고 할 것이고, 다만 그 신뢰이익은 과잉배상금지의 원칙에 비추어 이행이익의 범위를 초과할 수 없다(필자 註 : 채권입찰제 방식의 아파트 분양에서 주택채권을 액면가로 매입하였다가 그 액면가에 미달하는 금액으로 매각한 후 분양자의 채무불이행으로 인하여 아파트 분양계약이 해제된 경우, 주택채권의 매입가와 그 시세에 상당하는 매각대금의 차액을 신뢰이익의 배상으로 청구할 수 있다고 한 사례).
② [正] 이행거절로 인한 전보배상액 산정의 기준시점을 묻는 문제이다. 대법원은 이행거절 당시의 급부목적물의 시가를 기준으로 손해액을 산정하여야 한다는 입장이다.
[大判 2008. 5. 15, 2007다37721] 이행지체에 의한 전보배상에 있어서의 손해액 산정은 본래의 의무이행을 최고하였던 상당한 기간이 경과한 당시의 시가를 표준으로 하고, 이행불능으로 인한 전보배상액은 이행불능 당시의 시가 상당액을 표준으로 해야 할

것인 바, 채무자의 이행거절로 인한 채무불이행에서의 손해액 산정은 채무자가 이행거절의 의사를 명백히 표시하여 최고 없이 계약의 해제나 손해배상을 청구할 수 있는 경우에는 이행거절 당시의 급부목적물의 시가를 표준으로 해야 할 것이고, 한편 반환의무 이행거절의 목적물이 외화표시채권인 신주인수권부사채인 경우에는 그에 관한 객관적 교환가치가 적정하게 반영된 정상적인 거래의 실례가 있는 때에는 그 거래가격을 시가로 보아 그 사채의 가액을 평가하여야 할 것이다.

③ [正] 손해배상액 직권감액의 효과를 묻는 지문이다. 법원이 손해배상액을 직권으로 감액하면 감액된 부분에 해당하는 손해배상액 예정은 처음부터 무효라고 본다.
[大判 1991. 7. 9, 91다11490] 법원이 손해배상의 예정액이 부당하게 과다하다고 하여 감액을 한 경우 손해배상액의 예정에 관한 약정 중 감액부분에 해당하는 부분은 처음부터 무효라고 할 것이다.

④ [正] 손해배상액 예정의 효력범위를 묻는 지문이다. 손해배상액 예정계약을 체결한 경우, 채무불이행으로 인한 손해배상의 경우에 예정계약의 효력이 미칠 뿐이고, 채무불이행과 관련한 불법행위로 인한 손해배상에는 예정계약의 효력이 미치지 않는다. 즉 불법행위로 인한 손해배상을 청구하는 경우에는 예정계약이 영향을 주지 않는다.
[大判 1999. 1. 15, 98다48033] 계약 당시 당사자 사이에 손해배상액을 예정하는 내용의 약정이 있는 경우에는 그것은 계약상의 채무불이행으로 인한 손해액에 관한 것이고 이를 그 계약과 관련된 불법행위상의 손해까지 예정한 것이라고는 볼 수 없다.

⑤ [誤] 수리불능의 경우, 통상손해를 묻는 지문이다. 원칙적으로 목적물의 시가 상당액이 통상손해에 해당한다는 것이 판례이다.
[大判 1994. 10. 14, 94다3964] 임대차목적물인 건물이 훼손된 경우에 그 수리가 불가능하다면 훼손 당시의 건물의 교환가치가 통상의 손해일 것이고 수리가 가능한 경우에는 그 수리비가 통상의 손해일 것이나 그것이 건물의 교환가치를 넘는 경우에는 형평의 원칙상 그 손해액은 그 건물의 교환가치 범위 내로 제한되어야 한다.

정답 ⑤

제4장 책임재산의 보전

1. 채권자대위권에 관한 설명 중 판례의 입장과 다른 것은? [03년]

① 甲 명의의 부동산에 대해 乙의 점유취득시효가 2001. 7. 1. 완성된 후 乙로부터 이 부동산을 양수하여 점유를 승계한 丙은 2003. 2. 1. 현재 甲을 상대로 乙을 대위하여 소유권이전등기청구권을 행사할 수 있을 뿐, 乙의 취득시효 완성의 효과를 주장하여 직접 자기 앞으로의 소유권이전등기를 청구할 수는 없다.
② 채권자는 부동산의 소유권이전등기청구권 등 특정채권을 보전하기 위하여 그 부동산에 관한 채무자의 권리를 대위하여 행사할 수 있고, 그 경우에는 채무자의 무자력을 요건으로 하지 아니한다.
③ 채무자가 채권자의 대위권 행사 사실을 알게 된 이후에는 채무자가 그 권리를 처분하여도 이로써 채권자에게 대항할 수 없다.
④ 채권자대위권을 행사하는 경우, 제3채무자는 채무자가 채권자에게 주장할 수 있는 사유를 원용할 수 있다.
⑤ 채권자대위권을 행사하는 경우, 채권자와 채무자는 일종의 법정위임의 관계에 있으므로 채권자는 채무자에게 그 비용의 상환을 청구할 수 있다.

해설

① [正] [大判(全) 1995. 3. 28. 93다47745] [1] 원래 취득시효제도는 일정한 기간 점유를 계속한 자를 보호하여 그에게 실체법상의 권리를 부여하는 제도이므로, 부동산을 20년간 소유의 의사로 평온·공연하게 점유한 자는 민법 제245조 제1항에 의하여 점유부동산에 관하여 소유자에 대한 소유권이전등기청구권을 취득하게 되며, 점유자가 취득시효기간의 만료로 일단 소유권이전등기청구권을 취득한 이상, 그 후 점유를 상실하였다고 하더라도 이를 시효이익의 포기로 볼 수 있는 경우가 아닌 한, 이미 취득한 소유권이전등기청구권은 소멸되지 아니한다. [2] 전 점유자의 점유를 승계한 자는 그 점유 자체와 하자만을 승계하는 것이지 그 점유로 인한 법률효과까지 승계하는 것은 아니므로 부동산을 취득시효기간 만료 당시의 점유자로부터 양수하여 점유를 승계한 현 점유자는 자신의 전 점유자에 대한 소유권이전등기청구권을 보전하기 위하여 전 점유자의 소유자에 대한 소유권이전등기청구권을 대위행사할 수 있을 뿐, 전 점유자의 취득시효 완성의 효과를 주장하여 직접 자기에게 소유권이전등기를 청구할 권원은 없다.
② [正] 채권자대위권의 전용을 인정하는 것이 통설과 판례이며, 이 경우 채무자의 자력 여부와 채권자의 채권보전은 직접적으로 관련되지 않으므로 채무자의 무자력은 요건이 아니다.

[大判 1992. 10. 27, 91다483] 채권자는 자기의 채무자에 대한 부동산의 소유권이전등기청구권 등 특정채권을 보전하기 위하여 채무자가 방치하고 있는 그 부동산에 관한 특정권리를 대위하여 행사할 수 있고 그 경우에는 채무자의 무자력을 요건으로 하지 아니하는 것이다.

③ [正] 채권자대위권행사의 통지가 없더라도 채무자가 알고 있는 경우에는 처분제한의 효과가 발생한다.

[大判 2003. 1. 10, 2000다27343] 채권자가 채권자대위권에 기하여 채무자의 권리를 행사하고 있는 경우에, 그 사실을 채무자에게 통지하였거나 채무자가 그 사실을 알고 있었던 때에는, 채무자가 그 권리를 처분하여도 이로써 채권자에게 대항하지 못한다.

④ [誤] 제3채무자는 채무자에 대항할 수 있는 사유로 채권자에게 대항할 수 있으나, 채무자가 채권자에게 대항할 수 있는 사유를 주장할 수는 없다는 것이 판례이다.

[大判 1992. 11. 10, 92다35899] 채권자대위권에 기한 청구에서 제3채무자는 채무자가 채권자에 대하여 가지는 항변으로 대항할 수 없을 뿐더러 채권의 소멸시효가 완성된 경우 이를 원용할 수 있는 자는 시효이익을 직접 받는 자만이고 제3채무자는 이를 행사할 수 없다.

⑤ [正] 채권자와 채무자 사이에는 위임에 준하는 법정채권관계가 성립한다. 따라서 채권자는 채권자대위권을 행사하는 데 필요한 비용의 상환을 청구할 수 있다.

[大決 1996. 8. 21, 96그8] 채권자대위권을 행사하는 경우 채권자와 채무자는 일종의 법정위임의 관계에 있으므로 채권자는 민법 제688조를 준용하여 채무자에게 그 비용의 상환을 청구할 수 있고, 그 비용상환청구권은 강제집행을 직접 목적으로 하여 지출된 집행비용이라고는 볼 수 없으므로 지급명령신청에 의하여 지급을 구할 수 있다.

정답 ④

2. 甲은 乙로부터 乙의 유일한 재산인 토지를 매수하고 대금을 모두 지급하였다. 甲이 그 소유권이전등기를 하지 않고 있던 중 丙이 乙로부터 위 부동산을 매수한 사실이 없음에도 불구하고 그로부터 이를 매수한 것처럼 乙의 등기신청 관계서류를 위조하여 자기 앞으로 소유권이전등기를 마쳤다. 위 문제의 해결에 乙이 甲에 대하여 전혀 협조하지 않을 때 甲이 취할 수 있는 조치로서 적절한 것은? [02년]

① 채권자취소권을 행사하여 丙에 대하여 乙·丙 사이의 매매를 취소하고 丙 명의 등기의 말소를 구하며, 乙에 대하여 매매를 원인으로 한 소유권이전등기를 구한다.
② 채권자취소권을 행사하여 乙과 丙에 대하여 乙·丙 사이의 매매를 취소하고 丙 명의 등기의 말소를 구하며, 乙에 대하여 매매를 원인으로 한 소유권이전등기를 구한다.
③ 丙에 대하여 乙을 대위하여 乙·丙 사이의 매매를 취소하고 丙 명의 등기의 말소를 구하며, 乙에 대하여 매매를 원인으로 한 소유권이전등기를 구한다.
④ 丙에 대하여 乙을 대위하여 원인무효인 丙 명의 등기의 말소를 구하고, 乙에 대하여 매매를 원인으로 한 소유권이전등기를 구한다.
⑤ 丙을 상대로 진정한 등기명의회복을 원인으로 직접 甲 명의로의 소유권이전등기를 구한다.

해설

①, ② [誤] 특정채권보전을 위한 채권자취소권은 허용되지 않는다는 것이 통설과 판례의 태도이다. 따라서 특정채권자인 甲이 자신의 乙에 대한 이전등기청구권을 보전하기 위하여 채권자취소권에 의하여 乙과 丙 사이의 매매를 취소하는 것은 허용되지 않는다.
[大判 1988. 2. 23, 87다카1586] 채권자취소권(사해행위취소권)은 채권자의 공동담보인 채무자의 책임재산의 감소를 방지하기 위한 것이므로 특정물에 대한 소유권이전등기청구권을 보전하기 위하여는 채권자취소권을 행사할 수 없고 또 채권자 취소의 소에 있어 상대방은 채무자가 아니라 그 수익자나 전득자가 되어야 한다.
③ [誤] 乙을 대위하여 乙과 丙 사이의 매매를 취소하기 위하여는 乙의 취소권이 전제되어야 하는데, 사안의 경우 乙의 취소권은 인정되지 않는다.
④ [正]
⑤ [誤] 진정한 등기명의회복을 위한 이전등기를 청구하기 위하여는 등기청구권자가 이미 등기명의를 가지고 있었거나 법률의 규정에 의하여 권리를 취득한 경우이어야 한다. 사안의 경우 甲은 소유권을 취득한 바가 없다. 따라서 진정한 등기명의회복을 위한 이전등기청구는 허용되지 않는다.

정답 ④

3. 채권자대위권에 관한 설명 중 옳지 않은 것은? (다툼 있으면 판례에 의함) [04년]

① 대위채권자의 채무자에 대한 채권이 채무자의 제3채무자에 대한 채권보다 나중에 성립하였다 하여 채권자대위권이 부정되는 것은 아니다.
② 변제의 수령을 요하는 채무에서는 채권자는 제3채무자에게 직접 자기에게 지급할 것을 청구할 수 있으며, 그 행사의 효과는 직접 채무자에게 발생한다.
③ 피보전채권은 보전의 필요성이 인정되고 이행기가 도래한 것이면 족하고, 그 채권의 발생원인이 어떠하든 대위권을 행사함에는 아무런 방해가 되지 아니하며, 또한 채무자에 대한 채권이 제3채무자에게까지 대항할 수 있는 것임을 요하는 것도 아니다.
④ 채권자가 채권자대위권 행사의 사실을 채무자에게 통지한 후에는 제3채무자는 채무자에게 변제할 수 없다.
⑤ 채권자대위권을 재판상 행사에 경우에 채무자가 그 소의 제기 사실을 안 때에는 그 판결의 효력이 채무자에게도 미친다.

해설

① [正] 채권자대위권의 피보전채권은 유효하게 존재하여야 한다. 피보전채권이 유효하게 존재하고, 피보전채권의 확정가능성이 있다면 그 발생원인이나 성립시기는 문제되지

않는다.

② [正] 채권자대위권을 행사하는 채권자에게 변제수령권을 인정하는 것이 통설과 판례이다. 다만 대위권 행사의 모든 효과는 채무자에게 귀속된다.
[大判 1996. 2. 6. 95다27998] 채권자대위권을 행사함에 있어서 채권자가 제3채무자에 대하여 자기에게 직접 급부를 요구하여도 상관없는 것이고 자기에게 급부를 요구하여도 어차피 그 효과는 채무자에게 귀속되는 것이므로, 채권자대위권을 행사하여 채권자가 제3채무자에게 그 명의의 소유권보존등기나 소유권이전등기의 말소절차를 직접 자기에게 이행할 것을 청구하여 승소하였다고 하여도 그 효과는 원래의 소유자인 채무자에게 귀속되는 것이니, 법원이 채권자대위권을 행사하는 채권자에게 직접 말소등기 절차를 이행할 것을 명하였다고 하여 무슨 위법이 있다고 할 수 없다.

③ [正] [大判 2000. 6. 9. 98다18155] 민법 제404조에서 규정하고 있는 채권자대위권은 채권자가 채무자에 대한 자기의 채권을 보전하기 위하여 필요한 경우에 채무자의 제3자에 대한 권리를 대위행사할 수 있는 권리를 말하는 것으로서, 이 때 보전되는 채권은 보전의 필요성이 인정되고 이행기가 도래한 것이면 족하고, 그 채권의 발생원인이 어떠하든 대위권을 행사함에는 아무런 방해가 되지 아니하며, 또한 채무자에 대한 채권이 제3채무자에게까지 대항할 수 있는 것임을 요하는 것도 아니라고 할 것이므로, 채권자대위권을 재판상 행사하는 경우에 있어서도 채권자인 원고는 그 채권의 존재사실 및 보전의 필요성, 기한의 도래 등을 입증하면 족한 것이지, 채권의 발생원인사실 또는 그 채권이 제3채무자인 피고에게 대항할 수 있는 채권이라는 사실까지 입증할 필요는 없으며, 따라서 채권자가 채무자를 상대로 하여 그 보전되는 청구권에 기한 이행청구의 소를 제기하여 승소판결이 확정되면 제3채무자는 그 청구권의 존재를 다툴 수 없다.

④ [誤] 채무자가 채권자대위권 행사의 통지를 받은 후에는 그 권리를 처분하여도 이로써 채권자에게 대항하지 못한다(제405조 제2항). 즉, 대위권행사의 통지에 의하여 채무자의 처분권이 제한된다. 그러나 변제는 채무자의 처분행위라 할 수 없으므로 허용된다.
[大判 1991. 4. 12. 90다9407] 채권자가 채무자를 대위하여 채무자의 제3채무자에 대한 권리를 행사하고 채무자에게 통지를 하거나 채무자가 채권자의 대위권 행사사실을 안 후에는 채무자는 그 권리에 대한 처분권을 상실하여 그 권리의 양도나 포기 등 처분행위를 할 수 없고 채무자의 처분행위에 기하여 취득한 권리로서는 채권자에게 대항할 수 없으나, 채무자의 변제수령은 처분행위라 할 수 없고 같은 이치에서 채무자가 그 명의로 소유권이전등기를 경료하는 것 역시 처분행위라고 할 수 없으므로 소유권이전등기청구권의 대위행사 후에도 채무자는 그 명의로 소유권이전등기를 경료하는데 아무런 지장이 없다.

⑤ [正] [大判(全) 1975. 5. 13. 74다1664] 채권자가 채권자대위권을 행사하는 방법으로 제3채무자를 상대로 소송을 제기하고 판결을 받은 경우에는 어떠한 사유로 인하였던 적어도 채무자가 채권자 대위권에 의한 소송이 제기된 사실을 알았을 경우에는 그 판결의 효력은 채무자에게 미친다.

정답 ④

4. **배점 2** 채권자대위권에 관한 설명 중 옳지 않은 것은?(다툼 있으면 판례에 의함) [08년]

① 금전채권에서는 원칙적으로 채무자의 무자력이 채권자대위권의 요건이나, 임대차보증금반환채권을 양수한 채권자가 임대인의 임차인에 대한 임차가옥인도청구권을 대위행사하는 경우에는 임대인의 무자력을 요건으로 하지 않는다.
② 채권자는 채무자가 스스로 그 권리를 행사하지 않을 때에만 채무자의 권리를 대위행사할 수 있으며, 채무자가 스스로 그 권리를 행사하고 있는 경우에는, 그 행사방법이나 결과가 부적당하더라도 채무자의 권리를 대위행사할 수 없다.
③ 대위권행사의 통지 후에는 채무자가 권리를 소멸시키는 행위를 하더라도 제3채무자가 이를 채권자에게 대항할 수 없으나, 통지나 법원의 고지가 있은 후에도 채무자에 대한 변제·상계 등 채무자의 처분행위에 의하지 않고 취득한 항변권이 있으면 채권자에게 대항할 수 있다.
④ 채권자는 대위권을 행사하여 제3채무자에게 그 명의의 소유권보존등기나 소유권이전등기의 말소등기절차를 직접 자기에게 이행할 것을 청구할 수 있다.
⑤ 상대방 배우자가 무자력인 경우, 배우자의 일방은 협의 또는 심판에 의하여 이혼으로 인한 재산분할청구권의 구체적 내용이 형성되기 전이라 할지라도 상대방 배우자에 대한 재산분할청구권을 피보전채권으로 하여 채권자대위권을 행사할 수 있다.

해설

① [正] [大判 1989. 4. 25, 88다카4253] 채권자가 자기 채권을 보전하기 위하여 채무자의 권리를 행사하려면 채무자의 무자력을 요건으로 하는 것이 통상이지만 임대차보증금반환채권을 양수한 채권자가 그 이행을 청구하기 위하여 임차인의 가옥명도가 선이행되어야 할 필요가 있어서 그 명도를 구하는 경우에는 그 채권의 보전과 채무자인 임대인의 자력유무는 관계가 없는 일이므로 무자력을 요건으로 한다고 할 수 없다.

② [正] 채무자가 그의 권리행사를 한 이상, 그 행사가 부적절하거나 결과적으로 채권자에게 불리하더라도 채권자는 채권자대위권을 행사할 수 없다.
[大判 1993. 3. 26, 92다32876] 채권자대위권은 채무자가 제3채무자에 대한 권리를 행사하지 아니하는 경우에 한하여 채권자가 자기의 채권을 보전하기 위하여 행사할 수 있는 것이기 때문에 채권자가 대위권을 행사할 당시 이미 채무자가 그 권리를 재판상 행사하였을 때에는 설사 패소의 확정판결을 받았더라도 채권자는 채무자를 대위하여 채무자의 권리를 행사할 당사자적격이 없다.

③ [正] [大判 1991. 4. 12, 90다9407] 채권자가 채무자를 대위하여 채무자의 제3채무자에 대한 권리를 행사하고 채무자에게 통지를 하거나 채무자가 채권자의 대위권 행사사실을 안 후에는 채무자는 그 권리에 대한 처분권을 상실하여 그 권리의 양도나 포기등 처분행위를 할 수 없고 채무자의 처분행위에 기하여 취득한 권리로서는 채권자에게 대항할 수 없으나, 채무자의 변제수령은 처분행위라 할 수 없고 같은 이치에서 채무자가 그 명의로 소유권이전등기를 경료하는 것 역시 처분행위라고 할 수 없으므로 소

유권이전등기청구권의 대위행사 후에도 채무자는 그 명의로 소유권이전등기를 경료하는 데 아무런 지장이 없다.

④ [正] [大判 1996. 2. 9, 95다27998] 채권자대위권을 행사함에 있어서 채권자가 제3채무자에 대하여 자기에게 직접 급부를 요구하여도 상관없는 것이고 자기에게 급부를 요구하여도 어차피 그 효과는 채무자에게 귀속되는 것이므로, 채권자대위권을 행사하여 채권자가 제3채무자에게 그 명의의 소유권보존등기나 소유권이전등기의 말소절차를 직접 자기에게 이행할 것을 청구하여 승소하였다고 하여도 그 효과는 원래의 소유자인 채무자에게 귀속되는 것이니, 법원이 채권자대위권을 행사하는 채권자에게 직접 말소등기 절차를 이행할 것을 명하였다고 하여 무슨 위법이 있다고 할 수 없다.

⑤ [誤] [大判 1999. 4. 9, 98다58016] 이혼으로 인한 재산분할청구권은 협의 또는 심판에 의하여 그 구체적 내용이 형성되기까지는 그 범위 및 내용이 불명확·불확정하기 때문에 구체적으로 권리가 발생하였다고 할 수 없으므로 이를 보전하기 위하여 채권자대위권을 행사할 수 없다.

정답 ⑤

5. 배점 2 채권자대위권에 관한 기술로 옳지 않은 것을 모두 묶은 것은? (다툼 있으면 판례에 의함) [09년]

㉠ 甲소유의 토지를 乙이 임차하고 있는 경우 丙이 불법점거를 하고 있는 때에는 乙은 甲의 소유권에 기한 방해배제청구권을 대위행사할 수 있다.
㉡ 甲의 乙에 대한 채권이 변제기가 도래하지 아니한 경우 자기의 채권을 보전하기 위하여 甲은 법원의 허가를 받아 乙의 丙에 대한 채권을 대위행사할 수 있다.
㉢ 토지가 甲으로부터 乙, 乙로부터 丙에게 순차 양도된 경우, 등기가 현재 甲에게 있는 때에는 丙은 乙의 甲에 대한 소유권이전등기청구권을 대위행사할 수 있다.
㉣ 甲이 그의 유일한 재산인 A아파트를 처 乙에게 증여한 경우, 甲의 채권자 丙은 甲과 乙 사이의 증여계약에 대하여 민법 제828조의 부부간의 계약취소권을 대위행사할 수 있다.
㉤ 채권자대위소송의 제3채무자도 피보전채권의 소멸시효가 완성된 경우 이를 원용할 수 있다.

① ㉠, ㉤   ② ㉡, ㉢   ③ ㉡, ㉤
④ ㉢, ㉤   ⑤ ㉣, ㉤   ⑥ ㉠, ㉡, ㉣
⑦ ㉡, ㉢, ㉣   ⑧ ㉢, ㉣, ㉤

해설

㉠ [正] 임차인은 임대인이 가지는 소유물반환청구권을 대위행사할 수 있다.
[大判 1995. 5. 12, 93다59502] 지하도상가의 운영을 목적으로 한 도로점용 허가를 받은 자로서 그 상가의 소유자 겸 관리주체인 시에 대하여 그 상가 내 각 점포의 사용을

청구할 수 있는 권리를 가지는 자는, 시에 대한 위 각 점포사용청구권을 보전하기 위하여 그 점포들의 소유자인 시가 불법점유자들에 대하여 가지는 명도청구권을 대위행사할 수 있고, 이러한 경우 불법점유자들에 대하여 직접 자기에게 그 점포들을 명도할 것을 청구할 수도 있다.

ⓒ [正] 제404조의 반대해석에 따라 채권자는 그 채권의 기한이 도래하기 전이라면 법원의 허가를 받아 채무자의 권리를 대위행사할 수 있다.

ⓒ [正] 부동산소유권이 순차 매매된 경우, 소유권이전등기청구권의 대위행사는 허용된다.
[大判 1976. 10. 12. 76다1591] 甲이 乙로부터 부동산을 매수한 경우에는 매매의 효력으로서 乙에게 위 부동산에 대한 소유권이전등기 절차이행청구권이 있고 乙은 甲으로부터 대금지급이 있을 때까지 그 의무이행을 거절할 수 있을 뿐이니 甲은 乙에 대한 소유권이전등기 청구권을 보전하기 위하여 채권자대위권을 행사할 수 있다.

ⓔ [誤] 제828조가 규정하고 있는 부부간 계약취소권은 행사상 일신전속권으로 채권자대위권의 객체가 아니다.

ⓜ [誤] 채권자대위소송의 제3채무자는 피보전채권의 소멸시효를 원용할 수 있는 직접수익자에 해당하지 않는다.
[大判 1998. 12. 8. 97다31472] 채권자가 채권자대위권을 행사하여 제3자에 대하여 하는 청구에 있어서, 제3채무자는 채무자가 채권자에 대하여 가지는 항변으로 대항할 수 없고, 채권의 소멸시효가 완성된 경우 이를 원용할 수 있는 자는 원칙적으로는 시효이익을 직접 받는 자뿐이고, 채권자대위소송의 제3채무자는 이를 행사할 수 없다.

정답 ⑤

6. 배점 2 甲의 채권자대위권에 관한 다음의 사례에서 옳은 것을 모두 고른 것은? (다툼 있으면 판례에 의함)

[11년]

ㄱ. 주택의 임대인 乙에 대한 임차인 丙의 보증금반환채권을 양수한 甲이 그 이행을 청구하기 위하여 丙의 주택 인도가 선이행되어야 할 필요가 있어서 乙을 대위하여 그 인도를 청구하기 위해서는 乙이 무자력일 것이 요구된다.

ㄴ. 채무자 乙에 대한 채권자 甲의 채권이 소멸시효가 완성되었음에도 불구하고 甲이 제3채무자 丙을 상대로 채권자대위권을 행사한 경우, 丙은 피보전채권에 관한 소멸시효 완성의 항변으로 대항할 수 없다.

ㄷ. 미등기인 X 토지에 대한 甲의 취득시효가 완성된 후 제3자 丙이 그 X 토지에 대해 원인무효의 소유권보존등기를 경료한 경우, 그 X 토지의 진정한 소유자가 성명불상자라 하여도 甲은 그를 대위하여 丙에게 등기말소를 청구할 수 있다.

ㄹ. 채권자 甲이 채무자 乙을 대위하여 제3채무자 丙을 상대로 丙의 A 부동산에 대한 처분금지가처분결정을 받은 경우, 乙이 그러한 채권자대위권의 행사 사실을 알게 된 이후에 乙과 丙이 A 부동산에 대한 매매계약을 합의해제하더라도 이로써 甲에게 대항할 수 없다.

ㅁ. 채권자 甲이 채무자 乙을 대위하여 제3채무자 丙에게 그 명의의 소유권이전등기의 말소절차를 직접 자기에게 이행할 것을 청구한 경우, 법원은 丙에 대하여 甲에게 직접 말소등기절차를 이행하도록 명할 수는 없다.

① ㄱ, ㄴ, ㄹ ② ㄱ, ㄴ, ㅁ ③ ㄴ, ㄷ, ㄹ
④ ㄷ, ㄹ, ㅁ ⑤ ㄴ, ㄷ, ㅁ

해설

ㄱ. [誤] 보전필요성의 요건으로서 무자력이 필요한지 여부를 묻는 지문이다. 금전채권을 보전하기 위하여 채권자대위권을 행사하는 경우에는 원칙적으로 채무자의 무자력이 보전필요성의 요건으로 되지만, 금전채권의 실현이 채무자의 자력여부와 무관한 경우에는 채무자의 무자력이 보전필요성의 요건으로 되지 아니한다. 보증금채권 양수인 甲이 임대인 乙을 대위하여 임차인 丙에 대하여 명도청구권을 행사하는 경우, 보증금채권의 실현여부는 채무자인 임대인 乙의 자력여부와 관련된 것이 아니라 보증금채무와 동시이행관계에 있는 주택의 인도가 이행되었는지 여부와 관련된 것이므로 채무자인 임대인의 자력여부는 보전필요성의 요건이 되지 아니한다.
[大判 1989. 4. 25, 88다카4253] 채권자가 자기 채권을 보전하기 위하여 채무자의 권리를 행사하려면 채무자의 무자력을 요건으로 하는 것이 통상이지만 <u>임대차보증금반환채권을 양수한 채권자가 그 이행을 청구하기 위하여 임차인의 가옥명도가 선이행되어야 할 필요가 있어서 그 명도를 구하는 경우에는 그 채권의 보전과 채무자인 임대인의 자력유무는 관계가 없는 일이므로 무자력을 요건으로 한다고 할 수 없다.</u>

ㄴ. [正] 제3채무자가 피보전채권의 시효소멸을 항변할 수 있는지 여부를 묻는 지문이다. 피보전채권의 소멸시효가 완성되었더라도 그에 따라 직접 이익을 받는 자는 채무자이며, 제3채무자는 직접 수익자에 해당하지 아니한다. 소멸시효 원용권은 직접 수익자인 채무자가 취득한다. 제3채무자는 채무자의 소멸시효 원용권을 항변으로 주장할 수 없다.
[大判 1992. 11. 10, 92다35899] 채권자대위권에 기한 청구에서 <u>제3채무자는 채무자가 채권자에 대하여 가지는 항변으로 대항할 수 없을 뿐더러 채권의 소멸시효가 완성된 경우 이를 원용할 수 있는 자는 시효이익을 직접 받는 자만이고 제3채무자는 이를 행사할 수 없다.</u>

ㄷ. [正] 취득시효 완성자가 성명불상자를 대위하여 원인무효 등기의 말소를 청구할 수 있는지 여부를 묻는 지문이다. 채권자대위권을 행사하기 위한 채무자의 특정정도를 묻는 것이다. 채권자대위권을 행사하기 위해서는 채무자가 특정되어야 하지만, 피대

위권리가 어떠한 권리인지를 판단할 수 있는 정도로 특정하면 족하다. 따라서 취득시효 완성당시의 소유자가 성명불상자라고 하더라도 피대위권리가 어떤 권리인지를 판단할 수는 있다. 따라서 성명불상자를 대위하여 등기말소를 청구하는 것도 허용된다.

[大判 1992. 2. 25, 91다9312] 채권자대위권 행사의 요건인 "채무자가 스스로 그 권리를 행사하지 않을 것"이라 함은 채무자의 제3채무자에 대한 권리가 존재하고 채무자가 그 권리를 행사할 수 있는 상태에 있으나 스스로 그 권리를 행사하고 있지 아니하는 것을 의미하고, 여기서 권리를 행사할 수 있는 상태에 있다는 뜻은 권리 행사를 할 수 없게 하는 법률적 장애가 없어야 한다는 뜻이며 채무자 자신에 관한 현실적인 장애까지 없어야 한다는 뜻은 아니고 채무자가 그 권리를 행사하지 않는 이유를 묻지 아니하므로 미등기 토지에 대한 시효취득자가 제3자 명의의소유권보존 등기가 원인무효라 하여 그 등기의 말소를 구하는 경우에 있어 채무자인 진정한 소유자가 성명불상자라 하여도 그가 위 등기의 말소를 구하는데 어떤 법률적 장애가 있다고 할 수는 없어 그 채권자대위권 행사에 어떤 법률적 장애가 될 수 없다.

[大判 2004. 11. 26, 2004다40986] 채권자대위소송에서 피대위자인 채무자의 특정이 필요한 사항이기는 하나, 이는 피보전채권과 대위행사할 채권의 존부를 판단하고, 판결의 효력이 미칠 주관적 범위와 집행력이 미치는 범위를 정하며 채무자 본인이 제기할 소송이 중복소송에 해당하는지 여부를 판단하기 위하여 요구되는 것이므로, 채무자가 제대로 특정되었는지 여부는, 당해 채권자대위소송의 소송물이 갖는 성격과 채무자 특정의 난이도 및 소송 과정에서 드러난 사안의 특성 등에 비추어, 그 특정한 정도가 위에서 든 목적들을 달성하는 데 충분한지 검토한 후 그 결과에 따라 구체적·개별적으로 결정하면 될 일이지 반드시 모든 경우에 일률적으로 채무자 개개인의 인적 사항을 통상의 소송당사자와 같은 정도로 상세히 특정하여야 하는 것은 아니다(필자 註: 소유권이전등기의 말소등기를 구하는 채권자대위소송에 있어서 피대위자인 채무자들을 개인별로 상세히 특정하지 아니한 채 그 상속인들 또는 그 중 한 사람만을 채무자로 특정·제기한 소송이 부적법하다고 한 원심판결을 파기한 사례).

ㄹ. [正] 채권자대위권 행사사실을 채무자가 알게 된 후, 제3채무자가 피대위권리의 발생원인인 계약관계가 합의해제 되었음을 항변할 수 있는지 여부를 묻는 지문이다. 채권자대위권 행사사실이 통지되거나 혹은 채무자가 채권자대위권 행사사실을 알게 된 후에는 채무자의 처분이 제한되는데(제405조), 채무자와 제3채무자가 피대위권리의 발생원인인 계약을 합의해제 하는 것이 채무자의 처분에 해당하여 그 처분으로 대위채권자에게 대항하지 못하는지가 본 지문의 쟁점이다. 합의해제는 채무자의 의사관여를 요건으로 하므로 채무자의 처분에 포함된다고 보아야 한다.

[大判 1996. 4. 12, 95다54167] 채권자대위권의 행사에 있어서 채무자가 채권자대위권을 행사한 점을 알게 된 이후에는 채무자가 그 권리를 처분하여도 이로써 채권자에게 대항할 수 없으므로, 채권자가 채무자를 대위하여 제3채무자의 부동산에 대한 처분금지가처분을 신청하여 처분금지가처분 결정을 받은 경우, 이는 그 부동산에 관한 소유권이전등기청구권을 보전하기 위한 것이므로 피보전권리인 소유권이전등기청구권을 행사한 것과 같이 볼 수 있어, 채무자가 그러한 채권자대위권의 행사사실을 알

게 된 이후에 그 부동산에 대한 매매계약을 합의해제함으로써 채권자대위권의 객체인 그 부동산의 소유권이전등기청구권을 소멸시켰다 하더라도 이로써 채권자에게 대항할 수 없다.

ㅁ. [誤] 말소등기청구권을 대위행사하는 경우, 대위채권자에게 변제수령권이 인정되는지를 묻는 지문이다. 대위채권자에게는 피대위권리에 관한 변제수령권이 인정된다고 보는 것이 대법원의 입장이다. 말소등기청구권을 대위행사하는 경우에도 마찬가지이다. 따라서 대위소송의 법원은 제3채무자에게 대위채권자에 의한 말소등기절차에 협력할 것을 명할 수 있다.

[大判 1996. 2. 6. 95다27998] 채권자대위권을 행사함에 있어서 채권자가 제3채무자에 대하여 자기에게 직접 급부를 요구하여도 상관없는 것이고 자기에게 급부를 요구하여도 어차피 그 효과는 채무자에게 귀속되는 것이므로, 채권자대위권을 행사하여 채권자가 제3채무자에게 그 명의의 소유권보존등기나 소유권이전등기의 말소절차를 직접 자기에게 이행할 것을 청구하여 승소하였다고 하여도 그 효과는 원래의 소유자인 채무자에게 귀속되는 것이니, 법원이 채권자대위권을 행사하는 채권자에게 직접 말소등기 절차를 이행할 것을 명하였다고 하여 무슨 위법이 있다고 할 수 없다.

정답 ③

7. 甲이 자기 소유의 토지를 乙에게 매도하고 乙이 계약금 및 중도금만 지급하고 잔금을 지급하지 아니하여 아직 소유권이전등기가 경료되지 아니한 상태에서, 다시 乙이 丙에게 위 토지를 매도하고 丙은 乙에게 대금 전액을 지급하였다. 이에 관한 설명 중 옳은 것은?(다툼 있으면 판례에 의함) [05년]

① 丙은 乙에 대한 소유권이전등기청구권을 보전하기 위하여 乙을 대위하여 甲에게 소유권이전등기 청구를 할 수 있는 바, 이 경우 乙은 무자력이어야 한다.
② 丙이 乙을 대위하여 甲에게 소유권이전등기를 청구하는 경우, 甲은 丙에 대하여 잔금수령과 동시에 이행하겠다는 항변을 할 수 있다.
③ 丙이 乙을 대위하여 甲에게 제기한 소유권이전등기청구소송이 계속 중이더라도, 乙은 직접 甲을 상대로 소유권이전등기청구소송을 제기할 수 있다.
④ 丙이 乙을 대위하여 甲에게 제기한 소유권이전등기청구소송의 판결의 효력은 乙이 소송제기를 알았는지 여부에 불구하고 乙에게 미친다.
⑤ 乙과 丙 사이의 매매계약이 사회질서에 위반되어 무효이더라도, 甲과 乙 사이의 매매계약이 유효하면, 丙은 乙을 대위하여 甲에게 소유권이전등기청구를 할 수 있다.

해설

① [誤] 특정채권을 보전하기 위한 채권자대위권 행사의 경우, 보전필요성은 채무자의 무자력 여하에 의하여 좌우되는 것이 아니라는 것이 통설과 판례의 태도이다.

[大判 1992. 10. 27. 91다483] 채권자는 자기의 채무자에 대한 부동산의 소유권이전등기청구권 등 특정채권을 보전하기 위하여 채무자가 방치하고 있는 그 부동산에 관한 특

정권리를 대위하여 행사할 수 있고 그 경우에는 채무자의 무자력을 요건으로 하지 아니하는 것이다.
② [正] 대위권 행사로 인하여 제3채무자의 지위가 열악하게 될 수는 없기 때문에 대위의 상대방인 제3채무자는 채무자에 대한 항변권으로 대위행사하는 채권자에 대해서도 주장할 수 있다.
③ [誤] 채권자대위소송의 심판의 대상, 즉 소송물이 무엇인가에 관해서는 견해의 대립이 있으나, 통설과 판례는 채권자대위권이 법정의 재산관리권이라는 전제에서 피대위권리인 채무자의 제3채무자에 대한 권리가 심판의 대상, 즉 소송물이라고 한다. 따라서 이미 채권자에 의한 채권자대위소송이 계속 중인데도 불구하고, 소송물이 동일한 소가 제기되는 것은 판결의 저촉의 가능성이 있을 뿐만 아니라 소권의 남용일 수도 있으므로 이를 중복제소라고 하여 허용하지 않는다(민사소송법 제259조).
[大判 1995. 4. 14. 94다29256] 원고가 소유권이전등기말소소송을 제기하기 전에 이미 원고의 채권자가 같은 피고를 상대로 채권자대위권에 의하여 원고를 대위하여 그 소송과 청구취지 및 청구원인을 같이하는 내용의 소송을 제기하여 계속중에 있다면, 양 소송은 비록 그 당사자는 다르다 할지라도 실질상으로는 동일소송이므로, 원고가 제기한 소송은 민사소송법 제234조 소정의 이른바 중복소송 금지규정에 저촉되는 것이다.
④ [誤] [大判(全) 1975. 5. 13. 74다1664] 채권자가 채권자대위권을 행사하는 방법으로 제3채무자를 상대로 소송을 제기하고 판결을 받은 경우에는 어떠한 사유로 인하였던 적어도 채무자가 채권자 대위권에 의한 소송이 제기된 사실을 알았을 경우에는 그 판결의 효력은 채무자에게 미친다.
⑤ [誤] 丙과 乙의 매매계약이 제103조 위반으로 무효라면, 丙의 乙에 대한 이전등기청구권이 발생하지 않고, 따라서 丙의 乙을 대위한 채권자대위권의 행사는 피보전채권이 존재하지 않는 것으로 보전필요성이 인정되지 않는다. 따라서 丙의 청구는 각하되어야 한다.

정답 ②

8. 배점 3 甲은 자신의 A토지를 乙에게 매도하였으나 乙이 계약금과 중도금만 지급하고 잔금을 지급하지 않아 아직 乙 명의로 소유권이전등기가 경료되지 않았다. 그 후 乙은 丙에게 A토지를 매도하고 丙으로부터 매매대금 전액을 지급받았다. 이에 관한 설명 중 옳은 것을 모두 고른 것은? (다툼 있으면 판례에 의함) [10년]

ㄱ. 乙이 甲에 대해 A토지에 관한 처분금지가처분을 신청할 수 있는 경우, 丙은 乙에 대한 소유권이전등기청구권을 보전하기 위해 乙을 대위하여 위 가처분을 신청할 수 있다.
ㄴ. 丙이 乙을 대위하여 甲에게 소유권이전등기청구권을 행사하고 그 사실을 乙에게 통지한 후에는 甲과 乙이 매매계약을 합의해제하여 A토지에 대한 소유권이전등기청구권을 소멸시켜도 이로써 丙에게 대항하지 못한다.

ㄷ. 丙이 乙을 대위하여 甲에게 소유권이전등기청구권을 행사하고 그 사실을 乙에게 통지한 후에는 甲과 乙 사이의 매매계약이 통정허위표시로서 무효이더라도 甲은 선의의 丙에게 대항하지 못한다.
ㄹ. 丙이 乙을 대위하여 甲에게 소유권이전등기를 청구하는 경우, 甲은 丙에 대하여 잔금채무의 이행과 동시에 이행하겠다는 항변을 할 수 있다.
ㅁ. 丙이 乙을 대위하여 甲에게 소유권이전등기청구권을 행사하고 그 사실을 乙에게 통지한 후에는 乙은 甲으로부터 소유권이전등기를 경료받을 수 없다.

① ㄱ, ㄴ ② ㄱ, ㄹ ③ ㄱ, ㄴ, ㄷ
④ ㄱ, ㄴ, ㄹ ⑤ ㄴ, ㄷ, ㄹ ⑥ ㄴ, ㄹ, ㅁ
⑦ ㄷ, ㄹ, ㅁ ⑧ ㄱ, ㄴ, ㄷ, ㄹ

해설

❋ 채권자대위권의 행사요건과 제3채무자의 항변 등을 묻는 종합적인 사례문제이다.

ㄱ. [正] 처분금지가처분 신청권이 채권자대위의 객체가 되는지를 묻는 지문이다. 가처분 신청권이 비록 소송상 권리이기는 하지만, 절차를 개시시키는 권리이므로 채권자대위의 객체가 될 수 있다.
[大判 1996. 4. 12, 95다54167] 채권자대위권의 행사에 있어서 채무자가 채권자대위권을 행사한 점을 알게 된 이후에는 채무자가 그 권리를 처분하여도 이로써 채권자에게 대항할 수 없으므로, 채권자가 채무자를 대위하여 제3채무자의 부동산에 대한 처분금지가처분을 신청하여 처분금지가처분 결정을 받은 경우, 이는 그 부동산에 관한 소유권이전등기청구권을 보전하기 위한 것이므로 피보전권리인 소유권이전등기청구권을 행사한 것과 같이 볼 수 있어, 채무자가 그러한 채권자대위권의 행사사실을 알게 된 이후에 그 부동산에 대한 매매계약을 합의해제함으로써 채권자대위권의 객체인 그 부동산의 소유권이전등기청구권을 소멸시켰다 하더라도 이로써 채권자에게 대항할 수 없다.

ㄴ. [正] 통지의 효과를 묻는 지문이다. 채권자대위권 행사사실이 통지된 후, 채무자와 제3채무자가 피대위권리의 발생원인행위인 매매계약을 합의해제하고, 이를 대위채권자에게 대항할 수 있는지를 묻고 있다. 즉 통지에 따라 제한되는 채무자의 처분에 채무자와 제3채무자의 합의해제가 포함되는지를 묻고 있다. 대법원은 채무자와 제3채무자가 계약을 합의해제 하여 피대위권리를 소멸하게 하는 것은 피대위권리를 처분하는 행위에 해당하고, 채권자대위권 행사사실이 통지된 후에 이와 같은 처분행위로는 대위채권자에게 대항하지 못한다고 본다.
[大判 1996. 4. 12, 95다54167] 채권자대위권의 행사에 있어서 채무자가 채권자대위권을 행사한 점을 알게 된 이후에는 채무자가 그 권리를 처분하여도 이로써 채권자에게 대항할 수 없으므로, 채권자가 채무자를 대위하여 제3채무자의 부동산에 대한 처분금지가처분을 신청하여 처분금지가처분 결정을 받은 경우, 이는 그 부동산에 관한 소유권이전등기청구권을 보전하기 위한 것이므로 피보전권리인 소유권이전등기청구

권을 행사한 것과 같이 볼 수 있어, 채무자가 그러한 채권자대위권의 행사사실을 알게 된 이후에 그 부동산에 대한 매매계약을 합의해제함으로써 채권자대위권의 객체인 그 부동산의 소유권이전등기청구권을 소멸시켰다 하더라도 이로써 채권자에게 대항할 수 없다.

ㄷ. [誤] 혹은 [正] ① 통지의 효과를 묻는 지문이다. 통지 후 채무자의 피대위권리에 대한 처분행위로는 대위채권자에게 대항할 수 없다. 그러나 채무자의 처분행위와 무관한 제3채무자의 항변사유는 제한되지 않는다. 채무자와 제3채무자 사이의 계약이 가장행위로서 무효인 경우, 제3채무자는 그 무효를 대위채권자에게 주장할 수 있다.

② 지문에서 통정허위표시의 무효는 선의의 제3자에 대항하지 못하는데, 대위채권자 丙이 선의의 제3자에 해당하는 것은 아닌지가 문제될 수 있다. 일부 견해는 가장매매의 매수인으로부터 다시 목적물을 매수한 자가 비록 등기를 갖추지 않았더라도 선의의 제3자에 해당할 수 있고, 선의의 제3자에 대해서는 통정허위표시의 무효를 대항하지 못한다는 전제 아래 가장매수인으로부터의 매수인이 가장매도인을 상대로 가장매수인을 대위하여 소유권이전등기청구를 하는 경우, 가장매도인은 가장행위로서 무효임을 대항하지 못한다고 한다. 그러나 가장행위의 무효를 대항하지 못하는 제3자란 가장행위로 인하여 형성된 외관을 기초로 새로운 이해관계를 맺은 자를 말하는데, 가장매수인이 그 명의로 등기를 취득하지 못한 상태에서 가장매수인으로부터 다시 그 목적물을 매수하기로 계약을 체결한 자를 외관에 터잡아 새로운 이해관계를 맺은 자로 보기는 곤란할 뿐만 아니라 설사 등기를 갖추지 아니한 가장매수인으로부터 매수한 자를 선의의 제3자에 포함시키더라도 선의의 제3자로서 보호된다는 것은 등기를 갖추지 아니한 가장매수인으로부터 매수한 자가 가장매도인에 대하여 주장할 수 있는 고유한 항변사유가 발생하였다는 것을 의미하는데, 이러한 사유는 채권자대위소송에서 고려될 수 있는 사유가 아니라는 점을 고려할 때 가장매도인 甲은 채무자 乙과의 매매계약이 가장행위로서 무효라는 점을 丙에게 대항할 수 있다고 보아야 한다.

③ 이와 같이 丙이 가장행위로부터 보호되는 제3자에 해당하므로 가장매도인 甲은 가장행위로서 무효인 사실을 丙에게 대항할 수 없다는 견해와 丙이 제3자에 해당하지 않을 뿐만 아니라 제3자에 해당하더라도 대위채권자로서 채권자대위소송을 제기한 丙이 제3자에 해당한다고 주장하는 것은 허용되지 않는다는 견해로 입장이 나누어져 있어 <u>법무부는 지문을 복수정답으로 처리하였다</u>(법무부 가답안에서는 이 지문을 옳지 않은 지문으로 하였다).

[大判 2009. 5. 28, 2009다4787] 채권자대위권은 채무자의 제3채무자에 대한 권리를 행사하는 것이므로, 제3채무자는 채무자에 대해 가지는 모든 항변사유로 채권자에게 대항할 수 있으나, 채권자는 채무자 자신이 주장할 수 있는 사유의 범위 내에서 주장할 수 있을 뿐 자기와 제3채무자 사이의 독자적인 사정에 기한 사유를 주장할 수는 없다(필자 註 : 채권자가 무효인 소유권이전등기청구권의 보전을 위한 가등기의 유용합의에 따라 부동산소유자인 채무자로부터 그 가등기 이전의 부기등기를 마친 제3채무자를 상대로 채무자를 대위하여 가등기의 말소를 구한 사안에서, 채권자가 그 부기등기 전에 부동산을 가압류한 사실을 주장하는 것은 채무자가 아닌 채권자 자신이 제3채무자에 대하여 가지는 사유

에 관한 것이어서 허용되지 않는다고 한 사례).

ㄹ. [正] 제3채무자가 대위채권자에 대하여 채무자에 대한 항변으로 대항할 수 있는지를 묻는 문제이다. 채권자대위권이 행사되더라도 제3채무자의 법적 지위가 약화될 수는 없다. 따라서 제3채무자는 채무자에 대하여 주장할 수 있는 항변으로 대위채권자에게 대항할 수 있다. 甲은 동시이행의 항변으로 대위채권자 丙에게 대항할 수 있다.

ㅁ. [誤] 통지의 효과를 묻는 지문이다. 대위권행사사실이 통지되면 채무자의 처분이 제한되지만, 제3채무자의 변제가 제한되는 것은 아니다. 甲이 乙에게 소유권이전등기를 하는 것은 甲이 부담하는 채무를 변제하는 것이므로 이는 허용된다.

[大判 1991. 4. 12, 90다9407] 채권자가 채무자를 대위하여 채무자의 제3채무자에 대한 권리를 행사하고 채무자에게 통지를 하거나 채무자가 채권자의 대위권 행사사실을 안 후에는 채무자는 그 권리에 대한 처분권을 상실하여 그 권리의 양도나 포기 등 처분행위를 할 수 없고 채무자의 처분행위에 기하여 취득한 권리로서는 채권자에게 대항할 수 없으나, 채무자의 변제수령은 처분행위라 할 수 없고 같은 이치에서 채무자가 그 명의로 소유권이전등기를 경료하는 것 역시 처분행위라고 할 수 없으므로 소유권이전등기청구권의 대위행사 후에도 채무자는 그 명의로 소유권이전등기를 경료하는데 아무런 지장이 없다.

정답 ④, ⑧ 복수정답

9. 채권자취소권에 관한 설명 중 옳지 않은 것은? (다툼 있으면 판례에 의함) [03년]

① 부동산의 매수인이 자신의 소유권이전등기청구권을 보전하기 위하여 매도인과 제3자 사이에 이루어진 이중양도행위에 대하여 채권자취소권을 행사할 수는 없다.
② 채권자취소소송의 상대방은 수익자 또는 전득자이고, 채무자는 피고적격을 가지지 못한다.
③ 채권자가 사해행위의 취소만을 먼저 청구한 다음 원상회복을 나중에 청구할 수는 없다.
④ 수익자와 전득자 사이의 법률행위는 채권자취소권의 대상이 되지 아니한다.
⑤ 통정허위표시가 사해행위의 요건도 갖추고 있을 때에는 그 취소를 구할 수 있다.

해설

① [正] 특정채권보전을 위한 채권자취소권을 인정하지 않는 것이 판례이다.
[大判 1988. 2. 23, 87다카1586] 채권자취소권(사해행위취소권)은 채권자의 공동담보인 채무자의 책임재산의 감소를 방지하기 위한 것이므로 특정물에 대한 소유권이전등기청구권을 보전하기 위하여는 채권자취소권을 행사할 수 없고 또 채권자 취소의 소에 있어 상대방은 채무자가 아니라 그 수익자나 전득자가 되어야 한다.
② [正] [大判 1991. 8. 13, 91다13717] 채권자가 채권자취소권을 행사하려면 사해행위로 인하여 이익을 받은 자나 전득한 자를 상대로 그 법률행위의 취소를 청구하는 소송을 제기하여야 되는 것으로서, 채무자를 상대로 그 소송을 제기할 수는 없다.

③ [誤] [大判 2001. 9. 4. 2001다14108] 채권자가 민법 제406조 제1항에 따라 사해행위의 취소와 원상회복을 청구하는 경우 사해행위의 취소만을 먼저 청구한 다음 원상회복을 나중에 청구할 수 있다.
④ [正] 취소의 대상이 되는 행위는 채무자의 법률행위이다.
⑤ [正] [大判 1998. 2. 27. 97다50985] 채무자의 법률행위가 통정허위표시인 경우에도 채권자취소권의 대상이 되고, 한편 채권자취소권의 대상으로 된 채무자의 법률행위라도 통정허위표시의 요건을 갖춘 경우에는 무효라고 할 것이다.

정답 ③

10. 甲에 대하여 금전채무를 부담하고 있는 乙이 자기 소유의 유일한 재산인 부동산을 丙에게 증여하고 소유권이전등기를 경료해 주었고, 그 후 丙이 이를 다시 丁에게 매도하고 소유권이전등기를 경료해 주었다. 甲이 채권자취소권을 행사하는 경우에 관한 설명 중 옳지 않은 것은? (다툼 있으면 판례에 의함) [05년]

① 甲은 丙을 상대로 乙·丙 사이의 증여계약을 취소하고, 부동산소유권이전에 갈음하는 가액의 반환을 청구할 수 있다. 이 경우 취소판결의 효력은 乙과 丁에게는 미치지 않는다.
② 甲은 丁을 상대로 乙·丙 사이의 증여계약을 취소하고, 원상회복의 방법으로 丁 명의의 소유권이전등기의 말소를 청구할 수 있으나, 직접 乙 앞으로 소유권이전등기를 청구할 수 없다.
③ 원칙적으로 甲은 乙에게 원상회복된 책임재산에 대한 강제집행절차를 통해서 채권의 만족을 받아야 하며, 이 경우 甲에게 우선변제권이 인정되는 것은 아니다.
④ 丙이 사해행위 취소에 따른 원상회복으로서 가액배상을 하여야 할 때, 자신도 乙에 대한 채권자라는 이유로 乙에 대하여 가지는 자기의 채권과의 상계를 주장할 수 없다.
⑤ 甲의 사해행위취소소송은 甲이 취소의 원인을 안 날로부터 1년내에 제기하여야 하는데, 취소의 원인을 안 날이란 단순히 乙의 丙에 대한 증여가 있었다는 사실을 아는 것만으로는 부족하고 그 증여가 채권자를 해하게 된다는 것까지 안 날을 말한다.

해설

① [正] 채권자취소소송의 피고는 수익자 또는 전득자이고 그 효력은 상대적이다.
[大判 1988. 2. 23. 87다카1989] 사해행위취소판결의 기판력은 그 취소권을 행사한 채권자와 그 상대방인 수익자 또는 전득자와의 상대적인 관계에서만 미칠 뿐 그 소송에 참가하지 아니한 채무자 또는 채무자와 수익자 사이의 법률관계에는 미치지 아니한다.
② [誤] 채무자에 대하여 이전등기를 청구하는 것도 가능하다는 것이 판례이다. 이는 진정한 등기명의회복을 위한 이전등기청구의 법리가 적용된다는 것이다.
[大判 2000. 2. 25. 99다53704] 자기 앞으로 소유권을 표상하는 등기가 되어 있었거나

법률에 의하여 소유권을 취득한 자가 진정한 등기명의를 회복하기 위한 방법으로는 그 등기의 말소를 구하는 외에 현재의 등기명의인을 상대로 직접 소유권이전등기절차의 이행을 구하는 것도 허용되어야 하는 바, 이러한 법리는 사해행위 취소소송에 있어서 취소 목적 부동산의 등기명의를 수익자로부터 채무자 앞으로 복귀시키고자 하는 경우에도 그대로 적용될 수 있다고 할 것이고, 따라서 채권자는 사해행위의 취소로 인한 원상회복 방법으로 수익자 명의의 등기의 말소를 구하는 대신 수익자를 상대로 채무자 앞으로 직접 소유권이전등기절차를 이행할 것을 구할 수도 있다.

③ [正] 채권자취소권 행사에 의한 취소와 원상회복은 모든 채권자의 이익을 위하여 그 효력이 있다(제407조). 취소권을 행사한 채권자이더라도 취소권에 의하여 회복된 재산에 대하여 다시 강제집행절차를 밟지 않으면, 그것을 자기 채권의 변제에 충당할 수 없다. 즉 채권자가 회복된 재산으로부터 우선변제를 받을 권리는 없다. 다만 회복재산을 대위 수령할 수 있는데, 채권자의 채무자에 대한 채권과 채무자의 회복된 재산에 대한 반환채권이 상계적상에 있으면 상계의 의사표시에 의하여 사실상의 우선변제를 받을 수 있다.

④ [正] [大判 2001. 2. 27, 2000다44348] 채권자취소권은 채권의 공동담보인 채무자의 책임재산을 보전하기 위하여 채무자와 수익자 사이의 사해행위를 취소하고 채무자의 일반재산으로부터 일탈된 재산을 모든 채권자를 위하여 수익자 또는 전득자로부터 환원시키는 제도이므로, 수익자인 채권자로 하여금 안분액의 반환을 거절하도록 하는 것은 자신의 채권에 대하여 변제를 받은 수익자를 보호하고 다른 채권자의 이익을 무시하는 결과가 되어 제도의 취지에 반하게 되므로, 수익자가 채무자의 채권자인 경우 수익자가 가액배상을 할 때에 수익자 자신도 사해행위취소의 효력을 받는 채권자 중의 1인이라는 이유로 취소채권자에 대하여 총채권액 중 자기의 채권에 대한 안분액의 분배를 청구하거나, 수익자가 취소채권자의 원상회복에 대하여 총채권액 중 자기의 채권에 해당하는 안분액의 배당요구권으로써 원상회복청구와의 상계를 주장하여 그 안분액의 지급을 거절할 수는 없다.

⑤ [正] [大判 2002. 9. 24, 2002다23857] 채권자취소권 행사에 있어서 제척기간의 기산점인 채권자가 "취소원인을 안 날"이라 함은 채권자가 채권자취소권의 요건을 안 날, 즉 채무자가 채권자를 해함을 알면서 사해행위를 하였다는 사실을 알게 된 날을 의미하고, 채권자가 취소원인을 알았다고 하기 위하여서는 단순히 채무자가 재산의 처분행위를 하였다는 사실을 아는 것만으로는 부족하고 구체적인 사해행위의 존재를 알고 나아가 채무자에게 사해의 의사가 있었다는 사실까지 알 것을 요하며, 사해의 객관적 사실을 알았다고 하여 취소의 원인을 알았다고 추정할 수는 없다.

정답 ②

11. 채권자취소권에 관한 설명 중 옳지 않은 것은?(다툼 있으면 판례에 의함) [06년]

① 저당권이 설정되어 있는 부동산에 관하여 사해행위가 이루어진 후 변제에 의하여 위 저당권설정등기가 말소된 경우에는, 그 부동산의 가액에서 저당권의 피담보채무액을 공제한 잔액의 한도 내에서만 사해행위를 취소하여야 하는데, 이 경우 부동산

의 가액산정은 사해행위시가 아니라 사실심변론종결시를 기준으로 하여야 한다.
② 2개의 저당권이 설정되어 있는 부동산에 관하여 사해행위가 이루어진 후 변제에 의하여 1개의 저당권설정등기가 말소된 상태에서 위 사해행위를 취소하고 가액배상을 하여야 할 경우, 배상하여야 할 가액은 부동산의 가액에서 이미 말소된 저당권의 피담보채권액과 아직 말소되지 아니한 저당권의 피담보채권액을 공제하여 산정한다.
③ 채권자가 수익자에 대하여 원상회복을 청구하지 아니한 채 사해행위의 취소만을 먼저 청구하는 것은 허용되고, 이 경우 사해행위 취소청구가 민법 소정의 제척기간 내에 제기되었다면 원상회복의 청구는 그 기간이 지난 뒤에도 할 수 있다.
④ 채권자가 채무자를 상대로 그 채무의 이행을 구하는 소를 제기하여 승소판결이 확정되었다 하더라도 그 판결의 기판력이 수익자에게 미치는 것은 아니므로, 채권자가 수익자를 상대로 하여 제기한 채권자취소소송에서 수익자는 위 승소판결에서 확정된 채권자의 채권의 존부나 범위에 관하여 다툴 수 있다.
⑤ 채권자가 수익자를 상대로 사해행위취소소송을 제기하여 수익자로부터 직접 가액배상을 받을 경우, 수익자가 채무자에 대한 반대채권으로 상계를 주장할 수는 없다.

해설

① [正] 저당권이 설정된 부동산에 관하여 사해행위가 이루어진 후 저당권이 변제 등에 의하여 소멸한 경우, 채권자취소로 인한 원상회복방법은 가액반환의 방법에 의하여야 한다. 부동산의 반환이라는 원물반환의 방법에 의하는 경우, 종래 일반채권자의 공동담보로 되지 아니한 부분까지 그 회복을 명하는 것이 되어 공평에 반하는 결과를 초래하기 때문이다. 가액반환시 부동산에 대한 가액산정의 기준시점은 사해행위 당시를 기준으로 할 것이 아니라 채권자취소소송의 사실심 변론종결시를 기준으로 하여야 한다는 것이 판례이다.
[大判 2001. 12. 27, 2001다33734] 부동산에 관한 법률행위가 사해행위에 해당하는 경우에는 원칙적으로 그 사해행위를 취소하고 소유권이전등기의 말소 등 부동산 자체의 회복을 명하는 것이 원칙이지만, <u>저당권이 설정되어 있는 부동산에 관하여 사해행위가 이루어진 경우에 그 사해행위는 부동산의 가액에서 저당권의 피담보채권액을 공제한 잔액의 범위 내에서만 성립한다</u>고 보아야 하므로, 사해행위 후 변제 등에 의하여 저당권설정등기가 말소된 경우, 사해행위를 취소하여 그 부동산 자체의 회복을 명하는 것은 당초 일반 채권자들의 공동담보로 되어 있지 아니하던 부분까지 회복을 명하는 것이 되어 공평에 반하는 결과가 되므로, 그 부동산의 가액에서 저당권의 피담보채무액을 공제한 잔액의 한도에서 사해행위를 취소하고 그 가액의 배상을 구할 수 있을 뿐이고, 그와 같은 <u>가액 산정은 사실심 변론종결시를 기준으로</u> 하여야 한다.
② [正] 2개의 저당권이 설정되어 있는 부동산에 관하여 사해행위가 이루어진 경우, 사해행위는 부동산의 가액에서 2개의 저당권의 피담보채권액을 공제한 잔액의 범위에서 성립한다. 만약, 2개의 저당권이 여전히 존속하고 있는 경우라면 원상회복방법으로 원물반환이 가능할 것이나, 2개의 저당권 중 어느 하나의 저당권이라도 소멸한 경우라

면, 원상회복방법으로 원물반환이 불가능하다. 왜냐하면 원물반환에 의하여 원상회복을 명하는 경우, 종래 일반채권자의 공동담보로 되지 아니한 부분(말소된 저당권이 우선적으로 파악하고 있던 부동산의 가치부분)까지 회복되는 결과가 되기 때문이다. 따라서 가액반환을 명할 수밖에 없고, 그 가액은 부동산의 가액(사실심 변론종결시의 시가)에서 2개의 저당권의 피담보채권액을 모두 공제하여 산정한다.

[大判 1998. 2. 13. 97다6711] 어느 부동산에 관한 법률행위가 사해행위에 해당하는 경우에는 원칙적으로 그 사해행위를 취소하고 소유권이전등기의 말소 등 부동산 자체의 회복을 명하여야 하는 것이나, 저당권이 설정되어 있는 부동산에 관하여 사해행위가 이루어진 경우에 그 사해행위는 부동산의 가액에서 저당권의 피담보채권액을 공제한 잔액의 범위 내에서만 성립한다고 보아야 하므로 사해행위 후 변제 등에 의하여 저당권설정등기가 말소된 경우, 사해행위를 취소하여 그 부동산 자체의 회복을 명하는 것은 당초 일반 채권자들의 공동담보로 되어 있지 아니하던 부분까지 회복시키는 것이 되어 공평에 반하는 결과가 되어, 그 부동산의 가액에서 저당권의 피담보채권액을 공제한 잔액의 한도에서 사해행위를 취소하고 그 가액의 배상을 명할 수 있을 뿐이므로, <u>사해행위의 목적인 부동산에 수 개의 저당권이 설정되어 있다가 사해행위 후 그 중 일부의 저당권만이 말소된 경우에도 사해행위의 취소에 따른 원상회복은 가액배상의 방법에 의할 수밖에 없을 것이고</u>, 그 경우 배상하여야 할 가액은 사해행위 취소시인 사실심 변론종결시를 기준으로 하여 <u>그 부동산의 가액에서 말소된 저당권의 피담보채권액과 말소되지 아니한 저당권의 피담보채권액을 모두 공제하여 산정하여야 한다.</u>

③ [正] 채권자취소권의 내용은 사해행위의 취소와 원상회복을 구하는 것이다. 취소와 원상회복을 분리하여 청구할 수 있는가에 관하여 판례는 이를 긍정하고 있다. 취소와 원상회복을 분리하여 청구하는 경우, 기간준수 여부는 취소청구시를 기준으로 판단한다. 따라서 취소청구가 채권자취소권의 제척기간 내에 제기되었다면 원상회복청구는 제척기간 도과 후에 제기되었다고 하더라도 기간준수의 효과가 생긴다.

[大判 2001. 9. 4. 2001다14108] 채권자가 민법 제406조 제1항에 따라 사해행위의 취소와 원상회복을 청구하는 경우 사해행위의 취소만을 먼저 청구한 다음 원상회복을 나중에 청구할 수 있다. 채권자가 민법 제406조 제1항에 따라 사해행위의 취소와 원상회복을 청구하는 경우 사해행위 취소 청구가 민법 제406조 제2항에 정하여진 기간 안에 제기되었다면 원상회복의 청구는 그 기간이 지난 뒤에도 할 수 있다.

④ [誤] [大判 2003. 7. 11. 2003다19572] <u>채권자가 채무자를 상대로 그 채무의 이행을 구하는 소를 제기하여 승소판결이 확정되면 채권자취소소송의 상대방인 수익자나 전득자는 그와 같이 확정된 채권자의 채권의 존부나 범위에 관하여 다툴 수 없다.</u>

⑤ [正] [大判 2001. 6. 1. 99다63183] [1] 채권자취소권은 채권의 공동담보인 채무자의 책임재산을 보전하기 위하여 채무자와 수익자 사이의 사해행위를 취소하고 채무자의 일반재산으로부터 일탈된 재산을 모든 채권자를 위하여 수익자 또는 전득자로부터 환원시키는 제도로서, 수익자로 하여금 자기의 채무자에 대한 반대채권으로써 상계를 허용하는 것은 사해행위에 의하여 이익을 받은 수익자를 보호하고 다른 채권자의 이익을 무시하는 결과가 되어 위 제도의 취지에 반하므로, <u>수익자가 채권자취소에 따른 원상회복으로서 가액배상을 할 때에 채무자에 대한 채권자라는 이유로 채무자에 대하여</u>

가지는 자기의 채권과의 상계를 주장할 수는 없다. [2] 채권자취소권은 채권의 공동담보인 채무자의 책임재산을 보전하기 위하여 채무자의 일반재산으로부터 일탈된 재산을 모든 채권자를 위하여 수익자 또는 전득자로부터 환원시키는 제도로서, 그 행사의 효력은 채권자와 수익자 또는 전득자와의 상대적인 관계에서만 미치는 것이므로 채권자취소권의 행사로 인하여 채무자가 수익자나 전득자에 대하여 어떠한 권리를 취득하는 것은 아니라고 할 것이고, 따라서 수익자가 채무자에게 가액배상금 명목으로 금원을 지급하였다는 점을 들어 채권자취소권을 행사하는 채권자에 대하여 가액배상에서의 공제를 주장할 수는 없다.

정답 ④

12. 배점 3 채권자취소권에 관한 설명으로 옳지 않은 것을 모두 고른 것은? (다툼 있으면 판례에 의함)

[07년]

㉠ 매도행위가 사해행위에 해당하는 경우, 제3자가 목적물에 관하여 저당권 등의 권리를 취득한 때에는 수익자를 상대로 가액배상만을 구할 수 있을 뿐, 원물반환을 구할 수는 없다.
㉡ 사해행위취소소송을 제기한 채권자 등이 그 판결 결과에 의해 원상회복된 채무자의 재산에 대한 강제집행을 신청하여 그 절차가 개시된 경우, 위 소송에서 패소한 수익자로서는 채무자에 대한 채권자일지라도 그 집행권원을 갖추어 배당을 요구할 권리가 없다.
㉢ 채권자취소권의 요건을 갖춘 채권자는 고유의 권리로 채무자의 재산처분행위를 취소하고 그 원상회복을 구할 수 있으나, 그 효과는 모든 채권자의 이익을 위한 것이므로, 어느 채권자의 승소판결이 먼저 확정되면 다른 채권자는 다시 사해행위취소소송을 제기할 수 없다.
㉣ 수익자가 가액배상을 할 때, 수익자 자신이 사해행위 취소의 효력을 받는 채권자 중 1인인 경우에는 총채권액 중 자기의 채권에 해당하는 안분액의 배당요구권으로써 상계를 주장하여 그 안분액 상당의 지급을 면할 수 없다.
㉤ 부동산실권리자명의등기에관한법률이 적용되어 명의수탁자인 채무자 명의의 소유권이전등기가 무효인 경우, 채무자가 이에 터잡아 제3자와 근저당권설정계약을 체결하고 근저당권설정등기를 경료해 준 행위도 사해행위에 해당한다.

① ㉠, ㉡, ㉢ ② ㉠, ㉡, ㉣
③ ㉠, ㉢, ㉣ ④ ㉠, ㉣, ㉤
⑤ ㉠, ㉡, ㉢, ㉤ ⑥ ㉡, ㉢, ㉣
⑦ ㉡, ㉢, ㉤ ⑧ ㉡, ㉣, ㉤

해설

㉠ [誤] 가액배상뿐만 아니라 원물반환을 구하는 것도 허용된다. 즉 가액배상이 인정된다고 하더라도 채권자가 그 위험 하에서 원물반환을 청구하는 것이 허용되지 아니하는 것으로 볼 수는 없다.

[大判 2001. 2. 9. 2000다57139] 채권자의 사해행위취소 및 원상회복청구가 인정되면, 수익자는 원상회복으로서 사해행위의 목적물을 채무자에게 반환할 의무를 지게 되고, 만일 원물반환이 불가능하거나 현저히 곤란한 경우에는 원상회복의무의 이행으로서 사해행위 목적물의 가액 상당을 배상하여야 하는 바, 여기에서 원물반환이 불가능하거나 현저히 곤란한 경우라 함은 원물반환이 단순히 절대적, 물리적으로 불능인 경우가 아니라 사회생활상의 경험법칙 또는 거래상의 관념에 비추어 그 이행의 실현을 기대할 수 없는 경우를 말하는 것이므로, 사해행위 후 그 목적물에 관하여 제3자가 저당권이나 지상권 등의 권리를 취득한 경우에는 수익자가 목적물을 저당권 등의 제한이 없는 상태로 회복하여 이전하여 줄 수 있다는 등의 특별한 사정이 없는 한 채권자는 수익자를 상대로 원물반환 대신 그 가액 상당의 배상을 구할 수도 있다고 할 것이나, 그렇다고 하여 채권자가 스스로 위험이나 불이익을 감수하면서 원물반환을 구하는 것까지 허용되지 아니하는 것으로 볼 것은 아니고, 그 경우 채권자는 원상회복 방법으로 가액배상 대신 수익자 명의의 등기의 말소를 구하거나 수익자를 상대로 채무자 앞으로 직접 소유권이전등기절차를 이행할 것을 구할 수 있다.

㉡ [誤] ㉢ [正] 수익자가 가액배상을 청구하는 취소채권자에 대하여 상계주장을 할 수는 없으나, 채권자취소권에 의하여 원상회복된 재산에 대하여 개시된 강제집행절차에서 수익자가 채무자에 대한 채권자라는 이유로 집행권원을 갖추어 배상을 요구하는 것은 허용된다. 채권자취소권 행사의 효과는 모든 채권자를 위하여 효력이 있기 때문이다.

[大判 2003. 6. 27. 2003다15907] 민법 제406조에 의한 채권자취소와 원상회복은 모든 채권자의 이익을 위하여 그 효력이 있는 것인 바, 채무자가 다수의 채권자들 중 1인(수익자)에게 담보를 제공하거나 대물변제를 한 것이 다른 채권자들에 대한 사해행위가 되어 채권자들 중 1인의 사해행위 취소소송 제기에 의하여 그 취소와 원상회복이 확정된 경우에, 사해행위의 상대방인 수익자는 그의 채권이 사해행위 당시에 그대로 존재하고 있었거나 또는 사해행위가 취소되면서 그의 채권이 부활하게 되는 결과 본래의 채권자로서의 지위를 회복하게 되는 것이므로, 다른 채권자들과 함께 민법 제407조에 의하여 그 취소 및 원상회복의 효력을 받게 되는 채권자에 포함된다고 할 것이고, 따라서 취소소송을 제기한 채권자 등이 원상회복된 채무자의 재산에 대한 강제집행을 신청하여 그 절차가 개시되면 수익자인 채권자도 그 집행권원을 갖추어 강제집행절차에서 배당을 요구할 권리가 있다.

[大判 2001. 6. 1. 99다63183] [1] 채권자취소권은 채권의 공동담보인 채무자의 책임재산을 보전하기 위하여 채무자와 수익자 사이의 사해행위를 취소하고 채무자의 일반재산으로부터 일탈된 재산을 모든 채권자를 위하여 수익자 또는 전득자로부터 환원시키는 제도로서, 수익자로 하여금 자기의 채무자에 대한 반대채권으로써 상계를 허용하는 것은 사해행위에 의하여 이익을 받은 수익자를 보호하고 다른 채권자의 이익을 무시

하는 결과가 되어 위 제도의 취지에 반하므로, 수익자가 채권자취소에 따른 원상회복으로서 가액배상을 할 때에 채무자에 대한 채권자라는 이유로 채무자에 대하여 가지는 자기의 채권과의 상계를 주장할 수는 없다. [2] 채권자취소권은 채권의 공동담보인 채무자의 책임재산을 보전하기 위하여 채무자의 일반재산으로부터 일탈된 재산을 모든 채권자를 위하여 수익자 또는 전득자로부터 환원시키는 제도로서, 그 행사의 효력은 채권자와 수익자 또는 전득자와의 상대적인 관계에서만 미치는 것이므로 채권자취소권의 행사로 인하여 채무자가 수익자나 전득자에 대하여 어떠한 권리를 취득하는 것은 아니라고 할 것이고, 따라서 수익자가 채무자에게 가액배상금 명목으로 금원을 지급하였다는 점을 들어 채권자취소권을 행사하는 채권자에 대하여 가액배상에서의 공제를 주장할 수는 없다.

ⓒ [誤] [大判 2003. 7. 11, 2003다19558] 어느 한 채권자가 동일한 사해행위에 관하여 채권자취소 및 원상회복청구를 하여 승소판결을 받아 그 판결이 확정되었다는 것만으로 그 후에 제기된 다른 채권자의 동일한 청구가 권리보호의 이익이 없어지게 되는 것은 아니고, 그에 기하여 재산이나 가액의 회복을 마친 경우에 비로소 다른 채권자의 채권자취소 및 원상회복청구는 그와 중첩되는 범위 내에서 권리보호의 이익이 없게 된다.

ⓜ [誤] [大判 2000. 3. 10, 99다55069] 부동산에 관하여 부동산실권리자명의등기에관한법률 제4조 제2항 본문이 적용되어 명의수탁자인 채무자 명의의 소유권이전등기가 무효인 경우에는 그 부동산은 채무자의 소유가 아니기 때문에 이를 채무자의 일반 채권자들의 공동담보에 공하여지는 책임재산이라고 볼 수 없고, 채무자가 위 부동산에 관하여 제3자와 근저당권설정계약을 체결하고 나아가 그에게 근저당권설정등기를 마쳐주었다 하더라도 그로써 채무자의 책임재산에 감소를 초래한 것이라고 할 수 없으므로 이를 들어 채무자의 일반 채권자들을 해하는 사해행위라고 할 수 없고, 채무자에게 사해의 의사가 있다고 볼 수도 없다.

정답 ⑤

13. 배점 2 채권자취소권에 관한 설명 중 옳은 것을 모두 고른 것은?(다툼 있으면 판례에 의함) [08년]

㉠ 제3자 소유의 부동산에 대하여 채권자 앞으로 근저당권이 설정되어 있고, 그 부동산의 가액 및 채권최고액이 당해 채무액을 초과하여 채무 전액에 대하여 채권자에게 우선변제권이 확보되어 있는 경우, 연대보증인이 자신의 유일한 재산을 처분하는 법률행위는 사해행위에 해당한다.

㉡ 채권자가 수익자를 상대로 사해행위의 취소를 구하는 소를 이미 제기하여 채무자와 수익자 사이의 법률행위를 취소하는 내용의 판결이 확정된 경우, 채권자는 전득자를 상대로 별개의 채권자취소의 소를 제기하지 않더라도 위 판결의 효력으로써 전득자에 대하여 원상회복을 청구할 수 있다.

ⓒ 보증인 甲에 대한 채무자 乙의 구상금채무를 연대보증한 丙은 그 후 甲의 강제집행을 면탈하기 위하여 미리 그 소유 부동산을 제3자 丁에게 증여하였는데, 丙과 丁 사이의 위 증여계약 당시 乙은 채권자 戊에게 甲이 보증한 대출금채무를 변제하지 못하고 변제기를 연장하였을 뿐만 아니라 그 외에도 원금조차 변제하지 못하고 있는 대출금이 남아 있었고, 거래처의 부도로 인하여 막대한 손해를 보고 있었다면, 甲은 아직 발생하지 아니한 구상금채권을 피보전채권으로 하여 위 증여계약에 대한 채권자취소권을 행사할 수 있다.
ⓔ 채무자가 채무초과상태에서 채권자 중의 1인과 통모하여 그에게 부동산을 매도하고 매매대금채권을 그 채권자의 채권과 상계한 행위는 사해행위에 해당한다.
ⓜ 부동산 매도인이 매매의 목적물을 제3자에게 이중으로 매도한 후 제2매수인에게 소유권이전등기를 마쳐준 경우, 제1매수인은 매도인의 소유권이전채무가 이행불능됨으로써 발생한 매도인에 대한 손해배상채권을 피보전채권으로 하여 제2매매행위에 대한 채권자취소권을 행사할 수 있다.

① ㉠, ㉢ ② ㉠, ㉣
③ ㉡, ㉢ ④ ㉡, ㉣
⑤ ㉢, ㉣ ⑥ ㉢, ㉤
⑦ ㉣, ㉤ ⑧ ㉢, ㉣, ㉤

해설

㉠ [誤] [大判 2000. 12. 8, 2000다21017] 주채무자 또는 제3자 소유의 부동산에 대하여 채권자 앞으로 근저당권이 설정되어 있고, 그 부동산의 가액 및 채권최고액이 당해 채무액을 초과하여 채무 전액에 대하여 채권자에게 우선변제권이 확보되어 있다면, 연대보증인이 비록 유일한 재산을 처분하는 법률행위를 하더라도 채권자에 대하여 사해행위가 성립되지 않는다고 보아야 한다.

㉡ [誤] 채권자취소권 행사의 효과는 취소소송의 당사자 사이에서만 그 효력이 생긴다. 따라서 채권자가 수익자를 상대로 채권자취소소송을 제기하여 승소판결을 받았다고 하더라도 그 소송에 참가하지 아니한 전득자에게는 취소의 효과가 미치지 않는다.
[大判 2005. 11. 10, 2004다49532] 사해행위의 취소는 취소소송의 당사자 사이에서 상대적으로 취소의 효력이 있는 것으로 당사자 이외의 제3자는 다른 특별한 사정이 없는 이상 취소로 인하여 그 법률관계에 영향을 받지 않는다고 할 것이다(大判 1990. 10. 30, 89다카35421, 大判 2001. 5. 29, 99다9011).
[大判 2005. 6. 9, 2004다17535] 채권자가 전득자를 상대로 민법 제406조 제1항에 의한 채권자취소권을 행사하기 위해서는, 같은 조 제2항에서 정한 기간 안에 채무자와 수익자 사이의 사해행위의 취소를 소송상 공격방법의 주장이 아닌 법원에 소를 제기하는 방법으로 청구하여야 하는 것이고, 비록 채권자가 수익자를 상대로 사해행위의 취소를 구하는 소를 이미 제기하여 채무자와 수익자 사이의 법률행위를 취소하는 내용의 판결을 선고받아 확정되었더라도 그 판결의 효력은 그 소송의 피고가 아닌 전득자

에게는 미칠 수 없는 것이므로, 채권자가 그 소송과는 별도로 전득자에 대하여 채권자취소권을 행사하여 원상회복을 구하기 위해서는 위에서 본 법리에 따라 민법 제406조 제2항에서 정한 기간 안에 전득자에 대한 관계에 있어서 채무자와 수익자 사이의 사해행위를 취소하는 청구를 하지 않으면 아니 된다.

ⓒ [正] [大判 2000. 2. 25. 99다53704] 채권자취소권에 의하여 보호될 수 있는 채권은 원칙적으로 사해행위라고 볼 수 있는 행위가 행하여지기 전에 발생된 것임을 요하나, 그 사해행위 당시에 이미 채권 성립의 기초가 되는 법률관계가 발생되어 있고, 가까운 장래에 그 법률관계에 기하여 채권이 성립되리라는 점에 대한 고도의 개연성이 있으며, 실제로 가까운 장래에 그 개연성이 현실화되어 채권이 성립된 경우에는 그 채권도 채권자취소권의 피보전채권이 될 수 있다.

ⓔ [正] [大判 1995. 6. 30. 94다14582] 채무자가 이미 채무초과에 빠져 있는 상태에서 채권자 중 한 사람과 통모하여 그 채권자만 우선적으로 채권의 만족을 얻도록 할 의도로 채무자 소유의 중요한 재산인 공장 건물과 대지를 그 채권자에게 매각하되, 현실로는 매매대금을 한 푼도 지급받지 아니한 채 그 대금 중 일부는 채권자의 기존의 채권과 상계하고 그 대지를 담보로 한 은행융자금채무를 채권자가 인수하며 나머지 대금은 채무자가 그 공장 건물을 채권자로부터 다시 임차하여 계속 사용하는데 따른 임차보증금으로 대체하기로 약정하였다면, 비록 그 채무자가 영업을 계속하여 경제적 갱생을 도모할 의도였다거나 그 매매가격이 시가에 상당한 가격이라고 할지라도 채무자의 매각행위는 다른 채권자를 해할 의사로 한 법률행위에 해당한다고 한 원심판단을 수긍한 사례.

ⓜ [誤] [大判 1999. 4. 27. 98다56690] 채권자취소권을 특정물에 대한 소유권이전등기청구권을 보전하기 위하여 행사하는 것은 허용되지 않으므로, 부동산의 제1양수인은 자신의 소유권이전등기청구권 보전을 위하여 양도인과 제3자 사이에서 이루어진 이중양도행위에 대하여 채권자취소권을 행사할 수 없다.

정답 ⑤

14. 배점 2 사해행위 해당 여부 내지 사해행위 취소로 인한 원상회복에 관한 설명으로 옳지 않은 것은? (다툼 있으면 판례에 의함) [11년]

① 전득자를 상대로 사해행위 취소의 소를 제기한 경우, 원물반환이 가능한 때에는 가액배상은 허용되지 않으며, 원물반환이 불가능하거나 현저히 곤란한 경우에만 예외적으로 가액배상이 허용된다.

② 사해행위 취소소송에 있어서 목적 부동산의 등기명의를 수익자로부터 채무자 앞으로 복귀시키고자 하는 경우, 채권자는 수익자 명의의 등기의 말소를 청구하는 대신 수익자를 상대로 채무자 앞으로 직접 소유권이전등기절차를 이행할 것을 청구할 수도 있다.

③ 채무자가 양도한 목적물에 담보권이 설정되어 있고 피담보채권액이 목적물의 가액을 초과하는 경우, 당해 재산의 양도는 사해행위에 해당하지 않는다.

④ 가액배상의 방법으로 원상회복을 하는 경우, 그 배상액은 취소채권자의 채권액 범위 내로 제한되고, 이때 채권자의 채권액에는 사해행위 이후 사실심 변론종결시까지 발생한 이자나 지연손해금이 포함된다.
⑤ 저당권이 설정되어 있는 목적물에 관하여 소유권이전등기청구권보전을 위한 가등기가 사해행위로서 이루어지고, 그 가등기 후에 저당권이 말소되었다면, 가액배상의 방법으로 원상회복이 이루어져야 한다.

해설

① [正] 사해행위 취소에 따른 원상회복의 방법을 묻는 지문이다. 원물반환이 원칙이며, 원물반환이 불가능하거나 현저히 곤란한 경우에 예외적으로 가액반환이 허용된다는 것이 대법원의 입장이다.
[大判 1998. 5. 15. 97다58316] 채권자의 사해행위취소 및 원상회복청구가 인정되면, 수익자 또는 전득자는 원상회복으로서 사해행위의 목적물을 채무자에게 반환할 의무를 지게 되고, <u>원물반환이 불가능하거나 현저히 곤란한 경우에는 원상회복의무의 이행으로서 사해행위 목적물의 가액 상당을 배상하여야</u> 하는 바, 원물반환이 불가능하거나 현저히 곤란한 경우라 함은 원물반환이 단순히 절대적·물리적으로 불능인 경우가 아니라 사회생활상의 경험법칙 또는 거래상의 관념에 비추어 채권자가 수익자나 전득자로부터 이행의 실현을 기대할 수 없는 경우를 말하고, 사해행위의 목적물이 수익자로부터 전득자로 이전되어 그 등기까지 경료되었다면 후일 채권자가 전득자를 상대로 소송을 통하여 구제받을 수 있는지 여부에 관계없이, 수익자가 전득자로부터 목적물의 소유권을 회복하여 이를 다시 채권자에게 이전하여 줄 수 있는 특별한 사정이 없는 한 그로써 채권자에 대한 목적물의 원상회복의무는 법률상 이행불능의 상태에 있다고 봄이 상당하다.

② [正] 원상회복의 방법으로 등기말소 대신 채무자 앞으로 이전등기를 청구할 수 있는지 여부를 묻는 지문이다. 진정한 등기명의를 회복하는 방법으로 이전등기를 청구하는 것도 허용된다는 것이 대법원의 입장이다.
[大判 2000. 2. 25. 99다53704] 자기 앞으로 소유권을 표상하는 등기가 되어 있었거나 법률에 의하여 소유권을 취득한 자가 진정한 등기명의를 회복하기 위한 방법으로는 그 등기의 말소를 구하는 외에 현재의 등기명의인을 상대로 직접 소유권이전등기절차의 이행을 구하는 것도 허용되어야 하는 바, 이러한 법리는 사해행위취소소송에 있어서 취소 목적 부동산의 등기명의를 수익자로부터 채무자 앞으로 복귀시키고자 하는 경우에도 그대로 적용될 수 있다고 할 것이고, 따라서 <u>채권자는 사해행위의 취소로 인한 원상회복방법으로 수익자 명의의 등기의 말소를 구하는 대신 수익자를 상대로 채무자 앞으로 직접 소유권이전등기절차를 이행할 것을 구할 수도 있다.</u>

③ [正] 담보권이 설정된 목적물의 양도행위가 사해행위가 되는지 여부를 묻는 지문이다. 사해행위가 되기 위해서는 책임재산, 즉 일반채권자들이 집행할 수 있는 재산이 감소되어야 한다. 이미 담보권이 설정된 목적물이 양도되었다면, 담보권의 피담보채권액과 목적물의 사해행위 당시 가액을 비교하여 목적물 가액이 큰 경우에만 그 차액에

해당하는 재산권 양도부분이 사해행위로 될 수 있다. 따라서 지문과 같이 피담보채권액이 목적물의 가액을 초과하는 경우라면 사해행위라고 할 수 없다.
[大判 2001. 10. 9. 2000다42618] 저당권이 설정되어 있는 부동산이 사해행위로 양도된 경우에 그 사해행위는 부동산의 가액, 즉 시가(공시지가와 일치하는 것은 아니다)에서 저당권의 피담보채권액을 공제한 잔액의 범위 내에서 성립하고, <u>피담보채권액이 부동산의 가액을 초과하는 때에는 당해 부동산의 양도는 사해행위에 해당한다고 할 수 없는 바</u>, 여기서 피담보채권액이라 함은 근저당권의 경우 채권최고액이 아니라 실제로 이미 발생하여 있는 채권금액이다.

④ [正] 채권자취소의 범위를 묻는 지문이다. 취소채권자의 채권액 범위에서 채권자취소권을 행사할 수 있다. 따라서 사해행위 당시 취소채권자가 가지고 있는 채권 및 그 채권에 대한 채권자취소소송의 사실심 변론종결 당시까지의 이자나 지연손해금이 포함된 금액 범위에서 채권자취소권을 행사할 수 있다.
[大判 2002. 4. 12. 2000다63912] 채권자가 채권자취소권을 행사할 때에는 <u>원칙적으로 자신의 채권액을 초과하여 취소권을 행사할 수 없고</u>, 이 때 <u>채권자의 채권액에는 사해행위 이후 사실심 변론종결시까지 발생한 이자나 지연손해금이 포함된다</u>.

⑤ [誤] 저당권이 설정되어 있는 부동산에 가등기가 사해행위로서 이루어지고, 그 후 저당권이 말소된 경우, 채권자취소에 따른 원상회복 방법을 묻는 지문이다. 저당권이 말소되었다고 하더라도 그와 같은 사정으로 인하여 원상회복 방법이 원물반환이 아닌 가액배상으로 되어야 한다고 볼 수 없다는 것이 대법원의 입장이다. 저당권이 말소됨으로써 책임재산으로 회복된 부분은 '채무자'의 책임재산으로 회복되어 일반채권자들이 집행할 수 있는 재산으로 된다. 따라서 원물반환으로 가등기를 말소한다고 하더라도 책임재산으로 회복되지 말아야 할 재산까지 회복되는 결과가 발생하지는 않는다. 만약 사안과 달리 사해행위로서 저당권이 설정된 부동산이 양도되고, 그 후 저당권이 말소된 경우라면 저당권이 말소됨으로써 책임재산으로 회복된 부분은 '수익자'의 책임재산으로 회복된다. 따라서 원물반환으로 소유권이전등기를 말소한다면 채무자의 책임재산으로 될 수 없는 부분까지 채무자의 책임재산으로 회복시키는 결과가 되어 부당하다. 결국 원물반환이 불가능한 경우에 해당하여 가액반환을 할 수밖에 없는 결과에 이른다.
[大判 2001. 6. 12. 99다20612] 소유권이전등기청구권보전을 위한 가등기가 사해행위로서 이루어진 경우 그 매매예약을 취소하고 원상회복으로서 가등기를 말소하면 족한 것이고, 가등기 후에 저당권이 말소되었다거나 그 피담보채무가 일부 변제된 점 또는 그 가등기가 사실상 담보가등기라는 점 등은 그와 같은 원상회복의 방법에 아무런 영향을 주지 않는다.

정답 ⑤

제5장 다수당사자의 채권관계

1. 다음 중 원칙적으로 연대채무(또는 부진정연대채무)가 발생하는 경우를 모두 고른 것은? (다툼 있으면 판례에 의함) [03년]

㉠ 법인 대표자의 직무상 불법행위에 대한 법인과 대표자의 책임
㉡ 공동임차인들의 차임지급의무
㉢ 상사채무가 아닌 조합채무에 대한 조합원들의 개인책임
㉣ 공동상속인들의 건물철거의무
㉤ 일상가사로 인한 금전채무에 대한 부부의 책임
㉥ 금전채무를 상속한 공동상속인들의 책임

① ㉠, ㉡, ㉤   ② ㉠, ㉢, ㉤   ③ ㉠, ㉤, ㉥
④ ㉠, ㉡, ㉣, ㉤   ⑤ ㉡, ㉢, ㉣, ㉥

해설

㉠ 부진정연대채무.
㉡ 연대채무.
㉢ 분할채무. 조합채무에 대하여 조합원들은 손익분배비율에 따른 책임을 부담한다(민법 제711조). 그러나 조합채권자가 그 비율을 알지 못한 때에는 각 조합원들에게 균분하여 그 권리를 행사할 수 있다(민법 제712조). 따라서 조합원들은 분할채무를 부담하는 것이 원칙이다. 다만, 조합원들은 무자력조합원의 채무에 대한 변제책임을 질뿐이다(민법 제713조).
㉣ 공동상속인들의 건물철거의무는 불가분채무이다.
㉤ 연대채무.
㉥ 분할채무.

정답 ①

2. 다음 기술 중 옳지 않은 것은?(다툼 있으면 판례에 의함) [05년]

① 甲·乙이 丙에 대하여 1,000만원의 연대채무를 부담하고 있고(甲·乙의 부담부분은 균등하다), 한편 甲은 丙에 대하여 800만원의 반대채권을 가지고 있는데, 甲이 상계할 수 있음에도 불구하고 상계를 하지 않는 경우, 乙은 500만원의 범위 내에서 甲의 丙에 대한 채권을 가지고 丙의 甲에 대한 채권과 상계할 수 있다.

② 甲·乙이 丙에 대하여 기한이 없는 1,000만원의 연대채무를 부담하고 있는 경우에, 丙이 甲에게 이행청구를 하여 甲의 채무가 이행기가 도래하면 乙의 채무 역시 이행기가 도래한다.
③ 甲·乙이 丙에 대하여 1,000만원의 연대채무를 부담하고 있는데(甲·乙의 부담부분은 균등하다), 甲이 위 연대채무의 발생원인이었던 甲, 丙 사이의 원인계약을 丙의 기망행위를 이유로 적법하게 취소한 경우, 乙은 여전히 丙에 대해 1,000만원의 채무를 부담한다.
④ 甲이 丙에 대하여 1,000만원의 채무를 부담하고 있고, 乙이 이에 대해 연대보증채무를 부담하고 있는 경우, 본래 상사(商事)채권이었던 丙의 甲에 대한 채권이 甲과 丙 사이의 판결에 의해 확정됨으로써 소멸시효기간이 10년으로 변경되었다면, 본래 상사채무였던 乙의 丙에 대한 보증채무 역시 소멸시효기간이 10년으로 변경된다.
⑤ 甲·乙이 중첩적 채무인수인으로서 丙에 대하여 1,000만원의 채무를 지고 있는 경우, 甲이 丙에 대한 800만원의 반대채권을 가지고 丙의 채권과 상계하였다면, 乙의 丙에 대한 채무는 200만원으로 감축된다.

해설

① [正] 상계할 채권이 있는 연대채무자가 상계하지 아니한 때에는 그 채무자의 부담부분에 한하여 다른 연대채무자가 상계할 수 있다(제418조 제2항). 따라서 甲이 상계할 반대채권을 가지고 있음에도 상계를 하지 않고 있는 경우에는 다른 연대채무자 乙은 甲의 부담부분인 500만원에 한하여 甲의 채권으로 상계할 수 있다.
② [正] 어느 연대채무자에 대한 이행청구는 다른 연대채무자에게도 효력이 있다(제416조). 따라서 이행청구로 인한 이행기 도래의 효과도 역시 절대적 효력을 가진다.
③ [正] 어느 연대채무자에 대한 법률행위의 무효나 취소의 원인은 다른 연대채무자의 채무에 영향을 미치지 않는다(제415조). 따라서 甲과 丙 사이의 법률행위가 취소되더라도 乙의 채무에는 영향을 미치지 않는다.
④ [誤] 판결확정에 의한 시효기간 연장의 효과는 그 판결의 당사자에 한하여 그 효력이 있다. 따라서 주채무자인 甲의 채무가 판결확정에 의하여 그 시효기간이 10년으로 확장된다고 하더라도 연대보증인인 乙의 채무의 시효기간은 종전과 마찬가지로 5년이다.
[大判 1985. 11. 25, 86다카1569] 민법 제165조가 판결에 의하여 확정된 채권, 판결과 동일한 효력이 있는 것에 의하여 확정된 채권은 단기의 소멸시효에 해당한 것이라도 그 소멸시효는 10년으로 한다고 규정하는 것은 당해 판결 등의 당사자 사이에 한하여 발생하는 효력에 관한 것이고 채권자와 주채무자 사이의 판결 등에 의해 채권이 확정되어 그 소멸시효가 10년으로 되었다 할지라도 위 당사자 이외의 채권자와 연대보증인 사이에 있어서는 위 확정판결 등은 그 시효기간에 대하여는 아무런 영향도 없고 채권자의 연대보증인의 연대보증채권의 소멸시효기간은 여전히 종전의 소멸시효기간에 따른다.
⑤ [正] 중첩적 채무인수의 경우, 종전의 채무자의 채무와 채무인수인의 채무 사이의 관

계는 연대채무관계로 이해하는 것이 다수설의 입장이다. 또한 연대채무에서 상계는 전면적인 절대적 효력사유이므로 甲의 상계로 인하여 丙의 乙에 대한 채권도 甲의 채권과 대등액에서 소멸된다.

정답 ④

3. 甲·乙·丙이 연대하여 丁에게 차용금 3억원을 변제할 의무가 있는 경우에 관한 설명 중 옳은 것은?(부담비율은 균등하며, 구상권자에게는 과실이 없다는 것을 전제로 함) [06년]

① 丙이 무자력으로 된 후 甲이 丁에게 3억원 전액을 변제하였다면, 甲은 乙에 대하여 1억원을 구상할 수 있다.
② 乙이 丁으로부터 연대의 면제를 받고 丙이 무자력으로 된 후 甲이 丁에게 3억원 전액을 변제하였다면, 甲은 乙에 대하여 구상할 수 없다.
③ 乙이 丁으로부터 연대의 면제를 받고 丙이 무자력으로 된 후 甲이 丁에게 3억원 전액을 변제하였다면, 甲은 乙에 대하여 1억 5,000만원을 구상할 수 있다.
④ 甲이 丁에 대하여 가지고 있는 1억 2,000만원의 금전채권을 자동채권으로 하여 상계한 경우, 1억원의 범위에서 乙·丙의 丁에 대한 채무도 소멸한다.
⑤ 甲이 丁으로부터 위 3억원의 채권을 양수받은 경우, 1억원의 범위에서 乙과 丙의 채무도 소멸한다.

해설

① [誤] 연대채무자 중에서 무자력자가 있는 경우, 무자력자의 부담부분은 다른 연대채무자가 그 부담부분의 비율로 분담한다(제427조 제1항). 따라서 乙은 자신의 부담부분인 1억원과 丙의 부담부분에 대한 분담부분 5천만원을 부담한다. 결국 甲은 乙에 대하여 1억 5천만원을 구상할 수 있다.

②,③ [誤] 연대채무자 중 채권자로부터 연대의 면제를 받은 연대채무자가 있는 경우, 상환무자력자의 분담부분은 채권자의 부담으로 한다(제427조 제2항). 따라서 乙이 연대의 면제를 받았으므로 乙은 甲에 대하여 자신의 부담부분인 1억원에 대한 구상의무만을 부담하고, 상환무자력자인 丙의 부담부분에 대한 분담부분은 채권자 丁이 부담하여야 한다.

④ [誤] 상계로 인한 채권소멸은 전면적인 절대적 효력사유이다(제418조 제1항). 따라서 甲이 丁에 대하여 가지고 있는 1억 2천만원의 채권을 자동채권으로 하여 상계한 경우, 甲의 채무는 1억 2천만원 범위에서 소멸하고, 이러한 채권소멸의 효력은 다른 연대채무자 乙·丙에게도 미치는 결과 乙·丙의 채무도 1억 2천만원 범위에서 소멸한다.

⑤ [正] 혼동으로 인한 채권소멸은 부담부분형 절대적 효력사유이다. 따라서 甲의 채무가 혼동으로 소멸하더라도 다른 연대채무자 乙과 丙은 甲의 부담부분 범위에서 채무를 면한다(제420조).

정답 ⑤

4. **배점 3** 乙과 丙은 甲으로부터 9,000만원을 차용하면서 연대하여 이를 변제하기로 甲과 약정하였다. 그들의 부담부분은 乙이 2/3, 丙이 1/3로 정해져 있었는데, 甲도 이를 알고 있었다. 한편 丁은 丙의 甲에 대한 위 연대채무를 보증하였다. 이에 관한 설명 중 옳은 것(○)과 옳지 않은 것(×)을 바르게 표시한 것은? (다툼 있으면 판례에 의함) [10년]

ㄱ. 乙이 甲의 위 채권과 상계할 수 있는 9,000만원의 반대채권을 가지고 있음에도 이를 상계하지 않는 경우, 丙이 이 채권을 자동채권으로 상계하면 甲에 대한 乙과 丙의 연대채무는 전부 소멸한다.

ㄴ. 丁이 甲에게 9,000만원의 보증채무를 이행한 경우 乙에 대하여 6,000만원을 구상할 수 있다.

ㄷ. 乙이 甲의 단독상속인으로 위 9,000만원의 채권을 상속받은 경우에는 丙은 乙에게 3,000만원의 채무를 부담하게 된다.

ㄹ. 乙과 丙의 연대채무가 기한을 정하지 않은 채무인 경우에 甲이 乙에 대하여 9,000만원의 이행을 최고한 후 6개월 이내에 가압류하였다면 甲의 丙에 대한 채권의 소멸시효는 중단된다.

ㅁ. 丙이 甲으로부터 연대의 면제를 받은 경우, 乙은 6,000만원, 丙은 3,000만원의 채무를 부담한다.

ㅂ. 乙이 甲의 채권과 상계할 수 있는 8,000만원의 반대채권을 가지고 있었는데 丙이 乙에게 사전통지를 하지 않고 甲에게 9,000만원을 변제한 다음 乙에 대하여 구상권을 행사한 경우, 乙은 6,000만원의 한도에서 甲에 대하여 상계할 수 있었음을 이유로 그 이행을 거절할 수 있다.

ㅅ. 乙이 甲으로부터 채무의 면제를 받은 경우, 丙은 3,000만원에 대해서만 채무를 부담한다.

① ㄱ(○), ㄴ(×), ㄷ(○), ㄹ(×), ㅁ(×), ㅂ(○), ㅅ(×)
② ㄱ(×), ㄴ(○), ㄷ(×), ㄹ(×), ㅁ(○), ㅂ(×), ㅅ(○)
③ ㄱ(×), ㄴ(×), ㄷ(×), ㄹ(○), ㅁ(○), ㅂ(×), ㅅ(○)
④ ㄱ(○), ㄴ(○), ㄷ(×), ㄹ(×), ㅁ(×), ㅂ(×), ㅅ(×)
⑤ ㄱ(×), ㄴ(○), ㄷ(○), ㄹ(○), ㅁ(×), ㅂ(○), ㅅ(○)
⑥ ㄱ(○), ㄴ(×), ㄷ(○), ㄹ(○), ㅁ(×), ㅂ(○), ㅅ(×)
⑦ ㄱ(×), ㄴ(○), ㄷ(○), ㄹ(○), ㅁ(○), ㅂ(○), ㅅ(○)
⑧ ㄱ(×), ㄴ(○), ㄷ(○), ㄹ(○), ㅁ(×), ㅂ(×), ㅅ(○)

해설

ㄱ. [誤] 연대채무자가 다른 연대채무자의 채권으로 상계할 수 있는지 및 상계할 수 있다면 어느 범위에서 상계할 수 있는지를 묻는 지문이다. 연대채무자는 다른 연대채무

자의 부담부분의 범위에서 다른 연대채무자의 채권으로 상계할 수 있다(제418조 제2항). 따라서 丙은 乙의 부담부분인 6천만원의 채권으로 상계를 할 수 있고, 그 범위에서 乙과 丙이 채무를 면할 수 있다.

ㄴ. [正] 연대채무자 1인을 위한 연대보증인이 다른 연대채무자에게 구상권을 행사할 수 있는지를 묻는 지문이다. 연대보증인은 자신의 피보증인에 대해서는 전액 구상할 수 있고, 나아가 자신의 피보증인이 아닌 연대채무자에 대해서는 부담부분에 대하여 구상권을 행사할 수 있다(제447조). 따라서 연대보증인 丁은 자신의 피보증인이 아닌 연대채무자 乙에 대하여 그의 부담부분인 6천만원을 구상할 수 있다.

ㄷ. [正] 연대채무자 중 1인과 채권자 사이에 혼동이 있는 경우 다른 연대채무자에게 절대적 효력을 가지는가를 묻는 지문이다. 혼동은 절대적 효력이 인정되는 사유이기는 하지만, 부담부분에 한하여 절대적 효력을 가진다(제420조). 따라서 乙이 甲을 상속받은 경우 혼동으로 乙의 채무는 소멸하며, 乙의 부담부분인 6천만원에 대해서는 다른 연대채무자 丙도 채무를 면한다. 결국 丙은 3천만원의 채무를 부담하게 된다.

ㄹ. [正] 연대채무자 1인에 대한 이행청구가 다른 연대채무자에게 절대적 효력을 가지는지를 묻는 지문이다. 이행청구는 절대적 효력을 가지는 사유이다. 따라서 연대채무자 1인에 대하여 이행청구를 하면 이행청구로 인한 시효중단 등의 효과가 다른 연대채무자에게도 미친다. 甲이 乙에 대하여 이행최고를 한 경우 이행최고로 인한 시효중단의 효과는 다른 연대채무자 丙에게도 미치므로 甲의 丙에 대한 채권의 소멸시효도 중단된다. 따라서 본 지문은 문제의 취지에 비추어 옳은 지문으로 보아야 한다.

　그런데 본 지문에는 약간의 의문이 있다. 최고로 인한 시효중단 효력이 유지되기 위해서는 6개월 내에 일정한 조치를 취하여야 하는데, 그 조치에 가압류가 포함될 수 있음은 제174조의 규정상 분명하다. 그런데 어느 연대채무자 1인에 대하여 가압류라는 조치를 취한 것이 다른 연대채무자에게도 절대적 효력을 가질 수 있는지는 의문이다. 압류나 가압류로 인한 시효중단의 효과는 연대채무에서 상대적 효력에 불과하다는 것이 학설과 판례의 태도이다. 그렇다면 최고 후 어느 연대채무자 1인에 대하여 가압류 등의 조치를 취하였다고 하여 다른 연대채무자에 대한 관계에서까지 최고로 인한 시효중단의 효과가 유지된다고 볼 수 없는 것이며, 다른 연대채무자에 대하여 6개월 내에 별도의 중단조치가 없는 한 최고로 인한 시효중단의 효과는 소멸하게 될 것이다(민법주해 제10권 제416조 해설부분도 필자와 유사한 입장에 있다). 지문에서는 乙에 대하여 최고한 후 6개월 이내에 가압류를 하였다고 하였는데, 丙에 대하여 가압류를 하였다는 것인지 乙에 대하여 가압류를 하였다는 것인지 분명하지 않고, 乙에 대하여 가압류를 하였다면 그로부터 丙에 대하여는 아무런 조치 없이 6개월이 경과하였는지도 분명하지 않다. 결국 출제자는 이러한 문제점을 의식하지 못하고, 단지 이행청구의 절대적 효력을 묻는 문제로 구성하려고 하였다는 것을 알 수 있다.

ㅁ. [誤] 연대의 면제를 한 경우, 그 효과를 묻는 지문이다. 연대채무자 중 1인이 연대의 면제를 받으면 그 연대채무자는 부담부분에 한하여 채권자에 대한 책임을 부담하고, 다른 연대채무자는 종래 자신이 부담하던 채무 전부를 부담한다. 즉 연대의 면제는 상대적 효력을 가지는데 불과하다. 결국 乙은 甲에 대하여 9천만원의 채무를, 丙은

甲에 대하여 3천만원의 채무를 부담한다.

ㅂ. [正] 사전통지가 흠결된 경우 효과를 묻는 지문이다. 사전통지 없이 어느 연대채무자가 변제 기타 출재로 공동면책이 된 경우 다른 연대채무자는 채권자에 대항할 수 있는 사유로 그 부담부분에 한하여 면책행위를 한 연대채무자에게 대항할 수 있다(제426조 제1항). 따라서 丙이 사전통지 없이 채무전액을 변제하여 공동면책이 된 경우, 乙은 자기의 부담부분인 6천만원의 한도에서 甲에 대한 채권으로 상계를 대항할 수 있다.

ㅅ. [正] 채무면제의 절대적 효력을 묻는 지문이다. 연대채무자가 채무를 면제받으면 그 부담부분에 한하여 다른 연대채무자도 채무를 면한다(제419조). 乙이 甲으로부터 채무를 면제받으면 丙은 乙의 부담부분인 6천만원의 범위에서 채무를 면하기 때문에 결국 3천만원에 대해서만 채무를 부담한다.

정답 ⑤

5. 배점 3 부진정연대채무에 관한 설명으로 옳지 않은 것은?(다툼 있으면 판례에 의함) [09년]

① 금융기관이 회사 임직원의 대규모 분식회계로 그 회사의 재무구조를 잘못 파악하고 대출을 하여 준 경우, 회사의 대출금채무와 회사 임직원의 손해배상채무는 부진정연대의 관계에 있다.
② 부진정연대채무자 중 1인이 채권자에 대한 반대채권으로 채무를 대등액에서 상계하더라도 그 상계로 인한 채무소멸의 효력은 다른 부진정연대채무자에게 미치지 않는다.
③ 부진정연대채무자 사이에 일정한 책임부담부분이 인정되는 경우 제3자가 부진정연대채무자 중 1인을 위하여 변제한 때에는 다른 부진정연대채무자에 대하여 면책범위 내에서 책임부담 부분 비율에 한하여 구상권을 행사할 수 있다.
④ 부진정연대채무자 중 1인이 채권자로부터 손해배상채무의 일부를 면제받았으나 후에 다른 부진정연대채무자가 손해배상 전액을 변제한 후 그들 내부관계의 부담부분에 따라 일부 면제를 받은 부진정연대채무자에게 구상권을 행사할 수 있다.
⑤ 부진정연대채무자 중 1인이 사전 또는 사후 통지를 하지 않고 변제를 하여 공동면책이 되었다면 구상권이 제한된다.

해설

① [正] 부진정연대관계의 발생원인을 묻는 지문이다. 동일한 손해를 각 책임주체가 독립한 지위에서 배상해야 하는 경우에 부진정연대관계가 발생한다. 금융기관과 회사 사이의 대출계약은 비록 회사 임직원의 대규모 분식회계에도 불구하고 원칙적으로 유효하므로(다만 금융기관이 사기를 이유로 취소권을 행사할 수 있음은 별개의 문제이다) 회사는 대출계약에 따른 이행책임을 부담하고, 대규모 분식회계를 한 임직원은 금융기관에 대하여 불법행위에 따른 대출금 상당액의 손해배상책임을 부담하며, 두 책임은 부진정연대관계에 있다.

[大判 2008. 1. 18. 2005다65579] 금융기관이 회사 임직원의 대규모 분식회계로 인하여 회사의 재무구조를 잘못 파악하고 회사에 대출을 해 준 경우, 회사의 금융기관에 대한 대출금채무와 회사 임직원의 분식회계 행위로 인한 금융기관에 대한 손해배상채무는 서로 동일한 경제적 목적을 가진 채무로서 서로 중첩되는 부분에 관하여는 일방의 채무가 변제 등으로 소멸하면 타방의 채무도 소멸하는 이른바 부진정연대의 관계에 있다.

② [正] 부진정연대채무자 1인의 상계가 다른 부진정연대채무자에 대하여 절대적 효력을 가지는지 여부를 묻는 지문이다. 판례는 상대적 효력만을 인정한다.
[大判 1996. 12. 10. 95다24364] 부진정연대채무자 상호간에 있어서 채권의 목적을 달성시키는 변제와 같은 사유는 채무자 전원에 대하여 절대적 효력을 발생하나, 그 밖의 사유는 상대적 효력을 발생하는 데에 그치는 것으로서 <u>연대채무에 관한 민법 제418조 제1항은 부진정연대채무에는 적용되지 않으므로</u>, 부진정연대채무자 중의 1인이 채권자에 대한 반대채권으로 채무를 대등액에서 상계하더라도 그 <u>상계로 인한 채무소멸의 효력은 다른 부진정연대채무자에게 미치지 않는다</u>.

③ [正] 제3자의 출재로 인하여 부진정연대채무자들의 공동면책이 있는 경우, 제3자에 대하여 구상의무를 부담하는 자가 누구인가를 묻는 지문이다. 제3자가 부진정연대채무자 중 1인을 위하여 대위변제하였다면 제3자는 그 부진정연대채무자에 대하여는 원칙적으로 책임부담비율과 상관없이 전액 구상할 수 있음이 원칙이다. 그러나 다른 부진정연대채무자에 대해서는 구상의무가 분할채무임을 고려할 때에 면책범위 내에서 책임부담 부분 비율에 한하여 구상권을 행사할 수 있다.
[大判(全) 1992. 6. 23. 91다33070] 피용자와 제3자가 공동불법행위로 피해자에게 손해를 가하여 그 손해배상채무를 부담하는 경우에 피용자와 제3자는 공동불법행위자로서 서로 부진정연대관계에 있고, 한편 <u>사용자의 손해배상책임은 피용자의 배상책임에 대한 대체적 책임이어서 사용자도 제3자와 부진정연대관계에 있다고 보아야 할 것이므로, 사용자가 피용자와 제3자의 책임비율에 의하여 정해진 피용자의 부담부분을 초과하여 피해자에게 손해를 배상한 경우에는 사용자는 제3자에 대하여도 구상권을 행사할 수</u> 있으며, 그 구상의 범위는 제3자의 부담부분에 국한된다고 보는 것이 타당하다.

④ [正] 부진정연대채무자 1인에 대한 채무면제가 다른 부진정연대채무자에 대한 관계에서 절대적 효력을 가지는지를 묻는 지문이다. 판례는 상대적 효력만을 인정하고 있다.
[大判 2006. 1. 27. 2005다19378] 부진정연대채무자 상호간에 있어서 채권의 목적을 달성시키는 변제와 같은 사유는 채무자 전원에 대하여 절대적 효력을 발생하지만 그 밖의 사유는 상대적 효력을 발생하는 데에 그치는 것이므로 피해자가 채무자 중의 1인에 대하여 손해배상에 관한 권리를 포기하거나 채무를 면제하는 의사표시를 하였다 하더라도 다른 채무자에 대하여 그 효력이 미친다고 볼 수는 없다 할 것이고, 이러한 법리는 채무자들 사이의 내부관계에 있어 1인이 피해자로부터 합의에 의하여 손해배상채무의 일부를 면제받고도 사후에 면제받은 채무액을 자신의 출재로 변제한 다른 채무자에 대하여 다시 그 부담 부분에 따라 구상의무를 부담하게 된다 하여 달리 볼 것은 아니다(大判 1993. 5. 27. 93다6560 참조).

⑤ [誤] 부진정연대채무자의 구상권 제한사유로서 사전·사후 통지의무가 인정되는지를 묻는 지문이다. 판례는 이를 부정한다.
[大判 1998. 6. 26, 98다5777] 민법 제426조가 연대채무에 있어서의 변제에 관하여 채무자 상호간에 통지의무를 인정하고 있는 취지는, 연대채무에 있어서는 채무자들 상호간에 공동목적을 위한 주관적인 연관관계가 있고 이와 같은 주관적인 연관관계의 발생 근거가 된 대내적 관계에 터잡아 채무자 상호간에 출연분담에 관한 관련관계가 있게 되므로, 구상관계에 있어서도 상호 밀접한 주관적인 관련관계를 인정하고 변제에 관하여 상호 통지의무를 인정함으로써 과실 없는 변제자를 보다 보호하려는 데 있으므로, 이와 같이 출연분담에 관한 주관적인 밀접한 연관관계가 없고 단지 채권만족이라는 목적만을 공통으로 하고 있는 부진정연대채무에 있어서는 그 변제에 관하여 채무자 상호간에 통지의무관계를 인정할 수 없고, 변제로 인한 공동면책이 있는 경우에 있어서는 채무자 상호간에 어떤 대내적인 특별관계에서 또는 형평의 관점에서 손해를 분담하는 관계가 있게 되는데 불과하다고 할 것이므로, 부진정연대채무에 해당하는 공동불법행위로 인한 손해배상채무에 있어서도 채무자 상호간에 구상요건으로서의 통지에 관한 민법의 위 규정을 유추적용할 수는 없다.

정답 ⑤

6. 구상권 행사에 관한 설명 중 옳지 않은 것은?(다툼 있으면 판례에 의함) [06년]

① 甲이 乙에게 토지를 매도하면서 그 토지에 설정된 丙의 저당권을 말소해 주기로 약정하였으나 乙이 甲에게 대금을 전부 지급하고 저당권이 말소되지 않은 상태로 위 토지의 소유권을 이전받았는데, 그 후 저당권자인 丙이 위 저당권의 실행을 위하여 경매를 신청하자 乙이 자신의 출재로 위 저당권의 피담보채무를 변제함으로써 저당권을 소멸시켰다면, 乙이 위 토지를 매수할 당시에 저당권이 설정되어 있음을 알고 있었다고 하더라도 매도인인 甲에 대하여 구상권을 행사할 수 있다.
② 甲이 丁은행으로부터 대출을 받음에 있어서 甲 자신이 실질상 주채무자이지만, 丁은행과 사이에 대출계약을 맺음에 있어서 편의상 丙을 주채무자, 甲과 乙을 연대보증인으로 하는 내용의 대출계약을 체결하였다고 하더라도, 그 후 甲이 위 대출금을 전부 변제하였다면 甲은 다른 연대보증인인 乙에 대하여 구상권을 행사할 수 있다.
③ 공동불법행위자인 乙의 채무가 시효로 소멸한 후 다른 공동불법행위자인 甲이 피해자에게 손해 전부를 배상한 경우, 甲은 乙에 대하여 乙의 책임비율에 따른 구상권을 행사할 수 있다.
④ 乙과 丙의 공동불법행위로 인하여 乙의 사용자인 甲이 피해자 丁에게 손해 전부를 배상한 경우, 甲은 丙에 대하여 구상권을 행사할 수 있다.
⑤ 주채무자인 甲이 면책행위를 하고도 수탁보증인인 乙에게 통지하지 않고 있는 동안에 乙이 사전통지 없이 이중의 면책행위를 한 경우, 乙은 甲에 대하여 구상권을 행사할 수 없다.

해설

* 이 문제는 구상권 혹은 구상관계 일반을 묻는 문제이다. 기존 교과서에는 구상권을 일반적으로 검토하여 소개하고 있지 않다. 각각의 제도 속에 부분적으로 설명되어 있을 뿐이다. 구상권이란 일반적으로 종국적으로 타인이 부담하여야 할 의무에 관하여 대신 출연(出捐)한 자가 그 타인에 대하여 상환을 구하는 권리를 말한다. 구상권이 인정될 수 있는 경우로는 채권담보의 경우가 대표적인 경우이나, 그 외에도 채무의 부담관계에 차등이 있는 경우에도 인정된다. 한편 수임인이나 사무관리자가 지출한 비용에 대한 상환청구권도 구상권의 일종이다.

① [正] 매도인이 말소해야 할 저당권을 말소하지 않은 결과 매수인이 자신이 취득한 소유권을 보존하기 위하여 비용을 지출하였다면, 그 비용은 종국적으로 매도인이 부담하여야 할 비용이다. 따라서 매수인은 매도인에 대하여 그 출재비용의 상환을 청구할 수 있다. 출재비용상환청구권의 법적 근거는 제576조 제2항이다. 담보책임의 한 내용인 출재비용상환청구권은 매수인이 저당권의 존재를 알았는가와 무관하게 행사할 수 있다. 다만 매수인이 저당권의 피담보채무의 이행을 인수하였다는 특별한 사정이 있다면 구상권이 생기지 않는다.

[大判 1996. 4. 12, 95다55245] 부동산의 매수인이 소유권을 보존하기 위하여 자신의 출재로 피담보채권을 변제함으로써 그 부동산에 설정된 저당권을 소멸시킨 경우에는, 매수인이 그 부동산 매수시 <u>저당권이 설정되었는지 여부를 알았든 몰랐든 간에 이와 관계없이 민법 제576조 제2항에 의하여 매도인에게 그 출재의 상환을 청구할 수 있다</u> (필자 註 : 매수인이 저당권설정 사실을 알았다고 하더라도 이를 과실상계사유로 고려하지 아니한 원심판결을 수긍한 판결).

[참고판례] [大判 2002. 9. 4, 2002다11151] 매매의 목적이 된 부동산에 설정된 저당권의 행사로 인하여 매수인이 취득한 소유권을 잃은 때에는 매수인은 민법 제576조 제1항의 규정에 의하여 매매계약을 해제할 수 있지만, <u>매수인이 매매목적물에 관한 근저당권의 피담보채무를 인수하는 것으로 매매대금의 지급에 갈음하기로 약정한 경우</u>에는 특별한 사정이 없는 한, 매수인으로서는 매도인에 대하여 민법 제576조 제1항의 <u>담보책임을 면제하여 주었거나 이를 포기한 것으로 봄이 상당</u>하므로, 매수인이 매매목적물에 관한 근저당권의 피담보채무 중 일부만을 인수한 경우 매도인으로서는 자신이 부담하는 피담보채무를 모두 이행한 이상 매수인이 인수한 부분을 이행하지 않음으로써 근저당권이 실행되어 매수인이 취득한 소유권을 잃게 되더라도 민법 제576조 소정의 담보책임을 부담하게 되는 것은 아니다.

② [誤] 대출금채무에 대하여 종국적으로 책임을 부담하여야 할 자는 甲이다. 따라서 甲이 자신을 위하여 보증인이 된 乙에 대하여 구상권을 행사할 수는 없다.

[大判 2004. 9. 24, 2004다27440·28504] 공동보증은 통상의 보증과 마찬가지로 주채무에 관하여 최종적인 부담을 지지 아니하고 전적으로 주채무의 이행을 담보하는 것이고(민법 제428조), 공동보증인은 자기의 출재로 공동면책이 된 때에는 그 출재한 금액에 불구하고 주채무자에게 구상을 할 수 있는 것이므로(민법 제441조 제1항, 제444조), <u>채권자에 대한 관계에서는 공동연대보증인이지만 내부관계에서는 실질상의 주채무자인 경우에 다른 연대보증인이 채권자에 대하여 그 보증채무를 변제한 때에 그 연대보</u>

증인은 실질상의 주채무자에 대하여 구상권을 행사할 수 있는 반면에 실질상의 주채무자인 연대보증인이 자기의 부담부분을 넘어서 그 보증채무를 변제한 경우에는 다른 연대보증인에 대하여 민법 제448조 제2항, 제425조에 따른 구상권을 행사할 수는 없다.

③ [正] 공동불법행위자가 피해자에 대하여 부담하는 손해배상채무는 부진정연대관계에 있다는 것이 통설과 판례이다. 부진정연대채무관계에서는 채권을 만족시키는 사유를 제외하고는 상대적 효력이 있을 뿐이다. 따라서 어느 부진정연대채무자의 채무가 시효로 소멸하였다고 하더라도 이는 그 연대채무자와 채권자인 피해자 사이의 문제일 뿐이고, 이를 다른 연대채무자에게는 주장할 수 없다. 따라서 甲은 乙에 대하여 그 책임비율(과실비율)에 따른 구상권을 행사할 수 있다.
[大判 1997. 12. 23. 97다42830] 공동불법행위자의 다른 공동불법행위자에 대한 구상권은 피해자의 다른 공동불법행위자에 대한 손해배상채권과는 그 발생원인 및 성질을 달리하는 별개의 권리이고, 연대채무에 있어서 소멸시효의 절대적 효력에 관한 민법 제421조의 규정은 공동불법행위자 상호간의 부진정연대채무에 대하여는 그 적용이 없으므로, 공동불법행위자 중 1인의 손해배상채무가 시효로 소멸한 후에 다른 공동불법행위자 1인이 피해자에게 자기의 부담 부분을 넘는 손해를 배상하였을 경우에도, 그 공동불법행위자는 다른 공동불법행위자에게 구상권을 행사할 수 있다.

④ [正] [大判(全) 1992. 6. 23. 91다33070] 피용자와 제3자가 공동불법행위로 피해자에게 손해를 가하여 그 손해배상채무를 부담하는 경우에 피용자와 제3자는 공동불법행위자로서 서로 부진정연대관계에 있고, 한편 사용자의 손해배상책임은 피용자의 배상책임에 대한 대체적 책임이어서 사용자도 제3자와 부진정연대관계에 있다고 보아야 할 것이므로, 사용자가 피용자와 제3자의 책임비율에 의하여 정해진 피용자의 부담부분을 초과하여 피해자에게 손해를 배상한 경우에는 사용자는 제3자에 대하여도 구상권을 행사할 수 있으며, 그 구상의 범위는 제3자의 부담부분에 국한된다고 보는 것이 타당하다.

⑤ [正] 주채무자의 수탁보증인에 대한 사후통지의무위반과 수탁보증인의 사전통지의무위반이 경합하는 경우, 수탁보증인은 자기의 면책행위의 유효를 주장할 수 없고, 이중변제의 원칙으로 돌아가 주채무자의 면책행위가 유효하다. 따라서 수탁보증인은 주채무자에 대하여 구상권을 행사할 수 없다.
[大判 1997. 10. 10. 95다46265] 주채무자의 수탁보증인에 대한 통지의무 : 민법 제446조의 규정은 같은 법 제445조 제1항의 규정을 전제로 하는 것이어서 같은 법 제445조 제1항의 사전 통지를 하지 아니한 수탁보증인까지 보호하는 취지의 규정은 아니므로, 수탁보증에 있어서 주채무자가 면책행위를 하고도 그 사실을 보증인에게 통지하지 아니하고 있던 중에 보증인도 사전 통지를 하지 아니한 채 이중의 면책행위를 한 경우에는 보증인은 주채무자에 대하여 민법 제446조에 의하여 자기의 면책행위의 유효를 주장할 수 없다고 봄이 상당하고 따라서 이 경우에는 이중변제의 기본 원칙으로 돌아가 먼저 이루어진 주채무자의 면책행위가 유효하고 나중에 이루어진 보증인의 면책행위는 무효로 보아야 하므로 보증인은 민법 제466조에 기하여 주채무자에게 구상권을 행사할 수 없다.

정답 ②

7. 배점 2 다수당사자의 채권관계에 관한 설명 중 옳은 것(○)과 옳지 않은 것(×)을 바르게 표시한 것은? (다툼 있으면 판례에 의함) [07년]

㉠ 수인이 공동소유자로서 1개의 부동산을 매도하는 계약을 맺고 계약금을 수령하였는데 그 계약이 무효로 되어 계약금을 반환하는 경우, 매수인은 매도인 중 1인에 대하여도 그 계약금 전액의 반환을 청구할 수 있다.
㉡ 수인의 연대채무자 중 한 사람 소유의 부동산에 대하여 경매개시결정에 의해 그 부동산이 압류된 경우, 별다른 조치를 취하지 않더라도 다른 연대채무자들에 대한 시효의 진행도 중단된다.
㉢ 주채무자의 부탁을 받아 보증인으로 된 자가 주채무자에게 구상권을 행사하는 경우, 면책된 날 이후의 법정이자에 대해서는 구상권을 행사할 수 없다.
㉣ 보증채무에 있어 채권자가 보증인에 대한 이행청구와 동시에 주채무자에 대하여 이행청구를 한 경우, 보증인은 주채무자에 대하여 권리행사를 하지 않고 먼저 보증인에 대하여 권리행사를 하였다 하여 최고의 항변권을 행사하지 못한다.

① ㉠(○), ㉡(×), ㉢(×), ㉣(○)   ② ㉠(×), ㉡(×), ㉢(○), ㉣(×)
③ ㉠(○), ㉡(○), ㉢(×), ㉣(○)   ④ ㉠(○), ㉡(○), ㉢(○), ㉣(×)
⑤ ㉠(×), ㉡(×), ㉢(×), ㉣(○)

해설

㉠ [誤] 민법은 분할채권관계를 다수당사자의 채권관계의 원칙적인 모습으로 본다(제408조). 따라서 수인의 매도인이 매매계약이 무효로 됨에 따라 부담하게 되는 계약금반환의무는 다른 특별한 사정이 없는 한 분할채무가 된다.
[大判 1993. 9. 14. 91다41316] 채권자나 채무자가 여러 사람인 경우에 특별한 의사표시가 없으면 각 채권자 또는 각 채무자는 균등한 비율로 권리가 있고 의무를 부담한다고 할 것이므로, <u>피고를 포함한 4인의 매도인이 원고를 포함한 4인의 매수인에게 임야를 매도하기로 하는 계약을 체결한 경우 매매계약의 무효를 원인으로 부당이득으로서 계약금의 반환을 구하는 채권은 특별한 사정이 없으면 불가분채권채무관계가 될 수 없으므로 매도인 중의 1인에 불과한 피고가 매수인 중의 1인에 불과한 원고에게 위 계약금 전액을 반환할 의무가 있다고 할 수 없다.</u>

㉡ [誤] 연대채무자 1인의 재산에 대한 압류로 인한 시효중단의 효력이 다른 연대채무자들에게 절대적 효력이 있는지를 묻는 문제이다. 민법은 연대채무자 1인에게 발생한 사유가 다른 연대채무자에게 효력이 있는지 여부에 관하여 원칙적으로 상대적 효력만을 인정하고 있다(제423조). 압류는 절대적 효력사유로 규정되어 있지 아니하므로 압류로 인한 시효중단의 효력이 다른 연대채무자에게 미치는 것은 아니다. 다만 주의할 것은 연대채무자 1인에 대한 경매신청(압류신청)은 이행을 최고하는 의사가 포함되어 있으므로 이를 이행의 청구로 볼 수 있고, 이행청구(최고)로 인한 시효중단의 효력은

다른 연대채무자에게 미친다는 점이다. 다만 최고로 인한 시효중단은 6월내에 일정한 조치를 취하지 않는 한 시효중단의 효력이 없으므로(제174조) 연대채무자 1인의 부동산에 압류가 있은 후에 다른 연대채무자에게 별다른 조치를 취하지 아니하였다면 다른 연대채무자의 소멸시효는 중단되지 아니한다.

[大判 2001. 8. 21. 2001다22840] [1] 채권자의 신청에 의한 경매개시결정에 따라 연대채무자 1인의 소유 부동산이 압류된 경우, 이로써 위 채무자에 대한 채권의 소멸시효는 중단되지만, 압류에 의한 시효중단의 효력은 다른 연대채무자에게 미치지 아니하므로, 경매개시결정에 의한 시효중단의 효력을 다른 연대채무자에 대하여 주장할 수 없다. [2] 채권자가 연대채무자 1인의 소유 부동산에 대하여 경매신청을 한 경우, 이는 최고로서의 효력을 가지고 있고, 연대채무자에 대한 이행청구는 다른 연대채무자에게도 효력이 있으므로, 채권자가 6월내에 다른 연대채무자를 상대로 재판상 청구를 하였다면 그 다른 연대채무자에 대한 채권의 소멸시효가 중단되지만, 이로 인하여 중단된 시효는 위 경매절차가 종료된 때가 아니라 재판이 확정된 때로부터 새로 진행된다.

ⓒ [誤] 주채무자의 부탁을 받아 보증인으로 된 자가 과실 없이 변제 기타 출재로 주채무를 소멸하게 한 경우에, 주채무자에게 구상권을 행사할 수 있다(제441조 제1항). 이때 구상의 범위에 대하여 연대채무자의 구상의 범위에 관한 규정이 준용된다(제441조 제2항, 제425조 제2항). 즉 면책된 날 이후의 법정이자 및 피할 수 없는 비용 기타 손해에 대해서도 구상권을 행사할 수 있다.

ⓔ [正] 제437조의 최고의 항변권은 채권자로부터 주채무자에 대한 청구 없이 보증인에게 청구한 경우에 인정되는 항변권이다. 따라서 채권자가 주채무자와 보증인에게 동시에 청구할 경우에는 최고의 항변권이 인정되지 않는다.

정답 ⑤

8. 乙은 甲으로부터 1,000만원을 차용하면서 丙에게 보증을 서달라고 부탁하였다. 이에 丙은 甲과 위 채무에 대한 보증계약을 체결하였다. 이 경우에 대한 설명 중 옳지 않은 것은? [02년]

① 丙이 변제기에 1,000만원을 甲의 통장에 먼저 입금하였음에도 이를 乙에게 통지하지 아니하고 있었는데, 이러한 사실을 모르고 다음날 乙도 통지 없이 1,000만원을 입금한 경우 乙은 자기의 면책행위의 유효를 주장할 수 있다.

② 乙의 채무가 이행기에 도래하였다면, 丙은 甲에게 변제하기 전에도 乙에게 1,000만원을 요구할 수 있다.

③ 乙이 변제기에 1,000만원을 甲의 통장에 먼저 입금하였음에도 이를 丙에게 통지하지 아니하고 있었는데, 이러한 사실을 모르고 다음날 丙도 통지 없이 1,000만원을 입금한 경우 丙은 자기의 면책행위의 유효를 주장할 수 없다.

④ 甲의 乙에 대한 채권의 소멸시효가 완성되었는데도 乙이 그 시효이익을 포기해 버리면 丙도 보증채무를 면할 수 없게 된다.

⑤ 甲이 丙을 보증인으로 지명한 경우는 甲은 丙이 변제자력이 없게 되었더라도 보증인의 변경을 청구할 수 없다.

해설

① [正] 수탁보증인의 통지의무와 주채무자의 통지의무에 관한 문제이다. 우선, 보증인은 모두 사전, 사후의 통지의무를 부담한다. 사전통지의무를 해태한 경우에는 주채무자는 채권자에게 대항할 수 있는 사유로 보증인에게 대항할 수 있다. 사후통지의무를 해태한 경우에는 주채무자는 선의로 한 자신의 제2의 면책행위의 유효를 주장할 수 있다. 한편, 주채무자는 수탁보증인에 대해서만은 사후통지의무를 부담한다. 만약 이를 해태하면 수탁보증인이 선의로 행한 제2의 면책행위의 유효를 주장할 수 있다. 지문은 수탁보증인이 사후통지의무를 해태하였고, 주채무자가 선의로 제2의 면책행위를 한 경우이므로 주채무자는 자신의 면책행위의 유효를 주장할 수 있다. 주의할 것은 주채무자에게는 사전통지의무가 인정되지 않는다는 점이다. 따라서 사후통지의무해태와 사전통지의무해태의 경합이라는 문제는 발생하지 않는다.
② [正] 채무의 이행기도래는 사전구상권의 발생요건이다(민법 제442조 4호).
③ [正] 주채무자의 사후통지의무해태와 수탁보증인의 사전통지의무해태가 경합된 경우이다. 이때에는 원칙으로 돌아가 제1의 면책행위가 유효로 된다. 따라서 제2의 면책행위를 한 수탁보증인은 자신의 면책행위의 유효를 주장할 수 없다.
④ [誤] 주채무자의 시효이익의 포기는 보증인에 대하여는 효력이 없다. 주채무자의 시효원용권과 보증인의 시효원용권은 별개의 독립한 것이므로 주채무자가 시효원용권을 포기하였다고 하더라도 보증인의 시효원용권에 영향을 미치지 않는다.
[大判 1991. 1. 29, 89다카1114] 주채무가 시효로 소멸한 때에는 보증인도 그 시효소멸을 원용할 수 있으며 주채무자가 시효의 이익을 포기하더라도 보증인에게는 그 효력이 없다.
⑤ [正] 민법 제431조 제3항.

정답 ④

9. 배점 2 乙의 甲에 대한 1,000만원의 금전채무에 대하여 丙과 丁이 연대보증인이 된 경우(丙과 丁 사이에 특약은 없는 것으로 한다)에 관한 설명으로 옳은 것은?(다툼 있으면 판례에 의함) [07년]

① 丙의 채무에 대한 시효중단의 사유가 있는 경우에 주채무까지 시효중단되지는 않는다.
② 丙이 甲으로부터 이행청구를 받은 경우, 丙이 乙에게 집행이 용이한 재산이 있음을 증명하면 甲은 우선 乙에게 청구하여야 한다.
③ 甲의 丁에 대한 채권포기는 乙이나 丙에게도 그 효력이 미친다.
④ 丙이 1,000만원을 甲에게 변제한 경우, 丙은 乙에 대하여 구상할 수 있지만 丁에 대하여는 구상할 수 없다.
⑤ 乙이 甲에 대하여 채권을 가지고 있더라도 丙은 이 채권에 의한 상계를 가지고 甲에게 대항할 수 없다.

해설

① [正] 연대보증인에게 발생한 사유가 주채무자에 대하여 어떠한 영향을 주는지를 묻는 지문이다. 연대보증인에게 발생한 사유는 채권을 만족시키는 사유를 제외하면 주채무자에 대하여 상대적 효력을 가질 뿐이다. 따라서 丙의 甲에 대한 연대보증채무의 소멸시효가 중단되었다고 하더라도 주채무인 乙의 甲에 대한 채무의 소멸시효가 중단되는 것은 아니다.
[大判 2002. 5. 14. 2000다62476] <u>보증채무에 대한 소멸시효가 중단되었다고 하더라도 이로써 주채무에 대한 소멸시효가 중단되는 것은 아니고</u>, 주채무가 소멸시효 완성으로 소멸된 경우에는 보증채무도 그 채무 자체의 시효중단에 불구하고 부종성에 따라 당연히 소멸된다.

② [誤] 연대보증인에게 최고·검색의 항변권이 인정되는지를 묻는 지문이다. 연대보증채무는 통상의 보증채무와는 달리 보충성이 인정되지 않는다. 따라서 연대보증인에게는 최고·검색의 항변권이 인정되지 않아 주채무자에게 집행이 용이한 재산이 있음을 증명한다고 하더라도 보증채무의 이행을 거절할 수 없다.

③ [誤] 공동연대보증인 중 1인에 대한 채무면제가 주채무자나 다른 공동연대보증인에게 어떠한 영향을 미치는지를 묻는 지문이다. 연대보증채무면제가 변제 등과 같은 채권을 만족시키는 사유가 아니므로 주채무자에 대한 관계에서는 상대적 효력을 가진다. 한편 다른 공동연대보증인에 대한 관계에서 절대적 효력을 가지는가는 문제인데, 비록 연대보증인들이 분별의 이익을 가지지는 않는다고 하더라도 연대의 특약이 없는 한 연대보증채무면제가 다른 연대보증인에게 절대적 효력을 가진다고 할 수는 없다는 것이 판례이다.
[大判 1992. 9. 25. 91다37553] [1] 연대보증인이라고 할지라도 주채무자에 대하여는 보증인에 불과하므로 연대채무에 관한 면제의 절대적 효력을 규정한 민법 제419조의 규정은 주채무자와 보증인 사이에는 적용되지 아니하는 것이니, 채권자가 연대보증인에 대하여 그 채무의 일부 또는 전부를 면제하였다 하더라도 그 면제의 효력은 주채무자에 대하여 미치지 아니한다. [2] 수인의 연대보증인이 있는 경우, 연대보증인들 사이에 연대관계의 특약이 있는 경우가 아니면 채권자가 연대보증인의 1인에 대하여 채무의 전부 또는 일부를 면제하더라도 다른 연대보증인에 대하여는 그 효력이 미치지 아니한다 할 것이다.

④ [誤] 공동보증인 상호간의 구상권을 묻는 지문이다. 수인의 공동보증인 중 1인이 그 부담부분을 초과하여 변제한 경우에는 다른 공동보증인에 대하여 구상권을 행사할 수 있다. 丙은 주채무자인 乙에 대해서 구상할 수 있을 뿐만 아니라 丁에 대해서는 연대채무에 관한 규정에 따라 구상할 수 있다.
[大判 1988. 10. 25. 86다카1729] [1] <u>수인의 보증인이 각자 채무자와 연대하여 채무를 부담하는 경우에 있어서는 보증인 상호간에 연대의 특약이 없는 경우에도 채권자에 대하여 분별의 이익이 없는 것이므로</u> 각자 채무전액 또는 각자가 약정한 보증한도액 전액을 변제할 책임이 있는 것이라 하겠으나 보증인 상호간의 내부관계에 있어서는 일정한 부담부분이 있고 일정한 분할액에 한정하여 보증인의 지위에 놓이게 된다. [2]

위의 경우 연대보증인 중의 한 사람이 채무를 변제하고 다른 연대보증인에게 구상권을 행사하려면 자기의 부담부분을 초과하여 변제를 하여 공동의 면책을 얻은 경우라야 가능한 것이므로 다른 보증인 중 이미 자기의 부담부분을 변제한 사람에 대해서는 구상을 할 수 없다.

⑤ [誤] 보증인은 주채무자의 채권에 의한 상계로 채권자에게 대항할 수 있다(제434조). 즉 보증인은 주채무자의 상계권을 행사할 수 있다. 따라서 丙은 乙의 甲에 대한 채권을 자동채권으로 하여 상계권을 행사할 수 있다.

정답 ①

10. 구상관계에 대한 설명 중 옳지 않은 것은? (다툼 있으면 판례에 의함) [02년]

① 자신의 부담부분을 넘는 공동면책행위를 한 공동불법행위자는 손해배상채무가 시효로 소멸한 다른 공동불법행위자에게도 구상권을 행사할 수 있다.
② 피용자가 그 업무집행에 관하여 범한 불법행위를 이유로 사용자가 피해자에 대하여 손해배상을 한 경우에, 구상권은 신의칙에 의하여 제한될 수 있지만 배제될 수는 없다.
③ 2인의 연대보증인이 있는 경우에 그들 각자가 별개의 법률행위로 보증인이 되었고 또 보증인 상호간에 연대의 특약이 없더라도 연대보증인 중 1인이 자신의 부담부분을 넘는 변제를 하였을 경우에, 그는 아직 자신의 부담부분의 변제를 하지 아니한 연대보증인에 대하여 구상권을 행사할 수 있다.
④ 물상보증인이 채무자의 채무를 변제한 경우 채무자에 대하여 구상권을 가짐과 동시에 변제자대위로 당연히 채권자를 대위하며, 전자의 구상권과 후자의 변제자대위로 취득한 채권자의 권리는 서로 별개의 권리이지만 후자는 전자의 범위에서만 행사할 수 있다.
⑤ 부진정연대채무에서 채권자가 채무자 중 1인에 대하여 그 채무를 면제한 경우에도 다른 채무자들은 면책되지 않는다.

해설

① [正] 공동불법행위자의 1인이 취득한 다른 공동불법행위자에 대한 구상권과 다른 공동불법행위자의 피해자에 대한 손해배상채무가 동일성을 가지는지를 묻는 문제이다. 공동불법행위자의 1인이 다른 공동불법행위자에 대한 구상권과 다른 공동불법행위자에 대한 피해자의 손해배상채권은 발생원인과 법적 성질을 달리 하므로 이는 별개의 독립된 권리라고 파악하여야 한다. 판례도 같은 취지에서 판단한다(大判 1996. 3. 26, 96다3791). 따라서 피해자의 다른 공동불법행위자에 대한 손해배상채권이 시효소멸하였다고 하더라도 이미 공동불법행위자 1인이 취득한 구상권에는 영향을 미치지 않는다.

[大判 1996. 3. 26, 96다3791] 피해자에게 손해배상을 한 공동불법행위자의 다른 공동불법행위자에 대한 구상권은 피해자의 다른 공동불법행위자에 대한 손해배상채권과는 그 발생원인과 법적성질을 달리하는 별개의 독립한 권리이므로, 공동불법행위자가 다른

공동불법행위자에 대한 구상권을 취득한 이후에 피해자의 그 다른 공동불법행위자에 대한 손해배상채권이 시효로 소멸되었다고 하여 그러한 사정만으로 이미 취득한 구상권이 소멸된다고 할 수 없다.

② [誤] 사용자책임을 이행한 사용자는 피용자에 대하여 구상권을 행사할 수 있는 바, 구상권의 제한이 가능한지, 가능하다면 전부 배제될 수 있는지의 문제이다. 이는 사용자책임의 본질이 무엇인가와 관련되어 있다. 사용자책임의 본질을 대위책임이라고 한다면 구상권은 원칙적으로 제한되지 않는다. 그러나 사용자책임의 본질을 자기책임이라고 본다면 구상권의 제한은 당연히 인정된다. 한편, 판례는 피용자의 사용자에 대한 손해배상책임이나 구상책임을 부분적, 또는 비율적인 방법으로 한정하여 경감하거나, 그 전부를 기각할 수 있고, 그 책임제한의 근거내지 기준은 신의칙이라는 일반조항이라고 판단한다.
[大判 1991. 5. 10, 91다7255] [1] 일반적으로 사용자가 피용자의 업무수행과 관련하여 행해진 불법행위로 인하여 직접 손해를 입었거나 그 피해자에게 사용자로서의 손해배상책임을 부담한 결과로 손해를 입게 된 경우에 있어 사용자는 그 사업의 성격과 규모, 시설의 현황, 피용자의 업무내용, 근로조건이나 근무태도, 가해행위의 상황, 가해행위의 예방이나 손실의 분산에 관한 사용자의 배려정도, 기타 제반사정에 비추어 손해의 공평한 분산이라는 견지에서 신의칙상 상당하다고 인정되는 한도 내에서만 피용자에 대하여 위 손해배상이나 그 구상권을 행사할 수 있다고 보아야 한다. [2] 렌트카회사의 야간경비원이 업무수행과 관련하여 회사 소유의 렌트카를 운전하다가 일으킨 교통사고로 인하여 회사가 사용자로서 손해배상책임을 부담한 경우에 있어, 피용자인 위 경비원의 가해행위가 지니는 책임성에 비하여 사용자의 가해행위에 대한 기여도 내지 가공도가 지나치게 큰 점등에 비추어 사용자로서의 피용자의 상속인과 그 신원보증인에 대한 구상권 행사가 신의칙상 부당하다고 본 사례.

③ [正] 공동보증인 상호간에는 분별의 이익이 있는 것이 원칙이다. 따라서 공동보증인 중 1인은 원칙적으로 자신의 부담부분의 범위에서만 보증채무을 이행하면 족하다(제439조). 만약, 자신의 부담부분을 초과하는 변제를 한 경우에는 다른 보증인에 대한 관계에서는 마치 부탁 없이 보증인이 된 것과 유사한 관계가 된다. 따라서 부탁 없는 보증인의 구상권에 관한 규정에 따라 다른 보증인에 대하여 구상권을 행사할 수 있다. 그러나 주채무가 불가분이거나 각 보증인이 상호연대로 보증하였거나 각 보증인이 연대보증인인 경우에는 분별의 이익이 없다. 이 경우에 어느 보증인이 내부적인 부담부분을 넘는 변제를 한 경우에는 연대채무규정에 의하여 구상권을 행사할 수 있다. 결국, 위 지문은 타당하다.

④ [正] 물상보증인이 변제를 한 경우에는 채무자에 대하여 구상권을 가지며, 구상권을 확보하기 위하여 제481조의 변제자 대위권을 동시에 가지게 된다. 양 권리는 별개의 권리이다. 다만, 변제자대위권은 구상권을 확보하기 위한 권리이므로 구상권의 범위에서만 행사된다.

⑤ [正] 부진정연대채무에서의 절대적 효력사유에 관한 문제이다. 부진정연대채무에서는 채권을 만족시키는 사유외에는 상대적 효력사유에 불과하다는 것이 통설이다. 통설에 따르면 변제, 대물변제, 공탁, 상계가 절대적 효력이 있고, 그외의 사유는 상대적 효

력이 있을 뿐이다. 다만, 판례는 상계의 경우에도 상대적 효력에 불과하다고 한다.
[大判 1997. 12. 12. 96다50896] 피해자가 부진정연대채무자 중 1인에 대하여 손해배상에 관한 권리를 포기하거나 채무를 면제하는 의사표시를 하였다 하더라도 다른 채무자에 대하여 그 효력이 미친다고 볼 수는 없다.

정답 ②

11. 배점 2 다수당사자의 채권관계에 관한 설명 중 옳지 않은 것은?(다툼 있으면 판례에 의함) [08년]

① 甲에 대한 A와 B의 부진정연대채무에 대하여 C가 A를 연대보증한 경우, B는 위 채무를 전부 변제하더라도 C에게 구상권을 행사할 수 없다.
② 주채무자 甲이 면책행위를 하고도 그 사실을 수탁보증인 乙에게 통지하지 않고 있던 중, 乙이 사전통지를 하지 아니한 채 甲의 면책행위가 있었음을 모르고 이중의 면책행위를 한 경우, 乙은 甲에 대하여 자기의 면책행위의 유효를 주장할 수 있다.
③ 乙은 甲에 대하여 1,000만원의 대여금채무를 부담하고 있는데, 丙이 그 채무에 대해 연대보증을 한 상태에서 甲이 乙의 채무 전액을 면제해 주었다면, 甲이 丙에 대해 청구할 수 있는 금액은 0원이다.
④ 보증인은 채권자가 주채무자에 대하여 상계적상에 있는 자동채권을 상계처리하지 아니하였다 하여 이를 이유로 자신이 보증한 채무의 이행을 거부할 수 없다.
⑤ 계약당사자의 일방을 위한 보증인은 특별한 사정이 없는 한 피보증인의 채무불이행으로 인하여 그 계약이 해제됨으로써 발생한 피보증인의 상대방에 대한 원상회복의무에 대하여도 책임을 진다.

해설

① [正] [大判 1991. 10. 22. 90다20244] 수인의 불법행위로 인한 손해배상책임은 부진정연대채무이나 그 구상권 행사에 있어서는 성질상 연대채무에 관한 규정이 준용된다고 할 것인데 그 구상권에 관하여 규정한 민법 제425조 제1항의 규정에 의한 구상권 행사의 상대방은 공동면책이 된 다른 연대채무자에 한하는 것이며 다른 연대채무자가 그 채권자에게 부담하는 채무를 연대보증한 연대보증인은 그 연대채무자와 연대하여 채권자에게 채무를 변제할 책임을 지는데 불과하고 채무를 변제한 연대채무자에게까지 그 연대보증한 연대채무자의 부담부분에 관한 채무를 변제할 책임을 부담하는 것은 아니라고 할 것이다.
② [誤] [大判 1997. 10. 10. 95다46265] 민법 제446조의 규정은 같은 법 제445조 제1항의 규정을 전제로 하는 것이어서 같은 법 제445조 제1항의 사전 통지를 하지 아니한 수탁보증인까지 보호하는 취지의 규정은 아니므로, 수탁보증에 있어서 주채무자가 면책행위를 하고도 그 사실을 보증인에게 통지하지 아니하고 있던 중에 보증인도 사전 통지를 하지 아니한 채 이중의 면책행위를 한 경우에는 보증인은 주채무자에 대하여 민법 제446조에 의하여 자기의 면책행위의 유효를 주장할 수 없다고 봄이 상당하고 따

라서 이 경우에는 이중변제의 기본 원칙으로 돌아가 먼저 이루어진 주채무자의 면책행위가 유효하고 나중에 이루어진 보증인의 면책행위는 무효로 보아야 하므로 보증인은 민법 제466조에 기하여 주채무자에게 구상권을 행사할 수 없다.

③ [正] 채권자가 주채무를 면제한 경우, 보증채무에는 부종성이 있기 때문에 보증인도 보증채무를 면하게 된다.

④ [正] [大判 1987. 5. 12, 86다카1340] 상계는 단독행위로서 상계를 하는 여부는 채권자의 의사에 따르는 것이고 상계적상에 있는 자동채권이 있다 하여 반드시 상계를 하여야 할 것은 아니므로 채권자가 주채무자에 대하여 상계적상에 있는 자동채권을 상계 처리하지 아니하였다 하여 이를 이유로 보증채무자가 신용보증한 채무의 이행을 거부할 수 없으며 나아가 보증채무자의 책임이 면책되는 것도 아니다.

⑤ [正] [大判 1972. 5. 9, 71다1474] 타인간의 계약에 있어 그 계약상의 여러 가지 의무를 부담하는 당사자의 일방을 위하여 그 계약을 보증한 보증인은 상대방에 대하여 특단의 사정이 없는 한 피보증인의 채무불이행으로 인하여 그 계약이 해제되었으므로 인한 피보증인의 원상회복의 의무에 대하여도 책임을 진다.

정답 ②

제6장 채권양도와 채무인수

1. 채권양도에 관한 설명 중 옳지 않은 것은?(다툼 있으면 판례에 의함) [02년]

① 채권양도가 다른 채무를 담보하기 위하여 이루어진 경우 그 피담보채무가 변제로 소멸되었다면 양도채권의 채무자는 이를 이유로 채권양수인의 양수금 청구를 거절할 수 있다.
② 채권양도에 있어서 양도채권이 사회통념상 다른 채권과 구별되어 그 동일성을 인식할 수 있다면 그 채권은 특정된 것으로 보아야 하기 때문에 양도채권의 종류나 금액 등이 구체적으로 적시될 필요는 없다.
③ 채권양도 금지특약에 반하여 채권양도가 이루어진 경우 양도금지특약이 있었음을 중대한 과실로 알지 못한 양수인은 채무자에게 대항할 수 없다.
④ 채권양도의 통지가 채무자에게 도달되었다고 보기 위해서는 채무자가 이를 현실적으로 수령하거나 그 내용을 알았어야 하는 것은 아니다.
⑤ 지시증권은 배서에 의하여 이를 양도할 수 있지만, 발행인이 배서를 금지하는 뜻을 기재한 경우에는 배서에 의해서는 양도할 수 없고, 그러한 경우에는 일반 지명채권양도의 방법에 의하여 양도할 수 있다.

해설

① [誤] 담보목적으로 채권이 양도된 경우는 민법상의 신탁행위개념에 의하여 설명되는 것이 일반적이다. 즉, 채권의 양도담보라고 볼 수 있다. 따라서 대외적 관계에서는 채권양수인만이 채권자로서의 지위를 가지게 되나, 대내적 관계, 즉 채권양도인과 채권양수인 사이의 관계에서는 담보목적의 범위를 초과하여 채권을 행사하지 아니할 의무를 부담하게 된다. 따라서 담보목적의 채권양도에서 피담보채권의 소멸은 대내적 관계에서 채권을 이전시켜야 할 채권양수인의 의무를 발생시키는데 불과하고, 대외적 관계에서는 여전히 채권양수인이 채권자로서의 지위를 가진다.
[大判 1999. 11. 26, 99다23093] 채권양도가 다른 채무의 담보조로 이루어졌으며 또한 그 채무가 변제되었다고 하더라도, 이는 채권 양도인과 양수인 간의 문제일 뿐이고, 양도채권의 채무자는 채권 양도·양수인 간의 채무 소멸 여하에 관계없이 양도된 채무를 양수인에게 변제하여야 하는 것이므로, 설령 그 피담보채무가 변제로 소멸되었다고 하더라도 양도채권의 채무자로서는 이를 이유로 채권양수인의 양수금 청구를 거절할 수 없다.
② [正] 채권의 액이 확정되어 있지 아니하더라도 채권의 특정성만 있다면 채권양도의 대상이 될 수 있다.
[大判 1997. 7. 25, 95다21624] 채권양도에 있어 사회통념상 양도 목적 채권을 다른 채권

과 구별하여 그 동일성을 인식할 수 있을 정도이면 그 채권은 특정된 것으로 보아야 할 것이고, 채권양도 당시 양도 목적 채권의 채권액이 확정되어 있지 아니하였다 하더라도 채무의 이행기까지 이를 확정할 수 있는 기준이 설정되어 있다면 그 채권의 양도는 유효한 것으로 보아야 한다.

③ [正] 제449조 제2항은 특약에 의한 채권양도금지의 가능성을 규율하고 있다. 한편, 양도금지특약은 선의의 제3자에게 대항하지 못한다고 한다. 다만, 선의에 무과실을 필요로 하는가에 대하여 견해의 대립이 있다. 무과실불요설은 채권의 양도성원칙은 현행법의 대원칙이므로 이에 대한 예외규정은 엄격하게 해석하여야 한다는 점을 근거로 한다. 무과실필요설은 채권양수인의 신뢰를 보호하기 위한 것이므로 양수인의 보호가치가 있어야 하며, 따라서 양수인은 무과실의 선의자이어야 한다고 한다. 판례는 선의에 중대한 과실은 없어야 한다고 한다. 따라서 중대한 과실로 이를 알지 못한 경우에는 채권을 취득할 수 없다고 한다(大判 1999. 1. 12, 98다49937).

[大判 2003. 1. 24, 2000다5336] 채무자는 제3자가 채권자로부터 채권을 양수한 경우 채권양도금지 특약의 존재를 알고 있는 양수인이나 그 특약의 존재를 알지 못함에 중대한 과실이 있는 양수인에게 그 특약으로써 대항할 수 있고, 여기서 말하는 중과실이란 통상인에게 요구되는 정도의 상당한 주의를 하지 않더라도 약간의 주의를 한다면 손쉽게 그 특약의 존재를 알 수 있음에도 불구하고 그러한 주의조차 기울이지 아니하여 특약의 존재를 알지 못한 것을 말하며, 제3자의 악의 내지 중과실은 채권양도금지의 특약으로 양수인에게 대항하려는 자가 이를 주장·입증하여야 한다.

④ [正] [大判 1983. 8. 23, 82다카439] 채권양도의 통지와 같은 준법률행위의 도달은 의사표시와 마찬가지로 사회관념상 채무자가 통지의 내용을 알 수 있는 객관적 상태에 놓여졌을 때를 지칭하고, 그 통지를 채무자가 현실적으로 수령하였거나 그 통지의 내용을 알았을 것까지는 필요하지 않다.

⑤ [正] 어음법 제11조 제2항. 다만, 지시증권의 배서가 금지되지 아니한 경우에도 지명채권양도의 방법으로 양도할 수 있는가에 관하여는 견해의 대립이 있으나, 이를 긍정하는 것이 다수설이다.

정답 ①

2. 甲은 乙에 대하여 1,000만원의 물품대금채권(변제기 2000. 1. 5.)이 있었다. 甲이 2000. 1. 15. A에게 위 채권을 양도하고 같은 날 이를 乙에게 구두로 통지하자 乙은 같은 달 17일 A에게 위 채무 중 300만원을 변제하였다. 甲은 2000. 2. 20. B에게 다시 위 채권을 양도하면서 양도계약서를 공증하고 같은 날 乙에게 내용증명우편으로 통지하여 이는 같은 달 24일 乙에게 도달하였다. 甲은 2000. 2. 21. C에게 다시 위 채권을 양도하면서 양도계약서는 공증하지 아니하고 같은 날 乙에게 내용증명우편으로 통지하여 이는 같은 달 23일 乙에게 도달하였다. 2000. 3. 5. A는 700만원, B, C는 각 1,000만원의 지급을 乙에게 청구하자, 乙은 A, B, C 모두에게 甲에 한 500만원의 대여금 채권(변제기 2000. 2. 15.)으로 대등액에서 상계한다는 의사표시를 하였다. 위 사안에서 乙은 누구에게 얼마를 지급하여야 하는가?(이자 및 지연손해금은 고려하지 않음)(다툼 있으면 판례에 의함) [03년]

① B에게 200만원
② B에게 700만원
③ B에게 1,000만원
④ C에게 200만원
⑤ C에게 700만원

해설

* 乙의 A에 대한 300만원의 변제는 적법하다. 채권의 이중양도는 채권이 존재하는 경우에만 문제되기 때문이다. 따라서 채권의 이중양도가 문제되는 것은 700만원의 채권에 한정된다. 한편, 채권의 이중양도가 있는 경우에는 확정일자부 증서에 의한 통지나 승낙을 갖춘 채권양수인을 채권양수인으로 보아야 하고, 그러한 양수인이 2인 이상인 경우에는 양도통지의 도달일을 기준으로 하여야 한다는 것이 판례이다(도달시설). 따라서 도달일이 빠른 C가 유효한 채권양수인이 된다. 또한 양도통지 이전에 취득한 채권양도인에 대한 채권으로 상계할 수 있다는 것이 판례이므로 乙의 상계는 적법하다. 따라서 乙은 C에게 200만원을 지급하여야 한다.

정답 ④

3. 채권양도에 관한 설명 중 판례의 입장과 다른 것은? [04년]

① 지명채권의 양도시 채무자가 이의를 보류하지 아니하고 승낙한 경우라도 항변사유의 존재를 양수인이 중과실로 알지 못했다면, 채무자는 그 승낙시까지 양도인에 대하여 생긴 사유로 양수인에게 대항할 수 있다.
② 부동산의 매매로 인한 소유권이전등기청구권의 양도의 경우에는, 특별한 사정이 없는 한 양도인의 채무자에 대한 통지만으로는 채무자에 대한 대항력이 생기지 않으며 반드시 채무자의 동의나 승낙을 받아야 대항력이 생긴다.
③ 주채무자에 대한 채권이 이전되면 당사자 사이에 별도의 특약이 없는 한 보증인에 대한 채권도 함께 이전되고, 이 경우 채권양도의 대항요건도 주채권의 이전에 관하여 구비하면 족하고 별도로 보증채권에 관하여 대항요건을 갖출 필요는 없다.
④ 채권양도통지 가압류 또는 압류명령 등이 제3채무자에게 동시에 송달되었는데 양수채권액과 가압류 또는 압류된 채권액의 합계액이 제3채무자에 대한 채권액을 초과할 때에는, 채권양수인, 가압류 또는 압류채권자 등은 공평의 원칙상 각 채권액에 안분하여 제3채무자에게 청구하여야 한다.
⑤ 채권양도의 통지와 가압류 또는 압류명령이 제3채무자에게 동시에 송달된 경우에도 제3채무자는 변제공탁을 할 수 있다.

해설

① [正] [大判 1999. 8. 20. 99다18039] 채권양도에 있어서 채무자가 양도인에게 이의를 보류하지 아니하고 승낙을 하였다는 사정이 없거나 또는 이의를 보류하지 아니하고 승낙을 하였더라도 양수인이 악의 또는 중과실의 경우에 해당하는 한, 채무자의 승낙 당시까지 양도인에 대하여 생긴 사유로써 양수인에게 대항할 수 있다고 할 것인데, 승낙 당시 이미 상계를 할 수 있는 원인이 있었던 경우에는 아직 상계적상에 있지 아니하였다 하더라도 그 후에 상계적상이 생기면 채무자는 양수인에 대하여 상계로 대항할 수 있다.

② [正] 매매를 원인으로 하는 소유권이전등기청구권은 그 이행과정에 신뢰관계가 따르므로 양도가 제한되는 권리로 이해하는 것이 판례의 입장이다.
[大判 2001. 10. 9. 2000다51216] 부동산의 매매로 인한 소유권이전등기청구권은 물권의 이전을 목적으로 하는 매매의 효과로서 매도인이 부담하는 재산권이전의무의 한 내용을 이루는 것이고, 매도인이 물권행위의 성립요건을 갖추도록 의무를 부담하는 경우에 발생하는 채권적 청구권으로 그 이행과정에 신뢰관계가 따르므로, 소유권이전등기청구권을 매수인으로부터 양도받은 양수인은 매도인이 그 양도에 대하여 동의하지 않고 있다면 매도인에 대하여 채권양도를 원인으로 하여 소유권이전등기절차의 이행을 청구할 수 없고, 따라서 매매로 인한 소유권이전등기청구권은 특별한 사정이 없는 이상 그 권리의 성질상 양도가 제한되고 그 양도에 채무자의 승낙이나 동의를 요한다고 할 것이므로 통상의 채권양도와 달리 양도인의 채무자에 대한 통지만으로는 채무자에 대한 대항력이 생기지 않으며 반드시 채무자의 동의나 승낙을 받아야 대항력이 생긴다.

③ [正] [大判 1976. 4. 13. 75다1100] 채권양도에 있어서 주채무자에 대하여 채권양도통지 등 대항요건을 갖추었으면 보증인에 대하여도 그 효력이 미친다.

④ [誤] 확정일자 증서에 의한 통지 등이 동시에 도달한 경우, 각 채권양수인들이 채권액 전부에 관하여 이행청구를 할 수 있는가에 관하여 종래 판례는 이를 부정하였으나, 판례가 그 후 입장을 변경하여 전액청구가 가능하다고 한다. 이는 각 양수인들이 제450조 제2항의 요건을 갖춘 자라는 점을 근거로 하고 있다. 다만 공평의 관념에 기초하여 채권 전부를 변제받은 양수인은 내부적인 관계에서 정산해야 할 의무를 부담한다.
[大判(全) 1994. 4. 26. 93다24223] 채권양도 통지, 가압류 또는 압류명령 등이 제3채무자에 동시에 송달되어 그들 상호간에 우열이 없는 경우에도 그 채권양수인, 가압류 또는 압류채권자는 모두 제3채무자에 대하여 완전한 대항력을 갖추었다고 할 것이므로, 그 전액에 대하여 채권양수금, 압류전부금 또는 추심금의 이행청구를 하고 적법하게 이를 변제받을 수 있고, 제3채무자로서는 이들 중 누구에게라도 그 채무 전액을 변제하면 다른 채권자에 대한 관계에서도 유효하게 면책되는 것이며, 만약 양수채권액과 가압류 또는 압류된 채권액의 합계액이 제3채무자에 대한 채권액을 초과할 때에는 그들 상호간에는 법률상의 지위가 대등하므로 공평의 원칙상 각 채권액에 안분하여 이를 내부적으로 다시 정산할 의무가 있다. [2] 채권양도의 통지와 가압류 또는 압류명령이 제3채무자에게 동시에 송달되었다고 인정되어 채무자가 채권양수인 및 추심명령이나 전부명

령을 얻은 가압류 또는 압류채권자 중 한 사람이 제기한 급부소송에서 전액 패소한 이후에도 다른 채권자가 그 송달의 선후에 관하여 다시 문제를 제기하는 경우 기판력의 이론상 제3채무자는 이중지급의 위험이 있을 수 있으므로, 동시에 송달된 경우에도 제3채무자는 송달의 선후가 불명한 경우에 준하여 채권자를 알 수 없다는 이유로 변제공탁을 함으로써 법률관계의 불안으로부터 벗어날 수 있다. [3] 채권양도 통지와 채권가압류결정 정본이 같은 날 도달되었는데 그 선후관계에 대하여 달리 입증이 없으면 동시에 도달된 것으로 추정한다.

⑤ [正] 大判(全) 1994. 4. 26, 93다24223 위의 판례 [2] 참조.

정답 ④

4. 채권양도에 관한 설명 중 옳지 않은 것은?(다툼 있으면 판례에 의함) [05년]

① 양수인에 대한 양도인의 채무를 담보하기 위하여 채권양도가 이루어진 경우, 그 후 양도인이 양수인에게 채무를 변제하였더라도, 채무자는 양수인의 이행청구를 거절할 수 없다.
② 양도금지특약의 존재를 양수인이 중과실로 알지 못한 경우, 채무자는 그러한 특약의 유효를 양수인에게 주장할 수 있다.
③ 양도금지특약이 있는 채권이더라도 압류 및 전부명령에 따라 이전될 수 있고, 이 때 압류채권자의 선의·악의 여부는 전부명령의 효력에 영향이 없다.
④ 채권양도의 대항요건인 통지는 양도인이 직접 채무자에게 하여야 하므로, 양수인이 양도인의 사자 또는 대리인으로서 한 통지는 부적법하다.
⑤ 기존채무의 지급을 위하여 수표를 교부받은 채권자가 그 수표와 분리하여 기존 원인채권만을 제3자에게 양도하고 이를 채무자에게 통지한 경우, 채무자는 양수인의 이행청구에 대해 수표의 반환 없는 원인채무의 이행을 거절할 수 있는 항변권을 행사할 수 있다.

해설

① [正] [大判 1999. 11. 26, 99다23093] 채권양도가 다른 채무의 담보조로 이루어졌으며 또한 그 채무가 변제되었다고 하더라도, 이는 채권 양도인과 양수인 간의 문제일 뿐이고, 양도채권의 채무자는 채권 양도·양수인 간의 채무 소멸 여하에 관계없이 양도된 채무를 양수인에게 변제하여야 하는 것이므로, 설령 그 피담보채무가 변제로 소멸되었다고 하더라도 양도채권의 채무자로서는 이를 이유로 채권양수인의 양수금 청구를 거절할 수 없다.
② [正] [大判 1996. 6. 28, 96다18281] 민법 제449조 제2항이 채권양도 금지의 특약은 선의의 제3자에게 대항할 수 없다고만 규정하고 있어서 그 문언상 제3자의 과실의 유무를 문제삼고 있지는 아니하지만, 제3자의 중대한 과실은 악의와 같이 취급되어야 하므로, 양도금지 특약의 존재를 알지 못하고 채권을 양수한 경우에 있어서 그 알지 못함

에 중대한 과실이 있는 때에는 악의의 양수인과 같이 양도에 의한 채권을 취득할 수 없다고 해석하는 것이 상당하다.

③ [正] 당사자의 특약에 의하여 채권의 양도성이 제한된다고 하더라도 그 채권에 대한 집행가능성이 제한될 수는 없다. 따라서 특약에 의하여 양도성이 제한된 채권에 대한 강제집행으로서 전부명령에 따라 채권이 이전될 수 있으며, 이 때 전부채권자의 양도금지특약에 대한 선의·악의 여부는 문제되지 않는다.
[大判 2003. 12. 11. 2001다3771] 당사자 사이에 양도금지의 특약이 있는 채권이더라도 전부명령에 의하여 전부되는 데에는 지장이 없고, 양도금지의 특약이 있는 사실에 관하여 집행채권자가 선의인가 악의인가는 전부명령의 효력에 영향을 미치지 못하는 것인 바, 이와 같이 양도금지특약부 채권에 대한 전부명령이 유효한 이상, 그 전부채권자로부터 다시 그 채권을 양수한 자가 그 특약의 존재를 알았거나 중대한 과실로 알지 못하였다고 하더라도 채무자는 위 특약을 근거로 삼아 채권양도의 무효를 주장할 수 없다.

④ [誤] [大判 1997. 6. 27. 95다40977·40984] 채권양도의 통지는 양도인이 채무자에 대하여 당해 채권을 양수인에게 양도하였다는 사실을 알리는 관념의 통지이고, 법률행위의 대리에 관한 규정은 관념의 통지에도 유추적용된다고 할 것이어서, 채권양도의 통지도 양도인이 직접 하지 아니하고 사자를 통하여 하거나 나아가서 대리인으로 하여금 하게 하여도 무방하고, 그와 같은 경우에 양수인이 양도인의 사자 또는 대리인으로서 채권양도 통지를 하였다 하여 민법 제450조의 규정에 어긋난다고 할 수 없다.

⑤ [正] 지급을 위하여 수표가 교부된 경우, 원인채권과 수표금채권은 병존한다. 따라서 채권자는 원인채권만을 제3자에게 양도할 수 있다. 그러나 수표는 원인채권의 지급수단으로 교부된 것이며, 수표의 반환 없는 원인채권의 행사를 허용하는 것은 채무자에게 2중변제의 위험을 감수하도록 하는 것이므로 채무자는 수표의 반환 없는 원인채권의 행사에 대하여 이행을 거절할 수 있는 항변권을 보유한다. 이러한 항변권은 원인채권이 동일성을 유지하면서 양도된 경우에도 존속한다. 따라서 채무자는 원인채권의 양수인의 이행청구에 대하여도 수표의 반환이 없음을 이유로 이를 거절할 수 있다.
[大判 2003. 5. 30. 2003다13512] [1] 채무자가 채권자에게 기존채무의 이행에 관하여 수표를 교부하는 경우 다른 특별한 사정이 없는 한 이는 '지급을 위하여' 교부된 것으로 추정할 것이고, 따라서 기존의 원인채무는 소멸하지 아니하고 수표상의 채무와 병존한다고 보아야 한다. [2] 기존의 원인채무와 수표상의 채무가 병존하고 있는 한에서는 채무자로서는 그 수표상의 상환의무를 면하기 전까지는 이중으로 채무를 지급하게 될 위험을 피하기 위하여 원인관계상의 채권자에 대하여 수표의 반환 없는 기존채권의 지급청구를 거절할 수 있다고 할 것이고, 한편 후일 수표금이 지급되는 등 채무자가 그 수표상의 상환의무를 면할 경우 비로소 기존 원인관계상 채무도 소멸한다고 볼 것이므로 채무자는 원인관계상의 채권자에 대하여 수표상의 상환의무를 면하였음을 사유로 하여 그 원인관계상 채무의 소멸을 주장할 수 있다. [3] 채무자가 기존채무의 지급을 위하여 채권자에게 수표를 교부하였는데 채권자가 그 수표와 분리하여 기존 원인채권만을 제3자에게 양도한 경우, 채무자는 기존 원인채권의 양도인에 대하여 채권자가 위 수표의 반환 없는 기존 원인채무의 이행을 거절할 수 있는 항변권을 그 채

권양도통지를 받기 이전부터 이미 가지고 있었으므로 채권양수인에 대하여도 이와 같은 항변권을 행사할 수 있다. [4] 기존채무의 지급을 위하여 수표를 교부받은 채권자가 그 수표와 분리하여 기존 원인채권만을 제3자에게 양도한 경우, 기존채무의 지급을 위하여 수표를 교부하였다는 것은 채무자와 기존채권의 양도인 사이에서는 그 수표금이 지급되는 등 채무자가 그 수표상의 상환의무를 면하게 되면 원인채무 또한 소멸할 것을 예정하고 있었던 것으로 보아야 할 것인데, 수표금의 지급으로써 기존 원인채무도 소멸할 것을 예정하고 있었던 사정은 그 채권양도통지 이전에 이미 존재하고 있었던 것이므로, 그 채권양도통지 후에 수표금의 지급이 이루어지더라도 이는 양도통지 후에 새로이 발생한 사유로 볼 수는 없다고 할 것이니, 따라서 채무자로서는 기존 원인채권의 양수인에 대하여 기존채무의 지급을 위하여 교부한 수표가 양도통지 이후에 결제되었다는 사유로써 그 기존채무의 소멸을 주장할 수 있다.

정답 ④

5. [배점 3] 다음 사례에 관한 설명 중 옳지 않은 것을 모두 고른 것은? (다툼 있으면 판례에 의함) [07년]

甲은 2006. 5. 1. 丙과 X 토지를 1억원에 매도하는 내용의 매매계약을 체결하면서, 소유권이전의무와 대금지급의무는 6. 30. 각 이행하기로 하되, 매매대금 1억원에 대하여는 甲이 X 토지에 야적된 산업폐기물을 전부 수거하는 것을 조건(이하 '수거조건'이라 한다)으로 지급하기로 약정하였다. 그 후 甲은 6. 10. 乙에게 丙에 대한 1억원의 매매대금채권을, 丙은 6. 15. 丁에게 甲에 대한 소유권이전등기청구권을 각 양도하였다.

㉠ 甲이 乙에게 매매대금채권을 양도하기 전에 戊가 위 매매대금 채권을 가압류한 경우, 그 가압류의 청구금액에 상당하는 범위 내에서는 채권양도의 효력이 발생하지 아니한다.
㉡ 丙이 甲에게 소유권이전등기청구권의 양도 사실을 통지하였다면, 丁은 이행기가 도래할 때에 甲에게 X 토지에 대한 소유권이전등기를 청구할 수 있다.
㉢ 丙이 甲과 乙 사이의 채권양도계약에 관하여 아무런 이의를 유보하지 아니하고 승낙의 의사표시를 하였다면, 乙이 수거조건의 존재를 알지 못한 데에 중대한 과실이 있다고 하더라도 丙은 위 조건으로 乙에게 대항하지 못한다.
㉣ 甲과 丙 사이의 매매대금채권에 관하여 양도금지특약이 있고 乙이 특약의 존재를 알지 못한 데에 경과실이 있는 경우, 乙은 丙에게 1억원의 지급을 요구할 수 있다.
㉤ 만약 甲의 매매대금채권이 전부명령에 의하여 乙에게 이전되었고, 乙이 甲과 丙 사이의 양도금지특약이 존재한다는 사실을 잘 알고 있는 己에게 채권을 양도하였다면, 甲은 채권양도금지 특약을 근거로 己에게 채권양도의 무효를 주장할 수 있다.

■ 채권총론 ■ 391

① ㄴ, ㄷ, ㅁ   ② ㄴ, ㄹ, ㅁ
③ ㄱ, ㄴ, ㄷ   ④ ㄴ, ㄷ, ㄹ
⑤ ㄱ, ㄴ, ㅁ   ⑥ ㄱ, ㄴ, ㄷ, ㅁ
⑦ ㄱ, ㄷ, ㅁ   ⑧ ㄱ, ㄴ, ㄷ, ㄹ, ㅁ

해설

ㄱ [誤] 가압류된 채권이라고 하더라도 그 양도성이 부정되는 것은 아니다. 다만, 가압류채권자가 집행권원을 취득하는 경우에는 채권양수인에 대한 채권양도는 가압류채권자와 양립될 수 없는 범위에서 무효로 된다. 따라서 戊가 甲의 丙에 대한 매매대금채권을 가압류한 후에 甲이 乙에게 그 매매대금채권을 양도한 경우, 戊가 집행권원을 취득하는 등의 사정이 없는 한 乙에 대한 채권양도가 무효로 되는 것은 아니다.

[大判 2000. 4. 11. 99다23888] 일반적으로 채권에 대한 가압류가 있더라도 이는 가압류채무자가 제3채무자로부터 현실로 급부를 추심하는 것만을 금지하는 것이므로 가압류채무자는 제3채무자를 상대로 그 이행을 구하는 소송을 제기할 수 있고, 법원은 가압류가 되어 있음을 이유로 이를 배척할 수 없는 것이며, 채권양도는 구 채권자인 양도인과 신 채권자인 양수인 사이에 채권을 그 동일성을 유지하면서 전자로부터 후자에게로 이전시킬 것을 목적으로 하는 계약을 말한다 할 것이고, 채권양도에 의하여 채권은 그 동일성을 잃지 않고 양도인으로부터 양수인에게 이전된다 할 것이며, 가압류된 채권도 이를 양도하는 데 아무런 제한이 없으나, 다만 가압류된 채권을 양수받은 양수인은 그러한 가압류에 의하여 권리가 제한된 상태의 채권을 양수받는다고 보아야 할 것이다.

ㄴ [誤] 丙의 甲에 대한 소유권이전등기청구권은 양도가 제한되는 채권이다. 매매를 원인으로 하는 소유권이전등기청구권은 이행과정에 채권자와 채무자의 신뢰관계가 따르기 때문에 특별한 사정이 없는 한 그 권리의 성질상 양도가 제한되고, 통상의 채권양도와 달리 양도인의 채무자에 대한 통지만으로는 채무자에 대한 대항력이 생기지 않으며, 반드시 채무자의 동의나 승낙을 받아야 대항력이 생긴다는 것이 판례이다. 따라서 채무자인 甲의 승낙이 없는 한 비록 채권양도인인 丙이 양도 사실을 통지하였다고 하더라도 채권양수인 丁은 甲에 대하여 소유권이전등기를 청구할 수 없다. 다만, 丁이 丙을 대위하여 丙에게로의 이전등기를 청구하는 것은 무방하다.

[大判 2001. 10. 9. 2000다51216] 부동산의 매매로 인한 소유권이전등기청구권은 물권의 이전을 목적으로 하는 매매의 효과로서 매도인이 부담하는 재산권이전의무의 한 내용을 이루는 것이고, 매도인이 물권행위의 성립요건을 갖추도록 의무를 부담하는 경우에 발생하는 채권적 청구권으로 그 이행과정에 신뢰관계가 따르므로, 소유권이전등기청구권을 매수인으로부터 양도받은 양수인은 매도인이 그 양도에 대하여 동의하지 않고 있다면 매도인에 대하여 채권양도를 원인으로 하여 소유권이전등기절차의 이행을 청구할 수 없고, 따라서 매매로 인한 소유권이전등기청구권은 특별한 사정이 없는 이상 그 권리의 성질상 양도가 제한되고 그 양도에 채무자의 승낙이나 동의를 요한다고 할 것이므로 통상의 채권양도와 달리 양도인의 채무자에 대한 통지만으로는 채무자에

대한 대항력이 생기지 않으며 반드시 채무자의 동의나 승낙을 받아야 대항력이 생긴다.

ⓒ [誤] 채무자가 이의를 유보하지 아니하고 승낙한 경우에는 양도인에게 대항할 수 있는 사유로 양수인에게 대항하지 못한다(제451조 제1항). 즉 이의를 유보하지 아니한 승낙에 공신력을 부여하여 양수인의 신뢰를 보호한다. 이 경우 양수인의 신뢰는 보호가치가 있어야 하며, 따라서 양수인은 유보하지 아니한 이의사유에 관하여 선의, 무중과실이어야 한다는 것이 판례이다. 비록 채무자 丙이 채권의 행사를 저지, 배척하는 사유인 수거조건에 관하여 이의를 유보하지 아니하고 승낙하였다고 하더라도 이와 같은 사실을 중대한 과실로 알지 못한 채권양수인 乙에 대하여는 위 조건으로 대항할 수 있다.

[大判 1999. 8. 20, 99다18039] 채권양도에 있어서 채무자가 양도인에게 이의를 보류하지 아니하고 승낙을 하였다는 사정이 없거나 또는 이의를 보류하지 아니하고 승낙을 하였더라도 양수인이 악의 또는 중과실의 경우에 해당하는 한, 채무자의 승낙 당시까지 양도인에 대하여 생긴 사유로써 양수인에게 대항할 수 있다고 할 것인데, 승낙 당시 이미 상계를 할 수 있는 원인이 있었던 경우에는 아직 상계적상에 있지 아니하였다 하더라도 그 후에 상계적상이 생기면 채무자는 양수인에 대하여 상계로 대항할 수 있다.

ⓔ [正] 채권은 양도금지특약에 의하여 그 양도성이 부정될 수 있다. 그러나 양도금지특약은 선의의 제3자에게 주장할 수 없다. 선의이기는 하나, 중대한 과실이 있는 자는 악의자로 취급된다. 따라서 甲의 丙에 대한 매매대금채권에 양도금지특약이 있다고 하더라도 이와 같은 사실을 경과실로 알지 못한 선의의 채권양수인 乙은 채무자 丙에게 매매대금지급을 청구할 수 있다.

[大判 1996. 6. 28, 96다18281] 민법 제449조 제2항이 채권양도 금지의 특약은 선의의 제3자에게 대항할 수 없다고만 규정하고 있어서 그 문언상 제3자의 과실의 유무를 문제삼고 있지는 아니하지만, 제3자의 중대한 과실은 악의와 같이 취급되어야 하므로, 양도금지 특약의 존재를 알지 못하고 채권을 양수한 경우에 있어서 그 알지 못함에 중대한 과실이 있는 때에는 악의의 양수인과 같이 양도에 의한 채권을 취득할 수 없다고 해석하는 것이 상당하다.

ⓜ [誤] 양도금지특약은 채권의 양도성을 부인하는데 그친다. 따라서 양도금지특약부 채권이라고 하더라도 강제집행절차에 의하여 타인에게 이전될 수는 있다. 이 경우 집행채권자(전부채권자)나 집행채권자로부터의 양수인이 선의인가 악의인가는 문제되지 않는다.

[大判 2002. 8. 27, 2001다71699] 당사자 사이에 양도금지의 특약이 있는 채권이라도 압류 및 전부명령에 따라 이전될 수 있고, 양도금지의 특약이 있는 사실에 관하여 압류채권자가 선의인가 악의인가는 전부명령의 효력에 영향이 없다.

정답 ⑥

채권총론

6. <u>배점 2</u> 甲이 자신의 乙에 대한 매매대금채권을 丙에게 양도한 경우에 관한 기술 중 옳은 것은?(다툼 있으면 판례에 의함)   [09년]

① 甲이 乙에게 양도의 통지를 하더라도 乙의 승낙이 없으면 丙은 乙에 대하여 채무의 이행을 청구할 수 없다.
② 丙이 乙에 대하여 확정일자 있는 증서에 의한 양도의 통지를 한 경우, 특별한 사정이 없는 한 丙은 乙에게 채무의 이행을 청구할 수 있다.
③ 위 매매대금채권에 관하여 丁이 보증채무를 부담하고 있는 경우, 乙이 甲에게 양도의 승낙을 하면 丁은 丙에 대하여 보증채무를 부담하게 된다.
④ 대항요건을 갖추지 못하여 채무자에게 대항하지 못하는 채권의 양수인이 채무자를 상대로 재판상의 청구를 하였다면 이는 소멸시효 중단사유인 재판상의 청구에 해당하지 않는다.
⑤ 만약 위 매매대금채권에 대하여 甲과 乙 사이에 양도금지특약이 있다면, 丙이 채권을 유효하게 취득할 수 있는 방법은 없다.

해설

① [誤] 채권양도를 채무자에게 대항하기 위한 요건을 묻는 지문이다. 채권양도는 채권양도인과 채권양수인 사이의 계약에 의한 채권의 이전이며, 채무자는 채권양도의 당사자가 아니다. 따라서 채무자가 인식하지 못하는 사이에 채권자가 교체되어 채무자가 예측하지 못하는 불이익을 입을 수 있다. 이러한 불이익을 회피하기 위하여 민법은 채권양도를 채무자에게 대항하기 위한 요건을 마련하고 있다. 채권양도인의 채무자에 대한 통지 혹은 채무자에 의한 승낙이 있으면 채권양수인은 채무자에 대하여 채권양도사실을 주장할 수 있다(제450조 제1항). 채권양도인인 甲이 채무자인 乙에게 양도통지를 하였다면 채무자 乙의 승낙이 없었다고 하더라도 채권양수인 丙은 채권양도의 효과를 채무자 乙에게 주장할 수 있으므로 채무이행을 청구할 수 있다.

② [誤] 채권양도통지권자를 묻는 지문이다. 채무자에 대한 채권양도대항요건으로서 통지는 채권양도인이 하여야 하며, 채권양수인에 의한 채권양도통지는 대항요건으로서 효력이 없다는 것이 판례의 태도이다.
[大判 2004. 2. 13. 2003다43490] [1] 민법 제450조에 의한 채권양도통지는 양도인이 직접 하지 아니하고 사자를 통하여 하거나 대리인으로 하여금 하게 하여도 무방하고, <u>채권의 양수인도 양도인으로부터 채권양도통지 권한을 위임받아 대리인으로서 그 통지를 할 수 있다.</u> [2] 채권양도통지 권한을 위임받은 양수인이 양도인을 대리하여 채권양도통지를 함에 있어서는 민법 제114조 제1항의 규정에 따라 양도인 본인과 대리인을 표시하여야 하는 것이므로, <u>양수인이 서면으로 채권양도통지를 함에 있어 대리관계의 현명을 하지 아니한 채 양수인 명의로 된 채권양도통지서를 채무자에게 발송하여 도달되었다 하더라도 이는 효력이 없다고 할 것이다.</u> [3] 대리에 있어 본인을 위한 것임을 표시하는 이른바 현명은 반드시 명시적으로만 할 필요는 없고 묵시적으로도 할 수 있는 것이고, <u>채권양도통지를 함에 있어 현명을 하지 아니한 경우라도 채권양도통지를 둘러싼 여러 사정에 비추어 양수인이 대리인으로서 통지한 것임을 상대방이 알았거나 알 수 있었을 때에는 민법 제115조 단서의 규정에 의하여 유효하다.</u>

③ [正] 주채권이 양도되는 경우, 대항요건은 주채권에 관하여 갖추어지면 족한지 더 나아가 보증채권에도 대항요건이 갖추어져야 하는지를 묻는 지문이다. 판례는 채권자가 주채무자에 대한 채권을 양도하는 경우에는 주채무자에 대한 대항요건을 갖추면 보증인에 대하여 별도의 대항요건을 갖추지 않았다고 하더라도 보증인은 채권양수인에 대하여 보증채무를 부담한다고 한다. 이는 보증채무가 주채무에 부종성을 갖는 채무이기 때문이다.

[大判 2002. 9. 10, 2002다21509] 보증채무는 주채무에 대한 부종성 또는 수반성이 있어서 <u>주채무자에 대한 채권이 이전되면 당사자 사이에 별도의 특약이 없는 한 보증인에 대한 채권도 함께 이전하고, 이 경우 채권양도의 대항요건도 주채권의 이전에 관하여 구비하면 족하고</u>, 별도로 보증채권에 관하여 대항요건을 갖출 필요는 없다.

④ [誤] 채무자에 대한 대항요건을 구비하지 못한 채권양수인도 적법하게 채권을 취득한 자이며, 적법하게 채권을 취득한 자의 재판상 청구는 적극적 권리행사로 보아야 하므로 그에 의하여 채권의 소멸시효는 중단된다.

[大判 2005. 11. 10, 2005다41818] 채권양도는 구 채권자인 양도인과 신 채권자인 양수인 사이에 채권을 그 동일성을 유지하면서 전자로부터 후자에게로 이전시킬 것을 목적으로 하는 계약을 말한다 할 것이고, 채권양도에 의하여 채권은 그 동일성을 잃지 않고 양도인으로부터 양수인에게 이전되며, 이러한 법리는 채권양도의 대항요건을 갖추지 못하였다고 하더라도 마찬가지인 점, 민법 제149조의 "조건의 성취가 미정한 권리·의무는 일반규정에 의하여 처분·상속·보존 또는 담보로 할 수 있다"는 규정은 대항요건을 갖추지 못하여 채무자에게 대항하지 못한다고 하더라도 채권양도에 의하여 채권을 이전받은 양수인의 경우에도 그대로 준용될 수 있는 점, 채무자를 상대로 재판상의 청구를 한 채권의 양수인을 '권리 위에 잠자는 자'라고 할 수 없는 점 등에 비추어 보면, <u>비록 대항요건을 갖추지 못하여 채무자에게 대항하지 못한다고 하더라도 채권의 양수인이 채무자를 상대로 재판상의 청구를 하였다면 이는 소멸시효 중단사유인 재판상의 청구에 해당한다고 보아야</u> 한다.

⑤ [誤] 채권자와 채무자 사이에 채권양도금지특약을 하였다고 하더라도 그 특약으로 선의의 제3자에게 대항하지 못하기 때문에(제449조 제2항) 丙이 채권양도금지특약이 있음을 모르고 모르는데 중대한 과실이 없다면 丙은 채권을 유효하게 취득할 수 있다.

[大判 1996. 6. 28, 96다18281] 민법 제449조 제2항이 채권양도 금지의 특약은 선의의 제3자에게 대항할 수 없다고만 규정하고 있어서 그 문언상 제3자의 과실의 유무를 문제삼고 있지는 아니하지만, <u>제3자의 중대한 과실은 악의와 같이 취급되어야 하므로, 양도금지 특약의 존재를 알지 못하고 채권을 양수한 경우에 있어서 그 알지 못함에 중대한 과실이 있는 때에는 악의의 양수인과 같이 양도에 의한 채권을 취득할 수 없다</u>고 해석하는 것이 상당하다.

정답 ③

7. 배점 2 지명채권양도에 관한 설명 중 옳은 것을 모두 고른 것은? (다툼 있으면 판례에 의함) [11년]

ㄱ. 채권양도의 통지를 주채무자에게만 하고 보증인에게는 하지 않은 경우, 보증인에게는 대항할 수 없다.
ㄴ. 채권양도계약이 해제되고 양도인이 채무자에게 양도철회통지를 한 경우, 채무자는 이로써 양수인에게 대항할 수 있다.
ㄷ. 양도인이 여러 명의 양수인에게 각각 채권 전액을 양도하고 확정일자의 통지를 하여 그 각 통지가 모두 동시에 도달하였다면, 각 양수인은 채권 전액에 대하여 채무자에게 이행청구를 할 수 있다.
ㄹ. 甲이 乙에 대한 매매대금채권을 丙에게 양도하고 이를 乙에게 통지하였는데, 그 후 乙이 丙에게 이행하였지만 甲이 乙에 대한 채무를 이행하지 않아 乙이 甲과의 매매계약을 해제한 경우, 乙은 채권양도의 통지 이후에 계약을 해제하였으므로, 이로써 丙에게 대항할 수 없다.
ㅁ. 채권자 甲과 채무자 乙이 채권양도금지의 특약을 하였는데 甲이 이러한 특약을 알지 못하는 丙에게 양도하였다면, 설령 丙에게 알지 못한 데에 과실이 있다고 하더라도 중과실이 아닌 한 乙은 丙에게 양도금지의 특약이 있음을 주장하지 못한다.

① ㄱ, ㄷ   ② ㄱ, ㄴ, ㄹ   ③ ㄱ, ㄴ, ㅁ   ④ ㄴ, ㄹ
⑤ ㄴ, ㅁ   ⑥ ㄱ, ㄷ, ㄹ   ⑦ ㄷ, ㅁ   ⑧ ㄷ, ㄹ

해설

ㄱ. [誤] 채권양도로 보증인에게 대항하기 위해서 보증인에 대한 채권양도 통지가 필요한지 여부를 묻는 지문이다. 주채권이 양도됨에 따라 보증채권은 당연히 주채권 양도에 수반하여 양도된다. 주채무자에 대하여 양도통지를 하여 대항요건을 구비하였다면 별도로 보증인에게 양도통지를 할 필요가 없다는 것이 대법원의 입장이다.
[大判 2002. 9. 10, 2002다21509] 보증채무는 주채무에 대한 부종성 또는 수반성이 있어서 <u>주채무자에 대한 채권이 이전되면 당사자 사이에 별도의 특약이 없는 한 보증인에 대한 채권도 함께 이전하고</u>, 이 경우 <u>채권양도의 대항요건도 주채권의 이전에 관하여 구비하면 족하고</u>, 별도로 보증채권에 관하여 대항요건을 갖출 필요는 없다.

ㄴ. [誤] 양도철회통지권자가 누구인지를 묻는 지문이다. 채권양도통지권자는 양도인이지만, 양도계약이 해제된 후 양도철회통지는 양수인에 의하여 행하여져야 한다. 따라서 양도인에 의한 양도철회통지는 효력이 없다.
[大判 1978. 6. 13, 78다468] 민법 제452조 제2항에 채권양도의 통지는 양수인의 동의가 없으면 철회하지 못한다고 규정되어 있으므로 채권양도인과 양수인과의 채권양도계약이 해제되었고 채권양도인이 채무자에게 양도철회통지를 하였다고 하더라도 채무자는 이것을 채권양수인에게 대항할 수는 없다.

ㄷ. [正] 채권이 2중으로 양도되었고, 확정일자 있는 서면에 의한 통지가 동시에 도달된 경우, 각 양수인들의 지위를 묻는 지문이다. 각 양수인들은 채무자에 대한 관계에서

완전한 대항력을 갖춘 것으로 양수채권 전액에 관하여 채권을 행사할 수 있다는 것이 대법원의 입장이다(전액청구설).

[大判(全)1994. 4. 26. 93다24223] 채권양도 통지, 가압류 또는 압류명령 등이 제3채무자에 동시에 송달되어 그들 상호간에 우열이 없는 경우에도 그 채권양수인, 가압류 또는 압류채권자는 모두 제3채무자에 대하여 완전한 대항력을 갖추었다고 할 것이므로, 그 전액에 대하여 채권양수금, 압류전부금 또는 추심금의 이행청구를 하고 적법하게 이를 변제받을 수 있고, 제3채무자로서는 이들 중 누구에게라도 그 채무 전액을 변제하면 다른 채권자에 대한 관계에서도 유효하게 면책되는 것이며, 만약 양수채권액과 가압류 또는 압류된 채권액의 합계액이 제3채무자에 대한 채권액을 초과할 때에는 그들 상호간에는 법률상의 지위가 대등하므로 공평의 원칙상 각 채권액에 안분하여 이를 내부적으로 다시 정산할 의무가 있다.

ㄹ. [誤] 본 지문이 직접적으로 묻는 바는 매매대금채권양도통지 후 매매계약이 해제된 경우, 채무자인 매수인이 매매대금채권양수인에게 매매계약이 해제되었음을 주장할 수 있는지 여부이다. 이는 대항요건을 갖춘 매매대금채권양수인이 매매계약 해제로부터 보호되는 제548조 제1항 단서의 제3자에 해당하는지를 묻는 것이다. 계약상 채권 자체에 이해관계를 맺은 제3자는 해제로부터 보호되는 제3자에 해당하지 않는다는 것이 대법원의 입장이다. 채권양수인 등 채권 자체에 관하여 이해관계를 맺는 자는 유효하게 성립한 채권관계가 유지·존속됨을 전제로 채권에 관하여 이해관계를 맺은 것이다. 따라서 채권관계가 채무불이행을 이유로 해제되었을 때에는 채권양수인 등 채권 자체에 이해관계를 맺은 자는 대항요건을 갖추었는지 여부와는 무관하게 보호되지 못하는 것이다.

[大判 2003. 1. 24. 2000다22850] 민법 제548조 제1항 단서에서 규정하고 있는 제3자란 일반적으로 계약이 해제되는 경우 그 해제된 계약으로부터 생긴 법률효과를 기초로 하여 해제 전에 새로운 이해관계를 가졌을 뿐 아니라 등기·인도 등으로 완전한 권리를 취득한 자를 말하고, 계약상의 채권을 양수한 자는 여기서 말하는 제3자에 해당하지 않는다고 할 것인 바, 계약이 해제된 경우 계약해제 이전에 해제로 인하여 소멸되는 채권을 양수한 자는 계약해제의 효과에 반하여 자신의 권리를 주장할 수 없음은 물론이고, 나아가 특단의 사정이 없는 한 채무자로부터 이행받은 급부를 원상회복하여야 할 의무가 있다.

ㅁ. [正] 양도금지특약으로 대항하지 못하는 선의의 제3자에 해당하기 위해서는 과실이 없어야 하는지 여부를 묻는 지문이다. 중대한 과실이 아니라면 과실 여부는 선의의 제3자를 판단함에 있어 고려되지 않는다.

[大判 1996. 6. 28. 96다18281] 민법 제449조 제2항이 채권양도 금지의 특약은 선의의 제3자에게 대항할 수 없다고만 규정하고 있어서 그 문언상 제3자의 과실의 유무를 문제삼고 있지는 아니하지만, 제3자의 중대한 과실은 악의와 같이 취급되어야 하므로, 양도금지 특약의 존재를 알지 못하고 채권을 양수한 경우에 있어서 그 알지 못함에 중대한 과실이 있는 때에는 악의의 양수인과 같이 양도에 의한 채권을 취득할 수 없다고 해석하는 것이 상당하다.

정답 ⑦

8. [배점 3] 甲은 乙에 대한 3,000만 원의 물품대금채권 중 1,000만 원을 丙에게 양도하고 乙에게 확정일자 있는 증서로 2007. 3. 2. 통지하였다. 그 후 2007. 3. 30. 甲은 다시 위 물품대금채권 전부(3,000만 원)를 丁에게 양도하였고, 같은 날 乙이 이의를 보류하지 않고 이를 구두로 승낙하였다. 그리고 甲의 채권자 戊가 3,000만 원의 대금채권 중 600만 원에 대하여 압류 및 전부명령을 받았고, 그 전부명령이 2007. 5. 4. 乙에게 도달하였다. 위 사례에서 乙은 丁, 戊에게 각 얼마를 지급해야 하는가? (다툼 있으면 판례에 의함) [11년]

① 丁에게 3,000만 원, 戊에게 0원
② 丁에게 2,400만 원, 戊에게 600만 원
③ 丁에게 2,000만 원, 戊에게 600만 원
④ 丁에게 2,000만 원, 戊에게 0원
⑤ 丁에게 1,400만 원, 戊에게 600만 원

해설

* 채권에 대한 이해관계인이 다수인 경우, 채무자는 누구를 채권자로 인정하여 변제하여야 하는지를 묻는 사례문제이다.

㈀ 丙에 대한 채권양도의 효력 ; 丙에 대한 채권양도는 확정일자 있는 증서로 통지되었으므로 다른 이해관계인 丁과 戊에 대해서도 대항할 수 있다. 3천만 원 채권 중에서 1천만 원은 丙에게 적법하게 이전되었다.

㈁ 丁에 대한 채권양도의 효력 ; 丁에 대한 채권양도에 대해서 채무자 乙이 이의를 보류하지 않고 승낙을 하였으므로 乙은 제451조에 따라 항변상실의 효과를 받는다. 그러나 채권의 귀속에 관한 사유는 상실되지 아니하므로 채무자 乙은 1천만 원이 이미 丙에게 양도되었음을 주장할 수 있고, 나아가 6백만 원의 압류 및 전부명령에 따라 나머지 2천만 원 채권 중에서 6백만 원의 채권이 전부명령에 따라 戊에게 귀속되었음을 주장할 수도 있다. 결국 丁은 1천 4백만 원의 채권에 대해서만 채권양도의 효력을 주장할 수 있다.
[大判 1994.4.29, 93다 35551] 민법은 채권의 귀속에 관한 우열을 오로지 확정일자 있는 증서에 의한 통지 또는 승낙의 유무와 그 선·후로써만 결정하도록 규정하고 있는데다가, 채무자의 "이의를 보류하지 아니한 승낙"은 민법 제451조 제1항 전단의 규정 자체로 보더라도 그의 양도인에 대한 항변을 상실시키는 효과밖에 없고, 채권에 관하여 권리를 주장하는 자가 여럿인 경우 그들 사이의 우열은 채무자에게도 효력이 미치므로, 위 규정의 "양도인에게 대항할 수 있는 사유"란 채권의 성립, 존속, 행사를 저지 배척하는 사유를 가리킬 뿐이고, 채권의 귀속(채권이 이미 타인에게 양도되었다는 사실)은 이에 포함되지 아니한다.

㈂ 戊에 대한 전부명령의 효력 ; 丁에 대한 채권양도에도 불구하고, 아직 변제가 이루어지기 전에 양도된 채권에 전부명령이 내려진 경우, 丁에 대한 채권양도가 제3자에 대한 대항력을 갖추지 못하였으므로 전부채권자 戊가 우선한다. 따라서 戊는 6백만 원의 채권을 취득한다.

정답 ⑤

9. 채무인수에 관한 설명 중 틀린 것은? (다툼 있으면 판례에 의함) [04년]

① 면책적 채무인수가 있는 경우, 인수채무의 소멸시효기간은 채무인수와 동시에 이루어진 채무승인에 따라 채무인수일로부터 새로이 진행한다.
② 토지의 매수인이 그 토지에 관한 임대차보증금 반환채무 등을 인수하는 한편 그 채무액을 매매대금에서 공제하기로 약정한 경우, 임차인의 승낙이 있으면 면책적 채무인수로 볼 수 있다.
③ 면책적 채무인수는 채무자에게 유리하므로, 이해관계 없는 제3자도 채무자의 의사에 반하여 할 수 있다.
④ 면책적 채무인수인은 구 채무자와 채권자 사이의 법률관계로부터 나오는 항변사유로써 채권자에게 대항할 수 있으나, 자기와 구 채무자 사이의 법률관계로부터 나오는 항변사유로써는 채권자에게 대항하지 못한다.
⑤ 제3자가 채무자를 위하여 어음이나 수표를 발행하는 것은, 특별한 사정이 없는 한 동일한 채무를 중첩적으로 인수한 것으로 볼 수 있다.

해설

① [正] [大判 1999. 7. 9, 99다12376] [1] 면책적 채무인수라 함은 채무의 동일성을 유지하면서 이를 종래의 채무자로부터 제3자인 인수인에게 이전하는 것을 목적으로 하는 계약으로서, 채무인수로 인하여 인수인은 종래의 채무자와 지위를 교체하여 새로이 당사자로서 채무관계에 들어서서 종래의 채무자와 동일한 채무를 부담하고 동시에 종래의 채무자는 채무관계에서 탈퇴하여 면책되는 것일 뿐이므로, 인수채무가 원래 5년의 상사시효의 적용을 받던 채무라면 그 후 면책적 채무인수에 따라 그 채무자의 지위가 인수인으로 교체되었다고 하더라도 그 소멸시효의 기간은 여전히 5년의 상사시효의 적용을 받는다 할 것이고, 이는 채무인수행위가 상행위나 보조적 상행위에 해당하지 아니한다고 하여 달리 볼 것이 아니다. [2] 면책적 채무인수가 있은 경우, 인수채무의 소멸시효기간은 채무인수와 동시에 이루어진 소멸시효 중단사유, 즉 채무승인에 따라 채무인수일로부터 새로이 진행된다.

② [正] 부동산의 매수인이 매매목적물에 관한 근저당권의 피담보채무, 가압류채무, 임대차보증금 반환채무를 인수하는 한편, 그 채무액을 매매대금에서 공제하기로 약정하는 경우 다른 특별한 사정이 없는 이상 이는 매도인을 면책시키는 채무인수가 아니라 이행인수로 보아야 한다는 것이 판례이다. 그렇다면 다른 특별한 사정이 있는 경우에는 면책적 채무인수가 될 수 있을 것인데, 어떠한 사정이 면책적 채무인수로 볼 특별한 사정인가에 관하여 판례는 채권자의 동의나, 매매 당사자 사이의 합의를 들고 있다.
[大判 2002. 5. 10, 2000다18578] …〈前略〉 원고가 이 사건 부동산에 관한 근저당권의 피담보채무인 농업협동조합중앙회에 대한 대출금 40억원의 상환채무를 인수하는 한편, 그 채무액을 매매대금에서 공제하기로 한 약정은 <u>채권자인 농업협동조합중앙회의 승낙이 있거나 특별히 그 채무를 면책적으로 인수하기로 약정하였음을 인정할 자료가 없으므로</u> 면책적 채무인수가 아니라 이행인수라고 보아야 할 것이고, …〈後略〉

③ [誤] 채무인수는 채권자와 인수인 사이의 계약에 의하여도 성립한다. 이 경우 채무자의 동의나 수익자의 의사표시를 요하지 않는다. 그러나 이해관계 없는 제3자는 채무자의 의사에 반하여 채무를 인수하지 못한다(제453조 제2항).

④ [正] 면책적 채무인수는 채무가 동일성을 유지하면서 채무인수인에게 이전되는 것에 불과하므로 채권자의 채권에 아무런 변화가 일어나지 않는다. 그러므로 신채무자는 채권자에 대하여 채권자와 구채무자 사이의 법률관계로부터 나오는 모든 항변사유로써 대항할 수 있다(제458조). 그러나 신채무자와 구채무자 사이의 법률관계는 채무인수계약의 행위기초로 작용할 뿐 그에 기한 항변사유가 신채무자와 채권자 사이의 관계에 영향을 주지 않는다. 따라서 신채무자는 자기와 구채무자 사이의 법률관계로부터 나오는 항변사유로써 채권자에게 대항하지 못한다.

⑤ [正] [大判 1998. 3. 13, 97다52493] 금전소비대차계약으로 인한 채무에 관하여 제3자가 채무자를 위하여 어음이나 수표를 발행하는 것은 특별한 사정이 없는 한 동일한 채무를 중첩적으로 인수한 것으로 봄이 타당하다.

정답 ③

10. 배점 2

甲은 丙의 근저당권이 설정되어 있는 乙 소유의 A부동산을 1억원에 매수하면서 乙의 丙에 대한 피담보채무(6,000만원)를 인수하는 한편, 그 채무액을 매매대금에서 공제하기로 약정하였다. 이에 관한 설명 중 옳지 않은 것은? (다툼 있으면 판례에 의함) [10년]

① 甲·乙 간의 인수약정은 丙의 승낙이 없으면 丙에게 대항하지 못할 뿐 그들 사이에서는 유효하고, 특별한 사정이 없는 한 甲은 4,000만원을 乙에게 지급함으로써 잔금지급의무를 다한 것이 된다.

② 甲이 乙의 채무를 면책적으로 인수하기로 乙과 약정하였더라도 丙의 승낙이 없는 한 그 약정은 이행인수로서의 효력이 있지만, 丙이 甲에게 6,000만원의 지급을 청구하였다면 면책적 채무인수로서의 효력이 있다.

③ 甲이 丙에게 6,000만원의 변제를 게을리함으로써 A부동산에 관한 근저당권의 실행으로 경매절차가 개시되자 乙이 경매절차의 진행을 막기 위하여 6,000만원을 변제하였다면, 乙은 甲에 대하여 손해배상채권을 취득하는 이외에 그 사유를 들어 매매계약을 해제할 수도 있다.

④ 甲이 丙에게 6,000만원의 채무를 이행하지 않아서 乙이 이를 변제하였다면, 그로 인한 甲의 손해배상의무와 乙의 소유권이전등기의무는 동시이행의 관계에 있다.

⑤ 甲이 A부동산에 관한 소유권이전등기를 경료받은 후에 丙의 근저당권 행사로 인하여 그 소유권을 잃은 때에는, 甲은 원칙적으로 乙에게 담보책임을 물을 수 있다.

해설

* 매매계약과 함께 저당채무를 매매대금에서 공제하기로 하는 약정을 한 경우의 법률관계를 묻는 사례문제이다.

① [正] 저당채무를 매매대금에서 공제하기로 약정한 경우, 매수인의 구체적인 매매대금채무의 내용이 무엇인가를 묻는 지문이다. 저당채무를 매매대금에서 공제하기로 하는 약정은 채권자의 승낙이 없는 한 이를 면책적 채무인수로 볼 수는 없지만, 매도인과 매수인 사이에서는 그 효력을 인정할 수 있으므로 甲은 저당채무액을 공제한 나머지 금액인 4천만원을 지급함으로써 매매계약상 잔금지급의무를 다한 것으로 보아야 한다.

[大判 2002. 5. 10. 2000다18578] 부동산의 매수인이 매매목적물에 관한 근저당권의 피담보채무, 가압류채무, 임대차보증금 반환채무를 인수하는 한편 그 채무액을 매매대금에서 공제하기로 약정한 경우, 다른 특별한 사정이 없는 이상, 이는 매도인을 면책시키는 채무인수가 아니라 이행인수로 보아야 하고, 매수인이 그 채무를 현실적으로 변제할 의무를 부담한다고도 해석할 수 없으며, 특별한 사정이 없는 한 매수인이 매매대금에서 그 채무액을 공제한 나머지를 지급함으로써 잔금지급의무를 다한 것으로 보아야 하고, 또한 이 약정의 내용은 매도인과 매수인과의 계약으로 매수인이 매도인의 채무를 변제하기로 하는 것으로서 매수인은 제3자의 지위에서 매도인에 대하여만 그의 채무를 변제할 의무를 부담함에 그치며, 한편 이와 같이 부동산매매계약과 함께 이행인수계약이 이루어진 경우 매수인이 인수한 채무는 매매대금 지급채무에 갈음한 것으로서 매도인이 매수인의 인수채무불이행으로 말미암아 또는 임의로 인수채무를 대신 변제하였다면 그로 인한 손해배상채무 또는 구상채무는 인수채무의 변형으로서 매매대금 지급채무에 갈음한 것의 변형으로 보아야 한다.

② [正] 매도인과 매수인 사이에 면책적 채무인수약정이 효력을 가지기 위한 요건으로서 채권자의 승낙을 묻는 지문이다. 저당권자 丙이 승낙하지 않는 한 매도인 乙과 매수인 甲 사이에 체결된 저당채무 공제약정은 이행인수로서의 효력을 가질 뿐이다. 그러나 저당권자 丙이 승낙하면 면책적 채무인수로서의 효력을 가질 수 있는데, 저당권자 丙의 승낙이 반드시 명시적이어야 하는 것은 아니며, 묵시적으로도 가능하다. 저당권자 丙이 매수인 甲에게 저당채무인 6천만원의 지급을 청구하는 것은 채무인수에 관한 묵시적 승낙으로 해석될 수 있다.

③ [正] 매수인이 이행인수 약정에서 정한 채무를 이행하지 아니하여 매도인이 이를 대신 변제한 경우, 매도인에게 계약해제권이 인정될 수 있는지를 묻는 지문이다. 매도인이 대신 변제한 경우, 매도인은 매수인에 대하여 구상채권 혹은 손해배상채권을 취득하게 되는데, 이는 매매대금채권의 변형물로서 이를 이행하지 않는 것은 매매계약에 대한 해제사유가 된다는 것이 판례이다.

[大判 1998. 10. 27. 98다25184] 매수인이 매매목적물에 관한 근저당권의 피담보채무를 인수하는 것으로 매매대금의 지급에 갈음하기로 약정한 경우, 매수인이 그 채무를 현실적으로 당장 변제할 의무를 부담한다고 해석할 수 없으며, 특별한 사정이 없는 한, 매수인이 매매대금에서 그 채무액을 공제한 나머지를 지급함으로써 잔금지급의무를

다하였다고 할 것이고, 다만, 매수인은 인수채무의 이행시기 등에 관하여 다른 약정이 없는 한, <u>그 인수채무가 가지는 본래의 내용에 따라 이행하면 족하고 그 이행을 지체함으로써 매매대금의 일부를 지급하지 않은 것과 동일하다고 평가할 수 있는 특별한 사유가 있을 때에 한하여 계약해제권이 발생한다고 할 것이므로</u>, 매수인이 인수한 피담보채무의 이자를 납부하지 아니하였다고 하더라도, 그로 인하여 매매목적물인 부동산이나 공동담보로 제공된 다른 부동산에 설정된 담보권의 실행으로 임의경매절차가 개시되었다거나 개시될 염려가 있고, 또한 매도인 측이 이를 막기 위하여 부득이 피담보채무를 변제할 필요성이 있는 경우가 아니라면, 그를 이유로 매매계약을 해제할 수는 없다.

④ [正] 매수인이 이행인수 약정에서 정한 채무를 이행하지 아니하여 매도인이 이를 대신 변제한 경우, 매도인의 부동산이전의무와 매수인의 손해배상의무 상호간의 관계를 묻는 지문이다. 이 경우 매수인의 손해배상의무는 대금지급의무의 변형으로 매도인의 재산권이전의무와 동시이행관계에 있다는 것이 판례이다.

[大判 1993. 2. 12, 92다23193] 부동산매매계약과 함께 이행인수계약이 이루어진 경우 매수인이 인수한 채무는 매매대금지급채무에 갈음한 것으로서 매도인이 매수인의 인수채무불이행으로 말미암아 또는 임의로 인수채무를 대신 변제하였다면 그로 인한 손해배상채무 또는 구상채무는 인수채무의 변형으로서 매매대금지급채무에 갈음한 것의 변형이므로 <u>매수인의 손해배상채무 또는 구상채무와 매도인의 소유권이전등기 의무는 대가적 의미가 있어 이행상 견련관계에 있다고 인정되고</u>, 따라서 양자는 동시이행의 관계에 있다고 해석함이 공평의 관념 및 신의칙에 합당하다.

⑤ [誤] 매수인이 이행인수 약정에 따른 의무를 이행하지 않아 매매목적물에 존재하는 저당권이 실행된 경우, 매수인이 매도인에 대하여 담보책임을 물을 수 있는지 여부를 묻는 지문이다. 매도인과 매수인 사이에 담보책임 면제하기로 하는 약정이 있었다고 해석하여야 한다는 것이 판례이다.

[大判 2002. 9. 4, 2002다11151] 매매의 목적이 된 부동산에 설정된 저당권의 행사로 인하여 매수인이 취득한 소유권을 잃은 때에는 매수인은 민법 제576조 제1항의 규정에 의하여 매매계약을 해제할 수 있지만, 매수인이 매매목적물에 관한 근저당권의 피담보채무를 인수하는 것으로 매매대금의 지급에 갈음하기로 약정한 경우에는 특별한 사정이 없는 한, 매수인으로서는 매도인에 대하여 민법 제576조 제1항의 담보책임을 면제하여 주었거나 이를 포기한 것으로 봄이 상당하므로, 매수인이 매매목적물에 관한 근저당권의 피담보채무 중 일부만을 인수한 경우 매도인으로서는 자신이 부담하는 피담보채무를 모두 이행한 이상 매수인이 인수한 부분을 이행하지 않음으로써 근저당권이 실행되어 매수인이 취득한 소유권을 잃게 되더라도 민법 제576조 소정의 담보책임을 부담하게 되는 것은 아니다.

정답 ⑤

11. 배점 3 다음 사례에 관한 설명 중 옳지 않은 것을 모두 고른 것은?(다툼 있으면 판례에 의함) [07년]

> 甲은 2006. 11. 7. 乙로부터 A 건물을 100억원에 매수하는 매매계약을 체결하고 乙에게 계약금 및 중도금 25억원을 지급하면서 A 건물에 관한 임대차보증금 10억원의 반환채무 및 근저당권(A 건물에 설정됨)의 피담보채무인 丙 은행에 대한 대출금 50억원의 상환채무를 甲이 인수하고, 잔금 15억원을 11. 26. 소유권이전등기와 상환하여 지급하기로 하였다. 乙은 11. 26. 甲에게 법무사 사무실에 소유권이전등기서류를 보관시켜 놓았으니 잔금 지급과 동시에 이를 수령할 것을 통보함과 아울러 丙 은행에 대한 대출금상환채무를 공제하여 산정한 잔금을 12. 20.까지 지급할 것을 최고하면서, 기일 내에 전액 지급하지 않는 경우 甲에게 전적으로 위약책임이 있음을 통보하였다.

> ㉠ 甲이 乙로부터 A 건물에 대한 근저당권 피담보채무를 인수하고 그 채무액을 매매대금에서 공제하기로 한 약정은, 다른 특별한 약정이 없는 한 乙을 면책시키는 면책적 채무인수에 해당한다.
> ㉡ 甲이 인수한 근저당권의 피담보채무를 현실적으로 변제하지 아니하고 있더라도 乙은 이를 이유로 소유권이전등기의무의 이행을 거절할 수 없다.
> ㉢ 乙이 甲이 인수한 임대차보증금반환 채무액을 잘못 계산하여 25억원을 지급하라고 최고한 경우, 그 진의가 매매계약상 甲이 인수한 채무를 공제한 잔액을 청구한다는 취지임을 알 수 있다고 하더라도 乙의 최고는 적법하다고 볼 수 없다.
> ㉣ 甲이 위 피담보채무의 변제를 게을리함으로써 경매절차가 개시되어 乙이 경매절차의 진행을 막기 위해 피담보채무를 변제한 경우, 甲의 乙에 대한 구상채무와 乙의 甲에 대한 소유권이전등기의무는 동시이행의 관계에 있다.

① ㉠, ㉣   ② ㉠, ㉡, ㉢
③ ㉡, ㉢   ④ ㉠, ㉢, ㉣
⑤ ㉡, ㉣   ⑥ ㉢, ㉣
⑦ ㉠, ㉢   ⑧ ㉠, ㉡

해설

㉠ [誤] ㉡ [正] ㉣ [正] 부동산 매매계약을 체결하면서 그 부동산상의 부담을 매매대금에서 공제하기로 하는 특약을 한 경우, 그 특약은 다른 특별한 사정이 없는 한 면책적 채무인수가 아니라 이행인수약정으로 해석하는 것이 판례의 태도이다. 매매계약과 이행인수계약을 동시에 체결한 경우, 매수인은 이행인수한 채무액을 공제한 매매대금을 지급함으로써 매매대금지급의무를 다하였다고 볼 수 있고, 따라서 이행인수한 채무를 현실적으로 이행하지 아니하였다고 하여 매도인이 매매계약상 소유권이전의무의 이행을 거절할 수는 없다. 다만 매수인이 이행인수한 채무를 이행하지 아니하여 매도인이

이를 대신 이행한 경우나 매도인에게 손해가 발생한 경우, 매수인은 매도인에 대하여 구상의무나 손해배상의무를 부담하게 되는데, 이 구상의무나 손해배상의무는 대금지급의무의 변형으로 매도인의 소유권이전의무와 동시이행의 관계에 있다.
[大判 2002. 5. 10, 2000다18578] 부동산의 매수인이 매매목적물에 관한 근저당권의 피담보채무, 가압류채무, 임대차보증금 반환채무를 인수하는 한편 그 채무액을 매매대금에서 공제하기로 약정한 경우, 다른 특별한 사정이 없는 이상, 이는 매도인을 면책시키는 채무인수가 아니라 이행인수로 보아야 하고, 매수인이 그 채무를 현실적으로 변제할 의무를 부담한다고도 해석할 수 없으며, 특별한 사정이 없는 한 매수인이 매매대금에서 그 채무액을 공제한 나머지를 지급함으로써 잔금지급의무를 다한 것으로 보아야 하고, 또한 이 약정의 내용은 매도인과 매수인과의 계약으로 매수인이 매도인의 채무를 변제하기로 하는 것으로서 매수인은 제3자의 지위에서 매도인에 대하여만 그의 채무를 변제할 의무를 부담함에 그치며, 한편 이와 같이 부동산매매계약과 함께 이행인수계약이 이루어진 경우 매수인이 인수한 채무는 매매대금 지급채무에 갈음한 것으로서 매도인이 매수인의 인수채무불이행으로 말미암아 또는 임의로 인수채무를 대신 변제하였다면 그로 인한 손해배상채무 또는 구상채무는 인수채무의 변형으로서 매매대금 지급채무에 갈음한 것의 변형으로 보아야 한다.
[大判 1993. 2. 12, 92다23193] 부동산매매계약과 함께 이행인수계약이 이루어진 경우 매수인이 인수한 채무는 매매대금지급채무에 갈음한 것으로서 매도인이 매수인의 인수채무불이행으로 말미암아 또는 임의로 인수채무를 대신 변제하였다면 그로 인한 손해배상채무 또는 구상채무는 인수채무의 변형으로서 매매대금지급채무에 갈음한 것의 변형이므로 매수인의 손해배상채무 또는 구상채무와 매도인의 소유권이전등기 의무는 대가적 의미가 있어 이행상 견련관계에 있다고 인정되고, 따라서 양자는 동시이행의 관계에 있다고 해석함이 공평의 관념 및 신의칙에 합당하다.

ⓒ [誤] 과다최고는 원칙적으로 부적법한 최고라고 할 것이지만, 양적 차이가 비교적 적다거나 과다하게 최고한 진의가 본래 급부하여야 할 수량을 청구한 것이라면, 그 최고는 본래 급부하여야 할 수량의 범위 내에서 적법하다고 보아야 한다.
[大判 1988. 12. 13, 87다카3147] 채권자가 본래 급부하여야 할 수량보다 과다하게 청구하였다 하여도 급부할 수량과의 차이가 비교적 적고 채권자가 급부의 수량을 잘못 알고 과다한 최고를 한 것으로서 과다하게 최고한 진의가 본래 급부하여야 할 수량을 청구한 것이라면 그 최고는 본래 급부하여야 할 수량의 범위 내에서 유효하다 할 것이나 과다한 정도가 현저하고 채권자가 청구한 금액을 제공하지 않으면 그것을 수령하지 않을 것이라는 의사가 분명한 경우에는 이러한 최고는 채권관계를 지배하는 신의성실의 원칙에 비추어 효력이 없다.

정답 ⑦

12. 배점 2 **채권양도와 채무인수에 관한 설명으로 옳지 않은 것은?** (다툼 있으면 판례에 의함) [08년]

① 민법 제449조 제2항이 채권양도 금지의 특약은 선의의 제3자에게 대항할 수 없다고만 규정하고 있어서 그 문언상 제3자의 과실의 유무를 문제삼고 있지는 아니하지

만, 채권양수인이 양도금지 특약의 존재를 알지 못하고 채권을 양수한 경우에 그 알지 못함에 중대한 과실이 있는 때에는, 악의의 양수인과 마찬가지로 양도에 의하여 채권을 취득할 수 없다.
② 부동산 매매로 인한 소유권이전등기청구권을 매수인 甲으로부터 양수한 丙은 매도인 乙이 그 양도에 대하여 동의하지 않더라도, 乙에 대한 甲의 양도통지만 있으면 乙에 대하여 채권양도를 원인으로 하여 소유권이전등기절차의 이행을 청구할 수 있다.
③ 이중의 채권양도가 있는 경우, 제1의 채권양도를 채무자가 승낙하였다 할지라도 그 승낙이 확정일자 있는 증서에 의한 것이 아닌 이상, 이미 양도된 채권이 존속하는 동안에 이루어진 제2의 채권양도에 관하여 확정일자 있는 증서에 의한 통지가 있었다면, 제2의 채권양도는 제1의 채권양도에 우선하여 그 효력을 가지게 된다.
④ 물상보증인이 면책적 채무인수에 동의한 경우, 그가 제공한 담보는 기존의 담보와 동일한 내용을 가지는 것으로서 존속한다.
⑤ 채무자 甲과 제3자 乙 사이의 채무인수계약을 채권자 丙이 승낙한 후에 乙이 위 인수계약을 적법하게 취소하기 위해서는, 丙의 승낙이 있거나 丙이 위 인수계약을 승낙할 때에 乙의 취소권 유보를 승낙하였다는 등의 특수한 사정이 있어야 한다.

해설

① [正] [大判 1996. 6. 28, 96다18281] 민법 제449조 제2항이 채권양도 금지의 특약은 선의의 제3자에게 대항할 수 없다고만 규정하고 있어서 그 문언상 제3자의 과실의 유무를 문제삼고 있지는 아니하지만, 제3자의 중대한 과실은 악의와 같이 취급되어야 하므로, 양도금지 특약의 존재를 알지 못하고 채권을 양수한 경우에 있어서 그 알지 못함에 중대한 과실이 있는 때에는 악의의 양수인과 같이 양도에 의한 채권을 취득할 수 없다고 해석하는 것이 상당하다.

② [誤] [大判 2001. 10. 9, 2000다51216] 부동산의 매매로 인한 소유권이전등기청구권은 물권의 이전을 목적으로 하는 매매의 효과로서 매도인이 부담하는 재산권이전의무의 한 내용을 이루는 것이고, 매도인이 물권행위의 성립요건을 갖추도록 의무를 부담하는 경우에 발생하는 채권적 청구권으로 그 이행과정에 신뢰관계가 따르므로, 소유권이전등기청구권을 매수인으로부터 양도받은 양수인은 매도인이 그 양도에 대하여 동의하지 않고 있다면 매도인에 대하여 채권양도를 원인으로 하여 소유권이전등기절차의 이행을 청구할 수 없고, 따라서 매매로 인한 소유권이전등기청구권은 특별한 사정이 없는 이상 그 권리의 성질상 양도가 제한되고 그 양도에 채무자의 승낙이나 동의를 요한다고 할 것이므로 통상의 채권양도와 달리 양도인의 채무자에 대한 통지만으로는 채무자에 대한 대항력이 생기지 않으며 반드시 채무자의 동의나 승낙을 받아야 대항력이 생긴다.

③ [正] [大判 1972. 1. 31, 71다2697] 이중의 채권양도가 있는 경우에 확정일자 있는 증서에 의한 통지를 한 채권양수인만이 채권양수에 의한 적법한 채권자가 된다 할 것이고 채무자는 위의 채권자에게만 채무변제의 의무가 있으며 그 결과 확정일자 있는 증서에

의하지 아니한 채무자의 승낙 있는 채권양도에 있어서의 채권양수인에 대하여는 채무변제의 의무가 없게 되는 것이다.

④ [正] [大判 1996. 10. 11. 96다27476] 민법 제459조 단서는 보증인이나 제3자가 채무인수에 동의한 경우에는 전 채무자의 채무에 대한 보증이나 제3자가 제공한 담보는 채무인수로 인하여 소멸하지 아니하는 것으로 규정하고 있는 바, 위 조항에 규정된 채무인수에 대한 동의는 인수인을 위하여 새로운 담보를 설정하도록 하는 의사표시를 의미하는 것이 아니라 기존의 담보를 인수인을 위하여 계속시키는데 대한 의사표시를 의미하는 것이므로, 물상보증인이 채무인수에 동의함으로써 소멸하지 아니하는 담보는 당연히 기존의 담보와 동일한 내용을 갖는 것이다.

⑤ [正] 본 지문은 약간의 문제가 있는 지문이라고 생각한다. 채무자와 인수인 사이에 면책적 채무인수계약이 체결되고, 이를 채권자가 승낙한 후에는 채무자와 인수인은 채무인수를 철회하거나 변경할 수 없다(제456조의 반대해석). 즉 채무자와 인수인 사이의 채무인수계약은 채권자의 승낙이 있을 때까지는 채무자와 인수인의 합의로 그 내용을 변경하거나 철회할 수 있지만, 채권자가 이미 승낙하여 인수인만을 채무자로 승인한 후까지 채무자와 인수인의 합의로 그 내용을 변경하거나 철회할 수는 없는 것이다. 이러한 민법 제456조는 채무자와 인수인이 임의로 채무인수의 내용을 변경하거나 철회함으로써 채권자에게 불측의 손해를 입히지 못하도록 하는데 그 취지가 있다. 그런데 채무자와 인수인 사이의 채무인수에 무능력, 착오, 사기, 강박 등의 법정취소사유가 존재하는 경우에도 채권자가 승낙하였다면 더 이상 취소권을 행사할 수 없는가는 생각해볼 일이다. 민법 제456조의 취지가 채권자의 승낙 후에는 인수인이 민법총칙에서 규정하고 있는 취소권마저 행사할 수 없다는 것을 의미하는 것은 아니다. 그렇다면 채권자가 채무인수를 승낙한 후 인수인이 인수계약을 적법하게 취소하기 위해서는 채권자의 승낙이 있거나 인수인이 취소권 유보를 하였다는 등의 특수한 사정이 있어야 한다는 지문은 옳지 않은 지문이 되어야 한다. 다만 지문과 같은 취지의 대법원 판결이 있어 판례의 태도에 따라 진위를 파악하여야 하는 본 문제에서 옳지 않은 지문으로 볼 수는 없고, 나아가 명확하게 옳지 않은 지문이 존재하기 때문에 정답으로 볼 수는 없다. 다만 아래 62다161 판결은 인수인이 취소를 주장한 사례라고 볼 수는 없다. 오히려 채무자와 인수인 사이의 약정에 기초하여 발생하는 해제권을 행사한 사례라고 보아야 한다.

[大判 1962. 5. 17. 62다161] 원판결은 원고의 피고에게 대한 인수채무 청구를 배척하면서 그 이유로서 피고는 1960년 3월 23일 소외 동아기선주식회사가 원고에게 대하여 부담하고 있던 페인트대금 채무 중에서 금 1,524,670환을 인수하였으나 피고는 소외회사 사이에 공동사업 할 때의 수입지출 계산을 정리하여 인수한 페인트대금이 잘못이라면 언제든지 이것을 시정할 수 있다는 약정을 한 바 이 소외 회사는 도리어 피고에게 상당한 이익금을 반환하여야 할 만한 계산이 되어 피고는 이 인수계약을 적법하게 취소하였다고 말한다. 그러나 원판결이 인용한 증인 서인홍과 특히 배척하지 아니한 증인 김달범의 각 증언을 종합하면 원고는 원고와 소외동아기선주식회사 사이의 본건 채무인수 계약을 승낙한 것이 분명하니 피고로서는 채권자의 권리를 돌아보지 아니하고 마음대로 인수계약을 취소할 수 없는 자리에 있다 할 것이요 피고가 이 인

수계약을 적법하게 취소하려면 채권자 되는 원고의 승낙이 있다던가 원고가 이 인수계약을 승낙할 때에 피고의 취소권 유보를 승낙하였다든가 기타 특수한 사정이 없이는 피고의 본건 취소 의사 표시를 적법한 것으로 보아서 그 효력을 인정할 수 없을 것인데 원판결은 이 점에 관하여서는 아무런 말이 없이 막연하게 취소하였다고 단정한 것은 심리를 다하지 못한 비난을 면할 수 없고 나아가서 이유에 갖추어지지 못한 점이 있다고 하지 아니할 수 없다.

정답 ②

2012 사법시험대비 민법기출문제 완전분석

제4편
채권각론

2012 사법시험대비 민법기출문제 완전분석

제1장   계약총론
제2장   계약각론
제3장   법정채권관계

제1장 계약총론

1. [배점 2] 약관에 의한 계약에 관한 설명으로 옳지 않은 것은?(다툼 있으면 판례에 의함) [07년]
① 행정관청의 인가를 받은 여객운송약관도 고객의 요청이 있으면 그 사본을 고객에게 교부하여야 한다.
② 사업자의 이행보조자나 피용자의 경과실로 인한 사업자의 법률상의 책임을 배제하는 약관조항은 유효하다.
③ 약관상 매매계약 해제시 사업자인 매도인을 위한 손해배상액의 예정조항은 있는 반면 고객인 매수인을 위한 손해배상액의 예정조항은 없는 경우에도, 그것만으로는 그 약관조항이 무효라고 할 수 없다.
④ 어느 약관조항이 당사자 사이의 약정의 취지를 명백히 하기 위한 확인적 규정에 불과하다 하더라도 사업자는 고객이 이를 이해할 수 있도록 명확히 설명하여야 한다.
⑤ 사업자가 약관의 명시·설명의무에 위반하여 계약을 체결한 때에도 고객은 그 약관의 내용을 계약의 내용으로 주장할 수 있다.

해설

① [正] 행정관청의 인가를 받은 약관으로서 거래의 신속을 위하여 필요하다고 인정되어 대통령령으로 정하는 약관에 대하여는 명시·교부의무가 면제된다(약관규제에 관한 법률 제3조 제1항 단서). 이러한 약관으로는 여객운송업, 통신업, 전기가스 및 수도사업의 약관이 있다. 한편 이러한 약관이라고 하더라도 사업자는 영업소에 약관을 비치하여야 하며, 고객의 요청이 있는 때에는 당해 약관의 사본을 고객에게 교부하여 이를 알 수 있도록 하여야 한다(약관규제에 관한 법률 시행령 제2조 제2항).
② [正] 사업자, 이행보조자 또는 피용자의 고의 또는 중대한 과실로 인한 법률상의 책임을 배제하는 약관조항은 무효이다(약관규제에 관한 법률 제7조 제1호).
③ [正] 일방적 위약의 특약이 있다고 하더라도 그것만으로는 당해 약관조항은 무효라고 할 수 없다는 것이 판례이다.
[大判 2000. 9. 22, 99다53759·53766] 약관상 매매계약 해제시 매도인을 위한 손해배상액의 예정조항은 있는 반면 매수인을 위한 손해배상액의 예정조항은 없는 경우, 매도인 일방만을 위한 손해배상액의 예정조항을 두었다고 하여 곧 그 조항이 약관의규제에관한법률에 위배되어 무효라 할 수는 없다.
④ [誤] 사업자의 설명의무의 대상이 되는 약관이 무엇인가에 관한 지문이다. 설명의무의 대상이 되는 약관은 모든 약관조항이 아니라 고객의 이해관계에 중대한 영향을 미치는 계약의 중요한 내용에 한한다. 약관에 정하여진 사항이라고 하더라도 당해 계약에

당연히 적용되는 법령에 의하여 정하여진 것을 되풀이하거나 부연하는 정도에 불과한 사항, 고객이나 대리인이 충분히 잘 알고 있는 사항, 거래상 일반적이고 공통된 것이어서 별도의 설명이 없더라도 고객이 충분히 예상할 수 있었던 사항, 당해 약관조항이 당사자 사이의 약정의 취지를 명백히 하기 위한 확인적 규정에 불과한 경우에는 설명의무가 인정되지 않는다.

[大判 1998. 2. 27. 96다8277] 어느 약관 조항이 당사자 사이의 약정의 취지를 명백히 하기 위한 확인적 규정에 불과한 경우에는 상대방이 이해할 수 있도록 별도로 설명하지 아니하였다고 하여 그것이 약관의규제에관한법률 제3조 제2항에 위반된 것이라고는 할 수 없다.

⑤ [正] 사업자의 명시·설명의무 위반의 효과에 관한 지문이다. 사업자는 계약의 내용으로 이를 주장할 수 없지만, 고객은 이를 주장할 수 있다.

정답 ④

2. 배점 2 약관에 관한 설명 중 옳지 않은 것은? (다툼 있으면 판례에 의함) [10년]

① 계약해제로 인하여 사업자가 이미 받은 금전을 반환할 때 이자의 반환의무를 배제하는 약관 조항은, 이를 정당화할 합리적인 사유가 없는 한 무효이다.
② 고객에 대하여 부당하게 과중한 손해배상액을 예정한 약관 조항은 그 손해배상예정액을 적당한 한도로 감액하여 그 효력을 유지시킬 수 있다.
③ 약관 내용이 명백하지 못하거나 의심스러운 때에는 고객에게 유리하게 해석해야 하지만, 그 이외에는 개개 계약체결자의 의사나 구체적인 사정을 고려함이 없이 평균적 고객의 이해 가능성을 기준으로 하여 객관적·획일적으로 해석함이 원칙이다.
④ 신용보증사고의 통지를 지연함으로써 채권보전에 장애를 초래한 경우에는 보증채무가 면책된다는 보증약관은, 피보험자가 신용보증사고의 통지기한 내에 통지를 하지 아니함으로 인하여 채권보전조치에 실질적인 장애를 초래한 경우에 한하여 면책된다는 취지로 해석하여야 한다.
⑤ 약관 조항 중 일부 조항이 고객과 교섭되었음을 이유로 그 조항에 대하여는 「약관의 규제에 관한 법률」의 적용이 배제되더라도, 교섭되지 않은 나머지 조항들에 대하여는 여전히 같은 법률이 적용된다.

해설

* 약관규제법에 따라 약관이 무효로 되는 경우, 약관의 해석방법 등에 관한 대법원 입장을 묻는 문제이다. 약관의 효력 여부를 판단한 대법원 판례는 매우 많이 있고, 각 교과서에서 이를 모두 반영하고 있지는 않다. 의외의 문제로 많은 수험생들이 어려움을 겪었을 문제이다. 그러나 약관에 관한 기본적인 지식을 바탕으로 지문을 면밀히 보면 답을 고를 수 있다.

① [正] 계약의 해제·해지로 인한 사업자의 원상회복의무나 손해배상의무를 부당하게 경감

하는 조항은 무효이다(약관규제법 제9조 제4호).

② [誤] [大判 2009. 8. 20. 2009다20475] 약관의 규제에 관한 법률에 의하여 약관조항이 무효인 경우 그것이 유효함을 전제로 민법 제398조 제2항을 적용하여 적당한 한도로 손해배상예정액을 감액하거나, 과중한 손해배상의무를 부담시키는 부분을 감액한 나머지 부분만으로 그 효력을 유지시킬 수는 없다.

③ [正] [大判 1996. 6. 25. 96다12009] 보통거래약관의 내용은 개개 계약체결자의 의사나 구체적인 사정을 고려함이 없이 평균적 고객의 이해가능성을 기준으로 하되 보험단체 전체의 이해관계를 고려하여 객관적·획일적으로 해석하여야 하고, 고객 보호의 측면에서 약관내용이 명백하지 못하거나 의심스러운 때에는 약관작성자에게 불리하게 제한해석하여야 한다.

④ [正] [大判 2006. 9. 8. 2006다24131] 신용보증기관의 대출보증약관 중 신용보증사고의 통지를 지연함으로써 채권보전에 장애를 초래한 경우에 보증채무가 면책된다는 조항은, 채권자가 신용보증사고의 통지기한 내에 통지를 하지 아니함으로 인하여 신용보증기관의 채권보전조치에 실질적인 장애를 초래한 경우에 한하여 면책된다는 취지로 해석하여야 한다.

⑤ [正] [大判 2000. 12. 22. 99다4634] 사업자와 고객 사이에 교섭이 이루어진 약관 조항은 약관 작성상의 일방성이 없으므로 약관의규제에관한법률 소정의 약관에 해당하지 않는다고 할 것이나, 이 경우 원칙적으로 개개의 조항별로 교섭의 존재 여부를 살펴야 하며, 약관 조항 중 일부의 조항이 교섭되었음을 이유로 그 조항에 대하여는 같은 법의 적용이 배제되더라도 교섭되지 아니한 나머지 조항들에 대하여는 여전히 같은 법이 적용되어야 한다.

정답 ②

3. 배점 2 다음 사례에 관한 설명으로 옳지 않은 것을 모두 고른 것은? (다툼이 있는 경우에는 판례에 의하고, 특별법의 적용은 고려하지 않음)

[11년]

교사 甲은 학교법인이 경영하는 고등학교의 교원으로 근무하던 중 지병으로 교직의 수행이 어려워져 2009. 12. 초에 사직원을 작성하여 제출하였다(이 사례에서 甲의 사직의 의사표시는 근로계약관계 합의해지의 청약으로 보기로 함). 그 후 甲은 지병이 완치됨에 따라 학교 측에 2010. 2. 23. 다시 근무하겠다는 의사를 밝혔으나, 2010. 3. 2. 학교 측은 이미 제출된 사직원을 근거로 甲을 면직시키기로 하는 이사회의 결의를 거쳐 면직처분하였다.

ㄱ. 학교법인의 승낙의 효력은 이사회 결의 시에 발생한다.
ㄴ. 甲의 사직청약의 철회가 학교 측에게 불측의 손해를 주는 등 신의칙에 반한다고 인정되는 특별한 사정이 있더라도, 학교 측에서 승낙의 의사표시를 하기 전에 철회한 것이므로 甲의 철회는 유효하다.

ㄷ. 위 'ㄴ.'에서와 같은 신의칙에 반한다고 인정될 만한 특별한 사정이 없는 경우, 학교 측이 甲의 사직청약 철회 이후에 종전의 사직원에 기하여 그를 면직처분한 것은 무효이다.
ㄹ. 만약 2010. 2. 20. 이사회에서 甲을 면직시키기로 결의하고, 그에 기해 당일 면직처분을 한 경우, 그 면직처분은 유효하다.

① ㄱ, ㄴ   ② ㄱ, ㄷ   ③ ㄱ, ㄹ
④ ㄴ, ㄹ   ⑤ ㄱ, ㄷ, ㄹ

해설

* 근로계약의 합의해지, 청약의 철회 등을 묻는 사례문제이다.

ㄱ. [誤] 청약에 대응하는 승낙의 효력발생시기를 묻는 지문이다. 승낙의 효력이 발생하는 것은 결국 계약의 효력이 발생하는 것이며, 격지자 간의 계약 성립시기에 관하여 민법 제531조는 승낙의 통지를 발송한 때에 성립한다고 규정하고 있다. 이사회의 결의만으로는 승낙의 통지를 발송한 것으로 볼 수 없다. 발송이란 표의자의 지배영역을 떠나는 시점을 의미하기 때문이다.

ㄴ. [誤] ㄷ. [正] 근로계약 합의해지의 청약을 철회하는 것이 허용되는지 여부를 묻는 지문이다. 민법 제527조는 '계약의 청약은 이를 철회하지 못한다.'고 규정하여 청약의 철회를 원칙적으로 금지하고 있다. 이는 청약 상대방이 가지는 계약체결의 기대를 보호하기 위한 것이다. 이러한 상대방의 기대는 계약관계를 새롭게 형성하는 경우에 특히 보호할 필요가 있다. 그러나 근로계약의 합의해지처럼 기존 계약관계를 해소하는 계약의 경우에도 역시 청약의 구속력을 똑같이 인정하여야 하는지는 의문이 있다. 대법원은 근로계약 합의해지의 경우에는 원칙적으로 청약의 구속력을 인정하지 않는다. 청약철회가 상대방에게 신의칙상 허용되지 않는 불측의 손해를 가져온다는 특별한 사정이 없는 한 허용된다는 입장이다. 따라서 甲의 청약철회가 학교 측에 불측의 손해를 주는 등 신의칙에 반한다고 인정되는 특별한 사정이 있다면 甲의 청약철회는 효력이 없다. 한편 그와 같은 특별한 사정이 없다면 甲의 청약철회는 유효하며, 그 후에 이루어진 학교 측의 면직처분은 합의해지의 승낙으로서는 효력이 없어 무효이다.

[大判 1992. 4. 10, 91다43138] 근로자가 일방적으로 근로계약관계를 종료시키는 해약의 고지방법에 의하여 임의사직 하는 경우가 아니라, <u>근로자가 사직원의 제출방법에 의하여 근로계약관계의 합의해지를 청약하고 이에 대하여 사용자가 승낙함으로써 당해 근로관계를 종료시키게 되는 경우에 있어서는</u>, <u>근로자는 위 사직원의 제출에 따른 사용자의 승낙의사가 형성되어 확정적으로 근로계약 종료의 효과가 발생하기 전에는 그 사직의 의사표시를 자유로이 철회할 수 있다</u>고 보아야 할 것이며, 다만 근로계약 종료의 효과발생 전이라고 하더라도 근로자가 사직의 의사표시를 철회하는 것이 사용자에게 불측의 손해를 주는 등 신의칙에 반한다고 인정되는 특별한 사정이 있는 경우에 한하여 그 철회가 허용되지 않는다고 해석함이 상당하다(필자 註 : 교사가 작성일자를 3개월 뒤로 한 사직원을 제출하였다가 사직원의 작성일자 이전에 사직의사를 철회한 것이 특별한 사정이

없는 한 그 철회의 효력이 있어 학교 측이 위 사직원을 근거로 면직처분을 한 것이 무효라고 한 사례).

ㄹ. [正] 청약철회가 언제까지 가능한지를 묻는 지문이다. 합의해지가 성립한 후에는 청약철회는 허용되지 않는다. 학교 측이 2010. 2. 20. 면직처분을 한 경우에는 면직처분 발송 시에 합의해지의 효력이 발생한다. 따라서 그 후인 2010. 2. 23. 甲이 한 청약철회는 효력이 없어 합의해지의 효력에 영향을 주지 않는다.
[大判 2000. 7. 7. 98다42172] 명예퇴직이란 근로자가 명예퇴직의 신청(청약)을 하면 사용자가 요건을 심사한 후 이를 승인(승낙)함으로써 합의에 의하여 근로관계를 종료시키는 것으로, 명예퇴직 대상자로 확정되었다고 하여 그 때에 명예퇴직의 효력이 발생하는 것이 아니라 예정된 명예퇴직일자에 비로소 퇴직의 효력이 발생하여 명예퇴직예정일이 도래하면 근로자는 당연히 퇴직되고 사용자는 명예퇴직금을 지급할 의무를 부담하게 되는 것이고, <u>명예퇴직의 합의가 있은 후에는 당사자 일방이 임의로 그 의사표시를 철회할 수 없다</u>(필자 註 : 명예퇴직 합의 후 명예퇴직예정일 이전에 근로자가 사망한 경우, 명예퇴직 합의 당시의 당사자의 의사가 명예퇴직금의 지급이 근로자에게 책임 없는 사유인 사망으로 퇴직되는 경우까지도 상정하여 어떠한 경우에도 반드시 명예퇴직예정일까지 근로관계의 존속을 조건으로 한 취지였는지 여부에 관하여 심리하지 아니한 채 명예퇴직의 효력 발생 이전에 사망하여 명예퇴직금을 지급할 의무가 없다고 한 원심판결을 심리미진을 이유로 파기한 사례).

정답 ①

4. 배점 2 서울에 사는 甲은 부산에 사는 乙의 소장예술품 중 A 그림을 구입하고 싶어서 乙에게 구입 의사를 표시하는 편지를 보냈다(6. 1. 발송, 6. 5. 도달). 이 경우에 甲과 乙 사이의 A 그림에 대한 매매계약의 성립 여부 및 그 시기에 관한 설명 중 옳은 것을 모두 고른 것은? (연도는 모두 같음) [11년]

ㄱ. 甲의 편지가 "A 그림을 사고 싶다."는 것이었고, 乙이 이에 "100만 원을 준다면 A 그림을 팔겠다."고 답신하였다(6. 7. 발송, 6. 10. 도달). 그러자 甲이 "100만 원이라면 기꺼이 사겠다."라는 편지를 보냈다면(6. 11. 발송, 6. 13. 도달) A 그림의 매매계약은 6. 11. 성립하였다.

ㄴ. 甲의 편지가 "A 그림을 80만 원에 사고 싶다."는 것이었고, 乙도 甲에게 "A 그림을 80만 원에 팔고 싶다."는 편지를 보냈다(6. 2. 발송, 6. 6. 도달). 그러나 乙이 甲의 편지를 받고 나서 마음을 바꾸어 "A 그림을 100만 원이 아니면 팔지 않겠다."고 답신하였다면(6. 7. 발송, 6. 10. 도달) A 그림의 매매계약은 아직 성립하지 않았다.

ㄷ. 甲의 편지가 "A 그림을 100만 원에 사고 싶다."는 것이었고, 乙이 甲에게 "A 그림을 60만 원에 팔고 싶다."는 편지를 보냈다면(6. 2. 발송, 6. 6. 도달), A 그림의 매매계약은 대금 60만 원으로 6. 2. 성립하였다.

① ㄱ   ② ㄴ   ③ ㄷ   ④ ㄱ, ㄴ
⑤ ㄱ, ㄷ   ⑥ ㄴ, ㄷ   ⑦ ㄱ, ㄴ, ㄷ   ⑧ 모두 옳지 않음

해설

ㄱ. [正] 6. 1. 발송한 甲의 편지가 청약인가 청약의 유인인가를 묻는 지문이다. 6. 1. 발송한 甲의 편지가 청약이라면 이에 대응하는 乙의 승낙이 발송된 6. 7. 계약이 성립하게 된다. 그러나 6. 1. 발송한 甲의 편지가 청약의 유인이라면 乙이 6. 7. 발송한 의사표시가 청약으로 되고 이에 대응한 6. 11. 발송한 甲의 편지가 승낙으로 되어 계약은 6. 11. 성립한 것으로 된다. 어떠한 의사표시가 청약으로 되기 위해서는 계약의 본질적 내용에 대한 확정성과 그 의사표시에 구속되겠다는 확정적 구속의사가 있어야 한다. 甲이 6. 1. 발송한 편지에는 매매계약의 본질적 요소인 가격에 관한 확정성이 결여되어 있다. 따라서 이는 청약으로 볼 수 없고, 청약의 유인으로 보아야 한다. 그렇다면 계약은 甲이 승낙을 한 6. 11. 발송한 편지에 의하여 성립한다. 계약은 승낙통지가 발송된 때에 성립하므로(제531조) 6. 11. 성립하였다.

ㄴ. [誤] 교차청약에 의하여 계약이 성립하기 위한 요건을 묻는 지문이다. 당사자 간에 동일한 내용의 청약이 상호 교차된 경우에는 양 청약이 상대방에게 도달한 때에 계약이 성립한다(제533조). 甲의 편지는 6. 1. 발송되었고, 6. 5. 도달되었다. 乙의 편지는 甲의 편지가 도달되기 전인 6. 2. 발송되었고, 6. 6. 도달되었다. 乙의 의사표시는 甲의 의사표시에 대응하는 의사표시가 아니므로 이를 승낙이라고 볼 수는 없다. 결국 계약의 청약이 상호 교차하는 경우라고 보아야 한다. 양 청약의 내용이 동일하므로 양 청약이 도달된 때인 6. 6. 계약은 성립하게 된다. 甲이 6. 7. "A 그림을 100만 원이 아니면 팔지 않겠다."는 답신은 계약의 성립에 영향을 주지 못한다. 이미 계약이 성립하였기 때문이다.

ㄷ. [誤] 교차청약에 의한 계약의 성립요건을 묻는 지문이다. 6. 2. 발송된 乙의 의사표시는 甲의 의사표시에 대응한 의사표시가 아니므로 승낙이 아니다. 甲의 의사표시와 乙의 의사표시는 모두 청약이며, 그 내용이 동일하지 아니하므로 교차청약에 의하여 계약이 성립되었다고 볼 수는 없다.

정답 ①

5. 쌍무계약에 관한 설명 중 옳은 것은?(다툼 있으면 판례에 의함) [05년]

① 쌍무계약은 쌍방당사자가 상호 대등한 대가관계에 있는 채무를 부담하는 계약이므로, 양 채무가 객관적·경제적으로 동등한 의미를 가져야 한다.
② 부담부증여에 있어서 부담의무 있는 상대방이 자신의 의무를 이행하지 아니하는 경우라고 하더라도, 증여의 의사가 서면으로 표시되고 증여계약이 이미 이행된 경우에는, 증여자는 계약을 해제할 수 없다.
③ 사용자의 귀책사유로 인하여 해고된 근로자가 해고기간 중에 동종의 다른 직장에 종사하여 얻은 이른바 중간수입은 사용자가 해고기간 중의 임금을 지급함에 있어서

공제의 대상이 되지 아니한다.
④ 채무자가 동시이행의 항변권을 가지고 있더라도, 동시이행의 항변권을 행사하여야 지체책임을 면할 수 있으며, 이행거절의사를 명시적으로 밝히지 않았다면 이행거절권능의 존재 자체로 지체책임의 발생이 저지되는 것은 아니다.
⑤ 쌍무계약의 당사자 일방의 급부가 이행불능이 된 결과로 상대방이 대상청구권을 행사할 수 있는 경우라고 하더라도, 상대방의 반대급부도 그 전부가 이행불능이 되는 때에는 특별한 사정이 없는 한, 상대방은 대상청구권을 행사할 수 없다.

해설

① [誤] 양 채무가 객관적·경제적으로 동등한 의미를 가지고 있어야 하는 것이 아니라 급부가 양 당사자에게 주관적으로 상호의존관계에 서 있으면 된다.
② [誤] [大判 1997. 7. 8, 97다2177] 상대부담 있는 증여에 대하여는 민법 제561조에 의하여 쌍무계약에 관한 규정이 준용되어 부담의무 있는 상대방이 자신의 의무를 이행하지 아니할 때에는 비록 증여계약이 이미 이행되어 있다 하더라도 증여자는 계약을 해제할 수 있고, 그 경우 민법 제555조와 제558조는 적용되지 아니한다.
③ [誤] [大判 1991. 12. 13, 90다18999] 사용자의 귀책사유로 인하여 해고된 근로자는 그 기간 중에 노무를 제공하지 못하였더라도 민법 제538조 제1항 본문의 규정에 의하여 사용자에게 그 기간 동안의 임금을 청구할 수 있고, 이 경우에 근로자가 자기의 채무를 면함으로써 얻은 이익이 있을 때에는 같은 법 제538조 제2항의 규정에 의하여 이를 사용자에게 상환할 의무가 있다고 할 것인데, 근로자가 해고기간 중에 다른 직장에 종사하여 얻은 수입은 근로제공의 의무를 면함으로써 얻은 이익이라고 할 것이므로 사용자는 근로자에게 해고기간중의 임금을 지급함에 있어서 위의 이익(이른바 중간수입)을 공제할 수 있다.
④ [誤] [大判 2001. 7. 10, 2001다3764] 쌍무계약에서 쌍방의 채무가 동시이행관계에 있는 경우 일방의 채무의 이행기가 도래하더라도 상대방 채무의 이행제공이 있을 때까지는 그 채무를 이행하지 않아도 이행지체의 책임을 지지 않는 것이며, 이와 같은 효과는 이행지체의 책임이 없다고 주장하는 자가 반드시 동시이행의 항변권을 행사하여야만 발생하는 것은 아니므로, 동시이행관계에 있는 쌍무계약상 자기채무의 이행을 제공하는 경우 그 채무를 이행함에 있어 상대방의 행위를 필요로 할 때에는 언제든지 현실로 이행을 할 수 있는 준비를 완료하고 그 뜻을 상대방에게 통지하여 그 수령을 최고하여야만 상대방으로 하여금 이행지체에 빠지게 할 수 있는 것이다.
⑤ [正] [大判 1996. 6. 25, 95다6601] 쌍무계약의 당사자 일방이 상대방의 급부가 이행불능이 된 사정의 결과로 상대방이 취득한 대상에 대하여 급부청구권을 행사할 수 있다고 하더라도, 그 당사자 일방이 대상청구권을 행사하려면 상대방에 대하여 반대급부를 이행할 의무가 있는 바, 이 경우 당사자 일방의 반대급부도 그 전부가 이행불능이 되거나 그 일부가 이행불능이 되고 나머지 잔부의 이행만으로는 상대방의 계약목적을 달성할 수 없는 등 상대방에게 아무런 이익이 되지 않는다고 인정되는 때에는, 상대방이 당사자 일방의 대상청구를 거부하는 것이 신의칙에 반한다고 볼 만한 특별한 사

정이 없는 한, 당사자 일방은 상대방에 대하여 대상청구권을 행사할 수 없다.

정답 ⑤

6. 배점 2 쌍무계약에 관한 판례의 태도와 부합하는 것(○)과 아닌 것(×)을 바르게 표시한 것은? [07년]

㉠ 동시이행관계에 있는 쌍무계약에서는 채무를 이행함에 있어 상대방의 행위를 필요로 할 때에는 언제든지 현실로 이행을 할 수 있는 준비를 완료하고, 그 뜻을 상대방에게 통지하여 그 수령을 최고하여야 상대방의 이행지체를 이유로 계약을 해제할 수 있다.
㉡ 쌍무계약에 있어서 이행거절의 의사표시가 적법하게 철회된 경우, 상대방은 자기 채무의 이행을 제공하고 상당한 기간을 정하여 이행을 최고한 후가 아니면 채무불이행을 이유로 계약을 해제할 수 없다.
㉢ 매매계약에서 목적물에 대하여 권리를 주장하는 제3자가 있는 경우, 매수한 권리를 잃을 염려가 없어질 때까지 매수인은 자기의 의무이행을 거절할 수 있고, 그로 인한 지체책임을 지지 않는다.
㉣ 부동산 매도인이 중도금의 수령을 거절하였을 뿐만 아니라 계약을 이행하지 아니할 의사를 명백히 표시한 경우라도 매수인은 소유권이전등기의무의 이행기일까지 기다려야 매매계약을 해제할 수 있다.

① ㉠(○), ㉡(○), ㉢(○), ㉣(○)   ② ㉠(×), ㉡(○), ㉢(○), ㉣(○)
③ ㉠(○), ㉡(×), ㉢(×), ㉣(×)   ④ ㉠(×), ㉡(×), ㉢(×), ㉣(×)
⑤ ㉠(○), ㉡(○), ㉢(○), ㉣(×)

해설

㉠ [正] 쌍무계약의 당사자 일방이 상대방의 이행지체를 이유로 계약을 해제하기 위해서는 자기 채무의 변제제공을 하여 상대방을 이행지체에 빠지게 하여야 하는데, 이 경우 구두제공 정도로 족하다고 보는 것이 통설과 판례의 태도이다. 이를 묻는 지문이다. 이 지문을 시험장에서 읽어야 하는 수험생들에게는 다음과 같은 의문이 있을 수 있다. 즉, 지문에는 "언제든지" 현실로 이행을 할 수 있는 준비를 완료하고, 그 뜻을 상대방에게 통지하여 그 수령을 최고하여야 상대방의 이행지체를 이유로 계약을 해제할 수 있다고 쓰여져 있는데, "언제든지"라는 표현이 과연 옳은 것인가? "언제든지"가 "이행을 할 수 있는"을 수식하는지 아니면 "그 수령을 최고하여야"를 수식하는지 지문의 문맥상 명료하지 아니하다. 만약 전자라면 이 지문을 옳은 지문으로 보아야 하지만, 후자라면 이 지문은 옳지 않은 지문이다. 왜냐하면 상대방이 수령거절의 의사 혹은 자기 채무의 이행거절의사를 명백하고 확고하게 표명한 경우에는 "그 수령을 최고"할 필요가 없기 때문이다. 이 지문은 판결요지의 일부를 발췌해서 문제로 구성한 것

이다. 출제자는 이와 같은 의문이 있을 수 있다고 생각해서였는지는 모르겠으나, 판결원문에 없는 쉼표를 추가하였다("완료하고" 다음에). 이는 "언제든지"가 "현실로 이행할 수 있는 준비를 완료하고"를 수식하고 있음을 분명히 하기 위한 취지인 것으로 보인다. 뿐만 아니라 "언제든지"가 "그 수령을 최고하여야"를 수식한다면 이는 옳지 않은 지문인데, ㉠을 옳지 않은 지문으로 하면서 정답을 구성하고 있는 답항이 문제에는 없다. 결국 ㉠은 옳은 지문으로 보아야 한다. 다만 수험생들의 입장을 고려한다면 이와 같은 판결요지의 무분별한 발췌를 통한 문제화는 지양되어야 한다고 생각한다.

[大判 1987. 1. 20, 85다카2197] 동시이행관계에 있는 쌍무계약에 있어서는 상대방의 채무불이행을 이유로 계약을 해제하려고 하는 자는 동시이행관계에 있는 자기채무의 이행을 제공하여야 하고 그 채무를 이행함에 있어 상대방의 행위를 필요로 할 때에는 언제든지 현실로 이행할 수 있는 준비를 완료하고 그 뜻을 상대방에게 통지하여 그 수령을 최고하여야만 상대방으로 하여금 이행지체에 빠지게 할 수 있고 <u>단순히 이행의 준비태세를 갖추고 있는 것만으로는 부족하다.</u>

㉡ [正] 이행거절의사표명의 철회에 관한 판례의 태도를 묻는 지문이다. 쌍무계약의 일방이 자기 채무의 이행거절의사를 명백히 표명한 때에는 상대방은 자기 채무의 변제제공과 이행최고 없이 나아가 변제기 도래 전이라고 하더라도 계약을 해제할 수 있다. 그러나 이행거절의사를 표명한 쌍무계약의 일방이 그 이행거절의사를 적법하게 철회한 경우에는 자기 채무의 이행제공과 이행최고를 한 후 상당한 기간이 경과하여야 계약을 해제할 수 있다는 것이 판례이다.

[大判 2003. 2. 26, 2000다40995] 쌍무계약에 있어서 계약당사자의 일방은 상대방이 채무를 이행하지 아니할 의사를 명백히 표시한 경우에는 최고나 자기 채무의 이행제공 없이 그 계약을 적법하게 해제할 수 있으나, 그 이행거절의 의사표시가 적법하게 철회된 경우 상대방으로서는 자기 채무의 이행을 제공하고 상당한 기간을 정하여 이행을 최고한 후가 아니면 채무불이행을 이유로 계약을 해제할 수 없다.

㉢ [正] 민법 제588조 소정의 매수인의 대금지급거절권을 묻는 지문이다. 매매의 목적물에 대하여 권리를 주장하는 자가 있는 경우에 매수인이 매수한 권리의 전부나 일부를 잃을 염려가 있는 때에는 매수인은 그 위험의 한도에서 대금의 전부나 일부의 지급을 거절할 수 있다(제588조). 매수인이 이와 같은 대금지급거절권에 기하여 자기 의무의 이행을 거절하고 있다면 이를 위법하다고 할 수 없어 그로 인한 지체책임을 부담하지 않는다.

[大判 2006. 10. 26, 2004다24106 · 24113] 아파트 수분양자의 중도금 지급의무는 아파트를 분양한 건설회사가 수분양자를 아파트에 입주시켜 주어야 할 의무보다 선이행하여야 하는 의무이나, 건설회사의 신용불안이나 재산상태의 악화 등은 민법 제536조 제2항의 건설회사의 의무이행이 곤란할 현저한 사유가 있는 때 또는 민법 제588조의 매매의 목적물에 대하여 권리를 주장하는 자가 있는 경우에 매수인이 매수한 권리의 전부나 일부를 잃을 염려가 있는 때에 해당하여, 아파트 수분양자는 건설회사가 그 의무이행을 제공하거나 매수한 권리를 잃을 염려가 없어질 때까지 자기의 의무이행을 거절할 수 있고, 수분양자에게는 이러한 거절권능의 존재 자체로 인하여 이행지체 책임이 발생하지 않으므로, 수분양자가 건설회사에 중도금을 지급하지 아니하였다고 하

더라도 그 지체책임을 지지 않는다.

ⓔ [誤] 이행거절을 이유로 하는 계약해제를 묻는 지문이다. 매도인의 이행거절의사가 명백히 표명된 경우에는 매수인은 상대방 채무의 이행기일까지 기다리지 아니하고도 계약을 해제할 수 있다는 것이 판례이다.

[大判 1993. 6. 25, 93다11821] 부동산 매도인이 중도금의 수령을 거절하였을 뿐만 아니라 계약을 이행하지 아니할 의사를 명백히 표시한 경우 매수인은 신의성실의 원칙상 소유권이전등기의무 이행기일까지 기다릴 필요 없이 이를 이유로 매매계약을 해제할 수 있다.

정답 ⑤

7. 매도인 甲과 매수인 乙 사이의 토지매매 계약에 대한 설명 중 옳은 것은? (다툼 있으면 판례에 의함) [02년]

① 乙이 중도금을 지급하지 아니하였더라도 잔금 지급일에 동시이행항변권을 행사할 수 있으면, 乙은 잔금 지급일 이전의 이행지체책임은 부담하지 않는다.
② 乙이 중도금을 지급한 후 잔금 지급일에 잔금을 지급하려고 하였으나 甲이 정당한 원인 없이 수령을 거절하여 지급하지 못한 경우에, 그 후 乙이 자기 채무의 이행제공 없이 다시 소유권이전의무의 이행을 청구하더라도 甲은 동시이행항변권을 행사할 수 없다.
③ 토지에 丙의 근저당권설정등기가 되어 있는 경우, 乙이 근저당권의 피담보채무를 인수하여 그 채무액 상당을 잔금에서 공제하기로 약정하는 등의 특별한 사정이 없는 한, 乙의 잔금지급의무는 甲의 위 근저당권말소 및 소유권이전등기의무와 동시이행관계에 있다.
④ 乙이 잔금지급을 담보하기 위한 약속어음을 발행하여 甲에게 교부한 경우, 甲이 어음의 반환을 제공하지 아니한 채 행한 이행의 최고는 부적법하므로 원인채무의 이행을 거절한 乙은 지체책임을 지지 않는다.
⑤ 甲이 乙을 상대로 잔금과 그에 대한 지연손해금을 청구하는 경우에, 乙이 명시적으로 동시이행항변을 하지 않았다면 乙의 잔금지급의무와 甲의 소유권이전등기 관련 서류 교부의무가 동시이행관계에 있더라도 乙은 지체책임을 면할 수 없다.

해설

① [誤] 매수인의 중도금지급채무는 매도인의 등기이전의무에 대하여는 선이행되어야 할 의무이다. 그러나 중도금지급채무도 대금채무의 일부이며, 매수인의 대금채무와 매도인의 재산권이전의무는 대가관계가 있으므로 중도금지급채무의 이행지체 중에 매도인의 재산권이전의무의 이행기가 도래한 경우에는 매수인의 동시이행의 항변권이 발생하고, 그 존재효과에 의하여 그때부터 매수인은 중도금지급채무의 이행지체책임을 면하게 된다. 그러나 이미 발생한 이행지체의 효과가 소멸하는 것은 아니다.

[大判 1991. 3. 27, 90다19930] 매수인이 선이행하여야 할 중도금 지급을 하지 아니한 채

잔대금지급일을 경과한 경우에는 매수인의 중도금 및 이에 대한 지급일 다음 날부터 잔대금지급일까지의 지연손해금과 잔대금의 지급채무는 매도인의 소유권이전등기의무와 특별한 사정이 없는 한 동시이행관계에 있다.

② [誤] 한번 수령지체에 빠졌다고 하여 그 채권자가 동시이행의 항변권을 행사하지 못하는 것은 아니다. 이를 자세하게 분석하면 다음과 같다. 매도인이 잔대금지급채무의 수령지체에 빠진 경우란 매수인의 변제제공을 전제로 하는 것이고, 매수인의 변제제공이 있다면 매도인의 이전등기의무는 이행지체에 빠지게 된다. 결국, 매도인은 동시이행의 항변권을 원용하지 못하게 된다. 그러나 매도인이 상대방채무의 수령지체와 자기채무의 이행지체에 빠졌다고 해서 매도인과 매수인 사이의 의무간 견연성이 상실되는 것은 아니므로 매수인이 매도인을 계속해서 이행지체의 상태에 두기 위해서는 매수인 자신의 변제제공이 계속되어야 한다. 또한 매수인이 본래의 급부를 청구하기 위해서는 자기 채무의 변제제공을 다시 하여야 하고, 그렇지 않은 경우 매도인은 동시이행의 항변권을 주장할 수 있다. 이 점에서 쌍무계약상의 당사자가 해제권을 발생시키기 위하여 필요한 변제제공과 다르다. 해제권을 발생시키기 위해서는 상대방을 이행지체에 빠지게 하여야 하는 바, 상환적인 자신의 반대급부의 변제제공이 필요하다. 그러나, 그 급부를 계속하여야 할 필요는 없다. 왜냐하면 해제권의 행사는 본래 급부를 청구하는 것이 아니므로 본래 급부 상호간의 상환성이 계속해서 존재해 있을 필요는 없기 때문이다. 그러나, 최고기간 중에 상대방이 변제제공을 하면 해제권이 소멸하는 바, 상대방의 변제를 수령하고 자신의 변제를 할 준비는 필요하다.

[大判 1999. 7. 9, 98다13754] 쌍무계약의 당사자 일방이 먼저 한번 현실의 제공을 하고 상대방을 수령지체에 빠지게 하였다 하더라도 그 이행의 제공이 계속되지 않는 경우는 과거에 이행의 제공이 있었다는 사실만으로 상대방이 가지는 동시이행의 항변권이 소멸하는 것은 아니므로, 일시적으로 당사자 일방의 의무의 이행제공이 있었으나 곧 그 이행의 제공이 중지되어 더 이상 그 제공이 계속되지 아니하는 기간 동안에는 상대방의 의무가 이행지체 상태에 빠졌다고 할 수는 없다고 할 것이고, 따라서 그 이행의 제공이 중지된 이후에 상대방의 의무가 이행지체되었음을 전제로 하는 손해배상청구도 할 수 없다.

③ [正] 매도인의 재산권이전의무는 완전한 이전의무라고 파악된다. 따라서 저당권에 의하여 제한된 소유권을 가진 매도인도 저당권을 소멸시켜 완전한 소유권을 이전하여야 한다. 또한 이러한 매도인의 완전한 소유권이전의무는 주된 급부의무로서 대금지급의무와 동시이행의 관계에 선다.

[大判 1973. 6. 5, 68다2342] 근저당권이 설정되어 있는 부동산의 매매에 있어서는 소유권이전등기 소요서류와 아울러 근저당권말소등기절차 소요서류의 교부와 매매대금의 지급은 특별한 사정이 없는 한 동시이행관계에 있다.

④ [誤] 원인채무의 이행과 관련하여 어음을 교부한 경우에는 어음은 원인채무의 지급수단 혹은 지급확보방법으로 교부한 것으로 해석한다. 또한 어음관계는 원인관계와 무인적 관계를 이루기 때문에 원인채무의 지급수단으로서 어음을 교부한 자는 원인채무의 변제시 어음을 반환받을 필요가 있다. 이중지급의 위험을 제거하기 위함이다. 판례는 이러한 어음교부자의 이익을 고려하여 원인채무의 변제와 어음의 반환사이에는

동시이행의 관계에 있다고 한다(大判 1999. 7. 9. 98다47452). 다만, 어음반환과 원인채무의 변제 사이에 동시이행의 관계를 인정한다고 하더라도 이는 이중지급의 위험을 고려하여 인정되는 것이고, 양 의무 상호간에 쌍무적 견련성이 있음으로 인한 것이 아니다. 따라서 통상의 동시이행 항변권에 인정되는 존재효과를 이 경우에는 인정할 수 없다. 결국, 원인채무의 변제기가 도래하였다고 하여 어음교부자의 항변권 행사와 무관하게 이행지체책임이 면제되는 것은 아니며, 원칙적으로 이행지체책임을 부담한다. 판례도 같은 취지이다.

[大判 1993. 11. 9. 93다11203·11210] 기존채무와 어음·수표채무가 병존하는 경우 원인채무의 이행과 어음·수표의 반환이 동시이행의 관계에 있다 하더라도 채권자가 어음·수표의 반환을 제공하지 아니하면 채무자에게 적법한 이행의 최고를 할 수 없다고 할 수는 없고, 채무자는 원인채무의 이행기를 도과하면 원칙적으로 이행지체의 책임을 지고, 채권자로부터 어음·수표의 반환을 받지 아니하였다 하더라도 이 어음·수표를 반환하지 않음을 이유로 위와 같은 항변권을 행사하여 그 지급을 거절하고 있는 것이 아닌 한 이행지체의 책임을 면할 수 없다.

⑤ [誤] 동시이행의 항변권은 그 효과를 이원적으로 파악할 수 있다. 우선 동시이행 항변권의 주된 권능인 이행거절권능인데, 이는 동시이행의 항변권을 행사한 경우의 효과로서 이를 행사하지 아니한 경우에는 이행거절권능이 발생하지 아니한다. 한편, 이른바 존재효과로서 논의되는 이행지체책임의 저지효과와 상계금지효과 등이 있다. 이는 동시이행의 항변권을 행사하였는가와는 무관하게 동시이행의 항변권이 존재한다는 사실로부터 그 효과가 발생한다고 파악하는 것이 통설이다.

[大判 2001. 7. 10. 2001다3764] 쌍무계약에서 쌍방의 채무가 동시이행관계에 있는 경우 일방의 채무의 이행기가 도래하더라도 상대방 채무의 이행제공이 있을 때까지는 그 채무를 이행하지 않아도 이행지체의 책임을 지지 않는 것이며, 이와 같은 효과는 이행지체의 책임이 없다고 주장하는 자가 반드시 동시이행의 항변권을 행사하여야만 발생하는 것은 아니므로, 동시이행관계에 있는 쌍무계약상 자기채무의 이행을 제공하는 경우 그 채무를 이행함에 있어 상대방의 행위를 필요로 할 때에는 언제든지 현실로 이행을 할 수 있는 준비를 완료하고 그 뜻을 상대방에게 통지하여 그 수령을 최고하여야만 상대방으로 하여금 이행지체에 빠지게 할 수 있는 것이다.

정답 ③

8. 동시이행관계에 관한 기술 중 옳지 않은 것은?(다툼 있으면 판례에 의함) [03년]

① 매매 목적부동산에 제3자 명의의 가압류등기가 되어 있는 경우 특별한 사정이 없는 한 매도인의 소유권이전등기의무와 아울러 위 가압류등기의 말소의무도 매수인의 대금지급의무와 동시이행관계에 있다.

② 동시이행의 항변권을 쌍무계약 이외의 경우에 확장하기 위해서는 양 채무가 동일한 법률요건으로부터 생겨서 공평의 관점에서 보아 견련적으로 이행시킴이 마땅한 경우여야 한다.

③ 건물매매계약에서 매수인의 잔대금지급의무와 매도인의 소유권이전의무는 원칙적으로 동시이행관계에 있고, 이는 특별한 사정이 없는 한 미등기건물의 경우에도 마찬가지이다.
④ 부동산매매계약이 당사자 일방의 채무불이행으로 해제된 경우 매도인의 매매대금반환의무와 매수인의 소유권이전등기말소의무는 동시이행관계에 있으므로, 매도인이 반환하여야 할 매매대금에 민법 소정의 법정이율에 의한 법정이자는 가산되지 않는다.
⑤ 임대차관계의 종료로 발생하는 임차인의 목적물반환의무와 임대인의 연체차임 기타 손해배상금을 공제하고 남은 보증금반환의무는 동시이행관계에 있다.

해설

① [正] 매도인의 의무는 완전한 재산권이전의무이므로 가압류말소의무도 재산권이전의무의 내용으로 대금지급의무와 동시이행관계에 있다.
[大判 2000. 11. 28, 2000다8533] 가압류등기 등이 있는 부동산의 매매계약에 있어서는 매도인의 소유권이전등기 의무와 아울러 가압류등기의 말소의무도 매수인의 대금지급의무와 동시이행 관계에 있다고 할 것이다.

② [正] [大判 2000. 10. 27, 2000다36118] 원래 쌍무계약에서 인정되는 동시이행의 항변권을 비쌍무계약에 확장함에 있어서는 양 채무가 동일한 법률요건으로부터 생겨서 공평의 관점에서 보아 견련적으로 이행시킴이 마땅한 경우라야 한다.

③ [正] [大判 1980. 7. 8, 80다725] 부동산 매매에 있어서 당사자 사이에 다른 특약이 있는 등 특별한 사정이 없다면 매매 부동산의 인도 및 명도의무도 그 잔대금지급의무와 동시이행의 관계에 있는 것이므로 매도인이 그 명도의무의 이행을 제공하고 또 이를 상대방에게 통지한 후 그 이행을 수령할 것을 최고한 사실의 인정도 없이 피고의 잔대금지급 채무불이행만을 이유로 매도인의 매매계약해제를 인정하였음은 잘못이다.

④ [誤] 매매해제시 매도인이 반환하여야 할 금전에 가산되는 이자는 반환채무 불이행에 따른 지연배상금이 아니라 부당이득의 본질을 가지는 원상회복의무 그 자체이다. 따라서 매도인의 금전반환의무가 매수인의 원상회복의무와 동시이행관계에 있어 그 불이행이 비록 위법하지 않은 것으로 된다고 하더라도 법정이자는 가산된다. 부당이득은 위법성을 전제로 하지 않기 때문이다.
[大判 1996. 4. 12, 95다28892] 법정해제의 경우 당사자 일방이 그 수령한 금전을 반환함에 있어 그 받은 때로부터 법정이자를 부가함을 요하는 것은 민법 제548조 제2항이 규정하는 바로서, 이는 원상회복의 범위에 속하는 것이며 일종의 부당이득반환의 성질을 가지는 것이고 반환의무의 이행지체로 인한 것이 아니므로, 부동산 매매계약이 해제된 경우 매도인의 매매대금 반환의무와 매수인의 소유권이전등기 말소등기절차 이행의무가 동시이행의 관계에 있는지 여부와는 관계없이 매도인이 반환하여야 할 매매대금에 대하여는 그 받은 날로부터 민법이 정한 법정이율인 연 5푼의 비율에 의한 법정이자를 부가하여 지급하여야 한다.

⑤ [正] [大判 1987. 6. 23, 87다카98] 부동산임대차에 있어서 임차인이 임대인에게 지급하는 보증금은 임대차관계가 종료되어 목적물을 반환하는 때까지 그 임대차관계에서 발

생하는 임차인의 모든 채무를 담보하는 것으로서 임차인의 채무불이행이 없으면 그 전액을 반환하고 만약 임차인이 차임을 지급하지 아니하거나 목적물을 멸실·훼손하여 부담하는 손해배상채무 또는 임대차종료 후 목적물 반환시까지 목적물 사용으로 인한 손해배상 내지 부당이득반환채무 등을 부담하고 있다면 임대인은 그 보증금 중에서 이를 공제하고 나머지 금액만을 반환하면 되는 것이므로 임대인의 보증금 반환의무는 임대차관계가 종료되는 경우에 그 보증금 중에서 목적물을 반환받을 때까지 생긴 연체차임 등 임차인의 모든 채무를 공제한 나머지 금액에 관하여서만 비로소 이행기에 도달하여 임차인의 목적물반환 의무와 서로 동시이행의 관계에 있다.

정답 ④

9. 동시이행의 항변권에 관한 설명 중 판례의 입장과 다른 것은? [04년]

① 기존의 원인채권과 어음·수표채권이 병존하는 경우에 원인채무의 이행과 어음·수표의 반환은 동시이행의 관계에 있으므로, 설령 채무자가 채권자로부터 어음·수표를 반환받지 않았음을 이유로 동시이행의 항변권을 행사하지 않았더라도 원인채무의 이행기가 도과한 사실만으로는 원칙적으로 그 채무에 대한 이행지체의 책임을 지지 않는다.
② 동시이행의 관계에 있는 쌍방의 채무 중 어느 한 채무가 이행불능이 됨으로 인하여 발생한 손해배상채무도 여전히 다른 채무와 동시이행의 관계에 있다.
③ 쌍무계약의 당사자 일방이 먼저 한 번 현실의 제공을 하여 상대방을 수령지체에 빠지게 하였더라도, 그 이행의 제공이 계속되지 않는 경우에는 과거에 이행의 제공이 있었다는 사실만으로 상대방이 가지는 동시이행의 항변권이 소멸하는 것은 아니다.
④ 임차인이 임대차계약 종료 이후에도 동시이행의 항변권을 행사하여 임차건물을 계속 점유하기는 하였으나 이를 본래의 임대차계약상의 목적에 따라 사용·수익하지 아니하여 실질적인 이득을 얻지 못한 경우에는, 그로 인하여 임대인에게 손해가 발생하였다 하더라도 임차인의 부당이득반환의무는 성립되지 않는다.
⑤ 토지 임차인이 지상 건물에 관하여 매수청구권을 행사한 경우, 임차인이 임대인에게 매수청구권이 행사된 건물에 대한 명도와 소유권이전등기를 마쳐주지 아니하였다면 임대인에게 그 매매 대금에 대한 지연손해금을 청구할 수 없다.

해설

① [誤] 원인채무의 이행과 어음반환 사이에 동시이행관계를 인정하는 것이 판례의 입장이다. 그러나 동시이행관계를 인정하는 취지가 채무자의 이중지급의 방지를 위한 것일 뿐, 의무 상호간에 대가적 관련성이 있기 때문이 아니므로 쌍무적 채무 상호간에 인정되는 동시이행관계와는 달리 이른바 동시이행 항변권의 당연효(존재효)는 인정되지 않는다고 본다. 따라서 동시이행의 항변권을 행사하지 않는다면 원인채무의 이행지체책임을 지게 된다.

[大判 1999. 7. 9, 98다47542·47559] 채무자가 어음의 반환이 없음을 이유로 원인채무의 변제를 거절할 수 있는 것은 채무자로 하여금 무조건적인 원인채무의 이행으로 인한 이중지급의 위험을 면하게 하려는 데에 그 목적이 있는 것이지, 기존의 원인채권에 터잡은 이행청구권과 상대방의 어음 반환청구권이 민법 제536조에 정하는 쌍무계약상의 채권채무관계나 그와 유사한 대가관계가 있어서 그러는 것은 아니므로, 원인채무 이행의무와 어음 반환의무가 동시이행의 관계에 있다 하더라도 이는 어음의 반환과 상환으로 하지 아니하면 지급을 할 필요가 없으므로 이를 거절할 수 있다는 것을 의미하는 것에 지나지 아니하는 것이며, 따라서 채무자가 어음의 반환이 없음을 이유로 원인채무의 변제를 거절할 수 있는 권능을 가진다고 하여 채권자가 어음의 반환을 제공하지 아니하면 채무자에게 적법한 이행의 최고를 할 수 없다고 할 수는 없고, 채무자는 원인채무의 이행기를 도과하면 원칙적으로 이행지체의 책임을 진다.

② [正] [大判 2000. 2. 25, 97다30066] 동시이행의 관계에 있는 쌍방의 채무 중 어느 한 채무가 이행불능이 됨으로 인하여 발생한 손해배상채무도 여전히 다른 채무와 동시이행의 관계에 있다.

③ [正] 수령지체자의 동시이행 항변권이 인정되는가의 문제이다. 이에 대하여 한 번 수령지체에 빠졌다는 사실만으로 동시이행의 항변권이 상실되어 선이행의무를 부담하게 되는 것은 아니라는 것이 판례의 입장이다. 쌍무계약의 당사자 일방이 한 번 수령지체에 빠졌다고 하더라도 대가적 관련이 있는 채무 상호간의 관계가 변하는 것은 아니므로 상대방의 변제제공이 중지된 이후에는 동시이행의 항변권을 행사할 수 있다고 보아야 한다. 한편 상대방의 변제제공이 중지된 이후 동시이행의 항변권의 존재효과를 인정할 수 있는가에 관하여 판례는 이를 긍정하고 있다. 따라서 변제제공이 중지된 이후에는 이미 수령지체에 빠져 있는 당사자(자신의 채무에 관해서는 이행지체에 빠져 있는 당사자)도 이행지체책임을 지지 않는다.

[大判 1995. 3. 14, 94다26646] 쌍무계약의 당사자 일방이 먼저 한번 현실의 제공을 하고 상대방을 수령지체에 빠지게 하였다 하더라도 그 이행의 제공이 계속되지 않는 경우는 과거에 이행의 제공이 있었다는 사실만으로 상대방이 가지는 동시이행의 항변권이 소멸하는 것은 아니므로, 일시적으로 당사자 일방의 의무의 이행제공이 있었으나 곧 그 이행의 제공이 중지되어 더 이상 그 제공이 계속되지 아니하는 기간 동안에는 상대방의 의무가 이행지체 상태에 빠졌다고 할 수는 없다고 할 것이고, 따라서 그 이행의 제공이 중지된 이후에 상대방의 의무가 이행지체되었음을 전제로 하는 손해배상청구도 할 수 없다.

④ [正] [大判 1992. 4. 14, 91다45202] 법률상의 원인 없이 이득하였음을 이유로 한 부당이득의 반환에 있어서 이득이라 함은 실질적인 이익을 가리키는 것이므로 법률상 원인 없이 건물을 점유하고 있다 하여도 이를 사용·수익하지 않았다면 이익을 얻은 것이라고 볼 수 없는 것인 바, 임차인이 임대차계약 종료 이후에도 동시이행의 항변권을 행사하는 방법으로 목적물의 반환을 거부하기 위하여 임차건물부분을 계속 점유하기는 하였으나 이를 본래의 임대차계약상의 목적에 따라 사용·수익하지 아니하여 실질적인 이득을 얻은 바 없는 경우에는 그로 인하여 임대인에게 손해가 발생하였다 하더라도 임차인의 부당이득반환의무는 성립되지 않는다.

⑤ [正] [大判 1991. 4. 9. 91다3260] 민법 제643조의 규정에 의한 토지임차인의 매수청구권 행사로 지상건물에 대하여 시가에 의한 매매유사의 법률관계가 성립된 경우에 토지임차인의 건물명도 및 그 소유권이전등기의무와 토지임대인의 건물대금지급의무는 서로 대가관계에 있는 채무이므로 토지임차인은 토지임대인의 건물명도청구에 대하여 대금지급과의 동시이행을 주장할 수 있다.

정답 ①

10. 동시이행의 항변권에 관한 설명 중 옳지 않은 것은?(다툼 있으면 판례에 의함) [06년]

① 토지의 매수인이 선이행의무인 중도금지급의무를 이행하지 않은 상태에서 잔금지급기일이 도래하였다면, 매수인의 잔대금지급의무뿐만 아니라 중도금지급의무도 매도인의 소유권이전의무와 동시이행관계에 있다.
② 토지에 관한 매매계약이 체결된 후 위 토지에 제3자의 가압류등기가 경료되었다면, 매도인의 소유권이전의무뿐만 아니라 위 가압류등기의 말소의무도 매수인의 대금지급의무와 동시이행관계에 있다.
③ 토지의 매도인이 매수인을 상대로 대금지급청구소송을 제기하자 매수인이 매도인으로부터 위 토지의 소유권을 이전받을 때까지 대금을 지급할 수 없다는 취지의 적법한 항변을 하였다면, 법원은 상환이행의 판결을 하여야 하고, 위 판결에 기한 강제집행에 있어서 매도인의 소유권이전의무의 이행 또는 이행의 제공은 집행개시의 요건에 해당한다.
④ 甲이 乙에게 토지를 매도하면서, 甲이 2006. 1. 20. 토지의 소유권을 이전하고 乙이 2006. 2. 20. 그 대금을 지급하기로 약정하였는데, 乙에게 부도가 발생하여 대금지급이행기가 도래하여도 乙이 그 대금을 지급할 것인지 여부가 불투명하게 되었다면, 甲은 乙의 대금지급이 확실하여질 때까지 자신의 소유권이전의무이행을 거절할 수 있으나, 甲이 乙에게 이행거절의 의사를 밝히지 않는 이상 이행지체책임을 부담한다.
⑤ 쌍무계약이 무효로 되어 각 당사자가 서로 취득한 것을 반환하여야 할 경우, 각 당사자의 반환의무는 동시이행의 관계에 있다.

해설

① [正] 동시이행의 항변권을 행사하기 위해서는 상대방 채무의 변제기가 도래하여야 한다. 따라서 선이행의무를 부담하는 자는 동시이행의 항변권을 행사하여 그 선이행의무를 거절할 수 없다. 그러나 동시이행의 항변권 요건으로서 상대방 채무의 변제기 도래는 항변권을 행사할 때 상대방의 채무가 이행기에 있을 것을 요구하는 것일 뿐이며, 처음부터 이행기가 같아야 하는 것은 아니다. 결국 선이행의무인 중도금지급의무를 이행하지 않고 있던 중, 상대방의 채무인 소유권이전의무의 이행기가 도래하면 그 때부터 중도금지급의무도 상대방의 소유권이전의무와 동시이행의 관계에 놓인다.
[大判 1991. 3. 27. 90다19930] 매수인이 선이행하여야 할 중도금 지급을 하지 아니한 채

잔대금지급일을 경과한 경우에는 매수인의 중도금 및 이에 대한 지급일 다음날부터 잔대금지급일까지의 지연손해금과 잔대금의 지급채무는 매도인의 소유권이전등기의무와 특별한 사정이 없는 한 동시이행관계에 있다.

② [正] 매도인의 가압류등기의 말소의무도 매도인의 주된 채무에 속한다. 왜냐하면 매도인은 완전한 재산권을 이전하여야 할 의무를 부담하기 때문이다. 따라서 매도인의 가압류등기의 말소의무도 매수인의 대금지급의무와 동시이행관계에 있다.
[大判 2000. 11. 28, 2000다8533] 가압류등기 등이 있는 부동산의 매매계약에 있어서는 매도인의 소유권이전등기 의무와 아울러 가압류등기의 말소의무도 매수인의 대금지급의무와 동시이행 관계에 있다고 할 것이다.

③ [正] 적법한 동시이행의 항변권이 소송상 행사된 경우, 법원은 원고패소판결을 할 것이 아니라 "피고는 원고로부터 그 의무의 이행을 받음과 동시에 자기 의무를 이행하라"는 취지의 상환이행판결을 한다. 이는 소송경제의 요청으로 인한 것이다. 한편 상환급부판결에 기하여 강제집행을 함에 있어서 원고의 반대급부의 이행 혹은 이행의 제공은 집행문 부여의 요건이 아니라 집행개시의 요건이다.

④ [誤] 대가적 채무 사이에 이행거절의 권능을 가지는 경우에는 이행거절의 의사를 구체적으로 밝히지 아니하였다고 할지라도 이행거절 권능의 존재 자체로 이행지체책임은 발생하지 않는다.
[大判 1997. 7. 25, 97다5541] 쌍무계약의 당사자 일방이 계약상 선이행의무를 부담하고 있는데 그와 대가관계에 있는 상대방의 채무가 아직 이행기에 이르지 아니하였지만 이행기의 이행이 현저히 불투명하게 된 경우에는 민법 제536조 제2항 및 신의칙에 의하여 그 당사자에게 반대급부의 이행이 확실하여질 때까지 선이행의무의 이행을 거절할 수 있다고 보아야 하고, 이와 같이 대가적 채무 간에 이행거절의 권능을 가지는 경우에는 비록 이행거절 의사를 구체적으로 밝히지 아니하였다고 할지라도 이행거절 권능의 존재 자체로 이행지체책임은 발생하지 않는다.

⑤ [正] [大判 1995. 9. 15, 94다55071] 쌍무계약이 무효로 되어 각 당사자가 서로 취득한 것을 반환하여야 할 경우, 어느 일방의 당사자에게만 먼저 그 반환의무의 이행이 강제된다면 공평과 신의칙에 위배되는 결과가 되므로 각 당사자의 반환의무는 동시이행관계에 있다고 보아 민법 제536조를 준용함이 옳다고 해석되고, 이러한 법리는 경매절차가 무효로 된 경우에도 마찬가지이다.

정답 ④

11. 배점 3 동시이행의 항변권에 관한 설명 중 옳은 것을 모두 고른 것은?(다툼 있으면 판례에 의함) [08년]

㉠ 근저당권 실행을 위한 경매가 무효로 되어 근저당권자가 채무자를 대위하여 매수인에 대한 소유권이전등기 말소청구권을 행사하는 경우, 매수인이 부담하는 소유권이전등기 말소의무는 근저당권자의 배당금 반환의무와 동시이행의 관계에 있다.

ⓒ 부동산 매수인 甲의 매매잔대금 지급의무와 매도인 乙의 가압류기입등기말소의무가 동시이행관계에 있었는데, 위 가압류에서 비롯한 강제경매절차가 진행되자 甲이 강제경매의 집행채권액과 집행비용을 변제공탁한 경우, 乙은 甲에 대하여 대위변제로 인한 구상채무를 부담하게 되고, 甲은 乙의 매매잔대금채권에 대해 가압류로부터 본압류로 전이하는 압류 및 추심명령을 받은 乙의 채권자 丙에게 가압류 이후에 발생한 위 구상금채권에 의한 상계로 대항할 수 있다.

ⓒ A 건물을 甲으로부터 임차한 乙의 임대차보증금반환채권이 丙에게 전부된 경우, 임대차계약 해지 이후에 甲이 丙에게 임대차보증금반환채무를 이행제공하거나 현실적으로 이행하지 아니하였다면, 乙의 A 건물에 대한 점유는 불법점유가 아니다.

ⓔ 甲이 乙의 부동산을 매수하는 계약을 체결하면서 부가가치세도 甲이 부담하기로 하였으나 부가가치세의 지급시기와 방법 등에 관하여 특별한 약정을 하지 아니한 경우, 甲의 부가가치세 지급의무는 乙의 소유권이전등기의무와 대가적 의미를 갖는 채무가 아니어서 동시이행의 관계에 있지 아니하다.

ⓜ 甲은 乙에게, 乙은 丙에게 A 건물을 순차 매도하고, 甲·乙·丙은 중간생략등기의 합의를 하였는데 그 후 甲과 乙 사이에 매매대금을 인상하는 약정이 체결된 경우, 甲은 乙로부터 인상된 매매대금이 지급되지 않았음을 이유로 丙 명의로의 소유권이전등기의무의 이행을 거절할 수 없다.

① ㉠, ㉤ ② ㉡, ㉢ ③ ㉢, ㉤
④ ㉣, ㉤ ⑤ ㉡, ㉢, ㉣ ⑥ ㉡, ㉢, ㉤
⑦ ㉠, ㉡, ㉢, ㉣ ⑧ ㉠, ㉡, ㉣, ㉤

해설

㉠ [誤] [大判 2006. 9. 22, 2006다24049] 근저당권 실행을 위한 경매가 무효로 되어 채권자(=근저당권자)가 채무자를 대위하여 낙찰자에 대한 소유권이전등기 말소청구권을 행사하는 경우, 낙찰자가 부담하는 소유권이전등기 말소의무는 채무자에 대한 것인 반면, 낙찰자의 배당금 반환청구권은 실제 배당금을 수령한 채권자(=근저당권자)에 대한 채권인 바, 채권자(=근저당권자)가 낙찰자에 대하여 부담하는 배당금 반환채무와 낙찰자가 채무자에 대하여 부담하는 소유권이전등기 말소의무는 서로 이행의 상대방을 달리하는 것으로서, 채권자(=근저당권자)의 배당금 반환채무가 동시이행의 항변권이 부착된 채 채무자로부터 승계된 채무도 아니므로, 위 두 채무는 동시에 이행되어야 할 관계에 있지 아니하다.

㉡ [正] 매매계약상 매도인의 소유권이전의무와 매수인의 매매대금지급의무는 동시이행의 관계에 있다. 한편 매도인의 소유권이전의무는 완전한 소유권이전의무로서 매매목적물에 가압류등기가 있는 경우에는 이를 말소하여야 하는 의무 또한 매도인의 주된 의무로서 매수인의 매매대금지급의무와 동시이행관계에 있고, 매도인이 가압류를 말소하지 못하여 매수인이 가압류의 피보전채권을 대신 변제한 경우, 매도인이 부담하

는 구상채무 또한 가압류말소의무의 변형으로서 매수인의 매매대금지급의무와 동시이행관계에 있다. 매도인 乙의 매매대금채권이 매도인 乙의 채권자 丙에 의하여 가압류된 후 매수인 甲이 매매목적물의 가압류 피보전채권을 대신 변제하여 구상금채권을 취득한 경우, 매수인 甲의 매도인 乙에 대한 구상금채권은 비록 매매대금채권에 관한 가압류 후에 발생하였다고 하더라도 피가압류채권인 매매대금채권을 수동채권으로 하여 상계를 할 수 있는 자동채권에 해당한다. 왜냐하면 수동채권(매매대금채권)과 자동채권(구상금채권)이 상호 동시이행관계에 있으며, 동시이행의 기초가 되는 법률관계(매매계약)는 매매대금채권에 관한 가압류 이전이 이미 존재하고 있었으므로 甲의 구상금채권을 민법 제498조에서 상계를 금지하고 있는 "지급금지 명령 후에 제3채무자가 취득한 채권"이라고 할 수 없기 때문이다.

[大判 2001. 3. 27. 2000다43819] 동시이행의 항변권은 당사자 쌍방이 부담하는 각 채무가 고유의 대가관계에 있는 쌍무계약상의 채무가 아니더라도 <u>구체적 계약관계에서 당사자 쌍방이 부담하는 채무 사이에 대가적인 의미가 있어 이행상 견련관계를 인정하여야 할 사정이 있는 경우에는 이를 인정하여야</u> 한다(필자 註 : 부동산 매수인의 매매잔대금 지급의무와 매도인의 가압류기입등기말소의무가 동시이행관계에 있었는데 위 가압류에 기한 강제경매절차가 진행되자 매수인이 강제경매의 집행채권액과 집행비용을 변제공탁한 경우 매도인은 매수인에 대해 대위변제로 인한 구상채무를 부담하게 되고, 그 구상채무는 가압류기입등기말소의무의 변형으로서 매수인의 매매잔대금 지급의무와 여전히 대가적인 의미가 있어 서로 동시이행관계에 있으므로, 매수인은 매도인의 매매잔대금채권에 대해 가압류로부터 본압류로 전이하는 압류 및 추심명령을 받은 채권자에게 가압류 이후에 발생한 위 구상금채권에 의한 상계로 대항할 수 있다고 한 사례).

ⓒ [正] [大判 1989. 10. 27. 89다카4298] [1] 임대차종료시 발생하는 임차인의 임차목적물반환채무와 임대인의 잔존임차보증금반환채무는 서로 동시이행의 관계에 있는 것이므로, 임차인이 동시이행의 항변권에 기하여 임차보증금반환청구채권을 확보하려고 임차목적물을 계속 점유하는 경우에는 본래의 용도대로 사용·수익하고 있지 아니한 이상 그로 인하여 실질적으로 이익을 얻고 있다고도 할 수 없으므로, 임차인이 임차목적물을 계속 점유하였다고 하여 바로 불법점유로 인한 손해배상책임이나 부당이득반환채무가 발생하는 것은 아니라고 볼 것이다. [2] 임차인의 임차보증금반환청구채권이 전부된 경우에도 채권의 동일성은 그대로 유지되는 것이어서 동시이행관계도 당연히 그대로 존속한다고 해석할 것이므로 임대차계약이 해지된 후에 임대인이 잔존임차보증금반환청구 채권을 전부받은 자에게 그 채무를 현실적으로 이행하였거나 그 채무이행을 제공하였음에도 불구하고 임차인이 목적물을 명도하지 않음으로써 임차목적물반환채무가 이행지체에 빠지는 등의 사유로 동시이행의 항변권을 상실하게 되었다는 점에 관하여 임대인이 주장·입증을 하지 않은 이상, 임차인의 목적물에 대한 점유는 동시이행의 항변권에 기한 것이어서 불법점유라고 볼 수 없다.

ⓔ [誤] [大判 2006. 2. 24. 2005다58656·58663] 동시이행의 항변권은 공평의 관념과 신의칙에 입각하여 각 당사자가 부담하는 채무가 서로 대가적 의미를 가지고 관련되어 있을 때 그 이행에 있어서 견련관계를 인정하여 당사자 일방은 상대방이 채무를 이행하거나 이행의 제공을 하지 아니한 채 당사자 일방의 채무의 이행을 청구할 때에는 자기의 채무 이행을 거절할 수 있도록 하는 제도인 바, 이러한 제도의 취지에서 볼

때 당사자가 부담하는 각 채무가 쌍무계약에 있어 고유의 대가관계가 있는 채무가 아니라고 하더라도 구체적인 계약관계에서 각 당사자가 부담하는 채무에 관한 약정 내용에 따라 그것이 대가적 의미가 있어 이행상의 견련관계를 인정하여야 할 사정이 있는 경우에는 동시이행의 항변권을 인정할 수 있는 것이고(大判 1992. 8. 18, 91다30927), 한편 부동산 매매계약에 있어 매수인이 부가가치세를 부담하기로 약정한 경우 부가가치세를 매매대금과 별도로 지급하기로 했다는 등의 특별한 사정이 없는 한 부가가치세를 포함한 매매대금 전부와 부동산의 소유권이전등기의무가 동시이행의 관계에 있다고 봄이 상당하다.

ⓜ [誤] [大判 2005. 4. 29, 2003다66431] 중간생략등기의 합의란 부동산이 전전 매도된 경우 각 매매계약이 유효하게 성립함을 전제로 그 이행의 편의상 최초의 매도인으로부터 최종의 매수인 앞으로 소유권이전등기를 경료하기로 한다는 당사자 사이의 합의에 불과할 뿐이므로, 이러한 합의가 있다고 하여 최초의 매도인이 자신이 당사자가 된 매매계약상의 매수인인 중간자에 대하여 갖고 있는 매매대금청구권의 행사가 제한되는 것은 아니다(필자 註 : 최초 매도인과 중간 매수인, 중간 매수인과 최종 매수인 사이에 순차로 매매계약이 체결되고 이들 간에 중간생략등기의 합의가 있은 후에 최초 매도인과 중간 매수인 간에 매매대금을 인상하는 약정이 체결된 경우, 최초 매도인은 인상된 매매대금이 지급되지 않았음을 이유로 최종 매수인 명의로의 소유권이전등기의무의 이행을 거절할 수 있다고 한 사례).

정답 ②

12. 배점 2 판례의 태도에 비추어 동시이행의 항변권에 관한 설명 중 옳지 않은 것은? [09년]

① 근저당권의 실행을 위한 경매가 무효로 되어 근저당권자가 채무자를 대위하여 매각받은 자를 상대로 소유권이전등기 말소등기청구권을 행사하는 경우, 매각받은 자의 소유권이전등기 말소등기절차 이행의무와 근저당권자의 배당금 반환의무는 서로 이행의 상대방을 달리하므로 동시이행의 관계에 있지 아니하다.

② 동시이행의 관계에 있는 쌍무계약에 있어서 상대방의 채무불이행을 이유로 계약을 해제하려고 하는 자는 동시이행관계에 있는 자기 채무의 이행을 제공하여야 하고, 그 채무를 이행함에 있어 상대방의 행위를 필요로 할 때에는 언제든지 현실로 이행을 할 수 있는 준비를 완료하고, 그 뜻을 상대방에게 통지하여 그 수령을 최고하여야 상대방을 이행지체에 빠지게 할 수 있는 것이며, 단순히 이행의 준비태세를 갖추고 있는 것만으로는 상대방을 이행지체에 빠지게 할 수 없다.

③ 매수인이 선이행의무 있는 중도금을 지급하지 않았다 하더라도 계약이 해제되지 않은 상태에서 잔대금 지급기일이 도래하여 그때까지 중도금과 잔대금이 지급되지 아니하고 잔대금과 동시이행관계에 있는 매도인의 소유권이전등기 소요서류가 제공된 바 없이 그 기일이 도과하였다면, 특별한 사정이 없는 한 매수인의 중도금 및 잔대금의 지급과 매도인의 소유권이전등기 소요서류의 제공은 동시이행관계에 있으므로 잔대금 지급기일 이후부터는 매수인은 중도금을 지급하지 아니한 데 대한 이행지체

의 책임을 지지 아니한다.
④ 제3채무자의 압류채무자에 대한 자동채권이 수동채권인 피압류채권과 동시이행의 관계에 있는 경우에는, 비록 압류명령이 제3채무자에게 송달되어 압류의 효력이 생긴 후에 비로소 자동채권이 발생하였다고 하더라도, 동시이행의 항변권을 주장할 수 있는 제3채무자로서는 그 채권에 의한 상계로써 압류채권자에게 대항할 수 있는데, 이때 자동채권이 발생한 기초가 되는 원인은 수동채권이 압류되기 전에 이미 성립하여 존재하고 있어야 한다.
⑤ 쌍무계약에서 쌍방의 채무가 동시이행관계에 있는 경우 일방의 채무의 이행기가 도래하더라도 상대방 채무의 이행제공이 있을 때까지는 그 채무를 이행하지 않아도 이행지체의 책임을 지지 않는 것인데, 이와 같은 효과는 이행지체의 책임이 없다고 주장하는 자가 동시이행의 항변권을 행사하여야 발생하는 것이다.

해설

* 동시이행의 항변권과 관련된 판례의 법리를 종합적으로 묻는 문제이다.
① [正] [大判 2006. 9. 22. 2006다24049] 근저당권 실행을 위한 경매가 무효로 되어 채권자(=근저당권자)가 채무자를 대위하여 낙찰자에 대한 소유권이전등기 말소청구권을 행사하는 경우, 낙찰자가 부담하는 소유권이전등기 말소의무는 채무자에 대한 것인 반면, 낙찰자의 배당금 반환청구권은 실제 배당금을 수령한 채권자(=근저당권자)에 대한 채권인 바, 채권자(=근저당권자)가 낙찰자에 대하여 부담하는 배당금 반환채무와 낙찰자가 채무자에 대하여 부담하는 소유권이전등기 말소의무는 서로 이행의 상대방을 달리하는 것으로서, 채권자(=근저당권자)의 배당금 반환채무가 동시이행의 항변권이 부착된 채 채무자로부터 승계된 채무도 아니므로, 위 두 채무는 동시에 이행되어야 할 관계에 있지 아니하다.
② [正] [大判 1987. 1. 20. 85다카2197] 동시이행관계에 있는 쌍무계약에 있어서는 상대방의 채무불이행을 이유로 계약을 해제하려고 하는 자는 동시이행관계에 있는 자기채무의 이행을 제공하여야 하고 그 채무를 이행함에 있어 상대방의 행위를 필요로 할 때에는 언제든지 현실로 이행할 수 있는 준비를 완료하고 그 뜻을 상대방에게 통지하여 그 수령을 최고하여야만 상대방으로 하여금 이행지체에 빠지게 할 수 있고 단순히 이행의 준비태세를 갖추고 있는 것만으로는 부족하다.
③ [正] [大判 1991. 3. 27. 90다19930] 매수인이 선이행하여야 할 중도금 지급을 하지 아니한 채 잔대금지급일을 경과한 경우에는 매수인의 중도금 및 이에 대한 지급일 다음날부터 잔대금지급일까지의 지연손해금과 잔대금의 지급채무는 매도인의 소유권이전등기의무와 특별한 사정이 없는 한 동시이행관계에 있다.
④ [正] [大判 2001. 3. 27. 2000다43819] 금전채권에 대한 가압류로부터 본압류로 전이하는 압류 및 추심명령이 있는 때에는 제3채무자는 채권이 가압류되기 전에 압류채무자에게 대항할 수 있는 사유로써 압류채권자에게 대항할 수 있으므로, 제3채무자의 압류채무자에 대한 자동채권이 수동채권인 피압류채권과 동시이행의 관계에 있는 경우

에는, 그 가압류명령이 제3채무자에게 송달되어 가압류의 효력이 생긴 후에 자동채권이 발생하였다고 하더라도 제3채무자는 동시이행의 항변권을 주장할 수 있고, 따라서 그 상계로써 압류채권자에게 대항할 수 있다. 이 경우에 자동채권 발생의 기초가 되는 원인은 수동채권이 가압류되기 전에 이미 성립하여 존재하고 있었으므로, 그 자동채권은 민법 제498조 소정의 "지급을 금지하는 명령을 받은 제3채무자가 그 후에 취득한 채권"에 해당하지 아니한다.

⑤ [誤] [大判 1998. 3. 13. 97다54604·54611] 쌍무계약에서 쌍방의 채무가 동시이행관계에 있는 경우 일방의 채무의 이행기가 도래하더라도 상대방 채무의 이행제공이 있을 때까지는 그 채무를 이행하지 않아도 이행지체의 책임을 지지 않는 것이고, 이와 같은 효과는 이행지체의 책임이 없다고 주장하는 자가 반드시 동시이행의 항변권을 행사하여야만 발생하는 것은 아니다.

정답 ⑤

13. 배점 2 동시이행의 항변권에 관한 설명 중 옳은 것은? (다툼 있으면 판례에 의함) [10년]

① 수임인은 특별한 사정이 없는 한 위임인이 약정한 보수를 제공할 때까지 위임계약상의 의무이행을 거절할 수 있다.
② 동시이행의 항변권을 행사하는 것이 주로 자기 채무의 이행만을 회피하기 위한 수단이라 하더라도 권리남용에 해당하지 아니한다.
③ 부동산에 관한 매매계약을 체결한 후 매수인 앞으로 소유권 이전등기를 마치기 전에 매수인으로부터 그 부동산을 다시 매수한 제3자의 처분금지가처분신청으로 매매목적 부동산에 관하여 가처분등기가 이루어진 상태에서 매도인과 매수인 사이의 매매계약이 해제된 경우, 가처분등기의 말소와 매도인의 대금반환의무는 동시이행의 관계에 있다.
④ 수급인이 도급계약에 따른 의무를 제대로 이행하지 못함으로 말미암아 도급인의 신체 또는 재산에 손해가 발생한 경우, 하자확대손해로 인한 수급인의 손해배상채무와 도급인의 공사대금채무는 동시이행의 관계에 있다.
⑤ 수급인이 완성한 목적물에 하자가 있어 도급인이 하자보수에 갈음하여 손해배상을 청구하는 경우, 도급인은 그 이행제공이 있을 때까지 보수 전부의 이행을 거절할 수 있으며, 그 보수액이 손해배상액을 초과하더라도 마찬가지이다.

해설

① [誤] 수임인의 위임사무처리의무와 위임인의 보수지급의무 사이에 동시이행관계가 있는지를 묻는 지문이다. 수임인의 보수청구권은 위임사무를 완료한 후에 이를 청구할 수 있다(제686조). 따라서 수인인의 위임사무처리의무가 선이행되어야 하는 의무이다. 특별한 사정이 없는 한 동시이행관계를 인정할 수는 없다.

② [誤] 동시이행항변권의 행사가 권리남용을 되는지를 묻는 지문이다. 대법원은 동시이

행항변권이 주로 자기채무를 회피하는 수단으로 사용되는 경우에 이를 권리남용으로 파악하고 있다.

[大判 2001. 9. 18. 2001다9304] 일반적으로 동시이행의 관계가 인정되는 경우에 그러한 항변권을 행사하는 자의 상대방이 그 동시이행의 의무를 이행하기 위하여 과다한 비용이 소요되거나 또는 그 의무의 이행이 실제적으로 어려운 반면 그 의무의 이행으로 인하여 항변권자가 얻는 이득은 별달리 크지 아니하여 동시이행의 항변권의 행사가 주로 자기 채무의 이행만을 회피하기 위한 수단이라고 보여지는 경우에는 그 항변권의 행사는 권리남용으로서 배척되어야 할 것이다.

③ [誤] 의무의 상대방을 달리하는 수개의 채무 사이에 동시이행관계가 인정되는지를 묻는 지문이다. 동시이행관계는 쌍무계약의 쌍방채무 사이에 인정될 수 있고, 나아가 쌍방의 채무가 동일한 법률요건으로부터 발생하여 동시적으로 이행하는 것이 형평에 부합하는 경우에는 쌍무계약상의 채무가 아니더라도 동시이행관계를 인정할 수 있다는 것이 통설과 판례의 태도이다. 동시이행관계가 확장되기 위해서는 동일한 법률요건으로부터 발생한 수개의 채무가 상환하여 이행되는 것이 형평에 부합하는 경우이어야 하는데, 의무의 상대방을 달리하는 경우에는 그 의무 상호간에 상환성을 인정하는 것이 오히려 형평에 반하는 결과를 초래할 수 있다. 따라서 동시이행관계를 인정할 수 없다. 매도인과 매수인 사이의 매매계약이 해제된 경우, 매도인이 부담하는 대금반환의무는 매수인에 대하여 부담하는 의무이며, 매수인의 매수인(전매수인)이 신청하여 경료된 가처분등기를 말소하여야 하는 의무는 전매수인이 매도인에 대하여 직접 부담하는 의무이다. 대금지급의무와 가처분등기말소의무는 의무의 상대방이 전혀 다르므로 이를 동시이행관계에 둘 수가 없다.

[大判 2009. 7. 9. 2009다18526] 부동산에 관한 매매계약을 체결한 후 매수인 앞으로 소유권이전등기를 마치기 전에 매수인으로부터 그 부동산을 다시 매수한 제3자의 처분금지가처분신청으로 매매목적부동산에 관하여 가처분등기가 이루어진 상태에서 매도인과 매수인 사이의 매매계약이 해제된 경우, 매도인만이 가처분이의 등을 신청할 수 있을 뿐 매수인은 가처분의 당사자가 아니어서 가처분이의 등에 의하여 가처분등기를 말소할 수 있는 법률상의 지위에 있지 않고, 제3자가 한 가처분을 매도인의 매수인에 대한 소유권이전등기의무의 일부이행으로 평가할 수 없어 그 가처분등기를 말소하는 것이 매매계약 해제에 따른 매수인의 원상회복의무에 포함된다고 보기도 어려우므로, 위와 같은 가처분등기의 말소와 매도인의 대금반환의무는 동시이행의 관계에 있다고 할 수 없다.

④ [正] 채무불이행으로 인한 손해배상채무와 반대급부의무 사이에 동시이행관계가 인정되는지를 묻는 지문이다. 채무불이행으로 인한 손해배상채무는 본래 급부의무의 변형물이므로 본래 급부의무와 마찬가지로 반대급부의무와의 사이에 동시이행관계가 인정된다. 수급인이 부담하는 일의 완성의무가 제대로 이행되지 못함으로 인하여 발생하는 손해배상의무는 일의 완성의무 등 수급인의 본래 급부의무와 동일성을 가지므로 도급인의 공사대금채무와 동시이행관계에 있다.

[大判 2005. 11. 10. 2004다37676] 수급인이 도급계약에 따른 의무를 제대로 이행하지 못함으로 말미암아 도급인의 신체 또는 재산에 손해가 발생한 경우 수급인에게 귀책

사유가 없었다는 점을 스스로 입증하지 못하는 한 도급인에게 그 손해를 배상할 의무가 있다고 보아야 할 것이고, 원래 동시이행의 항변권은 공평의 관념과 신의칙에 입각하여 각 당사자가 부담하는 채무가 서로 대가적 의미를 가지고 관련되어 있을 때 그 이행과정에서의 견련관계를 인정하여 당사자 일방은 상대방이 채무를 이행하거나 이행의 제공을 하지 아니한 채 당사자 일방의 채무의 이행을 청구할 때에는 자기의 채무이행을 거절할 수 있도록 하는 제도인데, 이러한 제도의 취지로 볼 때 비록 당사자가 부담하는 각 채무가 쌍무계약관계에서 고유의 대가관계가 있는 채무는 아니라고 하더라도 구체적인 계약관계에서 각 당사자가 부담하는 채무에 관한 약정내용 등에 따라 그것이 대가적 의미가 있어 이행상의 견련관계를 인정하여야 할 사정이 있는 경우에는 동시이행의 항변권이 인정되어야 하는 점, 민법 제667조 제3항에 의하여 민법 제536조가 준용되는 결과 도급인이 수급인에 대하여 하자보수와 함께 청구할 수 있는 손해배상채권과 수급인의 공사대금채권은 서로 동시이행관계에 있는 점 등에 비추어 보면, 하자확대손해로 인한 수급인의 손해배상채무와 도급인의 공사대금채무도 동시이행관계에 있는 것으로 보아야 한다.

⑤ [誤] 동시이행항변권의 행사범위를 묻는 지문이다. 동시이행항변권은 선이행을 방지하는데 그 목적이 있는 권리이므로 상대방이 부담하는 반대급부의무의 범위에서 자기 채무의 이행을 거절할 수 있는 권리이다. 하자보수에 갈음하는 손해배상의무와 보수지급의무가 동시이행관계에 있다고 하더라도 하자보수에 갈음하는 손해배상액에 상응하는 보수지급의무의 이행을 거절할 수 있을 뿐이다. 따라서 보수액이 손해배상액을 초과한다면 보수지급의무 전부를 거절할 수는 없다.
[大判 1991. 12. 10. 91다33056] 도급인이 하자의 보수를 청구하려면 그 하자가 중요한 경우이거나 중요하지 아니한 것이라고 하더라도 그 보수에 과다한 비용을 요하지 아니할 경우이어야 하고, 도급인이 하자의 보수에 갈음하여 손해배상을 청구하는 경우에는 수급인이 그 손해배상청구에 관하여 채무이행을 제공할 때까지 그 손해배상의 액에 상응하는 보수의 액에 관하여만 자기의 채무이행을 거절할 수 있을 뿐, 그 나머지 액의 보수에 관하여는 지급을 거절할 수 없다.

정답 ④

14. 매도인 甲과 매수인 乙 사이의 A건물에 관한 매매계약과 관련한 설명 중 옳지 않은 것은? [06년]

① 매매계약체결 전에 A건물이 이미 멸실되었는데 甲이 그 멸실 사실을 과실로 알지 못하고 매매계약을 체결하였다면, 乙 역시 그 멸실 사실을 과실로 알지 못하였다 하더라도 甲은 乙에 대하여 신뢰이익을 배상하여야 한다.
② 매매계약체결 후 이행기가 도래하기 전에 甲의 귀책사유로 A건물이 멸실되었다면, 乙은 甲에 대하여 전보배상을 청구할 수도 있고 위 매매계약을 해제할 수도 있다.
③ 매매계약체결 후 이행기가 도래하기 전에 甲·乙 어느 누구에게도 귀책사유 없이 A건물이 멸실되었다면, 乙은 甲에 대하여 매매대금을 지급할 의무가 없다.

④ 매매계약체결 후 이행기가 도래하기 전에 乙의 귀책사유로 A건물이 멸실되었다면, 甲은 A건물에 관한 소유권이전의무를 면하고 乙에 대하여 매매대금의 지급을 청구할 수 있다.
⑤ 매매계약체결 후 乙의 수령지체 중에 甲·乙 어느 누구에게도 귀책사유 없이 A건물이 멸실된 경우, 甲은 乙에게 매매대금의 지급을 청구할 수 있다.

해설

① [誤] 원시적 불능을 원인으로 신뢰이익의 손해배상을 청구하기 위해서는 청구권자가 불능사실에 대하여 선의·무과실이어야 한다(제535조 제1항). 매수인 乙이 과실로 원시적 불능사실을 몰랐기 때문에 乙은 신뢰이익의 손해배상을 청구할 수 없다.
② [正] 후발적 불능의 원인이 채무자의 귀책사유에 기인하는 경우, 채무불이행으로서 이행불능이 성립한다. 이행불능의 효과로서 채권자는 손해배상청구권, 계약해제권, 대상청구권 등을 행사할 수 있다. 설문에서 매도인 甲의 귀책사유로 건물이 멸실되었으므로 채무자의 책임 있는 사유로 인한 후발적 급부불능에 해당하고, 따라서 매수인 乙은 이행에 갈음하는 전보배상청구권과 계약해제권을 행사할 수 있다.
③ [正] 후발적 불능의 원인이 당사자 쌍방의 귀책사유와 무관한 경우, 위험부담의 법리에 따라 채권자의 반대급부의무도 소멸한다(제537조). 따라서 매수인은 대급지급의무를 면한다.
④ [正] 매수인의 책임 있는 사유로 매도인의 급부의무가 후발적으로 불능으로 되는 경우, 매도인의 급부의무는 소멸하나, 매수인의 반대급부의무는 존속한다(제538조 제1항).
⑤ [正] 매수인의 수령지체 중에 당사자 쌍방의 과실 없이 매도인의 급부의무가 후발적으로 불능으로 된 경우에도 반대급부의 위험은 채권자가 부담한다(제538조 제1항 2문). 따라서 매수인의 대급지급의무는 존속한다.

정답 ①

15. 제3자를 위한 계약에 관한 설명 중 옳지 않은 것은?(다툼 있으면 판례에 의함) [05년]

① 제3자를 위한 계약에서 제3자는 계약성립시에 특정될 필요가 없고 현존할 필요도 없다.
② 낙약자는 요약자와 제3자 사이의 법률관계(대가관계)에 기한 항변으로 수익자에게 대항하지 못하고, 요약자도 대가관계의 부존재나 효력의 상실을 이유로 요약자와 낙약자 사이의 법률관계(보상관계)에 기하여 낙약자에게 부담하는 채무의 이행을 거절할 수 없다.
③ 중첩적 채무인수는 채권자로 하여금 인수인에 대하여 새로운 권리를 취득하게 하는 것으로 제3자를 위한 계약의 하나로 볼 수 있다.
④ 수익의 의사를 표시한 수익자는 낙약자에 대하여 직접 계약의 이행을 청구할 수 있고, 요약자의 계약해제 후에는 낙약자에 대하여 원상회복을 청구할 수 있다.
⑤ 제3자를 위한 계약이 성립하기 위하여는 일반적으로 그 계약의 당사자가 아닌 제3

자로 하여금 직접 권리를 취득하게 하는 약정이 있어야 할 것이지만, 계약의 당사자가 제3자에 대하여 가진 채권에 관하여 그 채무를 면제하는 계약도 제3자를 위한 계약에 준하는 것으로서 유효하다.

해설

① [正] 수익자는 계약당시에 현존하지 않아도 무방하다. 다만, 권리취득이라는 효력이 발생하기 위해서는 현존, 특정되어야 한다.
② [正] [大判 2003. 12. 11, 2003다49771] 제3자를 위한 계약의 체결 원인이 된 요약자와 제3자(수익자) 사이의 법률관계(이른바 대가관계)의 효력은 제3자를 위한 계약 자체는 물론 그에 기한 요약자와 낙약자 사이의 법률관계(이른바 기본관계)의 성립이나 효력에 영향을 미치지 아니하므로 낙약자는 요약자와 수익자 사이의 법률관계에 기한 항변으로 수익자에게 대항하지 못하고, 요약자도 대가관계의 부존재나 효력의 상실을 이유로 자신이 기본관계에 기하여 낙약자에게 부담하는 채무의 이행을 거부할 수 없다.
③ [正] 채무자와 인수인의 계약으로 체결되는 병존적 채무인수도 그에 의하여 채권자가 인수인에 대하여 새로운 권리를 취득하게 되므로 제3자를 위한 계약에 속한다.
[大判 1997. 10. 24, 97다28698] 채무자와 인수인의 계약으로 체결되는 병존적 채무인수는 채권자로 하여금 인수인에 대하여 새로운 권리를 취득하게 하는 것으로 제3자를 위한 계약의 하나로 볼 수 있고, 이와 비교하여 이행인수는 채무자와 인수인 사이의 계약으로 인수인이 변제 등에 의하여 채무를 소멸케 하여 채무자의 책임을 면하게 할 것을 약정하는 것으로 인수인이 채무자에 대한 관계에서 채무자를 면책케 하는 채무를 부담하게 될 뿐 채권자로 하여금 직접 인수인에 대한 채권을 취득케 하는 것이 아니므로 결국 제3자를 위한 계약과 이행인수의 판별 기준은 계약당사자에게 제3자 또는 채권자가 계약당사자 일방 또는 인수인에 대하여 직접 채권을 취득케 할 의사가 있는지 여부에 달려 있다 할 것이고, 구체적으로는 계약 체결의 동기, 경위 및 목적, 계약에 있어서의 당사자의 지위, 당사자 사이 및 당사자와 제3자 사이의 이해관계, 거래 관행 등을 종합적으로 고려하여 그 의사를 해석하여야 한다.
④ [誤] 계약의 해제권 및 원상회복청구권은 수익자가 행사할 수 있는 권리가 아니다.
[大判 1994. 8. 12, 92다41559] [1] 제3자를 위한 계약의 당사자가 아닌 수익자는 계약의 해제권이나 해제를 원인으로 한 원상회복청구권이 있다고 볼 수 없다. [2] 제3자를 위한 계약에 있어서 수익의 의사표시를 한 수익자는 낙약자에게 직접 그 이행을 청구할 수 있을 뿐만 아니라 요약자가 계약을 해제한 경우에는 낙약자에게 자기가 입은 손해의 배상을 청구할 수 있는 것이므로, 수익자가 완성된 목적물의 하자로 인하여 손해를 입었다면 수급인은 그 손해를 배상할 의무가 있다.
⑤ [正] [大判 2004. 9. 3, 2002다37405] 제3자를 위한 계약이 성립하기 위하여는 일반적으로 그 계약의 당사자가 아닌 제3자로 하여금 직접 권리를 취득하게 하는 조항이 있어야 할 것이지만, 계약의 당사자가 제3자에 대하여 가진 채권에 관하여 그 채무를 면제하는 계약도 제3자를 위한 계약에 준하는 것으로서 유효하다.

정답 ④

16. 배점 3 제3자를 위한 계약에 관한 설명 중 옳지 않은 것을 모두 고른 것은? (다툼 있으면 판례에 의함)

[11년]

ㄱ. 채무자와 인수인의 합의로 채권자가 인수인에 대해서도 직접 채권을 취득하게 하는 내용의 병존적 채무인수는 일종의 제3자를 위한 계약이다.
ㄴ. 설립 중인 법인을 제3자로 하여 체결될 수도 있다.
ㄷ. 낙약자는 요약자와 수익자 간의 법률관계에 기한 항변으로 수익자에게 대항할 수 없다.
ㄹ. 요약자나 낙약자는 제3자를 위한 계약이 통정허위표시로서 무효라는 이유로 선의의 수익자에게 대항하지 못한다.
ㅁ. 수익의 의사표시를 한 수익자는 낙약자에게 직접 그 이행을 청구할 수 있으나, 요약자가 위 수익의 의사표시 후 낙약자의 귀책사유로 계약을 해제한 경우, 수익자는 낙약자에게 자기가 입은 손해의 배상을 청구할 수 없다.
ㅂ. 제3자를 위한 유상·쌍무계약의 경우, 요약자는 낙약자가 채무를 이행하지 않으면 제3자의 동의 없이도 계약을 해제할 수 있다.
ㅅ. 제3자를 위한 계약이 해제된 경우, 이미 제3자에게 이행을 한 낙약자는 특별한 사정이 없는 한 제3자에 대해 원상회복을 청구할 수 없다.

① ㄱ, ㄷ, ㅂ   ② ㄴ, ㄷ, ㅁ   ③ ㄹ, ㅁ   ④ ㄹ, ㅂ, ㅅ   ⑤ ㅂ, ㅅ

해설

ㄱ. [正] 채무자와 인수인이 체결한 병존적 채무인수의 법적 성질을 묻는 지문이다. 채권자가 인수인에 대하여 직접 권리를 취득하도록 하는 합의로서 제3자를 위한 계약이다.
[大判 1997. 10. 24. 97다28698] 부동산을 매매하면서 매도인과 매수인 사이에 중도금 및 잔금은 매도인의 채권자에게 직접 지급하기로 약정한 경우, 그 약정은 매도인의 채권자로 하여금 매수인에 대하여 그 중도금 및 잔금에 대한 직접청구권을 행사할 권리를 취득케 하는 제3자를 위한 계약에 해당하고 동시에 매수인이 매도인의 그 제3자에 대한 채무를 인수하는 병존적 채무인수에도 해당한다고 본 사례.

ㄴ. [正] 제3자가 제3자를 위한 계약을 체결할 당시 현존하거나 권리능력자이어야 하는지 여부를 묻는 지문이다. 제3자는 수익의 의사표시를 통하여 권리를 취득하게 되는데, 권리를 취득할 당시에 권리능력자이면 족하다. 따라서 설립 중 법인을 제3자로 하여 제3자를 위한 계약을 체결할 수도 있고, 나아가 아직 형성되지 아니한 비법인사단을 제3자로 하여 제3자를 위한 계약을 체결할 수도 있다.
[大判 1960. 7. 21. 4292민상773] 재단법인의 설립준비 중 제3자가 그 설립자에 대하여 장차 설립될 동 법인의 설립을 조건으로 하고 동 법인에 무상으로 재산을 출연할 것을 약정하였다든가 동 법인을 수익자로 하는 제3자를 위한 재산출연에 관한 계약을

하였을 경우에는 그 각 재산이 동 법인의 기부행위에 기재되지 아니하였다 할지라도 동 법인은 전자에 있어서는 그 설립과 동시에 당연히, 후자에 있어서는 설립 후의 수익의 의사표시에 의하여 동 재산상의 권리를 취득하게 된다.

ㄷ. [正] 수익자에 대하여 급부의무를 부담하는 낙약자가 요약자와 수익자 사이의 법률관계에 기한 항변으로 대항할 수 있는지 여부를 묻는 지문이다. 이는 낙약자가 부담하는 급부의무가 어떠한 법률관계에 기초하여 발생하는가의 문제이다. 요약자와 낙약자 사이의 법률관계(기본관계 혹은 보상관계)를 기초로 하여 낙약자의 수익자에 대한 급부의무가 발생하고, 그 관계에 의하여 영향을 받는다. 따라서 요약자와 수익자 사이의 관계가 흠결되었다고 하더라도 낙약자는 수익자에 대한 급부의무를 면할 수 없다.

[大判 2003. 12. 11, 2003다49771] 제3자를 위한 계약의 체결 원인이 된 요약자와 제3자(수익자) 사이의 법률관계(이른바 대가관계)의 효력은 제3자를 위한 계약 자체는 물론 그에 기한 요약자와 낙약자 사이의 법률관계(이른바 기본관계)의 성립이나 효력에 영향을 미치지 아니하므로 낙약자는 요약자와 수익자 사이의 법률관계에 기한 항변으로 수익자에게 대항하지 못하고, 요약자도 대가관계의 부존재나 효력의 상실을 이유로 자신이 기본관계에 기하여 낙약자에게 부담하는 채무의 이행을 거부할 수 없다.

ㄹ. [誤] 수익자가 선의의 제3자 보호규정에 의하여 보호되는지 여부를 묻는 지문이다. 일반적으로 제3자는 법률관계 당사자와 그의 포괄승계인 이외의 자를 말하지만, 대법원은 민법 제108조 제2항에 의하여 보호되는 제3자는 "허위표시의 당사자와 포괄승계인 이외의 자로서 허위표시에 의하여 외형상 형성된 법률관계를 토대로 실질적으로 새로운 법률상 이해관계를 맺은 자"라고 하여 제3자의 범위를 목적론적으로 축소해석하고 있다(大判 2000. 7. 6, 99다51258). 제3자를 위한 계약의 수익자는 기본관계의 효과를 직접 향유하는 자일 뿐 기본관계에 따라 발생한 법률효과에 기초하여 다시 새로운 이해관계를 맺은 자가 아니다. 따라서 허위표시로부터 보호되는 제108조 제2항 소정의 제3자에 해당하지 않는다.

ㅁ. [誤] 제3자를 위한 계약관계가 낙약자의 채무불이행으로 인하여 해제되었을 경우, 수익자가 낙약자에 대하여 손해배상을 청구할 수 있는지를 묻는 지문이다. 해제에도 불구하고 채무불이행으로 인한 손해배상청구권은 존속한다(제551조). 수익자의 급부청구권의 변형 혹은 확장물로서 손해배상청구권은 수익자에게 여전히 귀속한다.

[大判 1994. 8. 12, 92다41559] 제3자를 위한 계약에 있어서 수익의 의사표시를 한 수익자는 낙약자에게 직접 그 이행을 청구할 수 있을 뿐만 아니라 요약자가 계약을 해제한 경우에는 낙약자에게 자기가 입은 손해의 배상을 청구할 수 있는 것이므로, 수익자가 완성된 목적물의 하자로 인하여 손해를 입었다면 수급인은 그 손해를 배상할 의무가 있다(필자 註 : 대한민국이 서울특별시를 위하여 건설회사와의 사이에 난지도 쓰레기처리장 건설공사계약을 체결한 이상 그 계약의 당사자는 대한민국과 건설회사이고 서울특별시는 위 계약상의 수익자이며, 난지도 쓰레기처리시설의 건설이 서울특별시의 사업으로서 그 기본계획의 입안, 부지의 선정 및 제공, 입찰안내서의 작성, 공사비의 지출, 관리비의 지출 등 계약체결을 제외한 모든 것이 실질적으로 서울특별시에 의하여 이루어졌을 뿐 아니라 완성된 시설 또한 서울특별시에 귀속된다고 하여 서울특별시가 쓰레

기처리장 건설공사계약의 당사자가 되는 것은 아니라고 본 사례).

ㅂ. [正] 요약자의 해제에 제3자(수익자)의 동의가 필요한지 여부를 묻는 지문이다. 특히 제3자가 수익의 의사표시를 하여 그 권리가 확정된 후에도 요약자는 제3자의 동의 없이 기본계약관계를 해제할 수 있는지가 문제된다. 견해의 대립이 있으나, 대법원은 제3자의 동의가 없더라도 계약을 해제할 수 있다고 본다.
[大判 1970. 2. 24, 69다1410] 제3자를 위한 유상 쌍무계약의 경우 요약자는 낙약자의 채무불이행을 이유로 제3자의 동의 없이 계약을 해제할 수 있다.

ㅅ. [正] 제3자를 위한 계약이 해제된 경우, 제3자의 원상회복의무가 인정되는지 여부를 묻는 지문이다. 수익자에 대한 급부 후에 기본계약관계가 해제되었을 경우, 부당이득반환의 본질을 가지는 원상회복관계의 당사자가 누구인가 하는 문제이다. 원상회복관계의 당사자는 기본계약관계의 당사자가 되는 것이 원칙이다. 낙약자는 요약자에 대하여 원상회복을 청구하여야 하며, 수익자에 대하여 원상회복을 청구할 수는 없다. 특별한 사정이 없는 한 제3자는 원상회복의무를 부담하지 않는다.
[大判 2005. 7. 22, 2005다7566·7573] 제3자를 위한 계약관계에서 낙약자와 요약자 사이의 법률관계(이른바 기본관계)를 이루는 계약이 해제된 경우 그 계약관계의 청산은 계약의 당사자인 낙약자와 요약자 사이에 이루어져야 하므로, <u>특별한 사정이 없는 한 낙약자가 이미 제3자에게 급부한 것이 있더라도 낙약자는 계약해제에 기한 원상회복 또는 부당이득을 원인으로 제3자를 상대로 그 반환을 구할 수 없다.</u>

정답 ③

17. 甲과 乙은, 甲이 자신 소유의 토지를 乙에게 매도하되 乙은 그 대금을 丙에게 지급하기로 약정하였고, 그 후 丙이 수익의 의사표시를 하였다. 이에 대한 설명 중 옳은 것은?
[06년]

① 위 매매계약이 무효라고 하더라도, 乙이 매매대금을 지급하지 않으면 丙은 乙에 대하여 채무불이행에 따른 손해배상을 청구할 수 있다.
② 丙이 乙에 대하여 매매대금의 지급을 청구한 경우, 乙은 甲이 아직 위 토지의 소유권을 이전하여 주지 않았음을 이유로 매매대금의 지급을 거절할 수는 없다.
③ 甲이 乙의 기망행위를 이유로 위 매매계약을 취소하였다면, 丙이 그 취소원인 사실을 알지 못하였다 하더라도 丙은 乙에 대하여 매매대금의 지급을 청구할 수 없다.
④ 매매계약 당시 甲과 乙이 丙의 권리를 변경, 소멸시킬 수 있음을 미리 유보하였다고 하더라도, 丙이 이미 수익의 의사표시를 하였기 때문에 甲과 乙이 丙의 권리를 변경, 소멸시킬 수는 없다.
⑤ 甲이 위 약정에 따라 乙에게 토지의 소유권을 이전하고 토지를 인도한 후, 매수인인 乙이 대금지급의무를 이행하지 않는다는 이유로 甲이 위 매매계약을 적법하게 해제하였다면, 乙은 위 토지를 丙에게 반환하여야 한다.

① [誤] 요약자와 낙약자의 보상관계는 제3자를 위한 계약의 내용을 이루는 바 그 하자는 계약의 효력에 영향을 미친다. 따라서 甲(요약자)과 乙(낙약자) 사이의 매매계약이 무효라면, 수익자(丙)의 대금지급청구권은 처음부터 발생하지 아니한 것으로 되어 乙의 채무불이행책임은 성립하지 않는다.

② [誤] 낙약자는 보상관계에 기한 항변으로 수익자에 대항가능하다. 따라서 乙은 동시이행의 항변권을 행사하여 丙의 대금지급청구를 거절할 수 있다.

③ [正] 제3자를 위한 계약에서 수익자는 제3자를 위한 계약의 효과를 직접 받는 자로서 제3자를 위한 계약의 효과에 터잡아 새로운 이해관계를 가지는 자로 볼 수는 없다. 수익자에게는 민법상 제3자 보호규정이 적용되지 않는다. 따라서 甲이 乙의 기망을 이유로 매매계약을 취소하면 乙은 취소의 효력을 丙에게 주장할 수 있다.

④ [誤] [大判 2002. 1. 25. 2001다30285] 제3자를 위한 계약에 있어서, 제3자가 민법 제539조 제2항에 따라 수익의 의사표시를 함으로써 제3자에게 권리가 확정적으로 귀속된 경우에는, <u>요약자와 낙약자의 합의에 의하여 제3자의 권리를 변경·소멸시킬 수 있음을 미리 유보하였거나, 제3자의 동의가 있는 경우가 아니면</u> 계약의 당사자인 요약자와 낙약자는 제3자의 권리를 변경·소멸시키지 못하고, 만일 계약의 당사자가 제3자의 권리를 임의로 변경·소멸시키는 행위를 한 경우 이는 제3자에 대하여 효력이 없다.

⑤ [誤] [大判 1994. 8. 12, 92다41559] 제3자를 위한 계약에 있어서 수익의 의사표시를 한 수익자는 낙약자에게 직접 그 이행을 청구할 수 있을 뿐만 아니라 요약자가 계약을 해제한 경우에는 낙약자에게 자기가 입은 손해의 배상을 청구할 수 있는 것이므로, <u>수익자가 완성된 목적물의 하자로 인하여 손해를 입었다면 수급인은 그 손해를 배상할 의무가 있다.</u>

정답 ③

18. 甲과 乙은 甲소유의 토지를 乙에게 매도하되, 매매대금은 乙이 丙에게 지급하기로 약정하였다. 이에 관한 설명 중 옳지 않은 것은? [03년]

① 丙이 乙에 대하여 수익의 의사표시를 한 후 乙이 대금채무 이행을 지체하는 경우에, 丙은 乙에 대하여 이행지체로 인한 손해배상청구권을 가지나, 이행지체를 이유로 계약을 해제할 수는 없다.

② 甲과 乙이 합의에 의하여 丙의 권리를 변경 또는 소멸시킬 수 있음을 미리 유보하였더라도, 丙이 수익의 의사표시를 한 후에는 丙의 권리를 변경 또는 소멸시키지 못한다.

③ 乙이 丙에게 상당한 기간을 두고 이익의 향수 여부에 대한 확답을 최고하였음에도 불구하고 丙으로부터 그 기간 내에 확답을 받지 못한 때에는 수익을 거절한 것으로 본다.

④ 다수설에 의하면 丙이 수익의 의사표시를 한 후라도 甲은 원칙적으로 乙을 상대로 丙에게 이행할 것을 청구할 수 있다.
⑤ 乙의 丙에 대한 대금지급의무와 甲의 乙에 대한 소유권이전 의무는 원칙적으로 동시이행의 관계에 있다.

해설

① [正] 해제권은 계약당사자가 가지는 권리이다. 따라서 제3자를 위한 계약의 수익자는 해제권을 가질 수 없다.
[大判 1994. 8. 12. 92다41559] [1] 대한민국이 서울특별시를 위하여 건설회사와의 사이에 난지도 쓰레기처리장 건설공사계약을 체결한 이상 그 계약의 당사자는 대한민국과 건설회사이고 서울특별시는 위 계약상의 수익자이며, 난지도 쓰레기처리시설의 건설이 서울특별시의 사업으로서 그 기본계획의 입안, 부지의 선정 및 제공, 입찰안내서의 작성, 공사비의 지출, 관리비의 지출 등 계약체결을 제외한 모든 것이 실질적으로 서울특별시에 의하여 이루어졌을 뿐 아니라 완성된 시설 또한 서울특별시에 귀속된다고 하여 서울특별시가 쓰레기처리장 건설공사계약의 당사자가 되는 것은 아니라고 본 사례. [2] 제3자를 위한 계약의 당사자가 아닌 수익자는 계약의 해제권이나 해제를 원인으로 한 원상회복청구권이 있다고 볼 수 없다. [3] 제3자를 위한 계약에 있어서 수익의 의사표시를 한 수익자는 낙약자에게 직접 그 이행을 청구할 수 있을 뿐만 아니라 요약자가 계약을 해제한 경우에는 낙약자에게 자기가 입은 손해의 배상을 청구할 수 있는 것이므로, 수익자가 완성된 목적물의 하자로 인하여 손해를 입었다면 수급인은 그 손해를 배상할 의무가 있다.

② [誤] 제3자 권리의 확정에 관한 민법 제541조는 임의규정이라고 보아야 한다. 따라서 당사자의 합의에 의하여 그 적용을 배제할 수 있다고 보아야 한다. 판례도 같은 입장에서 요약자와 낙약자의 합의에 의하여 제3자의 권리를 변경할 수 있음을 유보한 경우에는 변경, 소멸행위가 허용된다고 하고 있다.
[大判 2002. 1. 25. 2001다30285] 제3자를 위한 계약에 있어서, 제3자가 민법 제539조 제2항에 따라 수익의 의사표시를 함으로써 제3자에게 권리가 확정적으로 귀속된 경우에는, 요약자와 낙약자의 합의에 의하여 제3자의 권리를 변경·소멸시킬 수 있음을 미리 유보하였거나, 제3자의 동의가 있는 경우가 아니면 계약의 당사자인 요약자와 낙약자는 제3자의 권리를 변경·소멸시키지 못하고, 만일 계약의 당사자가 제3자의 권리를 임의로 변경·소멸시키는 행위를 한 경우 이는 제3자에 대하여 효력이 없다.

③ [正] 민법 제540조.
④ [正] 요약자는 수익자에게 이행할 것을 청구할 수 있다.
⑤ [正] 낙약자는 제3자를 위한 계약의 기본관계(낙약자와 요약자의 관계)상의 항변으로 수익자에게 대항할 수 있다. 따라서 매매계약상의 동시이행의 항변권으로 수익자의 대금지급청구를 거절할 수 있다.

정답 ②

19. 배점 2 계약의 해제에 관한 설명 중 옳지 않은 것은? (다툼 있으면 판례에 의함) [10년]

① 불법행위로 인한 손해배상의 합의가 있은 후 그 합의에 불만을 품은 피해자가 이미 받았던 합의금을 반환하자, 이를 가해자가 이의 없이 수령한 경우 종전의 계약이 묵시적으로 합의해제된 것으로 볼 수 있다.
② 매도인이 원소유자에 대하여 가지는 소유권이전등기청구권에 대하여 가압류집행이 되어 있는 경우, 매수인은 원칙적으로 매도인의 소유권이전등기의무의 이행불능을 이유로 계약을 해제할 수 있다.
③ 甲과 乙이 공동으로 丙으로부터 부동산을 매수한 경우, 甲이 단독으로 丙과의 매매계약을 해제할 수 있다는 당사자 간의 약정은 유효하다.
④ 상속재산 분할협의는 공동상속인들 사이에 이루어지는 일종의 계약이므로, 공동상속인들은 이미 이루어진 상속재산 분할협의의 전부 또는 일부를 전원의 합의에 의하여 해제한 다음 다시 새로운 분할협의를 할 수 있다.
⑤ 부동산 매수인이 미리 자신의 채무를 이행할 의사가 없음을 표시한 경우, 매도인은 자기 채무의 이행제공이나 최고 없이 계약을 해제할 수 있다.

해설

① [正] 묵시적 합의해제가 인정되는지 여부를 묻는 지문이다. 계약이 합의해제되기 위해서는 일반적으로 계약이 성립하는 경우와 마찬가지로 계약의 청약과 승낙이라는 서로 대립되는 의사표시가 합치될 것을 요건으로 하는 것이다. 계약의 합의해제는 묵시적으로도 이루어질 수 있는데, 계약 후 당사자 쌍방의 계약실현의사의 결여 또는 포기가 쌍방 당사자의 표시행위에 나타난 의사의 내용에 의하여 객관적으로 일치하는 경우에 묵시적 합의해제를 인정할 수 있다는 것이 대법원 입장이다(大判 2002. 1. 25, 2001다63575 등 다수). 가령 계약을 해소하기 위하여 정산금을 지급하였는데, 이는 상대방이 이의 없이 수령하였다면 다른 특별한 사정이 없는 한 합의해제를 인정할 수 있다는 것이 대법원의 입장이다. 본 지문의 경우에도 손해배상의 합의가 있은 후 합의금을 반환하고, 이를 가해자가 이의 없이 수령한 경우이므로 기존 배상액 합의의 효력을 소멸시키기로 하는 의사가 객관적으로 일치한다고 보아야 한다. 결국 묵시적 합의해제를 인정할 수 있다.
[大判 1979. 7. 24, 79다643] 피고의 불법행위로 인한 피고에 대한 치료비 배상책임에 대한 합의가 성립되어 그에 따른 합의금이 지급된 후 원고가 그 합의에 불만을 품고 이를 해제할 목적으로 위 합의금을 반환하자 피고가 이를 이의 없이 수령하였다면 그 합의는 해제되었다고 봄이 상당하다.
[大判 2002. 1. 25, 2001다63575] 계약이 합의해제되기 위하여는 일반적으로 계약이 성립하는 경우와 마찬가지로 계약의 청약과 승낙이라는 서로 대립하는 의사표시가 합치될 것을 그 요건으로 하는 것이지만, 계약의 합의해제는 명시적인 경우뿐만 아니라 묵시적으로도 이루어질 수 있는 것이므로 계약 후 당사자 쌍방의 계약 실현 의사의 결여 또는 포기가 쌍방 당사자의 표시행위에 나타난 의사의 내용에 의하여 객관적으

로 일치하는 경우에는, 그 계약은 계약을 실현하지 아니할 당사자 쌍방의 의사가 일치됨으로써 묵시적으로 해제되었다고 해석함이 상당하다(필자 註 : 부동산 매수인이 매도인으로부터 계약해제에 따른 기지급 매매대금의 정산금을 반환받음에 있어서 매도인에 대하여 이의를 유보하는 의사표시는 반드시 명시적으로 하여야 하는 것은 아니고 묵시적으로도 이의를 유보할 수 있으나, 매수인이 명시적인 이의유보 없이 매도인이 제공하는 계약해제에 따른 정산금을 수령하였다면, 당시 매수인이 계약해제의 효력을 인정하지 아니하고 이를 다투고 있었다고 볼 수 있는 객관적인 사정이 있었다거나, 그 외에 상당한 이유가 있는 상황에서 위 정산금을 수령하였다는 등의 특별한 사정이 없는 한, 이는 매도인이 주장한 계약해제 사유 및 그 매매대금 정산액을 인정한 것으로 보아야 한다는 점을 이유로 묵시적 합의해제를 인정한 사례).

② [誤] 매도인이 가지는 소유권이전등기청구권이 가압류된 경우, 매도인의 소유권이전의무가 이행불능으로 되는지 및 매수인은 이행불능을 원인으로 계약을 해제할 수 있는지를 묻는 지문이다. 매도인의 소유권이전등기청구권이 비록 가압류되었다고 하더라도 가압류를 해제하고 매수인에게 이전등기를 하는 것이 불가능한 것은 아니므로 그와 같은 사정만으로 매도인의 이전등기의무가 이행불능으로 되었다고 할 수는 없다. 그러나 매도인이 무자력인 경우에는 가압류를 해소할 수 없을 것이며, 결국 매도인의 이전등기의무는 불능으로 되었다고 보아야 한다.

[大判 2006. 6. 16, 2005다39211] [1] 채무의 이행이 불능이라는 것은 단순히 절대적·물리적으로 불능인 경우가 아니라 사회생활에 있어서의 경험법칙 또는 거래상의 관념에 비추어 볼 때 채권자가 채무자의 이행의 실현을 기대할 수 없는 경우를 말하는 것인바, 매매목적물에 대하여 가압류 또는 처분금지가처분 집행이 되어 있다고 하여 매매에 따른 소유권이전등기가 불가능한 것은 아니며, 이러한 법리는 가압류 또는 가처분 집행의 대상이 매매목적물 자체가 아니라 매도인이 매매목적물의 원소유자에 대하여 가지는 소유권이전등기청구권 또는 분양권인 경우에도 마찬가지이다. [2] 매도인의 소유권이전등기청구권이 가압류되어 있거나 처분금지가처분이 있는 경우에는 그 가압류 또는 가처분의 해제를 조건으로 하여서만 소유권이전등기절차의 이행을 명받을 수 있는 것이어서, 매도인은 그 가압류 또는 가처분을 해제하지 아니하고서는 매도인 명의의 소유권이전등기를 마칠 수 없고, 따라서 매수인 명의의 소유권이전등기도 경료하여 줄 수 없다고 할 것이므로, 매도인이 그 가압류 또는 가처분 집행을 모두 해제할 수 없는 무자력의 상태에 있다고 인정되는 경우에는 매수인이 매도인의 소유권이전등기의무가 이행불능임을 이유로 매매계약을 해제할 수 있다.

③ [正] 해제의 불가분성에 관한 민법 제547조가 임의규정인지를 묻는 지문이다. 판례는 임의규정으로 보아 당사자 약정으로 그 적용을 배제할 수 있다고 한다.

[大判 1994. 11. 18, 93다46209] 매도인이 택시의 면허권, 택시차량대금 및 사무실비품 등 일체를 매수인들에게 매도한 후 공동매수인 중 1인인 甲이 약정한 지급기일까지 매매잔대금을 지급하지 않았다는 이유로 甲에 대하여만 매매계약을 해제한다고 주장하는 경우, 매도인이 매수인들과 사이에서 민법 제547조 제1항의 적용을 배제하기로 하였다는 특별한 사정이 없는 한 매매계약을 해제함에 있어 매수인들 모두에 대하여 그 해제의 의사표시를 하여야 그 효력이 발생한다 할 것이므로, 매수인 甲이 다른 공동매수인인 乙과의 내부관계에서 자신이 부담지급하기로 한 매매잔대금의 지급일을 매도인으로부터 연장받음에 있어 乙이 공동매수인의 1인으로서 연장기일에 매매잔대

금이 틀림없이 지급된다는 것을 확인하고 그 연장기일에 지급되지 아니하는 경우에는 그 변제책임을 스스로 부담하겠다는 의사를 강조하는 의미로 서면이 작성된 사실만으로는 당사자들 사이에 매매계약의 해제에 있어 민법 제547조 제1항 소정의 해제불가분의 원칙을 배제하기로 약정하였다고 인정하기에 부족하고 달리 이를 인정할 증거가 없다면, 매도인이 공동매수인의 1인인 甲에 대하여만 한 위 해제의 의사표시는 그 효력이 발생되지 않는다.

④ [正] 상속재산분할협의가 합의해제의 대상이 될 수 있는지를 묻는 지문이다. 상속재산분할협의도 공동상속인들 사이의 계약이므로 합의해제의 대상이 될 수 있다는 것이 판례이다.
[大判 2004. 7. 8, 2002다73203] 상속재산분할협의는 공동상속인들 사이에 이루어지는 일종의 계약으로서, 공동상속인들은 이미 이루어진 상속재산분할협의의 전부 또는 일부를 전원의 합의에 의하여 해제한 다음 다시 새로운 분할협의를 할 수 있다.

⑤ [正] 이행거절의 효과를 묻는 문제이다. 매수인이 이행거절의사를 표명한 경우에 매도인은 자기 채무의 이행제공 없이, 또한 상대방 채무에 대한 이행최고 없이 매매계약을 해제할 수 있다는 것이 판례이다.
[大判 1992. 9. 14, 92다9463] 쌍무계약인 부동산 매매계약에 있어 매수인이 이행기일을 도과한 후에 이르러 매도인에 대하여 계약상 의무 없는 과다한 채무의 이행을 요구하고 있는 경우에는 매도인으로서는 매수인이 이미 자신의 채무를 이행할 의사가 없음을 표시한 것으로 보고 자기 채무의 이행제공이나 최고 없이도 계약을 해제할 수 있다.
[大判 2007. 9. 20, 2005다63337] 채무자가 채무를 이행하지 아니할 의사를 명백히 표시한 경우에 채권자는 신의성실의 원칙상 이행기 전이라도 이행의 최고 없이 채무자의 이행거절을 이유로 계약을 해제하거나 채무자를 상대로 손해배상을 청구할 수 있고, 채무자가 채무를 이행하지 아니할 의사를 명백히 표시하였는지 여부는 채무 이행에 관한 당사자의 행동과 계약 전·후의 구체적인 사정 등을 종합적으로 살펴서 판단하여야 한다.

정답 ②

20. 제3자 보호에 관한 설명 중 옳은 것은?(다툼 있으면 판례에 의함) [03년]

① 甲은 乙의 기망에 빠져 乙로부터 A부동산의 소유권을 이전받은 대가로 1억원을 직접 제3자인 丙에게 지급할 의무를 부담하였는데, 丙이 수익의 의사표시를 한 후에 甲이 乙의 사기를 이유로 계약을 취소한 경우, 甲은 그 취소로 선의의 丙에게 대항할 수 없다.

② 甲이 乙에게 주택을 매도하고 그 소유권이전등기를 경료하여 주었으나 잔금을 받지 못하여 매매계약을 해제하였고, 乙명의의 소유권이전등기가 말소되었는데, 丙이 위 매매계약이 해제되기 전에 乙로부터 위 주택을 임차하여 인도와 주민등록을 마쳤다면, 丙은 민법 제548조 제1항 단서에 의하여 보호된다.

③ 丙이 甲과 乙 사이의 매매계약에 기한 甲의 소유권이전등기청구권을 가압류하였는데, 그 후 乙이 甲의 대금지급의무불이행을 이유로 매매계약을 해제하였더라도 丙은 민법 제548조 제1항 단서에 의하여 보호된다.
④ 甲재단법인의 대표이사 乙이 대표권제한에 관한 정관의 규정에 위반하여 丙과 계약을 체결한 이후, 甲재단법인은 그 대표권제한이 등기되어 있지 않더라도 악의의 丙에게는 대항할 수 있다.
⑤ 인지의 소급효는 제3자가 취득한 권리를 해할 수 없으므로, 상속이 개시된 후 인지청구의 소에서 승소확정판결을 받았다 하더라도 피인지자는 다른 상속인에 대하여 자신의 상속분을 주장할 수 없다.

해설

① [誤] 사기취소에 의하여 보호되는 제3자란 사기에 의한 의사표시를 기초로 새로운 법률상의 이해관계를 가진 자에 한정된다. 따라서 제3자를 위한 계약의 제3자는 사기취소에 의하여 보호되는 제3자에 포함되지 않는다. 제3자를 위한 계약의 제3자는 계약의 효과를 직접 받는 자일뿐이며, 이를 기초로 새로운 이해관계를 맺은 자라고 할 수 없기 때문이다.
② [正] [大判 1996. 8. 20. 96다17653] 민법 제548조 제1항 단서의 규정에 따라 계약해제로 인하여 권리를 침해받지 않는 제3자라 함은 계약목적물에 관하여 권리를 취득한 자 중 계약당사자에게 권리취득에 관한 대항요건을 구비한 자를 말한다 할 것인 바, 임대목적물이 주택 임대차보호법 소정의 주택인 경우 같은 법 제3조 제1항이 임대주택의 인도와 주민등록이라는 대항요건을 갖춘 자에게 등기된 임차권과 같은 대항력을 부여하고 있는 점에 비추어 보면, 소유권을 취득하였다가 계약해제로 인하여 소유권을 상실하게 된 임대인으로부터 그 계약이 해제되기 전에 주택을 임차받아 주택의 인도와 주민등록을 마침으로써 같은 법 소정의 대항요건을 갖춘 임차인은 등기된 임차권자와 마찬가지로 민법 제548조 제1항 단서 소정의 제3자에 해당된다고 봄이 상당하고, 그렇다면 그 계약해제 당시 이미 주택임대차보호법 소정의 대항요건을 갖춘 임차인은 임대인의 임대권원의 바탕이 되는 계약의 해제에도 불구하고 자신의 임차권을 새로운 소유자에게 대항할 수 있다.
③ [誤] 해제된 계약상의 채권 자체에 대한 이해관계인은 해제로부터 보호되는 제3자에 해당하지 않는다. 따라서 계약상의 채권에 대한 압류채권자나 그 채권의 양수인은 제548조 제1항 단서의 제3자에 해당하지 않는다.
[大判 2000. 4. 11. 99다51685] 소유권이전등기청구권의 가압류나 압류가 행하여지면 제3채무자로서는 채무자에게 등기이전행위를 하여서는 아니되고, 그와 같은 행위로 채권자에게 대항할 수 없다 할 것이나, 가압류나 압류에 의하여 그 채권의 발생원인인 법률관계에 대한 채무자와 제3채무자의 처분까지도 구속되는 것은 아니므로 기본적 계약관계인 매매계약 자체를 해제할 수 있다.
④ [誤] 대표권제한이 등기되지 아니한 경우 제3자에 대항할 수 없는 바(제60조), 제3자의 범위에 관하여 제한설과 무제한설의 대립이 있다. 판례는 무제한설의 입장에서 악의

의 제3자에 대하여도 대항할 수 없다고 한다.

[大判 1992. 2. 14, 91다24564] 재단법인의 대표자가 그 법인의 채무를 부담하는 계약을 함에 있어서 이사회의 결의를 거쳐 노회와 설립자의 승인을 얻고 주무관청의 인가를 받도록 정관에 규정되어 있다면 그와 같은 규정은 법인 대표권의 제한에 관한 규정으로서 이러한 제한은 등기하지 아니하면 제3자에게 대항할 수 없다. 법인의 정관에 법인 대표권의 제한에 관한 규정이 있으나 그와 같은 취지가 등기되어 있지 않다면 법인은 그와 같은 정관의 규정에 대하여 선의냐 악의냐에 관계없이 제3자에 대하여 대항할 수 없다.

⑤ [誤] 인지의 소급효에 의하여 권리를 침해받지 아니할 제3자에 피인지자의 출현에 의하여 상속권을 소급하여 잃게 되는 후순위상속인은 포함되지 않는다.

[大判 1993. 3. 12, 92다48512] 민법 제860조는 인지의 소급효는 제3자가 이미 취득한 권리에 의하여 제한받는다는 취지를 규정하면서 민법 제1014조는 상속개시 후의 인지 또는 재판의 확정에 의하여 공동상속인이 된 자는 그 상속분에 상응한 가액의 지급을 청구할 권리가 있다고 규정하여 제860조 소정의 제3자의 범위를 제한하고 있는 취지에 비추어 볼 때, 혼인 외의 출생자가 부의 사망 후에 인지의 소에 의하여 친생자로 인지받은 경우 피인지자보다 후순위 상속인 피상속인의 직계존속 또는 형제자매 등은 피인지자의 출현과 함께 자신이 취득한 상속권을 소급하여 잃게 되는 것으로 보아야 하고, 그것이 민법 제860조 단서의 규정에 따라 인지의 소급효 제한에 의하여 보호받게 되는 제3자의 기득권에 포함된다고는 볼 수 없다.

정답 ②

21. 민법상 '제3자'에 관련된 설명 중 옳지 않은 것은?(다툼 있으면 판례에 의함) [06년]

① 채권자 甲이 채무자 乙의 제3채무자 丙에 대한 매매계약상의 매매대금채권을 압류·전부하였다면, 그 후 丙이 위 매매계약을 적법하게 해제하였다 하더라도 甲은 丙에 대하여 전부금의 지급을 청구할 수 있다.

② 제3자를 위한 계약이 성립하기 위해서는 제3자에게 직접 권리를 취득하게 하는 약정이 있어야 하지만, 계약의 당사자가 제3자에 대하여 가진 채권에 관하여 그 채무를 면제하는 계약도 제3자를 위한 계약에 준하는 것으로서 유효하다.

③ 미성년자 甲이 자신 소유의 토지를 법정대리인의 동의 없이 乙에게 매도하고 乙이 丙에게 위 토지를 순차매도한 후, 甲이 乙과의 위 매매계약을 취소하였다면, 丙이 선의였다고 하더라도 甲은 위 토지에 관한 소유권을 회복한다.

④ 민법 제126조 소정의 '권한을 넘은 표현대리'에 관한 규정에서 제3자라 함은, 당해 표현대리행위의 직접상대방이 된 자를 지칭한다.

⑤ 지명채권의 양도통지가 확정일자 없는 증서에 의하여 이루어짐으로써 제3자에 대한 대항력을 갖추지 못하였으나 그 후 그 증서에 확정일자를 얻었다면, 그 일자 이후에는 제3자에 대한 대항력을 취득한다.

해설

① [誤] 매매계약상의 매매대금채권을 압류한 경우, 매매대금채권의 처분이 제한될 뿐, 그 발생원인인 매매계약관계에 관한 처분이 제한되는 것은 아니다. 따라서 특별한 사정이 없는 한 매매계약관계는 적법하게 해소될 수 있고, 제3채무자가 그 매매계약관계를 적법하게 해제한 경우, 해제된 계약상의 채권에 관하여 이해관계를 가진 제3자는 제548조 제1항 단서에서 해제의 소급효로부터 보호되는 제3자에 해당하지 않는다. [大判 2000. 4. 11. 99다51685] 민법 제548조 제1항 단서에서 말하는 제3자란 일반적으로 그 해제된 계약으로부터 생긴 법률효과를 기초로 하여 해제 전에 새로운 이해관계를 가졌을 뿐 아니라 등기, 인도 등으로 완전한 권리를 취득한 자를 말하므로 계약상의 채권을 양수한 자나 그 채권 자체를 압류 또는 전부한 채권자는 여기서 말하는 제3자에 해당하지 아니한다.

② [正] [大判 2004. 9. 3. 2002다37405] 제3자를 위한 계약이 성립하기 위하여는 일반적으로 그 계약의 당사자가 아닌 제3자로 하여금 직접 권리를 취득하게 하는 조항이 있어야 할 것이지만, 계약의 당사자가 제3자에 대하여 가진 채권에 관하여 그 채무를 면제하는 계약도 제3자를 위한 계약에 준하는 것으로서 유효하다.

③ [正] 무능력을 원인으로 하는 취소는 선의의 제3자에 대하여 주장할 수 있다(절대적 취소). 한편 판례는 물권행위의 유인성을 인정하는 입장이므로 甲이 乙과의 매매계약을 취소하면 乙은 소급하여 무권리자가 되고, 따라서 乙로부터의 승계취득자 丙은 무권리자로부터 권리를 취득한 자에 해당하여 소급하여 그 소유권을 상실한다. 결국 甲은 당연히 소유권을 회복한다.

④ [正] [大判 2002. 12. 10. 2001다58443] 표현대리에 관한 민법 제126조의 규정에서 제3자라 함은 당해 표현대리행위의 직접 상대방이 된 자만을 지칭하는 것이고, 약속어음의 보증은 발행인을 위하여 그 어음금채무를 담보할 목적으로 하는 보증인의 단독행위이므로 그 행위의 구체적, 실질적인 상대방은 어음의 제3취득자가 아니라 발행인이라 할 것이어서 약속어음의 보증부분이 위조된 경우, 동 약속어음을 배서, 양도받는 제3취득자는 위 보증행위가 민법 제126조 소정의 표현대리행위로서 보증인에게 그 효력이 미친다고 주장할 수 있는 제3자에 해당하지 않는다.

⑤ [正] [大判 1988. 4. 12. 87다카2429] 지명채권의 양도통지가 확정일자 없는 증서에 의하여 이루어짐으로써 제3자에 대한 대항력을 갖추지 못하였으나 그 후 그 증서에 확정일자를 얻은 경우에는 그 일자 이후에는 제3자에 대한 대항력을 취득한다.

정답 ①

22. 다음은 선의·악의 여부에 따라 그 법률효과가 달라지는 경우들이다. 이에 관한 설명 중 옳지 않은 것은?(다툼 있으면 판례에 의함) [05년]

① 특정물매매계약에서 계약체결 당시부터 존재하였던 목적물의 하자를 이유로 매도인에게 담보책임을 묻기 위해서는 매수인이 선의 및 무과실이어야 한다.
② 부동산매매계약에 기하여 매수인 앞으로 소유권이전등기가 경료되었으나, 그 계약이 해제된 이후 소유권이전등기가 말소되기 전에 제3자가 매수인으로부터 다시 매매계약에 기해 소유권이전등기를 경료받은 경우, 매도인은 제3자가 알았는지 여부에 관계없이 계약해제의 효과를 주장할 수 있다.
③ 정관에 법인이사의 대표권의 제한규정이 있으나 그 내용이 등기되어 있지 않은 경우, 제3자가 그 제한을 알았는지 여부에 관계없이 제3자에게 대항할 수 없다.
④ 보증보험계약에서 주채무자에 해당하는 보험계약자가 보험자를 기망하였다는 이유로 보험자가 보증보험계약을 취소하였으나, 그 취소 전에 보험자로부터 보증보험증권을 수령한 피보험자가 이에 터잡아 새로운 계약을 체결한 경우, 보험자는 그 취소로써 피보험자에게 대항할 수 없으나, 피보험자가 그러한 기망행위가 있었음을 알았거나 알 수 있었던 경우에는 대항할 수 있다.
⑤ 공동친권자인 부모 중 어느 일방이 다른 일방의 의사에 반하여 공동명의로 미성년자를 위한 대리행위를 하였는데, 대리행위의 상대방이 악의인 경우, 그 대리행위는 효력이 없다.

해설

① [正] 민법 제580조.
② [誤] 해제의 의사표시 전에 이해관계를 맺은 제3자는 그 선의·악의를 불문하고 해제의 소급효로부터 보호받을 수 있다. 그러나 해제의 의사표시 이후에 이해관계를 맺은 제3자는 해제사실에 대하여 선의인 경우에 한하여 해제의 소급효로부터 보호된다. 따라서 선의의 제3자에 대하여는 해제의 효과를 주장할 수 없다.
[大判 1985. 4. 9. 84다카130] 계약당사자의 일방이 계약을 해제하였을 때에는 계약은 소급하여 소멸하여 계약당사자는 각 원상회복의 의무를 지게 되나 이 경우 계약해제로 인한 원상회복등기 등이 이루어지기 이전에 계약의 해제를 주장하는 자와 양립되지 아니하는 법률관계를 가지게 되었고 계약해제 사실을 몰랐던 제3자에 대하여는 계약해제를 주장할 수 없는 법리이다.
③ [正] 이사의 대표권에 대한 내부적 제한은 등기에 의하여 공시되어야 하고, 이를 등기하지 아니한 경우에는 제3자에게 대항하지 못한다(제60조). 대항하지 못하는 제3자의 범위에 관해서는 악의의 제3자는 포함되지 않는다는 제한설과 악의의 제3자도 포함된다는 무제한설의 대립이 있다. 판례는 무제한설의 입장을 따른다.
[大判 1992. 2. 14. 91다24564] 재단법인의 대표자가 그 법인의 채무를 부담하는 계약을 함에 있어서 이사회의 결의를 거쳐 노회와 설립자의 승인을 얻고 주무관청의 인가를

받도록 정관에 규정되어 있다면 그와 같은 규정은 법인 대표권의 제한에 관한 규정으로서 이러한 제한은 등기하지 아니하면 제3자에게 대항할 수 없다. 법인의 정관에 법인 대표권의 제한에 관한 규정이 있으나 그와 같은 취지가 등기되어 있지 않다면 법인은 그와 같은 정관의 규정에 대하여 선의냐 악의냐에 관계없이 제3자에 대하여 대항할 수 없다.

④ [正] [大判 2002. 11. 8, 2000다19281] 보증보험계약에서 주채무자에 해당하는 보험계약자가 계약체결 과정에서 보험자를 기망하였다는 이유로 보험자가 보증보험계약 체결의 의사표시를 취소한 경우에, 보험자가 이미 보증보험증권을 교부하여 피보험자가 그 보증보험증권을 수령한 후 이에 터잡아 새로운 계약을 체결하거나 이미 체결한 계약에 따른 의무를 이행하는 등으로 보증보험계약의 채권담보적 기능을 신뢰하여 새로운 이해관계를 가지게 되었다면 원칙적으로 그 취소로써 피보험자에게 대항할 수 없는 것이나, 이 경우에도 피보험자가 그와 같은 기망행위가 있었음을 알았거나 알 수 있었다는 등의 특별한 사정이 있는 때에는 보험자가 보험계약자의 기망을 이유로 한 취소를 가지고 피보험자에게 대항할 수 있다.

⑤ [正] 부모가 공동으로 친권을 행사하는 경우 부모의 일방이 공동명의로 자를 대리하거나 자의 법률행위에 동의한 때에는 다른 일방의 의사에 반하는 때에도 그 효력이 있다. 그러나 상대방이 악의인 때에는 그러하지 아니하다(제920조의2).

정답 ②

23. 해제의 효과에 관하여 학설은 채권적 효과설과 물권적 효과설로 나뉘어 있다. 다음 중 동일한 학설에 입각한 설명이 아닌 것은? [03년]

① 계약에 따라 이미 물건의 변동이 있었더라도, 원인행위인 채권계약이 해제되면 일단 이전하였던 권리는 당연히 복귀한다.
② 판례가 취하고 있는 견해이다.
③ 민법 제548조 제1항 단서의 규정은 제3자 보호 내지 거래의 안전을 위하여 해제의 소급효에 일정한 제한을 둔 것이다.
④ 물건행위의 유인성을 인정하는 입장과 부합하는 견해이다.
⑤ 해제에 의하여 당사자 사이에 원상회복의 의무가 생기나, 이는 급부행위 내지 이행행위도 당연히 효력을 잃는다는 것을 의미하지는 않는다.

해설

* ①,②,③,④는 물권적 효과설의 내용이다. ⑤는 물권행위의 무인성을 전제로 하는 견해로서 채권적 효과설의 입장이다.

정답 ⑤

24. 계약해제에 관한 설명 중 옳은 것으로 묶인 것은? (다툼 있으면 판례에 의함) [05년]

㉠ 당사자 일방 또는 쌍방이 수인인 경우에는 계약의 해제는 그 전원으로부터 또는 전원에 대하여 하여야 하고, 또한 해제의 권리가 당사자 1인에 대하여 소멸한 때에는 다른 당사자에 대하여도 소멸한다.

㉡ 당사자 일방이 그 채무의 이행을 지체하는 때에는 상대방은 상당한 기간을 정하여 그 이행을 최고하고 그 기간 내에 이행하지 아니한 때에는 계약을 해제할 수 있는 바, 채권자의 최고기간이 상당하다고 보는 기간보다 짧은 경우에는 최고의 효력이 발생하지 않는다.

㉢ 매매계약에 기하여 주택의 소유권을 취득한 매수인과 임대차계약을 체결한 임차인이 주택임대차보호법상의 대항요건을 갖춘 이후, 위 매매계약이 해제된 경우, 임차인은 주택의 소유권을 회복한 매도인에게 자신의 임차권을 주장할 수 있다.

㉣ 계약이 해제된 경우 해제 이전에 해제로 인하여 소멸하는 계약상의 채권을 양수한 자는, 해제의 효과에 반하여 자신의 권리를 주장할 수 없고, 나아가 특별한 사정이 없는 한 채무자로부터 이행받은 급부를 원상회복할 의무가 있다.

㉤ 일방당사자의 계약위반을 이유로 계약이 해제되었음에도 불구하고, 해제권을 행사한 당사자가 계약이 존속함을 전제로 계약상 의무의 이행을 구하는 경우에는, 계약을 위반한 당사자는 채무를 이행하여야 한다.

① ㉠, ㉡, ㉢　　② ㉠, ㉢, ㉣　　③ ㉠, ㉢, ㉤
④ ㉠, ㉣, ㉤　　⑤ ㉡, ㉢, ㉣

해설

㉠ [正] 민법 제547조 제2항.

㉡ [誤] 상당하지 아니한 기간을 정한 최고가 효력이 있는가에 관해서는 견해의 대립이 있다. 통설은 기간이 상당하지 않더라도 최고의 효과가 전혀 발생하지 않는 것이 아니라 상당한 기간이 경과한 때 최고의 효과, 즉 해제권이 발생한다고 한다. 판례도 같은 취지이다.
[大判 1994. 11. 25, 94다35930] 이행지체를 이유로 계약을 해제함에 있어서 그 전제요건인 이행의 최고는 반드시 미리 일정기간을 명시하여 최고하여야 하는 것은 아니며 최고한 때로부터 상당한 기간이 경과하면 해제권이 발생한다고 할 것이고, 매도인이 매수인에게 중도금을 지급하지 아니하였으니 매매계약을 해제하겠다는 통고를 한 때에는 이로써 중도금 지급의 최고가 있었다고 보아야 하며, 그로부터 상당한 기간이 경과하도록 매수인이 중도금을 지급하지 아니하였다면 매도인은 매매계약을 해제할 수 있다.

㉢ [正] [大判 1996. 8. 20, 96다17653] 민법 제548조 제1항 단서의 규정에 따라 계약해제로 인하여 권리를 침해받지 않는 제3자라 함은 계약목적물에 관하여 권리를 취득한 자

중 계약당사자에게 권리취득에 관한 대항요건을 구비한 자를 말한다 할 것인 바, 임대목적물이 주택 임대차보호법 소정의 주택인 경우 같은 법 제3조 제1항이 임대주택의 인도와 주민등록이라는 대항요건을 갖춘 자에게 등기된 임차권과 같은 대항력을 부여하고 있는 점에 비추어 보면, 소유권을 취득하였다가 계약해제로 인하여 소유권을 상실하게 된 임대인으로부터 그 계약이 해제되기 전에 주택을 임차받아 주택의 인도와 주민등록을 마침으로써 같은 법 소정의 대항요건을 갖춘 임차인은 등기된 임차권자와 마찬가지로 민법 제548조 제1항 단서 소정의 제3자에 해당된다고 봄이 상당하고, 그렇다면 그 계약해제 당시 이미 주택임대차보호법 소정의 대항요건을 갖춘 임차인은 임대인의 임대권원의 바탕이 되는 계약의 해제에도 불구하고 자신의 임차권을 새로운 소유자에게 대항할 수 있다.

㉣ [正] [大判 2000. 4. 11, 99다51685] 민법 제548조 제1항 단서에서 말하는 제3자란 일반적으로 그 해제된 계약으로부터 생긴 법률효과를 기초로 하여 해제 전에 새로운 이해관계를 가졌을 뿐 아니라 등기, 인도 등으로 완전한 권리를 취득한 자를 말하므로 계약상의 채권을 양수한 자나 그 채권 자체를 압류 또는 전부한 채권자는 여기서 말하는 제3자에 해당하지 아니한다.

㉤ [誤] [大判 2001. 6. 29, 2001다21441·21458] 계약의 해제권은 일종의 형성권으로서 당사자의 일방에 의한 계약해제의 의사표시가 있으면 그 효과로서 새로운 법률관계가 발생하고 각 당사자는 그에 구속되는 것이므로, 일방 당사자의 계약위반을 이유로 한 상대방의 계약해제 의사표시에 의하여 계약이 해제되었음에도 상대방이 계약이 존속함을 전제로 계약상 의무의 이행을 구하는 경우 계약을 위반한 당사자도 당해 계약이 상대방의 해제로 소멸되었음을 들어 그 이행을 거절할 수 있다.

정답 ②

25. 甲은 乙에게 甲소유의 토지와 상가건물을 5억원에 매도하면서, 甲이 乙에게 위 토지와 상가건물의 소유권을 넘겨주면 乙은 丙에게 위 상가건물을 임대하기로 약정하였다. 그 후 甲은 乙로부터 대금을 전부 지급받음과 동시에 乙에게 토지와 상가건물의 소유권을 이전하여 주었다. 그러나 乙이 위 약정을 어기고 丙이 아닌 丁에게 상가건물을 임대하여 영업하도록 하자, 甲은 계약위반을 이유로 위 매매계약을 해제하였다. 甲의 위 해제가 적법하다면 아래의 설명 중 옳지 않은 것은?(乙과 丁간의 임대차에 있어서 보증금은 고려하지 않는다)(다툼 있으면 판례에 의함) [06년]

① 甲이 매매계약을 해제하였으므로 乙명의의 소유권이전등기가 말소되지 않더라도 甲은 위 토지와 상가건물의 소유권을 회복한다.
② 甲은 乙로부터 수령한 대금 5억원과 대금 수령일로부터 완제일까지 연 5푼의 비율에 의한 법정이자를 乙에게 반환하여야 한다.
③ 乙은 甲으로부터 위 대금 및 이에 대한 법정이자를 반환받을 때까지 위 토지와 상가건물에 관한 乙명의의 소유권이전등기의 말소를 거절할 수 있다.
④ 丁이 상가건물임대차보호법 제3조상의 대항력을 취득한 경우, 그 후 甲이 매매계약

을 해제하였더라도 丁은 자신의 임차권을 甲에게 주장할 수 있다.
⑤ 乙은 원상회복의무로 甲에게 상가건물을 반환해야 하지만, 상가건물을 임대하여 얻은 수익을 반환할 필요는 없다.

해설

① [正] 계약해제의 효과로서 이미 이전되었던 물권변동에 어떠한 영향이 발생하는가에 관하여 판례는 물권적 효과설을 취하고 있다. 즉, 이미 이루어진 물권변동은 계약해제에 의하여 소급하여 변동되지 아니하였던 것으로 취급되어 공시방법을 갖추었는지와 무관하게 물권변동 이전의 상태로 회복된다고 한다. 따라서 매도인 甲은 乙명의 등기를 말소하였는지와 무관하게 소유권을 회복한다.

[大判 1977. 5. 24, 75다1394] 민법 제548조 제1항 본문에 의하면 계약이 해제되면 각 당사자는 상대방을 계약이 없었던 것과 같은 상태에 복귀케 할 의무를 부담한다는 뜻을 규정하고 있는 바, 계약에 따른 채무의 이행으로 이미 등기나 인도를 하고 있는 경우에 그 원인 행위인 채권계약이 해제됨으로써 원상회복된다고 할 때 그 이론 구성에 관하여 해제가 있더라도 이행행위 그 자체는 그대로 효력을 보유하고 다만 그 급부를 반환하여 원상회복할 채권·채무관계가 발생할 뿐이라는 소위 채권적 효과설과 이미 행하여진 이행행위와 등기나 인도로 물권변동이 발생하고 있더라도 원인행위인 채권계약이 해제되면 일단 이전하였던 물권은 당연히 복귀한다는 소위 물권적 효과설이 대립되어 있다. 우리의 법제가 물권행위의 독자성과 무인성을 인정하고 있지 않는 점과 민법 제548조 제1항 단서가 거래안정을 위한 특별규정이란 점을 생각할 때 계약이 해제되면 그 계약의 이행으로 변동이 생겼던 물권은 당연히 그 계약이 없었던 원상태로 복귀한다고 봄이 타당하다 할 것이다.

② [正] 계약이 해제되면 각 당사자는 원상회복의무를 부담한다. 그 원상회복의 내용이 금전의 반환일 경우, 금전을 받은 날로부터 이자를 가산하여 반환하여야 한다(제548조 제2항).

③ [正] 계약이 해제된 경우, 각 당사자가 부담하는 원상회복의무 상호간에는 서로 동시이행의 관계에 있다(제549조).

④ [正] 계약해제로 각 당사자는 원상회복의무를 부담하나, 제3자의 권리를 해하지 못한다(제548조 제1항). 대항력을 갖춘 임차인이 계약해제의 소급효로부터 보호되는 제3자에 해당하는가의 문제이다. 해제로부터 보호되는 제3자란 해제된 계약을 기초로 하여 새로운 법률상 이해관계를 가졌고, 등기, 인도 등 대항력을 갖추어 완전한 권리를 취득한 자로 이해하는 것이 판례의 입장이다. 그렇다면 상가임대차보호법에 의하여 대항력을 갖춘 임차인도 그 임차권의 효력을 매도인에게도 주장할 수 있으므로 완전한 권리를 취득한 자에 해당한다고 보아야 한다. 결국 丁은 해제로부터 보호되는 제3자에 해당하여 甲에게 자신의 임차권을 주장할 수 있다.

[大判 1996. 8. 20, 96다17653] 민법 제548조 제1항 단서의 규정에 따라 계약해제로 인하여 권리를 침해받지 않는 제3자라 함은 계약목적물에 관하여 권리를 취득한 자 중 계약당사자에게 권리취득에 관한 대항요건을 구비한 자를 말한다 할 것인 바, 임대목

적물이 주택 임대차보호법 소정의 주택인 경우 같은 법 제3조 제1항이 임대주택의 인도와 주민등록이라는 대항요건을 갖춘 자에게 등기된 임차권과 같은 대항력을 부여하고 있는 점에 비추어 보면, <u>소유권을 취득하였다가 계약해제로 인하여 소유권을 상실하게 된 임대인으로부터 그 계약이 해제되기 전에 주택을 임차받아 주택의 인도와 주민등록을 마침으로써 같은 법 소정의 대항요건을 갖춘 임차인은 등기된 임차권자와 마찬가지로 민법 제548조 제1항 단서 소정의 제3자에 해당된다</u>고 봄이 상당하고, 그렇다면 그 계약해제 당시 이미 주택임대차보호법 소정의 대항요건을 갖춘 임차인은 임대인의 임대권원의 바탕이 되는 계약의 해제에도 불구하고 자신의 임차권을 새로운 소유자에게 대항할 수 있다.

⑤ [誤] 해제로 인한 원상회복의무는 부당이득반환의무의 특칙으로서 그 반환의 범위는 해제의 상대방이 선의인가 악의인가를 불문하고, 받은 이익 전부를 반환하여야 한다. 원상회복의무는 급부이전 상태로 회복시키는 것을 목적으로 하기 때문이다. 따라서 매수인은 매매목적물을 반환하고, 그로 인한 수익까지 반환하여야 한다.
[大判 2000. 2. 25. 97다30066] 매매계약이 해제된 경우 <u>매수인이 매매목적물을 이용하였다면 그 사용으로 인한 이익을 반환하여야 할 것이지만, 양도목적물 등이 양수인에 의하여 사용됨으로 인하여 감가 내지 소모가 되는 요인이 발생하였다 하더라도 그것을 훼손으로 볼 수 없는 한 별도로 <u>감가비 상당액을 원상회복으로 반환하여야 할 의무가 있다고 볼 수는 없다.</u>

정답 ⑤

26. 배점 3 다음 사례에 관한 설명 중 옳지 않은 것을 모두 고른 것은? (다툼 있으면 판례에 의함) [07년]

甲이 자신 소유의 X 토지에 관하여 乙과 매매계약(이하 '위 매매계약'이라 한다)을 체결하고, 乙 명의로 소유권이전등기를 마쳐주었는데, 乙은 정당한 이유 없이 그 매매대금을 완제하지 않고 있다.

㉠ 甲이 乙의 채무불이행을 이유로 위 매매계약을 해제하였고 그동안 乙이 X 토지를 점유·사용한 경우, 甲은 乙에게 그 토지의 사용이익의 반환을 구할 수 있다.
㉡ 甲과 乙은 위 매매계약이 해제될 경우 원상회복의 방법으로 甲에게 소유권이전등기를 하여 주기로 약정하고, 乙 명의의 소유권이전등기 후 위 약정에 따른 청구권 보전을 위한 가등기를 경료한 상태에서 乙이 A에게 위 토지를 매도하고 소유권이전등기를 마쳐주었다. 그 후 甲과 乙 사이의 매매계약이 해제되어 그 가등기에 기한 본등기가 이루어지면 A 명의의 소유권이전등기는 말소되어야 한다.
㉢ B가 乙에 대한 대여금채권을 청구채권으로 하여 X 토지를 가압류한 후 위 매매계약이 해제되었더라도 甲은 B에 대하여 해제의 소급효를 주장할 수 있다.

② 만약 乙이 甲으로부터 소유권이전등기를 받지 아니한 상태에서 X 토지를 인도받아 그 지상에 단층주택(30㎡)을 신축하였고, 그 주택을 C가 매수하여 점유하고 있다면, 그 후 위 매매계약이 해제되었다 하더라도 甲은 C를 상대로 위 건물의 철거를 청구할 수 없다.

⑩ 위 매매계약이 해제된 후 해제에 의한 소유권이전등기가 말소되기 전에 乙이 위 해제 사실을 모르는 D에게 X 토지를 양도하고 소유권이전등기를 마쳐주었다면, D는 제3자로서 보호받을 수 있다.

① ㉠, ㉡, ㉣
② ㉠, ㉡, ㉤
③ ㉢, ㉣
④ ㉢, ㉤
⑤ ㉢, ㉣, ㉤
⑥ ㉠, ㉢, ㉣
⑦ ㉣, ㉤
⑧ ㉡, ㉢, ㉣

해설

㉠ [正] 계약상의 채무가 이행되지 아니한 경우, 채권자는 계약을 해제할 수 있다. 계약해제로 인하여 계약관계의 효력은 소급하여 소멸한다고 보는 것이 통설과 판례의 태도이다(직접효과설). 매도인 甲이 적법하게 위 매매계약을 해제한 경우, 甲과 乙 사이의 매매계약관계의 효력은 소급하여 소멸하고, 따라서 매수인 乙이 매매목적물인 X 토지를 점유·사용한 경우 이는 매도인 甲에 대하여는 부당이득이 된다. 한편 계약해제의 효과에 관한 제548조는 부당이득반환의 특칙으로서 원상회복의무를 규정하고 있고, 그 범위는 반환의무자가 선의인지 악의인지와 무관하게 받은 이익 전부를 반환하여야 한다. 따라서 乙은 X 토지의 사용이익을 반환하여야 한다.

㉡ [正] 해제시를 위하여 매도인의 소유권이전등기청구권을 가등기한 경우, 해제로부터 보호되어야 하는 제3자와 가등기에 의하여 보전된 매도인 중에서 누가 보호되어야 하는가를 묻는 문제이다. 해제된 계약에 기초하여 새로운 법률상의 이해관계를 맺고, 등기나 인도 등으로 완전한 권리를 취득한 제3자는 해제의 소급효를 제한하는 제548조 제1항 단서에 의하여 그가 취득한 권리를 추탈당하지 않는다. 그러나 매매계약당사자 사이의 별도의 약정에 의하여 생긴 매도인의 소유권이전등기청구권이 가등기에 의하여 보전된 상태에서 제3자가 권리를 취득하였다면, 매도인의 소유권이전등기청구권은 계약해제의 소급효 그 자체에 의하여 생긴 것이 아니므로 매도인이 가등기에 기한 본등기를 경료한 경우, 제3자의 권리는 본등기와 양립할 수 없는 한 소멸된다는 것이 판례이다(大判 1982. 11. 23, 81다카1110). 따라서 甲과 乙 사이의 약정에 따라 발생한 소유권이전등기청구권이 가등기 된 후 A가 위 토지의 소유권을 취득한 경우 甲의 가등기에 기한 본등기가 경료되면 A의 소유권이전등기는 직권으로 말소된다.

[大判 1982. 11. 23, 81다카1110] [1] 부동산등기법 제3조에서 말하는 청구권이란 동법 제2조에 규정된 물권 또는 부동산임차권의 변동을 목적으로 하는 청구권을 말하는 것이라 할 것이므로 <u>부동산등기법상의 가등기</u>는 위와 같은 청구권을 보전하기 위해서만 가능하고 이같은 청구권이 아닌 <u>물권적 청구권을 보존하기 위해서는 할 수 없다.</u> [2]

매매계약이 해제되면 그 계약의 이행으로 변동이 생겼던 물권은 당연히 그 계약이 없었던 원상태로 복귀하나, 매매계약 해제 이전에 매매목적물에 관하여 제3자에게 소유권이전등기가 경료된 뒤에 계약이 해제된 경우에는 계약해제의 효과로서 당연히 그 소유권이 매도인에게 복귀하지 않으므로 매도인은 소유권에 기하여 매수인 명의의 소유권이전등기의 말소를 청구할 수 없다. [3] 매매계약 당시 계약당사자 사이에 계약이 해제되면 매수인은 매도인에게 소유권이전등기를 하여 주기로 하는 약정이 있는 경우에는 매도인은 그 약정에 기하여 매도인에 대하여 소유권이전등기절차의 이행을 청구할 수 있다 할 것이고 이 경우의 매도인의 소유권이전등기청구권은 물권변동을 목적으로 하는 청구권이라 할 것이므로 이러한 청구권은 가등기에 의하여 보전될 수 있는 것이다. [4] 가등기는 본등기의 순위를 보전하는 효력이 있어 후일 가등기에 기한 본등기가 마쳐진 때에는 가등기 후 본등기 전에 이루어진 중간처분은 실효되는 것이므로 매매계약 해제시 원상회복 방법으로 매도인에게 소유권이전등기를 하기로 하는 약정에 따른 청구권을 보전하기 위한 가등기가 된 경우에도 그 가등기 후 본등기 전에 된 제3자 명의의 소유권이전등기는 후일 가등기에 기한 본등기가 마쳐지면 말소를 면할 수 없다 할 것인 바, 위와 같은 가등기의 경료 후에 매매계약 당사자가 아닌 제3자가 취득한 권리는 이미 이루어진 가등기에 의하여 보전된 청구권에 기한 본등기가 마쳐지면 실효될 가능성을 띤 상태에서 취득한 권리라고 할 것이고 그 제3자의 지위는 가등기에 의하여 순위가 보전된 매도인의 권리보다 앞설 수는 없다 할 것이며 또 위와 같이 매매계약 당사자 사이의 약정에 의하여 생긴 매도인의 소유권이전등기청구권은 계약해제의 소급효 그 자체에 의하여 생긴 것이 아니므로 그 등기청구권의 실현과 계약해제의 소급효 제한에 관한 민법 제548조 제1항 단서의 규정과는 직접적으로 관련이 없는 것이다.

ⓒ [誤] 해제의 소급효로부터 보호되는 제3자를 묻는 문제이다. 해제의 소급효로부터 보호되는 제3자란 해제된 계약에 터잡아 새로운 권리를 취득한 자로서 등기나 점유와 같은 공시방법을 갖추어야 한다. 해제된 계약상의 목적물에 관하여 가압류집행을 한 가압류채권자는 종국적으로 해제된 계약상의 목적물을 환가하여 그 대금으로 가압류의 피보전채권의 만족을 얻을 수 있는 권리를 취득하였기 때문에 해제로부터 보호되는 제3자에 해당한다는 것이 판례이다(大判 2000. 1. 14, 99다40937). B는 乙의 채권자로서 乙이 위 매매계약을 통하여 취득한 X 토지를 가압류하여 종국적으로 X 토지로부터 채권의 만족을 받을 수 있는 권리를 취득하였고, 그와 같은 B의 지위는 甲에 대하여도 주장할 수 있는 것이므로 비록 甲이 적법하게 위 매매계약을 해제하였다고 하더라도 B는 제548조 제1항 단서에 의하여 보호된다. 따라서 甲은 해제의 소급효를 주장할 수 없다.

[大判 2000. 1. 14, 99다40937] 민법 제548조 제1항 단서에서 말하는 제3자란 일반적으로 해제된 계약으로부터 생긴 법률효과를 기초로 하여 별개의 새로운 권리를 취득한 자를 말하는 것인 바, 해제된 계약에 의하여 채무자의 책임재산이 된 계약의 목적물을 가압류한 가압류채권자는 그 가압류에 의하여 당해 목적물에 대하여 잠정적으로 그 권리행사만을 제한하는 것이나 종국적으로는 이를 환가하여 그 대금으로 피보전채권의 만족을 얻을 수 있는 권리를 취득하는 것이므로 그 권리를 보전하기 위하여서는

위 조항 단서에서 말하는 제3자에는 위 가압류채권자도 포함된다고 보아야 한다.

ⓔ [誤] 해제의 소급효로부터 보호되는 제3자는 해제된 계약상의 목적물 자체에 대하여 새로운 권리를 취득한 자이어야 한다. 토지매매계약이 해제되었는데, 그 토지 위에 건물을 소유하고 있는 자는 해제의 소급효로부터 보호되는 제3자에 해당하지 않는다.
[大判 1991. 5. 28, 90다카16761] 계약당사자의 일방이 계약을 해제하여도 제3자의 권리를 침해할 수 없지만, 여기에서 그 제3자는 계약의 목적물에 관하여 권리를 취득하고 또 이를 가지고 계약당사자에게 대항할 수 있는 자를 말하므로, <u>토지를 매도하였다가 대금지급을 받지 못하여 그 매매계약을 해제한 경우에 있어 그 토지 위에 신축된 건물의 매수인은 위 계약해제로 권리를 침해당하지 않을 제3자에 해당하지 아니한다.</u>

ⓜ [正] 제548조 제1항 단서의 제3자의 범위 확장을 묻는 문제이다. 제548조 제1항 단서가 예정하고 있는 제3자는 해제 전에 권리를 취득한 자이다. 그러나 통설과 판례는 해제가 계약당사자 사이에서 이루어진다는 점에서 해제사실을 모른 제3자를 보호할 필요가 있다고 한다. 따라서 해제 후에 새로운 권리를 취득하였으나, 해제사실을 모르는 제3자에 대하여는 해제의 소급효를 주장하지 못한다.
[大判 1985. 4. 9, 84다카130] 계약당사자의 일방이 계약을 해제하였을 때에는 계약은 소급하여 소멸하여 계약당사자는 각 원상회복의 의무를 지게 되나 이 경우 <u>계약해제로 인한 원상회복등기 등이 이루어지기 이전에 계약의 해제를 주장하는 자와 양립되지 아니하는 법률관계를 가지게 되었고 계약해제 사실을 몰랐던 제3자에 대하여는 계약해제를 주장할 수 없는 법리이다.</u>

정답 ③

27. 배점 2 계약해제에 관한 설명 중 옳은 것(O)과 옳지 않은 것(×)을 바르게 표시한 것은?(다툼 있으면 판례에 의함) [08년]

ⓐ 상속재산 분할협의는 공동상속인들 사이에 이루어지는 일종의 계약으로서, 공동상속인들은 이미 이루어진 상속재산 분할협의의 전부 또는 일부를 전원의 합의에 의하여 해제한 다음 다시 새로운 분할협의를 할 수 있다.

ⓑ 일방 당사자의 계약위반을 이유로 한 상대방의 계약해제 의사표시에 의하여 계약이 해제되었음에도 상대방이 계약이 존속함을 전제로 계약상 의무의 이행을 구하는 경우, 계약을 위반한 당사자도 당해 계약이 상대방의 해제로 소멸되었음을 들어 그 이행을 거절할 수 있다.

ⓒ 부동산 매매계약에 있어서 매수인이 어느 기한까지 잔금지급채무를 이행하지 아니하면 계약이 자동적으로 해제된다는 약정이 있다 하여도, 매도인이 동시이행관계에 있는 자기 채무의 이행제공을 하여 매수인으로 하여금 이행지체에 빠지게 하지 않는 한 약정기한을 도과한 것만으로는 계약이 자동 해제되지 아니한다.

② 토지거래허가구역 안의 A 토지를 허가대상이 아닌 B 토지와 교환하는 내용의 계약을 체결한 당사자는, 상대방의 귀책사유로 B 토지에 관한 소유권이전등기의무가 이행불능이 된 경우, 위 계약에 관하여 관할관청의 거래허가를 받기 전이라도 B 토지에 관한 소유권이전등기의무의 이행불능을 이유로 위 계약을 해제하고 그로 인한 손해배상을 청구할 수 있다.

⑩ 당사자 일방이 계약 목적물을 이용함으로 인하여 그 목적물이 감가 내지 소모된 경우, 그 당사자는 목적물 훼손 여하에 불구하고 목적물 사용으로 인한 감가비 상당액을 계약해제로 인한 원상회복의무로서 반환하여야 한다.

① ㉠(○), ㉡(×), ㉢(○), ㉣(×), ㉤(○)
② ㉠(○), ㉡(○), ㉢(○), ㉣(○), ㉤(○)
③ ㉠(×), ㉡(×), ㉢(×), ㉣(○), ㉤(×)
④ ㉠(×), ㉡(×), ㉢(○), ㉣(○), ㉤(○)
⑤ ㉠(○), ㉡(○), ㉢(○), ㉣(×), ㉤(○)
⑥ ㉠(○), ㉡(○), ㉢(○), ㉣(×), ㉤(×)
⑦ ㉠(×), ㉡(○), ㉢(○), ㉣(×), ㉤(×)
⑧ ㉠(○), ㉡(×), ㉢(×), ㉣(○), ㉤(×)

해설

㉠ [正] [大判 2004. 7. 8, 2002다73203] 상속재산 분할협의는 공동상속인들 사이에 이루어지는 일종의 계약으로서, 공동상속인들은 이미 이루어진 상속재산 분할협의의 전부 또는 일부를 전원의 합의에 의하여 해제한 다음 다시 새로운 분할협의를 할 수 있고, 상속재산 분할협의가 합의해제되면 그 협의에 따른 이행으로 변동이 생겼던 물권은 당연히 그 분할협의가 없었던 원상태로 복귀하지만, 민법 제548조 제1항 단서의 규정상 이러한 합의해제를 가지고서는, 그 해제 전의 분할협의로부터 생긴 법률효과를 기초로 하여 새로운 이해관계를 가지게 되고 등기·인도 등으로 완전한 권리를 취득한 제3자의 권리를 해하지 못한다.

㉡ [正] [大判 2001. 6. 29, 2001다21441·21458] 계약의 해제권은 일종의 형성권으로서 당사자의 일방에 의한 계약해제의 의사표시가 있으면 그 효과로서 새로운 법률관계가 발생하고 각 당사자는 그에 구속되는 것이므로, 일방 당사자의 계약위반을 이유로 한 상대방의 계약해제 의사표시에 의하여 계약이 해제되었음에도 상대방이 계약이 존속함을 전제로 계약상 의무의 이행을 구하는 경우 계약을 위반한 당사자도 당해 계약이 상대방의 해제로 소멸되었음을 들어 그 이행을 거절할 수 있는 것이고, 다른 특별한 사정이 없는 한 그러한 주장이 신의칙이나 금반언의 원칙에 위배된다고 할 수도 없는 것이다.

㉢ [正] [大判 1998. 6. 12, 98다505] 부동산 매매계약에 있어서 매수인이 잔대금 지급기일까지 그 대금을 지급하지 못하면 그 계약이 자동적으로 해제된다는 취지의 약정이 있

더라도 특별한 사정이 없는 한 매수인의 잔대금 지급의무와 매도인의 소유권이전등기 의무는 동시이행의 관계에 있으므로 매도인이 잔대금 지급기일에 소유권이전등기에 필요한 서류를 준비하여 매수인에게 알리는 등 이행의 제공을 하여 매수인으로 하여금 이행지체에 빠지게 하였을 때에 비로소 자동적으로 매매계약이 해제된다고 보아야 하고 매수인이 그 약정 기한을 도과하였더라도 이행지체에 빠진 것이 아니라면 대금 미지급으로 계약이 자동해제된 것으로 볼 수 없다.

ⓔ [誤] [大判 1997. 7. 25. 97다4357·4364] 국토이용관리법상 토지거래허가구역 내에 있는 토지에 관하여 소유권 등 권리를 이전 또는 설정하는 내용의 거래계약은 관할 시장·군수 또는 구청장의 허가를 받아야만 효력이 발생하고 허가를 받기 전에는 물권적 효력은 물론 채권적 효력도 발생하지 아니하여 무효라고 보아야 할 것이므로, 따라서 허가받을 것을 전제로 하는 거래계약은 허가를 받을 때까지는 법률상 미완성의 법률행위로서 소유권 등 권리의 이전 또는 설정에 관한 거래의 효력이 전혀 발생하지 않으나 일단 허가를 받으면 그 계약은 소급하여 유효한 계약이 되고, 이와 달리 불허가가 된 때에 무효로 확정되므로 허가를 받기까지는 유동적 무효의 상태에 있다고 볼 것인 바, 허가를 받을 것을 전제로 한 거래계약은 허가받기 전의 상태에서는 거래계약의 채권적 효력도 전혀 발생하지 않으므로 권리의 이전 또는 설정에 관한 어떠한 내용의 이행청구도 할 수 없고, 그러한 거래계약의 당사자로서는 <u>허가받기 전의 상태에서 상대방의 거래계약상 채무불이행을 이유로 거래계약을 해제하거나 그로 인한 손해배상을 청구할 수 없다</u>(토지거래허가구역 내에 있는 토지를 허가대상이 아닌 다른 부동산과 교환하기로 하는 내용의 교환계약이 국토이용관리법상의 토지거래허가를 받아야 하는 거래계약이어서, 당해 계약에 관하여 관할 관청의 토지거래허가를 받지 않은 이상 허가를 받기까지는 유동적 무효의 상태에 있는 것임에도 불구하고, 당해 계약이 유효한 계약임을 전제로 하여, 매수인의 교환대상 건물에 관한 소유권이전등기의무가 이행불능이 되었고 그와 같은 채무불이행이 매수인의 귀책사유에 기한 것이라는 이유로 계약이 매도인에 의하여 적법하게 해제된 것을 이유로, 매수인은 매도인에게 이행불능으로 인한 손해배상책임이 있다고 한 원심판결을 파기한 사례).

ⓜ [誤] [大判 2000. 2. 25. 97다30066] 계약 해제로 인하여 계약당사자가 원상회복의무를 부담함에 있어서 당사자 일방이 목적물을 이용한 경우에는 그 사용에 의한 이익을 상대방에게 반환하여야 하는 것이므로, 양도인은 양수인이 양도 목적물을 인도받은 후 사용하였다 하더라도 양도계약의 해제로 인하여 양수인에게 그 사용에 의한 이익의 반환을 구함은 별론으로 하고, 양도 목적물 등이 양수인에 의하여 사용됨으로 인하여 감가 내지 소모가 되는 요인이 발생하였다 하여도 그것을 훼손으로 볼 수 없는 한 그 감가비 상당은 원상회복의무로서 반환할 성질의 것은 아니다.

정답 ⑤

28. 배점 3 계약의 해제에 관한 설명 중 옳지 않은 것은? (다툼 있으면 판례에 의함) [09년]

① 부동산 가압류채무자(현 소유자)의 전 소유자가 가압류 집행에 앞서 동일한 부동산에 대하여 소유권이전등기의 말소청구권을 보전하기 위한 처분금지가처분등기를 마친 다음 가압류채무자를 상대로 매매계약의 해제를 주장하면서 소유권이전등기 말

소소송을 제기한 결과, 승소판결을 받아 확정되기에 이르렀다면, 위 가압류는 말소될 수밖에 없으므로 위 가압류채권자는 민법 제548조 제1항 단서에서 말하는 제3자로 볼 수 없다.
② 계약의 법정해제와 마찬가지로 합의해제로써도 제3자의 권리를 해할 수 없고, 계약의 합의해제가 있은 후 이로 인한 원상회복등기 등이 이루어지기 이전에 해약당사자와 양립되지 아니하는 법률관계를 가지게 되었으며 계약의 합의해제 사실을 몰랐던 제3자에 대하여는 계약의 해제를 주장할 수 없고, 이 경우 제3자가 악의라는 사실의 주장·입증책임은 계약의 합의해제를 주장하는 자에게 있다.
③ 매도인의 소유권이전등기청구권이 처분금지가처분되어 있는 경우 그 가처분의 해제를 조건으로 소유권이전등기절차의 이행을 명받을 수 있는 것이어서, 매도인은 그 가처분을 해제하지 아니하고서는 매도인 명의의 소유권이전등기를 마칠 수 없고, 따라서 매수인 명의의 소유권이전등기도 마쳐 줄 수 없다고 할 것이므로, 매도인이 그 가처분 집행을 해제할 수 없는 무자력의 상태에 있는 점을 고려할 필요 없이 매수인으로서는 매도인의 소유권이전등기의무가 이행불능임을 이유로 매매계약을 해제할 수 있다.
④ 계약의 묵시적 합의해제를 인정하려면 매매계약이 체결되어 그 대금의 일부가 지급된 상태에서 당사자 쌍방이 장기간에 걸쳐 잔대금을 지급하지 않거나 소유권이전등기절차를 이행하지 아니함으로써 이를 방치한 것만으로는 부족하고, 당사자 쌍방에게 계약을 실현할 의사가 없거나 계약을 포기할 의사가 있다고 볼 수 있을 정도에 이르렀어야 한다.
⑤ 해제권을 갖는 자가 상당한 기간이 경과하도록 이를 행사하지 아니하여 상대방으로서도 이제는 그 권리가 행사되지 아니할 것이라고 신뢰할 만한 정당한 사유를 갖기에 이르러 그 후 새삼스럽게 이를 행사하는 것이 신의성실의 원칙에 위반하는 것으로 인정되는 결과가 될 때에는 이른바 실효의 원칙에 따라 그 해제권의 행사가 허용되지 않는다.

해설

* 계약해제에 관한 판례의 태도를 묻는 지문이다.
① [正] [大判 2005. 1. 14. 2003다33004] 부동산에 대하여 가압류등기가 된 경우에, 그 가압류채무자(현 소유자)의 전 소유자가 위의 가압류 집행에 앞서 같은 부동산에 대하여 소유권이전등기의 말소청구권을 보전하기 위한 처분금지가처분등기를 경료한 다음, 채무자를 상대로 매매계약의 해제를 주장하면서 소유권이전등기 말소소송을 제기한 결과 승소판결을 받아 확정되기에 이르렀다면, 위와 같은 가압류는 결국 말소될 수밖에 없고, 따라서 이러한 경우 가압류채권자는 민법 제548조 제1항 단서에서 말하는 제3자로 볼 수 없으며, 가처분채권자가 받은 본안판결이 전부 승소판결이 아닌 동시이행판결인 경우도 이와 달리 볼 이유가 없다.

② [正] [大判 2005. 6. 9, 2005다6341] 계약의 합의해제에 있어서도 민법 제548조의 계약해제의 경우와 같이 이로써 제3자의 권리를 해할 수 없고(大判 1991. 4. 12, 91다2601 등 참조), 계약은 소급하여 소멸하게 되어 해약당사자는 각 원상회복의 의무를 부담하게 되나 이 경우 계약해제로 인한 원상회복등기 등이 이루어지기 이전에 해약당사자와 양립되지 아니하는 법률관계를 가지게 되었고 계약해제 사실을 몰랐던 제3자에 대하여는 계약해제를 주장할 수 없고(大判 1985. 4. 9, 84다카130, 131; 大判 1996. 11. 15, 94다35343; 大判 2000. 4. 21, 2000다584 등 참조), 이 경우 제3자가 악의라는 사실의 주장·입증책임은 계약해제를 주장하는 자에게 있다고 할 것이다.

③ [誤] 매도인이 가처분집행을 해제할 수 없는 무자력 상태에 있다면 매도인의 소유권이전의무는 이행불능이 되지만, 매도인이 무자력 상태에 있지 않다면 이행불능이라고 할 수 없다.
[大判 2006. 6. 16, 2005다39211] 매도인의 소유권이전등기청구권이 가압류되어 있거나 처분금지가처분이 있는 경우에는 그 가압류 또는 가처분의 해제를 조건으로 하여서만 소유권이전등기절차의 이행을 명받을 수 있는 것이어서, 매도인은 그 가압류 또는 가처분을 해제하지 아니하고서는 매도인 명의의 소유권이전등기를 마칠 수 없고, 따라서 매수인 명의의 소유권이전등기도 경료하여 줄 수 없다고 할 것이므로, 매도인이 그 가압류 또는 가처분 집행을 모두 해제할 수 없는 무자력의 상태에 있다고 인정되는 경우에는 매수인이 매도인의 소유권이전등기의무가 이행불능임을 이유로 매매계약을 해제할 수 있다.

④ [正] [大判 2002. 1. 25, 2001다63575] 계약이 합의해제되기 위하여는 일반적으로 계약이 성립하는 경우와 마찬가지로 계약의 청약과 승낙이라는 서로 대립하는 의사표시가 합치될 것을 그 요건으로 하는 것이지만, 계약의 합의해제는 명시적인 경우뿐만 아니라 묵시적으로도 이루어질 수 있는 것이므로 계약 후 당사자 쌍방의 계약 실현 의사의 결여 또는 포기가 쌍방 당사자의 표시행위에 나타난 의사의 내용에 의하여 객관적으로 일치하는 경우에는, 그 계약은 계약을 실현하지 아니할 당사자 쌍방의 의사가 일치됨으로써 묵시적으로 해제되었다고 해석함이 상당하다(필자 註 : 부동산 매수인이 매도인으로부터 계약해제에 따른 기지급 매매대금의 정산금을 반환받음에 있어서 매도인에 대하여 이의를 유보하는 의사표시는 반드시 명시적으로 하여야 하는 것은 아니고 묵시적으로도 이의를 유보할 수 있으나, 매수인이 명시적인 이의유보 없이 매도인이 제공하는 계약해제에 따른 정산금을 수령하였다면, 당시 매수인이 계약해제의 효력을 인정하지 아니하고 이를 다투고 있었다고 볼 수 있는 객관적인 사정이 있었다거나, 그 외에 상당한 이유가 있는 상황에서 위 정산금을 수령하였다는 등의 특별한 사정이 없는 한, 이는 매도인이 주장한 계약해제 사유 및 그 매매대금 정산액을 인정한 것으로 보아야 한다는 점을 이유로 묵시적 합의해제를 인정한 사례).

⑤ [正] 해제권이 실효원칙의 대상이 될 수 있는가를 묻는 지문이다. 대법원은 해제권에도 실효의 원칙이 적용될 수 있음을 인정하고 있다.
[大判 1994. 11. 25, 94다12234] 해제의 의사표시가 있은 무렵을 기준으로 볼 때 무려 1년 4개월 가량 전에 발생한 해제권을 장기간 행사하지 아니하고 오히려 매매계약이 여전히 유효함을 전제로 잔존채무의 이행을 최고함에 따라 상대방으로서는 그 해제권이 더 이상 행사되지 아니할 것으로 신뢰하였고 또 매매계약상의 매매대금 자체는 거

의 전부가 지급된 점 등에 비추어 보면 그와 같이 신뢰한 데에는 정당한 사유도 있었다고 봄이 상당하다면, 그 후 새삼스럽게 그 해제권을 행사한다는 것은 신의성실의 원칙에 반하여 허용되지 아니한다 할 것이므로, 이제 와서 매매계약을 해제하기 위하여는 다시 이행제공을 하면서 최고를 할 필요가 있다.

정답 ③

제2장   계약각론

1. **배점 2** 甲은 乙과 사이에 향후 15년간 乙에게 매월 50만원을 무상으로 주기로 계약하였다. 이 경우에 관한 기술 중 옳지 않은 것은?(다툼 있으면 판례에 의함) [08년]

   ① 위 계약이 상대부담 있는 계약이라면, 乙이 자신의 의무를 이행하지 아니할 경우 甲은 위 계약을 해제하고 위 계약의 이행으로 해제 전에 乙에게 준 돈의 반환을 청구할 수 있다.
   ② 위 계약기간 중 乙이 사망하면, 위 계약은 이제 효력을 상실하므로 乙의 상속인은 甲에 대하여 계약의 이행을 청구할 수 없다.
   ③ 乙이 계약 당시 미성년자인 경우 위 계약이 상대부담 있는 계약이 아니라면, 위 계약에 대하여 친권자의 동의를 받지 않았어도 그 계약은 확정적으로 유효하다.
   ④ 甲이 중대한 과실 없이 乙을 丙으로 오인하여 위 계약을 체결한 것이라면, 甲은 위 계약이 서면으로 이루어졌다 하더라도 착오에 기한 의사표시라는 이유로 이를 취소할 수 있다.
   ⑤ 해제의 성질은 형성권으로서 제척기간의 적용을 받으므로, 甲은 위 증여계약이 성립한 때로부터 10년이 경과한 후에는 민법 제555조(서면에 의하지 아니한 증여와 해제) 소정의 해제권을 행사할 수 없다.

   해설

   ① [正] 부담부 증여의 경우에는 쌍무계약에 관한 규정이 준용되므로(제561조) 부담의무 불이행을 이유로 민법 제543조 이하에 따라 계약을 해제하고 원상회복을 청구할 수 있다.
   [大判 1997. 7. 8, 97다2177] 상대부담 있는 증여에 대하여는 민법 제561조에 의하여 쌍무계약에 관한 규정이 준용되어 부담의무 있는 상대방이 자신의 의무를 이행하지 아니할 때에는 비록 증여계약이 이미 이행되어 있다 하더라도 증여자는 계약을 해제할 수 있고, 그 경우 민법 제555조와 제558조는 적용되지 아니한다.
   ② [正] 사안의 증여는 정기증여로서의 성질을 가지고 있다. 정기의 급여를 목적으로 한 증여는 증여자 또는 수증자의 사망으로 인하여 그 효력을 잃는다(제560조).
   ③ [正] 권리만을 얻는 행위에 해당하여 미성년자는 법정대리인의 동의가 없더라도 확정적으로 유효하게 증여계약을 체결할 수 있다(제5조 단서).
   ④ [正] [大判 1999. 7. 9, 98다9045] 민법 제47조 제1항에 의하여 생전처분으로 재단법인을 설립하는 때에 준용되는 민법 제555조는 "증여의 의사가 서면으로 표시되지 아니한 경우에는 각 당사자는 이를 해제할 수 있다."고 함으로써 서면에 의한 증여(출연)의

해제를 제한하고 있으나, 그 해제는 민법 총칙상의 취소와는 요건과 효과가 다르므로 서면에 의한 출연이더라도 민법 총칙규정에 따라 출연자가 착오에 기한 의사표시라는 이유로 출연의 의사표시를 취소할 수 있고, 상대방 없는 단독행위인 재단법인에 대한 출연행위라고 하여 달리 볼 것은 아니다.

⑤ [誤] [大判 2003. 4. 11, 2003다1755] 민법 제555조에서 말하는 해제는 일종의 특수한 철회일 뿐 민법 제543조 이하에서 규정한 본래 의미의 해제와는 다르다고 할 것이어서 형성권의 제척기간의 적용을 받지 않는다.

정답 ⑤

2. 매매의 예약에 관한 설명 중 옳지 않은 것은?(다툼 있으면 판례에 의함) [04년]

① 매매의 일방예약은 당사자 일방이 매매를 완결할 의사를 표시한 때에 매매의 효력이 생기는 것이므로, 적어도 예약이 성립하려면 그 예약에 터잡아 맺어질 본계약의 요소가 되는 매매목적물, 이전방법, 매매가액 및 지급방법 등의 내용이 확정되어 있거나 확정할 수 있어야 한다.
② 부동산에 관한 매매예약이 체결된 경우, 예약권리자가 목적부동산을 인도받은 경우에도 매매예약완결권은 제척기간의 경과로 소멸한다.
③ 매매예약완결권의 행사기간을 정하지 아니한 때에는 예약의무자는 예약완결권자에게 상당한 기간을 정하여 행사 여부의 확답을 최고할 수 있고, 확답을 받지 못하면 예약은 효력을 상실한다.
④ 복수채권자의 채권을 담보하기 위하여 그 복수채권자 전원을 공동매수인으로 하여 채무자 소유의 부동산에 관한 매매계약을 체결하고 이에 따른 가등기를 경료한 경우, 그 복수채권자 중의 1인은 단독으로 매매예약완결권을 소송상 행사할 수 있다.
⑤ 매매예약완결권의 제척기간이 도과하였는지 여부는 소위 직권조사 사항으로서, 이에 대한 당사자의 주장이 없더라도 법원이 당연히 직권으로 조사하여 재판에 고려하여야 한다.

해설

① [正] [大判 1993. 5. 27, 93다4908·4915·4922] 매매의 예약은 당사자의 일방이 매매를 완결할 의사를 표시한 때에 매매의 효력이 생기는 것이므로 적어도 일방예약이 성립하려면 그 예약에 터잡아 맺어질 본계약의 요소가 되는 매매목적물, 이전방법, 매매가액 및 지급방법 등의 내용이 확정되어 있거나 확정할 수 있어야 한다.
② [正] [大判 1995. 11. 10, 94다22682·22699] [1] 매매의 일방예약에서 예약자의 상대방이 매매예약 완결의 의사표시를 하여 매매의 효력을 생기게 하는 권리, 즉 매매예약의 완결권은 일종의 형성권으로서 당사자 사이에 그 행사기간을 약정한 때에는 그 기간 내에, 그러한 약정이 없는 때에는 그 예약이 성립한 때로부터 10년 내에 이를 행사하여야 하고, 그 기간을 지난 때에는 예약 완결권은 제척기간의 경과로 인하여 소멸한

다. [2] 제척기간은 권리자로 하여금 당해 권리를 신속하게 행사하도록 함으로써 법률관계를 조속히 확정시키려는 데 그 제도의 취지가 있는 것으로서, 소멸시효가 일정한 기간의 경과와 권리의 불행사라는 사정에 의하여 권리 소멸의 효과를 가져오는 것과는 달리 그 기간의 경과 자체만으로 곧 권리 소멸의 효과를 가져오게 하는 것이므로 그 기간 진행의 기산점은 특별한 사정이 없는 한 원칙적으로 권리가 발생한 때이고, 당사자 사이에 매매예약 완결권을 행사할 수 있는 시기를 특별히 약정한 경우에도 그 제척기간은 당초 권리의 발생일로부터 10년간의 기간이 경과되면 만료되는 것이지 그 기간을 넘어서 그 약정에 따라 권리를 행사할 수 있는 때로부터 10년이 되는 날까지로 연장된다고 볼 수 없다.

③ [正] 민법 제564조 제2항 · 제3항.

④ [誤] 복수채권자의 채권을 담보하기 위하여 복수의 채권자를 공동매수인으로 하여 매매계약을 체결하고 이에 따른 가등기를 경료한 경우는 결국 채권담보를 위하여 복수의 채권자가 매매예약을 체결한 것으로 풀이된다. 매매예약은 특별한 사정이 없으면 일방예약으로 추정되므로(제564조) 복수의 채권자는 예약완결권을 가진다. 여기서 예약완결권의 귀속형태는 준공동소유이고, 예약완결권 행사는 처분행위로서 예약완결권자 1인의 의사표시만으로는 행사할 수 없다는 것이 판례의 입장이다(大判 1985. 5. 28, 84다카2188). 이러한 판례의 입장에 대하여 복수의 채권자 중 1인이 예약완결권 행사에 반대하는 경우, 다른 채권자를 구제하는 수단이 없어 문제라며, 판례의 입장을 비판하는 견해가 있다(김용진, 수인의 공동명의로 된 담보가등기에 기한 본등기청구권의 행사, 판례월보 제186호). 한편 판례는 예약완결권을 준공동소유하는 경우가 아니라 수인의 등기청구권자가 편의상 공동명의로 매매예약에 기한 가등기를 한 경우에는 복수의 채권자 중 1인은 자신의 지분에 관하여 단독으로 가등기에 기한 본등기를 청구할 수 있다고 한다(大判 2002. 7. 9, 2001다43922 · 43939).

[大判 1985. 5. 28, 84다카2188] 복수채권자가 채권을 담보하기 위하여 그 복수채권자와 채무자 소유의 부동산에 관하여 복수채권자 전원을 공동매수인으로 하는 매매예약을 체결하고 그에 따른 소유권이전등기청구권보전의 가등기를 경료한 경우에 복수채권자는 매매예약완결권을 준공동소유하는 관계에 있다고 풀이할 것이고 매매예약완결권의 행사, 즉 채무자에 대한 매매예약완결의 의사표시 및 이에 따른 가등기에 기한 소유권이전등기의 이행을 구하는 소의 제기는 매매예약완결권의 보존행위가 아니라 그 처분행위라 할 것이므로 매매예약완결의 의사표시는 채무자에 대하여 복수채권자 전원에 의하여 공동으로 행사되어야 하고 채권자가 채무자에 대한 매매예약완결에 따른 매매목적물의 가등기에 기한 소유권이전의 본등기절차의 이행을 구하는 소는 필요적 공동소송으로서 매매예약완결권을 준공동소유하고 있는 복수채권자 전원이 제기하여야 한다.

[大判 2002. 7. 9, 2001다43922 · 43939] 공유자가 다른 공유자의 동의 없이 공유물을 처분할 수는 없으나 그 지분은 단독으로 처분할 수 있으므로, 복수의 권리자가 소유권이전청구권을 보존하기 위하여 가등기를 마쳐 둔 경우 특별한 사정이 없는 한 그 권리자 중 한 사람은 자신의 지분에 관하여 단독으로 그 가등기에 기한 본등기를 청구할 수 있고, 이는 명의신탁해지에 따라 발생한 소유권이전청구권을 보존하기 위하여 복수의 권리자 명의로 가등기를 마쳐 둔 경우에도 마찬가지이며, 이 때 그 가등기 원인을 매매예약으로 하였다는 이유만으로 가등기 권리자 전원이 동시에 본등기절차의 이행을 청구하여야 한

다고 볼 수 없다.
⑤ [正] [大判 2000. 10. 13. 99다18725] 매매예약완결권의 제척기간이 도과하였는지 여부는 소위 직권조사 사항으로서 이에 대한 당사자의 주장이 없더라도 법원이 당연히 직권으로 조사하여 재판에 고려하여야 하므로, 상고법원은 매매예약완결권이 제척기간 도과로 인하여 소멸되었다는 주장이 적법한 상고이유서 제출기간 경과 후에 주장되었다 할지라도 이를 판단하여야 한다.

정답 ④

3. 배점 4 다음 사례에 관한 설명 중 옳지 않은 것을 모두 고른 것은?(다툼 있으면 판례에 의함) [08년]

등산용품 제조업을 영위하는 甲은 등산용품 도매상인 乙에게 2006. 2. 1. 배낭 1,000개를 개당 1만원씩 합계 1,000만원에 판매하면서, 당일 계약금 100만원을 지급받고 배낭 500개를 인도하며, 2006. 4. 1. 나머지 대금 900만원을 지급받음과 동시에 나머지 배낭 500개를 인도하되, 대금지급을 지체하면 월 2%의 지연손해금을 가산하여 지급하기로 약정하였다. 丁과 戊는 乙의 부탁으로 위 대금채무에 대하여 丁은 700만원까지, 戊는 300만원까지 연대보증하였다.
甲은 위 계약에 따라 2006. 2. 1. 乙로부터 계약금 100만원을 지급받고 乙에게 배낭 500개를 인도하였으며, 2006. 4. 1. 배낭 500개를 인도하였으나, 乙로부터 나머지 대금 900만원은 지급받지 못하였다.
乙이 대금 지급을 계속 미루던 중, 甲은 자신의 동생인 丙과 함께 2006. 7. 1. 乙에게 대금 지급을 요구하다가 시비가 붙어 甲・丙이 함께 乙을 폭행하여 乙이 상해를 입고 100만원의 치료비를 지출하였다.

㉠ 甲과 乙이 모두 상인이므로 甲의 乙에 대한 배낭대금채권의 소멸시효기간은 5년이다.
㉡ 만일 甲이 乙과의 합의에 따라 2006. 4. 1. 배낭 500개를 이행지인 A의 창고로 보냈는데 그 창고에 우연히 발생한 화재로 인하여 위 배낭 500개가 모두 소훼되었다면, 乙의 위 배낭대금 지급의무는 소멸되지 않는다.
㉢ 甲은 乙의 대금지급 지체를 이유로 월 2%의 지연손해금만 구할 수 있고, 이를 초과하는 실제 손해가 있다 하더라도 그 배상을 구할 수는 없다.
㉣ 丁이 甲에게 물품대금으로 500만원을 변제한 경우, 丁은 戊에게 150만원을 구상할 수 있다.
㉤ 乙은 甲의 폭행으로 인한 치료비 상당의 손해배상채권으로 甲의 배낭대금채권과 상계할 수 있다.
㉥ 乙이 丙으로부터 위 치료비 중 30만원을 지급받고 나머지 손해배상채권을 포기하기로 한 경우, 그 면제의 의사표시는 丙의 내부적 부담부분에 한하여 甲에게도 효력이 미친다.

① ㉠, ㉣
② ㉠, ㉥
③ ㉡, ㉥
④ ㉠, ㉡, ㉢
⑤ ㉠, ㉢, ㉣
⑥ ㉠, ㉣, ㉥
⑦ ㉠, ㉣, ㉤, ㉥
⑧ ㉡, ㉣, ㉤, ㉥

해설

㉠ [誤] 상행위로 인한 채권의 소멸시효기간은 5년이다. 그러나 다른 법령에 단기의 시효의 규정이 있는 때에는 그 규정에 의한다(상법 제64조). 상인이 판매한 상품의 대가인 채권의 소멸시효기간은 3년이다(민법 제163조 제6호). 민법의 규정이 상법보다 단기의 시효에 관한 규정이므로 민법이 적용된다. 결국 배낭대금채권의 소멸시효기간은 3년이다.

㉡ [正] 배낭 500개의 인도의무의 이행이 이미 완료된 후, 인도된 배낭이 우연한 사정에 의하여 멸실된 경우라면 쌍무계약의 위험의 문제는 이미 종료되었다고 보아야 한다. 따라서 배낭 500개에 대한 반대급부의무는 여전히 존속한다.

㉢ [正] [大判 1993. 4. 23, 92다41719] 계약 당시 손해배상액을 예정한 경우에는 다른 특약이 없는 한 채무불이행으로 인하여 입은 통상손해는 물론 특별손해까지도 예정액에 포함되고 채권자의 손해가 예정액을 초과한다 하더라도 초과부분을 따로 청구할 수 없다.

㉣ [誤] 공동보증인 사이에서 구상권이 발생하기 위해서는 공동의 면책이 있어야 한다. 丁이 500만원을 변제하였다고 하더라도 戊는 여전히 300만원의 보증채무를 부담하는 결과, 丁의 변제로 공동의 면책이 있었다고 할 수 없어 戊는 구상의무를 부담하지 않는다고 보아야 한다.

[大判 2002.3.15, 2001다59071] 주채무자를 위하여 수인이 연대보증을 한 경우, 어느 연대보증인이 채무를 변제하였음을 내세워 다른 연대보증인에게 구상권을 행사함에 있어서는 그 변제로 인하여 다른 연대보증인도 공동으로 면책되었음을 요건으로 하는 것인데, 각 연대보증인이 주채무자의 채무를 일정한 한도에서 보증하기로 하는 이른바 일부보증을 한 경우에는 달리 특별한 사정이 없는 한, 각 보증인은 보증한 한도 이상의 채무에 대하여는 그 책임이 없음은 물론이지만 주채무의 일부가 변제되었다고 하더라도 그 보증한 한도 내의 주채무가 남아 있다면 그 남아 있는 채무에 대하여는 보증책임을 면할 수 없다고 보아야 하므로, 이와 같은 경우에 연대보증인 중 1인이 변제로써 주채무를 감소시켰다고 하더라도 주채무의 남은 금액이 다른 연대보증인의 책임한도를 초과하고 있다면 그 다른 연대보증인으로서는 그 한도금액 전부에 대한 보증책임이 그대로 남아 있어 위의 채무변제로써 면책된 부분이 전혀 없다고 볼 수밖에 없고, 따라서 이러한 경우에는 채무를 변제한 위 연대보증인이 그 채무의 변제를 내세워 보증책임이 그대로 남아 있는 다른 연대보증인에게 구상권을 행사할 수는 없다.

㉤ [正] 고의의 불법행위채권을 수동채권으로 하는 상계는 금지되지만, 고의의 불법행위채권을 자동채권으로 하는 상계는 금지되지 않는다. 따라서 불법행위의 피해자인 乙의 상계는 허용된다.

ⓑ [誤] 폭행에 가담한 甲과 丙은 피해자인 乙에 대하여 부진정연대채무로서 손해배상채무를 부담한다. 부진정연대채무자 1인에 대한 면제의 의사표시는 다른 부진정연대채무자에 대한 관계에서 상대적 효력을 가질 뿐이다.
[大判 2006. 1. 27. 2005다19378] 부진정연대채무자 상호간에 있어서 채권의 목적을 달성시키는 변제와 같은 사유는 채무자 전원에 대하여 절대적 효력을 발생하지만 그 밖의 사유는 상대적 효력을 발생하는 데에 그치는 것이므로 피해자가 채무자 중의 1인에 대하여 손해배상에 관한 권리를 포기하거나 채무를 면제하는 의사표시를 하였다 하더라도 다른 채무자에 대하여 그 효력이 미친다고 볼 수는 없다 할 것이고, 이러한 법리는 채무자들 사이의 내부관계에 있어 1인이 피해자로부터 합의에 의하여 손해배상채무의 일부를 면제받고도 사후에 면제받은 채무액을 자신의 출재로 변제한 다른 채무자에 대하여 다시 그 부담 부분에 따라 구상의무를 부담하게 된다 하여 달리 볼 것은 아니다(大判 1993. 5. 27. 93다6560).

정답 ⑥

4. 甲과 乙은 2000. 5. 1. 그들이 공유하는 토지를 丙에게 매도하는 매매계약을, 대금은 1억원으로 하며 계약금은 1,000만원으로 하고 중도금 4,000만원은 2000. 5. 20. 지급하며 잔금 5,000만원은 2000. 6. 10. 등기이전서류의 교부와 동시에 지급하기로 하는 내용으로 체결하고 즉시 계약금을 받았다. 이 경우에 대한 설명 중 옳지 않은 것은?(다툼 있으면 판례에 의함) [02년]

① 甲과 乙이 민법의 해약금 규정에 따라 2000. 5. 10. 丙에게 행한 계약해제의 의사표시는 2,000만원을 丙에게 상환하여야 비로소 그 효과가 발생한다.
② 丙이 중도금 중 3,000만원만 지급한 채 잔대금 지급일이 지나도록 이를 지급하지 아니하는 경우 甲과 乙은 등기이전에 관한 이행의 제공 없이 중도금 잔액 및 잔금의 지급을 상당기간 내에 지급할 것을 최고하고 그 기간이 지나면 계약을 해제할 수 있다.
③ 丙이 중도금을 지급하고 잔금 지급일에 이행의 제공을 하였음에도 甲만 등기이전서류를 제공하고 乙은 등기이전서류를 제공하지 아니하는 경우에도, 乙의 채무불이행으로 인한 丙의 해제권은 甲과 乙 모두에게 계약 전부에 관하여 행사되어야 한다.
④ 甲과 乙의 귀책사유로 계약이 해제되는 경우 丙은 이미 지급한 매매대금의 반환을 원상회복으로서 청구하는 외에 손해가 발생한 경우 손해배상도 청구할 수 있다.
⑤ 丙이 중도금을 지급한 후 잔대금 지급일 이전에 미리 甲과 乙에게 잔대금을 지급하지 아니할 의사를 명백히 표시한 경우 甲과 乙은 이행의 최고 없이 곧바로 계약을 해제할 수 있다.

해설

① [正] 계약금은 해약금으로 추정된다. 따라서 계약금계약의 당사자는 해약금에 의하여 유보된 해제권을 행사할 수 있다. 그러나 그 행사방법은 계약금 교부자와 계약금 수

령자가 서로 다르다. 계약금 교부자는 의사표시만으로 해제권을 행사할 수 있으나, 계약금 수령자는 계약금의 배액을 상환하여 해제할 수 있다(제565조). 다만, 판례는 계약금의 배액을 상환하여야 한다고 해서 변제공탁까지 할 필요는 없다고 한다. 즉 변제제공만으로 족하다는 입장이다. 주의할 것은 이 지문이 이러한 판례의 태도에 비추어 타당한가인데, 법문상의 표현을 따르고 있다는 점에 비추어 타당하다고 보아야 한다.

② [誤] 중도금의 지급을 지체하였다고 하더라도 잔대금지급기일이 도래하면 매도인의 등기이전의무와 중도금 및 잔대금지급의무는 동시이행의 관계에 있기 때문에 매수인의 채무불이행을 이유로 해제권을 행사하기 위해서는 매도인의 반대급부의무를 이행 혹은 이행의 제공을 하여 매수인을 이행지체에 빠뜨려야 한다. 따라서 매도인측에서 등기이전에 관한 이행의 제공이 없었다면 매수인의 채무불이행이 있다고 할 수 없고, 따라서 법정해제권은 발생하지 않는다.

③ [正] 해제권행사의 불가분성에 비추어 타당하다.

④ [正] 해제권의 행사는 손해배상에 영향을 미치지 아니한다(제551조).

⑤ [正] 채무자가 미리 이행하지 아니할 의사를 표시한 경우에는 최고 없이 계약을 해제할 수 있다(제544조 단서). 이 경우에는 이행기가 도래하였는가는 문제되지 않는다. 이를 이행거절이라는 독자적인 채무불이행유형으로 분류하는 견해도 있다.

정답 ②

5. 계약금에 관한 설명 중 판례의 입장과 다른 것은? [03년]

① 매도인이 매매계약의 이행에 착수한 바가 없더라도 중도금을 지급한 매수인은 계약금을 포기하고 매매계약을 해제할 수 없다.

② 매수인이 지급한 계약금이 해약금과 손해배상의 예정액으로서의 성질을 겸하고 있는데, 손해배상의 예정액으로서는 부당히 과다한 경우, 매수인은 계약금 중 과다한 손해배상의 예정으로 감액되어야 할 부분을 제외한 나머지 금액을 포기하고 계약을 해제하면서 그 과다한 부분의 반환을 청구할 수 있다.

③ 계약금은 이를 위약금으로 하기로 하는 특약이 없는 이상 손해배상의 예정액으로서의 성질을 갖는 것이 아니다.

④ "임차인이 보증금의 잔액을 지정된 기일까지 납부하지 않을 때에는 임대인은 계약을 해제하고 계약금조로 불입한 보증금을 반환하지 아니한다."는 약정은 있으나, 임대인이 계약을 위반할 경우에 관하여는 아무런 합의가 없다면, 임대인의 채무불이행이 있는 경우 임차인은 그로 인한 손해를 구체적으로 입증하여 배상받을 수 있을 뿐이다.

⑤ 계약금을 받은 매도인이 그 배액을 상환하고 계약을 해제하려면 계약해제의 의사표시 외에 계약금 배액을 이행제공하여야 하고 상대방이 수령하지 않으면 공탁하여야 한다.

① [正] 해약금에 의한 해제는 당사자 중 어느 일방이라도 이행에 착수한 후에는 행사하지 못한다. 따라서 비록 상대방이 이행에 착수하지 아니하였다고 하더라도 스스로 이행에 착수한 당사자는 해약금에 의한 해제를 할 수 없다.
[大判 1994. 11. 11. 94다17659] 매매계약의 당사자 일방이 계약금을 상대방에게 교부하였을 때에는 당사자간에 다른 약정이 없는 한 매매계약 쌍방 당사자 중 어느 일방이라도 이행에 착수하였다면 그 당사자나 상대방이 계약금의 배액상환 또는 포기로서 해제권을 행사할 수 없다 할 것이고, 여기에서 이행에 착수한다는 것은 객관적으로 외부에서 인식할 수 있는 정도로 채무의 이행행위의 일부를 행하거나 또는 이행을 하는데 필요한 전제행위를 하는 것을 말하는 것으로서 단순히 이행의 준비만으로는 부족하나, 반드시 계약내용에 들어맞는 이행의 제공의 정도에까지 이르러야 하는 것은 아니라 할 것이다.

② [正] [大判 1996. 10. 5. 95다33726] "대금불입 불이행시 계약은 자동 무효가 되고 이미 불입된 금액은 일체 반환하지 않는다."고 되어 있는 매매계약에 기하여 계약금이 지급되었으나, 매수인이 중도금을 지급기일에 지급하지 아니한 채 이미 지급한 계약금 중 과다한 손해배상의 예정으로 감액되어야 할 부분을 제외한 나머지 금액을 포기하고 해약금으로서의 성질에 기하여 계약을 해제한다는 의사표시를 하면서 감액되어야 할 금액에 해당하는 금원의 반환을 구한 경우, 그 계약금은 해약금으로서의 성질과 손해배상 예정으로서의 성질을 겸하고 있고, 매수인의 주장취지에는 매수인의 채무불이행을 이유로 매도인이 몰취한 계약금은 손해배상 예정액으로서는 부당히 과다하므로 감액되어야 하고 그 감액 부분은 부당이득으로서 반환하여야 한다는 취지도 포함되어 있다고 해석함이 상당하며 계약금이 손해배상 예정액으로서 과다하다면 감액 부분은 반환되어야 한다는 이유로, 계약금이 해약금으로서의 성질과 손해배상 예정으로서의 성질을 겸하고 있더라도 해약금에 기한 해제권 주장시에는 계약불이행에 따른 손해배상이 논의될 여지가 없어 손해배상 예정액의 감액이 불가능하다고 본 원심판결을 파기한다.

③ [正] [大判 1987. 2. 24. 86누438] 매매계약에 있어서 계약금은 당사자 일방이 이행에 착수할 때까지 매수인은 이를 포기하고 매도인은 그 배액을 상환하여 계약을 해제할 수 있는 해약금의 성질을 가지고 있고 다만 당사자의 일방이 위약한 경우 그 계약금을 위약금으로 하기로 하는 특약이 있는 경우에만 손해배상액의 예정으로서의 성질을 갖는 것이다.

④ [正] 임대인의 위약에 대한 약정이 없으므로 이는 임대인의 의무위반에 대한 손해배상액의 예정으로 추정될 수 없다. 이러한 일방적 위약의 특약도 효력이 있다.

⑤ [誤] [大判 1992. 5. 12. 91다2151] 매매당사자 간에 계약금을 수수하고 계약해제권을 유보한 경우에 매도인이 계약금의 배액을 상환하고 계약을 해제하려면 계약해제 의사표시 이외에 계약금 배액의 이행의 제공이 있으면 족하고 상대방이 이를 수령하지 아니한다 하여 이를 공탁하여야 유효한 것은 아니다.

정답 ⑤

6. [배점 2] 甲은 乙로부터 토지를 1억원에 매수하기로 하였다. 매매계약에 따르면, 甲은 乙에게 계약금 1,000만원, 1차 중도금 2,000만원, 2차 중도금 2,000만원, 잔금 5,000만원을 지급하기로 하였고, 이에 따라 甲은 계약 당일 乙에게 계약금 1,000만원을 교부하였다. 또한 위 매매계약서에는 "당사자 일방이 채무를 불이행할 경우 계약금을 교부한 자는 그것을 몰취당하고 계약금을 교부받은 자는 그 배액을 상환한다."라는 조항(계약서 제5항)도 포함되어 있었다. 다음 기술 중 옳은 것을 모두 고른 것은? (다툼 있으면 판례에 의함) [09년]

㉠ 계약서 제5항은 위약금 약정으로서 손해배상액의 예정으로 추정되므로, 다른 특약이 없는 한 甲의 채무불이행으로 乙이 위약금 이상의 손해를 입었더라도 초과 손해는 배상을 구할 수 없다.
㉡ 甲과 乙 사이에 다른 약정이 없는 한 乙은 甲이 1차 중도금을 지급할 때까지 甲에게 2,000만원을 상환하고 매매계약을 해제할 수 있다. 이때 乙이 甲에게 2,000만원을 제공하지 않은 채 해제의 의사표시만을 하였다면 계약해제의 효과는 발생하지 않는다.
㉢ 계약서 제5항과 같은 내용의 약정이 존재하지 않는다면, 계약이 당사자 일방의 귀책사유로 인하여 해제되었다고 하더라도 상대방은 그 계약불이행으로 인한 실제 손해만을 배상받을 수 있을 뿐 계약금 상당액이 위약금으로 상대방에게 당연히 귀속되는 것은 아니다.
㉣ 위 토지가 「국토의 계획 및 이용에 관한 법률」에 따른 토지거래허가대상이라면 그 토지거래허가를 받지 않은 상태에서도 乙은 2,000만원을 상환하고 계약을 해제할 수 있다.
㉤ 매매계약 체결 이후 乙이 甲에게 매매대금의 증액을 요청하였고, 甲이 이에 대하여 확답하지 않은 상태에서 1차 중도금을 그 이행기 전에 제공하였다면, 이행기 전에는 착수하지 않기로 하는 특약 등 이행기 전 이행착수가 허용될 수 없는 특별한 사정이 없는 이상, 그 이후 乙이 계약금의 배액을 공탁하여 해제권을 행사하는 것은 불가능하다.

① ㉠, ㉡, ㉢, ㉣   ② ㉠, ㉢, ㉣, ㉤   ③ ㉡, ㉢, ㉣, ㉤
④ ㉠, ㉡, ㉢, ㉤   ⑤ ㉠, ㉡, ㉢, ㉣, ㉤

해설

* 계약금계약과 손해배상액의 예정을 묻는 사례문제이다.
㉠ [正] 계약서 제5항은 매매당사자 일방의 계약위반에 대하여 계약금을 몰취하거나 그 배액을 상환하는 약정으로 위약금약정에 해당하고, 위약금의 약정은 다른 특별한 사정이 없는 한 손해배상액의 예정으로 추정된다(제398조 제4항). 당사자 사이에 손해배상액 예정계약이 있는 경우, 예정계약에서 정한 채무불이행으로 발생한 실손해가 예정배상액을 초과하더라도 특별한 사정이 없는 한 예정배상액만을 청구할 수 있을 뿐이다.

[大判 1988. 9. 27, 86다카2375] 당사자 사이의 채무불이행에 관하여 손해배상액을 예정한 경우에 채권자는 통상의 손해뿐만 아니라 특별한 사정으로 인한 손해에 관하여도 예정된 배상액만을 청구할 수 있고 특약이 없는 한 예정액을 초과한 배상액을 청구할 수는 없다.

ⓒ [正] 매매의 당사자 일방이 계약당시에 금전 기타 물건을 계약금, 보증금 등의 명목으로 상대방에게 교부한 때에는 당사자간에 다른 약정이 없는 한 당사자의 일방이 이행에 착수할 때까지 교부자는 이를 포기하고 수령자는 그 배액을 상환하여 매매계약을 해제할 수 있다(제565조 제1항). 계약금을 수령한 乙은 당사자의 일방이 이행에 착수할 때까지, 즉 매수인 甲이 1차 중도금을 지급할 때까지는 계약금의 배액인 2,000만원을 상환하여 매매계약을 해제할 수 있다. 다만 乙이 2,000만원을 제공하지 아니한 채 해제의 의사표시를 하였다면 해제의 효과가 발생하지 않는다.
[大判 1966. 7. 5, 66다736] 계약금수령자의 배액상환에 의한 계약해제의 의사표시는 그와 아울러 그 배액의 이행의 제공이 있어야 계약해제의 효과가 발생한다.

ⓒ [正] 위약의 특약이 없는 경우, 계약금은 해약금으로의 성질을 가질 뿐 위약금의 성질을 가질 수 없다. 따라서 계약금 상당액이 위약금으로 상대방에게 당연히 귀속되는 것은 아니다.
[大判 1987. 2. 24, 86누438] 매매계약에 있어서 계약금은 당사자 일방이 이행에 착수할 때까지 매수인은 이를 포기하고 매도인은 그 배액을 상환하여 계약을 해제할 수 있는 해약금의 성질을 가지고 있고 다만 당사자의 일방이 위약한 경우 그 계약금을 위약금으로 하기로 하는 특약이 있는 경우에만 손해배상액의 예정으로서의 성질을 갖는 것이다.

ⓔ [正] 토지거래허가구역 내의 허가받지 아니한 토지매매계약은 해약금 해제에 의하여 해제될 수 있다고 보는 것이 판례의 태도이다.
[大判 1997. 6. 27, 97다9369] 특별한 사정이 없는 한 국토이용관리법상의 토지거래허가를 받지 않아 유동적 무효 상태인 매매계약에 있어서도 당사자 사이의 매매계약은 매도인이 계약금의 배액을 상환하고 계약을 해제함으로써 적법하게 해제된다.

ⓜ [正] 이행기 전 이행에 의하여 해약금 해제권이 봉쇄될 수 있는지를 묻는 지문이다. 판례는 이행기 전의 이행도 이를 금지하는 특별한 사정이 없는 한 이행의 착수에 해당하고, 이행의 착수 후에는 해약금 해제권 행사가 불가능하다는 입장이다.
[大判 2002. 11. 26, 2002다46492] 매도인이 민법 제565조에 의하여 계약금의 배액을 상환하고 계약을 해제하려면 매수인이 이행에 착수할 때까지 하여야 할 것인 바, 여기에서 이행에 착수한다는 것은 객관적으로 외부에서 인식할 수 있는 정도로 채무의 이행행위의 일부를 하거나 또는 이행을 하기 위하여 필요한 전제행위를 하는 경우를 말하는 것으로서, 단순히 이행의 준비를 하는 것만으로는 부족하나 반드시 계약내용에 들어맞는 이행의 제공의 정도에까지 이르러야 하는 것은 아니라 할 것이고, 그와 같은 경우에 이행기의 약정이 있다 하더라도 당사자가 채무의 이행기 전에는 착수하지 아니하기로 하는 특약을 하는 등 특별한 사정이 없는 한 그 이행기 전에 이행에 착수할 수도 있다.

정답 ⑤

7. 2000. 5. 1. 甲은 乙과 자기 소유의 토지 및 그 지상의 2층 건물(주택) 중 일부(2층 부분)에 대한 임대차계약을 체결하였다. 임대기간은 2000. 6. 1.부터 2002. 5. 31.까지로 하고, 차임으로는 매월 1일 100만원을 지급하며, 보증금은 1,000만원으로 약정하였다. 2001. 5. 15. 甲은 丙과 위 토지 및 건물에 대해 매매대금 1억원으로 하는 매매계약을 체결하였다. 甲·乙·丙은 2001. 6. 15. 丙이 임대인의 지위를 승계하는 것으로 합의하였고, 당일 丙은 매매대금 중 자신이 인수하게 된 보증금반환채무액 1,000만원을 공제한 잔금 9,000만원을 甲에게 지급함과 동시에 위 토지 및 건물을 인도받았다. 위 토지 및 건물에 대한 丙 명의로의 소유권이전등기는 2001. 8. 15. 경료되었다. 위 사안에서 甲과 丙이 차임의 귀속에 관하여 약정하지 아니한 경우 乙이 2001. 6. 1. 지급할 5월분 차임 100만원, 7. 1. 지급할 6월분 차임 100만원, 8. 1. 지급할 7월분 차임 100만원 합계 총 300만원 중 丙에게 귀속되어야 할 차임의 총 합계액은 얼마인가?(다툼 있으면 판례에 의함) [02년]

① 0원   ② 50만원   ③ 100만원
④ 150만원   ⑤ 200만원

해설

* 매매계약을 체결한 매도인과 매수인 사이의 법정과실 귀속에 관한 문제이다. 민법 제587조는 과실수취권자를 매도인으로 규정하고 있다. 그러나 민법 제587조는 제한해석을 하여야 한다. 즉, 매수인이 대금을 완납한 경우에는 비록 매도인이 인도하지 아니하였다고 하더라도 매매목적물의 과실은 매수인에게 귀속되어야 한다. 판례도 같은 취지에서 판단하고 있다(大判 1993. 11. 9, 93다28928). 사안의 경우 매수인이 대금을 완납하고 목적물을 인도받은 6월 15일 이후에는 법정과실인 임료는 매수인에게 귀속되어야 한다. 따라서 7월분 차임은 丙에게 귀속되어야 하며, 6월분 차임은 일수의 비율로 매수인인 丙에게 귀속된다. 따라서 150만원이 丙에게 귀속되어야 한다.

정답 ④

8. 토지를 목적으로 하는 매매계약의 법률관계에 관한 설명 중 옳은 것은?(다툼 있으면 판례에 의함) [06년]

① 매수인이 토지에 관한 소유권이전등기를 경료받지 아니하였음에도 그 토지를 인도받아 점유·사용하였다면, 그 부동산의 점유·사용이익은 부당이득에 해당한다.
② 매도인이 선이행의무인 소유권이전의무를 이행지체하여, 매수인이 상당한 기간을 정하여 이행을 최고하였으나 그 기간 내에 이행하지 아니하거나, 지체 후의 이행이 매수인에게 이익이 없는 때에는, 매수인은 매도인이 이행의 제공을 하였다 하더라도 수령을 거절하고 전보배상을 청구할 수 있다.
③ 매수인이 토지에 관한 소유권이전등기를 경료받았지만 아직 토지를 인도받지 못한 경우, 매수인이 매매대금을 전부 지급하지 않았어도 토지로부터 발생하는 과실은 매수인에게 속한다.

④ 매수인이 매매대금을 전부 지급하였다고 하더라도, 아직 토지에 관한 소유권이전등기를 경료받지 못하고 토지를 인도받지 못하였다면, 매수인이 매매대금을 지급한 이후에 토지로부터 발생한 과실은 원칙적으로 매도인에게 속한다.
⑤ 매매계약의 의무가 전부 이행된 후 매매계약이 취소된 경우, 토지를 반환하여야 하는 선의의 매수인에게 민법 제201조가 적용되어 과실취득권이 인정되더라도, 매매대금을 반환하여야 하는 선의의 매도인은 대금의 운용이익 내지 법정이자를 반환하여야 한다.

해설

① [誤] 매수인이 목적부동산을 점유하고 있는 경우에, 제568조의 재산권이전의무가 목적물인도의무를 포함하므로 매수인은 제213조 단서 소정의 점유할 권리를 가지는 자에 해당할 뿐만 아니라 매매계약이 제741조의 법률상 원인을 이룬다. 따라서 매수인이 그 부동산을 점유·사용함으로써 얻은 이익을 부당이득이라고 할 수는 없다.
② [正] 매도인의 이행지체를 원인으로 하는 매수인의 손해배상청구는 지연배상을 원칙으로 한다. 그러나 상당한 기간을 정한 최고 후 그 기간 내에 이행이 없거나, 지체 후의 이행이 채권자(매수인)에게 이익이 없는 때에는 이행에 갈음하는 전보배상을 청구할 수 있다(민법 제395조).
③ [誤] ④ [誤] 매매계약 있은 후에도 인도하지 아니한 목적물로부터 생긴 과실은 매도인에게 속한다(민법 제587조). 다만 매수인이 대금을 완납한 경우에는 비록 인도되지 아니한 경우라고 하더라도 그 과실은 매수인에게 귀속된다.
[大判 1993. 11. 9, 93다28928] 특별한 사정이 없는 한 매매계약이 있은 후에도 인도하지 아니한 목적물로부터 생긴 과실은 매도인에게 속하나, 매매목적물의 인도전이라도 매수인이 매매대금을 완납한 때에는 그 이후의 과실수취권은 매수인에게 귀속된다.
⑤ [誤] [大判 1993. 5. 14, 92다45025] 쌍무계약이 취소된 경우 선의의 매수인에게 민법 제201조가 적용되어 과실취득권이 인정되는 이상 선의의 매도인에게도 민법 제587조의 유추적용에 의하여 대금의 운용이익 내지 법정이자의 반환을 부정함이 형평에 맞다.

정답 ②

9. 타인의 권리 매매에 있어서 매도인이 매매의 목적인 권리를 취득하여 매수인에게 이전할 수 없는 경우에 관한 설명 중 옳지 않은 것은? (다툼 있으면 판례에 의함) [05년]

① 매수인이 계약 당시에 그 권리가 매도인에게 속하지 아니함을 모른 경우에는, 매수인은 계약을 해제하고 손해배상을 청구할 수 있다.
② 매수인이 계약 당시에 그 권리가 매도인에게 속하지 아니함을 안 경우에는, 매도인의 귀책사유로 이행불능이 되더라도 매수인은 매도인의 책임을 물을 수 없다.
③ 매도인이 계약 당시에 그 권리가 자기에게 속하지 아니함을 알지 못한 경우에는, 매도인도 매수인에게 손해를 배상하고 계약을 해제할 수 있다.

④ 계약 당시에 매도인은 그 권리가 자기에게 속하지 아니함을 알지 못하였으나, 매수인은 그 권리가 매도인에게 속하지 아니함을 안 경우에는, 매도인은 매수인에게 그 권리를 이전할 수 없음을 통지하고 계약을 해제할 수 있다.
⑤ 매매의 목적인 권리의 일부가 타인에게 속함으로 인하여 매도인이 그 권리를 취득하여 매수인에게 이전할 수 없는 때에는, 매수인은 그 부분의 비율로 대금의 감액을 청구할 수 있다.

해설

① [正] 민법 제570조.
② [誤] 매수인은 담보책임규정에 따라 매매계약을 해제할 수 있으며, 나아가 매도인의 채무불이행을 이유로 손해배상을 청구할 수도 있다.
[大判 1993. 11. 23. 93다37328] 타인의 권리를 매매의 목적으로 한 경우에 있어서 그 권리를 취득하여 매수인에게 이전하여야 할 매도인의 의무가 매도인의 귀책사유로 인하여 이행불능이 되었다면 매수인이 매도인의 담보책임에 관한 민법 제570조 단서의 규정에 의해 손해배상을 청구할 수 없다 하더라도 채무불이행 일반의 규정(민법 제546조, 제390조)에 좇아서 계약을 해제하고 손해배상을 청구할 수 있다.
③,④ [正] 민법 제571조.
⑤ [正] 민법 제572조.

정답 ②

10. 매도인의 담보책임에 관한 설명 중 판례의 입장과 다른 것은? [03년]

① 부동산 매수인이 일정한 면적이 있는 것으로 믿고 매도인도 그 면적이 있는 것을 명시적 또는 묵시적으로 표시하였으며, 나아가 당사자들이 면적을 가장 중요한 가격결정 요소로 파악하고 그 객관적인 수치를 기준으로 가격을 정한 경우 그 매매는 "수량을 지정한 매매"에 해당한다.
② 매도인이 매수인에게 매매 목적물인 기계의 품질과 성능이 기재된 카탈로그와 검사성적서를 제시한 경우, 공급된 기계가 그러한 품질과 성능을 갖추지 못한 때에는 특별한 사정이 없는 한 그 기계에 하자가 있다고 보아야 한다.
③ 가등기의 목적이 된 부동산을 매수한 사람이 그 뒤 가등기에 기한 본등기가 경료됨으로써 그 부동산의 소유권을 상실하게 된 때에는 매매의 목적부동산에 설정된 저당권 또는 전세권의 행사로 인하여 매수인이 취득한 소유권을 상실한 경우와 유사하므로, 매도인은 민법 제576조의 준용에 의해 담보책임을 진다.
④ 매매목적물의 하자로 인하여 확대손해가 발생한 경우 매도인에게 그 확대손해에 대한 배상책임을 지우기 위하여는 채무의 내용으로 된 하자 없는 목적물을 인도하지 못한 의무위반 사실 외에 그러한 의무위반에 대하여 매도인에게 귀책사유가 있어야 한다.

⑤ 매매의 목적이 된 권리의 일부가 타인에게 속함으로 인하여 매도인이 그 권리를 취득하여 매수인에게 이전할 수 없게 된 경우 매도인이 선의의 매수인에게 배상하여야 할 손해액은 원칙적으로 이행이익 상당액이 아니라 그 부분의 매수를 위해 매수인이 출연한 금액이다.

해설

① [正] [大判 2001. 4. 10, 2001다12256] 부동산 매매계약에 있어서 매수인이 일정한 면적이 있는 것으로 믿고 매도인도 그 면적이 있는 것을 명시적 또는 묵시적으로 표시하며, 나아가 계약당사자가 면적을 가격을 정하는 여러 요소 중 가장 중요한 요소로 파악하고, 그 객관적 수치를 기준으로 가격을 정하는 경우라면 특정물이 일정한 수량을 가지고 있다는 데에 주안을 두고, 대금도 그 수량을 기준으로 하여 정한 경우에 속하므로 민법 제574조에 정한 '수량을 지정한 매매'에 해당한다.

② [正] [大判 2000. 10. 27, 2000다30554 · 30561] 매도인이 매수인에게 공급한 기계가 통상의 품질이나 성능을 갖추고 있는 경우, 그 기계에 작업환경이나 상황이 요구하는 품질이나 성능을 갖추고 있지 못하다 하여 하자가 있다고 인정할 수 있기 위하여는, 매수인이 매도인에게 제품이 사용될 작업환경이나 상황을 설명하면서 그 환경이나 상황에 충분히 견딜 수 있는 제품의 공급을 요구한 데 대하여, 매도인이 그러한 품질과 성능을 갖춘 제품이라는 점을 명시적으로나 묵시적으로 보증하고 공급하였다는 사실이 인정되어야만 할 것임은 물론이나, 매도인이 매수인에게 기계를 공급하면서 당해 기계의 카탈로그와 검사성적서를 제시하였다면, 매도인은 그 기계가 카탈로그와 검사성적서에 기재된 바와 같은 정도의 품질과 성능을 갖춘 제품이라는 점을 보증하였다고 할 것이므로, 매도인이 공급한 기계가 매도인이 카탈로그와 검사성적서에 의하여 보증한 일정한 품질과 성능을 갖추지 못한 경우에는 그 기계에 하자가 있다고 보아야 한다.

③ [正] [大判 1992. 10. 27, 92다21784] 가등기의 목적이 된 부동산을 매수한 사람이 그 뒤 가등기에 기한 본등기가 경료됨으로써 그 부동산의 소유권을 상실하게 된 때에는 매매의 목적 부동산에 설정된 저당권 또는 전세권의 행사로 인하여 매수인이 취득한 소유권을 상실한 경우와 유사하므로, 이와 같은 경우 민법 제576조의 규정이 준용된다고 보아 같은 조 소정의 담보책임을 진다고 보는 것이 상당하고 민법 제570조에 의한 담보책임을 진다고 할 수 없다.

④ [正] [大判 1997. 5. 7, 96다39455] 매도인이 매수인에게 공급한 부품이 통상의 품질이나 성능을 갖추고 있는 경우, 나아가 내한성이라는 특수한 품질이나 성능을 갖추고 있지 못하여 하자가 있다고 인정할 수 있기 위하여는, 매수인이 매도인에게 완제품이 사용될 환경을 설명하면서 그 환경에 충분히 견딜 수 있는 내한성 있는 부품의 공급을 요구한 데 대하여, 매도인이 부품이 그러한 품질과 성능을 갖춘 제품이라는 점을 명시적으로나 묵시적으로 보증하고 공급하였다는 사실이 인정되어야만 할 것이고, 특히 매매목적물의 하자로 인하여 확대손해 내지 2차 손해가 발생하였다는 이유로 매도인에게 그 확대손해에 대한 배상책임을 지우기 위하여는 채무의 내용으로 된 하자 없는 목적물을 인도하지 못한 의무위반사실 외에 그러한 의무위반에 대하여 매도인에게 귀

책사유가 인정될 수 있어야만 한다.

⑤ [誤] 타인권리매매로 인한 손해배상의 범위에 관하여 판례는 이행이익상당액이라고 한다. 권리전부가 타인에게 속한 경우에 대한 판결로는 大判(全) 1967. 5. 18, 66다2618, 권리일부가 타인에게 속한 경우에 대한 판결로는 大判 1993. 1. 19, 92다37727이 있다.

[大判 1993. 1. 19, 92다37727] 매매의 목적이 된 권리의 일부가 타인에게 속함으로 인하여 매도인이 그 권리를 취득하여 매수인에게 이전할 수 없게 된 때에는 선의의 매수인은 매도인에게 담보책임을 물어 이로 인한 손해배상을 청구할 수 있는 바, 이 경우에 매도인이 매수인에 대하여 배상하여야 할 손해액은 원칙적으로 매도인이 매매의 목적이 된 권리의 일부를 취득하여 매수인에게 이전할 수 없게 된 때의 이행불능이 된 권리의 시가, 즉 이행이익 상당액이라고 할 것이어서, 불법등기에 대한 불법행위책임을 물어 손해배상청구를 할 경우의 손해의 범위와 같이 볼 수 없다.

[大判(全) 1967. 5. 18, 66다2618] 매매의 목적이 된 권리가 타인에게 속한 경우에 매도인이 그 권리를 취득하여 매수인에게 이전할 수 없을 때에는 매매의 목적이 된 권리가 매도인에게 속하지 아니함을 알지 못한 매수인이 매도인에 대하여 손해배상을 청구함에는 매도인은 계약이 완전히 이행된 것과 동일한 경제적 이익을 배상함이 상당할 것이므로 그 손해는 매수인이 입은 손해뿐만 아니라 얻을 수 있었던 이익의 상실도 포함된다고 해석할 것이다. 따라서 이 견해에 배치되는 대법원 1960. 4. 21 선고 1961 민상 제385호 사건에 표시된 본원의 견해를 변경한다. 위 경우의 손해액의 산정은 일반 채무불이행으로 인한 손해배상액의 확정시기와 마찬가지로 원칙으로 매매의 목적이 된 권리를 취득하여 이전함이 불능하게 된 때의 싯가를 표준으로 하여 결정할 것이고 본건에 있어서 원고가 피고의 매매계약 이행의사 없음이 명백함을 전제로 하는 본건 매매계약 해제를 전제로 이행에 대신하는 전보배상을 청구하는 본건에 있어 매도인이 본건 토지의 소유권을 취득하여 매수인에게 이전하지 못하므로 매매계약이 해제된 경우에는 매수인은 해제시까지는 목적물의 급여청구권을 가지며 해제에 의하여 비로소 이 청구권이 상실되므로 특별한 사정이 없는 한 매수인이 받을 이행에 대신하는 손해배상액은 해제 당시의 목적물의 싯가를 표준으로 하여 결정할 것이고 원심과 같이 경제적 일반 추세에 따르는 목적물 시세 앙등사정은 당사자에게 당연 예견 또는 예견가능성이 있다는 전제로 변론종결 당시의 싯가에 의하여 손해액을 산정할 것이 아니다.

정답 ⑤

11. 배점 3 甲은 A제품이 몸에 해롭다는 사실을 알면서 이를 생산한 다음, 자신의 영업소에 비치하여 판매하던 중, 영업소를 찾아온 乙에게 A제품을 관절에 탁월한 효능이 있는 건강보조식품이고 시가는 200만원인데 회사의 어려움 때문에 공장도가격 150만원에 판매하고 있다고 속여 乙을 현혹하였다. 乙은 이 말을 믿고 A제품을 10개월 할부로 구입하기로 하고 계약금 15만원을 지급한 다음 A제품을 인도받았다. 乙은 며칠간 A제품을

■ 채권각론 ■ 475

복용한 결과 그로 인하여 관절 통증이 격심해졌다. 이에 관한 설명 중 옳은 것을 모두 고른 것은?
[10년]

ㄱ. 乙은 A제품을 인도받은 날로부터 14일 이내에 할부계약에 관한 청약을 철회할 수 있다.
ㄴ. 담보책임을 채무불이행책임으로 보는 견해에 의하면 A제품에 하자가 존재하지 않는다.
ㄷ. 乙은 특별한 사정이 없는 한 甲과의 매매계약을 해제할 수 있고 아울러 손해배상을 청구할 수 있다.
ㄹ. 甲과 乙 사이에 담보책임면제의 특약이 있다면, 乙은 자신에게 과실이 없더라도 甲에 대하여 하자담보책임을 물을 수 없다.
ㅁ. 乙은 사기로 인한 의사표시를 이유로 매매계약을 취소할 수 있으며, 취소하지 않고 하자담보책임을 물을 수도 있다.
ㅂ. 乙은 A제품의 하자에 관한 甲의 귀책사유 유무를 묻지 않고 자신이 입은 확대손해에 관하여 甲에게 제조물책임을 물을 수 있다.

① ㄴ, ㄹ ② ㄷ, ㅁ ③ ㄹ, ㅂ
④ ㄱ, ㄷ, ㄹ ⑤ ㄷ, ㄹ, ㅁ ⑥ ㄷ, ㅁ, ㅂ
⑦ ㄱ, ㄴ, ㄹ, ㅂ ⑧ ㄴ, ㄷ, ㅁ, ㅂ

해설

ㄱ. [誤] 할부거래에 관한 법률이 규정하고 있는 청약철회제도를 묻는 지문이다. 이러한 문제가 사법시험문제로 적당한지는 의문이다. 수험생들에게 특수한 매매를 규정하고 있는 특별법들을 모두 공부해서 시험에 대비하라는 취지인가? 설사 그렇다고 하더라도 법이 규정하고 있는 내용, 청약철회기간이 7일인가 14일인가를 묻는 것은 그와 같은 기술적 규정을 모두 암기해서 기억하라는 취지인가? 사법시험이 법학교육의 발전방향을 제시해주어야 하는데, 청약철회기간이라는 정보를 아는 것이 우리 법학교육의 발전방향과 부합하는지 의문이다. 특별한 매매계약을 규율하는 법으로 할부거래법, 통신판매법, 방문판매법 등이 있다. 이러한 법들은 소비자소호를 위하여 청약의 철회제도(Cooling-off)를 마련하고 있다. 청약철회란 일종의 해제로서 성급하게 거래계약을 체결한 소비자가 거래계약을 사후에 해제할 수 있도록 해서 충동적 소비자를 보호하는 제도이다. 청약철회가 무한정 허용된다면 거래불안이 현저할 것이므로 각 법은 각각의 거래계약의 특성을 고려하여 청약철회기간을 별도로 정하고 있다. 할부거래에서는 청약철회기간이 계약서를 교부받은 날 또는 목적물을 인도받을 날로부터 7일 이내이고(할부거래법 제5조 제1항), 방문판매에서는 계약서를 교부받은 날, 상품을 인도받거나 용역을 제공받은 날 또는 상품판매자의 주소를 알았거나 알 수 있었던 날부터 14일 이내이고(방문판매법 제8조), 통신판매에서는 서면을 교부받은 날, 재화 등을 공급받은 날 또는 통신판매업자의 주소를 알았거나 알 수 있었던 날

부터 7일 이내이다(전자상거래 등에서의 소비자보호 등에 관한 법률 제17조). 본 사안은 할부거래이므로 청약철회기간은 인도받은 날로부터 7일 이내이다.

ㄴ. [誤] 담보책임의 본질을 어떻게 파악하는가에 따라 하자의 개념을 달리 파악하여야 하는가? 그러하다면 본 사안에서 A제품에 하자가 있다고 보아야 하는가를 묻는 지문이다. 담보책임을 채무불이행으로 파악하는 견해가 있고, 법정의 책임으로 파악하는 견해가 있다. 한편 하자의 개념을 어떻게 파악할 것인가에 관해서는 당사자가 예정한 품질과 성능을 결여한 것을 하자로 파악하는 입장(주관적 하자개념)이 있는 반면 통상 그 물건이 갖추어야 할 품질과 성능을 결여한 것을 하자로 파악하는 입장(객관적 하자개념)이 있다. 채무불이행이 담보책임의 본질이라고 파악하는 견해는 대체로 주관적 하자개념을 사용한다. 반면 법정책임이 담보책임의 본질이라고 파악하는 견해는 대체로 객관적 하자개념을 사용한다. 그러나 논리적으로 그러한 것은 아니다. 결국 담보책임의 본질과 하자개념을 직접적으로 연관되어 있지는 않다. 한편 객관적 하자개념을 사용하는 입장에 서면 A제품은 객관적으로 몸에 해로운 제품이므로 하자가 존재하는 것으로 보아야 하며, 주관적 하자개념을 사용하더라도 관절에 탁월한 효능이 없고, 오히려 몸에 해로운 제품이므로 하자가 존재하는 것으로 보아야 한다.

ㄷ. [正] 하자로 인하여 매수인에게 기존의 법익이 침해되는 손해가 발생한 경우, 매수인의 권리가 무엇인지를 묻는 지문이다. 우선 乙은 담보책임규정에 따라 계약해제권을 행사할 수 있다. 하자로 인하여 계약의 목적을 달성할 수 없기 때문이다. 한편 계약해제와 아울러 손해배상을 청구할 수 있는가는 의문인데, 乙에게 발생한 손해는 기존의 법익이 침해됨으로 인한 손해로서 이른바 확대손해에 해당한다. 확대손해는 담보책임으로 전보될 수 있는 손해가 아니다. 그러나 하자의 발생에 매도인의 귀책성이 있다면 채무불이행 혹은 불법행위에 기하여 손해배상을 청구할 수는 있다. 사안에서는 甲이 몸에 해롭다는 사실을 알고 있었다는 점, 乙을 기망하였다는 점에 비추어 甲의 귀책성을 인정할 수 있다. 결국 乙은 채무불이행 혹은 불법행위를 원인으로 계약해제와 아울러 손해배상을 청구할 수 있다.

ㄹ. [誤] 담보책임 면제특약의 한계를 묻는 지문이다. 담보책임을 배제하는 특약은 원칙적으로 유효하다. 그러나 매도인이 알고 고지하지 아니한 사실로 인하여 발생한 담보책임에 대해서는 면제특약의 효력을 인정할 수 없다(제584조).

ㅁ. [正] 사기취소와 담보책임의 관계를 묻는 지문이다. 동일한 생활사실이 사기취소의 요건을 충족하면서 동시에 담보책임의 요건을 충족한 경우, 양자의 경합을 인정할 것인가에 관하여 통설과 판례는 경합을 인정한다.
[大判 1973. 10. 23. 73다268] 민법 제569조가 타인의 권리의 매매를 유효로 규정한 것은 선의의 매수인의 신뢰이익을 보호하기 위한 것이므로, 매수인이 매도인의 기망에 의하여 타인의 물건을 매도인의 것으로 잘못 알고 매수한다는 의사표시를 한 것이고 만일 타인의 물건인 줄 알았더라면 매수하지 아니하였을 사정이 있는 경우에는 매수인은 민법 제110조에 의하여 매수의 의사표시를 취소할 수 있다고 할 것이다(필자 註 : 매도인이 그 목적물의 소유권을 취득하여 매수인에게 이전하여 줄 수 있는 물건에 관하여 매매계약 당시 자기의 소유라고 주장하였다 하더라도 그 자체만으로는 매도인의 위 행위를 위법성이 있는 것이라고 할 수 없다는 원심판결에 대하여, 매수인인 원고가 피고의 기망행위가

없었더라면 원고가 과연 매수했을 것인가에 대한 심리판단이 없어 심리미진이라고 판단한 사례).

ㅂ. [正] A제품을 복용한 결과로 인한 확대손해는 제조물책임법의 대상이 되고, 제조물책임법은 무과실책임으로 규정되어 있다(제조물책임법 제3조 제1항).

정답 ⑥

12. 배점 3 매도인의 담보책임에 관한 설명 중 옳은 것(○)과 옳지 않은 것(×)을 바르게 표시한 것은?(다툼 있으면 판례에 의함.) [09년]

㉠ 임대차계약에 기한 임차권을 목적물로 하는 매매계약에서 매도인이 임대인의 임대차계약상의 의무이행을 담보한다는 약정을 하지 아니하였더라도, 매매계약 당시 임대차 목적물에 이미 설정되어 있던 근저당권이 매매계약 이후에 실행되어 임대차 목적물이 매각됨으로써 임대인의 목적물을 사용·수익하게 할 의무가 이행불능으로 되었다면, 임차권의 매도인에게 민법 제576조(저당권, 전세권의 행사와 매도인의 담보책임)에 따른 담보책임이 있다.

㉡ 타인의 권리를 매매의 목적으로 한 경우 그 권리를 취득하여 매수인에게 이전하여야 할 매도인의 의무가 매도인의 귀책사유로 인하여 이행불능이 되었다면, 매수인이 계약 당시 그 권리가 매도인에게 속하지 아니함을 안 사정 등으로 인하여 담보책임에 관한 민법 제570조 단서의 규정에 의하여 매도인에게 손해배상을 청구할 수는 없다고 하더라도, 채무불이행의 일반 규정에 의하여 매도인에게 계약을 해제하고 손해배상을 청구할 수는 있다.

㉢ 가등기의 목적이 된 부동산을 매수한 사람이 그 뒤 가등기에 기한 본등기가 경료됨으로써 그 부동산의 소유권을 상실하게 된 때에는 결과적으로 타인의 권리를 매매한 것과 같은 효과를 가지므로 매도인은 민법 제570조에 의한 담보책임을 진다.

㉣ 매매목적물의 하자로 인하여 확대손해가 발생한 경우 매도인에게 그 확대손해에 대한 배상책임을 지우기 위하여는 채무의 내용으로 된 하자 없는 목적물을 인도하지 못한 의무위반사실 외에 그러한 의무위반에 대하여 매도인에게 귀책사유가 있어야 한다.

㉤ 매매의 목적이 된 권리의 일부가 타인에게 속함으로 인하여 매도인이 그 권리를 취득하여 매수인에게 이전할 수 없게 된 경우, 매도인이 선의의 매수인에게 배상하여야 할 손해액은 원칙적으로 이행이익 상당액이 아니라 그 부분의 매수를 위하여 매수인이 출연한 금액이다.

① ㉠(×), ㉡(○), ㉢(○), ㉣(×), ㉤(×)
② ㉠(○), ㉡(×), ㉢(×), ㉣(×), ㉤(○)
③ ㉠(×), ㉡(○), ㉢(○), ㉣(○), ㉤(×)

④ ㉠(○), ㉡(×), ㉢(×), ㉣(○), ㉤(○)
⑤ ㉠(×), ㉡(×), ㉢(○), ㉣(×), ㉤(○)
⑥ ㉠(×), ㉡(○), ㉢(×), ㉣(×), ㉤(○)
⑦ ㉠(○), ㉡(×), ㉢(○), ㉣(○), ㉤(×)
⑧ ㉠(×), ㉡(○), ㉢(×), ㉣(○), ㉤(×)

해설

㉠ [誤] 임차권매매에서 임대목적물에 설정된 저당권이 실행된 경우, 임차권매도인이 제576조에 따라 담보책임을 부담하지는 않는다. 매매의 목적인 임차권 자체에 담보권이 설정된 경우에 해당하지 않기 때문이다.
[大判 2007. 4. 26, 2005다34018 · 34025] 임대차계약에 기한 임차권(임대차보증금반환청구권을 포함한다)을 그 목적물로 한 매매계약이 성립한 경우, 매도인이 임대인의 임대차계약상의 의무이행을 담보한다는 특별한 약정을 하지 아니한 이상, 임차권 매매계약 당시 임대차 목적물에 이미 설정되어 있던 근저당권이 임차권 매매계약 이후에 실행되어 낙찰인이 임대차 목적물의 소유권을 취득함으로써 임대인의 목적물을 사용·수익하게 할 의무가 이행불능으로 되었다거나, 임대인의 무자력으로 인하여 임대차보증금반환의무가 사실상 이행되지 않고 있다고 하더라도, <u>임차권 매도인에게 민법 제576조에 따른 담보책임이 있다고 할 수 없고</u>, 이러한 법리는 임차권을 교환계약의 목적물로 한 경우에도 마찬가지이다.

㉡ [正] 권리하자로 인한 담보책임의 경우, 채무불이행책임과의 경합을 인정하고 있는 것이 판례의 태도이다.
[大判 1993. 11. 23, 93다37328] 타인의 권리를 매매의 목적으로 한 경우에 있어서 그 권리를 취득하여 매수인에게 이전하여야 할 <u>매도인의 의무가 매도인의 귀책사유로 인하여 이행불능이 되었다면 매수인이 매도인의 담보책임에 관한 민법 제570조 단서의 규정에 의해 손해배상을 청구할 수 없다 하더라도 채무불이행 일반의 규정</u>(민법 제546조, 제390조)<u>에 좇아서 계약을 해제하고 손해배상을 청구할 수 있다.</u>

㉢ [誤] 매도인은 제576조에 따른 담보책임을 부담한다.
[大判 1992. 10. 17, 92다21784] 가등기의 목적이 된 부동산을 매수한 사람이 그 뒤 <u>가등기에 기한 본등기가 경료됨으로써 그 부동산의 소유권을 상실하게 된 때에는 매매의 목적 부동산에 설정된 저당권 또는 전세권의 행사로 인하여 매수인이 취득한 소유권을 상실한 경우와 유사하므로, 이와 같은 경우 민법 제576조의 규정이 준용</u>된다고 보아 같은 조 소정의 담보책임을 진다고 보는 것이 상당하고 민법 제570조에 의한 담보책임을 진다고 할 수 없다.

㉣ [正] 하자확대손해는 담보책임에 의하여 전보되는 것이 아니라 채무불이행책임 혹은 불법행위책임에 의하여 전보될 수 있을 뿐이다. 따라서 매도인의 귀책사유가 있어야 한다.
[大判 2003. 7. 22, 2002다35676] 매매목적물의 하자로 인한 확대손해에 대하여 매도인에게 배상책임을 지우기 위해서는 하자 없는 목적물을 인도하지 못한 의무위반 사실

외에 그러한 의무위반에 대하여 매도인에게 귀책사유가 있어야 한다.
ⓜ [誤] 이행이익 상당액으로 보는 것이 판례의 태도이다.
[大判 1993. 1. 19. 92다37727] 매매의 목적이 된 권리의 일부가 타인에게 속함으로 인하여 매도인이 그 권리를 취득하여 매수인에게 이전할 수 없게 된 때에는 선의의 매수인은 매도인에게 담보책임을 물어 이로 인한 손해배상을 청구할 수 있는 바, 이 경우에 매도인이 매수인에 대하여 배상하여야 할 손해액은 원칙적으로 매도인이 매매의 목적이 된 권리의 일부를 취득하여 매수인에게 이전할 수 없게 된 때의 이행불능이 된 권리의 시가, 즉 이행이익 상당액이라고 할 것이어서, 불법등기에 대한 불법행위책임을 물어 손해배상청구를 할 경우의 손해의 범위와 같이 볼 수 없다.

정답 ⑧

13. 차임증감청구권에 관한 설명 중 옳지 않은 것은? (다툼 있으면 판례에 의함) [02년]

① 임대차계약 체결시의 "목적물에 대한 공과금, 건물가격 등의 인상으로 임대료 변경요인이 발생하면 임대인이 1개월 전에 임차인에게 통지하여 임대료를 인상할 수 있으며, 임차인은 이의를 제기할 수 없다"는 약정은 무효이다.
② 차임증감청구권에 관한 민법 제628조의 규정은 월세가 있는 임대차에만 적용되고, 보증금인 채권적 전세금만 있는 임대차의 경우에는 적용되지 않는다.
③ 임대차계약에서 차임을 증액하지 않는다는 특약이 있더라도 그 약정 후 그 특약을 그대로 유지시키는 것이 신의칙에 반한다고 인정될 정도의 사정변경이 있는 경우에는 임대인이 차임증액을 청구할 수 있다.
④ 차임감액금지의 특약은 효력이 없다.
⑤ 차임의 증액을 청구하였을 때에 그 청구가 상당하다고 인정되면 그 효력은 청구시에 발생한다.

해설

① [正] 차임증감청구권에 관한 민법 제628조는 제652조에 의하여 편면적 강행규정으로 규율되어 있다. 따라서 임차인에게 불리한 약정은 효력이 없다.
[大判 1992. 11. 24. 92다31163] 임대차계약에 있어서 차임은 당사자간에 합의가 있어야 하고, 임대차기간 중에 당사자의 일방이 차임을 변경하고자 할 때에도 상대방의 동의를 얻어서 하여야 하며, 그렇지 아니한 경우에는 민법 제628조에 의하여 차임의 증감을 청구하여야 할 것이고, 만일 임대차계약 체결시에 임대인이 일방적으로 차임을 인상할 수 있고 상대방은 이의를 할 수 없다고 약정하였다면, 이는 강행규정인 민법 제628조에 위반하는 약정으로서 임차인에게 불리한 것이므로 민법 제652조에 의하여 효력이 없다.
② [誤] 채권적 전세의 경우에도 그 본질은 임대차에 불과하다. 따라서 임대차에 관한 규정이 적용된다.

③ [正] 차임불증액특약은 임차인에게 유리한 것이므로 유효하다. 따라서 차임불증액특약에 반하여 차임증액을 하는 것은 원칙적으로 허용되지 않는다. 그러나 급격한 경제사정의 변동 등 현저한 사정변경이 있는 경우에는 신의칙에 기초하여 차임을 증액하는 것이 허용된다.
[大判 1996. 11. 12. 96다34061] 임대차계약에 있어서 차임불증액의 특약이 있더라도 그 약정 후 그 특약을 그대로 유지시키는 것이 신의칙에 반한다고 인정될 정도의 사정변경이 있다고 보여지는 경우에는 형평의 원칙상 임대인에게 차임증액청구를 인정하여야 한다.

④ [正] 불감액특약은 임차인에게 불리한 것으로 효력이 없다.

⑤ [正] 차임증액청구권의 본질은 형성권이라는 것이 통설과 판례이다. 따라서 청구시, 즉 형성권의 행사시에 효력이 발생한다. 차임증액청구권을 행사할 경우, 구체적인 임료는 당사자의 합의에 의하여 결정하고, 합의가 되지 아니할 경우에는 법원의 재판에 의하여 결정되나, 그러한 경우라도 법원의 재판이 확정된 경우에 효력이 발생하는 것이 아니라 청구시에 소급하여 증액의 효력이 발생한다.
[大判 1974. 8. 30. 74다1124] 민법 제628조에 의하여 장래에 대한 차임의 증액을 청구하였을 때에 그 청구가 상당하다고 인정되면 그 효력은 재판시를 표준으로 할 것이 아니고 그 청구시에 곧 발생한다고 보는 것이 상당하고 그 청구는 재판외의 청구라도 무방하다.

정답 ②

14. 배점 2 甲은 乙에게 건물을 임대하였는데 乙이 건물을 사용·수익하던 중 임대차기간 만료 전에 화재로 건물이 전소되었다. 이에 관한 설명 중 옳지 않은 것은? (다툼 있으면 판례에 의함) [10년]

① 乙의 귀책사유로 인하여 건물이 전소된 경우, 乙은 甲에게 건물반환채무의 불이행에 따른 손해배상책임을 부담한다.

② 쌍방의 귀책사유 없이 건물이 전소된 경우, 乙은 甲에게 건물반환채무의 불이행에 따른 손해배상책임을 부담하지 않는다.

③ 화재에 대한 귀책사유의 유무나 소재가 밝혀지지 않은 경우, 乙은 甲에게 건물반환채무의 불이행에 따른 손해배상책임을 부담한다.

④ 乙이 甲에게 임대차보증금을 지급하였는데 乙의 귀책사유로 건물이 전소된 경우, 乙은 원칙적으로 甲에 대한 보증금반환청구권을 상실한다.

⑤ 만일 임대차 종료 후 乙이 甲에게 건물반환의무의 이행제공을 하면서 보증금반환을 구하였는데 甲이 반환할 보증금이 준비되지 않았다는 이유로 건물인도의 수령을 거절하던 중 乙의 경과실로 건물이 전소된 경우라면, 乙은 甲에게 건물반환채무의 불이행에 따른 손해배상책임을 부담하지 않는다.

해설

* 임대목적물이 멸실되었을 때 나타날 수 있는 임대인과 임차인 사이의 법률관계를 사례화한 문제이다.
① [正] 임차인의 책임 있는 사유로 목적물이 멸실된 경우 임차인의 책임을 묻는 지문이다. 임차인은 목적물보관의무 및 반환의무를 부담하는 자로서 목적물이 임차인의 책임 있는 사유로 멸실되면 이는 임차인의 반환의무가 불능으로 된 때에 해당하고, 임차인은 반환채무불이행에 따른 손해배상의무를 부담하게 된다.
② [正] 목적물이 임차인의 책임 없는 사유로 멸실된 경우, 임차인의 책임을 묻는 지문이다. 임차인에게 귀책사유가 없으므로 적어도 반환채무 불능으로 인한 손해배상책임을 부담하지는 않는다.
③ [正] 목적물이 멸실된 경우, 그에 관한 임차인의 귀책사유에 관해서 증명책임을 부담하는 자를 묻는 지문이다. 임차인의 귀책사유 여부에 따라 손해배상책임 여하가 좌우되기 때문에 그 귀책사유에 관해서 증명책임을 부담하는 자가 누구인가는 중요한 문제이다. 임차인의 목적물반환채무가 불능으로 된 경우, 채무불이행책임을 면하려는 임차인으로서는 자신에게 귀책사유가 없었음을 적극적으로 증명하여야 한다(제390조). [大判 1982. 8. 24, 82다카254] 임차인의 임차물반환채무가 이행불능이 된 경우에 임차인이 그 이행불능으로 인한 손해배상책임을 면하려면 그 이행불능이 임차인의 귀책사유에 의하지 않은 것임을 입증할 책임이 있으며, <u>임차건물이 화재로 소실된 경우에 그 화재의 발생원인이 불명인 때에도 임차인 이 그 책임을 면하려면 그 임차건물의 보존에 관하여 선량한 관리자의 주의의무를 다하였음을 입증하여야 한다.</u>
④ [誤] 임대인의 보증금반환채무와 임차인의 목적물반환채무 사이의 관계를 묻는 지문이다. 판례는 양 채무 사이에 동시이행관계를 인정하는데, 이에 더하여 양 채무 사이에 쌍무적 관련성을 인정하여 일방채무가 소멸하였을 때에 상대방채무가 영향을 받도록 할 것인가(존속에서의 견련성)는 문제이다. 지문에서는 임차인 乙의 목적물반환채무가 乙의 귀책사유로 불능으로 되었기 때문에 乙의 목적물반환채무는 동일성을 가지는 손해배상채무로 전환되어 존속하게 된다. 결국 甲의 보증금반환의무가 건물멸실로 당연히 영향을 받게 되는 것은 아니다.
⑤ [正] 채권자지체 중 목적물이 멸실된 경우, 채무자의 책임을 묻는 지문이다. 채권자지체 중에서는 채무자의 주의의무가 경감되기 때문에 고의나 중대한 과실이 없으면 채무자는 책임을 지지 않는다(제401조). 결국 甲의 채권자지체 중에 乙의 경과실로 건물이 멸실되었으므로 乙은 채무불이행책임을 부담하지는 않는다.

정답 ④

15. 건물의 소유를 목적으로 한 토지임대차가 종료한 경우에 임차인의 건물매수청구권에 관한 설명 중 판례의 입장과 다른 것은? [03년]

① 임차인의 건물매수청구권은 반드시 재판상 행사할 필요는 없다.

② 그 지상건물이 임대인에게 경제적 가치가 거의 없는 경우에는 매수청구권을 행사할 수 없다.
③ 차임연체 등 임차인의 채무불이행을 이유로 임대차계약이 종료된 경우에는 건물매수청구권을 행사할 수 없다.
④ 임대차계약이 종료되기 전에 당사자 사이에 임차인이 건물 기타 지상시설 일체를 포기하기로 약정한 경우, 제반 사정을 종합적으로 고려하여 실질적으로 임차인에게 불리하다고 볼 수 없는 특별한 사정이 없는 한 그 약정은 효력이 없다.
⑤ 건축허가를 받지 않은 건물의 경우에도 임차인은 매수청구권을 행사할 수 있다.

해설

① [正] 건물매수청구권의 법적 성질은 형성권으로 이해하는 것이 통설과 판례이고, 그 행사방법에 제한이 없으므로 상대방에 대한 의사표시로 한다. 따라서 반드시 재판상으로 행사할 필요는 없다.

② [誤] 지상물매수청구권의 대상이 되는 건물은 임대차계약 종료시에 경제적 가치가 잔존하고 있는 건물로서 그것이 토지의 임대 목적에 반하여 축조되고 임대인이 예상할 수 없는 고가의 것이라는 등의 특별한 사정이 없는 한 건물매수청구권의 대상이 된다 (大判 1997. 12. 23, 97다37753). 따라서 객관적인 관점에서 경제적 가치가 잔존하고 있다면 임대인에 대한 관계에서 경제적 가치가 없는 경우라고 하더라도 건물매수청구의 대상이 될 수 있다. 뿐만 아니라 객관적인 관점에서 경제적 가치가 있는지 여부가 건물매수청구권의 행사요건이라고 할 수도 없다.
[大判 1993. 11. 12, 93다34589] 임차인의 지상물매수청구권은 건물 기타 공작물의 소유 등을 목적으로 한 토지임대차의 기간이 만료되었음에도 그 지상시설 등이 현존하고, 또한 임대인이 계약의 갱신에 불응하는 경우에 임차인이 임대인에게 상당한 가액으로 그 지상시설의 매수를 청구할 수 있는 권리라는 점에서 보면, 위 매수청구권의 대상이 되는 건물은 그것이 토지의 임대목적에 반하여 축조되고, 임대인이 예상할 수 없을 정도의 고가의 것이라는 특별한 사정이 없는 한 임대차기간 중에 축조되었다고 하더라도 그 만료시에 그 가치가 잔존하고 있으면 그 범위에 포함되는 것이고, 반드시 임대차계약 당시의 기존건물이거나 임대인의 동의를 얻어 신축한 것에 한정된다고는 할 수 없다.
[大判 2002. 5. 31, 2001다42080] 민법 제643조, 제283조에 규정된 임차인의 매수청구권은, 건물의 소유를 목적으로 한 토지 임대차의 기간이 만료되어 그 지상에 건물이 현존하고 임대인이 계약의 갱신을 원하지 아니하는 경우에 임차인에게 부여된 권리로서 그 지상 건물이 객관적으로 경제적 가치가 있는지 여부나 임대인에게 소용이 있는지 여부가 그 행사요건이라고 볼 수 없다.

③ [正] [大判 1991. 4. 23, 90다19695] 임대인이 임차인의 채무불이행을 이유로 임대차계약을 해지하였을 경우에는 임차인이 지상물매수청구권을 행사할 수 없다.

④ [正] [大判 1997. 4. 8, 96다45443] 임차인의 매수청구권에 관한 민법 제643조의 규정은 강행규정이므로 이 규정에 위반하는 약정으로서 임차인에게 불리한 것은 그 효력이

없는 바, 임차인에게 불리한 약정인지의 여부는 우선 당해 계약의 조건 자체에 의하여 가려져야 하지만 계약체결의 경위와 제반 사정 등을 종합적으로 고려하여 실질적으로 임차인에게 불리하다고 볼 수 없는 특별한 사정을 인정할 수 있을 때에는 위 강행규정에 저촉되지 않는 것으로 보아야 한다(토지를 점유할 권원이 없어 건물을 철거하여야 할 처지에 있는 건물소유자에게 토지소유자가 은혜적으로 명목상 차임만을 받고 토지의 사용을 일시적으로 허용하는 취지에서 토지 임대차계약이 체결된 경우라면, 임대인의 요구시 언제든지 건물을 철거하고 토지를 인도한다는 특약이 임차인에게 불리한 약정에 해당하지 않는다고 한 사례).

⑤ [正] [大判 1997. 12. 23. 97다37753] 민법 제643조가 정하는 건물 소유를 목적으로 하는 토지 임대차에 있어서 임차인이 가지는 건물매수청구권은 건물의 소유를 목적으로 하는 토지 임대차계약이 종료되었음에도 그 지상 건물이 현존하는 경우에 임대차계약을 성실하게 지켜온 임차인이 임대인에게 상당한 가액으로 그 지상 건물의 매수를 청구할 수 있는 권리로서 국민경제적 관점에서 지상 건물의 잔존 가치를 보존하고, 토지 소유자의 배타적 소유권 행사로 인하여 희생당하기 쉬운 임차인을 보호하기 위한 제도이므로, 임대차계약 종료시에 경제적 가치가 잔존하고 있는 건물은 그것이 토지의 임대 목적에 반하여 축조되고 임대인이 예상할 수 없을 정도의 고가의 것이라는 등의 특별한 사정이 없는 한, 비록 행정관청의 허가를 받은 적법한 건물이 아니더라도 임차인의 건물매수청구권의 대상이 될 수 있다.

정답 ②

16. 임차인의 부속물매수청구권에 관한 설명 중 옳지 않은 것은?(다툼 있으면 판례에 의함) [05년]

① 임대차계약이 임차인의 채무불이행을 이유로 해지된 경우에는 부속물매수청구권을 행사할 수 없다.
② 임차인이 부속물매수청구권을 적법하게 행사한 경우, 임차인은 부속물매수대금의 지급시까지 임대인의 임대목적물 반환청구를 거절할 수 있다.
③ 매수청구의 대상이 되는 부속물은 건물 기타 공작물의 임차인이 임대인의 동의를 얻어 부속하거나 임대인으로부터 매수한 것이어야 한다.
④ 임차인의 지위가 적법하게 전전승계된 경우, 현재의 임차인은 종전 임차인이 임대인의 동의를 얻어 설치한 부속물에 대하여 부속물매수청구권을 행사할 수 없다.
⑤ 매수청구권의 객체인 부속물은 독립된 물건으로 존재하여야 하고, 임차목적물의 구성부분으로 되지 않을 것을 요한다.

해설

① [正] [大判 1990. 1. 23. 88다카7245 · 7252] 임대차계약이 임차인의 채무불이행으로 인하여 해지된 경우에는 임차인은 민법 제646조에 의한 부속물매수청구권이 없다.
② [正] 부속물매수대금의 지급과 부속물의 인도가 동시이행의 관계에 있음은 더 말할 나위가 없고, 나아가 부속물매수대금의 지급과 건물 기타 공작물의 명도도 동시이행의

관계에 있다고 보아야 한다. 판례도 같은 입장이다.

[大判 1981. 11. 10, 81다378] 임차인이 임대인의 동의를 얻어 전대한 경우에 전차인은 임대인에 대하여 그 사용의 편익을 위하여 임대인의 동의를 얻어 시설한 부속물의 매수청구권을 행사할 수 있고, 임대인을 대위하여 명도청구를 하는 원고에 대하여도 부속물 매수대금 지급시까지의 연기적 항변권을 주장할 수 있다.

③ [正] 민법 제643조.

④ [誤] 부속물매수청구권은 임대차 종료시에 발생하는 일종의 형성권으로서 임차인의 지위에서 가지는 권리이므로 임차권이 양도된 경우, 현재의 임차인이 행사하여야 한다. 한편 매수의 대상이 되는 부속물은 임대인으로부터 매수한 것이나, 임대인의 동의를 얻어 부속한 것이어야 하는데, 부속시킬 당시의 임대인이 동의한 이상, 그 후 임대목적물이 양도되더라도 신소유자의 동의를 다시 얻을 필요는 없다.

[大判 1995. 6. 30, 95다12927] 점포의 최초 임차인이 임대인 측의 묵시적 동의 하에 유리 출입문, 섀시 등 영업에 필요한 시설을 부속시킨 후, 그 점포의 소유권이 임차보증금 반환채무와 함께 현 임대인에게 이전되고 점포의 임차권도 임대인과의 사이에 시설비 지급 여부 또는 임차인의 원상회복 의무에 관한 아무런 논의 없이 현 임차인에게 전전승계되어 왔다면, 그 시설 대금이 이미 임차인측에 지급되었다거나 임차인의 지위가 승계될 당시 유리 출입문 등의 시설은 양도대상에서 특히 제외하기로 약정하였다는 등의 특별한 사정이 인정되지 않는 한, 종전 임차인의 지위를 승계한 현 임차인으로서는 임차기간의 만료로 임대차가 종료됨에 있어 임대인에 대하여 부속물매수청구권을 행사할 수 있다.

⑤ [正] [大判 1993. 10. 8, 93다25738·25745] 민법 제646조가 규정하는 매수청구의 대상이 되는 부속물이란 건물에 부속된 물건으로서 임차인의 소유에 속하고, 건물의 구성부분으로는 되지 아니한 것으로서 건물의 사용에 객관적인 편익을 가져오게 하는 물건이라고 할 것이므로, 부속된 물건이 오로지 임차인의 특수목적에 사용하기 위하여 부속된 것일 때에는 이에 해당하지 않으며, 당해 건물의 객관적인 사용목적은 그 건물 자체의 구조와 임대차계약 당시 당사자 사이에 합의된 사용목적, 기타 건물의 위치, 주위환경 등 제반 사정을 참작하여 정하여지는 것이다.

정답 ④

17. 甲과 乙은 甲이 자신의 소유인 토지를 乙에게 임대하되, 乙이 토지상에 건물을 신축하여 음식점 영업을 하고 임대차 기간이 만료되면 乙이 그 건물을 철거하여 토지를 甲에게 반환하기로 약정하였다. 乙이 그 약정에 따라 건물을 신축하여 음식점을 운영하였고 임대차기간이 만료된 이후에도 乙이 건물을 철거하지 않고 토지도 반환하지 아니하자, 甲이 乙을 상대로 위 건물의 철거 및 위 토지의 인도를 구하는 소송을 제기하였다. 그 소송계속 중 乙이 위 건물에 자물쇠를 채우고 퇴거한 이래 음식점 영업을 하지 않고 있다. 이 사례에 관한 설명 중 옳지 않은 것은?(다툼 있으면 판례에 의함) [06년]

① 乙이 위 건물에서 퇴거하여 실제로 건물을 사용·수익하지 아니하여 실질적인 이득을 얻은 바가 없으므로 甲은 乙에 대하여 차임 상당의 부당이득반환을 청구할 수 없다.
② 특별한 사정이 없는 한, 임대차기간이 만료되면 乙이 지상건물을 철거하기로 하는 甲과 乙 사이의 약정은 乙에게 불리한 것으로서 효력이 없다.
③ 乙이 甲에 대하여 임대차기간이 만료된 후 위 건물에 관한 매수청구권을 행사하면, 甲이 이를 매수할 의사가 없다 하더라도 지상건물에 관하여 매매에 준하는 법률관계가 성립한다.
④ 乙이 甲에 대하여 임대차기간이 만료된 후 위 건물에 관한 매수청구권을 행사하지 아니한 채 甲이 제기한 위 건물의 철거 및 토지인도소송에서 甲이 승소하고 그 승소판결이 확정된 경우에도, 그 확정판결에 의하여 건물철거가 집행되지 아니한 이상 乙은 건물매수청구권을 행사할 수 있다.
⑤ 위 사례와는 달리 임대차가 乙의 차임연체로 인한 甲의 해지로 인하여 종료되었다고 가정한다면, 乙은 甲에 대하여 건물의 매수청구권을 행사할 수 없다.

해설

① [誤] 乙이 비록 자신의 건물을 실제로 사용·수익하지 않았다고 하더라도 甲의 토지 위에 乙의 건물을 소유함으로써 甲의 토지를 사용하고 있는 바, 乙은 토지의 임료 상당액의 부당이득을 얻고 있고, 이로 인하여 甲에게 손실을 주고 있다. 乙은 토지의 임료 상당액의 부당이득을 甲에게 반환하여야 한다.
[大判 2001. 6. 1. 99다60535] 건물 기타 공작물의 소유를 목적으로 한 대지임대차에 있어서 임차인이 그 지상건물 등에 대하여 민법 제643조 소정의 매수청구권을 행사한 후에 그 임대인인 대지의 소유자로부터 매수대금을 지급받을 때까지 그 지상건물 등의 인도를 거부할 수 있다고 하여도, <u>지상건물 등의 점유·사용을 통하여 그 부지를 계속하여 점유·사용하는 한 그로 인한 부당이득으로서 부지의 임료 상당액은 이를 반환할 의무가 있다.</u>
② [正] 사안에서 甲과 乙의 토지임대차는 임차인 乙이 건물을 소유하는 것을 그 내용으로 하는 건물 소유목적의 토지임대차에 해당한다. 건물 소유목적의 토지임대차의 존속기간이 만료한 경우, 지상물이 현존하고 임대인이 갱신을 거절하는 때에는 임차인은 지상건물의 매수청구권을 행사할 수 있다. 지상물매수청구권에 관한 제643조의 규정은 편면적 강행규정으로서 이를 배제하는 약정은 특별한 사정이 없는 한 무효이다.
[大判 1998. 5. 8. 98다2389] <u>토지 임대인과 임차인 사이에 임대차기간 만료시에 임차인이 지상 건물을 양도하거나 이를 철거하기로 하는 약정은 특별한 사정이 없는 한,</u> 민법 제643조 소정의 임차인의 지상물매수청구권을 배제하기로 하는 약정으로서 임차인에게 불리한 것이므로 <u>민법 제652조의 규정에 의하여 무효라고 보아야</u> 한다.
③ [正] 임차인의 지상물매수청구권은 형성권으로서 그 행사에 의하여 임대인과 임차인 사이에 지상물에 관한 매매가 성립한다.

[大判 1991. 4. 9, 91다3260] 민법 제643조의 규정에 의한 토지임차인의 매수청구권행사로 지상건물에 대하여 시가에 의한 매매유사의 법률관계가 성립된 경우에 토지임차인의 건물명도 및 그 소유권이전등기의무와 토지임대인의 건물대금지급의무는 서로 대가관계에 있는 채무이므로 토지임차인은 토지임대인의 건물명도청구에 대하여 대금지급과의 동시이행을 주장할 수 있다.

④ [正] 지상물매수청구권이 발생하였다면 그 행사시기에 관하여는 특별한 제한이 없다. 임대인이 제기한 건물철거청구소송에서 임차인이 패소판결을 받고 그것이 확정된 경우에도 임차인의 건물매수청구권 행사가 허용되는가가 판결의 기판력과 관련하여 문제된다. 이에 대하여 판례는 건물매수청구권을 전소송의 사실심변론종결 전에 행사할 수 있었다고 하더라도 전소판결의 기판력에 의하여 차단되지 않는다고 본다.
[大判 1995. 12. 26, 95다42195] 건물의 소유를 목적으로 하는 토지 임대차에 있어서, 임대차가 종료함에 따라 토지의 임차인이 임대인에 대하여 건물매수청구권을 행사할 수 있음에도 불구하고 이를 행사하지 아니한 채, 토지의 임대인이 임차인에 대하여 제기한 토지인도 및 건물철거청구 소송에서 패소하여 그 패소판결이 확정되었다고 하더라도, 그 확정판결에 의하여 건물철거가 집행되지 아니한 이상 토지의 임차인으로서는 건물매수청구권을 행사하여 별소로써 임대인에 대하여 건물매매대금의 지급을 구할 수 있다.

⑤ [正] 임차인의 지상물매수청구권은 존속기간 만료로 소멸하는 경우에 인정된다. 임차인의 채무불이행을 이유로 임대차가 종료되는 경우에는 지상물매수청구권이 인정되지 않는다.
[大判 1996. 2. 27, 95다29345] 토지 임대차에 있어서 토지 임차인의 차임 연체 등 채무불이행을 이유로 그 임대차계약이 해지되는 경우, 토지 임차인으로서는 토지 임대인에 대하여 그 지상 건물의 매수를 청구할 수는 없다.

정답 ①

18. 배점 2 판례의 태도에 비추어 「주택임대차보호법」에 관한 설명 중 옳은 것은? [09년]

① 甲이 주택에 관하여 소유권이전등기를 경료하고 주민등록 전입신고까지 마친 다음 거주하다가 이를 乙에게 매도함과 동시에 그로부터 다시 임차하여 계속 거주하기로 약정하고 임차인을 甲으로 하는 임대차계약을 체결한 후 乙 명의의 소유권이전등기가 마쳐졌고, 이어 같은 날 丙 명의의 근저당권이 설정된 경우, 甲은 乙 명의의 소유권이전등기가 마쳐지는 즉시 임차권의 대항력을 취득하는 것이므로 丙의 신청으로 개시된 임의경매절차에서 위 주택을 매각받은 丁에게 위 임차권으로써 대항할 수 있다.

② 주택의 전대차가 그 당사자 사이뿐만 아니라 임대인에 대하여도 주장할 수 있는 적법·유효한 것이라고 평가되는 경우에는 전차인이 임차인으로부터 주택을 인도받아 자신의 주민등록을 마치고 있다면, 임차인의 대항요건은 전차인의 직접점유 및 주민등록으로써 적법·유효하게 유지·존속하는 것이다.

③ 「주택임대차보호법」상의 대항력과 우선변제권의 두 가지 권리를 겸유하고 있는 임차인이 우선변제권을 선택하여 제1경매절차에서 보증금 전액에 대하여 배당요구를 하였으나 보증금 전액을 배당받을 수 없었던 때에는, 매각받은 자에게 대항하여 이를 반환받을 때까지 임대차관계의 존속을 주장할 수 있을 뿐만 아니라 제2경매절차에서 그 잔액에 대하여 우선변제권에 의한 배당도 받을 수 있다.

④ 「주택임대차보호법」 제3조 제1항의 대항요건을 갖춘 임차인의 임대차보증금반환채권에 대하여 압류 및 전부명령이 확정되어 임차인의 임대차보증금반환채권이 집행채권자에게 이전된 경우, 제3채무자인 임대인이 당해 주택을 제3자에게 매도하였다고 하더라도 위 임대인으로서는 전부채권자에 대한 보증금지급의무를 면할 수는 없다.

⑤ 매매계약의 이행으로 매매목적물을 인도받음과 아울러 소유권이전등기를 마친 매수인으로부터 매매계약이 해제되기 전에 매매목적물인 주택을 임차하여 주택의 인도와 주민등록을 마침으로써 「주택임대차보호법」에 의한 대항요건을 갖춘 임차인은, 민법 제548조 제1항 단서의 제3자에 해당한다고 할 수 없으므로 자신의 임차권을 계약해제 이후의 새로운 소유자에게 대항할 수 없다.

해설

① [誤] [大判 2000. 2. 11. 99다59306] 甲이 주택에 관하여 소유권이전등기를 경료하고 주민등록 전입신고까지 마친 다음 처와 함께 거주하다가 乙에게 매도함과 동시에 그로부터 이를 다시 임차하여 계속 거주하기로 약정하고 임차인을 甲의 처로 하는 임대차계약을 체결한 후에야 乙 명의의 소유권이전등기가 경료된 경우, 제3자로서는 주택에 관하여 甲으로부터 乙 앞으로 소유권이전등기가 경료되기 전에는 甲의 처의 주민등록이 소유권 아닌 임차권을 매개로 하는 점유라는 것을 인식하기 어려웠다 할 것이므로, 甲의 처의 주민등록은 주택에 관하여 乙 명의의 소유권이전등기가 경료되기 전에는 주택임대차의 대항력 인정의 요건이 되는 적법한 공시방법으로서의 효력이 없고 乙 명의의 소유권이전등기가 경료된 날에야 비로소 甲의 처와 乙 사이의 임대차를 공시하는 유효한 공시방법이 된다고 할 것이며, 주택임대차보호법 제3조 제1항에 의하여 유효한 공시방법을 갖춘 다음날인 乙 명의의 소유권이전등기일 익일부터 임차인으로서 대항력을 갖는다.

② [正] [大判 2007. 11. 29. 2005다64255] 주택의 전대차가 그 당사자 사이뿐 아니라 임대인에 대하여도 주장할 수 있는 적법·유효한 것이라고 평가되는 경우에는, 전차인이 임차인으로부터 주택을 인도받아 자신의 주민등록을 마치고 있다면 이로써 주택이 임대차의 목적이 되어 있다는 사실은 충분히 공시될 수 있고 또 이러한 경우 다른 공시방법도 있을 수 없으므로, 결국 임차인의 대항요건은 전차인의 직접 점유 및 주민등록으로써 적법·유효하게 유지·존속한다고 보아야 한다. 이와 같이 해석하는 것이 임차인의 주거생활의 안정과 임차보증금의 회수확보 등 주택임대차보호법의 취지에 부합함은 물론이고, 또 그와 같이 해석한다고 해서 이미 원래의 임대차에 의하여 대

항을 받고 있었던 제3자에게 불측의 손해를 준다거나 형평에 어긋나는 결과가 되는 것도 아니다.

③ [誤] [大判 2001. 3. 27, 98다4552] 주택임대차보호법상의 대항력과 우선변제권의 두 가지 권리를 겸유하고 있는 임차인이 우선변제권을 선택하여 제1경매절차에서 보증금 전액에 대하여 배당요구를 하였으나 보증금 전액을 배당받을 수 없었던 때에는 경락인에게 대항하여 이를 반환받을 때까지 임대차관계의 존속을 주장할 수 있을 뿐이고, 임차인의 우선변제권은 경락으로 인하여 소멸하는 것이므로 제2경매절차에서 우선변제권에 의한 배당을 받을 수 없다.

④ [誤] [大判 2005. 9. 9, 2005다23773] 주택임대차보호법 제3조 제1항의 대항요건을 갖춘 임차인의 임대차보증금반환채권에 대한 압류 및 전부명령이 확정되어 임차인의 임대차보증금반환채권이 집행채권자에게 이전된 경우 <u>제3채무자인 임대인으로서는 임차인에 대하여 부담하고 있던 채무를 집행채권자에 대하여 부담하게 될 뿐 그가 임대차 목적물인 주택의 소유자로서 이를 제3자에게 매도할 권능은 그대로 보유하는 것이며,</u> 위와 같이 소유자인 임대인이 당해 주택을 매도한 경우 <u>주택임대차보호법 제3조 제2항에 따라 전부채권자에 대한 보증금지급의무를 면하게 되므로, 결국 임대인은 전부금지급의무를 부담하지 않는다.</u>

⑤ [誤] 주택의 매수인으로부터 주택을 임차하여 주택임대차보호법상 대항요건을 갖춘 주택임차인이 계약해제로부터 보호되는 제3자에 해당하는지 여부에 관한 판례의 입장을 묻는 지문이다. 종래 대법원은 주택의 매수인이 소유권을 취득한 후 대항력 있는 주택임차권이 설정되고, 그 후 매매가 해제된 경우 제3자에 해당한다는 입장을 취하였고, 최근에는 주택의 매수인이 비록 소유권이전등기를 마치지 아니하여 소유권을 취득하지 아니한 상태에서 주택을 임대하고, 주택임차인이 대항요건을 갖춘 후 매매가 해제된 경우에도 제3자에 해당한다고 하였다.

[大判 1996. 8. 20, 96다17653] 민법 제548조 제1항 단서의 규정에 따라 계약해제로 인하여 권리를 침해받지 않는 <u>제3자라 함은 계약목적물에 관하여 권리를 취득한 자 중 계약당사자에게 권리취득에 관한 대항요건을 구비한 자를 말한다</u> 할 것인 바, 임대목적물이 주택임대차보호법 소정의 주택인 경우 같은 법 제3조 제1항이 임대주택의 인도와 주민등록이라는 대항요건을 갖춘 자에게 등기된 임차권과 같은 대항력을 부여하고 있는 점에 비추어 보면, <u>소유권을 취득하였다가 계약해제로 인하여 소유권을 상실하게 된 임대인으로부터 그 계약이 해제되기 전에 주택을 임차받아 주택의 인도와 주민등록을 마침으로써 같은 법 소정의 대항요건을 갖춘 임차인은 등기된 임차권자와 마찬가지로 민법 제548조 제1항 단서 소정의 제3자에 해당된다고 봄이 상당하고,</u> 그렇다면 그 계약해제 당시 이미 주택임대차보호법 소정의 대항요건을 갖춘 임차인은 임대인의 임대권원의 바탕이 되는 계약의 해제에도 불구하고 자신의 임차권을 새로운 소유자에게 대항할 수 있다.

[大判 2008. 4. 10, 2007다38908·38915] 주택임대차보호법이 적용되는 임대차로서는 반드시 임차인과 주택의 소유자인 임대인 사이에 임대차계약이 체결된 경우에 한정된다고 할 수는 없고, 주택의 소유자는 아니지만 주택에 관하여 적법하게 임대차계약을 체결할 수 있는 권한(적법한 임대권한)을 가진 임대인과 사이에 임대차계약이 체결된

경우도 포함되고, 매매계약의 이행으로 매매목적물을 인도받은 매수인은 그 물건을 사용·수익할 수 있는 지위에서 그 물건을 타인에게 적법하게 임대할 수 있으며, 이러한 지위에 있는 매수인으로부터 매매계약이 해제되기 전에 매매목적물인 주택을 임차받아 주택의 인도와 주민등록을 마침으로써 주택임대차보호법 제3조 제1항에 의한 대항요건을 갖춘 임차인은 민법 제548조 제1항 단서의 규정에 따라 계약해제로 인하여 권리를 침해받지 않는 제3자에 해당하므로 임대인의 임대권원의 바탕이 되는 계약의 해제에도 불구하고 자신의 임차권을 새로운 소유자에게 대항할 수 있다.

정답 ②

19. 甲이 乙의 주택을 임차한 경우, 주택임대차보호법상 임차권의 대항요건인 "주민등록을 마친 때"에 해당하는 것을 모두 고른 것은? (다툼 있으면 판례에 의함) [02년]

㉠ 甲이 전입신고를 임차주택의 소재지 지번인 '545의 5'로 올바르게 하였으나 담당공무원이 착오로 주민등록표상에 '545의 2'로 기재한 경우
㉡ 乙이 위 주택을 담보로 더 많은 대출을 받기 위하여 甲의 주민등록을 甲 몰래 다른 곳으로 이전한 경우
㉢ 위 주택이 다가구용 단독주택인데 甲이 편의상 구분되어 있는 호수는 기재하지 않고 위 건물의 지번만으로 전입신고를 한 경우
㉣ 위 주택이 아파트로서 등기부상 동·호수가 '다동 103호'인데 甲이 '라동 103호'로 전입신고를 한 경우

① ㉠, ㉡　　② ㉠, ㉢　　③ ㉠, ㉡, ㉢
④ ㉢, ㉣　　⑤ ㉠, ㉡, ㉣

해설

㉠ [해당함] 전입신고를 한 때에 주민등록을 한 것으로 의제한다. 따라서 전입신고가 적법하게 이루어진 경우라면 담당공무원의 착오로 주민등록표에 다르게 등재되었다고 하더라도 대항력의 요건을 충족하였다고 보아야 한다. 판례도 같은 취지에서 판단한다(大判 1991. 8. 13, 91다18118). 다만, 전입신고 자체가 잘못된 경우에는 대항력을 가진다고 할 수 없다.
[大判 1991. 8. 13, 91다18118] 임차인이 전입신고를 올바르게(즉 임차건물 소재지 지번으로) 하였다면 이로써 그 임대차의 대항력이 생기는 것이므로 설사 담당공무원의 착오로 주민등록표상에 신거주지 지번이 다소 틀리게(안양동 545의 5가 안양동 545의 2로) 기재되었다 하여 그 대항력에 소장을 끼칠 수는 없다.
㉡ [해당함] 임차인의 의사와 무관하게 전입신고가 이루어져 전출하게 되었고 임차인에게 책임을 물을 수 있는 사유가 없다면 비록 주민등록이 대항력의 존속요건이라고 하더라도 임차인의 대항력은 유지된다고 보아야 한다. 판례도 같은 취지이다.

[大判 2000. 9. 29. 2000다37012] 주민등록이 대항력의 존속요건이라 하더라도 원심이 확정한 바와 같이 주민등록이 주택임차인의 의사에 의하지 않고 제3자에 의하여 임의로 이전되었고, 또 기록에 의하면 그와 같이 주민등록이 잘못 이전된 데 대하여 주택임차인에게 책임을 물을 만한 사유도 없다고 인정되므로, 사실관계가 이와 같다면 주택임차인이 이미 취득한 대항력은 주민등록의 이전에도 불구하고 그대로 유지된다고 해석함이 상당하다.

ⓒ [해당함] 다가구용 단독주택의 경우에는 지번만으로 전입신고를 하더라도 대항력을 구비한다고 보는 것이 판례이다.
[大判 1997. 11. 14. 97다29530] 이른바 다가구용 단독주택의 경우 건축법이나 주택건설촉진법상 이를 공동주택으로 볼 근거가 없어 단독주택으로 보는 이상 주민등록법시행령 제5조 제5항에 따라 임차인이 위 건물의 일부나 전부를 임차하고, 전입신고를 하는 경우 지번만 기재하는 것으로 충분하고, 나아가 위 건물 거주자의 편의상 구분하여 놓은 호수까지 기재할 의무나 필요가 있다고 할 수 없고, 등기부의 갑구란의 각 지분 표시 뒤에 각 그 호수가 기재되어 있으나 이는 법령상의 근거가 없이 소유자들의 편의를 위하여 등기공무원이 임의적으로 기재하는 것에 불과하며, 임차인이 실제로 위 건물의 어느 부분을 임차하여 거주하고 있는지 여부의 조사는 단독주택의 경우와 마찬가지로 위 건물에 담보권 등을 설정하려는 이해관계인의 책임하에 이루어져야 할 것이므로 임차인이 전입신고로 지번을 정확히 기재하여 전입신고를 한 이상 일반 사회통념상 그 주민등록으로 위 건물에 임차인이 주소 또는 거소를 가진 자로 등록되어 있는지를 인식할 수 있어 임대차의 공시방법으로 유효하다고 할 것이고, 설사 위 임차인이 위 건물의 소유자나 거주자 등이 부르는 대로 지층 1호를 1층 1호로 잘못 알고, 이에 따라 전입신고를 '연립 – 101'로 하였다고 하더라도 달리 볼 것은 아니다.

ⓔ [해당하지 아니함] 연립주택이나 다세대주택의 경우에는 등기부상의 동, 호수와 일치하는 전입신고가 있어야 한다.
[大判 1996. 2. 23. 95다48421] 임차인들이 다세대주택의 동·호수 표시 없이 그 부지 중 일부 지번으로만 주민등록을 한 경우, 그 주민등록으로써는 일반의 사회통념상 그 임차인들이 그 다세대주택의 특정 동·호수에 주소를 가진 것으로 제3자가 인식할 수는 없는 것이므로, 임차인들은 그 임차 주택에 관한 임대차의 유효한 공시방법을 갖추었다고 볼 수 없다.

정답 ③

20. 주택임대차보호법 제3조 제1항에 규정된 임차인의 대항력에 관한 설명 중 옳지 않은 것은?(다툼 있으면 판례에 의함) [06년]

① 임차인이 2005. 7. 4. 오후 3시경 임차주택을 인도받고 주민등록을 마쳤는데 2005. 7. 5. 오전 10시경 위 임차주택에 1번저당권이 설정된 경우, 위 1번저당권에 기한 경매절차에서 보증금을 전액 배당받지 못한 임차인은 위 주택을 경락받은 매수인에게 임차권을 주장할 수 있다.
② 임차주택을 간접점유하는 임차인이 주민등록을 마쳤다 하더라도 임차주택의 직접점

유자가 주민등록을 마치지 않았다면, 임차인은 대항력을 취득할 수 없다.
③ 경매절차에서 임차주택이 매각된 경우에 소멸되는 1번저당권보다 후에 대항력을 갖춘 임차인은 위 주택을 경락받은 매수인에게 임차권을 주장할 수 없다.
④ 전차인이 주민등록을 마치고 거주하던 중, 임차인이 임대인으로부터 임차주택을 매수하여 소유권이전등기를 마친 후 같은 날 타인에게 근저당권을 설정하여준 경우, 위 근저당권에 기한 경매절차에서 보증금을 전액 배당받지 못한 전차인은 위 주택을 경락받은 매수인에게 자신의 임차권을 주장할 수 있다.
⑤ 주택소유자가 주민등록을 마치고 거주하다가 그 주택을 타인에게 매도함과 동시에 그로부터 이를 다시 임차하여 계속 거주하기로 하는 임대차계약을 체결한 후, 매수인 명의의 소유권이전등기와 제3자 명의의 근저당권 설정등기가 같은 날 순차적으로 경료된 경우, 임차인(주택의 종전소유자)은 근저당권에 기한 경매절차에서 경락받은 매수인에게 임차권을 주장할 수 있다.

해설

① [正] 주택임대차보호법상의 대항요건을 갖춘 주택임차인은 그 익일부터 대항력을 취득한다. 2005. 7. 4. 오후 3시경 대항력의 요건을 갖추었으므로 그 익일인 2005. 7. 5. 오전 0시부터 대항력을 취득한다. 따라서 위 임차주택에 2005. 7. 5. 오전 10시경 1번 저당권을 취득한 자보다 주택임차인이 선순위가 된다. 결국 대항력 있는 주택임차인으로서 그 임차권의 효력을 경매절차의 매수인에게 주장할 수 있다.
[大判 1999. 5. 25, 99다9981] 주택임대차보호법 제3조의 임차인이 주택의 인도와 주민등록을 마친 때에는 그 '익일부터' 제3자에 대하여 효력이 생긴다고 함은 익일 오전 영시부터 대항력이 생긴다는 취지이다.

② [正] 간접점유자인 임차인의 주민등록은 주민등록법상 적법한 주민등록이라고 할 수 없다. 간접점유자인 임차인은 주민등록의 대상이 되는 당해 주택에 주소 또는 거소를 가진 자에 해당하지 아니하기 때문이다. 적법한 주민등록에 의하지 아니하고는 주택임차권의 대항력이 생기지 않는다.
[大判 2001. 1. 19, 2000다55645] 주택임대차보호법 제3조 제1항 소정의 대항력은 임차인이 당해 주택에 거주하면서 이를 직접점유하는 경우뿐만 아니라 타인의 점유를 매개로 하여 이를 간접점유하는 경우에도 인정될 수 있을 것이나, 그 경우 당해 주택에 실제로 거주하지 아니하는 간접점유자인 임차인은 주민등록의 대상이 되는 "당해 주택에 주소 또는 거소를 가진 자"(주민등록법 제6조 제1항)가 아니어서 그 자의 주민등록은 주민등록법 소정의 적법한 주민등록이라고 할 수 없고, 따라서 <u>간접점유자에 불과한 임차인 자신의 주민등록으로는 대항력의 요건을 적법하게 갖추었다고 할 수 없으며</u>, 임차인과의 점유매개관계에 기하여 당해 주택에 실제로 거주하는 직접점유자가 자신의 주민등록을 마친 경우에 한하여 비로소 그 임차인의 임대차가 제3자에 대하여 적법하게 대항력을 취득할 수 있다.

③ [正] 용익권과 저당권이 우열을 다투는 저당권은 경매를 신청한 저당권자의 저당권이 아니라 그 부동산 위의 최선순위의 저당권이다. 따라서 당해 부동산에 설정된 최선순위

저당권보다 후순위의 용익권은 선순위 저당권의 담보가치를 확보하기 위하여 소멸한다. [大判 2000. 2. 11. 99다59306] 경매목적 부동산이 경락된 경우에는 소멸된 선순위 저당권보다 뒤에 등기되었거나 대항력을 갖춘 임차권은 함께 소멸하는 것이고, 따라서 그 경락인은 주택임대차보호법 제3조에서 말하는 임차주택의 양수인 중에 포함된다고 할 수 없을 것이므로 경락인에 대하여 그 임차권의 효력을 주장할 수 없다.

④ [正] [大判 2001. 1. 30. 2000다58026·58033] 甲이 丙회사 소유 임대아파트의 임차인인 乙로부터 아파트를 임차하여 전입신고를 마치고 거주하던 중, 乙이 丙회사로부터 위 아파트를 분양받아 자기 명의로 소유권이전등기를 경료한 후 근저당권을 설정한 사안에서, 비록 임대인 乙이 甲과 위 임대차계약을 체결한 이후에, 그리고 甲이 위 전입신고를 한 이후에 위 아파트에 대한 소유권을 취득하였다고 하더라도, 주민등록상 전입신고를 한 날로부터 소유자 아닌 甲이 거주하는 것으로 나타나 있어서 제3자들이 보기에 甲의 주민등록이 소유권 아닌 임차권을 매개로 하는 점유라는 것을 인식할 수 있었으므로 위 주민등록은 甲이 전입신고를 마친 날로부터 임대차를 공시하는 기능을 수행하고 있었다고 할 것이고, 따라서 甲은 乙명의의 소유권이전등기가 경료되는 즉시 임차권의 대항력을 취득하였다.

⑤ [誤] [大判 2000. 2. 11. 99다59306] 甲이 주택에 관하여 소유권이전등기를 경료하고 주민등록 전입신고까지 마친 다음 처와 함께 거주하다가 乙에게 매도함과 동시에 그로부터 이를 다시 임차하여 계속 거주하기로 약정하고 임차인을 甲의 처로 하는 임대차계약을 체결한 후에야 乙 명의의 소유권이전등기가 경료된 경우, 제3자로서는 주택에 관하여 甲으로부터 乙 앞으로 소유권이전등기가 경료되기 전에는 甲의 처의 주민등록이 소유권 아닌 임차권을 매개로 하는 점유라는 것을 인식하기 어려웠다 할 것이므로, 甲의 처의 주민등록은 주택에 관하여 乙 명의의 소유권이전등기가 경료되기 전에는 주택임대차의 대항력 인정의 요건이 되는 적법한 공시방법으로서의 효력이 없고 乙 명의의 소유권이전등기가 경료된 날에야 비로소 甲의 처와 乙 사이의 임대차를 공시하는 유효한 공시방법이 된다고 할 것이며, 주택임대차보호법 제3조 제1항에 의하여 유효한 공시방법을 갖춘 다음날인 乙 명의의 소유권이전등기일 익일부터 임차인으로서 대항력을 갖는다.

정답 ⑤

21. 배점 3 임대차에 관한 설명으로 옳은 것을 모두 고른 것은? (다툼 있으면 판례에 의함) [07년]

㉠ 주택임대차보호법이 정한 대항요건을 갖춘 임차인 甲의 임대차보증금 반환채권에 대한 압류 및 전부명령이 확정된 후 주택의 소유자인 임대인 乙이 당해 주택을 제3자에게 매도하고 소유권이전등기를 마쳐준 경우에도 乙은 전부채권자 丙에게 전부금지급의무를 부담한다.
㉡ 임대인 乙의 임대차보증금 반환의무는 주택임대차보호법상 임차권등기명령에 의해 이루어진 임차권등기에 대한 임차인 甲의 말소의무보다 먼저 이행되어야 한다.

ⓒ 채무자 乙이 채무초과 상태에서 그 소유의 유일한 주택에 대하여 甲에게 주택임대차보호법상 소액보증금 최우선변제권이 있는 임차권을 설정해 준 행위는 사해행위 취소의 대상이 된다.
　　ⓔ 임대차계약상 차임채권에 관하여 압류 및 추심명령이 있게 되면, 임대차 종료 후 목적물의 반환시까지 추심되지 않은 잔존 차임채권액은 임대보증금에서 공제되지 아니한다.

① ㉠, ㉢　　　　　　　　　② ㉡, ㉢
③ ㉡, ㉣　　　　　　　　　④ ㉠, ㉣
⑤ ㉠, ㉡　　　　　　　　　⑥ ㉡, ㉢, ㉣
⑦ ㉢, ㉣　　　　　　　　　⑧ ㉡

해설

㉠ [誤] 주택임차권의 대항력이 발생한 후 임차주택을 양수한 자는 임대인의 지위를 승계한 것으로 본다(주택임대차보호법 제3조 제2항). 임차주택의 소유권이 이전한 경우, 전소유자의 보증금반환채무는 신소유자에게 면책적으로 승계된다는 것이 판례의 태도이다. 대항력을 갖춘 주택임차인 甲의 보증금채권에 대하여 압류 및 전부명령이 확정된 경우, 甲의 보증금채권은 동일성을 유지하면서 전부채권자에게 이전하기 때문에 여전히 보증금채권의 성질을 유지한다. 따라서 대항력 있는 보증금채권에 대한 전부명령이 확정된 후 임차주택의 소유권이 제3자에게 양도된 경우, 보증금채무는 신소유자에게 면책적으로 인수되므로 전부채권자는 종전의 소유자에게 보증금의 지급을 청구할 수는 없다.
[大判 2005. 9. 9, 2005다23773] 주택임대차보호법 제3조 제1항의 대항요건을 갖춘 임차인의 임대차보증금반환채권에 대한 압류 및 전부명령이 확정되어 임차인의 임대차보증금반환채권이 집행채권자에게 이전된 경우 <u>제3채무자인 임대인으로서는 임차인에 대하여 부담하고 있던 채무를 집행채권자에 대하여 부담하게 될 뿐 그가 임대차목적물인 주택의 소유자로서 이를 제3자에게 매도할 권능은 그대로 보유하는 것이며</u>, 위와 같이 소유자인 임대인이 당해 주택을 매도한 경우 <u>주택임대차보호법 제3조 제2항에 따라 전부채권자에 대한 보증금지급의무를 면하게 되므로, 결국 임대인은 전부금지급의무를 부담하지 않는다.</u>
㉡ [正] 임차권등기명령에 의한 임차권등기말소의무와 보증금반환의무의 관계를 묻는 문제이다. 일반적으로 임대인의 보증금반환의무와 임차인의 임대목적물반환의무는 동시이행의 관계에 있는 것으로 해석하는 것이 통설과 판례이다. 그러나 임차권등기명령에 의한 임차권등기는 임대차가 종료된 후 보증금을 반환받지 못한 임차인이 기왕의 대항력이나 우선변제권을 유지하기 위하여 설정되는 것으로 임차보증금을 담보하는 기능을 수행한다는 점에 비추어 보면 임차권등기 말소의무와 보증금반환의무는 상호 동시이행의 관계에 있는 것이 아니라 보증금반환의무가 선이행되어야 할 의무라고 해석하여야 한다.

[大判 2005. 6. 9, 2005다4529] 주택임대차보호법 제3조의3 규정에 의한 임차권등기는 이미 임대차계약이 종료하였음에도 임대인이 그 보증금을 반환하지 않는 상태에서 경료되게 되므로, 이미 사실상 이행지체에 빠진 임대인의 임대차보증금의 반환의무와 그에 대응하는 임차인의 권리를 보전하기 위하여 새로이 경료하는 임차권등기에 대한 임차인의 말소의무를 동시이행관계에 있는 것으로 해석할 것은 아니고, 특히 위 임차권등기는 임차인으로 하여금 기왕의 대항력이나 우선변제권을 유지하도록 해 주는 담보적 기능만을 주목적으로 하는 점 등에 비추어 볼 때, 임대인의 임대차보증금의 반환의무가 임차인의 임차권등기 말소의무보다 먼저 이행되어야 할 의무이다.

ⓒ [正] 소액임차인의 보증금채권에는 법정의 우선변제권이 부여되어 있어 이는 일종의 법정담보물권의 성질을 가진다. 채무초과상태에 빠진 채무자가 그의 유일한 재산인 주택에 담보권을 설정하는 행위는 다른 특별한 사정이 없는 한 다른 채권자를 해하는 사해행위의 성질을 가진다. 결국 채무초과 상태에 빠진 채무자 乙이 그 소유의 유일한 주택에 대하여 최우선변제권이 인정되는 소액 임대차를 설정하는 행위는 다른 특별한 사정이 없는 한 채권자취소의 대상이 되는 사해행위가 된다.

[大判 2005. 5. 13, 2003다50771] 주택임대차보호법 제8조의 소액보증금 최우선변제권은 임차목적 주택에 대하여 저당권에 의하여 담보된 채권, 조세 등에 우선하여 변제받을 수 있는 일종의 법정담보물권을 부여한 것이므로, 채무자가 채무초과상태에서 채무자 소유의 유일한 주택에 대하여 위 법조 소정의 임차권을 설정해 준 행위는 채무초과상태에서의 담보제공행위로서 채무자의 총재산의 감소를 초래하는 행위가 되는 것이고, 따라서 그 임차권설정행위는 사해행위취소의 대상이 된다고 할 것이다.

ⓔ [誤] 임대차보증금은 임대차에 따른 임차인의 모든 채무를 담보하는 것으로 임대차종료 후 목적물이 반환될 때에 별도의 의사표시 없이 임차인의 채무는 보증금에서 당연히 공제된다. 비록 차임채권에 관하여 압류 및 추심명령이 있었다고 하더라도 차임채권의 성질이 바뀌는 것은 아니므로 목적물 반환시까지 추심되지 아니한 차임채권액은 임대차보증금에서 당연히 공제된다.

[大判 2004. 12. 23, 2004다56554] 부동산 임대차에 있어서 수수된 보증금은 차임채무, 목적물의 멸실·훼손 등으로 인한 손해배상채무 등 임대차에 따른 임차인의 모든 채무를 담보하는 것으로서 그 피담보채무 상당액은 임대차관계의 종료 후 목적물이 반환될 때에 특별한 사정이 없는 한 별도의 의사표시 없이 보증금에서 당연히 공제되는 것이므로, 임대보증금이 수수된 임대차계약에서 차임채권에 관하여 압류 및 추심명령이 있었다 하더라도, 당해 임대차계약이 종료되어 목적물이 반환될 때에는 그 때까지 추심되지 아니한 채 잔존하는 차임채권 상당액도 임대보증금에서 당연히 공제된다.

정답 ②

22. [배점 2] 주택임대차보호법에 관한 설명 중 옳은 것을 모두 고른 것은? (다툼 있으면 판례에 의함) [10년]

ㄱ. 국민주택기금을 재원으로 하여 저소득층 무주택자에게 주거생활 안정을 목적으로 전세임대주택을 지원하는 법인인 한국토지주택공사가 주택을 임차한 후 그 법인이 선정한 입주자가 그 주택을 인도받고 주민등록을 마쳤을 때에는 그 임대차는 등기가 없는 경우에도 그 다음 날부터 제3자에 대하여 효력이 생긴다.

ㄴ. 점포 및 사무실로 사용되던 건물에 근저당권이 설정되고 그 건물이 주거용 건물로 용도 변경된 후 이를 임차한 소액임차인(주택임대차보호법 제8조)은 근저당권자에 대하여 우선변제권이 없다.

ㄷ. 주택임차인이 임차권등기명령에 의해 자신의 임차권을 등기한 경우, 임대인의 임대차보증금반환의무와 임차인의 임차권등기말소의무는 동시이행의 관계에 있다.

ㄹ. 주택임차인이 임차주택에 대하여 보증금반환청구소송의 확정판결 기타 이에 준하는 집행권원에 기한 경매를 신청하는 경우, 임차목적물을 반환할 필요는 없으나 임차주택을 양수인에게 인도하지 아니하면 환가대금에서 보증금을 수령할 수 없다.

ㅁ. 주택임차인이 소액의 보증금(주택임대차보호법 제8조)에 관하여 다른 담보물권자보다 자기 채권의 우선변제를 받기 위해서는 경매신청등기 전에 같은 법상의 대항요건을 갖추고 임대차계약서에 확정일자를 받아야 한다.

① ㄱ ② ㄱ, ㄴ ③ ㄱ, ㄹ
④ ㄴ, ㄹ ⑤ ㄷ, ㅁ ⑥ ㄱ, ㄴ, ㅁ

해설

ㄱ. [正] 법인이 예외적으로 주택임대차보호법상 대항력을 취득할 수 있는 경우를 묻는 지문이다. 주택임대차보호법에서는 국민주택기금을 재원으로 하여 저소득층 무주택자에게 주거생활 안정을 목적으로 전세임대주택을 지원하는 법인의 경우에는 예외적으로 대항력을 취득할 수 있는 길을 열어두고 있다(주택임대차보호법 제3조 제2항). 즉 그 법인이 선정한 입주자가 그 주택을 인도받고 주민등록을 마쳤을 때에 대항력을 취득한다.

ㄴ. [誤] 소액임차인의 보증금우선특권이 인정되는 경우를 묻는 지문이다. 건물저당권이 설정된 후 건물이 주거용 건물로 용도가 변경되고 그 후에 그 건물을 임차한 소액임차인도 소액보증금우선특권이 인정된다는 것이 최근 판례의 태도이다.
[大判 2009. 8. 20. 2009다26879] 주택임대차보호법은 주거용 건물의 임대차에 관하여 민법에 대한 특례를 규정함으로써 국민 주거생활의 안정을 보장함을 목적으로 하고 있으므로(제1조), 합리적 이유나 근거 없이 그 적용대상을 축소하거나 제한하는 것은 허용되지 않는다고 할 것인바, 주택임대차보호법 제2조가 주거용 건물의 전부 또는

일부의 임대차에 관하여 적용된다고 규정하고 있을 뿐 임차주택이 관할관청의 허가를 받은 건물인지, 등기를 마친 건물인지 아닌지를 구별하고 있지 아니하며, 건물등기부상 '건물내역'을 제한하고 있지도 않으므로, 점포 및 사무실로 사용되던 건물에 근저당권이 설정된 후 그 건물이 주거용 건물로 용도 변경되어 이를 임차한 소액임차인도 특별한 사정이 없는 한 주택임대차보호법 제8조에 의하여 보증금 중 일정액을 근저당권자보다 우선하여 변제받을 권리가 있다.

ㄷ. [誤] 임차권등기명령에 의한 임차권등기말소의무와 보증금반환의무 사이에 동시이행관계를 인정할 수 있는지를 묻는 지문이다. 보증금반환의무가 선이행되어야 하는 의무라는 것이 판례의 태도이다. 이는 임차권등기가 담보권적 기능만을 주목적으로 하고 있기 때문이다.
[大判 2005. 6. 9. 2005다4529] 주택임대차보호법 제3조의3 규정에 의한 임차권등기는 이미 임대차계약이 종료하였음에도 임대인이 그 보증금을 반환하지 않는 상태에서 경료되게 되므로, 이미 사실상 이행지체에 빠진 임대인의 임대차보증금의 반환의무와 그에 대응하는 임차인의 권리를 보전하기 위하여 새로이 경료하는 임차권등기에 대한 임차인의 말소의무를 동시이행관계에 있는 것으로 해석할 것은 아니고, 특히 위 임차권등기는 임차인으로 하여금 기왕의 대항력이나 우선변제권을 유지하도록 해주는 담보적 기능만을 주목적으로 하는 점 등에 비추어 볼 때, 임대인의 임대차보증금의 반환의무가 임차인의 임차권등기 말소의무보다 먼저 이행되어야 할 의무이다.

ㄹ. [正] 임차인의 임차주택반환이 경매를 신청하기 위한 요건인가 아니면 보증금을 수령하기 위한 요건인가를 묻는 지문이다. 임차인이 제기한 보증금반환청구소송에서 임차인이 승소확정판결을 받더라도 보증금의 반환과 주택의 반환이 상호 동시이행관계에 있음을 고려할 때 상환급부판결이 선고될 수밖에 없다. 일반적으로 상환급부판결을 집행하기 위해서는 반대급부를 이행하여야 강제경매를 신청할 수 있다. 그러나 주택임대차보호법에서는 주택임차인을 보호하기 위해서 주택임차인의 반대급부인 주택의 반환은 보증금을 수령하기 위한 요건으로 규정하고 있다(주택임대차보호법 제3조의 2 제1항, 제2항).

ㅁ. [誤] 소액보증금 우선변제권을 행사하기 위한 요건을 묻는 지문이다. 경매신청등기 전에 소액임차인이 대항력을 취득하면 족하고 나아가 확정일자까지 부여받아야 하는 것은 아니다(주택임대차보호법 제8조).

정답 ③

23. 배점 2 주택임대차에 관한 설명 중 옳지 않은 것은? (다툼 있으면 판례에 의함) [11년]

① 소액임차인은 그 임차주택에 대한 경매신청의 등기 전에 대항요건을 갖추어야 그 임차주택의 환가대금으로부터 보증금 중 일정액을 다른 담보물권자보다 우선하여 변제받을 수 있다.

② 임차인이 임대차기간이 끝나기 1개월 전까지 갱신거절의 통지를 하지 않아「주택임대차보호법」에 따라 계약이 묵시적으로 갱신된 경우, 임차인은 언제든지 임대인에

게 계약해지를 통지할 수 있다.
③ 동일 지번에 이른바 다가구용 단독주택 1동이 건립되어 있는 경우, 임차인이 그 주택의 일부를 임차하고 전입신고를 할 때 지번만 바르게 기재하고 호수를 잘못 기재하면 유효한 공시방법을 갖춘 것이 아니다.
④ 소액임차인이 대항요건과 확정일자까지 갖춘 경우, 먼저 소액임차인으로서 보호받는 일정액을 우선 배당받고, 그 나머지 임차보증금채권액에 대하여는 대항요건과 확정일자를 갖춘 임차인으로서의 순위에 따라 배당받는다.
⑤ 임대차계약의 주된 목적이 소액임차인으로 보호받아 선순위 담보권자에 우선하여 채권을 회수하려는 것에 있었다면, 그 임대차계약의 임차인은 「주택임대차보호법」상 소액임차인으로 보호받지 못한다.

해설

① [正] 소액보증금 우선특권이 인정되기 위한 요건을 묻는 지문이다. 소액임차인은 보증금 중 일정액을 다른 채권자보다 우선하여 변제받을 수 있다. 이 경우 임차인은 주택에 대한 경매신청의 등기 전에 대항요건을 갖추어야 한다(주택임대차보호법 제8조 제1항).

② [正] 주택임대차가 법정갱신 된 후 임차인이 해지통고를 할 수 있는지 여부를 묻는 지문이다. 주택임대차가 법정갱신 된 경우, 임대차의 존속기간은 2년으로 본다(주택임대차보호법 제6조 제2항). 그러나 임차인은 언제든지 임대인에게 계약해지를 통지할 수 있고(주택임대차보호법 제6조의 2 제1항), 임차인의 해지통고는 임대인이 통지를 받은 날부터 3개월이 지나면 그 효력이 발생한다(주택임대차보호법 제6조의 2 제2항).

③ [誤] 다가구용 단독주택의 일부를 임차한 임차인이 대항력의 요건으로서 주민등록을 함에 있어 호수 기재가 필요한지 여부를 묻는 지문이다. 지번기재만으로 족하고, 호수 기재가 필요한 것은 아니며, 호수를 잘못 기재하더라도 공시방법으로서 유효하다는 것이 대법원의 입장이다. 이는 다가구용 단독주택이 하나의 건물로서 구분소유의 객체가 아니므로 각 부분에 이해관계를 맺는 자가 나타나지 않기 때문이다.
[大判 1997. 11. 14. 97다29530] 이른바 다가구용 단독주택의 경우 건축법이나 주택건설촉진법상 이를 공동주택으로 볼 근거가 없어 단독주택으로 보는 이상 주민등록법시행령 제5조 제5항에 따라 임차인이 위 건물의 일부나 전부를 임차하고, 전입신고를 하는 경우 지번만 기재하는 것으로 충분하고, 나아가 위 건물 거주자의 편의상 구분하여 놓은 호수까지 기재할 의무나 필요가 있다고 할 수 없고, 등기부의 갑구란의 각 지분 표시 뒤에 각 그 호수가 기재되어 있으나 이는 법령상의 근거가 없이 소유자들의 편의를 위하여 등기공무원이 임의적으로 기재하는 것에 불과하며, 임차인이 실제로 위 건물의 어느 부분을 임차하여 거주하고 있는지 여부의 조사는 단독주택의 경우와 마찬가지로 위 건물에 담보권 등을 설정하려는 이해관계인의 책임 하에 이루어져야 할 것이므로 임차인이 전입신고로 지번을 정확히 기재하여 전입신고를 한 이상 일반 사회통념상 그 주민등록으로 위 건물에 임차인이 주소 또는 거소를 가진 자로 등록되어 있는지를 인식할 수 있어 임대차의 공시방법으로 유효하다고 할 것이고, 설사

위 임차인이 위 건물의 소유자나 거주자 등이 부르는 대로 지층 1호를 1층 1호로 잘못 알고, 이에 따라 전입신고를 "연립 - 101"로 하였다고 하더라도 달리 볼 것은 아니다.

④ [正] 소액임차인의 보증금을 배당하는 방법을 묻는 지문이다. 소액임차인이 대항력과 확정일자를 구비하였다면 우선 소액임차인으로서 보증금 중 일정액을 배당하고, 나머지 보증금채권액은 대항력과 확정일자의 순위에 따라 배당된다는 것이 대법원의 입장이다.

[大判 2007. 11. 15, 2007다45562] 주택임대차보호법 제3조의2 제2항은 대항요건(주택인도와 주민등록전입신고)과 임대차계약증서상의 확정일자를 갖춘 주택임차인에게 부동산 담보권에 유사한 권리를 인정한다는 취지로서, 이에 따라 대항요건과 확정일자를 갖춘 임차인들 상호간에는 대항요건과 확정일자를 최종적으로 갖춘 순서대로 우선변제 받을 순위를 정하게 되므로, 만일 대항요건과 확정일자를 갖춘 임차인들이 주택임대차보호법 제8조 제1항에 의하여 보증금 중 일정액의 보호를 받는 소액임차인의 지위를 겸하는 경우, <u>먼저 소액임차인으로서 보호받는 일정액을 우선 배당하고 난 후의 나머지 임차보증금채권액에 대하여는 대항요건과 확정일자를 갖춘 임차인으로서의 순위에 따라 배당을 하여야</u> 하는 것이다.

⑤ [正] 채권회수를 주된 목적으로 하여 소액임대차계약을 체결한 경우, 주택임대차보호법이 적용되는지 여부를 묻는 지문이다. 적용되지 않는다는 것이 대법원의 입장이다. 주택임대차보호법은 국민의 주거생활 안정을 목적으로 만들어진 것이기 때문이다.

[大判 2001. 5. 8, 2001다14733] 주택임대차보호법의 입법목적은 주거용 건물에 관하여 민법에 대한 특례를 규정함으로써 국민의 주거생활의 안정을 보장하려는 것이고(제1조), 주택임대차보호법 제8조 제1항에서 임차인이 보증금 중 일정액을 다른 담보물권자보다 우선하여 변제받을 수 있도록 한 것은, 소액임차인의 경우 그 임차보증금이 비록 소액이라고 하더라도 그에게는 큰 재산이므로 적어도 소액임차인의 경우에는 다른 담보권자의 지위를 해하게 되더라도 그 보증금의 회수를 보장하는 것이 타당하다는 사회보장적 고려에서 나온 것으로서 민법의 일반규정에 대한 예외규정인 바, 그러한 입법목적과 제도의 취지 등을 고려할 때, 채권자가 채무자 소유의 주택에 관하여 채무자와 임대차계약을 체결하고 전입신고를 마친 다음 그곳에 거주하였다고 하더라도 실제 임대차계약의 주된 목적이 주택을 사용·수익하려는 것에 있는 것이 아니고, <u>실제적으로는 소액임차인으로 보호받아 선순위 담보권자에 우선하여 채권을 회수하려는 것에 주된 목적이 있었던 경우에는 그러한 임차인을 주택임대차보호법상 소액임차인으로 보호할 수 없다.</u>

정답 ③

24. 배점 3

A 주택 및 그 대지의 소유자 甲은 乙에게 A 주택 중 2층 125㎡를 보증금을 5,000만원, 차임을 매월 100만원, 기간을 2년으로 정하여 임대하고, 乙에게 이를 인도하였다. 이 경우에 관한 기술 중 옳지 않은 것은?(다툼 있으면 판례에 의함) [08년]

① 乙이 주택임대차보호법상의 대항요건과 임대차계약서상의 확정일자를 갖추었다면, 위 대지가 丙에게 양도되고 그 후 진행된 경매절차에서 위 주택과 별도로 제3자에게 매각되었다 하더라도, 乙은 그 대지의 환가대금으로부터 순위에 따라 보증금의 우선변제를 받을 수 있다.

② 위 주택이 화재로 소훼된 경우, 乙은 위 임차부분의 보존에 관하여 선량한 관리자의 주의의무를 다하였음을 입증하지 않는 한 임차물반환채무의 이행불능으로 인한 손해배상책임을 져야 하고, 그 화재가 乙의 임차부분 내에서 발생하였는지 여부 그 자체를 알 수 없는 경우에도 마찬가지이다.

③ 乙이 주민등록을 위 주택의 소재지로 옮긴 후에 丙이 甲으로부터 위 주택을 매수하여 소유권이전등기를 하였다면, 임대차관계가 종료한 후 특별한 사정이 없는 한 乙은 丙에 대하여 그 보증금의 반환을 청구할 수 있으나 甲에 대하여는 이를 청구할 수 없다.

④ 乙이 주택임대차보호법상의 대항력과 함께 우선변제권을 가지고 있는 경우, 乙은 위 주택에 관한 제1경매절차에서 보증금에 대하여 배당요구를 하였다가 배당순위 때문에 그 중 일부를 배당받을 수 없었다 하더라도 그 후 진행된 제2경매절차에서는 나머지 보증금을 우선변제받을 수 없다.

⑤ 乙이 위 임차 이후 별도로 전세권설정계약서를 작성하고 전세권설정등기를 한 경우, 전세권설정계약서를 임대차계약서로 볼 수 있다고 하더라도 전세권설정계약서가 첨부된 등기필증에 찍힌 접수인은 주택임대차보호법 소정의 확정일자로 볼 수 없다.

해설

① [正] [大判 2007. 6. 21, 2004다26133] 대항요건 및 확정일자를 갖춘 임차인과 소액임차인은 임차주택과 그 대지가 함께 경매될 경우뿐만 아니라 임차주택과 별도로 그 대지만이 경매될 경우에도 그 대지의 환가대금에 대하여 우선변제권을 행사할 수 있고, 이와 같은 우선변제권은 이른바 법정담보물권의 성격을 갖는 것으로서 임대차 성립시의 임차 목적물인 임차주택 및 대지의 가액을 기초로 임차인을 보호하고자 인정되는 것이므로, 임대차 성립 당시 임대인의 소유였던 대지가 타인에게 양도되어 임차주택과 대지의 소유자가 서로 달라지게 된 경우에도 마찬가지이다.

② [正] [大判 2001. 1. 19, 2000다57351] 임차인의 임차물 반환채무가 이행불능이 된 경우 임차인이 그 이행불능으로 인한 손해배상책임을 면하려면 그 이행불능이 임차인의 귀책사유로 말미암은 것이 아님을 입증할 책임이 있으며, 임차건물이 화재로 소훼된 경우에 있어서 그 화재의 발생원인이 불명인 때에도 임차인이 그 책임을 면하려면 그

임차건물의 보존에 관하여 선량한 관리자의 주의의무를 다하였음을 입증하여야 하는 것이므로(大判 1999. 9. 21, 99다36273), 피고가 임차한 부분을 포함하여 소외 회사 소유의 건물 부분이 화재로 소훼된 이 사건에 있어서, 임차인인 피고가 임차물 반환채무의 이행불능으로 인한 손해배상책임을 면하려면 그 임차건물의 보존에 관하여 선량한 관리자의 주의의무를 다하였음을 적극적으로 입증하여야 하고, 이 점을 입증하지 못하면 그 불이익은 궁극적으로 임차인인 피고가 져야 한다고 할 것인 바, 이러한 이치는 화재가 피고의 임차 부분 내에서 발생하였는지의 여부 그 자체를 알 수 없는 경우라고 하여 달라지지 아니한다고 할 것이다.

③ [正] 주택임차인이 대항력을 갖춘 후, 임차주택의 소유권을 취득한 자는 임대인의 지위를 승계한다(주택임대차보호법 제3조 제2항). 이 경우 임대차보증금반환채무도 부동산의 소유권과 결합하여 일체로서 이전하고 이에 따라 주택양도인의 보증금반환채무는 소멸한다는 것이 판례이다.
[大判 1987. 3. 10, 86다카1114] 주택임대차보호법상의 대항력을 갖춘 후 임대부동산의 소유권이 이전되어 그 양수인이 임대인의 지위를 승계하는 경우에는 임대차보증금반환채무도 부동산의 소유권과 결합하여 일체로서 이전하는 것이며 이에 따라 양도인의 보증금반환채무는 소멸한다.

④ [正] [大判 2001. 3. 27, 98다4552] 주택임대차보호법상의 대항력과 우선변제권의 두 가지 권리를 겸유하고 있는 임차인이 우선변제권을 선택하여 제1경매절차에서 보증금 전액에 대하여 배당요구를 하였으나 보증금 전액을 배당받을 수 없었던 때에는 경락인에게 대항하여 이를 반환받을 때까지 임대차관계의 존속을 주장할 수 있을 뿐이고, 임차인의 우선변제권은 경락으로 인하여 소멸하는 것이므로 제2경매절차에서 우선변제권에 의한 배당을 받을 수 없다.

⑤ [誤] [大判 2002. 11. 8, 2001다51725] 주택에 관하여 임대차계약을 체결한 임차인이 자신의 지위를 강화하기 위한 방편으로 따로 전세권설정계약서를 작성하고 전세권설정등기를 한 경우에, 따로 작성된 전세권설정계약서가 원래의 임대차계약서와 계약일자가 다르다고 하여도 계약당사자, 계약목적물 및 보증금액(전세금액) 등에 비추어 동일성을 인정할 수 있다면 그 전세권설정계약서 또한 원래의 임대차계약에 관한 증서로 볼 수 있고, 등기필증에 찍힌 등기관의 접수인은 첨부된 등기원인계약서에 대하여 민법 부칙 제3조 제4항 후단에 의한 확정일자에 해당한다고 할 것이므로, 위와 같은 전세권설정계약서가 첨부된 등기필증에 등기관의 접수인이 찍혀 있다면 그 원래의 임대차에 관한 계약증서에 확정일자가 있는 것으로 보아야 할 것이고, 이 경우 원래의 임대차는 대지 및 건물 전부에 관한 것이나 사정에 의하여 전세권설정계약서는 건물에 관하여만 작성되고 전세권등기도 건물에 관하여만 마쳐졌다고 하더라도 전세금액이 임대차보증금액과 동일한 금액으로 기재된 이상 대지 및 건물 전부에 관한 임대차의 계약증서에 확정일자가 있는 것으로 봄이 상당하다.

정답 ⑤

25. 배점2 甲은 乙과 乙의 주택을 임차하기로 하는 임대차계약을 체결하였는데, 임차보증금은 8,000만 원이었고, 甲은 2005. 3. 15. 입주하여 그날 전입신고를 마치고 계약서상에 확정일자를 받았다. 乙은 동년 4. 2. 丙은행으로부터 5,000만 원을 대출받으면서 위 주택에 채권최고액을 7,000만 원으로 하는 근저당권을 설정하였다. 그로부터 1년 뒤 乙이 채무를 변제하지 않자 丙은행은 근저당권을 실행하여 丁이 주택의 새로운 소유자가 되었다. 다음 중 옳지 않은 것을 모두 고른 것은? (다툼 있으면 판례에 의함) [11년]

ㄱ. 甲은 丁에 대하여 자신의 임차권으로써 대항할 수 있다.
ㄴ. 甲은 임대차관계의 승계를 원하지 아니하는 경우에도 임대차계약을 해지하고 보증금을 우선변제받을 수는 없다.
ㄷ. 丁이 임대인으로서의 지위를 승계하는 경우, 乙은 甲에 대한 보증금 반환채무를 면한다.
ㄹ. 丁은 주택에 관한 소유권취득의 원인이 된 계약을 해제함이 없이 乙이나 丙에게 부당이득의 반환을 청구할 수 있다.
ㅁ. 위 사안의 주택에 임대차계약 전에 이미 다른 저당권이 설정되어 경매 시까지 존속한 경우, 丙은행이 근저당권을 실행하면 甲의 임차권은 소멸한다.

① ㄱ, ㄷ ② ㄴ, ㄷ ③ ㄴ, ㄹ ④ ㄷ, ㅁ ⑤ ㄹ, ㅁ

해설

ㄱ. [正] 甲의 주택임차권의 대항력이 인정되어 丁이 임대인의 지위를 승계하는지 여부를 묻는 지문이다. 丁은 경매를 통하여 임차주택의 소유권을 취득한 자로서 丁이 임대인의 지위를 승계하는지 여부는 甲의 임차권과 丙의 저당권 상호간의 우열의 문제가 된다. 甲이 주택임차권의 대항력의 요건인 인도와 주민등록을 마친 날은 2005. 3. 5.이므로 그 익일은 2005. 3. 6.부터 대항력을 취득한다. 한편 丙은 2005. 4. 2. 근저당권을 설정하였으므로 甲의 임차권이 우선한다. 대항력 있는 임차주택의 양수인은 임대인의 지위를 승계하므로(주택임대차보호법 제3조 제3항) 甲은 丁에 대하여 임차권으로 대항할 수 있다.

ㄴ. [誤] 대항력을 갖춘 임차인이 임대인 지위승계에 이의를 제기하여 임대차계약을 해지할 수 있는지 여부를 묻는 지문이다. 임대인 지위승계에 따라 보증금채무자의 지위까지도 면책적으로 인수되기 때문에 채무자가 달라지는 불이익이 임차인에게 발생한다. 대법원은 임차인에게 발생한 이와 같은 불이익을 회피하기 위하여 대항력 있는 임차인은 '신의칙'에 기하여 임대인 지위승계에 이의를 제기하여 임대차계약을 해지할 수 있다고 한다. 한편, 주택임대차보호법에서는 우선변제권을 행사하기 위하여 임대차의 종료를 요구하였던 종전 제3조의 2 제1항 단서를 삭제하였고, 제3조의 5에서는 "임차권은 임차주택에 대하여 민사집행법에 따른 경매가 행하여진 경우에는 그 임차주택의 경락에 따라 소멸한다."고 규정하여 대항력과 우선변제권을 겸유하고 있

는 주택임차인이 보증금을 경매절차에서 우선변제 받을 수 있도록 하였다. 결국 甲이 임대차관계의 승계를 원하지 아니하는 경우에는 경매절차에서 배당요구를 하여 보증금을 우선변제 받을 수 있다.
[大判 1996. 7. 12. 94다37646] 임차주택의 양수인에게 대항할 수 있는 임차권자라도 스스로 임대차관계의 승계를 원하지 아니할 때에는 승계되는 임대차관계의 구속을 면할 수 있다고 보아야 하므로, 임차주택이 임대차기간의 만료 전에 경매되는 경우 임대차 계약을 해지함으로써 종료시키고 우선변제를 청구할 수 있다. 그 경우 임차인에게 인정되는 해지권은 임차인의 사전 동의 없이 임대차 목적물인 주택이 경락으로 양도됨에 따라 임차인이 임대차의 승계를 원하지 아니할 경우에는 스스로 임대차를 종료시킬 수 있어야 한다는 공평의 원칙 및 신의성실의 원칙에 근거한 것이므로, 해지통고 즉시 그 효력이 생긴다.

ㄷ. [正] 임대인 지위가 승계되는 경우, 보증금채무가 새로운 임대인에게 인수되는지, 인수된다면 그 인수의 성격이 무엇인지를 묻는 지문이다. 대법원은 보증금채무는 임대인지위에 수반하여 새로운 임대인에게 인수된다고 본다. 한편 그 인수의 성격은 면책적 인수라고 이해하고 있다. 따라서 종전 임대인인 乙의 보증금반환채무는 소멸한다.
[大判 1987. 3. 10. 86다카1114] 주택임대차보호법상의 대항력을 갖춘 후 임대부동산의 소유권이 이전되어 그 양수인이 임대인의 지위를 승계하는 경우에는 임대차보증금반환채무도 부동산의 소유권과 결합하여 일체로서 이전하는 것이며 이에 따라 양도인의 보증금반환채무는 소멸한다.

ㄹ. [誤] 보증금반환채무를 인수한 임차주택 양수인이 종전 임대인이나 경매를 신청한 저당권자에 대해서 보증금반환채무액 상당의 부당이득반환을 청구할 수 있는지를 묻는 지문이다. 임대인의 지위를 승계한 丁이 비록 보증금을 甲에게 지급하였거나 혹은 주택을 인도받지 못하는 불이익을 입었다고 하더라도 丁은 보증금채무를 면책적으로 인수한 것으로 보아야 하므로 乙이나 丙의 이익을 부당이득으로 볼 수는 없다. 물론 담보책임(주택임대보호법 제3조 제4항, 민법 제575조, 제578조)이나 인도의무 불이행으로 인한 손해배상책임(제390조) 등의 가능성은 있다.
[大判 1993. 7. 16. 93다17324] 주택의 임차인이 제3자에 대한 대항력을 구비한 후 임차주택의 소유권이 양도된 경우에는, 그 양수인이 임대인의 지위를 승계하게 되고, 임차보증금 반환채무도 주택의 소유권과 결합하여 일체로서 이전하며, 이에 따라 양도인의 위 채무는 소멸한다 할 것이므로, 주택 양수인이 임차인에게 임대차보증금을 반환하였다 하더라도, 이는 자신의 채무를 변제한 것에 불과할 뿐, 양도인의 채무를 대위변제한 것이라거나, 양도인이 위 금액 상당의 반환채무를 면함으로써 법률상 원인 없이 이익을 얻고 양수인이 그로 인하여 위 금액 상당의 손해를 입었다고 할 수 없다.
[大判 1996. 7. 12. 선고 96다7106] 경매의 목적물에 대항력 있는 임대차가 존재하는 경우에 경락인이 이를 알지 못한 때에는 경락인은 이로 인하여 계약의 목적을 달성할 수 없는 경우에 한하여 계약을 해제하고 채무자 또는 채무자에게 자력이 없는 때에는 배당을 받은 채권자에게 그 대금의 전부나 일부의 반환을 구하거나, 그 계약해

제와 함께 또는 그와 별도로 경매목적물에 위와 같은 흠결이 있음을 알고 고지하지 아니한 채무자나 이를 알고 경매를 신청한 채권자에게 손해배상을 청구할 수 있을 뿐, 계약을 해제함이 없이 채무자나 경락대금을 배당받은 채권자들을 상대로 경매목적물상의 대항력 있는 임차인에 대한 임대차보증금에 상당하는 경락대금의 전부나 일부를 부당이득하였다고 하여 바로 그 반환을 구할 수 있는 것은 아니다.

ㅁ. [正] 대항력 있는 주택임차권보다 선순위 저당권이 있는 경우, 대항력 있는 주택임차권보다 후순위 저당권이 실행된 경우, 대항력 있는 주택임차권이 소멸하는지 여부를 묻는 지문이다. 대항력 있는 주택임차권과 저당권의 우열은 경매를 신청한 저당권과 비교하여 그 우열을 결정할 것이 아니라 당해 주택에 있는 최선순위저당권과 우열을 비교하여야 한다. 따라서 최선순위저당권보다 후순위의 주택임차권은 경매에 의한 매각에 의하여 소멸한다.
[大判 2000. 2. 11, 99다59306] 경매목적 부동산이 경락된 경우에는 소멸된 선순위저당권보다 뒤에 등기되었거나 대항력을 갖춘 임차권은 함께 소멸하는 것이고, 따라서 그 경락인은 주택임대차보호법 제3조에서 말하는 임차주택의 양수인 중에 포함된다고 할 수 없을 것이므로 경락인에 대하여 그 임차권의 효력을 주장할 수 없다.

정답 ③

26. 상가건물임대차보호법이 적용되는 상가건물의 임대차에 관한 설명 중 옳지 않은 것은? [05년]

① 상가건물의 임대차는 그 등기가 없는 경우에도 임차인이 건물의 인도와 부가가치세법, 소득세법, 법인세법 소정의 사업자등록을 신청한 때에는 그 다음날부터 제3자에 대하여 효력이 생긴다.
② 상가건물임대차보호법상의 대항요건을 갖추고 관할세무서장으로부터 임대차계약서상의 확정일자를 받은 임차인은 민사집행법에 의한 경매시 임차건물의 환가대금에서 후순위권리자 그밖의 채권자보다 우선하여 보증금을 변제받을 권리가 있다.
③ 기간의 정함이 없거나 기간을 1년 미만으로 정한 임대차는 그 기간을 1년으로 본다. 그러나 임차인은 1년 미만으로 정한 기간이 유효함을 주장할 수 있다.
④ 임대인은 최초의 임대차기간을 포함한 전체 임대차기간이 5년을 초과하지 않는 범위 내에서는 임차인이 임대차기간만료전 6월부터 1월까지 사이에 행하는 계약갱신요구에 대하여 정당한 사유 없이 이를 거절할 수 없음이 원칙이다.
⑤ 상가건물임대차보호법 제14조상의 소액임차인은 보증금 중 일정액을 다른 담보물권자보다 우선하여 변제받을 권리가 있으나, 이 경우 임차인의 보증금 중 일정액이 임대건물 가액의 2분의 1을 초과하는 경우에는 임대건물 가액의 2분의 1에 해당하는 금액에 한하여 우선변제권이 있다.

해설

① [正] 상가건물임대차보호법 제3조.
② [正] 상가건물임대차보호법 제5조.
③ [正] 상가건물임대차보호법 제9조.
④ [正] 상가건물임대차보호법 제10조.
⑤ [誤] 상가건물임대차보호법 제14조에서는 3분의 1로 하고 있다.

정답 ⑤

27. 건축회사 乙은 甲으로부터 건물신축공사를 도급받았다. 甲과 乙은 계약금 및 중도금을 주고받은 후, 나머지 공사대금은 乙이 완공된 건물을 甲에게 인도한 후 지급하기로 약정하였다. 甲은 乙로부터 완공건물을 인도받아 점검하여 보고 천장의 누수 등 여러 가지 하자가 있음을 발견하였다. 이 경우에 대한 설명 중 옳지 않은 것은?(다툼 있으면 판례에 의함) [02년]

① 乙이 나머지 공사대금의 지급을 청구한 경우, 甲은 하자보수에 갈음하는 손해배상액에 상응하는 나머지 공사대금액에 대하여만 동시이행의 항변권에 기하여 채무이행을 거절할 수 있다.
② 만일 공사진행 도중 甲이 파산 직전에 놓여 있는 것을 알게 되었다면, 乙은 甲의 잔금지급이 있을 때까지 공사진행을 중단할 수 있다.
③ 만일 甲과 乙의 공사계약이 공사진행 도중 乙의 귀책사유에 의한 채무불이행으로 해제되었다면, 공사진척도에 상관 없이 甲과 乙은 계약해제를 원인으로 한 원상회복의무를 부담하게 된다.
④ 甲이 재료의 전부를 제공하는 경우, 완성된 물건의 소유권은 원시적으로 甲에게 귀속되며, 가공의 법리는 적용되지 않는다.
⑤ 乙이 甲에 대하여 기존의 대여금채권이 있는 경우, 甲은 乙에 대한 하자보수에 갈음하는 손해배상채권으로 乙의 대여금채권과 상계하지 못한다.

해설

① [正] 동시이행의 항변권은 공평의 관념에 입각하여 인정되는 것이다. 따라서 동시이행관계에 있는 것은 대등액에 한정되고, 나머지 부분에 대하여는 동시이행을 주장할 수 없다. [大判 1991. 12. 10, 91다33056] 도급인이 하자의 보수를 청구하려면 그 하자가 중요한 경우이거나 중요하지 아니한 것이라고 하더라도 그 보수에 과다한 비용을 요하지 아니할 경우이어야 하고, 도급인이 하자의 보수에 갈음하여 손해배상을 청구하는 경우에는 수급인이 그 손해배상청구에 관하여 채무이행을 제공할 때까지 그 손해배상의 액에 상응하는 보수의 액에 관하여만 자기의 채무이행을 거절할 수 있을 뿐, 그 나머지 액의 보수에 관하여는 지급을 거절할 수 없다.
② [正] 乙의 건물신축의무는 甲의 공사대금지급의무보다 먼저 이행되어야 할 의무이다. 이 경우에는 원칙적으로 동시이행의 항변권이 인정되지 않는다. 그러나 선이행의무를

부담하는 자로서 상대방의 의무이행이 곤란할 현저한 사유가 있는 경우에는 자기 채무의 이행을 거절할 수 있다(제537조 제2항, 불안의 항변권).

③ [誤] 사안은 건물도급계약인데, 건물도급계약의 경우에는 하자담보책임의 내용으로 해제권이 인정되지 않는다. 그러나 채무불이행을 원인으로 하는 해제권은 인정된다. 이 경우에 도급계약의 당사자는 원상회복의무를 부담하는가 문제이다. 판례는 원상회복이 중대한 사회적, 경제적 손실을 초래하게 되고, 완성된 부분이 도급인에게 이익이 되는 한 도급계약의 해제는 미완성부분에 대해서만 실효된다고 한다(大判 1992. 12. 22, 92다30160).

[大判 1992. 12. 22, 92다30160] 건축공사가 상당한 정도로 진척되어 원상회복이 중대한 사회적, 경제적 손실을 초래하게 되고 완성된 부분이 도급인에게 이익이 되는 경우에는, 도급인이 도급계약을 해제하는 경우에도 계약은 미완성부분에 대하여서만 실효되고 수급인은 해제한 때의 상태 그대로 건물을 도급인에게 인도하고 도급인은 완성부분에 상당한 보수를 지급하여야 한다.

④ [正] 도급인이 재료의 전부를 제공한 경우에는 완성물의 소유권은 도급인에게 속한다. 그러나 수급인이 재료의 전부나 중요부분을 제공한 경우에 관하여는 견해의 대립이 있다. 판례와 종래의 다수설은 수급인에게 속한다는 입장을 취하고 있으나, 현재의 다수설은 도급의 목적물이 동산인 경우에는 수급인에게 속하나, 부동산인 경우에는 제666조의 취지상 도급인에게 귀속한다는 입장을 취한다.

⑤ [正] 甲의 乙에 대한 하자보수에 갈음하는 손해배상채권은 乙의 甲에 대한 공사대금채권과 동시이행의 관계에 있다. 따라서 甲이 하자보수에 갈음하는 손해배상채권을 자동채권으로 하여 乙에 대한 대여금채무를 소멸시키는 것은 결국 乙의 동시이행의 항변권을 박탈하는 것으로 성질상 상계가 허용되지 않는다.

정답 ③

28.
甲은 乙로부터 건물의 신축공사를 3억원에 도급받아 선금으로 1억원을 수령하고 자신이 구입한 자재로 공사를 진행하였다. 이에 관한 설명 중 옳은 것을 모두 고른 것은? (다툼 있으면 판례에 의함) [03년]

㉠ 甲은 공사가 완성되기까지는 도급계약에 기한 공사잔대금채권이 현실적으로 발생하지 않으므로 2억원의 공사잔대금채권을 제3자에게 유효하게 양도할 수 없다.

㉡ 甲이 공사를 완성하여 계약에 따라 乙앞으로 소유권보존등기가 행하여진 후에 丙이 이를 乙로부터 양도받았는데, 甲이 공사대금을 다 받지 못한 채 건물을 계속 점유하고 있다면, 丙의 건물인도청구에 대하여 甲은 유치권으로 대항할 수 있다.

㉢ 甲이 공사를 완성하여 乙에게 건물을 인도한 다음 2억원의 공사잔대금채권을 丁에게 양도하고 乙에게 양도통지를 한 경우, 乙이 건물을 인도받은 후 1년이 경과한 때에 甲의 시공상 하자를 발견하였다면, 乙은 丁의 공사대금청구에 대하여 그 하자로 인하여 발생한 손해의 배상과 상환으로 지급할 것을 주장할 수 없다.

ⓔ 乙이 甲의 공사지체를 이유로 적법하게 계약을 해제한 경우, 공사가 상당한 정도로 진척되어 그 원상회복이 중대한 사회적, 경제적 손실을 초래하게 되고 완성된 부분이 乙에게 이익이 된다면 위 해제는 미완성부분에 대하여만 계약의 효력을 상실시키므로, 甲은 乙에 대하여 그 완성도 등을 참작하여 정하여지는 상당한 공사대금의 지급을 청구할 수 있다.
　ⓜ 甲이 공사를 완성한 후 계약에 따라 乙앞으로 소유권보존등기가 행하여졌는데 甲이 공사대금 중 일부를 수령하지 못하였다면, 甲은 乙에 대하여 공사대금의 지급을 담보하기 위하여 위 건물에 저당권을 설정하여 줄 것을 청구할 수 있다.

① ㉠, ㉡, ㉢
② ㉠, ㉢, ㉣
③ ㉡, ㉢, ㉣
④ ㉡, ㉣, ㉤
⑤ ㉢, ㉣, ㉤

해설

㉠ [誤] 장래의 채권도 현재 그 권리의 특정이 가능하고, 가까운 장래에 발생할 것임이 상당한 정도로 기대되는 경우에 채권양도의 대상이 될 수 있다(大判 1991. 6. 25, 88다카6358).

㉡ [正] 공사대금채권을 피담보채권으로 하는 유치권을 인정하고 있는 것이 판례이다(大判 1995. 9. 15, 95다16202). 다만 사안의 경우 甲이 그 비용과 노력으로 건물을 축조하였으므로 다른 특별한 사정이 없는 한 甲이 완성된 건물의 소유자가 될 것이며, 유치권의 객체는 타인 소유 물건이어야 하므로 甲의 유치권이 인정되는가의 문제가 생길 수 있다. 그러나 甲이 계약에 따라 그 소유권을 乙에게 이전한 후이므로 유치권은 인정된다.
[大判 1995. 9. 15, 95다16202] 주택건물의 신축공사를 한 수급인이 그 건물을 점유하고 있고 또 그 건물에 관하여 생긴 공사금 채권이 있다면, 수급인은 그 채권을 변제받을 때까지 건물을 유치할 권리가 있다고 할 것이고, 이러한 유치권은 수급인이 점유를 상실하거나 피담보채무가 변제되는 등 특단의 사정이 없는 한 소멸되지 않는다.
[大判 1993. 3. 26, 91다14116] 유치권은 타물권인 점에 비추어 볼 때 수급인의 재료와 노력으로 건축되었고 독립한 건물에 해당되는 기성부분은 수급인의 소유라 할 것이므로 수급인은 공사대금을 지급받을 때까지 이에 대하여 유치권을 가질 수 없다.

㉢ [誤] 도급계약상의 수급인의 보수채권과 도급인의 손해배상채권은 동시이행관계에 있고, 이는 보수채권이 양도된 경우에도 마찬가지이다.

㉣ [正] 건축공사도급계약의 해제에 있어서는 원상회복의무가 제한될 수 있다. 따라서 지문과 같은 사정이 있는 때에는 미완성부분에 대하여만 실효된다는 것이 판례의 일관된 입장이다.
[大判 1994. 11. 4, 94다18584] 건축공사도급계약의 수급인이 일을 완성하지 못한 상태에서 그의 채무불이행으로 말미암아 건축공사도급계약이 해제되었으나, 해제 당시 공사가 상당한 정도로 진척되어 이를 원상회복하는 것이 중대한 사회적, 경제적 손실을 초래하게 되고, 완성된 부분이 도급인에게 이익이 되는 경우, 그 도급계약은 미완성부분에 대하여만 실효되고 수급인은 해제 당시의 상태 그대로 그 건물을 도급인에게 인도

하고 도급인은 특별한 사정이 없는 한 인도받은 미완성건물에 대한 보수를 지급하여야 하는 권리·의무관계가 성립한다고 할 것이며, 이와 같은 사정으로 말미암아 수급인의 공사대금채권이 남아 있는 경우에는 설사 그 도급계약의 일부가 해제되었다 하더라도 그에 부수된 공사대금채권 양도금지특약은 실효되지 않는다고 보아야 옳다.
ⓓ [正] 민법 제666조.

정답 ④

29. 배점 4 도급에 관한 내용 중 옳은 것(○)과 옳지 않은 것(×)을 바르게 표시한 것은?
(다툼 있으면 판례에 의함)
[07년]

㉠ 공사도급계약상 위약벌 약정은 채무의 이행을 확보하기 위해서 정해지는 것이지만, 도급인의 이익에 비하여 약정된 벌이 과도하게 무거울 때에는 손해배상액의 예정에 관한 민법 제398조 제2항을 유추적용하여 그 액을 감액할 수 있다.
㉡ 공사도급계약에서 하자보수보증금이 손해배상액의 예정에 해당하는 경우라도 실손해가 하자보수보증금을 초과하는 때에는, 도급인은 수급인의 하자보수의무 불이행을 이유로 하자보수보증금을 몰취할 수 있을 뿐만 아니라 그 실손해액을 입증하여 수급인으로부터 그 초과액 상당의 손해배상을 받을 수도 있다.
㉢ 손해배상액의 예정으로서 공사수급인이 약정한 지체상금을 연대보증인이 지급하게 되는 경우, 지체상금의 과다 여부는 공사수급인을 기준으로 판단하여야 한다.
㉣ 5개의 건설회사로 구성된 공동수급체가 공동이행방식에 의하여 건설공사를 진행하는 경우, 대한민국이 공동수급체의 구성원 중 1인인 甲에 대하여 가지는 조세채권의 체납을 이유로 위 공동수급체의 대표자 乙이 도급인 丙으로부터 수령한 공사대금을 압류하였다면 그 압류는 무효이다.
㉤ 공사도급계약에 있어서 선급금을 지급한 후 도급계약이 해제 또는 해지되는 등의 사유로 수급인이 선급금을 반환하여야 할 경우, 수급인은 그때까지의 기성고에 해당하는 공사대금채권을 자동채권으로 하여 선급금 반환채권을 상계하여야 그 범위 내에서 선급금 반환채무를 면할 수 있다.

① ㉠(○), ㉡(×), ㉢(×), ㉣(×), ㉤(○)　② ㉠(×), ㉡(○), ㉢(○), ㉣(×), ㉤(○)
③ ㉠(○), ㉡(○), ㉢(×), ㉣(○), ㉤(×)　④ ㉠(×), ㉡(○), ㉢(×), ㉣(×), ㉤(○)
⑤ ㉠(×), ㉡(×), ㉢(○), ㉣(○), ㉤(○)　⑥ ㉠(×), ㉡(○), ㉢(○), ㉣(○), ㉤(×)
⑦ ㉠(○), ㉡(○), ㉢(○), ㉣(○), ㉤(×)　⑧ ㉠(○), ㉡(×), ㉢(○), ㉣(○), ㉤(×)

해설

* 공사도급계약과 관련하여 발생할 수 있는 법률적 쟁점들을 종합적으로 묻는 문제이다. 특히 공사도급계약에 수반하여 체결되는 위약금약정에 관하여 그것이 위약벌로 해석되는 경우에도 손해배상액의 예정에 관한 제398조가 적용될 수 있는가, 손해배상액의 예정으로 해석되는 경우 예정배상액 외에 추가적인 손해배상청구가 가능한 경우가 있는가, 공동수급체의 법적 성격, 선급금반환채무의 성질 등을 묻고 있다.

㉠ [誤] 위약벌이 부당하게 과다할 경우, 손해배상액의 예정액 직권감액에 관한 제398조 제2항을 유추할 수 있는가를 묻는 문제이다. 손해배상액의 예정액 직권감액제도는 실질적 평등을 위하여 국가가 사적자치에 관여하는 제도이므로 이를 엄격하게 해석하여야 한다. 따라서 위약벌로서의 위약금에 대하여 법원이 감액할 수 없다고 해석하여야 한다. 판례의 입장도 같다.

[大判 1993. 3. 23, 92다46905] 위약벌의 약정은 채무의 이행을 확보하기 위하여 정해지는 것으로서 손해배상의 예정과는 그 내용이 다르므로 손해배상의 예정에 관한 민법 제398조 제2항을 유추적용하여 그 액을 감액할 수는 없고 다만 그 의무의 강제에 의하여 얻어지는 채권자의 이익에 비하여 약정된 벌이 과도하게 무거울 때에는 그 일부 또는 전부가 공서양속에 반하여 무효로 된다. 백화점 수수료위탁판매매장계약에서 임차인이 매출신고를 누락하는 경우 판매수수료의 100배에 해당하고 매출신고누락분의 10배에 해당하는 벌칙금을 임대인에게 배상하기로 한 위약벌의 약정은 공서양속에 반하지 않는다.

㉡ [正] 손해배상액의 예정이 있는 경우, 예정계약에서 정한 불이행 사실이 발생한 때에는 그로 인한 실손해액이 얼마인지를 불문하고 예정배상액의 청구만이 가능하다는 것이 판례이다. 그러나 하자보수보증금약정은 비록 그 약정이 손해배상예정으로 해석되는 경우에도 하자보수보증금으로 전보되지 못하는 실손해의 배상이 가능하다는 것이 판례이다. 하자가 발생하여 그 보수를 청구함에도 수급인이 이를 이행하지 아니할 경우를 대비하여 하자보수보증금약정을 하는 것이므로 하자보수에 갈음하는 손해배상액이 하자보수보증금액을 초과하는 경우에는 실손해배상을 청구할 수 있다고 해석하는 것이 하자보수보증금의 성질에 비추어 타당하기 때문이다.

[大判 2002. 7. 12, 2000다17810] 공사도급계약서 또는 그 계약내용에 편입된 약관에 수급인이 하자담보책임 기간 중 도급인으로부터 하자보수요구를 받고 이에 불응한 경우 하자보수보증금은 도급인에게 귀속한다는 조항이 있을 때 이 하자보수보증금은 특별한 사정이 없는 한 손해배상액의 예정으로 볼 것이고, 다만 하자보수보증금의 특성상 실손해가 하자보수보증금을 초과하는 경우에는 그 초과액의 손해배상을 구할 수 있다는 명시 규정이 없다고 하더라도 도급인은 수급인의 하자보수의무 불이행을 이유로 하자보수보증금의 몰취 외에 그 실손해액을 입증하여 수급인으로부터 그 초과액 상당의 손해배상을 받을 수도 있는 특수한 손해배상액의 예정으로 봄이 상당하다.

㉢ [正] 손해배상액의 예정금인 지체상금이 부당하게 과다하여 직권감액의 대상이 되는지 여부의 판단기준을 묻는 지문이다. 예정액이 부당하게 과다한 경우란, 채권자와 채무자의 각 지위, 계약의 목적 및 내용, 손해배상액을 예정한 동기, 채무액에 대한 예정

액의 비율, 예상손해액의 크기, 그 당시의 거래관행 등 모든 사정을 참작하여 볼 때 일반 사회관념에 비추어 손해배상의 예정액이 부당히 과다한 경우를 가리킨다. 따라서 공사도급계약에 수반하여 체결된 지체상금약정상의 지체상금이 부당하게 과다한지 여부는 채권자인 도급인과 채무자인 수급인을 기준으로 판단하여야 할 것이다.
[大判 1996. 2. 23, 95다42393] 민법 제398조 제2항의 "<u>손해배상의 예정액이 부당히 과다한 경우</u>"라 함은 채권자와 채무자의 지위, 계약의 목적과 내용, 손해배상액을 예정한 동기, 채무 액에 대한 예정액의 비율, 예상손해액의 크기, 그 당시의 거래관행 등 제반 사정을 참작하여 일반 사회관념에 비추어 그 <u>예정액의 지급이 경제적 약자의 지위에 있는 채무자에게 부당한 압박을 가하여 공정성을 잃는 결과를 초래한다고 인정되는 경우</u>를 말한다.

㉣ [正] 공동수급체의 법적 성질을 묻는 지문이다. 공동수급체의 법적 성질이 조합이라면 조합원 1인에 대한 채권을 실행하기 위하여 조합의 재산에 압류를 할 수는 없을 것이다. 한편 공동수급체의 법적 성질이 조합이 아니라 그 구성원인 수급인과 도급인 사이에서 각 도급계약이 체결한 것으로 파악하여야 한다면 구성원 1인에 대한 채권을 실행하기 위하여 공동수급체가 지급받은 공사대금 중 그 구성원에게 지급될 부분에 대하여 압류할 수 있을 것이다. 공동수급체란 건설공사 등과 같은 일의 완성을 공동으로 수급받기 위하여 수인의 수급인들이 만든 단체를 말한다. 공동수급체의 법적 성질에 관하여 판례는 기본적으로 민법상 조합의 성질을 가지는 것으로 파악한다. 따라서 조합원 중의 1인인 甲에 대한 조세채권자인 대한민국이 조합재산(합유재산)이라고 할 수 있는 공사대금을 압류하였다면 그 압류는 제3자의 재산을 압류한 것으로 당연무효라고 보아야 한다.
[大判 2000. 12. 12, 99다49620] <u>공동수급체는 기본적으로 민법상의 조합의 성질을 가지는 것이므로</u> 그 구성원의 일방이 공동수급체의 대표자로서 업무집행자의 지위에 있었다고 한다면 그 구성원들 사이에는 민법상의 조합에 있어서 조합의 업무집행자와 조합원의 관계에 있었다고 할 것이다(필자 註 : 甲과 乙이 공동수급체를 구성한 후 甲이 공동수급체의 업무집행자로서 乙의 부담부분을 포함한 하도급공사대금 전액의 변제를 위하여 하수급인인 丙에게 약속어음을 교부하자 丙은 乙의 부담부분에 해당하는 입금표와 세금계산서를 甲에게 지급하고 乙은 甲으로부터 위 입금표 등을 교부받고 자신이 부담할 공사대금을 甲에게 지급한 경우, 丙이 甲에게 乙에 대한 공사대금수령권을 위임한 것으로 본 원심판결에 대하여 乙의 위 대급지급이 공동수급체의 구성원들 사이의 내부관계에서 분담비용을 정산한 것으로 볼 여지가 있다는 이유로 파기한 사례).
[大判 2001. 2. 23, 2000다68924] 민법상 조합의 채권은 조합원 전원에게 합유적으로 귀속하는 것이어서 특별한 사정이 없는 한 조합원 중 1인에 대한 채권으로써 그 조합원 개인을 집행채무자로 하여 조합의 채권에 대하여 강제집행을 할 수 없고, 조합 업무를 집행할 권한을 수여받은 업무집행 조합원은 조합재산에 관하여 조합원으로부터 임의적 소송신탁을 받아 자기 이름으로 소송을 수행할 수 있다(필자 註 : 수급인인 6개 회사가 공동협정서에 터잡아 상호 출자하여 신축공사 관련사업을 공동으로 시행하기로 하는 내용을 약정한 경우 그들 사이에는 민법상 조합이 성립하므로, 세무서장이 조합의 구성원인 1개 회사의 부가가치세 체납을 이유로 6개 회사의 조합재산인 공사대금 채권에 대하여 압류처분을 한 것은 체납자 아닌 제3자 소유의 재산을 대상으로 한 것으로서 당연무효라고 본 사례).

㉤ [誤] 선급금반환채무의 의미와 성질을 묻는 지문이다. 선급금반환채무란 공사도급계약 시 수급인이 공사를 중단하거나 완성하지 못하는 경우 도급인이 이미 지급한 공사선급금에 대한 반환채무를 말하며, 공사선급금이란 자금 사정이 좋지 않은 수급인으로 하여금 자재 확보, 노임 지급 등에 어려움이 없이 공사를 원활하게 진행할 수 있도록 하기 위하여, 도급인이 장차 지급할 공사대금을 수급인에게 미리 지급하여 주는 선급 공사대금을 말한다. 따라서 선급금의 성질상 공사계약이 중도에 해제·해지되어 수급인이 선급금을 반환하여야 하는 경우 그 선급금은 도급인이 지급하여야 할 기성고에 따른 공사대금채무에 상계의 의사표시 없이 당연히 충당된다.

[大判 2004. 11. 26, 2002다68362] 공사도급계약에 있어서 수수되는 선급금이 선급 공사대금의 성질을 갖는 점에 비추어 <u>선급금을 지급한 후 도급계약이 해제 또는 해지되는 등의 사유로 수급인이 도중에 선급금을 반환하여야 할 사유가 발생하였다면 특별한 사정이 없는 한 선급금은 별도의 상계의 의사표시 없이도 그 때까지의 기성고에 해당하는 공사대금에 당연히 충당되고</u>, 다만 선급금 반환에 관한 보증계약의 경우 보증인은 주채무자의 선급금 반환채무의 이행을 보증하는 것이므로 그 보증금 지급사유의 발생 및 범위에 관하여는 당해 보증의 대상으로 된 도급계약의 내용을 기준으로 판단하여야 할 것이므로 선급금의 충당 대상이 되는 기성공사대금의 내역을 어떻게 정할 것인지는 도급계약 당사자의 약정에 따라야 한다.

정답 ⑥

30. 배점 2 도급에 관한 설명 중 옳지 않은 것은? (다툼 있으면 판례에 의함) [08년]

① 수급인이 도급계약에 따른 의무를 제대로 이행하지 못함으로 말미암아 도급인의 신체 또는 재산에 손해가 발생한 경우, 수급인의 손해배상채무와 도급인의 공사대금채무는 동시이행관계에 있다.
② 건축공사의 일부분을 도급받은 자가 구체적인 지휘·감독권을 유보한 채 재료와 설비는 자신이 공급하면서 시공부분만을 시공기술자에게 하도급하는 경우와 같은 노무도급의 경우에는 비록 도급인이라고 하더라도 사용자로서의 배상책임이 있다.
③ 기성고에 따라 공사대금을 분할하여 지급하기로 약정한 경우, 특별한 사정이 없는 한 하자보수의무와 동시이행관계에 있는 공사대금지급채무는 당해 하자가 발생한 부분의 기성공사대금에 한정된다.
④ 건축업자가 타인의 대지를 매수하여 대금을 전혀 지급하지 아니한 채 그 지상에 자기의 노력과 비용으로 건물을 건축하였다면, 채무담보를 위하여 그 건축허가 명의를 대지소유자로 하는 경우에도 건축업자는 완성 건물의 소유권을 원시적으로 취득하고, 대지소유자 명의로 소유권보존등기를 마침으로써 담보목적의 범위 안에서 대지소유자에게 그 소유권이 이전된다.
⑤ 제작물공급계약에 있어서 계약에 의하여 제작·공급하여야 할 물건이 대체물인 경우에는 매매에 관한 규정이 적용된다.

해설

① [正] [大判 2005. 11. 10. 2004다37676] 수급인이 도급계약에 따른 의무를 제대로 이행하지 못함으로 말미암아 도급인의 신체 또는 재산에 손해가 발생한 경우 수급인에게 귀책사유가 없었다는 점을 스스로 입증하지 못하는 한 도급인에게 그 손해를 배상할 의무가 있다고 보아야 할 것이고, 원래 동시이행의 항변권은 공평의 관념과 신의칙에 입각하여 각 당사자가 부담하는 채무가 서로 대가적 의미를 가지고 관련되어 있을 때 그 이행과정에서의 견련관계를 인정하여 당사자 일방은 상대방이 채무를 이행하거나 이행의 제공을 하지 아니한 채 당사자 일방의 채무의 이행을 청구할 때에는 자기의 채무이행을 거절할 수 있도록 하는 제도인데, 이러한 제도의 취지로 볼 때 비록 당사자가 부담하는 각 채무가 쌍무계약관계에서 고유의 대가관계가 있는 채무는 아니라고 하더라도 구체적인 계약관계에서 각 당사자가 부담하는 채무에 관한 약정내용 등에 따라 그것이 대가적 의미가 있어 이행상의 견련관계를 인정하여야 할 사정이 있는 경우에는 동시이행의 항변권이 인정되어야 하는 점, 민법 제667조 제3항에 의하여 민법 제536조가 준용되는 결과 도급인이 수급인에 대하여 하자보수와 함께 청구할 수 있는 손해배상채권과 수급인의 공사대금채권은 서로 동시이행관계에 있는 점 등에 비추어 보면, 하자확대손해로 인한 수급인의 손해배상채무와 도급인의 공사대금채무도 동시이행관계에 있는 것으로 보아야 한다.

② [正] [大判 1997. 4. 25. 96다53086] 건축공사의 일부분을 하도급받은 자가 구체적인 지휘·감독권을 유보한 채, 재료와 설비는 자신이 공급하면서 시공 부분만을 시공기술자에게 재하도급하는 경우와 같은 노무도급의 경우, 그 노무도급의 도급인과 수급인은 실질적으로 사용자와 피용자의 관계에 있다.

③ [誤] [大判 2001. 9. 18. 2001다9304] 기성고에 따라 공사대금을 분할하여 지급하기로 약정한 경우라도, 특별한 사정이 없는 한 하자보수의무와 동시이행관계에 있는 공사대금지급채무는 당해 하자가 발생한 부분의 기성공사대금에 한정되는 것은 아니라고 할 것이다. 왜냐하면 이와 달리 본다면 도급인이 하자발생사실을 모른 채 하자가 발생한 부분에 해당하는 기성공사의 대금을 지급하고 난 후 뒤늦게 하자를 발견한 경우에는 동시이행의 항변권을 행사하지 못하게 되어 공평에 반하기 때문이다.

④ [正] [大判 2002. 4. 26. 2000다16350] 건축업자가 타인의 대지를 매수하여 그 대금을 지급하지 아니한 채 그 위에 자기의 노력과 재료를 들여 건물을 건축하면서 건축허가명의를 대지소유자로 한 경우에는, 부동산등기법 제131조의 규정에 의하여 특별한 사정이 없는 한 건축허가명의인 앞으로 소유권보존등기를 할 수밖에 없는 점에 비추어 볼 때, 그 목적이 대지대금 채무를 담보하기 위한 경우가 일반적이라 할 것이고, 이 경우 완성된 건물의 소유권은 일단 이를 건축한 채무자가 원시적으로 취득한 후 채권자 명의로 소유권보존등기를 마침으로써 담보 목적의 범위 내에서 위 채권자에게 그 소유권이 이전된다고 보아야 한다.

⑤ [正] [大判 1996. 6. 28. 94다42976] 당사자의 일방이 상대방의 주문에 따라 자기 소유의 재료를 사용하여 만든 물건을 공급할 것을 약정하고 이에 대하여 상대방이 대가를 지급하기로 약정하는 이른바 제작물공급계약은, 그 제작의 측면에서는 도급의 성질이

있고 공급의 측면에서는 매매의 성질이 있어 이러한 계약은 대체로 매매와 도급의 성질을 함께 가지고 있는 것으로서, 그 적용 법률은 계약에 의하여 제작 공급하여야 할 물건이 대체물인 경우에는 매매로 보아서 매매에 관한 규정이 적용된다고 할 것이나, 물건이 특정의 주문자의 수요를 만족시키기 위한 부대체물인 경우에는 당해 물건의 공급과 함께 그 제작이 계약의 주목적이 되어 도급의 성질을 띠는 것이다.

정답 ③

31. 배점 3 판례의 태도에 비추어 수급인의 담보책임 등에 관한 설명 중 옳은 것을 모두 고른 것은? [09년]

㉠ 수급인의 하자담보책임은 법이 특별히 인정한 무과실책임으로서 여기에 민법 제396조의 과실상계 규정이 준용될 수는 없다 하더라도 담보책임이 민법의 지도이념인 공평의 원칙에 입각한 것인 이상 하자 발생 및 그 확대에 가공한 도급인의 잘못을 참작할 수 있다.
㉡ 수급인이 도급계약에 따른 의무를 제대로 이행하지 못함으로 말미암아 도급인의 신체 또는 재산에 손해가 발생한 경우 수급인에게 귀책사유가 없었다는 점을 스스로 입증하지 못하는 한 도급인에게 그 손해를 배상할 의무가 있다.
㉢ 도급계약이 수급인의 채무불이행을 이유로 중도 해제되었으나 해제 당시 공사가 상당 정도 진척되어 이를 원상회복하는 것이 중대한 사회·경제적 손실을 초래하게 되고 완성된 부분이 도급인에게 이익이 되는 것으로 보이는 경우 도급계약은 미완성 부분에 대하여만 실효되는 것이므로, 도급인으로서는 수급인에게 약정 공사대금에서 기시공 부분에 대한 객관적 공사비용을 공제하는 방법으로 미시공 부분의 공사비를 산정하여 정하여진 기성고 비율에 따라 공사대금을 지급하면 된다.
㉣ 도급인이 수급인에 대하여 특정한 행위를 지휘하거나 특정한 사업을 도급시키는 경우와 같은 이른바 노무도급의 경우에는 비록 도급인이라고 하더라도 사용자로서의 배상책임이 있다.
㉤ 건물신축도급계약에 있어서 수급인이 신축한 건물의 하자가 중요하지 아니하면서 동시에 그 보수에 과다한 비용을 요하는 경우에는 도급인은 하자보수나 하자보수에 갈음하는 손해배상을 청구할 수 없고 그 하자로 인하여 입은 손해의 배상만을 청구할 수 있는데, 이 경우 그 하자로 인하여 입은 손해는 특별한 사정이 없는 한 도급인이 하자 없이 시공하였을 경우의 목적물의 교환가치와 하자가 있는 현재 상태대로의 교환가치와의 차액이 되므로, 그 하자 있는 목적물을 사용함으로 인하여 발생하는 정신적 고통으로 인한 손해는 배상에서 고려될 여지가 없다.

① ㉠, ㉡, ㉢
② ㉠, ㉢, ㉣
③ ㉠, ㉡, ㉣, ㉤
④ ㉡, ㉢, ㉤
⑤ ㉠, ㉡, ㉢, ㉣
⑥ ㉠, ㉡, ㉤
⑦ ㉠, ㉡, ㉣
⑧ ㉢, ㉣, ㉤

■ 채권각론 ■ 513

해설

㉠ [正] 수급인의 하자담보책임에 과실상계규정이 유추될 수 있는가에 관한 판례 태도를 묻는 지문이다. 유추를 인정하는 것이 대법원의 입장이다.
[大判 1990. 3. 9. 88다카31866] 수급인의 하자담보책임에 관한 민법 제667조는 법이 특별히 인정한 무과실 책임으로서 여기에 민법 제396조의 과실상계 규정이 준용될 수는 없다 하더라도 담보책임이 민법의 지도이념인 공평의 원칙에 입각한 것인 이상 하자발생 및 그 확대에 가공한 도급인의 잘못을 참작하여 손해배상의 범위를 정함이 상당하다.

㉡ [正] 수급인이 도급인의 신체 또는 재산에 관하여 발생시킨 손해 등과 같은 확대손해에 대한 배상책임의 근거를 묻는 지문이다. 판례는 무과실책임인 담보책임이 그 근거가 되는 것이 아니라 과실책임인 채무불이행책임이 그 근거가 된다는 입장이다.
[大判 2005. 11. 10. 2004다37676] <u>수급인이 도급계약에 따른 의무를 제대로 이행하지 못함으로 말미암아 도급인의 신체 또는 재산에 손해가 발생한 경우 수급인에게 귀책사유가 없었다는 점을 스스로 입증하지 못하는 한 도급인에게 그 손해를 배상할 의무가 있다고 보아야 할 것이고</u>, 원래 동시이행의 항변권은 공평의 관념과 신의칙에 입각하여 각 당사자가 부담하는 채무가 서로 대가적 의미를 가지고 관련되어 있을 때 그 이행과정에서의 견련관계를 인정하여 당사자 일방은 상대방이 채무를 이행하거나 이행의 제공을 하지 아니한 채 당사자 일방의 채무의 이행을 청구할 때에는 자기의 채무이행을 거절할 수 있도록 하는 제도인데, 이러한 제도의 취지로 볼 때 비록 당사자가 부담하는 각 채무가 쌍무계약관계에서 고유의 대가관계가 있는 채무는 아니라고 하더라도 구체적인 계약관계에서 각 당사자가 부담하는 채무에 관한 약정내용 등에 따라 그것이 대가적 의미가 있어 이행상의 견련관계를 인정하여야 할 사정이 있는 경우에는 동시이행의 항변권이 인정되어야 하는 점, 민법 제667조 제3항에 의하여 민법 제536조가 준용되는 결과 도급인이 수급인에 대하여 하자보수와 함께 청구할 수 있는 손해배상채권과 수급인의 공사대금채권은 서로 동시이행관계에 있는 점 등에 비추어 보면, 하자확대손해로 인한 수급인의 손해배상채무와 도급인의 공사대금채무도 동시이행관계에 있는 것으로 보아야 한다.

㉢ [誤] 도급계약이 중도 해제되어 장래를 향하여 도급계약이 실효되는 경우, 도급인이 지급하여야 할 공사대금을 산정하는 방법을 묻는 지문이다. 도급계약 해제 당시 공사가 상당 정도 진척되어 이를 원상회복하는 것이 중대한 손실을 초래하는 경우 도급계약은 미완성부분에 대해서만 실효된다는 것이 대법원의 입장인데, 그러한 경우 도급인이 지급해야 할 기완성부분에 관한 공사대금은 기성부분과 미시공부분에 실제로 소요되거나 소요될 공사비를 기초로 산출한 기성고비율을 약정공사비에 적용하여 산정하여야 한다는 것이 대법원 입장이다. 가령 약정공사대금이 1억원이고, 기성공사부분의 객관적인 공사비용이 3천만원인 경우 미시공부분의 공사비를 7천만원으로 산정하여 기성고 비율을 산정할 것이 아니라(그러한 방법으로 산정하면 약정공사대금 속에 포함된 수급인의 노력에 따른 대가는 지급되지 못하는 문제가 있다) 기성부분의 객관적인 공사비용이 3천만원이라도 미시공부분의 공사비를 별도로 산정하여 그 공사비가 3천만원이라면 기성고의 비율은 50%이므로 도급인은 약정공사대금의 50%인 5천만원을 지급

하여야 한다.
[大判 1995. 6. 9. 94다29300 · 29317] 수급인이 공사를 완성하지 못한 채 공사도급계약이 해제되어 <u>기성고에 따른 공사비를 정산하여야 할 경우</u>, 특별한 사정이 없는 한 그 공사비는 약정총공사비에서 막바로 미시공 부분의 완성에 실제로 소요될 공사비를 공제하여 산정할 것이 아니라 <u>기성 부분과 미시공 부분에 실제로 소요되거나 소요될 공사비를 기초로 산출한 기성고 비율을 약정 공사비에 적용하여 산정하여야 하고</u>, 기성고 비율은 이미 완성된 부분에 소요된 공사비에다가 미시공 부분을 완성하는 데 소요될 공사비를 합친 전체 공사비 가운데 이미 완성된 부분에 소요된 비용이 차지하는 비율이다.

㉣ [正] [大判 2005. 11. 10. 2004다37676] 일반적으로 도급인과 수급인 사이에는 지휘·감독의 관계가 없으므로 도급인은 수급인이나 수급인의 피용자의 불법행위에 대하여 사용자로서의 배상책임이 없는 것이지만, <u>도급인이 수급인에 대하여 특정한 행위를 지휘하거나 특정한 사업을 도급시키는 경우와 같은 이른바 노무도급의 경우에는 비록 도급인이라고 하더라도 사용자로서의 배상책임이 있다.</u>

㉤ [誤] 신축한 건물의 하자로 인한 정신적 고통에 대한 위자료청구가 허용되는가를 묻는 지문이다. 이는 재산적 손해전보에 의하여 전보될 수 있는 손해이지만, 재산적 손해전보에도 불구하고 전보되지 않을 만한 특별한 사정이 있고, 그에 관한 수급인의 예견가능성이 있다면 특별손해로서 배상되어야 한다는 것이 대법원의 입장이다.
[大判 1997. 2. 25. 96다45436] 건물신축도급계약에 있어서 수급인이 신축한 건물의 하자가 중요하지 아니하면서 동시에 그 보수에 과다한 비용을 요하는 경우에는 도급인은 하자보수나 하자보수에 갈음하는 손해배상을 청구할 수 없고 그 하자로 인하여 입은 손해의 배상만을 청구할 수 있다 할 것인데, 이러한 경우 그 <u>하자로 인하여 입은 통상의 손해는 특별한 사정이 없는 한 도급인이 하자 없이 시공하였을 경우의 목적물의 교환가치와 하자가 있는 현재의 상태대로의 교환가치와의 차액이 되고, 그 하자 있는 목적물을 사용함으로 인하여 발생하는 정신적 고통으로 인한 손해는 수급인이 그러한 사정을 알았거나 알 수 있었을 경우에 한하여 특별손해로서 배상받을 수 있다.</u>

정답 ⑦

32. 배점 2 수급인 또는 분양자의 담보책임에 관한 설명 중 옳지 않은 것은? (다툼 있으면 판례에 의함) [10년]

① 건축도급계약의 수급인이 도급인으로부터 제공받은 설계도면의 기재대로 시공한 경우, 수급인이 그 설계도면이 부적당함을 알고 도급인에게 고지하지 아니한 때를 제외하고, 그로 인하여 목적물에 하자가 생겼더라도 수급인에게 하자담보책임을 지울 수는 없다.

② 공사도급계약서 또는 그 계약내용에 편입된 약관에 "수급인이 하자담보책임 기간 중 도급인으로부터 하자보수요구를 받고 이에 불응한 경우 하자보수보증금은 도급인에게 귀속한다."라는 조항이 있을 때, 이 하자보수보증금은 특별한 사정이 없는 한 위약벌의 성질을 가진다.

③ 집합건물의 분양자가 「집합건물의 소유 및 관리에 관한 법률」 제9조에 따라 지는 담보책임은 법정책임이므로, 이에 따른 손해배상청구권에 대하여는 10년의 소멸시효기간이 적용된다.
④ 토지, 건물 기타 공작물의 수급인은 목적물 또는 지반공사의 하자에 대하여 인도 후 5년간 담보책임을 지지만, 그 목적물이 석조, 석회조 기타 이와 유사한 재료로 조성된 것이라면 그 기간은 10년이다.
⑤ 집합건물에 대한 담보책임을 물을 수 있는 수분양자가 집합건물을 양도한 경우, 담보책임을 물을 수 있는 권리는 양도 당시 양도인이 이를 행사하기 위하여 유보하였다는 등의 특별한 사정이 없는 한 집합건물의 현재의 구분소유자에게 귀속한다.

해설

① [正] 수급인 담보책임을 묻는 지문이다. 도급인의 지시에 따라 수급인이 일을 완성한 경우, 수급인은 목적물에 하자가 생겼더라도 원칙적으로 담보책임을 부담하지 않는다(제669조 본문). 다만 수급인이 도급인의 지시가 부적당함을 알고 도급인에게 고지하지 아니한 때에는 담보책임을 면하지 못한다(제669조 단서). 설계도면은 도급인의 지시라고 보아야 한다.
[大判 1996. 5. 14. 95다24975] 도급계약의 수급인이 설계도면의 기재대로 시공한 경우, 이는 도급인의 지시에 따른 것과 같아서 수급인이 그 설계도면이 부적당함을 알고 도급인에게 고지하지 아니한 것이 아닌 이상, 그로 인하여 목적물에 하자가 생겼다 하더라도 수급인에게 하자담보책임을 지울 수는 없다.

② [誤] 하자보수보증금의 법적 성질을 묻는 지문이다. 대법원은 하자보수보증금은 다른 특별한 사정이 없는 한 손해배상액의 예정이라고 본다. 다만 통상의 손해배상액의 예정과 달리 실손해가 하자보수보증금을 초과하는 경우에는 초과손해에 대하여 배상청구를 허용하는 특수한 손해배상액의 예정이라고 본다. 위약벌을 성질을 가진다고 보지는 않는다.
[大判 2002. 7. 12. 2000다17810] 공사도급계약서 또는 그 계약내용에 편입된 약관에 수급인이 하자담보책임 기간 중 도급인으로부터 하자보수요구를 받고 이에 불응한 경우 하자보수보증금은 도급인에게 귀속한다는 조항이 있을 때 이 하자보수보증금은 특별한 사정이 없는 한 손해배상액의 예정으로 볼 것이고, 다만 하자보수보증금의 특성상 실손해가 하자보수보증금을 초과하는 경우에는 그 초과액의 손해배상을 구할 수 있다는 명시 규정이 없다고 하더라도 도급인은 수급인의 하자보수의무 불이행을 이유로 하자보수보증금의 몰취 외에 그 실손해액을 입증하여 수급인으로부터 그 초과액 상당의 손해배상을 받을 수도 있는 특수한 손해배상액의 예정으로 봄이 상당하다.

③ [正] 집합건물법 제9조가 규정하고 있는 분양자 담보책임의 성질 및 그 권리의 소멸기간을 묻는 지문이다. 분양자의 담보책임에 관해서는 수급인 담보책임규정이 준용되는데, 이는 분양계약이 도급계약의 성질을 가지기 때문이 아니다. 분양자의 담보책임은 법정의 책임이며, 그 권리의 소멸기간은 민사책임이므로 10년의 소멸시효기간에 해당한다.

[大判 2008. 12. 11. 2008다12439] 집합건물의 소유 및 관리에 관한 법률 제9조는 건축업자 내지 분양자로 하여금 견고한 건물을 짓도록 유도하고 부실하게 건축된 집합건물의 소유자를 두텁게 보호하기 위하여 집합건물 분양자의 담보책임에 관하여 민법상 도급인의 담보책임에 관한 규정을 준용하도록 함으로써 분양자의 담보책임의 내용을 명확히 하는 한편 이를 강행규정화한 것으로서, 같은 조에 의한 책임은 분양계약에 기한 책임이 아니라 집합건물의 분양자가 집합건물의 현재의 구분소유자에 대하여 부담하는 법정책임이므로 이에 따른 손해배상청구권에 대하여는 민법 제162조 제1항에 따라 10년의 소멸시효기간이 적용된다.

④ [正] 수급인 담보책임의 제척기간을 묻는 지문이다. 민법 제671조에서는 토지, 건물 기타 공작물의 수급인은 목적물 또는 지반공사의 하자에 대하여 인도 후 5년간 담보의 책임이 있다. 그러나 목적물이 석조, 석회조, 연와조, 금속 기타 이와 유사한 재료로 조성된 것인 때에는 그 기간을 10년으로 한다고 규정하고 있다.

⑤ [正] 집합건물법상 분양자에게 담보책임을 추궁할 수 있는 권리자가 누구인가를 묻는 지문이다. 현재의 구분소유자가 담보책임을 물을 수 있는 권리를 가진다.
] 집합건물의소유및관리에관한법률 제9조는 집합건물의 건축자 내지 분양자로 하여금 견고한 건물을 짓도록 유도하고 부실하게 건축된 집합건물의 소유자를 두텁게 보호하기 위하여 집합건물을 건축하여 분양하는 자의 담보책임에 관하여 수급인의 담보책임에 관한 민법 제667조 내지 제671조의 규정을 준용하는 한편 이를 강행규정화하였으며, 위 규정에 의한 하자담보추급권은 현재의 집합건물의 소유자에게 귀속한다.

정답 ②

* 다음 사실관계를 읽고 아래 각 문항(문33, 문34)에 대하여 답하시오.

甲과 乙은, 甲의 토지 위에 乙이 건물신축공사를 하고, 甲은 기성고에 따라 소정의 공사비를 지급하기로 약정하면서, 乙이 재료를 공급하여 공사를 하되, 건축허가는 甲의 명의로 받고 건물을 甲 소유로 하여 甲의 명의로 소유권보존등기를 하기로 하였다. 乙은 전체 공정의 50%(기둥, 지붕 및 주벽 등은 이루어짐)를 진척시킨 상태에서 작업을 중단하였으며, 甲은 乙에게 공사를 속행할 것을 최고하였으나, 상당한 기간이 지나도록 乙이 공사를 진행하지 않았다. 한편 이 건물의 기성 부분의 벽에는 균열이 있는 등 하자가 발견되었다.

33. 배점 2 위 건물을 둘러싼 법률관계에 관한 설명 중 옳은 것은? (다툼 있으면 판례에 의함) [11년]

① 위 건물은 아직 완성되지 않았으므로 독립된 부동산이 아니며, 甲의 토지의 일부이다.
② 위 건물은 乙의 재료와 노력으로 이루어졌으므로 乙이 원시취득한다.
③ 위 건물은 乙이 일단 원시취득하였다가, 당사자의 합의에 따라 甲 명의로 소유권보

존등기가 되면 甲에게 소유권이 이전된다.
④ 위 건물은 乙이 원시취득하지만, 甲이 계약을 해제한다면 甲에게 소유권이 귀속된다.
⑤ 위 건물은 甲이 소유권보존등기 없이도 원시취득한다.

해설

① [誤] 건물의 독립성 판단기준을 묻는 지문이다. 건물이 완성되어야 독립한 건물로 되는 것은 아니다. 건물의 기둥, 지붕 및 주벽 등이 완성되어 사회관념상 건물로 평가될 수 있는 정도까지 건축이 진전된 경우에는 건물의 독립성이 인정된다. 따라서 완성되지 아니하였으므로 독립된 부동산이 아니라는 본 지문은 옳지 않다.

② [誤] ③ [誤] ④ [誤] ⑤ [正] 신축건물이 도급인과 수급인 중에서 누구에게 원시적으로 귀속되는지를 묻는 지문이다. 주어진 사실관계에 따르면 재료는 수급인인 乙이 제공하기로 하였으나, 완성될 건물을 甲의 소유로 하기로 하는 합의가 있었다. 완성될 건물을 누구의 것으로 할 것인가에 관해서 도급인과 수급인 사이에 합의가 있다면 합의에 따라 원시취득자가 결정된다. 따라서 완성된 건물은 甲과 乙 사이의 합의내용에 따라 甲에게 원시적으로 귀속되며, 건물신축에 따른 소유권취득은 법률행위에 의한 취득이 아니므로 등기가 필요한 것은 아니다.
[大判 1997. 5. 30 97다8601] 일반적으로 <u>자기의 노력과 재료를 들여 건물을 건축한 사람은 그 건물의 소유권을 원시취득하는 것이고</u>, 다만 도급계약에 있어서는 수급인이 자기의 노력과 재료를 들여 건물을 완성하더라도 <u>도급인과 수급인 사이에 도급인 명의로 건축허가를 받아 소유권보존등기를 하기로 하는 등 완성된 건물의 소유권을 도급인에게 귀속시키기로 합의한 것으로 보여질 경우에는 그 건물의 소유권은 도급인에게 원시적으로 귀속된다.</u>

정답 ⑤

34. 배점 3 위 계약에 관한 설명 중 옳은 것을 모두 고른 것은? (다툼이 있는 경우에는 판례에 의하고, 건축 관련 법규의 적용을 배제함.) [11년]

ㄱ. 甲이 乙의 공사 중단을 이유로 계약을 해제한 경우, 원상회복이 중대한 사회적·경제적 손실을 초래하게 되고 기성 부분이 甲에게 이익이 되어 해제된 때의 상태 그대로 건물을 인도받은 때에는 특별한 사정이 없는 한 乙에게 미완성건물에 대한 보수를 지급하여야 한다.
ㄴ. 위 건물이 연와조로 조성된 경우, 乙은 인도 후 10년간 하자담보책임을 지게 된다.
ㄷ. 乙이 하자담보책임을 지지 않기로 약정하였더라도 그 약정은 원칙적으로 효력이 인정되지 않는다.

ㄹ. 위 건물의 하자로 인하여 甲이 정신적 고통을 받은 경우, 하자의 보수나 손해배상을 청구할 수는 있으나 위자료의 배상을 청구할 수 있는 경우는 없다.
ㅁ. 위 하자로 인한 乙의 손해배상책임을 정함에 있어서 과실상계 규정을 준용할 수는 없으므로, 甲의 잘못을 참작하여서는 안 된다.
ㅂ. 위 균열을 이유로 甲이 乙에게 하자담보책임을 묻는 경우, 그 균열이 중요하지 않은데 그 보수에 과다한 비용을 요할 때에는 甲은 하자의 보수에 갈음하는 손해 및 하자로 인한 손해의 배상을 청구할 수 있다.

① ㄱ, ㄴ   ② ㄷ, ㄹ   ③ ㄴ, ㅁ   ④ ㄱ, ㅂ   ⑤ ㅁ, ㅂ

해설

ㄱ. [正] 수급인의 채무불이행을 이유로 공사도급계약이 해제된 경우의 효과를 묻는 지문이다. 판례는 통상적인 해제와 달리 공사도급계약 해제의 경우에는 소급효를 제한하고 있다. 즉, 지문과 같은 사정이 있는 경우에는 도급계약 해제의 소급효가 제한되어 장래를 향하여 도급계약의 효력이 소멸하고, 기성부분에 대한 도급인의 보수채무는 해제에도 불구하고 그대로 존속한다는 것이 대법원의 입장이다. 따라서 현장을 인도받은 도급인 甲은 특별한 사정이 없는 한 수급인 乙에게 기성부분에 해당하는 공사대금을 보수로 지급하여야 한다.
[大判 1994. 11. 4. 94다18584] 건축공사도급계약의 수급인이 일을 완성하지 못한 상태에서 그의 채무불이행으로 말미암아 건축공사도급계약이 해제되었으나, 해제 당시 공사가 상당한 정도로 진척되어 이를 원상회복하는 것이 중대한 사회적·경제적 손실을 초래하게 되고, 완성된 부분이 도급인에게 이익이 되는 경우, 그 도급계약은 미완성부분에 대하여만 실효되고 수급인은 해제 당시의 상태 그대로 그 건물을 도급인에게 인도하고 도급인은 특별한 사정이 없는 한 인도받은 미완성건물에 대한 보수를 지급하여야 하는 권리·의무관계가 성립한다고 할 것이며, 이와 같은 사정으로 말미암아 수급인의 공사대금채권이 남아 있는 경우에는 설사 그 도급계약의 일부가 해제되었다 하더라도 그에 부수된 공사대금채권 양도금지특약은 실효되지 않는다고 보아야 옳다.
ㄴ. [正] 연와조로 조성된 건물의 하자로 인한 담보책임의 존속기간을 묻는 지문이다. 토지, 건물 기타 공작물 도급의 경우 목적물이나 지반공사 하자로 인한 담보책임은 인도 후 5년간 존속하고, 목적물이 석조, 석회조, 연와조, 금속 기타 이와 유사한 견고한 재료로 조성된 경우에는 인도 후 10년간 존속한다(제671조 제1항).
ㄷ. [誤] 하자담보책임을 배제하는 특약의 효력을 묻는 지문이다. 하자담보책임을 배제하는 특약은 원칙적으로 유효하다. 다만, 수급인이 고지하지 아니한 사실에 대해서는 담보책임을 면하지 못한다(제672조).
ㄹ. [誤] 건물의 하자로 인한 위자료청구가 허용되는지 여부를 묻는 지문이다. 건물의 하자로 인하여 도급인에게 발생한 손해는 원칙적으로 재산적 손해이며, 건물의 하자로 인한 정신적 손해는 재산적 손해전보에 의하여 전보되는 것이 원칙이다. 그러나 재

산적 손해전보에도 불구하고 남는 정신적 고통이 있을 수 있는데, 그와 같은 특별한 사정이 있고, 그 사정에 관해서 수급인이 예견할 수 있었다면 위자료청구도 가능할 수는 있다. 즉 특별손해로서 제393조 제2항의 요건 하에서 배상을 청구할 수는 있다.

[大判 1997. 2. 25. 96다45436] 건물신축도급계약에 있어서 수급인이 신축한 건물의 하자가 중요하지 아니하면서 동시에 그 보수에 과다한 비용을 요하는 경우에는 도급인은 하자보수나 하자보수에 갈음하는 손해배상을 청구할 수 없고 그 하자로 인하여 입은 손해의 배상만을 청구할 수 있다 할 것인데, 이러한 경우 그 하자로 인하여 입은 통상의 손해는 특별한 사정이 없는 한 도급인이 하자 없이 시공하였을 경우의 목적물의 교환가치와 하자가 있는 현재의 상태대로의 교환가치와의 차액이 되고, 그 하자 있는 목적물을 사용함으로 인하여 발생하는 정신적 고통으로 인한 손해는 수급인이 그러한 사정을 알았거나 알 수 있었을 경우에 한하여 특별손해로서 배상받을 수 있다.

ㅁ. [誤] 하자로 인한 손해배상책임을 산정함에 있어 과실상계 규정이 유추되는지 여부를 묻는 지문이다. 비록 준용규정은 없지만, 도급인의 잘못을 참작하여야 손해배상액을 산정하여야 한다는 것이 대법원의 입장이다. 즉, 유추를 인정한다.

[大判 1990. 3. 9. 88다카31866] 수급인의 하자담보책임에 관한 민법 제667조는 법이 특별히 인정한 무과실 책임으로서 여기에 민법 제396조의 과실상계 규정이 준용될 수는 없다 하더라도 담보책임이 민법의 지도이념인 공평의 원칙에 입각한 것인 이상 하자발생 및 그 확대에 가공한 도급인의 잘못을 참작하여 손해배상의 범위를 정함이 상당하다.

ㅂ. [誤] 하자가 중요하지 아니하면서 그 보수에 과다한 비용이 드는 경우, 수급인 담보책임 내용을 묻는 지문이다. 하자보수청구나 하자보수에 갈음하는 손해배상청구는 허용되지 않으며, 하자로 인하여 입은 손해배상만을 청구할 수 있다는 것이 대법원의 입장이다.

[大判 1997. 2. 25. 96다45436] 건물신축도급계약에 있어서 수급인이 신축한 건물의 하자가 중요하지 아니하면서 동시에 그 보수에 과다한 비용을 요하는 경우에는 도급인은 하자보수나 하자보수에 갈음하는 손해배상을 청구할 수 없고 그 하자로 인하여 입은 손해의 배상만을 청구할 수 있다 할 것인데, 이러한 경우 그 하자로 인하여 입은 통상의 손해는 특별한 사정이 없는 한 도급인이 하자 없이 시공하였을 경우의 목적물의 교환가치와 하자가 있는 현재의 상태대로의 교환가치와의 차액이 되고, 그 하자 있는 목적물을 사용함으로 인하여 발생하는 정신적 고통으로 인한 손해는 수급인이 그러한 사정을 알았거나 알 수 있었을 경우에 한하여 특별손해로서 배상받을 수 있다.

정답 ①

35. [배점 2] 민법상 위임에 대한 설명 중 옳은 것을 모두 고른 것은? (다툼 있으면 판례에 의함) [07년]

㉠ 위임은 원칙적으로 무상계약이지만 특약이 있으면 위임인은 보수지급 의무를 지고, 유상의 위임에 있어서 수임인의 귀책사유 없이 위임이 이행 중 종료한 경우에도 위임인은 이미 행해진 이행의 비율에 따라서 보수를 지급하여야 한다.
㉡ 무상위임에 있어서도 위임인은 위임사무처리를 위하여 수임인이 지출한 비용을 상환할 의무를 지지만, 비용 지출 전에 수임인이 청구해 온 경우에는 위임인은 비용을 지급할 의무가 없다.
㉢ 수임인이 위임사무를 처리하기 위하여 자기에게 과실 없이 손해를 입은 때에는 이에 관하여 위임인에게 과실이 있는 경우에 한하여 그 손해의 배상을 청구할 수 있다.
㉣ 위임인은 특별한 이유가 없어도 계약을 해지할 수 있지만, 부득이한 사유 없이 수임인에게 불리한 시기에 해지한 때에는 수임인에게 생긴 손해를 배상하여야 한다.

① ㉠, ㉡, ㉢   ② ㉠, ㉢, ㉣
③ ㉡, ㉢   ④ ㉡, ㉢, ㉣
⑤ ㉡, ㉣   ⑥ ㉠, ㉡, ㉣
⑦ ㉢, ㉣   ⑧ ㉠, ㉣

해설

㉠ [正] 제686조 제3항.
㉡ [誤] 제687조. 무상위임의 경우에도 비용선급의무는 인정된다.
㉢ [誤] 제688조 제3항. 위임인에게 과실이 없는 경우에도 손해배상을 청구할 수 있다.
㉣ [正] 제689조.

정답 ⑧

36. 민법상 조합의 재산관계에 관한 판례의 입장에 부합하지 않는 것은? [04년]

① 특별한 사정이 없는 한 조합원 중 1인은 임의로 조합의 채무자에 대하여 출자지분의 비율에 따른 급부를 청구할 수 있다.
② 조합이 조합재산으로 취득한 부동산에 관하여 조합원들 명의로 마친 공유등기는 부동산실권리자명의등기에관한법률에 의하여 무효가 된다.
③ 조합이 해산되고 청산이 종료할 때까지 일부 조합원이 다른 조합원들의 동의를 얻지 않고 조합재산인 채권을 타인에게 양도한 행위는 무효이다.
④ 조합재산의 처분 및 변경에 관한 행위는 다른 특별한 사정이 없는 한 조합의 특별사무에 해당하는 업무집행이므로, 업무집행조합원이 수인인 경우에 원칙적으로 그

들의 과반수로써 결정한다.
⑤ 조합의 잔무로서 처리할 일이 없고 잔여재산의 분배만이 남아 있을 때에는, 따로 청산절차를 밟을 필요가 없이 각 조합원은 자신의 잔여재산 분배비율의 범위 내에서 그 분배비율을 초과하여 잔여재산을 보유하고 있는 조합원에 대하여 바로 잔여재산의 분배를 청구할 수 있다.

해설

① [誤] [大判 1963. 9. 5, 63다330] 제3자가 불법하게 조합재산을 침해한 경우 이로 인하여 발생한 손해배상청구권은 조합재산으로 조합원의 합유에 속하는 것이고 그 채권이 지분의 비율에 의하여 조합원에게 분해되어 귀속하는 것은 아니므로 조합이 해산되어 청산의 방법으로 조합채권을 분해·귀속키로 하였다면 별문제이지만 그렇지 아니한 경우 조합원의 한 사람은 그 채권을 직접 청구할 수 없다 할 것이다.

② [正] [大判 2002. 6. 14, 2000다30622] [1] 동업을 목적으로 한 조합이 조합체로서 또는 조합재산으로서 부동산의 소유권을 취득하였다면, 민법 제271조 제1항의 규정에 의하여 당연히 그 조합체의 합유물이 되고(이는 민법 제187조에 규정된 '법률의 규정에 의한 물권의 취득'과는 아무 관계가 없다. 따라서 조합체가 부동산을 법률행위에 의하여 취득한 경우에는 물론 소유권이전등기를 요한다.), 다만, 그 조합체가 합유등기를 하지 아니하고 그 대신 조합원들 명의로 각 지분에 관하여 공유등기를 하였다면, 이는 그 조합체가 조합원들에게 각 지분에 관하여 명의신탁한 것으로 보아야 한다. [2] 동업 목적의 조합체가 부동산을 조합재산으로 취득하였으나 합유등기가 아닌 조합원들 명의로 공유등기를 하였다면 그 공유등기는 조합체가 조합원들에게 각 지분에 관하여 명의신탁한 것에 불과하므로 부동산실권리자명의등기에관한법률 제4조 제2항 본문이 적용되어 명의수탁자인 조합원들 명의의 소유권이전등기는 무효이어서 그 부동산 지분은 조합원들의 소유가 아니기 때문에 이를 일반채권자들의 공동담보에 공하여지는 책임재산이라고 볼 수 없고, 따라서 조합원들 중 1인이 조합에서 탈퇴하면서 나머지 조합원들에게 그 지분에 관한 소유권이전등기를 경료하여 주었다 하더라도 그로써 채무자인 그 해당 조합원의 책임재산에 감소를 초래한 것이라고 할 수 없으므로, 이를 들어 일반채권자를 해하는 사해행위라고 볼 수는 없으며, 그에게 사해의 의사가 있다고 볼 수도 없다고 한 사례.

③ [正] 조합이 해산되어 청산이 완료될 때까지 조합재산은 조합원의 합유이므로 일부 조합원이 다른 조합원의 동의 없이 조합재산을 처분하는 행위는 무효이다.
[大判 1993. 3. 23, 92다42620] [1] 조합이 해산된 때에 처리하여야 할 잔무가 없고 잔여재산의 분배만이 남아 있을 경우에는 따로 청산절차를 밟을 필요가 없겠지만, 그렇지 않은 경우에는 조합원들에게 분배할 잔여재산과 그 가액이 청산절차가 종료된 때에 확정되는 것이므로 조합원들 사이에 특별한 다른 약정이 없는 이상 청산절차가 종료되지 아니한 상태에서 잔여재산의 분배를 청구할 수는 없는 것이다. [2] 일부 청산인들이 청산절차에 협력하지 아니하기 때문에 청산절차가 진행되지 않고 있다고 하더라도, 그들을 상대로 청산인으로서의 직무를 집행하지 못하도록 함과 아울러 그 직무를

대행할 자를 선임하여 줄 것을 법원에 신청하는 등 청산절차를 진행하기 위한 다른 수단을 강구하는 것은 별론으로 하고, 청산절차가 종결되지 아니한 상태에서 바로 잔여재산의 분배나 정산금의 지급을 청구할 수는 없다.

④ [正] [大判 2000. 10. 10, 2000다28506 · 28513] 조합재산의 처분 · 변경에 관한 행위는 다른 특별한 사정이 없는 한 조합의 특별사무에 해당하는 업무집행이며, 업무집행조합원이 수인 있는 경우에는 조합의 통상사무의 범위에 속하지 아니하는 특별사무에 관한 업무집행은 민법 제706조 제2항에 따라 원칙적으로 업무집행조합원의 과반수로써 결정한다.

⑤ [正] [大判 2000. 4. 21, 99다35713] 조합의 목적 달성으로 인하여 조합이 해산되었으나 조합의 잔무로서 처리할 일이 없고 다만 잔여재산의 분배만이 남아 있을 때에는 따로 청산절차를 밟을 필요가 없이 각 조합원은 자신의 잔여재산의 분배비율의 범위 내에서 그 분배비율을 초과하여 잔여재산을 보유하고 있는 조합원에 대하여 바로 잔여재산의 분배를 청구할 수 있고, 이 경우의 잔여재산 분배청구권은 조합원 상호간의 내부관계에서 발생하는 것으로서 각 조합원이 분배비율을 초과하여 잔여재산을 보유하고 있는 조합원을 상대로 개별적으로 행사하면 족한 것이지 반드시 조합원들이 공동으로 행사하거나 조합원 전원을 상대로 행사하여야 하는 것은 아니다.

정답 ①

37. 조합계약에 관한 설명이다. 판례의 입장과 다른 것은? [06년]

① 甲이 동업계약(조합계약)에 의하여 토지의 소유권을 투자하기로 하였으나 아직 조합원의 합유로 하는 등기가 경료되지 않은 경우, 甲은 조합원이 아닌 제3자가 점유할 권원 없이 위 토지를 점유하고 있다면, 甲은 소유권에 기하여 제3자에게 위 토지의 반환을 청구할 수 있다.

② 동업목적의 조합체가 토지를 조합재산으로 취득하였으나 합유등기가 아닌 조합원들 명의의 공유등기를 하였다면, 그 공유등기는 조합체가 조합원들에게 각 지분에 관하여 명의신탁한 것으로 보아야 한다.

③ '조합원이 파산하여도 조합에서 탈퇴하지 않는다'는 내용의 조합원들 사이의 약정은 원칙적으로 허용되지 않지만, 파산한 조합원이 그 조합에 잔류하는 것이 파산한 조합원의 채권자들에게 불리하지 아니하여 파산한 조합원의 채권자들의 동의를 얻어 파산관재인이 조합에 잔류할 것을 선택한 경우까지 위와 같은 탈퇴금지약정이 무효라고 할 것은 아니다.

④ 조합으로부터 부동산을 매수하여 잔대금채무를 지고 있는 자가 조합원 중 1인에 대하여 개인채권을 가지고 있는 경우, 그 채권과 조합과의 매매계약으로 인한 잔대금채무를 서로 대등액에서 상계할 수 있다.

⑤ 조합의 목적달성으로 인하여 조합이 해산되었으나 조합의 잔무로서 처리할 일이 없고 다만 잔여재산의 분배만이 남아 있을 때에는, 따로 청산절차를 밟을 필요 없이

각 조합원은 자신의 잔여재산의 분배비율의 범위 내에서 그 분배비율을 초과하여 잔여재산을 보유하고 있는 조합원에 대하여 바로 잔여재산의 분배를 청구할 수 있다.

해설

① [正] 조합원이 조합계약에 의하여 토지 소유권을 출자하기로 하였으나, 아직 조합원의 합유로 등기되지 아니한 경우에는 형식주의 원칙상 그 토지의 소유권은 여전히 출자하기로 약속한 조합원의 소유에 속한다. 따라서 그 조합원은 권원 없이 토지를 점유하는 제3자에 대하여 토지의 반환을 구할 수 있다.
[大判 1991. 7. 12, 90다13161] 부동산의 소유자가 동업계약(조합계약)에 의하여 부동산의 소유권을 투자하기로 하였으나 아직 그의 소유로 등기가 되어 있는 경우 그 조합원이 아닌 제3자에 대하여는 여전히 소유자로서 그 소유권을 행사할 수 있다(필자 註 : 조합에 대하여 그 소유권을 이전할 의무 내지 그 사용을 인용할 의무가 있다고 할 수는 있을망정 그 동업계약을 이유로 위 조합계약당사자 아닌 사람에 대한 관계에서 위 부동산이 조합원의 합유에 속한다고 할 수는 없다는 점을 근거로 한다).

② [正] [大判 2002. 6. 14, 2000다30622] 동업을 목적으로 한 조합이 조합체로서 또는 조합재산으로서 부동산의 소유권을 취득하였다면, 민법 제271조 제1항의 규정에 의하여 당연히 그 조합체의 합유물이 되고(이는 민법 제187조에 규정된 "법률의 규정에 의한 물권의 취득"과는 아무 관계가 없다. 따라서 조합체가 부동산을 법률행위에 의하여 취득한 경우에는 물론 소유권이전등기를 요한다.), 다만, 그 조합체가 합유등기를 하지 아니하고 그 대신 조합원들 명의로 각 지분에 관하여 공유등기를 하였다면, 이는 그 조합체가 조합원들에게 각 지분에 관하여 명의신탁한 것으로 보아야 한다.

③ [正] [大判 2004. 9. 13, 2003다26020] 조합원들이 조합계약 당시 민법 제717조의 규정과 달리 차후 조합원 중에 파산하는 자가 발생하더라도 조합에서 탈퇴하지 않기로 약정한다면 이는 장래의 불특정 다수의 파산채권자의 이해에 관련된 것을 임의로 위 법 규정과 달리 정하는 것이어서 원칙적으로는 허용되지 않는다 할 것이지만, 파산한 조합원이 제3자와의 공동사업을 계속하기 위하여 그 조합에 잔류하는 것이 파산한 조합원의 채권자들에게 불리하지 아니하여 파산한 조합원의 채권자들의 동의를 얻어 파산관재인이 조합에 잔류할 것을 선택한 경우까지 조합원이 파산하여도 조합으로부터 탈퇴하지 않는다고 하는 조합원들 사이의 탈퇴금지의 약정이 무효라고 할 것은 아니다.

④ [誤] 조합채무자는 그 채무와 조합원에 대한 채권으로 상계하지 못한다(제715조). 따라서 조합에 대하여 잔대금채무를 지고 있는 자는 조합원 중 1인에 대한 개인채권을 가지고 상계할 수 없다.
[大判 1998. 3. 13, 97다6919] 조합에 대한 채무자는 그 채무와 조합원에 대한 채권으로 상계할 수는 없는 것이므로(민법 제715조), 조합으로부터 부동산을 매수하여 잔대금 채무를 지고 있는 자가 조합원 중의 1인에 대하여 개인 채권을 가지고 있다고 하더라도 그 채권과 조합과의 매매계약으로 인한 잔대금 채무를 서로 대등액에서 상계할 수는 없다.

⑤ [正] [大判 2000. 4. 21, 99다35713] 조합의 목적 달성으로 인하여 조합이 해산되었으나

조합의 잔무로서 처리할 일이 없고 다만 잔여재산의 분배만이 남아 있을 때에는 따로 청산절차를 밟을 필요가 없이 각 조합원은 자신의 잔여재산의 분배비율의 범위 내에서 그 분배비율을 초과하여 잔여재산을 보유하고 있는 조합원에 대하여 바로 잔여재산의 분배를 청구할 수 있고, 이 경우의 잔여재산 분배청구권은 조합원 상호간의 내부관계에서 발생하는 것으로서 각 조합원이 분배비율을 초과하여 잔여재산을 보유하고 있는 조합원을 상대로 개별적으로 행사하면 족한 것이지 반드시 조합원들이 공동으로 행사하거나 조합원 전원을 상대로 행사하여야 하는 것은 아니다(필자 註 : 조합이 해산되고 그 잔무로서 잔여재산의 분배만이 남아 있어 조합원이 청산절차를 거치지 않고 곧바로 다른 조합원을 상대로 제기한 잔여재산 분배청구소송에서 전체 잔여재산의 내역과 그 정당한 분배비율 및 조합원 각자의 잔여재산 보유 내역 등을 심리하여 상대방 조합원이 정당한 분배비율을 초과하여 잔여재산을 보유하고 있는지 여부 및 그 정도를 확정함이 없이 원고의 청구를 일부 인용한 원심을 파기한 사례).

정답 ④

38. 배점4 다음 사례에 관한 설명 중 옳지 않은 것을 모두 고른 것은?(다툼 있으면 판례에 의함) [07년]

甲·乙·丙은 자금을 출자하여 스포츠 센터를 경영하기로 하는 동업계약을 체결하면서, 甲을 업무집행자로 정하고 그 계약의 존속기간이나 손익분배 등의 세부적 사항은 정하지 않았다.

> ㉠ 甲이 아직 자신의 출자의무를 이행하지 않은 상태에서 乙에게 출자의무의 이행을 청구한 경우, 乙은 甲을 상대로 동시이행의 항변권을 행사할 수 있다.
> ㉡ 乙이 자신의 출자의무를 전혀 이행하지 않은 경우, 甲과 丙은 합의하여 乙을 제명하거나 각자가 스스로 탈퇴할 수는 있지만, 그 동업계약을 해제하여 원상회복을 청구할 수는 없다.
> ㉢ 만약 甲만이 이익분배를 받기로 약정했다면 그 동업계약은 조합계약이라고 볼 수 없다.
> ㉣ 출자와 이익분배에 관한 특약이 없는 이상, 甲은 아직 출자의무를 이행하지 않은 乙에게 이익분배를 거절할 수 없을 뿐 아니라, 乙에 대한 조합의 출자금채권과 乙의 이익분배청구권을 상계할 수도 없다.
> ㉤ 甲이 권한을 넘는 행위를 하여 조합자금을 모두 상실한 경우, 甲에 대해 乙과 丙은 조합관계를 벗어나 개인의 지위에서 손해배상을 청구할 수도 있다.

① ㉠, ㉡　　　　　　　　② ㉠, ㉤
③ ㉡, ㉢　　　　　　　　④ ㉢, ㉣
⑤ ㉢, ㉣, ㉤　　　　　　⑥ ㉣, ㉤
⑦ ㉠, ㉣　　　　　　　　⑧ ㉠, ㉣, ㉤

해설

㉠ [誤] 조합계약은 조합원 각자가 서로 출자 내지 협력할 채무를 부담한다는 점에서 쌍무·유상·낙성계약이지만, 이른바 급부교환계약에서 문제되는 견련관계 및 대가관계가 조합계약에서 그대로 유지되는 것은 아니다. 조합원의 급부는 모든 조합원을 위한 급부이며 어느 한 조합원을 위한 것이 아니기 때문이다. 따라서 조합계약에 쌍무계약에 관한 제536조 이하의 규정과 매매에 관한 규정이 그대로 적용되지는 않는다. 즉 업무집행조합원이나 이미 출자의무를 이행한 조합원이 출자를 청구하는 경우에, 다른 조합원이 아직 출자를 이행하지 않았음을 이유로 동시이행항변권을 행사할 수 없다. 따라서 업무집행조합원인 甲의 출자의무 이행청구에 대하여 다른 조합원들은 동시이행의 항변권으로 대항할 수 없다.

㉡ [正] 또한 조합법에 임의탈퇴, 제명, 해산청구 등에 관한 규정이 있고, 이들 규정은 해제나 해지에 관한 특칙의 성질을 가지므로, 해제·해지에 관한 일반규정이 적용되지 않는다.
[大判 1994. 5. 13. 94다7157] 동업계약과 같은 조합계약에 있어서는 조합의 해산청구를 하거나 조합으로부터 탈퇴를 하거나 또는 다른 조합원을 제명할 수 있을 뿐이지 일반계약에 있어서처럼 조합계약을 해제하고 상대방에게 그로 인한 원상회복의 의무를 부담지울 수는 없다.

㉢ [正] 조합은 목적단체이므로 공동사업을 적극적으로 경영하지 않으면 안 된다. 그런데 공동사업의 종류나 성질에 제한이 없으므로, 영리적인 것이든 비영리적인 것이든 관계없으며, 반드시 계속적·영속적인 것이어야 하는 것도 아니다. 그러나 사업은 공동의 것이어야 한다. 여기서 공동이란, 조합원 전원이 그 사업의 성공에 대하여 이해관계를 가지는 것을 말하며, 일부조합원만이 이익분배를 받는 관계는 조합이 아니다. 다만 조합원이 받는 이익에 차등이 있어도 무방하며 또한 어떤 조합원만이 손실을 부담할 것을 약정하더라도, 이익을 전 조합원에게 분배하는 것이라면, 역시 조합이다.
[大判 2000. 7. 7. 98다44666] 이른바 "내적조합"이라는 일종의 특수한 조합으로 보기 위하여는 당사자의 내부관계에서는 조합관계가 있어야 할 것이고, 내부적인 조합관계가 있다고 하려면 서로 출자하여 공동사업을 경영할 것을 약정하여야 하며, 영리사업을 목적으로 하면서 당사자 중의 일부만이 이익을 분배받고 다른 자는 전혀 이익분배를 받지 않는 경우에는 조합관계(동업관계)라고 할 수 없다.

㉣ [誤] 출자의무를 이행하지 않고 있는 조합원에 대하여 이익분배를 거절할 수 있는지에 관하여 판례는 그와 같은 내용의 특약이 없는 한 이익분배를 거절할 수는 없다고 한다. 다만 조합원이 취득한 이익분배청구권과 그 조합원이 부담하고 있는 출자의무를 상계처리할 수는 있다.
[大判 2006. 8. 25. 2005다16959] 건설공동수급체는 기본적으로 민법상 조합의 성질을 가지는 것인데, 건설공동수급체의 구성원인 조합원이 그 출자의무를 불이행하였더라도 그 조합원을 조합에서 제명하지 않는 한 건설공동수급체는 조합원에 대한 출자금채권과 그 지연이자채권, 그 밖에 손해배상채권으로 조합원의 이익분배청구권과 직접 상계할 수 있을 뿐이고, 조합계약에서 출자의무의 이행과 이익분배를 직접 연계시키

는 특약을 두지 않는 한 출자의무의 불이행을 이유로 이익분배 자체를 거부할 수는 없다.

ⓜ [誤] [大判 1999. 6. 8. 98다60484] 일부 조합원이 동업계약에 따라 동업자금을 출자하였는데 업무집행 조합원이 본연의 임무에 위배되거나 혹은 권한을 넘어선 행위를 자행함으로써 끝내 동업체의 동업 목적을 달성할 수 없게끔 만들고, 조합원이 출자한 동업자금을 모두 허비한 경우에 그로 인하여 손해를 입은 주체는 동업자금을 상실하여 버린 조합, 즉 조합원들로 구성된 동업체라 할 것이고, 이로 인하여 결과적으로 동업자금을 출자한 조합원에게 손해가 발생하였다 하더라도 이는 조합과 무관하게 개인으로서 입은 손해가 아니고, 조합체를 구성하는 조합원의 지위에서 입은 손해에 지나지 아니하는 것이므로, 결국 피해자인 조합원으로서는 조합관계를 벗어난 개인의 지위에서 그 손해의 배상을 구할 수는 없다.

정답 ⑧

39. 다음 설명 중 옳지 않은 것은? (다툼 있으면 판례에 의함) [04년]

① 현상광고의 성질에 관한 단독행위설에 의하면, 우수현상광고는 광고자의 광고 의사표시로 성립하며, 광고자는 응모자 중에서 우수자를 판정하는 것을 정지조건으로 보수지급채무를 부담하게 된다.
② 민법상 화해계약에 있어서 분쟁의 전제 또는 기초가 된 사항에 대하여 착오를 일으킨 경우에는 계약을 취소할 수 있다.
③ 리스계약에서 리스물건의 하자에 대한 담보책임을 배제하는 약관은 유효하다.
④ 지배적 견해에 의하면, 임대인의 동의 있는 전대차의 경우에 전차인은 임대인에게 전차물에 대한 수선이나 비용상환을 청구할 수 있다.
⑤ 공중접객업자가 이용객들의 차량을 주차할 수 있는 주차장을 설치하면서 그 주차장에 차량출입을 통제할 시설이나 인원을 따로 두지 않은 경우, 특별한 사정이 없는 한 공중접객업자에게 선량한 관리자의 주의로써 주차차량을 관리할 책임이 없다.

해설

① [正] 현상광고의 법적성질에 대하여 단독행위설은 현상광고를 응모에 기한 정지조건부 채무부담행위로 이해한다. 이에 대하여 다수설인 계약설은 광고가 청약이고 지정행위의 완료 또는 응모가 승낙이라고 이해하고, 지정행위의 완료가 필요한 요물계약으로 이해한다. 따라서 단독행위설은 우수현상광고의 경우 우수자의 판정을 채무부담의 정지조건으로 이해한다.
② [正] 민법 제733조 단서.
③ [正] 유상계약에 널리 준용되는 매도인의 담보책임에 관한 규정은 그 성질상 임의규정이다(제584조, 제567조). 리스계약에서도 리스물건의 하자에 대한 담보책임을 배제하는 특약 역시 유효하다.

④ [誤] 동의 있는 전대의 경우, 전차인은 제630조 제1항에 의하여 임대인에게 직접 의무를 부담하나 권리를 갖지 아니하므로, 전차인이 임대인에게 전차물의 수선을 청구하거나 그 비용을 직접 청구할 수는 없다.

⑤ [正] [大判 1992. 2. 11, 91다21800] [1] 상법 제152조 제1항의 규정에 의한 임치가 성립하려면 우선 공중접객업자와 객 사이에 공중접객업자가 자기의 지배영역 내에서 목적물 보관의 채무를 부담하기로 하는 명시적 또는 묵시적 합의가 있음을 필요로 한다. [2] 여관 부설주차장에 시정장치가 된 출입문이 설치되어 있거나 출입을 통제하는 관리인이 배치되어 있거나 기타 여관측에서 그 주차장에의 출입과 주차사실을 통제하거나 확인할 수 있는 조치가 되어 있다면, 그러한 주차장에 여관 투숙객이 주차한 차량에 관하여는 명시적인 위탁의 의사표시가 없어도 여관업자와 투숙객 사이에 임치의 합의가 있은 것으로 볼 수 있으나, 위와 같은 주차장 출입과 주차사실을 통제하거나 확인하는 시설이나 조치가 되어 있지 않은 채 단지 주차의 장소만을 제공하는 데에 불과하여 그 주차장 출입과 주차사실을 여관측에서 통제하거나 확인하지 않고 있는 상황이라면, 부설주차장 관리자로서의 주의의무 위배 여부는 별론으로 하고 그러한 주차장에 주차한 것만으로 여관업자와 투숙객 사이에 임치의 합의가 있은 것으로 볼 수 없고, 투숙객이 여관측에 주차사실을 고지하거나 차량열쇠를 맡겨 차량의 보관을 위탁한 경우에만 임치의 성립을 인정할 수 있다.

정답 ④

제3장 법정채권관계

1. **배점 4** 구조의무 없는 甲이 교통사고가 난 乙의 자동차를 우연히 발견하고 자동차에 있던 乙을 구조하였다. 이에 관한 설명 중 옳은 것을 모두 고른 것은? [10년]

ㄱ. 甲이 구조를 위하여 유익비를 지출한 경우 원칙적으로 그로 인한 이익이 현존하는 경우에 한하여 상환을 청구할 수 있다.
ㄴ. 사고 자동차가 폭발위험이 있음에도 甲이 이를 무릅쓰고 구조행위를 하였다면 이로 인하여 발생한 乙의 손해에 대하여 甲의 책임이 인정되는 경우는 없다.
ㄷ. 甲이 구조행위를 하다가 경과실로 손해를 입은 경우 乙에게 손해배상을 청구할 수 있다.
ㄹ. 사고처리가 완료된 후 丙이 사고 장소를 우연히 지나가다 乙의 물건을 습득하여 乙에게 반환한 경우, 丙은 유실물법에 따른 보상금을 청구할 수 있다.
ㅁ. 甲이 구조행위 중 제3자 丁에게 구조행위에 필요한 채무를 부담한 경우, 丁의 동의가 없으면 乙에게 자기에 갈음하여 위 채무를 변제하게 할 수 없다.

① ㄹ
② ㅁ
③ ㄱ, ㄹ
④ ㄱ, ㅁ
⑤ ㄷ, ㄹ
⑥ ㄱ, ㄷ, ㄹ
⑦ ㄴ, ㄷ, ㅁ
⑧ ㄴ, ㄹ, ㅁ

해설

＊ 사무관리가 성립한 경우의 법률관계를 종합적으로 묻는 사례문제이다.

ㄱ. [誤] 사무관리자의 비용상환청구권의 요건과 내용을 묻는 지문이다. 사무관리자는 원칙적으로 필요비와 유익비 전부를 청구할 수 있다(제739조 제1항). 이익의 증가가 현존하는지 여부는 문제되지 않는다. 다만, 사무관리가 본인의 의사에 반하는 경우에는 본인의 현존이익의 한도에서 비용상환을 청구할 수 있다(제739조 제3항).
원칙적으로 지출비용 전부에 대해 상환청구할 수 있다.

ㄴ. [誤] 급박한 위해를 면하게 하기 위한 사무관리, 즉 긴급사무관리의 경우 관리자가 부담하는 의무를 묻는 지문이다. 긴급사무관리의 경우 관리자는 고의나 중대한 과실이 없으면 이로 인한 본인의 손해를 배상할 책임이 없다(제735조). 따라서 고의나 중대한 과실이 있는 경우에는 긴급사무관리의 경우에도 손해배상책임이 인정되는 경우가 있다.

ㄷ. [誤] 관리자에게 발생한 손해에 대하여 본인에게 그 배상을 청구할 수 있는지를 묻는 지문이다. 민법 제740조에 따르면 관리자가 사무관리를 함에 있어서 과실 없이 손해를 받은 때에는 본인의 현존이익의 한도에서 그 손해의 보상을 청구할 수 있다. 따

라서 과실 있는 경우는 손해보상을 청구할 수 없다.
ㄹ. [正] 유실물의 습득자가 유실물을 반환받은 자에 대하여 보수지급을 청구할 수 있는지를 묻는 지문이다. 민법이 규정하고 있는 사무관리에서는 관리자의 보수채권을 인정하지 않는다. 그러나 유실물법에서는 물건 가액의 100분의 5 내지 100분의 20의 범위 내에서 보상금을 습득자에게 지급하여야 한다고 규정하여(유실물법 제4조) 습득자의 보상금채권을 인정하고 있다.
ㅁ. [誤] 사무관리자의 대변제청구권을 묻는 지문이다. 관리자가 본인을 위하여 필요한 채무를 부담한 때에는 본인에게 자기에 갈음하여 이를 변제하게 할 수 있다(제739조 제2항). 이 경우 채권자의 동의는 그 요건이 아니다.

정답 ①

2. 부당이득에 관한 설명 중 판례의 입장과 다른 것은? [03년]

① 건물의 소유를 목적으로 한 대지임차인이 그 지상건물에 대하여 민법 제643조의 매수청구권을 행사한 후 대지소유자인 임대인으로부터 매수대금을 지급받을 때까지 그 건물의 부지를 계속 점유·사용하고 있다면, 그로 인한 부당이득을 반환할 의무가 있다.
② 전세권소멸 후 전세권설정자가 그 목적물을 인도받았더라도 전세권설정등기의 말소 등기에 필요한 서류를 교부받거나 그 이행의 제공을 받지 않았다면, 특별한 사정이 없는 한 전세금에 대한 이자 상당액을 부당이득하였다고 할 수 없다.
③ 수익자가 부당이득한 재산을 자신의 노력으로 이용하여 얻은 이른바 운용이익은 수익자만의 특별한 노력과 재능에 의하여 얻어진 것이라면 수익자가 반환하여야 할 이득의 범위에서 공제되어야 한다.
④ 법정지상권이 있는 건물의 양수인은 장차 법정지상권을 취득할 지위에 있어 대지소유자의 건물철거나 대지인도 청구를 거부할 수 있더라도, 그 대지를 점유·사용함으로 인하여 얻은 이득을 부당이득으로 대지소유자에게 반환할 의무가 있다.
⑤ 부정한 방법으로 실체의 권리관계와 다른 내용의 확정판결을 취득한 후 그 판결에 기하여 강제집행을 하는 것이 권리남용에 해당하는 경우, 재심 등에 의하여 위 확정판결이 취소되지 않더라도 위 강제집행으로 얻은 이익은 부당이득반환청구의 대상이 될 수 있다.

해설

① [正] [大判 2001. 6. 1, 99다60535] 건물 기타 공작물의 소유를 목적으로 한 대지임대차에 있어서 임차인이 그 지상건물 등에 대하여 민법 제643조 소정의 매수청구권을 행사한 후에 그 임대인인 대지의 소유자로부터 매수대금을 지급받을 때까지 그 지상건물 등의 인도를 거부할 수 있다고 하여도, 지상건물 등의 점유·사용을 통하여 그 부지를 계속하여 점유·사용하는 한 그로 인한 부당이득으로서 부지의 임료 상당액은 이를 반환할 의무가 있다.
② [正] [大判 2002. 2. 5, 2001다62091] 전세권설정자는 전세권이 소멸한 경우 전세권자로

부터 그 목적물의 인도 및 전세권설정등기의 말소등기에 필요한 서류의 교부를 받는 동시에 전세금을 반환할 의무가 있을 뿐이므로, 전세권자가 그 목적물을 인도하였다고 하더라도 전세권설정등기의 말소등기에 필요한 서류를 교부하거나 그 이행의 제공을 하지 아니하는 이상, 전세권설정자는 전세금의 반환을 거부할 수 있고, 이 경우 다른 특별한 사정이 없는 한 그가 전세금에 대한 이자 상당액의 이득을 법률상 원인 없이 얻는다고 볼 수 없다.

③ [正] [大判 1995. 5. 12, 94다25551] 일반적으로 수익자가 법률상 원인 없이 이득한 재산을 처분함으로 인하여 원물반환이 불가능한 경우에 있어서 반환하여야 할 가액은 특별한 사정이 없는 한 그 처분 당시의 대가이나, 이 경우에 수익자가 그 법률상 원인 없는 이득을 얻기 위하여 지출한 비용은 수익자가 반환하여야 할 이득의 범위에서 공제되어야 하고, 수익자가 자신의 노력 등으로 부당이득한 재산을 이용하여 남긴, 이른바 운용이익도 그것이 사회통념상 수익자의 행위가 개입되지 아니하였더라도 부당이득된 재산으로부터 손실자가 당연히 취득하였으리라고 생각되는 범위 내의 것이 아닌 한 수익자가 반환하여야 할 이득의 범위에서 공제되어야 한다.

④ [正] [大判 1997. 12. 26, 96다34665] 법정지상권자라 할지라도 대지 소유자에게 지료를 지급할 의무는 있는 것이고, 법정지상권이 있는 건물의 양수인으로서 장차 법정지상권을 취득할 지위에 있어 대지 소유자의 건물 철거나 대지 인도 청구를 거부할 수 있다 하더라도 그 대지를 점유·사용함으로 인하여 얻은 이득은 부당이득으로서 대지 소유자에게 반환할 의무가 있다.

⑤ [誤] 확정판결을 기초로 취득한 이익은 확정판결이 하자있는 판결이라고 하더라도 재심의 소 등으로 취소되지 않는 한 소송당사자를 기속하는 것이므로 법률상 원인 없는 이익이라고 할 수 없다.
[大判 2000. 5. 16, 2000다11850] 확정판결은 재심의 소 등으로 취소되지 아니하는 한 그 소송당사자를 기속하는 것이므로 비록 그 뒤 관련 소송에서 그 확정판결에 반하는 내용의 판결이 선고되어 확정되었다 하더라도 위 확정판결에 기한 이행으로 교부받은 돈은 법률상 원인 없는 이익이 되지 아니한다.

정답 ⑤

3. 부당이득에 관한 설명이다. 판례의 입장과 다른 것은? [06년]

① 甲과 乙이 건물을 각 1/2지분씩 공유하고 있던 중, 甲이 乙의 동의 없이 丙과 사이에 그 건물에 관한 공사도급계약을 체결하여 丙이 공사를 완료한 경우, 丙은 乙에게 위 도급계약상의 보수를 직접 청구할 수는 없으나, 위 공사로 인하여 증가된 건물의 가치 중 乙의 지분에 상응하는 금액 상당의 부당이득의 반환을 청구할 수 있다.

② 부동산에 대하여 점유취득시효가 완성되었으나 점유자 명의로 소유권이전등기가 경료되지 아니하여 점유자가 아직 소유권을 취득하지 못하였다고 하더라도 소유명의자는 점유자에 대하여 점유로 인한 부당이득의 반환을 청구할 수 없다.

③ 매수인이 매도인의 지시에 따라 매도인과 또 다른 계약관계를 맺고 있는 제3자에게

직접 매매대금을 지급하였는데, 그 후 매도인의 채무불이행을 이유로 매수인이 매도인과 매수인 사이의 매매계약을 해제한 경우, 매수인은 제3자를 상대로 법률상 원인 없이 급부를 수령하였다는 것을 이유로 부당이득반환을 청구할 수 없다.
④ 법률상 원인 없이 타인의 재산으로 인하여 이익을 얻고 그로 인하여 타인에게 손해를 가한 경우, 그 취득한 것이 금전상의 이득인 때에는 그 금전은 이를 취득한 자가 소비하였는지 여부를 불문하고 현존하는 것으로 추정된다.
⑤ 변제자가 자신에게 채무가 없음을 알지 못하고 변제한 경우, 채무 없음을 알지 못한 데에 과실이 있더라도, 수령자에 대해 부당이득반환청구를 할 수 있다.

해설

① [誤] 이른바 "전용물소권"을 인정할 것인가에 관한 문제이다. 계약상의 급부가 계약당사자 이외의 제3자에게 이익으로 되는 경우, 계약당사자에 대한 계약상의 급부청구권을 행사하는 외에 제3자인 수익자에 대하여 부당이득반환을 청구할 수 있는가의 문제이다. 이에 관하여 판례는 계약상의 급부청구권을 실현하는 수단으로 부당이득반환청구권을 전용하여 사용하는 이른바 "전용물소권"을 부정하고 있다. 사안에서 적법한 도급계약에 의하여 가치가 증가된 부분의 이익을 계약당사자가 아닌 제3자가 보유하고 있다고 하더라도 도급계약이 실효되었다는 등의 특별한 사정이 없는 한 이를 수급인에 대한 관계에서 부당이득이라고 볼 수 없다는 것이 판례이다.
[大判 2002. 8. 23, 99다66564·66571] [1] 계약상의 급부가 계약의 상대방뿐만 아니라 제3자의 이익으로 된 경우에 급부를 한 계약당사자가 계약 상대방에 대하여 계약상의 반대급부를 청구할 수 있는 이외에 그 제3자에 대하여 직접 부당이득반환청구를 할 수 있다고 보면, <u>자기 책임하에 체결된 계약에 따른 위험부담을 제3자에게 전가시키는 것이</u> 되어 계약법의 기본원리에 반하는 결과를 초래할 뿐만 아니라, <u>채권자인 계약당사자가 채무자인 계약 상대방의 일반채권자에 비하여 우대받는 결과</u>가 되어 일반채권자의 이익을 해치게 되고, 수익자인 제3자가 계약 상대방에 대하여 가지는 <u>항변권 등을 침해하게</u> 되어 부당하므로, 위와 같은 경우 <u>계약상의 급부를 한 계약당사자는 이익의 귀속 주체인 제3자에 대하여 직접 부당이득반환을 청구할 수는 없다</u>고 보아야 한다. [2] 유효한 도급계약에 기하여 수급인이 도급인으로부터 제3자 소유 물건의 점유를 이전받아 이를 수리한 결과 그 물건의 가치가 증가한 경우, 도급인이 그 물건을 간접점유하면서 궁극적으로 자신의 계산으로 비용지출과정을 관리한 것이므로, <u>도급인만이 소유자에 대한 관계에 있어서 민법 제203조에 의한 비용상환청구권을 행사할 수 있는 비용지출자라고</u> 할 것이고, 수급인은 그러한 비용지출자에 해당하지 않는다고 보아야 한다.
② [正] 점유취득시효 완성자는 완성당시의 소유자에 대하여 소유권이전채권을 취득하고, 이러한 소유권이전채권은 점유할 권리에 해당하므로 취득시효기간이 완성된 후 시효권리자가 점유하는 것은 불법점유가 될 수 없고, 또한 그 이익을 부당이득이라고 할 수 없다.
[大判 1993. 5. 25, 92다51280] 부동산에 대한 취득시효가 완성되면 점유자는 소유명의자에 대하여 취득시효 완성을 원인으로 한 소유권이전등기절차의 이행을 청구할 수

있고 소유명의자는 이에 응할 의무가 있으므로 점유자가 그 명의로 소유권이전등기를 경료하지 아니하여 아직 소유권을 취득하지 못하였다고 하더라도 <u>소유명의자는 점유자에 대하여 점유로 인한 부당이득반환청구를 할 수 없다.</u>

③ [正] [大判 2003. 12. 26, 2001다46730] 계약상대방의 지시로 제3자에게 직접 급부한 경우 : 계약의 일방 당사자가 계약 상대방의 지시 등으로 급부과정을 단축하여 계약 상대방과 또 다른 계약관계를 맺고 있는 제3자에게 직접 급부한 경우, <u>그 급부로써 급부를 한 계약당사자의 상대방에 대한 급부가 이루어질 뿐 아니라 그 상대방의 제3자에 대한 급부로도 이루어지는 것이므로</u> 계약의 일방 당사자는 제3자를 상대로 법률상 원인 없이 급부를 수령하였다는 이유로 <u>부당이득반환청구를 할 수 없다.</u>

④ [正] [大判 1996. 12. 10, 96다32881] 법률상 원인 없이 타인의 재산 또는 노무로 인하여 이익을 얻고 그로 인하여 타인에게 손해를 가한 경우, <u>그 취득한 것이 금전상의 이득인 때에는 그 금전은 이를 취득한 자가 소비하였는가의 여부를 불문하고 현존하는 것으로 추정된다.</u>

⑤ [正] [大判 1998. 11. 13, 97다58453] 민법 제742조 소정의 비채변제에 관한 규정은 변제자가 채무 없음을 알면서도 변제를 한 경우에 적용되는 것이고, <u>채무 없음을 알지 못한 경우에는 그 과실 유무를 불문하고 적용되지 아니한다.</u>

정답 ①

4. 배점 3 부당이득에 관한 설명 중 옳은 것을 모두 고른 것은?(다툼 있으면 판례에 의함) [07년]

㉠ 근저당권설정등기가 위법하게 말소되어 아직 회복등기를 경료하지 못하여 경매절차의 배당기일에서 피담보채권액에 해당하는 금액을 배당받지 못한 근저당권자 甲은, 위 경매절차에서 실제로 배당받은 乙에 대하여 그 배당금의 한도 내에서 근저당권설정등기가 말소되지 아니하였더라면 배당받았을 금액을 부당이득으로 반환청구할 수 있다.

㉡ 甲과 乙 사이에 상계계약이 체결된 경우, 甲의 채권이 불성립되어 乙의 채무면제가 무효가 되었음에도 甲이 乙에 대한 채무를 이행하지 않고 있는 것은 법률상 원인 없이 이득을 얻은 것이 된다.

㉢ A 토지를 시효취득한 甲에게로 소유권이전등기가 있기 전에 원소유자 乙이 A 토지에 설정한 근저당권의 피담보채무를 甲이 변제한 경우, 乙에게 변제액 상당의 부당이득반환청구를 할 수 없다.

㉣ 조세 징수상 과세처분이 당연무효가 아니라 취소사유가 있는경우, 행정소송에 의하여 그 과세처분이 취소되지 아니하더라도 조세의 납부는 부당이득이 된다.

㉤ 부동산실권리자명의등기에관한법률 시행 후에 '계약명의신탁'이 이루어진 경우, 명의수탁자 甲이 명의신탁자 乙에게 반환하여야 할 부당이득의 대상은 당해 부동산 자체이다.

① ㉠, ㉢
② ㉡, ㉣
③ ㉠, ㉤
④ ㉡, ㉤
⑤ ㉣, ㉤
⑥ ㉠, ㉢, ㉣
⑦ ㉡, ㉣, ㉤
⑧ ㉠, ㉡, ㉢, ㉣

해설

㉠ [正] 근저당권설정등기가 위법하게 말소된 경우에도 근저당권은 소멸하지 아니한다. 다만 회복등기를 마치기 전에 근저당물에 경매가 개시되어 배당이 완료된 경우에는 근저당권은 소멸하고, 다만 배당에서 제외된 근저당권자는 후순위 배당금수령자에 대하여 그 배당금의 한도 내에서 근저당권등기가 말소되지 아니하였더라면 배당받았을 금액을 부당이득으로 반환청구할 수 있다.

[大判 2002. 10. 22. 2000다59678] 등기는 물권의 효력 발생 요건이고 존속 요건은 아니어서 등기가 원인 없이 말소된 경우에는 그 물권의 효력에 아무런 영향이 없고, 그 회복등기가 마쳐지기 전이라도 말소된 등기의 등기명의인은 적법한 권리자로 추정되므로, 근저당권설정등기가 위법하게 말소되어 아직 회복등기를 경료하지 못한 연유로 그 부동산에 대한 경매절차의 배당기일에서 피담보채권액에 해당하는 금액을 배당받지 못한 근저당권자는 배당기일에 출석하여 이의를 하고 배당이의의 소를 제기하여 구제를 받을 수 있고, 가사 배당기일에 출석하지 않음으로써 배당표가 확정되었다고 하더라도, 확정된 배당표에 의하여 배당을 실시하는 것은 실체법상의 권리를 확정하는 것이 아니기 때문에 위 경매절차에서 실제로 배당받은 자에 대하여 부당이득반환 청구로서 그 배당금의 한도 내에서 그 근저당권설정등기가 말소되지 아니하였더라면 배당받았을 금액의 지급을 구할 수 있다.

㉡ [誤] 상계계약을 통하여 소멸시키려던 양 채권 중 어느 일방의 채권이 성립하지 아니한 경우에는 상계계약은 효력이 없다. 이 경우 타방의 채권은 소멸하지 아니한 것으로 되는데, 그 타방의 채권의 채무자가 채무를 이행하지 않고 있다고 하더라도 이는 채무불이행에 불과할 뿐, 법률상 원인 없는 이득을 얻었다고 할 수는 없다.

[大判 1992. 5. 12. 91다28979] 상계의 원인되는 자동채권이 존재하지 않는 것으로 확정되어 상계의 효력이 없다면 수동채권은 여전히 존재하는 것이어서 단순히 그 채무를 이행하지 않고 있다는 점만으로 법률상 원인 없이 이득을 얻었다 할 수 없는 것이고, 가사 수동채권이 시효로 소멸하게 되었다 하더라도 달리 볼 것은 아니다.

[大判 2005. 4. 28. 2005다3113] 상계계약은 상호의 채무를 면제시키는 것을 내용으로 하는 계약으로서 일방의 채권이 불성립 또는 무효이어서 그 면제가 무효가 되면 타방의 채무면제도 당연히 무효가 되어 그 채권은 여전히 존재하는 것이므로, 단순히 그 채무를 이행하지 않고 있다는 점만으로 법률상 원인 없이 이득을 얻었다 할 수 없는 것이고, 가사 그 채권이 시효로 소멸하게 되었다 하더라도 달리 볼 것은 아니다.

㉢ [正] [大判 2006. 5. 12. 2005다75910] 원소유자가 취득시효의 완성 이후 그 등기가 있기 전에 그 토지를 제3자에게 처분하거나 제한물권의 설정, 토지의 현상 변경 등 소유자로서의 권리를 행사하였다 하여 시효취득자에 대한 관계에서 불법행위가 성립하는 것이

아님은 물론 위 처분행위를 통하여 그 토지의 소유권이나 제한물권 등을 취득한 제3자에 대하여 취득시효의 완성 및 그 권리취득의 소급효를 들어 대항할 수도 없다 할 것이니, 이 경우 시효취득자로서는 원소유자의 적법한 권리행사로 인한 현상의 변경이나 제한물권의 설정 등이 이루어진 그 토지의 사실상 혹은 법률상 현상 그대로의 상태에서 등기에 의하여 그 소유권을 취득하게 된다. 따라서 시효취득자가 원소유자에 의하여 그 토지에 설정된 근저당권의 피담보채무를 변제하는 것은 시효취득자가 용인하여야 할 그 토지상의 부담을 제거하여 완전한 소유권을 확보하기 위한 것으로서 그 자신의 이익을 위한 행위라 할 것이니, 위 변제액 상당에 대하여 원소유자에게 대위변제를 이유로 구상권을 행사하거나 부당이득을 이유로 그 반환청구권을 행사할 수는 없다.

ⓔ [誤] 과세처분이 당연무효인 경우에는 조세를 납부한 때에 부당이득이 성립하나, 과세처분에 취소사유가 있는 경우에는 조세를 납부한 때에 부당이득이 성립하는 것이 아니라 과세처분이 취소된 경우에 부당이득이 성립한다.

[大判(全) 1992. 3. 31, 91다32053] 과세처분이 부존재하거나 당연무효인 경우에 이 과세처분에 의하여 납세의무자가 납부하거나 징수당한 오납금은 국가가 법률상 원인 없이 취득한 부당이득에 해당하고, 이러한 오납금에 대한 납세의무자의 부당이득반환청구권은 처음부터 법률상 원인이 없이 납부 또는 징수된 것이므로 납부 또는 징수시에 발생하여 확정된다.

ⓜ [誤] 부동산실명법 시행 전의 계약명의신탁이 부동산실명법의 유예기간이 경과할 때까지 실명등기가 되지 아니한 결과 부동산실명법이 적용되고, 부동산실명법 제4조 제2항 단서에 해당하여 명의수탁자가 부동산의 소유권을 취득한 때에는 명의신탁자는 명의수탁자에 대하여 부당이득으로 부동산 자체의 반환을 청구할 수 있다. 그러나 부동산실명법 시행 후의 계약명의신탁에 의하여 명의수탁자가 부동산의 소유권을 취득한 경우 명의신탁자는 명의수탁자에 대하여 부당이득으로 명의신탁자가 제공한 부동산 매수자금의 반환을 청구할 수 있을 뿐이다.

[大判 2005. 1. 28, 2002다66922] 부동산실권리자명의등기에관한법률 제4조 제1항, 제2항에 의하면, 명의신탁자와 명의수탁자가 이른바 계약명의신탁약정을 맺고 명의수탁자가 당사자가 되어 <u>명의신탁약정이 있다는 사실을 알지 못하는 소유자와의 사이에 부동산에 관한 매매계약을 체결한 후 그 매매계약에 따라 당해 부동산의 소유권이전등기를 수탁자 명의로 마친 경우</u>에는 명의신탁자와 명의수탁자 사이의 명의신탁약정의 무효에도 불구하고 그 <u>명의수탁자는 당해 부동산의 완전한 소유권을 취득하게 되고, 다만 명의수탁자는 명의신탁자에 대하여 부당이득반환의무를 부담하게 될 뿐이라</u> 할 것인데, 그 <u>계약명의신탁약정이 부동산실권리자명의등기에관한법률 시행 후인 경우에는</u> 명의신탁자는 애초부터 당해 부동산의 소유권을 취득할 수 없었으므로 위 명의신탁약정의 무효로 인하여 명의신탁자가 입은 손해는 당해 부동산 자체가 아니라 명의수탁자에게 제공한 매수자금이라 할 것이고, 따라서 <u>명의수탁자는 당해 부동산 자체가 아니라 명의신탁자로부터 제공받은 매수자금을 부당이득하였다고 할 것이다.</u>

정답 ①

5. 배점 3 부당이득에 관한 설명 중 옳지 않은 것을 모두 고른 것은? (다툼 있으면 판례에 의함) [09년]

㉠ 채무자 이외의 자의 소유에 속하는 동산에 대한 경매절차에서 그 동산의 매득금은 채무자의 것이 아니어서 채권자가 이를 배당받았다고 하더라도 채권은 소멸하지 않고 계속 존속하므로, 경매에 의하여 소유권을 상실하는 손해를 입은 그 동산의 소유자는 배당받은 채권자에 대하여 부당이득으로 배당받은 금원의 반환을 청구할 수 있다.

㉡ 원천징수 세제에 있어서 원천징수의무자가 원천납세의무자로부터 원천징수대상이 아닌 소득에 대하여 세액을 징수·납부하였거나 징수하여야 할 세액을 초과하여 징수·납부하였다면, 이는 국가가 원천납세의무자에 대한 관계에서 법률상 원인 없이 이익을 얻은 것이므로, 원천납세의무자는 국가에 대하여 환급청구권 상당액을 부당이득으로 구상할 수 있다.

㉢ 임금채권자 등 실체법상 우선변제청구권이 있는 채권자가 적법한 배당요구를 하였음에도 배당받지 못한 경우 배당기일에 배당이의를 하지 않았다면, 그가 배당받을 수 있었던 금액 상당의 금원이 후순위 채권자에게 배당되었다 하여 이를 법률상 원인이 없는 것이라고 할 수 없다.

㉣ 계약의 일방 당사자가 계약 상대방의 지시 등으로 급부과정을 단축하여 계약 상대방과 또 다른 계약관계를 맺고 있는 제3자에게 직접 급부한 경우, 그 행위로써 급부를 한 계약 당사자들의 상대방에 대한 급부가 이루어질 뿐만 아니라 그 상대방의 제3자에 대한 급부도 동시에 이루어지는 것이므로, 계약의 일방 당사자는 제3자에 대해서도 직접 부당이득반환청구를 할 수 있다.

㉤ 현금으로 계좌송금 또는 계좌이체가 된 경우에는 예금원장에 입금의 기록이 되었을 때에 예금이 된다고 예금거래기본약관에 정하여져 있으나, 수취인과 은행 사이의 예금계약의 성립 여부를 송금의뢰인과 수취인 사이에 계좌이체의 원인인 법률관계가 존재하는지 여부에 의하여 좌우되도록 한다는 내용의 별도의 약정은 없는 경우, 송금의뢰인과 수취인 사이에 계좌이체의 원인이 되는 법률관계가 존재하지 아니함에도 송금의뢰인이 수취인의 예금계좌에 계좌이체를 하였다면, 송금의뢰인은 수취은행을 상대로 부당이득을 근거로 하여 이체금액 상당액의 반환을 청구할 수 있다.

㉥ 甲과 乙이 상계계약을 체결하였으나 甲의 채권은 성립되지 아니한 반면 乙의 채권은 유효하게 성립된 것으로 밝혀진 경우, 상계계약의 특성상 乙로서는 채무를 여전히 이행하지 않고 있는 甲을 상대로 그 채권액 상당에 대하여 부당이득으로도 반환을 청구할 수 있다.

① ㉠, ㉡, ㉢, ㉣   ② ㉠, ㉡, ㉢, ㉤   ③ ㉡, ㉢, ㉣, ㉤
④ ㉡, ㉣, ㉤, ㉥   ⑤ ㉡, ㉢, ㉤, ㉥   ⑥ ㉢, ㉣, ㉤, ㉥
⑦ ㉠, ㉢, ㉣, ㉤, ㉥   ⑧ ㉡, ㉢, ㉣, ㉤, ㉥

해설

㉠ [正] [大判 1998. 3. 27. 97다32680] 채무자 이외의 자의 소유에 속하는 동산을 경매한 경우에도 경매절차에서 그 동산을 경락받아 경락대금을 납부하고 이를 인도받은 경락인은 특별한 사정이 없는 한 소유권을 선의취득한다고 할 것이지만, 그 동산의 매득금은 채무자의 것이 아니어서 채권자가 이를 배당받았다고 하더라도 채권은 소멸하지 않고 계속 존속한다고 할 것이므로, 배당을 받은 채권자는 이로 인하여 법률상 원인 없는 이득을 얻고 소유자는 경매에 의하여 소유권을 상실하는 손해를 입게 되었다고 할 것이니, 그 동산의 소유자는 배당을 받은 채권자에 대하여 부당이득으로서 배당받은 금원의 반환을 청구할 수 있다고 할 것인 바, 이와 같은 이치는 제3자 소유의 기계·기구가 그의 동의 없이 공장저당법 제4조, 제5조의 규정에 의한 저당권의 목적이 되어 같은 법 제7조의 목록에 기재되는 바람에 공장에 속하는 토지 또는 건물과 함께 일괄경매되어 경락되고 채권자가 그 기계·기구의 경락대금을 배당받은 경우에도 경락인이 그 기계·기구의 소유권을 선의취득하였다면 마찬가지라고 보아야 한다.

㉡ [誤] 원천납세의무자는 원천징수의무자에 대하여 환급금청구권 상당액을 부당이득으로 구상할 수 있다.
[大判 2003. 3. 14. 2002다68294] 원천징수 세제에 있어 원천징수의무자가 원천납세의무자로부터 원천징수대상이 아닌 소득에 대하여 세액을 징수·납부하였거나 징수하여야 할 세액을 초과하여 징수·납부하였다면, 이로 인한 환급청구권은 원천납세의무자가 아닌 원천징수의무자에게 귀속되는 것인 바, 이는 원천징수의무자가 원천납세의무자에 대한 관계에서는 법률상 원인 없이 이익을 얻은 것이라 할 것이므로 원천납세의무자는 원천징수의무자에 대하여 환급청구권 상당액을 부당이득으로 구상할 수 있다.

㉢ [誤] 배당이의를 하였는지 여부와는 무관하다.
[大判 2007. 3. 29. 2006다49130] 확정된 배당표에 의하여 배당을 실시하는 것은 실체법상의 권리를 확정하는 것이 아니므로, 배당을 받아야 할 채권자가 배당을 받지 못하고 배당을 받지 못할 자가 배당을 받은 경우에는 배당을 받지 못한 채권자로서는 배당에 관하여 이의를 한 여부에 관계없이 배당을 받지 못할 자이면서도 배당을 받았던 자를 상대로 부당이득반환청구권을 갖는다 할 것이고(大判 1988. 11. 8. 86다카2949 ; 大判 2000. 10. 10. 99다53230 등 참조), 배당을 받지 못한 그 채권자가 일반채권자라고 하여 달리 볼 것은 아니다(大判 2001. 3. 13. 99다26948 참조).

㉣ [誤] 급부부당이득반환관계는 계약관계의 당사자 사이에서 인정되며, 급부과정이 단축되어 급부가 이루어졌다고 하더라도 계약관계 당사자가 아닌 제3자에 대한 부당이득반환청구는 허용되지 아니한다.
[大判 2003. 12. 26. 2001다46730] 계약의 일방 당사자가 계약 상대방의 지시 등으로 급부과정을 단축하여 계약 상대방과 또 다른 계약관계를 맺고 있는 제3자에게 직접 급부한 경우, 그 급부로써 급부를 한 계약 당사자의 상대방에 대한 급부가 이루어질 뿐 아니라 그 상대방의 제3자에 대한 급부로도 이루어지는 것이므로 계약의 일방 당사자는 제3자를 상대로 법률상 원인 없이 급부를 수령하였다는 이유로 부당이득반환청구를 할 수 없다.

㉤ [誤] 송금의뢰인은 수취인을 상대로 부당이득반환청구를 할 수 있을 뿐 수취은행을 상대로 부당이득반환청구를 할 수는 없다.
[大判 2007. 11. 29, 2007다51239] 계좌이체는 은행 간 및 은행점포 간의 송금절차를 통하여 저렴한 비용으로 안전하고 신속하게 자금을 이동시키는 수단이고, 다수인 사이에 다액의 자금이동을 원활하게 처리하기 위하여, 그 중개 역할을 하는 은행이 각 자금이동의 원인인 법률관계의 존부, 내용 등에 관여함이 없이 이를 수행하는 체제로 되어 있다. 따라서 현금으로 계좌송금 또는 계좌이체가 된 경우에는 예금원장에 입금의 기록이 된 때에 예금이 된다고 예금거래기본약관에 정하여져 있을 뿐이고, 수취인과 은행 사이의 예금계약의 성립여부를 송금의뢰인과 수취인 사이에 계좌이체의 원인인 법률관계가 존재하는지 여부에 의하여 좌우되도록 한다고 별도로 약정하였다는 등의 특별한 사정이 없는 경우에는, 송금의뢰인이 수취인의 예금구좌에 계좌이체를 한 때에는, 송금의뢰인과 수취인 사이에 계좌이체의 원인인 법률관계가 존재하는지 여부에 관계없이 수취인과 수취은행 사이에는 계좌이체금액 상당의 예금계약이 성립하고, 수취인이 수취은행에 대하여 위 금액 상당의 예금채권을 취득한다. 이때, 송금의뢰인과 수취인 사이에 계좌이체의 원인이 되는 법률관계가 존재하지 않음에도 불구하고, 계좌이체에 의하여 수취인이 계좌이체금액 상당의 예금채권을 취득한 경우에는, <u>송금의뢰인은 수취인에 대하여 위 금액 상당의 부당이득반환청구권을 가지게 되지만, 수취은행은 이익을 얻은 것이 없으므로 수취은행에 대하여는 부당이득반환청구권을 취득하지 아니한다</u>.

㉥ [誤] 상계계약으로 소멸할 채권이 성립되지 아니한 경우에는 상계계약은 무효이고, 상계계약으로 소멸하여야 할 반대채권은 소멸하지 아니한다. 채권이 존속하고 있는 동안 채무자가 이를 이행하지 아니한 것은 채무불이행을 구성할 뿐 부당이득이라고 볼 수는 없다.
[大判 2005. 4. 28, 2005다3113] 상계계약은 상호의 채무를 면제시키는 것을 내용으로 하는 계약으로서 일방의 채권이 불성립 또는 무효이어서 그 면제가 무효가 되면 타방의 채무면제도 당연히 무효가 되어 그 채권은 여전히 존재하는 것이므로, <u>단순히 그 채무를 이행하지 않고 있다는 점만으로 법률상 원인 없이 이득을 얻었다 할 수 없는 것이고, 가사 그 채권이 시효로 소멸하게 되었다 하더라도 달리 볼 것은 아니다</u>.

정답 ⑧

6. 배점 4 부당이득에 관한 설명 중 옳은 것은? (다툼 있으면 판례에 의함) [10년]

① 가압류 된 토지가 양도된 후 법률에 의하여 수용된 경우 그 가압류의 효력이 소멸하지만 양수인이 그 보상금을 수령한 것은 가압류채권자에 대한 관계에서 부당이득이 된다.
② 착오로 공탁한 甲이 공탁물을 회수하기 전에, 피공탁자 乙의 채권자 丙이 乙의 공탁물출급청구권에 대한 전부명령을 받아 공탁물을 수령한 경우 甲에 대하여 부당이득이 되지 않는다.

③ 우선변제청구권이 있는 채권자 甲이 적법한 배당요구를 하였더라면 배당받을 수 있었을 금액이 후순위채권자 乙에게 배당된 경우, 甲은 乙에 대해 부당이득반환을 청구할 수 있다.
④ 채권담보를 목적으로 부동산을 양도받은 자는 특별한 사정이 없는 한 양도담보설정자로부터 그 담보목적물의 사용·수익 권능을 승계한 자에 대하여 자신이 담보목적물을 사용·수익하지 못하였음을 이유로 부당이득반환을 청구할 수 있다.
⑤ 甲이 점유할 권원 없음을 알면서 乙 소유의 물건을 점유함으로써 얻은 사용이익을 乙에게 반환하는 경우, 그가 받은 이익에 이자를 붙여 반환하여야 하지만 그 이자의 이행지체로 인한 지연손해금은 지급할 필요가 없다.
⑥ 법률상 원인 없이 취득한 것이 성질상 계속적으로 반복하여 거래되는 물품으로서 곧바로 판매되어 현금화될 수 있는 금전과 유사한 대체물인 경우, 이를 취득한 자가 소비하였는가의 여부를 묻지 않고 현존하는 것으로 추정된다.
⑦ 불법행위로 인한 인신손해에 대한 손해배상소송에서 판결이 확정된 후 피해자가 판결에서 손해배상액 산정의 기초로 인정된 기대여명보다 일찍 사망한 경우, 특별한 사정이 없는 한 손해배상금 중 일부는 부당이득에 해당한다.
⑧ 강제경매절차에서 매수인 甲에 대한 매각허가결정이 확정된 후, 경매개시결정 전에 마쳐진 가등기에 기하여 본등기가 경료되어 甲이 매각부동산의 소유권을 취득하지 못한 경우, 매각대금에서 배당금을 교부받은 경매채권자 乙은 甲에 대하여 부당이득반환의무를 부담한다.

해설

* 부당이득에 관하여 판단한 최근 대법원 판례를 지문으로 하여 출제한 문제이다. 부당이득의 요건인 법률상 원인의 부존재를 다룬 최근 판결을 문제로 출제한 것이다.
① [誤] 부당이득의 요건인 법률상 원인의 부존재를 묻는 지문이다. 즉, 가압류된 토지의 수용보상금을 토지소유자가 취득한 경우, 가압류채권자에 대한 관계에서 부당이득이 되는지를 묻고 있다. 가압류채권자는 가압류목적물에 대한 우선변제권을 가지지 않는다. 따라서 가압류목적물이 타인에게 양도되고, 그것이 수용되어 양수인이 보상금을 수령하더라도 이를 가압류채권자에 대한 관계에서 법률상 원인 없는 이득이라고 할 수 없다.
[大判 2009. 9. 10. 2009다61536] 토지에 대하여 가압류가 집행된 후에 제3자가 그 토지의 소유권을 취득함으로써 가압류의 처분금지 효력을 받고 있던 중 그 토지가 공익사업법에 따라 수용됨으로 인하여 기존 가압류의 효력이 소멸되는 한편 제3취득자인 토지소유자는 위 가압류의 부담에서 벗어나 토지수용보상금을 온전히 지급받게 되었다고 하더라도, 이는 위 법에 따른 토지 수용의 효과일 뿐이지 이를 두고 법률상 원인 없는 부당이득이라고 할 것은 아니다.
② [誤] 공탁자가 착오로 공탁한 경우, 공탁물을 피공탁자나 그의 전부채권자가 출급받아 보유하는 것이 공탁자에 대한 관계에서 부당이득이 되는지 여부를 묻는 지문이다. 공

탁자가 착오로 공탁한 때에는 공탁자가 공탁물을 회수할 수 있을 뿐이고 피공탁자의 공탁물출급청구권은 인정되지 않는다. 따라서 피공탁자가 공탁금을 수령하였다면 이는 법률상 원인 없이 공탁물을 수령한 것으로 된다.

[大判 2008. 9. 25. 2008다34668] 공탁자가 착오로 공탁한 때 또는 공탁의 원인이 소멸한 때에는 공탁자가 공탁물을 회수할 수 있을 뿐 피공탁자의 공탁물출급청구권은 존재하지 않으므로, 이러한 경우 공탁자가 공탁물을 회수하기 전에 위 공탁물출급청구권에 대한 전부명령을 받아 공탁물을 수령한 자는 법률상 원인 없이 공탁물을 수령한 것이 되어 공탁자에 대하여 부당이득반환의무를 부담한다.

③ [誤] 실체법상 우선변제권을 고려하지 않고 배당이 이루어진 경우 부당이득이 되는지를 묻는 지문이다. 실체법상 우선변제권을 가지고 있는 채권자라고 하더라도 적법한 배당요구를 하지 않았다면 비록 배당될 금액이 후순위채권자에게 배당되더라도 부당이득이 되지 않는다. 다만 배당요구가 불필요한 우선변제권자의 경우에는 배당될 금액이 후순위채권자에게 배당되었을 경우 부당이득이 될 수 있다.

[大判 1996. 12. 20. 95다28304] 민사소송법 제728조에 의하여 준용되는 제605조 제1항에서 규정하는 배당요구 채권자는 경락기일까지 배당요구를 한 경우에 한하여 비로소 배당을 받을 수 있고, 적법한 배당요구를 하지 아니한 경우에는 임금채권과 같이 실체법상 우선변제청구권이 있는 채권자라 하더라도 그 경락대금으로부터 배당을 받을 수는 없을 것이므로, 이러한 배당요구 채권자가 적법한 배당요구를 하지 아니하여 그를 배당에서 제외하는 것으로 배당표가 작성·확정되고 그 확정된 배당표에 따라 배당이 실시되었다면, 집행목적물의 교환가치에 대하여서만 우선변제권을 가지고 있는 법정담보물권자의 경우와는 달리 그가 적법한 배당요구를 한 경우에 배당받을 수 있었던 금액 상당의 금원이 후순위 채권자에게 배당되었다 하여 이를 법률상 원인이 없는 것이라고 할 수 없다.

④ [誤] 양도담보제공자로부터 사용·수익할 수 있는 권능을 승계한 자의 사용·수익이 양도담보권자에 대한 관계에서 부당이득이 되는지를 묻는 지문이다. 양도담보목적물에 대한 사용·수익의 권능을 보유하는 자가 누구인가를 묻고 있다. 원칙적으로 양도담보목적물에 대한 사용권능은 양도담보제공자가 가지고 있다. 따라서 양도담보제공자로부터 그 사용권능을 승계한 자의 사용이 양도담보권자에 대하여 부당이득을 구성하지는 않는다.

[大判 1988. 11. 22. 87다카2555] 일반적으로 부동산을 채권담보의 목적으로 양도한 경우 특별한 사정이 없는 한 목적부동산에 대한 사용·수익권은 채무자인 양도담보설정자에게 있는 것이므로 양도담보권자는 사용·수익할 수 있는 정당한 권한이 있는 채무자나 채무자로부터 그 사용·수익할 수 있는 권한을 승계한 자에 대하여는 사용·수익을 하지 못한 것을 이유로 임료상당의 손해배상이나 부당이득 반환청구는 할 수 없다.

⑤ [誤] 악의점유자의 반환범위를 묻는 지문이다. 악의점유자에게는 과실취득권이 없다는 점을 제201조 제2항이 규정하고 있고, 그 구체적인 반환범위는 제748조 제2항에 따라 정해진다고 보는 것이 대법원 입장이다. 따라서 사용이익에 이자를 가산하여 반환하여야 하며, 그 이자의 이행지체로 인한 손해배상금도 지급하여야 한다.

[大判 2003. 11. 14, 2001다61869] 타인 소유물을 권원 없이 점유함으로써 얻은 사용이익을 반환하는 경우 민법은 선의점유자를 보호하기 위하여 제201조 제1항을 두어 선의점유자에게 과실수취권을 인정함에 대하여, 이러한 보호의 필요성이 없는 악의점유자에 관하여는 민법 제201조 제2항을 두어 과실수취권이 인정되지 않는다는 취지를 규정하는 것으로 해석되는 바, 따라서 악의수익자가 반환하여야 할 범위는 민법 제748조 제2항에 따라 정하여지는 결과 그는 받은 이익에 이자를 붙여 반환하여야 하며, 위 이자의 이행지체로 인한 지연손해금도 지급하여야 한다.

⑥ [正] 취득한 이익이 금전과 유사한 대체물인 경우에 이익현존이 추정되는가를 묻는 지문이다. 최근 대법원은 금전 이외에 금전과 유사한 대체물도 그 이익이 현존하는 것으로 파악하고 있다.

[大判 2009. 5. 28, 2007다20440] 법률상 원인 없이 타인의 재산 또는 노무로 이익을 얻고 그로 인하여 타인에게 손해를 가한 경우, 그 취득한 것이 금전상의 이득인 때에는 그 금전은 이를 취득한 자가 소비하였는가의 여부를 불문하고 현존하는 것으로 추정되고, 그 취득한 것이 성질상 계속적으로 반복하여 거래되는 물품으로서 곧바로 판매되어 환가될 수 있는 금전과 유사한 대체물인 경우에도 마찬가지다.

⑦ [誤] 확정판결을 기초로 하여 지급된 손해배상금이 부당이득이 되는지를 묻는 문제이다. 확정판결이 재심 등에 의하여 취소되지 않는 한 부당이득이 되지 않는다.

[大判 2009. 11. 12, 2009다56665] 확정판결이 실체적 권리관계와 다르다 하더라도 그 판결이 재심의 소 등으로 취소되지 않는 한 그 판결의 기판력에 저촉되는 주장을 할 수 없어 그 판결의 집행으로 교부받은 금원을 법률상 원인 없는 이득이라 할 수 없는 것이므로, 불법행위로 인한 인신손해에 대한 손해배상청구소송에서 판결이 확정된 후 피해자가 그 판결에서 손해배상액 산정의 기초로 인정된 기대여명보다 일찍 사망한 경우라도 그 판결이 재심의 소 등으로 취소되지 않는 한 그 판결에 기하여 지급받은 손해배상금 중 일부를 법률상 원인 없는 이득이라 하여 반환을 구하는 것은 그 판결의 기판력에 저촉되어 허용될 수 없다.

⑧ [誤] 경매목적물에 존재하는 가등기가 실행됨으로써 경매절차 매수인이 소유권을 취득하지 못한 경우, 그 경매절차에서 배당금을 교부받은 채권자가 부당이득반환의무를 부담하는지를 묻는 지문이다. 이는 가등기에 의한 본등기 실행으로 경매절차가 무효가 되는지를 묻고 있다. 경락허가결정이 무효로 되는 것은 아니라는 것이 대법원 입장이다. 이 경우 경매절차 매수인은 제578조에 의한 손해배상책임을 물을 수 있다.

[大判 1986. 9. 23, 86다카560] 채무명의에 기한 강제경매신청에 의하여 경매목적 부동산에 대한 경락허가결정이 확정된 경우에는 비록 경매개시결정 전에 경료된 제3자 명의의 가등기에 기하여 그 제3자 명의로 소유권이전 본등기가 경료됨으로써 경락인이 경락부동산의 소유권을 취득하지 못하게 되었다 하더라도 그 사유만으로 경락허가결정이 무효로 돌아가는 것은 아니므로 채권자가 경락대금 중에서 채권의 변제조로 교부받은 배당금을 법률상 원인 없이 취득한 부당이득이라고 할 수는 없다.

[大判 1999. 9. 17, 97다54024] 민법 제578조에 의하여 경매신청 채권자가 경락인에게 부담하는 손해배상책임은 반드시 신청채권자의 경매신청행위가 위법한 것임을 전제로 하는 것은 아니지만, 경매절차에서 소유권이전청구권 가등기가 경료된 부동산을 경락

받았으나 가등기에 기한 본등기가 경료되지 않은 경우에는 아직 경락인이 그 부동산의 소유권을 상실한 것이 아니므로 민법 제578조에 의한 손해배상책임이 성립되었다고 볼 여지가 없다.

정답 ⑥

7. 악의의 비채변제(민법 제742조)에 관한 판례의 입장에 부합하는 것은? [04년]

① 지급자가 채무 없음을 알고 있었다 하더라도 변제를 강제당한 경우나 변제거절로 인한 사실상의 손해를 피하기 위하여 부득이 변제하게 된 경우 등 그 변제가 자기의 자유로운 의사에 반하여 이루어진 것으로 볼 수 있는 사정이 있는 때에는, 지급자가 그 반환청구권을 상실하지 않는다.
② 민법 제742조는 변제자가 채무 없음을 알면서도 변제를 한 경우와 채무 없음을 알지 못하고 변제하였으나 이에 대하여 과실이 있는 경우에 적용된다.
③ 납세의무자와 과세관청 사이의 조세법률관계에서 발생한 부당이득에 대하여서도 민법상의 비채변제 규정이 적용된다.
④ 비채변제를 원인으로 부당이득금 반환을 청구하는 자는 채무가 존재하지 아니한 사실과 그 채무가 존재하지 아니함을 알지 못하고 지급하였음을 주장·입증하여야 한다.
⑤ 위탁교육 후의 의무재직기간 근무 불이행시 급여를 반환토록 한 약정에 따라 근로자가 연수기간 중 지급받은 급여 일부를 반환한 경우, 그 급여 반환은 반환의무 없음을 알면서 자유로운 의사에 기하여 이루어진 것으로서 민법 제742조의 비채변제에 해당한다.

해설

① [正] [大判 1997. 7. 25, 97다5541] 채무 없는 자가 착오로 인하여 변제한 것이 아니라면 비채변제는 지급자가 채무 없음을 알면서도 임의로 지급한 경우에만 성립하고 채무 없음을 알고 있었다 하더라도 변제를 강제당한 경우나 변제거절로 인한 사실상의 손해를 피하기 위하여 부득이 변제하게 된 경우 등 그 변제가 자기의 자유로운 의사에 반하여 이루어진 것으로 볼 수 있는 사정이 있는 때에는 지급자가 그 반환청구권을 상실하지 않는다.
② [誤] [大判 1998. 11. 13, 97다58453] 민법 제742조 소정의 비채변제에 관한 규정은 변제자가 채무 없음을 알면서도 변제를 한 경우에 적용되는 것이고, 채무 없음을 알지 못한 경우에는 그 과실 유무를 불문하고 적용되지 아니한다.
③ [誤] [大判 1991. 1. 25, 87다카2569] 부과납세 방식의 조세에 있어서 그 부과처분이 있기 전에 납세의무자가 자진하여 세금을 과다 납부하였다면 부당이득의 성립을 인정하여야 할 것이며, 납세의무자가 세무서장의 인정가액에 따른 세금을 과세고지가 있기 전에 자진 납부하였다 하여 비채변제의 법리가 적용된다고 할 수 없다.
④ [誤] [大判 1962. 6. 28, 4294민상1453] 비채변제를 원인으로 부당이득금 반환을 청구하

는 자는 채무가 존재하지 아니한 사실만 주장·입증하면 족한 것이고 그 채무가 존재하지 아니함을 알지 못하고 지급하였음을 주장·입증할 책임은 없다.

⑤ [誤] 근로기준법 제27조에서는 근로계약 불이행에 대한 위약금 또는 손해배상액을 예정하는 계약을 하지 못한다고 규정하고 있고, 이 규정은 강행규정으로 이에 위반하는 사법행위의 효력은 무효가 된다. 따라서 위탁교육 후의 의무재직기간 근무 불이행시 급여를 반환토록 한 약정은 근로기준법 제27조가 금지하는 위약금 또는 손해배상액을 예정하는 계약으로 무효이다. 다만 기업체가 부담한 위탁교육 비용의 전부나 일부를 반환토록 한 약정이라면 이 약정은 근로기준법 제27조의 위약금 또는 손해배상액을 예정하는 계약으로 볼 수 없어 유효이다. 의무복무기간 동안 근무하지 아니한 근로자가 위탁교육 비용을 초과하여 위탁교육 기간 동안 지급받은 급여의 일부를 반환한 경우에는 기업체가 반환받은 급여 중 위탁교육 비용을 초과하는 부분은 부당이득으로 된다. 다만 이를 채무 없음을 알면서도 자유로운 의사에 기초한 변제로서 제742조에 해당할 것인가가 문제되는 바, 판례는 이를 부정하고 있다.

[大判 1996. 12. 20. 95다52222] 위탁교육 후의 의무재직기간 근무 불이행시 급여를 반환토록 한 약정에 따라 근로자가 연수기간 중 지급받은 급여 일부를 반환한 사안에서, 그 급여 반환이 반환의무 없음을 알면서 자유로운 의사에 기하여 이루어진 것이 아니라는 이유로 민법 제742조의 비채변제에 해당하지 아니하고, 나아가 그와 같은 강행법규에 위반한 무효의 약정에 기한 채무의 변제를 민법 제744조의 도의관념에 적합한 비채변제라고 할 수도 없다고 한 사례.

정답 ①

8. 불법원인급여에 대한 설명 중 옳은 것은?(다툼 있으면 판례에 의함) [02년]

① 甲이 공무원에게 청탁하여 사업면허를 받아 줄 것을 乙에게 부탁하고 그 교제비 명목으로 금전을 지급하면서 만일 사업면허가 나오지 않으면 그 금전을 반환하기로 약정한 경우에, 그 약정은 사회질서에 반하는 것이라고 할 수 없으므로 甲이 乙에 대하여 그 금전의 반환을 청구할 수 있다.

② 甲이 乙과 불륜관계를 계속적으로 맺으면서 그 대가로 자기 소유의 부동산을 증여하여 乙 앞으로 소유권이전등기를 경료한 후에도, 자신이 여전히 소유자임을 내세워 소유물방해배제청구로서 그 등기의 말소를 청구할 수 있다.

③ 도박자금을 제공함으로 인하여 발생한 채권을 담보하기 위하여 제3자 소유의 부동산에 저당권설정등기를 한 경우, 그 부동산의 소유자는 위 등기의 원인이 무효임을 이유로 그 말소를 청구할 수 없다.

④ 수익자의 불법성이 급여자의 그것보다 현저히 크고 그에 비하면 급여자의 불법성이 미약한 경우라도 급여자는 부당이득반환을 청구할 수 없다.

⑤ 강행법규에 위반되어 무효인 법률행위에 기하여 급부가 이루어진 경우에도, 그 행위가 선량한 풍속 기타 사회질서를 해치는 것이라고 볼 수 없는 때에는 부당이득의 반환을 청구할 수 있다.

해설

① [誤] 불법원인급여물의 반환약정의 효력을 묻는 문제이다. 불법원인급여물을 임의로 반환한 경우에는 임의반환을 부정할 이유가 없으므로 유효하다. 그러나 불법원인급여물의 반환약정을 강제하는 것은 불법원인급여의 반환을 구하는 것으로 허용되지 않는다.
[大判 1995. 7. 14. 94다51994] 당사자의 일방이 상대방에게 공무원의 직무에 관한 사항에 관하여 특별한 청탁을 하게 하고 그에 대한 보수로 돈을 지급할 것을 내용으로 한 약정은 사회질서에 반하는 무효의 계약이고, 따라서 민법 제746조에 의하여 그 대가의 반환을 청구할 수 없으며, 나아가 그 돈을 반환하여 주기로 한 약정도 결국 불법원인급여물의 반환을 구하는 범주에 속하는 것으로서 무효이고, 그 반환약정에 기하여 약속어음을 발행하였다 하더라도 채권자는 그 이행을 청구할 수 없다.

② [誤] 불법원인급여의 반환을 물권적 청구권의 행사로 실현하는 것이 허용되는가의 문제이다. 이에 대하여 판례는 제746조가 사법의 이념을 표현한 것으로 부당이득반환청구만을 금지하는 것이 아니라 소유권에 기초한 물권적 청구권의 행사도 불법원인급여의 반환을 구하는 것이라면 허용되지 않는다고 한다.
[大判(全) 1979. 11. 13. 79다483] 민법 제746조는 단지 부당이득제도만을 제한하는 것이 아니라 동법 제103조와 함께 사법의 기본이념으로서, 결국 사회적 타당성이 없는 행위를 한 사람은 스스로 불법한 행위를 주장하여 복구를 그 형식 여하에 불구하고 소구할 수 없다는 이상을 표현한 것이므로, 급여를 한 사람은 그 원인행위가 법률상 무효라 하여 상대방에게 부당이득반환청구를 할 수 없음은 물론 급여한 물건의 소유권은 여전히 자기에게 있다고 하여 소유권에 기한 반환청구도 할 수 없고, 따라서 급여한 물건의 소유권은 급여를 받은 상대방에게 귀속된다.

③ [誤] 불법원인급여의 요건으로 급여는 종국적인 것이어야 한다. 따라서 급여의 실현에 다시 국가의 조력을 필요로 하는 경우에는 급여가 종국적인 것이라고 볼 수 없다. 따라서 불법원인으로 저당권을 설정한 경우에는 급여의 종국성이 결여되어 있으므로 불법원인급여의 요건을 충족하였다고 볼 수 없고, 따라서 소유자는 저당권의 말소를 청구할 수 있다.
[大判 1994. 12. 22. 93다55234] 도박자금으로 금원을 대여함으로 인하여 발생한 채권을 담보하기 위한 근저당권설정등기가 경료되었을 뿐인 경우와 같이 수령자가 그 이익을 향수하려면 경매신청을 하는 등 별도의 조치를 취하여야 하는 경우에는, 그 불법원인급여로 인한 이익이 종국적인 것이 아니므로 등기설정자는 무효인 근저당권설정등기의 말소를 구할 수 있다.

④ [誤] 판례는 이른바 불법성비교론을 수용하고 있다. 즉, 수익자의 불법성이 급여자의 불법성에 비하여 현저하게 큰 경우에는 부당이득반환청구가 허용된다는 것이다.
[大判 1993. 12. 10. 93다12947] 수익자의 불법성이 급여자의 그것보다 현저히 크고, 그에 비하면 급여자의 불법성은 미약한 경우에도 급여자의 반환청구가 허용되지 않는다고 하는 것은 공평에 반하고 신의성실의 원칙에도 어긋난다고 할 것이므로, 이러한 경우에는 민법 제746조 본문의 적용이 배제되어 급여자의 반환청구는 허용된다고 해석함이 상당하다.

⑤ [正] 불법원인급여에서 불법원인이란 제103조 위반을 의미하며, 강행법규 위반을 포함하는 것은 아니라는 것이 통설과 판례의 태도이다.
[大判 1960. 12. 27. 4293민상359] 불법원인급여의 경우에 불법원인이라 함은 그 원인이 되는 행위가 선량한 풍속 기타 사회질서에 위반하는 경우를 말하는 것으로서 설사 법률의 금지함에 반하는 경우라 할지라도 그것이 선량한 풍속 기타 사회질서에 위반하지 않는 경우에는 이에 해당하지 않는 것이라 할 것인 바 강행법규위반이 곧 불법원인급여에 상당한다는 논지는 채용할 수 없다.

정답 ⑤

9. 배점 3 甲의 청구가 허용되는 경우를 모두 고른 것은? (다툼 있으면 판례에 의함) [08년]

㉠ 금전소비대차계약에서 사회통념에 반하여 현저하게 고율인 이자의 약정이 이루어진 경우, 이미 이자를 지급한 차주 甲이 대주 乙에 대하여 사회질서에 위반되는 부분의 이자의 반환을 청구한다.
㉡ 윤락행위를 하는 술집에 乙이 종업원으로 취직하면서 주인 甲으로부터 선불금을 지급받았는데, 乙이 그만두려 하자 甲이 기지급한 선불금의 반환을 청구한다.
㉢ 甲은 세금을 회피하기 위하여 乙과 명의신탁약정을 맺고 이에 기하여 자기 소유의 X 부동산을 乙 명의로 등기해 두었는데, 그 후 甲이 乙에게 X 부동산의 소유권이전등기를 청구한다.
㉣ 甲은 乙로부터 도박자금으로 금원을 차용하고, 그 차용금 채무의 담보를 위하여 甲 소유의 X 부동산에 관하여 乙 앞으로 근저당권설정등기를 마쳤는데, 그 후 甲이 乙에게 근저당권설정등기의 말소를 청구한다.
㉤ 부동산중개업자 乙은 甲이 위탁한 거래를 중개하고 甲으로부터 700만원의 중개수수료를 받았는데, 그 후 甲이 그 수수료가 「공인중개사의 업무 및 부동산 거래신고에 관한 법률」에서 정한 상한인 200만원을 초과한다는 사실을 알고 그 초과분의 반환을 청구한다.
〈같은 법 제33조(금지행위) 중개업자등은 다음 각 호의 행위를 하여서는 아니 된다. 3. 사례·증여 그 밖의 어떠한 명목으로도 제32조 제3항의 규정에 의한 수수료 또는 실비를 초과하여 금품을 받는 행위〉

① ㉡, ㉢, ㉣, ㉤   ② ㉠, ㉢, ㉣
③ ㉠, ㉡, ㉢, ㉤   ④ ㉠, ㉢, ㉣, ㉤
⑤ ㉡, ㉢, ㉣   ⑥ ㉠, ㉤
⑦ ㉠, ㉣, ㉤   ⑧ ㉢, ㉣, ㉤

해설

- ㉠ [허용됨] [大判(全) 2007. 2. 15. 2004다50426] 선량한 풍속 기타 사회질서에 위반하여 무효인 부분의 이자 약정을 원인으로 차주가 대주에게 임의로 이자를 지급하는 것은 통상 불법의 원인으로 인한 재산 급여라고 볼 수 있을 것이나, 불법원인급여에 있어서도 그 불법원인이 수익자에게만 있는 경우이거나 수익자의 불법성이 급여자의 그것보다 현저히 커서 급여자의 반환청구를 허용하지 않는 것이 오히려 공평과 신의칙에 반하게 되는 경우에는 급여자의 반환청구가 허용되므로, 대주가 사회통념상 허용되는 한도를 초과하는 이율의 이자를 약정하여 지급받은 것은 그의 우월한 지위를 이용하여 부당한 이득을 얻고 차주에게는 과도한 반대급부 또는 기타의 부당한 부담을 지우는 것으로서 그 불법의 원인이 수익자인 대주에게만 있거나 또는 적어도 대주의 불법성이 차주의 불법성에 비하여 현저히 크다고 할 것이어서 차주는 그 이자의 반환을 청구할 수 있다.

- ㉡ [허용되지 아니함] [大判 2004. 9. 3. 2004다27488·27495] 부당이득의 반환청구가 금지되는 사유로 민법 제746조가 규정하는 불법원인이라 함은 그 원인되는 행위가 선량한 풍속 기타 사회질서에 위반하는 경우를 말하는 것인 바, 윤락행위 및 그것을 유인·강요하는 행위는 선량한 풍속 기타 사회질서에 위반되므로, 윤락행위를 할 자를 고용·모집하거나 그 직업을 소개·알선한 자가 윤락행위를 할 자를 고용·모집함에 있어 성매매의 유인·강요의 수단으로 이용되는 선불금 등 명목으로 제공한 금품이나 그 밖의 재산상 이익 등은 불법원인급여에 해당하여 그 반환을 청구할 수 없다.

- ㉢ [허용됨] [大判 2003. 11. 27. 2003다41722] 부동산실권리자명의등기에관한법률이 규정하는 명의신탁약정은 부동산에 관한 물권의 실권리자가 타인과의 사이에서 대내적으로는 실권리자가 부동산에 관한 물권을 보유하거나 보유하기로 하고 그에 관한 등기는 그 타인의 명의로 하기로 하는 약정을 말하는 것일 뿐이므로, 그 자체로 선량한 풍속 기타 사회질서에 위반하는 경우에 해당한다고 단정할 수 없을 뿐만 아니라, 위 법률은 원칙적으로 명의신탁약정과 그 등기에 기한 물권변동만을 무효로 하고 명의신탁자가 다른 법률관계에 기하여 등기회복 등의 권리행사를 하는 것까지 금지하지는 않는 대신, 명의신탁자에 대하여 행정적 제재나 형벌을 부과함으로써 사적자치 및 재산권 보장의 본질을 침해하지 않도록 규정하고 있으므로, 위 법률이 비록 부동산등기제도를 악용한 투기·탈세·탈법행위 등 반사회적 행위를 방지하는 것 등을 목적으로 제정되었다고 하더라도, 무효인 명의신탁약정에 기하여 타인 명의의 등기가 마쳐졌다는 이유만으로 그것이 당연히 불법원인급여에 해당한다고 볼 수 없다.

- ㉣ [허용됨] [大判 1994. 12. 22. 93다55234] 도박자금을 제공함으로 인하여 발생한 채권의 담보로 부동산에 관하여 근저당권설정등기가 경료되었을 뿐이라면 위와 같은 근저당권설정등기로 근저당권자가 받을 이익은 소유권이전과 같은 종국적인 것이 되지 못하고 따라서 민법 제746조에서 말하는 이익에는 해당하지 아니한다고 할 것이므로, 그 부동산의 소유자는 민법 제746조의 적용을 받음이 없이 그 말소를 청구할 수 있다.

- ㉤ [허용됨] 강행규정을 위반하여 급부한 경우, 이를 모두 불법원인급여라고 할 수 없다. 따라서 제746조가 적용되지 않는다.

[大判(全) 2007. 12. 20, 2005다32159] 구 부동산중개업법(2005. 7. 29. 법률 제7638호 '공인중개사의 업무 및 부동산 거래신고에 관한 법률'로 전문 개정되기 전의 것)은 부동산중개업을 건전하게 지도·육성하고 부동산중개 업무를 적절히 규율함으로써 부동산중개업자의 공신력을 높이고 공정한 부동산거래질서를 확립하여 국민의 재산권 보호에 기여함을 입법목적으로 하고 있으므로(제1조), 중개수수료의 한도를 정하는 한편 이를 초과하는 수수료를 받지 못하도록 한 같은 법 및 같은 법 시행규칙 등 관련 법령 또는 그 한도를 초과하여 받기로 한 중개수수료 약정의 효력은 이와 같은 입법목적에 맞추어 해석되어야 한다.

그뿐 아니라, 중개업자가 구 부동산중개업법 등 관련 법령에 정한 한도를 초과하여 수수료를 받는 행위는 물론 위와 같은 금지규정 위반 행위에 의하여 얻은 중개수수료 상당의 이득을 그대로 보유하게 하는 것은 투기적·탈법적 거래를 조장하여 부동산거래질서의 공정성을 해할 우려가 있고, 또한 구 부동산중개업법 등 관련 법령의 주된 규율대상인 부동산의 거래가격이 높고 부동산중개업소의 활용도 또한 높은 실정에 비추어 부동산 중개수수료는 국민 개개인의 재산적 이해관계 및 국민생활의 편의에 미치는 영향이 매우 커 이에 대한 규제가 강하게 요청된다. 그렇다면, 앞서 본 입법목적을 달성하기 위해서는 고액의 수수료를 수령한 부동산 중개업자에게 행정적 제재나 형사적 처벌을 가하는 것만으로는 부족하고 구 부동산중개업법 등 관련 법령에 정한 한도를 초과한 중개수수료 약정에 의한 경제적 이익이 귀속되는 것을 방지하여야 할 필요가 있으므로, 부동산 중개수수료에 관한 위와 같은 규정들은 중개수수료 약정 중 소정의 한도를 초과하는 부분에 대한 사법상의 효력을 제한하는 이른바 강행법규에 해당하고, 따라서 구 부동산중개업법 등 관련 법령에서 정한 한도를 초과하는 부동산 중개수수료 약정은 그 한도를 초과하는 범위 내에서 무효이다.

정답 ④

10. 배점 2 불법행위를 원인으로 한 손해배상에 관한 설명 중 옳은 것을 모두 고른 것은?
(다툼 있으면 판례에 의함) [11년]

ㄱ. 불법행위를 원인으로 한 손해배상에 있어서는 채무불이행을 원인으로 한 경우와는 달리, 그 손해가 고의 또는 중대한 과실에 의한 것이 아니고 그 배상으로 인하여 배상자의 생계에 중대한 영향을 미치게 될 경우에는 배상의무자의 청구에 의하여 법원이 배상액을 감경할 수 있다.

ㄴ. 당사자들 사이에 다른 특약이 있으면 금전배상 이외의 방법으로 손해를 배상할 수 있다.

ㄷ. 고의의 불법행위가 부당이득의 원인이 됨으로써 불법행위로 인한 손해배상채권과 부당이득반환채권이 모두 성립하여 양 채권이 경합하는 경우, 피해자가 부당이득반환채권만을 청구하였을 때 상대방이 이를 수동채권으로 하여 상계하는 것은 허용된다.

ㄹ. 불법행위로 인한 손해배상청구소송의 원고가 피고에게 일시금지급을 구하는 청구를 하였더라도, 법원이 정기금지급을 명하는 판결을 선고할 수도 있다.
ㅁ. 불법행위로 인하여 배상할 손해는 원칙적으로 통상손해에 한하되, 특별한 사정에 관한 가해자의 예견가능성이 있다면 특별손해도 배상의 대상에 포함된다.

① ㄱ, ㄴ   ② ㄷ, ㅁ   ③ ㄹ, ㅁ   ④ ㄱ, ㄴ, ㄷ, ㄹ
⑤ ㄴ, ㄷ, ㄹ   ⑥ ㄴ, ㄷ, ㅁ   ⑦ ㄱ, ㄴ, ㄹ, ㅁ   ⑧ ㄴ, ㄹ, ㅁ

해설

ㄱ. [正] 불법행위로 인한 배상의무자의 배상액 경감청구의 요건을 묻는 지문이다. 불법행위로 인한 배상의무자는 그 손해가 고의 또는 중대한 과실에 의한 것이 아니고, 그 배상으로 인하여 배상자의 생계에 중대한 영향을 미치게 될 경우에는 법원에 그 배상액의 경감을 청구할 수 있고(제765조 제1항), 법원은 배상의무자의 청구가 있는 때에는 채권자 및 채무자의 경제상태와 손해의 원인 등을 참작하여 배상액을 경감할 수 있다(제765조 제2항).

ㄴ. [正] 불법행위로 인한 손해배상의 방법을 묻는 지문이다. 민법은 원칙적으로 금전배상주의를 취하고 있다(제763조, 제394조). 다른 의사표시가 없으면 손해는 금전으로 배상하여야 한다(제394조). 다른 의사표시, 즉 특약이 있다면 금전배상 이외의 방법으로 손해를 배상할 수도 있다(제394조의 반대해석).

ㄷ. [誤] 고의의 불법행위로 인한 부당이득반환의무자인 가해자의 상계가 허용되는지 여부를 묻는 지문이다. 채무가 고의의 불법행위로 인한 것인 때에는 그 채무자는 상계로 채권자에게 대항하지 못한다(제496조). 고의의 불법행위로 인한 채무란 고의의 불법행위로 인한 손해배상채무를 의미하는데, 고의의 불법행위로 인한 손해배상의무와 부당이득반환의무가 모두 성립하여 양 채권이 경합하는 경우, 부당이득반환채무도 제496조가 정하는 채무에 해당하는지가 문제이다. 대법원은 그와 같은 경우에도 제496조를 유추하여 채무자는 상계로 채권자에게 대항하지 못한다고 한다.

[大判 2002. 1. 25. 2001다52506] 민법 제496조의 취지는, 고의의 불법행위에 의한 손해배상채권에 대하여 상계를 허용한다면 고의로 불법행위를 한 자까지도 상계권 행사로 현실적으로 손해배상을 지급할 필요가 없게 되어 보복적 불법행위를 유발하게 될 우려가 있고, 또 고의의 불법행위로 인한 피해자가 가해자의 상계권 행사로 인하여 현실의 변제를 받을 수 없는 결과가 됨은 사회적 정의관념에 맞지 아니하므로 고의에 의한 불법행위의 발생을 방지함과 아울러 고의의 불법행위로 인한 피해자에게 현실의 변제를 받게 하려는데 있다 할 것인 바, 법이 보장하는 상계권은 이처럼 그의 채무가 고의의 불법행위에 기인하는 채무자에게는 적용이 없는 것이고, 나아가 부당이득의 원인이 고의의 불법행위에 기인함으로써 불법행위로 인한 손해배상채권

과 부당이득반환채권이 모두 성립하여 양 채권이 경합하는 경우 피해자가 부당이득반환채권만을 청구하고 불법행위로 인한 손해배상채권을 청구하지 아니한 때에도, 그 청구의 실질적 이유, 즉 부당이득의 원인이 고의의 불법행위였다는 점은 불법행위로 인한 손해배상채권을 청구하는 경우와 다를 바 없다 할 것이서, 고의의 불법행위에 의한 손해배상채권은 현실적으로 만족을 받아야 한다는 상계금지의 취지는 이러한 경우에도 타당하므로, 민법 제496조를 유추적용함이 상당하다.

ㄹ. [正] 일시금지급청구에도 불구하고 법원이 재량에 따라 정기금지급을 명할 수 있는지 여부를 묻는 지문이다. 금전배상의 원칙이란 일시금배상만을 의미하는 것은 아니다. 일시금배상이 원칙이지만, 재산 이외의 손해배상은 정기금채무로 지급할 것을 명할 수도 있다(제751조 제2항). 법원은 자유로운 재량에 따라 일시금배상을 명하거나 정기금배상을 명할 수 있다.

[大判 1995. 6. 9. 94다30515] 불법행위로 입은 상해의 후유장애로 인하여 장래에 계속적으로 치료비나 개호비 등을 지출하여야 할 손해를 입은 피해자가 그 손해의 배상을 정기금에 의한 지급과 일시금에 의한 지급 중 어느 방식에 의하여 청구할 것인지는 원칙적으로 손해배상청구권자인 그 자신이 임의로 선택할 수 있는 것으로서, 다만 식물인간 등의 경우와 같이 그 후유장애의 계속기간이나 잔존여명이 단축된 정도 등을 확정하기 곤란하여 일시금 지급방식에 의한 손해의 배상이 사회정의와 형평의 이념에 비추어 현저하게 불합리한 결과를 초래할 우려가 있다고 인정될 때에는, 손해배상청구권자가 일시금에 의한 지급을 청구하였더라도 법원이 재량에 따라 정기금에 의한 지급을 명하는 판결을 할 수 있다고 보아야 한다(필자 註 : 교통사고로 입은 중증뇌좌상과 그 후유증인 우측완전반신마비, 언어불능 등으로 인하여 잔존여명이 10년 정도 단축된 것으로 인정되고, 향후치료비 등 손해에 대하여 일시금의 지급을 명하는 것이 사회정의와 형평의 이념에비추어 현저하게 불합리한 결과를 초래할 우려가 있다고 인정할 수 없다는 이유로, 정기금 지급을 명한 원심판결을 파기한 사례).

ㅁ. [正] 불법행위로 인한 특별손해가 배상범위에 포함되는지 여부를 묻는 지문이다. 원칙적으로 포함되지 않지만, 특별한 사정에 관한 가해자의 예견가능성이 있다면 배상의 범위에 포함된다(제763조, 제393조).

정답 ⑦

11. 甲은 A건물의 소유자로서 건물 내의 한 점포를 乙에게 임대하였다. 乙은 이 점포를 의류매장으로 사용하고 있었는데, 乙의 매장에 화재가 발생하였다. 위 건물 내에는 화재경보기가 설치되어 있었으나, 마침 甲이 고용한 경비원 丙이 소독작업시의 오작동을 이유로 화재경보기 작동을 중지시켜 놓은 상태였기 때문에, 화재가 신속하게 진압되지 않았다. 그 결과 乙과 그의 종업원 丁이 화상을 입었고 점포는 전소하였다. 이 경우에 관한 설명 중 옳지 않은 것은?(다툼 있으면 판례에 의함) [04년]

① 乙은 그 목적물을 반환할 때까지 위 점포의 보존에 관하여 선량한 관리자의 주의의무를 다하였음을 주장·입증하지 못하는 한 甲에 대하여 채무불이행책임을 진다.
② 乙의 점포에서 발생한 화재가 그 점포의 하자 자체로 직접 발생하였고 그로써 丁이 화상을 입은 것이라면, 乙은 손해의 방지에 필요한 주의를 다하지 아니한 경우에 丁에 대하여 불법행위에 의한 손해배상책임을 진다.
③ 丙에게 중과실이 없는 경우에도 甲은 乙에 대하여 사용자책임에 따른 손해배상책임을 진다.
④ 만일 위 화재가 신원을 알 수 없는 타인의 독립된 행위로 발화된 후 인접건물 및 점포에 연소 확산된 것이라면, 甲에게 중대한 과실이 있는 경우에는 실화책임에관한법률이 적용된다.
⑤ 丙의 과실은 乙의 甲에 대한 채무불이행에 따른 손해배상액 산정시 고려되어야 한다.

해설

* 본 문제는 헌법재판소에서 실화책임에관한법률이 헌법불합치결정(2007.8.30. 2004헌가25)을 받은 후 2009.5.8 일자로 개정되기 이전의 문제이므로 이를 고려해서 풀이해야 한다. 개정법은 경과실이 있는 경우에도 원칙적으로 실화자에게 책임을 묻고 있다.

① [正] 임차인은 임차목적물인 특정물 보관자로서 선관의무를 부담한다. 따라서 목적물 반환 및 보관의무에 대하여 선량한 관리자의 주의로 보관하였으므로 자신에게 귀책성이 없음을 입증하여야 한다.
[大判 1991. 10. 25, 91다22605·22612] 임대차 종료 후 임차인의 임차목적물 명도 의무와 임대인의 연체차임 기타 명도시까지 발생한 손해배상금 등을 공제하고 남은 임대보증금반환 채무와는 동시이행의 관계에 있는 것이어서 임차인은 이를 지급받을 때까지 동시이행의 항변권에 기하여 목적물을 유치하면서 명도를 거절할 권리가 있는 것이나, 임차인은 임차목적물을 명도할 때까지는 선량한 관리자의 주의로 이를 보존할 의무가 있어, 이러한 주의의무를 위반하여 임대목적물이 멸실, 훼손된 경우에는 그에 대한 손해를 배상할 채무가 발생하며, 임대목적물이 멸실, 훼손된 경우 임차인이 그 책임을 면하려면 그 임차건물의 보존에 관하여 선량한 관리자의 주의의무를 다하였음을 입증하여야 할 것이다.

② [正] 공작물의 하자로 인한 점유자 및 소유자책임과 실화책임법이 경합하는 경우, 발화점과 불가분의 일체를 이루는 부분의 화재, 즉 직접 화재부분에 대하여는 공작물책임을 적용하고, 그로부터 연소된 부분의 화재에 대하여는 실화책임법을 적용한다. 점포의 하자로 인하여 화재가 발생하여 점포 내의 물건이나 사람이 다친 경우에는 직접 화재부분에서 발생한 손해로 공작물책임이 적용된다. 따라서 1차적인 책임주체인 공작물의 점유자 乙이 배상책임을 부담하나, 손해의 방지에 필요한 주의를 해태하지 아니한 때에는 그 소유자인 甲이 배상책임을 부담한다.
[大判 2000. 5. 26, 99다32431] [1] 실화책임에관한법률은 실화로 인하여 일단 화재가 발생한 경우에는 부근 가옥 기타 물건에 연소함으로써 그 피해가 예상외로 확대되어 실화자의 책임이 과다하게 되는 점을 고려하여 그 책임을 제한함으로써 실화자를 지나치게 가혹한 부담으로부터 구제하고자 하는 데 그 입법 취지가 있다. [2] 실화책임

에관한법률은 발화점과 불가분의 일체를 이루는 물건의 소실, 즉 직접 화재에는 적용되지 아니하고, 그로부터 연소한 부분에만 적용되는 것으로 해석함이 상당하다.

③ [誤] 화재경보기 작동을 중지시켜 놓은 甲의 피용자 丙의 과실을 중과실로 평가할 수 없다면 丙의 실화책임을 인정할 수 없고, 피용자의 불법행위책임의 성립을 전제로 하는 사용자책임도 인정될 수 없다.
[大判 1987. 4. 28. 86다카1448] 피용자가 사무집행에 관하여 그 실화로 제3자에게 손해를 가한 경우에 있어서는 사용자는 피용자의 중대한 과실이 있는 경우에 한하여 제3자에 대하여 그 손해를 배상할 책임이 있다.

④ [正] [大判 1996. 10. 25. 96다30113] 화재가 피용자가 아닌 타인의 독립된 행위로 인하여 발화된 후 그것이 공작물에 연소·확산되는 과정에서 제3자에게 입힌 손해에 대하여는, 그 공작물의 소유자는 특히 실화책임에관한법률에 의하여 중대한 과실이 있는 경우에 한하여 그를 배상할 책임이 있다.

⑤ [正] 채무불이행의 손해배상액산정시 적용되는 과실상계 규정(제396조)은 불법행위에도 준용된다(제763조).

정답 ③

12. 만 17세로서 고등학교 3학년생인 甲은 길을 가던 乙과 언쟁을 벌이다 그를 때려 중상을 입혔다. 다음 설명 중 옳지 않은 것은? (다툼 있으면 판례에 의함) [05년]

① 일반적으로 불법행위책임을 인정하기 위해 요구되는 가해자의 책임변식능력은 과실상계를 하기 위해 요구되는 피해자의 사리변식능력보다 고도의 주의능력이다.

② 甲에게 불법행위책임이 인정될 때, 甲이 그 배상으로 인하여 생계에 중대한 영향을 미치게 될 사정이 있는 경우, 법원은 甲의 주장이 없더라도 이를 참작하여 손해배상액을 감액할 수 있다.

③ 乙이 먼저 싸움을 유발하는 등 손해 발생이나 확대에 기여한 잘못이 인정된다면 법원은 당사자의 주장이 없더라도 이를 참작하여야 한다.

④ 甲에게 책임능력이 인정되는 경우에도 그 부모에게 甲에 대한 감독의무위반의 과실이 있고 그 감독의무위반과 손해발생 사이에 상당인과관계가 있다면, 甲의 부모는 민법 제750조의 일반불법행위책임을 부담하게 된다.

⑤ 乙의 체질적 소인으로 손해가 확대되었음이 밝혀진 경우, 법원은 이를 참작하여 손해배상액을 감액할 수 있다.

해설

① [正] 불법행위의 성립요건으로서 가해자의 책임능력은 자기 행위의 책임을 변식할 수 있는 정신적 판단능력으로 과실상계의 대상이 되는 피해자의 능력보다는 비교적 엄격하다. 과실상계의 대상이 되는 피해자의 과실이란 사회생활상 공동생활상 약한 부주의를 의미하기 때문이다.

[大判 1995. 9. 15. 94다61120] 불법행위에 있어서 과실상계는 공평 내지 신의칙의 견지에서 손해배상액을 정함에 있어 피해자의 과실을 참작하는 것으로서 그 적용에 있어서는 가해자와 피해자의 고의 과실의 정도, 위법행위의 발생 및 손해의 확대에 관하여 어느 정도의 원인이 되어 있는가 등의 제반 사정을 고려하여 배상액의 범위를 정하는 것이며, 불법행위에 있어서의 가해자의 과실이 의무위반의 강력한 과실임에 반하여 과실상계에 있어서 과실이란 사회통념상, 신의성실의 원칙상, 공동생활상 요구되는 약한 부주의까지도 가리키는 것이다.

② [誤] 배상의무자의 청구에 의하여 배상액의 경감이 허용되고, 그 손해가 배상의무자의 고의 또는 중대한 과실에 의한 것이 아니어야 한다(제765조).

③ [正] 과실상계는 직권고려사항이다(제763조, 제396조).

④ [正] [大判(全) 1994. 2. 8. 93다13605] 미성년자가 책임능력이 있어 그 스스로 불법행위책임을 지는 경우에도 그 손해가 당해 미성년자의 감독의무자의 의무위반과 상당인과관계가 있으면 감독의무자는 일반불법행위자로서 손해배상책임이 있고 이 경우에 그러한 감독의무위반사실 및 손해발생과의 상당인과관계의 존재는 이를 주장하는 자가 입증하여야 한다.

⑤ [正] [大判 2000. 1. 21. 98다50586] 가해행위와 피해자 측의 요인이 경합하여 손해가 발생하거나 확대된 경우에는 그 피해자 측의 요인이 체질적인 소인 또는 질병의 위험도와 같이 피해자 측의 귀책사유와 무관한 것이라고 할지라도, 그 질환의 태양·정도 등에 비추어 가해자에게 손해의 전부를 배상하게 하는 것이 공평의 이념에 반하는 경우에는, 법원은 손해배상액을 정하면서 과실상계의 법리를 유추적용하여 그 손해의 발생 또는 확대에 기여한 피해자 측의 요인을 참작할 수 있다.

정답 ②

13. 사용자책임에 관한 설명 중 옳은 것을 모두 고른 것은?(다툼 있으면 판례에 의함) [03년]

㉠ 공무원의 운행상 과실로 인한 국영철도사고에서 국가의 손해배상책임에는 민법상의 사용자책임에 관한 규정이 적용된다.
㉡ 피용자의 행위가 사용자의 사무집행행위에 해당하지 않음을 피해자가 알았거나 중대한 과실로 몰랐더라도 원칙적으로 사용자책임을 물을 수 있으나, 과실상계를 하게 된다.
㉢ 사용자의 면책사유에 관하여는 사용자 측에서 입증책임을 진다.
㉣ 동업관계에 있는 자들이 동업자 중 1인에게 그 업무집행을 위임하여 그로 하여금 처리하도록 한 경우, 그 업무집행 과정에서 발생한 손해에 대해 다른 동업자는 사용자책임을 지지 않는다.

① ㉢ ② ㉠, ㉢ ③ ㉡, ㉢
④ ㉡, ㉣ ⑤ ㉠, ㉢, ㉣

해설

㉠ [正] 국가배상법은 공무원의 직무행위가 권력행위, 관리행위에 해당하는 경우에 적용되며, 사경제행위인 경우에는 민법이 적용된다는 것이 판례이다(大判 1997. 7. 22. 95다6991). 따라서 국영철도사업이 국가의 사경제적 지위에서의 활동인가가 문제되는 바, 이를 긍정하는 것이 판례이다. 결국 민법상의 사용자책임이 발생할 뿐이다.

[大判 1997. 7. 22, 95다6991] 국가 또는 지방자치단체라 할지라도 공권력의 행사가 아니고 단순한 사경제의 주체로 활동하였을 경우에는 그 손해배상책임에 국가배상법이 적용될 수 없고 민법상의 사용자책임 등이 인정되는 것이고 국가의 철도운행사업은 국가가 공권력의 행사로서 하는 것이 아니고 사경제적 작용이라 할 것이므로, 이로 인한 사고에 공무원이 관여하였다고 하더라도 국가배상법을 적용할 것이 아니고 일반 민법의 규정에 따라야 한다.

㉡ [誤] 사용자책임이 발생하지 않는다는 것이 판례이다(大判 1996. 4. 26. 94다29850). 사용자책임의 요건인 사무집행관련성은 피해자의 신뢰보호이념으로부터 외형이론에 의하여 판단한다. 따라서 사무집행관련성이 없음을 피해자가 알고 있거나 중대한 과실로 모른 경우에는 사용자책임이 부정된다.

[大判 1996. 4. 26. 94다29850] 피용자의 불법행위가 외관상 사용자의 사무집행의 범위 내에 속하는 것으로 보여지는 경우에 있어서도, 피용자의 행위가 사용자나 사용자에 갈음하여 그 사무를 감독하는 자의 사무집행 행위에 해당하지 않음을 피해자 자신이 알았거나 또는 중대한 과실로 알지 못한 경우에는 사용자 혹은 사용자에 갈음하여 그 사무를 감독하는 자에 대하여 사용자책임을 물을 수 없다.

㉢ [正] [大判 1998. 5. 15. 97다58538] 민법 제756조 제1항 및 제2항의 책임에 있어서 사용자나 그에 갈음하여 사무를 감독하는 자는 그 피용자의 선임과 사무감독에 상당한 주의를 하였거나 상당한 주의를 하여도 손해가 있을 경우에는 손해배상의 책임이 없으나, 이러한 사정은 사용자 등이 주장 및 입증을 하여야 한다.

㉣ [誤] 사용관계는 형식적으로 판단하지 않는다. 실질적으로 지휘, 감독의 관계에 있다면 사용관계를 인정한다. 따라서 동업관계에서도 사용관계가 인정될 수 있다는 것이 판례의 입장이다.

[大判 1999. 4. 27. 98다36238] 동업으로 합동법무사사무소를 경영하는 법무사 상호간에 업무집행을 위임하여 그 법무사 중 1인이 다른 법무사의 명의로 업무집행을 한 경우, 서류상 작성명의인 법무사는 합동사무소에 위촉되어 동업관계에 있는 법무사와 공동으로 처리하여야 할 업무를 위임하여 처리하도록 한 셈이므로 그 업무처리에 있어 실제 업무를 처리한 법무사를 지휘·감독하여야 할 사용자관계에 있다고 보아야 한다.

정답 ②

14. 배점 2 사용자책임 등에 관한 다음의 기술 중 옳지 않은 것은?(다툼 있으면 판례에 의함) [09년]

① 공무원이 직무상 자동차를 운전하다가 사고를 일으켜 다른 사람을 부상하게 한 경

우, 그 사고가 자동차를 운전한 공무원의 경과실에 의한 것일 때에는 피해자는 그 공무원을 상대로 직접 손해배상책임을 청구할 방법이 없다.
② 피용자가 어음 위조로 인한 불법행위에 관여함으로써 사용자의 손해배상책임이 논의되는 경우에 어음소지인이 적법한 지급제시기간 내에 지급제시를 하지 아니하여 소구권 보전의 절차를 밟지 않았다고 하더라도 사용자의 불법행위책임이 성립하는 데 장애가 되지는 아니한다.
③ 타인에게 어떤 사업에 관하여 자기 명의의 사용을 허락한 경우에 명의사용을 허락한 사람은 명의사용을 허락받은 사람이 업무수행을 함에 있어 행한 불법행위에 대하여 그 손해를 배상할 책임이 있다.
④ 사용자책임의 요건으로서의 '피용자'에 해당하기 위하여는 사용자와의 사이에 유효한 고용관계가 존재하는 것이 요구되지 않으며, 사실상 다른 사람의 지휘·감독 아래 그 의사에 따라 그의 사업을 집행하는 관계로써 족하다.
⑤ 피용자가 그 업무수행상의 과실로 사용자에게 손해를 가한 경우에 그로 인한 사용자에 대한 불법행위책임은 사업의 성격·규모, 피용자의 업무내용과 근로조건 및 근무태도, 가해행위의 예방이나 손실의 분산에 대한 사용자의 배려정도와 기타 제반 사정에 비추어 신의칙상 상당한 정도로 제한된다.

해설

① [誤] 사고를 낸 공무원이 사고차량의 운행자에 해당한다면 자동차손해배상법에 따른 운행자책임을 부담하기 때문에 피해자는 직접 공무원에 대하여 손해배상을 청구할 수 있다. 비록 국가배상법이 공무원의 경과실에 따른 손해배상책임을 면제하고 있다고 하더라도 자동차손해배상보장법의 입법취지에 비추어 볼 때 자동차손해배상보장법은 국가배상법에 우선하여 적용된다.
[大判 1996. 3. 8, 94다23876] 자동차손해배상보장법의 입법취지에 비추어 볼 때, 같은 법 제3조는 자동차의 운행이 사적인 용무를 위한 것이건 국가 등의 공무를 위한 것이건 구별하지 아니하고 민법이나 국가배상법에 우선하여 적용된다고 보아야 한다. 따라서 일반적으로 공무원의 공무집행상의 위법행위로 인한 공무원 개인 책임의 내용과 범위는 민법과 국가배상법의 규정과 해석에 따라 정하여 질 것이지만, 자동차의 운행으로 말미암아 다른 사람을 사망하게 하거나 부상하게 함으로써 발생한 손해에 대한 공무원의 손해배상책임의 내용과 범위는 이와는 달리 자동차손해배상 보장법이 정하는 바에 의할 것이므로, <u>공무원이 직무상 자동차를 운전하다가 사고를 일으켜 다른 사람에게 손해를 입힌 경우에는 그 사고가 자동차를 운전한 공무원의 경과실에 의한 것인지 중과실 또는 고의에 의한 것인지를 가리지 않고, 그 공무원이 자동차손해배상보장법 제3조 소정의 '자기를 위하여 자동차를 운행하는 자'에 해당하는 한 자동차손해배상보장법상의 손해배상책임을 부담한다.</u>
② [正] [大判(全) 1994. 11. 8, 93다21514] 어음이 위조된 경우에 피위조자는 민법상 표현대리에 관한 규정이 유추적용될 수 있다는 등의 특별한 경우를 제외하고는 원칙적으로

어음상의 책임을 지지 아니하나, 피용자가 어음위조로 인한 불법행위에 관여한 경우에 그것이 사용자의 업무집행과 관련한 위법한 행위로 인하여 이루어졌으면 그 사용자는 민법 제756조에 의한 손해배상책임을 지는 경우가 있고, 이 경우에 사용자가 지는 책임은 어음상의 책임이 아니라 민법상의 불법행위책임이므로 그 책임의 요건과 범위가 어음상의 그것과 일치하는 것이 아니다. 따라서 민법 제756조 소정의 사용자 책임을 논함에 있어서는 어음소지인이 어음법상 소구권을 가지고 있느냐는 등 어음법상의 권리 유무를 따질 필요가 없으므로, 어음소지인이 현실적으로 지급제시를 하여 지급거절을 당하였는지의 여부가 어음배서의 위조로 인한 손해배상책임을 묻기 위하여 필요한 요건이라고 할 수 없고, 어음소지인이 적법한 지급제시기간 내에 지급제시를 하지 아니하여 소구권 보전의 절차를 밟지 않았다고 하더라도 이는 어음소지인이 이미 발생한 위조자의 사용자에 대한 불법행위책임을 묻는 것에 장애가 되는 사유라고 할 수 없다.

③ [正] [大判 1998. 5. 15, 97다58538] 타인에게 어떤 사업에 관하여 자기의 명의를 사용할 것을 허용한 경우에 그 사업이 내부적으로는 그 타인과 명의자가 이를 공동운영하는 관계로서 그 타인이 명의자의 고용인이 아니라 하더라도 외부적으로는 그 타인이 명의자의 고용인임을 표명한 것과 다름이 없으므로 명의사용을 허가받은 사람이 업무수행을 함에 있어 고의 또는 과실로 다른 사람에게 손해를 끼쳤다면 명의사용을 허가한 사람은 민법 제756조 제1항에 의하여 그 손해를 배상할 책임이 있다.

④ [正] [大判 1996. 10. 11, 96다30182] 민법 제756조의 사용자와 피용자의 관계는 반드시 유효한 고용관계가 있는 경우에 한하는 것이 아니고, 사실상 어떤 사람이 다른 사람을 위하여 그 지휘·감독 아래 그 의사에 따라 사업을 집행하는 관계에 있을 때에도 그 두 사람 사이에 사용자, 피용자의 관계가 있다(필자 註 : 이삿짐센터와 고용관계에 있지는 않았으나, 오랫동안 그 이삿짐센터의 이삿짐 운반에 종사해 온 작업원들을 사용자의 손해배상책임에 있어서 피용자라고 본 사례).

⑤ [正] [大判 1994. 12. 13, 94다17246] 일반적으로 사용자가 피용자의 업무수행과 관련하여 행해진 불법행위로 인하여 직접 손해를 입었거나 그 피해자에게 사용자로서의 손해배상책임을 부담한 결과로 손해를 입게 된 경우에 있어서 사용자는 그 사업의 성격과 규모, 시설의 현황, 피용자의 업무내용, 근로조건이나 근무태도, 가해행위의 상황, 가해행위의 예방이나 손실의 분산에 관한 사용자의 배려 정도, 기타 제반 사정에 비추어 손해의 공평한 분산이라는 견지에서 신의칙상 상당하다고 인정되는 한도 내에서만 피용자에 대하여 그 구상권을 행사할 수 있다고 보아야 할 것이다(필자 註 : 사용자와 피용자 쌍방의 과실의 경중, 곤돌라 기사인 피용자의 근무조건과 그러한 근무조건이 사고발생에 미친 영향의 정도, 피해자가 사고를 당하게 된 경위, 사용자의 노무자에 대한 인력관리상황, 사고 후 피용자가 실형을 복역한 후 현재 면직되어 있음에 반하여, 사용자는 국내 유수의 공동주택관리업체로서의 지위를 그대로 유지하고 있는 점 등 제반 사정을 참작하여 사용자의 피용자에 대한 구상권 행사가 신의칙에 반하여 허용되지 아니한다고 한 사례).

정답 ①

15. 배점 2

甲, 乙, 丙은 각각 자신이 소유하는 차량을 운전하여 도로를 따라 진행하고 있었다. 그런데 甲이 도로변에 서 있던 丁을 실수로 보지 못하여 충돌하였고, 그 뒤를 따르던 乙과 丙도 전방을 제대로 보지 못한 채 진행하다가 쓰러져 있던 丁을 충돌하였다. 위 사고로 丁이 사망한 것으로 밝혀졌으나, 어느 충돌사고로 사망하였는지는 명확하지 않다. 사고 당시 丁은 68세로 수입이 없는 상태였다. 丁의 상속인으로는 처와 아들 1명이 있다. 이에 관한 설명 중 옳은 것은? (다툼 있으면 판례에 의함) [10년]

① 丁의 상속인이 甲을 상대로 손해배상청구를 할 경우, 甲의 충돌과 丁의 사망 사이의 인과관계를 증명하지 못한다면 甲으로부터 배상받지 못한다.
② 丁의 상속인은 丁이 평균기대여명기간 동안 얻을 수 있었던 도시일용노임 상당의 일실이익을 손해배상으로 구할 수 있다.
③ 甲, 乙, 丙의 공동불법행위가 인정될 경우, 甲이 변제를 이유로 乙, 丙에 대하여 구상권을 행사하기 위해서는 자신의 부담부분 이상을 丁의 상속인에게 변제하여야 한다.
④ 甲, 乙, 丙의 공동불법행위가 인정될 경우, 丁의 상속인은 자기 고유의 위자료청구권을 행사할 수 있지만, 이와 별도로 丁의 위자료청구권을 상속받아 행사할 수는 없다.
⑤ 甲, 乙, 丙의 공동불법행위가 인정되더라도 丁은 언젠가는 사망할 운명이었으므로, 丁의 상속인은 丁의 장례비를 손해배상으로 구할 수는 없다.

해설

* 가해자 불명의 공동불법행위(제760조 제2항)에 관한 사례문제이다.
① [誤] 가해자 불명의 공동불법행위의 경우, 인과관계가 추정되는지를 묻는 지문이다. 제760조 제2항은 인과관계에 관한 증명책임을 전환하여 피해자를 보호하고자 하는 규정이다. 따라서 피해자 측에서 인과관계를 증명해야 할 책임을 부담하지 않는다. 甲이 자신의 행위와 손해 사이에 인과관계 없음을 증명하지 못하는 한 甲은 손해배상책임을 면할 수 없다.
[大判 2008. 4. 10. 2007다76306] 민법 제760조 제2항은 여러 사람의 행위가 경합하여 손해가 생긴 경우 중 같은 조 제1항에서 말하는 공동의 불법행위로 보기에 부족할 때, 입증책임을 덜어줌으로써 피해자를 보호하려는 입법정책상의 고려에 따라 각각의 행위와 손해 발생 사이의 인과관계를 법률상 추정한 것이므로, 이러한 경우 개별행위자가 자기의 행위와 손해 발생 사이에 인과관계가 존재하지 아니함을 증명하면 면책되고, 손해의 일부가 자신의 행위에서 비롯된 것이 아님을 증명하면 배상책임이 그 범위로 감축된다(필자 註 : 차량 등의 3중 충돌사고로 사망한 피해자가 그 중 어느 충돌사고로 사망하였는지 정확히 알 수 없는 경우, 피해자가 입은 손해는 민법 제760조 제2항에서 말하는 가해자 불명의 공동불법행위로 인한 손해에 해당하여 위 충돌사고 관련자들의 각각의 행위와 위 손해 발생 사이의 상당인과관계가 법률상 추정되므로,

그 중 1인이 위 법조항에 따른 공동불법행위자로서의 책임을 면하려면 자기의 행위와 위 손해 발생 사이에 상당인과관계가 존재하지 아니함을 적극적으로 주장·입증하여야 한다고 한 사례).

② [誤] 사망사고가 발생한 경우, 일실이익의 손해를 파악하는 방법을 묻는 지문이다. 피해자의 일실이익의 손해는 객관적이고 합리적 자료를 기초로 하여 피해자의 실제 수입금액을 기초로 산정하여야 한다. 사안의 경우 丁은 실제 수입이 없는 상태이므로 실제 수입금액을 기초로 일실이익을 산정할 수는 없다. 한편 실제 수입액을 기초로 일실손해를 산정할 수 없는 경우에는 통계소득액을 기초로 일실손해를 산정하여야 한다. 사안의 경우 丁은 68세의 고령으로 일상 근로자의 정년도 지난 상태이고 도시일용노임을 기대할 수 있을 만큼의 노동력을 가진 상태로도 평가할 수 없다. 설사 丁에게 노동능력을 현실적으로 인정한다고 하더라도 평균기대여명기간 동안의 노임 상당액을 일실이익으로 청구할 수는 없다. 가동연한까지의 노임 상당액을 일실이익으로 청구할 수 있을 뿐인데, 丁의 경우 가동연한이 이미 지났다고 보아야 한다. 결국 평균기대여명기간 동안의 도시일용노임 상당의 일실이익을 손해배상으로 청구할 수는 없다.

③ [正] 공동불법행위자 상호간에 구상권을 행사하기 위한 요건을 묻는 문제이다. 공동불법행위자들은 과실비율에 따라 내부적으로 책임을 분담하여야 하며, 공동불법행위자 중 1인이 자기의 책임범위를 초과하여 변제를 한 경우 다른 공동불법행위자에 대하여 구상권을 행사할 수 있다는 것이 대법원 입장이다.
[大判 1997. 12. 12. 96다50896] 공동불법행위자 중 1인이 다른 공동불법행위자에 대하여 구상권을 행사하기 위하여는 자기의 부담 부분 이상을 변제하여 공동의 면책을 얻었음을 주장·입증하여야 하며, 위와 같은 법리는 피해자의 다른 공동불법행위자에 대한 손해배상청구권이 시효소멸한 후에 구상권을 행사하는 경우라고 하여 달리 볼 것이 아니다.

④ [誤] 불법행위로 생명이 침해된 경우, 생명침해자의 위자료청구권이 상속되는지를 묻는 지문이다. 위자료청구권이 비록 정신적 고통에 대한 손해배상청구권이라고 하더라도 재산상 손해배상청구권과 달리 이를 상속의 대상에서 제외할 이유가 없다고 보아 위자료청구권도 당연히 상속의 대상이 된다는 것이 다수설과 판례의 태도이다.
[大判 1976. 4. 13. 75다396] 위자료청구권은 생명 신체 등 피해자로부터 제3자에게 양도할 수 없는 법익의 침해에 의하여 생긴 것이지만, 그러한 법익의 침해로 인하여 생긴 위자료청구권은 재산적 손해의 배상청구권과 구별하여 그 상속성 양도성을 부인할 이유가 없는 바이므로, 원심이 본건 정신적 고통에 대한 위자료청구권의 일신전속성을 인정하지 아니하고 그 양도를 유효한 것으로 본 판단에 무슨 위법이 있을 수 없다.

⑤ [誤] 장례비 상당액이 사망으로 인한 적극적 손해로서 배상범위에 포함되는지를 묻는 지문이다. 이를 긍정하는 것이 판례이다.
[大判 1966. 10. 11. 66다1456] 고의 또는 과실에 의하여 타인의 생명을 해한 사람은 그 장례에 관한 비용을 손해로서 배상할 의무가 있다 할 것이고 누구든지 사망은 조만간 면할 수 없는 운명이요 그 비용은 사망자의 친족이 당연히 부담할 것이라는 이유로 그 배상의무를 면할 수 없다고 해석함이 상당하다.

정답 ③

16. 공동불법행위에 관한 설명 중 옳지 않은 것은? (다툼 있으면 판례에 의함) [03년]

① 공동불법행위자가 상호간에 주관적 관련이 없더라도 과실상계를 함에 있어서 피해자의 과실은 공동불법행위자 전원에 대한 과실로 전체적으로 평가하여야 한다.
② 과실로 인한 방조에 의하여도 방조자에게 공동불법행위자로서의 책임이 발생할 수 있다.
③ 피해자가 공동불법행위자 중 1인에게 손해배상청구를 한 경우, 그에 따른 시효중단 효과는 다른 공동불법행위자에게도 미친다.
④ 공동불법행위자 중 1인이 손해배상채무의 일부를 변제한 경우, 다른 공동불법행위자의 손해배상책임도 그만큼 감축된다.
⑤ 공동불법행위자 상호간의 구상권의 소멸시효는 구상권자가 공동면책행위를 한 날로부터 기산하며, 그 기간은 10년이다.

해설

① [正] 전체적 평가설이 판례의 주류적 입장이다(大判 1991. 5. 10, 90다14423; 大判 1998. 6. 12, 96다55631).
② [正] [大判 1998. 12. 23, 98다31264] 민법 제760조 제3항은 교사자나 방조자는 공동행위자로 본다고 규정하여 교사자나 방조자에게 공동불법행위자로서의 책임을 부담시키고 있는 바, 방조라 함은 불법행위를 용이하게 하는 직접, 간접의 모든 행위를 가리키는 것으로서 작위에 의한 경우뿐만 아니라 작위의무 있는 자가 그것을 방지하여야 할 제반 조치를 취하지 아니하는 부작위로 인하여 불법행위자의 실행행위를 용이하게 하는 경우도 포함하는 것이고, 이러한 불법행위의 방조는 형법과 달리 손해의 전보를 목적으로 하여 과실을 원칙적으로 고의와 동일시하는 민법의 해석으로서는 과실에 의한 방조도 가능하다고 할 것이며, 이 경우의 과실의 내용은 불법행위에 도움을 주지 않아야 할 주의의무가 있음을 전제로 하여 이 의무에 위반하는 것을 말하고, 방조자에게 공동불법행위자로서의 책임을 지우기 위하여는 방조행위와 피방조자의 불법행위 사이에 상당인과관계가 있어야 한다.
③ [誤] ④ [正] 부진정연대채무를 부담하는 공동불법행위자들에게 채권을 만족시키는 사유를 제외하면 1인에게 생긴 사유의 효력은 상대적 효력을 가질 뿐이다. 따라서 이행청구로 인한 시효중단은 상대적 효력을 가질 뿐이다. 그러나 변제는 절대적 효력을 가진다.
⑤ [正] [大判 1996. 3. 26, 96다3791] 공동불법행위자의 다른 공동불법행위자에 대한 구상권의 소멸시효는 그 구상권이 발생한 시점, 즉 구상권자가 공동면책행위를 한 때로부터 기산하여야 할 것이고, 그 기간도 일반 채권과 같이 10년으로 보아야 한다.

정답 ③

17. 甲과 乙의 과실로 丙에게 손해를 입힌 공동불법행위에 관한 설명 중 옳은 것은?(甲과 乙의 과실비율이 동일하다고 가정한다)(다툼 있으면 판례에 의함) [05년]

① 甲이 丙에게 손해 전부에 대하여 배상할 때에 이미 乙의 손해배상채무가 시효로 소멸하였다면, 공동면책될 채무가 존재하지 아니하므로, 甲의 乙에 대한 구상권은 인정되지 아니한다.
② 甲이 丙에게 전액배상을 한 후에 다시 乙이 丙에게 전액배상을 한 경우, 甲이 乙에게 전액배상의 사실을 통지하지 아니한 경우에는 甲의 乙에 대한 구상권은 인정되지 아니한다.
③ 甲이 丙에게 자기의 과실비율에 따른 부담부분인 손해의 1/2만을 배상한 경우, 甲은 乙에 대하여 구상권을 행사할 수 없다.
④ 丙이 자신에게 발생한 손해 1억원 중 일단 6,000만원만을 甲에게 청구하는 일부청구소송에서, 피해자 丙에게도 30%의 과실이 있었음이 밝혀진 경우, 법원은 甲이 지급하여야 할 손해배상액으로 4,200만원만을 인정하여야 한다.
⑤ 만일 甲과 丙이 군인이고 그들이 직무를 수행하던 중 丙이 사고를 당하였다면, 민간인인 乙은 丙의 손해 전부에 대하여 책임을 진다.

해설

① [誤] [大判 1997. 12. 23. 97다42830] 공동불법행위자의 다른 공동불법행위자에 대한 구상권은 피해자의 다른 공동불법행위자에 대한 손해배상채권과는 그 발생원인 및 성질을 달리하는 별개의 권리이고, 연대채무에 있어서 소멸시효의 절대적 효력에 관한 민법 제421조의 규정은 공동불법행위자 상호간의 부진정연대채무에 대하여는 그 적용이 없으므로, 공동불법행위자 중 1인의 손해배상채무가 시효로 소멸한 후에 다른 공동불법행위자 1인이 피해자에게 자기의 부담 부분을 넘는 손해를 배상하였을 경우에도, 그 공동불법행위자는 다른 공동불법행위자에게 구상권을 행사할 수 있다.

② [誤] 부진정연대채무자 상호간에는 사전, 사후 통지의무 및 그 위반의 효과를 규정하고 있는 제426조는 적용되지 않는다. 주관적 공동관계가 없기 때문이다. 따라서 甲이 전액 배상 후, 乙에 대한 사후 통지가 없는 동안 乙이 2중으로 배상했다고 하더라도 이는 비채변제로서 乙은 甲에 대하여 자신의 변제의 유효를 주장할 수 없고, 甲의 구상청구에 응하여야 한다.
[大判 1998. 6. 26. 98다5777] 민법 제426조가 연대채무에 있어서의 변제에 관하여 채무자 상호간에 통지의무를 인정하고 있는 취지는, 연대채무에 있어서는 채무자들 상호간에 공동목적을 위한 주관적인 연관관계가 있고 이와 같은 주관적인 연관관계의 발생 근거가 된 대내적 관계에 터잡아 채무자 상호간에 출연분담에 관한 관련관계가 있게 되므로, 구상관계에 있어서도 상호 밀접한 주관적인 관련관계를 인정하고 변제에 관하여 상호 통지의무를 인정함으로써 과실 없는 변제자를 보다 보호하려는 데 있으므로, 이와 같이 출연분담에 관한 주관적인 밀접한 연관관계가 없고 단지 채권만족이라는 목적만을 공통으로 하고 있는 부진정 연대채무에 있어서는 그 변제에 관하여 채

무자 상호간에 통지의무 관계를 인정할 수 없고, 변제로 인한 공동면책이 있는 경우에 있어서는 채무자 상호간에 어떤 대내적인 특별관계에서 또는 형평의 관점에서 손해를 분담하는 관계가 있게 되는데 불과하다고 할 것이므로, 부진정 연대채무에 해당하는 공동불법행위로 인한 손해배상채무에 있어서도 채무자 상호간에 구상요건으로서의 통지에 관한 민법의 위 규정을 유추 적용할 수는 없다.

③ [正] [大判 1997. 12. 12, 96다50896] 공동불법행위자는 채권자에 대한 관계에서는 연대책임(부진정연대채무)을 지되, 공동불법행위자들 내부관계에서는 일정한 부담부분이 있고, 이 부담부분은 공동불법행위자의 과실의 정도에 따라 정하여지는 것으로서 공동불법행위자 중 1인이 자기의 부담부분 이상을 변제하여 공동의 면책을 얻게 하였을 때에는 다른 공동불법행위자에게 그 부담부분의 비율에 따라 구상권을 행사할 수 있다.

④ [誤] 피해자가 일부청구를 하는 경우에 과실상계를 어느 부분에서 어떻게 할 것인가에 관한 문제이다. 이에 관한 학설로는 청구부분에 한하여 과실상계비율을 정한다는 안분설(按分說)과 심리 결과 인정되는 전 손해액에 대하여 과실상계를 하고 그에 의하여 감축된 금액과 청구액을 비교하여 인용액을 결정한다는 외측설(外側說)이 대립한다. 이에 대하여 판례는 일관되게 외측설을 따르고 있다. 따라서 청구액부분에서 과실상계를 할 것이 아니라 전 손해액인 1억원에서 과실상계를 하고, 이를 청구액인 6천만원과 비교하여 인용액을 결정하여야 한다.

[大判 1976. 6. 22, 75다819] 일개의 손해배상청구권중 일부가 소송상 청구되어 있는 경우에 과실상계를 함에 있어서는 손해의 전액에서 과실비율에 의한 감액을 하고 그 잔액이 청구액을 초과하지 않을 경우에는 그 잔액을 인용할 것이고 잔액이 청구액을 초과할 경우에는 청구의 전액을 인용하는 것으로 풀이하는 것이 일부청구를 하는 당사자의 통상적 의사라고 할 것이다.

⑤ [誤] [大判(全) 2001. 2. 15, 96다42420] 헌법 제29조 제2항, 국가배상법 제2조 제1항 단서의 입법 취지를 관철하기 위하여는, 국가배상법 제2조 제1항 단서가 적용되는 공무원의 직무상 불법행위로 인하여 직무집행과 관련하여 피해를 입은 군인 등에 대하여 위 불법행위에 관련된 일반국민(법인을 포함한다. 이하 '민간인'이라 한다)이 공동불법행위책임, 사용자책임, 자동차운행자책임 등에 의하여 그 손해를 자신의 귀책부분을 넘어서 배상한 경우에도, 국가 등은 피해 군인 등에 대한 국가배상책임을 면할 뿐만 아니라, 나아가 민간인에 대한 국가의 귀책비율에 따른 구상의무도 부담하지 않는다고 하여야 할 것이다. 그러나 위와 같은 경우, 민간인은 여전히 공동불법행위자 등이라는 이유로 피해 군인 등의 손해 전부를 배상할 책임을 부담하도록 하면서 국가 등에 대하여는 귀책비율에 따른 구상을 청구할 수 없도록 한다면, 공무원의 직무활동으로 빚어지는 이익의 귀속주체인 국가 등과 민간인과의 관계에서 원래는 국가 등이 부담하여야 할 손해까지 민간인이 부담하는 부당한 결과가 될 것이고(가해 공무원에게 경과실이 있는 경우에는 그 공무원은 손해배상책임을 부담하지 아니하므로 민간인으로서는 자신이 손해발생에 기여한 귀책부분을 넘는 손해까지 종국적으로 부담하는 불이익을 받게 될 것이고, 가해 공무원에게 고의 또는 중과실이 있는 경우에도 그 무자력 위험을 사용관계에 있는 국가 등이 부담하는 것이 아니라 오히려 민간인이 감수하게 되는 결과가 된다.), 이는 위 헌법과

국가배상법의 규정에 의하여도 정당화될 수 없다고 할 것이다. 이러한 부당한 결과를 방지하면서 위 헌법 및 국가배상법 규정의 입법 취지를 관철하기 위하여는, 피해 군인 등은 위 헌법 및 국가배상법 규정에 의하여 국가 등에 대한 배상청구권을 상실한 대신에 자신의 과실 유무나 그 정도와 관계 없이 무자력의 위험부담이 없는 확실한 국가보상의 혜택을 받을 수 있는 지위에 있게 되는 특별한 이익을 누리고 있음에 반하여 민간인으로서는 손해 전부를 배상할 의무를 부담하면서도 국가 등에 대한 구상권을 행사할 수 없다고 한다면 부당하게 권리침해를 당하게 되는 결과가 되는 것과 같은 각 당사자의 이해관계의 실질을 고려하여, 위와 같은 경우에는 공동불법행위자 등이 부진정연대채무자로서 각자 피해자의 손해 전부를 배상할 의무를 부담하는 공동불법행위의 일반적인 경우와 달리 예외적으로 민간인은 피해 군인 등에 대하여 그 손해 중 국가 등이 민간인에 대한 구상의무를 부담한다면 그 내부적인 관계에서 부담하여야 할 부분을 제외한 나머지 자신의 부담부분에 한하여 손해배상의무를 부담하고, 한편 국가 등에 대하여는 그 귀책부분의 구상을 청구할 수 없다고 해석함이 상당하다 할 것이고, 이러한 해석이 손해의 공평·타당한 부담을 그 지도원리로 하는 손해배상제도의 이상에도 맞는다 할 것이다.

정답 ③

18. 불법행위책임에 관한 설명이다. 판례의 입장과 다른 것은? [06년]

① 불법행위로 인한 손해배상채권에 있어서 민법 제766조 제2항에 의한 소멸시효의 기산점이 되는 '불법행위를 한 날'이란 가해행위가 있었던 날이 아니라 현실적으로 손해의 결과가 발생한 날을 의미한다.
② 甲과 乙이 계약의 체결을 교섭하는 단계에서, 甲이 乙에게 계약이 확실하게 체결되리라는 정당한 기대 내지 신뢰를 부여하여 乙이 그 신뢰에 따라 행동하였음에도, 甲이 상당한 이유 없이 계약의 체결을 거부하여 乙에게 손해를 입혔다면, 甲은 乙에 대하여 불법행위책임을 부담한다.
③ 명예를 위법하게 침해당한 자는 손해배상 또는 명예회복을 위한 적당한 처분을 구할 수 있는 이외에, 인격권으로서 명예권에 기초하여 현재 이루어지고 있는 침해행위를 배제하거나 장래에 생길 침해를 예방하기 위하여 침해행위의 금지를 청구할 수 있다.
④ 불법행위로 인하여 건물이 훼손된 경우, 수리가 가능하다면 그 수리비가 통상의 손해라 할 것이고, 수리로 인하여 훼손 전보다 건물의 교환가치가 증가한 경우에도 역시 통상의 손해는 수리비 전체이며, 수리비에서 교환가치 증가분을 공제한 금액이라고 할 것은 아니다.
⑤ 불법행위로 영업용 물건이 멸실된 경우, 이를 대체할 다른 물건을 마련하기 위하여 필요한 합리적인 기간 동안 그 물건을 이용하여 영업을 계속하였더라면 얻을 수 있었던 이익은 그에 대한 증명이 가능한 한 통상의 손해로서 그 교환가치와는 별도로 배상하여야 한다.

해 설

① [正] 시효기간의 절대적 상한을 이루는 제766조 제2항 소정의 10년의 기간의 기산점이 언제인가에 관하여는 견해의 대립이 있다. 이에 대하여 언제 손해가 발생하느냐 및 그에 따라 언제 손해배상청구권이 발생하느냐와 무관하게 진행된다고 보는 견해가 있으나, 통설과 판례는 가해행위와 현실적인 손해발생 사이에 시간적 간격이 있는 불법행위의 경우에는 "손해의 결과발생이 현실적인 것으로 되었다고 할 수 있는 때"로부터 10년의 기간이 기산한다고 한다. 물론 현실적인 손해결과 발생에 대한 인식이나 인식가능성은 기간 진행에 영향을 주지 않는다.
[大判 1993. 7. 27. 93다357] 불법행위에 기한 손해배상채권에 있어서 민법 제766조 제2항에 의한 소멸시효의 기산점이 되는 "불법행위를 한 날"이란 가해행위로 인한 손해의 결과발생이 현실적인 것으로 되었다고 할 수 있을 때를 의미하고 그 소멸시효는 피해자가 손해의 결과발생을 알았거나 예상할 수 있는가 여부에 관계없이 가해행위로 인한 손해가 현실적인 것으로 되었다고 볼 수 있는 때로부터 진행한다.

② [正] [大判 2003. 4. 11. 2001다53059] 계약교섭의 부당한 중도파기가 불법행위를 구성하는 경우 그러한 불법행위로 인한 손해는 일방이 신의에 반하여 상당한 이유 없이 계약교섭을 파기함으로써 계약체결을 신뢰한 상대방이 입게 된 상당인과관계 있는 손해로서 계약이 유효하게 체결된다고 믿었던 것에 의하여 입었던 손해 즉 신뢰손해에 한정된다고 할 것이고, 이러한 신뢰손해란 예컨대, 그 계약의 성립을 기대하고 지출한 계약준비비용과 같이 그러한 신뢰가 없었더라면 통상 지출하지 아니하였을 비용상당의 손해라고 할 것이며, 아직 계약체결에 관한 확고한 신뢰가 부여되기 이전 상태에서 계약교섭의 당사자가 계약체결이 좌절되더라도 어쩔 수 없다고 생각하고 지출한 비용, 예컨대 경쟁입찰에 참가하기 위하여 지출한 제안서, 견적서 작성비용 등은 여기에 포함되지 아니한다.

③ [正] [大決 2005. 1. 17. 2003마1477] 명예는 생명, 신체와 함께 매우 중대한 보호법익이고 인격권으로서의 명예권은 물권의 경우와 마찬가지로 배타성을 가지는 권리라고 할 것이므로 사람의 품성, 덕행, 명성, 신용 등의 인격적 가치에 관하여 사회로부터 받는 객관적인 평가인 명예를 위법하게 침해당한 자는 손해배상 또는 명예회복을 위한 처분을 구할 수 있는 이외에 인격권으로서 명예권에 기초하여 가해자에 대하여 현재 이루어지고 있는 침해행위를 배제하거나 장래에 생길 침해를 예방하기 위하여 침해행위의 금지를 구할 수도 있다.

④ [誤] [大判 1998. 9. 8. 98다22048] 불법행위로 인하여 건물이 훼손된 경우, 수리가 가능하면 그 수리비가 통상의 손해이며, 훼손 당시 그 건물이 이미 내용연수가 다 된 낡은 건물이어서 원상으로 회복시키는 데 소요되는 수리비가 건물의 교환가치를 초과하는 경우에는 형평의 원칙상 그 손해액은 그 건물의 교환가치 범위 내로 제한되어야 할 것이고, 또한 수리로 인하여 훼손 전보다 건물의 교환가치가 증가하는 경우에는 그 수리비에서 교환가치 증가분을 공제한 금액이 그 손해이다.

⑤ [正] [大判(全) 2004. 3. 18. 2001다82507] 불법행위로 영업용 물건이 멸실된 경우, 이를 대체할 다른 물건을 마련하기 위하여 필요한 합리적인 기간 동안 그 물건을 이용하여

영업을 계속하였더라면 얻을 수 있었던 이익, 즉 <u>휴업손해는 그에 대한 증명이 가능한 한 통상의 손해로서 그 교환가치와는 별도로 배상하여야 하고</u>, 이는 영업용 물건이 일부 손괴된 경우, <u>수리를 위하여 필요한 합리적인 기간 동안의 휴업손해와 마찬가지라고 보아야 할 것이다.</u>

정답 ④

19. 배점 2 공동불법행위에 관한 설명 중 옳지 않은 것은?(다툼 있으면 판례에 의함) [07년]

① 피용자 甲과 제3자 乙이 공동불법행위로 丙에게 손해를 가하여 그 배상채무를 부담하는 경우, 甲의 사용자 丁이 甲과 乙의 책임비율에 의하여 정해진 甲의 부담부분을 초과하여 丙에게 손해를 배상한 때에는 丁은 乙에 대하여 구상권을 행사할 수 있다.

② 甲·乙·丙·丁은 공동불법행위자인데, 甲·乙·丙이 丁에 대하여 구상의무를 부담하는 경우, 丁에게 불법행위에 관한 과실이 없으면 丁에 대한 甲·乙·丙의 구상의무는 부진정연대채무이다.

③ 공동불법행위자인 甲·乙·丙 중 丙은 피해자이기도 하다. 甲·乙이 당해 불법행위로 인해 손해를 입은 丁에 대해 손해배상금을 지급한 때에는 甲·乙은 丙에게 丙의 부담부분에 상응하는 금액에 대하여 구상권을 행사할 수 있다.

④ 공동불법행위자 甲·乙·丙 중 乙의 손해배상채무가 시효로 소멸한 후에 丙이 피해자 丁에게 자기의 부담부분을 넘는 손해를 배상하였을 경우 丙은 乙에게 구상권을 행사할 수 없다.

⑤ 공동불법행위자 甲·乙·丙 사이에 甲의 乙과 丙에 대한 구상권의 소멸시효는 甲이 공동면책행위를 한 때로부터 기산하고, 그 기간은 10년이다.

해설

① [正] [大判(全) 1992. 6. 23. 91다33070] 피용자와 제3자가 공동불법행위로 피해자에게 손해를 가하여 그 손해배상채무를 부담하는 경우에 피용자와 제3자는 공동불법행위자로서 서로 부진정연대관계에 있고, 한편 <u>사용자의 손해배상책임은 피용자의 배상책임에 대한 대체적 책임이어서 사용자도 제3자와 부진정연대관계에 있다고 보아야 할 것이므로, 사용자가 피용자와 제3자의 책임비율에 의하여 정해진 피용자의 부담부분을 초과하여 피해자에게 손해를 배상한 경우에는 사용자는 제3자에 대하여도 구상권을 행사할 수 있으며,</u> 그 구상의 범위는 제3자의 부담부분에 국한된다고 보는 것이 타당하다.

② [正] 공동불법행위자들이 부담하는 구상의무는 다른 특별한 사정이 없는 한 분할채무이다. 그러나 피해자에게 손해를 배상한 공동불법행위자에게 과실이 없는 경우에는 다른 공동불법행위자들이 부담하는 구상의무는 부진정연대채무가 된다는 것이 판례이다.

[大判 2005. 10. 13. 2003다24147] 변제자대위는 주채무를 변제함으로써 주채무자 및 다

른 연대보증인에 대하여 갖게 된 구상권의 효력을 확보하기 위한 제도여서 대위에 의한 원채권 및 담보권의 행사 범위는 구상권의 범위로 한정된다 할 것이므로(大判 1999. 10. 22. 98다22451), 구상권의 범위에 관하여 보건대, 공동불법행위자 중 1인에 대하여 구상의무를 부담하는 다른 공동불법행위자가 수인인 경우에는 특별한 사정이 없는 이상 그들의 구상권자에 대한 채무는 각자의 부담 부분에 따른 분할채무로 봄이 상당하지만(大判 2002. 9. 27. 2002다15917 등 참조), 구상권자인 공동불법행위자 측에 과실이 없는 경우, 즉 내부적인 부담 부분이 전혀 없는 경우에는 이와 달리 그에 대한 수인의 구상의무 사이의 관계를 부진정연대관계로 봄이 상당하다 할 것이다.

③ [正] 공동불법행위자들의 구상관계는 피해자별로 달리 정하여야 한다. 따라서 공동불법행위자의 1인이 동시에 피해자이기도 한 경우에도 다른 공동불법행위자가 공동불법행위로 인하여 피해를 입은 제3자에 대하여 손해배상금을 지급한 때에는 동시에 피해자이기도 한 공동불법행위자에게도 구상권을 행사할 수 있다.
[大判 2002. 9. 24. 2000다69712] 공동불법행위자 상호간에 공동면책에 따른 구상권 행사를 위하여는 전체 공동불법행위자 가운데 구상의 상대방이 부담하는 부분의 비율을 정하여야 하므로 단순히 구상의 당사자 사이의 상대적 부담 비율만을 정하여서는 아니 되며, 또한 피해자가 여럿이고 피해자별로 공동불법행위자 또는 공동불법행위자들 내부관계에 있어서의 일정한 부담 부분이 다른 경우에는 피해자별로 구상관계를 달리 정하여야 한다.
[大判 2005. 7. 8. 2005다8125] 공동불법행위자는 채권자에 대한 관계에서는 연대책임(부진정연대채무)을 지되, 공동불법행위자들 내부관계에서는 일정한 부담 부분이 있고, 이 부담 부분은 공동불법행위자의 과실의 정도에 따라 정하여지는 것으로서 공동불법행위자 중 1인이 자기의 부담 부분 이상을 변제하여 공동의 면책을 얻게 하였을 때에는 다른 공동불법행위자에게 그 부담 부분의 비율에 따라 구상권을 행사할 수 있고, 그 공동불법행위자의 1인이 동시에 피해자이기도 한 경우에도 다른 공동불법행위자가 당해 불법행위로 인해 손해를 입은 제3자에 대해 손해배상금을 지출한 때에는 그 중 피해자인 공동불법행위자의 부담 부분에 상응하는 금원에 대해 구상금채권을 가질 수 있다.

④ [誤] 공동불법행위자들이 피해자에 대하여 부담하는 손해배상채무는 부진정연대채무 관계에 있고, 부진정연대채무의 경우 연대채무와는 달리 채권을 만족시키는 사유를 제외하면 부진정연대채무자 1인에 관하여 생긴 사유는 다른 부진정연대채무자에게 미치지 아니하므로 소멸시효완성의 효과는 상대적이다. 따라서 乙의 손해배상채무가 시효로 소멸하였다고 하더라도 그와 같은 사정은 乙과 피해자인 丁 사이에서만 그 효력이 있을 뿐이고, 다른 부진정연대채무자인 丙에 대하여는 그 효력이 없으므로 丙은 乙에 대하여 구상권을 행사할 수 있다.
[大判 1997. 12. 23. 97다42830] 공동불법행위자의 다른 공동불법행위자에 대한 구상권은 피해자의 다른 공동불법행위자에 대한 손해배상채권과는 그 발생원인 및 성질을 달리하는 별개의 권리이고, 연대채무에 있어서 소멸시효의 절대적 효력에 관한 민법 제421조의 규정은 공동불법행위자 상호간의 부진정연대채무에 대하여는 그 적용이 없으므로, 공동불법행위자 중 1인의 손해배상채무가 시효로 소멸한 후에 다른 공동불법

행위자 1인이 피해자에게 자기의 부담 부분을 넘는 손해를 배상하였을 경우에도, 그 공동불법행위자는 다른 공동불법행위자에게 구상권을 행사할 수 있다.

⑤ [正] 공동불법행위자가 다른 공동불법행위자에게 가지는 구상권은 피해자의 공동불법행위자에 대한 손해배상채권과 그 발생원인 및 법적 성질을 달리 하는 별개의 독립한 권리이다. 따라서 불법행위채권과 달리 10년의 소멸시효의 대상이 되며, 그 기산점은 구상권채권이 발생한 때이다.

[大判 1997. 12. 12, 96다50896] [1] 공동불법행위자는 채권자에 대한 관계에서는 연대책임(부진정연대채무)을 지되, 공동불법행위자들 내부관계에서는 일정한 부담부분이 있고, 이 부담부분은 공동불법행위자의 과실의 정도에 따라 정하여지는 것으로서 공동불법행위자 중 1인이 자기의 부담부분 이상을 변제하여 공동의 면책을 얻게 하였을 때에는 다른 공동불법행위자에게 그 부담부분의 비율에 따라 구상권을 행사할 수 있다. [2] 공동불법행위자 간 구상권의 발생 시점은 구상권자가 현실로 피해자에게 손해배상금을 지급한 때이다.

정답 ④

20. 배점 3 개인택시 운전자 乙은 손님 甲을 태우고 가다가 丙 회사의 운전자 丁이 업무상 운행하던 자동차가 중앙선을 침범하여 마주 달려오는 것을 피하려다 교통사고를 야기하였다. 이로 인하여 甲은 5,000만원의 손해를 입었다. 아래의 '가'와 '나'의 경우에 관한 설명 중 옳지 않은 것은? [07년]

'가': 乙과 丁의 과실비율은 각각 30%와 70%인 것으로 판명되었다.
'나': 丙은 甲에게 3,000만원의 손해배상금을 지급하면서, "甲은 丙에게 그 외에는 민·형사상의 책임을 묻지 않는다."라고 약정하였다.

① 주관적 공동설에 의하면 '가'의 경우, 甲은 乙에게 1,500만원, 丁에게 3,500만원의 배상을 청구할 수 있다.
② 판례에 의하면, 乙과 丁은 甲에 대하여 공동불법행위가 성립하여 부진정연대채무를 부담한다.
③ 甲은 乙에 대하여 자동차손해배상보장법에 의한 책임을 묻고, 물적 손해에 대해서는 청구권경합설에 의하면 불법행위책임이나 채무불이행책임을 선택적으로 물을 수 있다.
④ 판례에 의하면 '나'의 경우, 乙과 丁은 甲에 대하여 손해배상액에 관한 합의의 효력을 주장할 수 없으므로, 2,000만원에 대한 부진정연대채무를 부담한다.
⑤ 丙이 배상 사실을 乙에게 사후통지를 하지 않아 乙이 甲에게 선의로 이중으로 변제한 경우, 판례에 의하면 乙은 丙에 대하여 자기의 면책행위가 유효함을 주장할 수 있다.

해설

① [正] 제760조 제1항의 협의의 공동불법행위가 성립하기 위해서는 수인이 공동의 불법행위로 타인에게 손해를 가하여야 하는데, 공동의 불법행위가 무엇을 의미하는지에 관해서 견해의 대립이 있다. 통설과 판례는 공동의 불법행위란 행위의 공동을 의미한다고 이해하는데(객관적 공동설) 반하여 소수설은 행위자의 공동을 의미한다고 이해한다(주관적 공동설). 주관적 공동설에 따르면 행위자 상호간에 공동의 인식이나 공모가 없는 한 제760조 제1항의 공동불법행위가 성립하지 않게 된다. 주관적 공동설에 따르면 사안의 경우, 乙과 丁 사이에 공동의 인식이나 공모가 있다고 볼 수 없는 결과, 乙과 丁의 불법행위는 제760조 제1항의 공동불법행위가 되는 것이 아니라 제760조 제2항에서 규정하고 있는 공동 아닌 수인의 행위로 손해를 가한 때에 해당한다. 따라서 乙과 丁은 원칙적으로 피해자 甲이 입은 손해를 전부 배상하여야 하나, 乙과 丁은 자신의 가해행위로 인한 기여분을 입증하여 손해배상책임의 경감이나 면책을 주장할 수 있다. 사안에서 乙과 丁의 과실비율이 30%와 70%로 판명되었으므로 乙은 손해 5,000만원 중에서 30%에 해당하는 1,500만원에 대한 배상책임을 부담하고, 丁은 손해 5,000만원 중에서 70%에 해당하는 3,500만원에 대한 배상책임을 부담한다.

② [正] 판례는 협의의 공동불법행위가 성립하기 위한 요건으로서 "공동의 불법행위"의 의미에 관하여 객관적 공동설을 취한다. 즉 행위자 사이의 공동의 인식을 필요하지 않지만, 각 행위가 동일한 손해의 원인이 되었을 경우에 이를 공동의 불법행위로 파악한다. 따라서 판례에 따르면, 乙과 丁의 과실이 경합하여 동일한 甲의 손해가 발생하였으므로 乙과 丁은 공동불법행위자로서 제760조 제1항에 따라 연대하여 그 손해를 배상할 책임을 부담한다. 제760조 제1항의 연대의 의미에 관하여 판례는 부진정연대로 파악하는 결과 乙과 丁은 부진정연대채무를 부담한다.
[大判 1988. 4. 12, 87다카2951] 공동불법행위의 성립에는 공동불법행위자 상호간에 의사의 공통이나 공공의 인식이 필요하지 아니하고 객관적으로 각 그 행위에 관련공동성이 있으면 족하고 그 관련공동성 있는 행위에 의하여 손해가 발생하였다면 그 손해배상책임을 면할 수 없다.
[大判 1999. 2. 26, 98다52469] 공동불법행위자는 <u>채권자에 대한 관계에서는 연대책임(부진정연대채무)</u>을 지되, 공동불법행위자들 내부관계에서는 일정한 부담 부분이 있고, 이 부담 부분은 공동불법행위자의 과실의 정도에 따라 정하여지는 것으로서 공동불법행위자 중 1인이 자기의 부담 부분 이상을 변제하여 공동의 면책을 얻게 하였을 때에는 다른 공동불법행위자에게 그 부담 부분의 비율에 따라 구상권을 행사할 수 있다.

③ [正] 乙은 개인택시운전자로서 택시의 소유자이다. 자동차의 소유자는 다른 특별한 사정이 없는 한 자동차의 운행자로서 자동차 사고로 인한 인적 손해에 대하여 자동차손해배상보장법 제3조 소정의 운행자책임을 부담한다. 한편 자동차 사고로 인한 물적 손해에 대하여는 자동차손해배상보장법상의 운행자책임이 인정되지는 않지만, 乙은 자동차의 운전자로서 민법 제750조에 의한 불법행위책임 혹은 운송계약불이행에 따른 채무불이행책임을 부담한다. 이 경우 불법행위책임과 채무불이행책임은 청구권경합관계에 있다는 것이 판례이다.

[大判 2001. 6. 29, 2001다23201·23218] 자동차사고로 인한 손해배상청구사건에서 자동차손해배상보장법이 민법에 우선하여 적용되어야 할 것은 물론이지만 그렇다고 하여 피해자가 민법상의 손해배상청구를 하지 못한다고는 할 수 없으므로, 자동차손해배상보장법상의 손해배상책임이 인정되지 않는 경우에도 민법상의 불법행위책임을 인정할 수는 있다.

④ [正] 사안에서 공동불법행위자 乙과 丁 및 丁의 사용자 丙은 甲에 대하여 부진정연대무를 부담한다. 부진정연대채무자 1인에 관하여 생긴 사유로서 변제 및 이에 준하는 것을 제외하면, 그 사유들은 다른 부진정연대채무자에게는 효력이 없다(상대적 효력). 따라서 丙이 피해자 甲과 손해배상액에 관하여 합의를 하였다고 하더라도 그 합의는 丙과 甲 사이에서만 효력이 있고, 다른 부진정연대채무자에게는 효력이 없다. 다만, 부진정연대채무자의 변제는 다른 부진정연대채무자의 채무를 소멸시키는 효력이 있으므로, 乙과 丁은 丙의 변제로 인하여 남은 2,000만원의 손해배상채무에 관하여 부진정연대책임을 부담한다.

[大判 2006. 1. 27, 2005다19378] 부진정연대채무자 상호간에 있어서 채권의 목적을 달성시키는 변제와 같은 사유는 채무자 전원에 대하여 절대적 효력을 발생하지만 그 밖의 사유는 상대적 효력을 발생하는 데에 그치는 것이므로 피해자가 채무자 중의 1인에 대하여 손해배상에 관한 권리를 포기하거나 채무를 면제하는 의사표시를 하였다 하더라도 다른 채무자에 대하여 그 효력이 미친다고 볼 수는 없다 할 것이고, 이러한 법리는 채무자들 사이의 내부관계에 있어 1인이 피해자로부터 합의에 의하여 손해배상채무의 일부를 면제받고도 사후에 면제받은 채무액을 자신의 출재로 변제한 다른 채무자에 대하여 다시 그 부담 부분에 따라 구상의무를 부담하게 된다 하여 달리 볼 것은 아니다.

⑤ [誤] 부진정연대채무자의 1인이 채권자에게 변제를 하는 과정에서 사전·사후의 통지의무를 부담하는지를 묻는 문제이다. 부진정연대채무는 연대채무와 달리 채무자들 상호간에 주관적 공동관계가 없으므로 사전·사후의 통지의무는 인정되지 않는다는 것이 판례이며, 따라서 사후 통지의무 위반의 효과에 관한 제426조 제2항은 적용되지 않는다.

[大判 1998. 6. 26, 98다5777] 민법 제426조가 연대채무에 있어서의 변제에 관하여 채무자 상호간에 <u>통지의무를 인정하고 있는 취지는</u>, 연대채무에 있어서는 채무자들 상호간에 공동목적을 위한 주관적인 연관관계가 있고 이와 같은 주관적인 연관관계의 발생 근거가 된 대내적 관계에 터잡아 채무자 상호간에 출연분담에 관한 관련관계가 있게 되므로, <u>구상관계에 있어서도 상호 밀접한 주관적인 관련관계를 인정하고 변제에 관하여 상호 통지의무를 인정함으로써 과실 없는 변제자를 보다 보호하려는 데 있으므로</u>, 이와 같이 출연분담에 관한 주관적인 밀접한 연관관계가 없고 단지 채권만족이라는 목적만을 공통으로 하고 있는 <u>부진정연대채무에 있어서는 그 변제에 관하여 채무자 상호간에 통지의무 관계를 인정할 수 없고</u>, 변제로 인한 공동면책이 있는 경우에 있어서는 채무자 상호간에 어떤 대내적인 특별관계에서 또는 형평의 관점에서 손해를 분담하는 관계가 있게 되는데 불과하다고 할 것이므로, 부진정연대채무에 해당하는 공동불법행위로 인한 손해배상채무에 있어서도 채무자 상호간에 구상요건으로서

의 통지에 관한 민법의 위 규정을 유추적용할 수는 없다.

정답 ⑤

21. 배점 3 과실상계에 관한 설명 중 옳은 것은?(다툼 있으면 판례에 의함) [08년]

① 의료과실로 인한 손해배상액을 산정함에 있어서 피해자 측의 귀책사유와 무관한 피해자의 체질적 소인 또는 질병의 위험도 등은 감액사유로 참작할 수 없다.
② 사용자가 피용자의 고의에 의한 불법행위로 인하여 사용자책임을 부담하는 경우, 피해자에게 그 손해의 발생과 확대에 기여한 과실이 있다 하더라도 사용자책임의 범위를 정함에 있어서 이러한 피해자의 과실을 고려하여 그 책임을 제한할 수는 없다.
③ 수급인의 하자담보책임에는 과실상계에 관한 준용규정이 없기 때문에 하자발생 및 그 확대에 기여한 도급인의 잘못을 참작할 수 없다.
④ 도급인으로 하여금 자유로운 해제권을 행사할 수 있도록 하는 대신 수급인이 입은 손해를 배상하도록 한 민법 제673조(완성전의 도급인의 해제권)에 의하여 도급계약을 해제한 이상, 특별한 사정이 없는 한 도급인은 수급인에 대한 손해배상에서 과실상계를 주장할 수 없다.
⑤ 과실상계는 채무불이행 내지 불법행위로 인한 손해배상책임에 대하여 인정될 뿐만 아니라 채무 내용에 따른 본래 급부의 이행을 구하는 경우에도 적용된다.

해설

① [誤] [大判 2005. 6. 24, 2005다16713] 가해행위와 피해자 측의 요인이 경합하여 손해가 발생하거나 확대된 경우에는 피해자 측의 요인이 체질적인 소인 또는 질병의 위험도와 같이 피해자 측의 귀책사유와 무관한 것이라고 할지라도, 그 질환의 태양·정도 등에 비추어 가해자에게 손해의 전부를 배상하게 하는 것이 공평의 이념에 반하는 경우에는, 법원은 손해배상액을 정하면서 과실상계의 법리를 유추적용하여 그 손해의 발생 또는 확대에 기여한 피해자 측의 요인을 참작할 수 있다.
② [誤] [大判 2004. 3. 26, 2003다34045] 피용자 본인이 불법행위의 성립 이후에 피해자에게 손해액의 일부를 변제하였다면, 피용자 본인의 피해자에 대한 변제금 중 사용자의 과실비율에 상응하는 부분만큼은 손해액의 일부로 변제된 것으로 보아 사용자의 손해배상책임이 그 범위 내에서는 소멸하게 되고, 따라서 사용자가 배상할 손해배상의 범위를 산정함에 있어 피해자의 과실을 참작하여 산정된 손해액에서 과실상계를 한 다음 피용자 본인의 변제금 중 사용자의 과실비율에 상응하는 부분을 공제하여야 하며, 이러한 법리는 피용자 본인이 불법행위의 성립 이후에 피해자에 대하여 일부 금원을 지급함에 있어서 명시적으로 손해배상의 일부 변제조로 지급한 것은 아니지만 불법행위를 은폐하거나 기망의 수단으로 지급한 경우(불법 차용행위를 은폐하기 위하여 피해자에게 차용금에 대한 이자 명목의 금원을 지급한 경우 등)에도 마찬가지로 적용되

어야 하고, 또 이는 법인의 대표자에 의한 불법행위로 법인의 불법행위책임이 성립하는 경우에도 다를 바가 없다.

③ [誤] [大判 2004. 8. 20, 2001다70337] 수급인의 하자담보책임은 법이 특별히 인정한 무과실책임으로서 여기에 민법 제396조의 과실상계 규정이 준용될 수는 없다 하더라도 담보책임이 민법의 지도이념인 공평의 원칙에 입각한 것인 이상 하자발생 및 그 확대에 가공한 도급인의 잘못을 참작할 수 있다.

④ [正] [大判 2002. 5. 10, 2000다37296·37302] 민법 제673조에서 도급인으로 하여금 자유로운 해제권을 행사할 수 있도록 하는 대신 수급인이 입은 손해를 배상하도록 규정하고 있는 것은 도급인의 일방적인 의사에 기한 도급계약 해제를 인정하는 대신, 도급인의 일방적인 계약해제로 인하여 수급인이 입게 될 손해, 즉 수급인이 이미 지출한 비용과 일을 완성하였더라면 얻었을 이익을 합한 금액을 전부 배상하게 하는 것이라 할 것이므로, 위 규정에 의하여 도급계약을 해제한 이상은 특별한 사정이 없는 한 도급인은 수급인에 대한 손해배상에 있어서 과실상계나 손해배상예정액 감액을 주장할 수는 없다.

⑤ [誤] [大判 2000. 4. 7, 99다53742] 과실상계는 채무불이행 내지 불법행위로 인한 손해배상책임에 대하여 인정되는 것이고, 채무 내용에 따른 본래의 급부의 이행을 구하는 경우에 적용될 것은 아니다.

정답 ④

22. 제조물책임법에 관한 설명 중 옳지 않은 것은? [04년]

① 제조물책임법 제3조에 의해 책임을 지는 자가 제조물을 공급한 후에 당해 제조물에 결함이 존재한다는 사실을 알 수 있었음에도 그 결함에 의한 손해의 발생을 방지하기 위한 적절한 조치를 하지 아니한 때에는, 제조업자가 당해 제조물을 공급한 때의 과학·기술 수준으로는 결함의 존재를 발견할 수 없었을지라도 면책을 주장할 수 없다.
② 제조물의 결함으로 인한 손해가 당해 제조물에 대해서만 발생한 경우에는 제조물책임법이 적용되지 않는다.
③ 당해 제조물을 영리목적으로 공급하지 아니한 경우라도 제조업자는 결함제조물에 대해 제조물책임을 부담한다.
④ 자신의 영업에 이용하기 위해 공급받은 제조물의 결함으로 자신의 영업용 재산에 발생한 손해의 배상책임을 면책하는 면책약관은 효력이 없다.
⑤ 제조물에 대한 제조상 내지 설계상의 결함이 인정되지 아니하는 경우에도, 판례는 지시·경고상의 결함에 대하여 불법행위로 인한 책임이 인정될 수 있다고 한다.

해설

① [正] 제조물책임법 제4조 제2항.
② [正] 제조물책임법 제3조 제1항.

③ [正] 제조물책임의 주체인 제조업자란 제조물의 제조, 가공 또는 수입을 업으로 하는 자, 제조물에 성명·상호·상표 기타 식별가능한 기호 등을 사용하여 자신을 제조물의 제조, 가공 또는 수입을 업으로 하는 자로 표시한 자 또는 제조물의 제조, 가공 또는 수입을 업으로 하는 자로 오인시킬 수 있는 표시를 한 자이다(제조물책임법 제2조 제3호). 제조업자는 당해 제조물을 영리목적으로 공급하였는지 여부와 무관하게 제조물의 결함으로 인하여 발생한 손해를 배상하여야 한다(제조물책임법 제3조).

④ [誤] 이 법에 의한 손해배상책임을 배제하거나 제한하는 특약은 무효로 한다. 다만, 자신의 영업에 이용하기 위하여 제조물을 공급받은 자가 자신의 영업용 재산에 대하여 발생한 손해에 관하여 그와 같은 특약을 체결한 경우에는 그러하지 아니하다(제조물책임법 제6조).

⑤ [正] [大判 2003. 9. 5. 2002다17333] [1] 일반적으로 제조물을 만들어 판매하는 자는 제조물의 구조, 품질, 성능 등에 있어서 현재의 기술 수준과 경제성 등에 비추어 기대가능한 범위 내의 안전성을 갖춘 제품을 제조하여야 하고, 이러한 안전성을 갖추지 못한 결함으로 인하여 그 사용자에게 손해가 발생한 경우에는 불법행위로 인한 배상책임을 부담하게 되는 것인 바, 그와 같은 결함 중 주로 제조자가 합리적인 대체설계를 채용하였더라면 피해나 위험을 줄이거나 피할 수 있었음에도 대체설계를 채용하지 아니하여 제조물이 안전하지 못하게 된 경우를 말하는 소위 설계상의 결함이 있는지 여부는 제품의 특성 및 용도, 제조물에 대한 사용자의 기대와 내용, 예상되는 위험의 내용, 위험에 대한 사용자의 인식, 사용자에 의한 위험회피의 가능성, 대체설계의 가능성 및 경제적 비용, 채택된 설계와 대체설계의 상대적 장단점 등의 여러 사정을 종합적으로 고려하여 사회통념에 비추어 판단하여야 한다. [2] 제조물에 대한 제조상 내지 설계상의 결함이 인정되지 아니하는 경우라 할지라도, 제조업자 등이 합리적인 설명, 지시, 경고 기타의 표시를 하였더라면 당해 제조물에 의하여 발생될 수 있는 피해나 위험을 줄이거나 피할 수 있었음에도 이를 하지 아니한 때에는 그와 같은 표시상의 결함(지시·경고상의 결함)에 대하여도 불법행위로 인한 책임이 인정될 수 있고, 그와 같은 결함이 존재하는지 여부에 대한 판단을 함에 있어서는 제조물의 특성, 통상 사용되는 사용형태, 제조물에 대한 사용자의 기대의 내용, 예상되는 위험의 내용, 위험에 대한 사용자의 인식 및 사용자에 의한 위험회피의 가능성 등의 여러 사정을 종합적으로 고려하여 사회통념에 비추어 판단하여야 한다.

정답 ④

23. 불법행위로 인한 손해배상청구권의 소멸시효에 관한 설명 중 옳지 않은 것은?(다툼 있으면 판례에 의함)

[02년]

① 불법행위가 계속하여 이루어지고, 그로 인한 손해도 계속 발생하는 이른바 계속적 불법행위의 경우에는 전 손해를 한 개의 손해로 파악하여 손해의 발생이 종료한 때를 소멸시효의 기산점으로 보아야 한다.

② 손해 및 가해자를 안 날이라 함은 손해의 발생 사실과 가해자를 알아야 할 뿐만 아

니라 그 가해행위가 불법행위로서 이를 이유로 손해배상을 청구할 수 있다는 것을 안 때라고 할 것이다.
③ 가해행위와 이로 인한 현실적인 손해의 발생 사이에 시간적 간격이 있는 경우에 불법행위를 안 날이라 함은 단지 손해에 대한 인식이 있었다는 정도만으로는 부족하고 그러한 손해가 그 후 현실화된 것을 안 날을 의미한다.
④ 채무불이행으로 인한 손해배상청구권에 대한 소멸시효 항변이 불법행위로 인한 손해배상청구권에 대한 소멸시효 항변을 포함한 것으로 볼 수는 없다.
⑤ 불법행위로 인한 손해배상청구권에도 소멸시효의 기산점에 관한 규정인 민법 제166조 제1항이 적용되어 시효기간은 권리를 행사할 수 있는 때로부터 진행한다.

해설

① [誤] 계속적 불법행위로 인한 손해배상청구권의 소멸시효기간점에 관하여 판례는 각별진행설을 취한다. 따라서 각 손해를 안 때로부터 각별로 소멸시효가 진행된다고 본다. [大判 1999. 3. 23, 98다30285] 불법행위에 의한 손해배상청구권의 단기소멸시효의 기산점이 되는 민법 제766조 제1항 소정의 '그 손해 및 가해자를 안 날'이라 함은 현실적으로 손해의 발생과 가해자를 알아야 할 뿐만 아니라 그 가해행위가 불법행위로서 이를 이유로 손해배상을 청구할 수 있다는 것을 안 때를 의미하고, 불법행위가 계속적으로 행하여지는 결과 손해도 역시 계속적으로 발생하는 경우에는 특별한 사정이 없는 한 그 손해는 날마다 새로운 불법행위에 기하여 발생하는 손해로서 민법 제766조 제1항을 적용함에 있어서 그 각 손해를 안 때로부터 각별로 소멸시효가 진행된다고 보아야 한다.

② [正] 손해를 안다는 것은 단순히 어떠한 불이익이 발생한 사실을 안 것을 의미하는 것이 아니라 위법행위로 인하여 손해가 발생하였다는 것을 아는 것을 의미한다. [大判 1998. 7. 24, 97므18] 민법 제766조 제1항은 "불법행위로 인한 손해배상의 청구권은 피해자나 그 법정대리인이 그 손해 및 가해자를 안 날로부터 3년간 이를 행사하지 아니하면 시효로 인하여 소멸한다."고 규정하고 있는 바, 여기서 말하는 '손해를 안 날'이라 함은 손해의 발생, 위법한 가해행위의 존재, 가해행위와 손해의 발생과의 사이에 상당인과관계가 있다는 사실 등 불법행위의 요건사실에 대하여 현실적이고도 구체적으로 인식하였을 때를 의미한다고 할 것이고, 손해의 액수나 정도를 구체적으로 알아야 할 필요까지는 없다고 하더라도 피해자 등이 언제 불법행위의 요건사실을 현실적이고도 구체적으로 인식한 것으로 볼 것인지는 개별적 사건에 있어서의 여러 객관적 사정을 참작하고 손해배상청구가 사실상 가능하게 된 상황을 고려하여 합리적으로 인정하여야 할 것이다.

③ [正] 불법행위에서의 손해란 현실의 손해를 의미한다. 따라서 현실적으로 손해가 발생하지 않는 한 손해배상청구권은 발생하지 않는다. 다만, 손해가 현실화될 것을 요구한다고 해서 손해액을 산정할 수 있어야 한다는 의미는 아니다.
[大判 2001. 1. 19, 2000다11836] 가해행위와 이로 인한 현실적인 손해의 발생 사이에 시간적 간격이 있는 불법행위에 기한 손해배상채권에 있어서 소멸시효의 기산점이 되는

불법행위를 안 날이라 함은 단지 관념적이고 부동적인 상태에서 잠재하고 있던 손해에 대한 인식이 있었다는 정도만으로는 부족하고 그러한 손해가 그 후 현실화된 것을 안 날을 의미한다.

④ [正] 채무불이행과 불법행위로 인하여 각각 손해배상청구권이 발생할 수 있는데, 그 손해배상청구권이 하나의 생활사실을 기초로 발생한 경우에 양자의 관계는 청구권경합의 관계에 있다고 보는 것이 통설과 판례의 태도이다. 따라서 각 권리는 별개의 것으로 평가된다. 다만, 그 목적이 동일하기 때문에 어느 권리를 실현하면 다른 권리도 소멸하게 된다.

⑤ [正] 제766조는 불법행위로 인한 손해배상청구권의 소멸시효기산점을 규정하고 있다. 그런데, 제766조를 적용함에 있어서 제166조 제1항의 규정이 적용될 수 있는가가 문제된다. 제766조는 손해 및 가해자를 안 날, 불법행위가 있은 날로부터 소멸시효가 진행하는 것으로 규정하고 있을 뿐, 권리행사에 법률상 장애가 있는 경우에 어떠한가를 규율하고 있지 않다. 이에 대하여 대법원은 제166조 제1항이 불법행위로 인한 손해배상청구권에도 적용되는 것을 전제로 하여 권리행사에 관계 법령 등의 규정에 의하여 법률상의 장애가 있는 경우에는 그 장애사유가 제거된 때로부터 소멸시효가 진행한다고 하고 있다.

[大判 1998. 11. 10, 98다34126] 법인의 경우 불법행위로 인한 손해배상청구권의 단기 소멸시효의 기산점인 '손해 및 가해자를 안 날'이라 함은 통상 대표자가 이를 안 날을 뜻하지만, 법인의 대표자가 가해자에 가담하여 법인에 대하여 공동불법행위가 성립하는 경우에는, 법인과 그 대표자는 이익이 상반하게 되므로 현실로 그로 인한 손해배상청구권을 행사하리라고 기대하기 어려울 뿐만 아니라 일반적으로 그 대표권도 부인된다고 할 것이므로, 단지 그 대표자가 손해 및 가해자를 아는 것만으로는 부족하고, 적어도 법인의 이익을 정당하게 보전할 권한을 가진 다른 임원 또는 사원이나 직원 등이 손해배상청구권을 행사할 수 있을 정도로 이를 안 때에 비로소 위 단기시효가 진행한다고 해석함이 상당하다.

정답 ①

2012 사 법 시 험 대 비 민 법 기 출 문 제 완 전 분 석

제5편
친족 · 상속법

2012 사 법 시 험 대 비 민 법 기 출 문 제 완 전 분 석

제1장 친족법
제2장 상속법

제1장 친족법

1. 친족관계의 발생과 소멸에 관한 설명 중 옳지 않은 것은? [02년]

① 혼인 외의 자와 생부 사이에는 생부가 인지한 때로부터 부자관계 및 생부의 혈족과의 혈족관계가 발생한다.
② 양자와 양부모 사이에는 입양한 때로부터 친자관계가 발생하고, 양자와 양부모의 혈족 사이에 자연혈족과 마찬가지의 혈족관계가 발생한다.
③ 부(夫)의 사망 후 처가 부(夫)의 혈족 아닌 자신의 직계혈족과 일가를 창립한 경우에도 사망한 부(夫)의 혈족과 인척관계는 존속한다.
④ 부부공동입양 후 양부모의 일방이 사망하고 생존한 양부나 양모가 재혼한 경우 그 배우자와 양자 사이에는 혈족관계가 인정되지 아니한다.
⑤ 부부의 일방이 사망한 경우 생존배우자가 재혼하면 사망한 배우자의 혈족과 인척관계는 종료한다.

해설

① [誤] 인지는 그 자의 출생시에 소급하여 그 효력이 생긴다(제860조).
② [正] 민법 제772조.
③,⑤ [正] 민법 제775조.
④ [正] 인척관계가 될 뿐이다(제769조).

정답 ①

2. 친족관계의 소멸에 관한 기술 중 옳지 않은 것을 모두 고른 것은? [03년]

㉠ 妻가 사망한 후 夫가 재혼한 경우, 생존한 夫와 사망한 妻의 혈족과의 친족관계는 소멸한다.
㉡ 夫가 사망한 후 妻가 친가에 복적한 경우, 생존한 妻와 사망한 夫의 혈족과의 친족관계는 소멸한다.
㉢ 인지된 혼외자의 父와 적모(嫡母)가 이혼한 경우, 그 혼외자와 적모와의 친족관계는 소멸한다.
㉣ 입양당사자였던 양부모가 이혼한 경우, 양부자관계는 존속하지만 양모자관계는 소멸한다.
㉤ 입양이 취소된 경우에도 입양으로 인한 법정혈족관계는 소멸하지 않는다.

① ㉠, ㉢　　　　　　② ㉡, ㉢, ㉣　　　　　　③ ㉡, ㉣, ㉤
④ ㉢, ㉣, ㉤　　　　　⑤ ㉡, ㉢, ㉣, ㉤

해설

㉠ [正] 제775조 제2항. 부부의 일방이 사망한 후 생존배우자가 재혼한 때에 인척관계가 종료한다.

㉡ [誤] 친가복적에 의하여는 인척관계가 소멸되지 않는다.

㉢ [正] 혼외자와 적모의 관계는 인척관계이며, 이는 혼외자의 부와 적모의 이혼에 의하여 소멸한다.

㉣ [誤] 양모도 입양의 당사자이므로 양친이 이혼하였다고 하여 양모자관계가 소멸하는 것은 아니다.
[大判(全) 2001. 5. 24. 2000므1493] 민법 제776조는 "입양으로 인한 친족관계는 입양의 취소 또는 파양으로 인하여 종료한다."라고 규정하고 있을 뿐 '양부모의 이혼'을 입양으로 인한 친족관계의 종료사유로 들고 있지 않고, 구관습시대에는 오로지 가계계승(家系繼承)을 위하여만 양자가 인정되었기 때문에 입양을 할 때 처는 전혀 입양당사자가 되지 못하였으므로 양부모가 이혼하여 양모가 부(夫)의 가(家)를 떠났을 때에는 입양당사자가 아니었던 양모와 양자의 친족관계가 소멸하는 것은 논리상 가능하였으나, 처를 부와 함께 입양당사자로 하는 현행민법 아래에서는(1990. 1. 13. 개정 전 민법 제874조 제1항은 "처가 있는 자는 공동으로 함이 아니면 양자를 할 수 없고 양자가 되지 못한다."고 규정하였고, 개정 후 현행민법 제874조 제1항은 "배우자 있는 자가 양자를 할 때에는 배우자와 공동으로 하여야 한다."고 규정하고 있다) 부부공동입양제가 되어 처도 부와 마찬가지로 입양당사자가 되기 때문에 양부모가 이혼하였다고 하여 양모를 양부와 다르게 취급하여 양모자관계만 소멸한다고 볼 수는 없는 것이다.

㉤ [誤] 제776조. 입양취소로 법정혈족관계는 소멸한다.

정답 ③

3. 다음 사례에 관한 대화에서 옳지 않은 대답을 한 학생을 모두 고른 것은?(다툼 있으면 판례에 의함) [04년]

甲男과 결혼한 乙女는 그 사이에서 A를 출산하였으나 甲男과 사별한 후 A를 혼자 양육하고 있다. 한편 丙男은 丁女와 결혼하여 그 사이에 B가 출생한 후 이혼하였는데 丙男이 B의 친권행사자로 지정되어 B를 양육하고 있다. 그 후 乙女는 A를 데리고 丙男과 재혼하여 혼인신고를 한 후 함께 살고 있는 상태이다.

교　수 : 먼저 친족관계에 관한 질문입니다. 丙과 A 상호간, 乙과 B 상호간에는 민법상 친족관계가 있나요?

학생㉠ : 丙과 A 상호간, 乙과 B 상호간 모두 혈족은 아니지만 인척관계에 있으며, 현행법상 친족관계에 있습니다.

교　수 : A와 B는 민법상 친족관계에 있나요? 있다면 두 사람은 몇 촌(寸)간인가요?

학생㉡ : 두 사람은 형제자매와 마찬가지이므로 인척 2촌간입니다.

교　수 : 丙이 乙과 재혼 후 사망하였다면, A에게 丙의 유산에 대한 상속권이 인정되나요?

학생㉢ : 배우자를 제외하고 상속권자는 혈족관계에 있어야 하는 것이 원칙이므로, 丙이 사망하여도 그 유산에 대하여 A에게 상속권이 인정되지는 않습니다. 다만 丙이 A에게 유증을 함으로써 실질적인 상속의 혜택을 주는 것은 무방합니다.

교　수 : 乙이 사망하면 丙과 A간의 친족관계가 소멸하나요?

학생㉣ : 인척관계는 배우자 일방의 사망으로 소멸하므로, 乙이 사망하면 丙과 A간의 친족관계가 소멸한다고 해석됩니다.

교　수 : 대법원의 입장에 의할 때 丙이 사망한 경우 미성년자 B의 법정대리인은 누가 되나요?

학생㉤ : 이혼 후 지정된 친권행사자가 사망한 경우이므로 후견이 개시되고, 乙이 후견인이 됩니다.

① ㉠, ㉢, ㉤　　　② ㉠, ㉣　　　③ ㉡, ㉢
④ ㉡, ㉣, ㉤　　　⑤ ㉡, ㉣

해설

㉠ [正] A와 丙, B와 乙간에는 혈족의 배우자 혹은 배우자의 혈족의 관계에 있고, 1촌 인척관계에 있으므로 현행법상 친족관계가 인정된다.

㉡ [誤] A와 B는 혈족의 배우자의 혈족에 해당하는데 인척지간이 아니다(제769조).

㉢ [正] 인척은 상속인이 될 수 없다. 다만 유증을 받을 수 있는 자의 범위는 원칙적으로 제한이 없고, 포괄유증을 받게 되면 상속인과 동일한 지위를 가지게 되므로(제1078조) 포괄유증에 의하여 실질적으로 상속의 혜택을 주는 것은 무방하다.

㉣ [誤] 인척관계는 혼인에 의하여 발생하고, 혼인의 무효·취소 또는 이혼, 부부 일방의 사망 후의 재혼에 의하여 종료한다(제775조 제2항). 따라서 부부 일방이 사망하였다고 하더라도 재혼하지 아니하는 한 인척관계는 종료하지 않는다.

㉤ [誤] 이혼 후에 친권자로 지정된 부 또는 모 일방이 사망한 경우, 후견이 개시되는가 아니면 생존한 부 또는 모 일방이 친권자로 되는가에 관하여는 견해의 대립이 있다.

다수설은 후견이 개시된다고 하나, 판례(대법원 호적예규 제449-1호 제10조)는 생존한 부 또는 모 일방이 친권자로 된다고 한다.

[호적예규 제449-1호 제10조] 친권행사자로 지정된 자가 사망·실종선고·대리권과 관리권의 상실(사퇴)로 인하여 친권을 행사할 수 없는 경우에도 다른 부 또는 모가 있는 때에는 후견이 개시되지 않으므로 후견개시신고를 할 수 없다.

정답 ④

4. 혼인에 관한 판례의 입장과 다른 것은? [04년]

① 혼인 중 부부 일방이 사망하여 상대방이 망인의 재산을 상속받은 후에 그 혼인이 취소되더라도 그 전에 이루어진 상속관계가 소급하여 무효라거나 그 상속재산이 법률상 원인 없이 취득한 것이라고 볼 수 없다.
② 혼례식을 거행하고 사실혼관계에 있었으나 일방이 뇌졸중으로 혼수상태에 빠져 있는 사이에 타방이 임의로 혼인신고를 마친 경우, 특별한 사정이 없는 한 위 신고에 의한 혼인은 유효하다.
③ 사실혼관계에 있는 당사자 일방이 혼인신고를 함에 있어서 상대방이 혼인의사를 명백히 철회한 사실이나 사실혼관계를 해소하는 합의가 없었다면 혼인의사의 존재가 추정되므로 그 혼인을 무효라고 할 수 없다.
④ 甲男과 乙女는 혼인하기로 합의하여 유효하게 혼인신고서를 작성하였으나 이를 제출하기 전에 乙女가 혼인의사를 철회하였음에도 甲男이 혼인신고서를 제출하여 수리된 경우, 위 혼인은 무효이다.
⑤ 후혼은 중혼을 이유로 취소되기까지는 전혼과 동일한 보호를 받으며, 후혼에 대하여도 이혼 및 위자료청구권이 허용된다.

해설

① [正] 혼인의 취소는 기왕에 소급하지 아니한다(제824조). 따라서 혼인취소 전에 이루어진 상속관계는 유효하다.
[大判 1996. 12. 23, 95다48308] 민법 제824조는 "혼인의 취소의 효력은 기왕에 소급하지 아니한다."고 규정하고 있을 뿐 재산상속 등에 관해 소급효를 인정할 별도의 규정이 없는 바, 혼인 중에 부부 일방이 사망하여 상대방이 배우자로서 망인의 재산을 상속받은 후에 그 혼인이 취소되었다는 사정만으로 그 전에 이루어진 상속관계가 소급하여 무효라거나 또는 그 상속재산이 법률상 원인 없이 취득한 것이라고는 볼 수 없다.
② [誤] [大判 1996. 6. 28, 94므1089] [1] 혼인이 유효하기 위하여는 당사자 사이에 혼인의 합의가 있어야 하고, 이러한 혼인의 합의는 혼인신고를 할 당시에도 존재하여야 한다. [2] 혼례식을 거행하고 사실혼관계에 있었으나 일방이 뇌졸중으로 혼수상태에 빠져 있는 사이에 혼인신고가 이루어졌다면 특별한 사정이 없는 한 위 신고에 의한 혼

인은 무효라고 본 사례.
③ [正] [大判 2000. 4. 11. 99므1329] 혼인의 합의란 법률혼주의를 채택하고 있는 우리나라 법제 하에서는 법률상 유효한 혼인을 성립하게 하는 합의를 말하는 것이므로 비록 사실혼관계에 있는 당사자 일방이 혼인신고를 한 경우에도 상대방에게 혼인의사가 결여되었다고 인정되는 한 그 혼인은 무효라 할 것이나, 상대방의 혼인의사가 불분명한 경우에는 혼인의 관행과 신의성실의 원칙에 따라 사실혼관계를 형성시킨 상대방의 행위에 기초하여 그 혼인의사의 존재를 추정할 수 있으므로 이와 반대되는 사정, 즉 혼인의사를 명백히 철회하였다거나 당사자 사이에 사실혼관계를 해소하기로 합의하였다는 등의 사정이 인정되지 아니하는 경우에는 그 혼인을 무효라고 할 수 없다.
④ [正] 혼인의사는 신고서 작성시는 물론 수리시에도 존재하여야 한다. 따라서 혼인신고서 작성시에 존재하던 혼인의사를 수리 전에 철회하였다면 혼인의사의 합치가 없는 경우에 해당하여 혼인은 무효가 된다.
[大判 1983. 12. 27. 83므28] 혼인 당사자간의 혼인할 의사의 합치는 혼인신고서를 작성할 때는 물론이고 혼인신고서를 호적공무원에게 신고할 때에도 존재함을 요한다고 해석되므로 일단 의사의 합치 아래 유효하게 신고서를 작성하였더라도 그 제출전에 일방이 타방에 대하여 또는 그 제출을 타인에게 의뢰하였다면 그 사람에게 혼인의사를 철회한 경우나 호적공무원에게 혼인의사를 철회하였으니 그 수리를 하지 말도록 말한 경우에는 혼인의 의사합치가 없다고 할 것이므로 그 신고서가 제출되었더라도 그 혼인은 무효이다.
⑤ [正] 중혼이 되더라도 당연무효가 아니라 후혼의 취소원인이 될 뿐이므로(제816조 제1호) 중혼은 일단 유효하게 성립된다. 따라서 후혼에 대한 이혼 및 위자료청구권의 행사가 허용된다.

정답 ②

5. 다음 기술 중 옳지 않은 것은?(다툼 있으면 판례에 의함) [05년]

① 한국 남자 甲과 중국 여자 乙이 참다운 부부관계를 설정할 의사 없이 乙의 국내취업을 위한 입국을 가능하게 할 목적으로 형식상 혼인하기로 하여, 중국에서 그곳의 방식에 따라 혼인한 경우, 국내에서 그 혼인은 무효이다.
② 한국인이 외국에서 그 나라의 법이 정하는 방식에 따라 혼인절차를 마친 후, 다시 우리나라 호적법의 규정에 따라 혼인신고를 하였다면 이 신고는 보고적 신고가 아니라 창설적 신고이다.
③ 배우자 있는 자가 타인과 혼인하기 위하여 이름을 바꿔 새로이 취적함으로써 이중호적을 만들어 그 호적에 타인과의 혼인신고를 마친 경우, 일단 그 혼인은 유효하게 성립하지만 중혼이 되어 취소할 수 있다.
④ 혼인신고서를 작성하여 우송을 하였으나 신고서가 수리되기 전에 당사자의 일방이 사망한 경우 시, 읍, 면의 장은 이를 수리하여야 하며, 그 혼인은 사망시점에 성립한 것으로 본다.

⑤ 甲과 사실상 부부공동생활을 영위해 온 乙이 일방적으로 혼인신고를 하였는데, 그로부터 1년 후 甲은 그 사실을 알았지만, 그 효력을 다투지 않고 부부생활을 계속해 왔다면 그 혼인은 유효하다.

해설

① [正] [大判 1996. 11. 22, 96도2049] 우리나라 민법 제815조 제1호는 '당사자간에 혼인의 합의가 없는 때'에는 그 혼인은 무효로 한다라고 규정하고 있고, 이 혼인무효 사유는 당사자간에 사회관념상 부부라고 인정되는 정신적, 육체적 결합을 생기게 할 의사를 갖고 있지 않은 경우를 가리킨다고 해석할 것이므로, 당사자 사이에 비록 혼인의 계출 자체에 관하여 의사의 합치가 있어 일응 법률상의 부부라는 신분관계를 설정할 의사는 있었다고 인정되는 경우라도 그것이 단지 다른 목적을 달성하기 위한 방편에 불과한 것으로서 그들 간에 참다운 부부관계의 설정을 바라는 효과의사가 없을 때에는 그 혼인은 민법 제815조 제1호의 규정에 따라 그 효력이 없다고 해석하여야 한다.

② [誤] 혼인의 방식은 혼인거행지법 또는 당사자 일방의 본국법에 의한다(국제사법 제36조 제2항). 따라서 한국인이 혼인거행지법에 따라 혼인절차를 마친 경우, 혼인은 성립한다. 한편, 우리나라 법에 의한 혼인신고는 결국 이미 발생한 혼인의 효력을 보고하는 의미를 가질 뿐이다.

③ [正] [大判 1986. 6. 24, 86므9] 배우자 있는 자가 타인과 혼인하기 위하여 이름을 바꿔 새로이 취적함으로써 이중호적을 만들어 그 호적에 타인과의 혼인신고를 마쳤다면 위 타인과의 혼인은 민법 제810조가 금지하는 중혼임이 명백하며 동인이 배우자와 혼인신고만 하였을 뿐 실제 동거한 일이 없다 하더라도 그 결론에는 지장이 없다.

④ [正] 호적법 제46조.

⑤ [正] [大判 1980. 4. 22, 79므77] 관례에 따라 결혼식을 하고 부부로서 상당기간 동거하며 그 사이에 자녀까지 출산하여 혼인의 실제는 갖추었으나 혼인신고만이 되어있지 않은 관계에서 당사자 일방의 부재중 혼인신고가 이루어졌다고 하더라도 특별한 사정이 있는 경우를 제외하고는 그 신고에 의하여 이루어진 혼인을 당연히 무효라고 할 수는 없다.

정답 ②

6. 배점 2 부부의 재산관계에 관한 설명 중 옳은 것을 모두 고른 것은? (다툼 있으면 관례에 의함) [10년]

ㄱ. 부부간의 혼인 중의 계약은 혼인관계가 형식적으로 계속되고 있을 뿐 실질적으로 파탄된 때에는 혼인 중이라 하더라도 취소할 수 없다.

ㄴ. 부부재산계약이 법원의 허가를 얻어 변경된 때에는 등기하지 않아도 이로써 부부의 승계인 또는 제3자에게 대항할 수 있다.

ㄷ. 甲(男)이 乙(女)과 재혼하기로 하면서 혼인 후 A부동산을 乙에게 증여하기로 약정하였는데, 이 약정을 등기하지 않은 채 혼인신고를 하였다. 甲이 위 약정을 이행하지 않고 사망하였다면 乙은 甲의 전처 소생 자녀 丙에게 위 증여약정으로 대항할 수 없다.

ㄹ. 甲이 乙에게 자신의 부동산을 명의신탁한 것이「부동산 실권리자명의 등기에 관한 법률」에 따라 무효라고 하더라도, 그 후 甲이 乙과 혼인하였다면 조세포탈, 강제집행면탈, 법령상 제한의 회피 등을 목적으로 하지 않는 한 위 등기는 혼인한 때로부터 유효하게 된다.

ㅁ. 부부의 일방이 배우자를 대리하여 일상의 가사가 아닌 법률행위를 하려면 별도의 수권행위가 필요하지만, 그 배우자가 의식불명 상태여서 사회통념상 대리관계를 인정할 필요가 있다면 모든 법률행위에 관하여 대리권을 갖는다.

① ㄱ, ㄴ　　② ㄴ, ㄷ　　③ ㄴ, ㅁ
④ ㄱ, ㄷ, ㄹ　⑤ ㄱ, ㄹ, ㅁ　⑥ ㄴ, ㄷ, ㄹ

해설

ㄱ. [正] 부부계약취소권의 행사요건인 "혼인 중"의 의미를 묻는 문제이다. 실질적이고도 원만한 혼인관계가 계속되고 있는 상태를 의미하며, 실질적으로 파탄된 때에는 "혼인 중"에 해당하지 않아 부부계약취소권을 행사할 수 없다는 것이 판례이다.
[大判 1993. 11. 26. 93다40072] 민법 제828조에서 "혼인 중"이라 함은 단지 형식적으로 혼인관계가 계속되고 있는 상태를 의미하는 것이 아니라, 형식적으로는 물론 실질적으로도 원만한 혼인관계가 계속되고 있는 상태를 뜻한다고 보아야 하므로 혼인관계가 비록 형식적으로는 계속되고 있다고 하더라도 실질적으로 파탄에 이른 상태라면 위 규정에 의한 계약의 취소는 할 수 없다.

ㄴ. [誤] 부부재산계약의 내용을 제3자에게 대항하기 위한 요건을 묻는 문제이다. 등기가 있어야 부부의 승계인 또는 제3자에 대항할 수 있고, 이는 부부재산계약의 내용이 변경된 때에도 마찬가지이다(제829조 제5항).

ㄷ. [正] 부부가 그 재산에 관하여 약정을 한 경우, 이를 제3자에게 대항하기 위한 요건을 묻는 지문이다. 혼인성립까지 그 등기를 하여야 부부의 승계인 또는 제3자에게 대항할 수 있다(제829조 제4항). 따라서 甲과 乙이 혼인신고를 하기까지 그와 같은 증여약정을 등기하지 아니하였기 때문에 甲의 승계인 丙에 대하여 증여약정으로 대항할 수는 없다.

ㄹ. [正] 부동산실명법이 금지하는 명의신탁을 한 후 명의신탁자와 명의수탁자가 혼인한 경우, 명의신탁의 효력을 묻는 문제이다. 사후에 명의신탁자와 명의수탁자가 혼인하면 그 명의신탁이 조세포탈 등의 목적이 없는 한 부동산실명법의 적용이 배제되어 그 명의신탁은 유효하게 된다.
[大決 2002. 10. 28. 2001마1235] 부동산실권리자명의등기에관한법률 제8조 제2호는 배

우자 명의로 부동산에 관한 물권을 등기한 경우로서 조세포탈, 강제집행의 면탈 또는 법령상 제한의 회피를 목적으로 하지 아니하는 경우에는 그 명의신탁약정과 그 약정에 기하여 행하여진 물권변동을 무효로 보지 않는다는 특례를 규정하고 있는 바, 본래 명의신탁등기가 부동산실권리자명의등기에관한법률의 규정에 따라 무효로 된 경우에도 그 후 명의신탁자가 수탁자와 혼인을 함으로써 법률상의 배우자가 되고 위 특례의 예외사유에 해당되지 않으면 그 때부터는 위 특례가 적용되어 그 명의신탁등기가 유효로 된다고 보아야 한다.

ㅁ. [誤] 이른바 비상가사대리권이 인정되는지를 묻는 지문이다. 판례는 사회관념상 대리관계를 인정하여야 할 필요가 있다고 하여 일상가사의 범위를 벗어나는 법률행위에 관하여 대리권을 인정하지 않는다. 즉 비상가사대리권을 인정하지 않는다.
[大判 2000. 12. 8, 99다37865] 대리가 적법하게 성립하기 위해서는 대리행위를 한 자, 즉 대리인이 본인을 대리할 권한을 가지고 그 대리권의 범위 내에서 법률행위를 하였음을 요하며, 부부의 경우에도 일상의 가사가 아닌 법률행위를 배우자를 대리하여 행함에 있어서는 별도로 대리권을 수여하는 수권행위가 필요한 것이지, 부부의 일방이 의식불명의 상태에 있어 사회통념상 대리관계를 인정할 필요가 있다는 사정만으로 그 배우자가 당연히 채무의 부담행위를 포함한 모든 법률행위에 관하여 대리권을 갖는다고 볼 것은 아니다.

정답 ④

7. 배점 2 혼인의 효력에 관한 설명 중 옳지 않은 것은?(다툼 있으면 판례에 의함) [07년]

① 부부는 일상의 가사에 관한 대리권에 제한을 가할 수 있으나, 그 제한으로써 선의의 제3자에게 대항할 수 없다.
② 부부의 일방이 일상의 가사에 관하여 제3자와 법률행위를 한 경우, 이미 제3자에 대하여 다른 일방의 책임 없음을 명시한 때에는 다른 일방은 그에 대하여 책임이 없다.
③ 부부 일방의 금전차용행위도 금액, 차용 목적, 실제의 지출용도, 기타의 사정 등을 고려하여 그것이 부부의 공동생활에 필요한 자금조달을 목적으로 하는 것이라면 일상가사에 속한다.
④ 민법상 부부간의 계약은 혼인 중 언제든지 부부의 일방이 이를 취소할 수 있다고 규정되어 있으므로, 실질적으로 혼인이 파탄상태에 이르렀다고 하더라도 법률상 혼인관계가 계속 중인 한 위 규정에 의한 계약의 취소가 가능하다.
⑤ 사실혼관계에 있는 부부의 일방이 사실혼 중에 자신의 명의로 취득한 재산은 그 명의자의 특유재산으로 추정되나, 실질적으로 다른 일방 또는 쌍방이 그 재산의 대가를 부담하여 취득한 것이 증명된 때에는 특유재산의 추정은 번복되어 그 다른 일방의 소유이거나 쌍방의 공유라고 보아야 한다.

■ 친족·상속법 ■ 583

해설

① [正] 제827조 제2항.
② [正] 제832조 제2문.
③ [正] [大判 1999. 3. 9. 98다46877] [1] 민법 제832조에서 말하는 일상의 가사에 관한 법률행위라 함은 부부가 공동생활을 영위하는데 통상 필요한 법률행위를 말하므로 그 내용과 범위는 그 부부공동체의 생활 구조, 정도와 그 부부의 생활 장소인 지역사회의 사회통념에 의하여 결정되며, 문제가 된 구체적인 법률행위가 당해 부부의 일상의 가사에 관한 것인지를 판단함에 있어서는 그 법률행위의 종류·성질 등 객관적 사정과 함께 가사처리자의 주관적 의사와 목적, 부부의 사회적 지위·직업·재산·수입능력 등 현실적 생활상태를 종합적으로 고려하여 사회통념에 따라 판단하여야 한다. [2] 금전차용행위도 금액, 차용 목적, 실제의 지출용도, 기타의 사정 등을 고려하여 그것이 부부의 공동생활에 필요한 자금조달을 목적으로 하는 것이라면 일상가사에 속한다고 보아야 할 것이므로, 아파트 구입비용 명목으로 차용한 경우 그와 같은 비용의 지출이 부부공동체 유지에 필수적인 주거 공간을 마련하기 위한 것이라면 일상가사에 속한다고 볼 수 있다.
④ [誤] 부부간의 계약취소권의 요건을 묻는 문제이다. 부부 사이의 계약은 애정이나 압력에 의하여 체결된 비진의표시인 경우가 많고, 부부 사이의 약속을 법률문제로 삼는 것은 부부생활의 평화를 해칠 수 있다는 점 때문에 민법은 부부간의 계약을 취소할 수 있는 것으로 규정하고 있다(제828조). 그런데 부부간의 계약취소권은 사회적 강자인 부부의 일방에 의하여 남용되거나 악용되는 경우가 있을 수 있다. 가령 혼인파탄의 책임이 있는 부부의 일방이 혼인관계를 해소하는 과정에서 상대방 배우자와 일정한 계약을 하여 그 계약내용을 신뢰하게 하고, 이 후 태도를 바꾸어 계약취소권을 행사하는 등으로 부부계약취소권을 악용할 수 있다. 이러한 문제점을 해결하기 위해서 판례는 부부계약취소권을 행사할 수 있는 기간인 "혼인 중"의 의미를 제한적으로 해석한다. 즉 "혼인 중"이란 실질적으로 원만한 혼인관계가 계속되는 상태를 의미한다고 해석하여 비록 형식적으로는 혼인관계가 계속되고 있더라도 실질적으로 혼인이 파탄된 상태라면 부부간의 계약취소권은 인정되지 않는다고 한다.
[大判 1999. 11. 26. 93다40072] 민법 제828조에서 "혼인 중"이라 함은 단지 형식적으로 혼인관계가 계속되고 있는 상태를 의미하는 것이 아니라, 형식적으로는 물론 실질적으로도 원만한 혼인관계가 계속되고 있는 상태를 뜻한다고 보아야 하므로 <u>혼인관계가 비록 형식적으로는 계속되고 있다고 하더라도 실질적으로 파탄에 이른 상태라면 위 규정에 의한 계약의 취소는 할 수 없다.</u>
⑤ [正] 혼인의 재산적 효과에 관한 민법규정, 즉 법정재산제에 관한 규정 등이 사실혼에 유추적용되는가를 묻는 문제이다. 혼인 중 일방명의로 취득한 재산은 명의자의 특유재산으로 추정한다는 제830조는 사실혼에도 유추적용된다고 보는 것이 판례이다.
[大判 1994. 12. 22. 93다52068] 사실혼관계에 있는 부부의 일방이 사실혼 중에 자기 명의로 취득한 재산은 그 명의자의 특유재산으로 추정되나 실질적으로 다른 일방 또는 쌍방이 그 재산의 대가를 부담하여 취득한 것이 증명된 때에는 특유재산의 추정은 번

복되어 그 다른 일방의 소유이거나 쌍방의 공유라고 보아야 할 것이다.

정답 ④

8. 배점 2 다음 사례에 관한 설명 중 옳은 것을 모두 고른 것은? (다툼 있으면 판례에 의함) [07년]

> 甲은 부부로서의 공동생활을 영위하지 않고 해외에 이주할 목적으로 乙과 혼인신고를 하였다. 甲의 직계존속은 이미 사망하였고 남동생 丙이 해외에 거주하고 있을 뿐이다. 甲이 교통사고를 당하여 사망하자, 乙이 甲의 재산을 상속하였다. 甲이 사망하고 5년이 경과한 후 丙이 이러한 사실관계를 알게 되었다.

> ㉠ 甲과 乙 사이의 혼인은 혼인무효 판결 여부와 상관없이 당연히 무효이다.
> ㉡ 丙은 상속회복청구소송에서 그 선결문제로 甲과 乙 사이의 혼인이 무효라고 주장할 수 있다.
> ㉢ 甲과 乙의 혼인에 대하여 丙이 혼인무효확인소송을 제기하려면 甲과 乙을 상대로 하여야 하지만, 이미 甲이 사망하였기 때문에 검사를 상대방으로 하여야 한다.
> ㉣ 혼인무효확인청구 및 혼인무효로 인한 손해배상청구에는 가사소송법상 조정전치주의가 적용되어 우선 조정신청을 하여야 한다.

① ㉠, ㉢
② ㉠, ㉡, ㉣
③ ㉠, ㉡, ㉢
④ ㉠, ㉢, ㉣
⑤ ㉢, ㉣
⑥ ㉠, ㉡
⑦ ㉠, ㉡, ㉢, ㉣
⑧ ㉡, ㉢, ㉣

해설

* 혼인의 무효와 상속회복청구권에 관하여 묻는 사례문제이다.
㉠ [正] 혼인의사의 합치가 없는 혼인은 무효이다(제815조 제1호). 혼인의사를 어떻게 파악할 것인가에 관해서는 견해의 대립이 있다. 사회관념상 부부라고 인정되는 정신적·육체적 결합을 생기게 할 의사를 의미한다고 보는 실질적 의사설, 혼인신고를 통하여 법률상 부부관계를 형성하고자 하는 의사를 의미한다고 보는 형식적 의사설 및 절충설의 대립이 있다. 다수설과 판례는 실질적 의사설을 취하고 있다. 다수설과 판례에 따르면 다른 목적을 달성하기 위한 수단으로서 혼인신고를 한 경우에는 혼인의사의 합치가 있었다고 볼 수 없다. 사안의 경우 甲은 해외이주를 목적으로 乙과 혼인신고를 하였을 뿐이므로 甲과 乙 사이에 혼인의사의 합치가 있었다고 볼 수 없고, 그렇다면 甲과 乙 사이의 혼인은 무효이다. 한편 혼인무효의 성질을 선언무효로 볼 것인가 아니면 당연무효로 볼 것인가도 문제이나, 판례는 당연무효라고 이해한다. 결국 판례에 따르면 甲과 乙 사이의 혼인은 혼인무효 판결이 확정되었는지 여부와 무관하게 그 효력이 발생하지 않는다.

[大判 1996. 11. 22. 96도2049] 우리나라 민법 제815조 제1호는 '당사자간에 혼인의 합의가 없는 때'에는 그 혼인은 무효로 한다라고 규정하고 있고, 이 혼인무효 사유는 당사자간에 <u>사회관념상 부부라고 인정되는 정신적·육체적 결합을 생기게 할 의사</u>를 갖고 있지 않은 경우를 가리킨다고 해석할 것이므로, 당사자 사이에 비록 혼인의 계출 자체에 관하여 의사의 합치가 있어 일응 <u>법률상의 부부라는 신분관계를 설정할 의사는 있었다고 인정되는 경우라도 그것이 단지 다른 목적을 달성하기 위한 방편에 불과한 것으로서 그들간에 참다운 부부관계의 설정을 바라는 효과의사가 없을 때에는 그 혼인은 민법 제815조 제1호의 규정에 따라 그 효력이 없다</u>고 해석하여야 한다.

ⓒ [正] 혼인무효의 성질에 대해 다수설과 판례는 당연무효설의 태도이다. 따라서 기간의 제한이 없이 언제든지 무효주장이 가능하며, 소를 제기하는 방법 이외에 소송의 전제문제로서 혼인무효의 주장이 가능하다. 따라서 상속회복청구의 소를 제기하고, 그 선결문제로서 혼인의 무효를 주장할 수 있다.

ⓒ [誤] 혼인무효확인의 소에서 제3자가 소를 제기하는 경우에는 배우자 쌍방을 피고로 하고, 배우자 일방이 사망한 경우에는 생존자를 피고로 하나, 상대방이 될 자가 모두가 사망한 경우에는 검사를 피고로 한다(가사소송법 제24조 제2항). 따라서 사안의 경우 甲만이 사망하였으므로 생존자인 乙을 상대로 소를 제기해야 한다.

ⓔ [誤] 혼인무효확인의 소는 가사소송 가류사건으로 당사자의 임의처분이 허용되지 않으므로 조정이나 화해의 대상이 아니다. 따라서 조정전치주의가 적용되지 아니한다. 다만 혼인무효로 인한 손해배상청구사건은 가사소송 다류사건으로 조정의 대상이다.

정답 ⑥

9. 혼인취소에 관한 설명 중 틀린 것은?(다툼 있으면 판례에 의함)   [03년]

① 혼인적령이나 재혼금지기간에 관한 규정에 위반한 혼인의 경우, 검사는 그 취소청구권자에 속하지 않는다.
② 혼인 중에 출생한 子는 그 혼인이 사기를 이유로 취소되더라도 혼인 중의 출생자로서의 지위를 잃지 않는다.
③ 혼인의 취소는 재판상 청구하여야 하나 원칙적으로 조정전치주의가 적용되지는 않는다.
④ 父의 반대 하에 母의 동의만으로 혼인한 금치산자라도 금치산선고의 취소가 있은 후 3월이 경과하면 그 취소를 청구하지 못한다.
⑤ 재산분할청구권은 혼인취소의 경우에도 인정된다.

해설

① [正] 제817조. 취소청구권자는 당사자 또는 그 법정대리인이다.
② [正] 제824조. 혼인취소의 효력은 기왕에 소급하지 않는다.
③ [誤] 혼인취소사건은 나류 가사소송사건으로 조정전치주의가 적용된다(가사소송법 제50조).
④ [正] 제819조. 동의를 요하는 혼인에서 동의위반의 경우, 취소청구권은 당사자가 성년에 달한 후 또는 금치산선고의 취소 있은 후 3월을 경과하거나 혼인 중 포태한 때 소

멸한다.

⑤ [正] 민법에는 규정이 없으나, 혼인취소의 경우에도 재산분할청구를 인정하는 것이 통설이다. 한편 가사소송법 제2조 제1항 나목 (2) 마류사건 4호에서는 혼인의 취소를 원인으로 하는 경우에도 재산분할이 인정된다는 점을 전제로 규정하고 있다.

정답 ③

10. 중혼에 관한 설명 중 틀린 것은?(다툼 있으면 판례에 의함) [03년]

① 배우자 있는 자가 타인과 혼인하기 위하여 이중호적을 만들어 다시 혼인신고를 하였으나 실제로 동거한 일이 없다면 중혼에 해당하지 않는다.
② 중혼성립 후 10여년 이상 혼인취소청구권을 행사하지 아니하였다 하여 그 권리가 소멸되었다고 할 수는 없으나, 그 후의 행사가 권리남용에 해당할 수도 있다.
③ 중혼의 경우 그에 대한 혼인취소의 확정판결이 없는 한 재판상 이혼을 청구할 수 있다.
④ 중혼자가 사망하여 중혼관계가 해소되더라도 전혼의 배우자는 생존한 중혼의 일방당사자를 상대로 중혼의 취소를 청구할 수 있다.
⑤ 협의이혼하고 재혼한 후에 그 협의이혼 무효확인판결이 확정된 경우 그 재혼은 중혼에 해당한다.

해설

① [誤] [大判 1986. 6. 24, 86므9] 배우자 있는 자가 타인과 혼인하기 위하여 이름을 바꿔 새로이 취적함으로써 이중호적을 만들어 그 호적에 타인과의 혼인신고를 마쳤다면 위 타인과의 혼인은 민법 제810조가 금지하는 중혼임이 명백하며 동인이 배우자와 혼인신고만 하였을 뿐 실제 동거한 일이 없다 하더라도 그 결론에는 지장이 없다.

② [正] [大判 1993. 8. 24, 92므907] 권리의 행사가 사회생활상 도저히 용인할 수 없는 부당한 결과를 야기하거나 타인에게 손해를 줄 목적만으로 하여지는 것과 같이 공서양속에 위반하고 도의상 허용될 수 없는 때에는 권리의 남용으로서 허용될 수 없는 것이다. 이 사건에서 원심인정의 위 사실에다가 기록에 의하여 알 수 있는 다음과 같은 사정, 즉 피고와 그 소생의 2남2녀는 김재우(중혼자)의 사망 후 정리된 호적을 바탕으로 일가를 이루어 원만하게 사회생활을 하고 있는데 만일 이 사건 혼인이 취소된다면 피고는 김재우와의 혼인관계가 해소됨과 동시에 김재우의 호적에서 이탈하여야 하고 위 2남2녀는 혼인 외 출생자로 되고 마는 등 신분상 및 사회생활상 큰 불편과 불이익을 입어야 하는 점, 이에 비하여 원고(중혼자의 이복동생)는 이 사건 혼인이 존속하든지 취소되든지 간에 경제적으로나 사회생활상으로 아무런 이해관계를 가지지 아니하며 신분상으로도 별다른 불이익을 입을 것으로 보이지는 아니하는 점, 엄순조(전혼의 배우자)는 생존하는 동안 피고와 김재우 사이의 혼인에 대하여 아무런 이의를 제기한 일이 없으며 현재 생존하고 있는 엄순조 소생의 딸도 다른 친척들과 마찬가지로 피고와 김재우 사이의 혼인을 인정하고 있는 점, 그리고 김재우와 엄순조가 이미 사망한 지금에 와서 구태여 피고와 김재우 사이의 혼인을 취소하여야 할 공익상의 필요도 없는

점 등을 종합적으로 참작한다면, 원고의 이 사건 혼인취소청구는 권리 본래의 사회적 목적을 벗어난 것으로서 권리의 남용에 해당한다고 아니할 수 없다.

③ [正] 중혼은 취소사유에 불과할 뿐이기 때문이다.
④ [正] [大判 1991. 12. 10, 91므535] 중혼자가 사망한 후에라도 그 사망에 의하여 중혼으로 인하여 형성된 신분관계가 소멸하는 것은 아니므로 전혼의 배우자는 생존한 중혼의 일방당사자를 상대로 중혼의 취소를 구할 이익이 있다.
⑤ [正] [大判 1984. 3. 27, 84므9] 청구인과 피청구인(甲)이 협의이혼한 것이 피청구인(甲)의 기망에 인한 것이었음을 이유로 청구인이 제기한 협의이혼취소심판이 청구인 승소로 확정되었다면 청구인과 피청구인(甲)은 당초부터 이혼하지 않은 상태로 되돌아 갔다 할 것이니 위 취소심판 계속 중 피청구인(甲), (乙)사이에 이루어진 혼인은 중혼의 금지규정에 위반한 것으로 혼인의 취소사유에 해당한다.

정답 ①

11. 다음 사례에 관한 설명 중 옳은 것으로 짝지워진 것은? (다툼 있으면 판례에 의함) [06년]

甲男이 그의 처인 乙女를 상대로 이혼의 소를 제기하면서, 乙女의 주소를 알고 있음에도 소재불명이라 하여 법원으로부터 공시송달의 허가를 받아 乙女의 불출석을 기화로 법원으로부터 이혼판결을 받고 그 판결이 확정되었다. 그 후 甲男은 丙女와 혼인신고를 마치고 그들 사이에서 1명의 자녀를 출산하였다. 나중에 이러한 사실을 안 乙女는 법원에 재심을 청구하였고, 법원은 위 이혼판결을 취소하고 甲男의 乙女에 대한 이혼청구를 기각하는 판결을 선고하였으며 그 판결이 확정되었다.

㉠ 현재 甲男과 丙女 사이의 혼인관계가 유지되고 있으므로, 재심에 의하여 甲男과 乙女 사이의 이혼판결이 취소되었다고 하더라도 乙女는 자신과 甲男과의 혼인관계를 주장하지 못한다.
㉡ 재심에 의하여 甲男과 乙女 사이의 이혼판결이 취소되었으므로 甲男과 丙女 사이의 혼인은 무효가 된다.
㉢ 甲男과 丙女 사이의 혼인취소의 소송계속 중 甲男과 丙女 사이에 자녀의 양육에 관한 사항의 협의가 이루어지지 않으면 법원은 직권으로 위 자녀의 양육에 필요한 사항을 정할 수 있다.
㉣ 甲男과 丙女 사이의 혼인이 취소된다면 甲男과 丙女 사이에서 출생한 자녀는 혼인 외의 출생자가 된다.
㉤ 재심에 의하여 甲男과 乙女 사이의 이혼판결이 취소된 후, 乙女가 甲男과 丙女 사이의 혼인의 취소를 구하는 소를 제기하여 그 소송이 계속 중이더라도, 丙女는 甲男을 상대로 재판상 이혼을 청구할 수 있다.
㉥ 재심에 의하여 甲男과 乙女 사이의 이혼판결이 취소된 후, 甲男과 丙女 사이의 혼인의 취소를 구하는 소송이 계속 중인 동안 甲男이 사망하면, 乙女와 丙女 모두 甲男의 상속인이 된다.

① ㉠, ㉡, ㉢   ② ㉠, ㉢, ㉣   ③ ㉢, ㉣, ㉤
④ ㉢, ㉤, ㉣   ⑤ ㉣, ㉤, ㉣

해설

＊ 甲의 乙에 대한 이혼판결이 재심에 의하여 취소되면, 甲과 乙의 혼인은 해소되지 아니한 것으로 된다. 그 결과 甲과 丙의 재혼은 중혼으로 되어 취소사유가 된다. 본 문제는 중혼에 대한 효과를 전반적으로 묻는 문제이다.

㉠ [誤] 甲과 乙 사이의 전혼에 관한 이혼판결이 재심에 의하여 취소되었으므로 이혼판결은 효력을 잃어 甲과 乙 사이의 혼인관계는 해소되지 아니한 것으로 된다. 따라서 乙은 자신과 甲 사이의 혼인관계를 주장할 수 있다.

㉡ [誤] 甲과 丙 사이의 혼인은 배우자 있는 자가 혼인한 것으로 중혼에 해당하고, 현행법상 중혼은 취소사유일 뿐, 혼인이 무효로 되는 것은 아니다(제810조).
[大判 1985. 9. 10, 85므35] 甲이 乙을 상대로 한 이혼심판청구사건의 승소확정심판에 따라 이혼신고를 마치고 丙과 다시 혼인신고를 마쳤으나 乙의 재심청구에 따라 위 이혼심판청구를 기각하는 재심심판이 선고되고 그 심판이 확정되었다면 위 甲, 丙간의 혼인은 중혼에 해당되어 취소사유가 된다.

㉢ [正] 혼인취소의 경우에도 자의 양육책임과 면접교섭권에 관한 이혼에 관한 규정은 준용된다(제824조의2). 따라서 양육에 관한 사항의 협의가 되지 아니하거나 협의할 수 없는 때에는 가정법원은 당사자의 청구 또는 직권에 의하여 그 자의 연령, 부모의 재산상황 기타 사정을 참작하여 양육에 필요한 사항을 정하며 언제든지 그 사항을 변경 또는 다른 적당한 처분을 할 수 있다(제837조). 종래 직권에 의하여 양육에 관한 사항을 결정할 수 있는지에 관해서는 명료하지 못했으나, 2005년 민법개정에 의하여 이를 추가하였다.

㉣ [誤] 중혼취소의 효력은 기왕에 소급하지 아니한다(제824조). 따라서 중혼 중에 출생한 자는 중혼취소판결에 의하여 중혼이 취소되더라도 혼인 중의 자의 신분을 그대로 유지한다.

㉤ [正] 중혼이라고 하더라도 법원의 판결에 의하여 취소될 때까지는 혼인의 효력이 유지되기 때문에 중혼도 이혼에 의하여 해소될 수 있다.
[大判 1991. 12. 10, 91므344] 혼인이 일단 성립되면 그것이 위법한 중혼이라 하더라도 당연히 무효가 되는 것은 아니고 법원의 판결에 의하여 취소될 때에 비로소 그 효력이 소멸될 뿐이므로 아직 그 혼인취소의 확정판결이 없는 한 법률상의 부부라 할 것이어서 재판상 이혼의 청구도 가능하다.

㉥ [正] 중혼이 취소되기 전에 중혼당사자가 사망하면 전혼의 배우자와 후혼의 배우자가 모두 배우자로서 상속권을 가진다. 이는 중혼이 취소되기 전에는 여전히 혼인의 효력이 인정될 수 있고, 중혼취소의 효력은 기왕에 소급하지 아니하기 때문이다. 따라서 중혼당사자가 사망한 후에 중혼이 취소되었다고 하더라도 후혼배우자의 상속권이 소급하여 소멸하지는 않는다.
[大判 1996. 12. 23, 95다48380] 민법 제824조는 "혼인의 취소의 효력은 기왕에 소급하

지 아니한다."고 규정하고 있을 뿐 재산상속 등에 관해 소급효를 인정할 별도의 규정이 없는 바, 혼인 중에 부부 일방이 사망하여 상대방이 배우자로서 망인의 재산을 상속받은 후에 그 혼인이 취소되었다는 사정만으로 그 전에 이루어진 상속관계가 소급하여 무효라거나 또는 그 상속재산이 법률상 원인 없이 취득한 것이라고는 볼 수 없다.

정답 ④

12. 배점 3 협의이혼에 관한 설명 중 옳은 것(○)과 옳지 않은 것(×)을 바르게 표시한 것은? [10년]

ㄱ. 협의이혼을 하려는 자는 가정법원이 제공하는 안내와 상담을 받아야 한다.
ㄴ. 자녀를 둔 부부가 협의이혼을 하려면 자녀의 성년 여부를 묻지 않고 원칙적으로 3개월의 숙려기간을 거쳐야 한다.
ㄷ. 미성년인 자녀를 둔 부부가 협의이혼을 하려면 자의 양육자 결정, 자의 친권자 결정, 재산분할에 관한 협의서 또는 이에 관한 가정법원의 심판정본을 법원에 제출하여야 한다.
ㄹ. 미성년인 자녀를 둔 부부가 협의이혼을 하면서 양육자를 부(父)로 정하였더라도, 가정법원은 자(子)의 복리를 위하여 필요하다고 인정하는 경우에는 직권으로 양육자를 모(母)로 변경할 수 있다.
ㅁ. 미성년인 자녀를 둔 부부가 협의이혼을 하면서 양육자와 친권자를 부(父)로 정하였는데, 그 후 가정법원이 신청에 의하여 양육자를 모(母)로 변경하려면 친권자도 모(母)로 변경하여야 한다.
ㅂ. 사기 또는 강박으로 인하여 이혼의 의사표시를 한 자가 그 의사표시를 취소하려면, 추인할 수 있는 날로부터 3년 내에, 의사표시를 한 날로부터 10년 내에 취소권을 행사하여야 한다.

① ㄱ(○), ㄴ(○), ㄷ(○), ㄹ(×), ㅁ(○), ㅂ(○)
② ㄱ(×), ㄴ(×), ㄷ(×), ㄹ(○), ㅁ(×), ㅂ(×)
③ ㄱ(○), ㄴ(×), ㄷ(○), ㄹ(○), ㅁ(×), ㅂ(○)
④ ㄱ(×), ㄴ(×), ㄷ(○), ㄹ(○), ㅁ(×), ㅂ(○)
⑤ ㄱ(○), ㄴ(○), ㄷ(×), ㄹ(×), ㅁ(○), ㅂ(×)
⑥ ㄱ(×), ㄴ(○), ㄷ(×), ㄹ(×), ㅁ(○), ㅂ(×)

해설

ㄱ. [誤] 협의이혼절차에 관한 최근 민법개정내용을 묻는 지문이다. 제836조의 2 제1항의 내용을 묻고 있다. 협의이혼을 하려는 자는 가정법원이 제공하는 이혼에 관한 안내를 받아야 한다. 한편 상담위원의 상담은 가정법원이 필요한 경우에 권고할 수 있을

뿐이고, 이혼하려는 자가 반드시 상담을 받아야 하는 것은 아니다.
ㄴ. [誤] 협의상 이혼의 경우, 이혼숙려기간을 묻는 지문이다. 양육하여야 할 자가 있는 경우에는 3개월의 이혼숙려기간이 경과하여야 하는데, 여기에서 양육하여야 할 자는 미성년 자녀를 말한다. 좀더 구체적으로 미성년인 자녀(임신 중인 자를 포함)가 있는 경우에는 3개월, 성년 도달 전 1개월 후 3개월 이내 사이의 미성년인 자녀가 있는 경우에는 미성년 자녀가 성년이 된 날, 성년 도달 전 1개월 이내의 미성년인 자녀가 있는 경우에는 1개월, 자녀가 없거나 성년인 자녀만 있는 경우에는 1개월이 지나야 이혼의사확인을 받을 수 있다.
ㄷ. [誤] 이혼의사확인을 받기 위해서 재산분할에 관한 협의서나 심판정본이 법원에 제출되어야 하는지를 묻는 지문이다. 양육에 관한 협의서나 심판정복, 친권자결정에 관한 협의서나 심판정본이 제출되어야 하며, 재산분할에 관한 협의서나 심판정본이 제출될 필요는 없다.
ㄹ. [正] 당사자가 양육자결정에 법원이 관여할 수 있는지를 묻는 지문이다. 가정법원은 자(子)의 복리를 위하여 필요하다고 인정하는 경우에는 부·모·자(子) 및 검사의 청구 또는 직권으로 자(子)의 양육에 관한 사항을 변경하거나 다른 적당한 처분을 할 수 있다(제837조 제5항).
ㅁ. [誤] 양육자와 친권자가 다른 사람으로 결정될 수 있는지를 묻는 지문이다. 양육에 관한 사항이 결정되더라도 그 이외의 부모의 권리의무에 변경을 가져오지 않는다(제837조 제6항).
ㅂ. [誤] 사기, 강박으로 인한 혼인취소청구권의 제척기간을 묻는 지문이다. 사기를 안 날 또는 강박을 면한 날로부터 3월을 경과한 때에는 취소를 청구하지 못한다(제823조).

정답 ②

13. 배점 3 다음 〈X 란〉의 '이혼절차 및 효과'와 〈Y 란〉의 '가정법원이 후견적 입장에서 당사자의 청구가 없더라도 직권으로 정할 수 있는 경우'에 관한 기술 중 옳지 않은 것만으로 묶인 것은?(다툼 있으면 판례에 의함) [09년]

〈X 란〉
가. 가정법원의 협의이혼의사 확인절차를 거쳤더라도 이혼의사표시가 사기·강박에 의하여 이루어졌다면 이혼은 취소할 수 있으며, 이혼의사확인에 의해 그 의사표시의 하자가 치유되지는 않는다.
나. 부부인 甲과 乙이 이혼하면서 자(子) 丙의 친권자 및 양육권자를 乙로 지정하는 내용의 조정이 성립된 경우라고 하더라도 甲이 임의로 丙을 양육하였다면, 乙은 甲에게 양육비를 지급할 의무가 있다.

다. 가정법원의 심판에 의하여 구체적인 청구권의 내용과 범위가 확정된 후의 양육비채권 중 이미 이행기에 도달한 후의 양육비채권은 완전한 재산권으로서 친족법상의 신분으로부터 독립하여 처분할 수 있고, 권리자의 의사에 따라 포기·양도 또는 상계의 자동채권으로 할 수도 있다.
라. 부부의 일방이 다른 일방의 재산분할청구권 행사를 해함을 알면서도 재산권을 목적으로 하는 법률행위를 한 때에는 다른 일방은 재산분할청구권 보전을 위한 사해행위취소권을 행사할 수 있다.

〈Y 란〉
a. 자(子)의 복리를 위하여 필요한 경우 자의 성과 본의 변경
b. 이혼 후 자의 양육에 관한 사항의 협의가 되지 아니하거나 협의할 수 없는 경우 자의 양육에 필요한 사항
c. 자의 복리를 위하여 필요한 경우 부모의 면접교섭권의 제한이나 배제
d. 혼인의 취소, 재판상 이혼 또는 인지청구의 소의 경우 친권자의 지정
e. 피후견인의 복리를 위하여 필요한 경우 후견인의 변경

① 가, 라, a   ② 가, 다, e   ③ 나, b, d
④ 다, 라, d   ⑤ 라, b, e   ⑥ 가, c
⑦ 나, a   ⑧ 다, c

해설

가. [正] [大判 1987. 1. 20. 86므86] 협의이혼 의사의 확인은 어디까지나 당사자들의 합의를 근간으로 하는 것이고 법원의 역할은 그들의 의사를 확인하여 증명하여 주는데 그치는 것이며 법원의 확인에 소송법상의 특별한 효력이 주어지는 것도 아니므로 이혼협의의 효력은 민법상의 원칙에 의하여 결정되어야 할 것이고 이혼의사 표시가 사기·강박에 의하여 이루어졌다면 민법 제838조에 의하여 취소할 수 있다고 하지 않으면 안 된다.

나. [誤] [大決 2006. 4. 17. 2005스18·19] 청구인과 상대방(반심판청구인, 이하 '상대방'이라고만 한다)이 1998. 6. 12. 이혼하면서 그 사이에 출생한 사건본인의 친권자 및 양육자를 상대방으로 지정하는 내용의 조정이 성립된 사실을 인정할 수 있는데, 이러한 경우 그 조정조항상의 양육방법이 그 후 다른 협정이나 재판에 의하여 변경되지 않는 한 청구인에게 사건본인을 양육할 권리가 없고, 그럼에도 불구하고 청구인이 법원으로부터 위 조정조항을 임시로 변경하는 가사소송법 제62조 소정의 사전처분 등을 받지 아니한 채 임의로 사건본인을 양육하였다면 이는 상대방에 대한 관계에서는 상대적으로 위법한 양육이라고 할 것이니, 이러한 청구인의 임의적 양육에 관하여 상대방이 청구인에게 양육비를 지급할 의무가 있다고 할 수는 없다(大判 1992. 1. 21. 91므689 참조).

다. [正] [大判 2006. 7. 4, 2006므751] 이혼한 부부 사이에서 자(子)에 대한 양육비의 지급을 구할 권리는 당사자의 협의 또는 가정법원의 심판에 의하여 구체적인 청구권의 내용과 범위가 확정되기 전에는 '상대방에 대하여 양육비의 분담액을 구할 권리를 가진다'라는 추상적인 청구권에 불과하고 당사자의 협의나 가정법원이 당해 양육비의 범위 등을 재량적·형성적으로 정하는 심판에 의하여 비로소 구체적인 액수만큼의 지급청구권이 발생한다고 보아야 하므로, 당사자의 협의 또는 가정법원의 심판에 의하여 구체적인 청구권의 내용과 범위가 확정되기 전에는 그 내용이 극히 불확정하여 상계할 수 없지만, <u>가정법원의 심판에 의하여 구체적인 청구권의 내용과 범위가 확정된 후의 양육비채권 중 이미 이행기에 도달한 후의 양육비채권은 완전한 재산권(손해배상청구권)으로서 친족법상의 신분으로부터 독립하여 처분이 가능하고, 권리자의 의사에 따라 포기·양도 또는 상계의 자동채권으로 하는 것도 가능하다</u>(필자 註 : 이혼한 부부 사이에 자(子)의 양육자인 일방이 상대방에 대하여 가지는 양육비채권을 상대방의 양육자에 대한 위자료 및 재산분할청구권과 상계한다고 주장한 사안에서, 가정법원의 심판에 의하여 구체적으로 확정된 양육비채권 중 이미 이행기가 도달한 부분에 한하여 이를 자동채권으로 하는 상계가 허용된다고 한 사례).

라. [正] 제839조의 3 제1항.

a. [誤] 제781조 제6항. 자의 복리를 위하여 자의 성과 본을 변경할 필요가 있을 때에는 부, 모 또는 자의 청구에 의하여 법원의 허가를 받아 이를 변경할 수 있다. 다만 자가 미성년자이고 법정대리인이 청구할 수 없는 경우에는 제777조의 규정에 따른 친족 또는 검사가 청구할 수 있다.

b. [正] 제837조 제4항. 양육에 관한 사항의 협의가 되지 아니하거나 협의할 수 없는 때에는 가정법원은 직권으로 또는 당사자의 청구에 따라 이에 관하여 결정한다.

c. [正] 제837조의 2 제2항. 가정법원은 자의 복리를 위하여 필요한 때에는 당사자의 청구 또는 직권에 의하여 면접교섭을 제한하거나 배제할 수 있다.

d. [正] 제909조 제5항. 가정법원은 혼인의 취소, 재판상 이혼 또는 인지청구의 소의 경우에는 직권으로 친권자를 정한다.

e. [正] 제940조 제1항. 가정법원은 피후견인의 복리를 위하여 후견인을 변경할 필요가 있다고 인정되는 경우에는 피후견인의 친족이나 검사의 청구 또는 직권에 의하여 후견인을 변경할 수 있다.

정답 ⑦

14. 배점 3 협의이혼 후 자(子)의 양육 및 면접교섭권과 친권에 관한 설명 중 옳은 것(○)과 옳지 않은 것(×)을 바르게 표시한 것은? [11년]

ㄱ. 가정법원에 이혼의사의 확인을 신청한 당사자에게 양육하여야 할 자(子)가 있는 경우, 그 당사자는 자(子)의 양육에 관한 사항 및 친권자 결정에 관한 협의서 또는 그에 관한 가정법원의 심판정본을 제출하여야 한다.

ㄴ. 자(子)의 양육에 관한 사항의 협의가 이루어지지 아니하거나 협의할 수 없는 때에는 가정법원은 직권으로 또는 당사자의 청구에 따라 이에 관하여 결정한다.
ㄷ. 가정법원은 당사자가 협의한 양육비 부담에 관한 내용을 확인하는 양육비부담조서를 작성하여야 하며, 이 조서는 양육비 지급의 집행권원이 된다.
ㄹ. 면접교섭권은 자(子)를 직접 양육하지 않는 부모의 일방에게 인정되는 부모만의 권리이며, 가정법원은 자(子)의 복리를 위하여 필요한 경우 당사자의 청구 또는 직권에 의하여 면접교섭을 제한하거나 배제할 수 있다.
ㅁ. 친권은 부모가 혼인 중인 때에는 공동으로 행사하지만, 부모의 의견이 일치하지 아니하는 때에는 가정법원이 직권으로 또는 당사자의 청구에 따라 이를 정한다.
ㅂ. 친권자가 부모 일방으로 정하여진 후에도 자(子)의 복리를 위하여 필요하다고 인정되는 경우에는 가정법원은 자(子)의 4촌 이내의 친족의 청구에 의하여 친권자를 다른 일방으로 변경할 수 있다.

① ㄱ(○), ㄴ(×), ㄷ(○), ㄹ(×), ㅁ(×), ㅂ(○)
② ㄱ(○), ㄴ(×), ㄷ(×), ㄹ(○), ㅁ(○), ㅂ(×)
③ ㄱ(×), ㄴ(×), ㄷ(○), ㄹ(○), ㅁ(×), ㅂ(×)
④ ㄱ(×), ㄴ(×), ㄷ(×), ㄹ(×), ㅁ(○), ㅂ(○)
⑤ ㄱ(○), ㄴ(○), ㄷ(○), ㄹ(×), ㅁ(×), ㅂ(○)
⑥ ㄱ(○), ㄴ(○), ㄷ(○), ㄹ(○), ㅁ(○), ㅂ(×)
⑦ ㄱ(×), ㄴ(○), ㄷ(○), ㄹ(○), ㅁ(×), ㅂ(×)
⑧ ㄱ(×), ㄴ(○), ㄷ(×), ㄹ(×), ㅁ(○), ㅂ(○)

해설

ㄱ. [正] 협의이혼 절차를 묻는 지문이다. 지문은 제836조의 2 제4항의 조문내용이다.
ㄴ. [正] 양육에 관한 협의가 이루어지지 아니한 경우의 효과를 묻는 지문이다. 지문은 제837조 제4항의 조문내용이다.
ㄷ. [正] 협의이혼 당사자가 양육에 관한 사항의 협의서를 제출한 경우, 양육비채권의 확보를 위한 조치를 묻는 지문이다. 양육비부담조서를 작성하여 집행력을 부여하도록 하고 있다. 지문은 제836조의 2 제5항의 조문내용이다.
ㄹ. [誤] 면접교섭권의 주체를 묻는 지문이다. 종래에는 부모의 권리로 규정하고 있었으나, 면접교섭권이 자녀의 복리를 증진하기 위한 권리라는 점을 고려하여 2007년 민법 개정에 의하여 자녀에게도 면접교섭권이 인정되었다. 자를 직접 양육하지 아니하는 부모의 일방과 자는 상호 면접교섭할 수 있는 권리를 가진다(제837조의 2 제1항). 부모만의 권리라는 것은 옳지 않다.
ㅁ. [誤] 친권의 행사방법을 묻는 지문이다. 부모의 의견이 일치하지 아니하는 때에는 당사자의 청구에 의하여 가정법원이 이를 정한다(제909조 제2항). 법원이 직권으로 정하

지는 않는다.
ㅂ. [正] 친권자의 변경을 묻는 지문이다. 지문은 제909조 제6항의 조문내용이다.

정답 ⑤

15. 이혼에 관한 설명 중 틀린 것은?(다툼 있으면 판례에 의함) [05년]

① 혼인파탄에 과실이 없는 배우자가 유책배우자를 상대로 이혼 및 위자료 지급을 구하는 소송을 제기하여 소송이 진행하던 중 이혼청구권자가 사망한 경우, 상속인이 있더라도 그 소송은 모두 종료된다.
② 3년 이상 생사불명을 이유로 이혼판결이 확정된 경우에는 그 행방불명자가 생환하더라도 전혼(前婚)관계가 당연히 부활하는 것은 아니다.
③ 악의의 유기를 원인으로 하는 이혼청구권은 그 유기상태가 계속되는 한 제척기간의 경과로 소멸할 여지가 없다.
④ 배우자로부터 심히 부당한 대우를 받았음을 사유로 하는 이혼청구권(민법 제840조 제3호)은 그 사유가 있은 날로부터 2년의 제척기간의 제한을 받지 않는다.
⑤ 재산분할청구권은 협의 또는 심판에 의하여 구체적 내용이 형성될 때까지는 채권자대위권의 피보전권리가 되지 않는다.

해설

① [誤] 이혼소송은 종료하나, 위자료청구소송은 종료되지 않고, 상속인에 의하여 수계의 대상이 된다는 것이 판례이다.
[大判 1993. 5. 27, 92므143] [1] 재판상 이혼청구권은 부부의 일신전속적 권리이므로 이혼소송 계속 중 배우자 일방이 사망한 때에는 상속인이 수계할 수 없음은 물론 검사가 수계할 수 있는 특별한 규정도 없으므로 이혼소송은 종료된다. [2] 이혼위자료청구권은 상대방 배우자의 유책불법한 행위에 의하여 혼인관계가 파탄상태에 이르러 이혼하게 된 경우 그로 인하여 입게 된 정신적 고통을 위자하기 위한 손해배상청구권으로서 이혼시점에서 확정, 평가되고 이혼에 의하여 비로소 창설되는 것이 아니며, 이혼위자료청구권의 양도 내지 승계의 가능 여부에 관하여 민법 제806조 제3항은 약혼해제로 인한 손해배상청구권에 관하여 정신상 고통에 대한 손해배상청구권은 양도 또는 승계하지 못하지만 당사자간에 배상에 관한 계약이 성립되거나 소를 제기한 후에는 그러하지 아니하다고 규정하고 같은 법 제843조가 위 규정을 재판상 이혼의 경우에 준용하고 있으므로 이혼위자료청구권은 원칙적으로 일신전속적 권리로서 양도나 상속 등 승계가 되지 아니하나 이는 행사상 일신전속권이고 귀속상 일신전속권은 아니라 할 것인 바, 그 청구권자가 위자료의 지급을 구하는 소송을 제기함으로써 청구권을 행사할 의사가 외부적 객관적으로 명백하게 된 이상 양도나 상속 등 승계가 가능하다.
② [正] 생사불명으로 재판상 이혼이 된 경우, 실종선고와는 달리 실종자가 생환하더라도

이혼은 영향을 받지 않고, 전혼이 부활하지 않는다.
③ [正] [大判 1998. 4. 10, 96므1434] 악의의 유기를 원인으로 하는 재판상 이혼청구권이 법률상 그 행사기간의 제한이 없는 형성권으로서 10년의 제척기간에 걸린다고 하더라도 피고가 부첩관계를 계속 유지함으로써 민법 제840조 제2호에 해당하는 배우자가 악의로 다른 일방을 유기하는 것이 이혼청구 당시까지 존속되고 있는 경우에는 기간 경과에 의하여 이혼청구권이 소멸할 여지는 없다.
④ [正] [大判 1993. 6. 11, 92므1054 · 1061] 민법 제842조의 제척기간에 관한 규정은 같은 법 제840조 제6호의 사유에 기한 이혼청구에만 적용될 뿐 같은 법 제840조 제3호의 사유에 기한 이혼청구에 유추적용될 수 없다.
⑤ [正] [大判 1999. 4. 9, 98다58016] 이혼으로 인한 재산분할청구권은 협의 또는 심판에 의하여 그 구체적 내용이 형성되기까지는 그 범위 및 내용이 불명확 · 불확정하기 때문에 구체적으로 권리가 발생하였다고 할 수 없으므로 이를 보전하기 위하여 채권자대위권을 행사할 수 없다.

정답 ①

16. 이혼시 재산분할에 관한 설명 중 판례의 입장과 다른 것은? [03년]
① 재판상 이혼을 전제로 한 재산분할의 경우 분할의 대상이 되는 재산과 그 액수는 이혼소송의 사실심 변론종결일을 기준으로 정하여야 한다.
② 이미 채무초과 상태에 있는 채무자가 이혼을 하면서 배우자에게 재산분할로 재산을 양도함으로써 일반채권자에 대한 공동담보를 감소시키는 결과로 되는 경우, 그 재산분할이 상당하다고 할 수 없을 정도로 과다하고 재산분할을 구실로 이루어진 재산처분이라고 인정되는 때에는 사해행위로서 채권자취소권의 대상이 될 수 있다.
③ 부부가 장차 협의상 이혼할 것을 약정하면서 이를 전제로 재산분할에 관한 협의를 한 경우, 특별한 사정이 없는 한 재판상 이혼이 이루어진 경우에도 그 재산분할 협의의 효력은 유지된다.
④ 부부일방이 아직 퇴직하지 아니한 채 직장에 근무하고 있을 경우, 그의 퇴직일과 수령할 퇴직금이 확정되었다는 등의 특별한 사정이 없다면, 그가 장차 퇴직금을 받을 개연성이 있다는 사정만으로 그 장래의 퇴직금을 청산의 대상이 되는 재산에 포함시킬 수는 없다.
⑤ 이혼청구와 재산분할청구가 병합된 경우, 소송계속 중 배우자 일방이 사망한 때에는 이혼소송뿐만 아니라 재산분할청구 소송도 종료한다.

해설

① [正] [大判 2000. 9. 22, 99므906] 재판상 이혼시의 재산분할에 있어 분할의 대상이 되는 재산과 그 액수는 이혼소송의 사실심 변론종결일을 기준으로 하여 정하여야 하므로, 법원은 변론종결일까지 기록에 나타난 객관적인 자료에 의하여 개개의 공동재산

의 가액을 정하여야 하고, 부부 각자에게 귀속하게 한 재산가액의 비율과 법원이 인정한 그들 각자의 재산분할비율이 다를 경우에는 그 차액을 금전으로 지급·청산하게 하여야 한다.

② [正] [大判 2001. 5. 8, 2000다58804] 이혼에 있어서 재산분할은 부부가 혼인 중에 가지고 있었던 실질상의 공동재산을 청산하여 분배함과 동시에 이혼 후에 상대방의 생활유지에 이바지하는 데 있지만, 분할자의 유책행위에 의하여 이혼함으로 인하여 입게 되는 정신적 손해(위자료)를 배상하기 위한 급부로서의 성질까지 포함하여 분할할 수도 있다고 할 것인 바, 재산분할의 액수와 방법을 정함에 있어서는 당사자 쌍방의 협력으로 이룩한 재산의 액수 기타 사정을 참작하여야 하는 것이 민법 제839조의2 제2항의 규정상 명백하므로 재산분할자가 이미 채무초과의 상태에 있다거나 또는 어떤 재산을 분할한다면 무자력이 되는 경우에도 분할자가 부담하는 채무액 및 그것이 공동재산의 형성에 어느 정도 기여하고 있는지 여부를 포함하여 재산분할의 액수와 방법을 정할 수 있다고 할 것이고, 재산분할자가 당해 재산분할에 의하여 무자력이 되어 일반채권자에 대한 공동담보를 감소시키는 결과가 된다고 하더라도 그러한 재산분할이 민법 제839조의2 제2항의 규정취지에 반하여 상당하다고 할 수 없을 정도로 과대하고, 재산분할을 구실로 이루어진 재산처분이라고 인정할 만한 특별한 사정이 없는 한 사해행위로서 채권자취소권의 대상이 되지 아니하고, 위와 같은 특별한 사정이 있어 사해행위로서 채권자취소권의 대상이 되는 경우에도 취소되는 범위는 그 상당한 부분을 초과하는 부분에 한정된다고 할 것이다.

③ [誤] [大判 2000. 10. 14, 99다33458] 재산분할에 관한 협의는 혼인 중 당사자 쌍방의 협력으로 이룩한 재산의 분할에 관하여 이미 이혼을 마친 당사자 또는 아직 이혼하지 않은 당사자 사이에 행하여지는 협의를 가리키는 것인 바, 그 중 아직 이혼하지 않은 당사자가 장차 협의상 이혼할 것을 약정하면서 이를 전제로 하여 위 재산분할에 관한 협의를 하는 경우에 있어서는, 특별한 사정이 없는 한, 장차 당사자 사이에 협의상 이혼이 이루어질 것을 조건으로 하여 조건부 의사표시가 행하여지는 것이라 할 것이므로, 그 협의 후 당사자가 약정한대로 협의상 이혼이 이루어진 경우에 한하여 그 협의의 효력이 발생하는 것이지, 어떠한 원인으로든지 협의상 이혼이 이루어지지 아니하고 혼인관계가 존속하게 되거나 당사자 일방이 제기한 이혼청구의 소에 의하여 재판상 이혼(화해 또는 조정에 의한 이혼을 포함한다)이 이루어진 경우에는 위 협의는 조건의 불성취로 인하여 효력이 발생하지 않는다.

④ [正] [大判 1998. 6. 12, 98므213] 부부 일방이 아직 퇴직하지 아니한 채 직장에 근무하고 있을 경우 그의 퇴직일과 수령할 퇴직금이 확정되었다는 등의 특별한 사정이 없다면, 그가 장차 퇴직금을 받을 개연성이 있다는 사정만으로 그 장래의 퇴직금을 청산의 대상이 되는 재산에 포함시킬 수 없고, 장래 퇴직금을 받을 개연성이 있다는 사정은 민법 제839조의2 제2항 소정의 재산분할의 액수와 방법을 정하는 데 필요한 '기타 사정'으로 참작되면 족하다.

⑤ [正] [大判 1994. 10. 28, 94므246·253] [1] 재판상의 이혼청구권은 부부의 일신전속의 권리이므로 이혼소송 계속중 배우자의 일방이 사망한 때에는 상속인이 그 절차를 수계할 수 없음은 물론이고, 또 그러한 경우에 검사가 이를 수계할 수 있는 특별한 규

정도 없으므로 이혼소송은 종료된다. [2] 이혼소송과 재산분할청구가 병합된 경우, 배우자 일방이 사망하면 이혼의 성립을 전제로 하여 이혼소송에 부대한 재산분할청구 역시 이를 유지할 이익이 상실되어 이혼소송의 종료와 동시에 종료된다.

정답 ③

17. 배점 2 이혼에 따른 재산분할청구권에 관한 설명 중 옳지 않은 것을 모두 고른 것은?
(다툼 있으면 판례에 의함) [07년]

㉠ 이혼에 따른 재산분할청구권에 의하여 재산을 취득하는 것이 상당한 정도를 벗어나서 사해행위로서 채권자취소권의 대상이 되는 경우, 취소되는 범위는 그 상당한 부분을 초과하는 부분에 한정된다.
㉡ 부부가 장차 협의이혼할 것을 약정하면서 재산분할에 관한 협의를 한 경우, 그 협의는 일방이 제기한 이혼청구의 소에 의하여 재판상 이혼이 이루어진 경우에도 그 효력이 있다.
㉢ 성년이 된 자녀들에게 이혼하는 부부의 일방이 부양의무를 지는 경우, 이는 부부의 이혼으로 인하여 이혼 배우자에게 지급할 위자료나 재산분할의 액수를 정하는 데 참작되어야 한다.
㉣ 부부 공동명의의 부동산이 분할대상임을 전제로 일방에게는 지분의 이전등기를, 타방에게는 금전의 지급을 각 명한 재산분할재판이 확정된 후에, 그 부동산이 제3자가 명의신탁한 것임이 밝혀졌다 하더라도 일방이 타방에 대하여 금전지급의무의 이행을 강제할 수 있다.

① ㉠, ㉣
② ㉡, ㉢, ㉣
③ ㉠, ㉡, ㉢
④ ㉡, ㉢
⑤ ㉠, ㉡, ㉢, ㉣
⑥ ㉢, ㉣
⑦ ㉠, ㉢, ㉣
⑧ ㉡, ㉣

해설

㉠ [正] 이혼에 따른 재산분할협의가 채권자취소권의 대상이 될 수 있는가에 관하여 판례는 이혼에 따른 재산분할의 본질이 공동재산의 청산 및 상대방에 대한 부양적 성격이 가미된 제도임을 이유로 원칙적으로 그 대상이 되지 아니한다는 입장이다. 다만 그 재산분할이 상당성의 정도를 초과한 경우에는 그 초과부분은 적법한 재산분할이라고 할 수 없어 채권자취소의 대상이 될 수 있다고 한다.
[大判 2001. 2. 9, 2000다63516] 이혼에 따른 재산분할은 혼인 중 쌍방의 협력으로 형성된 공동재산의 청산이라는 성격에 상대방에 대한 부양적 성격이 가미된 제도임에 비추어, 이미 채무초과 상태에 있는 채무자가 이혼을 하면서 배우자에게 재산분할로 일정한 재산을 양도함으로써 결과적으로 일반 채권자에 대한 공동담보를 감소시키는 결

과로 되어도, 그 재산분할이 민법 제839조의2 제2항의 규정취지에 따른 상당한 정도를 벗어나는 과대한 것이라고 인정할 만한 특별한 사정이 없는 한, 사해행위로서 취소되어야 할 것은 아니라고 할 것이고, 다만 상당한 정도를 벗어나는 초과부분에 대하여는 적법한 재산분할이라고 할 수 없기 때문에 이는 사해행위에 해당하여 취소의 대상으로 될 수 있을 것이고, 위와 같이 상당한 정도를 벗어나는 과대한 재산분할이라고 볼 만한 특별한 사정이 있다는 점에 관한 입증책임은 채권자에게 있다고 보아야 할 것이다.

ⓛ [誤] 협의이혼할 것을 약정하면서 재산분할에 관한 협의를 한 경우, 그 협의는 정지조건부 의사표시로서 협의이혼이 성립하지 아니하고, 조정이나 재판상 이혼이 성립한 경우에는 그 재산분할협의는 정지조건이 불성취되었으므로 효력이 없다는 것이 판례이다. [大判 2003. 8. 19. 2001다14061] 재산분할에 관한 협의는 혼인 중 당사자 쌍방의 협력으로 이룩한 재산의 분할에 관하여 이미 이혼을 마친 당사자 또는 아직 이혼하지 않은 당사자 사이에 행하여지는 협의를 가리키는 것인 바, 그 중 아직 이혼하지 않은 당사자가 장차 협의상 이혼할 것을 약정하면서 이를 전제로 하여 위 재산분할에 관한 협의를 하는 경우에 있어서는, 특별한 사정이 없는 한, 장차 당사자 사이에 협의상 이혼이 이루어질 것을 조건으로 하여 조건부 의사표시가 행하여지는 것이라 할 것이므로, 그 협의 후 당사자가 약정한대로 협의상 이혼이 이루어진 경우에 한하여 그 협의의 효력이 발생하는 것이지, 어떠한 원인으로든지 협의상 이혼이 이루어지지 아니하고 혼인관계가 존속하게 되거나 당사자 일방이 제기한 이혼청구의 소에 의하여 재판상이혼(화해 또는 조정에 의한 이혼을 포함한다)이 이루어진 경우에는, 위 협의는 조건의 불성취로 인하여 효력이 발생하지 않는다.

ⓒ [誤] [大判 2003. 8. 19. 2003므941] 이혼하는 부부의 자녀들이 이미 모두 성년에 달한 경우, 父가 자녀들에게 부양의무를 진다 하더라도 이는 어디까지나 父와 자녀들 사이의 법률관계일 뿐, 이를 부부의 이혼으로 인하여 이혼 배우자에게 지급할 위자료나 재산분할의 액수를 정하는 데 참작할 사정으로 볼 수는 없다.

ⓔ [誤] [大判 2003. 2. 28. 2000므582] 이혼 및 재산분할 사건에서 원·피고 공동 명의의 부동산이 분할대상임을 전제로 이를 원고에게 귀속시켜 이에 관한 피고 명의의 지분의 이전등기절차이행을 명하고, 원고로 하여금 피고에게 그 가액의 일부에 상당하는 재산분할금을 지급할 것을 명하는 재판이 확정되었으나, 그 후 제3자가 제기한 민사재판에서 위 부동산이 제3자가 명의신탁한 재산으로서 분할대상재산이 아닌 것으로 밝혀진 경우, 확정된 민사재판에 의하여 원고는 피고로부터 위 부동산에 관하여 소유권을 이전받을 수 없게 되었음에도 불구하고 확정된 재산분할재판 중 재산분할금 지급부분만을 인용하여 원고로 하여금 일방적으로 피고에게 재산분할금을 지급하도록 하는 것은 채무명의의 이용이 신의칙에 위반되어, 그 채무명의에 기한 집행이 현저히 부당하고 상대방으로 하여금 그 집행을 수인토록 하는 것이 정의에 반함이 명백하여 사회생활상 용인할 수 없는 예외적인 경우에 해당하므로 원고는 청구이의의 소로써 종전 재산분할재판 중 금전지급을 명하는 부분의 집행력의 배제를 구할 수 있다고 한 사례.

정답 ②

18. [배점 2] 이혼으로 인한 재산분할청구권에 관한 설명 중 옳지 않은 것을 모두 고른 것은?(다툼 있으면 판례에 의함) [09년]

㉠ 법원이 합리적인 근거 없이 적극재산과 소극재산을 구별하여 분담비율을 달리 정한다거나, 분할대상 재산들을 개별적으로 구분하여 분할비율을 달리 정함으로써 분할할 적극재산의 가액을 임의로 조정할 수는 없다.
㉡ 부부의 일방이 혼인 전부터 가진 고유재산과 혼인 중 자기의 명의로 취득한 특유재산은 분할의 대상이 되지 아니하므로, 부부 일방이 다른 일방의 특유재산 유지에 협력하여 그 감소를 방지하였거나 그 증식에 협력하였다는 이유만으로 위 특유재산을 청산의 대상으로 삼을 수는 없다.
㉢ 원·피고 공동명의의 부동산이 분할대상임을 전제로 피고에게는 지분의 이전등기를, 원고에게는 금전의 지급을 명한 재산분할 재판이 확정되었으나, 위 부동산이 제3자가 명의신탁한 것임이 밝혀진 경우, 피고가 원고에 대하여 금전지급의무의 이행을 강제하는 것은 신의칙상 허용되지 않는다.
㉣ 이혼을 원하는 당사자들이 이혼소송과 병합하여 재산분할을 청구하면서, 그 재산에 가집행을 청구할 수도 있다.
㉤ 이혼에 있어서 재산분할은 부부가 혼인 중에 가지고 있었던 실질상의 공동재산을 청산하여 분배함과 동시에 이혼 후에 상대방의 생활유지에 이바지하는 데 있으므로, 성년에 달한 자녀들에 대한 부양의무를 부담하는지 등의 사정은 참작할 수 있으나, 일방의 유책행위에 의하여 이혼함으로 인하여 입게 되는 정신적 손해를 배상하기 위한 급부로서의 성질까지 포함하여 분할할 수는 없다.

① ㉡, ㉢, ㉣, ㉤ ② ㉠, ㉡, ㉣ ③ ㉠, ㉢, ㉣
④ ㉡, ㉣, ㉤ ⑤ ㉡, ㉤

해설

㉠ [正] [大判 2002. 9. 4, 2001므718] 법원이 합리적인 근거 없이 적극재산과 소극재산을 구별하여 분담비율을 달리 정한다거나, 분할대상 재산들을 개별적으로 구분하여 분할비율을 달리 정함으로써 분할할 적극재산의 가액을 임의로 조정하는 것은 허용될 수 없다.
㉡ [誤] [大決 2002. 8. 28, 2002스36] 민법 제839조의2에 규정된 재산분할제도는 혼인 중에 취득한 실질적인 공동재산을 청산 분배하는 것을 주된 목적으로 하는 것이므로, 부부가 이혼을 할 때 쌍방의 협력으로 이룩한 재산이 있는 한, 법원으로서는 당사자의 청구에 의하여 그 재산의 형성에 기여한 정도 등 당사자 쌍방의 일체의 사정을 참작하여 분할의 액수와 방법을 정하여야 하는 바, 이 경우 부부 일방의 특유재산은 원칙적으로 분할의 대상이 되지 아니하나 특유재산일지라도 다른 일방이 적극적으로 그 특유재산의 유지에 협력하여 그 감소를 방지하였거나 그 증식에 협력하였다고 인정되는 경우에는 분할의 대상이 될 수 있다.

ⓒ [正] [大判 2003. 2. 28, 2000므582] 이혼 및 재산분할 사건에서 원·피고 공동 명의의 부동산이 분할대상임을 전제로 이를 원고에게 귀속시켜 이에 관한 피고 명의의 지분의 이전등기절차이행을 명하고, 원고로 하여금 피고에게 그 가액의 일부에 상당하는 재산분할금을 지급할 것을 명하는 재판이 확정되었으나, 그 후 제3자가 제기한 민사재판에서 위 부동산이 제3자가 명의신탁한 재산으로서 분할대상재산이 아닌 것으로 밝혀진 경우, 확정된 민사재판에 의하여 원고는 피고로부터 위 부동산에 관하여 소유권을 이전받을 수 없게 되었음에도 불구하고 확정된 재산분할재판 중 재산분할금 지급부분만을 인용하여 원고로 하여금 일방적으로 피고에게 재산분할금을 지급하도록 하는 것은 채무명의의 이용이 신의칙에 위반되어, 그 채무명의에 기한 집행이 현저히 부당하고 상대방으로 하여금 그 집행을 수인토록 하는 것이 정의에 반함이 명백하여 사회생활상 용인할 수 없는 예외적인 경우에 해당하므로 원고는 청구이의의 소로써 종전 재산분할재판 중 금전지급을 명하는 부분의 집행력의 배제를 구할 수 있다고 한 사례.

ⓔ [誤] [大判 1998. 11. 13, 98므1193] 민법상의 재산분할청구권은 이혼을 한 당사자의 일방이 다른 일방에 대하여 재산분할을 청구할 수 있는 권리로서 이혼이 성립한 때에 그 법적 효과로서 비로소 발생하는 것이므로, 당사자가 이혼이 성립하기 전에 이혼소송과 병합하여 재산분할의 청구를 하고, 법원이 이혼과 동시에 재산분할을 명하는 판결을 하는 경우에도 이혼판결은 확정되지 아니한 상태이므로, 그 시점에서 가집행을 허용할 수는 없다.

ⓜ [誤] [大判 2003. 8. 19, 2003므941] 이혼하는 부부의 자녀들이 이미 모두 성년에 달한 경우, 父가 자녀들에게 부양의무를 진다고 하더라도 이는 어디까지나 父와 자녀들 사이의 법률관계일 뿐, 이를 부부의 이혼으로 인하여 이혼 배우자에게 지급할 위자료나 재산분할의 액수를 정하는 데 참작할 사정으로 볼 수는 없다.

[大判 2005. 1. 28, 2004다58963] 이혼에 있어서 재산분할은 부부가 혼인중에 가지고 있었던 실질상의 공동재산을 청산하여 분배함과 동시에 이혼 후에 상대방의 생활유지에 이바지하는 데 있지만, 분할자의 유책행위에 의하여 이혼함으로 인하여 입게 되는 정신적 손해(위자료)를 배상하기 위한 급부로서의 성질까지 포함하여 분할할 수도 있다고 할 것인바, 재산분할의 액수와 방법을 정함에 있어서는 당사자 쌍방의 협력으로 이룩한 재산의 액수 기타 사정을 참작하여야 하는 것이 민법 제839조의2 제2항의 규정상 명백하므로 재산분할자가 이미 채무초과의 상태에 있다거나 또는 어떤 재산을 분할한다면 무자력이 되는 경우에도 분할자가 부담하는 채무액 및 그것이 공동재산의 형성에 어느 정도 기여하고 있는지 여부를 포함하여 재산분할의 액수와 방법을 정할 수 있다고 할 것이고, 재산분할자가 당해 재산분할에 의하여 무자력이 되어 일반채권자에 대한 공동담보를 감소시키는 결과가 된다고 하더라도 그러한 재산분할이 민법 제839조의2 제2항의 규정 취지에 반하여 상당하다고 할 수 없을 정도로 과대하고, 재산분할을 구실로 이루어진 재산처분이라고 인정할 만한 특별한 사정이 없는 한 사해행위로서 채권자취소권의 대상이 되지 아니하고, 위와 같은 특별한 사정이 있어 사해행위로서 채권자취소권의 대상이 되는 경우에도 취소되는 범위는 그 상당한 부분을 초과하는 부분에 한정된다고 할 것이다.

정답 ④

19. 재판상 이혼을 청구하는 자가 행사하는 재산분할청구권과 위자료청구권을 비교한 설명 중 옳지 않은 것은?(다툼 있으면 판례에 의함) [06년]

① 재판상 이혼을 청구하는 자가 가지는 재산분할청구권의 행사기간은 제척기간에 해당하지만, 위자료청구권의 행사기간은 소멸시효기간에 해당한다.
② 재산분할청구권은 부부 일방이 상대방에 대하여 행사할 수 있지만, 위자료청구권은 상대방 배우자 이외에 이혼에 대한 책임이 있는 제3자에 대하여도 행사할 수 있다.
③ 이혼소송 계속중 소를 제기한 자가 사망한 경우 이혼소송과 함께 제기한 재산분할청구심판은 종료하지만, 위자료청구소송은 상속인이 승계한다.
④ 재산분할을 청구하는 사건은 가사비송사건에 해당하고, 위자료를 청구하는 사건은 가사소송사건에 해당하며, 양자 모두 가정법원의 전속관할에 속한다.
⑤ 위자료청구의 소를 제기하고자 하는 경우에는 먼저 조정을 신청하여야 하지만, 재산분할청구심판을 청구하는 경우에는 먼저 조정을 신청할 필요가 없다.

해설

① [正] 재산분할청구권은 이혼한 날로부터 2년을 경과한 때에는 소멸한다(제839조의2 제3항). 2년의 기간의 성질에 관하여 통설은 제척기간이라고 한다. 한편 이혼시의 위자료청구권에 관한 제806조는 그 소멸기간을 정하고 있지 않다. 그러나 이혼시의 위자료청구권의 법적 성질이 불법행위로 인한 손해배상청구권이라는 점에 비추어 제766조에 따라 3년 내지 10년의 소멸시효기간에 걸린다고 보는 것이 통설과 판례의 입장이다. [大判 1993. 5. 27, 92므143] 이혼위자료청구권은 상대방 배우자의 유책불법한 행위에 의하여 혼인관계가 파탄상태에 이르러 이혼하게 된 경우 그로 인하여 입게 된 정신적 고통을 위자하기 위한 손해배상청구권으로서 이혼시점에서 확정, 평가되고 이혼에 의하여 비로소 창설되는 것이 아니며, 이혼위자료청구권의 양도 내지 승계의 가능 여부에 관하여 민법 제806조 제3항은 약혼해제로 인한 손해배상청구권에 관하여 정신상 고통에 대한 손해배상청구권은 양도 또는 승계하지 못하지만 당사자간에 배상에 관한 계약이 성립되거나 소를 제기한 후에는 그러하지 아니하다고 규정하고 같은 법 제843조가 위 규정을 재판상 이혼의 경우에 준용하고 있으므로 이혼위자료청구권은 원칙적으로 일신전속적 권리로서 양도나 상속 등 승계가 되지 아니하나 이는 행사상 일신전속권이고 귀속상 일신전속권은 아니라 할 것인 바, 그 청구권자가 위자료의 지급을 구하는 소송을 제기함으로써 청구권을 행사할 의사가 외부적 객관적으로 명백하게 된 이상 양도나 상속 등 승계가 가능하다.
② [正] 재산분할청구는 부부의 일방이 상대방에 대하여 행사할 수 있는 것이다. 이는 부부공동형성재산을 청산하는 것을 주된 목적으로 하는 제도이기 때문이다. 그러나 이혼시의 위자료청구는 불법행위로 인한 손해배상의 본질을 가지고 있기 때문에 상대방 배우자 외의 제3자도 그 상대방이 될 수 있다.
③ [正] 이혼소송과 함께 제기한 재산분할심판은 당사자 일방의 사망으로 종료된다. 이는 재산분할이 이혼을 전제로 하는 것이고, 이혼소송 중 당사자 일방이 사망하게 되면

혼인은 사망에 의하여 해소될 뿐 이혼소송은 종료될 수밖에 없기 때문이다. 한편 이혼소송과 함께 제기된 위자료청구소송은 종료되지 아니한다. 이혼시 위자료청구권은 이혼에 의하여 비로소 창설되는 권리가 아니며, 또한 제806조 제3항이 원칙적으로 양도나 상속을 금지한다고 하더라도 배상에 관한 합의가 있거나 소가 제기된 경우에는 양도, 상속을 허용함으로써 행사상 일신전속권일 뿐 귀속상 일신전속권이 아님을 분명히 하고 있기 때문에 이미 이혼소송이 제기된 경우에는 위자료청구권도 상속의 대상이 된다. 따라서 그 소송사건은 상속인에 의하여 수계되어야 한다.

[大判 1994. 10. 28, 94므246] 재판상의 이혼청구권은 부부의 일신전속의 권리이므로 이혼소송 계속 중 배우자의 일방이 사망한 때에는 상속인이 그 절차를 수계할 수 없음은 물론이고, 또 그러한 경우에 검사가 이를 수계할 수 있는 특별한 규정도 없으므로 이혼소송은 종료된다.

[大判 1993. 5. 27, 92므143] 이혼위자료청구권은 상대방 배우자의 유책불법한 행위에 의하여 혼인관계가 파탄상태에 이르러 이혼하게 될 경우 그로 인하여 입게 된 정신적 고통을 위자하기 위한 손해배상청구권으로서 이혼시점에서 확정, 평가되고 이혼에 의하여 비로소 창설되는 것이 아니며, 이혼위자료청구권의 양도 내지 승계의 가능 여부에 관하여 민법 제806조 제3항은 약혼해제로 인한 손해배상청구권에 관하여 정신상 고통에 대한 손해배상청구권은 양도 또는 승계하지 못하지만 당사자간에 배상에 관한 계약이 성립되거나 소를 제기한 후에는 그러하지 아니하다고 규정하고 같은 법 제843조가 위 규정을 재판상 이혼의 경우에 준용하고 있으므로 이혼위자료청구권은 원칙적으로 일신전속적 권리로서 양도나 상속 등 승계가 되지 아니하나 이는 행사상 일신전속권이고 귀속상 일신전속권은 아니라 할 것인 바, 그 청구권자가 위자료의 지급을 구하는 소송을 제기함으로써 청구권을 행사할 의사가 외부적 객관적으로 명백하게 된 이상 양도나 상속 등 승계가 가능하다.

④ [正] 이혼시 재산분할은 가사비송 마류 사건, 위자료청구는 가사소송 다류 사건이다.
⑤ [誤] 재산분할심판사건이 가사비송이기는 하나, 당사자의 자유로운 처분을 허용할 수 있는 영역이기 때문에 조정을 전치시키는 마류사건으로 분류하고 있다. 따라서 조정이 전치되어야 한다.

정답 ⑤

20. 甲남과 乙녀는 결혼식을 거행하였으나 혼인신고를 하지 아니한 채 수년간 동거하면서 그 사이에 丙을 출산하였지만 호적상 출생신고를 하지 아니하였다. 이들의 법률관계에 대한 설명 중 옳지 않은 것은?(다툼 있으면 판례에 의함) [02년]

① 甲과 乙의 사실혼관계는 甲의 일방적인 의사에 의하여 해소될 수 있다.
② 甲이 부당하게 사실혼관계를 해소한 때에는 乙은 甲에게 손해배상을 청구할 수 있으나, 만약 甲이 본처와 이혼하지 아니한 상태에서 乙과 동거관계를 계속하여 왔다가 해소한 경우에는 乙은 甲에게 사실혼관계 해소에 따른 손해배상을 청구할 수 없다.
③ 甲이 사실혼관계를 해소하지 아니한 상태에서 사망한 경우, 확인의 이익이 있는 때에는 乙은 검사를 상대로 甲의 사망을 안 날로부터 1년 내에 사실혼관계존재확인의

소를 제기할 수 있다.
④ 甲이 교통사고로 사망한 경우 乙은 甲의 부동산을 상속할 권리는 없으나, 교통사고를 일으킨 사람에게 甲의 사망으로 입은 정신상의 고통에 대한 위자료를 청구할 수는 있다.
⑤ 甲이 사망한 후에 乙이 일방적으로 甲과의 혼인신고 및 丙의 출생신고를 한 경우, 혼인신고는 무효이나 丙의 출생신고는 甲이 혼인 외의 자로서 인지한 것으로 볼 수 있다.

해설

① [正] 사실혼은 당사자 일방의 사망, 합의 또는 일방적 파기에 의하여 해소된다. 일방적 파기에 의해서도 사실혼관계는 해소된다. 사실혼관계의 유지를 강요할 수 없기 때문이다. 다만 위자료청구권이 발생할 수 있을 뿐이다.
② [正] 사실혼도 혼인관계에 준하여 당연히 보호되지만, 이른바 중혼적 사실혼은 그 보호를 받지 못한다는 것이 판례의 태도이다.
[大判 1995. 9. 26, 94므1638] 법률상의 혼인을 한 부부의 어느 한쪽이 집을 나가 장기간 돌아오지 아니하고 있는 상태에서, 부부의 다른 한쪽이 제3자와 혼인의 의사로 실질적인 혼인생활을 하고 있다고 하더라도, 특별한 사정이 없는 한, 이를 사실혼으로 인정하여 법률혼에 준하는 보호를 허여할 수는 없다.
③ [正] [大判 1995. 3. 28, 94므1447] 사실혼관계에 있던 당사자 일방이 사망하였더라도, 현재적 또는 잠재적 법적 분쟁을 일거에 해결하는 유효·적절한 수단이 될 수 있는 한, 그 사실혼관계존부확인청구에는 확인의 이익이 인정되고, 이러한 경우 친생자관계존부확인청구에 관한 민법 제865조와 인지청구에 관한 민법 제863조의 규정을 유추적용하여 생존 당사자는 그 사망을 안 날로부터 1년 내에 검사를 상대로 과거의 사실혼관계에 대한 존부확인청구를 할 수 있다고 보아야 한다.
④ [正] 판례는 사실혼의 배우자에게 제752조에 의한 위자료청구권을 인정한다.
[大判 1966. 6. 28, 66다493] 제752조에서 말하는 친족관계는 반드시 호적상의 관계만을 가리키는 것이 아니고 입적되지 아니하여도 사실상 그와 같은 관계가 있는 경우도 포함하는 것이라고 해석함이 상당하다.
⑤ [誤] 丙의 출생신고를 乙이 일방적으로 하였다면 이는 甲의 의사라고 볼 수 없으므로 인지신고로서 전환될 수 없다.

정답 ⑤

21. 甲과 乙은 사실혼관계에 있는 부부이다. 甲과 乙은 甲의 모 丙과 공동생활을 하고 있다. 그러던 중 甲이 직장에서 산업재해를 당하여 사망하였다. 사망 당시 乙은 甲의 자를 포태하고 있었으며 3개월 후 丁을 출산하였다. 다음 설명 중 옳은 것은?(다툼 있으면 판례에 의함) [05년]
① 乙은 산업재해보상보험법상 유족급여를 청구하기 위하여 사망한 甲과의 과거의 사실혼관계존재확인소송을 제기할 수 있으며, 위 소송은 乙이 甲의 사망을 안 날로부터 1년 내에 제기되어야 한다.
② 乙은 혼인신고를 하기 위한 목적으로, 사망한 甲과의 과거의 사실혼관계존재확인소송을 검사를 상대로 하여 제기할 수 있다.

③ 丁의 친권자인 乙은 검사를 상대로 사망한 甲과 丁 사이의 친생자관계존재확인의 소를 제기하여 丁과 甲 사이에 법률상 친자관계를 인정받을 수 있다.
④ 丁이 출생한 후, 乙이 검사를 상대로 제기한 인지청구소송에서 승소하더라도, 인지의 소급효는 제3자가 취득한 권리를 해하지 못하므로 丙의 상속권이 소급하여 상실되는 것은 아니다.
⑤ 甲이 사망할 당시에 가지고 있던 주택임차인의 지위는 乙이 단독으로 승계한다.

해설

① [正] [大判 1995. 3. 28, 94므1447] [1] 일반적으로 과거의 법률관계는 확인의 소의 대상이 될 수 없으나, 혼인, 입양과 같은 신분관계나 회사의 설립, 주주총회의 결의무효, 취소와 같은 사단적 관계, 행정처분과 같은 행정관계와 같이 그것을 전제로 하여 수많은 법률관계가 발생하고 그에 관하여 일일이 개별적으로 확인을 구하는 번잡한 절차를 반복하는 것보다 과거의 법률관계 그 자체의 확인을 구하는 편이 관련된 분쟁을 일거에 해결하는 유효 적절한 수단일 수 있는 경우에는 예외적으로 확인의 이익이 인정된다. [2] 사실혼관계에 있던 당사자 일방이 사망하였더라도, 현재적 또는 잠재적 법적 분쟁을 일거에 해결하는 유효 적절한 수단이 될 수 있는 한, 그 사실혼관계존부확인청구에는 확인의 이익이 인정되고, 이러한 경우 친생자관계존부확인청구에 관한 민법 제865조와 인지청구에 관한 민법 제863조의 규정을 유추적용하여, 생존 당사자는 그 사망을 안 날로부터 1년 내에 검사를 상대로 과거의 사실혼관계에 대한 존부확인청구를 할 수 있다고 보아야 한다.

② [誤] 사망자와 혼인신고를 목적으로 하는 사실혼관계존재확인의 소는 확인의 이익을 인정할 수 없다. 사망자와의 혼인신고는 원칙적으로 허용되지 않기 때문이다.
[大判 1995. 11. 14, 95므694] 사실혼 배우자의 일방이 사망한 경우 생존하는 당사자가 혼인신고를 하기 위한 목적으로서는 사망자와의 과거의 사실혼관계 존재확인을 구할 소의 이익이 있다고는 할 수 없고, 이러한 과거의 사실혼관계가 생존하는 당사자와 사망자와 제3자 사이의 현재적 또는 잠재적 분쟁의 전제가 되어 있어 그 존부확인청구가 이들 수많은 분쟁을 일거에 해결하는 유효·적절한 수단일 수 있는 경우에는 확인의 이익이 인정될 수 있는 것이지만, 그러한 유효·적절한 수단이라고 할 수 없는 경우에는 확인의 이익이 부정되어야 한다.

③ [誤] 혼인 외의 출생자인 丁과 甲 사이의 친자관계는 인지에 의하여 발생한다. 친생자관계존재확인의 소가 인지에 관한 소송을 대용할 수 없으므로 인지청구의 소를 통하여 법률상 친자관계를 인정받아야 한다. 따라서 丁의 친권자 乙은 검사를 상대로 인지청구의 소를 제기하여야 한다.

④ [誤] 후순위상속권자는 인지의 소급효로부터 보호되는 제3자에 해당하지 않는다.
[大判 1993. 3. 12, 92다48512] 민법 제860조는 인지의 소급효는 제3자가 이미 취득한 권리에 의하여 제한받는다는 취지를 규정하면서 민법 제1014조는 상속개시 후의 인지 또는 재판의 확정에 의하여 공동상속인이 된 자는 그 상속분에 상응한 가액의 지급을 청구할 권리가 있다고 규정하여 제860조 소정의 제3자의 범위를 제한하고 있는 취지에 비추어 볼 때, 혼인 외의 출생자가 부의 사망 후에 인지의 소에 의하여 친생자로

인지받은 경우 피인지자보다 후순위 상속인인 피상속인의 직계존속 또는 형제자매 등은 피인지자의 출현과 함께 자신이 취득한 상속권을 소급하여 잃게 되는 것으로 보아야 하고, 그것이 민법 제860조 단서의 규정에 따라 인지의 소급효 제한에 의하여 보호받게 되는 제3자의 기득권에 포함된다고는 볼 수 없다.
⑤ [誤] 상속인인 丙과 사실상 배우자인 乙이 상속개시 당시 가정공동생활을 하고 있으므로 주택임대차보호법 제9조가 적용되지 않는다. 따라서 丙이 단독으로 승계한다.

정답 ①

22. 배점2 甲과 乙은 혼인신고 없이 동거하고 있다. 甲이 丙을 임신 중이던 어느 날 乙은 교통사고로 사망하였다. 이에 관한 설명 중 옳은 것은? (다툼 있으면 판례에 의함) [11년]

① 乙의 사망 후 甲은 출생한 丙을 상대로 乙과 丙 사이의 친생자관계존부확인의 소를 제기할 수 있다.
② 丙이 출생하여 乙의 자(子)로 인지된 경우, 丙은 乙의 사망으로 입은 정신적 손해에 대해서 손해배상을 청구할 수 있다.
③ 乙이 사망하기 전에 태아인 丙에게 자신의 부동산을 사인증여한 경우, 그 사인증여는 유효하다.
④ 丙이 출생하기 전에 乙이 빈사상태에서 丙을 인지한 경우, 丙의 출생 후 甲이 승낙한 때부터 丙은 乙의 자(子)로 된다.
⑤ 만약 乙이 사망하기 전에 丙이 출생하였고, 그 후 甲과 乙이 혼인을 하였다면 丙은 출생한 때부터 甲과 乙의 혼인 중의 자(子)로 된다.

해설

① [誤] 인지청구소송으로 부자관계를 형성하여야 함에도 불구하고, 친생자관계존재확인소송으로 인지청구소송을 대신할 수 있는지 여부를 묻는 지문이다. 인지청구소송의 사유와 다른 사유를 원인으로 하여 친생자관계존부확인의 소를 제기하여야 한다(제865조). 친생자관계존부확인소송은 다른 신분관계소송의 대용물이 될 수 없다. 따라서 乙과 丙 사이의 친자관계를 형성하고자 한다면 검사를 상대로 인지청구소송을 제기하여야 한다.
[大判 1997. 2. 14, 96므738] 혼인 외 출생자의 경우에 있어서 모자관계는 인지를 요하지 아니하고 법률상의 친자관계가 인정될 수 있지만, 부자관계는 부(父)의 인지에 의하여서만 발생하는 것이므로, 부(父)가 사망한 경우에는 그 사망을 안 날로부터 1년 이내 ('2년 이내'로 개정-편저자 주)에 검사를 상대로 인지청구의 소를 제기하여야 하고, 생모가 혼인 외 출생자를 상대로 혼인 외 출생자와 사망한 부(父) 사이의 친생자관계존재확인을 구하는 소는 허용될 수 없다.
② [正] 사실혼 중에 포태된 태아가 생부의 사망으로 인한 위자료 청구권자에 해당하는지 여부를 묻는 지문이다. 타인의 생명을 해한 자는 피해자의 직계존속, 직계비속 및 배우자에 대하여 재산상의 손해가 없는 경우에도 손해배상의 책임이 있다(제752조). 태

아는 불법행위로 인한 손해배상의 청구권에 관하여는 이미 출생한 것으로 본다(제762조). 비록 태아에게 정신적 감수성이 없다고 하더라도 태아는 그 생부의 생명침해로 인한 위자료청구권을 취득할 수 있다. 한편, 사실혼 중에 포태된 태아도 출생 후에 인지되었다면 인지의 소급효로 인하여 출생한 때로부터 부자관계를 인정할 수 있다. 결국 생부인 丙의 사망으로 인하여 乙이 입은 정신적 손해에 대해서 손해배상청구권을 행사할 수 있다.
[大判 1962. 3. 15, 61다903] 태아가 피해 당시 정신상 고통에 대한 감수성을 갖추고 있지 않다 하더라도 장래 감수할 것임을 현재 합리적으로 기대할 수 있는 경우에 있어서는 즉시 그 청구를 할 수 있다.

③ [誤] 태아를 수증자로 하는 사인증여의 효력을 묻는 지문이다. 태아는 유증의 상대방이 될 수 있다(제1064조, 제1000조 제3항). 유증의 규정이 준용되는 사인증여에서도 태아의 권리능력이 인정될 것인가를 묻는 지문이다. 사인증여와 유증이 그 효력에 있어서 유사하더라도 사인증여는 계약으로 당사자 사이의 합의가 있어야 한다는 점에서 단독행위인 유증과 다르다. 태아에게는 수증능력이 없다는 것이 대법원의 입장이다.
[大判 1982. 2. 9, 81다534] 증여에 관하여는 태아의 수증능력이 인정되지 아니하였고, 또 태아인 동안에는 법정대리인이 있을 수 없으므로 법정대리인에 의한 수증행위도 할 수 없다.

④ [誤] 태아를 인지할 수 있는지를 묻는 지문이다. 부는 포태 중에 있는 자에 대하여도 이를 인지할 수 있다(제858조). 태아에 대해서 인지하기 위해서는 임부의 승낙이 필요한 것은 아니다.

⑤ [誤] 혼인에 의한 준정의 효과를 묻는 지문이다. 혼인 외의 출생자는 그 부모가 혼인한 때에는 그때부터 혼인 중의 출생자로 본다(제855조 제2항). 소급효가 인정되지 않는다. 따라서 출생한 때부터 혼인 중의 자로 된다는 본 지문은 옳지 않다.

정답 ②

23. 배점 2 甲과 乙이 혼인한 후 8개월 만에 乙이 丙을 출산하였다. 그런데 丙의 생부(生父)는 甲이 아니라 丁이다. 다음 중 소 제기가 적법한 것을 모두 고른 것은?(다툼 있으면 판례에 의함) [08년]

㉠ 丙의 출생 직후 丙의 생부가 甲이 아니라 丁임을 알게 된 乙은 1년 6개월 동안 고민한 후에 甲을 상대로 丙과의 친생자관계를 부인하는 친생부인의 소를 제기하였다.
㉡ 丙이 초등학교에 입학할 때 甲은 丙이 자신의 친생자가 아님을 알게 되었다. 1년 6개월 동안 고민한 후에 甲은 乙을 상대로 丙과의 친생자관계를 부인하는 친생부인의 소를 제기하였다.
㉢ 丙은 성년이 된 날 乙로부터 자신의 생부가 丁임을 듣게 되었다. 6개월 동안 고민한 후에 丙은 甲을 상대로 친생자관계를 부인하는 친생부인의 소를 제기하였다.
㉣ 丙은 성년이 된 날 乙로부터 자신의 생부가 丁임을 듣게 되었다. 6개월 동안 고민한 후에 丙은 丁을 상대로 인지청구의 소를 제기하였다.

ⓜ (위 사례와 달리) 甲이 사기죄로 5년형을 선고받고 수감된 지 3년 후에 丙이 태어났고, 丙이 성년이 된 날 乙은 丙의 생부가 丁임을 알려주었다. 丙은 6개월 동안 고민한 후에 丁을 상대로 인지청구의 소를 제기하였다.

① ㉠, ㉡, ㉢
② ㉠, ㉡, ㉣
③ ㉠, ㉡, ㉤
④ ㉠, ㉢, ㉣
⑤ ㉡, ㉢, ㉣
⑥ ㉡, ㉢, ㉤
⑦ ㉡, ㉣, ㉤
⑧ ㉢, ㉣, ㉤

핵심

㉠ [正] ㉡ [正] 丙은 甲과 乙의 혼인 중에 포태된 것으로 추정되는 자이며, 혼인 중에 포태된 경우, 甲의 친생자로 추정된다. 甲이나 乙이 친생자임을 부인하기 위해서는 친생부인의 소를 제기하여야 하는데, 친생부인의 소의 제기기간은 그 사유 있음을 안 날로부터 2년 내에 제기하여야 한다(제847). 甲은 적법한 제기기간 내에 친생부인의 소를 제기하였으므로 甲의 제소는 적법하다.

㉢ [誤] 친생부인의 소의 제기권자는 부 또는 처이며, 자는 제기권자에 해당하지 않는다.

㉣ [誤] 친생추정을 받는 자는 친생부인의 소에 의하여 친생성이 부인되지 않는 한, 생부를 상대로 인지청구의 소를 제기할 수 없다.
[大判 2000. 1. 28, 99므1817] 민법 제844조의 친생추정을 받는 자는 친생부인의 소에 의하여 그 친생추정을 깨뜨리지 않고서는 다른 사람을 상대로 인지청구를 할 수 없으나, 호적상의 부모의 혼인 중의 자로 등재되어 있는 자라 하더라도 그의 생부모가 호적상의 부모와 다른 사실이 객관적으로 명백한 경우에는 그 친생추정이 미치지 아니하므로, 그와 같은 경우에는 곧바로 생부모를 상대로 인지청구를 할 수 있다.

㉤ [正] 동서의 결여 등으로 남편에 의한 포태가능성 없음이 외관상 명백한 경우에는 친생추정이 미치지 않는다. 이 경우에는 친생자관계부존재확인의 소를 제기할 수 있고, 생부에 대한 인지청구의 소를 제기할 수도 있다.
[大判 1983. 7. 12, 82므59] 민법 제844조는 친생자(혼인 중의 출생자)의 추정에 관하여 ① 처가 혼인 중에 포태한 자는 부의 자로 추정한다. ② 혼인성립의 날로부터 200일 후 또는 혼인관계 종료의 날로부터 300일내에 출생한 자는 혼인 중에 포태한 것으로 추정한다고 규정하고 제846조 이하에 그 추정을 받는 경우의 친생부인의 소를 규정하고 있으나 위 제844조는 부부가 동거하여 처가 부의 자를 포태할 수 있는 상태에서 자를 포태한 경우에 적용되는 것이고 부부의 한쪽이 장기간에 걸쳐 해외에 나가 있거나 사실상의 이혼으로 부부가 별거하고 있는 경우등 동서의 결여로 처가 부의 자를 포태할 수 없는 것이 외관상 명백한 사정이 있는 경우에는 그 추정이 미치지 않는다고 할 것이다. 왜냐하면 위 제844조는 제846조 이하의 친생부인의 소에 관한 규정과 더불어 부부가 정상적인 혼인생활을 영위하고 있는 경우를 전제로 가정의 평화를 위하여 마련한 것이라 할 것이어서 그 전제사실을 갖추지 아니한 위와 같은 경우에 까지 이를 적용하여 요건이 엄격한 친생부인의 소에 의하게 함은 도리어 제도의 취지에

반하여 진실한 혈연관계에 어긋나는 부자관계의 성립을 촉진시키는등 부당한 결과를 가져올 수 있기 때문이다.

정답 ③

24. 인지에 관한 설명 중 판례의 입장과 다른 것은? [03년]

① 인지청구권은 포기할 수 없고 실효의 법리가 적용되지 않는다.
② 상속인이 피상속인의 채무자에 대하여 그 채무의 이행을 명하는 승소판결을 받아 채무자가 그 상속인에게 변제한 경우, 그 후 사후(死後)인지 판결이 확정되어 상속인의 지위를 새로이 취득한 자가 있더라도 특별한 사정이 없는 한 위 변제는 채권의 준점유자에 대한 변제로서 유효하다.
③ 친생자관계부존재확인판결의 기판력은 인지청구의 소에 미치지 않는다.
④ A와 B사이에 태어난 자가 호적상 X와 Y사이의 친생자로 허위 등재되어 있는 경우 그 자는 친부모를 상대로 인지청구의 소를 제기할 수 있으나, 그 인지청구를 하기 전에 먼저 호적상의 부모를 상대로 친생자관계부존재확인의 소를 제기하여야 한다.
⑤ 친생자추정을 받는 자에 대하여는 친생부인의 소에 의하여 친자관계가 부인되지 않는 한 아무도 인지할 수 없다.

해설

① [正] [大判 2001. 11. 27. 2001므1353] 인지청구권은 본인의 일신전속적인 신분관계상의 권리로서 포기할 수도 없으며 포기하였더라도 그 효력이 발생할 수 없는 것이고, 이와 같이 인지청구권의 포기가 허용되지 않는 이상 거기에 실효의 법리가 적용될 여지도 없다.

② [正] [大判 1995. 1. 24. 93다32200] 혼인 외의 자의 생부가 사망한 경우, 혼인 외의 출생자는 그가 인지청구의 소를 제기하였다고 하더라도 그 인지판결이 확정되기 전에는 상속인으로서의 권리를 행사할 수 없고, 그러한 인지판결이 확정되기 전의 정당한 상속인이 채무자에 대하여 소를 제기하고, 나아가 승소판결까지 받았다면, 채무자로서는 그 상속인이 장래 혼인 외의 자에 대한 인지판결이 확정됨으로 인하여 소급하여 상속인으로서의 지위를 상실하게 될 수 있음을 들어 그 권리행사를 거부할 수 없으므로, 그러한 표현상속인에 대한 채무자의 변제는, 특별한 사정이 없는 한, 채무자가 표현상속인이 정당한 권리자라고 믿은 데에 과실이 있다 할 수 없으므로, 채권의 준점유자에 대한 변제로서 적법하다.

③ [正] [大判 1982. 12. 14. 82므46] 친생자관계 부존재확인청구사건에서 이 사건 인지청구 사건 청구인과 소외 망 甲간에는 친생자 관계가 없는데도 친생자 관계가 있는 것처럼 호적상 기재되어 있다는 이유를 들어 이해관계 있는 소외 乙이 청구인을 상대로 친생자관계 부존재확인의 소를 제기하여 그 친생자관계 부존재의 판결이 확정된 바 있다 하더라도 동 판결의 기판력은 이 사건 인지청구에는 미치지 아니한다.

④ [誤] [大判 2000. 1. 28, 99므1817] 민법 제844조의 친생추정을 받는 자는 친생부인의 소에 의하여 그 친생추정을 깨뜨리지 않고서는 다른 사람을 상대로 인지청구를 할 수 없으나, 호적상의 부모의 혼인 중의 자로 등재되어 있는 자라 하더라도 그의 생부모가 호적상의 부모와 다른 사실이 객관적으로 명백한 경우에는 그 친생추정이 미치지 아니하므로, 그와 같은 경우에는 곧바로 생부모를 상대로 인지청구를 할 수 있다.

⑤ [正] 친생추정을 받는 자에 대한 인지나 친생추정을 받는 자가 다른 사람을 상대로 한 인지청구는 허용되지 않는다.
[大判 1978. 10. 10, 78므29] 혼인중의 처가 별거 중 남편 아닌 다른 남자와 사이에 출산한 자녀는 친생부인의 소에 의한 판결이 확정되지 않는 한 법률상 부(夫)의 친생자로 추정되고 아무도 인지할 수 없다.(필자 註 : 이 판결은 그 후의 대판(全)1983. 7. 12, 82므59에 반하는 취지에서 변경된다. 즉, 혼인 중의 처가 별거 중에 남편이 아닌 다른 남자와 사이에 자녀를 출산하였다면 그 자는 부의 친생자로 추정되지 아니하므로 친생부인의 소가 아닌 친생자관계부존재확인의소에 의하여 친생이 부인되어야 생부에 의한 인지가 가능하다.)

정답 ④

25. 배점 2 甲(男)이 혼인 외의 출생자인 乙 외에 다른 자녀 없이 사망하여 甲의 직계존속 丙이 甲을 단독상속 하였는데, 이후 乙이 인지청구의 소를 제기하였다. 이에 관한 설명 중 옳지 않은 것은? (다툼 있으면 판례에 의함) [10년]

① 乙이 인지청구의 소에 의하여 친생자로 인지된 경우, 丙은 자신이 취득한 상속권을 소급하여 잃게 된다.
② 乙에 대한 인지판결이 확정되기 전에, 丙이 甲의 채무자 丁에 대하여 상속채무의 이행을 구하는 소를 제기하고 승소판결까지 받았다면, 특별한 사정이 없는 한 丙에 대한 丁의 변제는 적법하다.
③ 乙의 인지청구 전에 乙의 생모가 임의로 乙을 甲의 친생자로 출생신고하였다는 이유로 인지무효확인심판이 확정되었다면, 그 기판력은 乙이 제기한 인지청구의 소에도 미친다.
④ 乙이 가족관계등록부에 생모와 그 배우자 사이의 혼인중 친생자로 등재되어 있더라도, 乙의 생부가 가족관계등록부상의 부(父)와 다른 사실이 객관적으로 명백한 경우, 乙은 친생추정을 받지 않으므로 곧바로 인지청구를 할 수 있다.
⑤ 乙의 인지청구권의 행사가 상속재산에 대한 이해관계에서 시작되었더라도 정당한 신분관계를 확정하기 위해서라면 신의칙에 반하는 것이라 하여 막을 수 없다.

해설

① [正] 인지의 소급효로부터 보호되는 제3자에 후순위상속인이 포함되는지를 묻는 지문이다. 판례는 후순위상속인의 상속권은 인지의 소급효로부터 보호되는 제3자의 기득권에 포함되지 않는다는 입장이다. 따라서 乙이 인지에 의하여 친생자로 되면 피상속

인 甲의 직계존속 丙은 후순위상속인으로 자신이 취득한 상속권을 소급하여 상실한다.
[大判 1993. 3. 12, 92다48512] 민법 제860조는 인지의 소급효는 제3자가 이미 취득한 권리에 의하여 제한받는다는 취지를 규정하면서 민법 제1014조는 상속개시 후의 인지 또는 재판의 확정에 의하여 공동상속인이 된 자는 그 상속분에 상응한 가액의 지급을 청구할 권리가 있다고 규정하여 제860조 소정의 제3자의 범위를 제한하고 있는 취지에 비추어 볼 때, 혼인 외의 출생자가 부의 사망 후에 인지의 소에 의하여 친생자로 인지받은 경우 피인지자보다 후순위 상속인인 피상속인의 직계존속 또는 형제자매 등은 피인지자의 출현과 함께 자신이 취득한 상속권을 소급하여 잃게 되는 것으로 보아야 하고, 그것이 민법 제860조 단서의 규정에 따라 인지의 소급효 제한에 의하여 보호받게 되는 제3자의 기득권에 포함된다고는 볼 수 없다.

② [正] 참칭상속인에 대하여 채무를 변제한 상속채무자가 채권의 준점유자에 대한 변제자로 보호될 수 있는지를 묻는 문제이다. 상속채무자 丁이 참칭상속인 丙이 제기한 이행청구소송에서 패소하여 그 판결에 따라 丙에게 변제하였다면 이는 채권의 준점유자에 대한 변제로서 그 변제는 유효하다는 것이 판례이다.
[大判 1995. 1. 24, 93다32200] 혼인 외의 자의 생부가 사망한 경우, 혼인 외의 출생자는 그가 인지청구의 소를 제기하였다고 하더라도 그 인지판결이 확정되기 전에는 상속인으로서의 권리를 행사할 수 없고, 그러한 인지판결이 확정되기 전의 정당한 상속인이 채무자에 대하여 소를 제기하고, 나아가 승소판결까지 받았다면, 채무자로서는 그 상속인이 장래 혼인 외의 자에 대한 인지판결이 확정됨으로 인하여 소급하여 상속인으로서의 지위를 상실하게 될 수 있음을 들어 그 권리행사를 거부할 수 없으므로, 그러한 표현상속인에 대한 채무자의 변제는, 특별한 사정이 없는 한, 채무자가 표현상속인이 정당한 권리자라고 믿은 데에 과실이 있다 할 수 없으므로, 채권의 준점유자에 대한 변제로서 적법하다.

③ [誤] 인지무효확인심판의 기판력이 인지청구소송에 미치는지를 묻는 지문이다. 인지무효확인심판의 대상과 인지청구소송의 심판대상이 서로 다르다는 점을 고려할 때, 그 기판력이 미치지는 않는다.
[大判 1999. 10. 8, 98므1698] 생부의 인지 없이 생모에 의해 임의로 생부의 친생자로 출생신고 되었다는 것을 이유로 한 인지무효확인의 확정심판은 생부 스스로 자(子)를 그의 친생자로 인정하여 출생신고를 한 바 없는데도 생모에 의해 그러한 행위를 한 것처럼 호적상 기재가 되어 있으니 그 출생신고에 의한 임의인지가 무효임을 확인한다는 것이 심판대상임이 명백하고, 따라서 그 기판력 역시 생부의 출생신고에 의한 임의인지가 무효라는 점에 한하여 발생할 뿐이며, 나아가 생부와 자(子) 사이에 친생자관계가 존재하는지의 여부에 대해서까지 그 확정심판의 효력이 미치는 것은 아니므로, 그 확정심판의 효력은 자(子)와 생부 사이에 친생자관계가 존재함을 전제로 하여 재판상 인지를 구하는 청구에는 미치지 아니한다.

④ [正] 혼인 외에서 출생한 자가 가족관계등록부상 혼인 중의 출생자로 등재되어 있는 경우, 친생추정이 미치는지 여부 및 생부를 상대로 인지청구를 할 수 있는지를 묻는 지문이다. 친생추정이 미치려면 혼인 중에 포태한 자녀이어야 한다. 즉 혼인 중의 출생자이어야 한다. 혼인 외에서 출생한 乙이 비록 그 생모와 배우자 사이의 혼인 중의

친생자로 등재되어 있더라도 친생추정이 미치지 않는다. 결국 乙은 인지청구소송을 제기할 수 있다.

[大判 2000. 1. 28, 99므1817] 민법 제844조의 친생추정을 받는 자는 친생부인의 소에 의하여 그 친생추정을 깨뜨리지 않고서는 다른 사람을 상대로 인지청구를 할 수 없으나, 호적상의 부모의 혼인 중의 자로 등재되어 있는 자라 하더라도 그의 생부모가 호적상의 부모와 다른 사실이 객관적으로 명백한 경우에는 그 친생추정이 미치지 아니하므로, 그와 같은 경우에는 곧바로 생부모를 상대로 인지청구를 할 수 있다.

⑤ [正] 인지청구권의 행사가 신의칙에 의하여 배제될 수 있는지를 묻는 지문이다. 대법원은 인지청구권의 행사가 상속재산에 대한 이해관계에서 비롯되었다 하더라도 정당한 신분관계를 확정하기 위해서라면 신의칙에 반하는 것이라 하여 막을 수 없다고 하였다(大判 2001. 11. 27, 2001므1353).

정답 ③

26. 배점 3 혼인관계가 없는 甲남과 乙녀 사이에 자(子) 丙이 있는 경우에 관한 설명 중 옳지 않은 것을 모두 고른 것은?(다툼 있으면 판례에 의함.) [07년]

㉠ 乙과 丙의 모자관계는 乙의 인지를 기다리지 않고 분만의 사실에 의해 당연히 발생하는데 비하여, 甲과 丙의 부자관계는 甲의 인지에 의하여 비로소 발생하므로 丙은 인지청구의 소를 제기하여야 하고 친생자관계존재확인의 소를 제기할 수는 없다.
㉡ 만일 丙이 태아인 경우, 甲은 乙의 동의를 얻어 丙을 인지할 수 있으며, 丙은 乙의 대리에 의해 甲에 대한 인지청구의 소를 제기할 수 있다.
㉢ 甲이 의사능력이 없는 상태에서 丙을 인지한 경우, 설사 甲과 丙 사이에 진실한 부자관계가 있다 하더라도 甲의 인지는 무효이다. 이에 비하여 甲이 의사능력이 있는 상태에서 丙을 인지한 경우에는 甲과 丙 사이에 진실한 부자관계가 없으면 甲의 인지는 무효이다.
㉣ 丙이 미성년자이지만 의사능력이 있는 경우에는 丙이 甲에 대하여 독립해서 인지청구의 소를 제기할 수 있기 때문에, 乙은 법정대리인으로서 甲에 대하여 인지청구의 소를 제기할 수 없다.
㉤ 甲이 사망한 경우 丙은 그 사망을 안 날로부터 2년 내에 인지청구의 소를 제기하여야 한다. 이와 달리 甲이 생존 중인 경우에는 丙은 언제든지 소를 제기할 수 있다.

① ㉠, ㉡, ㉢ ② ㉠, ㉢, ㉤
③ ㉡, ㉢   ④ ㉡, ㉣
⑤ ㉡, ㉣, ㉤ ⑥ ㉡, ㉤
⑦ ㉠, ㉣   ⑧ ㉢, ㉣

해설

* 혼인 외 출생자의 법적 지위를 전반적으로 묻는 문제이다.

㉠ [正] 혼인 외 출생자와 생모 사이의 모자관계는 출생이라는 자연적 사실에 의하여 발생한다. 따라서 생모의 인지나 출생신고는 모자관계를 확인하는 의미를 가질 뿐이다. 그러나 혼인 외 출생자와 그 생부 사이의 부자관계는 인지에 의하여 발생한다. 따라서 생부의 인지는 창설적 의미를 가진다. 한편 생부나 생모에 의한 임의인지가 없는 경우 혼인 외의 자가 생부나 생모의 인지를 강제하여 그 친자관계를 창설 혹은 확인할 필요가 있고 이러한 필요에 따라 인지청구제도가 인정되고 있다. 특히 생부와 혼인 외의 자 사이의 친생자관계는 오로지 인지에 의해서만 형성되므로 혼인 외의 자가 생부와의 친자관계를 형성하기 위하여 인지청구의 소에 의하지 아니하고 친자관계확인의 소를 제기하는 것은 부적법하다.
[大判 1967. 10. 4, 67다1791] 혼인 외의 출생자와 생모간에는 그 생모의 인지나 출생신고를 기다리지 않고 자의 출생으로 당연히 법률상의 친족관계가 생긴다고 해석하는 것이 타당하다.
[大判 1984. 9. 25, 84므73] 혼인 외의 자와 부와의 친생자 관계는 부의 인지에 의하여서만 발생하는 것이므로 혼인 외의 출생자인 피청구인이 청구인의 친생자로서의 신분을 취득하려면 청구인의 인지가 있어야 하고 그 인지가 있었다는 자료가 없는 한 법률상 청구인과 피청구인 사이의 친생자관계는 생기지 않는 것이다.

㉡ [誤] 포태 중인 자, 즉 태아에 대한 인지도 가능하다(제858조). 이 경우 생모의 승낙을 얻을 필요가 없다. 한편 태아의 권리능력에 대해 개별적 보호주의를 취하는 현행법 하에서는 태아의 인지청구능력은 인정되지 아니한다고 보는 것이 통설의 태도이다. 따라서 甲은 乙의 동의를 얻을 필요 없이 태아인 丙을 인지할 수 있으나, 태아인 丙은 乙의 대리에 의해서도 甲에 대하여 인지청구의 소를 제기할 수 없다.

㉢ [正] 인지의 무효사유에 관한 문제이다. 인지자와 피인지자 사이에 진실한 혈연관계가 있다고 하더라도 인지자가 의사능력이 없다면 그 인지는 무효이다. 인지의 경우 행위능력은 불필요하나, 의사능력은 필요하기 때문이다. 한편 인지자가 의사능력이 있는 상태에서 인지를 하였다고 하더라도 진실한 혈연관계가 없다면 그 인지는 무효이다.
[大判 1992. 10. 23, 92다29399] 친생자가 아닌 자에 대하여 한 인지신고는 당연무효이며 이런 인지는 무효를 확정하기 위한 판결 기타의 절차에 의하지 아니하고도, 또 누구에 의하여도 그 무효를 주장할 수 있는 것이다.

㉣ [誤] 자와 그 직계비속 또는 그 법정대리인은 부 또는 모를 상대로 하여 인지청구의 소를 제기할 수 있다(제863조). 미성년자인 丙을 위하여 그 법정대리인인 乙은 인지청구의 소를 제기할 수 있다. 한편 미성년자 스스로 인지청구의 소를 제기할 수 있는가에 관하여 구 인사소송법에서는 무능력자는 법정대리인이나 친족회의 동의를 얻어 인지청구를 할 수 있다는 취지로 규정되어 있었으나, 가사소송법은 이 조항을 폐지하였다. 따라서 무능력자는 법정대리인의 동의를 얻더라도 단독으로 가사소송을 할 수 없다고 해석해야 한다. 즉 무능력자는 법정대리인 또는 특별대리인의 대리로만 인지청구를 할 수 있다.

ㅁ. [正] 생부나 생모가 생존하고 있는 동안에는 인지청구의 소를 기간의 제한 없이 제기할 수 있다. 그러나 생부나 생모가 사망한 경우에는 사망 사실을 안 날로부터 2년 내에 검사를 상대로 인지청구의 소를 제기하여야 한다(제864조).

정답 ④

27. 배점 3 다음 사례에 관한 설명 중 옳은 것을 모두 고른 것은? (다툼 있으면 판례에 의함) [10년]

A는 처와 사별하고 그 사이에 출생한 자녀 甲, 乙과 함께 살다가 사망하였다. 甲과 乙은 상속재산인 X부동산에 대하여 상속을 원인으로 각 지분 비율로 소유권이전등기를 마쳤다. A에게는 혼인외의 자(子)인 丙이 있었는데, 丙은 인지청구의 소를 제기해 승소판결이 확정되었다.

ㄱ. 丙은 A가 사망하기 전에는 A를 상대로 하여, A가 사망한 후에는 검사를 상대로 하여 기간의 제한 없이 인지청구의 소를 제기할 수 있다.
ㄴ. 丙의 A에 대한 인지청구의 소는 확인의 소의 성질을 가지므로, 丙은 그 판결확정 전이라도 다른 소송에서 A의 친생자로 인정될 수 있다.
ㄷ. 甲과 乙이 X부동산을 제3자에게 8,000만원에 매도하고 이전등기를 해 준 다음 丙이 甲과 乙을 상대로 가액의 반환을 청구한 경우, X부동산의 가격이 사실심 변론종결 당시 1억원이 되었다면, 丙이 반환받을 가액은 1억원을 기준으로 산정하여야 한다.
ㄹ. A가 丁에게 포괄적 유증을 하였다면, 丁은 甲과 乙이 상속재산을 분할한 후 기간의 제한 없이 甲과 乙에 대해서 상속회복의 소를 제기할 수 있다.
ㅁ. A의 처가 다른 남자와 사이에 자녀 戊를 두고 있다면, 戊는 A의 상속재산에 관하여 A의 처를 대습상속한다.
ㅂ. 상속재산이 분할된 이후에 丙이 가액의 반환을 청구하는 경우, 이는 상속재산분할청구권을 행사한 것이므로 가정법원이 그 관할법원이 된다.

① ㄷ
② ㄱ, ㄴ
③ ㄷ, ㅂ
④ ㄱ, ㄴ, ㄹ
⑤ ㄴ, ㄷ, ㅂ
⑥ ㄷ, ㄹ, ㅁ
⑦ ㄷ, ㅁ, ㅂ
⑧ ㄱ, ㄴ, ㄹ, ㅂ

해설

ㄱ. [誤] 인지청구권의 제소기간을 묻는 지문이다. 생부나 생모가 생존해 있는 경우에는 기간의 제한 없이 인지청구권을 행사할 수 있으나, 생부나 생모가 사망한 때에는 그 사망을 안 날로부터 2년 내에 검사를 상대로 하여 인지청구권을 행사할 수 있다(제864조).

ㄴ. [誤] 인지청구소송의 성질 및 다른 소송이 인지청구소송을 대신할 수 있는지를 묻는 지문이다. 인지청구소송은 가사소송 나류사건으로 형성소송으로 본다. 또한 다른 소송이 인지청구소송을 대신할 수 없다. 가령 친생자관계존재확인소송이 인지청구소송을 대신할 수는 없다. 따라서 丙이 인지청구소송의 판결확정 전에 다른 소송(친생자관계존재확인소송)으로 A의 친생자로 인정받을 수는 없다.

ㄷ. [正] 사후 피인지자의 가액지급청구권을 행사하였을 경우 가액산정의 기준시기가 언제인지를 묻는 지문이다. 사실심변론종결시를 기준으로 한다는 것이 대법원의 입장이다.
[大判 1993. 8. 24. 93다12] 민법 제1014조의 가액은 다른 공동상속인들이 상속재산을 실제 처분한 가액 또는 처분한 때의 시가가 아니라 사실심 변론종결시의 시가를 의미한다.

ㄹ. [誤] 포괄유증을 받은 수유자가 상속회복청구소송을 제기할 수 있는지 및 그 경우 제척기간의 적용을 받는지를 묻는 지문이다.
[大判 2001. 10. 12. 2000다22942] 포괄적 수증자의 법적 지위 내지 권리·의무에 관하여 구 민법(1990. 1. 13. 법률 제4199호로 개정되기 전의 것) 제1078조는 "포괄적 유증을 받은 자는 재산상속인과 동일한 권리·의무가 있다"고 규정하고 있어 포괄적 수증자는 그 수증분에 따라서 유증자의 일신전속적인 권리를 제외한 모든 권리 및 의무를 법률상 당연히 포괄적으로 승계하기 때문에 포괄적 유증은 실질적으로는 수증분을 상속분으로 하는 피상속인(유증자)에 의한 상속인 및 상속분의 지정과 같은 기능을 하고 있으므로, 상속인의 상속회복청구권에 관한 규정은 포괄적 수증의 경우에 유추적용되고, 상속회복청구권의 제척기간에 관한 규정도 상속에 관한 법률관계의 신속한 확정을 위한 상속회복청구권의 제척기간의 제도적 취지에 비추어 볼 때 포괄적 수증의 경우에 유추적용된다고 할 것이다.

ㅁ. [誤] 배우자가 피대습자의 지위를 가질 수 있는지를 묻는 지문이다. A의 처가 다른 남자와의 사이에 자녀 戊를 두고 있는 경우, 戊는 A에 대한 관계에서 인척관계에 있을 뿐이므로 A를 본위상속할 수는 없다. 다만 A의 배우자가 상속개시 전에 먼저 사망하였으므로 A의 배우자를 대습하여 戊가 A를 상속할 수 있는지를 묻는 것이다. 대습상속에서 피대습자는 상속인으로 될 직계비속 또는 형제자매를 말한다. 배우자는 피대습자의 지위를 가질 수 없다. 결국 戊는 A의 배우자를 대습하여 A를 상속할 수도 없다.
[大判 1999. 7. 9. 98다64318·64325] 민법 제1000조 제1항·제1001조·제1003조의 각 규정에 의하면, 대습상속은 상속인이 될 피상속인의 직계비속 또는 형제자매가 상속개시 전에 사망하거나 결격자가 된 경우에 사망자 또는 결격자의 직계비속이나 배우자가 있는 때에는 그들이 사망자 또는 결격자의 순위에 갈음하여 상속인이 되는 것을 말하는 것으로, 대습상속이 인정되는 경우는 상속인이 될 자(사망자 또는 결격자)가 피상속인의 직계비속 또는 형제자매인 경우에 한한다 할 것이므로, 상속인이 될 자(사망자 또는 결격자)의 배우자는 민법 제1003조에 의하여 대습상속인이 될 수는 있으나, 피대습자(사망자 또는 결격자)의 배우자가 대습상속의 상속개시 전에 사망하거나 결격자가 된 경우, 그 배우자에게 다시 피대습자로서의 지위가 인정될 수는 없다.

ㅂ. [誤] 사후에 인지된 자가 다른 공동상속인에 대하여 행사하는 상속분가액지급청구권의 법적 성질을 묻는 지문이다. 상속재산분할청구권이라고 보는 견해가 있으나, 통설과 판례는 이를 상속회복청구권으로 파악한다. 상속회복청구소송은 일반민사법원의 관할이다. 반면 상속재산분할청구사건은 가사비송 마류 사건으로 가정법원의 전속관할이다.
[大判 1993. 8. 24. 93다12] 민법 제1014조에 의하여, 상속개시 후의 인지 또는 재판의 확정에 의하여 공동상속인이 된 자가 분할을 청구할 경우에 다른 공동상속인이 이미 분할 기타 처분을 한 때에는 그 상속분에 상당한 가액의 지급을 청구할 권리가 있는 바, 이 가액청구권은 상속회복청구권의 일종이다.

정답 ①

＊ 다음 사례에 관한 아래 각 문항(문28 - 문29)에 답하시오. [07년]

甲남과 乙녀는 1997. 10. 22. 혼인신고를 하고 그 사이에 딸 丙(1999년생)을 낳았다. 그러나 혼인 초부터 甲과 乙은 성격 차이로 자주 다투었으며, 甲이 丁녀를 사귀면서 더 이상 부부관계를 회복할 수 없게 되어 2004. 5. 재판상 이혼하였다. 이혼 당시 甲과 乙의 재산상황을 살펴보면, 甲 명의의 A 상가건물(3억5,000만원), 甲이 A 건물을 매수하면서 빌린 차용금 1억원, A 건물에 대한 임대보증금 2억5,000만원의 각 반환채무가 있었다. 丙의 양육자로 지정된 甲은 丁과 함께 생활하면서 그 사이에 아들 戊(2005년생)를 낳았다. 이러한 상황에서 2006. 11. 甲이 교통사고로 사망하였다.

28. 배점 2 '甲과 乙'의 이혼과 '甲과 丁'의 사실혼관계에 대한 설명 중 옳지 않은 것을 모두 고른 것은?(다툼 있으면 판례에 의함) [07년]

㉠ 乙과 丁은 모두 甲의 상속인이 될 수 없다.
㉡ 가정법원은 丙의 복리를 위하여 필요한 때에는 양육하지 않는 乙의 면접교섭권을 직권으로 배제할 수 있다.
㉢ 양육권이 없는 乙이 甲의 의사에 반하여 丙을 양육한 경우라도, 甲은 乙이 지출한 양육비를 지급할 의무가 있다.
㉣ 甲이 부담한 채무 3억5,000만원이 공동재산의 형성에 수반하여 부담하게 된 채무라면 청산의 대상이 되는 것이므로 乙은 甲에게 재산분할을 청구할 수 없다.
㉤ 甲의 사망으로 甲과 丁의 사실혼관계가 종료되므로 丁에게는 재산분할청구권이 인정된다.

① ㉠, ㉡, ㉢ ② ㉠, ㉢
③ ㉣ ④ ㉢, ㉣
⑤ ㉠, ㉡, ㉢, ㉣ ⑥ ㉢
⑦ ㉢, ㉢ ⑧ ㉡, ㉢

해설

㉠ [正] 이혼으로 인하여 혼인관계는 해소되므로 乙은 전배우자인 甲의 상속인이 될 수 없다. 한편 사실혼은 준혼으로 혼인의 효과가 일부 인정될 수는 있으나, 혼인신고를 전제로 한 효과는 인정되지 않으며, 상속인으로서의 배우자는 법률혼만을 의미하므로 사실혼 배우자에 불과한 丁은 甲의 상속인이 될 수 없다. 결국 乙과 丁 모두 甲의 상속인이 될 수 없다.

㉡ [正] 면접교섭의 기준은 아이의 복리를 우선적으로 고려하여야 한다. 따라서 자녀의 복리를 위하여 필요한 경우에는 당사자의 청구 또는 직권에 의하여 면접교섭권을 제한하거나 배제할 수 있다(제837조의2 제2항).

㉢ [誤] 양육권 없는 乙이 양육권자로 지정된 甲의 의사에 반하여 그 자인 丙을 양육하였다면 이는 양육권자 甲에 대한 관계에서는 위법한 양육에 해당하며, 이러한 위법한 양육에 따른 비용은 양육권자가 이를 지급할 필요가 없다는 것이 대법원의 입장이다. [大決 2006. 4. 17. 2005스18·19] 청구인과 상대방이 이혼하면서 사건본인의 친권자 및 양육자를 상대방으로 지정하는 내용의 조정이 성립된 경우, 그 조정조항상의 양육방법이 그 후 다른 협정이나 재판에 의하여 변경되지 않는 한 청구인에게 자녀를 양육할 권리가 없고, 그럼에도 불구하고 청구인이 법원으로부터 위 조정조항을 임시로 변경하는 가사소송법 제62조 소정의 사전처분 등을 받지 아니한 채 임의로 자녀를 양육하였다면 이는 상대방에 대한 관계에서는 상대적으로 위법한 양육이라고 할 것이니, 이러한 청구인의 임의적 양육에 관하여 상대방이 청구인에게 양육비를 지급할 의무가 있다고 할 수는 없다.

㉣ [正] 공동재산의 형성에 수반된 채무는 청산의 대상이 된다. 또한 부동산에 대한 임차보증금반환채무도 청산의 대상이 된다. 사안의 경우 甲이 부담한 채무 3억5천만원 중 1억원은 공동재산인 건물매수를 위한 채무이고, 2억5천만원은 임차보증금반환채무이므로 양 채무 모두 청산의 대상이 된다. 그렇다면 청산의 대상이 되는 적극재산(시가 3억5천만원)과 소극재산(차용금채무 1억원과 임차보증금채무 2억5천만원을 합한 3억5천만원)의 합이 0이므로 결국 乙은 甲에 대하여 재산분할을 청구할 수 없게 된다. [大判 1999. 6. 11. 96므1397] 혼인 중에 쌍방의 협력에 의하여 이룩한 부부의 실질적인 공동재산은 부동산은 물론 현금 및 예금자산 등도 포함하여 그 명의가 누구에게 있는지 그 관리를 누가 하고 있는지를 불문하고 재산분할의 대상이 되는 것이고, 부부의 일방이 별거 후에 취득한 재산이라도 그것이 별거 전에 쌍방의 협력에 의하여 형성된 유형·무형의 자원에 기한 것이라면 재산분할의 대상이 된다고 할 것이고, 한편 부부 일방이 혼인 중 제3자에 대하여 채무를 부담한 경우에 그 채무 중에서 공동재산의 형성에 수반하여 부담하게 된 채무는 청산의 대상이 되는 것인데, 부동산에 대한 임대

차보증금반환채무는 특별한 사정이 없는 한 혼인 중 재산의 형성에 수반한 채무로서 청산의 대상이 되는 것이다.

ⓜ [誤] 사실혼관계에도 혼인공동생활의 실체가 존재하므로 재산분할청구권에 관한 규정이 유추적용될 수 있다는 것이 판례이다. 다만 재산분할청구권은 이혼에 의하여 혼인관계가 해소되는 경우에 인정되는 것이므로 사실혼관계가 파탄되어 해소되는 경우에 재산분할청구권이 인정될 수 있으나, 배우자 일방의 사망으로 혼인이 해소되는 경우에는 재산분할청구권이 인정되지 않는 것과 마찬가지로 사실혼 배우자 일방의 사망으로 사실혼이 해소된 경우에는 재산분할청구권은 인정될 수 없다고 해석하여야 한다.

[大判 2006. 3. 24. 2005두15595] 사실혼이란 당사자 사이에 혼인의 의사가 있고 객관적으로 사회관념상으로 가족질서적인 면에서 부부공동생활을 인정할 만한 혼인생활의 실체가 있는 경우이고, 부부재산에 관한 청산의 의미를 갖는 재산분할에 관한 법률 규정은 부부의 생활공동체라는 실질에 비추어 인정되는 것으로서 사실혼관계에도 이를 준용 또는 유추적용할 수 있기 때문에, 사실혼관계에 있었던 당사자들이 생전에 사실혼관계를 해소한 경우 재산분할청구권을 인정할 수 있으나, 법률상 혼인관계가 일방 당사자의 사망으로 인하여 종료된 경우에도 생존 배우자에게 재산분할청구권이 인정되지 아니하고 단지 상속에 관한 법률 규정에 따라서 망인의 재산에 대한 상속권만이 인정된다는 점 등에 비추어 보면, 사실혼관계가 일방 당사자의 사망으로 인하여 종료된 경우에는 그 상대방에게 재산분할청구권이 인정된다고 할 수 없다.

정답 ⑦

29. 배점 2 丙과 戊에 관한 설명 중 옳은 것(○)과 옳지 않은 것(×)을 바르게 표시한 것은?
[07년]

㉠ 甲이 사망하기 전 戊를 인지한 경우, 가정법원이 직권으로 戊의 친권자를 정한다.
㉡ 만약 甲과 乙이 협의이혼한 경우라면 甲과 乙이 협의로 丙의 친권자를 정하여야 하고, 협의할 수 없거나 협의가 이루어지지 아니하는 경우에는 당사자는 가정법원에 그 지정을 청구하여야 한다.
㉢ 甲이 유언으로 戊를 인지하고 유언집행자에 의해 인지신고가 이루어진 경우, 丙은 그 사실이 있음을 안 날로부터 2년 내에 인지에 대한 이의의 소를 제기할 수 있다.

① ㉠(×), ㉡(○), ㉢(×)　　② ㉠(○), ㉡(○), ㉢(○)
③ ㉠(○), ㉡(○), ㉢(×)　　④ ㉠(×), ㉡(○), ㉢(○)
⑤ ㉠(×), ㉡(×), ㉢(○)　　⑥ ㉠(×), ㉡(×), ㉢(×)
⑦ ㉠(○), ㉡(×), ㉢(×)　　⑧ ㉠(○), ㉡(×), ㉢(○)

해설

㉠ [誤] 강제인지가 아닌 임의인지의 경우에는 부모의 협의로 친권자를 정하여야 하고, 협의할 수 없거나 협의가 이루어지지 아니하는 경우에는 당사자는 가정법원에 그 지정을 청구하여야 한다(제909조 제4항, 제5항). 甲이 임의인지를 한 경우에는 가정법원이 직권으로 戊의 친권자를 정하는 것이 아니라 부모의 친권자 지정청구에 의하여 친권자를 정한다.

㉡ [正] 부모가 이혼한 경우에는 협의에 의하여 친권자를 결정하여야 하고, 협의를 할 수 없는 경우 당사자는 가정법원에 그 지정을 청구하여 가정법원이 결정한다. 다만 재판상 이혼의 경우에는 가정법원이 직권으로 친권자를 결정한다(제909조 제4항, 제5항).

㉢ [誤] 자 기타 이해관계인은 인지신고 있음을 안 날로부터 1년 내에 인지에 대한 이의의 소를 제기할 수 있다(제862조). 한편 인지자가 사망한 경우에는 그 사망을 안 날로부터 2년 내에 검사를 상대로 인지에 대한 이의의 소를 제기할 수 있다(제864조). 따라서 유언인지의 경우, 인지자가 사망한 때에 해당하므로 사망 사실을 안 날로부터 2년 내에 인지에 대한 이의의 소를 제기할 수 있다.

정답 ①

30. 배점 2 甲(女)과 乙(男)은 혼인하여 그 사이에 미성년인 자녀 A를 두고 있다. 乙은 甲과의 일시적 불화를 이유로 가출하였는데, 그 사이에 丙(女)을 만나 丙과 동거생활을 시작하였고, 丙과 사이에 자녀 B를 두게 되었다. 이에 관한 설명 중 옳은 것을 모두 고른 것은? (다툼 있으면 판례에 의함) [10년]

ㄱ. 단독으로 자녀 A를 양육하였던 甲은 원칙적으로 乙에게 양육비의 분담을 청구할 수 있다.

ㄴ. 乙이 甲에게 B를 甲의 자(子)로 출생신고해 주면 이혼 시 乙 명의의 X부동산을 재산분할로 넘겨주겠다고 약정하고서도 이를 이행하지 않고 있는 경우, 甲은 이혼소송을 제기하지 않더라도 재산분할을 원인으로 X부동산에 관한 소유권이전등기를 청구할 수 있다.

ㄷ. 乙이 B가 혼인외의 출생자로 표시되는 것을 피하기 위하여 甲의 동의 없이 B를 甲의 자(子)로 출생신고를 한 경우, 甲이 사망하면 B는 상속권자가 된다.

ㄹ. 乙과 丙의 관계가 파탄되면 丙은 공동생활 기간 동안 형성한 재산의 분할을 청구할 수 있으며, 관계 파탄의 책임이 乙에게 있는 경우 丙은 乙에게 손해배상을 청구할 수 있다.

ㅁ. B의 출생 후 丙이 단독으로 친권을 행사하다가 乙이 인지하면서 乙과 丙이 공동으로 친권을 행사하였다. 후에 乙과 丙이 모두 사망하면 甲이 B의 친권자가 된다.

ㅂ. 甲과 B, 丙과 A는 각각 인척이다.

① ㄱ   ② ㄱ, ㄴ   ③ ㄱ, ㅂ
④ ㄴ, ㄷ   ⑤ ㄷ, ㄹ, ㅁ   ⑥ ㄹ, ㅁ, ㅂ

> **해설**

ㄱ. [正] 부부의 일방이 미성년 자녀를 위하여 이미 지출한 과거의 양육비를 다른 일방에게 분담할 것을 청구할 수 있는지를 묻는 지문이다. 이를 긍정하는 것이 대법원 입장이다.
[大決(全) 1994. 5. 13. 92스21] 어떠한 사정으로 인하여 부모 중 어느 한 쪽만이 자녀를 양육하게 된 경우에, 그와 같은 일방에 의한 양육이 그 양육자의 일방적이고 이기적인 목적이나 동기에서 비롯한 것이라거나 자녀의 이익을 위하여 도움이 되지 아니하거나 그 양육비를 상대방에게 부담시키는 것이 오히려 형평에 어긋나게 되는 등 특별한 사정이 있는 경우를 제외하고는, 양육하는 일방은 상대방에 대하여 현재 및 장래에 있어서의 양육비 중 적정 금액의 분담을 청구할 수 있음은 물론이고, 부모의 자녀양육의무는 특별한 사정이 없는 한 자녀의 출생과 동시에 발생하는 것이므로 과거의 양육비에 대하여도 상대방이 분담함이 상당하다고 인정되는 경우에는 그 비용의 상환을 청구할 수 있다.

ㄴ. [誤] 이혼을 전제로 재산분할협의를 한 경우, 이혼이 성립하지 않았음에도 협의내용대로 이행을 청구할 수 있는지를 묻는 지문이다. 재산분할청구권은 이혼으로 인하여 발생하는 권리이다. 이혼이 성립하지 않았다면 재산분할청구권은 인정될 수 없다.
[大判 2003. 8. 19. 2001다14061] 재산분할에 관한 협의는 혼인 중 당사자 쌍방의 협력으로 이룩한 재산의 분할에 관하여 이미 이혼을 마친 당사자 또는 아직 이혼하지 않은 당사자 사이에 행하여지는 협의를 가리키는 것인 바, 그 중 아직 이혼하지 않은 당사자가 장차 협의상 이혼할 것을 약정하면서 이를 전제로 하여 위 재산분할에 관한 협의를 하는 경우에 있어서는, 특별한 사정이 없는 한, 장차 당사자 사이에 협의상 이혼이 이루어질 것을 조건으로 하여 조건부 의사표시가 행하여지는 것이라 할 것이므로, 그 협의 후 당사자가 약정한대로 협의상 이혼이 이루어진 경우에 한하여 그 협의의 효력이 발생하는 것이지, 어떠한 원인으로든지 협의상 이혼이 이루어지지 아니하고 혼인관계가 존속하게 되거나 당사자 일방이 제기한 이혼청구의 소에 의하여 재판상이혼(화해 또는 조정에 의한 이혼을 포함한다)이 이루어진 경우에는, 위 협의는 조건의 불성취로 인하여 효력이 발생하지 않는다.

ㄷ. [誤] 허위로 친생자 출생신고를 한 경우의 효과를 묻는 문제이다. 허위의 친생자출생신고가 입양의 실질적 성립요건을 갖추었다면 입양신고로 전환될 수는 있다. 그러나 지문의 경우, 甲의 동의 없이 甲의 친생자로 출생신고가 있었기 때문에 甲과 B 사이에 양친자관계가 형성될 수 없고, 결국 B는 甲의 상속권자가 될 수 없다.

ㄹ. [誤] 중혼적 사실혼이 해소되는 경우, 재산분할청구권 혹은 손해배상청구권이 인정되는지를 묻는 지문이다. 甲과 乙의 혼인관계 중 乙이 일시적으로 가출하여 丙과 동거생활을 한 경우, 乙과 丙의 관계를 사실혼관계로 보더라도 이는 중혼적 사실혼으로 혼인에 준하는 보호를 받을 수 없다. 따라서 재산분할청구권이나 손해배상청구권이

인정되지는 않는다.

[大判 1996. 9. 20, 96므530] 남편 甲이 법률상의 처 乙이 자식들을 두고 가출하여 행방불명이 된 채 계속 귀가하지 아니한 상태에서 조만간 乙과의 혼인관계를 정리할 의도로 丙과 동거생활을 시작하였으나, 그 후 甲의 부정행위 및 폭행으로 혼인생활이 파탄에 이르게 될 때까지도 甲과 乙 사이의 혼인이 해소되지 아니하였다면, 甲과 丙 사이에는 법률상 보호받을 수 있는 적법한 사실혼관계가 성립되었다고 볼 수는 없고, 따라서 丙의 甲에 대한 사실혼관계 해소에 따른 손해배상 청구나 재산분할 청구는 허용될 수 없다.

ㅁ. [誤] 미성년 자녀를 남겨두고 친권자가 모두 사망한 경우의 효과를 묻는 지문이다. 후견이 개시된다(제928조). 甲은 B의 부모가 아니므로 친권자가 될 수 없을 뿐만 아니라 甲은 B의 혈족도 아니기 때문에 법정후견인이 될 수도 없다.

ㅂ. [誤] 중혼적 사실혼 중에서 태어난 자녀와 그 생부의 법률상 배우자 사이의 관계 및 중혼적 사실혼 배우자와 그 상대방 배우자의 자녀 사이의 관계를 묻는 지문이다. 중혼적 사실혼 중에서 태어난 자녀(B)와 그 생부(乙) 사이에는 생부의 인지가 있어야 친자관계가 발생하며, 친자관계가 발생하여야 그 생부의 배우자(甲)가 중혼적 사실혼 중에서 태어난 자녀의 인척이 될 수 있다. 사안의 경우, 乙이 인지했는지가 명료하지 않다. 甲과 B의 관계가 인척관계인지는 분명하지 않다. 한편 중혼적 사실혼 배우자(丙)와 그 상대방 배우자(乙)의 자녀(A) 사이에는 배우자의 혈족인 관계에 있지 않기 때문에 이를 인척이라고 할 수 없다.

정답 ①

31. 친생자관계존부확인의 소에 관한 설명 중 옳지 않은 것은?(다툼 있으면 판례에 의함) [04년]

① 친생자 출생신고가 입양의 효력을 갖는 경우, 양친 부부 중 일방이 사망한 후 생존하는 다른 일방은 사망한 일방과 양자사이의 양친자관계의 해소를 위한 재판상 파양에 갈음하는 친생자관계부존재확인의 소를 제기할 수 없다.

② 친족의 범위에 관한 민법의 규정에 의한 친족은 다른 사정이 없는 한, 그와 같은 신분을 가졌다는 사실만으로써 친생자관계존부확인의 소를 제기할 수 있다.

③ 어느 부부의 친생자가 아님이 객관적으로 명백함에도 불구하고 그들의 호적에 친생자로 등재되어 있는 자가 생부모를 상대로 인지청구를 하기 위해서는 그 전에 호적상의 부모에게 친생자관계부존재확인의 소를 제기하여야 한다.

④ 친생부인의 소를 제기하여야 할 사안에 관하여 친생자관계부존재확인의 소를 제기하였음에도 불구하고 법원이 그 부적법함을 간과한 결과 친생자관계부존재확인의 심판이 선고되어 확정된 경우, 그 확정심판의 효과로서 친생자로서의 추정이 깨어진다.

⑤ 甲이 乙과 乙의 호적상 친생자로 기재되어 있는 丙을 상대로 제기한 친생자관계부존재확인청구사건에서 청구인용판결이 확정된 바 있다 하더라도, 그 판결의 기판력

은, 丙이 乙의 친생자임을 이유로 乙의 사망 후 검사를 상대로 제기한 인지청구의 소에는 미치지 않는다.

해설

① [正] 양친 중 일방이 사망한 경우, 생존한 다른 일방은 단독으로 파양을 할 수 있으므로 자신과 양자 사이의 양친자관계를 해소하기 위하여 파양에 갈음하는 친생자관계부존재확인의 소를 제기할 수 있는 것이고, 사망한 일방과 양자 사이의 양친자관계 해소를 위한 파양에 갈음하는 친생자관계부존재확인의 소는 확인의 이익이 없다.
[大判 2001. 8. 21. 99므2230] 민법 제874조 제1항은 "배우자 있는 자가 양자를 할 때에는 배우자와 공동으로 하여야 한다."고 규정함으로써 부부의 공동입양원칙을 선언하고 있는 바, 파양에 관하여는 별도의 규정을 두고 있지는 않고 있으나 부부의 공동입양원칙의 규정 취지에 비추어 보면 양친이 부부인 경우 파양을 할 때에도 부부가 공동으로 하여야 한다고 해석할 여지가 없지 아니하나(양자가 미성년자인 경우에는 양자제도를 둔 취지에 비추어 그와 같이 해석하여야 할 필요성이 크다), 그렇게 해석한다고 하더라도 양친 부부 중 일방이 사망하거나 또는 양친이 이혼한 때에는 부부의 공동파양의 원칙이 적용될 여지가 없다고 할 것이고, 따라서 양부가 사망한 때에는 양모는 단독으로 양자와 협의상 또는 재판상 파양을 할 수 있으되 이는 양부와 양자 사이의 양친자관계에 영향을 미칠 수 없는 것이고, 또 양모가 사망한 양부에 갈음하거나 또는 양부를 위하여 파양을 할 수는 없다고 할 것이며, 이는 친생자부존재확인을 구하는 청구에 있어서 입양의 효력은 있으나 재판상 파양 사유가 있어 양친자관계를 해소할 필요성이 있는 이른바 재판상 파양에 갈음하는 친생자관계부존재확인청구에 관하여도 마찬가지라고 할 것이다. 왜냐하면 양친자관계는 파양에 의하여 해소될 수 있는 점을 제외하고는 친생자관계와 똑같은 내용을 갖게 되는데, 진실에 부합하지 않는 친생자로서의 호적기재가 법률상의 친자관계인 양친자관계를 공시하는 효력을 갖게 되었고 사망한 양부와 양자 사이의 이러한 양친자관계는 해소할 방법이 없으므로 그 호적기재 자체를 말소하여 법률상 친자관계를 부인하게 하는 친생자관계존부확인청구는 허용될 수 없는 것이기 때문이다.

② [正] [大判 1991. 5. 28. 90므347] 구 인사소송법(1990. 12. 31. 법률 제4300호로 폐지되기 전의 것) 제35조에 의하여 준용되는 같은 법 제26조에 의하면 당사자 및 그 법정대리인 또는 민법 제777조의 규정에 의한 친족은 언제든지 친생관계부존재확인의 소를 제기할 수 있다고 규정하고 있으므로, 여기에 해당하는 신분을 가진 자는 당사자적격이 있고, 특별한 사정이 없는한 그와 같은 소를 제기할 소송상의 이익이 있고, 별도의 이해관계를 가질 것을 필요로 하지 않는다고 할 것이다.

③ [誤] [大判 2000. 1. 28. 99므1817] 민법 제844조의 친생추정을 받는 자는 친생부인의 소에 의하여 그 친생추정을 깨뜨리지 않고서는 다른 사람을 상대로 인지청구를 할 수 없으나, 호적상의 부모의 혼인 중의 자로 등재되어 있는 자라 하더라도 그의 생부모가 호적상의 부모와 다른 사실이 객관적으로 명백한 경우에는 그 친생추정이 미치지 아니하므로, 그와 같은 경우에는 곧바로 생부모를 상대로 인지청구를 할 수 있다.

④ [正] [大判 1992. 7. 24. 91므566] [1] 민법 제844조 제1항의 친생자 추정의 규정 즉 혼인 중 처가 포태한 자에 대한 부의 자로서의 친생추정은 다른 반증을 허용하지 않는 강한 추정이므로, 처가 혼인 중에 포태한 이상 그 부부의 한 쪽이 장기간에 걸쳐 해외에 나가 있거나 사실상의 이혼으로 부부가 별거하고 있는 경우 등 동서의 결여로 처가 부의 자를 포태할 수 없는 것이 외관상 명백한 사정이 있는 경우에만 그러한 추정이 미치지 않을 뿐, 이러한 예외적인 사유가 없는 한 아무도 그 자가 부의 친생자가 아님을 주장할 수 없고, 따라서 이와 같은 추정을 받고 있는 상태에서는 위 추정과 달리 다른 남자의 친생자라고 주장하여 인지를 청구할 수 없으며, 그리고 이와 같은 추정을 번복하기 위하여서는 부측에서 민법 제846조, 제847조가 규정하는 친생부인의 소를 제기하여 그 확정판결을 받아야 하며, 친생부인의 소의 방법이 아닌 민법 제865조 소정의 친생자관계부존재확인의 소의 방법에 의하여 그 친생자관계의 부존재 확인을 소구하는 것은 부적법하다. [2] 위 [1]항의 부적법한 청구일지라도 법원이 그 잘못을 간과하고 청구를 받아들여 친생자관계가 존재하지 않는다는 확인의 심판을 선고하고 그 심판이 확정된 이상 이 심판이 당연무효라고 할 수는 없는 것이며, 구 인사소송법(1990. 12. 31. 법률 제4300호 가사소송법에 의하여 폐지) 제35조, 제32조에 의하여 위 확정심판의 기판력은 제3자에게도 미친다고 할 것이어서 위 심판의 확정으로 누구도 소송상으로나 소송 외에서 친생자임을 주장할 수 없게 되었다고 할 것이니 이제는 위 확정심판의 기판력과 충돌되는 친생자로서의 추정의 효력은 사라져버렸다.

⑤ [正] [大判 1982. 12. 14. 82므46] 친생자관계 부존재확인청구사건에서 이 사건 인지청구사건 청구인과 소외망 甲간에는 친생자 관계가 없는데도 친생자 관계가 있는 것처럼 호적상 기재되어 있다는 이유를 들어 이해관계있는 소외 乙이 청구인을 상대로 친생자관계 부존재확인의 소를 제기하여 그 친생자관계 부존재의 판결이 확정된 바 있다 하더라도 동 판결의 기판력은 이 사건 인지청구에는 미치지 아니한다.

정답 ③

32. 부부인 甲남과 乙녀는 타인의 자 丙을 입양하면서도 자기들 사이의 친생자로 출생신고를 하였다. 이들 사이의 법률관계에 대한 설명 중 옳지 않은 것은?(다툼 있으면 판례에 의함) [02년]

① 甲·乙과 丙 사이에 양친관계를 창설하려는 명백한 의사가 있고 기타 입양의 실질적 성립요건을 모두 갖춘 경우에는 甲·乙과 丙 사이에 입양의 효력이 인정된다.

② 丙의 출생신고 당시 대락권자의 대락 등 입양의 실질적 성립요건이 갖추어지지 않았던 경우 丙이 입양을 승낙할 수 있는 연령이 된 후에도 甲·乙을 양친으로 여기고 생활하는 등 입양의 실질적 요건을 갖춘 이상 丙은 甲·乙이 한 입양에 갈음하는 출생신고를 묵시적으로 추인하였다고 볼 수 있으므로 甲·乙과 丙 사이에 입양의 효력이 인정된다.

③ 甲·乙과 丙 사이에 양친관계의 성립이 인정되더라도, 甲과 乙이 이혼한 경우에는 乙과 丙 사이의 친자관계는 소멸한다.

④ 甲·乙과 丙 사이에 양친자관계의 성립이 인정되는 경우, 甲·乙은 丙과의 양친자

관계를 해소하여야 할 특단의 사정이 없는 한 친생자관계부존재확인을 구할 이익을 가지지 아니한다.
⑤ 甲·乙과 丙 사이에 양친자관계의 성립이 인정되는 경우, 丙은 甲·乙을 상대로 양친자관계존재확인의 소를 제기하여 호적을 정정하고 파양에 의하여 양친자관계를 해소할 수 있다.

해설

① [正] [大判 2000. 6. 9, 99므1633·1640] [1] 당사자가 입양의 의사로 친생자 출생신고를 하고 거기에 입양의 실질적 요건이 구비되어 있다면 그 형식에 다소 잘못이 있더라도 입양의 효력이 발생하고, 이 경우의 허위의 친생자 출생신고는 법률상의 친자관계인 양친자관계를 공시하는 입양신고의 기능을 하게 되는 것인데, 여기서 입양의 실질적 요건이 구비되어 있다고 하기 위하여는 입양의 합의가 있을 것, 15세 미만자는 법정대리인의 대낙이 있을 것, 양자는 양부모의 존속 또는 연장자가 아닐 것 등 민법 제883조 각호 소정의 입양의 무효사유가 없어야 함은 물론 감호·양육 등 양친자로서의 신분적 생활사실이 반드시 수반되어야 하는 것으로서, 입양의 의사로 친생자 출생신고를 하였다 하더라도 위와 같은 요건을 갖추지 못한 경우에는 입양신고로서의 효력이 생기지 아니한다. [2] 친생자 출생신고 당시 입양의 실질적 요건을 갖추지 못하여 입양신고로서의 효력이 생기지 아니하였더라도 그 후에 입양의 실질적 요건을 갖추게 된 경우에는 무효인 친생자 출생신고는 소급적으로 입양신고로서의 효력을 갖게 된다고 할 것이나 민법 제139조 본문이 무효인 법률행위는 추인하여도 그 효력이 생기지 않는다고 규정하고 있음에도 불구하고 입양 등의 신분행위에 관하여 이 규정을 적용하지 아니하고 추인에 의하여 소급적 효력을 인정하는 것은 무효인 신분행위 후 그 내용에 맞는 신분관계가 실질적으로 형성되어 쌍방 당사자가 이의 없이 그 신분관계를 계속하여 왔다면, 그 신고가 부적법하다는 이유로 이미 형성되어 있는 신분관계의 효력을 부인하는 것은 당사자의 의사에 반하고 그 이익을 해칠 뿐만 아니라, 그 실질적 신분관계의 외형과 호적의 기재를 믿은 제3자의 이익도 침해할 우려가 있기 때문에 추인에 의하여 소급적으로 신분행위의 효력을 인정함으로써 신분관계의 형성이라는 신분관계의 본질적 요소를 보호하는 것이 타당하다는 데에 그 근거가 있다고 할 것이므로, 당사자간에 무효인 신고행위에 상응하는 신분관계가 실질적으로 형성되어 있지 아니한 경우에는 무효인 신분행위에 대한 추인의 의사표시만으로 그 무효행위의 효력을 인정할 수 없다.

② [正] [大判 1997. 7. 11, 96므1151] 구 민법(1990. 1. 13. 법률 제4199호로 개정되기 전의 것) 제869조 소정의 입양승낙 없이 친생자로서의 출생신고 방법으로 입양된 15세 미만의 자인 甲이 입양의 승낙능력이 생긴 15세 이후에도 계속하여 자신을 입양한 乙을 어머니로 여기고 생활하는 등 입양의 실질적인 요건을 갖춘 이상, 甲은 그가 15세가 된 이후에 乙이 한 입양에 갈음하는 출생신고를 묵시적으로 추인하였다고 봄이 상당하고, 일단 추인에 의하여 형성된 양친자관계는 파양에 의하지 않고는 이를 해소시킬 수 없다.

③ [誤] 최근 대법원 전원합의체 판결은 민법 제776조는 '양부모의 이혼'을 입양으로 인한 친족관계의 종료사유로 들고 있지 않고, 부부공동입양제를 채택하고 있는 현행 민법 아래에서는 처도 부와 마찬가지로 입양당사자가 되기 때문에 양부모가 이혼하였다고 하여 양모를 양부와 다르게 취급하여 양모자관계만 소멸하였다고 볼 수는 없다고 판시하고 있다.

[大判(全) 2001. 5. 24. 2000므1493] 민법 제776조는 "입양으로 인한 친족관계는 입양의 취소 또는 파양으로 인하여 종료한다."라고 규정하고 있을 뿐 '양부모의 이혼'을 입양으로 인한 친족관계의 종료사유로 들고 있지 않고, 구관습시대에는 오로지 가계계승(家系繼承)을 위하여만 양자가 인정되었기 때문에 입양을 할 때 처는 전혀 입양당사자가 되지 못하였으므로 양부모가 이혼하여 양모가 부(夫)의 가(家)를 떠났을 때에는 입양당사자가 아니었던 양모와 양자의 친족관계가 소멸하는 것은 논리상 가능하였으나, 처를 부와 함께 입양당사자로 하는 현행민법 아래에서는(1990. 1. 13. 개정 전 민법 제874조 제1항은 "처가 있는 자는 공동으로 함이 아니면 양자를 할 수 없고 양자가 되지 못한다."고 규정하였고, 개정 후 현행민법 제874조 제1항은 "배우자 있는 자가 양자를 할 때에는 배우자와 공동으로 하여야 한다."고 규정하고 있다) 부부공동입양제가 되어 처도 부와 마찬가지로 입양당사자가 되기 때문에 양부모가 이혼하였다고 하여 양모를 양부와 다르게 취급하여 양모자관계만 소멸한다고 볼 수는 없는 것이다.

④ [正] [大判(全) 2001. 5. 24. 2000므1493] 당사자가 양친자관계를 창설할 의사로 친생자출생신고를 하고 거기에 입양의 실질적 요건이 모두 구비되어 있다면 그 형식에 다소 잘못이 있더라도 입양의 효력이 발생하고, 양친자관계는 파양에 의하여 해소될 수 있는 점을 제외하고는 법률적으로 친생자관계와 똑같은 내용을 갖게 되므로 이 경우의 허위의 친생자출생신고는 법률상의 친자관계인 양친자관계를 공시하는 입양신고의 기능을 발휘하게 되는 것이며, 이와 같은 경우 파양에 의하여 그 양친자관계를 해소할 필요가 있는 등 특별한 사정이 없는 한 그 호적기재 자체를 말소하여 법률상 친자관계의 존재를 부인하게 하는 친생자관계부존재확인청구는 허용될 수 없는 것이다.

⑤ [正] 입양신고에 갈음하여 친생자출생신고가 되어 입양의 효력이 발생하는 경우, 양친자관계를 부정하거나 해소하는 방법은 우선 파양청구에 갈음하는 친생자관계부존재확인의 소를 제기하는 방법이다(大判(全) 2001. 5. 24. 2000므1493). 한편 호적부의 기재를 양친자관계로 정정하고 파양에 의하여 양친자관계를 해소하는 방법도 가능하다. 호적부의 기재내용을 양친자관계로 바꾸기 위한 양친자관계존재확인의 소가 허용되는지가 문제되는데, 가사소송법상 인정되는 소송유형은 아니지만, 판례는 이를 인정한다.

[大判 1993. 7. 16. 92므372] [1] 신분관계 존부의 확정에 관하여 민법이나 가사소송법 등에서 구체적으로 소송유형을 규정하고 있는 예가 많으나(가사소송법 제2조 제1항 가. 가사소송사건의 (1) 가류사건 중 1 내지 6호, (2) 나류사건 중 1 내지 3호, 5 내지 11호가 이에 속한다), 그와 같이 실정법상 소송유형이 규정되어 있는 경우에 한하여 신분관계존부확인에 관한 소송을 제기할 수 있는 것으로 볼 것은 아니며, 소송유형이 따로 규정되어 있지 아니하더라도 법률관계인 신분관계의 존부를 즉시 확정할 이익이 있는 경우라면 일반 소송법의 법리에 따라 그 신분관계존부확인의 소송을 제기할 수 있다. [2] 양친자 중 일방이 원고로 되어 양친자관계존재확인의 소를 제기하는 경우에는 친생자관계

존부확인소송의 경우에 준하여 양친자 중 다른 일방을 피고로 하여야 할 것이고, 피고가 되어야 할 다른 일방이 이미 사망한 경우에는 역시 친생자관계존부확인소송의 경우를 유추하여 검사를 상대로 소를 제기할 수 있다. [3] 양자와 사망한 양부모 사이에 양친자관계가 존재함을 확인하는 확정판결이 있는 경우 제소자는 호적법 제123조의 정하는 바에 따라 호적정정의 신청을 할 수 있고, 양부모가 사망하였다고 하여 호적정정을 하지 못할 이유는 없다.

정답 ③

33. 결혼 후 오랜 기간이 지나도록 자녀를 갖지 못한 부부 甲(남편)과 乙(아내)이 입양하는 경우에 관한 설명 중 옳은 것은? [04년]

① 甲이 입양을 결정하면 乙은 그 결정에 따라야 하며, 이혼하지 않는 한 입양을 거부할 수 없다.
② 甲이나 乙 중 어느 한 명이 정신질환으로 금치산선고를 받은 상태인 경우, 그들은 입양할 수 없다.
③ 부모 없는 18세의 남자를 입양하려는 경우에 비록 그의 할머니가 입양에 반대하더라도 입양을 성사시킬 수 있다.
④ 甲이 후견인으로서 돌보고 있는 조카아이(부모가 없음)를 입양시키는 경우에는 그 아이의 동의를 얻어서 입양신고를 하면 된다.
⑤ 연장자(年長者)만 아니라면 甲·乙과 비슷한 연령의 여자를 양자로서 입양하는 것도 허용된다.

해설

① [誤] 배우자가 있는 자가 양자를 할 때에는 공동으로 하여야 하며, 양자가 될 때에는 다른 일방의 동의를 얻어야 한다(제874조).
[大判 1998. 5. 26. 97므25] 입양이 개인간의 법률행위임에 비추어 보면 부부의 공동입양이라고 하여도 부부 각자에 대하여 별개의 입양행위가 존재하여 부부 각자와 양자 사이에 각각 양친자관계가 성립한다고 할 것이므로, 부부의 공동입양에 있어서도 부부 각자가 양자와의 사이에 민법이 규정한 입양의 일반 요건을 갖추는 외에 나아가 위와 같은 부부 공동입양의 요건을 갖추어야 하는 것으로 풀이함이 상당하므로, 처가 있는 자가 입양을 함에 있어서 혼자만의 의사로 부부 쌍방 명의의 입양신고를 하여 수리된 경우, 처의 부재 기타 사유로 인하여 공동으로 할 수 없는 때에 해당하는 경우를 제외하고는, 처와 양자가 될 자 사이에서는 입양의 일반요건 중 하나인 당사자 간의 입양합의가 없으므로 입양이 무효가 되고, 한편 처가 있는 자와 양자가 될 자 사이에서는 입양의 일반 요건을 모두 갖추었어도 부부 공동입양의 요건을 갖추지 못하였으므로 처가 그 입양의 취소를 청구할 수 있으나, 그 취소가 이루어지지 않는 한 그들 사이의 입양은 유효하게 존속한다.
② [誤] 금치산자는 후견인의 동의를 얻어 양자를 할 수 있고, 양자가 될 수 있다(제873

조). 따라서 甲과 乙 중 어느 1인이 비록 금치산자라고 하더라도 입양을 할 수 있다.

③ [誤] 양자가 될 자가 성년에 달하지 못한 경우에 부모 또는 다른 직계존속이 없으면 후견인의 동의를 얻어야 한다(제871조). 후견인이 동의를 할 경우에는 가정법원의 허가를 얻어야 한다(제871조 단서). 따라서 할머니인 직계존속이 반대하는 경우에는 입양을 할 수 없다. 그럼에도 불구하고 입양신고를 한 경우에는 그 입양은 취소사유가 된다(제884조).

④ [誤] 후견인이 피후견인을 양자로 하는 경우에는 가정법원의 허가를 얻어야 한다(제872조).

⑤ [正] 양자는 양친의 존속 또는 연장자가 아니어야 한다(제877조 제1항). 따라서 존속이나 연장자가 아니라면 동갑이라고 하더라도 양자로 할 수 있다.
[大判 1991. 5. 28, 90므347] 민법은 존속 또는 연장자를 양자로 하지 못하도록 규정하고 있을 뿐 소목지서를 요구하고 있지는 아니하므로 재종손자를 사후양자로 선정하는 행위가 위법하다고 할 수 없고, 사후양자가 소목지서에 어긋나는 것이 우리의 종래의 관습에 어긋난다고 하여도 민법은 위와 같이 양자의 요건을 완화하고 있으므로 이것이 공서양속에 위배되어 무효라고 할 수 없다.

정답 ⑤

34. 배점 2 민법상 양자에 관한 설명 중 옳지 않은 것을 모두 고른 것은? [08년]

가. 일반양자
㉠ 만 20세의 법대 1학년 학생인 甲은 양자를 할 수 있다.
㉡ 양자될 자가 15세 미만인 경우 친권자 또는 후견인이 그에 갈음하여 입양의 승낙을 하지만, 만 15세 이상의 미성년자가 입양될 경우 부모 또는 다른 직계존속이나 후견인의 동의를 얻어야 한다. 이 중 후견인이 승낙 또는 동의할 때에는 가정법원의 허가를 얻어야 한다.
㉢ 생존한 모와 생계를 같이 하지 않는 만 19세의 甲은 만 20세가 되면 모의 반대에도 불구하고 양자가 될 수 있다.

나. 친양자
a. 甲과 乙은 만 19세에 혼인한 후 만 20세가 되면 丙의 자로서 3세인 丁을 친양자로 입양할 수 있다.
b. 친양자 입양이 취소되거나 파양된 경우, 친양자관계는 소멸하고 입양 전의 친족관계는 부활하지만, 그 친양자 입양의 취소의 효력은 소급하지 않는다.
c. 입양 당시 양친자 일방에게 악질 기타 중대한 사유가 있음을 알지 못하고 친양자로 입양한 경우 그 취소를 청구할 수 없다.

① ㉠, a　　　　　　　　　② ㉠, b
③ ㉡, b　　　　　　　　　④ ㉡, c
⑤ ㉢, a　　　　　　　　　⑥ ㉢, c

해설

㉠ [正] 성년에 달한 자는 양자를 할 수 있다(제866조).
㉡ [正] 15세 미만자가 양자가 되고자 할 경우, 법정대리인이 입양의 승낙을 하여야 하고, 후견인이 입양의 승낙을 하는 경우에는 가정법원의 허가를 받아야 한다(제869조). 양자가 될 자가 미성년자인 경우에 부모 또는 다른 직계존속이 없으면 후견인의 동의를 얻어야 하고 후견인이 동의를 함에 있어서는 가정법원의 허가를 얻어야 한다(제871조).
㉢ [誤] 양자가 될 자는 성년자라고 하더라도 부모의 동의를 얻어야 하고, 부모가 사망 기타 사유로 동의를 할 수 없으면 다른 직계존속의 동의를 얻어야 한다(제870조).
a. [誤] 친양자 입양을 신청하는 부부는 3년 이상 혼인 중인 부부이어야 한다. 다만, 부부의 일방이 배우자의 친생자를 친양자로 하는 경우에는 1년 이상 혼인 중인 부부도 친양자 입양신청을 할 수 있다(제908조의2).
b. [正] 제908조의 7.
c. [正] 일반입양의 취소사유는 친양자 입양에는 적용되지 않는다(제908조의4 제2항).

정답 ⑤

35. 배점 4 甲남과 乙녀는 부부인데 그들 사이에 자녀가 없다. 甲남은 丁녀와 정교관계를 맺어 丁녀가 丙을 출산하였다. 甲남은 丙이 출생한지 1년 후 출생신고서에 乙녀를 丙의 모(母)로 기재하여 출생신고를 하였고, 그 신고서가 수리되었다. 이에 관한 설명 중 옳은 것을 모두 고른 것은?(다툼 있으면 판례에 의함) [09년]

㉠ 丁녀가 사망한 경우, 丙은 丁녀의 재산을 상속할 수 있다.
㉡ 甲남의 丙에 대한 출생신고가 乙녀의 의사에 반하여 일방적으로 이루어졌고, 乙녀는 丙을 자신의 자로 여기지 않았다. 乙녀가 사망한 경우, 丙은 乙녀의 재산을 상속할 수 있다.
㉢ 甲남은 乙녀와 함께 丙을 입양할 의사로 丁녀의 승낙을 얻어 출생신고를 하였다. 그 후 甲남과 乙녀는 이혼하였고, 乙녀는 이혼 1년만에 사망하였다. 丙은 乙녀의 재산을 상속할 수 있다.
㉣ 甲남의 丙에 대한 출생신고가 乙녀의 의사에 반하여 일방적으로 이루어졌고, 乙녀는 丙을 자신의 자로 여기지 않았다. 그 후 乙녀가 사망하였다. 乙녀의 모(母)인 戊녀는 乙녀의 사망사실을 안 날로부터 2년 6개월이 경과하였더라도 丙을 상대로 乙녀와 丙사이의 친생자관계부존재확인의 소를 제기할 수 있다.
㉤ 甲남은 乙녀와 함께 丙을 입양할 의사로 丁녀의 승낙을 얻어 출생신고를 하였다. 그 후 교통사고로 乙녀가 사망하고, 연이어 丙도 사망하였다. 乙녀가 사망한 후 1년 6개월이 경과하였을 때, 乙녀의 모(母)인 戊녀는 사망한 乙녀와 丙 사이에 친생자관계가 존재하지 않는다는 청구를 검사를 상대로 제기할 수 있다.

① ㉠, ㉢   ② ㉡, ㉣   ③ ㉠, ㉡, ㉣
④ ㉠, ㉢, ㉣   ⑤ ㉡, ㉢, ㉣   ⑥ ㉢, ㉣, ㉤
⑦ ㉡, ㉢, ㉣, ㉤   ⑧ ㉠, ㉡, ㉢, ㉣, ㉤

해설

㉠ [正] 혼인 외에서 출생한 자녀와 생모 사이에서는 출산이라는 자연적 사실에 의하여 모자관계가 인정되며 별도로 인지절차를 요구하지 않는다. 따라서 비록 丙의 가족관계등록부에 그 모(母)가 乙녀로 기재되어 있다고 하더라도 丁녀와 丙 사이의 모자관계는 영향을 받지 않는다. 丙은 丁녀의 직계비속으로 丁녀의 재산을 상속할 수 있다.

㉡ [誤] 丙에 대한 출생신고가 입양신고로 전환되어 입양의 효력이 발생한다면 丙은 양모인 乙녀를 양자로서 상속할 수 있을 것이다. 출생신고가 입양신고로 전환되어 입양의 효력이 발생하기 위해서는 입양의 합의가 있어야 하며, 입양무효사유가 없어야 할 뿐만 아니라 양친자로서의 신분적 생활사실이 수반되어야 한다는 것이 판례의 입장이다. 乙녀와 丙 사이에 양친자관계를 발생시키고자 하는 의사의 합치가 없었을 뿐만 아니라 양친자로서의 신분적 생활사실이 수반된 것도 아니므로 乙녀와 丙 사이에 양친자관계를 인정할 수는 없다. 결국 丙은 乙녀를 상속할 수 없다.
[大判 2000. 6. 9. 99므1633·1640] 당사자가 입양의 의사로 친생자 출생신고를 하고 거기에 입양의 실질적 요건이 구비되어 있다면 그 형식에 다소 잘못이 있더라도 입양의 효력이 발생하고, 이 경우의 허위의 친생자 출생신고는 법률상의 친자관계인 양친자관계를 공시하는 입양신고의 기능을 하게 되는 것인데, 여기서 입양의 실질적 요건이 구비되어 있다고 하기 위하여는 <u>입양의 합의가 있을 것</u>, <u>15세 미만자는 법정대리인의 대낙이 있을 것</u>, <u>양자는 양부모의 존속 또는 연장자가 아닐 것</u> 등 민법 제883조 각 호 소정의 입양의 무효사유가 없어야 함은 물론 <u>감호·양육 등 양친자로서의 신분적 생활사실이 반드시 수반되어야 하는</u> 것으로서, 입양의 의사로 친생자 출생신고를 하였다 하더라도 위와 같은 요건을 갖추지 못한 경우에는 입양신고로서의 효력이 생기지 아니한다.

㉢ [正] 양친자관계가 성립한 후, 양부모가 이혼한 경우 양모자관계가 소멸하는지를 묻는 지문이다. 乙녀와 丙 사이에 입양의 합의가 있을 뿐만 아니라 입양무효사유가 별도로 존재하지 아니하므로 甲남의 친생자출생신고에 의하여 甲남과 丙 사이뿐만 아니라 乙녀와 丙 사이에서도 양친자관계가 발생한다. 이미 양친자관계가 발생하였다면 양부모가 이혼하였다고 하더라도 양모자관계가 소멸하는 것은 아니라는 것이 판례이다. 왜냐하면 양모도 부부공동입양의 원칙에 따라 입양의 당사자이기 때문이다. 따라서 丙은 乙녀의 재산을 상속할 수 있다.
[大判(全) 2001. 5. 24. 2000므1493] 민법 제776조는 "입양으로 인한 친족관계는 입양의 취소 또는 파양으로 인하여 종료한다"라고 규정하고 있을 뿐 '양부모의 이혼'을 입양으로 인한 친족관계의 종료사유로 들고 있지 않고, 구 관습시대에는 오로지 가계계승(家系繼承)을 위하여만 양자가 인정되었기 때문에 입양을 할 때 처는 전혀 입양당사자가 되지 못하였으므로 양부모가 이혼하여 양모가 부(夫)의 가(家)를 떠났을 때에는 입

양당사자가 아니었던 양모와 양자의 친족관계가 소멸하는 것은 논리상 가능하였으나, 처를 부와 함께 입양당사자로 하는 현행 민법 아래에서는(1990. 1. 13. 개정 전 민법 제874조 제1항은 "처가 있는 자는 공동으로 함이 아니면 양자를 할 수 없고 양자가 되지 못한다"고 규정하였고, 개정 후 현행 민법 제874조 제1항은 "배우자 있는 자가 양자를 할 때에는 배우자와 공동으로 하여야 한다"고 규정하고 있다) 부부공동입양제가 되어 <u>처도 부와 마찬가지로 입양당사자가 되기 때문에 양부모가 이혼하였다고 하여 양모를 양부와 다르게 취급하여 양모자관계만 소멸한다고 볼 수는 없는 것이다.</u>

㉣ [正] 친생자관계존부확인의 소는 제소기간의 제한이 없다. 그러나 당사자 일방이 사망한 때에는 그 사망을 안 날로부터 2년 내에 검사를 상대로 하여 소를 제기하여야 한다(제865조 제2항). 당사자 일방이 사망한 때란 피고로 될 자가 사망하여 존재하지 않는 경우를 의미하는데, 제3자가 친생자관계부존재확인의 소를 제기할 때에는 부모와 자녀 모두를 피고로 하여야 하고, 부모와 자녀 중 어느 한 쪽이 사망한 경우에는 생존자를 피고로 하여야 하며, 부모와 자녀 모두 사망한 경우에는 사망사실을 안 날로부터 2년 내에 검사를 피고로 하여야 한다. 사안의 경우 丙이 여전히 생존해 있는 경우이므로 사망사실을 안 날로부터 2년 내라는 제한은 적용될 수 없다. 결국 戊녀가 乙녀의 사망사실을 안 날로부터 2년 6개월이 경과하였더라도 丙을 상대로 친생자관계부존재확인의 소를 제기할 수 있다.

㉤ [誤] 유효하게 입양관계가 성립하였지만, 가족관계등록부에 친생자로 기재된 경우, 친생자관계부존재확인의 소를 제기하는 것이 허용되는가를 묻는 지문이다. 유효한 입양관계가 성립한 경우, 친생자관계부존재확인의 소를 제기하기 위해서는 파양사유가 존재하는 등의 특별한 사정이 있어야 한다는 것이 판례의 입장이다. 사안의 경우 파양사유가 별도로 존재하지 않기 때문에 파양청구에 갈음하는 친생자관계부존재확인의 소는 확인의 이익이 없어 부적법하다.

[大判(全) 2001. 5. 24. 2000므1493] 당사자가 양친자관계를 창설할 의사로 친생자출생신고를 하고 거기에 입양의 실질적 요건이 모두 구비되어 있다면 그 형식에 다소 잘못이 있더라도 입양의 효력이 발생하고, 양친자관계는 파양에 의하여 해소될 수 있는 점을 제외하고는 법률적으로 친생자관계와 똑같은 내용을 갖게 되므로 이 경우의 허위의 친생자출생신고는 법률상의 친자관계인 양친자관계를 공시하는 입양신고의 기능을 발휘하게 되는 것이며, 이와 같은 경우 <u>파양에 의하여 그 양친자관계를 해소할 필요가 있는 등 특별한 사정이 없는 한 그 호적기재 자체를 말소하여 법률상 친자관계의 존재를 부인하게 하는 친생자관계부존재확인청구는 허용될 수 없는 것이다.</u>

정답 ④

36. 배점 2 파양에 관한 설명 중 옳지 않은 것은? (다툼 있으면 판례에 의함) [11년]

① 양부모나 양자가 금치산자인 때에는 그가 의사능력을 회복하고 있더라도 후견인의 동의를 얻어야 재판상 파양을 청구할 수 있다.

② 15세 미만인 양자가 재판상 파양을 하는 경우, 입양을 대락한 자가 이에 갈음하여 재판상 파양을 청구하여야 하고, 입양을 대락한 자가 사망 기타 사유로 청구할 수

없는 때에는 생가의 다른 직계존속이 청구하여야 하며, 후견인 또는 생가의 다른 직계존속이 청구를 하는 때에는 가정법원의 허가를 받아야 한다.
③ 친양자가 3년 이상 생사불명인 경우라도 양친은 가정법원에 파양을 청구할 수 없다.
④ 재판상 파양의 당사자는 양부모와 양자인 것이 원칙이지만, 양부모가 모두 사망한 경우에는 양조부가 재판상 파양을 청구할 수 있다.
⑤ 양부가 사망한 경우, 양모는 단독으로 양자를 상대로 자신과 양자 사이의 재판상 파양을 청구할 수 있으며, 이는 양부와 양자 사이의 양친자관계에 영향을 미치지 아니한다.

해 심

① [正] 금치산자의 재판상 파양절차를 묻는 지문이다. 양친자의 일방은 제905조 각호가 정하는 사유가 있는 때에는 가정법원에 재판상 파양을 청구할 수 있다(제905조). 금치산자가 재판상 파양청구를 하는 경우에는 후견인의 동의를 얻어 파양청구를 할 수 있다(제906조, 제902조).

② [正] 15세 미만인 양자의 재판상 파양절차를 묻는 지문이다. 협의상 파양에 관한 제899조가 제906조에 의하여 재판상 파양에도 준용된다. 따라서 협의상 파양과 마찬가지로 입양을 승낙한 자가 파양청구를 하여야 하고, 입양을 승낙한 자가 사망 기타 사유로 파양청구를 할 수 없는 때에는 생가의 다른 직계존속이 이를 하여야 하는데, 후견인 혹은 생가의 다른 직계존속이 파양청구를 하는 때에는 가정법원의 허가를 받아야 한다(제899조, 제906조).

③ [正] 친양자 파양사유를 묻는 지문이다. 보통양자의 경우 양자의 생사가 3년 이상 불명인 경우에는 가정법원에 파양청구를 할 수 있다(제905조 제4호). 그러나 보통양자의 파양사유는 친양자 파양사유에 해당하지 아니한다(제908조의 5 제2항). 친양자 파양사유는 양친이 친양자를 학대 또는 유기하거나 그 밖에 친양자의 복리를 현저히 해하는 때, 친양자의 양친에 대한 패륜행위로 인하여 친양자관계를 유지시킬 수 없게 된 때에 한정된다(제908조의 5 제1항).

④ [誤] 양부모가 모두 사망한 경우, 양조부가 파양청구권자가 될 수 있는지를 묻는 지문이다. 파양청구권은 양친자의 일방이 행사할 수 있는 권리이며, 일신전속권으로 상속의 대상이 되지도 아니한다. 양친이 아닌 양조부는 파양청구권자에 해당하지 아니한다.
[大判 1983. 9. 13. 83므16] 인사소송법 제37조에 의하여 준용되는 같은 법 제26조는 혼인무효의 소의 당사자에 관한 규정으로서 입양무효에 관한 소에는 준용될 수 있으나 이와 성질을 달리하는 파양의 소에는 준용할 수 없으므로 <u>양조부는 재판상 파양청구권이 없다.</u>

⑤ [正] 양부 사망 후, 양모가 단독으로 파양청구를 할 수 있는지 여부를 묻는 지문이다. 현행 양자법은 부부공동입양제에 입각하고 있다. 부부공동입양의 원칙은 파양의 경우에도 관철된다. 다만, 양부모 중 일방이 사망한 경우에는 부부공동입양의 원칙이 관철될 수 없으므로 단독파양도 가능하다. 이 경우 양부와 양자 사이의 양친자관계에는

영향을 미치지 아니한다.

[大判 2001. 8. 21, 99므2230] 민법 제874조 제1항은 "배우자 있는 자가 양자를 할 때에는 배우자와 공동으로 하여야 한다."고 규정함으로써 부부의 공동입양원칙을 선언하고 있는 바, 파양에 관하여는 별도의 규정을 두고 있지는 않고 있으나 부부의 공동입양원칙의 규정취지에 비추어 보면 양친이 부부인 경우 파양을 할 때에도 부부가 공동으로 하여야 한다고 해석할 여지가 없지 아니하나(양자가 미성년자인 경우에는 양자제도를 둔 취지에 비추어 그와 같이 해석하여야 할 필요성이 크다), 그렇게 해석한다고 하더라도 <u>양친 부부 중 일방이 사망하거나 또는 양친이 이혼한 때에는 부부의 공동파양의 원칙이 적용될 여지가 없다고 할 것이고, 따라서 양부가 사망한 때에는 양모는 단독으로 양자와 협의상 또는 재판상 파양을 할 수 있으되 이는 양부와 양자 사이의 양친자관계에 영향을 미칠 수 없는 것이고</u>, 또 양모가 사망한 양부에 갈음하거나 또는 양부를 위하여 파양을 할 수는 없다고 할 것이며, 이는 친생자부존재확인을 구하는 청구에 있어서 입양의 효력은 있으나 재판상 파양 사유가 있어 양친자관계를 해소할 필요성이 있는 이른바 재판상 파양에 갈음하는 친생자관계부존재확인청구에 관하여도 마찬가지라고 할 것이다. 왜냐하면 양친자관계는 파양에 의하여 해소될 수 있는 점을 제외하고는 친생자관계와 똑같은 내용을 갖게 되는데, 진실에 부합하지 않는 친생자로서의 호적기재가 법률상의 친자관계인 양친자관계를 공시하는 효력을 갖게 되었고 사망한 양부와 양자 사이의 이러한 양친자관계는 해소할 방법이 없으므로 그 호적기재 자체를 말소하여 법률상 친자관계를 부인하게 하는 친생자관계존부확인청구는 허용될 수 없는 것이기 때문이다.

정답 ④

37. 배점 2 친양자에 관한 설명 중 옳은 것을 모두 고른 것은? [09년]

㉠ 친양자 입양은 당사자간의 합의만으로는 가능하지 않고, 반드시 가정법원의 친양자 입양허가를 받아야 한다.
㉡ 친양자는 그 입양이 확정된 때로부터 종전의 친족관계가 종료할 뿐 출생시에 소급하여 종료되지는 않으므로 입양 전의 상속이나 부양관계에는 영향을 미치지 않는다.
㉢ 부부의 일방이 그 배우자의 친생자를 단독으로 입양한 경우에 있어서의 배우자 및 그 친족과 친생자간의 친족관계는 종료되지 않는다.
㉣ 친양자 입양의 경우 협의파양은 할 수 없고, 일정한 경우 재판상의 파양만 인정하고 있다.
㉤ 친양자가 미성년자인 상태에서 친양자 관계가 취소되거나 파양되면 그 친생부모가 친권자가 되고 친양자의 성과 본은 양친의 성과 본에서 원래의 성과 본으로 변경된다.

① ㉠, ㉡, ㉢, ㉣, ㉤   ② ㉠, ㉢, ㉣, ㉤   ③ ㉡, ㉢, ㉣
④ ㉠, ㉢, ㉣   ⑤ ㉠, ㉡, ㉤

해설

㉠ [正] 제908조의 2.

㉡ [正] 제908조의 3.

㉢ [正] 제908조의 3.

㉣ [正] 제908조의 5.

㉤ [正] 제908조의 7. 친양자 입양이 취소된 때에는 친양자관계는 소멸하고, 입양 전의 친족관계는 부활한다. 친양자 입양 취소는 소급효를 가지지 않는다. 한편 자는 부의 성과 본을 따르는데(제781조 제1항) 친양자 입양이 확정되면 종전의 친족관계가 소멸하기 때문에 친양자의 부(父)는 양부가 그 부(父)가 되고, 친양자는 양부의 성을 따른다. 그 후 친양자 입양이 취소되면 종전의 친족관계가 부활하고 양친자관계는 종료하므로 이제 친양자의 부(父)는 친생의 부(父)가 되고, 친생의 부(父)의 성과 본을 따르게 된다. 결국 친양자 관계가 취소되거나 파양되면 친생부모가 친권자가 되고 친양자의 성과 본은 원래의 성과 본으로 변경된다.

정답 ①

38. 친권자와 미성년자인 자(子) 사이의 이해상반행위에 관한 설명 중 옳은 것은?(다툼 있으면 판례에 의함) [05년]

① 친권자인 모(母)가 자신이 대표이사로 있는 주식회사의 채무를 담보하기 위하여 자신과 미성년자인 자(子)의 공유재산에 대하여 자(子)의 법정대리인 겸 본인의 자격으로 근저당권을 설정한 행위는 이해상반행위이다.

② 친권자와 미성년자인 자(子) 사이의 이해상반행위와 관련하여 법원이 특별대리인을 선임함에 있어서, 특별대리인에게 미성년자인 자(子)가 하여야 할 법률행위를 무엇이든지 처리할 수 있도록 포괄적으로 권한을 수여하는 심판을 할 수는 없다.

③ 친권자와 미성년자인 자(子)간의 이해상반행위에는 추인이 허용되지 않는다.

④ 공동상속인이면서 동시에 친권자인 모(母)가 스스로 상속을 포기하고, 또한 미성년자인 자(子)의 상속을 포기하여, 결국 성년자인 다른 자(子)가 피상속인인 부(父)의 재산을 모두 상속받게 한 것은 이해상반행위이다.

⑤ 친권자인 모(母)가 자기 오빠의 제3자에 대한 채무의 담보로 미성년자인 자(子) 소유의 부동산에 근저당권을 설정하는 행위는 이해상반행위이다.

해설

① [誤] [大判 1996. 11. 22, 96다10270] 친권자인 모가 자신이 대표이사로 있는 주식회사의 채무 담보를 위하여 자신과 미성년인 자의 공유재산에 대하여 자의 법정대리인 겸 본인의 자격으로 근저당권을 설정한 행위는, 친권자가 채무자 회사의 대표이사로서 그

주식의 66%를 소유하는 대주주이고 미성년인 자에게는 불이익만을 주는 것이라는 점을 감안하더라도, 그 행위의 객관적 성질상 채무자 회사의 채무를 담보하기 위한 것에 불과하므로 친권자와 그 자 사이에 이해의 대립이 생길 우려가 있는 이해상반행위라고 볼 수 없다.

② [正] [大判 1996. 4. 9. 96다1139] 법원이 특별대리인 선임 심판을 함에 있어서 그 주문에 특별대리인이 처리할 법률행위를 적시하지 아니한 채 단지 특정인을 미성년자를 위한 특별대리인으로 선임한다는 내용만 기재하는 것은 바람직하지 아니한 것이나, 이러한 내용의 심판이 있는 경우에도 그 특별대리인의 권한은 그 사건 선임신청서에서 신청의 원인으로 적시한 특정의 법률행위에 한정되는 것이며 그 밖의 다른 법률행위에 대하여는 그 처리 권한이 없다.

③ [誤] [大判 1993. 4. 13. 92다54524] 친권자가 수인의 미성년자의 법정대리인으로서 상속재산분할협의를 한 것이라면 이는 민법 제921조에 위반된 것으로서 이러한 대리행위에 의하여 성립된 상속재산분할협의는 피대리자 전원에 의한 추인이 없는 한 무효이다.

④ [誤] [大判 1989. 9. 12. 88다카28044] 민법 제921조 제2항의 경우 이해상반행위의 당사자는 쌍방이 모두 친권에 복종하는 미성년자일 경우이어야 하고, 이 때에는 친권자가 미성년자 쌍방을 대리할 수는 없는 것이므로 그 어느 미성년자를 위하여 특별대리인을 선임하여야 한다는 것이지 성년이 되어 친권자의 친권에 복종하지 아니하는 자와 친권에 복종하는 미성년자인 자 사이에 이해상반이 되는 경우가 있다 하여도 친권자는 미성년자를 위한 법정대리인으로서 그 고유의 권리를 행사할 수 있으므로 그러한 친권자의 법률행위는 같은 조항 소정의 이해상반행위에 해당한다 할 수 없다.

⑤ [誤] [大判 1991. 11. 26. 91다32466] 미성년자의 친권자인 모가 자기 오빠의 제3자에 대한 채무의 담보로 미성년자 소유의 부동산에 근저당권을 설정하는 행위가, 채무자를 위한 것으로서 미성년자에게는 불이익만을 주는 것이라고 하더라도, 민법 제921조 제1항에 규정된 "법정대리인인 친권자와 그 자 사이에 이해상반되는 행위"라고 볼 수는 없다.

정답 ②

39. 배점 2 甲과 乙은 부부이며, 그들 사이에 미성년의 자 丙이 있다. 丙은 丁으로부터 증여받은 상당한 재산을 소유하고 있다. 이에 관한 설명 중 옳은 것을 모두 고른 것은?
(다툼 있으면 판례에 의함) [08년]

㉠ 甲은 乙의 동의하에 丙의 재산 중 일부를 처분하여 주식투자를 하였다가 丙에게 손해를 발생시켰다. 甲이 자신의 재산을 관리하는 것과 동일한 주의를 하였다면, 丙에 대해 손해배상책임을 지지 않는다.

㉡ 乙이 공동대표이사로 있는 X 주식회사의 채무를 담보하기 위해, 乙이 丙을 대리하여 丙 소유의 토지에 저당권을 설정하였고 甲도 이에 동의하였다. 위 저당권 설정행위는 이해상반행위로 볼 수 없다.

ⓒ 丙이 성년이 되면 甲과 乙은, 丁이 반대의사를 표시하더라도 丙의 재산을 관리하면서 수취한 과실을 丙의 양육비와 상계할 수 있다.
② 甲은 乙의 동의 없이 乙과 공동명의로 丙을 대리하여 丙 소유 토지의 매매계약을 체결하였다. 매수인이 乙의 동의가 없었다는 사실을 알았다면 위 매매계약은 무효이다.
ⓜ 丁이 丙에게 증여하면서 甲이 증여재산을 관리하지 못하도록 하여 乙이 단독으로 관리하였는데, 丙이 성년이 되기 전에 乙이 사망하였다. 이후에는 甲이 丙의 재산을 관리할 수 있다.

① ㉠, ㉡
② ㉠, ㉢
③ ㉠, ㉡, ㉣
④ ㉠, ㉢, ㉤
⑤ ㉡, ㉢, ㉣
⑥ ㉡, ㉢, ㉤
⑦ ㉡, ㉢, ㉣, ㉤
⑧ ㉠, ㉡, ㉢, ㉣

해설

- ㉠ [正] 민법 제922조.
- ㉡ [正] [大判 1996. 11. 22, 96다10270] 친권자인 모가 자신이 대표이사로 있는 주식회사의 채무 담보를 위하여 자신과 미성년인 자의 공유재산에 대하여 자의 법정대리인 겸 본인의 자격으로 근저당권을 설정한 행위는, 친권자가 채무자 회사의 대표이사로서 그 주식의 66%를 소유하는 대주주이고 미성년인 자에게는 불이익만을 주는 것이라는 점을 감안하더라도, 그 행위의 객관적 성질상 채무자 회사의 채무를 담보하기 위한 것에 불과하므로 친권자와 그 자 사이에 이해의 대립이 생길 우려가 있는 이해상반행위라고 볼 수 없다.
- ㉢ [誤] 민법 제923조 제2항.
- ㉣ [正] 민법 제920조의2.
- ㉤ [誤] 민법 제928조. 후견인을 두어야 한다.

정답 ③

40. 후견에 관한 설명 중 틀린 것은?(다툼 있으면 판례에 의함) [05년]

① 미성년자를 위한 지정후견인이 없는 경우, 법원의 선임절차 없이 법정후견인 순위에 따라 자동적으로 후견인이 정하여진다.
② 미성년자의 친권자인 양(養)부모가 모두 사망한 경우, 생(生)부모의 친권이 부활하는 것이 아니고 후견이 개시된다.
③ 미성년자의 후견인이 자신이 소집한 친족회의 동의를 받아 피후견인의 부동산을 처분한 경우, 그 처분행위는 유효하다.

④ 한정치산자의 후견인이 친족회의 동의를 얻지 않고 피후견인의 부동산을 처분한 경우, 피후견인 한정치산자가 후견인의 행위를 취소할 수 있는 권리는 채권자대위권의 목적이 될 수 없다.
⑤ 한정치산자의 후견인이 친족회의 동의를 얻지 않고 피후견인의 부동산을 처분하는 행위를 한 경우, 친족회의 동의가 있다고 믿을만한 정당한 사유가 상대방에게 있는 때에는, 본인인 한정치산자에게 그 효력이 미친다.

해설

① [正] [大決 1991. 4. 4, 90스3] 미성년자에 대한 법정후견인의 취임은 지정후견인이 없음을 조건으로 후견개시사유 발생과 동시에 당연히 이루어지고, 호적상 후견개시신고는 보고적신고에 불과한 것인 바, 미성년자의 부 및 조부가 사망하였어도 외조부가 생존하면 개정 전 민법 제932조, 제935조에 따라 부의 사망과 동시에 외조부가 후견인으로 취임한 것이라 할 것이고, 그에게 후견인 결격사유가 있는 경우에는 이혼한 생모가 차순위로 후견인이 되는 것이므로 미성년자의 고모가 후견개시신고를 하여 호적에 후견인인 것처럼 등재되었다 하여도 후견인으로 취임한 것으로 볼 수 없다.

② [正] 입양의 무효나 취소, 파양 등으로 친생부모의 친권은 부활하지만, 양부모의 사망은 후견 개시의 원인이 될 뿐이다.

③ [誤] 친족회는 본인, 그 법정대리인, 배우자, 직계혈족, 호주, 회원, 이해관계인 또는 검사의 청구에 의하여 가정법원이 이를 소집한다(제966조). 미성년자의 후견인은 친족회의 소집권자가 아니다.

④ [正] [大判 1996. 5. 31, 94다35985] 후견인이 민법 제950조 제1항 각 호의 행위를 하면서 친족회의 동의를 얻지 아니한 경우, 제2항의 규정에 의하여 피후견인 또는 친족회가 그 후견인의 행위를 취소할 수 있는 권리는 행사상의 일신전속권이므로 채권자대위권의 목적이 될 수 없다.

⑤ [正] [大判 1997. 6. 27, 97다3828] 민법 제126조 소정의 권한을 넘는 표현대리 규정은 거래의 안전을 도모하여 거래상대방의 이익을 보호하려는 데에 그 취지가 있으므로 법정대리라고 하여 임의대리와는 달리 그 적용이 없다고 할 수 없고, 따라서 한정치산자의 후견인이 친족회의 동의를 얻지 않고 피후견인의 부동산을 처분하는 행위를 한 경우에도 상대방이 친족회의 동의가 있다고 믿은 데에 정당한 사유가 있는 때에는 본인인 한정치산자에게 그 효력이 미친다.

정답 ③

41. 배점 3 친족회에 관한 설명 중 옳은 것을 모두 고른 것은? (다툼 있으면 판례에 의함) [11년]

ㄱ. 친권자가 미성년자의 친족회원을 지정할 수 있는 경우는 그 친권자가 후견인을 지정할 수 있는 때라야 할 것이고, 후견인을 지정할 수 있는 때는 결국 유언으로 후견인을 지정하는 경우를 말한다.
ㄴ. 친족회원은 정당한 사유가 있는 때에는 가정법원에 그 사유를 서면으로 신고하고 사퇴할 수 있다.
ㄷ. 친족회의 의사(議事)에 관하여 의견이 일치하지 않을 때에는 회원 과반수의 찬성으로 결정한다.
ㄹ. 가정법원이 친족회의 소집허가를 한 경우, 민법은, 가정법원이 그 친족회가 소집되어 결의를 하였는지 확인하고, 이를 통하여 친족회의 동의를 얻지 않은 후견인의 행위를 감독하도록 규정하고 있다.
ㅁ. 한정치산자의 후견인이 한정치산자의 법정대리인으로서 소를 제기하기 위해서는 친족회의 동의를 얻어야 한다.
ㅂ. 가정법원에 의하여 소집되지 아니한 친족회의 결의는 중대한 절차상의 하자가 있으므로 그 결의는 부존재 내지는 무효이다.

① ㄱ, ㄴ, ㄷ, ㅁ ② ㄱ, ㄴ, ㄷ, ㅂ
③ ㄱ, ㄷ, ㄹ, ㅁ ④ ㄴ, ㄷ, ㄹ, ㅁ
⑤ ㄱ, ㄷ, ㅁ, ㅂ ⑥ ㄴ, ㄷ, ㄹ, ㅂ
⑦ ㄴ, ㄷ, ㅁ, ㅂ ⑧ ㄷ, ㄹ, ㅁ, ㅂ

해설

ㄱ. [正] 후견인을 지정할 수 있는 친권자는 미성년자의 친족회원을 지정할 수 있다(제962조). 미성년자에 대하여 친권을 행사하는 부모는 유언으로 미성년자의 후견인을 지정할 수 있다(제931조).
[大判 1975. 3. 25. 74다1998] 친권자가 미성년자의 친족회원을 지정할 수 있는 경우는 친권자가 후견인을 지정할 수 있는 때라야 하고 친권자가 후견인을 지정할 수 있는 때에는 유언으로 후견인을 지정하는 경우를 말한다.
ㄴ. [誤] 친족회원은 정당한 사유 있는 때에는 법원의 허가를 얻어 이를 사퇴할 수 있다(제970조). 단순히 가정법원에 그 사유를 서면으로 신고하고 사퇴할 수는 없다. 법원의 허가를 얻어야 한다.
ㄷ. [正] 친족회의 의사는 회원과반수의 찬성으로 결정한다(제967조 제1항).
ㄹ. [誤] 친족회는 일정한 자의 청구에 의하여 가정법원이 소집한다(제966조). 따라서 가정법원이 소집허가를 하고, 소집되어 결의를 하였는지 등을 확인하고 감독하는 규정을 민법은 마련하고 있지 않다.
ㅁ. [正] 후견인이 피후견인에 갈음하여 소송행위를 하기 위해서는 친족회의 동의를 얻어

야 한다(제950조 제1항 제4호).

ㅂ. [正] 가정법원에 의하여 소집되지 아니한 친족회 결의의 효력을 묻는 지문이다. 대법원은 이를 무효로 보고 있다.
[大判 1997. 6. 27. 97다3828] 민법 제966조에 의하면, 친족회는 본인 기타 이해관계인 등의 청구에 의하여 가정법원이 이를 소집하도록 규정되어 있으므로, <u>가정법원이 소집하지 아니한 친족회의 결의는 중대한 절차상의 하자가 있어 부존재 내지 무효이다.</u>

정답 ⑤

42. 친족적 부양(민법 제974조에 의한 부양을 말한다)에 관한 설명 중 옳지 않은 것은?
(다툼 있으면 판례에 의함) [06년]

① 직계혈족 및 그 배우자간, 생계를 같이 하는 기타 친족 간에는 서로 부양의 의무가 있으며, 부양의무자는 부양을 받을 자가 자기의 자력 또는 근로에 의하여 생활을 유지할 수 없는 경우에 한하여 부양의무를 이행할 책임이 있다.
② 성년(成年)인 자녀가 부양의무의 존부나 그 순위에 구애됨이 없이 스스로 장기간 부모와 동거하면서 생계유지의 수준을 넘는 부양자 자신과 같은 생활수준을 유지하는 부양을 하였다 하더라도 부모의 상속재산에 대하여 기여분을 인정받지 못한다.
③ 부양을 할 자 또는 부양을 받을 자의 순위, 부양의 정도 또는 방법에 관한 당사자의 협정이나 법원의 판결이 있은 후 이에 관한 사정변경이 있는 경우, 법원은 당사자의 청구에 의하여 그 협정이나 판결을 취소 또는 변경할 수 있다.
④ 부양의 의무 있는 자가 수인인 경우에 부양을 할 자의 순위에 관하여 당사자간에 협정이 없는 때에는 법원은 당사자의 청구에 의하여 이를 정하는데, 이 경우에 법원은 수인의 부양의무자를 선정할 수 있다.
⑤ 부양을 받을 권리는 일신전속권으로서 채권자대위의 목적이 되지 않으며, 타인에게 양도할 수 없고, 강제집행의 대상도 되지 않는다.

해설

① [正] 제974조의 부양의무는 부부사이나 부모와 자식사이의 1차적 부양의무와 다른 2차적 부양의무로 제975조에 따른 부양의 필요성과 가능성을 전제로 한다.
② [誤] 공동상속인 중에 상당한 기간 동거, 간호 그 밖의 방법으로 피상속인을 특별히 부양한 자는 기여분을 주장할 수 있다(제1008조의2 제1항).
[大判 1998. 12. 8. 97므513·520·97스12] 민법이 친족 사이의 부양에 관하여 그 당사자의 신분관계에 따라 달리 규정하고, 피상속인을 특별히 부양한 자를 기여분을 인정받을 수 있는 자에 포함시키는 제1008조의2 규정을 신설함과 아울러 재산상속인이 동시에 호주상속을 할 경우에 그 고유의 상속분의 5할을 가산하도록 한 규정(1990. 1. 13. 법률 제4199호로 개정되기 전의 제1009조 제1항 단서)을 삭제한 취지에 비추어 볼 때, <u>성</u>

년(成年)인 자(子)가 부양의무의 존부나 그 순위에 구애됨이 없이 스스로 장기간 그 부모와 동거하면서 생계유지의 수준을 넘는 부양자 자신과 같은 생활수준을 유지하는 부양을 한 경우에는 부양의 시기·방법 및 정도의 면에서 각기 특별한 부양이 된다고 보아 각 공동상속인 간의 공평을 도모한다는 측면에서 그 부모의 상속재산에 대하여 기여분을 인정함이 상당하다.

③ [正] 민법 제978조.   ④ [正] 민법 제976조.
⑤ [正] 부양청구권은 채권자대위권의 목적이 되지 아니하며, 처분이 금지되고(제979조), 압류도 허용되지 아니한다(민사집행법 제246조 1호).

정답 ②

43. 민법상 부양에 관한 설명 중 옳은 것(○)과 옳지 않은 것(×)을 바르게 표시한 것은?(다툼 있으면 판례에 의함) [08년]

㉠ 부양의무 없는 제3자가 부양을 요하는 상태에 있는 타인의 미성년자를 양육한 경우, 제3자는 인지하지 않은 부를 상대로 사무관리를 근거로 체당(替當)부양료를 구상할 수 있다.
㉡ 부양에서는 사적 부양이 우선하므로, 공적 부조에 관한 특별법의 규정은 민법규정을 보충하는 역할을 한다.
㉢ 부양권리자인 미성년자가 요부양상태에 있고 부양의무자에게 부양의 여력이 있다 하여도, 특별한 사정이 없는 한 부양권리자가 청구한 때부터 부양의무가 발생한다.
㉣ 부양을 할 자 또는 부양을 받을 자의 순위, 부양의 정도 또는 방법에 관한 당사자의 협정이나 법원의 판결이 있은 후 이에 관한 사정변경이 있는 때에는 법원은 당사자의 청구에 의하여 그 협정이나 판결을 취소 또는 변경할 수 있다.
㉤ 생계를 같이 하는 친족간의 부양에서 부양의 의무있는 자가 수인인 경우, 부양을 할 자의 순위는 최근친을 선순위로 하여 결정한다.

① ㉠(○), ㉡(○), ㉢(○), ㉣(×), ㉤(○)
② ㉠(○), ㉡(○), ㉢(×), ㉣(×), ㉤(×)
③ ㉠(○), ㉡(×), ㉢(×), ㉣(○), ㉤(×)
④ ㉠(×), ㉡(○), ㉢(×), ㉣(×), ㉤(○)
⑤ ㉠(×), ㉡(×), ㉢(○), ㉣(○), ㉤(○)
⑥ ㉠(×), ㉡(○), ㉢(×), ㉣(○), ㉤(×)
⑦ ㉠(×), ㉡(○), ㉢(×), ㉣(○), ㉤(○)

해설

- ㉠ [誤] [大判 1981. 5. 26, 80다2515] 제3자인 원고가 피고의 혼인 외 출생자를 양육 및 교육하면서 그 비용을 지출하였다고 하여도 피고가 동 혼인 외 출생자를 인지하거나 부모의 결혼으로 그 혼인 중의 출생자로 간주되지 않는 한 실부인 피고는 동 혼인 외 출생자를 부양할 법률상 의무는 없으므로 피고가 원고의 위 행위로 인하여 부당이득을 하였다거나 원고가 피고의 사무를 관리하였다고 볼 수 없다.
- ㉡ [正] 사적 부양인 민법상 부양제도가 1차적인 것이다. 국민기초생활보장법에서는 부양의무자의 부양과 다른 법령에 의한 보호가 동법에 의한 급여에 우선하도록 규정하고 있다(국민기초생활보장법 제3조).
- ㉢ [誤] [大判(全) 1994. 5. 13, 92스21] 어떠한 사정으로 인하여 부모 중 어느 한 쪽만이 자녀를 양육하게 된 경우에, 그와 같은 일방에 의한 양육이 그 양육자의 일방적이고 이기적인 목적이나 동기에서 비롯된 것이라거나 자녀의 이익을 위하여 도움이 되지 아니하거나 그 양육비를 상대방에게 부담시키는 것이 오히려 형평에 어긋나게 되는 등 특별한 사정이 있는 경우를 제외하고는, 양육하는 일방은 상대방에 대하여 현재 및 장래에 있어서의 양육비 중 적정 금액의 분담을 청구할 수 있음은 물론이고, 부모의 자녀양육의무는 특별한 사정이 없는 한 자녀의 출생과 동시에 발생하는 것이므로 과거의 양육비에 대하여도 상대방이 분담함이 상당하다고 인정되는 경우에는 그 비용의 상환을 청구할 수 있다.
- ㉣ [正] 부양을 할 자 또는 부양을 받을 자의 순위, 부양의 정도 또는 방법에 관한 당사자의 협정이나 법원의 판결이 있은 후 이에 관한 사정변경이 있는 때에는 법원은 당사자의 청구에 의하여 그 협정이나 판결을 취소 또는 변경할 수 있다(민법 제978조).
- ㉤ [誤] ① 부양의 의무있는 자가 수인인 경우에 부양을 할 자의 순위에 관하여 당사자간에 협정이 없는 때에는 법원은 당사자의 청구에 의하여 이를 정한다. 부양을 받을 권리자가 수인인 경우에 부양의무자의 자력이 그 전원을 부양할 수 없는 때에도 같다. ② 전항의 경우에 법원은 수인의 부양의무자 또는 권리자를 선정할 수 있다(민법 제976조).

정답 ⑥

44. 배점 2 자의 姓에 관한 설명 중 옳은 것은? [08년]

① 혼인 외의 출생자가 인지된 경우, 부의 성을 따르는 것을 원칙으로 하되, 자의 복리를 위하여 필요하다면 부, 모 또는 자의 청구에 의하여 가정법원의 허가를 받아 종전의 성과 본을 계속 사용할 수 있다.
② 부모를 알 수 없는 자는 법원의 허가를 받아 성과 본을 창설하되, 그 후 부 또는 모를 알게 된 때에는 부 또는 모의 성과 본으로 변경하여야 한다.
③ 자의 복리를 위하여 성과 본을 변경할 필요가 있을 경우, 미성년인 자의 법정대리인이 그 변경을 청구할 수 없으면, 민법 제777조의 친족이 청구하여야 하며 이러한

친족이 없을 때에만 검사가 청구할 수 있다.
④ 부가 외국인인 경우, 혼인신고시 부모가 협의하지 않더라도 자는 모의 성과 본을 따를 수 있다.
⑤ 일반양자의 경우 양자의 성을 변경할 수 없으며, 혼인 외의 출생자가 인지된 것도 아니라면 양부의 성을 따르는 것은 불가능하므로, 양부의 성을 따르기 위해서는 친양자를 하는 수밖에 없다.

해설

① [誤] 부모의 협의에 따라 종전의 성과 본을 계속 사용할 수 있다. 다만, 부모가 협의할 수 없거나 협의가 이루어지지 아니한 경우에는 자는 법원의 허가를 받아 종전의 성과 본을 계속 사용할 수 있다(민법 제781조 제5항).
② [誤] 부 또는 모의 성과 본을 따를 수 있을 뿐이다(민법 제781조 제4항).
③ [誤] 법정대리인이 청구할 수 없으면 친족 또는 검사가 청구할 수 있다(민법 제781조 제6항).
④ [正] 부가 외국인인 경우에는 자는 모의 성과 본을 따를 수 있다(민법 제781조 제2항).
⑤ [誤] 자의 복리를 위하여 자의 성과 본을 변경할 수 있다(민법 제781조 제6항).

정답 ④

제2장 상속법

1. 다음 설명 중 옳지 않은 것은?(다툼 있으면 판례에 의함) [04년]

① 자필증서에 의한 유언에 있어서 그 증서에 문자의 삽입, 삭제 또는 변경을 함에는 민법 제1066조 제2항의 규정에 따라 유언자가 이를 자서하고 날인하여야 하나, 자필증서 중 증서의 기재 자체에 의하더라도 명백한 오기를 정정한 것에 지나지 않는다면, 설령 그 수정방식이 위 법조항에 위배된다고 할지라도 유언자의 의사를 용이하게 확인할 수 있으므로 이러한 방식의 위배는 유언의 효력에 영향을 미치지 아니한다.
② 상속결격은 상속결격자의 직계비속이나 배우자의 대습상속에 지장을 주지 않는다.
③ 상속인 아닌 제3자가 등기서류를 위조하여 그의 명의로 토지소유권이전등기를 경료하였음을 이유로 상속인이 그 제3자로부터 토지를 전득한 자를 상대로 진정명의회복을 원인으로 한 소유권이전등기절차의 이행을 구하는 소는 상속회복청구의 소에 해당한다.
④ 상속인이 한정승인을 한 경우에 상속인의 피상속인에 대한 채권은 소멸하지 않는다.
⑤ 상속재산과 상속인의 고유재산의 분리를 명한 법원의 재판이 있는 때에는 피상속인에 대한 상속인의 재산상 권리·의무는 소멸하지 아니한다.

해설

① [正] [大判 1998. 6. 12. 97다38510] [1] 민법 제1066조에서 규정하는 자필증서에 의한 유언은 유언자가 그 전문과 연월일, 주소 및 성명을 자서(自書)하는 것이 절대적 요건이므로 전자복사기를 이용하여 작성한 복사본은 이에 해당하지 아니하나, 주소를 쓴 자리가 반드시 유언 전문 및 성명이 기재된 지편이어야 하는 것은 아니고 유언서의 일부로 볼 수 있는 이상 그 전문을 담은 봉투에 기재하더라도 무방하며, 날인은 인장 대신에 무인에 의한 경우에도 유효하다. [2] 자필증서에 의한 유언에 있어서 그 증서에 문자의 삽입, 삭제 또는 변경을 함에는 민법 제1066조 제2항의 규정에 따라 유언자가 이를 자서하고 날인하여야 하나, 자필증서 중 증서의 기재 자체에 의하더라도 명백한 오기를 정정한 것에 지나지 않는다면 설령 그 수정 방식이 위 법조항에 위배된다고 할지라도 유언자의 의사를 용이하게 확인할 수 있으므로 이러한 방식의 위배는 유언의 효력에 영향을 미치지 아니한다.
② [正] 상속결격의 효과는 결격자의 일신에만 그치기 때문에 결격자의 직계비속이 대습상속을 하는 것은 가능하다.
③ [誤] 상속권에 대한 다툼을 전제로 하지 않는 경우에는 상속회복청구에 해당하지 않고, 단순한 물권적 청구에 해당한다는 것이 판례이다. 따라서 별도의 점유권원을 주장하는 자에 대하여 상속재산의 반환을 구하는 경우는 상속회복청구의 소에 해당하지 않는다.

[大判 1991. 10. 22. 91다21671] 청구원인으로 주장하는 바가 피상속인이 사망하자 그 공동상속인 중의 1인이 함부로 망인의 인감증명서와 망인 명의의 등기소요서류를 위조하여 아무런 원인도 없이 제3자 앞으로 불법등기를 경료하였다고 하여 위 제3자에게 그 등기의 말소를 구하고 있는 것이라면 그 소는 상속회복청구의 소에 해당하지 아니한다.

④ [正] 민법 제1031조. ⑤ [正] 민법 제1050조.

정답 ③

2.

甲이 사망하였고, 상속인으로는 자녀 乙·丙이 있다. 甲의 상속재산으로는 A부동산이 유일하다. 乙은 甲소유였던 A부동산을 丙과 분할협의를 하지 않고 자신의 단독명의로 상속등기하고, 이것을 丁에게 매도하여 소유권이전등기까지 경료해 주었다. 이에 관한 설명 중 옳지 않은 것은?(다툼 있으면 판례에 의함) [06년]

① A부동산의 소유권은 甲이 사망하는 순간 공동상속인인 乙과 丙이 각자의 상속분을 지분으로 하여 공유하는 형태로 乙과 丙에게 승계된다.
② 乙이 丙과 분할협의를 하지 않고 자신의 단독명의로 상속등기를 경료한 경우, 乙은 참칭상속권자에 해당한다.
③ 丙은 丁명의의 소유권이전등기 중 자신의 상속지분에 관하여 말소등기를 청구할 수 있으며, 이는 상속회복청구에 해당한다.
④ 乙명의로 상속등기가 경료된 이후 이미 10년이 경과되었다고 가정할 경우, 乙은 甲의 사망 당시에 A부동산의 소유권을 단독으로 취득하였던 것으로 취급되고, 丁은 자신 앞으로 소유권이전등기가 경료된 때부터 소유권을 취득한 것으로 취급된다.
⑤ A부동산이 丁에게 매도된 이후, 乙과 丙 사이에 乙이 A부동산을 단독으로 상속받는 대신에 丙에게 1억원을 지급하기로 하는 상속재산분할협의가 있었으나, 乙이 丙에게 1억원을 지급하지 않는 경우, 丙은 위 분할협의를 해제하고 丁명의의 소유권이전등기의 말소를 청구할 수 있다.

해설

① [正] 공동상속재산의 소유형태에 관하여 통설과 판례는 공유설을 취하고 있다. A부동산은 甲의 사망과 동시에 그 공동상속인인 乙과 丙의 공유재산이 되며, 그 공유지분은 각자의 상속분에 의한다.
[大判 1996. 2. 9. 94다61649] 공동상속재산은 상속인들의 공유이고, 또 부동산의 공유자인 한 사람은 그 공유물에 대한 보존행위로서 그 공유물에 관한 원인 무효의 등기 전부의 말소를 구할 수 있다.
② [正] 다수설과 판례는 상속권 없이 상속인의 상속권을 침해하는 자뿐만 아니라 공동상속인도 자기 상속지분을 넘어 다른 공동상속인의 상속분을 침해하면 참칭상속인에 해당한다고 한다.
[大判(全) 1991. 12. 24. 90다5740] 민법(1990. 1. 13. 법률 제4199호로 개정되기 전의 것)이 규정

하는 상속회복의 소는 호주상속권이나 재산상속권이 참칭호주나 참칭재산상속인으로 인하여 침해된 때에 진정한 상속권자가 그 회복을 청구하는 소를 가리키는 것이나, 재산상속에 관하여 진정한 상속인임을 전제로 그 상속으로 인한 소유권 또는 지분권 등 재산권의 귀속을 주장하고, 참칭상속인 또는 자기들만이 재산상속을 하였다는 일부 공동상속인들을 상대로 상속재산인 부동산에 관한 등기의 말소 등을 청구하는 경우에도, 그 소유권 또는 지분권이 귀속되었다는 주장이 상속을 원인으로 하는 것인 이상 그 청구원인 여하에 불구하고 이는 민법 제999조 소정의 상속회복청구의 소라고 해석함이 상당하다.

③ [正] 공동상속인인 乙로부터 그 지분의 범위를 초과하여 부동산 전부를 취득한 丁은 다른 공동상속인 丙의 지분범위 내에서는 원인무효의 등기명의를 가진 자가 된다. 따라서 丙은 丁에 대하여 乙의 지분범위를 초과한 등기의 말소를 청구할 수 있는데, 이는 乙과 丙 사이의 상속권에 관한 다툼을 기초로 하는 결과 이와 같은 청구도 상속회복청구에 해당한다. 즉, 참칭상속인으로부터의 전득자에 대한 진정한 상속인의 권리행사는 상속회복청구에 해당하여 단기제척기간의 적용을 받는다.

[大判 1989. 1. 17, 87다카2311] 상속재산에 관하여 진정한 상속인임을 전제로 그 상속으로 인한 소유권 또는 지분권 등 재산권의 귀속을 주장하고 참칭상속인 또는 자기만이 재산상속을 하였다는 일부 공동상속인이나 그로부터 양수한 제3자를 상대로 상속재산인 부동산에 관한 등기의 말소 등을 청구하는 경우에 그 소유권 또는 지분권이 귀속되었다는 주장이 상속을 원인으로 하는 것이라면 그 청구원인에 불구하고 이 소송은 민법 제999조의 상속회복의 소라고 보아야 한다.

④ [正] 상속회복청구권은 상속권침해사실을 안 날로부터 3년, 침해행위가 있은 날로부터 10년이 경과하면 소멸한다(제999조 제2항). 상속회복청구권이 제척기간 경과로 소멸하게 되면 진정상속인은 상속인의 지위를 상실하고 참칭상속인은 상속인의 지위를 취득한다. 따라서 참칭상속인은 상속재산에 대한 소유권을 확정적으로 취득한다. 丙의 상속회복청구권이 상속권 침해행위(乙명의의 상속등기)가 있은 날로부터 10년을 경과하였으므로 소멸하고, 그 결과 乙이 단독상속인의 지위를 취득하며, 乙의 A부동산 소유권 취득은 확정되고, 乙로부터 丁으로의 부동산의 승계는 유효한 것으로 된다.

[大判 1998. 3. 27, 96다37389] 상속회복청구권이 제척기간의 경과로 소멸하게 되면 상속인은 상속인으로서의 지위 즉 상속에 따라 승계한 개개의 권리·의무 또한 총괄적으로 상실하게되고, 그 반사적 효과로서 참칭상속인의 지위는 확정되어 참칭상속인이 상속개시의 시로부터 소급하여 상속인으로서의 지위를 취득한 것으로 봄이 상당하므로, 상속재산은 상속개시일로 소급하여 참칭상속인의 소유로 된다.

⑤ [誤] 상속재산 분할협의는 공유물분할협의에 준하여 재산행위로서 일종의 계약에 해당한다. 따라서 계약상의 채무가 이행되지 아니함을 이유로 당해 상속재산분할협의를 해제하거나 합의에 의하여 해제할 수 있다. 이 경우에도 제548조 제1항 단서가 적용되어 해제 전에 상속재산분할협의를 기초로 새로운 이해관계를 가졌고, 등기 등을 통하여 대항력을 취득한 제3자에 대하여는 해제로 대항할 수 없다.

[大判 2004. 7. 8, 2002다73203] 상속재산 분할협의가 합의해제되면 그 협의에 따른 이행으로 변동이 생겼던 물권은 당연히 그 분할협의가 없었던 원상태로 복귀하지만, 민법 제548조 제1항 단서의 규정상 이러한 합의해제를 가지고서는, 그 해제 전의 분할

협의로부터 생긴 법률효과를 기초로 하여 새로운 이해관계를 가지게 되고 등기·인도 등으로 완전한 권리를 취득한 제3자의 권리를 해하지 못한다.

정답 ⑤

3. A에게 처 B와 자 C·D·E가 있고, C에게는 사실혼관계에 있는 F와 그 사이에 출생한 자 G가 있으며, E에게는 양자인 H가 있다. A가 횡단보도를 건너던 중 음주운전하던 C의 과실로 C의 자동차에 부딪혀 사망하고 말았다. E가 상속을 포기하였다면 A의 상속인으로 될 수 있는 자를 옳게 나열한 것은?(다툼 있으면 판례에 의함) [02년]

① B, D
② B, C, D
③ B, C, D, H
④ B, D, F, G
⑤ B, D, G, H

해설

* 다수설은 대습상속의 요건으로서 상속개시 전에 사망하거나 결격자가 되어야 한다는 입장이며, 상속포기는 대습상속의 요건에 포함시키지 않는다. 따라서 A의 사망으로 그의 처 B와 직계비속 C·D가 상속인이 된다. 주의할 것은 C의 과실로 사망했다고 하더라도 상속결격사유에 해당하지 않는다는 점이다.

정답 ②

4. 甲은 그 자녀로서 딸인 乙을 두었고, 乙은 丙과 혼인하여 자녀가 없었는데, 甲과 乙은 함께 탑승 중이던 항공기의 추락 사고로 사망하였다. 당시 甲에게는 다른 직계비속이나 배우자는 없고 직계존속인 부친 丁이 있었다. 다음 ㉠, ㉡, ㉢의 경우 甲의 재산을 누가 종국적으로 상속하는지에 관하여 옳게 배열한 것은?(다툼 있으면 판례에 의함) [02년]

㉠ 甲이 乙보다 먼저 사망한 것으로 밝혀진 경우
㉡ 乙이 甲보다 먼저 사망한 것으로 밝혀진 경우
㉢ 甲과 乙의 사망 선후가 밝혀지지 아니하여 민법 제30조에 의하여 동시에 사망한 것으로 추정되는 경우

	(㉠)	(㉡)	(㉢)
①	丙	丙	丙
②	丙	丙과 丁	丁
③	丙과 丁	丙	丙
④	丙과 丁	丁	丁
⑤	丁	丙과 丁	丁

해설

㉠ 甲이 乙 보다 먼저 사망한 경우 : 甲의 재산은 일단 직계비속인 乙에게 상속된다. 이어서 乙이 사망했으므로 그 배우자인 丙과 乙의 직계존속인 丁이 공동으로 상속하게 된다(제1003조 제1항).

㉡ 乙이 먼저 사망하고 이어 甲이 사망한 경우 : 乙의 배우자인 丙이 대습상속에 의해 단독으로 상속한다(제1003조 제2항).

㉢ 최근의 대법원 판례는 민법 제1001조의 '상속인이 될 직계비속이 상속개시 전에 사망한 경우'에는 '상속인이 될 직계비속이 상속개시와 동시에 사망한 것으로 추정되는 경우'(동사추정 - 제30조)도 포함하는 것으로 합목적적으로 해석함이 상당하다고 판시하였다. 따라서 丙이 상속한다.

[大判 2001. 3. 9. 99다13157] [1] ① 우리나라에서는 전통적으로 오랫동안 며느리의 대습상속이 인정되어 왔고, 1958. 2. 22. 제정된 민법에서도 며느리의 대습상속을 인정하였으며, 1990. 1. 13. 개정된 민법에서 며느리에게만 대습상속을 인정하는 것은 남녀평등·부부평등에 반한다는 것을 근거로 하여 사위에게도 대습상속을 인정하는 것으로 개정한 점, ② 헌법 제11조 제1항이 누구든지 성별에 의하여 정치적·경제적·사회적·문화적 생활의 모든 영역에 있어서 차별을 받지 아니한다고 규정하고 있고, 헌법 제36조 제1항이 혼인과 가족생활은 양성의 평등을 기초로 성립되고 유지되어야 하며 국가는 이를 보장한다고 규정하고 있는 점, ③ 현대 사회에서 딸이나 사위가 친정 부모 내지 장인장모를 봉양, 간호하거나 경제적으로 지원하는 경우가 드물지 아니한 점, ④ 배우자의 대습상속은 혈족상속과 배우자상속이 충돌하는 부분인데 이와 관련한 상속순위와 상속분은 입법자가 입법정책적으로 결정할 사항으로서 원칙적으로 입법자의 입법형성의 재량에 속한다고 할 것인 점, ⑤ 상속순위와 상속분은 그 나라 고유의 전통과 문화에 따라 결정될 사항이지 다른 나라의 입법례에 크게 좌우될 것은 아닌 점, ⑥ 피상속인의 방계혈족에 불과한 피상속인의 형제자매가 피상속인의 재산을 상속받을 것을 기대하는 지위는 피상속인의 직계혈족의 그러한 지위만큼 입법적으로 보호하여야 할 당위성이 강하지 않은 점 등을 종합하여 볼 때, 외국에서 사위의 대습상속권을 인정한 입법례를 찾기 어렵고, 피상속인의 사위가 피상속인의 형제자매보다 우선하여 단독으로 대습상속하는 것이 반드시 공평한 것인지 의문을 가져볼 수는 있다 하더라도, 이를 이유로 곧바로 피상속인의 사위가 피상속인의 형제자매보다 우선하여 단독으로 대습상속할 수 있음이 규정된 민법 제1003조 제2항이 입법형성의 재량의 범위를 일탈하여 행복추구권이나 재산권보장 등에 관한 헌법규정에 위배되는 것이라고 할 수 없다. [2] 원래 대습상속제도는 대습자의 상속에 대한 기대를 보호함으로써 공평을 꾀하고 생존배우자의 생계를 보장하여 주려는 것이고, 또한 동시사망 추정규정도 자연과학적으로 엄밀한 의미의 동시사망은 상상하기 어려운 것이나 사망의 선후를 입증할 수 없는 경우 동시에 사망한 것으로 다루는 것이 결과에 있어 가장 공평하고 합리적이라는 데에 그 입법취지가 있는 것인 바, 상속인이 될 직계비속이나 형제자매(피대습자)의 직계비속 또는 배우자(대습자)는 피대습자가 상속개시 전에 사망한 경우에는 대습상속을 하고, 피대습자가 상속개시 후에 사망한 경우에는 피대습자

를 거쳐 피상속인의 재산을 본위상속을 하므로 두 경우 모두 상속을 하는데, 만일 피대습자가 피상속인의 사망, 즉 상속개시와 동시에 사망한 것으로 추정되는 경우에만 그 직계비속 또는 배우자가 본위상속과 대습상속의 어느 쪽도 하지 못하게 된다면 동시사망 추정 이외의 경우에 비하여 현저히 불공평하고 불합리한 것이라 할 것이고, 이는 앞서 본 대습상속제도 및 동시사망 추정규정의 입법취지에도 반하는 것이므로, 민법 제1001조의 '상속인이 될 직계비속이 상속개시 전에 사망한 경우'에는 '상속인이 될 직계비속이 상속개시와 동시에 사망한 것으로 추정되는 경우'도 포함하는 것으로 합목적적으로 해석함이 상당하다. [3] 피상속인의 자녀가 상속개시 전에 전부 사망한 경우 피상속인의 손자녀는 본위상속이 아니라 대습상속을 한다.

정답 ③

5. 배점 3 다음 사례에 관한 설명 중 옳지 않은 것을 모두 고른 것은?(다툼 있으면 판례에 의함.) [07년]

甲에게는 큰 아들 A, 작은 아들 B, 외동딸 C가 있으며, A는 결혼하여 배우자 D, 장남 E, 차남 F를 두고 있고, B는 이혼자로서 아들 G를 두고 있다. 甲은 7,000만원의 재산을 가지고 있다.

㉠ 甲이 사망한 후 A가 상속을 포기하면, B와 C가 3,500만원씩을 상속하고, D, E, F, G는 상속을 하지 못한다.
㉡ B, C, G가 동일한 위난으로 사망한 후 甲이 사망하였다. 만일 A가 상속을 포기하였다면, D는 3,000만원, E, F는 2,000만원씩을 상속한다.
㉢ 甲이 사망한 후 A, B, C 모두 상속을 포기하였다면, D는 甲의 재산을 상속받을 수 없고, E, F, G가 각 1/3 지분비율로 상속을 한다.
㉣ 甲이 사망하기 전 A, B, C가 동일한 위난으로 사망하였고, D는 상속결격자가 되었다. 甲의 재산에 대하여 E, F는 1,750만원씩을, G는 3,500만원을 각 상속한다.
㉤ G가 B를 살해한 뒤 甲이 사망하였다면, G는 B의 재산에 대하여 상속할 수 없지만 甲의 재산에 대하여는 대습상속을 할 수 있다.

① ㉠, ㉡, ㉤   ② ㉡, ㉢, ㉣
③ ㉢, ㉣   ④ ㉢, ㉤
⑤ ㉡, ㉤   ⑥ ㉠, ㉢
⑦ ㉡, ㉢, ㉤   ⑧ ㉢, ㉣, ㉤

해설

㉠ [正] 민법은 상속포기를 대습원인에 포함시키지 않고 있다. 즉 상속개시전에 사망한 경우나 상속결격이 된 경우에만 대습상속이 인정된다. 따라서 사안의 경우 甲의 자인 A가 상속을 포기하였으므로 A의 배우자인 D, 자인 E, F는 대습상속을 하지 못하고

결국 甲의 다른 자녀들인 B, C만이 甲을 상속한다. 한편 G는 甲의 손자로서 직계비속이기는 하나, 甲의 자녀가 상속인으로 존재하기 때문에 상속인이 되지 못한다.

ⓒ [誤] B, C, G가 동일한 위난으로 사망한 후 甲이 사망하였으므로 남은 1순위 상속인은 직계비속인 자 A뿐이다(만일 C에게 배우자가 있거나 자녀가 있다면 대습상속이 문제될 수 있으나 사안의 경우에는 C에게 배우자가 있다거나 자녀가 있다는 언급이 없다). 한편 A는 상속을 포기하였고, 상속포기는 대습상속의 원인이 아니므로 A의 배우자인 D가 A를 대습하여 甲을 상속할 수는 없다. 따라서 甲의 직계비속인 손자 E, F가 甲을 본위상속하게 된다. 결국 E, F가 3,500만원씩 상속하게 된다.
[大判 1995. 4. 7, 94다11835] 제1순위 상속권자인 처와 자들이 모두 상속을 포기한 경우에는 손이 직계비속으로서 상속인이 된다.

ⓒ [正] 피상속인 甲의 사망 후 상속인인 자녀가 모두 상속을 포기하게 되면, 차순위 상속인인 손자녀가 甲을 본위상속하게 된다. 따라서 甲의 손자녀인 E, F, G가 각 1/3 지분비율로 甲을 상속한다.

㉣ [正] 피상속인이 사망하기 전에 상속인이 될 직계비속이나 형제자매가 먼저 사망하는 경우 그 직계비속이나 배우자는 상속인으로 될 자를 대습하여 피상속인을 상속한다. 따라서 피상속인 甲이 사망하기 전에 그 직계비속으로 상속인이 될 A, B, C가 모두 사망하였으므로 A의 직계비속 E, F, A의 배우자인 D 및 B의 직계비속 G는 각 A와 B를 대습하여 甲을 상속하여야 한다. 그런데 A의 배우자인 D는 상속결격자이므로 대습상속을 할 수 없게 되어 결국 A를 대습할 수 있는 자는 그 직계비속인 E와 F가 된다. 또한 B를 대습할 수 있는 자는 그 직계비속인 G가 된다. 대습상속인의 상속분은 피대습자의 상속분에 의하기 때문에 결국 E와 F는 상속재산 7,000만원의 1/2인 3,500만원을 균등하게 상속하는 결과 각 1,750만원을 상속하게 되고, G는 상속재산 7,000만원의 1/2인 3,500만원을 상속하게 된다.

ⓜ [誤] 대습상속인은 피상속인 사망당시에 생존하고 있어야 하고, 상속결격자가 아니어야 한다. 사안에서 G는 자신의 직계존속을 살해하였으므로 상속결격자(제1004조 제1호)이다. 따라서 G는 본위상속·대습상속 모두를 할 수 없다.

정답 ⑤

6. 배점 3 배우자 없는 甲男은 乙男과 丙男 두 아들을 두고 있다. 乙은 A女와 혼인하였고, 丙은 B女와 혼인하였다. 이에 관한 설명 중 옳지 않은 것은?(다툼 있으면 판례에 의함) [08년]

① 甲과 丙이 동일한 위난으로 사망하였는데 사망의 선후를 알 수 없다. 甲은 자신의 전 재산을 乙에게 유증하였다. B는 乙을 상대로 유류분 반환청구를 할 수 있다.
② 丙이 사망하여 丙 소유였던 X 부동산에 대해 공동상속인 甲과 B에게 각각의 상속분에 따라 상속등기가 이루어졌고, B는 자기의 지분을 丁에게 양도하였다. 그 후 B가 포태한 丙의 子를 고의로 낙태시켰다. 이 경우 甲은 B의 낙태사실을 안 날부터 3년이 지나지 않았어도 제3자인 丁을 상대로 등기말소를 청구할 수 없다.
③ 丙이 甲을 살해하였고, 丙은 그 후 자살하였다. 丙과 B 사이의 혼인에는 근친혼을

원인으로 하는 취소사유가 존재하였는데, 丙의 자살 이후 乙이 B를 상대로 혼인취소소송을 제기하여 그 혼인이 취소되었다. B는 甲의 유산을 상속할 수 있다.
④ 丙이 甲을 살해하였고, 丙은 그 후 자살하였다. 甲은 자신의 전 재산을 乙에게 유증하였다. B는 乙을 상대로 유류분 반환청구를 할 수 있다.
⑤ 甲과 乙·丙·A·B가 모두 동일한 위난으로 사망하였는데 사망의 선후를 알 수 없다. 乙의 자녀로는 C가 있고, 丙의 자녀로는 D와 E가 있다. 甲의 유산에 대한 C의 법정상속분은 1/2이다.

해설

① [正] ④ [正] 대습상속인도 유류분권리자가 될 수 있다. 제1118조가 제1001조를 준용하고 있다.
② [誤] 태아를 낙태하는 행위도 상속결격사유에 해당한다. 상속결격의 효과는 상속개시 시로 소급하여 발생한다. 결국 B는 상속인이 되지 못하고, B로부터의 전득자인 丁은 참칭상속인으로부터의 전득자에 해당한다. 따라서 甲은 상속회복청구권의 제척기간 내에는 丁을 상대로 등기말소를 청구할 수 있다.
③ [正] 丙이 피상속인 甲을 살해하는 행위는 상속결격사유에 해당하고, 丙의 배우자 B는 丙을 대습하여 甲을 상속할 수 있다. 상속결격은 대습상속의 원인이 되기 때문이다. 비록 그 후 丙과 B의 혼인이 취소되었다고 하더라도 혼인취소의 효과는 장래를 향해서 효력이 있을 뿐이므로 B가 甲의 유산을 상속하는 데에는 아무런 장애가 되지 않는다.
⑤ [正] 피상속인과 상속인으로 될 직계비속이 동시사망한 것으로 추정되는 경우, 상속인으로 될 직계비속의 직계비속은 피상속인을 본위상속하는 것인지 아니면 대습상속하는 것인지에 관해서는 견해의 대립이 있다. 판례는 대습상속설을 취한다. 따라서 C의 상속분은 乙의 상속분과 마찬가지로 1/2이 된다.
[大判 2001. 3. 9, 99다13157] 피상속인의 자녀가 상속개시 전에 전부 사망한 경우 피상속인의 손자녀는 본위상속이 아니라 대습상속을 한다.
[大判 2001. 3. 9, 99다13157] 원래 대습상속제도는 대습자의 상속에 대한 기대를 보호함으로써 공평을 꾀하고 생존 배우자의 생계를 보장하여 주려는 것이고, 또한 동시사망 추정규정도 자연과학적으로 엄밀한 의미의 동시사망은 상상하기 어려운 것이나 사망의 선후를 입증할 수 없는 경우 동시에 사망한 것으로 다루는 것이 결과에 있어 가장 공평하고 합리적이라는 데에 그 입법 취지가 있는 것인 바, 상속인이 될 직계비속이나 형제자매(피대습자)의 직계비속 또는 배우자(대습자)는 피대습자가 상속개시 전에 사망한 경우에는 대습상속을 하고, 피대습자가 상속개시 후에 사망한 경우에는 피대습자를 거쳐 피상속인의 재산을 본위상속을 하므로 두 경우 모두 상속을 하는데, 만일 피대습자가 피상속인의 사망, 즉 상속개시와 동시에 사망한 것으로 추정되는 경우에만 그 직계비속 또는 배우자가 본위상속과 대습상속의 어느 쪽도 하지 못하게 된다면 동시사망 추정 이외의 경우에 비하여 현저히 불공평하고 불합리한 것이라 할 것이고, 이는 앞서 본 대습상속제도 및 동시사망 추정규정의 입법 취지에도 반하는 것이

므로, 민법 제1001조의 '상속인이 될 직계비속이 상속개시 전에 사망한 경우'에는 '상속인이 될 직계비속이 상속개시와 동시에 사망한 것으로 추정되는 경우'도 포함하는 것으로 합목적적으로 해석함이 상당하다.

정답 ②

7. 배점 2 甲과 乙은 부부로서 자(子) 丙을 두고 있는데, 丙에게는 자(子) 丁과 戊가 있다. 그리고 丁은 자녀로 A와 B를 두고 있으며, 戊에게는 배우자 C와 자(子) D가 있다(상속인의 범위는 예문상의 자들 만으로 함). 이 사례에 관한 다음 기술 중 옳지 않은 것은?

[09년]

① B가 사망한 후에 丁이 사망한 경우, 丁의 재산은 A가 단독으로 상속한다.
② 甲·乙·丙·戊·C가 사망한 후에 D가 사망한 경우, D의 재산은 丁이 상속한다.
③ 丁이 사망한 후에 B가 사망한 경우, 丙은 丁의 재산을 대습상속할 수가 없기 때문에 B의 재산은 A가 상속한다.
④ 丙·丁이 사망한 후에 甲이 사망한 경우, 甲의 재산은 乙뿐만 아니라 戊 및 A와 B도 상속한다.
⑤ 丙의 사망 후 戊가 상속포기를 하였다면 C와 D는 戊의 상속분을 대습상속할 수 없다.

해설

① [正] 丁이 사망할 당시 丁의 유족으로 직계비속은 A만 생존한 상태이므로 A만이 丁을 상속한다. 丁의 직계존속 丙·甲·乙은 후순위상속인에 불과하다.
② [正] D가 사망할 당시 유족으로는 직계비속과 직계존속이 없고, 형제자매도 없기 때문에 4촌 이내의 방계혈족이 상속인으로 된다. 4촌 이내의 방계혈족에 해당하는 사람으로는 丁(3촌)과 A·B(4촌)가 있는데, 丁이 보다 근친이므로 丁이 D의 재산을 단독으로 상속한다.
③ [誤] B의 상속인이 될 丁이 B의 상속개시 전에 먼저 사망하였다고 하더라도 대습상속이 이루어질 수는 없다. 피대습자로 될 수 있는 자는 상속인이 될 직계비속이나 형제자매에 한정되기 때문이다. 그러나 丙은 B의 직계존속(2촌)으로서 B의 형제자매인 A보다 선순위상속인이 된다. 결국 B의 재산은 丙이 본위상속하게 된다.
④ [正] 재대습상속이 허용되는가를 묻는 지문이다. 재대습상속이란 대습상속인으로 될 자가 상속개시 전에 사망하거나 결격자가 된 경우, 그의 배우자와 직계비속이 대습상속인으로 될 자에 갈음하여 대습상속을 받는 것을 말한다. 甲이 사망하기 전에 상속인으로 될 직계비속인 丙이 먼저 사망하였기 때문에 丙의 직계비속 丁과 戊가 丙에 갈음하여 甲의 배우자인 乙과 상속을 받게 된다. 한편 대습상속인이 될 丁이 대습상속개시 전에 사망하였기 때문에 丁의 직계비속 A·B는 丁에 갈음하여 재대습상속을 받게 된다. 결국 甲의 재산은 배우자 乙과 대습상속인 戊, 재대습상속인 A·B가 공동으로 상속한다.

⑤ [正] 상속포기가 대습상속의 원인이 될 수 있는가를 묻는 지문이다. 대습상속원인으로 민법은 상속인으로 될 직계비속이나 형제자매가 상속개시 전에 사망하거나 상속결격이 되는 경우만을 규정하고 있고, 상속포기는 규정하고 있지 않다. 상속포기를 대습원인의 하나로 인정할 필요가 있지만, 상속개시 전에는 상속포기가 허용되지 않는다는 점, 상속인이 상속을 포기한 경우에는 그 상속분은 다른 상속인의 상속분의 비율로 그 상속인에게 귀속한다는 제1043조의 규정을 고려한다면 현행법의 해석으로는 상속포기를 대습원인으로 인정할 수 없다. 판례도 상속포기를 대습원인으로 인정하지 않고 있다.
[大判 1995. 4. 7, 94다11835] 제1순위 상속권자인 처와 자들이 모두 상속을 포기한 경우에는 손이 직계비속으로서 상속인이 된다.

정답 ③

8. 배점 2 공동상속에 대한 설명 중 옳지 않은 것은?(다툼 있으면 판례에 의함) [07년]

① 공동상속인들을 피고로 하여 피상속인이 이행하여야 할 부동산 소유권이전등기절차의 이행을 청구하는 소는 필수적 공동소송이 아니다.
② 공동상속인들이 상속재산에 대한 관계에서 법률상 원인 없이 이득을 취하고 그로 인하여 제3자에게 손해를 입힌 경우에 그 이득을 반환하는 의무는 불가분채무라고 보아야 한다.
③ 부동산의 공동상속인은 그 상속지분의 비율로 그 상속재산의 일부를 다른 공동상속인들과 협의 없이 배타적으로 사용·수익할 수 있다.
④ 급부의 내용이 가분인 채무가 공동상속된 경우, 이는 상속 개시와 동시에 당연히 법정상속분에 따라 공동상속인들에게 분할되어 귀속되는 것이므로 상속재산 분할의 대상이 될 여지가 없다.
⑤ 상속재산인 부동산에 대하여 다른 공동상속인의 양해 없이 공동상속인 중 1인 명의로 상속을 원인으로 한 소유권이전등기가 마쳐진 경우, 그 등기가 그의 의사와 무관하게 마쳐진 것이라는 특별한 사정이 없는 한 그는 참칭상속인에 해당된다.

해설

① [正] 피상속인의 부동산소유권이전등기의무가 공동상속되었을 경우, 공동상속인들이 부담하는 부동산소유권이전등기의무의 성질이 어떠한가를 묻는 문제이다. 부동산소유권이전등기의무는 지분이전등기의무로 분할이 가능한 가분적 채무라고 보아야 하며, 가분적 채무가 공동으로 상속되었을 경우 각 공동상속인들의 채무는 분할채무가 된다는 것이 판례의 태도이다. 또한 분할채무의 채권자가 각 채무자에 대하여 채무의 이행을 청구하는 소송은 합일적으로 확정될 필요가 있는 필수적 공동소송으로 볼 수는 없다.
[大判 1964. 12. 29, 64다1054] 공동상속인을 상대로 피상속인이 이행하여야 할 부동산

소유권이전등기절차이행을 청구하는 소는 필요적 공동소송이 아니다.
② [正] 공동상속인들은 상속재산을 분할할 때까지는 상속재산을 공유하게 된다. 그 공유의 성질을 물권법상의 공유로 파악하고 있는 것이 판례와 다수설의 입장이다. 한편 공유자가 그 공유물에 대한 관계에서 법률상 원인 없이 이득을 취하고 그로 인하여 제3자에게 손해를 입힌 경우 그 이득을 반환하는 의무는 그 구체적 내용이 금전지급을 목적으로 하는 것이라고 하더라도 이를 불가분채무라고 파악하는 것이 판례이다. 민법상 분할채권관계가 원칙임에도 불구하고 분할채권관계가 채권의 담보력을 약화시켜 채권자에게 불리할 뿐만 아니라 서구의 개인주의적 법이념에 기초한 것으로 우리의 법감정에 맞지 않는 부분이 존재하기 때문에 통설과 판례는 분할채권관계 원칙에 대한 예외를 인정하고 있다. 즉 불가분적으로 향유하는 이익의 대가로서의 성질을 갖는 경우에는 비록 그 급부의 내용이 가분적이라고 하더라도 이를 성질상 불가분채무라고 파악한다.
[大判 1980. 7. 22. 80다649] 공유자가 공유물에 대한 관계에서 법률상 원인 없이 이득을 하고 그로 인하여 제3자에게 손해를 입게 한 경우에 그 이득을 상환할 의무는 불가분적 채무라고 보아야 한다.
③ [誤] 부동산의 공동상속인들은 상속재산을 분할할 때까지는 그 부동산을 공유하게 된다. 공유자는 그 공유물에 대한 지분을 자유롭게 처분할 수 있지만, 다른 공유자의 동의 없이 공유물을 처분할 수 없으며(제264조), 공유물의 사용·수익을 포함한 관리는 지분의 과반수로써 결정한다(제265조). 따라서 공유자가 가지는 지분권을 기초로 하는 사용·수익은 다른 공유지분권자의 사용·수익을 용인하는 전제에서의 사용·수익을 의미하므로 공동상속인 중의 일부가 다른 공동상속인들과의 협의 없이 공유물을 배타적으로 사용·수익하는 것은 적법하다고 할 수 없다. 이는 배타적 사용·수익의 대상이 공유물의 일부라고 하더라도 마찬가지이다.
[大判 2002. 10. 11. 2000다17803] 토지의 공유자는 각자의 지분 비율에 따라 토지 전체를 사용·수익할 수 있지만, 그 구체적인 사용·수익 방법에 관하여 공유자들 사이에 지분 과반수의 합의가 없는 이상, 1인이 그 전부를 배타적으로 점유·사용할 수 없는 것이므로, 공유자 중의 일부가 그 전부를 배타적으로 점유·사용하고 있다면, 다른 공유자들 중 지분은 있으나 사용·수익은 전혀 하지 않고 있는 자에 대하여는 그 자의 지분에 상응하는 부당이득을 하고 있다.
④ [正] [大判 1997. 6. 24. 97다8809] 금전채무와 같이 급부의 내용이 <u>가분인 채무가 공동상속된 경우, 이는 상속 개시와 동시에 당연히 법정상속분에 따라 공동상속인에게 분할되어 귀속되는 것이므로</u>, 상속재산 분할의 대상이 될 여지가 없다.
⑤ [正] 공동상속인도 제999조에서 규정하고 있는 참칭상속인에 포함되는가를 묻는 문제이다. 공동상속인들 사이에서는 상속권의 존부에 관하여 다툼이 있는 것이 아니라 상속분에 관하여 다툼이 있는 것이므로 공동상속인은 참칭상속인에 포함되지 아니한다는 견해가 있으나, 상속재산에 관한 분쟁을 신속하게 확정하려는 상속회복청구권의 취지를 고려하여 공동상속인도 참칭상속인에 포함된다고 보는 것이 통설과 판례의 태도이다.
[大判 1997. 1. 21. 96다4688] [1] 상속회복청구의 상대방이 되는 참칭상속인이라 함은 정당한 상속권이 없음에도 재산상속인임을 신뢰케 하는 외관을 갖추고 있는 자나 상속인이라

고 참칭하여 상속재산의 전부 또는 일부를 점유하고 있는 자를 가리키는 것으로서, <u>상속재산인 부동산에 관하여 공동상속인 중 1인 명의로 소유권이전등기가 경료된 경우 그 등기가 상속을 원인으로 경료된 것이라면 등기명의인의 의사와 무관하게 경료된 것이라는 등의 특별한 사정이 없는 한 그 등기명의인은 재산상속인임을 신뢰케 하는 외관을 갖추고 있는 자로서 참칭상속인에 해당된다.</u> [2] 소유권이전등기에 의하여 <u>재산상속인임을 신뢰케 하는 외관을 갖추었는지의 여부는 권리관계를 외부에 공시하는 등기부의 기재에 의하여 판단하여야 하므로</u>, 비록 등기의 기초가 된 보증서 및 확인서에 취득원인이 상속으로 기재되어 있다 하더라도 등기부상 등기원인이 매매로 기재된 이상 재산상속인임을 신뢰케 하는 외관을 갖추었다고 볼 수 없다.

정답 ③

9. 배점 2 기여분에 관한 설명으로 옳지 않은 것은?(다툼 있으면 판례에 의함) [09년]

① 유류분반환청구소송에서 피고가 된 기여상속인은 민법 소정의 방식에 따라 기여분이 결정되기 전이라 하더라도 상속재산 중 자신의 기여분을 공제할 것을 항변으로 주장할 수 있다.
② 공동상속인 중에 상당한 기간 동거·간호 그 밖의 방법으로 피상속인을 특별히 부양하거나 피상속인의 재산의 유지 또는 증가에 특별히 기여한 자가 있을 때에는 상속개시 당시의 피상속인의 재산가액에서 공동상속인의 협의로 정한 그 자의 기여분을 공제한 것을 상속재산으로 보고, 민법 제1009조 및 제1010조에 의하여 산정한 상속분에 기여분을 가산한 액으로써 그 자의 상속분으로 한다.
③ 성년인 자(子)가 부양의무의 존부나 그 순위에 구애됨이 없이 스스로 장기간 그 부모와 동거하면서 생계유지의 수준을 넘어 부양자 자신과 같은 생활수준을 유지하는 부양을 한 경우에는 그 부모의 상속재산에 대하여 기여분을 인정함이 상당하다.
④ 기여분은 상속재산분할의 전제문제로서의 성격을 갖는 것이므로 상속재산분할의 청구나 조정신청이 있는 경우에 한하여 기여분결정청구를 할 수 있고, 다만 예외적으로 상속재산분할 후라도 피인지자나 재판의 확정에 의하여 공동상속인이 된 자의 상속분에 상당한 가액의 지급청구가 있는 경우에는 기여분의 결정청구를 할 수 있다.
⑤ 유증은 유류분반환청구권의 대상이 되므로 유증과의 관계에 있어서 유류분이 우선하지만, 유증은 기여분에 우선한다.

해설

① [誤] 기여분을 주장하는 방법을 묻는 지문이다. 기여분의 결정은 상속재산분할의 전제로서 필요한 것이므로 기여분결정청구는 상속재산분할청구가 있거나 분할후 피인지자 등의 가액지급청구가 있는 경우에 허용되고, 기여상속인에게 유류분반환청구가 제기되었다고 하여 그 소송에서 항변으로 기여분을 주장하는 것은 허용되지 않는다는 것이 대법원의 입장이다.
[大判 1994. 10. 14, 94다8334] 공동상속인 중 피상속인의 재산의 유지 또는 증가에 관하여 특별히 기여하거나 피상속인을 특별히 부양한 자가 있는 경우 그 기여분의 산정은 공동

상속인들의 협의에 의하여 정하도록 되어 있고, 협의가 되지 않거나 협의할 수 없는 때에는 기여자의 신청에 의하여 가정법원이 심판으로 이를 정하도록 되어 있으므로 이와 같은 방법으로 기여분이 결정되기 전에는 유류분반환청구소송에서 피고가 된 기여상속인은 상속재산 중 자신의 기여분을 공제할 것을 항변으로 주장할 수 없다.

② [正] 제1008조의 2 제1항.
③ [正] [大判 1998. 12. 8, 97므513·520·97스12] 민법이 친족 사이의 부양에 관하여 그 당사자의 신분관계에 따라 달리 규정하고, 피상속인을 특별히 부양한 자를 기여분을 인정받을 수 있는 자에 포함시키는 제1008조의2 규정을 신설함과 아울러 재산상속인이 동시에 호주상속을 할 경우에 그 고유의 상속분의 5할을 가산하도록 한 규정(1990. 1. 13. 법률 제4199호로 개정되기 전의 제1009조 제1항 단서)을 삭제한 취지에 비추어 볼 때, 성년(成年)인 자(子)가 부양의무의 존부나 그 순위에 구애됨이 없이 스스로 장기간 그 부모와 동거하면서 생계유지의 수준을 넘는 부양자 자신과 같은 생활수준을 유지하는 부양을 한 경우에는 부양의 시기·방법 및 정도의 면에서 각기 특별한 부양이 된다고 보아 각 공동상속인 간의 공평을 도모한다는 측면에서 그 부모의 상속재산에 대하여 기여분을 인정함이 상당하다.
④ [正] 제1008조의 2 제4항.
⑤ [正] 유류분권리자는 피상속인의 제1114조에 규정된 증여 또는 유증으로 인하여 유류분에 부족이 생긴 때에는 부족한 한도에서 그 재산의 반환을 청구할 수 있다(제1115조 제1항). 결국 피상속인의 유증이 유류분을 침해하는 경우에는 유류분권리자가 그 재산의 반환을 청구할 수 있어 유류분은 유증에 우선한다. 한편 기여분은 상속이 개시된 때의 피상속인의 재산가액에서 유증의 가액을 공제한 액을 넘지 못한다(제1008조의 2 제3항). 즉 기여분은 유증을 침해할 수 없어 유증은 기여분에 우선한다. 다만 기여분은 유류분반환청구의 대상이 아니므로 유류분권리가가 기여분을 취득한 상속인에게 유류분반환청구를 할 수는 없다.

정답 ①

※ 다음 사실관계를 읽고 아래 각 문항(문10, 문11)에 답하시오.

甲과 乙(처)은 혼인하여 딸 A, 아들 B를 두었고, A는 C와 혼인하여 자녀 D, E를 두었으며, B는 F와 혼인하여 자녀 G를 두었다. 그런데 C를 제외한 위 전원(甲, 乙, A, B, D, E, F, G)이 함께 여행 중 사고로 모두 사망하였다. 당시 甲에게 형제자매 丙, 丁이 있었고(丙은 전처와의 사이에 자녀 H, I를 두고 있음), 그 밖에 다른 직계비속이나 직계존속은 없다. 甲은 상속재산으로 X 부동산(시가 9억 원 상당)과 대출금채무 6,000만 원을 남겼다.

10. 배점2 위 사례에서 상속인 및 상속의 효력에 관한 설명으로 옳지 않은 것을 모두 고른 것은? (다툼 있으면 판례에 의함) [11년]

ㄱ. C는 甲의 재산을, A가 甲보다 먼저 사망한 경우는 대습상속을 하고, 甲이 A보다 먼저 사망한 경우에는 A를 거쳐 본위상속을 한다.
ㄴ. 甲과 A가 동시에 사망한 것으로 추정되는 경우, C는 甲의 재산을 대습상속한다.
ㄷ. 丙과 丁은 甲의 X 부동산에 대하여 자신의 기여분을 주장할 수 있다.
ㄹ. 사례에서 C가 위 여행에 함께 갔다가 사고로 사망(甲, 乙, A, B, F와 동시사망 추정됨)하고 甲의 손자녀 D, E, G가 생존한 경우, D, E, G는 각각 X 부동산의 1/3 지분과 대출금채무 2,000만 원씩을 상속한다.

① ㄱ, ㄴ   ② ㄱ, ㄷ   ③ ㄴ   ④ ㄱ, ㄹ
⑤ ㄱ, ㄴ, ㄷ   ⑥ ㄷ   ⑦ ㄷ, ㄹ   ⑧ ㄴ, ㄹ

해설

ㄱ. [正] 피상속인(甲)과 상속인으로 될 직계비속(A)이 모두 사망한 경우, 직계비속의 배우자(C) 상속의 성질을 묻는 지문이다. 직계비속이 피상속인보다 먼저 사망한 경우에는 직계비속의 배우자는 대습상속 한다. 한편, 피상속인이 직계비속보다 먼저 사망한 경우에는 피상속인을 직계비속이 본위상속하고, 직계비속이 사망함에 따라 직계비속의 배우자가 다시 직계비속을 본위상속 한다.

ㄴ. [正] 동시사망이 대습원인에 해당하는지 여부를 묻는 지문이다. 대습상속의 원인으로 민법은 상속개시 전 사망과 상속결격만을 규정하고 있다(제1001조). 피상속인과 상속인으로 될 직계비속이 동시에 사망한 경우에도 대법원은 대습원인이 된다고 한다. 만약 이를 대습원인으로 인정하지 않으면 직계비속의 배우자 등 대습상속인의 기대를 보호하지 못하는 결과가 되어 부당하기 때문이다.

[大判 2001. 3. 9. 99다13157] 원래 대습상속제도는 대습자의 상속에 대한 기대를 보호함으로써 공평을 꾀하고 생존 배우자의 생계를 보장하여 주려는 것이고, 또한 동시사망 추정규정도 자연과학적으로 엄밀한 의미의 동시사망은 상상하기 어려운 것이나 사망의 선·후를 입증할 수 없는 경우 동시에 사망한 것으로 다루는 것이 결과에 있어 가장 공평하고 합리적이라는 데에 그 입법취지가 있는 것인 바, 상속인이 될 직계비속이나 형제자매(피대습자)의 직계비속 또는 배우자(대습자)는 피대습자가 상속개시 전에 사망한 경우에는 대습상속을 하고, 피대습자가 상속개시 후에 사망한 경우에는 피대습자를 거쳐 피상속인의 재산을 본위상속을 하므로 두 경우 모두 상속을 하는데, 만일 피대습자가 피상속인의 사망, 즉 상속개시와 동시에 사망한 것으로 추정되는 경우에만 그 직계비속 또는 배우자가 본위상속과 대습상속의 어느 쪽도 하지 못하게 된다면 동시사망 추정 이외의 경우에 비하여 현저히 불공평하고 불합리한 것이라 할 것이고, 이는 앞서 본 대습상속제도 및 동시사망 추정규정의 입법취지에도 반하는 것이므로, 민법 제1001조의 "상속인이 될 직계비속이 상속개시 전에 사망한 경우"에는 "상속인이 될 직계비속이 상속개시와 동시에 사망한 것으로 추정되는 경우"도 포함하는 것으로 합목적적으로 해석함이 상당하다.

ㄷ. [誤] 공동상속인이 아닌 자가 기여분을 주장할 수 있는지 여부를 묻는 지문이다. 기

■ 친족·상속법 ■ 655

여분은 공동상속인이 주장할 수 있는 것이다(제1008조의 2). C가 대습상속인으로서 직계비속인 A에 갈음하여 상속인이 되므로 피상속인 甲의 형제자매인 丙과 丁은 상속인이 될 수 없다. 따라서 공동상속인이 아닌 丙과 丁은 기여분을 주장할 수 없다.

ㄹ. [誤] 상속인으로 될 직계비속이 모두 사망한 경우, 손자녀 상속의 법적 성질을 묻는 지문이다. 대법원은 대습상속설을 따르고 있다. 직계비속의 배우자의 상속을 인정하는 것이 타당하다는 점을 이유로 하고 있다. 따라서 손자녀 D, E, G는 피대습자의 지위에서 甲을 상속한다. 그 결과 D, E의 경우에는 1/4, G의 경우에는 1/2의 상속지분을 가진다.
[大判 2001. 3. 9, 99다13157] 피상속인의 자녀가 상속개시 전에 전부 사망한 경우 피상속인의 손자녀는 본위상속이 아니라 대습상속을 한다.

정답 ⑦

11. 매점3 위 사례에서 C가 상속을 포기한 경우, 丙, 丁에 관한 설명으로 옳은 것(○)과 옳지 않은 것(×)을 바르게 표시한 것은? (다툼 있으면 판례에 의함) [11년]

ㄱ. 丙이 상속포기를 한 경우, 丙의 상속분은 H와 I가 대습상속을 한다.
ㄴ. 丙이 X 부동산의 특정 부분을 丁과 합의 없이 배타적으로 점유·사용하고 있다면, 丙은 비록 그 특정 부분의 면적이 자신의 지분 비율에 상당하는 면적 범위 내라고 할지라도, 공유토지를 전혀 사용·수익하지 않고 있는 丁에게 丁의 지분에 상응하는 부당이득 반환의무가 있다.
ㄷ. 丙과 丁이 상속재산 분할협의로 甲의 대출금채무 6,000만 원을 丙에게 귀속시키기로 한 경우에는 상속개시된 때에 소급하여 그 효력이 있다.

① ㄱ(○), ㄴ(○), ㄷ(○)   ② ㄱ(○), ㄴ(○), ㄷ(×)
③ ㄱ(×), ㄴ(○), ㄷ(○)   ④ ㄱ(×), ㄴ(○), ㄷ(×)
⑤ ㄱ(×), ㄴ(×), ㄷ(○)   ⑥ ㄱ(×), ㄴ(×), ㄷ(×)
⑦ ㄱ(○), ㄴ(×), ㄷ(×)   ⑧ ㄱ(○), ㄴ(×), ㄷ(○)

해설

ㄱ. [誤] 상속포기가 대습상속의 원인인지 여부를 묻는 지문이다. 상속포기를 대습상속의 원인으로 민법은 규정하고 있지 않으며(제1001조), 공동상속인 중 1인이 상속을 포기한 경우에 그 상속분은 다른 상속인의 상속분의 비율로 그 상속인에게 귀속한다는 제1043조의 규정에 비추어 상속포기는 대습상속의 원인이라고 할 수 없다. 따라서 상속을 포기한 丙의 직계비속 H, I가 대습상속 할 수는 없다.
[大判 1995. 4. 7, 94다11835] 제1순위 상속권자인 처와 자들이 모두 상속을 포기한 경우에는 손이 직계비속으로서 상속인이 된다.

ㄴ. [正] 공유자 1인이 공유물의 특정부분을 배타적으로 점유·사용하는 경우, 사용·수익

하고 있지 아니한 다른 공유자에 대하여 부당이득반환의무를 부담하는지 여부를 묻는 지문이다. 공유자 1인은 공유물의 특정부분을 배타적으로 사용·수익할 권원을 보유하고 있지 않다. 공유지분이란 다른 공유자의 사용·수익을 인정하는 사용권능을 포함하고 있을 뿐이기 때문이다.

[大判 2002. 10. 11, 2000다17803] 토지의 공유자는 각자의 지분 비율에 따라 토지 전체를 사용·수익할 수 있지만, 그 구체적인 사용·수익 방법에 관하여 공유자들 사이에 지분 과반수의 합의가 없는 이상, 1인이 그 전부를 배타적으로 점유·사용할 수 없는 것이므로, 공유자 중의 일부가 그 전부를 배타적으로 점유·사용하고 있다면, 다른 공유자들 중 지분은 있으나 사용·수익은 전혀 하지 않고 있는 자에 대하여는 그 자의 지분에 상응하는 부당이득을 하고 있다.

ㄷ. [誤] 금전채무인 상속채무가 상속재산분할의 대상이 되는지 여부를 묻는 지문이다. 가분적 채무인 금전채무는 상속과 동시에 법정상속분에 따라 공동상속인들에게 분속된다. 상속재산분할의 대상이 되지 아니한다. 따라서 丙과 丁이 상속재산분할협의에 따라 甲의 6천만 원 채무를 丙에게 귀속시키기로 하였다고 하더라도 상속재산분할협의로서는 효력이 생기지 아니한다. 다만, 면책적 채무인수로서의 효력은 인정될 수 있으나, 채권자의 승낙이 있어야 한다. 결국 丙과 丁의 합의를 상속이 개시된 때에 소급하여 효력이 생기는 상속재산분할협의라고 할 수는 없다.

[大判 1997. 6. 24, 97다8809] [1] 금전채무와 같이 급부의 내용이 가분인 채무가 공동상속 된 경우, 이는 상속 개시와 동시에 당연히 법정상속분에 따라 공동상속인에게 분할되어 귀속되는 것이므로, 상속재산 분할의 대상이 될 여지가 없다. [2] 상속재산 분할의 대상이 될 수 없는 상속채무에 관하여 공동상속인들 사이에 분할의 협의가 있는 경우라면 이러한 협의는 민법 제1013조에서 말하는 상속재산의 협의분할에 해당하는 것은 아니지만, 위 분할의 협의에 따라 공동상속인 중의 1인이 법정상속분을 초과하여 채무를 부담하기로 하는 약정은 면책적 채무인수의 실질을 가진다고 할 것이어서, 채권자에 대한 관계에서 위 약정에 의하여 다른 공동상속인이 법정상속분에 따른 채무의 일부 또는 전부를 면하기 위하여는 민법 제454조의 규정에 따른 채권자의 승낙을 필요로 하고, 여기에 상속재산 분할의 소급효를 규정하고 있는 민법 제1015조가 적용될 여지는 전혀 없다.

정답 ④

12. 상속재산분할과 공유물분할에 관하여 비교한 설명 중 옳지 않은 것은?(다툼 있으면 판례에 의함) [05년]

① 상속재산과 공유물에 대해서는 모두 일정기간 동안 그 분할을 금지할 수 있다.
② 상속재산의 분할과 공유물의 분할이 있는 경우, 그 분할의 효과는 소급하고, 다만 제3자의 권리를 해하지는 못한다.
③ 재판상 분할에 의할 경우, 상속재산분할은 사전에 조정을 거쳐야 하지만, 공유물분할은 그러할 필요가 없다.
④ 상속재산분할이나 공유물분할의 경우 공유자들은 협의분할의 방법으로서 현물분할,

환가분할, 가격배상의 방법을 이용할 수 있다.
⑤ 상속재산분할협의와 공유물분할협의는 모두 채권자취소권 행사의 대상이 될 수 있다.

해설

① [正] 공유자는 공유물의 분할을 청구할 수 있다. 그러나 5년내의 기간으로 분할하지 아니할 것을 약정할 수 있다(제268조 제1항). 피상속인은 유언으로 상속재산의 분할방법을 정하거나 이를 정할 것을 제3자에게 위탁할 수 있고 상속개시의 날로부터 5년을 초과하지 아니하는 기간내의 그 분할을 금지할 수 있다(제1012조).
② [誤] 상속재산 분할은 통상의 공유물분할과는 달리 소급효가 있다.
③ [正] 상속재산분할은 가사비송 마류사건으로 조정전치주의가 적용된다(가사소송법 제2조 나목 (2) 마류사건 제10호, 가사소송법 제50조).
④ [正] 협의분할의 방법에는 제한이 없다.
⑤ [正] 상속재산분할의 협의도 재산상의 법률행위로서 채권자취소의 대상이 되는 사해행위가 될 수 있다는 것이 판례이다.
 [大判 2001. 2. 9, 2000다51797] 상속재산의 분할협의는 상속이 개시되어 공동상속인 사이에 잠정적 공유가 된 상속재산에 대하여 그 전부 또는 일부를 각 상속인의 단독소유로 하거나 새로운 공유관계로 이행시킴으로써 상속재산의 귀속을 확정시키는 것으로 그 성질상 재산권을 목적으로 하는 법률행위이므로 사해행위취소권 행사의 대상이 될 수 있다.

정답 ②

13. 배점 3 상속재산의 분할에 관한 설명 중 옳은 것(○)과 옳지 않은 것(×)을 바르게 표시한 것은?(다툼 있으면 판례에 의함) [09년]

㉠ 甲이 사망하여 乙・丙・丁이 공동상속인이 된 후, 상속재산의 분할에서 乙이 甲의 戊에 대한 채권을 받기로 하였는데, 戊의 무자력으로 乙이 채권을 변제받지 못한 경우, 丙・丁은 그 채권이 분할시에 변제기에 달해 있었던 때에는 분할 당시의 戊의 자력을 담보한다.
㉡ 甲의 사망 후 공동상속인 乙・丙・丁 중 丁이 이미 상속을 포기하였음에도, 그 후 이루어진 상속재산분할협의에 丁도 참여하였고 그 분할협의의 내용이 이미 상속을 포기한 丁의 상속지분을 乙・丙에게 귀속시키는 것이어서 乙・丙 사이에 이루어진 상속재산분할협의에 실질적인 영향을 미치지 않는 경우라도 그 분할협의는 무효이다.
㉢ 甲의 사망 후 공동상속인 乙・丙 사이에 상속재산의 분할협의가 되어 상속재산인 A자동차가 乙의 소유가 된 경우, A자동차에 감추어진 하자가 있더라도 乙은 丙에 대하여 손해배상을 청구할 수 없다.

㉣ 甲이 사망하여 공동상속인 乙·丙 사이에 상속재산의 분할협의가 성립한 후, 사후인지의 소에 의해 丁이 甲의 혼인외의 자가 된 경우, 당해 상속재산의 분할협의는 丁이 참가하지 않았으므로 무효이다.
㉤ 甲의 사망 후 공동상속인 乙·丙 사이에 상속재산의 협의분할이 성립하여 상속재산인 A토지에 대하여 乙 명의의 소유권이전등기가 경료된 경우, 협의분할 이전에 丙으로부터 A토지를 매수한 丁은 그 소유권이전등기를 경료하기 전이라도 丙의 상속지분에 대한 협의분할의 무효를 주장할 수 있다.

① ㉠(×), ㉡(×), ㉢(×), ㉣(×), ㉤(○)
② ㉠(○), ㉡(×), ㉢(×), ㉣(×), ㉤(×)
③ ㉠(○), ㉡(○), ㉢(×), ㉣(×), ㉤(○)
④ ㉠(○), ㉡(×), ㉢(○), ㉣(○), ㉤(×)
⑤ ㉠(×), ㉡(○), ㉢(○), ㉣(○), ㉤(○)

해설

㉠ [正] 제1017조. 공동상속인은 다른 상속인이 분할로 인하여 취득한 채권에 대하여 분할당시의 채무자의 자력을 담보한다. 다만 변제기에 달하지 아니한 채권이나 정지조건있는 채권에 대하여는 변제를 청구할 수 있는 때의 채무자의 자력을 담보한다.

㉡ [誤] [大判 2007. 9. 6, 2007다30447] 상속재산분할협의에 이미 상속을 포기한 자가 참여하였다 하더라도 그 분할협의의 내용이 이미 포기한 상속지분을 다른 상속인에게 귀속시킨다는 것에 불과하여 나머지 상속인들 사이의 상속재산분할에 관한 실질적인 협의에 영향을 미치지 않은 경우라면 그 상속재산분할협의는 효력이 있다고 볼 수 있다.

㉢ [誤] 제1016조. 공동상속인은 다른 공송상속인이 분할로 인하여 취득한 재산에 대하여 그 상속분에 응하여 매도인과 같은 담보책임이 있다. 매매목적물에 하자가 있는 경우, 매수인은 매도인에 대하여 손해배상을 청구하거나 계약을 해제할 수 있다. 따라서 공동상속인 丙은 분할로 인하여 하자 있는 자동차를 취득한 乙에 대하여 손해배상을 청구할 수 있다.

㉣ [誤] 제1014조. 분할 후 공동상속인이 된 피인지자는 분할의 무효를 주장하지 못하고, 다만 그 상속분에 상당한 가액의 지급을 청구할 권리가 있다.
[大判 1993. 8. 24, 93다12] 상속개시 후에 인지되거나 재판이 확정되어 공동상속인이 된 자도 그 상속재산이 아직 분할되거나 처분되지 아니한 경우에는 당연히 다른 공동상속인들과 함께 분할에 참여할 수 있을 것인바, 민법 제1014조는 그와 같은 인지 이전에 다른 공동상속인이 이미 상속재산을 분할 기타의 방법으로 처분한 경우에는 사후의 피인지자는 다른 공동상속인들의 분할 기타 처분의 효력을 부인하지 못하게 하는 대신, 이들에게 그 상속분에 상당한 가액의 지급을 청구할 수 있도록 하여 상속재산의 새로운 분할에 갈음하는 권리를 인정함으로써 피인지자의 이익과 기존의 권리관계를 합리적으로 조정하는 데 그 목적이 있다 할 것이고, 따라서 그 가액의 범위에

관하여는 부당이득반환의 범위에 관한 민법규정을 유추적용할 수 없고, 다른 공동상속인들이 분할 기타의 처분시에 피인지자의 존재를 알았는지의 여부에 의하여 그 지급할 가액의 범위가 달라지는 것도 아니다.

⑩ [誤] 소유권이전등기 등의 공시방법을 갖추어 완전한 권리를 취득한 자만이 보호된다. [大判 1996. 4. 26, 95다54426·54433] 공동상속인 중 1인이 제3자에게 상속 부동산을 매도한 뒤 그 앞으로 소유권이전등기가 경료되기 전에 그 매도인과 다른 공동상속인들 간에 그 부동산을 매도인 외의 다른 상속인 1인의 소유로 하는 내용의 상속재산 협의분할이 이루어져 그 앞으로 소유권이전등기를 한 경우에, 그 상속재산 협의분할은 상속개시된 때에 소급하여 효력이 발생하고 등기를 경료하지 아니한 제3자는 민법 제1015조 단서 소정의 소급효가 제한되는 제3자에 해당하지 아니하는 바, 이 경우 상속재산 협의분할로 부동산을 단독으로 상속한 자가 협의분할 이전에 공동상속인 중 1인이 그 부동산을 제3자에게 매도한 사실을 알면서도 상속재산 협의분할을 하였을 뿐 아니라, 그 매도인의 배임행위(또는 배신행위)를 유인·교사하거나 이에 협력하는 등 적극적으로 가담한 경우에는 그 상속재산 협의분할 중 그 매도인의 법정상속분에 관한 부분은 민법 제103조 소정의 반사회질서의 법률행위에 해당한다.

정답 ②

14. 상속재산의 분할에 관한 설명 중 옳은 것을 모두 고른 것은? (다툼 있으면 판례에 의함) [04년]

㉠ 판례는, 협의분할을 통하여 공동상속인 중 1인이 고유의 상속분을 초과하는 상속재산을 취득한 경우에 그 협의분할은 공동상속인 상호간의 증여에 해당한다고 한다.
㉡ 유언에 의한 상속재산의 분할방법에 대한 지정이 없거나 유언이 무효인 경우에 공동상속인은 협의에 의하여 상속재산을 분할할 수 있다.
㉢ 판례는, 가분채권의 경우 상속개시와 동시에 법정상속분에 따라 공동상속인에게 분할되어 귀속하기 때문에 가분채권은 재판상 분할의 대상이 아니라고 한다.
㉣ 공동상속인은, 피상속인이 유언으로 상속개시의 날로부터 5년을 넘지 않은 기간 내에서 상속재산의 분할을 금지한 경우를 제외하고, 상속재산의 공유관계를 해소하기 위하여 언제든지 자유로이 상속재산의 분할을 청구할 수 있다.
㉤ 채무초과 상태에 있는 채무자가 상속재산의 분할협의를 통하여 취득한 재산이 구체적 상속분에 미달하는 경우에, 그의 채권자는 상속재산 분할협의가 사해행위에 해당한다고 하여 그 전부를 취소할 수 있다.
㉥ 상속재산의 협의분할이 사해행위임을 주장하는 경우에, 채무자의 구체적 상속분이 법정 상속분과 다르다는 사정은 채권자가 입증하여야 한다.

① ㉠, ㉡, ㉣   ② ㉠, ㉢, ㉣   ③ ㉡, ㉢, ㉣
④ ㉢, ㉤, ㉥   ⑤ ㉣, ㉤, ㉥

해설

㉠ [誤] [大判 1985. 10. 8, 85누70] 공동상속인 상호간에 상속재산에 관하여 민법 제1013조의 규정에 의한 협의분할이 이루어짐으로써 공동상속인중 1인이 고유의 상속분을 초과하는 재산을 취득하게 되었다고 하여도 이는 상속개시 당시에 피상속인으로부터 승계받은 것으로 보아야 하고 다른 공동상속인으로부터 증여받은 것으로 볼 것이 아니다.

㉡ [正] 민법 제1013조 제1항.

㉢ [正] 공동상속재산의 귀속형태가 합유인가 공유인가에 관하여 견해의 대립이 있으나, 다수설과 판례는 공유라고 파악한다. 한편 가분적 채권이나 채무가 상속재산의 분할의 대상이 될 것인가에 관하여는 합유설의 입장에서 가분적 채권이나 채무가 합유적으로 귀속한 경우로서 분할 전에는 불가분적으로 귀속한다는 입장, 공유설의 입장을 따르나 상속채권자나 상속채무자를 보호하기 위하여 분할 전에는 불가분채권관계가 된다는 입장 및 공유설의 입장에서 가분적 채권이나 채무는 상속분에 따라 분할되어 귀속될 뿐이라는 입장 등의 견해대립이 있다. 판례는 분할채권관계설을 취하고 있다. 이러한 판례의 입장에 따르면 상속재산인 가분채권은 상속재산분할의 대상이 될 수 없다.

[大判 1997. 6. 24, 97다8809] [1] 금전채무와 같이 급부의 내용이 가분인 채무가 공동상속된 경우, 이는 상속 개시와 동시에 당연히 법정상속분에 따라 공동상속인에게 분할되어 귀속되는 것이므로, 상속재산 분할의 대상이 될 여지가 없다. [2] 상속재산 분할의 대상이 될 수 없는 상속채무에 관하여 공동상속인들 사이에 분할의 협의가 있는 경우라면 이러한 협의는 민법 제1013조에서 말하는 상속재산의 협의분할에 해당하는 것은 아니지만, 위 분할의 협의에 따라 공동상속인 중의 1인이 법정상속분을 초과하여 채무를 부담하기로 하는 약정은 면책적 채무인수의 실질을 가진다고 할 것이어서, 채권자에 대한 관계에서 위 약정에 의하여 다른 공동상속인이 법정상속분에 따른 채무의 일부 또는 전부를 면하기 위해서는 민법 제454조의 규정에 따른 채권자의 승낙을 필요로 하고, 여기에 상속재산 분할의 소급효를 규정하고 있는 민법 제1015조가 적용될 여지는 전혀 없다.

㉣ [正] 민법 제1013조 제1항, 제1012조 후단.

㉤ [誤] [大判 2001. 2. 9, 2000다51797] [1] 상속재산의 분할협의는 상속이 개시되어 공동상속인 사이에 잠정적 공유가 된 상속재산에 대하여 그 전부 또는 일부를 각 상속인의 단독소유로 하거나 새로운 공유관계로 이행시킴으로써 상속재산의 귀속을 확정시키는 것으로 그 성질상 재산권을 목적으로 하는 법률행위이므로 사해행위취소권 행사의 대상이 될 수 있다. [2] 채무초과 상태에 있는 채무자가 상속재산의 분할협의를 하면서 상속재산에 관한 권리를 포기함으로써 결과적으로 일반 채권자에 대한 공동담보가 감소되었다 하더라도, 그 재산분할결과가 채무자의 구체적 상속분에 상당하는 정도에 미달하는 과소한 것이라고 인정되지 않는 한 사해행위로서 취소되어야 할 것은 아니고, 구체적 상속분에 상당하는 정도에 미달하는 과소한 경우에도 사해행위로서 취소되는 범위는 그 미달하는 부분에 한정하여야 한다.

㉥ [誤] [大判 2001. 2. 9, 2000다51797] 이미 채무초과 상태에 있는 채무자가 상속재산의 분할협의를 하면서 상속재산에 관한 권리를 포기함으로써 결과적으로 일반 채권자에 대한 공동담보가 감소되었다 하더라도, 그 재산분할결과가 위 구체적 상속분에 상당

하는 정도에 미달하는 과소한 것이라고 인정되지 않는 한 사해행위로서 취소되어야 할 것은 아니고, 구체적 상속분에 상당하는 정도에 미달하는 과소한 경우에도 사해행위로서 취소되는 범위는 그 미달하는 부분에 한정하여야 한다. 이때 지정상속분이나 기여분, 특별수익 등의 존부 등 구체적 상속분이 법정상속분과 다르다는 사정은 채무자가 주장·입증하여야 할 것이다.

정답 ③

15. 배점 3 상속재산의 분할에 관한 설명으로 옳은 것을 모두 고른 것은? (다툼 있으면 판례에 의함) [11년]

ㄱ. 상속재산의 협의분할은 공동상속인 사이에 이루어지는 계약으로서 공동상속인 전원이 함께 참여하여야 유효하므로, 협의분할이 순차적으로 이루어지거나 상속인 중 한 사람이 임의로 분할원안을 만들어 돌아가며 승인하는 것은 무효이다.
ㄴ. 공동상속인 중에 피상속인으로부터 재산의 증여 또는 유증 등의 특별수익을 받은 자가 있는 경우, 구체적인 상속분의 산정 시에 상속재산과 특별수익의 평가는 상속개시시를 기준으로 하지만, 대상분할의 방법에 의하는 경우에는 분할대상재산의 평가는 분할시를 기준으로 한다.
ㄷ. 피상속인은 유언으로 상속재산의 분할방법을 정할 수는 있지만 생전행위에 의한 분할방법의 지정은 그 효력이 없고, 협의에 의한 상속재산의 분할에 있어서 공동상속인 중 일부의 동의가 없거나 의사표시에 대리권의 흠결이 있다면, 그 분할협의는 적법한 추인이 없는 한 무효이다.
ㄹ. 혼인 외의 자의 인지 전에 공동상속인들에 의해 이미 분할되거나 처분된 상속재산은 이를 분할받은 공동상속인이나 공동상속인들의 처분행위에 의해 이를 양수한 자에게 그 소유권이 확정적으로 귀속되는 것이 아니므로, 그 후 그 상속재산으로부터 발생하는 과실은 상속개시 당시 존재하지 않았던 것이지만 상속재산의 가액산정 대상에 포함된다.
ㅁ. 공동상속인은 다른 상속인이 분할로 인하여 취득한 재산에 대하여 그 상속분에 응하여 매도인과 같은 담보책임을 지는데, 그 재산이 정지조건 있는 채권인 경우에는 변제를 청구할 수 있는 때의 채무자의 자력을 담보한다.

① ㄱ, ㄴ, ㄹ   ② ㄱ, ㄹ   ③ ㄴ, ㄹ   ④ ㄴ, ㅁ
⑤ ㄴ, ㄷ, ㅁ   ⑥ ㄷ, ㄹ   ⑦ ㄷ, ㄹ, ㅁ   ⑧ ㄷ, ㅁ

해설

ㄱ. [誤] 상속재산협의분할의 방법을 묻는 지문이다. 공동상속인 전원이 참여하여야 하나, 구체적인 방법에는 제한이 없다.
[大判 2004. 10. 28, 2003다65438·65445] 상속재산의 협의분할은 공동상속인 간의 일

종의 계약으로서 공동상속인 전원이 참여하여야 하고 일부 상속인만으로 한 협의분할은 무효라고 할 것이나, 반드시 한 자리에서 이루어질 필요는 없고 순차적으로 이루어질 수도 있으며, 상속인 중 한사람이 만든 분할 원안을 다른 상속인이 후에 돌아가며 승인하여도 무방하다.

ㄴ. [正] 구체적 상속분 산정을 위한 상속재산 평가의 기준시기 및 상속재산분할을 위한 상속재산 평가의 기준시기를 묻는 지문이다. 전자는 상속개시시를 기준으로 하여야 하고, 후자는 분할 당시를 기준으로 하여야 한다는 것이 판례의 태도이다.

[大決 1997. 3. 21, 96스62] 공동상속인 중에 피상속인으로부터 재산의 증여 또는 유증 등의 특별수익을 받은 자가 있는 경우에는 이러한 특별수익을 고려하여 상속인별로 고유의 법정상속분을 수정하여 구체적인 상속분을 산정하게 되는데, 이러한 구체적 상속분을 산정함에 있어서는 상속개시시를 기준으로 상속재산과 특별수익재산을 평가하여 이를 기초로 하여야 할 것이고, 다만 법원이 실제로 상속재산분할을 함에 있어 분할의 대상이 된 상속재산 중 특정의 재산을 1인 및 수인의 상속인의 소유로 하고 그의 상속분과 그 특정의 재산의 가액과의 차액을 현금으로 정산할 것을 명하는 방법(소위 대상분할의 방법)을 취하는 경우에는, 분할의 대상이 되는 재산을 그 분할시를 기준으로 하여 재평가하여 그 평가액에 의하여 정산을 하여야 한다.

ㄷ. [正] 지정에 의한 상속재산분할과 협의에 의한 상속재산분할의 방법을 묻는 지문이다. 지정에 의한 분할은 유언으로 하여야 하며, 생전행위로 한 지정은 효력이 없다. 한편 협의에 의한 분할의 경우에는 공동상속인 전원의 참여가 있어야 하며, 일부의 동의가 없거나 대리권의 흠결이 있는 때에는 분할협의는 원칙적으로 무효이다.

[大判 2001. 6. 29, 2001다28299] 피상속인은 유언으로 상속재산의 분할방법을 정할 수는 있지만, 생전행위에 의한 분할방법의 지정은 그 효력이 없어 상속인들이 피상속인의 의사에 구속되지는 않는다.

[大判 2001. 6. 29, 2001다28299] [1] 협의에 의한 상속재산의 분할은 공동상속인 전원의 동의가 있어야 유효하고 공동상속인 중 일부의 동의가 없거나 그 의사표시에 대리권의 흠결이 있다면 분할은 무효이다. [2] 상속재산에 대하여 그 소유의 범위를 정하는 내용의 공동상속재산 분할협의는 그 행위의 객관적 성질상 상속인 상호간의 이해의 대립이 생길 우려가 있는 민법 제921조 소정의 이해상반되는 행위에 해당하므로 공동상속인인 친권자와 미성년인 수인의 자 사이에 상속재산 분할협의를 하게 되는 경우에는 미성년자 각자마다 특별대리인을 선임하여 그 각 특별대리인이 각 미성년자인 자를 대리하여 상속재산분할의 협의를 하여야 하고, 만약 친권자가 수인의 미성년자의 법정대리인으로서 상속재산 분할협의를 한 것이라면 이는 민법 제921조에 위반된 것으로서 이러한 대리행위에 의하여 성립된 상속재산 분할협의는 적법한 추인이 없는 한 무효라고 할 것이다.

ㄹ. [誤] 인지 전에 공동상속인들이 행한 상속재산 처분행위의 효력 및 처분행위 후 그 상속재산으로부터 발생하는 과실이, 피인지자의 상속분 상당의 가액청구 당시 가액 산정의 기초로 고려되어야 하는지를 묻는 지문이다. 인지에 의하여 피인지자가 다른 상속인들과 공동상속인으로 되는 경우, 다른 공동상속인들이 이미 분할 기타 처분을 한 경우, 민법은 피인지자는 다른 공동상속인들에 대하여 상속분에 상당한 가액의

지급을 청구할 권리가 있다고 규정하고 있다(제1014조). 이는 다른 공동상속인들의 분할 기타 처분이 유효하다는 것을 전제로 한다. 만약 공동상속인인 피인지자를 배제하고 행하여진 상속재산의 분할 기타 처분이 무효라면 피인지자는 재분할을 요구하던지 아니면 상속재산의 반환을 청구할 수 있다고 해야 하기 때문이다. 분할 기타 처분이 유효하므로 상속재산을 양수한 자는 확정적으로 소유권을 취득하며, 그 후 상속재산으로부터 발생하는 과실은 양수인에게 귀속되는 것으로 상속분 상당의 가액 산정에 고려되는 것이라고 할 수 없다.

[大判 2007. 7. 26. 2006므2757·2764] 인지 전에 공동상속인들에 의해 이미 분할되거나 처분된 상속재산은 이를 분할받은 공동상속인이나 공동상속인들의 처분행위에 의해 이를 양수한 자에게 그 소유권이 확정적으로 귀속되는 것이며, 그 후 그 상속재산으로부터 발생하는 과실은 상속개시 당시 존재하지 않았던 것이어서 이를 상속재산에 해당한다 할 수 없고, 상속재산의 소유권을 취득한 자(분할받은 공동상속인 또는 공동상속인들로부터 양수한 자)가 민법 제102조에 따라 그 과실을 수취할 권능도 보유한다고 할 것이며, 민법 제1014조도 '이미 분할 내지 처분된 상속재산' 중 피인지자의 상속분에 상당한 가액의 지급청구권만을 규정하고 있을 뿐 '이미 분할 내지 처분된 상속재산으로부터 발생한 과실'에 대해서는 별도의 규정을 두지 않고 있으므로, 결국 민법 제1014조에 의한 상속분상당가액지급청구에 있어 상속재산으로부터 발생한 과실은 그 가액 산정 대상에 포함된다고 할 수 없다.

ㅁ. [正] 상속재산분할에 따른 공동상속인들 상호간의 담보책임을 묻는 지문이다. 민법 제1016조 내지 제1018조에서는 상속재산분할에 따른 공동상속인들 상호간의 담보책임을 규정하고 있다. 본 지문은 그 조문내용을 묻는 지문이다. 공동상속인은 다른 공동상속인이 분할로 인하여 취득한 재산에 대하여 그 상속분에 응하여 매도인과 같은 담보책임이 있다(제1016조). 분할대상인 재산이 채권인 경우, 상속채무자의 자력에 관해서는 공동상속인의 담보책임이 인정되는데, 채무자의 자력은 변동하기 마련이므로 어느 시점에서의 자력을 담보할 것인가가 문제된다. 이에 관하여 민법은 원칙적으로 분할당시의 자력을 담보한다고 규정하고 있다(제1017조 제1항). 다만 변제기에 달하지 아니한 채권이나 정지조건 있는 채권에 대해서는 변제를 청구할 수 있는 때의 채무자의 자력을 담보한다고 규정하고 있다(제1017조 제2항).

정답 ⑤

16. 가액산정시기에 관한 설명 중 옳지 않은 것은?(다툼 있으면 판례에 의함) [06년]

① 법원이 상속재산분할을 함에 있어서 공동상속인 중에 특별수익자가 있는 경우, 구체적 상속분을 산정하기 위하여 분할의 대상이 되는 상속재산과 특별수익재산을 평가함에 있어서는 상속개시시를 기준으로 하여야 한다.

② 유류분액을 산정함에 있어 반환의무자가 증여받은 재산의 시가는 상속개시 당시를 기준으로 산정하여야 하지만, 법원이 반환의무자에 대하여 반환하여야 할 재산의 범위를 확정한 다음, 그 원물반환이 불가능하여 가액반환을 명하는 경우에는 사실심 변론종결시를 기준으로 그 재산의 가액을 산정하여야 한다.

③ 법원이 상속재산분할을 함에 있어서 분할의 대상이 된 상속재산 중 특정재산을 상속인 중 1인의 소유로 하되 그의 상속분과 그 특정재산의 차액을 현금으로 정산하는 방법으로 재산을 분할하는 경우에는, 분할의 대상이 되는 재산을 분할시를 기준으로 평가하여 그 평가액에 따라 정산하여야 한다.

④ 피상속인이 사망한 후 인지청구의 소에 의하여 친생자가 된 상속인이 이미 상속재산을 협의분할한 다른 공동상속인들을 상대로 상속분에 상당한 가액의 지급을 소송으로 청구하는 경우, 상속재산의 가액은 협의분할 당시의 시가를 기준으로 산정하여야 한다.

⑤ 재판상 이혼시의 재산분할에 있어서 분할의 대상이 되는 재산과 그 액수를 산정함에 있어서는 이혼소송의 사실심 변론종결시를 기준으로 하여야 한다.

해설

①,③ [正] [大判 1997. 3. 21. 97스62] 공동상속인 중에 피상속인으로부터 재산의 증여 또는 유증 등의 특별수익을 받은 자가 있는 경우에는 이러한 특별수익을 고려하여 상속인별로 고유의 법정상속분을 수정하여 구체적인 상속분을 산정하게 되는데, 이러한 구체적 상속분을 산정함에 있어서는 상속개시시를 기준으로 상속재산과 특별수익재산을 평가하여 이를 기초로 하여야 할 것이고, 다만 법원이 실제로 상속재산분할을 함에 있어 분할의 대상이 된 상속재산 중 특정의 재산을 1인 및 수인의 상속인의 소유로 하고 그의 상속분과 그 특정의 재산의 가액과의 차액을 현금으로 정산할 것을 명하는 방법(소위 대상분할의 방법)을 취하는 경우에는, 분할의 대상이 되는 재산을 그 분할시를 기준으로 하여 재평가하여 그 평가액에 의하여 정산을 하여야 한다.

② [正] [大判 2005. 6. 23. 2004다51887] 유류분반환범위는 상속개시 당시 피상속인의 순재산과 문제된 증여재산을 합한 재산을 평가하여 그 재산액에 유류분청구권자의 유류분비율을 곱하여 얻은 유류분액을 기준으로 하는 것인 바, 이와 같이 유류분액을 산정함에 있어 반환의무자가 증여받은 재산의 시가는 상속개시 당시를 기준으로 산정하여야 하고, 당해 반환의무자에 대하여 반환하여야 할 재산의 범위를 확정한 다음 그 원물반환이 불가능하여 가액반환을 명하는 경우에는 그 가액은 사실심 변론종결시를 기준으로 산정하여야 한다.

④ [誤] [大判 2002. 11. 26. 2002므1398] 상속개시 후의 인지 또는 재판의 확정에 의하여 공동상속인이 된 사람이 민법 제1014조에 따라 그 상속분에 상당한 가액의 지급을 소송으로 청구하는 경우 상속재산의 가액은 사실심 변론종결 당시의 시가를 기준으로 산정하여야 한다.

⑤ [正] [大判 2000. 9. 22. 99므906] 재판상 이혼시의 재산분할에 있어 분할의 대상이 되는 재산과 그 액수는 이혼소송의 사실심 변론종결일을 기준으로 하여 정하여야 하므로, 법원은 변론종결일까지 기록에 나타난 객관적인 자료에 의하여 개개의 공동재산의 가액을 정하여야 하고, 부부 각자에게 귀속하게 한 재산가액의 비율과 법원이 인정한 그들 각자의 재산분할 비율이 다를 경우에는 그 차액을 금전으로 지급·청산하게 하여야 한다.

정답 ④

17. 배점 3 A는 상속인으로 자녀 甲·乙을 두고 2009. 4. 9. 사망하였는데, 상속재산으로는 X부동산과 丙에 대한 5,000만원의 채무를 남겼다. 이에 관한 설명 중 옳은 것은?
(다툼 있으면 판례에 의함)   [10년]

① 甲과 乙이 丙에 대한 위 상속채무에 관하여 甲이 3,000만원, 乙이 2,000만원을 부담하기로 상속재산 분할협의를 한 경우, 분할의 소급효에 의하여 丙의 승낙 여부와 상관없이 乙은 丙에게 2,000만원만 변제하면 된다.
② 상속이 개시된 후 甲과 乙이 X부동산을 丁에게 매도하기로 하고, A 명의로 등기신청을 하여 丁 명의로 소유권이전등기가 마쳐진 경우, 등기의 추정력이 인정된다.
③ 甲이 X부동산에 대한 자신의 지분을 戊에게 매도하기로 약정한 후 甲과 乙 사이의 상속재산 분할협의에 따라 乙 명의로 X부동산의 소유권이전등기가 된 경우, 乙은 戊에게 상속재산분할의 소급효로 대항할 수 있다.
④ 만일 A가 생전에 丁에게 X부동산을 매도하였는데, 甲과 乙사이의 상속재산 분할협의에 따라 乙 명의로 X부동산의 소유권이전등기가 되었다면, 甲은 여전히 丁에 대하여 소유권이전등기의무를 부담한다.
⑤ 甲과 乙이 상속채무의 초과 상태를 알지 못한 채 2009. 5. 4. 상속등기를 마치고 X부동산을 타인에게 매도하였다가 후에 A의 상속채무 초과 사실을 알게 되어 법정기간 내에 한정승인을 하였다면, 위 한정승인의 효력을 다투려는 丙은 甲과 乙에게 중대한 과실이 있었음을 증명하여야 한다.

해설

① [誤] 금전채무와 같은 가분적 채무가 상속재산분할의 대상이 되는지를 묻는 지문이다. 금전채무와 같은 가분적 채무는 법정상속분에 따라 분속되고 상속재산분할의 대상이 되지 않는다는 것이 대법원 입장이다. 따라서 공동상속인들이 가분적 채무에 대해서 분할합의를 하였다면 이는 상속재산분할합의로서 그 효력을 가질 수는 없고, 다만 면책적 채무인수로서의 효력을 가질 수는 있다. 이 경우 채권자의 승낙이 있어야 그 효력이 생긴다.
[大判 1997. 6. 24. 97다8809] 상속재산 분할의 대상이 될 수 없는 상속채무에 관하여 공동상속인들 사이에 분할의 협의가 있는 경우라면 이러한 협의는 민법 제1013조에서 말하는 상속재산의 협의분할에 해당하는 것은 아니지만, 위 분할의 협의에 따라 공동상속인 중의 1인이 법정상속분을 초과하여 채무를 부담하기로 하는 약정은 면책적 채무인수의 실질을 가진다고 할 것이어서, 채권자에 대한 관계에서 위 약정에 의하여 다른 공동상속인이 법정상속분에 따른 채무의 일부 또는 전부를 면하기 위하여는 민법 제454조의 규정에 따른 채권자의 승낙을 필요로 하고, 여기에 상속재산 분할의 소급효를 규정하고 있는 민법 제1015조가 적용될 여지는 전혀 없다.
② [誤] 전소유자 사망 후 사망자 명의로 등기신청이 이루어진 경우, 등기의 추정력이 인정되는지를 묻는 지문이다. 판례에 따르면 원칙적으로 등기의 추정력이 인정되지 않

는다. 다만 상속인에 의한 등기의 요건을 충족한 경우, 등기신청 후 등기가 실행되기 전에 사망한 경우에는 예외적으로 등기의 추정력이 인정되기도 한다.
[大判 2004. 9. 3, 2003다3157] <u>전 소유자가 사망한 이후에 그 명의로 신청되어 경료된 소유권이전등기는,</u> 그 등기원인이 이미 존재하고 있으나 아직 등기신청을 하지 않고 있는 동안에 등기의무자에 대하여 상속이 개시된 경우에 <u>피상속인이 살아 있다면 그 가 신청하였을 등기를 상속인이 신청한 경우 또는 등기신청을 등기공무원이 접수한 후 등기를 완료하기 전에 본인이나 그 대리인이 사망한 경우와 같은 특별한 사정이 인정되는 경우를 제외하고는, 원인무효의 등기라고 볼 것이어서 그 등기의 추정력을 인정할 여지가 없다.</u>

③ [正] 상속재산분할의 소급효로부터 보호되는 제3자의 의미를 묻는 지문이다. 공동상속인 중 1인으로부터 상속재산인 부동산의 공유지분을 매수하기로 약정한 자가 상속재산분할의 소급효로부터 보호되는 제3자에 해당하는가를 묻는 지문인데, 지분매수인이 지분이전등기를 마쳤다면 제3자에 해당할 수 있으나, 단순히 약정을 한 상태에서는 제3자에 해당하지 않는다. 사안의 경우 상속재산분할협의에 따라 乙 명의로 X부동산의 소유권이전등기가 되었기 때문에 戊에게는 지분이전등기가 마쳐지지 않았다고 보아야 하고, 그렇다면 戊는 상속재산분할의 소급효로부터 보호되는 제3자에 해당하지 않아 乙은 戊에게 소급효로 대항할 수 있다.
[大判 1996. 4. 26, 95다54426·54433] 공동상속인 중 1인이 제3자에게 상속 부동산을 매도한 뒤 그 앞으로 소유권이전등기가 경료되기 전에 그 매도인과 다른 공동상속인들 간에 그 부동산을 매도인 외의 다른 상속인 1인의 소유로 하는 내용의 상속재산 협의분할이 이루어져 그 앞으로 소유권이전등기를 한 경우에, 그 상속재산 협의분할은 상속개시된 때에 소급하여 효력이 발생하고 <u>등기를 경료하지 아니한 제3자는 민법 제1015조 단서 소정의 소급효가 제한되는 제3자에 해당하지 아니하는 바,</u> 이 경우 상속재산 협의분할로 부동산을 단독으로 상속한 자가 협의분할 이전에 공동상속인 중 1인이 그 부동산을 제3자에게 매도한 사실을 알면서도 상속재산 협의분할을 하였을 뿐 아니라, 그 매도인의 배임행위(또는 배신행위)를 유인, 교사하거나 이에 협력하는 등 적극적으로 가담한 경우에는 그 상속재산 협의분할 중 그 매도인의 법정상속분에 관한 부분은 민법 제103조 소정의 반사회질서의 법률행위에 해당한다.

④ [誤] 매도되었으나, 이전등기가 마쳐지지 아니한 부동산이 상속재산이 되어 상속재산분할을 통하여 공동상속인 중 1인이 그 부동산을 취득한 경우, 피상속인의 이전등기의무를 승계하는 자가 누구인가를 묻는 지문이다. 즉 이전등기의무가 누구에게 상속되는가를 묻고 있다. 판례는 등기부상 등기명의자가 아닌 자는 등기의무자가 될 수 없다는 전제 아래 부동산을 취득한 공동상속인만이 이전등기의무를 승계한다고 본다. 따라서 X부동산을 상속받지 못한 甲은 이전등기의무를 승계하지 않는다.
[大判 1991. 8. 27, 90다8237] 부동산소유권이전등기의무자는 특별한 사정이 없는 한 등기부상의 명의인이라고 할 것인 바, 피상속인으로부터 매수한 부동산에 관하여 그 공동상속인들의 협의분할에 의하여 그 중 1인만이 단독으로 그 상속등기까지 마쳤다면 협의분할의 소급효에 의하여 나머지 공동상속인들은 이 사건 부동산을 상속한 것이 아니라 할 것이고 현재 등기부상의 등기명의자가 아니어서 등기의무자가 될 수도 없

다 할 것이므로 그에 대한 지분소유권이전등기 절차를 이행할 의무가 없다.
⑤ [誤] 특별한정승인의 요건인 "중대한 과실 없이 상속채무 초과사실을 알지 못할 것"에 관한 증명책임이 누구에게 있는가를 묻는 지문이다. 판례는 상속인에게 있다고 본다. 따라서 한정승인의 효력을 주장하는 甲과 乙이 중대한 과실 없이 상속채무 초과사실을 알지 못하였다는 점을 증명하여야 한다.
[大判 2003. 9. 26, 2003다30517] 상속인이 상속채무가 상속재산을 초과하는 사실을 중대한 과실 없이 민법 제1019조 제1항의 기간 내에 알지 못하였다는 점은 위 법 규정에 따라 한정승인을 할 수 있는 요건으로서 그 입증책임은 채무자인 피상속인의 상속인에게 있다.

정답 ③

18. 배점 2 상속에 관한 설명 중 옳은 것을 모두 고른 것은? (다툼 있으면 판례에 의함) [08년]

㉠ 피상속인과 수증자가 유류분 권리자에게 손해를 가할 것을 알고 증여한 경우, 증여재산의 가액을 유류분 산정에 가산하되, 명확성을 요하는 상속법의 특성상 상속개시 전 1년간 행하여진 증여에 대해서만 가산한다.
㉡ 생명보험의 보험계약자가 스스로를 피보험자로 하고 수익자는 만기까지 자신이 생존할 경우에는 자기 자신을, 자신이 사망할 경우에는 '상속인'이라고만 지정하였는데 그 피보험자가 사망하여 보험사고가 발생한 경우, 보험금청구권은 상속인들의 고유재산으로 본다.
㉢ 상속개시 후의 인지 또는 재판의 확정에 의하여 공동상속인이 된 사람이 민법 제1014조에 따라 그 상속분에 상당한 가액의 지급을 소송으로 청구하는 경우, 상속재산의 가액은 인지된 시점 또는 재판에 의하여 공동상속인으로 확정된 시기를 기준으로 산정한다.
㉣ 공동상속인 중에 특별수익자가 있는 경우, 구체적 상속분의 산정은 피상속인이 상속개시 당시 가지고 있던 재산의 가액에 생전 증여의 가액을 가산한 후, 이 가액에 각 공동상속인별로 법정상속분율을 곱하여 산출된 상속분의 가액으로부터 특별수익자의 수증재산인 증여 또는 유증의 가액을 공제하는 계산방법에 의한다.
㉤ 상속분의 양도란 상속재산분할 전에 적극재산과 소극재산을 모두 포함한 상속재산 전부에 관하여 공동상속인이 가지는 포괄적 상속분, 즉 상속인 지위의 양도를 의미하며, 상속재산을 구성하는 개개의 물건 또는 권리에 대한 개개의 물권적 양도는 이에 해당하지 않는다.

① ㉠, ㉡, ㉢
② ㉠, ㉡, ㉣
③ ㉠, ㉢, ㉣
④ ㉠, ㉢, ㉤
⑤ ㉡, ㉢, ㉤
⑥ ㉡, ㉢, ㉣
⑦ ㉡, ㉣, ㉤
⑧ ㉢, ㉣, ㉤

해설

㉠ [誤] [大判 1996. 2. 9. 95다17885] 공동상속인 중에 피상속인으로부터 재산의 생전 증여에 의하여 특별수익을 한 자가 있는 경우에는 민법 제1114조의 규정은 그 적용이 배제되고, 따라서 그 증여는 상속개시 1년 이전의 것인지 여부, 당사자 쌍방이 손해를 가할 것을 알고서 하였는지 여부에 관계없이 유류분 산정을 위한 기초재산에 산입된다.

㉡ [正] [大判 2007. 11. 30. 2005두5529] 보험계약자가 자기 이외의 제3자를 피보험자로 하고 자기 자신을 보험수익자로 하여 맺은 생명보험계약에 있어서 보험존속 중에 보험수익자가 사망한 경우에는 상법 제733조 제3항 후단 소정의 보험계약자가 다시 보험수익자를 지정하지 아니하고 사망한 경우에 준하여 보험수익자의 상속인이 보험수익자가 되고, 이는 보험수익자와 피보험자가 동시에 사망한 것으로 추정되는 경우에도 달리 볼 것은 아니며, 이러한 경우 보험수익자의 상속인이 피보험자의 사망이라는 보험사고가 발생한 때에 보험수익자의 지위에서 보험자에 대하여 가지는 보험금지급청구권은 상속재산이 아니라 상속인의 고유재산이다.

㉢ [誤] [大判 2002. 11. 26. 2002므1398] 상속개시 후의 인지 또는 재판의 확정에 의하여 공동상속인이 된 사람이 민법 제1014조에 따라 그 상속분에 상당한 가액의 지급을 소송으로 청구하는 경우 상속재산의 가액은 사실심 변론종결 당시의 시가를 기준으로 산정하여야 한다.

㉣ [正] [大判 1995. 3. 10. 94다16571] 공동상속인 중에 특별수익자가 있는 경우의 구체적인 상속분의 산정을 위하여는, 피상속인이 상속개시 당시에 가지고 있던 재산의 가액에 생전 증여의 가액을 가산한 후, 이 가액에 각 공동상속인별로 법정상속분율을 곱하여 산출된 상속분의 가액으로부터 특별수익자의 수증재산인 증여 또는 유증의 가액을 공제하는 계산방법에 의하여 할 것이고, 여기서 이러한 계산의 기초가 되는 "피상속인이 상속개시 당시에 가지고 있던 재산의 가액"은 상속재산 가운데 적극재산의 전액을 가리키는 것으로 보아야 옳다.

㉤ [正] [大判 2006. 3. 24. 2006다2179] 민법 제1011조 제1항은 "공동상속인 중 그 상속분을 제3자에게 양도한 자가 있는 때에는 다른 공동상속인은 그 가액과 양도비용을 상환하고 그 상속분을 양수할 수 있다."고 규정하고 있는 바, 여기서 말하는 '상속분의 양도'란 상속재산분할 전에 적극재산과 소극재산을 모두 포함한 상속재산 전부에 관하여 공동상속인이 가지는 포괄적 상속분, 즉 상속인 지위의 양도를 의미하므로, 상속재산을 구성하는 개개의 물건 또는 권리에 대한 개개의 물권적 양도는 이에 해당하지 아니한다.

정답 ⑦

19. 상속의 승인 및 포기에 관한 설명 중 옳지 않은 것은? [03년]

① 상속인은 그 고유재산에 대하는 것과 동일한 주의로 상속재산을 관리하여야 한다. 그러나 단순승인 또는 포기한 때에는 그러하지 아니하다.
② 상속인이 상속재산에 대한 처분행위를 한 때에는 단순승인을 한 것으로 본다.
③ 상속인은 상속으로 인하여 취득할 재산의 한도에서 피상속인의 채무와 유증을 변제할 것을 조건으로 상속을 승인할 수 있다.
④ 상속인이 한정승인을 한 때에는 피상속인에 대한 상속인의 재산상 권리·의무는 소멸하지 아니한다.
⑤ 한정승인자는 상속채무의 변제기가 도래하지 않은 경우, 그 변제를 완료하기 전이라도 유증받은 자에 대하여 변제할 수 있다.

해설

① [正] 민법 제1022조.
② [正] 민법 제1026조 1호.
③ [正] 민법 제1028조.
④ [正] 민법 제1031조.
⑤ [誤] 한정승인자는 변제기가 도래하지 아니한 채권에 대하여도 채권자에 대한 공고, 최고절차 후 배당변제를 하여야 한다(제1035조 제1항). 한편 상속채무의 대한 변제를 완료한 후가 아니면 유증받은 자에게 변제하지 못한다(제1036조).

정답 ⑤

20. 다음 설명 중 옳지 않은 것은?(다툼 있으면 판례에 의함) [02년]

① 상속인인 피상속인의 배우자와 자녀들이 모두 상속을 포기하였더라도 피상속인의 손자녀가 있다면 그들이 제1순위의 상속인으로 된다.
② 상속인이 상속에 관하여 한정승인 또는 포기의 신고 전에 상속재산을 처분한 경우에는 상속인은 제한 없이 피상속인의 권리·의무를 승계한 것으로 본다.
③ 상속인이 수인인 때에는 각 상속인은 그 상속분에 응하여 취득할 재산의 한도에서 그 상속분에 응한 피상속인의 채무와 유증을 변제할 것을 조건으로 상속을 승인할 수 있다.
④ 상속의 포기는 상속개시시까지 소급하여 그 효력이 있으며 상속인이 수인인 경우 포기자의 상속분은 다른 상속인의 상속분의 비율로 그 상속인에게 귀속된다.
⑤ 상속인은 상속개시 있음을 안 날로부터 3월 내에는 한정승인이나 포기를 할 수 있으므로 그 기간 내에는 상속재산분할을 청구할 수 없다.

해설

① [正] 피상속인의 배우자와 자녀들이 모두 상속을 포기하였다면 이로 인하여 피상속인의 손자녀들의 대습상속은 문제되지 않는다. 다수설에 따르면 대습상속의 요건으로 상속개시전에 상속인이 사망하거나 결격되는 경우에 한정하기 때문이다. 그러나 피상속인들의 손자녀들도 직계비속으로서 상속권을 가지며, 손자녀들보다 근친인 피상속인의 자녀들이 모두 상속을 포기하였다면 손자녀들이 직계비속으로서 본위상속을 하게 된다.
② [正] 법정단순승인으로 의제되는 경우이다(제1026조 제1호).
③ [正] 한정승인을 말한다(제1028조).
④ [正] 상속의 포기는 상속개시시에 소급하여 소멸시키는 소급효가 있다(제1019조).
⑤ [誤] 상속재산분할은 상속개시로 인하여 공동상속인 사이에 있어서의 상속재산의 공유관계를 종료시키고 상속분에 따라 이를 배분하여 각자의 단독소유로 확정하기 위한 포괄적 배분절차를 의미한다. 따라서 상속재산에 대하여 공유관계가 존재하고, 공동상속인이 확정되어 있으며, 피상속인의 유언이나 공동상속인들의 협의에 의한 분할의 금지가 없다면 언제든지 상속재산의 분할청구가 가능하다. 공동상속인들이 한정승인이나 포기를 할 수 있다고 하더라도 공동상속인들이 확정되어 있다면 상속재산분할이 가능하다. 공동상속인들이 상속재산의 협의분할을 하였다면 이는 상속재산의 처분행위로서 법정의 단순승인으로 의제된다(제1026조 제1호).

정답 ⑤

21. 상속의 승인에 관한 설명 중 옳지 않은 것은?(다툼 있으면 판례에 의함) [06년]

① 상속인이 2005. 3. 24. 상속개시 있음을 알았지만 상속채무가 상속재산을 초과하는 사실을 중대한 과실 없이 알지 못하고 단순승인을 한 경우에는 그 사실을 안 날로부터 3월내에 한정승인을 할 수 있다.
② 생명보험의 보험계약자가 보험수익자를 지정하기 전에 보험사고가 발생하여 피보험자의 상속인이 보험수익자가 된 경우, 그가 사망보험금을 수령하였다고 하더라도 단순승인을 한 것으로 의제되지 않는다.
③ 상속개시가 있은 후 상속채무가 상속재산을 초과하는 사실을 중대한 과실 없이 알지 못하고 단순승인을 한 상속인이 한정승인을 한 경우, 위 상속인은 한정승인을 하기 이전에 상속재산 중에서 상속채권자나 유증받은 자에 대하여 변제한 가액을 제외하고 남아있는 재산과 이미 처분한 재산의 가액을 합하여 상속채권자에게 변제하여야 한다.
④ 상속개시가 있은 후 상속채권자나 유증받은 자에게 상속재산으로 변제한 상속인이 상속채무가 상속재산을 초과하는 사실을 과실 없이 알지 못한 경우, 그로 인해 그 후에 있었던 위 상속인의 한정승인으로 말미암아 변제받지 못한 상속채권자는 그

상속인에게 손해배상을 청구할 수 있다.
⑤ 한정승인을 한 상속인이 상속재산을 처분하여 그 처분대금 전액을 우선변제권자에게 귀속시킨 행위는 법정단순승인 사유인 상속재산의 '부정소비'에 해당하지 않는다.

해설

① [正] 민법 제1019조 제3항.
② [正] 피보험자의 상속인이 생명보험의 수익자가 된 경우, 생명보험금청구권은 피보험자의 사망을 보험사고로 하여 그 상속인에게 당연히 발생하는 것으로 이는 상속재산에 포함되지 아니한다. 따라서 상속인이 보험금을 수령하였다고 하더라도 이를 상속재산의 처분행위라고 할 수 없어 단순승인으로 의제되지 아니한다.
[大判 2004. 7. 9. 2003다29463] 보험계약자가 피보험자의 상속인을 보험수익자로 하여 맺은 생명보험계약에 있어서 피보험자의 상속인은 피보험자의 사망이라는 보험사고가 발생한 때에는 보험수익자의 지위에서 보험자에 대하여 보험금 지급을 청구할 수 있고, 이 권리는 보험계약의 효력으로 당연히 생기는 것으로서 상속재산이 아니라 상속인의 고유재산이라고 할 것인데, 이는 상해의 결과로 사망한 때에 사망보험금이 지급되는 상해보험에 있어서 피보험자의 상속인을 보험수익자로 미리 지정해 놓은 경우는 물론, 생명보험의 보험계약자가 보험수익자의 지정권을 행사하기 전에 보험사고가 발생하여 상법 제733조에 의하여 피보험자의 상속인이 보험수익자가 되는 경우에도 마찬가지라고 보아야 한다.
③ [正] 민법 제1034조 제2항.
④ [誤] 한정승인을 한 자가 공고나 최고를 해태하거나 한정승인에 의한 청산절차 규정에 위반하는 변제로 인하여 상속채권자나 유증받은 자에 대하여 변제할 수 없게 된 때에는 한정승인자는 그 손해를 배상하여야 한다(제1038조 제1항 전단). 한편 특별한정승인을 한 자는 상속채무 초과사실을 알지 못함에 과실이 있는 경우에 손해배상책임을 부담한다(제1038조 제1항 후단). 따라서 상속채무초과사실을 과실이 없이 알지 못한 특별한정승인자는 손해배상책임을 부담하지 않는다.
⑤ [正] [大判 2004. 3. 12. 2003다63586] 민법 제1026조 제3호에 정한 '상속재산의 부정소비'라 함은 정당한 사유 없이 상속재산을 써서 없앰으로써 그 재산적 가치를 상실시키는 행위를 의미한다. 상속인이 상속재산을 처분하여 그 처분대금 전액을 우선변제권자에게 귀속시킨 것이라면, 그러한 상속인의 행위를 상속재산의 부정소비에 해당한다고 할 수 없다.

정답 ④

22. 상속의 승인·포기에 관한 설명 중 옳지 않은 것을 모두 고른 것은? [09년]

㉠ 甲의 사망으로 乙·丙이 甲을 공동상속한 경우, 乙이 한정승인을 하고자 하더라도 丙이 원하지 않을 때는 乙이 단독으로 한정승인을 할 수는 없다.
㉡ 甲이 사망한 후 乙이 유일한 상속인으로서 한정승인을 한 경우, 乙이 피상속인 甲의 채무 전액에 대하여 임의변제를 한다면 비채변제가 되지 않고 부당이득반환청구권도 행사할 수 없다.
㉢ 甲이 사망하여 상속인인 乙이 상속포기를 한 경우, 乙은 상속이 개시된 때에 소급하여 처음부터 상속인이 아니었던 것과 같은 지위를 가지게 되지만, 이 효력은 제3자에 대하여 등기 없이 주장할 수 없다.
㉣ 甲이 사망하여 상속인인 乙이 한정승인을 한 후 상속재산을 처분하여 그 처분대금을 우선변제권자에게 귀속시킨 경우, 乙은 민법 제1026조 제3호에 따라 단순승인을 한 것으로 의제된다.
㉤ 甲이 사망하고 乙이 유일한 상속인인 경우, 乙은 상속개시의 사실을 알면서 상속재산의 전부 또는 일부를 처분한 후에도 상속포기 또는 한정승인을 할 수 있다. 다만, 이 경우에는 상속채권자에 대하여 손해배상책임을 부담할 수 있다.

① ㉠, ㉡, ㉢, ㉣, ㉤　　② ㉠, ㉢, ㉣, ㉤　　③ ㉠, ㉡, ㉣
④ ㉠, ㉣, ㉤　　⑤ ㉢, ㉣, ㉤

해설

㉠ [誤] 상속인이 수인인 때에는 각 상속인은 그 상속분에 응하여 취득할 재산의 한도에서 그 상속분에 의한 피상속인의 채무와 유증을 변제할 것을 조건으로 상속을 승인할 수 있다(제1029조). 즉 공동상속인들도 자신의 상속분에 응하여 단독으로 상속의 한정승인을 할 수 있다.

㉡ [正] 상속을 한정승인하면 상속인이 피상속인의 채무 중 일부만을 승계하는 효과가 생기는 것이 아니다. 상속의 한정승인은 상속인이 부담하여야 할 상속채무에 관한 책임의 범위를 한정하는 것이다. 따라서 상속을 한정승인한 상속인도 상속채무를 전부 승계하는 것이고, 상속인이 상속채무를 변제하였다면 이는 채무자의 변제로서 비채변제가 되지 않는다.

[大判 2003. 11. 14, 2003다30968] 상속의 한정승인은 채무의 존재를 한정하는 것이 아니라 단순히 그 책임의 범위를 한정하는 것에 불과하기 때문에, 상속의 한정승인이 인정되는 경우에도 상속채무가 존재하는 것으로 인정되는 이상, 법원으로서는 상속재산이 없거나 그 상속재산이 상속채무의 변제에 부족하다고 하더라도 상속채무 전부에 대한 이행판결을 선고하여야 하고, 다만, 그 채무가 상속인의 고유재산에 대해서는 강제집행을 할 수 없는 성질을 가지고 있으므로, 집행력을 제한하기 위하여 이행판결의 주문에 상속재산의 한도에서만 집행할 수 있다는 취지를 명시하여야 한다.

ⓒ [誤] 상속의 포기는 상속개시된 때에 소급하여 그 효력이 있다(제1042조). 상속포기의 효력을 주장하기 위해서 등기가 필요한 것은 아니다.

ⓔ [誤] 단순승인으로 의제되도록 만드는 상속재산의 처분행위란 상속의 승인이나 포기를 하기 전에 처분하는 것을 말하며 상속을 한정승인한 자가 상속재산을 처분하는 경우에는 상속재산의 부정소비가 되지 아니하는 한 단순승인으로 의제되지는 않는다.
[大判 2004. 3. 12, 2003다63586] 민법 제1026조 제3호에 정한 "상속재산의 부정소비"라 함은 정당한 사유 없이 상속재산을 써서 없앰으로써 그 재산적 가치를 상실시키는 행위를 의미한다(필자 註 : <u>상속인이 상속재산을 처분하여 그 처분대금 전액을 우선변제권자에게 귀속시킨 것이라면, 그러한 상속인의 행위를 상속재산의 부정소비에 해당한다고 할 수 없다고 한 사례</u>).

ⓜ [誤] 상속포기나 상속의 한정승인을 하기 전에 상속재산의 전부나 일부를 처분하였다면 이는 법정단순승인으로 의제된다. 따라서 그 후에 이루어진 상속포기나 상속의 한정승인은 효력이 없다.
[大判 2004. 3. 12, 2003다63586] <u>민법 제1026조 제1호는 상속인이 한정승인 또는 포기를 하기 이전에 상속재산을 처분한 때에만 적용되는 것이고, 상속인이 한정승인 또는 포기를 한 후에 상속재산을 처분한 때에는 그로 인하여 상속채권자나 다른 상속인에 대하여 손해배상책임을 지게 될 경우가 있음은 별론으로 하고, 그것이 같은 조 제3호에 정한 상속재산의 부정소비에 해당되는 경우에만 상속인이 단순승인을 한 것으로 보아야 한다.</u>

정답 ②

23. 상속재산의 분리에 관한 설명 중 옳은 것은? [02년]

① 상속재산의 분리는 상속채권자나 유증을 받은 자가 청구할 수 있으며, 상속인의 채권자는 청구하지 못한다.
② 상속재산의 분리청구는 상속개시 있음을 안 날로부터 3월 내에 청구하여야 한다.
③ 상속인이 단순승인을 한 후에도 재산분리의 명령이 있는 때에는 상속재산에 대하여 선량한 관리자의 주의로 관리하여야 한다.
④ 상속재산의 분리는 상속재산인 부동산에 관하여는 등기하여야 제3자에게 대항할 수 있다.
⑤ 상속재산이 분리된 경우 상속채권자와 유증을 받은 자는 상속재산으로부터 평등하게 변제를 받을 수 있다.

해설

① [誤] 상속재산분리의 청구권자는 상속채권자·유증 받은 자·상속인의 채권자 등이다(제1045조). 다만 포괄유증을 받은 자는 상속인과 동일한 지위에 있으므로 제외된다.
② [誤] 청구기간은 상속이 개시된 날로부터 3월 내이다. 다만, 상속인이 상속의 승인이나 포기를 하지 않은 동안은 3월이 경과하여도 재산분리가 허용된다(제1045조).
③ [誤] 자기재산과 고유한 주의로 관리하여야 한다(제1048조 제1항).

④ [正] 상속으로 인하여 취득한 부동산은 등기할 필요가 없으나, 재산이 분리된 경우에는 이를 등기하지 않으면 제3자에게 대항하지 못한다(제1049조). 이는 상속재산에 대하여 권리를 취득한 제3자의 이익을 보호하고 거래의 안전을 꾀하기 위함이다.

⑤ [誤] 각 채권액 또는 수증액의 비율로 변제하여야 한다(제1051조 제2항 본문). 그러나 우선권 있는 채권자의 권리를 해하지 못한다(제1051조 제2항 단서). 다만, 제1051조 제3항에 의하여 제1036조가 준용되므로 상속인은 상속채권자에 대한 배당변제, 변제기전의 상속채권, 조건부채권에 대한 변제가 완료된 후가 아니면 수증자에게 변제하지 못한다. 즉, 상속채권자는 수증자보다 우선한다. 한편 상속인의 채권자는 상속인의 고유재산으로부터 우선변제를 받을 권리가 있다(제1052조 제2항).

정답 ④

24. 상속재산의 분리에 관한 설명 중 옳지 않은 것은? [06년]

① 재산분리의 명령이 있는 때에는, 상속인이 한정승인을 한 때와 마찬가지로, 피상속인에 대한 상속인의 재산상의 권리·의무가 소멸되지 않는다.
② 재산분리를 청구할 수 있는 상속인의 채권자에는 상속개시 당시의 채권자뿐만 아니라 상속개시 후에 새로 채권을 취득한 자도 포함된다.
③ 상속채권자에 의한 재산분리 청구가 있는 경우에도 상속인은 한정승인이나 상속포기를 할 수 있다.
④ 상속인이 단순승인을 한 후, 재산분리의 명령이 있는 때에는 상속인은 상속재산에 대하여 선량한 관리자의 주의로 관리해야 한다.
⑤ 재산분리를 청구하였거나 정해진 신고기간 내에 신고한 상속채권자는 상속재산으로써 전액의 변제를 받을 수 없는 경우에 한하여, 상속인의 고유재산으로부터 변제를 받을 수 있다.

해설

① [正] 제1050조.
② [正] 재산분리의 청구권자에는 상속채권자, 유증받은 자, 상속인의 채권자가 포함된다. 이때 상속인의 채권자는 상속개시 당시의 채권자에 한하지 않는다.
③ [正] 한정승인의 경우에는 당연히 재산이 분리되므로 재산분리의 필요가 없다. 다만, 한정승인이 무효로 되거나 법정단순승인으로 의제되거나 한정승인의 숙려기간 중에는 재산분리의 필요가 있다. 한편 재산분리 신청이 있은 후에도 3개월의 고려기간 내이면 상속인이 한정승인이나 포기를 하는 것은 상관없다. 이 경우 재산분리절차는 정지된다.
④ [誤] 상속인이 단순승인을 한 후에도 재산분리의 명령이 있는 때에는 상속재산에 대하여 자기의 고유재산과 동일한 주의로 관리하여야 한다(제1048조).
⑤ [正] 제1052조 제1항.

정답 ④

25. 유언에 관한 설명 중 틀린 것은?(다툼 있으면 판례에 의함) [05년]

① 자필증서에 의한 유언은 유언자가 그 전문과 연월일, 주소 및 성명을 자서(自書)하는 것이 절대적 요건이므로, 전자복사기를 이용하여 작성한 복사본은 이에 해당하지 아니한다.
② 유언증서가 그 성립 후에 멸실되거나 분실되었다면 그 유언의 효력은 확정적으로 실효되고, 다른 증거방법으로 유언증서의 내용을 입증하여 유언의 유효를 주장할 수 있는 것은 아니다.
③ 공증사무실에서 유언장에 인증을 받았으나 증인 2인의 참여가 없고 자서된 것도 아니라면, 공정증서에 의한 유언이나 자필증서에 의한 유언으로서의 효력이 없다.
④ 유언은 유언자가 사망한 때로부터 효력이 발생하나, 정지조건이 있는 유언의 경우, 그 조건이 유언자의 사망 후에 성취된 때에는 그 조건이 성취된 때로부터 유언의 효력이 발생한다.
⑤ 자필증서에 의한 유언의 방식에 있어서 유언자의 날인에는 무인(拇印)도 포함된다.

해설

① [正] [大判 1998. 6. 12. 97다38510] 민법 제1066조에서 규정하는 자필증서에 의한 유언은 유언자가 그 전문과 연월일, 주소 및 성명을 자서(自書)하는 것이 절대적 요건이므로 전자복사기를 이용하여 작성한 복사본은 이에 해당하지 아니하나, 주소를 쓴 자리가 반드시 유언 전문 및 성명이 기재된 지편이어야 하는 것은 아니고 유언서의 일부로 볼 수 있는 이상 그 전문을 담은 봉투에 기재하더라도 무방하며, 날인은 인장 대신에 무인에 의한 경우에도 유효하다.
② [誤] [大判 1996. 9. 20. 96다21119] 유언자가 유언을 철회한 것으로 볼 수 없는 이상, 유언증서가 그 성립 후에 멸실되거나 분실되었다는 사유만으로 유언이 실효되는 것은 아니고 이해관계인은 유언증서의 내용을 입증하여 유언의 유효를 주장할 수 있다.
③ [正] [大判 1994. 12. 22. 94다13695] 유언장에 대하여 공증사무실에서 인증을 받았으나 그 유언장이 증인 2명의 참여가 없고 자서된 것도 아니라면 공정증서에 의한 유언이나 자필증서에 의한 유언으로서의 방식이 결여되어 있으므로 유언으로서의 효력을 발생할 수 없다.
④ [正] 민법 제1073조 2항.
⑤ [正] ①해설의 大判 1998. 6. 12. 97다38510 참고.

정답 ②

26. 배점 2 유언에 관한 설명 중 옳지 않은 것을 모두 고른 것은? (다툼 있으면 판례에 의함) [08년]

㉠ 甲은 제1유언으로 혼인 외의 자 乙을 인지하고 이를 철회하지 않겠다는 뜻을 유언 속에 표시하였으나, 그 후 제2유언으로 인지를 철회하고 사망한 경우, 甲과 乙 사이에 진실한 친자관계가 존재한다면, 제1유언에 의한 인지신고를 할 수 있다.

㉡ 민법 제1070조 소정의 구수증서에 의한 유언에서 '유언취지의 구수'라 함은 말로써 유언의 내용을 상대방에게 전달하는 것을 뜻하므로, 증인이 제3자에 의하여 미리 작성된, 유언의 취지가 적혀있는 서면에 따라 유언자에게 질문을 하고, 유언자가 동작이나 간략한 답변으로 긍정하는 방식은 특별한 사정이 없는 한 유언취지의 구수로 볼 수 없다.

㉢ 혼인하지 않은 미성년자나 한정치산자는 법정대리인의 동의가 있는 경우 유언의 증인이 될 수 있으나, 금치산자는 의사능력이 회복되어 있을 때에도 증인이 될 수 없다.

㉣ 甲이 乙의 사기 또는 강박에 의해 乙을 수증자로 하는 유언을 한 후 사망하였다면, 甲이 생전에 추인하였는지 여부와 관계없이 상속인 丙은 취소권을 행사해서 그 유언을 취소할 수 있다.

㉤ 법원은 유언집행자의 사망, 해임 등으로 유언집행자가 전혀 없게 된 경우만이 아니라 결원이 없는 경우에도 유언집행자의 추가 선임이 필요하다고 판단될 경우 이를 선임할 수 있다.

① ㉠, ㉢, ㉤ ② ㉠, ㉢, ㉣
③ ㉠, ㉣, ㉤ ④ ㉡, ㉣, ㉤
⑤ ㉡, ㉢, ㉣

해설

㉠ [誤] 민법 제1109조. 전후의 유언이 저촉되는 경우에는 전 유언은 철회한 것으로 간주된다.

㉡ [正] [大判 2006. 3. 9. 2005다57899] 민법 제1070조 소정의 '구수증서에 의한 유언'은 유언자가 2인 이상의 증인의 참여로 그 1인에게 유언의 취지를 구수하고 그 구수를 받은 자가 이를 필기낭독하여 유언자와 증인이 그 정확함을 승인한 후 각자 서명 또는 기명날인하여야 하는 것인 바, 여기서 '유언취지의 구수'라 함은 말로써 유언의 내용을 상대방에게 전달하는 것을 뜻하는 것이므로, 증인이 제3자에 의하여 미리 작성된, 유언의 취지가 적혀 있는 서면에 따라 유언자에게 질문을 하고 유언자가 동작이나 간략한 답변으로 긍정하는 방식은, 유언 당시 유언자의 의사능력이나 유언에 이르게 된 경위 등에 비추어 그 서면이 유언자의 진의에 따라 작성되었음이 분명하다고 인정되는 등의 특별한 사정이 없는 한 민법 제1070조 소정의 유언취지의 구수에 해당

한다고 볼 수 없다.
ⓒ [誤] 민법 제1072조.
ⓔ [誤] 유증은 총칙편의 규정에 의한 취소가 가능하다(제1075조 제2항). 따라서 총칙편의 규정에 따라 추인하였다면 상속인이 이를 취소할 수는 없다.
ⓜ [正] [大判 1995. 12. 4. 95스32] 민법 제1096조에 의한 법원의 유언집행자 선임은 유언집행자가 전혀 없게 된 경우뿐만 아니라 유언집행자의 사망, 사임, 해임 등의 사유로 공동유언집행자에게 결원이 생긴 경우와 나아가 결원이 없어도 법원이 유언집행자의 추가선임이 필요하다고 판단한 경우에 이를 할 수 있는 것이고, 이 때 누구를 유언집행자로 선임하느냐는 문제는 민법 제1098조 소정의 유언집행자의 결격사유에 해당하지 않는 한 당해 법원의 재량에 속하는 것이다.

정답 ②

27. 배점 3 유언의 방식에 관한 설명 중 옳은 것을 모두 고른 것은? (다툼 있으면 판례에 의함) [10년]

ㄱ. 유언자는 민법상의 유언방식을 자유롭게 선택할 수 있으므로, 자필증서나 공정증서에 의한 유언이 객관적으로 가능한 경우에도 구수증서의 방식을 이용하여 유언을 할 수 있다.
ㄴ. 자필증서에 의한 유언은 유언자가 그 전문과 연월일, 주소와 성명을 자서(自書)하는 것이 절대적 요건이므로, 주소가 유언 전문 및 성명이 기재된 지편(紙片)이 아니라 봉투에 기재되었다면 그 유언은 무효이다.
ㄷ. 구수증서에 의한 유언은 유언자가 2인 이상의 증인이 참여한 가운데 그 중 1인에게 유언의 취지를 구수하고 그 구수를 받은 자가 이를 필기낭독하여 유언자와 증인이 그 정확함을 승인한 후 각자 서명 또는 기명날인하는 방식으로 한다.
ㄹ. 유언자가 자필유언증서에 '2009년 9월'이라고만 기재하여 그 작성일을 알 수 없다면 자필증서에 의한 유언의 효력이 없다.
ㅁ. 자필증서, 공정증서, 비밀증서, 구수증서 등 유언의 증서나 녹음을 보관하고 있는 자는 유언자의 사망 후 이를 법원에 제출하여 검인을 받아야 하는데, 검인 유무에 의하여 유언의 효력이 달라지는 것은 아니다.

① ㄷ ② ㄴ, ㄷ ③ ㄴ, ㄹ ④ ㄷ, ㄹ
⑤ ㄹ, ㅁ ⑥ ㄱ, ㄴ, ㅁ ⑦ ㄷ, ㄹ, ㅁ ⑧ ㄱ, ㄴ, ㄷ, ㄹ

해설

ㄱ. [誤] 다른 방식에 의한 유언이 가능한 경우에도 구수증서 방식에 의한 유언이 허용되는지를 묻는 지문이다. 구수증서 방식에 의한 유언은 보충적인 유언방식으로 다른 방식에 의할 수 없는 경우에 할 수 있다(제1070조 제1항).

ㄴ. [誤] 자필증서에 의한 유언요건이 주소기재가 봉투에 기재된 경우에도 유언의 효력이 인정되는지를 묻는 지문이다. 반드시 유언전문 및 성명이 기재된 지편에 기재되어 있어야 하는 것은 아니며, 봉투도 유언서의 일부로 볼 수 있는 이상 봉투에 기재하더라도 무방하다는 것이 판례이다.
[大判 1998. 6. 12. 97다38510] 민법 제1066조에서 규정하는 자필증서에 의한 유언은 유언자가 그 전문과 연월일, 주소 및 성명을 자서(自書)하는 것이 절대적 요건이므로 전자복사기를 이용하여 작성한 복사본은 이에 해당하지 아니하나, 주소를 쓴 자리가 반드시 유언 전문 및 성명이 기재된 지편이어야 하는 것은 아니고 유언서의 일부로 볼 수 있는 이상 그 전문을 담은 봉투에 기재하더라도 무방하며, 날인은 인장 대신에 무인에 의한 경우에도 유효하다.

ㄷ. [正] 구수증서 방식에 의한 유언요건을 규정하고 있는 조문내용을 묻는 지문이다. 옳은 설명이다.

ㄹ. [正] 작성일을 특정할 수 없는 자필증서에 의한 유언의 효력을 묻는 지문이다. 작성일을 특정할 수 없는 경우 유언은 무효라는 것이 대법원 입장이다.
[大判 2009. 5. 14. 2009다9768] 민법 제1066조 제1항은 "자필증서에 의한 유언은 유언자가 그 전문과 연월일, 주소, 성명을 자서하고 날인하여야 한다."고 규정하고 있으므로, 연월일의 기재가 없는 자필유언증서는 효력이 없다. 그리고 자필유언증서의 연월일은 이를 작성한 날로서 유언능력의 유무를 판단하거나 다른 유언증서와 사이에 유언 성립의 선후를 결정하는 기준일이 되므로 그 작성일을 특정할 수 있게 기재하여야 한다. 따라서 연·월만 기재하고 일의 기재가 없는 자필유언증서는 그 작성일을 특정할 수 없으므로 효력이 없다.

ㅁ. [誤] 유언증서나 녹음의 검인이 유언의 효력요건인지를 묻는 지문이다. 원칙적으로 유언의 검인절차는 검증절차로서 유언의 효력에 영향을 주지 않는다. 그러나 구수증서방식에 의한 유언의 경우 법원의 검인은 유언의 효력요건이다(제1070조 제2항). 한편 공정증서에 의한 유언의 경우 공증인의 참여가 있기 때문에 법원에 의한 검인절차를 거칠 필요가 없다(제1091조 제2항).

정답 ④

28. 유증에 관한 설명 중 틀린 것은?(다툼 있으면 판례에 의함) [04년]

① 포괄적 수증자와 상속인은 가정법원에 한정승인신고를 하여야 물적 유한책임을 부담하게 되는 점에서 동일하다.
② 특정적 수증자는 유증받은 부동산의 소유권자가 아니어서 직접 진정한 등기명의의 회복을 원인으로 한 소유권이전등기를 구할 수 없다.
③ 포괄적 수증자가 유증자보다 먼저 사망하면 포괄적 유증은 효력이 없으며, 대습상속에 관한 규정이 유추적용되지 아니한다.
④ 포괄적 유증에는 조건, 기한, 부담을 부가할 수 있으나 상속의 경우에는 그렇지 않다.

⑤ 특정적 유증의 경우, 유언자가 유언으로 다른 의사표시를 하지 않는 한, 수증자는 유증의 이행을 받은 때로부터 그 목적물의 과실을 취득한다.

해설

① [正] 포괄적 수유자는 상속인과 동일한 권리와 의무를 부담하므로(제1078조) 유증의 승인, 포기에 관한 제1074조 이하가 적용되는 것이 아니라 상속의 승인 또는 포기에 관한 제1019조 내지 제1044조의 규정이 유증에도 적용된다(통설).
② [正] [大判 2003. 5. 27, 2000다73445] 포괄적 유증을 받은 자는 민법 제187조에 의하여 법률상 당연히 유증받은 부동산의 소유권을 취득하게 되나, 특정유증을 받은 자는 유증의무자에게 유증을 이행할 것을 청구할 수 있는 채권을 취득할 뿐이므로, 특정유증을 받은 자는 유증받은 부동산의 소유권자가 아니어서 직접 진정한 등기명의의 회복을 원인으로 한 소유권이전등기를 구할 수 없다.
③ [正] 민법 제1089조 제1항.
④ [正] 유증은 유언의 일종으로 조건과 기한, 혹은 부담 등의 부관을 붙일 수 있으나, 상속은 법률행위가 아니므로 부관을 붙일 수 없다.
⑤ [誤] 수증자는 유언자의 다른 의사표시가 없는 한 유증의 이행을 청구할 수 있는 때부터 그 목적물의 과실을 취득한다(제1079조).

정답 ⑤

29. 포괄유증과 상속의 차이점에 관한 설명 중 옳지 않은 것은?(다툼 있으면 판례에 의함) [05년]

① 상속인이 될 자가 피상속인이 사망하기 전에 사망한 경우 대습상속이 인정될 수 있지만, 포괄유증의 수유자가 유증자의 사망이전에 사망한 경우에는 대습의 문제가 일어나지 않는다.
② 상속인은 다른 공동상속인이 상속분을 제3자에게 양도한 경우 그 가액과 양도비용을 상환하고 그 상속분을 양수할 권리가 있지만, 포괄유증의 수유자는 그러한 상속분 양수권을 갖지 않는다.
③ 상속인의 상속회복청구권 및 그 제척기간에 관한 민법 규정은 포괄유증의 경우에는 적용되지 않는다.
④ 포괄유증의 수유자에게는 유류분권이 인정되지 않지만, 상속인에게는 유류분권이 인정된다.
⑤ 포괄유증의 수유자와 상속인은 유증자(내지 피상속인)의 소유였던 부동산에 대하여 이전등기 절차를 거치지 않더라도 법률상 당연히 소유권을 취득한다.

해설

① [正] 상속의 경우에는 대습상속을 인정하고 있으나, 포괄유증의 경우 포괄적 수유자가 유언자의 사망 이전에 먼저 사망한 경우에는 유증은 그 효력을 상실한다(제1089조).

② [正] 상속분양수권은 상속인에게만 인정된다(제1011조).
③ [誤] [大判 2001. 10. 12, 2000다22942] 상속인의 상속회복청구권 및 그 제척기간에 관하여 규정한 민법 제999조는 포괄적 유증의 경우에도 유추 적용된다.
④ [正] 유류분권은 직계비속, 배우자, 직계존속, 형제자매 등의 상속인에게만 인정된다.
⑤ [正] 포괄적 수유자는 상속인과 동일한 권리·의무를 가지기 때문에 상속인과 마찬가지로 유증자의 재산을 당연히 취득한다(제1078조).

정답 ③

30. 배점 2 포괄유증과 상속에 관한 설명 중 옳은 것을 모두 고른 것은? (다툼 있으면 판례에 의함) [10년]

ㄱ. 포괄적 수증자는 유언의 효력이 발생함과 동시에 상속재산의 전부 또는 그 비율적 부분을 등기나 인도 없이 당연히 승계한다.
ㄴ. 피상속인을 같이하는 포괄적 수증자와 상속인이 여러 명인 경우, 그들은 상속재산을 공유한다.
ㄷ. 포괄적 수증자가 유증자보다 먼저 사망하면 포괄적 수증자의 상속인이 대습하여 유증을 받게 된다.
ㄹ. 포괄적 수증자와 상속인은 모두 자연인에 한정된다.
ㅁ. 상속인에게는 유류분권이 인정되지만, 상속인이 아닌 포괄적 수증자는 유류분권이 없다.
ㅂ. 사기로 피상속인의 상속에 관한 유언을 방해한 자는 상속을 받을 수 없지만, 포괄유증은 받을 수 있다.
ㅅ. 포괄적 수증자는 상속인과 마찬가지로 원칙적으로 상속채무에 대하여 책임을 진다.

① ㄱ, ㅁ ② ㄷ, ㅂ ③ ㄱ, ㄴ, ㄹ
④ ㄴ, ㅁ, ㅂ ⑤ ㄱ, ㄴ, ㅁ, ㅅ ⑥ ㄴ, ㄹ, ㅂ, ㅅ

해설

ㄱ. [正] 포괄유증에 의한 상속재산 취득에 공시방법이 필요한지를 묻는 지문이다. 포괄유증에 의한 물권변동은 상속과 동일하므로 등기나 인도 없이 물권변동의 효력이 발생한다(민법 제187조).
ㄴ. [正] 포괄유증을 받은 자와 상속인이 수인인 경우, 상속재산에 관한 소유형태를 묻는 지문이다. 상속재산분할을 통하여 각자가 단독소유권을 취득하기까지 공동상속인들은 상속재산을 공유하게 된다(제1006조). 포괄유증을 받은 자는 상속인과 동일한 권리의무가 있으므로(제1078조) 포괄유증을 받은 자와 상속인이 수인인 경우에도 마찬가지이다.
ㄷ. [誤] 포괄유증을 받은 자가 상속개시 전에 사망한 경우, 대습상속이 인정될 수 있는지를

묻는 지문이다. 대습상속은 상속인에게만 인정되는 권리이다. 포괄유증을 받은 자가 유언자 사망 전에 사망한 경우, 유증은 그 효력이 생기지 않는다(제1089조 제1항).

ㄹ. [誤] 포괄유증을 받을 수 있는 자와 상속인이 될 수 있는 자를 묻는 지문이다. 피상속인의 일정범위 내의 혈족과 배우자만이 상속인이 될 수 있다. 즉 자연인만이 상속인이 될 수 있다. 그러나 포괄유증을 받을 수 있는 자는 자연인 이외에 법인도 가능하다. 법인은 상속을 받을 수는 없지만 유증의 상대방은 될 수 있다.

ㅁ. [正] 유류분권은 상속권을 전제로 하는 것이므로 일정한 상속인에게만 인정된다. 따라서 포괄적 유증을 받은 자는 유류분권을 가지지 않는다.

ㅂ. [誤] 상속결격에 관한 규정이 포괄유증에도 적용되는지를 묻는 지문이다. 상속결격에 관한 제1004조의 규정은 수증자에 준용한다(제1064조). 결국 상속결격자는 포괄유증의 결격자에도 해당된다. 사기로 피상속인의 상속에 관한 유언을 방해한 자는 상속결격자에 해당하며(제1004조 제3호) 동시에 수증결격자에 해당한다.

ㅅ. [正] 상속인이나 포괄수유자나 모두 채무를 포함하여 상속재산을 포괄적으로 승계한다는 점에서 동일하다.

정답 ⑤

31. 배점 3 유언의 집행에 관한 설명으로 옳은 것(○)과 옳지 않은 것(×)을 바르게 표시한 것은? (다툼 있으면 판례에 의함) [11년]

ㄱ. 공정증서에 의한 유언증서를 보관한 자는 유언자의 사망 후 지체 없이 법원에 제출하여 그 검인을 청구하여야 한다.

ㄴ. 지정 또는 선임에 의한 유언집행자는 유언자의 대리인으로 본다.

ㄷ. 유언집행자가 2인인 경우, 그중 1인이 나머지 유언집행자의 찬성 내지 의견을 청취하지 아니하고도 단독으로 법원에 공동유언집행자의 추가선임을 신청할 수 있다.

ㄹ. 유언집행자가 있는 경우, 그의 유언집행에 필요한 한도에서 상속인의 상속재산에 관한 처분권은 제한되며, 그 제한범위 내에서 상속인은 유언집행을 위한 소송에 있어서 원고적격이 없다.

ㅁ. 적법한 유언은 검인이나 개봉절차를 거치지 않더라도 유언자의 사망에 의하여 곧바로 그 효력이 생기는 것이며, 유언증서의 검인이나 개봉절차의 유무에 의하여 유언의 효력이 영향을 받는 것은 아니다.

ㅂ. 상속인 기타 이해관계인은 상당한 기간을 정하여 그 기간 내에 승낙 여부를 확답할 것을 지정 또는 선임에 의한 유언집행자에게 최고할 수 있고, 그 기간 내에 최고에 대한 확답을 받지 못한 때에는 유언집행자가 그 취임을 거절한 것으로 본다.

① ㄱ(×), ㄴ(×), ㄷ(○), ㄹ(×), ㅁ(○), ㅂ(×)
② ㄱ(○), ㄴ(×), ㄷ(○), ㄹ(×), ㅁ(×), ㅂ(×)
③ ㄱ(○), ㄴ(○), ㄷ(○), ㄹ(○), ㅁ(×), ㅂ(○)
④ ㄱ(○), ㄴ(○), ㄷ(×), ㄹ(×), ㅁ(×), ㅂ(○)
⑤ ㄱ(○), ㄴ(○), ㄷ(×), ㄹ(×), ㅁ(○), ㅂ(×)
⑥ ㄱ(×), ㄴ(○), ㄷ(×), ㄹ(○), ㅁ(×), ㅂ(×)
⑦ ㄱ(×), ㄴ(×), ㄷ(○), ㄹ(○), ㅁ(○), ㅂ(×)
⑧ ㄱ(×), ㄴ(×), ㄷ(×), ㄹ(○), ㅁ(○), ㅂ(×)

해설

ㄱ. [誤] 검인청구가 필요한 유언이 무엇인지를 묻는 지문이다. 유언의 증서나 녹음을 보관한 자 또는 이를 발견한 자는 유언자의 사망 후 지체 없이 법원에 제출하여 그 검인을 청구하여야 한다(제1091조 제1항). 그러나 공정증서나 구수증서에 의한 유언은 검인을 청구할 필요가 없다(제1091조 제2항).

ㄴ. [誤] 유언집행자의 지위를 묻는 지문이다. 상속인의 대리인으로 본다(제1103조 제1항).

ㄷ. [正] 유언집행자가 단독으로 공동유언집행자의 추가선임 신청을 할 수 있는지를 묻는 지문이다. 유언집행자가 수인인 경우에는 임무의 집행은 그 과반수의 찬성으로써 결정한다. 그러나 보존행위는 각자가 이를 할 수 있다(제1102조). 공동유언집행자의 추가선임 신청은 보존행위의 일종으로 보아야 하므로 단독으로 할 수 있다고 보아야 한다.
[大決 1987.9.29. 자 86스11] 유언집행자가 2인인 경우 그 중 1인이 나머지 유언집행자의 찬성 내지 의견을 청취하지 아니하고도 단독으로 법원에 공동유언집행자의 추가선임을 신청할 수 있다 할 것이므로 이러한 단독신청행위가 공동유언집행방법에 위배되었다거나 기회균등의 헌법정신에 위배되었다고 볼 수 없다. (교재에 없는 판결)
[大決 1995.12.24. 95스32] 민법 제1096조에 의한 법원의 유언집행자 선임은 유언집행자가 전혀 없게 된 경우뿐만 아니라 유언집행자의 사망, 사임, 해임 등의 사유로 공동유언집행자에게 결원이 생긴 경우와 나아가 결원이 없어도 법원이 유언집행자의 추가선임이 필요하다고 판단한 경우에 이를 할 수 있는 것이고, 이 때 <u>누구를 유언집행자로 선임하느냐는 문제는 민법 제1098조 소정의 유언집행자의 결격사유에 해당하지 않는 한 당해 법원의 재량에 속하는 것이다.</u>

ㄹ. [正] 유언집행자가 존재하는 경우, 유언집행을 위한 소송에서 상속인의 원고적격이 인정되는지 여부를 묻는 지문이다. 이는 유언집행자를 상속인의 대리인으로 보는 제1103조의 의미가 무엇인가와 관련된 것이다. 대법원은 유언집행자가 상속인의 대리인이라고 하더라도 그 의미는 유언집행자의 행위의 효과가 상속인에게 귀속된다는 의미에 그치고, 상속인에게 유언집행에 관한 소송에서 원고적격을 인정한다는 의미는 아니라고 본다.
[大判 2001.3.27. 2000다26920] 유언집행자는 유증의 목적인 재산의 관리 기타 유언의 집행에 필요한 모든 행위를 할 권리·의무가 있으므로, 유증 목적물에 관하여 경료된, <u>유언의 집행에 방해가 되는 다른 등기의 말소를 구하는 소송에 있어서는 유언</u>

집행자가 이른바 법정소송담당으로서 원고적격을 가진다고 할 것이고, 유언집행자는 유언의 집행에 필요한 범위 내에서는 상속인과 이해상반되는 사항에 관하여도 중립적 입장에서 직무를 수행하여야 하므로, <u>유언집행자가 있는 경우 그의 유언집행에 필요한 한도에서 상속인의 상속재산에 대한 처분권은 제한되며 그 제한 범위 내에서 상속인은 원고적격이 없다고 할 것이다. 민법 제1103조 제1항은 "지정 또는 선임에 의한 유언집행자는 상속인의 대리인으로 본다"고 규정하고 있으나, 이 조항은 유언집행자의 행위의 효과가 상속인에게 귀속함을 규정한 것이지, 유언집행자의 소송수행권과 별도로 상속인 본인의 소송수행권도 언제나 병존함을 규정한 것은 아니다.</u>

ㅁ. [正] 검인·개봉절차 없는 유언의 효력을 묻는 지문이다. 검인·개봉절차는 검증절차에 불과하므로 원칙적으로 유언의 효력에 영향을 주지는 않는다.
[大判 1998. 6. 12. 97다38510] 민법 제1091조에서 규정하고 있는 유언증서에 대한 법원의 검인은 유언증서의 형식·태양 등 유언의 방식에 관한 모든 사실을 조사·확인하고 그 위조·변조를 방지하며, 또한 보존을 확실히 하기 위한 일종의 검증절차 내지 증거보전절차로서, 유언이 유언자의 진의에 의한 것인지 여부나 적법한지 여부를 심사하는 것이 아님은 물론 직접 유언의 유효 여부를 판단하는 심판이 아니고, 또한 민법 제1092조에서 규정하는 유언증서의 개봉절차는 봉인된 유언증서의 검인에는 반드시 개봉이 필요하므로 그에 관한 절차를 규정한 데에 지나지 아니하므로, <u>적법한 유언은 이러한 검인이나 개봉절차를 거치지 않더라도 유언자의 사망에 의하여 곧바로 그 효력이 생기는 것이며, 검인이나 개봉절차의 유무에 의하여 유언의 효력이 영향을 받지 아니한다.</u>

ㅂ. [誤] 상속인 기타 이해관계인의 유언집행자로 지정되거나 선임된 자에 대한 최고의 효과를 묻는 지문이다. 상속인 기타 이해관계인은 지정 또는 선임에 의한 유언집행자에게 승낙여부의 확답을 최고할 수 있는데, 기간 내에 최고에 대한 확답을 받지 못한 때에는 유언집행자가 그 취임을 승낙한 것으로 본다(제1097조 제3항).

정답 ⑦

32. 유류분반환청구권의 법적 성질과 관련하여 형성권설과 청구권설의 대립이 있다. 다음 중 형성권설의 주장을 모두 고른 것은? [03년]

㉠ 증여 또는 유증은 유류분권리자의 반환청구에 의하여 유류분을 침해하는 한도에서 실효한다.
㉡ 유류분권리자는 목적재산의 인도를 물권적청구권 또는 부당이득반환청구권에 의하여 구할 수 있다.
㉢ 유류분반환청구권은 유증 또는 증여받은 자에 대하여 유류분에 부족한 만큼의 재산의 인도나 반환을 요구하는 채권적청구권이다.
㉣ 물권변동에 관하여 형식주의를 취하는 우리 민법체계에 부합된다.
㉤ 유류분권리자는 수증자가 파산한 경우 환취권을 행사할 수 있고, 수증자의 일반채권자가 수증목적물에 대하여 강제집행한 경우에 제3자이의의 소를 제기할 수 있다.

① ㉠, ㉣ ② ㉠, ㉤ ③ ㉠, ㉡, ㉣
④ ㉠, ㉡, ㉤ ⑤ ㉡, ㉢, ㉤

해설

* 형성권설 : ㉠,㉡,㉤ 유류분반환청구권의 행사에 의하여 증여나 유증이 유류분을 침해하는 범위에서 실효되고, 물권적 청구권에 의하여 목적물반환청구를 할 수 있다는 견해이다.
* 청구권설 : ㉢,㉣ 이미 이루어진 증여나 유증이 실효되는 것이 아니라 유류분의 부족분에 한하여 상대방에 대하여 반환청구를 할 수 있는 채권적 권리를 가질 뿐이라는 견해로서, 형식주의에 부합된다.

정답 ④

33. 상속 및 유류분에 관한 설명 중 민법 규정 및 판례의 태도에 비추어 옳지 않은 것은?
[04년]

① 유류분은 피상속인의 상속개시시에 있어서 가진 재산의 가액에 증여재산의 가액을 가산하고 채무의 전액을 공제하여 이를 산정하고, 한편 조건부의 권리 또는 존속기간이 불확정한 권리는 가정법원이 선임한 감정인의 평가에 의하여 그 가격을 정한다.
② 피상속인의 증여로 인하여 그 유류분에 부족이 생긴 경우, 유류분반환청구권은 유류분권리자가 상속의 개시와 반환하여야 할 증여를 한 사실을 안 때로부터 1년, 증여한 때로부터 10년 내에 행사되지 아니하면 시효로 소멸한다.
③ 유류분을 포함한 상속의 포기는 상속이 개시된 후 일정한 기간 내에만 가능하고, 가정법원에 신고하는 등 일정한 절차와 방식을 따라야만 그 효력이 있다.
④ 아직 증여계약이 이행되지 아니하여 소유권이 피상속인에게 남아있는 상태로 상속이 개시된 재산은 그 수증자가 공동상속인이든 제3자이든 가리지 아니하고 모두 유류분 산정의 기초가 되는 재산을 구성한다.
⑤ 피상속인의 직계비속과 배우자의 유류분은 그 법정상속분의 2분의 1이고 피상속인의 직계존속과 형제자매의 유류분은 그 법정상속분의 3분의 1이다.

해설

① [正] 민법 제1113조.
② [誤] 증여한 때가 아니라 상속이 개시한 때로부터 10년이다(제1117조).
③ [正] 민법 제1019조. 제1041조.
④ [正] [大判 1996. 8. 20. 96다13682] 유류분 산정의 기초가 되는 재산의 범위에 관한 민법 제1113조 제1항에서의 '증여재산'이란 상속개시 전에 이미 증여계약이 이행되어 소유권이 수증자에게 이전된 재산을 가리키는 것이고, 아직 증여계약이 이행되지 아니

하여 소유권이 피상속인에게 남아 있는 상태로 상속이 개시된 재산은 당연히 '피상속인의 상속개시시에 있어서 가진 재산'에 포함되는 것이므로, 수증자가 공동상속인이든 제3자이든 가리지 아니하고 모두 유류분 산정의 기초가 되는 재산을 구성한다.
⑤ [正] 민법 제1112조 각호.

정답 ②

34. 자수성가로 큰 부를 축적한 甲은, 사망하기 2년 전에 출가한 딸 乙에게 10억원을, 사망하기 1년 2개월 전에 A 양로원에 14억원을, 사망하기 6개월 전에 B 재활원에 10억원을 각각 증여하였다. 그리고 총재산 90억원을 남기면서 사망할 때에 이를 Y대학의 발전기금으로 기탁한다는 유언을 하였다. 그런데 甲의 사후 甲에게는 X은행에 부채가 47억원이 있는 것으로 판명되었다. 甲의 처 丙과 자 丁이 유류분 청구를 하였을 경우, 상속재산 중에서 丙과 丁에게 귀속되는 금액은 각각 얼마나 되는가?(乙·丙·丁 외에 다른 상속인은 없는 것으로 전제함) [05년]

① 丙 : 9억원,   丁 : 6억원
② 丙 : 13억5,000만원,   丁 : 9억원
③ 丙 : 16억5,000만원,   丁 : 11억원
④ 丙 : 27억원,   丁 : 18억원
⑤ 丙 : 33억원,   丁 : 22억원

해설

1) 유류분 산정의 기초재산을 확정하여야 한다. 유류분 산정의 기초재산은 상속개시 당시의 재산의 가액에서 증여액을 산입하고, 채무를 공제한다. 따라서 유류분 산정의 기초재산 = 상속개시 당시의 재산의 가액(90억원) + 乙에 대한 증여가액(10억원) + B에 대한 증여가액(10억원) − 채무전액(47억원) = 63억원.

2) 丙과 丁의 유류분액을 확정한다. 유류분의 비율은 법정상속분의 1/2이므로 丙의 경우 법정상속분이 3/7이므로 63억원 × 3/7 = 27억원, 27억 × 1/2 = 13억 5천만원이고, 丁의 경우 법정상속분이 2/7이므로 63억원 × 2/7 = 18억원, 18억 × 1/2 = 9억원이다.

정답 ②

35. 甲은 적극재산 5,000만원과 채무 3,000만원을 남기고 2005. 6. 30. 사망하였고, 상속인으로 자녀 乙과 丙이 있다. 그런데 甲은 2003. 5. 30. 유류분 침해 사실을 모르는 乙과 丁에게 각각 7,000만원씩을 증여하기로 하였고, 2004. 7. 30. 그 채무를 이행하였다. 또한 甲은 남은 재산 2,000만원을 사회복지단체 戊에게 기증하도록 자필증서에 의한 유언을 했다. (가) 丙의 유류분액, (나) 丙이 乙과 丁에게 반환을 청구할 수 있는 금액, (다) 戊가 유류분반환을 거친 후 최종적으로 취득할 금액을 모두 합치면 얼마인가? [06년]

① 2,000만원　　② 2,500만원　　③ 3,000만원
④ 4,500만원　　⑤ 6,000만원

해설

＊ 법무부의 정답안에 필자는 동의할 수 없음을 미리 밝혀둡니다. 이하에서는 법무부 정답안에 따른 해설과 필자의 견해에 따른 해설을 모두 게재합니다.

[법무부 정답안의 도출과정의 해설]

(가) 丙의 유류분액 : 丙의 유류분을 산정하기 위해서는 유류분 산정의 기초재산을 확정하여야 한다. 유류분 산정의 기초재산은 상속개시 당시의 적극재산에서 소극재산을 공제하고, 상속개시전 1년 사이에 행하여진 증여가액을 산입하며, 공동상속인에 대한 특별수익인 증여는 그 증여가 언제 있었는가를 불문하고 모두 산입하여 결정한다. 따라서 유류분 산정의 기초재산은 상속개시 당시의 적극재산 5천만원 - 상속개시 당시의 소극재산 3천만원 + 공동상속인 乙에 대한 증여가액 7천만원(丁에 대한 증여가액은 산입되지 않는다. 증여계약시가 상속개시 전 1년 이전이기 때문이다) = 9천만원이다. 결국 丙의 유류분액은 유류분 산정의 기초재산인 9천만원에 유류분율인 1/4을 곱한 금액 즉, 2250만원이 된다.

(나) 丙이 乙과 丁에게 청구할 수 있는 금액 : <u>丙의 유류분이 전액 침해되었으므로 丙은 그 유류분액에 해당하는 만큼 유류분의 반환을 청구할 수 있다.</u> 丁이 증여받은 것은 반환의 대상이 되지 아니하고, 乙이 증여받은 것은 반환의 대상이 된다. 그러나 유증받은 戊가 있기 때문에 丙은 유증받은 戊에 대하여 먼저 청구하고, 그로부터 반환받지 못한 범위에서 증여받은 乙에게 청구할 수 있다. 결국, 丙은 乙에 대하여 250만원을 청구할 수 있을 뿐이다.

(다) 戊가 유류분반환을 거친 후 최종적으로 취득할 금액 : <u>丙의 유류분은 전액 침해되었으므로 丙은 유증받은 戊에 대하여 유증금액 2천만원 전액을 반환청구할 수 있다.</u> 결국 戊가 취득할 수 있는 금액은 0원이다.

결국 (가) (나) (다)의 금액을 합한 금액은 2500만원이다.

[법무부 정답안의 문제점과 필자의 견해]

1) 법무부는 아마도 위와 같은 계산방법으로 정답을 도출한 것으로 보이는데, 이러한 계산방법은 명백한 오류이다. 특히 필자가 밑줄을 친 부분은 옳지 못하다. 밑줄 친 부분은 상속개시당시의 적극재산이 5천만원이고, 소극재산이 3천만원이며, 유증채무가 2천만원이므로 丙은 상속받을 이익이 없다는 논리에 기초하고 있는 듯한데, 이는 특별수익자가 존재하는 경우의 구체적 상속분 산정에 관한 판례의 태도와도 일치하지 않는다.

2) 유류분의 보전에 관하여 규정하고 있는 민법 제1115조는 유류분권리자가 피상속인이 제1114조에 규정된 증여 및 유증으로 인하여 그 유류분에 부족이 생긴 때에는 부족한 한도에서 그 재산의 반환을 청구할 수 있다고 규정하고 있다. 따라서 유류분의 반환을 청구하기 위해서는 유류분에 부족이 생겼는지를 확인하여야 한다. 유류분의 부족

이 있는지 여부는 유류분권리자가 받은 상속의 이익이 유류분에 미달하는지를 확인하여야 한다(同旨 : 이경희 가족법 560면; 박동섭 친족상속법 683면; 배경숙 친족상속법강의 664면 등).

3) 위 문제에서 丙이 乙과 戊에게 유류분반환을 청구할 수 있는지는 丙의 현실적인 상속의 이익이 유류분에 미달하는지에 달려 있다. 丙의 상속의 이익을 계산해 보자. 우선 유류분 산정의 기초재산과 구체적 상속분 산정의 기초재산은 서로 다르다는 점을 주의해야 한다(김주수, 김상용 친족상속법 745면). 특히 사안의 경우에는 특별수익자가 존재하기 때문에 특별수익자가 존재하는 경우의 구체적 상속분 산정에 관한 제1008조가 적용되어야 한다. 한편, 제1008조를 적용함에 있어서 적극재산만이 고려되고 소극재산은 고려되지 아니한다는 것이 판례의 태도이다(大判 1995. 3. 10, 94다16571).

4) 따라서 丙의 구체적 상속분 산정의 기초가 되는 재산은 상속개시 당시의 적극재산 5천만원 + 특별수익 7천만원 = 1억 2천만원이다. 여기에 丙의 법정상속분율 1/2을 곱하면 그 금액은 6천만원이 된다. 그러나 상속개시 당시의 적극재산은 5천만원밖에 없기 때문에 결국 5천만원 전액이 丙에게 상속되고, 공동상속인 乙은 적극재산 중에서 상속받을 재산이 없게 된다. 한편, 상속채무 및 유증채무는 적극재산과 별도로 상속된다. 상속채무 3천만원과 유증채무 2천만원을 합한 5천만원의 채무 또한 법정상속분율에 따라 상속되는 결과, 丙은 2천5백만원의 채무를 상속받게 된다. 결국 丙의 상속의 이익은 2천5백만원이 된다(적극재산 상속액 5천만원 - 소극재산 상속액 2천5백만원).

5) 그렇다면 丙의 유류분액이 2250만원인데, 丙의 상속의 이익이 2천5백만원이므로 丙의 유류분이 침해된 것은 아니다. 따라서 丙은 유류분의 반환을 그 누구에게도 청구할 수 없다. 결국 정답은 (가) 丙의 유류분액 : 2250만원 (나) 丙이 乙과 丁에게 반환청구할 수 있는 금액 : 0원 (다) 戊가 최종적으로 취득할 금액 : 2천만원을 합한 금액은 4천250만원이 된다. 그러나 이 금액이 답항에 존재하지 않는다. 결국 위 문제는 정답이 없다.

6) 참고로 유증채무가 상속개시 당시의 적극재산으로부터 변제되어야 하는가 아니면 특별수익자에게 상속분의 선급이 이루어진 경우, 특별수익자에게 선급된 상속분을 아울러 고려하여 유증채무가 변제되어야 하는가에 관해서는 논란의 여지가 있다. 만약, 유증채무가 상속개시 당시의 적극재산으로부터 변제되어야 한다면 丙의 상속의 이익은 1천5백만원이 된다. 따라서 丙의 유류분 침해액은 750만원이 되고, 그 결과 丙의 유류분액 2250만원, 丙이 乙과 丁에게 반환을 청구할 수 있는 금액 0원, 戊가 유류분반환을 거친 후 최종적으로 취득할 금액 1250만원을 합한 3500만원이 정답이 될 것이다. 그러나 유언집행자를 상속인의 대리인으로 보는 제1103조에 비추어 특정유증채무는 상속인에게 귀속되는 채무이며, 특별수익자인 공동상속인과 특별수익을 전혀 받지 못한 공동상속인 사이의 형평이 유지되어야 한다는 제1008조의 취지에 비추어 상속분의 선급이라고 볼 수 있는 특별수익자에 대한 생전증여분을 아울러 고려하여 특정유증채무의 변제가 이루어져야 한다고 본다. 그렇다면 丙에게 전적으로 귀속되어야 할 상속개시 당시의 적극재산인 5천만원으로부터 특정유증채무가 이행되어야 할 것이 아니라 공동상속인들이 그 상속분에 따라 특정유증채무를 이행하여야 한다고 본다.

법무부 정답 ②, 필자 견해 답 없음

判 例 索 引

[大法院 判決]

[大判 1956.2.25, 55다455]	19
[大判 1960.2.4, 58다636]	22
[大判 1960.7.21, 4292민상773]	435
[大判 1960.12.27, 4293민상359]	544
[大判 1962.3.15, 61다903]	606
[大判 1962.5.17, 62다161]	405
[大判 1962.6.28, 4294민상1453]	541
[大判 1963.9.5, 63다330]	521
[大判 1964.12.29, 64다1054]	650
[大判 1965.3.23, 65다34]	338
[大判(全) 1965.4.22, 65다268]	201
[大判 1965.7.27, 65다864]	224, 226
[大判 1966.4.19, 66다283]	202
[大判 1966.6.28, 66다493]	603
[大判 1966.7.5, 66다736]	469
[大判(全) 1967.5.18, 66다2618]	474
[大判 1967.10.4, 67다1791]	612
[大判 1969.2.18, 68다2329]	150
[大判 1969.8.26, 68다2320]	32
[大判 1970.2.10, 69다2194]	80
[大判 1970.2.24, 69다1410]	437
[大判 1970.3.10, 69다1669]	142
[大判 1970.3.10, 69다2218]	82
[大判 1970.4.14, 70다171]	197, 201, 203
[大判 1970.9.29, 70다466]	56
[大判 1970.12.24, 70다1630]	245
[大判 1971.1.26, 70다2576]	227
[大判 1971.11.15, 71다1983]	101
[大判 1971.12.14, 71다2045]	15, 17
[大判 1972.1.31, 71다2697]	404
[大判 1972.3.28, 72다119]	318
[大判 1972.4.25, 71다2255]	101
[大判 1972.4.25, 71다2105]	309
[大判 1972.5.9, 71다1474]	383
[大判 1972.5.23, 72다115]	159
[大判 1972.7.11, 70다1877]	284
[大判 1972.7.27, 72마741]	45
[大判 1973.6.5, 68다2342]	419
[大判 1973.7.24, 72다2136]	21
[大判 1973.10.23, 73다268]	69, 71, 476
[大判 1974.8.30, 74다1124]	480
[大判 1974.12.10, 74다998]	242
[大判 1975.3.25, 74다1998]	636
[大判 1975.3.25, 73다1048]	67
[大判(全) 1975.5.13, 74다1664]	344, 351
[大判 1975.5.27, 74다1393]	311
[大判 1975.6.10, 73다2023]	21
[大判 1976.4.13, 75다1100]	387
[大判 1976.4.13, 75다396]	13, 556
[大判 1976.6.22, 75다819]	559
[大判 1976.10.12, 76다1591]	347
[大判 1976.10.26, 75다2211]	137
[大判(全) 1976.11.6, 76다148]	186
[大判 1976.11.9, 76다2218]	109
[大判 1976.12.28, 76므41]	110
[大判 1977.3.22, 76다1437]	20
[大判 1977.5.24, 75다1394]	450
[大判 1978.1.17, 77다1872]	160
[大判 1978.3.28, 78다282·283]	82
[大判 1978.4.11, 77다2509]	129
[大判 1978.6.13, 78다468]	395
[大判 1978.7.11, 78다719]	62, 63
[大判 1978.10.10, 78므29]	609
[大判 1979.2.13, 78다2157]	123
[大判 1979.5.22, 79다239]	151, 158
[大判 1979.6.26, 79다639]	208
[大判(全) 1979.9.25, 77다1079]	176

[大判(全) 1979.11.13, 79다483]	106, 543
[大判 1979.11.27, 79다396]	113
[大判(全) 1979.12.11, 78다481·482]	33
[大判 1980.4.22, 79므77]	580
[大判 1980.5.13, 80다130]	109
[大判 1980.5.27, 80다565]	192
[大判 1980.7.8, 80다725]	421
[大判 1980.7.8, 79다1928]	168
[大判 1980.7.22, 80다649]	651
[大判 1980.8.26, 79다434]	194
[大判 1980.9.9, 80다7]	195
[大判 1980.10.14, 79다2168]	55
[大判 1980.11.11, 79다2164]	23
[大判 1980.11.11, 80다2050]	308
[大判 1981.5.26, 80다2515]	639
[大判 1981.5.26, 80다3117]	157
[大判 1981.7.28, 80다2668]	19, 23
[大判 1981.9.8, 80다1468]	265
[大判 1981.11.10, 80다2757·2758]	246
[大判 1981.11.10, 81다378]	484
[大判(全) 1981.11.24, 80다3286]	150
[大判 1981.12.22, 80다1475]	254
[大判 1982.1.19, 80다2626]	110, 119
[大判 1982.1.26, 81다카549]	34, 84
[大判 1982.2.9, 81다534]	606
[大判 1982.6.22, 82다카200]	305, 306
[大判 1982.7.27, 80다2968]	143
[大判 1982.8.24, 82다카254]	481
[大判(全) 1982.9.28, 81사9]	171
[大判 1982.11.23, 81다카1110]	452
[大判 1982.12.14, 80다1872]	18, 20
[大判 1982.12.14, 82므46]	608, 622
[大判 1982.12.28, 81다카870]	151
[大判 1983.4.26, 83다카57]	51
[大判 1983.5.10, 81다187]	167
[大判 1983.6.13, 80다3231]	3
[大判 1983.7.12, 82므59]	607
[大判 1983.8.23, 82다카439]	385
[大判 1983.8.23, 83다카552]	111
[大判 1983.9.13, 83므16]	630
[大判(全) 1983.12.13, 83다카1489]	81, 84, 86
[大判 1983.12.27, 83므28]	579
[大判 1984.3.27, 84므9]	587
[大判 1984.9.25, 84므73]	612
[大判 1985.2.13, 84누649]	128
[大判(全) 1985.4.9, 84다카1131·1132]	224
[大判 1985.4.9, 84다카130]	446, 454
[大判(全) 1985.4.9, 84다카1131·1132]	216
[大判 1985.5.14, 85다카13]	217
[大判 1985.5.28, 84다카2188]	462
[大判 1985.9.10, 85므35]	588
[大判 1985.10.8, 85누70]	660
[大判 1985.11.25, 86다카1569]	122, 367
[大判 1986.6.24, 86므9]	580, 586
[大判 1986.11.25, 86다카1569]	300
[大判 1987.1.20, 86므86]	591
[大判 1987.1.20, 85다카2197]	417, 429
[大判 1987.2.24, 86누438]	467, 469
[大判 1987.3.10, 86다카1114]	500, 502
[大判 1987.3.24, 84다카1324]	293, 332
[大判 1987.4.14, 86다카520]	48
[大判 1987.4.28, 86다카1448]	550
[大判 1987.4.28, 86다카2458]	255
[大判 1987.5.12, 86다카1340]	383
[大判 1987.6.23, 87다카98]	421
[大判 1987.7.7, 86다카2475]	82
[大判 1987.11.10, 86다카371]	56
[大判 1988.2.23, 87다카1586]	343, 354
[大判 1988.2.23, 87다카1989]	355
[大判 1988.4.12, 87다카2429]	445
[大判 1988.4.12, 87다카2951]	565
[大判 1988.5.10, 87다카1979]	183, 184
[大判 1988.9.27, 86다카2375]	335, 336, 469
[大判 1988.9.27, 88다카1797]	263, 299
[大判 1988.10.25, 86다카1729]	379
[大判 1988.10.25, 87다카1564]	229
[大判 1988.11.8, 86다카2949]	536
[大判 1988.11.22, 87다카2555]	274, 539
[大判 1988.11.22. 선고 87다카1836]	289
[大判 1988.12.13, 87다카3147]	403

[大判 1989.1.17, 87다카2311]	643		[大判 1991.6.11, 91다9299]	6
[大判 1989.4.25, 88다카4253]	345, 348		[大判 1991.6.25, 90다14225]	189
[大判 1989.6.27, 88다카23490]	254		[大判 1991.6.25, 88다카6358]	506
[大判 1989.7.11, 88다카20866]	61, 110		[大判 1991.7.9, 91다11490]	340
[大判 1989.7.11, 88다카21029]	140		[大判 1991.7.12, 90다13161]	523
[大判 1989.8.8, 88다카24868]	203		[大判 1991.7.26, 91다8104]	325, 329
[大判 1989.9.12, 88다카10517]	207		[大判 1991.8.13, 91다13717]	109, 354
[大判 1989.9.12, 88다카28044]	633		[大判 1991.8.13, 91다16631]	216
[大判 1989.9.29, 88다카14663]	312, 315		[大判 1991.8.13, 91다18118]	489
[大判 1989.10.27, 89다카4298]	427		[大判 1991.8.27, 90다8237]	666
[大判 1990.1.12, 89다카4946]	242		[大判 1991.9.24, 88다카33855]	198, 199
[大判 1990.1.23, 88다카7245·7252]	483		[大判 1991.9.24, 91다23639]	202, 205
[大判 1990.1.25, 88다카26406]	265		[大判 1991.10.8, 90다9780]	271
[大判 1990.3.9, 88다카31866]	513, 519		[大判 1991.10.8, 91다25116]	169
[大判 1990.5.8, 88다카26413]	304		[大判 1991.10.22, 90다20244]	382
[大判 1990.7.10, 90다카6399]	217		[大判 1991.10.22, 91다21671]	642
[大判 1990.7.27, 90다카6160]	45		[大判 1991.10.25, 91다22605·22612]	549
[大判 1990.10.30, 90다카20395]	139		[大判 1991.10.25, 91다22605]	329
[大判 1990.11.9, 90다카22513]	123		[大判 1991.11.8, 91다21770]	275
[大判(全) 1990.11.27, 89다카12398]	194		[大判 1991.11.12, 91다9503]	105, 308
[大判 1990.12.26, 88다카20224]	271		[大判 1991.11.22, 91다8821]	40
[大判 1991.1.11, 90다8053]	335, 336		[大判 1991.11.26, 91다11810]	21, 22
[大判 1991.1.25, 87다카2569]	541		[大判 1991.11.26, 91다32466]	633
[大判 1991.1.29, 89다카1114]	298, 378		[大判 1991.12.10, 91므535]	587
[大判 1991.2.22, 90다13420]	120		[大判 1991.12.10, 91므344]	588
[大判(全) 1991.3.12, 90다2147]	286		[大判 1991.12.10, 91다33056]	432, 504
[大判 1991.3.12, 90다카27570]	162		[大判 1991.12.13, 90다18999]	415
[大判 1991.3.22, 91다70]	159		[大判 1991.12.13, 91다18316]	135, 146
[大判 1991.3.27, 90다19930]	418, 424, 429		[大判(全) 1991.12.24, 90다5740]	642
[大判 1991.4.9, 91다3260]	424, 486		[大判 1992.2.11, 91다21800]	527
[大判 1991.4.12, 90다20220]	205		[大判 1992.2.14, 91다24564]	33, 35, 444, 446
[大判 1991.4.12, 90다9407]	344, 345, 354		[大判 1992.2.25, 91다9312]	349
[大判 1991.4.23, 90다19695]	482		[大判 1992.2.28, 91다17443]	134
[大判 1991.5.10, 90다14423]	557		[大判 1992.3.31, 91다32053]	123
[大判 1991.5.10, 91다7255]	381		[大判(全) 1992.3.31, 91다32053]	119, 534
[大判 1991.5.14, 91다6627]	52		[大判 1992.4.10, 91다43138]	412
[大判 1991.5.28, 90다카16761]	454		[大判 1992.4.10, 91다43695]	121, 128
[大判 1991.5.28, 91다6658]	216		[大判 1992.4.14, 91다45202]	423
[大判 1991.5.28, 90다8558]	40		[大判 1992.4.24, 91다26379]	150
[大判 1991.5.28, 90므347]	621, 626		[大判 1992.5.12, 91다26546]	99

[大判 1992.5.12, 91다28979] 533	[大判 1993.5.11, 91다46861] 139
[大判 1992.5.12, 90다8855] 274	[大判 1993.5.14, 92다45025] 174, 471
[大判 1992.5.12, 91다2151] 283, 467	[大判 1993.5.25, 93다296] 54
[大判 1992.5.22, 92다5584] 110	[大判 1993.5.25, 92다51280]
[大判 1992.5.22, 92다2127] 13	183, 184, 190, 531
[大判(全) 1992.6.23, 91다33070]	[大判 1993.5.27, 93다6560] 372, 465
32, 372, 375, 562	[大判 1993.5.27, 93다4908·4915·4922] 461
[大判 1992.7.24, 91므566] 622	[大判 1993.5.27, 92므143] 594, 601, 602
[大判 1992.7.28. 선고 92다14786] 52	[大判 1993.5.27, 92다20163] 334
[大判 1992.8.18, 91다30927] 428	[大判 1993.6.11, 92므1054·1061] 595
[大判 1992.9.14, 92다9463] 442	[大判 1993.6.25, 93다11821] 316, 418
[大判 1992.9.22, 92다15048] 39	[大判 1993.6.25, 92다20330] 222
[大判 1992.9.25, 91다37553] 379	[大判 1993.7.16, 93다17324] 502
[大判 1992.9.25, 92다24677] 162	[大判 1993.7.16, 92므372] 624
[大判 1992.10.13, 92다16836] 96	[大判 1993.7.16, 92다41528] 55
[大判 1992.10.17, 92다21784] 478	[大判 1993.7.27, 92다52795] 115
[大判 1992.10.23, 92다29399] 612	[大判 1993.7.27, 93다357] 561
[大判 1992.10.27, 91다483] 342, 350	[大判 1993.8.24, 93다7204] 312
[大判 1992.10.27, 91다11209] 204	[大判 1993.8.24, 92므907] 586
[大判 1992.10.27, 92다21784] 473	[大判 1993.8.24, 93다12] 440, 614, 615, 658
[大判 1992.11.10, 92다35899] 225, 342, 348	[大判 1993.9.3, 98다40657] 242
[大判 1992.11.24, 92다31163·31170] 48	[大判 1993.9.10, 93다20139] 314
[大判 1992.11.24, 92다31163] 479	[大判 1993.9.14, 93다12268] 329
[大判 1992.12.8, 92다26772·26789] 246	[大判 1993.9.14, 91다41316] 376
[大判 1992.12.22, 92다30160] 505	[大判 1993.9.14, 93다13162] 65
[大判 1992.12.24, 92다25120] 68	[大判 1993.9.28, 93다22883] 185
[大判 1993.1.15, 92다39365] 102	[大判 1993.9.28, 93다20832] 109, 112
[大判 1993.1.19, 92다37727] 474, 479	[大判 1993.9.28, 92다32814] 271
[大判 1993.2.12, 92다23193] 401, 403	[大判 1993.10.8, 93다25738·25745] 484
[大判 1993.2.23, 92다52436] 82, 83	[大判 1993.10.12, 93다18914] 78
[大判 1993.3.9, 92다5300] 167	[大判 1993.10.26, 93다27611] 266
[大判 1993.3.12, 92다48512] 444, 604, 610	[大判 1993.11.9, 93다28928] 470, 471
[大判 1993.3.23, 92다46905] 508	[大判 1993.11.9, 93다25790·25806] 112
[大判 1993.3.23, 92다42620] 521	[大判 1993.11.9, 93다11203·11210] 318, 420
[大判 1993.3.26, 91다14116] 137, 506	[大判 1993.11.12, 93다34589] 482
[大判 1993.3.26, 92다32876] 345	[大判 1993.11.23, 93다37328] 472, 478
[大判 1993.4.13, 92다24950] 246	[大判 1993.11.23, 92다38980] 137
[大判 1993.4.13, 92다54524] 633	[大判 1993.11.26, 93다40072] 581
[大判 1993.4.23, 92다41719] 464	[大判 1993.12.10, 93다12947] 543
[大判 1993.4.27, 92다56087] 71, 74	[大判 1993.12.10, 93다42399] 45

[大判(全) 1994.1.25, 93다16338] 143, 144, 258
[大判 1994.1.28, 93다31702] 245
[大判 1994.2.8, 93다39379] 78
[大判 1994.2.8, 93다42986] 208
[大判(全) 1994.2.8, 93다13605] 551
[大判 1994.2.22, 93다49338] 295
[大判(全) 1994.3.22, 93다9392·9408] 197, 208
[大判(全) 1994.3.22, 93다46360] 188
[大判(全) 1994.4.26, 93다24223] 387, 388, 396
[大判 1994.4.29, 93다35551] 397
[大判 1994.5.10, 93다37977] 329
[大判 1994.5.13, 94다7157] 525
[大判(全) 1994.5.13, 92스21] 639
[大判 1994.6.10, 93다24810] 63
[大判 1994.6.24, 94다10900] 104
[大判 1994.6.28, 94다3087] 266
[大判 1994.8.12, 93다52808] 307
[大判 1994.8.12, 92다41559]
　　　　　　　　　　　　434, 436, 438, 439
[大判 1994.9.13, 94다10160] 149
[大判 1994.9.27, 94다20617] 79, 86, 90
[大判 1994.10.14, 94다3964] 340
[大判 1994.10.14, 94다8334] 652
[大判 1994.10.28, 94므246·253] 596, 602
[大判 1994.11.4, 94다18584] 506, 518
[大判(全) 1994.11.8, 93다21514] 553
[大判 1994.11.8, 94다31549] 166
[大判 1994.11.11, 94다17659] 467
[大判 1994.11.18, 93다46209] 441
[大判 1994.11.25, 94다35930] 448
[大判 1994.11.25, 94다12234] 5, 458
[大判 1994.12.2, 93다1596] 202
[大判(全) 1994.12.13, 93다951] 286, 311
[大判 1994.12.13, 94다17246] 554
[大判 1994.12.22, 93다52068] 583
[大判 1994.12.22, 93다55234] 543, 545
[大判 1994.12.22, 94다13695] 675
[大判 1995.1.24, 94다47797] 140
[大判 1995.1.24, 93다32200] 608, 610
[大判 1995.2.3, 94다50656] 178

[大判 1995.2.10, 94다45869·45876] 178
[大判 1995.2.10, 94다13473] 40
[大判 1995.2.10, 94다18508] 231
[大判 1995.2.10, 94다28468] 167
[大判 1995.3.10, 94다16571] 668, 687
[大判 1995.3.14, 94다26646] 423
[大判(全) 1995.3.28, 93다47745] 183, 185, 341
[大判 1995.3.28, 94므1447] 603, 604
[大判 1995.4.7, 94다11835] 647, 650, 655
[大判 1995.4.11, 94다39925] 224
[大判 1995.4.14, 94다29256] 351
[大判 1995.4.21, 94다26080] 276
[大判 1995.4.28, 94다36162] 270
[大判 1995.5.12, 94다25551] 530
[大判 1995.5.12, 92다4581·4598] 323
[大判 1995.5.12, 93다48373] 163
[大判 1995.5.12, 93다59502] 346
[大判 1995.5.23, 94다51871] 166
[大判 1995.6.9, 94다30515] 548
[大判 1995.6.9, 94다29300·29317] 514
[大判 1995.6.30, 94다14582] 363
[大判 1995.6.30, 94다23920] 332
[大判 1995.6.30, 94다52416] 192
[大判 1995.6.30, 95다12927] 484
[大判 1995.7.11, 95다12446] 118
[大判 1995.7.11, 94다4509] 183, 190, 191, 192
[大判 1995.7.14, 94다51994] 543
[大判 1995.7.14, 94다50533] 195
[大判 1995.7.25, 95다5929] 331
[大判 1995.8.22, 95다15575] 136
[大判 1995.8.25, 94다27069] 7
[大判 1995.9.5, 95다24586] 188, 199
[大判 1995.9.15, 94다55071] 425
[大判 1995.9.15, 94다61120] 551
[大判 1995.9.15, 95다16202] 506
[大判 1995.9.26, 94다33583] 246
[大判 1995.9.26, 94므1638] 603
[大判 1995.11.10, 94다22682·22699]
　　　　　　　　　　　　　　114, 116, 461
[大判 1995.11.14, 95므694] 604

[大判 1995.12.4, 95스32]	677	[大判 1996.7.12, 94다37646]	502
[大判 1995.12.26, 94다44675]	180	[大判 1996.7.12, 95다49554]	78
[大判 1995.12.26, 95다42195]	486	[大判 1996.7.12, 96다21058]	247
[大判 1995.12.26, 95다29888]	141	[大判 1996.7.12. 선고 96다7106]	502
[大判 1996.1.23, 95다24340]	333	[大判 1996.7.26, 96다7762]	95
[大判 1996.1.26, 95다44290]	176	[大判 1996.7.30, 96다6974·6981]	270
[大判 1996.2.6, 95다27998]	344, 350	[大判 1996.7.30, 96다6974·6981]	267
[大判 1996.2.9, 95다27998]	346	[大判 1996.7.30, 94다51840]	8
[大判 1996.2.9, 95다17885]	668	[大判 1996.8.20, 96다13682]	684
[大判 1996.2.9, 94다61649]	642	[大判 1996.8.20, 96다17653]	
[大判 1996.2.13, 95다41406]	61		443, 448, 450, 488
[大判 1996.2.23, 95다42393]	509	[大判 1996.9.10, 96다18182]	73
[大判 1996.2.23, 94다21160]	302	[大判 1996.9.20, 96다21119]	675
[大判 1996.2.23, 95다48421]	490	[大判 1996.9.20, 96다25371]	102
[大判 1996.2.27, 95다38875]	98	[大判 1996.9.20, 96므530]	620
[大判 1996.2.27, 95다29345]	486	[大判 1996.10.5, 95다33726]	467
[大判 1996.3.8, 94다23876]	553	[大判 1996.10.11, 96다30182]	554
[大判 1996.3.8, 95다34866]	169, 182, 185	[大判 1996.10.11, 96다27476]	405
[大判 1996.3.22, 95다49318]	220	[大判 1996.10.25, 96다29151]	51, 53
[大判 1996.3.26, 96다3791]	380, 557	[大判 1996.10.25, 96다23825]	94, 95
[大判 1996.4.9, 96다1139]	633	[大判 1996.10.25, 96다30113]	550
[大判 1996.4.12, 95다54167]	349, 352	[大判 1996.10.29, 95다56910]	190, 326
[大判 1996.4.12, 95다55245]	374	[大判 1996.11.8, 96다26329]	114
[大判 1996.4.12, 95다28892]	421	[大判 1996.11.8, 96다35309]	58
[大判 1996.4.26, 94다29850]	552	[大判 1996.11.8, 95다25060]	317
[大判 1996.4.26, 95다54426·54433]	659, 666	[大判 1996.11.8, 96므1243]	116
[大判 1996.4.26. 선고 95다54426·54433]	52	[大判 1996.11.12, 96다34061]	480
[大判 1996.5.10, 95다55504]	301	[大判 1996.11.15, 96다31116]	275
[大判 1996.5.14, 95다24975]	515	[大判 1996.11.15, 96다31116]	277
[大判 1996.5.28, 95다40328]	165, 167, 187	[大判 1996.11.22, 96다10270]	632, 634
[大判 1996.5.31, 94다35985]	635	[大判 1996.11.22, 96도2049]	580, 585
[大判 1996.6.11, 96다7403]	165	[大判 1996.11.29, 96다31895]	156
[大判 1996.6.14, 94다61359]	50	[大判 1996.12.6, 95다24982·4999]	104
[大判 1996.6.25, 96다12009]	411	[大判 1996.12.10, 95다24364]	372
[大判 1996.6.25, 95다6601]	324, 325, 326, 327, 415	[大判 1996.12.10, 94다43825]	192, 326
[大判 1996.6.28, 94므1089]	578	[大判 1996.12.10, 96다32881]	532
[大判 1996.6.28, 96다18281]	388, 392, 394, 396, 404	[大判 1996.12.20, 95다52222]	542
[大判 1996.6.28, 94다42976]	511	[大判 1996.12.20, 95다28304]	539
		[大判 1996.12.23, 95다48308]	578
		[大判 1996.12.23, 95다48380]	588

[大判 1996.12.26, 95다24982·24999]　　101
[大判 1997.1.21, 96다4688]　　651
[大判 1997.1.21, 96다40080]　　217
[大判 1997.2.14, 96므738]　　605
[大判 1997.2.25, 96다45436]　　514, 519
[大判 1997.2.28, 96다49933]　　94
[大判 1997.3.11, 96다44747]　　287
[大判 1997.3.21, 97스62]　　664
[大判 1997.4.8, 96다45443]　　482
[大判 1997.4.25, 96다53086]　　511
[大判 1997.5.7, 96다39455]　　473
[大判 1997.5.23, 95다29086]　　215
[大判 1997.5.30 97다8601]　　517
[大判 1997.6.13, 96다15596]　　114
[大判 1997.6.24, 97다8809]
　　　　651, 656, 660, 665
[大判 1997.6.27, 97다6124]　　61
[大判 1997.6.27, 97다3828]
　　　　80, 83, 113, 635, 637
[大判 1997.6.27, 97다12211]　　10
[大判 1997.6.27, 97다9369]　　95, 469
[大判 1997.6.27, 95다40977·40984]　　389
[大判 1997.7.8, 97다2177]　　415, 460
[大判 1997.7.9, 98다13754]　　324
[大判 1997.7.11, 96므1151]　　623
[大判 1997.7.11, 96다7236]　　38
[大判 1997.7.22, 95다6991]　　552
[大判 1997.7.25, 97다8403]　　244, 250
[大判 1997.7.25, 97다4357·4364]　　456
[大判 1997.7.25, 95다21624]　　384
[大判 1997.7.25, 97다5541]　　425, 541
[大判 1997.8.22, 97다13023]　　104
[大判 1997.9.12, 95다42027]　　128
[大判 1997.9.26, 95다6205]　　49
[大判 1997.9.30, 95다39526]　　56, 59
[大判 1997.10.10, 95다46265]　　375, 382
[大判 1997.10.24, 97다28698]　　434, 435
[大判 1997.11.11, 97다33218]　　6, 7, 101, 136
[大判 1997.11.11, 96다36579]　　109
[大判 1997.11.14, 97다29530]　　490, 497

[大判 1997.11.14, 97다36118]　　68
[大判 1997.11.25, 97다29790]　　230
[大判 1997.12.12, 97누13962]　　55
[大判 1997.12.12, 95다38240]　　104
[大判 1997.12.12, 97다40100]　　151, 166, 170
[大判 1997.12.12, 96다50896]
　　　　382, 556, 559, 564
[大判 1997.12.23, 97다37753]　　482, 483
[大判 1997.12.23, 97다42830]　　375, 558, 563
[大判 1997.12.23, 97다39780]　　260
[大判 1997.12.26, 97다24542]　　313
[大判 1997.12.26, 97다22676]　　121
[大判 1997.12.26, 96다34665]　　530
[大判 1998.1.23, 96다41496]　　67, 70, 71
[大判 1998.2.10, 97다44737]　　62, 65, 73, 103
[大判 1998.2.10, 97다31113]　　90, 91
[大判 1998.2.13, 97다6711]　　358
[大判 1998.2.27, 97다50985]　　56, 59, 355
[大判 1998.2.27, 96다8277]　　410
[大判 1998.3.10, 97다47118]　　179
[大判 1998.3.13, 97다6919]　　523
[大判 1998.3.13, 97다52493]　　399
[大判 1998.3.13, 97다54604·54611]　　312, 430
[大判 1998.3.24, 97다56242]　　245
[大判 1998.3.27, 96다37389]　　643
[大判 1998.3.27, 97다32680]　　536
[大判 1998.3.27, 97다48982]　　86
[大判 1998.4.10, 96므1434]　　595
[大判 1998.4.24, 98다4798]　　218, 221, 228
[大判 1998.5.8, 98다2389]　　485
[大判 1998.5.12, 97다8496·8502]　　186
[大判 1998.5.15, 97다58538]　　552, 554
[大判 1998.5.15, 97다58316]　　364
[大判 1998.5.26, 97므25]　　625
[大判 1998.5.29, 97다55317]　　78
[大判 1998.6.12, 98므213]　　596
[大判 1998.6.12, 98다505]　　455
[大判 1998.6.12, 97다38510]
　　　　641, 675, 678, 683
[大判 1998.6.12, 96다55631]　　557

[大判 1998.6.12, 97다53762]	77
[大判 1998.6.26, 98다5777]	373, 558, 566
[大判 1998.6.26, 98다16456]	168
[大判(全) 1998.6.26, 97다42823]	135
[大判 1998.7.10, 98다18643]	164, 250
[大判 1998.7.24, 98다9021]	11
[大判 1998.7.24, 98다12270]	333
[大判 1998.7.24, 97므18]	570
[大判 1998.7.24, 97다35276]	298
[大判 1998.8.21, 98다23231]	332
[大判 1998.9.4, 98다20981]	264
[大判 1998.9.8, 98다22048]	561
[大判 1998.9.22, 98다26194]	138
[大判 1998.10.2, 98다27197]	253
[大判 1998.10.11, 98다42141]	319
[大判 1998.10.27, 98다25184]	400
[大判 1998.11.10, 98다34126]	571
[大判 1998.11.13, 97다53359]	286
[大判 1998.11.13, 97다58453]	532, 541
[大判 1998.11.13, 98므1193]	600
[大判(全) 1998.11.19, 98다24105]	142, 158
[大判 1998.11.27, 98다7421]	103
[大判 1998.12.8, 97다31472]	347
[大判 1998.12.8, 97므513·520·97스12]	637, 653
[大判 1998.12.8, 98다43137]	199
[大判 1998.12.22, 98다44376]	96
[大判 1998.12.22, 98다42356]	112
[大判 1998.12.23, 98다31264]	557
[大判 1999.1.12, 98다49937]	385
[大判 1999.1.15, 98다43953]	6
[大判 1999.1.15, 98다48033]	335, 337
[大判 1999.1.26, 97다48906]	160
[大判 1999.2.5, 97다33997]	264
[大判 1999.2.12, 98다40688]	189
[大判 1999.2.23, 98다60828·60835]	74, 106
[大判 1999.2.23, 98다47924]	66
[大判 1999.2.26, 98다52469]	565
[大判 1999.3.9, 98다46877]	583
[大判 1999.3.12, 98다18124]	129
[大判(全) 1999.3.18, 98다32175]	118, 121, 145
[大判 1999.3.23, 98다30285]	570
[大判 1999.3.23, 98다46938]	248
[大判 1999.3.23, 99다4405]	7
[大判 1999.3.26, 98다64189]	229
[大判 1999.4.9, 98다58016]	346, 595
[大判 1999.4.23, 98다6082]	76
[大判 1999.4.27, 98다56690]	363
[大判 1999.4.27, 98다36238]	552
[大判 1999.5.11, 98다18353]	57
[大判 1999.5.14, 97다15777·15784]	265
[大判 1999.5.25, 99다9981]	491
[大判 1999.6.8, 98다60484]	526
[大判 1999.6.11, 96므1397]	616
[大判 1999.6.11, 99다16378]	122, 318
[大判(全) 1999.6.17, 98다40459]	94
[大判 1999.7.9, 99다12376]	120, 398
[大判 1999.7.9, 98다13754]	419
[大判 1999.7.9, 98다64318·64325]	614
[大判 1999.7.9, 98다9045]	460
[大判 1999.7.9, 98다47542·47559]	423
[大判 1999.7.27, 98다35020]	180
[大判 1999.8.20, 99다18039]	387, 392
[大判 1999.8.24, 99다22281·22298]	292
[大判 1999.8.24, 99다26481]	293
[大判 1999.9.3, 99다20926]	189
[大判 1999.9.17, 99다21738]	213
[大判 1999.9.17, 97다54024]	540
[大判 1999.9.17, 98다31301]	161, 235
[大判 1999.9.21, 99다36273]	500
[大判 1999.9.21, 99다19032]	5
[大判 1999.9.21, 99다26085]	255
[大判 1999.10.8, 98므1698]	610
[大判 1999.10.22, 98다22451]	563
[大判 1999.11.26, 93다40072]	583
[大判 1999.11.26, 99다23093]	384, 388
[大判 1999.12.10, 98다58467]	222
[大判 1999.12.28, 99다25938]	8, 11
[大判 2000.1.14, 99다40937]	453
[大判 2000.1.21, 98다50586]	551

[大判 2000.1.28, 99므1817]	607, 609, 611, 621	[大判 2000.10.13, 99다18725]	114, 463
[大判 2000.1.28, 99다50712]	120	[大判 2000.10.14, 99다33458]	596
[大判 2000.2.11, 99다59306]	487, 492, 503	[大判 2000.10.27, 2000다33775]	155
[大判 2000.2.11, 99다49644]	286	[大判 2000.10.27, 2000다30554·30561]	473
[大判 2000.2.21, 99다47525]	80	[大判 2000.10.27, 2000다36118]	238, 421
[大判 2000.2.25, 97다30066]	325, 423, 451, 456	[大判(全) 2000.11.16, 98다45652·45669]	179, 180
[大判 2000.2.25, 99다53704]	355, 363, 364	[大判 2000.11.28, 2000다8533]	421, 425
[大判 2000.3.10, 99다61750]	8	[大判 2000.12.8, 2000다21017]	362
[大判 2000.3.10, 99다63350]	173	[大判 2000.12.8, 99다37865]	582
[大判 2000.3.10, 99다55069]	361	[大判 2000.12.8, 2000다14934·14941]	172
[大判(全) 2000.3.16, 97다37661]	187	[大判 2000.12.8, 2000다51339]	294
[大判 2000.4.7, 99다53742]	568	[大判 2000.12.8, 99다11687]	45, 161
[大判 2000.4.11, 99므1329]	579	[大判 2000.12.12, 2000다49879]	269
[大判 2000.4.11, 99다23888]	391	[大判 2000.12.12, 99다49620]	509
[大判 2000.4.11, 99다51685]	443, 445, 449	[大判 2001.1.5, 2000다47682]	267
[大判 2000.4.21, 99다35713]	522, 523	[大判 2001.1.16, 98다20110]	148
[大判 2000.5.12, 99다69983]	149	[大判 2001.1.19, 2000다55645]	168
[大判 2000.5.12, 99다38293]	8	[大判 2001.1.19, 2000다51919·51926]	55
[大判 2000.5.12, 99다64995]	67	[大判 2001.1.19, 2000다55645]	491
[大判 2000.5.12, 99다71931]	41	[大判 2001.1.19, 2000다11836]	570
[大判 2000.5.16, 2000다11850]	530	[大判 2001.1.19, 2000다57351]	499
[大判 2000.5.26, 99다32431]	549	[大判 2001.1.19, 2000다37319]	263
[大判 2000.6.9, 99다15122]	232	[大判 2001.1.30, 2000다58026·58033]	492
[大判 2000.6.9, 98다18155]	344	[大判 2001.2.9, 2000다51797]	657, 660
[大判 2000.6.9, 99다70860]	7	[大判 2001.2.9, 2000다63516]	597
[大判 2000.6.9, 99므1633·1640]	623, 628	[大判 2001.2.9, 2000다57139]	360
[大判 2000.6.13, 98다35389]	332	[大判 2001.2.9, 2000다62179]	246
[大判 2000.7.6, 99다51258]	58, 59, 436	[大判(全) 2001.2.15, 96다42420]	559
[大判 2000.7.7, 98다44666]	525	[大判(全) 2001.2.15, 99다66915]	154
[大判 2000.7.7, 98다42172]	413	[大判 2001.2.23, 2000다68924]	509
[大判 2000.7.28, 99다38637]	335, 337	[大判 2001.2.23, 2000다65864]	103
[大判 2000.8.22, 2000다21987]	183	[大判 2001.2.27, 2000다44348]	356
[大判 2000.9.5, 2000다26333]	314	[大判 2001.3.9, 99다13157]	12, 645, 648, 655
[大判 2000.9.22, 99므906]	595, 664	[大判 2001.3.9, 98다51169]	198
[大判 2000.9.22, 99다53759·53766]	409	[大判 2001.3.9, 99다31357]	654
[大判 2000.9.29, 2000다37012]	490	[大判 2001.3.13, 99다26948]	536
[大判 2000.10.10, 2000다28506·28513]	522	[大判 2001.3.13, 99다17142]	216, 225
[大判 2000.10.10, 2000다19526]	258	[大判 2001.3.23, 2000다51285]	150
[大判 2000.10.10, 99다53230]	536	[大判 2001.3.23 2000다49015]	251

[大判 2001.3.27, 2000다26920] 682	[大判 2001.12.27, 2001다33734] 357
[大判 2001.3.27, 98다4552] 488, 500	[大判 2002.1.11, 2001다41971] 20
[大判 2001.3.27, 2000다43819] 306, 427, 429	[大判 2002.1.25, 2001다30285] 438, 439
[大判 2001.4.10, 2001다12256] 473	[大判 2002.1.25, 99다57126] 338
[大判 2001.4.10, 2000다49343] 53	[大判 2002.1.25, 2001다52506] 547
[大判 2001.4.24, 2001다6237] 241	[大判 2002.1.25, 2001다63575] 440, 458
[大判 2001.5.8, 2001다14733] 498	[大判 2002.2.5, 2001다62091] 234, 529
[大判 2001.5.8, 2000다58804] 596	[大判 2002.2.8, 99다23901] 326, 328
[大判 2001.5.15, 2000다12693] 160, 163	[大判 2002.2.26, 99다72743] 172
[大判(全) 2001.5.24, 2000므1493] 576, 624, 628, 629	[大判 2002.3.15, 2001다77352·77369] 188
[大判 2001.5.29, 99다9011] 362	[大判 2002.3.15, 2001다59071] 464
[大判 2001.5.29, 2001다15422·15439] 7	[大判 2002.3.29, 2000다577] 315
[大判 2001.6.1, 99다60535] 485, 529	[大判 2002.4.12, 선고 2000다50190] 9
[大判 2001.6.1, 99다63183] 358, 360	[大判 2002.4.12, 2000다63912] 365
[大判 2001.6.12, 99다20612] 365	[大判 2002.4.26, 2000다50497] 331
[大判 2001.6.29, 2001다28299] 662	[大判 2002.4.26, 2000다16350] 137, 140, 511
[大判 2001.6.29, 2001다23201·23218] 566	[大判 2002.4.26, 2001다8097] 115
[大判 2001.6.29, 2001다21441·21458] 449, 455	[大判 2002.5.10, 2002다12871·12888] 295, 301, 314
[大判 2001.7.10, 2001다3764] 415, 420	[大判 2002.5.10, 2000다18578] 398, 400, 403
[大判 2001.7.24, 선고 2001다3122] 281	[大判 2002.5.10, 2000다37296·37302] 568
[大判 2001.8.21, 2001다31264] 85	[大判 2002.5.14, 2002다9738] 205
[大判 2001.8.21, 2001다23195] 152	[大判 2002.5.14, 2000다62476] 117, 300, 379
[大判 2001.8.21, 2001다22840] 377	[大判 2002.5.31, 2001다42080] 482
[大判 2001.8.21, 99므2230] 621, 631	[大判 2002.6.11, 2002다2539] 339
[大判 2001.8.24, 2000다15661] 268	[大判 2002.6.11, 99다41657] 269
[大判 2001.9.4, 2001다14108] 115, 355, 358	[大判 2002.6.14, 2000다30622] 521, 523
[大判 2001.9.18, 2001다9304] 431, 511	[大判(全) 2002.6.20, 2002다9660] 218, 220, 222, 226, 227
[大判 2001.9.25, 99다19698] 88	[大判 2002.7.9, 2001다43922·43939] 462
[大判 2001.10.9, 2000다42618] 365	[大判 2002.7.12, 2000다17810] 508, 515, 516
[大判 2001.10.9, 2000다51216] 158, 387, 391, 404	[大判 2002.7.26, 2001다53929] 302
[大判 2001.10.12, 2000다22942] 614, 680	[大判 2002.8.23, 2001다69122] 234
[大判 2001.10.12, 2000다59081] 254, 256, 258	[大判 2002.8.23, 99다66564·66571] 531
[大判 2001.11.13, 2001다55222] 304	[大判 2002.8.27, 2001다71699] 392
[大判(全) 2001.11.22, 2000다71388·71395] 155	[大判 2002.9.4, 2002다28340] 112
[大判 2001.11.27, 2001므1353] 608, 611	[大判 2002.9.4, 2000다54406] 65
[大判 2001.12.11, 2001다40213] 273	[大判 2002.9.4, 2001므718] 599
[大判 2001.12.11, 2000다13948] 201	[大判 2002.9.4, 2002다11151] 251, 374, 401
	[大判 2002.9.6, 2002다35157] 213

판례	페이지
[大判 2002.9.10, 2002다21509]	394, 395
[大判 2002.9.24, 2002다23857]	356
[大判 2002.9.24, 2000다69712]	563
[大判 2002.9.27, 2002다15917]	563
[大判 2002.10.11, 2000다17803]	197, 199, 651, 656
[大判 2002.10.11, 2001다7445]	309
[大判 2002.10.22, 2000다59678]	533
[大判 2002.10.25, 2000다63110]	246
[大判 2002.10.25, 2002다39371]	146
[大判 2002.11.8, 2000다19281]	447
[大判 2002.11.8, 2001다51725]	500
[大判 2002.11.22, 2002다38828]	48
[大判 2002.11.26, 2002므1398]	664, 668
[大判 2002.11.26, 2001다73022]	259
[大判 2002.11.26, 2002다46492]	469
[大判 2002.12.10, 2002다42001]	268
[大判 2002.12.10, 2001다58443]	445
[大判 2002.12.10, 2002다56031]	67
[大判 2002.12.26, 2000다21123]	210
[大判 2002.12.27, 2000다47361]	56
[大判 2002.12.27, 2002다45284]	180
[大判 2003.1.10, 2000다27343]	342
[大判 2003.1.24, 2000다5336]	385
[大判 2003.1.24, 2001다2129]	49
[大判 2003.1.24, 2000다22850]	285, 330, 331, 396
[大判 2003.2.11, 99다66427·73371]	39
[大判 2003.2.11, 2002다62333]	308
[大判 2003.2.26, 2000다40995]	417
[大判 2003.2.28, 2000므582]	598, 600
[大判 2003.3.14, 선고 2001다7599]	41
[大判 2003.3.14, 2002다68294]	536
[大判 2003.3.28, 2003다5917]	196
[大判 2003.4.11, 2001다53059]	561
[大判 2003.4.11, 2003다1755]	461
[大判 2003.5.13, 2002다64148]	50
[大判 2003.5.13, 2003다16238]	117
[大判 2003.5.27, 2000다73445]	679
[大判 2003.5.30, 2003다13512]	318, 389
[大判 2003.5.30, 2002다21592·21608]	45
[大判 2003.6.13, 2003다17927·17934]	126
[大判 2003.6.24, 2002다48214]	61
[大判 2003.6.27, 2003다15907]	360
[大判 2003.7.8, 2002다74817]	29
[大判 2003.7.11, 2003다19558]	361
[大判 2003.7.11, 2003다19572]	358
[大判 2003.7.11, 73626]	30
[大判 2003.7.11, 2001다73626]	82
[大判 2003.7.22, 2002다64780]	28, 29, 31, 42
[大判 2003.7.22, 2002다35676]	478
[大判(全) 2003.7.24, 2001다48781]	4
[大判 2003.7.25, 2002다27088]	38
[大判 2003.7.25, 2001다64752]	173
[大判 2003.8.19, 2001다47467]	183
[大判 2003.8.19, 2001다14061]	598, 619
[大判 2003.8.19, 2003므941]	598, 600
[大判 2003.9.5, 2001다32120]	211
[大判 2003.9.5, 2001다66291]	260
[大判 2003.9.5, 2002다17333]	569
[大判 2003.9.5, 2003다26051]	219, 243
[大判 2003.9.26, 2003다30517]	495, 667
[大判 2003.11.13, 2002다57935]	200, 208
[大判 2003.11.14, 2001다61869]	173, 540
[大判 2003.11.14, 2003다30968]	672
[大判 2003.11.27, 2003다41722]	545
[大判 2003.12.11, 2003다49771]	434, 436
[大判 2003.12.11, 2001다3771]	389
[大判 2003.12.12, 2003다44615·44622]	153, 206
[大判 2003.12.12, 2003다44059]	85
[大判(全) 2003.12.18, 98다43601]	219, 226, 228
[大判 2003.12.26, 2001다46730]	532, 536
[大判 2004.1.16, 2003다30890]	117, 244
[大判 2004.1.27, 201다24891]	115
[大判 2004.2.12, 2001다10151]	211
[大判 2004.2.13, 2002다7213]	125, 145
[大判 2004.2.13, 2003다43490]	393
[大判 2004.2.27, 2003다15280]	38

[大判 2004.3.12, 2003다63586]	671, 673	[大判 2005.4.29, 2005다664]	87
[大判(全) 2004.3.18, 2001다82507]	561	[大判 2005.4.29, 2003다66431]	135, 428
[大判 2004.3.25, 2002다20742]	257	[大判 2005.5.12, 2005다1827]	206
[大判 2004.3.25, 2001다53349]	293	[大判 2005.5.13, 2003다50771]	494
[大判 2004.3.26, 2003다34045]	567	[大判 2005.5.26, 2002다43417]	181
[大判 2004.4.23, 2004다5389]	301	[大判 2005.5.27, 2004다43824]	69
[大判 2004.4.27, 2003다3789]	304	[大判 2005.6.9, 2005다6341]	458
[大判 2004.4.27, 2003다29968]	268, 272, 277	[大判 2005.6.9, 2004다17535]	362
[大判 2004.5.28, 2003다70041]	58	[大判 2005.6.9, 2005다4529]	494, 496
[大判 2004.6.25, 2001다2426]	259	[大判 2005.6.23, 2004다51887]	664
[大判 2004.7.8, 2002다73203]	442, 455, 643	[大判 2005.6.24, 2005다16713]	567
[大判 2004.7.9, 2004다11582]	319	[大判 2005.7.8, 2005다8125]	306, 563
[大判 2004.7.9, 2003다29463]	671	[大判 2005.7.22, 2005다7566·7573]	437
[大判 2004.8.20, 2001다70337]	568	[大判 2005.9.9, 2005다23773]	488, 493
[大判 2004.9.3, 2004다27488·27495]	545	[大判(全) 2005.9.15, 2004다44971]	204
[大判 2004.9.3, 2003다3157]	666	[大判 2005.10.13, 2005다26277]	338
[大判 2004.9.3, 2002다37405]	434, 445	[大判 2005.10.13, 2003다24147]	562
[大判 2004.9.13, 2003다26020]	523	[大判 2005.10.28, 2003다69638]	334
[大判 2004.9.24, 2004다27440·28504]	374	[大判 2005.11.10, 2004다37676]	431, 511, 513, 514
[大判 2004.9.24, 2004다31463]	192	[大判 2005.11.10, 2005다41818]	394
[大判 2004.10.14, 2004다30584]	207	[大判 2005.11.10, 2005다34667·34674]	214
[大判 2004.10.15, 2004다36604]	257	[大判 2005.11.10, 2004다49532]	362
[大判 2004.10.28, 2003다65438·65445]	661	[大判 2005.12.23, 2005다59383·59390]	125
[大判 2004.10.28, 2003다30463]	272, 276	[大判 2006.1.27, 2005다19378]	372, 465, 566
[大判 2004.11.12, 2004다22858]	272	[大判 2006.2.23, 2004다29835]	155
[大判 2004.11.26, 2004다40986]	349	[大判 2006.2.24, 2005다58656·58663]	427
[大判 2004.11.26, 2002다68362]	510	[大判 2006.3.9, 2005다57899]	676
[大判 2004.12.23, 2004다56554]	494	[大判 2006.3.24, 2005두15595]	617
[大判 2005.1.14, 2002다57119]	125	[大判 2006.3.24, 2006다2179]	668
[大判 2005.1.14, 2003다33004]	457	[大判 2006.4.13, 2003다25256]	209
[大判 2005.1.28, 2002다66922]	534	[大判(全) 2006.4.20, 2004다37775]	36, 37
[大判 2005.1.28, 2004다58963]	600	[大判 2006.4.28, 2005다74108]	257
[大判 2005.3.25, 2003다35659]	233	[大判 2006.5.12, 2005다75910]	533
[大判 2005.4.15, 2003다60297·60303·60310·60327]	16	[大判 2006.6.16, 2005다25632]	126
[大判 2005.4.15, 2003다60297·60303·60310·60327]	14	[大判 2006.6.16, 2005다39211]	441, 458
		[大判 2006.7.4, 2006므751]	592
[大判 2005.4.28, 2005다3113]	533, 537	[大判 2006.8.24, 2005다61140]	276
[大判 2005.4.29, 2005다2189]	154	[大判 2006.8.25, 2005다16959]	525
		[大判 2006.9.8, 2006다17485]	154

판례	페이지
[大判 2006.9.8, 2006다24131]	411
[大判 2006.9.8, 2006다26694]	115
[大判 2006.9.22, 2006다24049]	426, 429
[大判 2006.9.28, 2006다22074 · 22081]	181
[大判 2006.10.13, 2004다21862]	112
[大判 2006.10.26, 2004다47024]	42
[大判 2006.10.26, 2004다24106 · 24113]	417
[大判 2006.11.10, 2004다10299]	60
[大判 2006.11.23, 2005다13288]	63
[大判 2006.12.7, 2006다41457]	64
[大判(全) 2007.2.15, 2004다50426]	545
[大判 2007.3.29, 2004다31302]	9, 10
[大判 2007.3.29, 2006다49130]	536
[大判 2007.3.30, 2007다1555]	181
[大判 2007.4.26, 2005다34018 · 34025]	478
[大判 2007.5.10, 2007다3612]	155
[大判 2007.6.14, 2006다84423]	182, 186
[大判 2007.6.21, 2004다26133]	499
[大判 2007.7.26, 2006므2757 · 2764]	663
[大判 2007.7.27, 2006다39270 · 39278]	139
[大判 2007.9.6, 2005다25021]	284
[大判 2007.9.6, 2007다30447]	658
[大判 2007.9.20, 2005다63337]	442
[大判 2007.11.15, 2007다45562]	498
[大判 2007.11.29, 2005다64255]	487
[大判 2007.11.29, 2007다51239]	537
[大判 2007.11.30, 2005두5529]	668
[大判(全) 2007.12.20, 2005다32159]	546
[大判 2008.1.18, 2005다65579]	372
[大判 2008.4.10, 2007다38908 · 38915]	488
[大判 2008.4.10, 2007다76306]	555
[大判 2008.4.11, 2007다27236]	139
[大判 2008.5.15, 2007다37721]	339, 340
[大判 2008.5.15, 2007다74690]	213
[大判 2008.9.11, 2008다32501]	98
[大判 2008.9.11, 2008다15278]	72
[大判 2008.9.25, 2008다34668]	539
[大判 2009.5.14, 2009다9768]	678
[大判 2009.5.28, 2009다4787]	353
[大判 2009.9.10, 2009다61536]	538
[大判 2009.10.15, 2009다48633]	147
[大判 2010.7.15. 선고 2009다50308]	98

[**大法院 決定**]

판례	페이지
[大決 1961.1.25, 4293민재항349]	18
[大決(全) 1962.12.24, 4294민재항675]	142, 158
[大決 1976.12.21, 75마551]	18, 23
[大決 1987.9.29. 자 86스11]	682
[大決 1991.4.4, 90스3]	635
[大決 1992.3.10, 91마256 · 257]	231
[大決(全) 1994.5.13, 92스21]	619
[大決 1995.6.13, 95마500]	260
[大決 1995.11.21, 95마1262]	227
[大決 1995.12.24, 95스32]	682
[大決 1996.8.21, 96그8]	342
[大決 1997.3.21, 96스62]	662
[大決 1997.6.10, 97마814]	43
[大決 1998.4.28, 97마2935]	260
[大決 2000.1.5, 99마4307]	9
[大決 2001.7.2, 2001마212]	234, 236
[大決 2002.8.28, 2002스36]	599
[大決 2002.10.28, 2001마1235]	99, 213, 581
[大決 2005.1.17, 2003마1477]	561
[大決 2006.4.17, 2005스18 · 19]	591, 616
[大決 2007.4.26. 자 2007마250]	84

편저자 소개	주 요 저 서
한양대학교 법학과 졸업	민법 조문·지문·사례 정리[민총·물권편]
동 대학원 석사과정 수료	민법 조문·지문·사례 정리[채권·가족편]
현 합격의 법학원 민법전임	민법판례정리 Ⅰ Ⅱ
	민법기출문제 완전분석
	가족법 강의
	민법중요쟁점별 필수문제 333선
	민법진도별 모의고사
	민법전범위 모의고사
	172가지 민법 필수 쟁점

출판 사람들

저자와의 협의 하에 인지는 생략합니다.

민법 기출문제 완전분석

2011년 3월 15일 인쇄
2011년 3월 17일 발행

편저자	이 태 섭
발행인	김 명 석
발행처	(주)엘티에스법학연구소
	출판사업부 "사람들"

주　　소 : 서울특별시 관악구 신림동 103-107
Tel　　 : 02_587_8607, Fax. 02_586_8607
홈페이지 : www.ltslaw.co.kr
블 로 그 : http://blog.naver.com/ltslaw

이 책의 독창적 내용을 무단복제·전재하는 행위는 저작권법에 의거, 처벌받게 됩니다.

정가 28,000원

ISBN 978-89-94607-14-6 13360